U0492558

国家社科基金重点项目研究成果（项目编号：14AGL007）

Research on the Revenue Collection and the livelihood-oriented Expenditure Structure of State-owned Capital Management Budget

国有资本经营预算收入征缴与支出结构民生化研究

陈少晖　廖添土　等著

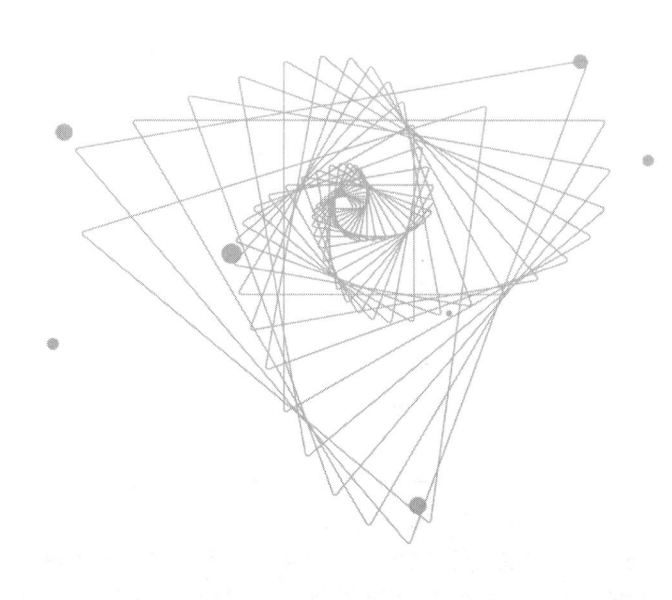

中国财经出版传媒集团
经济科学出版社
Economic Science Press

图书在版编目（CIP）数据

国有资本经营预算收入征缴与支出结构民生化研究/陈少晖等著. —北京：经济科学出版社，2020.12
ISBN 978-7-5218-2265-6

Ⅰ.①国… Ⅱ.①陈… Ⅲ.①国家资产经营-预算制度-研究-中国 Ⅳ.①F123.7

中国版本图书馆 CIP 数据核字（2020）第 264502 号

责任编辑：孙丽丽 何 宁
责任校对：靳玉环
责任印制：李 鹏 范 艳

国有资本经营预算收入征缴与支出结构民生化研究
陈少晖 廖添土 等著
经济科学出版社出版、发行 新华书店经销
社址：北京市海淀区阜成路甲 28 号 邮编：100142
总编部电话：010-88191217 发行部电话：010-88191522
网址：www.esp.com.cn
电子邮箱：esp@esp.com.cn
天猫网店：经济科学出版社旗舰店
网址：http://jjkxcbs.tmall.com
北京季蜂印刷有限公司印装
787×1092 16 开 45 印张 970000 字
2020 年 12 月第 1 版 2020 年 12 月第 1 次印刷
ISBN 978-7-5218-2265-6 定价：158.00 元
（图书出现印装问题，本社负责调换。电话：010-88191510）
（版权所有 侵权必究 打击盗版 举报热线：010-88191661
QQ：2242791300 营销中心电话：010-88191537
电子邮箱：dbts@esp.com.cn）

国家社科基金重点项目研究成果
（项目编号：14AGL007）
鉴定等级：优秀

序　言

邓子基[*]

改革开放以来，虽然我国经济总量保持快速增长，增长质量稳步提升，但作为转型中的发展中国家，民生问题仍然是我国现阶段突出的社会问题。在当前民生供给与民生需求矛盾日益凸显的背景下，调整国有资本经营预算支出结构，加强国有资本经营预算民生支出，解决长期以来民生供给的短板问题，成为理论界和实务界共同关注的焦点问题。基于对这一问题的长期思考和探索，福建师范大学陈少晖教授及其研究团队2014年申报了国家社科基金重点课题"国企红利征缴比例倍增目标下的国资预算支出民生化研究"，并成功获得立项资助。课题组经过近6年的不懈努力，在深入调研和分工合作的基础上，终于完成了该课题的全部研究任务，并于2020年2月顺利通过了全国哲学社会科学规划办公室的结项验收，鉴定等级为优秀。在课题研究最终成果的基础上，课题组对研究报告进行了进一步的补充、修改和完善，形成了这部90多万字的学术专著。

这部论著坚持以习近平新时代中国特色社会主义思想为指导，贯彻中共十九大报告"以民生为本，着力保障和改善民生"的发展理念，围绕"国企红利征缴比例倍增目标下的国资预算支出流向民生化研究"这一主题，在进行全面的文献资料梳理、深入的理论分析和广泛的实地调研访谈的基础上展开研究，研究内容按照"绪论篇—理论辨析篇—收入倍增篇—支出民生篇—改革构想篇"的逻辑思路展开，共分为5篇22章，形成了较为完整的逻辑体系。

认真审读全书，我认为，这部论著主要具有以下几个方面的特色和创新：

第一，该论著弥补了学术界研究的不足，深化和拓展了国有资本财政预算研究领域，进一步丰富了中国特色社会主义市场经济理论，具有重要的学术价值。

改革开放以来，我国经济体制改革的目标是建立中国特色社会主义市场经济，这里的中国特色，就突出体现在我们坚持社会主义公有制的主体地位，大量的国有企业是我国国民经济发展的主导，坚持做强做优做大国有企业，发挥公有制的制度优势。因此，围绕微观上的国有企业效率提升和宏观上的国有资本管理体制优化，乃至财政分配管理中形成的国有资本经营预算和国有资本财政，都是我国有中国特

---

[*] 邓子基教授，我国著名经济学家、财政学家和教育家，中国财政学界主流学派"国家分配论"主要代表人物之一，我国社会主义财政学的奠基人和开拓者之一，现任厦门大学文科资深教授，博士生导师，全国重点财政学科主要学术带头人。

色社会主义经济理论的重要内容。陈少晖教授一直致力于国有资本经营预算和国有资本财政领域的研究，这次即将出版的《国有资本经营预算收入征缴与支出结构民生化研究》一书，融合并深化了作者多年来持续研究的课题，是作者在国有资本财政和国有资本经营预算研究领域的又一部力作，有助于进一步丰富我国中国特色社会主义市场经济理论。

不仅如此，本书不同于现有学术界的同类研究成果，其研究重点围绕"国有资本经营预算支出民生化"这一基本问题展开，有力地弥补了当前学术界研究的薄弱环节，进一步深化和拓展了国有资本财政预算研究领域，具有重要的学术价值。从学术界的研究动态看，国外学术界相关研究起步较早，但大都是研究一般上市公司的股利分配政策，较少触及国有企业这一具有特定产权性质的利润分配制度，对于国有资本经营预算的研究成果更是相对缺乏。2007年中央国有资本经营预算试点开展以来，学术界对国有企业收益分配、国有资本经营预算的研究成果已经比较丰富，但学者大都是从围绕国有资本经营预算的编制、国有企业利润上缴的必要性、比例、主体等方面展开，对"国有资本经营预算支出民生化"这一问题的研究还付之阙如，尤其是在国有企业红利上缴比例实现倍增目标这一条件约束下的国有资本经营预算支出民生化研究成果更是偏少。本书针对学术界这一不足，坚持中共十九大提出的"坚持以人民为中心""着力保障和改善民生"等基本理念，把研究的重点放在国有资本经营预算如何强化民生保障支出这一目标上，从理论逻辑、实证检验、体制框架和政策设计等方面展开系统的深入研究，能够一定程度上充实这一研究领域的薄弱环节，具有重要的学术价值。

第二，本书立足我国改革开放实践，抓住当前社会经济发展中的民生发展问题，在严谨的理论辨析和充分的实证研究的基础上，构建国有资本经营预算民生支出的制度框架，从而使本书立意鲜明，高屋建瓴，具有重要的实践应用价值。

我党历来十分重视保障和改善民生工作，尤其是中共十八大以来，以习近平同志为核心的党中央把保障和改善民生摆在更加突出的位置。中共十九大报告更是以新的高度强调了"坚持以人民为中心"的基本思想，这是习近平新时代中国特色社会主义思想的重要内容。在民生供需矛盾仍然突出、民生短板问题日益受到社会关注的背景下，调整国有资本经营预算支出结构，加大国有资本经营预算民生支出力度，解决民生供给短板问题，成为我国社会经济改革面临的紧迫问题。本书紧紧围绕这一重大现实问题，从理论和实证两方面展开研究，提出了国有资本经营预算支出分配民生化的改革构想和对策建议，具有重要的实践应用价值。

本书不仅在理论上对国有资本经营预算民生化支出进行了深入辨析，完成了国有资本经营预算民生化的理论建构，而且在专题调研的基础上，对现实中的国有资本经营预算制度收支安排进行了系统的问题解剖，体现了作者对现实社会问题的高度关切。在收入分配方面，本书梳理了2007年国有资本经营预算收入上缴试点以来的制度文件，分析了现行国有资本经营预算收入上缴的层级划分、程序安排、科目设定、方法核算与数额核定等相关制度安排，对国有资本经营预算收入上缴试点的实践情况进行多方面的比较审视，系统剖析现行国有资本收入上缴存在的问题，并从制度层面和体制层面对其成因进行深入的剖析。在支出分配方面，本书梳理了国有资本经营预算支出分配试点的制度文件，分析了现行国有资本经营预算支出分配的制度安排，剖析了当前国有资本经营预算支出中民生比例偏低、支出安排更多返回国有企业诱发过度投资等问题及其成因，并且通过构建计量模型实证分析了现行国有资本经营预算分配"体内循环"的基本特征。

不仅如此，为解决上述问题，本书围绕国有资本经营预算支出民生化保障进行系统的模式比较、机制建构与思路解析。一方面，基于国外社会分红的实践比较分析了国有资本收益直接分红模式、间接分红模式和混合分红模式的做法，总结了国外实践探索对我国构建国有资本经营预算支出民生化保障的经验借鉴；另一方面，针对当前中央大力推行、地方也在积极探索的国有资本收益民生化重要模式——国有资本股权划转社会保障基金方案进行重点剖析，探究当前国有资本股权划转社会保障基金的运行困境和成因，并以山东省和上海市为例，比较分析了股权划转和收入划转这两种模式的优缺点和各试点省份的运行情况。基于以上分析，本书提出国有企业利润上缴比例倍增目标约束下国有资本经营预算支出民生化的总体思路、改革方案、改革路径、评价体系和配套机制。这些观点建议因应了社会发展中的很多现实问题，有助于解决中国国有企业改革和民生事业发展实践中的突出问题，有利于规范政府、国有企业与全民的利益分配关系，切实维护国有资产所有者权益；有利于中国经济体制转轨时期"双元结构财政"模式的构建与完善和进一步深化财税体制改革，推动现代财政制度的构建；有利于提升公共财政支持民生事业的能力，化解新常态下我国社会经济发展不平衡不充分的主要矛盾；有利于加快国有经济存量的调整与结构优化，推动国有企业混合所有制改革的进程，实现国有企业"做强做优做大"，巩固公有制的主体地位。

第三，作为一部具有开拓性的学术专著，本书体现了作者大胆探索的理论勇气与魄力，实事求是，与时俱进，紧扣"创新"这一学术研究的脉搏，从理论辨析到实证检验等方面提出了许多重要的学术观点，具有重要的创新价值。

在理论辨析上，本书从现实层面指出了在当前国有企业利润逐年递增，但社会民生供需矛盾仍较为突出，广大民众迫切希望政府加大民生投入的背景下，构建国有资本经营预算支出民生化保障机制的紧迫性和现实意义，还进一步从制度层面上分析了公有制的本质特征与国有企业利润的基本归属，明确指出了国有企业红利全民共享的理论逻辑，深入地剖析民生财政与社会分红理论的内在契合性，指出了国有企业改革目标导向下的国有资本经营预算公共性定位，并从制度演变的视角分析国有企业利润分配制度演进的阶段性特征和历史规律，指出国有资本经营预算加大民生支出的历史必然性。

在实证检验上，本书首先围绕现行的国有资本经营预算收入上缴制度进行模型构建、问题剖析和实证检验，深入阐述国有资本经营预算收入上缴的制度框架和存在的问题及成因，构建计量模型实证分析管理层激励、国有企业混合所有制改革战略、高管在职消费和公司经营绩效等因素对国有资本经营预算收入上缴的影响，大胆引入行为经济学的分析方法，探究国有企业利润上缴的遵从行为特征和遵从度测算方法，并构建遵从行为模型进行实证检验。其次，本书围绕国有资本经营预算支出制度进行效应评估、问题剖析与实证检验，阐述了现行国有资本经营预算支出分配的制度安排和实践问题，指出了当前国有资本经营预算支出分配"体内循环"的基本特征，从民生供给视角评估了近年来我国财政民生保障投入的成效，指出当前加大民生投入缓解民生供需矛盾的紧迫性，剖析当前国有资本经营预算支出分配民生化面临的主要挑战，构建模型分析国有资本经营预算支出分配民生化的福利效应以及结构优度，揭示当前国有资本经营预算分配支出引发的国有企业非效率投资的基本特征，以及供给侧结构性改革下国有资本经营预算支出去产能效应的体制性障碍。

  在对策建议上，本书不仅主张国有资本经营预算应该通过民生化支出实现全民合理共享，还围绕国有企业改革、国有资本布局结构调整、国有资本财政改革等问题提出了不少有见地的观点。例如，当前学术界有一种观点认为，在社会主义市场经济体制下，国有资本退出市场竞争性领域是国有企业改革的方向与目标，届时国有资本及国有企业都只是政府提供公共产品和履行公共服务的载体，而竞争性行业和部门就由民营资本等非国有资本来经营。本书主张国有企业与非国有企业的进退机制不是交给政府，而是交给公平竞争的市场，由市场发挥优胜劣汰的作用，选择竞争力强的企业存续于市场，竞争力弱、发展潜力小的企业将被市场所淘汰，如果国有企业做得更有效率，市场上也就容许营利性国有企业的存在和发展。再如，关于"如何实现国有资本经营预算支出分配民生化"这一问题，本书不仅主张应该按照当前党中央和国务院的政策主张，把扩大国有资本划转社会保障基金作为改革的重要思路，而且还进一步前瞻性地提出，随着国有资本经营预算规模的扩大，国有资本经营预算支出应由社会保障支出逐步推广至其他的民生性支出，尤其是首先投向民生中资金缺口最大且能最大限度地让国民受益的领域。

  第四，本书研究方法综合独到，思路脉络清晰，数据资料充分翔实，从宏观到微观、从理论到实践、从问题解剖到制度建构，深层次、多视角地阐析了国有资本经营预算支出民生化的理论逻辑、实证检验和制度建构。

  本书以马克思主义基本原理和习近平新时代中国特色社会主义思想为总的指导思想，同时借鉴马克思的产权理论、西方产权理论、委托代理理论、政府预算理论和国家财务论、公共财政理论、国有资本财政论以及博弈论等中外经济理论，以中共十八大以来党中央关于国有资本、国有企业改革的一系列重要论述为依据，运用抽象演绎法以及规范与实证、定性与定量相结合的方法分析了国有资本经营预算支出民生化的理论逻辑。运用制度变迁理论的分析方法系统梳理了新中国国有企业收益分配制度的历史演变，分析不同阶段制度演变的内涵特征，把握国有企业收益分配制度演变的历史规律，从制度演变的视角指出国有企业红利分配制度改革的历史逻辑和必然性。在学术界首次尝试把行为经济学中的遵从行为概念引入国有企业红利上缴分析中，从行为经济学角度出发，探讨国有企业利润上缴中的遵从与不遵从行为特征，构建国有企业红利上缴遵从行为模型，分析国有企业红利上缴遵从行为的影响因素。

除此之外，书中多处运用了现代计量经济分析方法对国有资本经营预算制度进行效应评估、问题剖析与实证检验，在全面审视了国有资本经营预算支出分配的实践情况后，建立计量模型实证分析了现行国有资本经营预算分配"体内循环"的基本特征；基于我国当前国有资本经营预算支出分配的实践问题，指出了我国国有资本经营预算支出民生化分配面临的各种挑战，并构建福利效应模型分析我国国有资本经营预算支出分配民生化的福利效应，以及适度普惠型社会福利视角下国有资本因素支出分配民生化的结构优度；构建计量回归模型分析和检验供给侧改革下国有资本经营预算支出去产能效应的体制性障碍，指出了当前国有资本经营预算支出分配的绩效评价有待提高的客观事实。

总之，本书不仅内容饱满，视野开阔，而且论证周密，见解深刻，方法先进，既高屋建瓴，质疑问难，又一砖一石，扎实筑基，系统、全面、深入地研究了我国国有资本经营预算支出的民生化问题，建构了国有资本经营预算支出分配民生化的理论框架，运用计量模型实证剖析了现行国有资本经营预算收支分配制度的缺陷，提出了国有资本经营预算支出民生化保障的模式选择、机制建构与对策建议，体现了学术性与应用性、理论性与政策性、指导性与可操作性的紧密结合。

本书的主要作者陈少晖教授长期致力于国有资产管理体制改革研究，2006年其在厦门大学从事博士后研究的出站研究报告《国有资本财政研究》由中国财政经济出版社出版后，获得了福建省社会科学优秀成果二等奖。2010年由社会科学文献出版社出版的专著《国有资产管理：制度变迁与改革模式》获得福建省社会科学优秀成果三等奖。2012年其承担的国家社科基金一般项目课题研究成果《公共财政框架下的省域国有资本经营预算研究》由社会科学文献出版社出版，并获得福建省社会科学优秀成果二等奖。本书是他2014年承担的国家社科基金重点项目的最终研究成果，也是他致力于国有资产管理和改革研究的第四部学术专著，作为他的博士后导师，对于他在学术上的勤勉努力和丰硕成果，颇感欣慰。本书定稿后，他诚邀我为之作序，我欣然应允，审阅全书，提笔写出以上一段文字。

是为序。

邓子基
2020.9.9

摘　　要

本书坚持以人民为中心的习近平新时代中国特色社会主义思想为指导，贯彻中共十九大报告"以民生为本""着力保障和改善民生"的发展理念，围绕"国有资本经营预算的收入征缴和支出结构民生化"这一主题，在进行全面的文献资料梳理分析和广泛的实地调研访谈的基础上展开。研究内容按照"绪论篇—理论辨析篇—收入倍增篇—支出民生篇—改革构想篇"的逻辑思路展开，共分为5篇22章，合计约70万字。

绪论篇包括第一至三章，主要阐述本书的研究背景和研究意义，在全面综述课题相关研究成果的基础上，对本书研究的相关核心概念范畴进行内涵与外延的界定。

理论辨析篇包括第四至八章，主要构建本书研究的理论分析框架。阐述本书研究的理论基础，分析公有制的本质特征与国有企业利润的基本归属，剖析民生财政与社会分红理论的内在契合性，指出国有企业改革目标导向下的国有资本经营预算公共性定位，并从制度演变的视角分析国有企业利润分配制度演进的阶段性特征和规律性经验教训，指出国有资本经营预算制度建构民生化导向的历史必然性。

收入倍增篇包括第九至十三章，主要围绕国有资本经营预算收入征缴制度进行模型构建、问题剖析和实证检验。第一，阐述了国有资本经营预算收入征缴的制度框架，剖析了实践中国有资本经营预算收入征缴制度的问题及成因；第二，构建计量模型实证分析管理层激励、国有企业混合所有制改革战略、高管在职消费和公司经营绩效等因素对国有资本经营预算收入征缴的影响；第三，重点剖析了在国有企业利润上缴比例倍增目标约束下国有企业经营者的盈余管理行为特征及其影响因素，并引入行为经济学的分析方法，探究了国有企业利润上缴的遵从行为特征和遵从度测算，构建遵从行为模型进行实证检验；第四，在分析我国国有企业利润上缴比例倍增的基本目标约束的基础上，基于加权平均资本成本（WACC）模型对国有企业红利征缴比例的合理性进行了实证检验。

支出民生篇包括第十四至十七章，主要围绕国有资本经营预算支出制度进行效应评估、问题剖析与实证检验。第一，阐述了现行国有资本经营预算支出分配的制度安排和运行实践，指出了当前国有资本经营预算支出分配"体内循环"的基本特征；第二，从民生供给视角总结了近年来我国财政民生保障投入的成效，并从民生需求的视角客观评价分析了我国民生保障的总体水平和分项目水平，指出当前加大民生投入缓解民生供需矛盾的紧迫性；第三，剖析了当前国有资本经营预算支出分配民生化面临的主要挑战，构建模型分析了国有资本经营预算支出分配民生化的福利效应以及结构优度；第四，构建指标体系评价当前国有资本经营预算支出的总体绩效，揭示了当前国有资本经营预算分配支出引发的国有企业非效率投资的基本特征以及供给侧结构改革下国有资本预算支出去产能效应的体制性障碍。

改革构想篇包括第十八至二十二章，主要围绕国有资本经营预算支出民生化保障进行模式比较、机制建构与思路解析。第一，基于国外社会分红的实践比较分析了国有资本收益直接分红模式、间接分红模式和混合分红模式的经验做法，总结了国外实践模式对我国构建国有资本经营预算支出民生化机制的经验借鉴；第二，运用博弈模型分析方法分析了国有资本经营预算收支安排中的政府、企业、民众等利益主体之间的利益矛盾和冲突，提出构建国有资本经营预算各利益主体合作共赢的利益协调机制；第三，针对当前中央大力推行、地方也在积极探索的国有资本收益民生化重要模式——国有资本划转社会保障基金方案进行重点剖析，探究当前国有资本收益划转社保的运行困境及其成因，并以山东省和上海市为例，比较分析了股权划转和收入划转这两种模式的优缺点和各试点省市的运行情况，并以福建省为例，剖析国有资本划转社会保障基金过程中的实践难点；第四，提出国有企业利润倍增目标约束下国有资本经营预算支出民生化的总体思路、改革方案、改革路径、评价体系和配套机制。

目 录

绪 论 篇

第一章 导论 ··· 3
  第一节 研究背景与研究意义 ··· 4
  第二节 研究思路与结构安排 ··· 10
  第三节 研究方法与创新点 ·· 15
  第四节 需要再探讨的若干问题 ·· 20

第二章 研究文献综述 ·· 22
  第一节 国外相关研究文献综述 ·· 22
  第二节 国内国有资本经营预算的理论研究 ······························ 32
  第三节 国内国有资本经营预算的收入研究 ······························ 41
  第四节 国内国有资本经营预算的支出研究 ······························ 48
  第五节 对当前学界研究成果的简要评价 ································· 62

第三章 范畴界定和概念辨析 ·· 65
  第一节 国有资产、国有资本与国有企业 ································· 65
  第二节 国有资本经营预算的内涵与外延 ································· 73
  第三节 公共财政与国有资本财政 ··· 84

理论辨析篇

第四章 国有资本经营预算分配研究的理论基础 ························· 95
  第一节 产权理论 ·· 95
  第二节 委托代理理论 ··· 105
  第三节 政府预算理论 ··· 112
  第四节 国家财务论 ·· 127

第五章　公有制的本质与国有企业利润归属：一个分析框架 …… 131
第一节　公有制的内涵及本质属性 …… 131
第二节　国有企业利润的功能作用及基本属性 …… 138
第三节　公有制视角下的国有企业利润归属分析 …… 141

第六章　社会分红理论与民生财政的内在契合性 …… 147
第一节　民生财政的特定内涵辨析 …… 147
第二节　西方社会分红理论的民生内涵 …… 152
第三节　国有企业红利社会分红与民生财政的内在契合性 …… 153
第四节　民生财政下国有企业红利"社会分红"的基本要求 …… 156

第七章　国有企业改革目标导向下的国有资本经营预算公共性定位 …… 161
第一节　国有企业的属性界定与基本功能 …… 161
第二节　国有企业分类改革的内在逻辑 …… 166
第三节　分类改革目标导向下的国有企业类别划分与改革方案设计 …… 171
第四节　国有资本经营预算的公共性定位 …… 176

第八章　国有企业收益分配制度：历史演进与阶段特征 …… 183
第一节　传统体制下"统收统支"的国营企业收益分配制度（1949～1976年） …… 183
第二节　改革初期"税利合一"的国营企业收益分配制度（1977～1993年） …… 188
第三节　"税利分流"下的国有企业收益分配制度（1994年至今） …… 194
第四节　国有企业收益分配制度演变的规律分析 …… 199

收入倍增篇

第九章　国有资本经营预算收入征缴的制度安排与实践探索 …… 207
第一节　国有资本经营预算收入的制度安排 …… 207
第二节　国有资本经营预算收入的实践探索 …… 213
第三节　国有企业利润上缴公共财政存在的问题 …… 222
第四节　国有企业利润上缴财政问题的成因分析 …… 225

第十章　国有资本经营预算收入征缴影响因素的实证检验 …… 230
第一节　国有企业合理分红比例的影响因素 …… 230
第二节　管理层激励与国有资本收益 …… 236
第三节　国有企业混合所有制改革战略与国有资本收益 …… 242

第四节　高管在职消费、经营绩效与国有企业利润分红……………… 254

第十章　利润上缴约束下的国有企业盈余管理分析……………………… 267
 第一节　企业盈余管理行为的一般分析……………………………… 267
 第二节　高管薪酬管制与国有企业盈余管理………………………… 276
 第三节　国有企业政治关联、内部控制与盈余管理………………… 297

第十二章　利润上缴比例倍增目标下的国有企业遵从行为分析………… 322
 第一节　国有企业红利上缴遵从行为分析的必要性和理论基础…… 322
 第二节　国有企业红利上缴遵从行为的现状分析…………………… 324
 第三节　国有企业红利上缴遵从行为的实证检验…………………… 331

第十三章　国有企业利润征缴比例倍增的目标约束与优度检验………… 337
 第一节　国有企业红利上缴比例倍增的目标约束…………………… 337
 第二节　国有企业红利征缴比例政策的演变………………………… 348
 第三节　基于 WACC 的国有企业红利征缴比例优度检验 ………… 351

支出民生篇

第十四章　国有资本经营预算支出分配的制度安排与实践情况………… 371
 第一节　现行国有资本经营预算支出分配的制度安排……………… 371
 第二节　国有资本经营预算支出分配的实践问题…………………… 377
 第三节　国有企业红利分配"体内循环"的实证分析……………… 387

第十五章　中国民生财政投入与民生保障水平的评估…………………… 391
 第一节　党和政府关于民生理念与政策导向的历史演进…………… 391
 第二节　近年来中国财政民生保障投入的实证研究………………… 393
 第三节　中国民生保障总体水平评估………………………………… 398
 第四节　中国民生保障分项目水平评估……………………………… 400

第十六章　国有资本经营预算支出民生化的福利效应与结构优度……… 419
 第一节　国有资本经营预算支出分配应当向民生倾斜……………… 419
 第二节　国有资本经营预算支出分配民生化的主要挑战…………… 421
 第三节　国有资本经营预算支出分配民生化的福利效应…………… 428
 第四节　国有资本经营预算支出分配民生化的优度检验…………… 454

第十七章　国有资本经营预算支出的绩效评价与实证检验 463
第一节　中央国有资本经营预算支出项目绩效评价分析 463
第二节　国有资本经营预算支出下国有企业非效率投资的特征检验 475
第三节　供给侧结构性改革下国有资本经营预算支出去产能效应分析 483

改革构想篇

第十八章　国有资本收益社会分红的国际模式与借鉴价值 495
第一节　国有资本收益直接分红模式 495
第二节　国有资本收益间接分红模式 504
第三节　国有资本收益混合分红模式 507
第四节　国有企业利润社会分红国际模式的借鉴价值 512

第十九章　国有资本经营预算支出分配主体的利益协调机制构建 517
第一节　利益相关者视角下的国有企业利润分配 517
第二节　政府、企业与民众关于国有企业红利分配的博弈分析 522
第三节　国有企业利润分配中的利益协调机制构建 532

第二十章　国有资本划转社会保障基金：国有资本经营预算支出民生化的思路构想 537
第一节　人口老龄化背景下社会养老基金缺口巨大 537
第二节　国有资本划转充实社会保障基金的必要性与可行性 552
第三节　国有资本划转充实社会保障基金的实践探索 558
第四节　国有资本划转社会保障基金的运行困境 562
第五节　国有资本划转社会保障基金运行困境的成因 565

第二十一章　国有资本划转社会保障基金：国有资本经营预算支出民生化的实践探索 569
第一节　中央和地方探索国有资本划转社会保障基金的总体情况 569
第二节　股权划转：山东省国有资本划转社会保障基金的实践模式 575
第三节　收入划转：上海市国有资本划转社会保障基金的实践模式 592
第四节　国有资本划转社会保障基金的实践难点：以福建省为例 606

第二十二章　利润倍增目标下国有资本经营预算支出民生化：总体思路与对策建议 617
第一节　国有资本经营预算支出民生化的总体思路和基本要求 617

第二节　国有资本经营预算支出民生化机制创新：国有资本划转社会
　　　　　保障基金 ·· 623
　　第三节　国有资本经营预算支出民生化改革路径：完善国有资本
　　　　　经营预算制度 ·· 628
　　第四节　构建民生财政导向下国有资本经营预算支出绩效评价体系 ········ 633
　　第五节　实现国有资本经营预算支出民生化的相关配套机制 ················ 638

附录　中央国有资本经营预算相关表格（样表） ···································· 649
参考文献 ·· 657
后记 ·· 700

绪 论 篇

本篇包括第一至三章。阐述了本书的研究背景和意义，说明了本书的研究思路和内容结构、本书研究的方法和创新，以及本书需要再探讨的若干问题。全面梳理分析了国内外关于国有资本经营预算民生化的相关文献综述，客观评析已有研究成果的贡献与不足，并由此提出本书欲解决的问题。对本书研究涉及的国有资产、国有资本、国有企业和国有资本经营预算等核心概念范畴进行严格界定。

第一章

导 论

1978年改革开放以来，中国经济社会等各方面取得了举世瞩目的成就，经济总量已经超过90万亿元，成为仅次于美国的全球第二大经济体。但从现代化进程来看，当下中国仍处于现代化进程中最为关键的社会转型期，在经济总量快速增长和质量稳步提升的过程中，仍面临着突出的各种社会矛盾和社会问题。其中，民生问题是各种矛盾的焦点，是解决各种社会问题的重中之重。中国共产党历来十分重视保障和改善民生工作，尤其是中共十八大以来，以习近平同志为核心的党中央把保障和改善民生摆在更加突出的位置。中共十九大报告更是以新的高度强调了坚持"以人民为中心"的发展理念，这既是习近平新时代中国特色社会主义思想的重要内容，也是新时代坚持和发展中国特色社会主义的基本方略。关注民生、重视民生、保障民生、改善民生，越来越成为新时代以习近平同志为核心的党中央和国务院的基本职责与历史使命，也是当下中国维护社会稳定、促进社会发展、加快现代化进程的重要工具，是今后很长一段时期各级党委和政府的中心工作之一。

在当前民生供给与民生需求矛盾日益凸显，民生问题日益受到社会各界强烈关注的背景下，调整国有资本经营预算支出结构，加强国有资本经营预算民生化支出，解决民生供给的短板问题，已经成为学术界和实务界共同研究和探索的重大现实课题。自2008年3月发布的《国务院关于试行国有资本经营预算的意见》恢复了国有企业利润上缴制度以来，经过12年的实践探索，国有资本收益征缴比例不断提高，国有企业利润上缴规模持续扩大。面对国有企业利润上缴后的巨额国有资本财政资金，如何贯彻落实党中央"以人民为中心"的发展理念，建立规范的国有资本经营预算支出制度，使国有资本收益能更多惠及民生，妥善化解当下日益凸显的民生供需矛盾，就具有更加重要的学术价值与现实意义。

第一节 研究背景与研究意义

一、研究背景

　　肇始于1978年的中国改革开放，以市场化为导向，打破了以国有企业为主要载体的国有经济一统天下的格局，非国有经济的比重不断增加，大多数国有企业被股份制公司所替代，国有独资企业数量明显减少，股份制公司逐渐成为公有制经济的主要实现形式。经过40多年的改革开放，国有企业数量虽然急剧锐减，但尽管如此，中国目前仍然是全球大国中国有资产数额最大、国有经济比重最大的国家。据统计，截至2018年12月末，国有企业[①]资产总额1 787 482.9亿元[②]，是2018年国内生产总值的近两倍。国有资产在社会总资产中依然占据主导地位，掌握着国民经济的命脉。根据国务院国资委的部署，国有经济仍然必须对关系国家安全和国民经济命脉的重要行业和关键领域保持绝对控制力。事实上，目前国有企业在军工、电网电力、石油石化、电信、煤炭、民航、航运七大行业中已经保持着绝对的主导地位。

　　国有资产数额与国有经济比重在全球经济大国中"最大"的中国经济现状，以及自然资源稀缺与劳动力资源过剩的中国国情，不仅要求继续推进改革开放40多年来行之有效的市场化战略，而且要求进行政府宏观调控手段的创新。而实行国有资本经营预算，则是政府宏观调控的一个重要的衍生手段，不仅有利于国有资本在微观层面保值增值，实现国有股东利益最大化，更重要的是能够强化国有资本在宏观层面的调控作用，进一步协同公共财政职能的有效发挥，通过国有资本的合理布局和流动提高全社会资源配置的效率，解决我国改革攻坚阶段的许多深层次社会经济问题，尤其是当下最为突出的民生问题。

　　事实上，国有资本经营预算制度的构想在我国由来已久。早在1993年中共十四届三中全会就明确指出："要建立政府公共预算和国有资产经营预算，并可以根据需要建立社会保障预算和其他预算。"1995年国务院颁布的《中华人民共和国预算法实施条例》给予了进一步的确认。但此后，关于建立国有资本经营预算的实践探索一直未能取得实质性的进展。直到2007年国务院发布《国务院关于试行国有资本经营预算的意见》，才标志着中央本级国有资本经营预算工作进入到实践探索阶段。此后财政部和国务院国有资产监督管理委员会（以下简称"国资委"）进

---

　　①　这里的国有企业包括中央管理企业、中央部门和单位所属企业以及36个省（自治区、直辖市、计划单列市）的地方国有及国有控股企业，不含国有一级金融企业。
　　②　2018年1~12月全国国有及国有控股企业经济运行情况 [EB/OL]. 中华人民共和国财政部网站，2019-01-22.

一步发布《中央企业国有资本经营预算编报试行办法》和《中央企业国有资本收益收取管理办法》。这三项政策文件的相继出台，标志着国有资本经营预算制度基本框架的初步建立。

自 2007 年国有资本经营预算制度正式启动以来，国有资本经营预算试点工作进展顺利，取得了较为显著的成效。中央国有资本经营预算收入由 2007 年试行之初的 139.9 亿元上升至 2019 年的 1 638.11 亿元[①]（不包括上年结转收入），地方国有资本经营预算本级收入也由 2012 年的 402.49 亿元上升至 2019 年的 1 727.73 亿元[②]。2019 年财政部发布的《关于 2018 年中央和地方预算执行情况与 2019 年中央和地方预算草案的报告》显示，汇总中央和地方预算，2019 年全国国有资本经营预算收入 3 365.84 亿元，比上年增长 16.1%；加上上年结转收入 5.63 亿元，收入总量为 3 371.47 亿元；全国国有资本经营预算支出 2 400.85 亿元，增长 11.2%；调入一般公共预算 970.62 亿元。

国有资本经营预算运行 12 年以来，国有资本收益征缴比例日益提高。2007 年，国有资本收益收取比例最高为 10%，2013 年中共十八届三中全会通过的《中共中央关于全面深化改革若干重大问题的决定》指出要继续提高国有资本收益的上缴比例，2020 年提高到 30%。为了贯彻中共十八届三中全会精神，财政部于 2014 年 4 月颁布了《关于进一步提高中央企业国有资本收益收取比例的通知》，规定国有独资企业应交利润比例继续提高 5%，从而使中央企业国有资本收益上交比例最高达 25%。按照这一规定，中央企业依据 25%、20%、15%、10%、0 五档标准来上交国有企业利润。然而，《国务院关于试行国有资本经营预算的意见》对国有资本上交收益的具体使用流向，即对国有资本预算的支出安排只做了原则性的规定，包括资本性支出、费用性支出和其他支出三大项。在"其他支出"项中，虽然提出"必要时，可部分用于社会保障等项支出"的内容，但既没有规定相应的支出比例，更没有给出可操作性的流程。在实践中，国有资本收益主要用于国有企业的再投资，这样使得本已有巨额利润的国有企业内部拥有了更多的现金流。这些现金流一方面用于国有企业的过度投资，尤其是固定资产的低效率重复投资；另一方面用于国有企业内部消费，如用于发奖金（尤其是国有企业高管奖金的发放）、涨工资、增福利及"职务性消费"等。这样的国有资本预算支出安排使得国有资本收益的收取在某种程度上没有达到抑制国有企业过度投资的初衷，广大民众作为国有资产的终极所有者也未能切实有效地分享国有经济做强做大的成果。上述政策制度的盲点及实践中国有资本收益"内部循环"的倾向引发了社会各界对国有资本预算支出导向和结构的密切关注。

---

① 数据根据中华人民共和国财政部网站公布的《国有资本经营预算编制情况》、2010 年以来公布的《中央国有资本经营收入预算表》及《关于 2018 年中央和地方预算执行情况与 2019 年中央和地方预算草案的报告》整理而得。

② 数据根据中华人民共和国财政部网站 2012 年以来公布的《地方国有资本经营收入决算表》及《关于 2018 年中央和地方预算执行情况与 2019 年中央和地方预算草案的报告》整理而得。

正是基于广大民众对民生保障的强烈企盼，近年来，党中央、国务院对加强国有资本经营预算支出的民生投入进行了卓有成效的探索。2017年11月，国务院出台《划转部分国有资本充实社保基金实施方案》，对国有资本划转社会保障基金（以下简称"社保基金"）进行了一系列顶层设计，各省区市试点国有资本充实社保基金的步伐也逐渐加快。尤其是在2019年7月10日召开的国务院常务会议上，国有资本充实社保基金成为社会各界关注的一大焦点。在这次会议之后，国务院开始了第三批合计35家中央企业的国有股权划转社保的试点，这次试点企业数量接近前两批总企业数量的两倍，其划转股权的金额更是前两批试点划转股权总金额的6.4倍，这三批试点企业所划转的国有股权总金额预计将高达6 038亿元。由此可见，党中央和国务院对推进国有资本股权划转社保改革的坚定决心和空前力度。然而，与中央层面的快速推进相比，地方政府层面的国有资本划转社保的试点探索却未见明显成效。从本课题组对地方调研情况来看，2018年以来只有安徽、云南、新疆、四川4个省区相继出台了国有资本充实社保基金实施方案，连同此前早期探索的山东、上海、辽宁3个省市，合计只有7个省份进行了实践探索，大多数省份均尚未启动这项工作。因此，从整体进展来看，与我国当前面临的民生问题的紧迫性和广大民众需求的殷切期盼相比，目前我国在实践探索国有资本经营预算民生化的进度仍然滞后。另外，随着国有企业改革的持续深入，国有企业上缴利润比例的不断提高，国有资本经营预算收入也将随之提高，国有资本经营预算支出民生化已具备充分的条件。但现行国有资本经营预算支出绩效评价体系尚未把民生支出纳入其中，缺乏民生支出的刚性约束机制。因此，迫切需要建立民生导向下国有资本经营预算支出的绩效评价与监管机制，以促进民生支出的增加与民生化战略目标的实现。

综上所述，国有资本经营预算支出的合理是国有资本经营预算制度成功施行的归结点与落脚点。倘若国有资本经营预算支出不合理，那么国有资本收益的上缴在一定程度上也就失去了意义。按照宪法精神，广大民众才是国有资产的终极所有者，理应享有终极的国有资本收益权。国家作为人民的代表，可以首先代人民收取国有资本收益，但应该以各种有利于改善民生的形式把国有资本收益返还于民众。然而，现行的政策制度以及实践中的国有资本经营预算支出都未能切实体现向民生领域倾斜的导向，不仅有悖市场经济原则，还使民众的福利受损，不利于国有资本经营预算制度的顺利推行，更不利于"人民群众对美好生活"追求目标的实现。因此，本书在国有企业红利征缴比例倍增的目标下，探索国有资本经营预算支出的民生化问题，不仅是实现经济高质量发展的内在要求，也是最大限度满足人民日益增长的美好生活需要的题中之义。

二、研究意义

中共十八大报告指出："要毫不动摇巩固和发展公有制经济，推行公有制多种实现形式，推动国有资本更多投向关系国家安全和国民经济命脉的重要行业和关键领域，不断增强国有经济活力、控制力、影响力。"2013年11月12日中国共产党第十八届中央委员会第三次全体会议通过的《中共中央关于全面深化改革若干重大问题的决定》指出："完善国有资产管理体制……划转部分国有资本充实社会保障基金。完善国有资本经营预算制度，提高国有资本收益上缴公共财政比例，2020年提到30%，更多用于保障和改善民生。"可见，随着国有企业的进一步"做强做优做大"，国有企业利润总量规模未来会不断扩大。而随着国有企业利润上缴比例"倍增"目标的实现，将会促使国有资本经营预算收入总量大幅增加。在这一现实背景下，国有资本经营预算支出的民生化的重要性就日益凸显。本书对此进行研究，显然具有极为重要的现实意义。

1. 有利于规范政府、国企与全民的利益分配关系，切实维护国有资产所有者权益

改革开放以来，随着我国社会主义市场经济体制的建立，政府的职能范围发生了较大的转换，国有企业日益成为独立参与市场活动的、自负盈亏的市场主体和法人实体，从而相应地要求政企分开、政资分开。这种变化决定了国有企业与政府有着双重关系：一方面，作为独立的市场主体，其对政府公共财政的贡献应同其他非国有企业一样，主要通过照章纳税来体现；另一方面，作为市场经营主体，其对投资者或产权主体的贡献，应通过向出资人上缴投资收益来实现。由此决定了我国政府经济管理职能是双重的。而政府预算作为反映政府活动的范围和方向、保障国家发挥其职能的工具，自然要随着政府职能的转换而进行相应的改进，使政府以不同身份行使的职能反映为预算上不同性质的收支，就是要分别建立公共财政预算和国有资本经营预算，政府负责对企业实行有效的产权制约、引导和监控，维护国有资产所有者的合法权益；企业按照国家有关资本与财务管理的规章制度，承担国有资本保值增值的法律责任。通过建立国有资本经营预算，对企业的资产收益和产权变动等经营活动进行规范，解决长期以来税收收入与国有资产收益"混收、混用、混管"的弊端，有利于国有资本出资人（国务院国有资产监督管理委员会）加强对国有资本经营者的约束与控制，以抑制国有资产的流失，维护国有资产所有者应有的权益。

因此，国有资本经营预算的制度安排总体上对于理顺政府与国有企业的利益关系具有重要意义。但是，国有企业的最终所有者是全民，政府只是接受全民的委托，代表全民履行国有企业出资人职责，全民作为国有企业的所有者理应享有国有资本收益。因此，在当前全民—政府—国有企业三者的利益关系中，全民与政府、国有企业之间的利益关系是否能够理顺，很大程度上需要依赖国有资本经营预算支出的民生化来实现，通过国有资本经营预算支出民生化的制度安排保障全民的国有企业收益分配权。

2. 有利于中国经济体制转轨时期"双元结构财政"模式的构建与完善，进一步深化财税体制改革，推动现代财政制度的确立

建立现代财政制度是中共十八届三中全会立足全局、面向未来提出的重要战略思想，是中央科学把握现代国家发展规律做出的重大决策部署，抓住了全面深化改革的关键环节，对于完善中国特色社会主义制度、全面建成小康社会和实现中华民族伟大复兴的中国梦具有重大而深远的意义。本课题组认为，新时期党中央提出建设有中国特色的现代财政制度，其基本框架特征就是"双重结构财政"的基本模式。从新中国财政发展史看，中国在计划经济时期的财政是"单元结构财政"模式，政府集行政权力、公有资产所有权、企业生产经营权于一身，几乎控制了所有的社会资源配置。1978 年开始的市场化改革打破了这种国有经济"大一统"的局面，非国有经济比重不断增加，国有企业数量日益减少，形成多种所有制经济并存的格局。但是，如前所述，经过 40 多年的改革开放，虽然国有经济的比重已经降至 30% 以下，但中国目前仍然是全球大国中国有资产数额最大、国有经济比重最大的国家。这一部分资源配置是以政府为主体进行的，这就决定了中国在经济体制转轨过程中的财政是"双元结构财政"，即财政由相对独立的公共财政和国有资本财政两部分构成。在"双元结构财政"中，公共财政是国家以社会管理者身份，通过财政分配来保障正常的政府活动和社会秩序；国有资本财政是政府以资本所有者身份进行的一种宏观分配行为。国有资本财政与政府公共财政是相互对应的，两者都服从和服务于政府意志，它们共同构成国家财政的两个方面。如何协调公共财政和国有资本财政的关系是中国财政的特殊问题。建立公共财政是我国财政体制改革的基本方向和终极目标，但这种改革是一个渐进的过程，在这一过程完成之前应当肯定国有资本财政存在的合理性，只有在国有资本结构调整到位、完全符合市场经济要求时，建立公共财政体制的终极目标才能真正实现。正是由于国有资本财政的存在，国有资本预算有着更特殊的重要性。一方面，国有资本是资本，它具有资本的一般属性即增值性；另一方面，国有资本毕竟不同于其他的社会资本，它要实现政府目的，因此国有资本的增值性要受到政府目标的制约。国有资本财政最本质的特征在于通过国有资本的战略性配置，优化经济结构，取得宏观经济效益；确保国有经济质量和控制力，保障宏观经济健康运行。国有资本财政必须在国有资本的政府目标与资本增值之间寻求平衡，既要追求资本配置的整体效率，又要追求整个国民经济的宏观资源配置效率和社会效益。可以说，国有资本经营预算是国有资本活动的"游戏规则"，是国有资本财政制度的集中体现。只有建立规范的国有资本经营预算，才能使我国转轨期的"双元结构财政"模式得以完善。

从近年来国有企业改革的顶层设计看，2020 年国有企业红利上缴比例要平均提高到 30%，实现"倍增"目标，这进一步强化了未来国有资本财政的比重和地位。因此，在国有资本财政日益确立和完善的趋势下，加强国有资本经营预算民生化支出研究，完善国有资本财政支出制度安排，这对于我国构建与完善"双重结构财政"运行框架，推动现代财政制度的发展和完善，具有重要的现实意义。

3. 有利于提升公共财政支持民生事业的能力，从而有利于化解新时期我国社会发展不平衡不充分的主要矛盾，有利于实现共同富裕

中共十九大报告指出："中国特色社会主义进入新时代，我国社会主要矛盾已经转化为人民日益增长的美好生活需要和不平衡不充分的发展之间的矛盾。"可见，中共十九大报告将延续36年的我国社会主要矛盾由"人民日益增长的物质文化需要同落后的社会生产之间的矛盾"的概括，调整为"人民日益增长的美好生活需要和不平衡不充分的发展之间的矛盾"的新提法。这是立足新的历史条件和现阶段基本国情对我国社会主要矛盾变化做出的全新的科学预判，为理解我国新的发展阶段和发展新阶段的现代化经济提供了新思路。中国社会主要矛盾的变化是关系全局的历史性变化，对党和国家工作提出了许多新要求。在经济上的新要求就是必须确立"以人民为中心"的经济发展理念，推动经济发展朝着实现全体人民共同富裕的方向前进。因此，主动适应社会主要矛盾的转化是对当前国家社会各项工作的基本要求，财政作为"国家治理的基础和重要支柱"，必须在这一过程中发挥重要的作用。

从财政角度来化解新时期我国社会发展的主要矛盾，就必须进一步提高国有资本财政的民生支出比重。改革开放以来，基于税收收入基础上的公共财政逐步形成和发展，但由于改革开放初期我国社会发展的主要矛盾仍然是"人民日益增长的物质文化需要同落后的社会生产之间的矛盾"，因此财政支出安排上必然重视经济建设支出，如公共投资和基础设施建设等，着重解决经济社会发展的效率问题，这种支出安排虽然有利于化解当时社会主要矛盾，但也造成了财政民生支出比重偏低等问题，导致各种社会发展矛盾的日益突出，这最终促使了我国社会发展主要矛盾的转移。因此，当前社会发展主要矛盾的转移决定了我国财政支出安排中要进一步加大民生财政支出的力度，这不仅需要调整现有的公共财政支出预算安排，更需要目前日益壮大的国有资本财政发挥重要的支撑作用。

从法理角度看，在以公有制为主体的社会主义市场经济条件下，国有企业产权的终极所有者是全体国民。因此，国有企业的利润应当属于全体国民，并由国家代表全体国民行使所有者权益。按照我国现行的制度安排，财政部是国家财权的代表，所以国有企业利润收缴事宜应该是由财政部来负责，国有企业上缴的利润应当融入公共财政，由财政部统筹管理、合理使用，这样才能真正地实现"取之于民，用之于民"的基本原则，体现财政部的社会公共支出管理职能。然而现行的国有企业红利支出安排，目前仍存在资本性支出比重过高，而用于民生支出领域比例偏低的问题，国有资本收益全民共享的目标尚未实现。如前所述，国有企业上缴的红利属于公共财政收入，应纳入政府财政预算体系，应向能使增进社会福利最大化的民生领域倾斜，如教育支出、卫生、医疗、"三农"和社保等。2013年，中共十八届三中全会通过的《中共中央关于全面深化改革若干重大问题的决定》中提出提高国有资本收益上缴公共财政比例2020年提到30%。这表明，党和政府不仅已经更加深刻地认识到国有资本收益分配的全民性，而且开始从制度层面设计国有企业红利分配的阶段性目标，其目标导向就是国有资本收益将更多用于保障和改善民生。

随着国有企业的深化改革，国有企业竞争力不断提升，其产生的红利规模越来越大，这就要求对国有资本经营预算的支出结构予以高度重视。将国有企业红利分配从"以投资性划拨给国企"向"更多地用于民生领域"进行转变，是建构全民共享国有企业红利机制的突破性尝试。"国有资产为民谋利"的本质特征要求归属公共财政的国有企业红利要更加向民生领域倾斜，让全体国民确实分享到国有企业改革和发展的成果。显然，本书研究契合了党中央的基本精神与政策导向，有利于进一步提升公共财政支持民生事业发展的能力和绩效。

4. 有利于加快国有经济存量的调整与结构优化，推动国有企业混合所有制改革的发展，实现国有企业"做强做优做大"的战略目标，巩固公有制的主体地位

中共十八大报告指出："要毫不动摇巩固和发展公有制经济，推行公有制多种实现形式。"我国作为正处于并将长期处于社会主义初级阶段的国家，要促进社会主义经济基础的巩固，必须维护公有制的主体地位，不断增强国有经济活力、控制力、影响力。当前，国有资本存量结构不合理一直是搞活国有经济的症结所在。国有经济比重过大、国有资产布局分散、战线过长在很大程度上造成了国有企业竞争力不高、经济效益低下、专业化水平偏低。中共十五大以来，党中央、国务院多次强调要加快国有经济布局和结构调整。近年来，通过兼并联合、重组改制、关闭破产等多项改革措施，国有经济布局和结构调整取得了初步成效，但调整的任务还十分艰巨。同时，随着国有企业税后利润的大幅增加，部分企业盲目投资、重复建设的问题突出，对全社会固定资产投资增长过快的驱动作用愈加明显。借助于国有资本经营预算，对现有国有经济按照产业结构高度化和企业规模经济化的要求，进行统筹规划，保证重点。通过制定切实可行的国有资本经营预算，确保新增国有资产的投资方向符合"有所为有所不为"的原则，增强对支柱产业和高新技术产业中重要骨干企业的投入，增强国有经济在关系国民经济命脉的重要行业和关键领域的支配地位；同时要按照"有进有退"的原则，对现有国有资产存量进行结构调整，引导一般竞争性国有企业通过售股变现、收购兼并、债务重组、破产清算等方式退出市场。通过国有资本经营预算，可以有效控制和引导国有资本存量变现和增量的分配与使用，引导国有资本投资方向和领域，促进国有资本在全社会范围内的充分流动与优化组合，推动国有企业混合所有制改革的发展，促进经济结构的合理调整和优化升级，提高国有资本的集中度和竞争力，提高国有资本的营运效率，发挥国有经济在国民经济中的控制力、影响力、带动力，实现国有企业"做强做优做大"。此外，通过国有资本经营预算的约束力，还可以有效地抑制一些国有企业盲目上项目、过度扩张的投资冲动，缓解全社会固定资产投资增长过快的压力，有利于促进宏观经济的均衡发展。

第二节　研究思路与结构安排

本书坚持以人民为中心的习近平新时代中国特色社会主义思想为指导，贯彻中共十九大报告"以民生为本，着力保障和改善民生"的发展理念，围绕"国有资本经营预算收入征缴与支出结构民生化研究"这一主题，在进行全面的文献资料梳理、深入的理论分析和广泛的实地调研访谈的基础上，运用规范分析与实证研究相结合的基本方法，按照"绪论篇—理论辨析篇—收入倍增篇—支出民生篇—改革构想篇"的逻辑思路展开研究。主要思路和内容结构如下：

第一部分为绪论篇。包括第一至三章，主要阐述课题的研究背景和意义，梳理相关研究成果并对课题核心概念范畴进行界定。

第一章，导论。主要阐述本书研究的背景和意义，说明当前国有企业利润逐年递增，国有企业利润上缴比例也逐步实现倍增目标的背景下，在当前社会民生供需矛盾较为突出，广大民众迫切渴望加大民生投入的殷切期盼下，坚持习近平同志以人民为中心，努力保障和改善民生的新时代中国特色社会主义思想指导下，研究构建国有资本经营预算支出民生化保障机制的紧迫性和重要意义，指出本书的研究思路和内容结构、采用的研究方法、可能的创新之处，以及需要再探讨的若干问题。

第二章，研究文献综述。本章全面梳理分析了国内外学者关于国有资本经营预算民生化的相关研究文献。国外研究文献主要集中在关于国有资产管理体制的研究、关于国有资本经营预算的研究、关于上市公司股利支付的研究以及关于国有企业红利分配的研究。相对于国外，国内对于国有资本经营预算问题的研究成果更为丰富和深入。本书把相关研究成果按照国有资本经营预算理论研究、国有资本经营预算收入研究和国有资本经营预算支出研究三个部分进行系统梳理。最后，对国内外已有研究成果进行综合评价，客观评析已有研究成果的贡献与不足，并由此提出本书试图解决的问题。

第三章，范畴界定和概念辨析。鉴于本书研究内容较广，涉及概念范畴较多，而其中不少概念范畴学术界目前尚未统一，为了避免引起不必要的学术误解和争端，有必要对本书研究的概念范畴进行科学界定。本章对国有资产、国有资本与国有企业三个核心范畴进行辨析界定，并重点对国有资本经营预算这一范畴进行严格的内涵界定与外延分析，并就公共财政与国有资本财政以及二者构成的双重结构财政进行概念范畴界定和辨析。

第二部分为理论辨析篇。包括第四至八章，主要构建本书研究的理论分析框架。

第四章，国有资本经营预算分配研究的理论基础。国有资本经营预算分配首先涉及产权理论，国有资本经营预算的基本原则和基本规定首先必须内生于国有企业的产权制度安排下。其次，委托代理理论揭示了国有资本经营预算制度是解决国有资本经营管理中所存在的委托代理问题的有效手段。再次，西方政府预算理论对于我国国有资本经营预算分配也具有重要的借鉴意义。最后，国家财务理论不仅为国有资本经营预算主体的定位提供了思路，也为财政收支预算与国有资本经营预算关系的明确奠定了理论基础。

第五章，公有制的本质与国有企业利润归属：一个分析框架。阐述公有制的基本内涵和不同类型公有制的基本特点，重点分析公有制的本质特征。在此基础上进一步阐明国有企业利润的基本功能和基本属性，揭示了公有制视角下国有企业利润全民共同占有的基本归属，指出了国有企业利润应该上缴公共财政并在支出分配上强化民生投入的基本逻辑。这构成本书研究的分析框架。

第六章，社会分红理论与民生财政的内在契合性。本章从民生财政的视角进行分析，厘清了民生的基本概念和民生财政的基本内涵，阐述了西方社会分红理论的基本构想，指出了国有企业红利作为社会分红的重要资金来源，在强化国有企业红利的民生化支出分配，践行社会分红理论构想的实践过程中，与我国当前的民生财政诉求有重要的内在契合性，提出了在民生财政框架下国有企业红利"社会分红"的基本要求。

第七章，国有企业改革目标导向下的国有资本经营预算公共性定位。本章从预算定位的视角进行分析，阐述了国有企业的基本属性，概括了国有企业的基本功能，解析了当前国有企业分类改革的理论逻辑和实践逻辑，指出了当前新一轮国有企业分类改革的目标导向，以及在该目标导向和约束下国有资本经营预算公共性定位的理论依据和现实依据，以及贯彻国有资本经营预算公共性定位的基本要求。

第八章，国有企业收益分配制度：历史演进与阶段特征。本章从制度演变的视角进行分析，运用制度经济学的分析方法梳理了我国国有企业收益分配制度的演进过程，从计划体制下"统收统支"，到改革初期的"税利合一"，再到市场经济改革下的"税利分流"，分析了不同阶段国有企业收益分配制度的主要特征及其相适应的社会经济环境，在制度演变过程中分析总结了国有企业收益分配制度演变的历史规律，指出了国有资本经营预算加大民生支出的历史必然性。

第三部分为收入倍增篇。包括第九至十三章，主要围绕国有资本经营预算收入上缴制度进行模型构建、问题剖析和实证检验。

第九章，国有资本经营预算收入征缴的制度安排与实践探索。阐述了国有资本经营预算收入征缴的制度框架，梳理了国有资本经营预算收入上缴试点以来的制度文件，分析了现行国有资本经营预算收入上缴的层级划分、程序安排、科目设定、方法核算与数额核定等相关制度安排，对国有资本经营预算收入上缴试点的实践情况进行多方面的比较审视，系统剖析现行国有资本收入上缴存在的问题，并从制度层面和体制层面对其成因进行深入的探析。

第十章，国有资本经营预算收入征缴影响因素的实证检验。本章首先厘清影响国有企业合理分红比例的相关因素，剖析其影响机理。然后结合我国当前国有资本经营预算实践中的问题，构建计量模型实证分析管理层激励、国有企业混合所有制改革战略、高管在职消费和公司经营绩效等因素对国有资本经营预算收入上缴的影响，强调了合理的国有资本经营预算收入上缴比例必须多因素系统综合考虑，不能简单采取"一刀切"的做法。

第十一章，利润上缴约束下的国有企业盈余管理分析。国有企业利润上缴制度恢复后，作为理性经济人和有独立利益诉求的国有企业经营者，享有国有企业内部控制人的信息优势，在利润上缴约束下容易诱发盈余管理行为。基于这一观点，本章重点考察国有企业盈余管理的行为特征，构建计量模型，研究高管薪酬管制、国企政治关联、国企内部控制等因素对国有企业盈余管理行为的影响。

第十二章，利润上缴比例倍增目标下的国有企业遵从行为分析。2020年国有企业利润上缴公共财政比例要实现30%的倍增目标，这一新的目标要求对国有企业经营者带来了更高的绩效考核压力，也在一定程度上侵蚀了国有企业经营者高福利的利润基础。作为应对策略，国有企业经营者容易通过内部控制人的信息优势，设置障碍阻止国有企业利润的正常上缴，表现出不遵从的行为特征。本章引入行为经济学的分析方法，探究了国有企业利润上缴的遵从行为特征和遵从度测算，并构建遵从行为模型进行检验。

第十三章，国有企业利润征缴比例倍增的目标约束与优度检验。我国国有企业利润上缴比例实现倍增，这是由我国经济体制改革的目标约束决定的，体现了我国完善政企分配关系、完善公有制和基本经济制度、完善市场经济体制的基本目标导向。国有企业红利上缴比例的倍增目标，经历了改革启动、稳步推进和调整完善三个基本阶段。为探究我国合理的国有企业利润上缴比例，本章基于WACC模型对国企红利征缴比例的合理性进行实证检验。

第四部分为支出民生篇。包括第十四至十七章，主要围绕国有资本经营预算支出制度进行效应评估、问题剖析与实证检验。

第十四章，国有资本经营预算支出分配的制度安排与实践情况。阐述了我国现行的国有资本经营预算支出分配的制度框架，梳理了国有资本经营预算支出分配试点的制度文件，分析了现行国有资本经营预算分配的制度安排。认真审视了国有资本经营预算支出分配的实践情况，剖析了当前国有资本经营预算支出中民生比例偏低、支出安排更多返回国企诱发过度投资等问题及其成因。并且通过构建计量模型实证分析了现行国有资本经营预算分配"体内循环"的基本特征。

第十五章，中国民生财政投入与民生保障水平的评估。从民生供给视角总结了党和政府民生理念与政策导向的历史演进，阐述了近年来我国财政民生保障投入的措施及总体成效，并从民生需求保障视角客观评价分析我国当前民生保障的总体水平和分项目水平，深入剖析当前我国民生保障存在的突出问题，指出当前加大民生投入缓解民生供需矛盾的必要性和紧迫性。

第十六章，国有资本经营预算支出民生化的福利效应与结构优度。阐述了当前国有资本经营预算支出分配向民生领域倾斜的必要性，基于我国当前国有资本经营预算支出分配的实践问题，指出了我国国有资本经营预算支出分配面临的根本挑战、宏观挑战、中观挑战和微观挑战。在此基础上，构建福利效应模型，分析我国国有资本经营预算支出分配民生化的福利效应，以及适度普惠型社会福利视角下国有资本经营预算支出分配民生化的结构优度。

第十七章，国有资本经营预算支出的绩效评价与实证检验。构建国有资本经营预算支出的绩效指标体系，评价当前中央国有资本经营预算支出的总体绩效，剖析其存在的问题，重点分析了当前国有资本经营预算分配支出引发的国有企业非效率投资的基本特征和主要成因,构建计量回归模型分析和检验供给侧改革下国有资本经营预算支出去产能效应的体制性障碍,指出了当前国有资本经营预算支出分配的绩效偏低的客观事实。

第五部分为改革构想篇。包括第十八至二十二章,主要围绕国有资本经营预算支出民生化保障进行模式比较、机制建构与思路解析。

第十八章,国有资本收益社会分红的国际模式与借鉴价值。基于对国外社会分红理论与实践文献资料的收集和归纳,本章把国有资本收益社会分红的模式概括为直接分红模式、间接分红模式和混合分红模式三种类型,选择典型国家和地区综合比较分析了国有资本收益直接分红模式、间接分红模式和混合分红模式的做法,总结了国外实践模式对我国构建国有资本经营预算支出民生化保障的经验借鉴。

第十九章,国有资本经营预算支出分配主体的利益协调机制构建。国有资本经营预算支出分配本质上是各利益相关主体利益关系的再分配,是一个矛盾冲突和协调的过程。本章运用博弈模型分析方法分析了国有资本经营预算收支安排中的政府、企业、民众等利益主体之间的利益矛盾和冲突,提出了构建国有资本经营预算各利益主体合作共赢的利益协调机制的基本要求。

第二十章,国有资本划转社会保障基金:国有资本经营预算支出民生化的思路构想。本章针对当前党中央、国务院积极推行、地方政府也在积极探索的国有资本收益民生化重要模式——国有股权划转社保基金方案进行重点剖析,分析了当前我国人口老龄化背景下社会养老基金面临的巨额缺口压力,阐述了国有资本划转充实社保基金的必要性和可行性,梳理了国有资本划转社保基金的制度演进,重点剖析了当前国资收益划转社保的运行困境及其成因。

第二十一章,国有资本划转社会保障基金:国有资本经营预算支出民生化的实践探索。延续上一章国有资本划转社保基金的思路构想,本章从实践探索角度对该方案进行研究,阐述了中央和地方近年来探索国资划转社保的总体进展情况和划转模式分类,并以山东和上海为例,比较分析了股权划转和收入划转这两种模式的优缺点和各试点省市的运行情况。同时以福建省为例,剖析国有资本划转社保基金的实践难点。

第二十二章,利润倍增目标下国有资本经营预算支出民生化:总体思路与对策建议。阐述了国有资本经营预算支出民生化的总体思路和基本要求,提出了把国有资本划转社保基金作为我国国有资本经营预算支出民生化的改革方案,指出把逐步完善当前国有资本经营预算制度作为推进国有资本经营预算支出民生化改革的基本路径,构建了在民生财政导向下国有资本经营预算支出民生化的绩效评价体系,以及构建实现国有资本经营预算支出民生化改革的相关配套机制。

本书的研究思路如表1-1所示。

表 1-1　　　　　　　　　　本书研究的结构思路

篇名	章	章名
绪论篇	第一章	导论
	第二章	研究文献综述
	第三章	范畴界定和概念辨析
理论辨析篇	第四章	国有资本经营预算分配研究的理论基础
	第五章	公有制的本质与国有企业利润归属：一个分析框架
	第六章	社会分红理论与民生财政的内在契合性
	第七章	国有企业改革目标导向下的国有资本经营预算公共性定位
	第八章	国有企业收益分配制度：历史演进与阶段特征
收入倍增篇	第九章	国有资本经营预算收入征缴的制度安排与实践探索
	第十章	国有资本经营预算收入征缴影响因素的实证检验
	第十一章	利润上缴约束下的国有企业盈余管理分析
	第十二章	利润上缴比例倍增目标下的国有企业遵从行为分析
	第十三章	国有企业利润征缴比例倍增的目标约束与优度检验
支出民生篇	第十四章	国有资本经营预算支出分配的制度安排与实践情况
	第十五章	中国民生财政投入与民生保障水平的评估
	第十六章	国有资本经营预算支出民生化的福利效应与结构优度
	第十七章	国有资本经营预算支出的绩效评价与实证检验
改革构想篇	第十八章	国有资本收益社会分红的国际模式与借鉴价值
	第十九章	国有资本经营预算支出分配主体的利益协调机制构建
	第二十章	国有资本划转社会保障基金：国有资本经营预算支出民生化的思路构想
	第二十一章	国有资本划转社会保障基金：国有资本经营预算支出民生化的实践探索
	第二十二章	利润倍增目标下国有资本经营预算支出民生化：总体思路与对策建议

第三节　研究方法与创新点

一、研究方法

本书采用的研究方法如下：

一是定性分析与抽象演绎法。本书对国有资本经营预算问题的研究是建立在若干理论基础之上的，只有明晰了产权理论、委托代理理论、国家财务论、政府预算理论、公共财政理论、双重结构财政理论等相关基础，与国有资本经营预算支出相关的现状、绩效、改革等问题才能得以解释。因此，本书在马克思历史唯物主义与唯物辩证法的指导下，运用定性分析的方法对国有资本经营预算的理论基础进行系统阐述和评析，运用抽象演绎法对本书的核心范畴，如资产与国有资产、资本与国有资本、国有资产与国有资本等进行内涵界定与类别划分。

二是历史与逻辑相一致、辩证唯物主义及否定之否定的方法。本书主张国有资本经营预算支出应通过公共财政统筹安排，主要用于民生性支出。那其依据是什么？遵循的理论逻辑又是什么呢？本书将运用历史与逻辑相一致、辩证唯物主义及否定之否定的方法分析公有制的本质特征与国有企业利润归属，社会分红理论与民生财政的内在契合性。

三是定性分析与定量分析相结合的方法。国有资本经营预算收入主要来源于竞争性国有企业实现的利润，然而，竞争性国有企业是否获得了较多的政府性保护？抑或是承担了过多的社会职能？本书将通过定性与定量相结合的研究方法分析竞争性国有企业的功能定位，认为在市场发挥决定性作用的环境下，应赋予竞争性国有企业真正的市场地位，才能保证国有资本经营预算的收益基础。此外，本书将通过定量分析法评价国有资本经营预算的支出效果。

四是比较借鉴法。国际上国有企业利润的分红模式有哪些？呈现出什么特征？是否有共同经验值得我国借鉴？本书将比较分析国有企业利润社会分红的各种国际模式，总结国际上社会分红的共同经验。当然，我国的主流意识形态、国情特征与其他国家存在差异性，因此，应在结合本国国情的基础上，借鉴国际有益经验，以不断完善我国国有资本经营预算支出制度。

五是规范与实证相结合的方法。本书运用实证分析法检验我国现行国有资本经营预算支出的福利效应、国有资本经营预算民生支出的优度；用规范分析法提出国有资本经营预算支出优先向社会保障等民生领域倾斜的可行性、国有资本经营预算支出分配主体的合作与制衡；用规范与实证相结合的方法研究山东省和上海市国有资本划转充实社保基金的具体情况，以期增强国有资本经营预算优先充实社保基金的说服力和可信度。

二、创新之处

本书的完成得益于国家社科基金项目的资助，从课题立项、实地调研、撰写初稿到修改定稿，历时五年。在课题组全体成员的共同努力下，终于完成了预定的各项研究任务，即将付梓出版。与同类研究成果相比，本书在以下几个方面具有一定的创新价值：

第一，本书研究的对象是国有资本经营预算，但研究重点放在"国有资本经营预算支出民生化"这一基本问题。该问题目前学术界已有学者进行了一定程度的探讨，但研究还不够系统和深入，研究成果散见于一些单篇论文或研究报告。本书能够在一定程度上弥补学术界研究的不足。通过全面梳理现有文献成果可以发现，近年来尤其是 2007 年中央国有资本经营预算试点开展以来，学术界对国有企业收益分配、国有资本经营预算的研究成果已经比较丰富，但国外学者大都是研究一般上市公司的股利分配政策，较少触及国有企业这一具有特定产权性质的利润分配制度，对于国有资本经营预算的研究成果更是稀少。国内学者虽然结合我国国情较多地研究了国有企业的利润分配以及在此基础上的国有资本经营预算，但大都是从围绕国有资本经营预算的编制、国有企业利润的上缴等方面展开。总体来看，尽管学术界对"国有资本经营预算"这一领域研究成果不少，但对"国有资本经营预算支出民生化"这一问题的研究还付之阙如，尤其是在国有企业红利上缴比例实现倍增目标这一条件约束下的国有资本经营预算支出民生化的系统性研究成果更不多见。本书针对学术界这一研究不足，紧紧围绕中共十九大提出的"坚持以人民为中心""着力保障和改善民生"等基本理念，把研究的重点放在国有资本经营预算如何强化民生保障支出这一目标上，从理论逻辑、实证检验、体制框架和政策设计等方面展开系统论述，因此，本书的研究能够一定程度上充实这一研究领域的薄弱环节，具有重要的探索创新价值。

第二，围绕着"国有资本经营预算支出分配如何强化民生投入保障"这一主题，本书从多方面进行了研究，指出了国有资本经营预算支出强化民生投入的重要性和紧迫性，在一定程度上丰富了中共十九大提出的"坚持以人民为中心""着力保障和改善民生"等政策主张的学理依据。首先，阐述了国有资本经营预算支出分配民生化的理论逻辑，通过分析马克思的产权理论、西方产权理论、委托代理理论、政府预算理论和国家财务论的主要观点及其对国有资本经营预算支出分配的理论启示，基于公有制的本质分析国有企业利润的基本属性及其归属，剖析民生财政与社会分红理论的内在契合性，指出国有企业改革目标导向下的国有资本经营预算公共性定位，从理论层面建构了国有资本经营预算支出分配民生化的理论框架；其次，运用制度变迁理论的分析方法系统梳理了新中国国有企业收益分配制度的历史演变轨迹，分析不同阶段制度演变的内涵特征，总结出国有企业收益分配制度演变的历史规律，在此基础上指出了国有企业红利分配制度改革的逻辑主线和历史必然性；最后，从收入上缴和支出分配两方面对现行国有资本经营预算制度进行实证分析，从"制度安排—实践效果—问题剖析—成因探究—模型检验"等多层面进行研究，交叉印证了当前国有资本经营预算政策效果仍难以尽如人意，需要在进一步完善现行国有资本经营预算分配政策的基础上，积极推进国有资本经营预算支出分配民生化机制的建构。

第三，本书在研究中尝试引入行为经济学的分析方法，研究国有企业在国有资本经营预算支出中的盈余管理和上缴遵从行为特征。经过多年的改革，国有企业已经逐步作为独立的市场经营主体，有其自身的利益追求，在国有企业过去长达 13 年不分红的制度惯性约束下，国家作为出资人开始向国有企业征缴税后利润，必然面临诸多困难与阻力。这种困难和阻力，突出的表现在：一方面，我国国有企业红利上缴比例目前偏低；另一方面，目前已经开始征缴的国有企业红利，在现行政策导向下，又大都回流到国有企业，形成了目前国有企业红利制度"体内循环"的格局，国有企业红利难以惠及民生。在国家与国有企业利润征缴的博弈中，国家虽然享有股东权力的强制性，但国有企业却享有"内部人"的信息优势，基于市场经济下"理性经济人"的利益驱使，国有企业可以通过利润操纵、盈余管理、盲目投资、会计政策选择以及增加员工福利和高管在职消费等方式，对国有企业利润上缴制造各种障碍，不利于国有企业红利上缴制度的建立。因此，有必要借鉴行为经济学中的前景理论，研究国有企业利润上缴中的行为特征，减小国有企业利润上缴中的博弈对抗，推进国有企业红利上缴制度的完善。为此，本书一方面重点考察国有企业盈余管理的行为特征，构建计量模型研究高管薪酬管制、国有企业政治关联、国有企业内部控制等因素对国有企业盈余管理行为的影响；另一方面，把行为经济学中的遵从行为概念引入国有企业红利上缴分析中，从行为经济学角度出发，探讨国有企业利润上缴中的遵从与不遵从行为特征，构建国有企业红利上缴遵从行为模型，分析国有企业红利上缴遵从行为的影响因素。

　　第四，本书不仅明确主张"国有资本经营预算支出分配民生化"这一基本观点，还进一步提出，随着社会主义市场经济的完善，国有资本将不断践行其公共职能，更加突出其公共性的基本定位。当前有一种很流行的观点认为，在社会主义市场经济体制下，国有资本退出市场竞争性领域是国有企业改革的方向与目标，届时国有资本及国有企业都只是政府提供公共产品和履行公共服务的载体，而竞争性行业和部门就由民营资本等非国有资本来经营。本书并不赞同这一观点。在完善的市场经济体制下，国有企业与非国有企业的进退机制不是交给政府，而是交给公平竞争的市场，由市场发挥优胜劣汰的作用，选择竞争力强的企业存续于市场，竞争力弱、发展潜力小的企业将被市场所淘汰。随着社会主义市场经济的不断完善及国有企业改革的深化，国有资本应退出那些民营资本较具竞争力的领域，不与民争利；但在公平的市场环境下，如果国有企业确实能够做得比民营企业好或更有效率，那么由国有企业来做也是符合市场经济的竞争原则的。在市场发挥决定性作用的当下，市场经济要维护的就是公平竞争和优胜劣汰，不论是国有企业还是民营企业的成功与否，都是市场竞争的结果，如果民营企业做得较好，市场上自然存在的就是民营企业；如果国有企业做得更有效率，市场上也就容许营利性国有企业的存在。通过对国有资本的战略调整和重组，国有资本会退出效率较低的领域，不侵占民营企业与民众的利益，而是为民营企业提供公共产品和公共服务，创造良好的发展环境，从而体现出市场经济下国有企业改革深化后国有资本的公共属性；国有资本也会进入效率较高的领域，产生的利润直接或间接地与民众分享，践行国有资本的公共职能，从而体现国有资本的公共属性。

　　第五，关于"如何实现国有资本经营预算支出分配民生化"这一问题，本书主张把扩大国有资本划转社保基金作为改革的重要思路，这与当前党中央和国务院的政策主张是一致的，但本书还进一步提出，随着国有资本经营预算规模的扩大，国有资本经营预算支出应由社会保障支出逐步推广至其他的民生性支出。民生包括教育、就业、收入分配、社会保障、医疗卫生和社会管理等诸多范畴。而目前国有资本预算收入却是极为有限的。有限的国有资本经营预算收入面临着诸多的民生性支出要求，难以全盘兼顾。因此，国有资本经营预算支出应首先投向民生中资金缺口最大且能最大限度地让国民受益的领域。我国社会保障资金主要来源于公共预算，而在经济新常态的背景下，公共预算又有各方面的刚性支出要求，难以安排巨额资金划拨给社保基金。而随着人口老龄化的加速到来，我国的社会保障资金需求极大，这就导致了社保基金的严重缺口。社会保障被称为社会的"安全网"和"减震器"，对国民经济及社会的稳定发展起到了保障和支撑的作用。因此，国有资本经营预算支出应首先考虑社会保障的支出要求，并设置最低比例保证其刚性需求。随着国有资本经营预算收入水平的不断提高，其支出预算应由社会保障支出扩大至其他的民生性支出，如重点投向教育这一有利于社会福利持续增进的支出。通过教育投资，让更多的人享受教育，才能提高劳动者的知识技能和劳动力的边际产出，从而满足工业化和城市化的需求。就业、收入分配、医疗卫生、社会管理等领域也应随着国有资本经营预算收入的提高而给予相应的支出保障。

第六，本书主张国有资本经营预算要往民生支出倾斜，有利于进一步丰富和实践坚持"以人民为中心"的习近平新时代中国特色社会主义思想。中共十九大报告以新的高度强调了坚持以人民为中心，指出"人民是历史的创造者，是决定党和国家前途命运的根本力量""新时代中国特色社会主义思想，必须坚持以人民为中心的发展思想""使人民获得感、幸福感、安全感更加充实、更有保障、更可持续"。坚持以人民为中心的思想，既是习近平新时代中国特色社会主义思想的重要内容，也是新时代坚持和发展中国特色社会主义的基本方略。坚持和贯彻以人民为中心的发展思想，就必须坚持人民主体地位，把人民对美好生活的向往作为奋斗目标，这是因为新时代我国社会主要矛盾发生了变化，由原来的人民日益增长的物质文化需要同落后的社会生产之间的矛盾，转变为人民日益增长的美好生活需要和不平衡不充分的发展之间的矛盾。坚持以人民为中心，就是要以民生为本，努力保障和改善民生，"保障和改善民生要抓住人民最关心最直接最现实的利益问题，既尽力而为，又量力而行，一件事情接着一件事情办，一年接着一年干。"以习近平同志为核心的党中央在治国理政的过程中，以民心民生为本，着力保障和改善民生，这是坚持以人民为中心的具体体现，充分展现了新时代中国特色社会主义的优越性、科学性和先进性。本书研究遵循习近平新时代"以人民为中心"的发展理念，通过对公有制本质属性的分析，指出国有资本收益全民共享的发展理念与基本诉求，从而提出国有资本经营预算支出的民生化主张，并为保障国有资本经营预算支出的民生化提供改革思路和政策建议，这是习近平同志新时代以人民为中心的发展思想在国有资本经营预算支出领域的体现，有利于进一步丰富和实践坚持以人民为中心的习近平新时代中国特色社会主义思想。这就使本书的研究成果具有一定的理论创新价值。

第四节 需要再探讨的若干问题

本书研究成果是课题组全体成员共同努力的结果。但是，受到调研条件和研究能力的限制，本书现有研究成果仍存在一些缺憾和不足，这也是本课题组未来需要进一步研究的重点方向。

1. 如何合理确定国有企业的分红比例

现行的国有资本经营预算制度根据行业的不同收取国有资本收益，最高比例已由2007年的10%提高到2014年的20%。2013年中共十八届三中全会通过的《中共中央关于全面深化改革若干重大问题的决定》指出要继续提高国有资本收益的上缴比例，2020年提高到30%。这一国有资本经营预算收入"倍增"目标为国有资本经营预算支出的民生化提供了更为充裕的资金来源。然而，分行业"一刀切"地确定国有企业分红比例方式，本课题组认为值得商榷。行业中各家企业的经营规模、经营阶段、盈利模式、利润大小等都有差别，"一刀切"的分红模式使得一些企业仍留有可观的现金流，而另一些企业现金流则不充足。现金流不足会影响那些符合国家战略发展规划、资本支出大规模增加的国有企业的资本扩张，也不利于其对社会资本示范效应的形成。倘若大量现金流依然存在于那些过度低效率投资的企业，则会形成更多的负净现值项目的投资。也有学者建议国务院国有资产监督管理委员会与每一家国有企业逐一谈判以分别确定各家国有企业的分红比例，但这种谈判方式成本很高，而且会面临国有企业反复讨价还价，最终确定的分红比例将处于较低水平，反而不利于保证国有资本经营预算收入的足额上缴。还有学者认为应根据是否是国家鼓励做大做强的企业来界定分红比例，若是，则降低分红比例，反之，则提高分红比例。本课题组认为，是否符合国家的产业发展规划本来就是一个主观的问题，很多企业可以通过打擦边球的方式说明自己的经营业务符合国家的发展规划，所以这种处置方式也难以收到预期效果。国有资本经营预算的收入主要来源于国有资本收益，故分红问题显得尤为重要，但本课题组目前尚未找到一个科学合理的方法来保证国有资本收益规范、足额地收取。这是一个有待今后进一步深化研究的问题。

2. 如何切实保证国有资本财政支出的民生化

按照我国宪法规定，全体国民是国有企业的终极所有者，用国有企业收益回馈社会不仅符合市场经济的基本原则，而且是社会主义公有制的题中之义。但现行政策缺乏将国有资本经营预算用于民生性支出的明细化表述和可操作方案，只是提出"在必要时，可部分用于社会保障等项支出"的简单表述。而在实践中，国有资本经营预算支出多数投向国有企业，用于民生的支出极少。那到底应如何保证国有资本财政支出的民生化，应建立像美国阿拉斯加那样的全民直接分红模式，还是投向教育、医疗卫生、社会保障、就业、环保、公共安全等民生领域让广大民众间接受益的分红模式？本课题组认为，我国人口众多，倘若建立全民分红模式，每个家庭或个体分到的红利很少，难以有效提高全民的幸福指数，也很难通过这种方法拉动内需，即直接分红模式不宜在我国普遍推行。国有资本经营预算支出应通过向民众间接分红的模式来体现民生导向。但是，由于我国存在巨额的社保基金缺口及社会保障"安全网"的内在功能要求，本课题组认为国有资本经营预算应优先用于社会保障支出。然而，在多大程度上优先呢？是按照50%的比例划拨，还是更高的比例用于社会保障基金支出呢？剩余的部分又应该如何安排呢？如何保证国有资本经营预算支出资金准确无误地落实到位而不致落入个别行政主体或个人的囊中？这些问题都值得本课题组在后续的研究中进一步探讨。

3. 如何循序推进国有资本经营预算与一般公共预算的有效衔接

民生财政是公共财政的核心，公共财政的本质是"取之于民，用之于民"，民生性的支出范畴较多，除了优先安排社保基金支出外，教育、就业、医疗、收入分配、公共安全等应怎样按照轻重缓急排序支出也是民生财政的关键点。只有建立国有资本经营预算制度与政府一般公共预算适度互通的衔接制度，才可能使国有资本经营预算按公共预算统一的优先顺序安排使用全部公共财政资源，从而最大限度地满足国民需要。当然，建立国有资本经营预算与公共预算的衔接制度，不仅有利于防范公共风险，还有助于强化部门间的监督制衡。然而，在强调经济高质量发展的新常态背景下，经济增速放缓，国有企业总体利润也很难再实现高速增长，即国有资本经营预算收入也很难大幅度增长。在这种情况下，不能也不宜强制性地让国有资本经营预算与一般公共预算衔接。那么，应如何循序推进国有资本经营预算与一般公共预算的衔接呢？是根据国有企业的盈利情况衔接？还是通过建立平稳内化的制度实现有效衔接呢？具体的操作方案应当如何科学设计？这将是一个有待于深入研究的新课题。

4. 如何建立健全国有资本经营预算民生性支出的耦合政策

任何一项制度安排都是存在于制度结构中的，其需与制度结构中的其他制度安排实现制度耦合时才能使该项制度发挥最大的效用。因此，政府有必要采取行动来矫正制度供给不足或制度非均衡问题，建立国有资本经营预算支出的相关配套制度法规，使各项制度安排相互协调、相得益彰，增强制度系统的有序性，以保障国家与国有企业财政分配制度系统功能的发挥。那么，应该如何完善国有资本预算的审计制度，使国有资本收益应收尽收并保证国有资本经营预算支出的合规性与效益性？如何建立公开透明的信息披露制度，让国有资本经营预算支出制度公开、公正、公平？这些问题需要本书在进一步深入调研的基础上借助德尔菲法获得正确的答案。

第二章

研究文献综述

建立与社会主义市场经济体制相适应的国有资本经营预算制度,是当前我国财政体制改革的一项重大课题,尤其是随着近年来国有资本经营预算收入上缴比例的不断提高,国有资本经营预算在现代财政预算中的地位日益凸显。随着实践中国有资本经营预算工作的不断推进,学术界围绕国有资本经营预算展开的相关研究成果也日益丰硕,这些研究成果为本书研究提供了重要的研究基础。因此,在本书研究正式展开之前,有必要对国内外学界的相关研究成果进行系统的梳理和评述。

第一节 国外相关研究文献综述

国有资产管理是一个世界性的问题。至今世界各国都在国有资产管理问题上做了大量的理论研究和实践。在西方国家,国有经济产生和存在的主要依据是在市场经济条件下,国家要弥补市场机制的失灵。国家通过国有化或直接投资的方式建立和发展国有经济,目的是期望它作为一种国家调节经济的政策工具而发挥作用。因此大多数国家的国有经济的比重很小,也不存在所谓的国有资本财政。因而这方面的研究成果并不丰富。但与国有资本经营预算相关的国有资产管理体制、国有企业分红、公共财政等方面的研究成果较多,值得我们研究借鉴。

一、关于国有资产管理体制的研究

在国有经济发展初期,多数西方国家采取的是"政资合一、行业归口直接管理"的国有资产管理体制。例如,英国的国有企业按行业不同分别归属于运输部、能源部、工业部、环境部、苏格兰事务部等部门管理。冷战时期西德的国有企业由13个政府主管部门归口管理。法国的财政经济和预算部、计划总署、运输部、邮电部、国防部、工业部等部门分别管理各自行业的国有企业。美国的国有企业也由总统、国会及联邦政府相关的部门分别管理。在20世纪50年代以前,国外国有资产管理体制有其合理的一面,尤其是它的议会立法、政府依法管理、议会监督等管理制度和举措，至今仍然发挥着积极的效用。但在国有企业的经营管理方式上，却存在着很大的体制缺陷。主要是：政资不分，有损市场公正；两权合一，政府直接干预企业的生产经营活动；政府对国有企业缺乏有效的激励机制，企业对政府依赖性大。随着国有经济规模的不断扩大，这种体制缺陷必然导致许多国家的国有经济运行效率日趋下降。

对于如何加强国有资本的有效监管，国外学者认为不同领域的国有资产应采用不同的管理方法并追求不同的利益目标。庇古（Pigou，2007）将国有企业分为公共服务型和营利型，指出承担社会功能的非竞争性领域内的公共服务型国有企业的基本目标是提供特定的社会公共服务或服务于特定的战略目标，营利目标处于次要地位。美国就是将企业国有资本和行政服务性国有资产分开管理的，并受不同的法律监管，国家对国有企业的管理主要体现在人事任免和财务控制上。沙尔夫斯泰因（Scharfstein，1990）认为美国对国有资本管理的特色之处在于国有民营制度。在第二次世界大战后，美国政府创办的企业主要集中于基础设施部门和高技术产业部门，其余领域大都由民营经济经营或交由民营经济管理。另一些学者十分重视国有经济的宏观作用，约翰·罗尔斯（J. Rawls，1971）指出不论是在煤炭、铁路、钢铁和基础设施建设等传统的国有经济主导部门中，还是在新兴的主导产业、高科技产业中，都需要国有经济的强力支持。针对"政资不分"和"政企不分"问题，以及国有企业的功能定位问题，西方学者普遍主张如下改革措施：第一，建立专门的国有资产管理机构，使国有资产管理职能与政府的社会经济管理职能相分离，解决"政资不分"问题；第二，建立独立经营的国有控股公司，制定和完善各种相关法律，依法界定国有资产管理部门和国有资产控股公司的关系，解决"政企不分"问题；第三，国有企业实行分类管理，对于竞争性企业，按照市场化原则管理，对于非竞争性企业，制定专门的法律，设置专门的"法定机构"，实行专门的管理。

二、关于国有资本经营预算的研究

西方资本主义国家也存在国有企业，只是数量不多，比重不大，并且对国有企业的经营一般采取租赁制，政府很少直接插手经营。目前国际上尚未有国有资本经营预算制度。因此，通过对美国、加拿大、俄罗斯等国家的预算体系进行对比分析得知，目前尚未有国家实行完整的国有资本经营预算。大多数国家关于国有资产收支活动计划一般体现在政府复式预算内的资本预算项目中。如20世纪60年代，英国实行的国家借贷基金预算实际上等同资本预算，其收入包括国债费、贷款及其利息收入等，支出包括国有企业投资、地方资本投资和购买公司股票的费用等。日本的财政投融资计划基本发挥了资本预算的功能。该计划负责基础设施、国有企业及政府金融机构等方面的支出。因此，国外关于国有资本经营预算的研究文献比较少，只有少数学者从国家与国有企业的利润分配关系来进行研究。如英国经济学家詹姆斯·米德（James E. Meade，1936）在《经济分析与政策导论》（*Economic*

Analysis and Policy)一书中针对公有企业提出"社会化企业的分红"的构想,即政府将从投入社会化企业的资本和土地获得利润,它可以将利润一分为二,一份直接分给消费者作为社会分红,另一份分给企业作为企业扩大再投资资本[①]。这种构想能够将公有企业或公共资源的福利真正地落实在公民身上。米德(1938)又在其《消费者信贷和失业》一书中进一步明确提出可以将公民的"社会分红"作为"反周期"的政策调控工具,在经济萧条时期公民可利用所得的社会分红来促进社会消费,达到缓解经济衰退的效果。米德关于国有资本收益向社会分红的理论倾向于将国有资本收益的支出分为投资支出和消费支出,但是未涉及对这两种支出之间的比例分配的研究。

此外,关于政府资本性资产的财务预算管理方面,经济合作和发展组织(OECD)就明确指出,具有运营性质的政府事业迅速增加,已经使传统政府预算和会计制度越来越难以适应。具有运营性质的政府事业包括的范围十分广泛,如国家出资的邮政、电力、公用事业、基础设施,等等。这些事业既可能会仿照私营部门开展经营管理,又会与政府收支关联,国家预算必须从效益的角度来管理这些事业所能产生或应注入的现金流,有必要适当借用权责发生制会计的方法。为了应对这类状况,部分国家对于这类事业的财务预算管理一般采用特别会计或基金账户方式。

针对我国国有企业的利润分配问题,2005年10月,世界银行驻中国代表处专家高路易(Louis Kuijs)、高伟彦(William Mako)、张春霖在其合作撰写的研究报告《国有企业分红:分多少?分给谁?》中指出,虽然国务院国有资产监督管理委员会作为国有股东的代表组织,但国有企业的红利与私有化收入均应上缴财政部,且应当作为公共支出。

三、关于上市公司股利支付的研究

由于西方国家国有企业比重小,且大都不以营利为目的,因此西方学者的研究主要集中于对股份制企业的股利政策研究。

(一)关于股利支付的必要性

国外对股份公司股利支付的研究起步较早,经过多年的研究和实践,股利支付相关研究成果逐步形成若干有代表性的理论观点。

1. 股利无关理论

20世纪60年代,经济学家米勒和莫迪利安尼(Miller and Modigliani)基于完全资本市场的假设提出了著名的股利无关论(MM理论)。他们认为股利政策和公司价值之间无相关性,即在完全资本市场假设下,不支付现金股利和支付现金股利

---

① 吴国玖. 全民分红理论及实践的国际比较和借鉴[J]. 企业家天地:下旬刊,2007(12):80-81.

对股东产生的资本利得并无差别，因而包括股利的支付形式和时间在内的股利政策和公司价值无关[①]。具体观点包括：一是投资者不关心股利分配，若公司留存较多的利润用于再投资，会导致股价上升，此时尽管股利较低，但需要现金的投资者可以出售股票换取现金。若公司发放较多股利，投资者又可以用现金再买入一些股票以扩大投资，即投资者对股利和资本利得并无偏好。二是股利支付率不影响公司价值，既然投资者不关心股利分配，公司价值就完全取决于投资的获利能力，公司在股利发放和保留盈余之间的分配并不影响公司价值。值得说明的是，该理论是基于完全市场假说提出的。然而，现实的市场环境并非如 MM 理论所述的那么完美，由于存在着信息不对称和交易成本，股利政策是会影响公司价值的。在 MM 理论的指导下，要实现股东财富的最大化，就要依据剩余股利原则来制定股利政策，即企业创造的利润要首先满足良好投资机会下资本预算的需求，有剩余的情况下才对股东进行利润分配。按照这一原则分配股利有利于保证公司相对稳定的资本结构，降低股票的发行成本，从而增大公司价值，但剩余股利分配原则下，公司的股利分配政策不稳定，不能长期有效地吸引客户，不利于维护公司形象，反过来会增加公司风险。

继 MM 理论提出后，法拉和塞尔文（Farrar and Selwyn，1967）提出所得税税率差异理论即税差理论。税差理论放松了股利无关论中的无税负假设，认为一般情况下，现金股利税高于资本利得税，同时资本利得税的纳税时间选择更有弹性[②]。因此，股利支付率与企业价值负相关。所以，理性的投资者更倾向于选择低派现，从而推迟获得资本收益，以延迟缴纳所得税，获取税收差异。后来的一些研究说明股票的预期必要报酬率会随股票收益率增加而有正的线性关系，表明存在税收效果。税差理论认为高股利政策并不利于企业，为了使公司价值能够最大限度地体现，要做的不是将留存收益作为分红分给投资者，而正确的做法应当是重视投资效率，提高资金的利用效率，获得更多的利润。继 MM 理论和税差理论之后，史密斯和沃茨（Smith and Watts，1992）提出了契约假说，认为增长能力越强的企业会拥有越多的净现值为正的投资项目，可以投入大量资金而不必担心过度投资问题，增长能力强的企业会更多地通过资本市场融资，从而有效地发挥外部监督机制的作用[③]。

2. 股利利好理论

最早的股利利好理论是"一鸟在手"理论。麦伦·戈登（M. Gordon）在《股利、盈利和股票价格》（1959）、《投资、融资和公司价值》（1962）、《最优投资和财务政策》（1963）等著作与期刊上论述了关于股利政策的有关内容，并形成了著

[①] Miller M H, Modigliani F. Dividend Policy, Growth, and the Valuation of Shares [J]. The Journal of Business, 1961 (04): 411-433.
[②] 沈昌琼. 上市公司股利政策对投资行为的影响研究 [D]. 天津：天津师范大学, 2015.
[③] Smith C, Watts R. The Investment Opportunity Set and Corporate Financing, Dividend and Compensation Policies [J]. Journal of Financial Economics, 1992 (32): 263-292.

名的"一鸟在手"理论（Bird – In – The – Hand Theory）。"一鸟在手"理论的结论与 MM 理论截然不同，戈登认为将利润用于公司的再投资是有风险的，时间越长，风险越大，带给投资者的收益越不确定，所以，投资者更喜欢直接分红，而不愿意将利润留存在公司。股利支付率越高，公司的市场价值就越大。因此，他认为公司的市场价值与其股利分配政策息息相关。

在"一鸟在手"理论的基础上，西方学者提出了股利信号理论，又称作信号假说。该理论认为外部投资者与公司管理者的信息是不对称的，股利可以作为管理者释放公司内部信息的一种方式。稳定的股利及股利增长率相当于向外部传递公司效益良好的信号，促进公司股价上升，反之，公司股价将下跌。在这些理论的指导下，西方公司在红利分配过程中，主要采取了固定股利支付率、固定或稳定增长的股利、折衷股利（低正常股利加额外股利）等股利分配政策。支持这一理论的典型理论模型有巴恰塔亚模型（Bhat-tacharya，1980）、米勒—罗克模型（Miller and Rock, 1985）、约翰—威廉斯模型（K. John and J. Williams，1985）、约翰—朗模型（John and Lang, 1991）等。

除了股利信号理论外，自由现金流量假说也从另一个角度论证了"一鸟在手"理论。迈克尔·詹森（Michael C. Jensen, 1986）引入了自由现金流量的概念，提出了自由现金流量假说[1]。自由现金流指的是在不影响公司持续发展，即在支付了正净现值的投资项目后所剩余的现金流。他认为过多的自由现金流留在公司管理者手中是危险的，而股利则是减少管理者自由现金流最直接的方法之一。应采取提高现金股利支付率及股票回购的方式将自由现金流交给股东，从而降低管理层对现金流的控制程度，减少对非正净现值的投资，降低代理成本，实现股东财富最大化。自由现金流量假说可实证，也与现实较为吻合，从而也成为很多现代公司派发股利的依据。

此外，还有西方部分学者引入代理成本理论来论证"一鸟在手"理论。随着两权分离的发展，股东和企业经理人间的代理问题日益突出，代理理论应运而生。股利代理理论将现金股利当作缓解代理问题的有力工具。传统的代理理论认为，股东和经理人具有不同的效用函数，如果留存在企业的现金过多，就可能导致经理人为了自身的利益过度投资[2]，适时支付现金股利则可以限制经理人能任意支配的自由现金流，从而降低代理人的现金控制权，减少代理冲突[3]。同时，经理人控制的自由现金流减少，外部融资就会相应增加，从而吸引债权人对企业进行监督，有助于降低代理成本。有学者（Handjinicolaou and Kalay, 1984）研究发现，企业若与

---

[1] Jensen M. Agency Costs of Free Cash Flow, Corporate Finance and Takeovers [J]. American Economic Review, 1986, 76 (02): 323 – 329.
[2] Jensen M. C. and Meckling W. H. 1976. Theory of the Firm: Managerial Behavior. Agency Costs and Ownership Structure [J]. Journal of Financial Economics, 1976 (03): 305 – 360.
[3] Lang, L. H. P. and R. H. Litzenberger. Dividend Announcements: Cash Flow Signaling vs. Free Cash Flow Hvnothesis [J]. Journal of Financial Economics, 1989 (24): 181 – 191.

债权人签订条款限制股利的发放,可以防止财富向股东转移,有力证明了这一观点①。其他学者(Agrawal and Jayaraman,1994)的研究也证明,发放股利可以降低代理成本,并抵销债务成本增加所损害的公司价值②。因此,代理成本是企业制定股利政策时应考虑的重要因素之一。

(二) 关于现金股利政策的影响因素

1. 融资决策

希金斯(Higgins,1972)的研究发现,股利支付率和公司成长所需融资负相关,可预计增长速度、投资机会、财务杠杆和经营风险是四个制约股利支付率的重要因素③。格雷厄姆(Graham,1985)的研究结果表明,股利和投资政策的制定必须考虑融资因素。这说明,融资决策是现金股利政策的重要影响因素④。

2. 公司基本特征

詹森和梅克林(Jensen and Meckling,1976)的研究表明,公司的成长机会和股东可接受的现金股利支付率呈负相关关系⑤。法玛和弗伦奇(Fama and French,2001)的研究表明,公司的投资机会、盈利能力和规模会影响股利政策⑥。阿哈默德和卡洛斯(Ahmad and Carlos,2008)对美国制造业的实证研究表明,股利支付率较高的公司,其流动性、盈利率、公司规模及研发投入等通常也较高⑦。这充分说明,投资机会、盈利能力和规模大小等基本特征都会对现金股利政策的制定产生影响。其中,投资机会越多,股利支付率就可以越低。盈利能力和公司规模越大,公司在资本市场融资的门槛就越低,对内部资金的依赖程度也越低,可支持的股利支付率就越高。

3. 财务风险

罗泽夫(Rozeff,1982)的研究发现,财务杠杆即财务风险较高的公司,股利支付率通常较低⑧。迪安杰洛(DeAngelo,1990)的实证研究发现,当面临财务风

---

① Handjinicolaou G, Kalay A. Wealth Redistributions or Changes in Firm Value: An Analysis of Returns to Bondholders and Stockholders Around Dividend Announcements [J]. Journal of Financial Economics, 1984, 13 (01): 35 – 63.

② Agrawal A, Jayaraman N. The Dividend Policies of All-equity Firms: A Direct Test of the Free Cash Flow Theory [J]. Managerial and Decision Economics, 1994 (02): 139 – 148.

③ Higgins, R. C. The Corporate Dividend – Saving Decision [J]. Journal of Financial and Quantitative Analysis, 1972 (03): 1527 – 1541.

④ Graham, H. P. Dividend Policy and its Relationship to Investment and Financial Policies: Empirical Evidence [J]. Journal of Business Finance and Accounting, 1985 (04): 531 – 542.

⑤ Jensen, M., and Meckling, W. Theory of the Firm: Managerial Behavior, Agency Cost and Ownership Structure [J]. Journal of Financial Economics, 1976 (03): 305 – 360.

⑥ Fama, E., and French, K. R. Disappearing Dividends: Changing Firm Characteristics or Lower Propensity to Pay? [J]. Journal of Financial Economics, 2001 (60): 3 – 43.

⑦ Ahmad, H. Juma'h and Carlos J. Olivares Pacheco. The Financial Factors Influencing Cash Dividend Policy: A Sample of U. S. Manufacturing Companies [J]. Inter Metro Business Journal, 2008 (02): 23 – 43.

⑧ Rozeff, M. S. Growth, Beta and Agency Costs as Determinants of Dividend – Payout Ratios [J]. Journal of Financial Research, 1982 (03): 249 – 259.

险时，约 2/3 的公司会选择降低股利支付率①。否则，为保证股利的正常支付，公司需通过其他途径进行外源融资，并支付相应的交易成本（Holder，1998）②。因此，财务风险和股利支付率间具有明显的负相关关系。

（三）关于最优股利支付率的确定

1. 沃尔特（Walter）公式

"Walter 公式"主要以股利、资本成本等为解释变量，研究股票价值的确定模型③。研究结果表明，最佳股利支付率取决于留存收益再投资报酬率和权益资本成本的大小对比。当前者大于后者时，应选择较低的股利支付率，以通过留存收益再投资赚取更大的收益，不支付股利时，公司价值最大。反之，应选择较高的股利支付率，100% 支付股利时，公司价值最大。

2. 罗泽夫代理成本模型

罗泽夫（Rozeff，1982）认为，即使忽略税收因素，最优股利政策依然存在，股利支付率的确定需在两类成本间寻求平衡④。一是因增发股利而减少的代理成本；二是因外部融资而增加的交易成本（发行成本）。两类成本之和最小时所确定的股利支付率即为最优股利支付率。

3. 剩余股利模型

希金斯（Higgins，1972）提出了剩余股利理论，主张优先考虑整体投资和融资预算，以目标资本结构为基础，完成内部融资安排后，根据剩余现金流量的多少来决定股利支付率高低⑤。他认为投资机会和股利支付率呈负相关关系，降低股利支付率可使权益资金的发现成本最小化。

四、关于国有企业红利分配的研究

西方国家经营性国有企业虽然较少，但在 20 世纪西方资本主义国家先后出现过几次国有化运动，部分学者也因此对国有企业分红进行过一定的研究。国外有关国有企业分红的讨论最早起源于 20 世纪 30 年代詹姆斯·米德提出的社会分红理论，之后随着国有化运动的开展，国有企业分红逐步引起国外学者的关注。许多学者从国有企业分红的必要性、影响国有企业分红的因素等不同方面探讨国有企业分红问题。

---

① DeAngelo, H. and DeAngelo, L. Dividend Policy and Financial Distress: An Empirical Investigation of Troubled NYSE Firms [J]. Journal of Finance, 1990 (45): 1415 – 1431.

② Holder, M. E., Langrehr, F. W. and Hexter, L. Dividend Policy Determinants: an Investigation of the Influences of Stakeholder Theory [J]. Financial Management, 1998 (27): 73 – 85.

③ Walter, J. E. Dividend Policies and Common Stock Prices [J]. Journal of Finance, 1956 (03): 31 – 32.

④ Rozeff M S. Growth, Beta and Agency Costs as Determinants of Dividend Ratios [J]. Journal of Financial Research, 1982 (03): 249 – 259.

⑤ Higgins, R. C. The Corporate Dividend – Saving Decision [J]. Journal of Financial and Quantitative Analysis, 1972 (03): 1527 – 1541.

（一）国有企业分红的必要性

有一部分学者从委托代理成本角度研究国有企业分红的必要性。詹森和麦克林（Jensen and Meckling，1976）认为国有企业利润分红的一个重要原因是企业代理成本的存在，国有企业内部高管为了一己之私往往利用手中的权力进行不合理运营，从而损害了股东利益[1]。雪莉（Shirley，1983）认为国有企业内部留存的过多资金使得企业在经营活动中容易发生过度投资的行为，这在大量的国有企业中已经成为普遍的一种经营特点[2]。因此，国外学者普遍认为有必要进行国有企业分红，以降低代理成本并限制国有企业高管滥用现金，如缪尔和萨巴（Muir and Saba，1995）[3]等均持有此观点。这些学者都主张通过对国有企业收取适度的现金红利，减少委托代理成本，从而约束国有企业经营者的经营行为，提高经营效率。还有部分学者从国家利益角度分析此问题，如世界银行集团在1991年提出，对某些国家而言，为了促进经济发展和保障财政收入稳定，政府应创立国有企业并收取利润，以使国有企业对社会承担应尽的责任。1995年，世界银行又指出，基本上每个国家都认为，国有企业应作为提供某种"津贴式价格"的组织，起到调整国民收入分配格局和缩小民众贫富差距的作用。此外，国外还有不少学者研究支持国有企业分红的观点，如弗农（Vernon，1984）实证分析了国有企业和私营企业不同的分红因素，认为不论是公有的企业还是私人企业，留出一部分的利润作为分红都是很有必要的[4]，同时国有企业更应该关注国家的利益和全民的利益，理应上缴更多的红利[5]。詹尼弗和琼斯（Jennifer and Jones，1991）认为国有企业与私营企业的经营目标是不同的，大多数国有企业更偏向承担更多的社会责任，上缴红利的比例应当要高于私营企业的分红比例[6]。由世界银行驻中国代表处高路易、高伟彦、张春霖执笔的《国有企业分红：分多少？分给谁？》的报告中指出国有企业红利应上缴财政部门以用于公共支出；同时也指出新西兰、丹麦、芬兰、挪威、瑞典以及新加坡等国在国有企业分红方面都设定了有所差别的分红计划或目标分红率[7]。史密斯和特雷比尔科克（Smith and Trebil-cock，2001）表示由于国有企业经营过程中享受了优于私营企业的政策补贴，理应承担更多的社会责任，因而必须采取分红[8]。OECD

---

[1] Jensen M C, Meckling W H. Theory of the Firm：Managerial Behavior, Agency Costs and Ownership Structure [J]. Journal of Financial Economics, 1976（04）：305－360.
[2] Shirley J W. Thomas Harriot：A Biography [M]. New York：Oxford University Press, 1983：125－142.
[3] Muir R, Saba J P. Improving State Enterprise Performance：The Role of Internal and External Incentives [M]. World Bank Publications, 1995：241－253.
[4] Vernon. Linking Managers with Ministers：Dilemmas of the State－Owned Enterprise [J]. Journal of Policy Analysis and Management, 1984（01）：39－55.
[5] 苏志强，万方. 国有企业红利分配及其困境——文境综述 [J]. 财会研究，2008（08）：64－67.
[6] 杨兰品，郑飞. 国有企业分红问题研究的评价与展望 [J]. 福建论坛（人文社会科学版），2013（04）：36－40.
[7] 高路易，高伟彦，张春霖. 国有企业分红：分多少？分给谁？[J]. 中国投资，2006（4）：47－49.
[8] Smith, Trebilcock. State－Owned Enterprises in Less Develop Countries：Privatization and Alternative Reform Strategies [J]. European Journal of Law and Economics, 2001（12）：217－252.

(2005) 认为国有企业经营目标的多重性决定了其在保持稳定获利能力的同时必须承担提供公共产品服务的责任。

(二) 国有企业分红的方式和途径

如前所述，1936 年英国经济学家詹姆斯·米德（James E. Meade）针对公有企业提出"社会化企业的分红"的构想，即政府将从投入社会化企业的资本和土地获得利润，它可以将利润一分为二，一份直接分给消费者作为社会分红，另一份分给企业作为企业扩大再投资资本。国外的国有资产收益实践中，将国有资产收益作为资金来源投入到主权财富基金也是一种富有成效的做法。安德鲁·罗扎诺夫（Andrew Rozanov）在《谁拥有国家财富》一书中首次提出主权财富基金的概念，并指出主权财富基金是由专门机构管理的，是因国家在宏观经济、财政收支状况、贸易条件方面的改善而获得的财政盈余，其资金来源主要来自自然资源的出口。国际货币基金组织（IMF，2008）认为，主权财富基金是一般政府所有的、具有特殊目的的投资基金或机构。主权财富基金具有多样化的法律、组织和管理的结构。它们形式各有不同，包括财政稳定基金、储蓄基金、储备投资公司、发展基金和没有具体养老保险债务的养老保险储备基金[①]。戈达特·巴格特（Gawdat Bahgat，2010）指出，主权财富基金的投资行为更大程度有市场利率导向，政府干预较少[②]。

(三) 影响国有企业分红的因素

私营企业和国有企业均存在分红问题，但影响因素却有差异。史密斯和特里比尔科克（2001）认为，国有企业由于需要承担较多的社会责任，经营目标与私营企业不同，这种目标的差异显然导致国有企业分红有别于私营企业分红，从而影响因素也不同[③]。林特纳（Lintner，1956）认为，对私营企业而言影响因素是可分配利润和股利政策[④]。而关于影响国有企业分红的因素，国外学者观点各异。霍尔和彼得（Hall and Peter，1984）认为国有企业经营的多重目标存在冲突，这些相互冲突的目标均会导致国有企业分红上的差异[⑤]。弗农（1984）等也认为国有企业承担着经济职能、社会职能和国家战略职能的差异，促使国家制定有差别的分红政策[⑥]。麦克马伦（Mcmullen，1986）认为国有企业经营目标的多重性会导致企业内部绩效考核标准的模糊化，这种考核标准的模糊化不仅影响国有企业的经营绩效，

---

① 谢平，陈超. 论主权财富基金的理论逻辑 [J]. 经济研究，2009 (02)：4-17.
② 周轶海. 主权财富基金：一个文献综述 [J]. 金融监管研究，2016 (03)：65-80.
③ Smith D, Trebilcock M J. State-owned enterprises in less developed countries: privatization and alternative reform strategies [J]. European Journal of Law and Economics, 2001 (03): 217-252.
④ Lintner J. Distribution of incomes of corporations among dividends, retained earnings, and taxes [J]. The American Economic Review, 1956, 46 (02): 97-113.
⑤ Hall P. Central limit theorem for integrated square error of multivariate nonparametric density estimators [J]. Journal of Multivariate Analysis, 1984, 14 (01): 1-16.
⑥ Vernon. 1984. Linking Managers with Ministers: Dilemmas of the State-Owned Enterprise. Journal of Policy Analysis and Management, 1984, 4 (01): 39-55.

也会影响国有企业的分红决策①。博斯（Bos，1986）认为，某些承担国家重大战略职能的国有企业其经营目标是非营利性的，这种非营利性容易导致政府在制定国有企业分红政策中，因国有企业有较高的谈判筹码，从而使其在分红决策中有更多优势②。OECD指出，国有企业发展的最终目的应是国有企业发展与股东利益兼顾，社会职能与经济职能共同执行③。

（四）国有企业分红面临的难题

世界各国在发展国有经济的实践中均存在着无法规避的难题与困境，即国有企业会否愿意上缴企业红利与政府能否确实获得国有企业上缴红利。国外研究者认为，上述问题的解决取决于国有企业对政府分红要求的游说和讨价还价两大能力。

塞尔兹尼克（Selznick，1957）研究发现，某些国家存在少数国有企业能够撼动该国的政治与经济表现的情况，将其构建的与政府和社会相对立的庞大利益集团变为"机构（institution）"，而政府从国有企业获得分红的能力将受到这些机构的约束④。斯托博（1976）通过分析欧洲石油行业发现了某些国有企业间存在协定或共谋等行为，将严重制约政府获得国有企业分红的可操作性⑤。不仅如此，弗农（1984）通过分析如电力、铁路等公共行业领域发现，政府一般不会轻易调整某些国有企业高管人员的人事变动，侧面赋予这一类高管与政府讨价还价的能力，通过这一过程让政府考虑并满足个人利益要求，间接降低了政府获得该类国有企业分红的可能性⑥。弗农（1984）与哈夫西和科宁（Hafsi and Koening，1988）分别以法国航空公司和加拿大国有铁路联合企业为例，证实国有企业具备与政府谈判的能力，甚至当政府行政命令与自身利益相冲突之时，存在拒绝执行的可能性⑦。

不仅如此，还有少数学者基于其他视角剖析国有企业分红所处的尴尬处境。乔治·亚罗和约翰·维克斯（George Yarrow and John Vickers，1988）指出国有资产归全民所有决定了政府作为委托代理人的身份与角色，要求政府必须以保障公共利益最大化和社会经济福利最大化为出发点对国有企业进行管理与决策⑧。然而现实情况往往与此截然相反，政府一般难以承担起作为全民代理人的责任，从而削弱了政府对国企薄弱利润分配等在内的各项重大决策的影响力。乔瓦尼·费里和刘丽刚

---

① Mcmullen K E. Working with technology: A Survey of Automation in Canada [M]. Ottawa: Economic Council of Canada: Canadian Government Pub. Centre, Supply and Services Canada, 1986: 271 – 285.
② Bos J D, Kapsenberg M L. The Skin Immune System: Its Cellular Constituents and Their Interactions [J]. Immunology Today, 1986 (08): 235 – 240.
③ OECD. OECD Communications Outlook 2005 [M]. Paris: OECD Publishing, 2009: 115 – 128.
④ Selznick. Leadership in Administration [M]. Evanston: Row and Deterson, 1957: 135.
⑤ Stobaugh. The Oil Companies in the Crisis [M]. New York: W. W. Norton, 1976: 225 – 228.
⑥ Vernon. Linking Managers with Ministers: Dilemmas of the State – Owned Enterprise. Journal of Policy Analysis and Management, 1984 (01): 39 – 55.
⑦ Hafsi, Koening. The State – SOE Relationship: Some Patterns [J]. Journal of Management Studies, 1988 (03): 235 – 249.
⑧ George Yarrow, John Vickers. Privatization: An Economic Analysis, MIT Press Series on Regulation of Economic Activity. No. 18. Cambridge, MA: MIT Press, 1988.

（Giovanni Ferri and Ligang Liu，2010）分析了中国当前国有企业分红所面临的困境，指出中国正处于向市场经济体制快速转变的关键时期，为了保障国有企业相关利益，强化对其约束与监督以保障其健康发展，分红政策在政府设置的诸多国有企业相关政策之中往往不被作为重点，进而演变为国有企业发展中的次要目标[①]。

第二节 国内国有资本经营预算的理论研究

国有资本经营预算制度的构建，一方面是优化进而建立新型完善的国有资产管理体制的必修课；另一方面也是新时代国有企业深化改革的关键战略举措。然而，国有资本经营预算制度的建构是市场经济条件下国有企业深化改革过程中出现的新问题，没有现成的经验和模式可资借鉴。虽然理论界对于国有资本经营预算的研究已有较为深入的探讨，部分省市政府也在进行相关试点工作，但目前学界对国有资本经营预算的理论研究并未形成共识，仍然存在着诸多观点上的分歧。

一、国有资本经营预算的理论溯源

关于国有资本经营预算理论的探讨并非近年来才兴起的。早在1992年，财政部组织了一场关于"复式预算理论与实践国际研讨会"，专门探讨复式预算的理论与实践问题。随后国内学者叶振鹏（1993）第一次提出要建立国有资本经营预算，他指出："国家财政预算分为政府经费预算和国有资产经营预算两部分[②]。前者属于公共财政，后者属于国有资产财政，需采取差别化的办法。"随后他在1993年中国体制改革研究会苏州年会上进一步提出国家预算包括公共预算和国有资产经营预算，其中公共预算既负责经营性支出，还负责非生产建设投资支出。1995年叶振鹏、张馨提出"双元结构财政"理论，认为：社会主义国家具有两种职能——对社会经济的管理职能与国有资产的所有权职能。[③] 但随着国家从计划经济体制向社会主义市场经济体制的转型，国家原先高度合一的双重身份和双重职能也逐渐分离出来，演变成为满足国家行使政权组织需要（包含社会公共需要）的财政分配行为和行使国有资产所有者需要的财政职能这两种相互独立又有内在联系的财政行为。"双元结构财政"理论为国有资本经营预算的正名奠定了重要的理论基础。在此基础上，厦门大学邓子基（2006）指出：我国国家财政的本质内含着"一体五重"的关系，即一个主体（国家或政府）、两种身份（政权的行使者与国有资产所有者）、两种权力（政治权力与财产权力）、两种职能（社会管理与经济管理，经

---

① Giovanni Ferri，Ligang Liu. Honor Thy Creditors Beforan Thy Shareholders：Are the Profits of Chinese State-owned Enterprises Real？[J]. Asian Economic Papers，2010，9（03）：50 – 71.
② 叶振鹏. 适应社会主义市场经济的要求重构财政职能 [J]. 财政研究，1993（03）：27 – 33.
③ 叶振鹏，张馨. 双元结构财政：中国财政模式研究 [M]. 北京：经济科学出版社，1999.

济管理包含国有资产管理）、两种分配形式（税收征纳与利润上缴）①。这"一体五重"关系形成了具有社会主义特色财政的"双元结构财政"模式。与此同时，财政对应于财政管理部门来说，则形成国家财政部门和国家税务部门与国有资产管理部门的"一体两翼"格局（其中，财政是"母体"，税务与国资是与母体不可分割的"两翼"）。我国国家财政的"一体五重"关系和财政管理部门的"一体两翼"格局共同构成了我国国有资本财政和国有资本预算建立的理论依据。

二、国有资本经营预算的内涵

国内学者关于国有资本经营预算内涵的定义表述各不相同。多数学者认为，国有资本经营预算是在市场经济条件下，政府以其经营性国有资产在市场竞争领域进行经营活动所形成的收入、支出、结余等一系列预算计划的总称（邓子基，2006）。也有学者认为，国有资本经营预算是指政府取得的资本性收入与资本性支出的预算，反映国有资本所有者与经营者间的利益分配和再投资关系，可以说是对经营性国有资本收支活动展开价值管理与分配的工具（李燕，2004）②。还有学者从组织的角度认为，国有资本经营预算是基于国有资本经营战略，将所有重大和关键问题共同纳入一个价值体系之中，进而在国有资本经营管理的过程中进行分权、协调、控制与提供评判根据的制度安排（杨华和梁彦军，2005）③。另有学者提出：国有资本经营预算是一种以经营性国有资产为载体的具有法律效力的收支计划。通过这种收支计划，国家以所有者的身份对来源于经营性国有资产（即国有企业）的增值性收入和转让性收入以及国家以财政投入或者公债转贷的方式为国有企业筹措的资金做出制度性安排，并对这些收入的分配进行统筹安排（黄伯平，2006）④。2007年国务院出台了《国务院关于试行国有资本经营预算的意见》，文件中把国有资本经营预算定义为：国家以所有者的身份依法取得国有资本收益，并对其分配而发生的各项收支预算。

虽然国内专家学者对国有资本经营预算内涵的理解与表述不尽相同，但都肯定了国有资本经营预算是政府预算的组成部分，是一种收支预算，是出资人对国有资本收益进行再分配的"出资人预算"。从总体上看，学者们更多地将国有资本经营预算简单理解成为一张收支报表，并没有按照构建公共财政的思路深入理解国有资本经营预算的内涵，将国有资本经营预算与国有资本运营、管理和监管联系起来理解，尤其体现在官方对于国有资本经营预算的表述上，过于强调对于国有资本经营收益的分配，忽略了其对国有资本运营的重要影响。

---

① 邓子基. 略论国有资本经营预算 [J]. 地方财政研究，2006（01）：8－12.
② 李燕. 论建立我国国有资本经营预算制度 [J]. 中央财经大学学报，2004（02）：1－4，8.
③ 杨华，梁彦军. 关于建立国有资本经营预算制度的探讨 [J]. 中州学刊，2005（01）：57－62.
④ 黄伯平. 论我国编制中央国有资本经营预算之首要价值 [J]. 中国财经信息资料，2006（26）：1－7.

三、国有资本经营预算范围的界定

目前，对于如何界定国有资本经营预算范围所面临的最大难题就是，如何划分国有资本经营预算与公共财政预算之间的界限。对此，学者们对于如何界定国有资本经营预算的范围展开探讨，实质上是对国有资产分布范围和结构层次的理解。丛树海（2001）从规范的角度来界定国有资产经营预算的范围，强调国有资产经营预算仅涉及竞争性国有资产[①]。显然，他将非经营性国有资产（包括行政事业性资产和自然资源资产）排除在国有资产经营预算范围之外。大多数学者认为，根据国有资本的性质特征，国有资本经营预算范围应当界定于自然垄断行业和一般竞争领域经营性企业的国有资产，即国有资本（邓子基、陈少晖，2006；陈怀海，2005）[②③]。这一界定体现了社会主义财政所特有的国有资本经营预算与一般市场经济国家公共预算的根本区别。还有部分学者认为，除了来自企业的国有资本收入外，资源性国有资产收入、非经营性资产转经营性资产收入及各专项基金收入，包括从企业征收、用于特定企业和行业发展的专项基金收入都将纳入国有资本经营预算的范围（吴祥云，2005）[④]。

2017年在财政部印发的《中央国有资本经营预算编报办法》文件中第二条规定：中央国有资本经营预算的试行范围为纳入中央国有资本经营预算实施范围的中央部门及其监管（所属）中央企业（含投资运营公司），以及直接向财政部报送国有资本经营预算的中央企业（含国务院直接授权的投资运营公司）。显然，国内学者对于国有资本经营预算的理解一致性认同国有资本经营预算的范围主要界定在经营性资产内，而将行政性资产与自然资源类资产排除在外，而事实上当前国有资本经营预算的范围也主要集中在经营性产业国有资本上。

四、建立国有资本经营预算的意义

关于国有资本经营预算是否有必要建立，理论界形成了"中国特色"论和"一体两翼"论这两种学术观点。"中国特色"论认为，我国的社会主义国有经济体系是独一无二的，而以私有制为基础的西方国家预算只是实现其公共政策目标的一种工具或手段。因此，基于西方预算理论所实行的国有资本经营预算在我国并没有生长的"土壤"，况且我国已建构一套完整的国有资本的经营和监管体系，国有资本经营预算也就无发展空间。反之，如上所述的"一体两翼"论为构建国有资

[①] 丛树海. 中国预算体制重构：理论分析与制度设计 [M]. 上海：上海财经大学出版社，2000.
[②] 邓子基，陈少晖. 国有资本财政研究 [M]. 北京：中国财政经济出版社，2006.
[③] 陈怀海. 国有资本经营预算：国有企业产权改革的财政制度约束 [J]. 当代经济研究，2005（05）：67-69.
[④] 吴祥云. 国有资本经营预算范围的界定 [J]. 经济研究参考，2005（55）：8.

本经营预算提供了必要的理论依据,指出国家财政预算分为政府经费预算和国有资产经营预算两部分,需采取差别化的办法分别予以编制。

从以上两种学术观点的探讨来看,多数学者赞同构建国有资本经营预算体系具有必要性与现实价值。如吴树畅(2003)认为,编制国有资本经营预算是国资委发挥职能的重要手段、是国有资本经营公司资本运营的重要依据、是出资者对经营者的重要约束手段、是国有资本经营绩效评价的重要依据、是国有资本实施经营战略目标的重要手段[1]。李燕(2004)认为,建立国有资本经营预算具有重要的作用,既可促进社会主义市场经济体制的完善和公共财政框架体制的搭建,又可使国有资产所有者权益得到更好地维护;既可使国有资产效益得到全面提升,又可保证国有资产管理职能作用得到有效发挥[2]。邓子基(2006)认为,建立国有资本经营预算具有以下的必要性与重要性:第一,国有资本出资人职能作用得以发挥,可以有效约束和控制国有资本经营者;第二,政府的监管职能得到强化,可以科学规范国有资本的运营管理;第三,促进复式预算制度的不断完善[3]。

五、国有资本经营预算的性质

关于国有资本经营预算的性质,学术界的认识并不一致,分歧焦点在于国有资本经营预算是政府公共预算的一部分,还是与其相独立的预算。学术界有两种不同的观点。

一种观点认为,国有资本经营预算与政府的公共预算应该是两种相互独立的系统。主张这种观点的代表性学者主要有:一是吴炳贵(2005)认为,公共财政预算属于政府执行社会职能的范畴,而国有资本经营预算则属于政府执行经济职能范畴。国有资本经营预算的编制是出于国有资本保值增值的目的,其收益应继续充当资本再利用而不适宜作为利润进行再分配;公共财务预算的编制是出于维护社会稳定可持续发展的目的,因此,二者不可混淆[4]。二是吴树畅(2003)、李燕(2004)、沈铖等(2005)认为国有资本经营预算是一种出资人预算,是为了履行出资人职责,保障出资人权益而实施的预算,不同于公共预算,也不同于一般的企业财务预算[5][6][7]。三是陈金祥(2007)认为国有资本经营预算制度不同于现存体制下把政府公共管理职能和资本所有者职能合二为一的政府预算,而是将两种职能严格分开的新型政府预算,是政府管理国有资本的一种工具[8]。

另一种观点主张,国有资本经营预算是政府财政预算的重要组成部分。如文宗

---

[1][5] 吴树畅. 国有资本经营预算初探 [J]. 国有资产管理,2003:45-48.
[2][6] 李燕. 论建立我国国有资本经营预算制度 [J]. 中央财经大学学报,2004(02):1-4,8.
[3] 邓子基. 论国有资本经营预算 [J]. 经济学动态,2006(12):33-36.
[4] 吴炳贵. 关于独立编制国有资本经营预算之我见 [J]. 国有资产管理,2005:37-39.
[7] 沈铖,曹丽莉. 建立国有资本经营预算的探讨 [J]. 改革,2005(05):27-30.
[8] 陈金祥. 加快建立国有资本经营预算制度——当前国有经济布局和结构战略性调整的根本保障 [J]. 经济管理,2007(13):6-8.

瑜等（2005）认为，公共财政预算体系将国有资本经营预算纳入将更为完善，或者将国有资本经营预算系统作为其子系统，国有资本经营预算应由多部门共同参与编制，财政部门和国资委协同合作完成预算编制工作[①]。

从以上两种不同观点的争执分歧中可以看出，持第一种观点的学者其依据是基于政府的公共管理职能与国有资产应当相分离的理论；而持第二种观点的学者更多是依据《中华人民共和国预算法》的规定，财政部是预算的编制主体，将国有资本经营预算纳入公共财政预算体系，更有利于预算的编制工作。但是将国有资本经营预算纳入公共财政预算体系会使两者预算资金相混合，不利于国有资本保值增值、国有资本营运效率的提高与国有资本监管。

六、国有资本经营预算编制的层次

目前，我国国有资产经营采取的是授权营运体制，已经形成了"国有资产监督管理机构（国资委）—国有资产经营机构—国有企业"的三层次管理体制框架。与这种管理体制相适应，在国有资本经营预算编制层次中，国资委和国有资产经营机构分别是国有资本经营预算的一级编制主体和二级编制主体。前者把握预算编制的宏观方面，主要承担整个国有资本经营预算编制的组织工作，并负责检查国有资本经营预算执行是否到位，落实国有资本经营预算；而后者则是负责微观方面，承担国有资本经营预算的执行工作，并为预算的顺利编制提供可靠的数据来源和依据。目前，这种模式为大多数学者所接受，并已经在多个地区进行试点。然而，学术界对于国有资本经营预算的层次模式研究还有以下几种观点分歧：

一种观点认为，国有资本经营预算应实行两个层次编制。但是在这两个层次中，分别由谁编制和如何编制的问题上，学者观点也不一样。李燕（2004）认为，国有资本经营预算的编制层次应实施中央和地方政府分工，即中央直属的国有资本由中央国资监管部门负责编制预算，地方所辖范围的国有资本由地方国资监管部门负责编制预算，最后经由国务院国有资产监督管理委员会统一完成全国国有资本经营预算[②]。李晓丹（2006）认为，依据当前在实践中普遍采用的"三层次"国有资产管理体制，应该采用"国资委—国有资产营运机构"的二层预算管理体系，由国资委承担宏观调控角色，发挥国有资本经营预算的组织管理职能；而国有资产营运机构则承担微观运作角色，仅负责它那一个营运机构国有资本经营预算的组织管理[③]。

另一种观点认为，国有资本经营预算编制应实行三个层次编制。赖永添、吴子云（2006）认为国有资本经营预算第一层次是国有资本经营预算，财政部门负责编制，是政府对国有资本进行调整分配进而获得收益的目标规划；第二层次是财政

[①] 文宗瑜，刘微. 国有资本预算编制和审批 [J]. 国有资产管理，2005（08）：46-47.
[②] 李燕. 论建立我国国有资本经营预算制度 [J]. 中央财经大学学报，2004（02）：1-4，8.
[③] 李晓丹. 国有资本经营预算管理与监督体系探讨 [J]. 中南财经政法大学学报，2006（05）：13-17.

部门编制预算的依据，是在一个财政年度内谋划国有资本保值增值、产业结构调整及行业布局等方面的计划安排，由国有资产监督管理机构承担编制工作；最后一层次由企业编制预算，拥有国有资本的企业必然与第二层次的国有资本运营计划相关联，并且为前两个层次提供编制根据，因而在整个预算体系中是必不可少的。[①]

此外，还有学者认为，国有资本经营预算的模式和编制级次没有必要采用统一的模式，中央和地方各省区市可以根据实际情况选择适合的编制层次。张伟、吴涓（2004）认为，国有资本经营预算的模式和编制级次有三种：分别是"三级管理模式和三级编制""二级管理模式和二级编制""一级管理模式和一级编制"。第一种即国有资产管理部门—国有资产营运机构—权属企业的管理模式。国有资本经营预算编制级次根据该管理模式进行三级编制，即权属企业、国有资产营运机构、国有资产管理部门分别编制三级、二级、一级国有资本经营预（决）算，且逐级汇总国有资本经营预（决）算。第二种即国有资产管理部门—国有资产营运机构或权属企业的管理模式。根据二级管理模式进行二级编制，即国有资产营运机构或权属企业和国有资产管理部门分别编制二级、一级国有资本经营预（决）算，亦逐级汇总二级国有资本经营预（决）算。最后一种是国有资产管理部门或营运机构的管理模式。由国有资产管理部门或营运机构直接编制一级国有资本经营预（决）算。[②]

七、国有资本经营预算的会计基础

预算是经济主体对未来收入和支出的计划安排，会计则是经济主体对过去收支活动的现实反映，会计为预算的建立奠定基础，也为预算执行情况提供现实依据。确立科学的会计基础既有利于会计制度的建立又有利于预算制度的设计。当前，经济主体面对会计基础的选择一般不是权责发生制就是收付实现制。近几年来部分省区市国资委在推行国有资本经营预算制度的过程中一般选择收付实现制，对其出资企业的现金增量与流量变化进行列收列支记录。对这种做法，李俊等（2007）认为，当前出资企业的整个运营大环境已同以往大不相同，比如经济体制的变化，仅通过收付实现制难以追踪国有资本收入、支出及效益等全方面情况，由此还产生一系列问题：一是收付实现制与现行会计基础相冲突；二是预算收支反映的内容不全面，负债情况含糊不清，收支核算需要进一步核实；三是国资委尚无全套的账务处理程序[③]。吴金波、董雪艳（2009）认为对国有资本经营预算执行独立会计核算是国有资本经营预算独立性的要求，国有资本经营预算与公共财政预算执行进行混合会计核算存在诸多弊端。以收付实现制作为会计核算基础体现不出收支配比的情况，反映不出将国有资本投入国有企业所获得的投资收益情况，很难考察各项投资

[①] 赖永添，吴子云. 如何建立"中国式国资分红机制"[J]. 中国经济周刊，2006（45）：19-20.
[②] 张伟，吴涓. 国有资本经营预算的编制与思考[J]. 国有资产管理，2004（11）：38-40.
[③] 武汉市国资委政策法规处课题组，李俊. 浅议国有资本经营预算制度的会计基础[J]. 国有资产管理，2007（03）：42-44.

的效益，不利于出资人的监督。① 周娟、李彩红和董雪艳（2009）②、林亚楠（2010）③ 等也持类似观点。

虽然学术界普遍认为单纯以收付实现制为会计基础不能适应国有资本经营预算的要求，但是国有资本经营预算到底需要什么样的会计基础，学者观点却存在分歧。大多数学者认为，应该采取权责发生制作为国有资本预算的会计基础。李俊等（2007）认为，建立国有资本经营预算制度，以权责发生制作为会计基础，提供的会计信息将更加全面，可以实现与出资企业会计基础的有效对接，有利于政府出资人职能的落实，可以全面反映出资人所拥有经济资源的来源、使用及其效果，并可以全面反映资产和债务状况，防止政府的债务风险。因此，必须引入权责发生制会计，实现国有资本经营预算的会计基础的转变。吴金波、董雪艳（2009），周娟、李彩红和董雪艳（2009），林亚楠（2010）等均持类似观点。宗承刚等（2008）认为，国有资本经营预算应该采取两种会计基础共存的做法。他们认为，国有资本会计要核算的是国有资本的经营业绩，很有必要现实记录国有资本的增量与流量，因而国有资本会计核算基础应以权责发生为宜④。同时，国有资本经营预算实属国家财务范围，应列入财政总预算，并且国有资本经营预算的收支科目有必要进行责任核算。另外，预算包括国有资本经营预算，那么其相关收支科目核算的会计基础应选择收付实现制为最优。总的来说，国有资本会计的核算基础应包括权责发生制和收付实现制，采用权责发生制作为对其他国家财务活动进行核算的会计基础，而对国有资本经营预算的相关收支科目进行核算时则采用收付实现制。

八、国有资本经营预算编制的难点、目标和原则

从 2007 年中央国有资本经营预算启动之后，各地也纷纷进行了国有资本经营预算的试点工作。对于国有资本经营预算实践中的难点，学者进行了一定程度的探讨，如林亚楠（2010）⑤，乔新生（2005）⑥，张国慧、吴作章、王建志（2006）⑦，张伟、吴涓（2004）⑧ 等。他们的观点归纳如下：第一，国有资本经营预算与政府公共预算范围混淆不清，很难彻底理顺预算关系，两者无法作为完全的独立预算体系运行；第二，国有资本经营预算编制尚处于"初级"阶段，面临

---

① 吴金波，董雪艳. 论国有资本经营预算执行的独立会计核算 [J]. 财会月刊，2009（21）：53-54.
② 周娟，李彩红，董雪艳. 国有资本会计与财政总预算会计分立的必要性 [J]. 合作经济与科技，2009（23）：82-83.
③⑤ 林亚楠. 国有资本经营预算构建难点及对策探讨 [J]. 财会通讯，2010（17）：107-108.
④ 宗承刚，董雪艳，吴金波. 国有资本会计初探 [J]. 财会月刊，2008（17）：3-5.
⑥ 乔新生. 国资委应当编制经营预算 [EB/OL]. 2005-01-21. http://news.sina.com.cn/012005-01-021/22294909596s.shtml.
⑦ 张国慧，吴作章，王建志. 五省市国有资本经营预算制度试行情况的调查 [J]. 地方财政研究，2006（09）：35-39.
⑧ 张伟，吴涓. 国有资本经营预算的编制与思考 [J]. 国有资产管理，2004（11）：38-40.

编制基础不实、职责分工和审批程序不明晰等多种复杂性问题，使得国有资本经营预算难以进行规范、全面、准确的编制；第三，国有资本经营预算体系还处于不完善阶段，集中体现在国有资本经营收益收缴乏力、收入渠道有限、支出范围不合理、预算约束力不足、缺少相应法律保障机制等；第四，部分国有资产营运机构仍有可能未按实运作，存在巨额融资，潜伏着债务风险；第五，国有资本经营预算的核算是实行预算会计制度还是企业会计制度仍有待探讨。

国有资本经营预算编制的目标包含资金规划、组织实施和予以控制的经济活动效果三方面，它既是预算编制的前提也是预算执行的根据和考评准绳。目前学界关于国有资本经营预算目标的探讨，主要以陈石（1999）[①]、文宗瑜等（2005）[②]、刘永泽等（2007）[③] 为代表的"双重目标论"为主。他们认为国有资本经营预算的目标应当充分体现于两个方面：一是适应于国家宏观调控需要，实现国有资本最优配置；二是服务于国有资本的保值增值要求，提高国有资本效率。但仍有部分学者持"单一目标论"观点，如谢拾茂（2005）认为，借鉴世界各国管理国有资本的有益成果，我国国有资本经营预算的目标应当摒弃计划国有经济和国有垄断观念，着重强调提高国有企业经营效率，盘活国有资本，实现国有资本保值增值[④]。国题（2006）和李世聪等（2006）也认为提高国有资本的经营效益是建立国有资本经营预算的首要目标[⑤][⑥]。李燕（2004）则基于服务于国有资本收益最大化这一本质之下提出了以下四点具体目标：一是强化国有资本整体规划和调控，明晰国有资本管理、监督和运营主体间的关系；二是明确落实和维护国有出资人合法权益，完善收益分配制度；三是加强国有资本经营监督机制，充分反映国有资本经营的财务信息和非财务信息，完善国有资本收益管理，提高国有资本经营质量；四是加快制度和程序创新，服务于国有资本管理需要，规范国有资本运营机构运作程序[⑦]。为此，应将国有资本经营预算目标设定长期目标与近期目标，层层推进。其中长期目标强调完善国有资本经营预算制度，明晰相关部门权责，实现资本保值增值。短期目标则更强调经营预算制度框架的初步建立，提高国有企业预算管理水平，夯实预算管理基础，为推动预算管理制度创新提供服务。

关于国有资本经营预算的原则，主流研究视角主要从制度编制和预算编制对此

---

① 陈石. 国有资本金预算的特征分析 [J]. 国有资产管理, 1999（02）: 42.
② 文宗瑜, 刘微. 国有资本预算编制的主体 [J]. 经济研究参考, 2005（79）: 16-17.
③ 刘永泽, 陈艳利, 孙光国. 国有资本预算制度的构建目标、原则与基本框架 [J]. 财经问题研究, 2007（09）: 72-77.
④ 谢茂拾. 我国国有资本经营预算制度的框架设计 [J]. 产权导刊, 2005（05）: 38-40.
⑤ 国题. 努力构建国有资本经营预算监管体系 [J]. 宏观经济管理, 2006（01）: 65-66.
⑥ 李世聪, 谢英姿. 国家财务理论视角下的国有资本经营预算问题探讨 [J]. 特区经济, 2006（03）: 192-194.
⑦ 李燕. 论建立我国国有资本经营预算制度 [J]. 中央财经大学学报, 2004（02）: 1-4, 8.

进行探讨，前者以上海课题组（1997）[①]、刘新文等（1999）[②]为主要代表人物，后者则以段溢波（1997）[③]、袁海尧（2003）[④]、吴祥云（2005）[⑤]、邓子基（2005）[⑥]、刘永泽等（2007）[⑦]为主要代表人物。以上学者的观点综括起来都具有以下三点原则。一是目的性原则：国有资本经营预算应当适应于国家宏观调控目标，实现国有资本保值增值目标。二是制度建设原则：首先责权配置实现不相容岗位职责分离，满足国有资本管理体制要求；其次要在编制过程中逐步完善制度建设；最后要确保国有资本经营预算宏观远景的达成。三是编制与执行原则：遵照"量入为出、周期平衡、适度负债、法制保障"法则，其中，周期平衡还要注重国有资本经营预算和国家预算的综合平衡。

九、国有资本经营预算与其他预算的关系及资金协调

国有资本经营预算是复式预算体系下并列于公共预算和社会保障预算的三个单体预算之一，其中公共预算和社会保障预算均归属于政府公共管理职责范围内（以下合称公共预算）。国有资本经营预算与其他预算之间的矛盾集中体现在关系定位和资金协调问题上。

关于国有资本经营预算与公共预算的关系定位问题，在学界中形成两大观点，分别是：独立说（也称平行说）和附属说。其中持"独立说"观点的学者依据政府公共管理职责和所有者职责的分离，认为国有资本经营预算应当独立于公共预算，与公共预算保持并列关系；例如，李燕（2004）[⑧]、李世聪等（2006）[⑨]、欧阳淞（2007）[⑩]。持"附属说"观点的学者则认为国有资本经营预算应当作为公共预算的组成部分或者子系统，例如，吴祥云（2005）[⑪]、文宗瑜等（2005）[⑫]。在国有资本经营预算呈报形式上，更多学者支持附属（汇总）呈报形式这一观点。如文宗瑜、刘微（2008）认为国有资本经营预算应当作为公共预算的附加预算上报人民代表大会[⑬]；欧阳淞（2007）也主张各级国有资本经营预算应由财政部门和国资

[①]《构建上海国有资产经营预算管理体系》课题组. 构建上海国有资产经营预算管理体系研究 [J]. 经济研究参考，1997（A8）：2-14.
[②] 刘新文，赵庆国，蒋亚朋. 国有资本金预算模型构建 [J]. 商业研究，1999（12）：21-23.
[③] 段溢波. 试论国有资产经营预算 [J]. 中央财经大学学报，1997（10）：29-32.
[④] 袁海尧. 建立国有资产经营预算的基本框架 [J]. 经济研究参考，2003（63）：15.
[⑤] 吴祥云. 建立国有资本经营预算的若干思考 [J]. 当代财经，2005（04）：32-37.
[⑥] 邓子基. 建立国有资本经营预算的思考 [J]. 中国财政，2005（12）：19-21.
[⑦] 刘永泽，陈艳利，孙光国. 国有资本预算制度的构建目标、原则与基本框架 [J]. 财经问题研究，2007（09）：72-77.
[⑧] 李燕. 论建立我国国有资本经营预算制度 [J]. 中央财经大学学报，2004（02）：1-4，8.
[⑨] 李世聪，谢英姿. 国家财务理论视角下的国有资本经营预算问题探讨 [J]. 特区经济，2006（03）：192-194.
[⑩] 欧阳淞. 国有资本经营预算制度的几个基本问题 [J]. 法学家，2007（04）：86-92.
[⑪] 吴祥云. 建立国有资本经营预算的若干思考 [J]. 当代财经，2005（04）：32-37.
[⑫] 文宗瑜，刘微. 国有资本预算编制的主体 [J]. 经济研究参考，2005（79）：16-17.
[⑬] 文宗瑜，刘微. 国有资本经营预算要关注并解决的若干重大问题 [J]. 经济研究参考，2008（04）：24-41.

委多部门共同编制,其后再由财政部门连同公共预算汇编成政府总预算,向各级人民代表大会报告。

关于与其他预算的资金协调的问题,主流观点也有两种。第一种观点认为国有资本经营预算制度应当"独立循环、自成体系"。如丛树海、吕建永(2001)认为,公共预算与国有资本经营预算的资金应当保持独立以实现政企分开、政资分开,但国有资本经营预算资金可以调入社保预算以稳定民生[①]。万莹(2003)也主张公共预算应适度给予国有资本经营预算资金支持[②]。第二种观点强调公共财政预算、国有资本经营预算和社会保障预算三种预算可以实现资金调配。如陈怀海(2005)认为完善的政府预算制度应该使各单体预算间形成相互统一、相互平衡关系。为此他提出以下建议:既要建立预算间的信息沟通渠道和调控机制,又要国有资本调入公共财政的额度以服务国有企业改革为参考导向,也要充分考虑国有资本的中长期预算,还要完善国有资本服从全国社保基金统一预算的制度[③]。焦建国(2005)还着重强调国有资本预算很有必要与社会保障预算并驾齐驱;从统筹发展的角度来看,国有资本预算并不能独立于公共财政预算体系而存在。因此,应当将三种预算统筹于一个框架体系,实行预算平衡[④]。在具体实现资金调配的方面,多数学者认为应当设置相应的专门科目实现预算衔接。如上海课题组(1997)[⑤]、李世聪等(2006)[⑥]、赖永添和李炜(2011)[⑦]等。其中李世聪等(2006)认为,通过相应科目实现公共财政资金和国有资本经营预算资金的双向流动,既能增加经营性国有资产投资流向国有资本经营预算,又能促使部分国有资本经营收益流向公共预算以增加收入来源。此外,国家财政预算结余亦可采用有偿方式供给国家财务部门,开拓筹资预算的又一渠道。上海课题组(1997)认为,为解决各预算相互衔接和融合问题,政府部门还应当在条件允许之下成立复式预算协调委员会或小组。

第三节 国内国有资本经营预算的收入研究

近年来,随着国有资本经营预算制度在中央和地方的逐步确立,国内学术界对实践中国有资本经营预算的收入和支出进行了大量的研究。从收入角度来看,学术界研究重点集中在国有企业利润上缴的必要性、利润征缴的主体、利润上缴的划分

---

① 丛树海,吕建永. 关于编制国有资产经营预算的探讨 [J]. 财经问题研究,2001(10):36-42.
② 万莹. 建立国有资本预算的基本思路 [J]. 经济研究参考,2003(71):8.
③ 陈怀海. 国有资本经营预算:国有企业产权改革的财政制度约束 [J]. 当代经济研究,2005(05):67-69.
④ 焦建国. 国有资本预算与国有资产管理体制改革——国有资本预算到底要解决什么问题 [J]. 经济与管理研究,2005(08):29-34.
⑤ 《构建上海国有资产经营预算管理体系》课题组. 构建上海国有资产经营预算管理体系研究 [J]. 经济研究参考,1997(A8):2-14.
⑥ 李世聪,谢英姿. 国家财务理论视角下的国有资本经营预算问题探讨 [J]. 特区经济,2006(03):192-194.
⑦ 赖永添,李炜. 国有资本经营预算制度实践中的问题与思考 [J]. 中国财政,2011(06):50-53.

标准、利润上缴的比例等方面。

一、国有企业利润上缴的必要性

1994年我国在实行分税制改革的同时，为了应对当时国有企业陷入普遍亏损困境，暂停了国有企业税后利润上缴的政策。而随着一系列放权让利政策的实施，大多数国有企业不仅走出了困境，扭亏为盈，而且迅速做大做强，资产规模和利润总额大幅度增长，国有企业利润留存额也越来越大。在这种情况下，无论是从理论依据还是从现实依据上来看，恢复我国国有企业红利上缴制度显得十分必要。对此，国内学者进行了深入的研究，取得了一批有价值的研究成果。

高路易等（Louis Kuijs et al.，2006）认为中国国有企业的利润和改制收入属于公共收入，应当向国家分红，上缴财政部，有关红利支出的决定应该统一预算，并由全国人民代表大会审议批准。一个健全的国有企业分红政策不仅有利于保证国有企业投资项目的资金使用效率，而且有利于改善公共财政资源的整体配置。[①] 李友忠（2006）主张把国有企业分红作为化解国有企业垄断难题的重要突破口，是国家进行国有经济优化布局、提高国有资本运营效率的重要工具和手段，认为建立国有企业红利上缴制度是推进国有企业经营绩效考核工作顺利开展的基础，国家通过分享国有企业红利，有助于解决社会保障体系建设中资金不足的问题[②]。吴海民（2007）指出，国有企业扭亏为盈，盈利能力日益增强，已具备上缴红利的条件，国家分享国有企业红利，有利于促进国有资本良性循环，是工业反哺农业的有效手段，是打破行业垄断，营造公平竞争的市场黄金的重要途径[③]。汪平、李光贵和袁晨（2008）系统考察了国外国有企业分红的实践模式，剖析了各国国有企业分红的政策特点，主张我国国有企业应该借鉴国外经验进行分红，以促进国有企业的可持续发展[④]。刘伟等（2007）认为，国家作为国有资本的所有者理应享有分红的权利，这有利于加强对国有企业的经济约束，对企业起到监督与激励的作用，抑制企业重消费轻积累、吃老本等不规范的短期行为，实现国有资产保值增值[⑤]。李重华、李真男（2008）则认为随着国有企业盈利能力的日渐增强，国有企业已经具备了分红的基础，同时，为了缩小行业收入差距、缓和社会矛盾、实现社会和谐发展，国有企业应该进行利润分红[⑥]。左大培（2011）指出，20世纪80年代实施的"利改税"政策是与客观经济发展规律相违背的，只缴纳税收而免征红利的做法，剥夺了国家作为国有资本出资人享受投资收益的权利[⑦]。焦岩、韩丽（2008）认为

[①] 高路易，高伟彦，张春霖. 国企分红：分多少？分给谁？[J]. 中国投资，2006（04）：47-49.
[②] 李友忠. 政府应享受国企红利[J]. 中国投资，2006（04）：50-51.
[③] 吴海民. 国有企业红利上缴：理由、原则与制度设计[J]. 中外企业家，2007（08）：67-71.
[④] 汪平，李光贵，袁晨. 国外国有企业分红政策：实践总结与评述[J]. 经济与管理研究，2008（06）：78-86.
[⑤] 刘伟，蔡志洲. 国有企业应该向"政府股东"分红[J]. 新财经，2007（02）：28.
[⑥] 李重华，李真男. 国企分红纳入国家财政预算问题研究[J]. 经济经纬，2008（05）：129-131.
[⑦] 左大培. 国有经济对当前经济发展的现实意义[J]. 当代经济，2011（16）：6-8.

为了抑制国有企业投资过热、重复投资、提高投资效率，国有企业有必要对政府进行利润分红[①]。张涛、曲宁（2009）从公司财务管理目标、上市公司股利分配和公司治理结构三个角度提出国有企业进行利润分红的必要性[②]。赵坤（2012）等根据责任和利益对应原则，他们认为国有企业享受到了太多权利，而相应的义务却没有承担。所以，国有企业理应承担并履行更多的义务，其中最基本的义务要求就是国有企业红利上缴国家。[③] 杨博源（2013）、曾志杨（2010）等从所有者角度指出，国家作为出资人，是国有资产的所有者，应该以利润上缴的方式获得资本收益，实现国有股东的所有者权益[④][⑤]。蔡立新等（2011）则认为，随着社会经济的发展与国有企业收益分配制度改革的不断深入，国有企业的经济实力得到质的飞跃，经营效益不断提高，已具有上缴红利的条件[⑥]。朱珍、陈少晖（2009）认为，国有企业享受国家的特殊政策优惠如资源垄断权，是国有企业利润积累的重要途径，而重启国有企业红利上缴制度有利于打破垄断局面，促进现代企业制度的完善。[⑦]

二、国有企业利润征缴主体的争议

2003年，国务院提出建立国有资本经营预算制度后，围绕国有资本经营预算的编制和收缴主体究竟是财政部还是国资委，学界展开了争议和讨论。主要有以下几种观点：

第一种观点以邓子基（2005）[⑧]、吴祥云（2005）、张葵（2006）[⑨]、左小蕾（2007）[⑩]、王军（2008）[⑪]、郑汉慧等（2007）[⑫]等为代表，他们主要是基于《中华人民共和国预算法》的规定以及从财政预算的统一性及完整性为出发点，认为财政部理所应当是国有资本经营预算的编制主体。主要理由是国有企业是由全国人民共同出资，国有企业的利润应当属于国家和全国人民，而财政部是国家财权的代表，所以国有企业利润应当融入公共财政，其收缴应该是由财政部来负责，这样才能真正地实现公共财政"取之于民，用之于民"的根本宗旨。第二种观点认为应该由国资委负责收缴与安排国有企业红利。主要代表有吴炳贵（2005）[⑬]等，他们认为国资委代表各级政府履行出资人职责，同时负责监督管理国有企业经营，由国

---

① 焦岩，韩丽. 国企利润分红的制度建构 [J]. 企业改革与管理，2008 (01)：6-7.
② 张涛，曲宁. 基于股东报酬率的国有企业分红问题研究 [J]. 山东财政学院学报，2009 (03)：25-29.
③ 赵坤. 国有企业利润上缴的法律分析 [J]. 河南工程学院学报（社会科学版），2012，27 (01)：41-46.
④ 杨博源. 关注国企利润分配改革：经验与路径 [J]. 现代营销（学苑版），2013 (05)：29.
⑤ 曾志杨. "提高央企红利上缴比例"何争论之有？[J]. 产权导刊，2010 (07)：72.
⑥ 蔡立新，曹瑞兆. 我国中央企业利润分配政策研究 [J]. 商业会计，2011 (31)：7-9.
⑦ 朱珍，陈少晖. 中央国有企业利润上缴与使用去向探究 [J]. 发展研究，2009 (11)：34-37.
⑧ 邓子基. 建立国有资本经营预算的思考 [J]. 中国财政，2005 (12)：19-21.
⑨ 张葵. 国企红利"分食"难题 [J]. 经济导刊，2006 (08)：36-37.
⑩ 左小蕾. 不能让部门利益主导国有资产分配 [J]. 新财经，2007 (02)：29.
⑪ 王军. 现阶段我国企业社会责任问题的经济学分析 [J]. 理论学刊，2008 (11)：50-52.
⑫ 郑汉慧，蒋朝阳. 基于利润性质的国企利润分配方法 [J]. 商业时代，2007 (36)：59-60.
⑬ 吴炳贵. 关于独立编制国有资本经营预算之我见 [J]. 特区经济，2006 (03).

资委负责征收与使用国有企业利润,将有利于政企分开、政资分开。陶友之(2006)也认为国资委负责收缴国有企业利润更加合理,一方面有利于落实国资委的监管职能;另一方面便于发挥信息优势确保国有企业红利可以按时足额收缴①。海夷(2007)从投资人收益最大化的角度出发,认为国资委作为国有股东代表,拥有收益分配权,应由国资委负责国有企业利润的收缴及使用②。第三种观点认为国有企业利润征缴过程中财政部和国资委二者缺一不可,两个职能部门应该相互配合,共同代表国有股东负责国有企业红利的征缴与使用。文宗瑜等(2007)③、黄伯平(2006)④等持有此类观点。

随着《国务院关于试行国有资本经营预算的意见》《中华人民共和国企业国有资产法》的相继出台,从法理上确认了财政部应当作为国有资本经营预算的主管部门,负责国有企业红利的征缴,而各级国资委作为资本经营预算单位,负责本级国有资本经营预算的编制。至此,关于国有企业利润征收主体的讨论暂告一段落。随着国有企业红利征缴主体问题的解决,学界对国有企业利润分配制度的讨论重点逐渐转到了国有资本经营预算的范围以及国有企业利润上缴公共财政比例问题上来。

三、国有企业利润上缴的划分标准

国有企业利润分配标准的界定是确定国有企业利润上缴比例的前提之一。在2010年财政部颁布的《关于完善中央国有资本经营预算有关事项的通知》之前,国有企业利润分配的标准问题就已经引起了学术界和社会公众的广泛关注。目前,关于国有企业利润分配标准存在两种主流观点,一种是"一刀切"的方式,另一种是"一企一政"等非"一刀切"的方式,其中支持非"一刀切"观点的学者居多。干胜道(2007)认为,当前国有企业的利润分配标准主要采取的是普通股股权形式,结合国有企业自身情况制定"一企一政"⑤。关亮(2006)认为,竞争性国有企业的利润上缴比例的确定应与垄断性国有企业有所差别。⑥ 张国慧等(2006)认为,国有企业红利分配标准应根据地区间经济发展的差异来确定。⑦ 蔡芹(2012)从国有企业增长潜力的角度出发,认为国有企业未来的增长潜力是确定利润上缴比例的最佳依据。⑧ 郭洪业等(2011)认为,应该从国有企业利润的类

---

① 陶友之. 破解国企利润上缴的十个难题 [J]. 上海市经济管理干部学院学报, 2006 (06): 36-42.
② 海夷. 国企分红与国企的可持续发展 [J]. 会计师, 2007 (07): 75.
③ 文宗瑜, 李铭. 上市公司国有股分红收益的征收 [J]. 国有资产管理, 2007 (08): 72-74.
④ 黄伯平. 论我国编制中央国有资本经营预算之首要价值 [J]. 中国财经信息资料, 2006 (26): 1-7.
⑤ 干胜道. 由央企分红引发的思考 [J]. 财务与会计, 2007 (18): 11-13.
⑥ 关亮. 关于中国国有企业分红问题的探讨 [J]. 华侨大学学报(哲学社会科学版), 2006 (03): 50-56.
⑦ 张国慧, 吴作章, 王建志. 五省市国有资本经营预算制度试行情况的调查 [J]. 地方财政研究, 2006 (09): 48-51.
⑧ 蔡芹. 企业可持续增长率的实证分析及财务策略研究 [D]. 成都: 西南石油大学, 2012.

型着手来确定分红标准。① 张风梅（2010）认为，应按照国有企业的盈利水平来确定利润上缴比例，她还将国有企业按盈利水平的不同划分为五类，并尝试着划定相应的利润上缴比例。② 此外，还有少部分学者主张以"一刀切"的方式来界定国有企业利润分配标准。张文魁（2007）主张按照相关法定程序由公司的董事会或类似机构制定出利润分配标准，并建议按照税后利润的 15%~25% 进行利润的上缴。③ 李静（2010）认为，只要利润上缴比例与国有企业当前的整个盈利状况相适应就可以采用，所以她认为"一刀切"的分红标准是合理的。④ 除了以上两种观点外，还有其他学者从不同的视角出发探讨国有企业利润分配标准。周炜、宋晓满和白云霞（2011）认为，国有企业应当遵循企业经营的一般性理论，国有企业分红应当在保障政府股东获得必要投资报酬、激发企业高管积极性、促进企业健康可持续发展之间寻求平衡。⑤ 杨汉明（2009）主张将国有企业利润分配标准与企业所处的发展阶段联系起来，处于不同发展阶段的国有企业利润上缴比例不同。⑥

四、国有企业利润上缴比例问题

国有企业利润分红比例的确定一直是学术界热议的话题之一。2007年重启国有企业利润上缴财政制度后，有关部门先后对国有企业利润分红比例做过若干规定。2007年，财政部颁布的《中央企业国有资本收益收取管理暂行办法》中规定国有企业利润最高上缴比例为10%；2010年《关于完善中央国有资本经营预算有关事项的通知》中规定的最高上缴比例为15%；2013年，中共十八届三中全会通过的《中共中央关于全面深化改革若干重大问题的决定》中提出提高国有资本收益上缴公共财政比例，2020年提到30%，并要求更多地用于保障和改善民生。随着国有企业利润上缴比例目标的不断调整，学界对这一问题的研讨也在持续深入。

1. 部分学者认为我国当前国企利润分红比例偏低

贾康（2011）指出，国际上市公司利润分配比例约为 30%~40%，我国国有企业红利上缴比例过低。⑦ 周天勇（2011）通过对不同国家国有企业分红政策的比较分析，得出其平均分红水平为盈利的 1/3~2/3 的结论，并认为我国国有企业的分红比例至少不能低于 80%。⑧ 文宗瑜（2011）认为可适当提高国有企业利润的分配比例，但不可过快、过高，否则可能会影响国有企业的正常经营。⑨ 祝波善（2013）表示，即使"十二五"末中央企业国有资本收益上缴比例再上调5个百分

---

① 郭洪业，杨志勇，郑磊，朱雪华，王坤. 国企红利蛋糕怎么分 [J]. 董事会，2011（09）：22-26.
② 张风梅. 中国垄断性行业收益分配问题研究 [D]. 武汉：武汉理工大学，2010.
③ 张文魁. 国资经营预算箭在弦上 [J]. 上海国资，2007（06）：28-31，5.
④ 李静. 国企分红效果分析与检验 [D]. 成都：西南财经大学，2010.
⑤ 周炜，宋晓满，白云霞. 国有企业利润分配制度研究 [J]. 财会月刊，2011（22）：3-5.
⑥ 杨汉明. 国企分红、可持续增长与公司业绩 [J]. 财贸经济，2009（06）：23-28.
⑦ 贾康. 激辩国企问题 [J]. 上海国资，2011（04）：16.
⑧ 周天勇. 国有垄断加速推动两极分化 [J]. 中国民营科技与经济，2012（10）：60-63.
⑨ 文宗瑜. 国有资本经营预算管理改革的继续深化 [J]. 地方财政研究，2011（04）：9-11.

点也是偏低的，应该提高到30%～50%为宜①。李锦（2013）则认为国有企业向国家上缴税后净利润的80%都不为过。② 盛洪（2010）认为国有企业是属于国家的，应该把全部利润都上缴，作为国家的财政收入。③ 刘克崮（2012）对垄断性国有企业进行了研究，认为这类国有企业在资源垄断方面占优势，竞争压力小，其利润上缴比例应该比一般竞争性国有企业更高。④

2. 部分学者反对大幅度提高国企利润分红比例

有部分学者对大幅提高国有企业利润上缴比例的观点持反对意见，他们认为国有企业利润从不上缴到现在的已有相当幅度的上缴比例，已经有了较大的突破，如果在短期内过快提高利润上缴比例：首先，会触及利益集团的既得利益，他们会成为国有企业进一步改革的阻力；其次，一味片面地强调提高国有企业利润上缴比例，也会让国有企业压力倍增，影响其可持续发展。出于改革的稳定性考虑，应该采取循序渐进的方式来推进国有企业利润分红制度的改革。陈少强等（2012）认为国有企业本身存在诸多未解决的问题，如并购重组、退休职工安排等，不如等国有企业自身问题解决后再上调利润上缴比例较适宜。⑤ 文宗瑜（2011）认为短期内大幅度提高国有企业利润上缴比例，会造成国有企业履行社会职能的能力不足，影响其将来的可持续发展。⑥

3. 大多数学者认为既要考虑国家出资人权益也要考虑国有企业发展需要

大多数学者认为，国有企业利润分红比例的确定既要考虑国家作为出资人的权益，又要考虑国有企业的可持续发展问题。吴海民（2007）提出应该建立国有企业利润上缴奖惩机制，即对那些积极配合利润上缴的国有企业应该给予一些奖励，把他们上缴的利润在若干年后作为奖励返还一部分，而对那些拖欠利润上缴甚至隐瞒利润的企业采取相应的惩罚措施。⑦ 胡卓娟（2008）主张国有企业红利征缴比例的确定要参考市场的投资回报率，并把国民经济结构的调整考虑在内。⑧ 赵尔军（2008）认为，应从国有企业自身的经营状况、发展阶段的视角出发，去考虑国有企业红利上缴比例的问题。⑨ 左大培（2011）认为，应针对不同性质的国有企业采取差异化的利润上缴制度，对于利润微薄的国有企业应制定很少的红利上缴比例，而对于依靠资源垄断权获取高利润的国有企业，应当大幅度提高红利上缴比例，具体可提升至50%以上。⑩ 邓海建（2012）指出，目前我国国有企业盈利能力不断

---

① 祝波善. 央企上缴红利比例或上调 [EB/OL]. 2013 - 02 - 18.
② 李锦. 国资国企改革步入历史新阶段 [J]. 先锋队, 2013 (35): 16 - 18.
③ 盛洪. 二次国企改革的关键是如何定位 [J]. 当代社科视野, 2010 (10): 55 - 56.
④ 刘克崮. 关于新一轮财税体制改革的建议 [A]. 中国行政体制改革研究会. 中国行政体制改革的回顾与前瞻——第三届中国行政改革论坛论文集 [C]. 中国行政体制改革研究会, 2012: 4.
⑤ 陈少强, 王思娟. 继续实施积极财政政策但需适度 [J]. 中国发展观察, 2012 (01): 10 - 12.
⑥ 文宗瑜. "深化"国资预算 [J]. 新理财 (政府理财), 2011 (Z1): 64 - 66.
⑦ 吴海民. 国有企业利润上缴：理由、原则与制度设计 [J]. 中外企业家, 2007 (08): 67 - 71.
⑧ 胡卓娟. 看国企重走分红之路 [J]. 时代经贸 (中旬刊), 2008 (S1): 150 - 151.
⑨ 赵尔军. 上海、深圳、北京、武汉、广州国有资本经营预算工作情况及启示 [J]. 中国农业会计, 2008 (01): 20 - 22.
⑩ 左大培. 国有经济对当前经济发展的现实意义 [J]. 当代经济, 2011 (16): 6 - 8.

增强，现行的上缴比例与良好的经营效益和资源优势不相协调，另外从民生角度出发，提高国有企业红利上缴比例，有利于解决保障社会保障体系制度建设中资金不足的问题。① 文宗瑜等（2005）考虑到国有企业内部资金流动性问题，指出提高国有企业红利上缴的比例应采取循序渐进的方法，现阶段可适当提高5个百分点，这一做法既增加了财政收入又保证了国有企业自身的运营与发展。②

4. 部分学者主张应该分类确定国有企业分红比例

一部分学者主张按照行业类别来确定分红比例。张文魁（2007）提出应根据发展阶段及融资成本来确定国有企业的红利分配比例。③ 潘占杰、陈颖（2000）提出应按行业、规模和盈利情况，根据投资回报率来确定分红比例，而非固定划线。④ 胡卓娟（2008）认为，国家股东决定红利分配比例时应根据增长潜力对企业进行分类。⑤ 蔡芹（2012）也认为企业未来的增长潜力是确定分红比例的最好依据。⑥ 刘丽靓（2011）认为，确定分红比例时需考虑企业和行业所处的经济周期，寻求企业投资和股东利益间的平衡。⑦ 具体到地方实践上，赵尔军（2008）的实证研究表明，国有企业分红比例的确定要因地制宜，考虑不同企业的不同发展状况，并满足地区产业结构调整的需要。⑧ 张国慧等（2006）认为，确定国有企业分红比例时应考虑地区间经济发展的差异。⑨

也有部分学者主张按照国有企业产权类型确定分红比例。这些学者认为，应分别对股份制国有企业和国有独资企业制定不同标准的分红比例。关亮（2006）指出股份制国有企业分红比例30%～50%较适中；国有独资企业可参照乘数定价法，参考核心财务指标（如市盈率、市净率等）类似的同行业上市公司的红利支付比例。⑩ 杨成炎（2007）认为，国有资本分红政策的设计应遵循"等量资本获取等量收益、国家与企业共担经营风险、有利于国有资本优化配置"的三大原则，股份制国有企业可仿照四种西方股利政策，国有独资企业的理想模式则是定息分红政策。⑪

5. 部分学者提出了利润分配比例估算模型

闫甜（2008）选取了部分国有企业样本，并基于资本资产模型（CAPM）和WACC方法，估算出了其权益资本成本与综合资本成本，为我国国有企业利润分配

---

① 邓海建. 警惕国企利润下降下的"池鱼之殃"[N]. 大连日报, 2012-07-02 (A05).
② 文宗瑜, 刘微. 国有资本预算编制的主体[J]. 经济研究参考, 2005 (79): 16-17.
③ 张文魁. 国资经营预算箭在弦上[J]. 上海国资, 2007 (06): 28-31, 5.
④ 潘占杰, 陈颖. 确保出资人职能到位 实现国有资产保值增值[J]. 国有资产研究, 2000 (01): 47-50.
⑤ 胡卓娟. 看国有企业重走红利分配之路[J]. 时代经贸: 下旬, 2008 (01): 150-151.
⑥ 蔡芹. 企业可持续增长率的实证分析及财务策略研究[D]. 成都: 西南石油大学, 2012.
⑦ 刘丽靓. 央企上缴红利须平衡国企投资与公众利益[N]. 证券日报, 2011-02-23.
⑧ 赵尔军. 上海、深圳、北京、武汉、广州五城市开展国有资本经营预算工作的情况及启示[J]. 会计之友: 下旬刊, 2007 (11): 44-45.
⑨ 张国慧, 吴作章, 王建志. 五省市国有资本经营预算制度试行情况的调查[J]. 地方财政研究, 2006 (09): 48-51.
⑩ 关亮. 关于中国国有企业红利分配问题的探讨[J]. 华侨大学学报: 哲学社会科学版, 2006 (03): 50-56.
⑪ 杨成炎. 国有资本红利分配政策问题探讨[J]. 财务与会计, 2007 (06): 21-23.

比例的确定提供了很好的参照。① 汪平、李光贵（2009）从股利理论、资本成本理论与可持续增长理论分析出发，构建了 SPOR 模型，得出可持续分红比例为54.2%。② 纪新伟（2012）以总资产收益率和分红比例为变量进行实证分析，得出会计业绩最优的分红比例为 40% ~60% 的结论。③

第四节 国内国有资本经营预算的支出研究

自 2007 年国有资本经营预算制度确立以来，国有资本经营预算收入上缴比例不断提高，2020 年上缴比例还将提高到 30%，这为国有资本财政提供了强大的收入基础，也引发了学术界对巨额国有资本经营预算支出安排的关注，学术研究成果近年来也不断涌现。

一、国有资本经营预算支出方向选择

随着国有资本收益收缴的比例不断提高，国有资本收益逐年提高，而国有企业上缴公共财政的红利如何合理使用，是用于国有企业的成本性和费用性支出，还是用于社会保障等方面的民生项目支出？目前，我国的国有资本收益再分配时大多以补贴的方式基本回流于国有企业。这种"体内循环"倾向引起学术界对国有资本经营预算支出重点和结构的关注与争论。目前学术界关于国有资本经营预算支出导向主要有三种不同的观点。

1. "体内循环"论

这种观点认为，国有资本经营预算支出应强调国有资本的保值增值，主张国有资本收益主要应用于国有经济布局和结构调整、履行公共财政承担的部分职能、为国有资本经营管理体系建立有效的激励机制、国有企业改制和资产重组成本的支出等，即实现国有资本的"体内循环"，促进国有企业的发展，注重经济效益。如著名财政学家邓子基（2005）认为国有资本经营预算支出要突出"保证重点"和"兼顾一般"，优先把资本投入到关系国计民生的重点项目和主导行业，实现国有企业盈利与自身的资本保值增值。④ 杨志宏（2008）认为国有资本经营收益应优先用于其自身职能的完成，只是在必要时，或者在完成其自身职能后，即弥补国有资产改革成本和国有资本保值增值等方面后，才能用于其他方面。⑤ 陈少强（2010）认为，从预算收入来源来看，国有资本收益的支出更应该强调其"营利性"，他主

---

① 闫甜. 上市公司与国有企业资本成本估算及对比分析——基于 CAPM 的资本成本估算 [J]. 财会通讯，2008（04）：86–89.
② 汪平，李光贵. 国有企业红利分配比例估算原则与框架分析 [J]. 山东经济，2009（05）：5–12.
③ 纪新伟. 国有企业合理分红比例研究 [D]. 天津：南开大学，2012.
④ 邓子基. 建立国有资本经营预算的思考 [J]. 中国财政，2005（12）：19–21.
⑤ 杨志宏. 国有资本经营预算运行过程中需注意的问题 [J]. 财政管理，2008（09）：36–37.

张国有资本经营预算应重点支持国有产业布局及国民经济结构的优化调整,重点安排用于与国家经济安全相关的支出,在这两大类支出得以保障的前提,可适当扩大用于促进国有企业履行各种社会责任等方面的支出比重。[1] 骆红芬等(2012)认为,国有资本经营预算支出可以安排在国有企业改革发展、国有企业人员退出安置和平衡政府其他项目等方面。[2] 吴郁生等(2010)认为,国有资本经营预算支出主要分为两类:资本性支出和费用性支出,其中前者决定了国有资本经营预算能否顺利运行。[3] 董方军、王军(2008)认为国有企业红利应主要用于履行公共财政所承担的职能、国有企业改制的成本、国有经济结构的战略性调整等。[4] 欧阳淞(2007)认为国有资本经营预算支出是国有资产管理部门为国有资本的再投资和扩大再发展而进行的支出,目的是为了提高资金使用效率,切实发挥国有资本经营预算制度的优越性。[5] 李光林(2010)认为国有资本经营预算支出主要为资本性投资,用于克服国有企业改革的体制性问题。[6] 吴晓东(2012)认为,运营国有资本的两大目标是实现资本增值和宏观调控。[7]

2. "民生化"论

这种观点认为,国有资本经营预算支出应以民生为导向,主张国有资本收益投向民生领域,真正实现"取之于民,用之于民",让全民共享国有资本收益、国有企业改革和发展的成果,提高社会的整体效益。刘翔(2014)认为其"公共性"的指向与特定时期的经济社会发展需要是分不开的。结合当前国情社情,国有资本经营预算的"公共性"体现应当从扩大化走向优化,目标导向应由富国转向富民,即预算支出应当注重加强民生建设方面。[8] 卢馨等(2016)也强调国有资本收益的公共性和社会性,国有资本支出应逐步投向民生领域,增加涉及公共福利性的民生支出比例,扩大其支出范围,例如,民生建设、社会保障等,真正实现全民共享资本收益,增进社会福利。[9] 杨志勇(2014)认为,国有企业分红应体现"国有",其收益自当贡献给所有公民,可作为社会保障基金的来源,作为社会保障服务民生,改善大局。[10] 陈少晖等(2012)根据"谁投资,谁受益"原则以及对近几年来我国财政支出相关数据进行分析,认为国有资本经营预算再投向国有企业,根据边际效用递减规律,其边际效用是比较低的。他主张国有资本收益应从"体内循环"倾向转为民生导向,支出范围可从社会保障方面着手,保障社会经济稳步发展,然

---

[1] 陈少强. 合理安排国有资本经营预算支出 [J]. 国有资产管理, 2010 (08): 21 - 23.
[2] 骆红芬, 段芸. 我国国有资本经营预算制度的功能浅谈 [J]. 内蒙古科技与经济, 2012 (17): 19 - 23.
[3] 吴郁生, 苑志杰, 李素芬. 国有资本经营预算的资本性支出管理探讨 [J]. 中国工程咨询, 2010 (06): 50 - 53.
[4] 董方军, 王军. 应适时制定科学、合理的国有企业分红政策 [J]. 生产力研究, 2008 (11): 117 - 119.
[5] 欧阳淞. 国有资本经营预算制度的几个基本问题 [J]. 法学家, 2007 (04): 86 - 92.
[6] 李光林. 编制国有资本预算要保持相对的独立性 [J]. 经济研究参考, 2010 (18): 17 - 18.
[7] 吴晓东. 国有资本经营预算绩效评价体系研究 [J]. 财经问题研究, 2012 (10): 68 - 73.
[8] 刘翔. 公共性"回归"国退民进视野下国有资本经营预算的解读 [J]. 法制论坛, 2014 (08): 140 - 141.
[9] 卢馨, 丁艳平, 唐玲. 国有企业利润去哪儿了? [J]. 经济与管理研究, 2016 (05): 41 - 49.
[10] 杨志勇. 我国预算管理制度的演进轨迹: 1979 ~ 2014 年 [J]. 改革, 2014 (10): 5 - 19.

后逐步扩延至其他民生方面,例如,教育、就业、医疗、收入分配、公共安全等,有利于提高国民技能和综合素质,满足信息化、城市化发展需求。[①] 李学通(2014)也从社会福利效应角度验证了当前国有资本经营预算应当注重对公共福利性支出的预算安排。[②] 林佳彬(2016)基于相关的支出数据认为国有资本经营预算民生支出的贡献度不足1%,从而得出现行预算支出民生的划拨并未实际使民众的社会保障水平得以提升,因此还需进一步加大民生领域的支出。[③] 文宗瑜(2008)、啜华和王桂娇(2013)一致认为,国有资本收益社会性支出比资本性支出更能体现国有资本收益"取之于民,用之于民"的国有资产本质,在预算支出中优先安排和增加社会性支出并逐步具体化[④][⑤]。亚洲开发银行也在《2010亚洲发展展望更新》中指出,中央国有企业的利润上缴比例过低,社会公众没有分享到国有企业所赚取的巨额利润,国家应向国有企业征缴更多红利用于"三农"、就业培训和社会保障等公共方面的支出。徐晓松等(2009)认为国有资本经营预算支出在制度设计上必须向公共预算或社会保障预算做出一定程度的倾斜,否则资本性支出的合理性就会遭人诟病。因此,制度设计应当为国有资本经营预算支出在必须或可能的情况下优先向公共预算或社会保障预算的转移提供保障。[⑥] 李重华、李真男(2008)认为上缴后的国企红利支出应当是教育支出和国有企业创新支出等能使增进社会福利最大化的领域。[⑦] 崔之元(2006)、廖添土(2010)提出借鉴美国阿拉斯加"全民分红"的做法,通过设立权益基金、信托基金等形式,使全体国民能够长期公平地享受国有企业社会分红。[⑧][⑨]

3. "均衡"论

这种观点认为,国有资本经营预算支出应当在保证国有资本保值增值的基础上,调整支出结构,加强对民生领域的支持,兼顾经济效益和社会效益,即结合当前的社会经济发展情况,将国有资本收益在"体内循环"和"民生化"两个导向之间寻找一个均衡点,而不是极端偏向某一方。如刘安长(2013)认为,应在保存国有企业经济实力、维持国有资本的利益循环的前提下,加大对民生方面的倾斜,尽力实现全民的股东利益。[⑩] 陈少强(2010)将国有资本经营预算支出分为三个部分:(1)用于支持国有企业改制及其重组、提升国有企业核心竞争力和经济

[①] 陈少晖,朱珍. 民生财政导向下的国有资本经营预算支出研究 [J]. 当代经济研究,2012 (04):32-38.
[②] 李学通. 国有企业利润全民合理共享的社会福利效应分析 [J]. 山西财政税务专科学校学报,2014 (05):10-14.
[③] 林佳彬. 国有资本经营预算支出民生化的制约障碍与优化路径 [J]. 石家庄铁道大学学报,2016 (10):28-33.
[④] 文宗瑜. 深化国有资本经营预算管理改革的中长期目标 [J]. 经济研究参考,2011 (30):18.
[⑤] 啜华,王桂娇. 民生财政导向下的国有资本经营预算 [J]. 中国流通经济,2013 (03):119-122.
[⑥] 徐晓松,林文彪. 国有资本经营预算之资本性支出及其制度构建 [J]. 天津师范大学学报(社会科学版),2009 (04):32-37.
[⑦] 李重华,李真男. 国企分红纳入国家财政预算问题研究 [J]. 经济经纬,2008 (05):129-131.
[⑧] 崔之元. 市场经济中的公有资产与全民分红 [J]. 商务周刊,2006 (17):42-44.
[⑨] 廖添土. 国企红利"全民分红"的改革探析 [J]. 湖北经济学院学报,2012 (05):77-81.
[⑩] 刘安长. 我国国有资本经营预算研究述评及展望 [J]. 经济纵横,2013 (07):120-124.

实力；（2）用于补贴国有企业改革成本，旨在减轻公共财政的压力；（3）用于国有企业社会保障支出。在满足这三大支出的基础上，适当调配支持国有企业积极履行各种社会公共责任和公共服务等。① 陈艳利（2012）认为，国有资本经营预算支出应重点集中关乎国家安全和国民经济命脉的重点行业、关键领域，可量力加以填补公共财政支出和社会保障支出。② 谭啸（2014）还认为，国有资本的投向应根据各级政府的不同职能，分为中央政府和地方政府两个层面，对于前者，国有资本应投入增强国有经济功能的领域，发展有潜力的战略性产业和跨地区公益企业，保护国家生态环境等；对后者则是投入区域公共基础服务的提供和优势产业、新兴产业的孵化培育等。③ 杜坤（2017）基于"中国语境"认为单方面强调国有资本经营预算的营利性，将国有资本经营预算等同一般企业的财务预算，未考虑到国有企业类别、资本特殊性等重要方面，这与国有企业社会服务性质相背离，不符合公共财政体制改革的整体目标。反之过分强化公共性，使其负担太多的公共服务，也无法有效回应国有企业，这也脱离了国有企业市场化改革的目标。他主张应该把国有资本经营预算资本性功能处于第一顺位。因国有资本经营预算的双重属性之间并非对立关系，而是有层阶顺位的统一关系，国有资本经营预算公共性的实现需要以物质条件为基础，物质条件一旦具备，国有资本经营预算的社会性功能既可有效实现又能落到实处。④

二、国有资本经营预算支出形式划分

理论界大多认同国有资本经营预算支出形式主要分为三类，即资本性支出、费用性支出和其他支出。李光林（2010）认为国有资本经营预算最基本的属性是资本运营，应投资以求回报，以资本性投资为主，这样有利于国有资产运营部分与整体、短期与长期矛盾的协调。⑤ 吴郁生等（2010）认为资本性支出具有提升国有企业战略管理能力、为政府提供考核依据和监控手段、高效配置和使用资源等方面的意义，因此国有资本经营预算运营能否成功的关键在于资本性支出安排是否科学合理。⑥ 谭静（2014）认为当前的预算支出形式大多是通过直接注资等直接支出方式对企业的支持，必须创新预算支出方式，通过直接支出与间接支出的有机结合来实现国有资本经营预算功能的放大。⑦ 吴俊培等（2015）则笼统地说资本性支出是支

---

① 陈少强. 合理安排国有资本经营预算支出 [J]. 国有资产管理，2010（08）：21-23.
② 陈艳利. 深化国有资本经营预算制度改革的建议 [J]. 经济研究参考，2012（30）：15-16.
③ 谭啸. 我国国有资本经营预算改革研究 [D]. 北京：财政部财政科学研究所，2014.
④ 杜坤. 国有资本经营预算衔接法律机制的构建——以功能定位再思考为主线 [J]. 武汉大学学报（哲学社会科学版），2017（01）：36-49.
⑤ 李光林. 编制国有资本预算要保持相对的独立性 [J]. 经济研究参考，2010（18）：17-18.
⑥ 吴郁生，苑志杰，李素芬. 国有资本经营预算的资本性支出管理探讨 [J]. 中国工程咨询，2010（06）：27-29.
⑦ 谭静. 论国有资本经营预算管理改革的着力点 [J]. 中央财经大学学报，2014（03）：24-30.

持各类国有企业支出项目的支出①。吴晓东（2012）也认为费用性支出偏向于解决国企历史遗留问题②。李燕等（2013）认为资本性支出是满足产业发展规划、国有经济及其国有企业顺利发展需要的，费用性成本是填补国有企业改革成本缺口的。③啜华等（2013）还强调中央国有资本经营支出预算表中应增添并且单独列出社会性支出这一项，扩大该项支出的数额和权重，并且确定其数额和权重要优先增长于其他支出，落实民生财政，彰显国家的社会主义性质。④李炜等（2011）认为，其他支出包含划转到公共预算用来弥补社会保障的支出，中央国有资本经营预算支持地方国有企业改革的转移支付。同时建议建立健全公平对等的财政分配体制和资源开发利用共享机制。⑤

但也有少数人有不同的看法。邓子基（2006）等认为国有资本经营预算支出是为了维持和扩大经营性国有资本而支付的所有价值量流出的总称，除了上述前两项支出外，还包括债务性支出、转移性支出。⑥欧阳淞（2008）认为国有资本投资支出及其营运支出、债务性支出、其他支出还有政府其他预算结转支出等都属于国有资本经营预算支出。⑦文宗瑜（2007）等还认为国有资本经营预算支出的构成包括支付国有企业改制成本、国有资本经营性再投资、弥补公共财政预算和社会保障基金缺口等重要支出。预算支出项目包括资本性支出、费用性支出、债务性支出、转移性支出以及其他项目支出。⑧

三、国有资本经营预算支出范围界定

按照预算法规定，我国政府预算体系包含公共预算、国有资本经营预算、社会保障预算、政府性基金预算四个预算制度。深化财政预算体制改革应当以政府预算为切入点，充分厘清各预算制度之间的关系；尤其是在国有资本经营预算与其他预算之间，既要保持国有资本经营预算的完整性和独立性，又要保持预算间的相互衔接性。而如何体现"相对独立、相互衔接"这一原则俨然成为当前完善国有资本经营预算制度的重要课题。实践中，两者的关系有待进一步理顺。

1. 国有资本经营预算资本支出范围与其他预算的关系

目前，学术界普遍认同将国有资本经营预算和公共预算的支出范围严格区别开来，以保证资金的有效利用，避免资金项目交叉投入，造成浪费。蔡玉等（2011）

---

① 吴俊培，赵斌. 国有资本经营预算：概念界定、地位作用和问题分析［J］. 地方财政研究，2015（09）：38－44.
② 吴晓东. 国有资本经营预算绩效评价体系研究［J］. 财经问题研究，2012（10）：68－73.
③ 李燕，唐卓. 国有企业利润分配与完善国有资本经营预算——基于公共资源收益全民共享分析［J］. 中央财经大学学报，2013（06）：7－12.
④ 啜华，王桂娇. 民生财政导向下的国有资本经营预算［J］. 中国流通经济，2013（03）：119－122.
⑤ 李炜，赖永添. 国有资本经营预算制度实践中的问题与思考［J］. 中国财政，2011（06）：50－53.
⑥ 邓子基. 建立国有资本经营预算的思考［J］. 中国财政，2005（12）：19－21.
⑦ 欧阳淞. 国有资本经营预算制度的几个基本问题［J］. 法学家，2007（04）：86－92.
⑧ 文宗瑜. 深化国有资本经营预算管理改革的中长期目标［J］. 经济研究参考，2011（30）：18.

认为国有资本经营预算支出范围与公共预算存在重复投入，会导致公共资源浪费，比如两者同时支持绿色节能、科技创新项目，这就不利于公共资源的高效使用。他提出建立项目投资"查重"机制，统筹调用国有资本经营支出预算和公共预算，避免出现重复投资同一个项目的现象，最大限度地提高资本配置效率。[1] 陈艳利（2012）也主张在国有资本经营预算启动后，应严格限制公共预算将资金投向经营性国有企业或项目，使公共预算只负责市场失灵领域，提供公共产品和公共服务，只从事非营利性活动。[2] 谭啸（2012）认为划分这两种预算的支出范围不能搞绝对化、"一刀切"，并非一切与国有企业有关的支出项目都应当在国有资本经营预算中列支，应根据各项支出的目标定位及其派生的资本运营理念分类之后，再确定其归为公共预算还是国有资本经营预算。还强调要有效协调民生支出与国有资本经营支出，实现两者的平衡。需要合理调配两者的数额及比例，保持均衡。[3] 徐晓松等（2009）则认为在国有资本经营预算中资本性支出与一般预算中经济建设支出并行的情况下，建议应采用对资本性支出预算进行两次平衡的方式对两者的重复科目进行协调。[4] 牛晓燕和刘玉平（2011）认为保持"相互独立，相互衔接"这一原则，不仅要对国有资本经营预算收支项目进行明确的项目类别区分以保证完整性和独立性，还要在各预算科目内建立专门衔接科目，以转移支付的形式实现预算间的适度互通，相互协调。[5] 李炜和赖永添（2011）认为国有资本经营预算与公共预算、社会保障预算之间是互通的，国有资本经营预算的划转部分资金转为其他预算使用，在支出项目上不直接体现为其他性质的支出，对此对其独立性丝毫无影响。[6] 文洪朝等（2013）认为在明晰公共预算和国有资本经营预算的外在边界后，应在两者预算收支科目内，分别设置专门衔接科目，按照预算收支平衡的原则，在公共预算有结余的时候，按产业政策要求，实行转移支付，对国有资本进行投资[7]。顾功耘（2014）还详细区分了"公共投资"项目的归属，他认为确定其归属要看政府使用资金进行"公共投资"时采取了哪种方式，如果是由政府直接划拨资金建设的，则纳入政府一般预算，如果政府通过国有企业实施，即便提供的是非营利性产品或服务，也应当列入国有资本经营预算支出范围。[8] 杜坤（2017）认为厘清各预算制度的资金流向关系，例如，国有资本经营预算与一般公共预算之间形成资金的双向对流，社会保险基金预算应为单向资金流动，且仅限于从前者流入。强调国有资本经营预算范围和弥补公共预算支出额度之间确定一个基本标准，防止因过度向财政

---

[1] 蔡玉，郎福宽. 完善国有资本经营预算制度的几点思考 [J]. 中国财政，2011（19）：37 - 38.
[2] 陈艳利. 深化国有资本经营预算制度改革的建议 [J]. 经济研究参考，2012（30）：15 - 16.
[3] 谭啸. 试论坚持和完善国有资本经营预算制度的相对独立性——基于政策文件的解读与思考 [J]. 政治经济学评论，2012（03）：145 - 157.
[4] 徐晓松，林文彪. 国有资本经营预算之资本性支出及其制度构建 [J]. 天津师范大学学报（社会科学版），2009（04）：32 - 37.
[5] 牛晓燕，刘玉平. 公共财政框架下的国有资本经营预算制度研究 [J]. 财会研究，2011（20）：9 - 12.
[6] 李炜，赖永添. 国有资本经营预算制度实践中的问题与思考 [J]. 中国财政，2011（06）：50 - 53.
[7] 文洪朝，马兆明，杨立志. 论国有资本经营预算制度的建立与完善 [J]. 山东社会科学，2013（03）：135 - 139.
[8] 顾功耘. 论国资国企深化改革的政策目标与法治走向 [J]. 政治与法律，2014（11）：80 - 87.

进行转移性支出导致国有资本经营预算出现赤字。① 陈雷（2018）则认为国有资本预算的转移支付的规范问题应依据预算间的属性列出国有资本经营领域事权清单，将涉及国有资本相关支出的项目全部纳入国有资本经营预算范畴，以避免财政职能缺位和错位问题的产生。②

2. 中央与地方国有资本经营预算支出关系问题

完善财政预算体系需要中央与地方政府共同协作完成，其中转移支付方式、税收分享是实现中央与地方预算互通，统筹支配财力的主要方式。相较于公共预算，我国地方政府虽已建立国有资本经营预算制度，但中央国有资本经营预算与地方预算之间互通渠道仍未完整建立，导致两级政府在国有资本经营支出归属上存在不清晰的现象。部分地区将国有资产监管费用纳入国有资本经营支出范围，而中央层面则是作为部门预算内容纳入公共预算安排，有些地区甚至将特定的担保性和债务性支出项目也纳入本级国有资本经营预算中，这与中央国有资本经营预算具有明显区别，因此陈雷（2018）认为需要进一步厘清国有资本经营预算下的政府事权和支出责任，避免支出重复。此外，在当前深化国有企业改革的深水期，地方国有企业相较于中央企业而言基础薄弱，急需中央层级给予支持。财政部汇总决算也显示地方政府仅凭借国有资本自身收益很难完成地方国有企业改革重任。因此，中央与地方之间必须建立专门的转移支付机制以支持地方国有企业改革的协调发展，有利于建立公平的财政分配体制，健全中央与地方利益共享机制，促进区域协调发展。基于此，学者赖永添等（2011）也认为建立中央国有资本经营预算对地方的转移支付机制是十分有必要的，且这种做法与国有资产分级管理的体制并不矛盾。③

四、国有资本经营预算支出绩效评价与监督

1. 国有资本经营预算支出绩效评价和监督重点

国有资本经营预算绩效评价一直都是国资委每年必然进行的一项工作。从历年来的《中央企业国有资本经营预算支出绩效评价工作的通知》中可以看出，我国的国有资本经营预算绩效评价方式是选择若干家中央企业，这些企业一般是资本预算支出事项较多或支出金额较大的，然后聘请市场化管理咨询机构对其进行访谈、问卷、调研，综合运用定性与定量相结合的方式实施评价工作。对于该种评价方式，卢馨等（2016）认为国有资本经营预算支出每年涉及国有企业的项目支出金额巨大，却一直欠缺一个科学合理的绩效评价系统，当前预算支出存在项目分散、

---

① 杜坤. 国有资本经营预算衔接法律机制的构建——以功能定位再思考为主线 [J]. 武汉大学学报（哲学社会科学版），2017（01）：36-49.
② 陈雷. 国有资本经营预算中的财政转移支付研究 [J]. 经济体制改革，2018（03）：117-124.
③ 赖永添，李炜. 国有资本经营预算制度实践中的问题与思考 [J]. 中国财政，2011（06）：50-53.

分配失据、资金使用效率和总体盈利能力低下等现实问题。[①] 再者,我国国有资本经营预算监督机制,大多遵循多层级监督与内外部监督相结合的原则,形成了"社会公众—全国人大—国资委—国有资本运营公司—国有企业—监事会—企业内部职工"的纵向监督管理链条,以达到监督目的。然而,在现实生活中,社会公众对于国有资本经营预算的监督和绩效评价信息通常会受到政治环境、社会地位等多种因素的制约从而无法了解真实的预算编制和执行情况,弱化了社会监督效果,滋生监督部门空设现象,使得预算支出无法得到有效监督。为此,谭静(2014)认为必须完善国有资本经营预算支出的监督考核体系,针对各预算主体在国有资本经营预算中所扮演角色分别进行监督和考核。[②] 张可(2016)则认为构建国有资本经营预算支出绩效评价的主要目的是优化国有经济布局,应重点考察资本性支出的执行情况才能有效约束违规行为,遏制国有资本非效率投资,有序调整产业结构,客观真实评价监管部门履职情况,强化国有资本管理,提高国有资本经营绩效的效果。[③] 郭沛廷(2017)认为费用性支出和其他支出的分配比例也应当纳入重点考察的范围,同时要建立以支出项目为载体的绩效评价体系,才能强化预算控制性,发挥国有资本经营预算的宏观调控作用。[④] 陈玲芳和邓理洁(2018)认为现行国有资本经营预算支出绩效评价目标体现出明显的非民生倾向,这不仅有悖市场经济公平公正的基本原则,而且背离了国有资本经营预算制度设计的根本目的。因此,建立民生导向下国有资本经营预算支出绩效评价体系刻不容缓[⑤]。

2. 国有资本预算支出绩效评价和监督指标体系构建

吴晓东(2012)曾提出包括目的、对象、原则、指标等要素在内的国有资本预算支出系统绩效评价体系并着重强调增加国有资本经营预算社会保障支出评价指标,促使国有资本的两大职能、国有资本经营预算体系目标导向原则在国有资本经营预算支出评价指标体系中得到充分展示。[⑥] 张舒(2013)认为,国有资本经营预算支出绩效评价的目的是通过加强对国有资本经营预算支出管理和国有资本运营的监督管理来提升国有资本配置效益,维护作为所有者的人民的权益。同时提出关于预算支出绩效评价指标体系的设计,认为其应由定量和定性双重指标构成,以彰显客观、科学、公正原则。[⑦] 吴俊培等(2015)主张要完善国有资本经营预算支出项目监督与绩效评价体系,杜绝缺位现象。审批和分配预算支出时,应优先考核该项支出产生的社会效益,然后才是经济效益。还提出规范国有资本经营预算支出可从

---

① 卢馨,丁艳平,唐玲. 我国国资预算支出的"体内循环"及其治理[J]. 会计之友,2016(13):26-30.
② 谭静. 论国有资本经营预算管理改革的着力点[J]. 中央财经大学学报,2014(03):24-30.
③ 张可. 国有资本经营预算支出绩效评价研究[D]. 长春:吉林大学,2016.
④ 郭沛廷. 基于国家治理的国有资本经营预算改革研究[D]. 北京:中央财经大学,2017.
⑤ 陈玲芳,邓理洁. 民生导向下国资经营预算支出绩效评价与监管探析[J]. 财会月刊,2018(05):44-48.
⑥ 吴晓东. 国有资本经营预算绩效评价体系研究[J]. 财经问题研究,2012(10):68-73.
⑦ 张舒. 国有资本经营预算支出绩效评价指标体系及权重研究[J]. 学术论坛,2013(09):106-111.

制度和法律两方面开展。但随着国有企业功能定位的变化，国有资本经营预算也有了新的导向和重点。① 李春瑜（2018）认为国有资本经营预算支出绩效评价体系应当遵循"点""面"结合原则，具体问题具体分析，按照功能分类建立有差别的绩效评价体系。② 张可（2016）则认为可以从资金执行进度、资金管理情况和资金使用效益三个方面来构建指标体系。③ 陈科延（2017）认为完善绩效评价体系必须明确评价主体和内容，还要将预算的政策效果加入评价体系，按企业功能分类考核。其中，公益性国有企业要以民生支出、环境补偿支出等反映社会责任的指标为主要考核内容，而商业类国有企业则以盈利能力、资产质量、债务风险等反映国有资本经营情况的指标为主要考核内容。④ 而郭沛廷（2017）则在分类考核的基础上，从收入和支出两个方面设计评价指标体系且更加侧重支出绩效的评价。⑤ 陈玲芳和邓理洁（2018）主张以保障与改善民生作为新的战略目标，从非民生化项目效益、民生化支出、过程管理、民生效益四个维度设计民生化支出绩效评价指标体系。⑥

在监督机制方面，林裕宏（2013）主张建立信息公开披露制度，财政部、国资委等部门务必详细、及时公开国有企业红利的分配使用情况，公众应充分凭借国有企业终极所有者的身份，行使所有者权利，积极主动追踪国有企业红利去处，积极发挥社会监督作用，维护资本合法权益。⑦ 谭啸（2014）认为政府应尽可能使国有企业账目阳光透明，主动接受社会公众的监督。⑧ 张妮和桂金萍（2016）认为，要完善国有资本经营预算支出评价体系，必须依托现代相关的信息技术，建立国有资本经营预算的网络监督机制。⑨ 在现代信息技术发展迅猛的时期，网络在监督考核中的作用越发明显。网络监督具有广泛性、全面性、开放性、时效性和灵活性，既能弥补传统监督方式缺陷，又能丰富我国预算监督体系。持相关观点的还有张磊（2017）⑩、马君（2015）⑪、杨志安等（2018）⑫。随着2018年修正的《中华人民共和国预算法》的颁布，学者杨志安和贾波（2018）就以此为研究视角分别从预算形成阶段、执行阶段和考核评价监控三方面提出当前我国国有资本经营预算监督存在三大问题：一是在预算编制审查、监督参与和审批方面存在明显缺陷使得预算事前监督效果差；二是由于制度安排失当、内部监督乏力和外部监督受限等原因，使

---

① 吴俊培，赵斌. 国有资本经营预算：概念界定、地位作用和问题分析［J］. 地方财政研究，2015（09）：38－44.
② 李春瑜. 国有资本经营预算支出绩效评价的几个基本问题［J］. 地方财政研究，2018（08）：62－67.
③ 张可. 国有资本经营预算支出绩效评价研究［D］. 长春：吉林大学，2016.
④ 陈科延. 国有资本经营预算管理研究［D］. 北京：中国财政科学研究院，2017.
⑤ 郭沛廷. 基于国家治理的国有资本经营预算改革研究［D］. 北京：中央财经大学，2017.
⑥ 陈玲芳，邓理洁. 民生导向下国资经营预算支出绩效评价与监管探析［J］. 财会月刊，2018（05）：44－48.
⑦ 林裕宏. 国企红利分配的民生导向探讨［J］. 中国财政，2013（08）：61－62.
⑧ 谭啸. 我国国有资本经营预算改革研究［D］. 北京：财政部财政科学研究所，2014.
⑨ 张妮，桂金萍. 国有资本经营预算监督机制研究——基于互联网时代的网络监督［J］. 中国市场，2016（37）：119－121.
⑩ 张磊. 公众参与预算监督的模式设计与机制构建研究［D］. 哈尔滨：哈尔滨商业大学，2017.
⑪ 马君. 我国国有资本经营预算研究［D］. 北京：财政部财政科学研究所，2015.
⑫ 杨志安，贾波. 我国国有资本经营预算的监督问题研究——基于新《预算法》的分析视角［J］. 辽宁大学学报（哲学社会科学版），2018（06）：28－35.

预算执行阶段的监督失位；三是考核评价存在监管漏洞，忽视了投资合规性考核以及考评结果运用监督。因此，要想提高国有资本经营预算支出结构的监督机制，必须从整体上进行把握，即加快提升人民代表大会监督的主体地位、强化政府部门监督效果和预算支出重点项目的评审力度、做好预算支出的基础管理工作、建立国有资本经营预算跟踪机制等，使得监督与预算编制、执行、评价、反馈、改进、问责形成一个有机整体。

五、国有资本经营预算支出改革重点

国有资本经营预算制度涉及收入和支出两个方面，收入体系已逐步趋于完善。支出方面的问题已经逐渐成为学界关注的热点，支出改革的呼声也越来越高。既有的文献当中，多数学者研究发现，现行国有资本经营预算支出体系依旧存在诸多问题，主要集中在支出结构失衡、支出效率低下、收支规模小和方式单一、转移支付、民生化支出比例低等方面。由此，学者们认为国有资本经营预算支出改革应当重点集中在以下几个方面：

1. 加强国有资本经营预算支出民生化倾向，提高国有资本经营预算支出作用

近年来国有资本经营预算调入一般公共预算的力度不断加大，但与2020年达到预算支出30%的目标仍有差距。根据财政部公布的数据统计，在2008~2018年的国有资本经营预算制度发展10年间用于国有企业内部的资本性支出及费用性支出年均比例高达91.07%，而用于社会保障、医疗、卫生、教育等民生性支出的累计额为1 564.01亿元，仅占总支出的12.69%，年平均占比仅为8.93%。以上数据表明，我国当前国有资本经营预算支出体制内循环相当严重，需要加强国有资本经营预算支出向民生化倾斜。学界多数学者也对国有企业利润"体内循环"进行了实证研究。如卢馨、丁艳平、唐玲（2016）通过分析国有资本经营预算收支的数据发现我国的国有资本经营预算支出呈现出比较严重的"体内循环"现象，使得国有资本收益的再分配作用局限于形式。[①] 孙刚（2015）收集以国有企业分红为代表的"体内循环"的证据，通过国有股比例衡量股利的"体内循环"预期运行强度，论证了国有股内部流通与资本投资决策价值的关系，并受国有资本收支预算制度的影响。[②] 池巧珠（2013）指出，当前的国有资本收益分配制度依然处在"体内循环"的阶段，还未形成完善的国有资本收益分配制度。[③] 为进一步探究国有企业利润"体内循环"的原因，加快优化国有资本经营预算向民生化倾斜，吴泓和陈少晖（2018）以227家国有上市公司2011~2016年的年报财务数据作为研究样本，

[①] 卢馨，丁艳平，唐玲. 我国国资预算支出的"体内循环"及其治理［J］. 会计之友，2016（13）：26-30.

[②] 孙刚. 国企分红再分配与投资决策价值相关性研究——基于国有资本红利返还的初步证据［J］. 经济理论与经济管理，2015（04）：30-43.

[③] 池巧珠. 国有企业红利分配制度：国际经验与改革导向——基于米德社会分红理论的视角［J］. 西安电子科技大学学报（社会科学版），2013（06）：35-41.

采用 Tobit 模型对国有企业利润"体内循环"的影响因素进行分析，发现营业收入、净利润对国有上市公司分红存在显著正向影响，现金及现金等价物净增加额、高管薪酬、负债和股东权益对国有上市公司分红有显著负向影响。[①] 郭沛廷（2017）认为这种现象既破坏了市场竞争的公平性，阻碍了市场配置资源决定性作用的发挥，又降低了国有企业积极参与市场竞争的动力，不利于其良好发展经营。[②] 卢馨等（2016）则通过支出总额、项目、行业等多角度分析得出国有资本经营预算支出之所以出现"体内循环"特征的原因，主要有以下四点：（1）国有企业"政策性负担"的承担；（2）国有企业所有者缺位、内部人控制等现象存在；（3）国有资本经营预算的社会经济作用及职能定位不清晰；（4）国有资本经营预算支出绩效评价、投资管控等配套制度缺失。[③] 由此可见，国有资本经营预算"体内循环"严重的现象从根本上反映出国有资本经营预算必须进行民生化改革。艾贞言（2016）提出，预算支出民生化改革必须细化有关民生支出的项目，可以设置明细科目，详细记录预算资金分配至具体项目的额度，确保预算资金落到实处，做到民生支出领域的专款专用。[④]

还有些学者认为国有资本经营预算支出对国有资本布局的调整作用仍捉襟见肘。如杨志宏（2008）认为目前国有资本经营预算编制侧重于经济效益好、资本回报率高的行业，而未能从全局出发实现对整个国民经济的战略调整。[⑤] 文宗瑜（2011）则指出目前仅通过一年期的国有资本经营预算对整个经济发展的情况进行预测并发挥宏观调控的作用是相当有限的。[⑥] 李丽琴等（2016）也通过实证研究证明国有资本经营预算支出在调整国有资本布局方面的作用效果捉襟见肘，通常对垄断行业的作用较为明显，如森林工业、电力工业等，而对信息技术服务业、文化卫生体育福利等公益性行业的作用效果甚微。[⑦] 郭沛廷（2017）通过对2015年我国国有资本经营预算支出的研究也发现：对比于电力交通等传统工业领域，当前国有资本经营预算支出对教育、文化、商业技术服务等类型产业的支持相对较少。[⑧] 马海涛等（2017）结合实证进一步分析认为相比于政府平均水平，国有资本经营预算的民生保障供给发展更快，但从规模上看仍处于较低的水平。[⑨] 鉴于此，学者们认为如何提升国有资本经营预算的作用，尤其是在社会效益方面，成为预算支出改

[①] 吴泓，陈少晖. 国有资本收益分配"体内循环"机制的影响因素与矫正路径——基于国有上市公司Tobit模型的实证分析 [J]. 改革与战略，2018（08）：36-40，46.
[②] 郭沛廷. 基于国家治理的国有资本经营预算改革研究 [D]. 北京：中央财经大学，2017.
[③] 卢馨，丁艳平，唐玲. 我国国资预算支出的"体内循环"及其治理 [J]. 会计之友，2016（13）：26-30.
[④] 艾贞言. 国有资本经营预算的支出改革：以民生为导向 [J]. 成都大学学报（社会科学版），2016（01）：49-53.
[⑤] 杨志宏. 国有资本经营预算运行过程中需注意的问题 [J]. 地方财政研究，2008（09）：36-37.
[⑥] 文宗瑜. 国有资本经营预算管理改革的继续深化 [J]. 地方财政研究，2011（04）：9-11，23.
[⑦] 李丽琴，陈少晖. 国有资本经营预算民生支出的优度检验——基于适度普惠型社会福利视角 [J]. 福建师范大学学报（哲学社会科学版），2015（02）：31-37，167.
[⑧] 郭沛廷. 基于国家治理的国有资本经营预算改革研究 [D]. 北京：中央财经大学，2017.
[⑨] 马海涛，郝晓婧. 我国国有资本经营预算民生支出评价及优化 [J]. 河北大学学报（哲学社会科学版），2017（04）：94-102.

革的又一重点。

2. 优化国有资本经营预算支出规模和方式，提高中央对地方国有资本经营预算转移支付效率

与国有企业资产规模相比，多数学者认为现有国有资本经营预算俨然呈现出了"小水漫灌"的特征。换言之，国有资本经营预算的收入主要来源于国有企业利润上缴，与以税收为来源的公共预算相比，国有资本经营预算支出的规模小，但涉及面却十分广泛，既要调整经济结构、保障基础设施，又要支持战略产业发展、对外投资合作、提升国家国际贸易地位。国有资本经营利润上缴后又仅零散地投入数量庞大的国有企业中，重点不够突出，作用效果甚微。此外，国有资本经营预算资金的杠杆作用也未能充分发挥，这主要受制于其支出方式较为单一，如资本性支出仍以追加资本金或增加债权为主要支出形式等并未有其他创新方式进行补充。如谭静（2014）认为，当前国有资本经营预算支出规模小，并不利于国有资本经营预算各发展阶段目标的实现。此外，相较于其他三大预算，国有资本经营预算在支出规模和支出比例上均处于劣势。这主要是因为其受制于偏小的收入规模和预算编制"以收定支、不列赤字"的基本要求。[①] 肖莹华（2016）也认为当前众多非公有制企业难以得到国有资本经营预算的"照顾"，且支出方式呈现散点式支出、重点不突出等特点，这很大程度上阻碍了国有资本经营预算发展目标的实现。[②]

中央对地方的国有资本经营预算转移支付主要用于缓解地方国有企业改革的压力，主要包含五个方面：一是解决企业改制过程中的各种费用及人员安置问题；二是解决地方国有企业债务危机；三是解决地方政府产权管理问题；四是补偿地方资源开采以及军工企业改制负担；五是协助提高地方国有资本的经营效率。但在实际执行中，中央对地方的转移支付利用率不高。以2015年为例，中央对地方的实际转移支付仅完成预算数的44%。郭沛延（2017）认为这主要归结于以下两方面：一是未能科学有效编制国有资本经营预算；二是未能合理有效划分中央与地方国有资本经营预算权责。他认为合理有效的预算编制应当能科学估计解决国有企业改革历史遗留问题所需的资金规模，充分考虑地方政府所需的资金；而现有的预算编制显然高估了弥补国有企业改革所需的资金规模。此外，预算支出编制分类与地方国有企业改革所涉及的内容匹配度也不高，预算资金并未运用到实处。权责不明晰也阻碍了政府促进国有企业改革的积极性，降低国有资产利用效率，易造成多头管理现象，不利于国有企业改革的发展。现有的中央地方权责划分也并没有对中央与地方各自应当承担的改革成本范围进行明确划分。[③] 因此，必须建立一个事权清单，逐步形成一个动态调整机制，从而保持事权清单的可持续性（陈雷，2018）。[④]

[①] 谭静. 论国有资本经营预算管理改革的着力点 [J]. 中央财经大学学报，2014（03）：24-30.
[②] 肖莹华. 国有企业营运资金管理存在的问题及应对 [J]. 现代商业，2016（32）：156-157.
[③] 郭沛延. 基于国家治理的国有资本经营预算改革研究 [D]. 北京：中央财经大学，2017.
[④] 陈雷. 国有资本经营预算中的财政转移支付研究 [J]. 经济体制改革，2018（03）：117-124.

3. 明确国有资本经营民生化支出比例

自中共十八届三中全会以来，我国政府不断提出要加强国有资本经营预算与其他预算之间的衔接力度，尤其是要加大国有资本经营预算调入一般公共预算的统筹力度。目前，我国已明确提出要在2020年将国有资本收益调入公共预算比例提高到30%，以支持民生性支出。但是真正投入到民生领域的具体比例尚未从法律上加以确定。从国家层面上看，国家应当逐渐完善国有资本经营预算制度，不仅要在收入上明确国有资本收益范围和比例，而且要明晰预算支出的方向和结构，尤其是用于民生方向的支出。陈少晖和朱珍（2012）认为当前政策中民生化支出的表述过于含糊，容易导致牺牲民生利益，必须从法律到具体的政策条款都要有国有资本经营预算用于民生性支出的具体化表述，包括范围、方式和比例的规定。他们认为构建以"宪法为前提、民主为核心、法治为基石"的国有资本经营预算支出的宪政框架是国有企业红利用于民生性支出的制度保障。[1] 汪立鑫、付青山（2009）认为政府要以社会福利最大化目标来确定国有资本收益用于经营投资性支出和公共福利性支出的比例。[2] 李学通（2014）则基于社会福利效应视角对国有资本经营预算支出进行实证分析得出，国有资本经营预算中的经营投资性支出对社会总福利的边际贡献小于民生领域投入对社会福利的边际贡献。因此，为了达到社会总福利最大化的目的，必须减少经营投资性支出，相应地增加民生领域投入的比例。[3] 苏贵斌（2015）认为只有制定明确的专项预算制度，才能保证社会保障等民生支出的实际使用。[4] 李雄伟（2018）认为，对于改善民生方向的支出比例可以类比于国有资本收取的办法，在提高上缴收入的同时也可以逐渐适当地提高用于民生支出的比例。[5] 值得一提的是，虽然多数学者均提到要明确国有资本经营预算民生化支出，但是具体的支出比例区间目前仍未予以合理论证。可见，国有资本经营预算民生化支出的具体比例也是当前支出改革的重点。

4. 积极探索民生导向国有资本经营预算支出实施路径

国有企业巨额利润上缴后如何进行分配是当前学界探讨的重点领域之一。目前，多数学者基于"社会分红"理论研究国有企业利润分配。"社会分红"是英国经济学家詹姆斯·米德（James Meade）1936年在其《经济分析和政策导论》一书中率先提出的，他认为"国家……可以将利润的一部分作为社会分红，无条件地分给社会公民"。社会分红理论认为，国家将从投入社会化企业的资本和土地中获得利润，其中一部分分给公众，另一部分用于再投资。基于此，我国理论界已逐渐提出了三种实现国有企业利润实现"社会分红"的路径：一是国有企业利润上缴

---

[1] 陈少晖，朱珍. 民生财政导向下的国有资本经营预算支出研究 [J]. 当代经济研究，2012（04）：32-38.
[2] 汪立鑫，付青山. 转型期国有资本收益的公共福利性支出 [J]. 财经科学，2009（01）：103-110.
[3] 李学通. 国有企业利润全民合理共享的社会福利效应分析 [J]. 山西财政税务专科学校学报，2014（05）：10-14.
[4] 苏贵斌. 国有资本经营预算支出民生化：理论依据与路径选择 [J]. 福建农林大学学报，2015（03）：58-61.
[5] 李雄伟. 基于社会分红视角的国企利润分配路径探析 [J]. 会计之友，2018（06）：8-11.

公共财政，由财政部统一规划、统筹使用，真正地实现取之于民，用之于民，主要代表有：邓子基（2005）、文宗瑜（2016）。二是组建独立基金进行社会分红。崔之元（2006）和郑磊（2011）认为可通过划拨部分国有企业利润，组建"中国人民永久信托基金"或"全民信托基金"，实现人人享有的"社会分红"。三是通过国有资本经营预算划转社保基金，充分体现"社会分红"之义[①][②]。如张文魁（2009）认为直接分红的做法在国内并不具有可行性，一方面国民人数众多直接分红工作量巨大；另一方面难以保证红利不会出现截留挪用等情况。[③] 目前，第三种途径是国内学者较为赞同的观点。刘崇献（2014）提出国有企业利润通过划拨社会保障基金，提高全民社会保障水平，从而实现"社会分红"。[④]而廖添土（2012）则从我国现有的社会保障体系、公共基础设施以及公共服务存在的体制机制不健全方面进行解析，主张采取充实社会保障的方式进行"全民分红"，同时也提出由于不同地区社会保障体系的发展公平等，也应采取多种手段结合的方式实现国有企业民生化分红。[⑤] 黄东贤（2016）认为建立适合我国国情的国有资产收益的间接模式，重点是要发挥国有资本经营预算与公共财政预算的有效对接[⑥]；此外，扩大国资经营预算支出至卫生、医疗、教育、就业等关乎民生的领域理应成为我国基本公共服务体系的重要环节。持类似观点的还有肖帅、陈少晖（2015）[⑦]，薛泽海、陈少强（2010）[⑧]。也有学者从不同角度探讨国有企业利润"社会分红"的具体实施策略。如吴炳贵（2005）认为国资委代表各级政府履行出资人职责并负责监管国有企业经营，由其征收国有企业利润有利于政企分开，政资分开。[⑨] 李韬、苑林（2011）则建议国有企业的分红应该由财政部门根据全民的身份证号，将每个个体设立一个分红账号，然后确定一个合理的分配比例，通过审核后将国有资本收益资金按人数平均分配，由接受办理的银行直接打入个人账户，变成居民可支配收入。[⑩] 李雄伟（2018）提出推进国有资本经营预算制度改革、加快社会保障全员覆盖以及设立直接分红账户等构建国有企业利润分配框架，以期加快实现国有企业社会分红目标。[⑪] 此外，就如何积极推进国有企业利润分配全民化，吴海民（2007）提出应该建立国有企业利润上缴奖惩机制，给予积极配合利润上缴举措的国有企业奖励，之后将上缴的部分利润作为奖励返还，而对那些拖欠利润上缴甚至隐瞒利润

[①] 崔之元. 市场经济中的公有资产与全民分红[J]. 商务周刊，2006（17）：42-44.
[②] 郑磊. 红利分配不是解决国企问题的钥匙[J]. 大经贸，2011（08）：12.
[③] 张文魁. 国有企业改革中国范式面临的四大挑战[J]. 当代社科视野，2009（03）：55-56.
[④] 刘崇献. 充实社保基金的资金来源探讨[J]. 新金融，2014（07）：61-64.
[⑤] 廖添土. 国企红利"全民分红"的改革探析[J]. 湖北经济学院学报，2012（05）：77-81.
[⑥] 黄东贤. 国有资产收益分配民生化：国外实践及其借鉴[D]. 福州：福建师范大学，2016.
[⑦] 肖帅，陈少晖. 国有资本划转：偿还城镇职工隐性养老金债务的优选途径[J]. 东南学术，2015（06）：143-150.
[⑧] 薛泽海，陈少强. 国有资本经营收益补充社保基金研究[J]. 中国财政，2010（15）：47-49.
[⑨] 吴炳贵. 努力加快我区国有产权的改革和改制[J]. 当代广西，2005（01）：52-53.
[⑩] 李韬，苑林. 国企红利分配问题及政策建议[J]. 企业研究，2011（08）：63-64.
[⑪] 李雄伟. 基于社会分红视角的国企利润分配路径探析[J]. 会计之友，2018（06）：8-11.

的企业采取相应的惩罚措施。① 罗章、刘啸（2012）则认为，改革国有企业利润分配制度要在"国企利润全民共享"的理念指引下，通过调整政治行动者的关系，引入公民参与机制，完善制度建设，实现利润制度的良性转型。② 但值得一提的是，当前国内研究文献仍局限于国有企业利润实行社会分红必要性、可行性以及路径选择等方面问题的探讨，而对于制度建构与分红模式方面的研究相对较少。因此本书认为，虽然国有企业利润社会分红已得到政府和学界的普遍共识，但在实践层面仍缺少充分的理论依据和规范的行动指南，需要理论界对这一领域进行进一步探讨，以优化我国国有资本经营预算的分配路径。

第五节 对当前学界研究成果的简要评价

通过对上述有关国有资本经营预算研究相关文献的梳理和综述可以发现，学术界现有研究成果具有以下特点：

1. 国外研究起步较早，但后续研究成果较少

应该说，国外对国有企业改革和国有企业红利分配的相关研究起步较早，在20世纪初就已经有相关的研究成果。这是因为西方国家是比较成熟的市场经济国家，市场经济的相关理论基础比较扎实，对市场经济发展中出现的诸如市场失灵和政府干预等研究比较深入，尤其是20世纪二三十年代爆发的世界性经济危机，使西方国家纷纷效仿美国罗斯福新政，以凯恩斯主义为指导，开始了国家对经济的大量干预。在这一过程中，以英国、法国和德国为代表的一批老牌资本主义国家，纷纷通过组建国有企业，壮大国有资本，以更好地加强国家干预。这些国家甚至因此而掀起声势浩大的国有化运动，建立了一大批国有企业。这些国有企业的大量存在和改革发展，吸引了西方学者对国有企业改革和发展的研究，并取得了一批有价值的研究成果。同时，西方国家股份制企业发展较早，西方学者也自然就比较早地对股份制企业的利润分配问题进行研究，提出了一整套以 MM 理论、"一鸟在手"理论为代表的具有很强实践价值的股利分配理论。

2. 国内学者研究起步较晚，但后续研究成果比国外丰硕

国外学者研究起步较早，主要归因于20世纪二三十年代凯恩斯理论的盛行和之后国有化运动的崛起，但是随着后来滞胀危机在各主要资本主义国家的爆发，凯恩斯主义越来越受到人们的质疑，之前大规模的国有化运动也遭到学者的批判。因此，在新自由主义思想的影响下，英国、法国等主要资本主义国家又转而发起私有化运动。这场运动过后，西方国家国有企业已经数量不多，而且大多是不以营利为目的，主要承担提供公共产品等弥补市场失灵的职责。因此，西方经济学界的研究

---

① 吴海民. 国有企业红利上缴：理由、原则与制度设计 [J]. 中外企业家，2007（08）：67-71.
② 罗章, 刘啸. 历史否决点：针对当前国有企业利润分配制度变迁阻力的解释 [J]. 理论探讨，2012（03）：75-79.

重点自然就转向市场经济与新自由主义等相关理论，对国有企业的研究也就慢慢淡出西方学界的研究视野。但在我国，自1949年新中国成立后，国有企业作为我国公有制的一种主要实现形式，一直以来都是我国经济学界研究的重点。不管是在改革开放前的计划经济时代，还是在改革开放后的市场经济转型期，对国有企业和国有资产管理体制改革与发展的研究，始终是我国理论界研究的重要领域。经过60多年的长期探索和思考，我国学者无论是对宏观的国有资产管理体制，还是对微观的国有企业经营机制；无论是对传统计划经济体制下的国有企业研究，还是对当前市场经济体制下的国有企业改革研究，都已经取得了比较丰硕的成果，甚至可以说形成了中国特有的国有经济理论体系。

3. 国内研究大都以解决改革的实际问题为目的，实用性较强，基础理论研究相对较弱

梳理新中国成立以来学术界对国有企业的研究文献可以发现，相关研究成果大多与同时期的国有企业改革实践相适应，具有较强的阶段性特征。其中大多数又是针对国有企业改革实践中出现的问题进行的对策性研究，具有明显的应用型特征。在计划经济时期，关于国有企业的研究基本是在计划体制的框架下进行的，这一时期的国有企业基本是作为政府部门的行政附属物存在，国有企业基本没有什么决策自主权，因此实践中的国有企业管理主要是按照同级政府部门间及上下级政府间的行政隶属关系管理，所以这一时期的学术研究也基本是围绕国有企业的宏观管理体制展开的，有鲜明的时代特点。改革开放后，我国开始了对国有企业改革的不断探索，围绕宏观层面的国有资产管理体制和微观层面的国有企业治理机制两大主线，改革经历了放权让利、利改税、经营承包制、现代企业制度、股份制改革、战略性资产重组、国有资本经营预算、混合所有制改革等不同阶段，每一阶段都面临不同的改革目标和任务。一旦改革的阶段性目标确定，学术界对该阶段国有企业改革研究的力度就相应加大，各种为国有企业改革出谋划策的对策性研究成果大量产生。因此，研究成果也就体现出了显著的阶段性特征。应该说，这种实用性较强的学术研究，能够把我国的改革实践与理论研究较好地有机结合起来，有利于及时发现和解决我国国有企业改革中出现的问题，并制订相应的解决方案，这正是这种研究范式的价值所在。但是这种以对策应用为主的研究范式也存在不足，主要体现为研究的重心经常转换，研究的深度不足，难以提出具有本质性意义的基础理论和宏观指导性的改革思路。

4. 某些领域研究还比较薄弱，理论研究滞后于改革实践的需要

如上所述，虽然国内学者对国有企业的研究已经取得了较为丰硕的成果，为国有企业的改革实践提供了有价值的理论指导和决策参考。但是在某些领域，国有企业的学术研究还比较薄弱，理论研究滞后于国有企业改革的实践需要。例如，在国有企业的公司法人治理机制、国有企业的行政垄断问题、国有企业混合所有制改革以及国有资本经营预算收支制度安排等领域，专门性、系统性的深入研究还有待于加强，尤其是国有资本经营预算的民生化研究尚处于初步探索阶段。中共十八大以来，以习近平同志为核心的党中央在论及国有企业改革时，都不断强调要促进共同富裕，加大财政的民生投入，明确指出要加大国有资本收益向民生领域倾斜的力度。但由于缺乏比较有效的理论指导和实践层面的可行性论证，造成实践中各政府部门对推进党中央这一惠及全民的改革举措迟疑不决，进展缓慢。也正因为如此，本书以中共十八大以来党中央的系列指示精神为指导，结合我国国有企业改革的实践，以国有企业红利征缴比例倍增目标下的国有资本经营预算支出结构为研究对象，着重研究国有资本经营预算支出民生化的制度安排，并提出改革的实践模式和对策建议，以期弥补当前学界在这一重要课题上研究的不足。

第三章

范畴界定和概念辨析

作为本书研究的基础，本章首先对国有资本经营预算相关范畴进行界定，并从理论上对国有资本经营预算进行综合分析与阐述，从而为后续的理论分析与实证研究提供概念基础。

第一节 国有资产、国有资本与国有企业

研究国有资本经营预算，我们不能忽略对与之相关的资产和资本、国有资产和国有资本等几个基本概念的明确界定。如果对这几个概念界定不清楚，就会混淆我们研究的对象和范围，势必影响我们对国有资本经营预算问题的研究思路和方法。严格地讲，在迄今为止的理论研究、制度规范和改革实践中，还没有从根本上辨析清楚这几个重要概念，以至于在对国有资本经营预算的研究和实践中，产生了认识上的分歧。

一、资产与国有资产

（一）资产

对于"国有资产"的理解，第一步即要充分了解"资产"这个概念。所谓资产（assets），是指可作为生产要素投入到生产经营过程中并能产生经济效益的财产。资产作为一个概念，有会计学内涵与经济学内涵的区分。会计学意义上的资产概念强调的是资产收益在货币形态上的可计量性。根据我国《企业会计准则》的定义：资产是企业因过去交易或事项形成的，由企业主体拥有或控制的，预期能为企业带来利益流入的一项经济资源。这种经济资源包括各种财产、债权和其他权利。会计意义上的资产定义强调资产的控制权，即主体能够依法处置并享有和承担与该法人财产相关的利益或风险。事实上，我国的会计准则体系与国际会计准则体系保持了统一发展趋势。1978年美国财务会计准则委员会（FASB）发布的《财务

会计概念公告》（Statements of Financial Accounting Concepts）更是构建我国财务会计概念框架基本内容的重要参考依据。在该公告中，资产被定义为：某一特定实体因过去交易或事项而获得或控制的，预期能为企业带来各种未来经济利益。[①] 为了更符合当前经济发展现状，2018年3月29日，国际会计准则理事正式发布《财务报告概念框架2018》，并对资产进行重新表述，认为"资产是主体因过去事项而控制的现时经济资源。经济资源是具有产生经济利益潜力的权利"。这一定义明确表明了资产的实质由实务资产到权利的转变，同时也淡化了资产产生经济利益流入的可能性标准。在经济学意义上，资产通常被定义为："企业或个人拥有的一项或多项具有价值的实务财产或权利。"资产有用性主要体现于："资产是企业获得未来利益的源泉，是企业可持续发展的基础。"[②] 经济学意义上的资产概念强调的是，只要能够增进人们的效用价值，就应被认定为有经济收益。由上述两种资产的定义我们不难看出，资产就是能够带来某种经济收益的经济资源，而这种资源又为特定的人或经济组织所控制。[③]

作为资产，其所具备的特征主要是：（1）资产是能够带来收益的经济资源。现代经济的发展依赖于对各种资源的合理配置和有效利用。经济资源包括自然资源、人力资源、物资资源、资金资源、信息资源，等等，这些经济资源在社会经济发展中发挥着极其重要的作用。资产作为经济资源，其作用在于能为其拥有者或控制者带来经济利益。对于经济主体而言，资产有益于经济主体的生产经营活动，通过对资产的有偿使用，能够使经济主体获取一定的经济收益。（2）资产可以用货币加以计量。作为经济资源的资产，同样具有稀缺性的社会属性。在现代商品经济条件下，要求资产能够用货币来计量。虽然由于资产存在形式的多样化，某些资产难以用货币来计量。但只要资产被用于运营或交易，资产就只能或必须采用货币计量的方式，取得公认的价值标准。（3）资产为特定的经济主体所拥有或控制。资产存在的实质是为其所有者或经营者带来权益，因此资产必须归特定的所有者和经营者所拥有或控制。只有某一经济主体占有或控制了资产，该资产所带来的经济收益才能归其所有或支配。在现代市场经济中，对资产的拥有与控制既可以是统一的，也可以是分离的。某一经济主体拥有资产，该经济主体对资产具有占有、使用、收益及处置权，该资产所带来的经济收益归该资产拥有者。而某一经济主体对某些资产虽然不具有所有权，但却在一定时间、空间范围内具有控制权，在其控制范围内对该资产具有使用权，该资产所产生的经济收益，其控制人也享有其中的一部分。拥有或控制资产的经济主体，存在着多种形式。政府、企业、个人及其他机构均可成为这一经济主体。

---

① 引自"Accounting Standards：Statements of Financial Accounting Concepts 1-6"一书，第246页，原文为："Assets are probable future economic benefits obtained or controlled by a particular entity as a result of past transactions or events."
② 格林沃尔德. 现代经济词典 [M]. 北京：商务印书馆，1981：27.
③ 邓子基，陈少晖. 国有资本财政研究 [M]. 北京：中国财政经济出版社，2006.

（二）国有资产

国有资产（state assets）是属于国家所有的一切财产和财产权利的总和。新中国成立70年来，通过全国人民的艰苦奋斗和辛勤劳动，积累了巨量的国有资产，统计数据显示，截至2018年，全国国有企业（不含金融企业）资产总额高达210.4万亿元。管理好这些国有资产，是我国国家稳定和经济发展的重要保证。在现实经济生活中，"国有资产"在概念上有广义和狭义之分：

1. 广义国有资产

广义的国有资产，是指根据有关法律规定，由国家拥有的财产。根据《中华人民共和国国有资产法（草案）》的定义，国有资产是指"国家以各种形式投资及其收益、拨款、接受馈赠、凭借国家权力取得，或者依据法律认定的各种类型的财产或财产权利"。根据这一定义，国有资产在广义上可以涵盖以下四种类型：第一，国家以各种形式形成的对企业投资及其收益等经营性资产；第二，国家向行政事业单位拨款形成的非经营性资产；第三，国家依法拥有的土地、森林、河流、矿藏等资源性资产；第四，接受捐赠、无主财产等依法认定形成的财产。

2. 狭义国有资产

狭义的国有资产特指经营性国有资产，即国家作为出资者在企业中依法拥有的资本及其权益。经营性国有资产包括三个部分：第一，企业国有资产；第二，行政事业单位占有、使用的非经营性资产通过各种形式为获取利润而转作经营的资产；第三，国有资源中投入生产经营过程的部分。

需要指出的是，在理解狭义的国有资产概念时要注意两个问题，一是不能将经济学意义上的国有资产与会计学意义上的国有资产概念混为一谈。有学者认为，企业国有资产即是国有企业中的资产。这种观点属于偷换概念，错将国有资产理解为会计学中的"资产"概念，从而将国有资产看作总资产。事实上，国有资产是特指经济学中"资本"而非会计学上的"资产"概念（见表3-1）。

表3-1　　　　　　　　　　企业资产负债表

资产	负债及所有者权益
流动资产	流动负债
长期投资	长期负债
固定资产	负债合计
无形资产	投入资本
递延资产	资本公积
其他资产	盈余公积
	未分配利润
	所有者权益合计
资产总计	负债及所有者权益合计

由表3-1可以看出，资产负债表的左方为资产，右方的上半部分为负债，下半部分为所有者权益。这三部分之间的关系可通过会计公式体现：资产＝负债＋所有者权益。狭义国有资产即国有资本，即所有者权益，并非表左方的"资产"概念，而是指表右方下半部分。对于国有独资企业和股份制企业来说，前者的国有资产即该企业的所有者权益（净资产），总资产是独立法人的资产；后者的国有资产是该企业的所有者权益中的国有资本，总资产则是指企业法人财产。由此得知，企业国有资产与企业总资产是既有区别又有联系的不同概念。国有独资企业净资产的所有权才属国家所有，而不是所有资产都属于国家所有。此外，将国有资产定义为资本的概念是基于现代公司理论而建立的。公司财产有价值形态和实物形态两种形态，分别对应两种权利：出资者所有权和法人财产权。出资者以实物形态的资产投入公司后形成价值形态的资本，在获取相应产权的同时丧失对其投入资产的支配权。而作为独立法人的企业则掌握实物资产的支配权，即法人财产权。出资者所有权与法人财产权的分离，使国家作为出资者凭借出资额享有所有者权益，比如重大决策权、剩余索取权及经营者选择权等。企业则通过调配所有法人财产依法自主经营、自负盈亏，对出资者负有资本保值增值义务。

正确理解狭义的国有资产概念需要注意的第二个问题是，经营性国有资产主要是指国有资本，而不是国有法人资本。因为本着"谁投资、谁所有、谁受益"的原则，由政府直接出资形成的资本及其权益才是真正意义上的"国有资产"。而国有法人资本是国有企事业单位向其他企业出资形成的资本及其权益，不是国有资本的终极所有者。因此，在国有法人资本这一层面上无法认定产权的所有制性质，只能说国有法人资本是国有资本的派生物。也就是说，经营性国有资产既不能等同于企业全部资产之和，即经营性国有资产不含企业负债，也不能等同于母子公司所有者权益之和，即经营性国有资产不含国有法人资本。

二、资本与国有资本

（一）资本

按照马克思在《资本论》中所做的定义，资本是能够带来剩余价值的价值，是对剩余劳动的占有权和支配权，是为了自身价值增值的价值运动。这种内涵界定无疑是正确的。但是，马克思把资本看作是资本主义特有的经济范畴，因而主要关注的是资本的实质或社会属性，而相对忽视资本的形式或自然属性。这就妨碍了人们对于资本概念的全面理解。实际上，资本是一种历史范畴，并不代表它只能存在于资本主义社会，而是存在于一切商品生产和交换的社会，即资本主义生产方式和社会主义市场经济条件下都存在资本范畴，只不过其形式、内容、职能、运动方式表现出一定的差异性而已。如果抽象掉资本的社会制度属性，单从资本的形式意义或自然属性来看，资本是一种特殊性质的价值运动形式，其特殊性主要是价值运动的目的性，即自身价值的增值，至于其运动结果是价值增值、价值不变还是价值贬值，都不会改变其资本性质，只是表明了资本运动的结果或价值实现程度。资本作为一种生产要素，与其他形式的生产要素一起形成一定的生产技术结构或关系，共同参与社会物质财富和精神财富的创造，在这一运动过程中，资本在自然属性上呈现出增值性、趋利性、流动性、风险性和多样性等特点。

再从资本与资产的比较来看，有人将二者视为同一概念，认为区别仅仅在于资产是指物质形态，资本是指价值形态。这种观点显然不能成立。因为作为一种生产要素，资本的存在形态本来就具有多样性的特点，可以从不同角度划分。如会计学上的固定资本与流动资本，就是从资本的实物形态划分的；从资本的物质属性看，资本可分为有形资本和无形资本，前者表现为物质形态，如商品资本、生产资本、土地资本等，后者表现为价值形态，如技术资本、人力资本、商誉资本等。资本与资产既有联系又有区别，其共同点表现为两者都必须投入生产经营活动，以谋求自身的保值增值。两者的区别在于：资本投入生产经营的目的相当明确，就是获取最大限度的利润回报。而资产投入生产经营不一定都是为了价值增值，增值形式也不一定是利润。例如，投入公益性的生产经营活动或投资于公共产品的生产，都是生产经营活动，也实现了投资目的，但其目的不是为了利润回报，这时投资所形成的内容就是"资产"而不是"资本"。因此可以说，资本概念在外延上小于资产概念，资本是资产的一个组成部分，即以价值增值或利润回报为主要目的那个部分。[①]

（二）国有资本

一般来说，一国的社会总资本即该国社会现存的相互联系、相互依存的个别资本的总和，是由多种多样的经济形式共同发挥作用而构成的。无论是发达国家还是发展中国家，也无论是资本主义国家，还是社会主义国家，都存在一定数量的国有资本，所不同的只是在社会总资本中所占比例和所起作用不尽相同。

如前所述，狭义的国有资产特指经营性国有资产，而经营性国有资产主要是指国有资本。因此，我们可以将"国有资本"定义为：国家直接或间接出资形成的资本，及其凭借资本所有权所享有的权益，简言之，国有资本就是在国有资本投入的企业中属国家所有的所有者权益。

从国有资本与非国有资本（主要是私人资本）的比较分析中，我们可以更为准确地把握国有资本的内涵，因为国有资本与私人资本在形成方式、职能分工、运营形式等方面都存在明显的差别：（1）形成方式不同。私人资本来源于民间企业和社会成员的积累和储蓄，它直接受生产和生活消费的制约，其形成相对分散和缓慢；而国有资本来源于社会的公共积累和储蓄，主要是政府通过税收和其他收入形式取得的，是民间积累的让渡和转化，是国民收入再分配的产物。国有资本的大小

[①] 邓子基，陈少晖. 国有资本财政研究 [M]. 北京：中国财政经济出版社，2006.

直接取决于政府的财政经济政策，因此其形成相对集中和迅速。（2）职能分工不同。在现代社会，随着生产社会化程度的提高，分散的个体资本与生产社会化之间的矛盾日益突出，有些基础设施特别是高科技产业不仅耗资巨大，而且需要超前投入，一般的私人资本难以承担；有些非营利性或微利性的公共项目，以营利为目的的私人资本不愿投入。政府的首要经济职能在于最大限度的满足公共需要，弥补市场失灵，而国有资本是政府调节宏观经济结构，推动经济发展的重要手段，这就决定了政府必须将国有资本投入到上述私人资本不能或不愿投入的领域和项目。（3）委托代理关系的性质不同。国有资本的终极所有者是全体国民，所有权代表是国家或政府，占有者是国有经济实体，三者之间存在着自上而下的委托代理关系。国有资本的经营权利和经营者地位取决于政府的行政权力，在现行的委托代理机制下，经营权和行政权是合一的。因此，国有资本的所有者与占有者之间、占有者与经营者之间是行政隶属关系。而私人资本的经营权利和经营者地位取决于产权本身，资本所有者与占有者、经营者之间是经济契约关系。（4）资本数量的集合意义不同。国有资本无论总体还是个体，其终极所有权都是全体国民，个体所有权与总体所有权是一致的。虽然国有资本的所有个体不可能都是增值的，但其个量增长的意义附属于总量增长的意义，只有国有资本总量上的增长，才是政府追求的目标；而私人资本从个体上看是分属于众多独立的所有者，这些个体资本不可能集合成为具有统一目标的总体。只有在做社会经济统计时，私人资本的资本存量集合才有意义。因此，私人资本不具有集合意义上的总量增长目标，只有个量不断增值的盈利目标。

三、国有企业与国有经济

国有企业是指国家作为出资人投资成立的企业。在《中华人民共和国企业国有资产法》中的划分中，国有企业共有四大类，分别是国有独资企业、国有独资公司、国有资本控股公司和国有资本参股公司。而本书所指的国有企业包括前面三种类型，即国有资本具有实际控股能力的企业（本质上更多为竞争性国有企业）。国有企业根据是否在证券市场上进行融资分为国有上市公司和非上市国有企业。对企业的产权性质的区分我们主要根据"终极产权论"，通过分析研究企业及其股东间的控制关系从而确定该企业的终极产权所有者。如果国有资本掌握企业最终控制权，则判定为国有企业，反之则为非国有企业。从国有资产管理体制来看，可以将国有企业分为中央控股企业和地方控股企业。从特征上看，国有企业作为一种生产经营形式，兼有商业性和公益性特点，即创造利润和国有资产保值增值的双重责任与义务。

而国有经济是世界各国（地区）普遍存在的一种经济类型。在我国，正是政治经济体制的特殊性，作为社会主义公有制经济最重要组成部分之一的国有经济，其诞生、改革与发展总是与特定阶段的社会经济背景相关联的，由此其基本内涵以及外延存在一定程度的变迁，这也造成了概念的不明确。早期学者认为"国有经济"是国有企业的总体集合。① 这种观点显然是沿袭传统计划经济体制下"国有企业的集合"等于"国有经济"的历史情况,而没有考虑到改革开放后国有企业改革实践的结果,即国有经济的概念突破了"国有企业的集合"这一历史限定。随着我国经济发展的变化,国有经济的内涵和外延不断变化,卫祥云(2018)认为国有经济应当是社会主义公有制经济,它由全民所有制经济、集体所有制经济等形式组成,是国民经济的领导力量。从广义角度来看,其包括中央和地方各级国家机关、事业单位和社会团体使用国有资产投资举办的企业,也包括实行企业化经营,国家不再核拨经费或核拨部分经费的事业单位和从事经营性活动的社会团体,以及上述企业、事业单位和社会团体使用国有资金投资举办的企业。② 我国宪法第七条也规定:"国有经济,即社会主义全民所有制经济,是国民经济中的主导力量。国家保障国有经济的巩固和发展。"因此,本书认为国有经济在内涵上应是一个主权国家的全部全民所有制经济成分所构成的一个整体,这其中包括矿藏、河流、国有森林、荒地、草原和其他陆海自然资源,还包括全民所有的工厂、农场、商店、铁路、邮电和银行等;在外延上,除了国有独资企业以及国有资本绝对控股企业外,还应把国有资本相对控股企业和国有资本一般参股企业之类的混合所有制企业中的国有经济成分也囊括进来。而国有企业是国有经济的载体,国有资产管理是国有经济的抓手。

四、国有资产与国有资本的概念辨析

国有资产属于历史范畴。在计划经济时期,国家更多的是强调加强国有资产的管理,在实践中倾向于具体的资产实物的管理。1993 年建立资本金制度后,国有资产的管理逐步转向了价值管理。现阶段,国家更多的是强调加强国有资本的管理。国有资产与国有资本二者虽然只有一字之差,但其内在实质却存在着明显的差异,深刻反映着我国对国有资产管理认识上的突破和提高。

依据前文对资产与资本、国有资产与国有资本的分析,我们知道,国有资产广义上就是指国家拥有或控制的资产,具体又包括经营性国有资产、非经营性国有资产和资源性国有资产三大类。而资本即所有者权益,是企业投资人对企业净资产的所有权,资本在数额上等于企业的总资产扣除企业全部负债后的剩余部分。国有资本就是企业权益中国家拥有的部分。从二者的关系来看,国有资本与国有资产在概念上是有联系的,它们都是属于全民所有的财产(不管用什么方式取得),都要求安全完整,某种程度上也都具有保值增值的要求。但是这两个概念也存在着明显的差异:(1)从外延上来看,国有资产的范围大于国有资本。国有资产是指国家依据法律取得的,或用各种方式投资在各领域、各部门以及在海外形成的经营性、非

---

① 邱力生. 论国有经济的目的及国有企业的目标 [J]. 经济评论, 1999(03): 35-38.
② 卫祥云. 国有和混合所有经济改革研究 [J]. 新经济导刊, 2018(11): 71-75.

经营性财产和资源性财产，范围很广。国有资本主要是国有资产中的经营性国有资产，是国有资产中最具活力的一部分。（2）从内涵上来看，国有资本是从属于价值形态范畴，国有资本管理是一种价值管理。而国有资产则是从属于实物形态范畴，国有资产管理是一种实物资产的管理。（3）从功能上来看，国有资本更强调的是保值增值功能。从国有资本的视角看，资本犹如一粒种子，存在着"春之播种、夏之灌溉、秋之收获"效应。因此，国有资本是一个动态的概念，它强调要按照资本的固有规律去运作，要在经营活动中不断流动，不仅要能在流动中保值，而且要能在流动中不断增值。相对而言，国有资产是一个静态的概念，强调的是资产实物形态的完整性。（4）从管理的侧重点来看，国家对国有资本的管理侧重于价值形态，促进资本不断增值，不再管理具体的企业组织，不从事也不干扰具体的生产经营活动。而国有资产管理侧重于实物管理，对具体的企业组织进行直接管理（如选择经营方式、选择经营人、划分隶属关系等），保证国有资产有效使用。换言之，国有资本管理从事的是资本运营，侧重于管股权；而国有资产管理则是从事业务经营，侧重于管企业。

从"国有资产"提法到"国有资本"提法的转变，深刻反映了我国在国有资产管理认识上的突破。从近几年的实践来看，"国有资本"提法更符合我国国有资产管理的需要，它具有以下优点：一是国有资本定义更具有准确性。按照宪法规定，国有资本就是指所有者权益中归国家所有的部分。这一定义具备合理合法性，从法理角度上对国有资本进行了保护，可以有效防止侵蚀国有资本现象的发生。因此，无论何种形式的国有企业都能对国有资本进行界定；二是国有资本更具有可计量性。一方面，国有资本额的确定并不受国有企业经营者的领导风格所影响；另一方面，国有资本计量的不确定性因素不管从名义货币还是实际购买力角度来看均远少于国有资产概念计量下的影响因素。随着我国资本市场的不断完善，国有资本计量的参考因素逐渐增多，其中国有股的市价就可作为其计量的参考因素；三是国有资本更具有考核性。针对商业国有企业，可采用税后利润指标来衡量其国有资本的盈利能力，既可明确国有资本价值尺度又能保障经济交易公平公正。而少数公益企业则可以采用补贴后的税后利润作为考核指标更为合理。此外，无论是同行业中不同企业的比较还是不同企业之间的比较，资本利润率都是一个恰当衡量其经营业绩大小的指标。尤其是在不同行业税后利润差异巨大的情况下，资本利润率不仅在国家宏观资源调配上起到重要参考作用，实现总体资源最优化目标；还能促使是企业充分利用国有资本，加快国有资本增值速度。

科学界定并区分国有资本与国有资产概念，无论对国有资本经营预算制度的建立还是国有资产管理体系的完善均有重大意义，不仅能够提高社会公众参与国有资本监管的观念意识，建立国有资本保值增值的理念，为提高国有企业改革效率提供改革思路，还有利于国有资产管理体系从管资产到管资本的监督理念转变。即从管理全社会的国家财产到管理有盈利能力的国有资本，由以实物管理为主到价值管理为主，从以行政手段为主到经济手段为主，由业务经营到资本经营，从管理企业到管理股权。同时，国家也能够在宏观层面，更大程度地通过资本的流动来调整产业结构，体现产业政策，实施有进有退的战略；还可以对国有企业进行股份制改造，通过国有资本的控股，使国家可以控制比国有资本大得多的资金的运营，从而发挥"乘数效应"，大大增强国家控制国民经济的力量。

第二节 国有资本经营预算的内涵与外延

在明确了国有资产与国有资本概念的区别与联系之后，我们再来对国有资本经营预算的内涵与外延做出界定。

一、国有资本经营预算的内涵

关于国有资本经营预算的内涵，目前研究者从各自的研究视角做出了不同解析和表述。但本书认为2007年国务院发布的《国务院关于试行国有资本经营预算的意见》（以下简称《试行意见》）中对国有资本经营预算的概念解读最具权威性和准确性。即国有资本经营预算是指"国家以所有者身份依法取得国有资本收益，并对所得收益进行分配而发生的各项收支预算"。

从《试行意见》的上述界定可以看出，国有资本经营预算是对政府在一定时期内对国有资本收支活动展开价值管理和分配的工具，反映国有资本所有者与国有资本经营者间的收益分配和再投资关系。其内涵包括三个方面：

1. 国有资本经营预算是政府以国有资本出资人的身份进行的预算

国有资本经营预算是政府围绕预算而展开的，其目的是对国有资产管理机构履行出资人职责的情况进行反映和监督，从而促进国有资本保值增值，进一步优化国有经济结构，提高产业战略性调整布局力度，深化国有企业混合所有制改革，确保国有资本整体达到资源最优配置，实现政府社会稳定和经济繁荣发展的总体目标。与企业的经营预算相比，国有资本经营预算突出了预算的主体是政府，因此应强调预算的宏观性，着眼于整个国民经济的宏观管理。实施国有资本经营预算着眼于企业或微观层面，从而实现国有资本的保值增值。但微观层面必须服从于宏观层面，宏观层面上是推动经济结构调整与产业技术升级。

与政府的公共预算不同，国有资本经营预算是国有资本出资人对国有资本投入、收益回报进行管理的一种形式，其目的主要是调整经济结构、优化国有资本配置、实现国有资本的保值增值。而政府的公共预算则是政府以社会管理者身份，凭借政权筹集财政资金，向广大人民群众提供公共产品和服务的财政收支计划。以上两点是国有资本经营预算与企业预算和公共财政预算最大区别的关键。

2. 国有资本经营预算是着眼于国有资本的收支开展的预算管理活动

国家实现国有资本经营预算的控制，需要通过对国有资本的收入预算和支出预算两大渠道来实现。其预算收入主要包括：（1）国有资本的一般经营性收入。即政府将国有资本投入经营领域并凭借其拥有的产权而取得的增值收入，主要是对国有资本开展主营业务和其他业务取得的税后利润进行的再分配。（2）国有资本的资产转换性收入。资产转换性收入是政府转让某些国有资本产权而获得的收入，如国有企业或企业中的国有股份出售、转让、租赁收入。（3）政府公共预算转入收入。包括政府动用公共财政资金对国有资本经营的补贴、专项投资和其他转移收入。（4）国内外债务形成的信用性收入。（5）其他国有资本经营收入。与预算收入相对应，国有资本经营预算的支出项目主要包括：（1）资本性支出。即国家为了获得利润回报而预先投入资本的支出行为。（2）费用性支出。即政府为了补偿国有资本在运营中的亏损而发生的、并不以获得长期收益为目的的支出项目。（3）其他支出。如国有资产监管部门的运行费用支出等。

3. 国有资本经营预算集中反映了国有资本所有者与经营者之间的关系

根据《试行意见》，国有资本经营预算的主体是国家，那么它必然要维护国家作为国有资本的所有者的各项权益，明确国家与国有企业等国有资本经营者之间地位和权益关系。具体来说，国有资本经营预算的核心要点是：（1）国有资产归谁所有，代表国家行使出资人权益的是中央政府、地方政府或相关的国有资产管理部门。（2）国有资产由谁管理，各级政府、国有资产运营机构、国有企业等相关单位的国有资本管理职能与责任。（3）国有资产收益如何分配，国有企业利润和股份制公司中的国有股份收益是否上缴、上缴给谁、上缴多少、如何上缴以及上缴收入的用途等。（4）不良国有资产如何处置，破产、重组、合并、拍卖的具体程序，等等。以上这些内容都与国有资本所有者和经营者的权益密切相关，是国有资本经营预算的核心问题。

综合以上分析，我们可以对国有资本经营预算的内涵做出如下界定：从国家层面来看，国有资本经营预算是国家对国有资本收益在一个财政年度内所做出的一项收支计划，是我国复式预算体系中的重要组成部分，其目的是反映和监督国有资产经营和管理活动，以防范国有资本流失，实现国有资本保值增值、推进宏观经济结构调整和国有企业改革。它既反映了国有资本的经营过程、经济效果、经营效率、资金安排和收益分配等多方面，使得国有资本收益透明化，强化了国有资产监督管理，又是国家用来宏观调控和管理国有经济的重要手段之一。从政府层面来看，国有资本经营预算是各级政府按照"分级所有"原则在权限范围内依法编制的，是各级政府以所有者身份和所拥有的经营性国有资产在市场竞争领域进行经营活动并依法取得国有资本收益和安排支出的一项专门预算。

国有资本经营预算是以经营性国有资产收益为主要内容，是在政府授权的情况下，国有资产经营管理机构代表国家履行出资人职责并依法对经营性国有资产收益做出计划的一项专门预算制度。理解这一内涵要注意两方面：首先它是在国有资本经营战略的基础上将国有资本保值增值、推动经济结构调整等一切重大和关键问题统一于一个价值体系并兼具了预算管理和经营管理双重职能的，既充分体现了一般经济管理方法在国有经济活动中的适用性，又反映了我国国有经济管理在制度上的创新。其次它是对经营性国有资产经营活动展开管理和分配的手段，反映国有资本所有者和经营者之间的利益权衡和再投资关系，是与公共预算相互独立又相互联系的新型预算制度。

值得注意的是，到目前为止，我国对国有资本经营收支尚未单列预算进行管理，仍然与经常性预算收支合在一起，很难单独地直观地反映国有资本经营活动状况，因此，有识之士提出建立国有资本经营预算后，引起了党和国家领导人的足够重视，要求通过国有资本经营预算来确保国有资本保值增值和再投资的有计划进行。

国有资本经营预算作为一种新的预算方式，要求其编制必须以市场为导向，以提高资本金效益为核心，优化资源配置，力求以最小的投入取得最大的经济效益。建立国有资本经营预算制度，也是中共十六届三中全会提出的一项重要任务，是国有资产管理制度建设的重要内容。在制定和实施过程中，相关各方一定要坚持所有权与经营权分开的原则，处理好出资人权利与企业法人财产权的关系，政府决不能直接干预企业的生产经营活动。

二、国有资本经营预算的性质与特点

从我国新建立的国有资产管理体制来说，国有资本经营预算是指由政府授权的国有资产监督管理机构以出资人身份依法取得各种国有资本经营收入，并科学调配国有资本经营支出的专门预算。从性质上来看，其实是一种国有资本出资人特别的预算。要正确认识这种预算模式的性质及其特点，可以从以下三个方面加以分析：

首先，国有资本经营预算制度应是一种克服了政府兼具社会职能与资本所有者职能双重矛盾的"政府预算制度"。政府预算是政府对财政资金的年度集中性计划收支的预算，具有基础性、全面性和规范性。国有资本经营预算制度不仅是一项预算制度，更是归属于政府预算范围之中，政府必须以其所有者的身份执行相应职能，通过盘活国有资本达到保值增值的目的。然而，国有资本经营预算制度与现有政府公共预算又有根本性区别，这一区别体现在政府的社会管理职能和资本所有者职能是否分离。而国有资本经营预算是一种将两种职能严格分开的新型政府预算，是复式预算或多元预算体系下的一个相对独立的预算系统，是国有资产管理体制制度创新的代表，是政府进一步科学管理国有资本的重要价值工具。由此可见，国有资本经营预算制度是政府运用预算管理手段来强化和规范国有资本的监督，是一种政府预算监管制度，这种制度既能根本上克服政府兼具社会管理和资本所有者双重身份的矛盾问题，使两种职能实现实质性分离，又能在制度设计上为完全剥离资本所有者职能创造有利条件。

其次，国有资本经营预算制度应是一种明确了国有资本产权主体并实现了产权主体人格化的"出资人预算制度"。市场经济条件下的国家兼具社会管理者与资本所有者这两大职能的矛盾，促使国家必须剥离国有资本所有者职能并成立专门运营机构对其进行管理。这一机构经法定程序建立和运作并由政府授权掌握和承担国有资本实际所有权和各项权利义务，包含对国有资本的占有、使用、处分、收益等，是国有资本的法定出资人，具有法律上的独立人格和利益取向。此外，法定出资人既不具有政府部门属性，也不具备成为企业的完整属性，而是一个专门负责国有资本运营和管理进而实现保值增值的事业化特设政府机构。这种机构的存在不仅有利于国有资产主体清晰、产权主体实现人格化，而且对国有资本的运营管理和国有资本经营预算的建立具有理论和现实的双重意义。为了实现国有资本独立运营以实现资本保值增值目标，国有资本法定出资人在依法受托国有资本的各项权利和义务时不得不放弃部分权利，委托国有企业和国有控股参股企业参与其中。因此，法定出资人必须对经营性国有资本存量及收益支出等实施预算监管，确保国有资本的保值增值。

最后，国有资本经营预算制度应是一种实现了两权分离和克服了国有资本代理人问题的"法人预算制度"。法人预算制度可从两方面理解：一是国有企业和国有投资运营公司等作为出资人的委托经营者，必须依据出资人意愿进行预算管理；二是出资人本身（国资委）作为法人也需受到预算约束。因此，法人预算制度既是对国有企业等委托经营者的预算约束，也是对出资人自身管理的预算约束制度。出资人法人预算制度的建立也表明了出资人需要承担双重任务，即运营和监管。一方面，出资人需要对所拥有的国有资本承担经营职责，盘活国有资本，实现国有资本保值增值目标；另一方面，出资人要承担起自身的管理任务，在经营过程中强化监督管理，防范国有资本流失，做好出资人在经营与监管自身的过程中作为市场参与者身份。建立国有资本经营预算制度，明确国有资本出资人在一定程度上和范围内的"营利性"法人性质，一是可以妥善处理好国有企业不可避免的代理人问题，即内部人控制、代理前的逆向选择，代理后的道德风险等问题；二是"营利性"法人预算的硬约束，可以在一定程度上有效的逐渐去除代表国有资本所有者的政府部门名为"出资人"，实为行政机关的体制痼疾。

国有资本经营预算作为我国复式预算体制中的一种新型预算方式，具有较强的独立性和人格化的特点，是政府行使财产权利的具体表现形式。与国家财政预算和一般企业财务预算相比，国有资本经营预算具有以下特点。

1. 收益性

国有资本经营预算从性质上讲是一种建设预算，它应该取得并反映资金投入的经济效益，这既要符合资金本身的特点，又要符合社会主义市场经济的要求。所以，国有资本经营预算的这种收益性是指在资产预算收入规模、收入方式、收入结构的安排中，要求在提高现有国有资产存量的经济效益的基础上进行。在资产预算支出方向、支出结构、支出比例上，注重投入产出的经济效益，尤其是那些经营性项目的投资支出要保证每一项资金投入都应有不低于社会平均水平的投资收益率或有可能量化为社会平均利润率的经济效益。

2. 相对独立性

主要表现在两方面：一是从横向来看，国有资本经营预算在整个政府预算体系中与其他预算对比，无论在范围和支出方向上都有明显的不同，尤其是与公共预算制度相比，国有资本经营预算是相互独立、自成体系、自我循环的特征；二是从纵向来看，国有资本经营预算是各级政府按照"分级所有"原则编制的，因此，中央与地方所编制的国有资本经营预算也是相互独立、自成体系、自我循环的，二者并不存在绝对从属关系。需要指出，虽然从理论上讲，国有资本经营预算应该独立于政府公共预算和社会保障预算，但这种独立是相对的，国有资本作为国家所有，即全民所有，其收益理应为全民所享。因此，将国有资本产生的部分收益通过设置专门科目调入公共财政预算和社会保障预算之中，可以缓解我国当前的社会民生供需矛盾，充分体现了国有资本的公益属性。

3. 宏观调控性

国有资本经营预算是政府对国有资本进行管理的一项宏观制度。国家作为国有资本的出资人，其编制国有资本经营预算的目的就是要从总体上把握国有经济发展脉络，实现国有经济高质量发展，优化国有经济布局，使其在结构和布局上保持协调一致，提高国有经济活力和国有企业经营效率。在这一目的之下，国家必然将主要精力放在宏观经济调控上，而其所需资金则从下属企业的税后利润中按一定比例征缴，形成国有资本经营预算收入。

4. 规范性

按《中华人民共和国预算法》（以下简称《预算法》）第五条规定，预算包括一般公共预算、政府性基金预算、国有资本经营预算、社会保险基金预算。国有资本经营预算包含于我国政府预算体系之中。因此，从法理角度来看，国有资本经营预算是法律性文件予以规范的范畴。与一般行政规章制度相比，其对国有资本经营机构和实体以及预算主体本身更具有法律效力和约束力。此外，国有资本营运机构身兼政府职能和资产管理职能就表明国有资本经营预算的编制和执行必然要遵守国有资产管理制度，其预算支出方向、支出范围、支出规模等方面必然也会得到相应的制约，这也是其规范性的重要体现。

三、国有资本经营预算的范围界定

在明确了国有资本经营预算内涵的基础上，应依据其内涵来界定国有资本预算所控制的具体收支项目，即哪些国有资本的收入和支出需要进行预算控制。

根据马克思的定义，资本是能够带来剩余价值的价值，这是"资本"有别于"资产"的出发点。根据现代会计学理论，资产是企业凭借法人财产权能够支配的全部内部资源；资本则是企业所有者投入生产经营的本金。根据这种对资产与资本的界定，国有资本的定义也有广义与狭义之分。广义的国有资本涵盖了以各种形式存在的国有资产，包括三个方面：各种企业的国有资产、行政事业单位的国有资产、自然界中土地和矿产等以自然资源形式存在的国有资产。而狭义的国有资本，即经营性的国有资本，仅包括各类工商企业中经营性的国有资产，非经营性单位中转为经营性用途的国有资产和投入生产流通的资源性国有资产，排除了行政事业单位中不用于营利目的的国有资产和尚未用于经营目的的国有自然资源。

根据以上定义，国有资本经营预算的范围可划分为自然垄断行业和一般竞争领域两个方面的经营性企业国有资产（邓子基、陈少晖，2006）。而在现实中，许多相关政策和研究主要是针对狭义的国有资产中的第一部分，即企业中的经营性国有资产而展开，并未重视非经营性单位和自然资源形式的国有资产，对预算范围也还存在着争议。一些学者主张将资源性国有资产和经营性国有资产同时纳入预算体系，而另一些则认为预算范围是国有企业中竞争性的国有资产，将非经营性国有资产（包括行政事业资产和自然资源资产）排除在外（丛树海、吕建永，2001）。例如，《试行意见》所规定的预算收入仅包括"各级人民政府及其部门、机构履行出资人职责的企业上交的国有资本收益"。这种范围界定是由我国国有资产管理的历史沿革和目前政策执行的现状造成的，其综合了对企业的国有资本建立经营预算的重要性和可行性因素，是符合实际的。但是，随着今后国有资本经营预算制度的逐步完善，国有资本经营预算范围的界定也应逐渐由"狭义"向"广义"适当扩展，将转入经营性使用的非经营单位资产纳入预算管理范围。我们之所以提出这一观点，是基于以下几个方面的原因：

首先，国有资本经营预算的内涵决定了转入经营性使用的非经营单位和资源性国有资产也在预算范围之内，将其纳入预算范围具有合理性。既然国有资本经营预算是"国家以所有者身份取得国有资本收益，并对所得收益进行分配"，那么当非经营单位的国有资产转为营利性的国有资本时，国家作为其所有者，有权取得这些资本经营收益并进行分配。同理，根据《中华人民共和国土地法》《中华人民共和国矿产资源法》等法律规定，城市土地、矿产资源、大部分森林等自然资源归国家所有，那么当这些资源投入经营性使用而形成资本时，国家也有权对其进行预算管理。只不过究竟将其纳入国有资本经营预算还是其他预算，应具体情况具体分析。例如，鉴于资源性国有资产的性质和功能的特殊性，可暂不将其列入国有资本经营预算。而投入自然垄断行业或一般竞争领域的国有资产，则应纳入国有资本经营预算范围（邓子基、陈少晖，2006）。

其次，市场经济的发展使非经营性国有资产向经营性国有资本的转化更加频繁，增强了对其进行预算管理的必要性。随着市场经济的深入发展，一些行政事业部门等非经营性单位将其拥有的国有资产转作经营性使用。例如，公立学校将校内体育场馆向社会出租；行政事业单位以获取收入为目的，按市场价格转让房产设备；事业单位投办下属企业以及各地普遍存在的"土地财政"现象等。这些投入经营性使用的国有资产已具备了资本的一般属性，加入了国有资本的范畴。所以，应当以预算形式加强对这些投入经营使用的非经营性国有资产的监管。事实上，2006年以来，财政部连续颁布了《行政单位国有资产管理暂行办法》和《事业单位国有资产管理暂行办法》等法规性文件。其中均涉及对非经营单位的国有资产用于租借、转让和经营的规定，并提出要"建立和完善资产与预算有效结合的激励和约束机制"。这表明，将非经营单位的国有资产纳入预算管理已成为政府的政策目标。

最后，金融性国有资产也应当纳入国有资本经营预算的管理范围。2003年，国务院国有资产监督管理委员会成立后，金融性国有资产和以中国烟草公司为代表的部分国有企业已脱离其管辖范围。由此，国有资本经营预算范围是否应纳入金融性国有资产成为各方争论的焦点。有学者强调国有资本经营预算范围应将金融性国有资产包括在内（焦建国，2005）。对此，我们认为，国有资本具有资本增值的一般自然属性，仅将排除了金融资产的经营性国有资产纳入经营预算范围是不全面的，其范围应和各级国有资产监管机构的监管范围一致，包含各类国有独资、控股、参股的营运机构及企业。因此，从目前来看，国有资本经营预算的范围应当涵盖金融性资产在内的全部经营性国有资产。从发展的眼光来看，转为经营性国有资本的部分非经营性国有资产和资源性国有资产也应列入国有资本经营预算范围之中。

2010年，财政部下发《关于完善中央国有资本经营预算有关事项的通知》，规定从2011年起将教育部、文化部、农业部、广电总局、中国贸促会所属部分中央企业以及中国出版集团公司、中国对外文化集团公司纳入国有资本经营预算范围。为进一步扩大国有资本经营预算实施范围，财政部经国务院批准于2012年1月13日下发《财政部关于扩大中央国有资本经营预算实施范围有关事项的通知》，将国有资本经营预算实施范围继续扩展到工业和信息化部、国家体育总局所属企业、中央文化企业、卫生部、国资委所属部分企业等。截至目前，国有资本经营预算实施范围的企业共分为五类执行收益上缴，分别是：第一类为烟草企业；第二类为电力、电信、煤炭等资源型企业；第三类为钢铁、运输、电子、贸易、施工等一般竞争型企业；第四类为军工企业、转制科研院所、中国邮政集团公司、中国铁路总公司、中央文化企业、中央部门所属企业；第五类为中国储备粮总公司、中国储备棉总公司等政策性企业。可见，我国国有资本经营预算已经开始超出企业层面经营性国有资产的范围，甚至扩展到部分事业单位经营性国有资产和资源型资产。随着我国国有资本经营预算制度的不断推进和完善，国有资本经营预算的涵盖范围将会进一步扩大，实现从狭义国有资本经营预算向广义国有资本经营预算的转变。

四、建立国有资本经营预算的必要性

国有资本经营预算是国家预算的重要组成部分，是基于复式预算而依法编制的有关国有资本收支安排的计划，是财政管理工作的主要内容。随着国有企业改革的深入和民生财政政策导向的确立，建立国有资本经营预算已成为摆在政府面前的紧迫任务。因此，尽快建立国有资本经营预算，加强国有资产的资本化管理，将成为深化国有资产管理体制改革的一项重要举措。

（一）建立国有资本经营预算是体现国家财政双重职能的必然要求

在社会主义市场经济体制下，国家财政向单一的公共财政转变的时机和条件尚不具备。政府兼具作为社会经济管理者的社会管理职能和作为国有资本所有者的经济建设职能，该双重身份及其双重职能决定了我国公共财政和国有资本财政的并存格局。公共财政是以保证社会正常运转，满足社会需要，解决市场机制无法解决的矛盾与保证社会经济生活稳定发展为主要内容；而国有资本财政则是从宏观经济角度，即站在社会再生产的生产力结构和国有资本整体的高度，将国有资本保值增值和收益管理作为工作要点。可见，国有资本财政与公共财政在职能、性质、内涵和任务等方面皆具有显著性差异，它们分别成为国家财政相对独立的两个部分。在计划经济体制下，由于政企一家，政资不分，政府的双重身份模糊导致双重职能合一，进而导致公共财政与国有资本财政的两种不同性质财政职能混乱，难以科学履行职责，在财政政策和财政分配上造成不少的困扰与难题。因此，将国家财政分为公共财政和国有资本财政，并将两者预算严格分开管理，采取差异化的收支平衡，既有利于实现政企实质分离和企业经营机制的顺利转换，也方便处理预算收支平衡和妥善管理企业分配和投资等方面的一系列问题。

（二）建立国有资本经营预算是加强国有资本经营和管理的需要

随着政府职能的转变，国有资本所有权与经营权分离，为了考核国有资本经营状况，确保资本的保值增值，切实加强对国有资本的监督管理，必须建立国有资本经营预算，以便对国有资本经营收支进行统筹规划，对资本效益进行考核，并对国有资本经营者进行考核和业绩评价。同时，建立国有资本经营预算也有利于纠正目前国有资本管理体制改革中出现的某些非规范行为，如产权界定时存在产权代表不确立，产权交易中国有资本流失严重，资本经营中所有者权益无保障等，可以有效保证所有者权益不受侵蚀，防止国有资本流失。建立国有资本经营预算是充分发挥国有资本主导作用的需要。国有资本是我国国民经济发展的骨干力量，政府调控市场和稳定、发展经济的物质基础。对国有企业的改制及产权重组，就是为了不断壮大国有经济，使其应有的骨干作用得到明显提高，特别是在为市场经济发展创造良好的外部环境上发挥主渠道作用。为此需要单独成立预算，集中反映国有资本营运特别是国有资本再投资活动，以便于与其他预算加以区别和规范化管理。

（三）建立国有资本经营预算是我国实行复式预算的客观要求

复式预算制度是当前世界各国普遍采用的国家预算编制形式。在实行复式预算制度前，由于各国政府只维持国家机器运转职能而不干预国家经济，一张表格就足以体现这一职能，因此，世界各国都实行单式国家预算制度。在单式预算下，国家预算的功能也仅限于完整、准确地反映财政资金的年度收支计划。然而，政府干预经济的出现促使政府职能范围不断扩大，不仅承担了维持国家运转的职能，还兼具了稳定经济发展的职能等。在这一情况下，传统的单式预算显然无法满足国家经济发展的需求。为此，许多国家均开展预算制度的改革创新活动，至20世纪30年代，丹麦和瑞典率先成为实行复式预算制度的国家，其具体做法是将预算收支依照经济性质的不同分别编制两种收支表格，复式预算由此产生。复式预算在实施过程中充分表现了单式预算不可比拟的特殊功能及优越性。时至今日，复式预算制度仍是各国国家预算编制形式的首选。当前，我国经济增长步入下行周期的新常态，经济体制改革逐步进入"深水区"，国有企业改革更是进入攻坚阶段，而复式预算制度的优越性和特有功能恰好与之相适应，能让政府最大限度发挥预算管理功能，明晰国家财政资金的来龙去脉。因此，1994年审议通过的《预算法》第二十六条明确规定，"中央预算和地方各级政府预算按照复式预算编制"。

借鉴世界各国国有资产管理的有益经验并结合我国的现实国情，建立国有资本经营预算制度应当以复式预算下的财政收支是否形成生产性和营利性国有资产为标准。正如前文所述，政府兼具的社会管理和资产所有者双重身份必然决定了我国复式预算体系是以公共财政预算体系和国有资本经营预算体系为核心的双元财政预算体系，其中前者强调实现社会经济运行整体稳定有序，后者更侧重追求国有资产经营的经济效益。

（四）建立国有资本经营预算是建立现代企业制度的需要

现代产权理论的一个重要内容，就是强调产权的明确界定能够决定经济效率的高低。建立现代企业制度，就必须要先做到产权清晰，即明确企业具有法人财产权，能独立承担法律责任。现代企业追求长期稳定的发展，并不断加快技术进步，十分注重资本的积累。建立国有资本经营预算制度，可以理顺国有企业的产权关系，有助于实现政府社会经济管理职能与国有资本所有者职能的分离、国有资本的管理与经营职能的分离、国家终极所有权与企业法人财产权的分离，使企业真正成为市场经济条件下拥有法人财产权的经济实体。

五、资本预算与国有资本经营预算辨析

预算制度是一个国家、地区或企业在某一年度内对其拥有的资金收入和支出做出一个预期的安排计划。按照预算主体的不同，可划分为政府预算和企业预算。按照形式差异可分为单式预算和复式预算。其中，复式预算是国家财政收支计划通过收入和支出两个表格反映，不仅便于考核预算资金的来源和用途，还利于分析预算对整个社会供需关系的影响。政府预算是财政体系的重要组成部分，是经过法定程

序审核批准对财政资金做出的一项年度集中性计划安排。它具体阐明国家在预算年度的财政收入来源以及各项支出用途和金额，体现了国家政策和政府活动的整体发展方向，具有全面规范、公开透明、法律问责等特征，是市场规范和制约政府预算行为的基本途径。① 作为政府财政收支计划的政府预算，它发挥着政府筹集和使用财政资金的杠杆作用，日益成为现代政府实现其职能的重要工具。

从1991年国家颁布《国家预算管理条例》开始，我国政府预算就主要采用复式预算编制办法；这种预算制度往往将国家的财政收支依据性质区分为"经常性预算（公共财政预算）"和"建设性预算（资本预算）"两大方面。其中资本预算是指政府为了今后更好的发展，获取更大的报酬而做出的投资性支出计划，是政府依据相关法律规定以债务为主要形式获取收入，并将其运用于投资性建设支出，以调控宏观经济运行，如新产品试制费、生产性基本建设支出、支援农业生产支出、城市维建支出和支援经济不发达地区发展等。当资本预算收入小于支出时，资本预算即表示财政赤字，需要发行国债进行弥补。事实上，随着我国经济的高质量发展，二元的复式预算制度弊端逐渐显现，如经常性项目和建设性项目界限不清，难以满足改革开放的需要。换言之，现行复式预算的编制和内容难以解决社会保障问题、国有企业改革问题的资金需求。为了更好地适用改革开放的要求并逐步完善我国政府预算制度，我国在2007年发布了《关于试行国有资本经营预算的意见》，意味着国有资本经营预算制度将逐步正式建立。所谓国有资本经营预算是指"国家以所有者身份依法合理取得国有资本收益，并对所得收益进行价值分配和管理而发生的各项收支预算"（详细界定可参考本章第三节内容）。此外，根据2015年实施的《预算法》第一章第五条规定，预算包括一般公共预算、政府性基金预算、国有资本经营预算、社会保险基金预算。其中政府基金预算主要专项用于支持特定基础设施建设和社会事业发展，国有资本经营预算主要解决国有企业改革问题，社会保险基金预算主要解决社会保险问题。这表明政府预算用途的针对性逐渐加强。2014年修正的《预算法》的实施表明了我国从二元复式预算逐步向多元复式预算的转变。

由此可见，资本预算也称建设性预算或投资预算，是现行政府复式预算制度的重要组成部分。通过资料梳理来看，国有资本经营预算应当是在资本预算的基础上逐步发展来的，是二元复式预算向多元复式预算发展的必然结果；但是二者之间也具有显著的区别，主要体现在：（1）背景和社会体制不同。资本预算是西方国家的概念，是在生产资料私有制的基础上发展而来的。其产生的经济背景在于：一是西方国家的政府财政在经济建设方面的支出不同于行政事业经费支出，在性质和管理需求方面均存在明显差异，因此关于经济建设支出需要单独反映。二是国有经济涉及范围扩大，国有资产的投入、运行和收益越来越占有重要地位。三是强调政府干预，实行赤字财政政策，并通过发行国债来弥补财政赤字。而国有资本经营预算

---

① 彭成洪. 政府预算 [M]. 北京：经济科学出版社，2010.

制度的建立是基于我国国情和社会主义公有制发展起来的，具有显著的中国特色。我国建立的国有资本经营预算的目的是实现国有资本的保值增值，加强国有资本经营和管理的需要，规范我国政府复式预算制度。（2）依据权能不同。国有资本经营预算的依据是出资人对国有资本的所有权及其派生出来的收益权和支配权，体现了国家作为生产资料所有者共享的财产权利。而资本预算与公共财政预算相同，都是国家公共权力及其派生出来的对国民经济收入的分配和再分配权。（3）收入来源和支出方式不同。国有资本经营预算的收入主要来源于国家凭借其出资额获取各种国有资本收益，包括国有企业上缴的利润、国有资产产权转让收入等。其支出也主要用于国有资本的再投入。而资本预算收入是政府主要通过债务形式获取收入并用于政府投资性支出的一种预算，包含经常性预算结余（公共财政预算结余）、城市维护建设税、固定资产投资方向调节税、耕地占用税、国有企业上缴利润、基本建设等，其支出主要用于我国宏观经济建设。这表明二者投资支出的性质也显著不同。换言之，与国有资本经营预算相比，资本预算的收入和支出的范围更为广阔。此外，根据 2018 年修正的《预算法》第一章第十条规定，国有资本经营预算应当按照收支平衡的原则编制，不列赤字，而资本预算则不存在这一原则约束。

六、国有资本经营预算与国有企业利润分配的关系

通过上述对国有资本经营预算内涵的分析可知，国有资本经营预算是国家以所有者身份将其依法拥有或支配的货币资金用于资本性投入的收支计划。它是国有资产所有权管理的基本手段。在国有资产的管理工作中，国有资本收益的分配和再分配，涉及国有资本收益的收缴、国有资本收益的分配、国有资本投资的管理、国有资本转让收入的收缴等一系列问题。为了合理、有效地分配和使用这部分资金，国家必须加强对国有资本经营预算的管理。因此，可以得出二者之间的关系。即从形式上看，国有资本经营预算是一种预算制度，但在本质上，这种预算制度反映的是国家与国有企业之间的利润分配关系。

因此，从历史的角度考察国有资本经营预算，必须从国家与国有企业的利润分配关系开始。在高度集中的传统计划经济体制下，企业是作为政府行政机关的附属物存在的，没有自己独立的经济利益。国家对企业的生产资料统一管理、对劳动力统一安排、对原材料统一调配、对产品统购包销、对利润统收统支，因而企业没有自身的生产经营自主权，没有自己独立的经济利益。传统体制下企业所处的这一地位，表现在企业性质上，那就是企业不是一个独立的商品生产者和经营者，不是一个利益主体。在企业与国家的关系上，实际上只存在国家一个利益主体。因此，传统体制下国有企业不是一个独立核算单位，没有自己的经济利益，国有企业与国家之间不存在国有资本经营预算，国家与国有企业之间的利润分配关系表现为"统收统支"的特征。

改革开放后，随着我国城市经济体制改革的全面推开，国有企业在社会经济中的地位和性质也发生了深刻的变化。一方面，以扩大自主权为起点的企业改革，使

企业开始具有了生产经营的各项自主权；另一方面，国家对企业的让利改革，使企业开始具有了自身独立的经济利益。这样，从利益主体关系来看，原来单纯的国家一个利益主体发生了分离，企业也成为独立的利益主体。企业与国家的关系，也就不再是一种行政附属关系，而是两个利益主体之间的关系。在社会主义公有制的条件下，企业与国家的利益关系在根本上是一致的。但是，在市场经济条件下，企业和国家作为两个不同的利益主体，它们之间的利益关系在客观上存在着一定的矛盾性和对立性。这种矛盾性和对立性就要求我们必须妥善地协调和处理两者的利益分配关系，并且在市场经济条件下，光靠行政手段或者协商的办法都是难以解决好这种矛盾性和对立性的。要使企业主体和国家主体的利益矛盾能够得到正确地解决，必须按照客观经济规律的要求，建立国有资本经营预算制度，进一步明确政府与国有企业的责权利关系，使两者的利益分配关系走上规范化的轨道。

第三节　公共财政与国有资本财政

一、公共财政的内涵与特征

改革开放40多年来，我国一直坚定市场经济的改革目标，社会主义市场经济体制也在我国确立并逐渐完善起来。在计划经济完全向市场经济转轨的过程中，国家具有公共权力行使者和国有资本所有者的双重身份，与之相对应，公共财政（为满足国家行使政治权力需要的财政分配行为）和国有资本财政（行使国有资本所有者职能的财政分配行为）将并存于国家财政统一体内部，从而构成了我国社会主义市场经济下的双元结构财政模式。

20世纪90年代末，我国就提出了构建市场经济条件下的公共财政基本框架的改革目标。时至今日，尽管关于公共财政框架的具体模式选择还存有争议，但就公共财政作为我国财税体制改革的最终走向已得到较为广泛的认同。所以，双元结构财政是我国在转轨期特殊的财政模式，财税体制改革的目标仍是公共财政。所谓公共财政（public finance），是指国家（政府）以公共权力行使者身份，为市场提供公共服务的收支活动或分配行为，它是与市场经济相适应的一种财政模式或类型。[1] 它以市场失灵为前提，着眼于满足社会公共需要，促进社会主义市场经济体制的发展与完善，在国民经济中具有重要地位。公共财政具有以下内涵和特征：

1. 公共财政是以作为社会管理者的政府为分配主体的财政

在市场经济条件下，政府作为分配的主体，使公共财政与其他类型的财政一样，都是"财政一般"，即公共财政与家计财政、国家财政从根本上看，都是政府

---

[1] 邓子基.财政学 [M]. 北京：高等教育出版社，2005：7-22.

的分配行为，进行的都是财政分配活动。但是，公共财政是仅以政权组织身份进行的政府分配，又使它与处于或兼有生产资料所有者身份的政府分配行为相区别，而成为一种"财政特殊"，即公共财政不同于奴隶社会和封建社会具有家计性质的财政，也不同于计划经济体制下的国家大一统财政。所以，这是公共财政质的规定性。在我国，市场经济的改革取向客观上要求政府将政治权力行使者与生产资料所有者身份区分开来，单独以政治权力行使者的身份进行分配，从而使过去统一的财政中分离出相对独立的公共财政职能，这种公共财政与西方国家的公共财政是基本一致的。但是，由于国有经济在我国国民经济中的主体地位和主导作用，政府作为国有资产的所有者，还要承担国有资本财政的职能，这是与西方国家单一的公共财政明显的不同之处。

2. 公共财政是为市场提供公共产品的服务型财政

公共财政的分配目的是为了满足公共需要，为市场提供公共产品，即为了保证那种通过市场机制难以有效解决的资源配置领域能够获得充分的财力保证，这是公共财政区别于其他财政类型的基本标志。公共财政立足于市场经济，是与市场经济相适应的针对作为市场活动主体的企业和个人而言的"公共"活动。由于公共服务只能由作为政权组织的政府来提供，所以提供公共服务和满足公共需要就成为公共财政的基本目的。进一步而言，市场经济的效率性是通过经济主体之间的自愿对等的交换行为实现的，而要达到自愿对等的交换，必须具备公平竞争的外部环境。既然政府公共财政的目的是为了满足公共需要，那么，公共财政就应当是为所有市场主体提供一视同仁服务的财政，而不能差异性地对某些经济主体提供优惠政策，而对另一些市场主体采取歧视性的抑制政策。

3. 公共财政是以社会利益为活动目的的非营利性财政

在市场经济条件下，作为社会管理者的政府，主要在市场失灵领域内发挥作用，其不是也不能以营利为目的，只能以社会公共利益为己任，所以公共财政是非营利性的财政。公共财政的职责是通过满足社会公共需要的活动，为市场有序运转提供必要的制度保证和物质基础。表现在财政收支上，财政收入的取得要建立在为满足社会公共需要而筹集资金的基础上；财政支出的安排应在非竞争性领域，始终以满足社会公共需要为宗旨，以解决民生问题为出发点，实现非营利化。然而，现实的经济活动是错综复杂的，大量的活动需要企业和政府共同介入和承担，加之我国当前也尚未建立起完善的公共财政的体制框架，因此，理论上公共财政是非营利性财政，但实践中仍有部分活动以营利为目的。当公共财政完全建立起来时，其将回归原本的要旨，即以社会利益为活动目的的非营利性财政。

4. 公共财政以政府特有的政治权力为分配依据的强制性财政

虽然家计财政和国家财政也是凭借政治权力经由非市场渠道进行分配，但公共财政不同于前者之处在于，公共财政只能凭借政治权力进行分配，而其他类型的财政则除了政治权力外，还凭借着生产资料所有权进行分配，这是由于其他类型的财政主体所具有的生产资料所有者身份决定的，这也就决定了这些非公共财政一般不具有补偿性。除补偿性外，公共财政与所有类型的财政一样，具有依据政治权力的强制性特征。这是因为在市场经济体制下，市场主体（企业和个人）均以追求利益最大化为首要目标，并无自觉纳税的"天性"，仅仅靠社会公德约束不了他们通过偷税漏税以增大自身利益的欲望，这就需要政府通过制定相应的法律法规加以约束，从而体现出公共财政收入的强制性。但又应当指出，公共财政的这种强制性是与利益补偿性相联系的。因为企业和个人通过纳税减少的自身利益，可以从政府为其提供的公共服务中获得补偿。也就是说，市场主体支付税款的强制性与政府提供的公共产品之间实际上是一种利益交换或补偿关系。

5. 公共财政是受法律约束规范下的法治财政

众所周知，市场经济是法治经济，政府的所有行为都应当受到法律的根本约束和规范，而公共财政作为政府提供公共服务行为的经济基础，显然也必须受到法律的根本约束和规范。公共财政的法治化，就意味着社会公众通过立法机关和相应的法律程序，以《预算法》为依据，决定、约束、规范和监督政府的财政行为，财政预算如果没有获得立法机关批准，政府就既无权随意向市场主体征收各种税费，也无权任意动用财政资金。只有这样，才能确保政府的行为遵循市场和资本的根本要求，才能确保政府的公共活动符合社会公众的根本利益。因此，法治性是市场经济下财政具有公共性的一个基本特征。

二、国有资本财政的内涵与特征

公共财政是国家以政治权力行使者身份而参与的财政活动，而在社会主义市场经济下，国家还以国有资本所有者的身份参与国有经济的运营，从而形成了国有资本财政。国有资本是指国家直接或间接出资形成的资本，及其凭借资本所有权所享有的权益。[①] 在过去，国家更多的是强调加强国有资产的管理，在实践中倾向于具体的资产实物的管理。1993 年建立资本金制度后，国有资产的管理逐步转向了价值管理。如前所述，国有资产广义上是指国家拥有或控制的资产，具体又包括经营性国有资产、非经营性国有资产和资源性国有资产三大类。狭义的国有资产特指经营性国有资产，而经营性国有资产主要是指国有资本。而所谓国有资本财政（state-owned capital finance），是以政府为主体，以国有资本所有权为基本活动范围和依据，对国有资本从总体上进行价值管理和收益分配而形成的政府分配行为。国有资本财政主要有以下内涵与特征：

1. 国有资本财政是以作为国有资本所有者的政府为分配主体的财政

国有资本财政与公共财政一样，其分配主体仍是政府，但此时政府扮演的角色不同于公共财政，即扮演的是国有资本所有者的角色。从终极意义上说，国有资本

---

① 陈少晖，廖添土. 国有资产管理：制度变迁与改革模式 [M]. 北京：社会科学文献出版社，2010：9 - 44.

所有权属于全体国民，但民众不能直接占有国有资本，只能委托政府行使国有资本所有者的相关权利。在公共财政中，政府提供的服务、注入的资金往往是无偿的，是为了社会经济的稳定发展。而在国有资本财政中，政府相当于股东，向国有企业注入的资金应是有偿的，即政府同样享有参与决策权、经营管理者选择权、参与分配国有资本收益权、使用国有资本收益权、知情权等股东权利。这同时也为国有资本财政建立的合理性提供依据。

2. 国有资本财政是以保值增值为主要目标的营利性财政

从本质上讲，国有资本首先是一种资本，具有一般意义上的资本所共有的一般属性，即追求资本自身的价值增值。这种本质特征又可以分为两个层次：一方面，从宏观层次上看，国有资本具有财政性目标导向。尽管国家财源的扩大主要建立在经济发展、税基扩大、税率适当的基础上，因而非国有资本可以成为国家财源的依托。但是，国有资本营利性经营的合理介入并保持适当的盈利，无疑扩大了国家税收的基础，并将因税源的扩张而增强国家财政的宏观调控能力。另一方面，从微观层次上看，国有资本具有自利性目标导向。既然国有资本首先具有资本的一般属性，则国有微观经济单位的营利性，就要求在法律规定和政策限制范围内可以是"唯利是图"的，一切经营管理行为均以是否有利于企业盈利为准则，而且必须承认由这种利益的独立性所可能产生的与国家宏观经济利益的差异的合理性。当然，有人会认为，既然国有资本财政是以保值增值为主要目标的营利性财政，那么为了国有企业利润的最大化，国有资本财政支出应重新投向国有企业，就无所谓国有企业收益的"泽被众生"。我们认为以下三个原因可以反驳这一观点：一是一般的股份制公司向股东分红后，在没有特殊要求（如增资扩股）的情况下，股东不需要也不可能把红利再次投向国有企业，但这不影响企业继续盈利乃至实现利润最大化的能力，国有企业也一样；二是目前国有企业的盲目扩张、过度投资的势头尚没有有效遏制，国有资本财政支出的重点若还是国有企业，只能增加国有企业的自由现金流，从而使负净值的投资继续增加，对利润增长并无益处；三是国有资本财政"泽被众生"不仅符合市场经济"谁投资，谁受益"的原则，而且有利于发挥社会监督的作用，反过来促进国有企业的合规发展。

3. 国有资本财政是以国有企业为微观基础的宏观经营性财政

在市场经济条件下，财政具有资源配置和稳定经济的基本职能。按照这一逻辑思路，在转型期我国特有的"双元结构财政"中，国有资本财政的分配活动也会直接对宏观经济产生影响，从而客观上具备了调节国民经济总量与结构均衡状态的特征。作为宏观经营性财政，国有资本财政集中一部分国有企业的经营收益和国有资源收益的主要目的是为了适当集中财力进行重点建设项目的投资，调节和优化国民经济结构。这种集中财力进行投资的财政分配行为，是社会主义市场经济体制下政府资源配置的主要形式。它体现了建立在公有制经济基础上的社会主义国家，运用社会主义制度的优越性适当集中社会财力进行现代化重点工程建设的客观要求，体现了政府对市场经济运行的宏观调控。当然，需要指出的是，国有资本财政的宏观经营性质是以国有企业作为微观基础的。国有资本财政是否能实现国有资本保值增值的目标,主要取决于国有企业的生产经营状况,即国有资本财政的宏观经济效益必须以国有企业财务的保值增值为微观基础。

4. 国有资本财政是以政府法令为制度原则的强制性财政

作为一种特殊类型的财政,国有资本财政也具有一定的强制性。① 这一特点与其他类型财政一样,从根本上看都与政府的政治权力相联系。国有资本财政的分配主体是处于资本所有者身份的政府,这一身份并不具有政治权力,但却具有财产权,这种财产权中包括了财产经营收益的占有权和支配权。股东对收益的占有和支配是符合市场准则的,但相对于国有企业财务来说,仍需借助至高无上的宪政强制施行,否则难以克服作为独立商品生产经营者不愿意将收益上缴的倾向。当然,囿于有限理性,我国尚未制定出关于国有资本财政的规范的法律法规,这还需在实践中逐步探索。

5. 国有资本财政是对国有资本产权价值进行管理的监督财政

在市场经济体制下,价值运动与使用价值运动是可以适当分离的。因此,虽然政府和国有企业分别作为国有资产的所有者和经营者,都负有国有资本保值增值的责任,但两者必须进行分工负责:政府只负责国有资本的价值管理,而将国有资本使用价值的管理职责交给国有企业。这就意味着从价值上对国有资本产权进行管理监督是国有资本财政又一大特点。主要内容包括:(1)明确树立国有资本的资本经营观念,界定国有资本产权的营利性功能,依据产权—资本—利润的内在关系,把运用国有资本创造更多的社会财富作为国有资本财政的首要目标;(2)定期进行清产核资,及时准确地掌握国有资产的价值变动状况;(3)监督国有企业执行政府统一制定的企业财务准则、会计制度通则等。不仅要财政与企业之间分配关系的正常规范,还应规范企业在市场运行中依要素报酬要求而进行的分配,以及规范国有企业内部的分配活动;(4)在国有企业改制和组建企业集团过程中,国有资本财政必须积极参与产权界定、资产核查、资产评估以及国有股权的管理等工作;(5)对国有企业产权转让和交易进行管理、监督以及对倒闭破产的国有企业资产进行清理;(6)建立健全对国有企业经营业绩考核的价值指标体系,以价值形式计量投资和收益。②

三、公共财政与国有资本财政的关系

按照国家分配论的观点,无论是公共财政,还是国有资本财政,都是以国家为主体的分配关系。这种共性决定了两者共同构成了社会主义市场经济条件下财政的有机统一体,形成了我国体制转型期特有的双元结构财政模式。在这个统一体内部

---

① 叶振鹏,张馨. 双元结构财政 [M]. 北京: 经济科学出版社,1995: 158 - 159.
② 陈少晖,廖添土. 公共财政框架下的省域国有资本经营预算研究 [M]. 北京: 社会科学文献出版社,2012: 10 - 58.

的两个组成部分之间，既存在内在的统一性，又体现出明显的差异性。

（一）公共财政与国有资本财政的内在统一性

公共财政与国有资本财政之间的内在统一性主要表现为：（1）具有同一分配主体。两种不同模式的财政都是以国家（政府）为主体的分配关系，即各级政府是它们共有的分配主体，只不过在现实分配过程中，作为公共财政的分配主体，政府是以政治权力行使者的身份出现，而作为国有资本财政的分配主体，政府则是以国有资本所有者的身份出现。（2）具有同一分配对象。公共财政和国有资本财政都是以社会产品，并且主要是以剩余产品价值为分配对象。其中，公共财政以税收形式从所有企业的剩余产品价值中取走一部分，而国有资本财政则只能从国有企业的税后利润上缴或国有股份投资增值中集中一部分收入。另外，公共财政除了对 M 的征收外，V 也逐渐成为分配对象（个人所得税），而国有资本财政则基本上只能以 M 为分配对象，只有在其以国债形式筹集资金时才涉及 C 和 V。（3）具有共同的分配目的。两者都以满足政府履行自身职能的需要为直接目的。其中，公共财政以满足政府履行公共服务职能的需要为直接目的，而国有资本财政则以满足政府履行国有资本所有者职责的需要为直接目的。虽然两者职能有别，但从根本上讲，都是为市场经济下各类市场主体提供服务。公共财政弥补市场失灵的功能能够为市场主体的生产经营活动提供必不可少的外部条件，而国有资本财政的作用范围虽然主要限定在国有经济领域，但由于其具有宏观经营性的特征，能够通过国有资本财政的收入和支出（投资），调整和优化宏观经济结构，从而同样达到提高市场主体效率和增进全社会福利的目的。（4）具有共同的分配依据。虽然从特点上看，两种财政行为的分配依据各不相同，公共财政依据的是政府的政治权力，以具有强制性的税收制度取得财政收入；而国有资本财政则是依据政府的国有资产所有权即财产权利，参与国有企业税后利润的分配以及收取国有资源开发、占有、使用的部分收益。但如果将这些内容上的差异抽象掉，则仍可以得出双元财政都是依据政府的权力进行分配的结论。

（二）公共财政与国有资本财政的差异性

除了上述分配主体、客体、目的和依据等方面的内在统一性外，公共财政和国有资本财政毕竟是两种相对独立的财政模式，存在着明显的差异性：（1）基本构成要素不同。首先是主体身份不同，公共财政的主体身份是作为政治权力行使者的政府，而国有资本财政的主体身份则是作为国有资本所有者的政府；其次是行为目的的差异，公共财政以为市场主体提供一视同仁的公共服务为目的，因而追求的是社会利益目标；而国有资本财政则以国有资本总体的保值增值为目的，因而追求的是市场营利目标。由此导致了两者在活动内容、方式、手段、范围和领域等方面呈现出显著区别。（2）收入与支出的性质不同。公共财政主要通过法律或制度的程序以税收形式取得收入，并主要以财政拨款的形式提供政府及公共事业部门的支出需要，因而其收支在性质上是非营利性的；而国有资本财政则主要以国有资本投资收益或产权转让收益为基本来源，以国有资本保值增值为目标，因而其收支在性质上是营利性的。(3) 活动范围和领域的不同。概括地说，"市场失灵"与"市场有效"是区分公共财政与国有资本财政的基本标志之一。公共财政以市场失灵来限定自身的活动范围，国有资本财政则在市场有效范围内展开自己的活动。两者各得其所，共同配合开展财政活动，并产生相得益彰的效应。(4) 对宏观调控的作用不同。由于公共财政只能在市场失灵的领域内活动，这就决定了公共财政对于宏观经济的调控，只能在市场之外通过自身的非市场性活动，如税收、补贴等手段去作用于宏观经济变量，进而影响市场状态来实现。这是一种外在于市场的间接的宏观调控方式。而国有资本财政则是通过直接的内在于市场的活动来调控市场经济的宏观运行状态。这是因为国有资本财政的运作本身就是在市场有效领域，按照市场机制的要求，以利润最大化为目标而展开的。这时财政对宏观经济的调控主要采取两种方式：一是按照国家产业规划，通过国有资本的直接投资和存量资产的产权转让，扩大或收缩某些产业的发展规模，从而直接实现对宏观经济总量和结构的调节；二是通过对不同行业的国有企业给予不同的留利水平，支持或抑制企业的自我发展能力，按照国家产业政策的要求影响各行业的企业再投资能力，间接配置资源以调节宏观经济结构。(5) 财政收支活动的载体不同。公共财政最直接的载体是公共预算，国有资本财政最直接的载体是国有资本经营预算。公共预算 (public budget) 作为当代市场经济国家通行的政府预算模式，是指政府在每一财政年度经立法程序批准的全部公共收支计划，是与市场经济和公共财政相适应的政府预算类型，其在政府预算体系中居于主导地位。国有资本经营预算 (state-owned capital operating budget)，是国家以所有者身份对国有资本实行存量调整和增量分配而发生的各项收支预算，是政府预算的重要组成部分。公共财政是我国财税体制改革的发展目标，公共财政要求政府预算必须具有"完整、统一"的特征，因此，国有资本经营预算不仅要纳入统一的政府预算体系，还要支持政府公共财政职能的履行，并作为公共财政预算的附加预算提交人民代表大会审批。

四、双重结构财政的形成

双重结构财政模式的建立是对与计划经济体制相适应的单元财政模式的否定和替代。所谓单元财政模式，是指在我国计划经济体制下，以政治权力行使者、生产资料所有者和生产经营组织者三重身份统一体的政府为分配主体，以生产建设为主要分配目的，以计划配置资源为分配手段，以行政体系为分配渠道，形成了单一的财政分配体系。这是一种建立在全民所有制经济基础上的、以生产建设为核心内容、以"统、包、大"为基本特征的单元财政模式。随着我国 20 世纪 70 年代后期以市场为导向的经济体制的启动和推进，这种单元财政模式所赖以存在的各种基本条件正在逐步消失，其内在矛盾和固有弊端的长时期积累，导致了其自身历史使命的终结和新财政模式的必然产生。随着市场化改革进程的推进,双重(元)结构财政应当成为适应我国社会主义市场经济的财政模式。在这种模式下,原来统一的财政分离为相对独立的两种财政分配体系,即以政治权力行使者的身份,为满足公共需要进行分配而形成的公共财政;以国有资本所有者身份,对国有资本进行价值管理和收益分配而形成的国有资本财政。

在计划经济体制下,由于政府集政治权力行使者、生产资料所有者和生产经营者三重身份于一身,作为政府的分配活动,财政也因此以三重身份的统一体作为自己的分配主体。改革以来,随着国有企业市场主体地位的确立,财政分配主体(政府)的生产经营者身份也趋于消失,财政全部收入与支出都具有同一的生产建设性这一基础也随之弱化,从而使得我国财政依托政治权力进行分配的部分,与依托国有资本所有权进行分配的另一部分之间的差异显现出来。随着改革的深入,继政企分开之后,政资分离和资企分离的改革也成为必然趋势。这就使政府的另外两重身份(政治权力行使者和国有资产所有者)的分离成为改革的题中之义,进而推动了单元财政模式下财政主体两重身份的相对分离。正是在上述三种分离的基础上,传统单元财政模式中内涵的公共性和生产建设性分别独立出来,前者演化为公共财政,后者则形成了国有资本财政。两者均有自身独特的分配特征和循环系统,公共财政是一种非生产性的供给型财政,它以政治权力为分配依据,作用于市场失灵领域,直接目的是满足公共需要;国有资本财政则是一种内在于市场的分配活动,其性质是宏观经营型财政,它以资产所有权为分配依据,作用于市场竞争领域,直接目的是国有资本的保值增值。两者虽然都以政府为分配主体,但在实际运行机制中,政府的双重身份是分离的,即任何一种财政分配活动只能以一种特定的身份为主体。

作为以公有制为主体的社会主义国家,政府具有的双重身份和双重职能决定了国家财政由两个部分即公共财政和国有资产财政组成,它们各自具有不同的具体职能和任务。国家财政预算应区别为公共财政的政府经费预算与国有资产财政的国有资产经营预算两部分,分别采取不同的政策。因此,按照叶振鹏(1995)等的观点,双元结构财政指的是由单体独立的公共财政和国有资产财政在社会主义市场经济条件下组成的有机统一体。它是与单元财政相对立的社会主义财政模式。

社会主义国家财政的本质内含着"一体五重"关系。即国家与政府主体、政权行使者与国有经济代表者两种身份、政权与财权两种权力、社会管理与经济管理两种职能、税收与国有资本收益两种形式、税收与利润两种分配关系(邓子基,2006)。这些关系形成了社会主义国家财政特有的公共财政和国有资本财政的"双元结构"。对财政管理部门来说,则形成国家财政部门、税务部门与国有资产管理部门的"一体两翼"格局。其中,财政是"母体",税务部门与国有资产管理部门是不可分割的"两翼"。双元结构财政具有以下特点:

1. 公共财政与国有资产财政的内涵不同

在双元结构财政中,公共财政是以政府凭借政治权力强制进行的,以提供公共服务为目的的分配活动,它并不体现利益交换原则。而国有资产财政则是政府以资产所有者的身份,凭借国有资产所有权并依据市场经济规律,对国有资产进行价值管理、分配和宏观经营的行为(叶振鹏、张馨,1995)。在公共财政中,政府扮演管理者和服务者的角色,行使政权。而在国有资本财政中,政府以市场经济主体的身份出现,行使财权。

2. 双元结构财政要求建立两套预算管理制度

公共预算和国有资本经营预算将分别与公共财政和国有资产财政相对应,成为两者各自开展财政分配活动的预算制度。公共预算体系作为计划安排公共财政活动的预算制度,大体上将政府为提供公共服务而进行的收支活动囊括其中。而国有资本经营预算则作为计划安排国有资产财政活动的预算制度,它反映的是政府以所有者身份进行的分配活动。

3. 双元结构财政具有广泛的宏观调控能力

从公共财政看,调控手段主要有税收和公共支出两种,这与西方国家的公共财政政策相类似。从国有资产财政看,它拥有自身特有的政策手段,包括国有资产收益、国有资源收益、债务收入和政府投资支出,等等。公共财政与国有资本财政相互配合,调节市场需求结构和市场供给结构,进而调控整个宏观经济。双元财政具备较强的相机抉择能力,能够形成一定的自稳定机制。这就使得双元财政的宏观总量调控的政策运作余地更大,但也更为复杂。

理论辨析篇

本篇包括第四至八章，主要构建本书研究的理论分析框架。阐述本书研究的理论基础，分析公有制的本质特征与国有企业利润的基本归属，剖析民生财政与社会分红理论的内在契合性，指出国有企业改革目标导向下的国有资本经营预算公共性定位，并从制度演变的视角分析国有企业利润分配制度演进的阶段性特征和历史规律，指出国有资本经营预算加大民生支出的历史必然性。

第四章

国有资本经营预算分配研究的理论基础

任何体系的研究都不是毫无基础的"空中楼阁",必须要有理论的支撑。我国从提出编制国有资本经营预算的构想,到如今已经基本具备了编制国有资本经营预算的现实条件。在此期间,学术界与政府职能部门进行了深入的理论探讨和广泛的实践探索。可以说,之所以国有资本经营预算制度能够从最初的理论构想演变为规范的政策框架和实践模式,离不开背后的理论支撑。因此,从本章开始集中探讨国有资本经营预算分配的理论基础。

第一节 产权理论

产权是指法律强制性规定的人对物的权力。作为现代经济理论的重要组成部分,产权理论揭示了人与物之间的归属关系。产权不是单一的权利,是包括占有权、使用权、收益权、转让权等一系列权利组合而成的权利束。与一般企业相比,国有企业的特殊性就在于其产权的特殊制度安排,国有资本经营预算的基本原则和基本规定也是内生于国有企业的产权制度安排下。因此,产权理论的基本观点对我国理顺国有企业产权关系并以此为基础进行国有资本经营预算具有重要的借鉴意义。

一、马克思主义产权理论

马克思从生产力决定生产关系出发,以生产力发展为着眼点和归属点,探求生产力发展与产权的作用关系。虽然马克思尚未在其著作中对产权或者产权制度等概念加以运用,但他提出的有关产权的基本观点和诸多科学论断均建立在生产力决定生产关系的这一基本原理之上,并以此为出发点,深入剖析了资本的所有权关系。

(一)产权制度必须适应生产力的发展水平

马克思认为,生产关系不是固定不变的,而是随着生产力的提高和其他因素的变化而不断向前发展的。由于产权制度是一种经济关系,所以其形态的变化取决于生产力发展的程度。一种产权制度如果能促进生产力发展，就是一种好的产权制度，反之，则是一种不好的产权制度。同时，马克思认为生产力的发展只是产权关系的产生和变化的一部分原因，任何一种具体产权关系的确立都是多种因素共同作用所形成的最终成果。马克思通过考察认为，产权制度主要经历了三个阶段的变化，即原始公有制、生产资料私有制和生活资料私有制。第一种形式是社会财产为公社共同所有，"这种所有制的原始形式本身就是直接的公有制"。这种公有产权制度是由当时低下的生产力水平决定。第二种形态是生产资料私有制阶段。社会生产力的发展，公社所拥有的土地等生产资料不断增加，私人家庭对其进行实际占有和使用，有利于提高生产效率，"所有权最初是以自己的劳动为基础的"。第三种形态是生活资料的私有制阶段，劳动者只对生活资料具有所有权，劳动者失去土地等劳动资料的所有权，甚至失去了对自身劳动的所有权。马克思指出："这种形式实质上是奴隶制和农奴制的公式。"

（二）公有制是产权的起源和发展趋势

马克思认为原始社会的土地公有制是人类社会第一种产权关系，其形成是由当时落后的生产力水平所决定，这种公有制有利于人们共同应对自然灾害。马克思指出："部落共同体，即天然的共同体，并不是共同占有和利用土地的结果，而是其前提。"而私有产权是随着生产力的发展，在公有产权的基础不断演变形成的。他强调指出：否定之否定是"一个极其普遍的，因而极其广泛地起作用的，重要的自然、历史和思维的发展规律"。私有产权不是永恒的，它必将随着人类社会的发展而最终被更高形式的公有制所替代。

马克思在《资本论》中写道："从资本主义生产方式产生的资本主义占有方式，从而资本主义的私有制，是对个人的、以自己劳动为基础的私有制的第一个否定。但资本主义生产由于自然过程的必然性，造成了对自身的否定。这是否定之否定。……在协作和对土地及靠劳动本身生产的生产资料共同占有的基础上，重新建立个人所有制"。关于如何正确理解马克思提出的"重新建立个人所有制"的思想，学术界一直存在争论，主要可分为五种不同的理解。我们认为，卫兴华、李惠斌等将其解读为"重建人人有份的公有制或社会所有制"，比较符合马克思的原意。重建个人所有制，是重建被资本主义否定了的生产资料的劳动者的个人所有制，但不是重建劳动者的私有制，而是重建劳动者人人有份的生产资料公有制。公有制是从联合体的总体着眼的。"联合起来的社会个人的所有制"是从构成联合体的分子的个人着眼的，是从两个不同的角度，即从同一事物的两个方面去理解怎样建立社会主义生产资料公有制的。

马克思认为，生产资料的全国性集中将成为由自由平等的生产者的联合体所构成的社会的全国性基础，这些生产者将按照共同合理的计划自觉地从事社会劳动。此外，他还认为共同所有制是共产主义的最终目标，其实现需要一个漫长的过程，可根据生产力的客观水平采取多样化的过渡形式。实现共产主义只能逐步改造现社会，并且只有在废除私有制所必需的大量生产资料创造出来之后才能废除私有制。也就是说，社会主义的全民所有制是建立在社会生产力水平高度发达的基础之上的。

（三）公有制可以有多种实现形式

马克思在考察亚细亚土地所有制时，分析了公有产权的多种实现形式后指出："这种以同一基本关系为基础的形式，本身可能以十分不同的方式实现出来"。① 他认为，公有产权的实现形式不是唯一的，可以而且应该是多元化的。并且随着人类社会经济活动的发展，形成不同的利益群体，这些群体之间产权关系日益复杂，产权关系也表现为多种差异化的实现形式。马克思曾指出，"实际的占有，从一开始就不是发生在对这些条件的想象的关系中，而是发生在对这些条件的能动的、现实的关系中，也就是实际上把这些条件变为自己的主体活动的条件"。② 由此可见，马克思主张虽然生产资料的所有权是唯一的，但是公有制可以有多种实现形式。无产阶级取得政权后，要将"全部生产集中在联合起来的个人手中"；也就是"联合起来的个人对全部生产力总和的占有，消灭着私有制"；但"在资本主义社会和共产主义社会之间，有一个从前者变为后者的革命转变时期"，这是"在经过长久阵痛刚刚从资本主义社会产生出来的共产主义社会第一阶段"。③ 即以生产资料公有制的社会主义社会阶段。

（四）关于产权的构成及其分离

完整的产权并不是某种单一的权利，而是一系列相互联系的权利组合，包括所有权、占有权、支配权和使用权等。而收益权则是通过行使各种权能，实现行为效果而获得收益的权利。它与上述"四权"紧密联系，并且可由各种权能进行派生。这些权利是可以分割并为不同的经济主体所掌握，这种权利分割如与社会生产力的发展相适应，则可能带来较高的经济效率。

马克思在对土地资本、产业资本、信贷资本进行深入分析的基础上，介绍了三种产权分离的表现形式。一是以土地为代表的所有权与占有权的分离。"土地的资本主义耕种要以执行职能的资本和土地所有权的分离为前提"。土地所有者拥有土地所有权，土地经营者则缴纳地租，占有土地进行生产经营，获得收益。二是以劳动力为代表的所有权与支配权的分离。在资本主义的生产条件下，劳动者对自己劳动力具有所有权，除此以外他们不占有任何生产资料，只有出卖自己的劳动力才能生存。资本家占有劳动力的支配权，从而获得以利润为主要形式的剩余价值。三是以借贷资本为代表的所有权与使用权的分离。借贷资本家是资本的所有者，而职能资本家是"资本的非所有者"。借贷资本家为了获取利息而将资本暂时贷给职能资本家，职能资本家则使用借贷资本，进行商品生产和交易活动，从而获得相应的平均利润。

---

① 马克思恩格斯全集：第46卷（上）[M]．北京：人民出版社，1979：471．
② 马克思恩格斯全集：第46卷（上）[M]．北京：人民出版社，1979：492．
③ 马克思恩格斯全集：第3卷[M]．北京：人民出版社，1979：77-85．

二、西方产权理论

产权制度是西方经济学家进行经济学分析的重要内容之一。他们将产权制度与资源配置效率结合起来,并提出产权制度的调整可以有效解决外部性问题的新论断,从而推动近代产权理论发展为产权经济学。同时,这一思路也衍生出"交易成本"的概念。通过对交易成本进行量化分析从而对产权制度与经济行为、经济效应、产权结构、产权组织等的内在联系加以研究,强调产权制度在市场资源配置中发挥的重要作用,进而推动新制度经济学的产生。但是西方产权理论研究普遍具有一定的局限性,主要体现在以下几个方面:一是以私有产权为主要研究对象,而忽略了公有产权的研究;二是对于产权客体的实物化偏向明显;三是过分夸大产权制度明晰所产生的经济效应;四是认为财产的支配和使用决定企业的性质,否定生产资料归属权的决定作用。

(一)科斯的交易费用和社会成本理论

1. 交易费用理论

科斯认为,交易费用广泛存在于现实交易之中。通常,由于市场交易人员接收信息的程度存在差异,由此产生的信息不对称使得处于不利地位的交易人员往往要支付较高的交易费用。然而,若将这些人员纳入一个组织——企业,并加以分工与合作,将会有效降低交易费用。若企业制度不存在,市场则会呈现出无序的状态。数目庞大的要素生产者会直接用自产产品参加交易,不仅会大幅度提高交易成本,也极易产生交易摩擦,甚至造成交易终止。由此可见,企业在交易中扮演着组织者和调和者的角色,它能够将不同要素的所有者组织成一个单位,然后有序进行市场交易,减少摩擦,进而发挥其经济作用。但是,必须注意交易背后产权的界定问题,产权界定的清晰与模糊直接关系到交易成本的高低。清晰的产权界定更能通过价格机制有效减少摩擦次数,从而形成较低的交易成本,反之,交易成本就高。

2. 社会成本理论

经济外部性问题是社会成本研究的核心内容。经济的外部性意味着经济主体对他人和社会产生了非市场化的影响。而负外部性会导致社会无法实现有效生产,从而资源配置无法呈现最优状态。而这一结果的产生主要归因于产权界定的模糊不清。依据科斯定理,无论产权初始界定如何,只要交易成本为零,交易双方就会通过市场交易,或者产权调整,使资源和产权都能达到合理配置,这样不用政府干预就可以消除外部性导致的市场失灵问题。因此,产权的清晰界定能够降低社会成本,去除外部性,进而提高资源配置效率。

（二）德姆塞茨的产权和所有制理论

1. 关于产权起源

德姆塞茨认为，产权概念及产权制度的产生主要源自资源的稀缺性。远古时期，丰富的生存资源能够满足人类的需求，人类可以无限制地享用资源而不必争抢。但随着人类需求的增加，资源数量不断减少，产权的概念也就随之产生。

2. 产权与所有权

德姆塞茨将产权视为社会的工具。他对产权的定义如下：产权指使自己或他人受益或受损的权利。该定义将产权的内涵扩充，不单指生产资料，更强调产权是一种行为权利。通常意义上，所有权指对某种财产拥有的整体支配权，而产权覆盖占有、使用、转让、抵押某物品等多种权利，且每种权利可得到单独行使，也可进行重组。与所有权相比，产权从一定程度上反映了人与人之间的关系，其概念更为抽象，内容更为丰富细致，且更为广泛地应用于经济学领域。

3. 产权残缺的观点

就财产利用层面而言，私人生产者索取财产的目的是获得剩余价值的增值，而国家利用财产旨在营造一个安稳的政治环境。由于私有权的保留与废除掌握在国家手中，国家容易在其行使产权权利时，损害私人生产者的权利，从而导致产权残缺。这一现象的存在只保留了产权的部分排他性，使得产权无法自由让渡。

（三）阿尔钦产权性质和分类的理论

阿尔钦的产权理论主要有六个方面的要点：

1. 关于产权清晰

相较于共有产权，私有产权的界定更为清晰，它将多种权力指定分配给某些人，同时这些人可以进行相互的权利交换，从而提升资产的使用价值。在当前信息爆炸的环境下，基于资源细分，产品种类日益繁多。产品交换前，必须首先获得要素资源的私有产权，其次这种产权必须是可靠且能够割让的，然后交易双方通过谈判确定交易价格和交易成本，最后在彼此信任的基础上达成契约交易。这种清晰的产权界定有利于调和各种信息，使有价值物品更易获得，从而降低生产成本和交易费用。

2. 关于产权结构

企业的形成建立在不同所有者就其资源所达成的契约之上，所以私有产权是企业产权结构的基础。私有制企业在专业化的生产中交易成本较低，更能获得较高的收益。与此同时，企业可通过让渡、分割及分离财产等方式，有效实现企业大规模的生产运作。

3. 产权的社会性和保护

私有产权具有社会性。这一性质决定了产权不应受到侵犯，且在其遭受侵犯时，所有者可通过法律手段加以解决。同时，法律保护私有产权。当个人对完全属于自己的私有财产做出某种行为时，不会改变其他人私有物品的财产属性。

4. 产权界定费用论

与产权交易相同，产权界定有成本发生。产权进行界定的这一过程中给各个参与者带来的影响不仅体现在成本和收益上，也体现在对于产权的初始经济计算上。因此，若产权的初始界定尚未形成清晰的权利时，经济发展的效率将会大大降低。如果所有参与者对"产权界定费用过高而影响收益"这一观点形成一致的态度，他们之间不会建立产权制度。

5. 产权的排他性、分割性和让渡性

产权是人们对经济物品各种并存用途进行选择的排他性权利。参与者基于自己的意愿，将单一物品或多种物品进行分割与让渡，最终达到多方面的专业化。例如，专人监督资源利用情况、专人分析资源利用前景、专人评价资源使用成果，等等。因此，产权要素所具备的可分离性与可转让性有利于让人们专业地进行权力的分割，明确每一部分产权所能够带来的效用，从而最大可能地实现收益来源的多样化。

6. 产权的外部性

成本和收益通常是人们做出经济决策时所考量的依据。在某种资源的初始产权界定不够清晰的前提条件下，人们若利用这一资源，就无法获得它带来的全部收益，而必须承担一定风险，这就产生了外部性问题。但外部性问题可以通过产权制度的建立加以解决，进而实现成本或收益外部性的"内在化"。即开展经济活动的参与者只承担属于他个人的成本，同时得到属于他个人的收益。

三、两种产权理论的分歧

马克思的产权理论和现代西方产权理论均研究产权和制度，二者存在一定共性。例如，二者都将产权视为一种社会工具，且认为产权体现了人与人之间的法权关系与经济关系；二者都对资本、土地、股份公司的所有权及其支配权的分离问题进行研究；二者都认为产权应以法律形式确认或界定，且具有社会强制性等。但是归根到底，马克思产权理论和现代西方产权理论具有原则上的分歧，两者的理论范式存在明显差异。

（一）理论研究的目的不同

马克思的产权理论运用由抽象到具体的逻辑手段，剖析资本主义制度本身，旨在揭示资本主义产权制度的本来面目。因此，马克思产权理论是具有批判性的资本主义产权经济学。具体来讲，马克思产权理论的主要目的是揭示在经济运行过程中资本主义制度下产权的本质及其体现，从而说明资本主义产权关系的存在具有一定的不合理性与虚伪性，最终揭露资本主义的内在矛盾及其灭亡的必然性。而现代西方产权理论服务于资本主义私有制，它旨在运用现有的经济理论分析经济运行发生矛盾的原因。而解决矛盾的关键在于处理好产权问题。于是，现代西方经济学家不得不开始关注产权研究来解决经济运行产生的问题。由于市场经济运行中的产权具有多样性和多层次性，所以它会对企业的组织结构和经济的运行机制产生影响，继而影响经济运行

绩效。由于现代西方产权理论的直接目的并非是建立资本主义产权经济学，所以这一理论与马克思的产权理论相比缺乏完整性和体系性，同时在逻辑上也不够严密。

（二）理论研究的切入点及核心范畴存在分歧

马克思的产权理论与西方产权理论都以资本主义的产权制度为研究重点，但二者研究的切入点和核心范畴截然不同。马克思的产权理论研究以交换的商品为切入点，研究核心是资本和剩余价值。马克思注重从历史角度分析，着重考察不同时期所有权和所有制的演变，通过对所有权和所有制的历史变迁揭示产权的本质所在，并从生产关系的角度阐明所有权与产权的内涵。而西方现代产权理论研究以企业为切入点，研究核心是交易和交易成本，且研究范围主要针对资本主义社会。由于现代西方产权理论认为产权是永恒的范畴，是一种自然权利，所以他们通常基于财产关系，从静态的角度研究企业的产权问题，而很少有人深层挖掘产权的本质。

（三）理论研究视角和分析范式不同

针对产权关系的法律和道德问题，马克思研究的主要出发点是生产关系。因此，他指出在生产的过程中，所有制关系的表现之一是法律上的财产关系。必须要将研究的重点放在所有制关系上，而对于财产关系的法律形式的研究在必要时进行即可。由于马克思所说的产权主要指生产资料的所有权，且生产资料是从一般产品和资源进行分离而得到的。它不仅决定着社会经济关系，而且决定着社会制度。基于此，马克思的产权分析范式属于宏观整体分析范式。而现代西方产权理论的研究视角更为微观，主要是基于市场经济的运行机制、经济个体的交易行为、法权关系、契约关系等层面进行研究。由于现代西方产权理论认为产权不仅包括对可交换的稀缺资源与产品的支配权、使用权等，还包括可以产生个人效用的其他权利，是财产概念的泛化。因此，西方产权经济学的分析属于一种微观个体的分析范式。西方产权经济学仅研究人类对物品的占有、使用、受益或受损的法权现象，而对人类拥有这些权利的原因，他们并不涉及或很少涉及。

（四）理论观点不同

1. 产权是一种历史权利还是自然权利存在分歧

马克思认为人类社会是一个自然的、历史的发展过程，与此对应，人类社会制度现象可被视为一种历史现象，产权结构的演变因生产力水平的不同而发生变化。因此，产权是一种历史权利，产权制度是历史的、暂时的。而现代西方产权理论将私有制视为人类利己本性的表现，并运用自由契约、个人选择、交易费用等范畴来解释各种产权现象。因此，西方产权经济学认为产权是一种以反映人类超历史自然本性的法律为基础自然权利。

2. 产权是一种法权关系还是经济关系存在分歧

现代西方产权经济学认为产权是一个法权概念，即产权是由法律规定和实施的对财产的排他性占有权。简言之这种产权是指法律意义上的产权。因此，法律创造和决定产权，经济关系由法权关系决定。然而，马克思认为法权关系由经济关系决定，产权关系随着经济条件的变化和经济关系的变迁而变化发展，即这种关系主要是经济意义上的产权。

3. 产权是一种交易关系还是生产关系存在分歧

马克思认为产权问题是生产力与生产关系矛盾运动的结果，即随着生产力水平的提高，生产资料所有制关系将发生改变，而这种关系的演变具体表现为产权形式的差异。而现代西方产权理论以交易活动为出发点，仅研究经济活动发生时参与者之间权利的交换关系，并未揭示这种关系的本质及运动规律。

4. 产权与效率的关系认识存在分歧

现代西方产权理论对于私有产权的合理性进行了充分地肯定，并在此基础上对于公有产权的科学性提出了质疑。而马克思从产权的本质出发，指出产权属于社会历史范畴，且在此基础上历史性地分析了不同产权制度下生产效率差异，进而分别对私有产权与效率的关系以及公有产权与效率的关系做出客观的评价。

（五）运用的研究方法不同

马克思所提出的社会发展观、社会系统观、社会结构观和社会形态的演化等理论为产权理论研究奠定了哲学基础，推动马克思产权理论形成动态化、系统化的体系。马克思在对产权理论进行具体研究时，处处可见上述理论所形成的方法论的运用。基于阶级分析法，马克思将资本主义产权制度视为资本家和工人阶级基本矛盾的产物。同时，马克思认为社会并非个人的简单加总，个人的属性由社会整体所决定，即马克思的产权理论是建立在整体主义方法之上。因此，个体之间的自由交易与自由契约并不能够形成社会的所有制形式和产权结构，而真正促进产权结构与所有制关系形成的是生产力与生产关系、经济基础与上层建筑的矛盾运动。

与马克思的产权理论不同，现代西方产权理论所运用的研究方法的特征可归结为以下几点：一是具体数量化的方法。现代西方产权理论研究属于与经济运行过程紧密结合的微观化研究，且交易费用、信息成本等概念本身就属于可以测度的数量化概念。二是个体主义的方法。现代西方产权经济学认为产权制度的形成和变迁是个人追求利益最大化，且个体间自发进行交易的结果。因此，分析产权问题不仅要满足新古典经济学中理性经济人的假设，也要建立在以成本收益为核心的基础之上。与此同时，成本—收益比较法、均衡分析法、边际替代法等新古典经济学的研究方法也被现代西方产权理论所运用。

四、两种产权理论的应用

我国部分学者对于两种产权理论的应用始于20世纪80年代末。他们在马克思产权理论的基础上，批判地借鉴现代西方产权理论，并结合我国的实际情况，从产权角度研究我国经济体制改革。这批公有产权改革派的学者不仅关注旧体制运行的惯性及存在的问题与改革成果，也力求建立以公有制为基础，与市场经济相适应的产权制度。他们的主要思路是：从企业产权出发，将单一的国有产权结构转变为出资者所有权和企业法人产权的双重国有产权结构，进而分散国家职能、分解国有产权，逐渐培育出以公有制为主导的多元财产主体，形成国家股、社会法人股、企业职工集体股、个人股等复合型产权结构。虽然公有产权改革派的主张在一定程度上推动了国家职能的分散，但其论述不够具体，而且这些学者不够重视国有资本的市场化经营。然而，产权制度改革要想取得成功，必须要实现国有资本产权的有效分解和出资者所有权的有效运作，否则企业法人制度、有限责任制度等新产权制度将不可能得以成功建立。因此，想要推动国有企业的产权改革，必须要以马克思主义产权理论为基础，同时，也要根据实际情况批判地借鉴现代西方产权理论有益的科学成分。

（一）产权理论研究和产权改革都必须以马克思产权理论为指导

改革深化过程中，人们才意识到产权问题的研究必须坚持社会主义方向。这一过程中，部分人过度宣扬西方产权理论，认为中国产权制度改革必须严格按照西方产权理论进行。事实上，在马克思主义政治经济学创建之初，马克思就已深入系统地研究过产权问题。他认为，产权关系归根到底由经济社会生产关系的性质所决定，所以产权关系所具有的社会规定性，决定了我国的产权理论研究和实践改革的根本性质与基本方向。因此，坚持以马克思产权理论为指导原则，不断推动产权改革，促进公有制及其实现形式的完善。然而，应当注意坚持公有制的主导地位主要在于提高公有制的影响力，而不是将公有制的绝对份额提高至某一水平。简言之，就是要把握好产权研究与发展的基本方向，在保证公有制主体地位的前提下，最大限度地发展其他非公有制经济成分，力求实现产权明晰的同时，也能使市场机制的作用得到充分发挥。

（二）大胆吸收和借鉴现代西方产权理论中的合理成分

马克思的产权理论在视角、深度、体系等方面都比现代西方产权理论更胜一筹，且在理论和实践领域对我国的产权改革产生重大影响，具有很强的现实指导意义。但是马克思所进行的研究并不是全面的，它不仅没有对产权的交易过程进行整体研究，也没有对产权的法律关系进行系统解读。尤其受到当时历史条件的限制，他并不能够具体地设想出社会主义市场经济中的产权问题及其解决的办法。而现代西方产权理论的影响主要体现在理论层面，虽然其从表层现象出发，运用个体主义方法解释产权问题，存在一定的缺陷。但不可否认，现代西方产权理论在一定程度弥补了马克思产权理论的不足，其主要体现在它不仅提出了现实中具体的产权现象，而且指明了现代市场经济环境中产权的运行机制及其运作过程。由此可见，马克思的产权理论和现代西方产权理论各有优势，虽然存在差异，但不应当完全排斥。应当采取客观公正的态度对待两种理论，从而使二者互为补充，真正发挥两种理论的优势。

（三）进一步丰富和发展马克思主义产权理论

任何理论都应当具有时代性与现实性。因此，在不断发展的时代背景下，马克思主义的产权理论要想真正运用到中国的实践当中去，必须得到进一步丰富和发展。马克思主义产权理论当代化、中国化的时间不长，且社会主义本身是一个理论与实践双重探索的过程。公有产权的实现形式是随着生产力的提高和社会的进步而不断变化的。因此，马克思主义产权理论应当顺应时代的发展与现实的变化，不断地进行自身的丰富、充实与完善，进而能够如实反映和科学解释现实生活中的经济现象，并在实践中不断探索，总结经验，不断丰富和发展马克思主义产权理论。

五、产权理论与国有资本经营预算分配

产权理论深刻影响着我国国有企业改革的进程，也深刻影响着当下我国国有资本经营预算。在我国相当长的计划经济时期乃至改革开放后的近十年的探索期，我国国有企业改革始终难以取得显著成效，最根本的原因在于改革始终未触及产权领域。随着改革实践中人们对国有企业改革的认识加深，国有企业的产权问题逐步受到学术界和改革决策者的重视。史正富（1987）在我国最早提出了国有企业改革要突破经营权，转向产权领域深化改革的观点，主张国有企业应该通过股份制改革明晰国有企业产权。

刘诗白（1988）、唐丰义（1987）等也提出了国有企业产权改革的观点，他们基于马克思主义的基本原理研究产权理论，提出了一些重要的理论观点和政策主张，为马克思主义产权理论的发展做出了重要贡献。对于我国国有企业产权改革，他们主张把"产权清晰"作为我国国有企业制度的基本特征。在马克思主义产权理论视角下，"产权清晰"的基本要求就是在坚持国家所有权的基本前提下，明确国家与企业，以及企业内部经营者和职工等各主体的权利义务关系。这些观点深化了社会各界对国有企业产权改革的认识，国有企业改革开始突破了过去一个个搞活国有企业的传统思路，开始以国有企业产权为纽带，着力提升整体国有经济的控制力和活力，并以此为基础建立新的国有资产经营管理体制，进一步理顺了国家与国有企业的产权关系，推动了国有企业改革的深化。

在我国深化国有企业改革进程中，西方现代产权理论对我国国有企业改革理论和实践也产生了一定的影响。在理论方面，西方产权理论从资源配置效率视角研究产权理论，提出了一些产权理论思想，对于我国学术界研究有一定的影响，进一步丰富并推动了马克思主义产权理论的进一步发展，具有重要的理论价值。同时，在实践层面，西方现代产权理论着眼于通过产权配置提升资源配置效率的观点和主张，对于我国面临的国有企业效率低下、国有企业活力不足等突出问题，显然具有

很重要的实践参考价值,对我国国有企业产权改革进程有重要意义。

正是因为在以上产权理论的指引下,我国国有企业改革才开始触及产权问题,明确了国有企业建立现代企业制度的基本目标,国有企业通过抓大放小、兼并重组等一系列产权领域的改革,极大提高了国有企业的活力,不仅改变了国有企业亏损的状态,还实现了国有企业的巨额盈利,这也才有了我们今天所面临的国有企业红利分配问题。具体到我们当前国有资本经营预算分配问题,由于剩余索取权(收益权)是内生于产权的制度安排,所以当前我国国有企业改革的产权确定,也就从根本上规定了我们当前国有企业红利分配的基本内容和主要方向。

首先,无论是马克思的产权理论,还是现代西方产权理论,都突出强调了产权的重要性,都认为产权是一系列权利的集合,这些权利可以统一,也可以根据需要进行分离。在产权的权利束中,剩余索取权是所有者的一项重要基本权利,按照这一观点,国有企业上缴红利,进而让全民能够共享红利,是全体国民作为国有企业所有者应给予保障的一项基本权利。因此,可以说产权理论奠定了我国国有企业红利分配的理论基础。

其次,根据马克思主义产权理论并适当借鉴西方产权理论,国有资本的终极产权主体是全体国民,那么国民不仅拥有所有权,还享有占有权、使用权、支配权、经营权、索取权、不可侵犯权等产权束中的其他权利。因此,国有企业红利分配的收入与支出都要充分考虑国民这一所有者的利益:国有企业红利收取比例以不影响国有企业经济社会功能的实现为前提;国有资本财政支出应更多"泽被众生",国有资本经营预算应尽可能实现与公共预算的有效衔接。另外,产权是一种法权,与国有企业红利收支相关的行为应有对应的法律予以约束,使其纳入规范化的管理。再者,产权范围是逐渐扩大的,在探索与建立国有企业红利分配的过程中,不仅应强调有形资本,也要注意无形资本的保值增值。

第二节 委托代理理论

委托代理关系是随着生产力大发展和规模化大生产的出现而产生的。在现代企业中,委托代理问题十分普遍。一方面,科技发展使得企业管理的分工不断细化,企业所有者由于知识、能力和精力的局限无法有效管理企业;另一方面,专业分工产生了一批具有管理才能的专业经营者队伍。因此,企业所有者(委托人)和经理人(代理人)结成了委托代理关系。在此基础上,"两权分离"成为包括国有企业在内的现代企业的基本特征。

一、委托代理理论的产生

委托代理理论是西方经济学中信息经济学和制度经济学研究的重要内容,它与交易费用理论、产权理论一起构成了契约理论，是现代企业理论的主要内容。

（一）委托代理理论的形成过程

委托代理理论是过去40多年里契约理论最重要的研究成果之一，它形成于20世纪60年代末70年代初，其创始人包括威尔森（Wilson，1969）、罗斯（Ross，1973）、莫里斯（Mirrlees，1974）等。1973年，罗斯发表在《美国经济评论》杂志上的《代理的经济理论：委托人的问题》一文中将委托代理问题首次正式提出。该问题最初主要用于研究保险市场上承保人和投保人之间的关系。由于投保人相对更了解自身的实际情况，而且更能精准把握自己面临风险的概率，所以在保险市场交易时，投保人会选择隐瞒对自己不利的信息来降低投保费用。而承保人只能在信息不完全的情况下，为投保人购买的保险进行报价。在成功购买保险后，投保人通常会放纵自己的行为，从而极有可能造成保险事件的发生，相应地，承保人支付投保人的保险金数额和概率也会大幅增加。这种情形的发生主要是在于承保人和投保人二者的信息不对称，在承保人处于信息劣势情况下，往往会出现所谓的道德风险和逆向选择。

其实，早在该理论正式提出以前，不少经济学家已经发现了存在于经济生活之中的委托代理问题。例如，亚当·斯密于1776年就提到雇主和工人之间的利益冲突与委托代理关系。之后，阿罗在1963年提出了在管理的控制问题研究中存在道德风险问题。阿罗认为企业是一个整体，且企业本身的结构等问题可看成是一个"黑箱"。在阿罗研究的基础之上，威尔逊、罗斯进一步研究，将其发展成委托代理问题。1975年，威廉姆森运用交易费用理论对契约双方的道德风险问题进行了解释。由此可见，委托代理理论将信息不对称和激励问题等纳入企业研究之中，丰富了企业研究的内容，打开了以往企业研究的"黑箱"。

（二）委托代理理论的形成原因

1. 委托代理关系的产生

社会经济发展程度直接影响到企业委托代理关系。西方经济学家认为，早在埃及和罗马时代已经出现了所谓的古典企业。这类企业类似于现在的个体户，规模较小，且生产量和销售量十分有限，其典型特征之一是所有者、经营者、劳动者三者合一。然而西方经济学家通常不会选择直接使用古典企业，而是会倾向于使用范围更广的传统企业。一般而言，传统企业指其所有权与经营权相互分离的现代企业之前的企业，它包括古典企业，也包括现代企业以外的各种企业形式。例如，个人制企业、合伙制企业以及家族式企业。这些企业的所有者恰恰就是这些企业的经营者。所有者不仅直接参与企业的经营与管理，并享有获得企业收益和分配企业收益的权利，此时不会出现信息不对称，也就不存在委托代理问题。

然而，机器大工业的发展使得企业的规模不断扩大，企业的内部层级也日趋复杂化，传统的管理方式会逐渐被淘汰。同时，管理学的发展为培养管理人才奠定基础，社会逐渐出现管理人才。这些职业的管理人运用自身储备的知识，代表企业所有者管理企业，而所有者不再直接参与企业的经营管理。此时，企业的所有者的控制权大大减少，仅拥有人事任免和企业剩余分配的权利。有限责任制企业的所有者随着其数量的增加与规模的扩大而变得愈加复杂，即企业所有者的来源变得更为多元化。大多数个人或机构通常会通过选择购买二级市场上所发行的股票的方式来成为企业名义上的所有者。与此同时，获得股票的这些个人或机构就组成了企业的股东大会和董事会，并且通过这两个组织机构行使其所有权和决策权。而且，企业会聘用有才能的高级管理人员作为企业的经理负责企业日常经营和管理。企业所有者和管理人员之间形成委托代理关系，是现代企业最主要的委托代理关系。同时，股东和董事之间也存在着委托代理关系。由此可见，所有权和经营权的分离直接导致了现代企业委托代理问题的形成。两权分离使企业所有者和经营者掌握的信息存在很大差异：管理者可以了解生产经营的过程，直接获取充分的信息，而所有者获取信息的渠道并不直接，他们只能够通过财务报表、股票价格变化等方式来侧面了解企业的实际经营状况。在大多数企业运行中，所有者会要求管理者不定时地向他们提供企业真实的、完备的信息，然而事实却是管理者在没有获得足够的激励情况下只会选取部分有利的信息提供给他们，更有甚者会隐瞒、虚构信息。而所有者一般需要承担过高的成本来核实信息，或无法查验信息的准确性。这种信息不对称可能带来两类问题，一类是逆向选择，另一类是道德风险。逆向选择通常发生在事前，而道德风险大多出现在事后。

2. 形成委托代理问题的原因

委托代理问题产生的根本原因在于信息不对称。两权分离的情况下，信息不对称问题很难得到解决，不仅在技术上存在困难，也需要承担较高的成本。然而，人们通常会关注委托代理问题可能产生的后果，多数情形下表现为代理人萌生损害委托人利益的想法。事实上也的确如此，代理人在获取信息方面具有优势，因此可以充分考虑自身的利益，做出有利于自身的经济决策；而由于委托人处于信息劣势，通常无法识别代理人的利己行为，常常使自身利益遭到损害。委托人与代理人一样，都各自追求自身利益的最大化，但这往往会导致冲突的发生。这种代理人为追求自身利益而损害委托人利益的情形被称为"激励不兼容"。如果委托人制定了某种限制措施使得代理人在经济上无法达到自身收益的最大化，代理人则会追求除经济外的其他方面以追求利益最大化，例如，他会主动地增加自己的闲暇时间，或者通过对部门间权限的调整加大自己的控制权，抑或为自己的办公室添置奢侈的设备，等等。然而应当肯定，存在于委托人与代理人之间的这种激励不兼容的问题并不具有绝对性。解决这一问题的有效措施是设计权衡二者之间关系的制度，从而使得企业业绩目标达成后，代理人能够获得一定的奖励（收益）。那么，此时代理人就会拥有努力工作的动机，这种情形则被称为激励兼容，它不仅是委托代理问题的重点研究内容，也是解决此问题的重要思路和方法。

（三）委托代理关系的基本内容

詹森（Jensen）和麦克林（Meekling）对委托代理关系的定义如下：一个人或一些人（委托人）委托其他人（代理人）根据委托人的利益从事某些活动，并相应授予代理人某些决策权的契约关系。他们认为这种关系存在于一切组织和一切合作活动当中。代理理论对产权理论的进一步深化。由于所有权与经营权相互分离，全部的所有者无法都参与企业的日常经营，所以选举共同的董事会进行负责。此时股东是委托人，董事会是代理人。董事会受股东的授权对股东的权利加以维护。

基于委托代理理论，委托人与代理人二者之间的关系本质上是市场参与者之间信息差别的一种社会契约形式。这种关系表现为处于优势地位的代理人与处于劣势地位的委托人之间展开的一场博弈。委托方将财产交给代理方经营，旨在实现资本的保值增值，代理方出租人力资本给委托方，以达到自身利益的最大化。市场的不确定性和信息的不对称性将会导致代理方运用信息优势，创造对自身有利的条件而形成逆向选择。同时，代理人在增加自身效用的同时，容易做出损害委托人的行为从而产生道德风险。因此，现实社会中必须建立一套包括预算机制在内的合理的机制，以推动委托代理关系的有效实现。所以委托代理理论一定程度上强调了建立国有资本经营预算制度的重要性。

二、委托代理理论的发展

目前，学术界对于委托代理理论的研究成果丰硕，并且形成了系统的理论体系。在实践层面，委托代理理论应用的领域不断扩大，从最初的保险市场，扩展为企业制度研究，并成为制度经济学的研究重点。同时也在现代公司治理领域得到运用。现实经济生活中，委托代理现象十分普遍，而且委托代理理论为研究这些现象提供了充分的解释依据，不断有新的研究领域融入委托代理理论研究的范围。例如，小到医生与病人、选民与官员，大到国家与国有企业等问题都可以采用这种分析思路。特别是在模型方法上，委托代理理论研究的发展最为明显，不少学者提出了具体的细化研究方法，主要包括以下三种：一是由威尔逊（Wilson，1969）和罗斯（Ross，1973）提出的"状态空间模型化方法"，其能明确使技术关系表现出来。二是由莫里斯（Morrless，1974）和霍姆斯特姆（Holmstrom，1979）提出的"分布函数的参数化方法"。它多用于传统理论无法解释清楚的委托代理问题。例如，多重代理、固定工资等问题。三是"一般分布方法"。该方法较为抽象，其显示的是从具体到一般的结果。因此，它极大地简化了问题分析的步骤。以上委托代理模型化方法的提出都建立在多重假设和烦琐的数学分析过程之上，鉴于本书分析的重点，这里不做赘述。

除上述模型化方法外，学者还提出了其他的模型，这些模型能够针对某些问题提供解决思路，或者从不同的角度对特定的问题加以解释。其中，较为常用的委托代理模型主要有以下几种。

1. 动态模型（长期重复博弈模型）

委托代理分析所运用的基本模型均属于静态分析。委托人对代理人应当进行奖励还是惩罚，依托的主要是容易且能够观测得到的结果，这种激励机制被称为"显性激励机制"。但是，在委托代理的次数较多或委托代理关系所涉及的层级较多时，很难形成显性激励机制。此时，时间的推移能够有效解决多重委托代理关系下的重重问题。伦德纳（Renda，1981）等对重复博弈模型进行研究后证实，在委托代理关系具有长期性的前提下，如果委托人和代理人都足够的信任对方，那么很容易能够实现激励和最优风险的分担。然而代理人无法通过偷懒等静态状态下的方法来损害委托人的利益，进而追求自身收益的最大化。这是因为在长期重复博弈的模型中，委托人与代理人之间的反复的博弈可以为委托人提供足够的信息，使得代理人的努力水平可以得到观测和把握。所以二者之间的长期契约关系不仅有利于激励兼容水平的提升，也有利于避免由委托代理问题产生的损失。

2. 声誉模型

相较于短期委托代理关系，长期的委托代理关系能够减少由于信息不对称而出现的代理人利用信息优势损害委托人利益等行为的发生。伦德纳等基于长期的契约假设使委托人和代理人之间的激励兼容更容易实现。而由法玛（Fama，1980）最早提出的"声誉模型"证明了隐形激励也可以实现激励兼容，甚至可以达到显性激励的效果。在法玛看来，存在于经济体中的代理人市场即经理市场能够有效约束代理人的行为，所以激励问题可能被人为地夸大了。法玛所持的观点与伦德纳等不同，他认为由于市场上存在竞争，代理人其实自身具备自我约束机制。由于代理人的市场价值并非一成不变，在业绩差时，代理人的市场价值会降低，所以他会为了维持自身的声誉而更加努力地工作。只有通过自身持续的努力，他才能在激烈的市场人才竞争中处于不败之地。由此可见，声誉作为一种隐形激励机制，同样可以发挥激励兼容的效果。

3. 棘轮效应模型

棘轮效应模型是以棘轮效应为理论基础来解释激励机制被弱化的问题。棘轮效应最早由魏茨曼（Weitzman，1980）在分析苏联计划经济时提出。苏联国有企业的年度生产计划指标以上年实际完成指标为依据，并在其基础之上根据生产实际状况进行相应的增加。在这种情形下，企业完成的任务越多，越是积极，企业下一年就会面临更高的生产任务量，像棘轮一样，如此循环，不断向前。若将棘轮效应应用到委托代理关系当中，该效应表现为：在过去代理人取得的业绩越好，委托人就会对其产生较高的期望值，从而代理也会制定更高的目标，付出更多的努力。然而，现实中却是这种分配任务的模式会使企业形成得过且过的心理，而不去尽可能多地完成任务。这种激励机制弱化的情形在中国被称之为"鞭打快牛"。霍姆斯特姆等（Homestead et al.，1986）对这种现象进行研究后发现委托人和代理人之间风险分担的程度并不一致，主要体现为委托人把收益当作资金的回报，而代理人则认为投资收益是自己努力付出的结果。在收益率得到提高的情形下，投资者会默认为资本生产率的提高是带来高收益最直接的原因，同时，也会形成更高的收益预期。而作为代理人的经理会站在自身的角度考虑，他们认为自己的努力只会增加委托人的预期值，而不会对自己产生好处，从而激励机制被弱化。

4. 任务模型

霍姆斯特姆在委托代理理论方面的研究内容更为深入，研究成果较为丰硕，主要包括任务模型、多个模型和预算模型等。其中，任务模型指出代理人被委托人安排的任务通常是涉及多个维度、多个层面的，同时，不同维度与层面的工作任务所需的付出程度也不同。因此，代理人必须合理分配精力，从整体上推动工作的完成。同时，委托人对任务的监督和检查也有差异，部分任务检查无须花费过多时间，可以直接观测到，但诸如产品质量等任务的检查则面临较多困难。所以，霍姆斯特姆得出结论：代理人在进行多项任务时，激励达成的效果取决于两个方面的因素：一是正在进行任务本身所具备的可观测性；二是其他尚未进行的任务的可观测性。

简单的委托代理模型中通常假设代理人往往只是一个人，但霍姆斯特姆等在1982年对多个代理人的委托代理问题进行了研究，并建立了"多个模型"。代理人团队是一个不可分割的整体，其任务的完成情况不单单依赖于其中的某一个个体，而是要依赖于团队整体的努力程度和协作能力。由于无法对单一的代理人进行独立检测，所以在监督方面就产生了一定的挑战。之后，阿尔钦等（Alchin et al.，1972）针对团队工作的监督问题进行了研究，他们发现在团队中进行工作的个人通常具有偷懒的内在动机，如果要提高团队的监督效率，就必须尽可能地使监督者的积极性得到提高。特别是如果能够在事前给予监督者获取收益分配的承诺，监督者的工作情绪与状态就会大幅度高涨，从而也会影响到代理人团队的工作情绪状态。霍姆斯特姆还表示，团队代理中委托人的主要作用是打破预算平衡。当处于平衡预算约束时，代理人的努力水平并不能达到帕累托最优状态。由于团队中的个人都希望获得奖励而厌恶惩罚，所以平衡预算约束的打破应当以委托人参与收益分配的做法来进行，进而避免团队中部分个人形成"搭便车"的心理，从而有效实现团队激励。

5. 强制退休模型

强制退休模型是莱塞尔（Lessel）在1979年提出的。他认为企业与员工之间所形成的雇佣关系具有长期性，而员工偷懒行为的减少可以通过采用"工龄工资"的方式加以解决。在员工工作的早期，他所能够得到的工资通常会小于其边际生产率，所形成的差额可被视作是对其未来工作的一种保证。在员工的工龄达到一定年限时，员工的工资会开始大于其边际生产率。由此形成的差额不仅为正且逐年增加。所以，工龄越长的员工越不会选择退休，这就解释了采用强制退休模型的原因。但是，若员工早期就选择偷懒，他就极可能遭到解雇，也就更谈不上获得高工资了。莱塞尔等于1981年还提出了针对多个代理人的"评估模型"。由于代理人团队之间的工作是高度相关的,因此其他代理人的业绩也是判断某一代理人工作业绩的参考依据,从而形成一种相对的评估制度。这种评估制度在经济体系十分常见,尤其是在锦标制度体现得最为明显。在锦标制度中,代理人的收益不由个人的绝对业绩决定,而由个人在代理人群体当中的排名决定。尽管该制度存在一定的缺陷,例如,它极易引起代理人之间的串谋行为,但它也具有自身独特的优势,不仅简单直观,也能在一定程度上避免委托人的道德风险问题。

6. 逆向选择模型

麦克阿非等(McAfee et al.)在1991年提出的"选择模型"指出,无论委托人是监督个人的贡献还是监督团队的产出,二者所产生的结果都是一样的。他们认为监督并不一定能够抑制代理人发生偷懒行为,造成"搭便车"现象的原因也并不一定是团队。真正能够形成监督的主要是约束委托人自身而并非是代理人。由于在委托代理关系正式发生之前,委托人会收取代理人一定数额的保证金,此时,他就有破坏生产的动机,如果造成代理人无法完成规定的任务,该笔保证金就由委托人所有。而问题解决的途径就是由委托人监督代理人,而不仅仅是收取保证金。同时,索罗(Solo,1979)和斯蒂格利茨(Stiglitz,1984)认为监督问题必定存在于委托代理关系之中,并由此提出了监督模型。他们认为监督问题必须解决信息不对称问题,但由于信息的获取需要付出更多的成本,所以委托人必须要在成本和监督力度之间做出权衡。而且索罗等发现在发达国家和发展中国家,工人的边际生产率由工资决定。企业往往支付给工人比边际生产率更高的工资,通过这一办法,增加个人被解雇的机会成本,减少工人偷懒的可能性。

7. 道德风险模型

马尔科森(Marcos)在1984年提出的风险模型主要用来解决道德风险问题。在通常情况下,代理人会发生道德风险,但马尔科森等同时指出,事实上,委托人也可能产生道德风险问题。由于委托人对代理人的业绩观察结果具有较大主观性,而代理人却对观察结果无从得知。当代理人业绩较高时,委托人应当给予代理人更高的报酬,但是委托人可以谎称其产出未达到要求,从而拒绝支付高额的报酬。当代理人觉得自己的努力无法得到应有的补偿时,就会消极懈怠。因此,解决这一问题可以参照锦标制度,即在多个雇员中设定某一比例,将雇员按照努力程度进行排序,靠前的这一部分雇员将会得到更高的待遇,这样就会形成委托人有效监督雇用者的氛围。

针对委托代理理论的研究,不同学者采用的思路和视角也有所差异。研究委托代理模型的现实意义在于通过从不同角度,探索新的途径来解决现实中存在的各种类型的委托代理问题。从主体角度来看,目前对于企业的委托代理问题研究相对成熟,而且股权激励理论是解决企业中存在的委托代理问题的核心内容之一。企业给予代理人一定数量的股权,而代理人能够积极工作以获得股权收益,从而自动使委托人和代理人间的利益得到同步维持。

三、委托代理理论与国有资本经营预算分配

从理论意义上来看,国有资产属于全体国民,产权应该由全体国民来行使。但是由于每一个国民无法直接占有国有企业的生产资料,只能通过委托国家去占有,然后国家通过委托各地方、各部门进行分级管理,特别是针对具体层面的占有情况只能由直接负责生产的基层企业执行。这种情况的发生具有一定的必然性。在客观经济规律的作用之下,国有资产的产权会被层层分解,即国有资产的使用权、占有权、支配权等会被分解给一些组织和个人,这些组织和个人将会代理国家和全民运作国有资产。然而,在国有资产的产权得到层层分解之时,委托代理问题将会始终存在,即进行多少次产权的分解,就会相应地产生多少层的委托代理关系。恰恰是委托代理关系的存在为国有资本经营预算提供了发挥作用的空间。

总体而言,预算管理具有计划、协调、控制、评价等多重功能,通过约定投入、效果、利益等方面使行动量化,从而达到规范各个主体行为的目标,以避免逆向选择与道德风险,进而降低代理成本。而且,预算能够提高信息系统的控制能力,国有资本管理机构对于信息的控制主要通过控制资金运行的信息流进行,然后形成强大的信息处理和信息收集系统。同时,建立国有资本经营预算的目的是提前确立计量指标,划分经营者的权、责、利。此外,建立以国有资本经营预算为基础的考评制度不仅有利于完成预算指标,也能够增强预算的权威性,进而提高对经营者的控制程度。由此可见,国有资本经营预算制度是所有者对经营者进行监督与控制的一种途径,也是解决国有资本经营管理中所存在的委托代理问题的有效手段。

第三节 政府预算理论

预算资源配置领域有一个经典的"科依问题":"应该在什么基础上决定将资金 X 分配给活动 A 而不是活动 B?"换言之,政府预算规模、结构、支出项目等由谁做出决策,怎样决策,决策机制如何等问题是政府预算决策理论需要回答的问题。针对这一问题的回答不同而形成了不同的理论。目前影响较大的主要有渐进预算理论、公共选择预算理论、政策过程理论和预算支出增长理论。

一、渐进预算理论

20 世纪 60 年代中期,美国预算学者瓦尔达沃斯基(Wildavsky)的《预算过程中的政治》以及芬诺的《预算的力量》中有关渐进预算的论述推动了渐进预算理论的形成。该理论站在政治学的角度,主要对政府官员的预算行为和政府预算运作的程序进行研究。这一理论对于政府预算的主要观点是:政府做出预算决定是渐

进的，而并非是全面的。所有的预算方案须由预算支出机构在每个预算年度里根据现有项目与替代项目的价值评估做出，而这种评估通常并非是积极的。与之相反，支出机构做出预算方案通常建立在前期的预算基础之上，而且对于边际上的增加和减少予以特别关注。在相当长的时期内，渐进预算理论占据支配地位，成为政府预算理论中的主流理论。

（一）基本观点

瓦尔达沃斯基是渐进预算理论的代表人物，该理论的基本观点主要体现于瓦尔达沃斯基的代表性著作——《预算过程中的政治》(The Politics of the Budgetary Proces)当中。渐进主义预算理论的基本含义主要包括以下内容：第一，政府预算的规模通常较大，且由于人的智力和时间都十分有限，很少有人能够从全局上把握整个预算，也很难将预算的方方面面都考虑进去。所以，针对政府预算的审核，由于当期的建议数在前期的基数上渐进产生，故应当比较前期预算与当期预算建议数的差异值。第二，通常情况下，人们不喜欢政治角逐，也会采用其他各种手段将其避免。此时，政客很少会对预算过程做出选择，因为某一时期的预算变化会十分有限，而且变化值在很大程度上是可以进行预测的。

从《预算过程中的政治》一书中，可以总结出渐进预算理论的基本观点：

第一，预算具有政治性。20世纪初，美国开始了以集权化和运用复杂的预算技术为导向的预算改革。其中推动预算改革的学者们认为预算是一个技术问题，并且他们尝试在政府预算决策当中引入完全理性。通常学者们都尝试回避政治过程，这是因为在这一过程中的效率不高。但是，瓦尔达沃斯基持有与预算改革者不同的观点。他认为，预算过程是一种人类行为，而且这种行为处于政治框架之中。相应的，预算决策作为政治过程的一部分，也具有政治性。同时，针对科伊提出的将美元分配某一活动而非其他活动究竟要以什么作为依据的问题，瓦尔达沃斯表示必须运用政治理论才能加以解决。在美国的预算实践当中，政治党派的立场、利益集团的压力、宪法等政治因素都会影响预算决策的形成。

第二，预算具有渐进性。渐进预算理论将政府进行预算的过程视为在原基数上递增的模型，且具有一定的渐进性。预算周期之间的过渡，预算过程中的一个阶段到另一个阶段的变动以及预算拨款的数额都只发生相对较小的变化。在预算过程当中，预算官员、立法者和社会公众等预算参与者通常会从实现自身预算目标的角度出发，运用多种预算策略。根据世界各国的预算实例，许多政府的预算编制通常都是在上一阶段的预算数或执行数的基础上，以合适的比例逐渐递增，从而得出预算结果。

第三，预算参与者在预算过程中倾向于使用精简的方法。人们可以将预算理解为决策制定的过程。通常情况下，这个过程十分复杂，做出决策的过程所需要的能力远远超过人类自身的决策能力。因此，人们面对这种复杂情形，通常会主动地运用一些策略使其简化。例如，减少决策过程考虑的因素，在决策中不利用全部的信息，而仅对部分可获得的信息加以运用。

第四，预算参与者将会采取不同的策略实现各自的预算目标。瓦尔达沃斯基指出，在不确定的条件下，预算参与者通常会参考之前的经验，以选择最有可能实现其预算目标的方法。同时，他也具体分析了在确保本部门预算拨款的情况下，各政府部门所运用的策略。在获得预算拨款的过程中，政治上的支持比预算的技术问题要重要得多，因此为了获得更多政治上的支持，可采取的方法主要有：(1) 培养一个积极的委托人。这恰恰体现了现行政治体系缺少足够的支持。(2) 信任策略，即要与预算委员会等其他预算参与者建立信任关系。这种信任不仅包括预算委员会对政府官员个人的信任，也包括对部门的实际工作成果的信任。如果预算委员对一个政府部门的信任程度越高，该部门所获得的待遇水平也就越高。(3) 暂时性策略，即政府部门为了确保其预算基数不减少，则会采取一定的措施，如解释某一预算项目，以说服国会对其拨款。

第五，瓦尔达沃斯基在对比传统的渐进预算和预算改革者所推出的理性预算后发现，传统的渐进预算要显著地优于理性预算。虽然他列出了传统的渐进预算所具有的缺点，但这些缺点也是使其优于理性预算的优点。传统的渐进预算方法具有政治性的属性，在其预算决策过程中会主动进行简化，从而有助于在政治层面上达成一致。而理性的预算方法，由于在其政治过程中缺乏效率，因而很难达成政治上的一致，所以想要成功是不太可能的。瓦尔达沃斯基否认了预算改革者的观点，他认为预算改革在政治上是中立的。预算改革必然包括政治系统的变化，而不仅只是预算技术的变化。同时，影响预算结果必须改变政治过程，继而改变不同预算项目之间预算份额的比例。

（二）渐进预算理论的贡献

渐进预算理论所带来的最大的贡献就是不仅为日后的研究提供了统一的视角和共同的语言，也引出了一系列值得深入研究的问题。建构公共预算理论可以从渐进主义预算理论进行有效的突破。该理论在有限理性的假设前提下，提出了许多有价值的假说，而且由该理论延伸出的结论通常都是开放性的，且已被制度研究方法借用。

首先，渐进预算理论中所提出的政府预算是政治程序的中心。它涉及许多不同的政治组织和与其相关联的政治程序，并将经济理论、政治理论、组织过程理论等都纳入预算研究当中。同时，渐进预算理论注重运用经济分析方法，帮助决策者更加理性、准确地做出预算决策，这些有助于预算研究形成统一的研究视角。

其次，渐进预算理论为解释、预测和研究预算提供了共同的语言。这些共同的语言包含政治策略、过程、结果、预算增量、个人和社会团体的偏好、决策制定等。

最后，渐进预算理论和那些有建设性的批评为未来的预算研究提出了一系列尚待解决的问题。预算理论中最常见的问题就是解释和预测增量，其他还包括进一步解释预算的作用、策略、竞争、冲突，等等。若想要推动渐进预算理论的发展，必须要对渐进预算理论进行有建设性的批评。同时这些批评的范围应当扩大化，从政府内部延伸至利益集团的行为、选民的投票行为以及立法过程对预算决策结果产生的影响。而且研究领域还要扩展至预算拨款之前和之后的预算过程，例如，预算编制、执行、审计和评估等环节。

（三）渐进预算理论的缺陷

尽管渐进预算理论的理论框架较为完整，但其缺陷也是明显的：

第一，渐进预算理论在理论上将预算定性描述为：预算是渐进的，且每年的预算呈现全面而稳定的增长。但预算的实践情况并非完全如此。例如，法定支出、联邦预算行为模式的改变以及预算赤字的增长等因素使这种全面而稳定的增长方式无法继续实现。

第二，渐进预算理论的实证研究存在一定的缺陷。白利和寇勒（Bailey and Conor，1975）认为渐进主义预算模型未能正确解释预算数据，其主要原因在于渐进主义预算模型混淆了过程渐进主义和结果渐进主义。还有一些学者批判渐进预算理论的原因在于，在预算决策过程中，对预算决策的实际过程未能准确描述，从而导致渐进预算模式出现偏差的情形。

第三，在渐进预算理论的分析理论方面，艾伦·希克（Allen Schick，2011）提出其存在着自相矛盾的情况。他指出，瓦尔达沃斯基的预算过程模型与经济学中的市场竞争模型实质上是类似的。但市场竞争模型已经被经济学家确认，它是存在一定缺陷的，而且这些缺陷需要政府采取措施去克服和矫正。因而预算过程模型相对应的也会存在类似的缺陷，从而无法产生正确的预算结果。

第四，渐进预算理论具有总括性。渐进主义下，具体收支结构的变化不能得到准确地反映，会被政府预算平均变化情况所掩盖。因此会出现这种情况，虽然在长期内观测到的收支总额无明显波动，但从内部观测到的结果却起伏较大。同理，政府预算的变化不易体现出政府职责的改变。而且，预算政治的作用也无法在渐进主义理论中得到反映。由于部门的预算策略是扩大基数以获得更多的预算拨款，政府则会倾向于多上有关的项目来促进经济的发展。这样，预算政治的焦点会由部门预算的变化量转变为项目预算的变化量。

二、公共选择预算理论

20世纪40年代末，公共选择预算理论开始产生，经历10多年发展后形成了公共选择预算理论的基本原理与概念框架。自20世纪60年代末以来，这个理论的学术影响力得到扩大。这一理论研究领域的领袖经济学家詹姆斯·布坎南（James M. Buchanan, Jr.）于20世纪50年代开始进行相关的理论研究，其发表的《社会选择、民主政治与自由市场》一文专门研究了公共选择。他与戈登·塔洛克（Gordon Tullock)共著的《同意的计算——立宪民主的逻辑基础》一书堪称公共选择预算理论的经典著作。随着布坎南对这一理论研究的不断深入,其公共选择理论获得了广泛的影响和认同,于1986年获得了诺贝尔经济学奖。

公共选择预算理论以政治决策过程为研究重点,对其深层次的经济原因进行分析。从内涵上分析,政府预算行为是必须遵守相应的政治准则,并且采用非市场性方式配置资源的一种集体决策行为。所以,公共选择预算理论包含了政府预算行为。在公共选择预算理论发展的过程中,相关学者构建相应的计量模型,即中间投票人模型和官僚预算最大化模型。

(一) 中间投票人模型

中间投票人模型是一个关于公共产品需求的模型,同时也是政府预算决策机制模型,是由美国经济学家唐斯(A. Downs)在1957年出版的《民主的经济理论》中提出的。自20世纪60年代后期,该模型被广泛应用于预测和解释公共产品的需求、公共支出和政府预算决策过程。

1. 中间投票人模型的主要观点

中间投票人模型认为,个人偏好在遵守简单多数原理的情况下通常都是单峰的,从而预算决策问题能够被转化为中间投票人的效用最大化问题。如果政府预算决策能够反映中间投票人的意愿,那么这种决策方案最终将取得胜利。这是因为反映中间投票人的意愿能够使团体的福利损失降到最小,从而公共产品的均衡产出水平也能够得到确定。

2. 中间投票人模型的假设条件

假设条件一:单峰偏好假设。单峰偏好是指个人在一组按某种标准(如数量大小)排列的备选方案中,对其中的一个方案偏好程度最高,对其他方案的偏好程度都低于对这个方案的偏好程度。假设条件二:一维选择假设。一维选择假设是指预算决策中只涉及一个选择参数,因此每次只对一个选择项目进行投票。这个假设意味着中间投票人模型应当在直接民主制或者委员会制度条件下进行分析,以及对全体公民的投票情况进行研究。假设条件三:无议程设置假设。若想要影响投票结果,必须在投票议程中实施议程设置,通常可以采用选票排序、选票交易和策略性投票等有意违背多数投票规则的策略行为。而无议程设置则指的是,在投票议程中遵守多数投票规则而不采用以上的种种投票策略行为。假设条件四:中间投票人可以用中等收入居民替代假设。在中间投票人模型中,想要在全体公民投票中辨别出起决定作用的中间投票人极为困难,市政会议上的投票亦是如此。因此,在进行政府支出的相关研究时,把中等收入的居民当作中间投票人能够合理简化研究过程。这样做出假设的优点主要体现在美国人口调查局会定期公布中间投票人的收入,可以将其作为研究变量来计算预算支出的收入弹性。

3. 中间投票人模型的主要内容

中间投票人模型认为,在多数投票规则下,如果上述假设条件都能够得到满足，那么投票决策结果将能够有效反映出中间投票人的偏好。通常，投票结果会出现以下两种情况：（1）当投票人的偏好是离散且唯一时，预算决策的结果显示为：除了中间投票人，其他投票人中的一半将倾向于投入较多的政府支出，另一半投票人则倾向于投入较少的政府支出，此时，中间投票人倾向于投入中间水平的政府支出。（2）当投票人的偏好是连续且呈正态分布时，倾向于中间位置的投票人团体就是所谓的中间投票人。而且，中间投票人的人数并不单一。

4. 评价

中间投票人模型的最大优点在于将公共产品产出的均衡水平简化为中间投票者的偏好，从而预算决策问题就转变成中间投票人的效用最大化问题，大大简化了预算决策的过程，因为在这一过程中只分析中间投票人的收入、税收价格和偏好即可。而且，中间投票人模型所需要的资料也便于获得和分析，这使得该模型非常适合采取实证统计分析的方法。中间投票人模型存在的局限性主要表现为以下方面：

（1）对中间投票人的界定不够清晰。中间投票人模型假定中等收入水平的人作为中间投票者，这种方式可以为资料的收集带来极大的便利。在所有投票人拥有偏好一致时，预算支出的需求量与收入之间将会存在一种函数关系，且这种关系是单调的。但是，期望的预算支出与收入之间所呈现的不是单调函数关系，或者投票人的偏好呈现巨大差异时，我们也无法用这种替代方法来界定中间投票人。应当注意的是，这种替代方法要以收入分布和政策偏好相一致作为假设的基础。政策偏好的分类可以将收入作为一种依据，还有以年龄、教育程度等其他显示偏好的指标来进行分类。尽管收入分布与政策偏好重复的地方较多，但二者并不完全一致。在一些特定的地区，中间收入者作为中间投票人的替代方法并不适用。由此可见，该模型的适用范围有一定的限制条件。

（2）中间投票人模型的解释范围十分狭窄。它只能够用来解释和预测在预算决策时采用投票程序所得出的预算结果。

（3）中间投票人模型的假设条件比较苛刻，在投票的表决程序和备选主题方面体现得最为明显。若想得到连续一致的投票结果，则假设条件都必须满足。但这些假设条件在现实中很难得到满足。首先，预算支出决策主要是针对预算资金的数额做出决定，但是往往这些资金会与多样的政府活动和政府项目相互联系。其次，模型中的单峰偏好的假设会导致一些投票人采取较为极端的预算决策策略，即"要么全有，要么全无"，从而在一定程度上影响了投票的传递性。此外，在公共决策投票的实际操作过程中，普遍存在着投票议程设置、互投赞成票、策略性投票等现象，这些投票的策略行为一般发生在代议民主制中，直接民主制相对而言采取上述投票的策略方法可能性不大。最后，该模型隐含了所有投票人均参加投票，并且投票是有效的这一假设。显然，这一条件并不现实。

（4）中间投票人模型考虑的因素不够全面。该模型只考虑了中间投票人的收入、税收价格和偏好等特征，而没有将社会的发展程度、政治权力的分配、制度结构等重要因素考虑在内。还有一些投票人自身的因素：如年龄、住房状况、贫困状况以及受教育程度等对投票人的偏好产生影响,从而间接地降低了中间投票人模型的适用性。

(5)中间投票人模型只考虑了公共服务的需求方,没有包含公共服务的供给方。而实际上政府预算决策受供给方——政府的影响很大。因此,其分析结果必然是不全面的。

(二) 官僚预算最大化模型

官僚预算最大化模型是一个关于公共产品供给的模型,由尼斯坎南(Niskanen)在1971年出版的《官僚与代议制政府》(*Bureaucracy and Representative Government*)一书中提出。尼斯坎南的官僚预算最大化模型中的"官僚"是指负责提供公共产品和服务的各个政府部门。从一定意义上而言,"官僚"是指在政府部门中担任一定职务的高级官员,拥有着能够独立掌握、确认预算的职能。因而,官僚机构一般具有的特征有:第一,它具有非营利性的性质,其资金并非来自产出销售,而主要来源于预算拨款;第二,官僚机构中的主管和雇员无法占有预算拨款扣除支出费用后的余额,因为这些资金在本质上由国家所有。

1. 官僚预算最大化模型的主要观点

官僚预算最大化模型认为,政府机构日益臃肿已成为社会的一种普遍现象,它导致的直接结果就是政府预算规模的日益扩大。尼斯坎南对产生这一现象的原因进行了解释。他认为由于官僚和政治家之间存在着信息不对称的现象,所以官僚实现预算最大化的可能性也最高。尼斯坎南的官僚预算最大化模型从政治家和官僚的角度对二者在预算交易中的关系进行了详细论述。

2. 官僚预算最大化模型的主要内容

第一,官僚一直在争取预算最大化。官僚的目标是什么?尼斯坎南在1971年的初级模型中认为,官僚希望在他的任期内能够获得最大化预算。同时,他指出一个官僚的意图可能是想要追求在薪水、奖金、权力、资助、公共声誉等方面实现最大化,也可能是希望实现机构改革并提高官僚机构的管理水平。前者的目标明显与政府的预算规模呈单调的正相关关系,即官僚效用随着预算规模的扩大而增加。尼斯坎南于1991年修正了初级模型。他指出官僚所追求的最大化并非是预算总额的最大化,而是自由支配预算数额的最大化。同时,他也对预算总额的最大化进行了一定程度的肯定,即认为不应完全抛弃官僚预算总额最大化的假设。在他看来,自由支配预算最大化属于正常情况,而产出或预算最大化则属于特殊情况,即初级模型中的官僚行为在进行修正后,应当被看作是一种特例。第二,官僚通常能够实现预算最大化。在尼斯坎南模型当中,由于官僚和政治家之间都只跟对方交易从而形成了双边垄断关系,也就是官僚只将他的服务卖给政治家,同时政治家也只从官僚那里购买服务。从中可以得出政治家决定了官僚预算,而政治家的预算额则依据产出量的大小来决定。随后在对模型进行修正时,尼斯坎南进一步指出,政治家是公共服务的垄断购买者,而官僚机构是公共服务的垄断供应者。官僚与政治家之间所形成的交换按照承诺产出和期望预算进行。在此情形之下，官僚和政治家间不存在特定的预算与产出均衡，官僚与政治家之间讨价还价的结果直接决定了预算与产出的最终结果。然而在讨价还价过程中，政治家的作用很有可能会被削弱。主要原因是政治家处于获取信息的劣势地位以及政治家控制政府部门的动机不够充足。

3. 评价

从理论角度，既有学者对尼斯坎南官僚预算最大化模型持支持的态度，也有持批评态度的。赞同方认为该模型是对官僚作用进行分析的最为重要的模型，是第一个在公共选择框架下对官僚预算行为进行的系统性研究等。但也有学者对该模型提出批评，认为该模型的前提假设是不现实的，其中有关官僚同政治家之间关系的描述也都与现实不符。大多数的经验研究都没有为尼斯坎南模型提供经验支持等。从经济学角度，尼斯坎南的预算最大化模型虽然为研究官僚预算行为奠定了一定的基础，但这一理论仍需进一步完善。在构建有关官僚预算行为的经济学理论的过程当中，还需要考虑如何将复杂的有关官僚预算行为的经验证据融入经济学模型当中。该模型还是一个尚未完成的理论模型，需要在理论上进一步完善。

三、政策过程理论

渐进预算理论和公共选择理论都存在一定的局限性。以美国学者爱伦·S. 鲁宾（Irene S. Rubin）为代表的政策过程理论学派认为，尼斯坎南的预算模型不能够充分地解释预算最大化问题，并且模型过于简单，忽略了官僚对职业主义与公共利益的关注。随着预算形式的日趋多样化，渐进主义预算模型在如何解释当代预算过程与预算结果中无法做出有效的判断，从而走向了终结。

因此，政策过程理论学派从政策过程角度提出了政策过程预算模型，其中具有代表性的是鲁宾的实时预算模型。鲁宾将政府预算看作是一个由众多预算参与者共同参与的特别的政治决策过程。由于政府预算是在开放的经济和政治环境下做出的，故其必须要能够适应外部环境的变化，加之不同预算参与者的目标有所差异，所以预算理论模型必须具备一定的灵活性。这样才能将不断变化的预算环境和不同预算参与者的要求融入模型当中。鲁宾指出，实时预算模型将五个完全不同且联系松散的预算决策束进行相互联结，从而使每个决策束都具备自身特有的预算政治特征，也能拥有各自的决策制定者群体，其灵活性符合环境和目标的要求。

（一）实时预算模型

在实时预算模型中，鲁宾将预算决策分为收入束、预算过程束、支出束、平衡束和执行束。这五个决策束不仅前后相继，而且相互独立。每一个决策束都能吸引具有不同特征的预算参与者加入。"实时"则主要强调在五类预算决策束中，每个决策束都应当随着政治与经济环境的变化以及其他决策束中信息的改变相应地做出调整。

1. 预算决策束的具体内容

(1) 收入束 (revenue stream)。收入束中的预算决策主要侧重于对收入基数进行技术预测,即运用技术估计下一时期可获得的财政收入。因此,能否通过税收政策的变化来改变收入基数以及如何利用税收政策改变收入基数成为收入束决策涉及的两个主要方面。这包括了以下一系列的问题:税收应如何变化,是增加还是减少?税收减免的政策是否要执行?若要实行该政策,那么减免的对象和目的分别是什么?税源需要注意的地方有哪些?这些税源将如何对不同经济阶层、不同年龄和不同地区的群体产生影响?其中影响收入水平的因素不仅包括经济形势的变化、预算环境等宏观因素,也应当包括利益集团、社会公众的意愿等微观因素。具体表现在公众对税收的承受能力会对政府官员增税与减税的意愿产生影响。

(2) 预算过程束 (budget process stream)。预算过程束主要解决由谁做出预算决策以及如何做出预算决策的问题,它不仅包含了在行政部门和立法部门等相对独立的政府部门之间进行预算决策权力的均衡问题,也包含了官僚和纳税人之间的预算决策权力的均衡问题。鲁宾认为,在预算过程束中,预算结果会受到参与预算的个人和团体的影响,并且行政机构和议会在这一过程中会发挥关键作用。如果预算过程束充分有效,那么社会成员将能够拥有对政府项目进行分析的表达权。

(3) 支出束 (expenditure stream)。支出束中的预算决策主要涉及对各项预算支出进行预测,它以政治上的"选择"为主要特征。如失业水平上的转移性支出要根据公式计算出的补助金来决定。但通常情况下,支出决策大多与政策相联系,其中涉及的问题有:进行资助的项目有哪些?资助水平如何确定?如何削减预算支出?从公共项目中获益的对象是谁?为了能够保持目前预算优先权的次序或者重新排列预算支出的优先权,支出束中的预算参与者都会尽自身最大的努力去影响预算资源的配置。然而,相较于收入束和预算过程束,政府机构的负责人在支出束中发挥的作用更大。而且,利益集团在支出决策束中的态度尤为活跃。

(4) 平衡束 (balance stream)。平衡束涉及的是基本的预算问题,即每一时期的财政预算收入和财政预算支出是否必须达到平衡?如果想要实现预算平衡,能否可以通过借债的方式达到目的?如果可以实现,借债的时间和金额分别是多少?平衡束是一个预测财政收入和支出之间相互作用关系的过程,而且本质上,会影响到相关政府的范围和作用的决策。例如,预算赤字就是与政府的政策相关,即政府通过对市场经济的干预以应对经济危机,从而造成赤字的结果。由此可见,预算平衡问题、税收水平的高低、政府的活动范围等问题都会引起各个政党、利益集团、社会公众的注意。

(5) 预算执行束 (budget execution stream)。预算执行束的决策制定以政治上的"责任"为特征,它在本质上需要更高的技术水平。预算执行束中所涉及的一系列问题有:在执行预算计划的过程中如何不出现偏差?又有哪些偏差能够被允许存在?以及相关的政策限度有哪些是不能违反的?等等。其中执行预算计划还会受到环境因素的影响,环境因素变化的程度会决定预算的重新调整,因此对预算的重新调整需要谨慎。因为，重新调整会极易引起政治上的争论，同时，预算重新调整后会对下一时期财政预算的基数产生影响，从而直接影响到支出束和平衡束。在预算执行束下，行政部门发挥着主导作用，议会的作用很小，而利益集团基本不起任何作用。

2. 预算决策束之间的联系

（1）各预算决策束一定程度上相对独立。预算决策制定并非按时间顺序进行，有时为了能够及时完成制定任务，部分决策束可以率先做出。从理论层面来看，一些决策束是其他决策束的基础，并与其他决策束构成固定的决策模式。例如，有关财政收入的估算和财政预算平衡的决策应当早于支出决策和执行决策。但是，在实际的编制预算过程中，很少有完全按照这种模式进行编制的情形，前四种决策束的先后顺序都会根据实际情况进行或多或少的调整。产生这种现象的主要原因在于：第一，变化的预算环境会随时接收新的信息。第二，不同预算决策的制定所需要花费的时间存在差异，必要时还需要在规定的时间内，重新对预算决策的制定情况进行调整。第三，各个决策环节的制定者可能会出现交叉，即制定者可能会进入下一环节，从而对下一环节的决策过程产生影响。因此，预算决策的制定应当在五个主要的决策环节同时进行，必要时将五个决策环节联结起来，进而提高预算决策的适应性。

（2）各预算决策束相互作用。绝大多数情况下，各个决策环节和决策部分是相互独立的，但有时某一环节的信息无法支持其完成自身的决策工作，这就需要依赖于其他环节的信息。而且，预算参与者在做出决策时通常会以其他预算束已经做出或预期做出的决策为参考。例如，支出决策的制定必须考虑到收入束的决策情况；减少赤字的决策要建立在对于收入和开支进行估计的基础之上。通常情况下，其他预算决策环节为本环节所带来信息会约束本环节的决策行为，但这种约束并非是强制的。主要原因在于：第一，预算环境发生改变，本环节的决策和其他环节的决策都有可能会发生变化。第二，某一环节的预算参与者在一些情形下会为了改变其他环节而积极主动的进行选择。例如，旨在增加预算支出的参与者极有可能会采取行动来改变收入估算、税收结构以及对预算平衡的规定。而对于想要减少收入的预算参与者，可能会把目标放在支出束，他们通常会采取一些行动来削减支出。

（3）各预算决策束具有非阻断性。由于各个决策束中所需的决策制定时间有所差异，所以即使终止某个决策束的决策行为也不会对其他的决策束产生影响。例如，当收入决策束受阻时，虽然对于税收究竟是增加还是减少尚未付诸行动，但其他决策束在收入决策中可能会出现的情况基础上继续进行各自的决策。在获得收入决策束的最终结果后，再调整所在环节的决策。

（4）时间是重要的约束条件。鲁宾认为，预算决策与其他政治决策最大的区别在于预算存在底线和时间期限。通过预算必须是在某一时点进行的，同时，整个预算程序是一个过程，并且向着最终的期限不断运行。由于预算参与者的种类不同，其获取信息的程度也不同，再加上环境变化带来的影响，所以，时机的选择在实时预算模型中显得尤为重要。

(二) 微观预算与宏观预算

鲁宾的政府预算模型将宏微观预算进行了有机的结合，因而在以预算参与者的预算策略为研究内容的同时，也分析了预算环境和预算过程对预算结果产生的影响。微观预算主要针对的是预算参与者及其预算策略。但应当注意的是，预算环境和预算过程也会影响预算参与者的预算行为和策略，即微观预算与宏观预算之间是相互影响的。预算过程不仅一定程度上赋予了预算参与者不同的角色，而且也制约着预算参与者进行预算的时间及其相互之间的协调程度。同时，法律、本期财政预算收入、公众预算偏好等预算环境条件的约束也会制约预算参与者的行为。所以，预算决策的制定要将预算参与者的预算行为、预算策略以及预算过程和预算环境等多重因素都考虑在内。所以这种自上而下观察预算的角度被称为"宏观预算"。

图 4-1 显示了预算决策制定的过程中其相关变量的因果模型。从图中能够发现，执行预算决策时，预算环境、预算过程以及预算策略都会对最后的预算结果产生影响。

```
预算环境 → 预算过程 ↔ 预算策略 → 预算结果
```

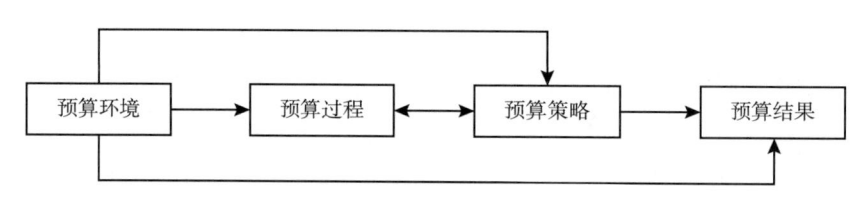

图 4-1 预算决策制定：预算环境、预算过程和预算策略

首先，预算环境影响到预算过程、预算策略和预算结果。（1）预算环境通常是在经过预算过程和预算策略之后，对预算结果产生直接或是间接的影响。然而当战争、自然灾害等突发性情况发生时，通常会优先选择某一预算决策，此时，预算环境对预算结果产生的影响是直接的。（2）在预算过程中，预算环境对预算结果的影响是多方面的。例如，财政预算收入的增加或减少与实际的财富水平、可获取的资源水平以及公民纳税的意愿都息息相关。随着财政预算收入的日益增长，预算参与者会联系预算决策与未来的目标，同时会考虑采取更为积极的手段来满足新的公共需求。而且，之前预算决策的结果也是当前预算环境的一部分，会对预算过程产生影响。（3）预算环境影响预算参与者预算策略。预算环境包括可获得的资源水平、政府间的补助结构、可获得的资金稳定程度等。可获得的资源水平对预算策略的影响主要体现在它能够决定参与者的支出计划。对于政府间的补助结构，预算策略通常表现为获得联邦政府的免费补助。在某个政府机构的资金来源不稳定时，预算参与者会将其主要的注意力放在眼前可获得的预算资源之上。

其次，预算过程和预算参与者对预算策略运用的影响是双向的。主要体现在两个方面：一是预算过程对预算参与者的预算策略直接产生影响，进而影响了预算结果。若预算参与者在预算过程中积极主动地尝试在预算听证会上获得主动权,这意味着预算过程中需要面向社会公众举行详细的预算听证;若预算决策最终是由少数政府负责人做出,且议会中对于预算的审查只是流于形式,那么政府负责人必须要在决策制定的早期就了解预算参与者的意愿,以实现影响预算结果的目标。二是预算参与者的策略也会对预算过程产生一定的影响。若某些利益集团的偏好与预算结果形成冲突,这些利益集团会选择改变预算过程来达到自己期望的目标。相应地,预算结果会随着预算过程发生改变。

最后,预算参与者的预算策略和预算结果之间也存在着一定的联系,但二者之间的影响程度很难得到有效的衡量。然而,应当肯定,如果预算参与者制定预算策略时,对预算过程或预算环境可能产生的影响不加以重视,那么他所采取的策略取得成功的可能性将微乎其微。

(三) 政府预算特征及其对预算决策的影响

鲁宾通过对政策过程理论进行研究,在此基础上总结出了政府预算的主要特征及对预算决策过程的相关影响。主要特征有:

1. 政府预算涉及目标各异的多元行为主体

预算参与者的多元化是政府预算的首要特征,通常情况下,他们的动机和目标是互相冲突的。预算过程中会介入多方的力量,例如,议员、利益集团、各政府机构的负责人以及公民,等等。他们在一定程度上都会或多或少地影响着预算过程和结果。当这些力量在预算决策中发挥作用时,他们的目标和利益不一致,而且拥有的权力也会有所差异。有时,预算管理机构的权力较大,并处于支配地位;有时,法院的权力则会优于行政权和立法决策权。预算过程能够协调不同层次的预算权力,也有利于使不同的预算偏好相对趋于一致,从而使预算参与者乐意留在预算过程中的同时并自觉遵从预算规则。但当预算权力较小的参与者意识到自身的作用过于微小时,他们会选择退出或改变预算过程,旨在尽可能多地获得机会影响到预算结果。

2. 纳税人和预算决策者相分离

在政府做出预算的过程中,预算支出的决策者与承担公共产品和服务成本的纳税人是不一致的,这也是其主要特征之一。产生这种特征的主要原因是:不同的公众团体为了满足自身的需求,会有不同程度的选择权;而公共官员也会优先选择有利于自身的决策,从而可能会导致预算决策与纳税人的意愿出现偏差的结果。因此,解决这个问题的关键在于给预算决策者施加一定的压力,可通过一些制度设计以使其能够做出与公众期望一致的决策。但这样将导致预算的可靠性与可接受性出现冲突。因为预算的可靠性要求预算必须公开,而可接受性则意味着预算信息很有可能会被隐藏或扭曲,而且这种冲突的情形在实际执行的过程中十分普遍。

3. 预算文件是保证公共责任可靠性的有效手段

由于纳税人和预算决策者的分离,预算文件成为保证公共责任的资料依据,也是公众了解政府预算决策可靠性的重要途径。通过查看预算文件的有关记录，公众可以对公共产品和服务的供给情况进行了解。因此，预算文件作为一种记录形式，在证明纳税人上缴资金的使用状况方面发挥着独特作用，这说明预算在维护公共责任和社会稳定方面的作用十分重要。但是，预算文件并非总是可靠的。由于预算文件中的数字有时不够精确，所以其提供的信息可能不够清晰，无法体现出政府的主要决策情况。同时，政府预算具有一定的灵活性，这种灵活性也会使得预算的可靠性被削弱。具体表现在预算文件作为公共责任工具所发挥的作用不明显，且预算有可能会在执行时发生改变。

4. 预算环境具有开放性

在做出政府预算的过程中，预算环境是开放的，其主要包括以下五个方面：（1）自然环境。例如，龙卷风、干旱、战争以及大规模传染性疾病等各种意外情况的发生。（2）经济环境。主要指目前的经济水平、现存的税收结构等可获得的预算资源和财政预算收入的稳定程度等。（3）之前的预算决策所产生的结果。例如20世纪90年代时，公民投票反对加利福尼亚州房价的上涨所产生的结果被列入宪法，从而使得地方政府的税收选择受到了限制。（4）公共舆论。（5）政府间的财政关系。州政府或地方政府的支出情况会受到不同地方政府的财政预算收入来源、补助金的附带条件等方面的影响。

政府预算对于自然环境的开放意味着，在突发性事件（如战争、飓风或地震）发生时，预算必须能够迅速采取追加拨款等措施以适应环境的变化。政府预算对于经济环境的开放，表明财政预算收支的估计会在一次预算制定过程中发生多次修改。由于掌握的信息量不断加大，决策者不会一味地坚持最初的估计值。而政府预算对于政治环境和公众舆论环境的开放性则表明之前一致通过的预算方案很可能被驳回，由于公众舆论的压力，其方案被迫需要重新制定。

5. 政府预算受到各种因素的约束与限制

相较于私人部门预算和家庭预算，政府预算面临的约束和限制条件更多。由于政府的层级较多，上一层级的政府能够对下一层级的财政收支方案产生一定程度的干预。例如，州政府发生某些支出会受到联邦政府的限制，同理，地方政府的财政收支方案也可以受到州政府的约束。具体表现为：州政府能够将地方政府的借债水平限制在某一范围内，甚至可以要求所有地方政府的债务只有在经过州政府批准之后才能够进行借贷，总体来看，除借债限制外，政府预算所受到的预算约束还包括税收、统一的会计规则、统一的预算格式等其他方面。

四、政府预算理论与国有资本经营预算分配

从上述分析可以发现，西方学者从不同的视角研究政府预算管理问题，形成了多样化的政府预算理论。由于西方国家财政大都是公共财政这种单元结构财政，政府预算大都围绕税收收入展开。因此，建立在政府预算实践基础上的西方政府预算

理论研究大都也是针对税收收入分配而展开的。这些理论对我国开展公共财政预算具有重要的借鉴价值。但是，国有资本经营预算收入并不是税收收入，而是来自国有企业的税后利润上缴以及国有股权的变现等产生的收入，国有资本经营预算分配活动有着与公共财政预算活动显著的差别。然而，作为财政视野下的一项政府预算活动，国有资本经营预算分配与公共财政预算在预算的编制、执行和管理等环节上又有很多相似之处。因此，从这个角度上看，西方政府预算理论对于我国国有资本经营预算分配也具有重要的借鉴意义。

（一）渐进预算理论与国有资本经营预算分配

从渐进预算理论来看，渐进预算理论认为，第一，由于政府预算的规模较大，加之人的智力和时间有限，所以政府预算难以真正将所有因素都包含在内。因此，当期的预算建议数在上年预算数的基础之上得出，而且政府预算的审核主要是比较二者之间的差异。第二，通常情况下，人们不喜欢政治角逐，也会采用其他各种手段将其避免。此时，政客很少会对预算过程做出选择，因为某一时期的预算变化幅度不大，而且变化值在很大程度上是可以进行预测的。渐进预算理论是基于西方政府预算实践结果考察的，它指出了政府预算过程的复杂性和预算调整的艰巨性，从而使得政府预算结果容易产生刚性支出的特点。这对于我国构建国有资本经营预算具有重要的警示意义，它告诫我们，政府预算由于各种利益集团的阻挠容易形成支出刚性，国有资本经营预算要能够成为国有资本布局和结构调整的重要工具，促进国有资本在各行业各领域的有进有退，尤其是通过国有资本经营预算实现让全体国民——国有企业的最终所有者，能够分享国有企业的发展成果，促进共同富裕的实现，那就必须打破各种利益集团的阻挠，改变当前国有资本经营预算安排"取之国企，用之国企"的体内循环格局，加大国有资本经营预算分配的民生支出比重，这一过程虽然阻力重重，但必须是我们始终坚持的正确方向。

（二）公共选择预算理论与国有资本经营预算分配

公共选择预算理论包括中间投票人模型和官僚预算最大化模型两个重要的政府预算模型。

按照中间投票人模型，个人偏好在简单多数的规则之下通常都是单峰的，从而预算决策问题能够被转化为中间投票人的效用最大化问题。如果政府预算决策能够反映中间投票人的意愿，那么这种决策方案最终将取得胜利。这是因为反映中间投票人的意愿能够使团体的福利损失降到最小，从而使公共产品的均衡产出水平也能够得到确定。中间投票人模型是在现代民主投票决策机制下考察政府预算活动的规律，它的研究结论为我们安排政府预算支出活动提供了一个简化的工具，它把公共产品产出的均衡水平简化为中间投票者的偏好，预算决策被转化为中间投票人的效用最大化问题，预算支出的分析仅仅从税收价格、偏好、中间投票人入手即可，程序能够得到大大简化。这一研究同样为我们合理安排国有资本经营预算分配活动提供了一个重要的工具,即安排国有资本经营预算支出时必须要重视现代民主机制的运用,要充分考虑民众的公共需求,而要达到这一个目标,我们只需要高度关注中间投票人的偏好和需求,借助现代计算机技术,中间投票人模型所需要的资料也易于获得和分析,这为将来我国国有资本经营预算支出中实现全民的公平分配提供了重要的借鉴价值。

尼斯坎南构建的官僚预算最大化模型认为,政府机构日益臃肿已成为社会的一种普遍现象,它导致的直接结果就是政府预算规模的日益扩大。尼斯坎南对产生这一现象的原因进行了解释。他认为由于官僚和政治家之间存在着信息不对称的现象,所以官僚实现预算最大化的可能性也最高。尼斯坎南的官僚预算最大化模型分别从政治家和官僚的角度对二者在预算交易中的关系进行了详细的论述。官僚预算最大化模型同样为我国国有资本经营预算分配活动提供了重要的警示价值。按照官僚预算最大化模型,由于信息不对称的存在,国有资本经营预算实践活动同样存在导致预算规模膨胀的倾向,不利于国有资本收益的最优合理配置,损害了社会公共福利。而要防止这一点,必须加强国有资本经营预算的监管,加快政府自身行政体制改革,把国有资本经营预算过程公开化、透明化,借助包括审计机构在内的社会公众的多元化监督,提升国有资本经营预算过程的效率和公平。

(三) 政策过程理论与国有资本经营预算分配

政策过程理论学派从政策过程角度提出了政策过程预算模型,其中具有代表性的是鲁宾的实时预算模型。鲁宾将政府预算看作是一个由许多预算参与者共同参与的特别政治决策过程。由于政府预算是在开放的经济和政治环境下做出的,故其必须要能够适应外部环境的变化,加之不同预算参与者的目标有所差异,所以,预算理论模型必须具备一定的灵活性。这样才能将不断变化的预算环境和不同预算参与者的要求融入模型当中。鲁宾指出,实时预算模型将五个完全不同且联系松散的预算决策束进行相互联结,从而使每个决策束都具备自身特有的预算政治特征,也能拥有各自的决策制定者群体,其灵活性符合环境和目标的要求。

鲁宾的实时预算模型详细考察了政府预算的过程以及各个阶段的影响因素,为国有资本经营预算实践提供了重要的借鉴意义。国有资本经营预算过程也是一个由国有企业、政府和全民等多主体共同参与的政治决策过程,在这一过程中各自的目标诉求是不同的,相互间是一个动态博弈的过程,因此,实时预算模型主张预算要有某种灵活性,要能够将各种预算参与者的要求和正在变化的预算环境纳入其中,要能够统筹兼顾各方利益,这对构建国有资本经营预算也提出了相同的要求,国有资本经营预算必须统筹兼顾国有企业、政府与全民之间多方的利益诉求,并保持预算机制一定的灵活性,以应对外部预算环境的变化。与公共预算相比,国有资本经营预算受预算环境的影响更大,当国有企业面临更好的经济发展环境时,国有企业将创造更多的利润,国有资本经营预算收入的规模会更大,反之则更少。安排国有资本经营预算支出时,如果外部投资环境更好,国有资本经营预算支出中用于国有企业再投资的规模会更大，反之国有企业利润将更多地用于分红。此外，实时预算模型提出的将五个预算决策束联结在一起形成的预算决策模式，对于我国构建科学的国有资本经营预算决策机制也有重要的借鉴意义。

第四节　国家财务论

"所谓国家财务，就是社会主义国家作为生产资料所有者，对国有资产生产经营单位所进行的本金投入与取得资产收益的经济活动及其所形成的经济关系，它是国有经济财务体系的主导环节，也是国民经济价值运动的重要方面。简单地讲，国家财务是国有本金的投入与收益活动及其所形成的经济关系"[①]。1986年，我国著名学者郭复初率先提出国家财务问题，经过其不断地研究，逐渐发展形成国家财务理论，在其1993年出版的《国家财务论》一书中对该理论进行了系统地论述。这一理论对我国目前国有资本经营预算的发展提供了重要的理论依据。

一、国家财务论的提出

1986年6月郭复初教授在南昌召开的"全国企业财务理论与财务学科建设问题讨论会"发言中，首次提出国家财务的概念与内容的观点，引起到会学者的注意与热烈讨论。之后，郭复初教授经过一年多的进一步探索，拓展了其理论视野，并于1988年在《财经科学》第3期发表了《社会主义财务的三个层次》一文，进一步明晰了国家财务的概念和内容，并对比了国家财务与国家财政活动的差异，从理论和实践层面阐述了研究国家财务理论的意义。该文发表后，被学术界广泛转引，在全国范围引起了反响，几家公开发行的刊物上陆续刊出了赞同或反对的文章。此后，针对一些持异议者的质疑，郭复初教授在1988年12月由西南财经大学出版社出版的《财务调节与控制》一书中设专章论述国家财务调控问题进行答复。之后他又于1991年在《财经科学》第3期发表《论国家财务》一文，进一步阐明了关于国家财务论提出的历史背景、理论依据与实践依据、国家财务管理的组织体系、指标体系和方法体系等问题，初步构造了国家财务的理论框架。

郭复初教授关于国家财务理论的早期观点引起了学术界的广泛关注，并引发了学术界关于国家财务论的一场论争。李达昌、贾志勇等在《财经科学》1992年第2期和第6期，发表《国家财务独立论质疑——与郭复初同志商榷》和《国有企业财务管理的现状与改革——兼与郭复初同志再商榷》等文章，他们不赞成国家财务的概念，认为只有国家财政才是科学的概念。在《财经科学》1992年第3期中，

[①] 郭复初. 国有资本经营专论——国有资产管理、监督、营运体系研究 [M]. 上海：立信会计出版社，2002.

郭复初发表《财政统管论的问题与国家财务的独立——兼答李达昌、贾志勇同志》一文，对某些反对意见做了针锋相对的回应。这场论争，引发了学术界不少学者参与进来。支持国家财务理论的学者在《会计学家》《经济学家》等重要刊物上不仅表明了自己的立场，更发表了深层次的观点，使问题的讨论向纵深发展。为了系统阐述国家财务理论的观点，更好澄清学术争议，同时也为了进一步探索建立和完善国有资产管理体系、转换国有企业经营机制，以及深化财政体制改革，郭复初在1993年出版了《国家财务论》一书，系统提出了国家财务论的理论观点与改革构想。

二、国家财务论的主要观点

《国家财务论》一书的主要着眼点是财务一般与国有经济财务的特点，其内容包含了国家财务存在的依据及其管理目标与体制、国有资产收益及其分配等问题，同时该书也针对国有存量资产与增量资产的管理、国家财务预算管理等问题进行了详细分析。这一体系是建立在国家作为生产资料所有者，对国有资产生产经营组织所进行的本金投入与收益活动这一资金循环周转的理论基点之上的。郭复初认为，过去只讲国有企业，不讲或忽视国有经济是一个系统的观念是片面的。实际上，在以公有制为主体，多种所有制形式长期并存的社会主义初级阶段，各种经济形态按主体不同可划分为国有经济和非国有经济。国有经济内部，由于生产资料所有权与经营权的分离、终极所有权和法人所有权的分离，形成了国有资产产权代表、中介经营组织（即国有资产经营公司）和国有资产的生产经营单位（包括国有企业、公司以及国家控股、参股、参资性质的公司与企业）三个层次的经济活动。在社会主义市场经济条件下，前两个层次经济活动的价值运动方面，形成了以国有本金投入与收益活动为本质特征的特有经济活动，即以国家为主体的财务活动，也可称之为国家财务活动。国家财务活动包括国有资产产权代表（国有资产管理局）和国有资产经营公司的财务活动。简单地讲，国家财务活动是指国家作为生产资料所有者所进行的财务活动，它区别于国家作为行政管理者所进行的财政活动，也区别于国有资产生产经营单位作为经营组织所进行的公司与企业财务活动。它在国有经济财务体系（国家财务与国有资产生产经营单位财务）中处于主导环节地位，也是国民经济价值运动的独立方面，与财政活动、信用活动处于并列的地位，属于宏观经济的范畴。在社会主义市场经济条件下，国有本金的循环周转是国家财务存在的根本条件，而国家作为生产资料全民所有制的代表与生产资料所有权与经营权的分离是国家财务独立存在的必要条件。

国家财务与国家财政虽然同属于经济活动，但是性质和目标不同。国家财务从本质上看是国家作为生产资料所有者对其拥有的资金进行投入并获取收益的活动，旨在实现资产收益的最大化。而在国家财政中，国家是政治权力的所有者，主要是对国民收入进行再分配，从而获得社会效益最大化（巩固与发展社会主义上层建筑和发展国民经济基础产业与基础设施）为目标。二者的联系是建立在对国有资产生产经营单位所创造的纯收益（M部分）的共同分割与国家财务资金和财政资金同属全民所有的基础上，因此在收入与支出方面发生若干联系，在社会总供给与总需求的综合平衡中应彼此相互协调与衔接。

国家财务论认为，国家财务既然是一个客观存在的宏观经济范畴，与财政、信用范畴相区别，就应当建立独立的国家财务管理体系。在经济改革中先后出现的税利分流、建立国有资产管理局、复式预算和建立国家资本金等改革措施，已经初步形成了以国有资本金投入与收益管理为核心内容，以国有资产管理局为主管部门，以国家财务收支预算管理为重要形式的国家财务管理体系。因此，国家财务管理体系的建设，是经济改革实践的产物，只是这一实践目前还基本上停留在对国有资产的维护与产权管理的初级阶段，迫切需要从以国家财务理论为指导，上升到国有本金循环周转与不断增值的财务管理高度之上，以此来扩展完善国有资产管理筹资职能、投资职能、分配职能和监督职能，为实现国有资产保值、增值和提高使用效率与效益的目的服务。

三、国家财务论与国有资本经营预算分配

国家财务理论的提出与形成具有一定的必然性。它是历史发展和逻辑演变的结果，也是满足当前社会发展客观需要的重要支撑。目前，我国的新型国有资本经营管理体制正是在运用国家财务理论观点的基础上形成的。因此，这一理论不仅为国有资本经营预算主体的定位提供了思路，也为财政收支预算与国有资本经营预算关系的明确奠定了理论基础。同时，它有利于分析我国现有的国有资本经营管理体制，并从理论层面提出问题的解决路径。

（一）国家财务独立论

国家财务基于一定的理论依据而形成。一方面，商品的生产和交换是市场经济中最为基本的经济活动。而且国有经济作为国民经济的命脉，在其运行过程当中，不仅包含了商品的生产和交换，也包含了国有资本的投入和产出。同时，一个国家财政产生的基础和来源恰恰就是国有资本的投入和产出。另一方面，国家扮演的角色是双重的，它不仅是政治权利的所有者，也是生产资料的所有者。由于所有权和经营权的分离以及政府的公共职能和国有资产出资者的职能要区分开来，因此，我国目前形成了两个层次的财务，即国家财务和国有企业财务。前者从国家作为生产资料终极所有者的角度出发，属于宏观财务，后者则基于国家拥有国有资产的企业，故属于微观财务。同时，市场经济的存在使国家财务独立成为可能，加之国家所承担的双重身份，使国家财务独立成为必然。

（二）国家财务管理体制论

在国家财务管理体制之下，国家财务的主体包括国有资产监管机构和国有资产经营公司。首先，我国设置了由中央政府和地方各级政府领导的国有资产监管机构，这是源于中央和地方各级政府分别领导国有资产经营单位。它们作为国家财务的主管部门，与各级财政平行。其次，在不同层级的国有资产监管机构之下设置国有资产经营公司，使其负责对国有资产进行价值经营管理。最后，国有资产经营公司之下会成立众多拥有国有资产的生产经营单位来进行生产经营活动。这样，三个层面上下相互联动，共同推动国有资产的有效管理。其中，国有资产监管机构代表国有资产的总产权，属于行政机构；国有资产经营公司同时具有法人所有权和经营权，对国有资产进行管理；而国有资产生产经营单位是直接联系国家财务的组织，但其进行的财务活动不包含在国家财务的范畴内。

（三）国家财务目标论

从本质上看，财务是一个投放资金并获取收益的过程。因此，国有资本是指国家承担出资者的身份，在企业依法拥有的资本以及获取的收益。具体来看，经营国有资本的主体不仅包括国家，还包括其委托或授权的资本经营主体。他们投入资本或对资本金进行管理，从而取得收益。由此可见，国有资本经营管理是国家财务管理的重要范畴之一。在传统体制之下，国家财务主体在管理企业财务、推动企业发展方面发挥了重要的贡献。从表面上来看，国家财务要实现稳定通货膨胀、促进社会公平分配等目标。但实质上，国家财务的根本目的在于遵守市场运作法则的同时，维护国有资产产权权能，最终能够确保国有资产的保值与增值，并提高国有资产的使用效益。

第五章

公有制的本质与国有企业利润归属：一个分析框架

近年来，随着国有企业经营能力的提升与盈利水平的逐年增加，国有企业利润上缴比例与归属问题日渐成为政界、学界及公众的焦点话题。中共十八届三中全会通过的《中共中央关于全面深化改革若干重大问题的决定》中提出并于2015年中共中央会同国务院发文，再次明确要求提高国有资本收益上缴比例，至2020年国有资本收益上缴比例将逐步提高到30%，且明确指出国有资本收益支出"将更多倾向于保障和改善民生"。这不仅为国有资本收益上缴比例做出了量的规定，还对国有资本收益的使用方向做了明确指引。

综观现有关于国有资本收益方向的研究，多数学者的研究都停留在国有企业利润回流体内继续循环以保证国有企业的稳定发展和壮大，上缴后的利润支出结构呈现明显的非民生倾向。由国有资本收益作为主要构成部分的国有资本经营预算尚未侧重于社会民生福利领域的投入，侧重在不同的行业部门与企业间进行国有资本的调整和配置。而关于国有企业利润民生化方面的基础理论分析则较为鲜见，特别是从我国公有制本质特征角度分析国有企业利润归属于民的文献更是寥寥无几。因此，本章引入马克思所有制理论，深化认识公有制本质特征与国有企业利润归属的内在联系，构筑基础理论框架：一是归纳总结公有制的基本内涵与社会主义公有制的本质属性，即对公有制理论内涵及其本质进行解读；二是分析国有企业利润的功能作用及其属性；三是探索性分析公有制视角下国有企业利润归属，以期为国有企业利润分配与归属提供一个理论分析框架。

第一节 公有制的内涵及本质属性

一、公有制的内涵界定

（一）公有制的核心是生产资料所有制

历史唯物主义认为，作为生产关系形成基础的生产资料所有制取决于生产力发展状况，生产力发展变化影响着所有制的具体表现形式。而所有制的具体表现形式，不是私有制就是公有制。公有制的一般规定是生产资料由一群人共同占有和使用，这一群人既可以是全体劳动者，也可以是部分劳动者。在这种所有制下，任何一个劳动者个体都是所有者，其共同占有的所有权，是任何一个劳动者具有的部分所有权与其他劳动者也同时具有的所有权合成的。这意味着每一个劳动者既能平等占有生产资料，又能平等地参加全部社会财富的生产、分配等事务。这就是马克思所构想的公有制："在一个集体的、以共同占有生产资料为基础的社会里，生产者并不交换自己的产品，消耗在产品生产上的劳动在这里也不表现为这些产品的价值，不表现为它们所具有的某种物的属性，因为和资本主义社会相反，个人的劳动不再经过迂回曲折的道路，而是直接地作为总劳动的构成部分存在着"[①]。"在协作和土地及靠劳动本身生产的生产资料共同占有的基础上，重新建立个人所有制"[②]。如果每个劳动者皆不是生产资料的所有者，皆没有生产资料的所有权，则算不上是公有制。但换个角度来说，所有劳动者又都不是所有者，因为只有当劳动者个体的所有权与其他劳动者的所有权合为一体形成共有权时，这个所有权才具有效力。劳动者个体既不能够单人做主决定生产资料的配置和使用，也不能够凭借单人具有的所有权分享社会财富的一部分。

（二）公有制的主体是劳动者

在社会主义条件下，生产资料公有制是指生产资料由全体劳动者共同所有，但仅仅这样是不完整的。而且还是一种归社会全体劳动者占有、社会全体劳动者支配管理、为社会全体劳动者创造收益、提供福祉的生产资料所有制。这种生产资料所有制的主体是社会全体劳动者。

公有制的建立，充分表明劳动者不再遭受剥削和奴役，成为生产资料的占有主体，也是自身劳动力的所有者，生产资料可以直接与劳动力相结合，不再需要资本家中介。马克思在《资本论》中指出，社会主义取代资本主义也就意味着资产阶级所垄断的生产资料将被社会全体劳动者占有成为社会的财产，并且是直接占有的。恩格斯曾在《反杜林论》中强调，社会主义的生产资料是"一方面由社会直接占有，作为维持和扩大生产的资料，另一方面由个人直接占有，作为生活资料和享受资料"[③]。那么，根据两位马克思主义创始人的表述，生产资料直接社会占有，也就是劳动者与生产资料不再脱离、不再通过中介联合，而是直接结合。劳动者不仅是生产资料占有的主体，而且还是生产社会产品、经营社会财富的主体。"社会主义公有制与私有制存在的最大不同在于：私有制使得生产资料的所有者能够仅凭

---

① 卡尔·马克思，弗里德里希·恩格斯. 马克思恩格斯文集：第3卷［M］. 北京：人民出版社，1995：10.
② 卡尔·马克思，弗里德里希·恩格斯. 马克思恩格斯文集：第2卷［M］. 北京：人民出版社，1995：267.
③ 卡尔·马克思，弗里德里希·恩格斯. 马克思恩格斯文集：第3卷［M］. 北京：人民出版社，1995：630.

生产资料所有权无偿赚取一份收益，而社会主义公有制的主体是社会全体劳动者，劳动者个体是无权凭借生产资料所有者的地位索取任何不劳而获的好处"①。

二、不同类型公有制的特点

生产资料公有制古来有之。第一，在原始社会开始便出现公有制，当时生产力水平十分低下，人们常常处于衣不蔽体、食不果腹的状态，当时所有劳动者共同劳动、共同享用劳动果实，且将他们所占有的地区和自然物作为其财产并共同占有。原始社会人们征服自然、规避自然风险能力极其低下，经常饱受饥饿和猛兽的侵袭，生存需要和安全需要尚且得不到满足。在这样十分简单、落后的公有制社会，人类的全面发展显然是不可能的。也可以明确一点，这绝非是符合人类发展需要的公有制。

第二，在封建社会，我国也相当盛行民族公有制。所谓的民族公有制，就是民族公有财产包括同族公有田产的田租、用于修缮民族祠堂的资金、用于祭祖活动的资金及其他民族集体活动的资金等，这些资源由族亲共同占有但由族长掌控和支配。不难看出，民族公有制具有家长制和个人意志的特点。

第三，奴隶社会和资本主义社会都存在国有资产，也有人称之为全社会的共有财产。可是，无论是奴隶社会还是资本主义社会，国有资产都是统治阶级用于压迫和奴役人民的工具。处于阶级敌对的社会关系中，国家财产实际上是被统治阶级掌控的，体现其阶级利益的。国家财产只能说是其集团财产，根本谈不上是人民的共有财产。在当今世界，大部分资本主义国家都拥有一定数量的国有经济。该类国有经济实质上是公营经济。与社会主义公有制经济具有很大差异。一是各个资本主义国家的国有经济是其政府为了宏观调控国民经济、促进公共治理目标实现而投资筹办的企业，体现的是政府的公共管理职能。二是该国有经济的所有者是作为投资者的各级政府，并非属于全体劳动人民，并非是生产资料与劳动者的直接联合，作为出资者的政府如私人投资者一般拥有资本权力，生产过程中劳动者仍然需要依托于资本才能与生产资料相结合。三是该类国有经济主要分布在非竞争性行业或非营利性领域，具有行业垄断性，不以获利为目的，仅作为政府优化经济结构、调控经济的手段而已。四是该类国有经济难以做到政府与企业泾渭分明，企业不是由政府直接经营就是间接管理。概括来说，资本主义国家的国有经济和我国的社会主义公有制经济存在本质差别，我国的公有制经济是代表广大人民利益并为之服务的，而资本主义国家的这种国有经济是代表资产阶级集团利益，是为少数资本家服务的，是资本家压迫劳动者的手段和工具。正如恩格斯所判定的资本主义国家国有财产性质："不管是转变为股份公司，还是国家财产，都无法剔除生产力的资本属性……不管现代国家的形式如何，本质上都是资本主义的机器，资本家的国家，理想的总

---

① 蒋学模，张晖明．高级政治经济学——社会主义总论［M］．北京：复旦大学出版社，2001：112．

资本家。它越是把更多的生产力据为己有,就越是成为真正的总资本家,越是剥削更多的公民"①。

第四,如果所有者阶级属性和社会地位或所属范围产生变化,那么所有制性质便会有所不同。社会主义国家和资本主义国家皆存在国家所有制,但资本主义国家的国家所有制仅仅是流于形式的全体劳动者共同所有,实则是反映资本主义本质的私有制。因为资本主义国家是资产阶级谋取自身利益的统治工具,故而,资本主义国家的国家所有制的所有权主体实际上是资产阶级而不是全体劳动者,在其所有制中受益最大的亦是榨取剩余价值的资本家而非创造价值的劳动者。相反,真正代表劳动人民集体利益的社会主义国家,全民所有制便是公有制的主要实现形式。

此外,虽然我们还不能确定未来共产主义理想的公有制与我国现阶段的社会主义公有制有何重大区别,但是有三点是可以明确的:一是两者所处的生产力发展阶段必然不同,未来共产主义的生产力绝对要高于现阶段公有制生产力水平;二是公有制形式也存在差异,现阶段某些领域和行业公有化程度高,有些却较低,只是部分劳动者公有制,而共产主义公有制有且仅有一种形式,即全体人民的公有制;三是两种公有制的生产关系和分配关系也有区别。处在社会主义公有制经济的劳动者还需要通过劳动,谋取生活资料和消费资料,并且产品分配实行以按劳分配为主体、多种分配方式并存的分配制度。而在共产主义公有制经济体制下的人们不再视劳动为谋生手段,而只是为了满足劳动者的需要和人的全面自由发展,分配关系也转变为按需分配,满足人们的一般生活需要。

三、社会主义公有制的本质特征

(一)生产资料社会共同占有

公有制体现生产社会化趋势,而生产社会化意味着生产过程由大规模的社会生产取代分散的小生产者,生产资料的使用也由劳动者集体共同使用取代单个劳动者分散使用,社会的产品取代个人的产品。这种有利于解放和发展生产力的趋势变化是社会生产力发展的结果。马克思很早在《共产党宣言》里就明确指出:"资本是集体的产物,它只有通过社会许多成员的共同活动,而且归根到底只有通过社会全体成员的共同活动,才能运动起来"②。

马克思还对公有制的构成做出前瞻性阐述:"设想有一个自由人联合体,他们用公共的生产资料进行劳动,并且自觉地把他们许多个人劳动力当作一个社会劳动

---

① 卡尔·马克思,弗里德里希·恩格斯. 马克思恩格斯文集:第3卷[M]. 北京:人民出版社,1995:629.
② 卡尔·马克思,弗里德里希·恩格斯. 马克思恩格斯文集:第7卷[M]. 北京:人民出版社,2009:499.

力来使用"①。这里的"自由人联合体"体现的是公有制社会的占有方式和劳动方式,是指形成生产资料的共同占有,共同使用和单个个体劳动力合力为社会的劳动力,也就是联合占有和联合劳动。即生产资料所有者是自发联合的劳动者集体并且每个劳动者在社会劳动过程中具有的各种社会资源所有权是平等的。需要特别指出,公有制的劳动是联合劳动,如果不是劳动的联合,那就是奴隶社会、封建社会、资本主义社会皆存在的分散小生产私有制。况且,近现代社会生产力发展的基本要求便是联合劳动。生产力发展最明显的标志就是机器大工业的产生和发展,而联合劳动又是实现机器大工业的生产和发展的必要因素,即只有通过劳动者实现劳动联合才能顺利地完成产品的全部生产。当然,劳动联合的强度和广度随着社会主义发展阶段的不同而有所差异。并且马克思与恩格斯一致认为,"工人只有在成了他们的劳动资料的占有者时才能自由,这可以采取个体方式或集体方式;个体占有方式正在被经济的发展所消除,而且将日益被消除;所以,剩下的只是共同占有方式"②。

(二) 劳动者集体共同治理

全体社会成员共同拥有所有权,这一所有权不可由单个个体行使,而是应由社会集体成员共同行使,同时每个社会成员平等享有所有权衍生出的监督权、控制权和受益权等诸多权利。这种治理体现为全体社会成员作为一个整体对公有制的运行全过程进行参与、监督和控制,还表现在不同集体层次的社会成员在相应的集体决策中皆持有同等效力"一人一票"的决策权,即绝对的劳动者民主。真正的"集体"必须是多个社会成员的意志经由民主集中上升为统一的意志,多位社会成员的智慧和汗水通过组织发展为一个整体。这种意志统一的多人整体,才可称之为"集体"。③ 因此,劳动者通过民主决策得出的"决策",即表达出全体社会成员真实意志的规则、决定及制度等,绝对是"集中"的成果。这种"集中"成果的形成反过来对集体中的每个成员产生不同的效力。假若决策的过程是一个民主基础上的集中过程,那么对决策的劳动者集体来说,决策的执行实施过程便是一个集中基础上的民主过程,从主客体的关系可以看出行使所有权的主体是劳动者联合体而并非社会成员个人。这实际上就是集体产权的内排他性,即体现集体意志的公产集体对公产成员具有财产权利的排他性,其要求任何成员未经集体决策授权,其中包含公产代理人在内,不得按照个人意愿随意占有、使用、处置集体财产,更不得从中谋取个人私利。④

---

① 卡尔·马克思,弗里德里希·恩格斯. 马克思恩格斯文集:第1卷 [M]. 北京:人民出版社,1995:141.
② 卡尔·马克思,弗里德里希·恩格斯. 马克思恩格斯文集:第1卷 [M]. 北京:人民出版社,1995:645.
③ 林炎志. 探讨集体资本和集体所有权 [J]. 中国集体经济,2006 (12):4-10.
④ 荣兆梓. 论公有产权的内在矛盾 [J]. 经济研究,1996 (09):16-23.

（三）确保实现劳动者的个人财产权

马克思、恩格斯在《德意志意识形态》一书中曾明确指出："在无产阶级的占有制下，许多生产工具必定归属每一个个人，而财产则归属全体个人"①。不难看出，马克思恩格斯十分重视劳动者的个人财产权。他们还强调，在未来社会，"个人必须占有现有的生产力总和"②，马克思在总结巴黎公社经验时还指出："公社是想要消灭那种将多数人的劳动变为少数人财富的阶级所有制。它是想要剥夺者。它是想要把现在主要用作奴役和剥削劳动的手段的生产资料，即土地和资本完全变成自由的和联合的劳动的工具，从而使个人所有制成为现实。"③ 此外，马克思还对劳动者的个人财产权做了说明："劳动者对他的生产资料的私有权是小生产的基础，而小生产又是发展社会生产和劳动者本人的自由个性的必要条件。诚然，这种生产方式在奴隶制度、农奴制度以及其他从属关系中也是存在的。但是，只有在劳动者是自己使用的劳动条件的自由私有者，农民是自己耕种土地的自由私有者，手工业者是自己运用自如的工具的自由私有者的地方，它才得到充分发展，才显示出它的全部力量，才获得适当的典型的形式"④。概括地说，劳动者想要实现自由必须使劳动者自身能够以生产主体的身份占有生产资料，并使之成为劳动者的活动条件，即人类实现全面自由解放的首要条件就是确定个人的所有权。虽然生产资料也会被社会所占有，但实际上仅是通过这种经济制度来实现劳动者的所有权。因此，以社会所有的方式充分实现个人所有权是社会主义公有制要达成的最终目标。尊重和保障劳动者权利的公有制，才是马克思主义创始人理想的社会主义公有制，才是名副其实的公有制。特别需要强调的是，这里的个人所有绝对不是小生产下的个人所有，而是基于生产资料共同占有使用及社会占有的个人所有。全人类实现走向自由王国的过程必须通过社会所有制下的个人所有，只有这样，才能满足生产社会化的发展要求。因此衡量公有制是否完善的首要标准就是个人所有权是否得到确认和保护。个人权利如果越能得到充分的肯定，就说明公有制越高级与完善，也就越接近马克思主义创始人理想的社会主义公有制实现形式。

（四）分配方式以按劳分配为主

按劳分配是社会主义生产关系对公有制的必然要求，是生产资料公有制在经济上的实现形式，也是社会主义公有制的根本收入分配方式。马克思与恩格斯曾在《共产党宣言》里强调："共产主义并不剥夺任何人占有社会产品的权力，它只剥

---

①② 卡尔·马克思，弗里德里希·恩格斯. 马克思恩格斯文集：第10卷［M］. 北京：人民出版社，1995：129.

③ 卡尔·马克思，弗里德里希·恩格斯. 马克思恩格斯文集：第10卷［M］. 北京：人民出版社，1995：59.

④ 卡尔·马克思，弗里德里希·恩格斯. 马克思恩格斯文集：第1卷［M］. 北京：人民出版社，1995：267.

夺利用这种占有去奴役他人劳动的权力"①。马克思恩格斯并非排斥私有财产，而是排斥利用财产占有的方式无情夺取劳动者的剩余劳动使之成为己有财富。为摆脱劳动被资本所奴役的命运，马克思提出公有制下实现按劳分配，劳动者的剩余劳动不再被资本家无偿占有。在公有制的社会组织里，劳动者的劳动是自主劳动，并且在公有制的社会里作为生产资料所有者的劳动者自然就成为生产的主人，劳动自主、管理自主，此外劳动者的收入不再是资本主义社会仅能维持基本生活需要的物质资料，而是按照劳动者的生产贡献给付，不再受资本家的剥削。

按照马克思的观点，社会主义社会按劳分配的原则是：其一，等量劳动获得等量报酬。"一定形式的一定量的劳动可以和另一种形式的同量劳动相交换"②；其二，依据劳动者付出的劳动获得个人的生活消费品，"生产者的权利是和他们提供的劳动成比例的"③ 多劳多得，少劳少得，不劳动者不得食。社会主义市场经济的按劳分配是劳动者既能获得与劳动力价值相匹配的工资，又能获得以其劳动贡献为根据的企业利润收入。鉴于我国处于社会主义初级阶段，还不是高级的共产主义阶段，生产力水平还未达到马克思恩格斯理想中的高度发达。因此，在社会主义市场经济条件下，劳动者的劳动力不仅可以作为商品，还可以作为资本（人力资本），表现为劳动者以自身拥有的人力资本分享企业利润。在社会主义制度下，劳动者拥有两种身份：即劳动力商品的所有者和劳动力资本的所有者。作为劳动力商品的所有者，劳动者凭借自己的劳动力价值获得相匹配的工资；作为人力资本的所有者，劳动者根据人力资本价值大小以及对企业贡献大小获得相应的要素贡献收入。当然这里的劳动者参与分享的企业利润仅是一部分，并非企业利润的全部，因为在社会主义市场经济条件下，物质资本、技术及企业家才能等生产要素要参与企业的利润分配，劳动者的人力资本亦是如此。虽然目前这种按劳分配与按要素分配相结合的分配方式并不是马克思主义创始人理想的成熟、完善的分配形式，可它却是与目前社会主义初级阶段的生产力发展水平相适应的现实模式。

总体而言，社会主义公有制的本质特征是生产资料社会共同占有，同时又是劳动者集体共同治理并且保障劳动者的个人财产权和实行按劳分配与按要素分配相结合的分配方式。辩证唯物论告诉我们，事物是不断变化发展的，任何新事物都有一个变化发展的过程，从低级上升至高级，从不成熟到比较成熟这一漫长而复杂的发展过程。同样，生产资料公有制也有一个从低级上升至高级，从不成熟到比较成熟的发展完善过程。正是由于存在这种不成熟和不完善，才需要我们对以国有经济为主要内容的社会主义公有制进行不断的改革，使之日趋成熟和完善。

---

① 卡尔·马克思，弗里德里希·恩格斯. 马克思恩格斯文集：第3卷 [M]. 北京：人民出版社，1995：288.
② 卡尔·马克思，弗里德里希·恩格斯. 马克思恩格斯文集：第3卷 [M]. 北京：人民出版社，1995：13.
③ 卡尔·马克思，弗里德里希·恩格斯. 马克思恩格斯文集：第3卷 [M]. 北京：人民出版社，1995：304.

第二节 国有企业利润的功能作用及基本属性

一、国有企业利润的功能作用

企业利润，即企业获得的利润总额，是劳动者的剩余劳动所创造的剩余产品价值的一部分。利润分配是企业经营管理的内容之一。利润分配集中体现了企业与企业所有者间的利益关系，企业所有者可以通过利润分配得以维护所有者利益。此外，对企业而言，利润分配过程又是企业再次筹资的过程。盈利分配对国有企业来说，就是通过货币的形式对国有企业职工创造的剩余产品进行分配。换言之，国有企业经营所得利润总额在国家与国有企业间的分配，是全民所有制内部国家与国有企业分配关系的核心。而国有企业利润是指包括国有独资企业在内的各种形式的国有企业生产经营获得的税后利润，即国有企业实现利润总额在缴纳企业所得税之后，国家根据税后利润分配先后顺序，凭借资本所有者和占有使用者身份获得的那部分投资收益。按照新企业的财务制度，国有企业的税后利润用于抵补财产损失、弥补亏损、提取盈余公积金等诸项之后向投资者分配的利润。国有企业利润的功能作用表现在以下两个方面：

首先，国有企业利润拥有雄厚的物质基础，它是国民经济的主导力量。据国家统计局统计，2017年我国规模以上国有控股工业企业拥有资产总计42.5万亿元，年均增长达6.4%，在2012年的基础上增加了11.3万亿元。另外，国有企业在重要战略性领域仍保持主导和控制地位。根据国家统计局网站公布的数据，国有企业在石油石化、天然气、煤炭开采、电力热力生产等重要领域都具有重要的主导作用。2017年我国石油天然气开采行业中，国有独资及控股企业资产占全行业资产比重和主营业务收入占全行业收入比重分别达94.7%和83.9%；在石油加工炼焦和核燃料加工行业，国有独资和控股国有企业资产占比和主营业务收入占比分别达50.5%和55.3%；在煤炭开采行业，国有独资和控股国有企业资产占比和主营业务收入占比分别达76%和64.4%；在电力热力生产和供应行业，国有独资和控股国有企业资产占比和主营业务收入占比分别达87.3%和91.5%；在水资源的生产和供应行业，国有独资和控股国有企业资产占比和主营业务收入占比分别达81.9%和67.9%。[①] 如此庞大的国有资产总量及其控制力，是全国人民团结奋斗物化劳动和智慧劳动的结晶，是国家控制国民经济命脉、保证国计民生长远发展的物质保障，是我国在风云变幻的国际经济环境中能保持不败地位的依托，更是确保社会主义经济体制全面深化改革顺利进行的物质基础。

---

① 资料来源：根据国家统计局网站相关资料整理所得。

其次，国有企业利润为改革开放与社会主义现代化建设的全面开创做出了巨大贡献，并彰显其社会主义本质的无比优越性。1978年改革开放以来，在市场化改革导向下，国有企业作为社会主义公有制经济的主体，通过"放权让利""利税分流""承包制"、产权改革、混合所有制等一系列改革举措，不断做强做优做大，税后利润水平持续提升，国有资产总量持续增加。而且还在国民经济的关键领域和重要行业占据主导和控制地位。作为国家财政收入来源的重要组成部分，国有企业利润是改革开放和现代化建设得以顺利推进的物质基础。在坚持公有制经济与非公有制经济共同发展的前提下，纳入公共财政预算管理的国有企业利润不仅使国有经济不断壮大，而且从一定意义上可以说，各种非国有制经济的发展均是得益于国有企业利润的支撑。因为非公有制经济不仅享受国家让利、减税和低息贷款等诸多优惠政策，还无偿享有来自国家财政支出的各项公共事务费用，而数额不菲的公共事务费用其实有相当大一部分是来源于国有企业经营利润上缴公共财政的贡献。

二、国有企业利润的基本属性

公有制是马克思在深入剖析资本主义私有制弊端的基础上而提出的制度安排，是社会主义区别于资本主义的根本特征。正因为如此，根据我国宪法规定，国有企业的性质是全民所有制，由国家代表全体人民进行多种形式的经营管理。因此，国有企业经营管理所产生的利润自然也属于全体国民共同所有。但因为在社会主义市场经济体制下，国有企业行为具有双重目标，这就决定了国有企业利润具有经济性与公共性的双重属性。

（一）经济性

根据马克思对资本所做的定义，资本是能够创造剩余价值的价值，是对剩余劳动创造剩余价值的占有权和支配权，是为了不断实现价值增值的价值运动。资本的本能和天性就是实现价值的增值。国有资本既为资本，那么其就有保值增值的天然动机，期望运用市场化的形式加以投资，追求更高的投资收益。国有资本收益同私人资本收益一样，内含资本逐利属性，追求价值的升值，这是资本永恒不变的自然规律，也是市场经济原则在资本身上的充分体现。但在不同的社会制度下其归属和实现形式会有所差异。在社会主义市场经济条件下，国家支配国有企业利润的经济目标是实现国有经济的快速增长和稳定发展。主要由国有企业利润构成的国有资本预算收入和税收等财政资金是国家实现经济目标的物质基础。同时国有企业利润的经济性反过来促使国有企业不断改革创新，改善经营管理，增强国有经济活力，充分发挥国有经济在国民经济中的主导作用。

(二) 公共性

国有企业受不同的社会制度和国家所有权的影响具有所处社会形态的制度属性。[①] 社会主义国家的国有企业也遵循这一规律,受国家所有权的影响而具有公有性特征,并成为公有制实现形式之一。

在成熟的市场经济条件下,国有企业的存在和发展主要是为了实现社会责任和社会目标。国家常常以人民委托者的身份,根据人民的意志为国有企业设立更多的社会目标,从而达到增进社会福祉,提高人民生活质量的最终目的。因此,国有企业利润具有全民所有的基本属性。国有企业利润以最先进的所有制作为基础,其根本特性是广大劳动人民不再遭受资本家的奴役与剥削,自己当家作主掌握生产资料,有利于激发广大劳动人民的积极性和无限的潜力。只有在这种基础上,国有才能集中力量进行坚持共同富裕、共享发展的宏观调控,才能实现中共十八大提出的"两个一百年"的伟大目标。所以要使国有企业成功实现从资金到资本的飞跃,探索促进生产力加快发展的各种实现形式,必须坚定不移坚持公有制的主体地位不动摇。而坚持国有企业的全民所有制就意味着国有企业利润的分配和使用要体现公有制的本质属性,这就要求国有企业利润分配要服从国家宏观调控的需要,要承担一定的社会责任和政治责任,履行公共职能,符合国家和社会整体利益,并通过国家财政预算支出为全体人民服务,最大限度地增进全社会的公共福祉。正如习近平总书记强调指出的:"国有企业是壮大国家综合实力、保障人民共同利益的重要力量,必须理直气壮做强做优做大,不断增强活力、影响力、抗风险能力,实现国有资产保值增值"[②]。由此可见,"壮大国家综合实力、保障人民共同利益的重要力量"正是国有企业壮大及其利润增长的公共性目标所在。总而言之,国有企业利润的双重属性既对立又统一。国有企业利润的公共性决定了国有企业服从公共利益,需要承担为广大人民群众提供公共产品和公共服务、保障社会公平的职责。而国有企业利润的经济性要求国有企业要在市场竞争中实现利润最大化,从而使国有资本保值增值。这两种属性看似是对立的,但从我国社会主义公有制和社会主义市场经济的完善来看,国有企业利润的最大目标是为人民的根本利益提供公共服务,其保值增值的经济目标服从公共目标。因此,这两种属性又是具有内在统一性的。在宏观层面,全民所有的国有企业利润应实行公共利益为导向,促进国家宏观调控的发挥,保障和维护全民利益。在微观层面,国有企业利润定位于资本的保值增值,在关键领域和行业不断引导和促进国有企业自主创新,提高其国际竞争力和影响力,为国有股东谋求最大利益。由此可见,国有企业利润的经济性是其公共性的物质基础,而国有企业利润的公共性是经济性得以存在的目的。进一步而言,国有企业利润的公共性是经济性的内在动力,国有企业利润的经济性是实现公共性的经

---

① 文洪朝. 社会主义初级阶段公有制创新研究 [M]. 济南:山东大学出版社,2016:110.
② 本报评论员. 理直气壮做强做优做大国企 [N]. 经济日报,2016 – 07 – 12 (001).

济条件，二者统一于国有企业的运行之中，缺一不可。如果国有企业利润单纯地为满足公共性而牺牲经济性，那么公共利益的实现就缺乏经济基础，其公共性的实现将举步维艰；当然，如果单纯追求国有企业本身的经济利益而弱化公共性，那全民所有的国有企业将变成一句空话，国有企业利润的公共服务职能也将难以维系，这也将反过来影响国有企业利润经济性的实现。

第三节　公有制视角下的国有企业利润归属分析

一、国有企业利润应该由全民共同占有

首先，我国作为公有制为主体的社会主义国家，国有企业最本质的特征就是产权的全民性和利润分配的公共性。我国国有企业与西方资本主义国家国有企业的最大差异就是国有企业的全民所有性质和国有企业利润的全民共享性。如果国有企业实现的利润归国有企业内部人所有，那么国有企业的全民所有产权就等同于企业产权，很明显这就造成了与企业所有权的错位。况且国有企业之"有"并非指的是所有权，而是占有权，是指国家机构在一定区域范围内对国有企业生产资料具有占有权。而所有权同样也是关于特定区域内的生产资料权利规定，凡是在这特定区域内生活的社会成员都享有该范围内生产资料的所有权，也就是说，在这里，国有企业的所有权与占有权是可以分离的。以个体为单位，每一位社会成员都平等享有所有权，包括劳动者、私营企业主及尚有政治权利的罪犯，同样平等拥有着国有企业生产资料的所有权。[①]

以美国阿拉斯加"永久基金"为例，美国阿拉斯加州盛产石油和天然气等自然资源[②]，其租赁及其他收入可达 GDP 的 90%。该州政府规定，全州的自然资源及其巨额收入是公有财产，所有权属于人民。1980 年阿拉斯加通过哈蒙德方案，正式成立以石油等公有资产收益为基础、所有权归全体居民的"资源永久基金"，每年至少将 50% 的公有资源租赁所得收入划拨其中。该基金以公共信托基金的形式存在，本金用来投资，利息用于给公民分配红利。现行的全民分红方案是 1982 年在 1980 年方案基础上进行修正产生的。该分红方案规定，所有居住在阿拉斯加 6 个月以上的居民，不管其是否是纳税人，不管其是富人还是穷人，抑或是失业者，都可以平等地享有该信托基金的社会分红，充分体现了全民平等受惠的特点。阿拉斯加州的石油分红使得阿拉斯加居民切实地享受到了当地公共资源所带来的利益，无论贫富都能平等地享受这一政策红利，明显提高了当地的社会福利水平。虽

[①] 于池. 中国国有企业权利委托代理关系研究 [M]. 北京：中国经济出版社，2012：230.
[②] 池巧珠. 国有企业红利分配制度：国际经验与改革导向——基于米德社会分红理论的视角 [J]. 西安电子科技大学学报（社会科学版），2013（06）：35-41.

· 141 ·

然美国国情与我国不同，但国有资产收益分配实践都是基于共有所有权，从而使一定区域内全体公民共享公有资产收益权。无论是经济发展水平高、人民生活水平富裕、社会管理体制相对完善的发达国家，还是经济发展相对落后、人民生活水平相对贫穷的发展中国家，其国家所拥有的国有资产都是该国全体公民的共有财产，这是毋庸置疑的。实际上，政府作为全体公民的代理人对国有资产行使处分权，国有资产的开发、使用、变现等所获收益从表面上看是国家收益，但从委托代理理论视角看，全体公民作为终极委托方，理应享受其国有资产的最终所有者所要求的国有资产收益的公平分配权。我国国有企业的财产所有权属于全体人民，国有企业的各项投资收益也应该归全体公民共同所有。换言之，国有企业的产权特征决定了其利润分配的对象应该是全体国民，而不是企业内部人。

其次，社会主义社会之所以要实行全民所有制，目的是消除"不劳而获"的社会产品分配关系，实现产品的按劳分配。在全民所有制下，由于每个劳动者除了自己的劳动之外不能拥有任何其他可以被其排他性占有的生产资源，由此可以推出，每个劳动者所付出的劳动是参与产品分配的唯一标准，而没有其他任何标准。换言之，在全民所有制基础上，每个劳动者集体或以企业为单位所划分的劳动者集团占有剩余产品的数量取决于他们所付出的劳动量，而不是依据其所拥有的国有资本数量。这是因为，在全民所有制下，虽然国有企业占有国有资本总量的大小直接决定了其在市场上所获得的剩余产品量的大小，但是国有资本的投资收益实际上应该是归资本的所有者——全民所有并由国家代持，而非归国有企业内部员工所有。当国家将其收益再分配给每个劳动者时，国家将依据按劳分配原则或是其他更为公正有效率的分配原则，而不是以劳动者拥有国有资本的数量为依据。由此可知，只要全体人民是国有企业的所有权主体，那么国有企业利润的全民所有性质就不会改变。如前所述，美国阿拉斯加州永久基金体现国有资产收益分配的公平性，并以公平实现效率的提升。石油收益的全民分红均等化，是起点公平前提下的结果公平，即在全体公民共有的国有资产收益面前，全体公民拥有均等机会共享国有经济发展成果，这不受公民的年龄、职业、社会地位、家庭等多方面因素的限制，其结果是国有资产收益的全民均等分配。

最后，国有企业要充分体现公有制本质的优越性，就必须贯彻按劳分配和按全民产权分配相结合的原则来开展利润分配。国有企业利润分配应围绕国有企业内部和全社会两个方面展开。一方面，从国有企业内部来看，国有企业的全民性必须充分体现国有企业以按劳分配为主体的利润分配导向，鉴于我国长期处于社会主义初级阶段的基本国情和推进社会主义市场经济体制全面深化的客观要求，允许按生产要素在企业内部进行分配的客观要求，但按劳分配原则的主体地位是不可改变的，这是社会主义公有制与市场经济体制发展要求相结合的客观必然；另一方面，从全社会的角度分析，社会主义国家的国有企业属全民所有，因此当前我国国有企业应体现全民所有制下国有资本收益全民共享的分配机制。此外，虽然国有企业的建立和发展并不是以营利为唯一目的，但不能否认国有企业在自然垄断性领域和部分竞争性领域还要保持一定的营利性。因此，只有将这些具有市场竞争力的国有企业利润向其所有权主体——全体国民进行合理分配，方能真正彰显国有企业的公共属性。

二、国有企业利润应该上缴公共财政

第一，国有企业利润与公共财政具有内在统一性。公共财政是指在市场经济的基础上，为了弥补市场失灵和满足社会公共需要，由政府向社会提供公共产品或服务而形成的资金收支分配活动或经济行为。[①] 换言之，公共财政以满足社会公共需要作为价值取向，通过有效提供社会所需的公共产品或服务的形式，采取自身收支行为活动以达到维护和提高公共福利水平为活动目的。公共财政具有公共性和非营利的特征。提供公共服务或产品，满足公共需要是其基本职能。而国有企业利润是国家为实现国有资产所有者的职能作用，进行宏观经营并向全体人民提供公共服务，达到保值增值和提高公共福利水平的经济基础。两者存在内在统一性，两者都是为了满足政府公共服务职能发挥的需要；两者都是代表着全社会整体利益；两者的价值取向都是为了增进社会公共福利，并且增进社会福利的方式都是提供以剩余产品价值为特征的公共产品和服务。因此，国有企业利润应通过一定比例的上缴充实公共财政，成为国有资本经营预算收入的主要组成部分，并在复式预算体系中划转到公共财政预算，弥补公共财政为支持深化改革和提供公共服务面临巨大的资金缺口。而国有企业利润的纳入将增强公共财政的资金调控能力，促进公共职能的履行，最终也有利于国有企业的发展壮大，增强其市场竞争力和利润再创造能力。

第二，国有企业利润上缴公共财政有利于完善以公有制为主体的基本经济制度。中共十八届三中全会和中共十九大报告都明确指出，在生产资料所有制方面要坚持公有制为主体、多种所有制经济共同发展的基本经济制度，这是中国长期处于社会主义初级阶段的基本国情和生产力发展不平衡不充分的现状决定的，也是中国特色社会主义制度的重要组成部分和社会主义市场经济体制的根基。在不断完善这一基本经济制度的过程中，作为公有制的主要实现形式的国有企业掌握关系着国计民生的重要领域和涉及国家安全的关键性行业，是国民经济的重要支柱。目前，为不断做强做优做大国有企业，服从和适应以公有制为主体、多种所有制经济共同发展的需要，将大力发展混合所有制经济作为国有企业深化改革的主要路径。尽管由此国有资本比重有所降低，但国有资本宏观影响力和控制力却持续增强，国有资本的控制辐射功能不断放大，可以利用国有资本、集体资本、非公有制等交叉持股、取长补短、相互融合，有助于公有制资本的支配范围的拓宽和公有制的完善与发展，从而增强公有制的主体作用。[②]

[①] 邓子基. 财政学 [M]. 北京：高等教育出版社，2005：22.
[②] 习近平. 关于《中共中央关于全面深化改革若干重大问题的决定》的说明 [M]. 北京：学习出版社、党建读物出版社，2013.

第三，国有企业利润上缴公共财政有利于保障国家投资收益和国有企业的宏观经营。在社会主义市场经济不断完善、成熟和现代企业制度广泛建立的过程中，国家需要通过行使国有资本的产权及其财产收益权，取得国有资本经营预算收入以便安排各项公共支出，而这些权利的行使和国有企业的宏观经营主要依靠国有资本经营预算。国有资本经营预算不仅将国有资本经营所得收入划转用于公共预算的补充与社会保障预算缺口的弥补，而且国有资本经营预算能够通过调整收支的范围、方向及规模，不断推进国有企业的深化改革，激发国有经济活力，保持国有经济的平稳运行，增强国有资本保值增值能力。因此，国有企业利润按一定比例足额上缴公共财政，既能使国家投资收益权利得到维护和保障，又能实现国有企业的做强做优做大。

第四，从世界范围来看，不论是什么机构作为国有资产的代表，由于出资人是全体国民，国有企业利润当然是属于全体所有。大多数国家的普遍做法是将国有企业利润上缴公共财政，主要用于公共支出。根据世界银行驻中国代表处报告《国有企业分红：分多少？分给谁》中提到的国外国有企业分红情况，丹麦、德国、韩国及新加坡等国的国有企业分红比例超过50%；荷兰、瑞典、挪威等国家的国有企业分红比例为30%~40%；而新西兰国有企业分红比例较低，为15%。总体而言，国外国有企业分红政策普遍倾向于较大比例上缴国家（见表5-1）。目前《中华人民共和国企业国有资产法》已经界定了财政部作为国有资本经营预算的主体地位，负责制定国有资本经营预算管理制度，编制预算草案，掌握着国有企业红利征缴和分配的主导权，各级国资委预算单位居于从属的协同地位。但法律赋权并不等同于管理实权。实践中，财政部在确定国有企业红利上缴比例时不仅要与出资人代表——国资委共同协商，也需要参考国有企业高层的意见。现行的国有企业利润上缴比例之所以低于民众预期，很大程度上也是受到了相关利益主体的制约。换言之，既得利益集团的讨价还价制约了财政部利润征缴主导权的行使。这使得该项制度的顶层设计者——财政部往往要做出适度的妥协和让步。本书认为，扭转这一局面的关键在于以法律或行政办法明确规定国有企业红利上缴比例确定办法和程序，以刚性的制度防范既得利益集团的反向博弈。

表5-1　　　　　　　　　成熟市场国家国有企业分红情况

国家	国有企业所在行业	国有企业名称	主管部门	国家占股比例	分红政策与比例
法国	电信	France Telecom	一般性预算和国家养老基金	31%	43%
丹麦	机场	CPH	财政部	37%	50%
德国	电信	Deutsche Telekom	经济部	38%	56%
荷兰	钢铁	Outkumpu	财政部	49%	不少于集团利润的1/3

续表

国家	国有企业所在行业	国有企业名称	主管部门	国家占股比例	分红政策与比例
新西兰	航空	Air New Zealand	财政部	81%	分红率为15%
挪威	石油	Statoil	财政部	100%	45%~50%
韩国	烟草	KT&G	财政经济部	100%	60%~80%
瑞典	铁路	SJ	财政部	100%	至少为净利润的1/3
新加坡	港口	PSA	淡马锡基金	100%	2003年红利相当于收入的61%

资料来源：王新．我国国有企业收益分配制度研究［D］．北京：财政部财政科学研究所，2009．

三、国有企业利润分配导向应该民生化

首先，共有国有企业所有权的全体人民享有相同份额的剩余索取权。虽然社会主义公有制下的国有企业，其所有权主体与私有制企业的生产资料所有权主体有着本质的差别，但是从所有权的作用和维护上却是一致的。我国宪法规定：国有企业的财产属于全民所有，国家依照所有权和经营权分离的原则授予企业经营管理。在国有企业生产经营中明确所有权主体，才能建立现代企业制度，完善企业内部治理机制。另外，只有按照委托代理关系，明确了国家作为国有资产所有权主体的代表，才能保障所有者主体的地位和权益。因此，国有资产归属全体人民共同所有，每个公民都是财产的所有者，享有相同份额的剩余索取权。即国有企业的全民性直接决定了国有企业利润分配的公共性。但在现实生活中，广大民众无法直接支配国有企业利润收入，所以将国有企业利润所有者相关权利的行使转而授予国家和政府，由国家和政府代为持有和管理。国家再通过国有资本经营预算支出，将这部分国有企业利润以社会保障、义务教育、环境保护、公共福利等形式做出民生化支出安排，从而使广大民众以间接方式分享国有企业红利分配权。

其次，公有制性质与国情特征决定国有企业利润分配结构民生化。新中国70年的经济发展史表明，国家之所以建立和发展国有企业，不是纯粹为了增强经济实力而发展的，而是为了通过各种方法充分利用国有企业的财富和资源，充分体现国有企业的全民性，这是由社会主义国家的公有制本质所决定的。因此，国有企业利润不能只用于实现国有资本的保值增值或者经济结构的调整。而应该根据"谁投资，谁受益"的原则，将其中的大部分用于国有企业的终极所有者——全体国民，即通过国有资本经营预算民生化支出惠及全体国民。由于我国人口基数庞大，利润收入的分配方式不一定要采取直接分红的方式，可通过将部分利润收入投向民生领域的间接方式分红，使全体人民可以通过享用公共产品和公共服务的形式更充分更实在地享受作为国有股东的所有者权益。因此，国有资本经营预算的民生性支出同资本性支出与费用性支出相比，在功能作用上更能直观地表明国有资本经营收益

"民之所投,益者莫非民也"的国有资产本质。

最后,从世界各国的实践经验来看,国有企业利润更多地用在民生领域。例如,在发达国家中,美国阿拉斯加州政府所进行的全民分红实践则让民众切实受益匪浅。有数据显示,2014年,阿拉斯加州永久基金为当地居民发放了人均超过2 000美元的社会分红;[1] 意大利则采取国家参与制的国有资本经营利润分配,规定国有企业利润上缴65%给国库进行统一划拨,主要用于提高公众的基本生活福利水平;英国实行中央和地方两级财政预算体系,规定国有企业利润按照一定比例上缴国库,政府利用部分国有企业利润给每个新生儿童建立"教育账户"作为成长或教育基金。而在发展中国家中,蒙古国形成了矿产资源收益分红模式。2011年3月,蒙古国将陶勒盖煤矿总股份中的10%作为红利股票(折合15亿股)发放给全体公民。由此可见,国有企业利润实行惠及全民的社会分红,是包括发展中国家在内的国际通行做法,只是由于国情的不同在分红比例和模式方面存在一定的差异。我国是以公有制为主体的社会主义国家,国有资产面广量大,尤其是在近年来大力倡导国有资本"做强做优做大"的政策导向下,国有企业利润持续增长。因此,有必要借鉴社会分红的国际经验,在国有资本经营预算制度的顶层设计和实施方案中,以民生财政为导向,切实建构国有资本经营预算支出民生化机制,使国有企业改革和发展的成果真正惠及全体国民。

---

[1] 黄东贤.国有资产收益分配民生化:国外实践及其借鉴[D].福州:福建师范大学,2016.

第六章

社会分红理论与民生财政的内在契合性

所谓民生财政，是指以解决当前面临的各项民生问题为核心，以提升社会总福利水平为目标，将教育、医疗、就业、社会保障等民生支出作为主要内容的预算安排。民生财政是与社会主义市场经济相适应的财政体系的重要内容，是对公共财政的继承和发展。与建设财政相比，民生财政的覆盖范围更广，服务项目更具体化、人性化、多样化（杨志安、闫婷，2012）。民生财政贯彻了以人为本的发展理念，其根本属性是人本财政。在民生财政导向下，无论是财政支出结构，还是财政目标的民生导向都体现着以人为本、公平正义的要求（刘尚希，2008）。基于这一认识，我们认为具有特定内涵的"民生财政"与发源于西方国家的社会分红理论具有内在的逻辑契合性。

第一节 民生财政的特定内涵辨析

民生问题是指与民众生存和发展直接相关的问题，其基本内容就是衣食住行等基本需求以及教育、医疗、社会保障等扩展需求及其满足程度。解决好民生问题，保障和改善民生是任何时代、任何国家政府的首要任务。民生问题解决的好坏，直接关系到社会的稳定与和谐。

一、民生的概念辨析

近年来，保障和改善民生，是政府和百姓关注的热点话题。那什么是民生？《辞海》对其的解释是"人民的生计"。自古以来，我国就将"民生"与"国计"相提并论，主张以民为本、重视民生。"民生"最早出现于《左传·宣公十二年》，原意为"民生在勤，勤则不匮"，即人民群众的生计问题本质上取决于自身的勤劳程度，后多指百姓的基本生计。20世纪20年代，孙中山先生新解"民生"，提出"民生主义就是社会主义"，首次将民生问题上升到民生主义、国家方针的层面。孙中山先生认为，"民生就是人民的生活，社会的生存，国民的生计，群众的生命"①。该观点的提出让民生主义上升至前所未有的高度。

20世纪90年代早期，钱伯斯和康威（Chambers and Conway）提出了民生的定义，在国外得到了广泛的使用和普遍的认可。该定义认为，"民生是指人民的生计，是由谋生手段所需要的能力与资产（贮备、资源、索取权和使用权）和相关活动所构成的。当面对生活的胁迫和冲击时，如果人民能从中及时恢复、维持甚至继续增加其能力与资产，并且为下一代提供更大的生存空间，不仅在全球和地方层面，也在长期和短期内均有益于其他民生，则民生就是可持续的民生"②。这种民生的定义阐释的是"生计"，其概念反映民生的手段，它强调民生需着眼于长远未来，要求其具有可持续性。在国外文献中较常见到"可持续民生"（sustainable livelihood）一词，从原意上说，民生问题其实就是人民的生活生存问题，它确实地关系到人民的生计和生活。从动态上看，民生状况与社会的生产力发展水平是紧密联系在一起的。民生所涉及的领域、人类需求的程度和满足的标准，都随着社会发展水平的提高而不断发展。在生产力低下的年代，民生的定义较为单一，仅指人的生存及其必需的物质条件，民生的标准就是吃饱穿暖。随着社会不断进步，生产力水平也水涨船高，人民的需求逐渐趋于多元化，在满足人类自身基本生存条件的基础上，人们不断产生精神、文化等领域的需求，同时对于生活的质量水平也有了更高的要求。从而民生的内涵必须扩大化，且更倾向于与人的发展联系紧密的领域，如教育、就业、收入分配、社会保障、医疗等领域都逐渐成为民生问题的重要落脚点。随着生产力的发展，民生问题也从简单到复杂，从低级到高级。例如，只有收入才能解决吃喝住穿的问题，而只有工作才能保障收入来源，故而劳动就业、收入分配甚至居民养老等问题也理所当然被纳入民生领域；再如，人民生活需要安全感，故而社会保障就成为人民生活质量和幸福指数的重要组成部分；为了保障民生，必须建立以社会保险、社会救助和社会福利为核心的社会保障体系以确保人民的基本养老、基本医疗、居民最低生活保障等方面的落实；又如，当代社会，人民不仅需要生存和生存保障，更需要自我提高和发展，需要不断地学习深造，因而基础教育自然也就成为民生问题的重中之重。

综上所述，当今的民生问题已不能被简单地概括为衣食住行方面的物质需求，它包含更多层次的需求，除了物质方面的生活需求，还有精神、文化、心理等多个方面的更高需求，是一个复合性的社会问题。因此，民生的递进关系也可以分为三个结构层面，即关注生存、重视保障、促进发展。③ 可以说现今的民生就是指人民的基本生活和生活状态，以及基于此的基本社会福利保障、基本发展机会和发展能力。由此可见，民生的内涵会随着社会经济的发展不断扩大，从曾经的衣食住行，

---

① 孙中山. 孙中山选集 [M]. 北京：人民出版社，1981：802.
② Chambers, R. and G. Conway. Sustainable Rural Livelihoods Practical Concepts for the 21st Century [R]. IDS Discussion Paper, 1992：296.
③ 柳礼泉，黄艳，丁蕾. 我国民生问题的结构层面与关涉内容析论 [J]. 岭南学刊，2010（01）：108 - 111，116.

到现在的教育、医疗、住房、社会保障等公共服务需求。

一般来说，现代意义上的民生概念可分为广概念义和狭义概念。从广义上讲，民生是指与民生直接或间接相关的事物。这个概念充分强调民生问题的高度重要性和高度综合性，但其明显的缺点是概念所涵盖的范围过大，在考虑直接关联和间接关联两个层面时，经济、社会、政治、文化等领域都纳入了广义民生所包含的范围内，甚至是连历史观问题也不例外，可谓包罗万象。但因不便于操作和把握，如此庞大的概念范畴很容易冲淡人们对直接民生问题和具体民生问题的关心，难以将民生问题与改善民生的具体政策和措施有效地结合起来。从狭义上讲，民生主要是从人民的社会层面上着眼的。从这个角度看，民生主要是指人民的基本生存与生活条件，它包括人民的基本权益保护、基本发展机会与发展能力等方面。①

通常情况下，在学术研究或政策层面上涉及的民生范围，是指狭义的民生概念。2007年中共十七大报告中提出，要加快推进以改善民生为重点的社会建设；要求在经济发展的基础上，更加注重社会建设，着力保障和改善民生，推进社会体制改革，扩大公共服务，完善社会管理，促进社会公平正义，努力使全体人民学有所教、劳有所得、病有所医、老有所养、住有所居，推动建设和谐社会。同时，中共十七大报告概括了改善民生的六大措施：（1）发展教育；（2）扩大就业；（3）改革收入分配制度，增加城乡居民收入；（4）建立城乡居民社会保障体系；（5）建立基本医疗卫生制度；（6）完善社会管理，维护社会安定团结。由此可见，该报告中将教育、就业、收入分配、社会保障、基本医疗卫生、社会管理等民生问题涵盖在民生问题当中。此外，2008年政府工作报告进一步将民生问题的解决在原有内容的基础上扩大至住房保障以及人口和计划生育等方面。综上所述，可将上述领域认定为我国目前应优先保障的民生问题。这些论述及对民生范围的界定，为我们的理论研究提供了指导思想和政策依据。

传统意义上的民生问题，仅指人民群众的衣食住行等问题。政府要保障民生，就必定要解决人民群众衣食住行的问题，但解决问题并不代表政府直接为居民提供现成的粮食衣物，而是授人以渔，让人民拥有自给自足的能力和在人民失去衣食住行的能力时能得到最低的生活保障（夏杰长、任子频，2005）。政府提供的公共产品和服务必须重视公众的共同需要，但人民需要的并不一定是政府所提供的。政府应该只做市场（个人）不能做，做不好，或能做但效率低（低于政府）的事情。比如市场和个人一般情况下能做且能普遍有效地做好食品和衣物的资源配置，因此政府就无须直接向人民提供这类产品或服务，只需在面对天灾和贫困等特定情况下，将其纳入政府发挥公共救济职能的保障范围。具体来说，政府应把就业、教育、收入分配、社会保障和医疗等作为解决民生问题的最重要途径。就业是民生之本，是人们生存与生活的根本；教育是民生之基，是人们立足现代社会的基础；收入分配是民生之源，是人们休养生息的源泉；社会保障是民生之安全网，是人们生

---

① 吴忠民，改善民生的战略意义 [N]. 光明日报，2008 – 09 – 12.

存和发展的依托；医疗是民生之保，是人们生存和发展的保障，这五大问题便是我国当前民生领域的最基本问题。

二、民生财政的内涵辨析

公共财政体制是随着我国经济体制改革不断深化而逐步建立与完善的。我国传统意义上的财政是建设财政，即财政工作的重点是为国家的经济发展服务，特别是指为发展国有大中型企业和一部分重要产业提供资金保障。但建设型财政的负面效应之一便是培育出大量低效率的国有企业，这些缘由政府财政资助建成的国有企业，却因长期采取粗放型经济发展方式——高投入、高能耗、高污染、低效益，反过来成为各级政府财政难以推卸的重担，在改革开放初期，因无法适应市场竞争而大量陷入亏损的困境。

随着我国对外开放的不断深化，民营资本、社会资本、境外资本等纷纷涌入我国经济领域，各级政府尤其是经济发达地区的财政收入中能直接拨给项目建设和企业发展的金额早已不复当初，建设财政难以为继，逐步退出历史舞台。实际上，实务界和学术界多年来一直在呼吁我国财政体制应从建设财政转向民生财政。民生财政是坚持以人为本，以人民为中心的财政，将财政资金向民生倾斜，就是向老百姓的切身利益倾斜，把之前用于上项目建企业的财政资金转变成用于保障和改善民生的财政资金，通过最大限度地发挥财政杠杆作用，力求最大限度地保证人民群众的获得感和幸福感。

关于民生财政的概念，学术界没有统一的内涵界定，学者们使用的概念和术语不一，视角与观点分歧较多，解释也常有抵牾。但多数学者都将以改进民生、提高人民福利水平为目标，在整个财政支出中，用于教育、医疗卫生、社会保障和就业、环保、公共安全等民生方面的支出占到相当高的比例，甚至处于主导地位的财政，称为"民生财政"。代表人物有陈昕（2009）、王宁涛（2011）等。而崔惠民、张厚明（2011）拓宽了民生财政的内涵与外延，他们认为民生财政应该分为形式层面与本质层面。形式层面在于教育、医疗卫生、社会保障、就业、环保、公共安全等民生性支出占财政较大比例或主导地位；本质层面在于一切财政支出都直接或间接地以维护、改善民生为出发点、落脚点。刘尚希（2011）则认为民生财政是以人为本的财政，区别于以物为本、为增长而增长的财政。他还指出扩大所谓的民生支出，并不意味着就是民生财政，只有当所有的财政支出，最终都有利于保障和改善民生，最终有利于每一个人的生存与发展时，才算是民生财政。此外，也有学者认为公共财政与民生财政具有内在的一致性。贾康、梁季、张立承（2011）认为民生财政不可能是游离于或是作为替代物而对立于"公共财政"的另一事物，我国1998年以来为决策层所肯定，我们一直在努力发展健全的公共财政，其实就是民生财政。王宁涛（2011）基于公共财政本质特征和民生财政基本概念的分析，也指出民生财政是公共财政的核心，公共财政本来就应该是民生财政。还有学者认为民生财政与公共财政的指导思想、社会背景、目标取向等都存在差异,公共财政主要是为了弥补市场失灵,而民生财政既要弥补市场失灵,又要弥补政府失灵,崔惠民、张厚明(2011)就持这种观点。

综合上述研究观点,我们可以得出以下认识:仅扩大民生支出,而没有通过转移性支付等再分配手段切实提高民众福利水平的财政不是民生财政;仅增加民生投入,民众的生存与发展却得不到保证的财政不是民生财政;仅拓宽民生支出的范围,却不让公众明晰资金使用去向的财政不是民生财政。公共财政的核心应是民生财政,只是在实践中出现了偏差,即公共财政未能完整地体现其民生性,社会成员也未能享有均等的公共服务。因此,本课题组认为,提高农民和城镇居民的收入并扩大教育、医疗卫生、社会保障、就业、环保、公共安全等民生性支出,使民生支出占财政支出的较大比例乃至主导地位,且这种支出最终可以转化为增进国民切实福利的财政才可称之为"民生财政"。而在民生财政与公共财政的关系上,二者尽管存在思想渊源、社会背景上的差异,但不可否认的是,民生财政应是公共财政的核心,是公共财政发展的根本价值取向与建构目标。

中共十九大报告指出:"要抓住人民最关心最直接最现实的利益问题,既尽力而为,又量力而行,一件事情接着一件事情办,一年接着一年干。坚持人人尽责、人人享有,坚守底线、突出重点、完善制度、引导预期,完善公共服务体系,保障群众基本生活,不断满足人民日益增长的美好生活需要,不断促进社会公平正义,形成有效的社会治理、良好的社会秩序,使人民获得感、幸福感、安全感更加充实、更有保障、更可持续。"朴实无华的话语却饱含着党对民生的殷切关怀。改善民生是我们党永恒不变的价值追求和执政理念,我们党通过不懈努力让改革发展成果更加公平地惠及全体人民,带领全体人民朝着共同富裕的目标不断迈进,为实现人们对美好生活的向往而不断奋斗。毋庸置疑,民生财政已成为一项十分迫切的建设任务。第一,民生财政是我国政治和经济体制的根本要求,也是社会主义国家执政所必须贯彻的理念之一。第二,以人为本是民生财政的实质,而且民生财政与科学发展观高度契合,其第一要义是社会公众的多元化需求,即在社会资源可持续的条件上,全面协调政府利益和人民利益,进一步提高人民的福利水平,从而促进经济社会和人类社会的全面发展。第三,我国自2012年人均收入达6 094美元后,就已经摆脱了贫困国家的称号。所以我国的经济基础已经基本达到了民生财政的实施条件。第四,民生财政有利于协调社会矛盾,同时缩小贫富差距。收入分配不合理所导致的国富民贫是我国长期经济增长所表现出来的社会特征,再加之政府社会性支出的不足,使得社会成员之间的贫富差距也不断拉大。目前,在国家财政实力不断增强的背景下,国家不仅注重经济、政治的发展,更加注重社会建设和民众的福利,为此开始不断出台并落实各项公共政策,使公共财政支出得以显著增加,力图最终实现改革开放与经济发展的成果全民分享的既定目标。近年来,我国在构建民生财政体系方面不断进行探索,不仅持续加大民生财政的投入力度,而且注重划分公共性和重要性程度,并进行轻重缓急的合理排序,使支出结构得到优化。同时，政府通过完善相关的财政立法，推动民意利益表达机制的优化，从而提高政府财政预算的公开性和透明度，真正使阳光预算落到实处，使民众对预算拥有知情权、参与权和监督权。同时，政府还努力建立一个以民生为导向的财政支出绩效评估指标体系，这有助于准确获得公众的反馈信息，从而及时调整民生财政支出绩效的改进方向和具体措施。需要指出，在构建民生财政体系的过程中，作为其重要组成部分的国有资本经营预算应该发挥更加重要的功能。但是，如何在制度设计和实践操作层面实现民生财政与国有资本财政的有机对接，从而最大限度地保障广大公众的利益，是包括学界在内的社会各界亟待研究和解决的重要课题。

第二节 西方社会分红理论的民生内涵

"社会分红"是指一国政府向国内所有公民发放免税的社会红利，公民的年龄和家庭背景是其所获分红数额的唯一标准。红利分配需要考虑以下两点：一是提供给每一位社会成员基本、等量、无条件的收入，实现分配的公平化；二是在以上内容的基础上，由政府以财政资金为主要来源，提供一部分与劳动力市场无关的收入给国内居民，用于减少生活风险，同时促进就业。社会分红在西方发达国家起步较早，不仅实践中已有相关样本，而且在理论层面也进行了较为深入的探讨。

一、社会分红的构想与功能

早在20世纪30年代，国民生产总值（GNP）计算法的创始人之一，英国经济学家詹姆斯·米德（James Meade）就提出社会分红的概念，后来许多经济学家也称其为"基本收入"，即共同体定期向其每个成员无条件支付等额的货币福利。按照米德的观点，公共资源的所有者是公民，那么通过社会分红能够做到兼顾公平与效率，从而成为公民经济权利的重要来源。公共资源投资所获得的利润一部分应作为积累基金，另一部分作为红利无条件分给公民。随着积累基金的增加，公民分得的红利也逐渐增加。此外，米德还认为，"社会分红"政策比有条件的"失业救济"更能促进就业。"有条件"的"失业救济"是指失业者只有在失业期间并且能够证明自己在不断寻找工作，才能领取救济金。而"社会分红"相对于有条件的失业救济，则是无条件地提供给所有公民等量的基本收入，与是否就业无关，每个人均可以获得"社会分红"，这就调动了公民接受低收入工作的积极性。而从直观上看，与"社会分红"的无条件相比，"失业救济"的有条件似乎更加削弱了公民接受低薪工作的热情。事实上，"社会分红"是提供一种社会保障，而非拿到社会分红后就无所事事。假如按照传统的"失业救济"办法，失业者领取"失业救济"的额度是50元，那么，任何收入少于50元的工作机会都不值得该失业者争取；但如果把50元的"失业救济"换成无条件的社会分红40元，以及有条件的失业救济 10 元，在这种情况下，只要新的工作机会大于 10 元，该失业者都会去努力争取，因为找到工作后，虽然他不能再领 10 元救济，但依然可以领取 40 元无条件的社会分红。由此可见，社会分红更能够激励失业者去寻找新的工作。

二、社会分红的资金来源

1978 年，以米德为首的"米德委员会"在英国税制改革报告中提出：西方税制在公平和效率两方面均存在严重的缺陷。尽管在英美等西方国家实行累进的个人所得税制度，但减免条件极其复杂，富人合理避税的方法有很多，而工薪阶层由于缺少合理避税的途径，逐渐成为纳税主体。为了解决这一缺陷，米德委员会经过测算后认为，为了应对西方税制管理高成本问题，建议选择适中的单一税税率，废除现有的税收减免，并同时对每位公民进行无条件的"社会分红"。他认为这种"单一税"加"社会分红"与名义累进个人所得税制度相比，能够更有效地兼顾公平与效率。至于社会分红的资金来源，米德认为不能只依靠税收，因为过高的税负会导致企业和个人的生产经营活动积极性降低，不利于社会经济的发展。同样，只依靠国债来进行社会分红会提高货币利率，同样不利于企业的生产性投资。因此，米德主张社会分红的资金除了税收和适度的国债之外，还应该包括国有资产的市场收益，即对国有资产收益、税收和国债三者进行通盘考虑，合理筹措社会分红的资金，这是米德社会分红理论的基本观点。

第三节 国有企业红利社会分红与民生财政的内在契合性

如前所述，民生财政是指以改进民生、提高人民福利水平为目标，在整个财政支出中，用于教育、医疗卫生、社会保障和就业、环保、公共安全等民生方面的支出占相当高的比例，甚至是处于主导地位的财政。而社会分红理论所强调的"社会分红"则是指共同体定期向其每个成员无条件支付等额的货币福利。社会分红的资金除了税收和适度的国债之外，还应该包括国有资产的市场收益。这样，我们就在社会分红与民生财政之间获得了内在契合性。换句话说，构建以民生财政为导向的国有企业红利分配体系，实现国有企业利润分配向民生领域倾斜的社会分红目标，是落实国有资产出资人所有权的题中之义，是促进社会主义市场经济发展的必然要求，是缩小贫富差距、构建和谐社会的重要途径。

一、是落实民众基本财产权利的合理要求

我国国有企业是全民所有制企业，国有企业的财产为全民共同所有，社会公众

作为国有企业的终极所有者，理应分享国有资本的收益权。这就决定了国有企业必然以实现全民福利最大化为目标。另外，依照《中华人民共和国公司法》的章程，国有企业应将实现的盈利向股东支付红利。既然国有企业产权的终极所有者是全体国民，按照"谁投资、谁收益"的原则，国有企业的投资收益应向全民进行分配。然而，据财政部统计的数据，2008~2017年国有资本收益回流于国有企业内部的资本性支出及费用性支出占总支出年平均比例高达91.07%。这表明，广大民众基本没有分享到国有企业红利，国有企业红利"体内循环"的现实反而损害了民众的应有福利。首先，具有高额垄断利润回报和公共财政补助的国有企业，将巨额的现金流用于职工福利，造成国有企业职工工资普遍明显高于社会平均工资水平，加剧社会收入分配不公。其次，国有企业具有垄断资源优势，大部分市场要素被国有企业所占有，但国有企业进入门槛高，只解决小部分民众的就业问题，有违市场经济的公平原则。最后，在拥有充足现金流和薪酬管制压力的条件下，容易引发国有企业内部人不计成本的盲目投资行为，挤压民营企业生存空间，使民众福利受损。因此，从这一角度说，国有企业的高速发展，在一定程度上是以牺牲国民福利为代价的。

另外，对国有红利实行"社会分红"，能让公众感知到自身是国有资产的所有者，有利于提高民众对于国有资产的关切度，消除国有企业与公众之间的对立情绪，为国有企业发展创造良好的群众基础。将国有企业发展与民众的切身利益相挂钩，在利益的导向下，民众必然密切关注国有企业的经营状况和发展趋势，自发地对国有企业进行外部监督，国有企业内部人也将更严格地约束自身行为，从而有效地保证了国有企业规范经营，提高国有资本的运营效率。总的来说，对国有资本红利实行"社会分红"，有利于提高公民对国有资本的关切度，也是落实国有资本出资人所有权的题中之义。

二、是促进经济发展和提高社会福利的必然要求

我国长期以来的财政体制安排，以分权制及强调GDP高速增长的政绩考核标准为特征。在这种体制下，导致经济增长与民生发展二者之间存在严重的不协调性。国有资本经营预算支出长期偏向于国有企业的资本性及费用性需求，而民生领域的社会需求却没有得到足够重视。根据边际效用递减规律，在国有企业已有巨额利润的前提下，国有企业红利回流国有企业的做法，显然边际效用是较低的，且巨大的现金流留存国有企业内部，易造成低效投资，盲目扩张，不利于实现经济可持续发展。同时以投资和出口为主要驱动力的经济增长模式不具有持续性，2008年美国次贷问题引发的全球经济危机对我国经济产生了强大的冲击，我国大量的出口外向型企业纷纷倒闭。为了刺激经济复苏，政府通过大量的投资阻止经济下滑。然而这种做法又引发了产能过剩、环境污染加剧、资源枯竭等环境、社会问题，加剧了我国经济结构转型的迫切性。我国经济增长模式开始由外向型向内需型转变。经

济学理论告诉我们，消费是拉动国家经济增长重要的驱动力。然而，长期以来我国居民消费能力难以有效提升，其主要原因在于民生领域的可支配收入相对不足，从根本上抑制了大多数中低收入居民消费能力的增长。若将国有企业红利以"社会分红"的方式反哺于全民，以民生财政为导向将国有资本经营预算支出主要投入教育、医疗、社会保障等公共服务领域，让中低收入群体分享到更多的国有企业红利，则可有效地刺激人民的边际消费倾向，从而扩大内需，促进我国产业结构的转型升级。借鉴国外经验，美国阿拉斯加州已连续36年向该州的公民每年每人发放几百到上千美元不等的红利。挪威通过设立"全球养老基金"，以将国有企业红利注入社会保障体系的方式向全民实行社会分红，据统计，2002年该项基金开支已高达280多亿美元，占政府财政预算支出的34%，2007年退休的单身公民每年可领到1.8万美元的最低养老金。因此，国有企业红利实行"社会分红"，以民生财政为导向加大对社会公共服务领域的民生支出，不仅与国际惯例接轨，更是符合以公有制为主体的社会主义市场经济运行的内在要求。

三、是缩小贫富差距、构建和谐社会的有效途径

改革开放以来，我国经济发展迅猛，综合国力明显提高，已超过德国和日本，成为仅次于美国的世界第二大经济体。但值得注意的是，随着经济的高速增长，我国收入分配差距也日趋拉大，贫富悬殊问题凸显。据联合国的数据，2008~2015年我国基尼系数年平均处于0.48的水平，超过国际公认的警戒线。近年来，国有资本经营预算民生性支出比例虽有一定提升，但对于满足社会需求的作用仍十分有限，且其中相当大的部分用于国有企业职工的福利支出，并未惠及国有企业之外的社会公众。社会收入分配不公，贫富差距加大的社会矛盾日益严重，这种"国富民穷"的局面影响了劳动者的生产积极性，造成内需不足，阻碍了经济的持续增长与和谐社会的构建。

随着国有企业改革深化，我国国有企业的资产规模不断壮大，资产总额呈逐年递增的态势。据统计，2007~2017年，全国国有企业资产总额由347 668.1亿元增长到1 517 115.4亿元，增长了3.36倍，年平均增长15.87%。国有企业经营效益也显著提高，实现的利润总额从2007年的15 833.56亿元，增长到2017年的28 985.9亿元，10年来增长了1.83倍，年平均增长率为6.23%。其中中央国有企业实现的利润总额由2007年的11 642亿元增长到2017年的17 757.2亿元，年平均增长率为4.31%，地方国有企业实现的利润总额由2007年的4 191.56亿元增长到2017年的11 228.7亿元，年平均增长率为10.36%。虽然在经济新常态的背景下，我国经济增长速度出现一定程度的回落。但在国有资本"做强做优做大"的政策导向下，国有企业利润总额增速仍然呈强劲增长态势。财政部提供的数据显示，2018年全年，国有企业利润总额33 877.7亿元，同比增长12.9%。其中，中央企业20 399.1亿元，同比增长12.7%；地方国有企业13 478.6亿元，同比增长

13.2%。在国有企业盈利能力增强的现状下,若将国有资本红利实行多种形式的社会分红,将有利于缓和社会矛盾,缩小贫富差距。一方面可以减少企业的内部留存收益,控制国有企业职工薪酬福利过快增长,防止国有企业红利成为国有企业职工收入畸高的来源;另一方面可通过社会分红的方式,提高公民可支配收入或社会福利份额,不仅有利于缩小收入分配差距,缓和日趋尖锐的社会矛盾,而且随着国民可支配收入的提高,也有利于增强消费对内需的正向拉动作用。从终极意义上讲,国有资本收益属于全体公民,国有企业红利实行社会分红,以民生财政为导向加大国有资本经营预算支出向民生领域倾斜,构建普惠全民、公平正义的国有企业红利分配制度是构建和谐社会的必然要求。

第四节 民生财政下国有企业红利"社会分红"的基本要求

一、科学规范的"社会分红"运行机制

与西方国家不同,我国是社会主义公有制为主体的国家,国有经济在各行业的覆盖面较大,资产规模雄厚,主导着我国国民经济的发展,这一现实背景必然促使我们更加重视国有企业的红利分配。进入21世纪以来,我国大多数国有企业不仅已经扭亏为盈,而且利润每年均保持平稳增长。随着我国宏观调控力度的加强,以及国有资产管理体制的不断完善,国有企业将继续在我国国民经济发展中发挥引导力、带动力和控制力的重要作用。因此,建立规范科学的"社会分红"运行机制,有利于从制度上推进国有企业实现社会分红。

一方面,社会分红应注重公平,社会分红的受益群体是全体公民,不受性别、年龄、行业、地域等条件约束,凡是中国公民都公平享有国有企业社会分红的权利。我们认为,由于现阶段我国社会保障体系尚不健全,将国有企业红利注入社会保障基金的间接分红形式,会由于地域之间的社会保障差异而出现相对的不公平。因此,若采取充实社会保障的方式,则必须在健全社会保障体系的基础上实施。另一方面,应明确社会分红的决策管理机构。根据《中华人民共和国企业国有资产法》,我国国有企业可分为以下四类:国有独资企业、国有绝对控股企业、国有参股企业、特殊法人企业。国有参股企业主要是一般竞争性企业,以实现资本保值增值为主要目标,国家仅作为普通参股者,受公司法约束。这类型企业的分红决策应为董事会制订方案,股东大会表决通过。国有独资企业包括铁路、电力、天然气等政策性垄断企业,以实现公共服务职能为主,经济职能为辅。国有控股企业,主要是指自然垄断性企业。在生产经营中以实现资本保值为目标,通过向国家上缴红利的方式,实现其社会职能。对于国有独资企业和国有绝对控股企业,财政部和国资

委可作为分红决策机构,起草分红决策草案,并报送人民代表大会审批。特殊法人企业包括国防建设、城市绿化、城市公交等企业。这类企业直接向社会提供公共产品和服务,直接满足人民的公共需求,以实现全面福利最大化为目标,一般不具有营利性,因此可不实行社会分红。另外,由于不同行业性质的国有企业其市场前景、增长潜力、经营环境、投资成本等存在差异,这就决定了应根据各企业具体情况决定分红比率,而不是实行"一刀切"的分红率,并且应该设立分红最低比例,以保证民众切实分享到国有企业的经营成果。

从国际经验看,美国的阿拉斯加州的直接分红模式虽然并不适合我国国情,但借鉴其分配机制,建立"直接分红"与"间接分红"相结合的社会分红框架,具有一定的现实可行性。一方面,采取省域直接分红方式。在条件较为成熟的某个特定区域进行试点,如在省域内设立"公民权益基金",根据区域内国有企业的经营状况和利润征缴状况,由政府通过公共财政向公民权益基金划拨一定比例的分红资金,然后再由后者向该区域内的公民实行直接分红。另一方面,采取间接分红的方式。通过国有资本经营预算支出,投向教育、社会保障、医疗、环保、社会安全等公共需求领域,提供社会整体福利,使全体人民间接分享国有企业红利。

二、以民生财政为导向的国有资本经营预算支出体系

民生财政的构建是基于深层体制变革的财政改革方向,国有资本收益上缴是社会分享国有资本效益的主要途径。但目前国有企业经营预算收入额不高,且大部分的上缴收益返还于国有企业,形成国有资本经营预算收支"体内循环"格局,导致民众难以分享国有企业发展的增值收益。2014年5月,财政部《关于进一步提高中央企业国有资本收益收取比例的通知》,决定自2014年起适当提高中央企业国有资本收益收取比例,更多用于保障和改善民生,其中,国有独资企业应缴利润收取比例在现有基础上提高5个百分点。这体现了国家对国有资本经营预算工作的进一步强化。然而目前国家层面并没有对国有资本经营预算用于民生支出的比例做出具体规定,更没有可操作的实施流程。在2007年发布的《国务院关于试行国有资本经营预算的意见》中,仅将国有资本经营预算支出流向划分为资本支出、费用性支出、其他支出。在其他项支出中,仅提到"必要时,可部分用于社会保障等项目支出"。因此,为实现国有企业红利由全民共享,保障民生性支出在国有资本经营预算中得以落实安排,应从法律层面规定国有资本经营预算用于民生性支出的最低比例。从法律法规到具体的政策条款都要有国有资本经营预算用于民生性支出的具体表述,内容涵盖社会保障、教育、就业、医疗等层面,并且对民生支出的投入范围、投入方式、管理体制做出具体明确的制度安排,保证这部分资金首先投入到资金缺口最大、民众受益程度最高的领域(如社保基金预算领域),切实保障国有资本经营预算的民生财政导向。

国民作为国有企业的终极所有者,无论是法理意义上还是实践层面上,都要求

国有资本经营预算支出必须向民生领域倾斜。自 2007 年国有资本经营预算制度试行以来，我国国有企业红利上缴比例经历了五次调整，总体上虽有所提升，但仍存在分红比例过低的问题。而在国有资本经营预算收入总额有限的条件下，却要面临教育、医疗、就业、社会保障等诸多民生领域的支出，收支矛盾十分突出。因此我们认为，现阶段我国社会保障基金主要的资金来源于公共预算，但由于各方面刚性支出要求，公共预算所能划拨给社会基金的资金又十分有限。在人口红利逐渐消失，人口老龄化加速到来的背景下，以当前养老金占当前社会平均工资 52.4% 的水平，我国养老保险将面临严重的资金缺口。因此，应首先考虑提高国有资本经营预算支出在社会保障方面的支出比例，以解决社会保障基金支付缺口问题。随着国有资本经营预算收入的不断增加，再进一步扩大国有资本经营预算支出对教育、医疗、就业等民生领域的投入，一方面可以减少民众因政府公共投入不足而导致的刚性支出，从而促进消费，拉动内需；另一方面还可缓和收入分配不均而引起的社会矛盾。

三、健全的国有企业红利分配的相关配套制度

"社会分红"的实现离不开法律，在社会主义法治社会下，民生财政支出的政策安排与运行管理必须实现有法可依，违法必究。目前我国关于国有资本红利上缴制度的法律仍处于空缺状态，现行的制度主要以实施意见、执行办法、部门规章等政策性文件的形式加以实施，约束力普遍不强。2008 年出台的《中华人民共和国企业国有资产法》（以下简称《企业国有资产法》）中关于国有资本经营预算的篇幅仅有数百字介绍，并且相关的内容仅是简要的说明，不具有实际操作性。《企业国有资产法》第六十二条规定："国有资本经营预算管理的具体办法和实施步骤，由国务院规定，报全国人民代表大会常务委员会备案。"这为健全国有资本经营预算制度预留了空间。国有企业红利上缴是国有资本经营预算的重要内容，在红利上缴程序、核定形式等方面具有复杂性，若没有制度的刚性约束容易导致人为操纵，使国有企业红利上缴的安排变成各主体的利益分配，这无疑会增加国有企业红利上缴的难度。因此，一方面必须以法律的形式将国有企业红利上缴的各项环节进行规范，及时足额地收缴国有资本收益，保障国有企业红利上缴的顺利实施，使国家及民众能够真正享有股东权益；另一方面，必须建立健全国有资本经营预算与公共预算的衔接制度，增强制度系统的有序性和规范性。民生财政是公共财政的核心，公共财政的本质是"取之于民，用之于民"，如前文所述，民生性的支出范畴较多，除了优先安排社会保障、教育等支出外，就业、医疗、收入分配、公共安全等应怎样排序支出也是民生财政的关键点。只有建立国有资本经营预算与政府公共预算适度互通的衔接制度，才可能使国有资本经营预算按公共预算统一的优先顺序安排使用全部公共财政资源，从而最大限度地满足国民需要。建立国有资本经营预算与公共预算的衔接制度，不仅有利于防范公共财政风险，还有助于强化部门间资金融通

的监督制衡。

四、完善的红利分配内外监督机制

任何一项制度安排都是存在于制度结构中的，必须与制度结构中的其他制度安排实现制度耦合，才能使该项制度发挥最大的效用。要保证国有资本经营预算"社会分红"机制的成功运行，需要建立健全完整有效的监督体系，只有保证政府内部监督与社会的外部监督相结合，才能使社会分红公开、公正、公平的开展，从而增强制度系统的有序性，以保障国家与国有企业财政分配制度系统功能的发挥。

健全的国有资本经营预算收益审计制度，保证国有资本经营预算支出向民生倾斜。自2009年以来，国家加强了国有企业财务状况的审计力度，重点涵盖会计核算、福利支出、薪酬管理、人事任免、投资运营等方面。有效地预防了国有企业多列支出、滥发福利等侵占国有资本的行为。为了更有效地发挥审计部门对国有企业经营行为的监管，应扩大国有企业审计范围。具体而言，一是加强财务审计，检查会计报告的真实性、完整性，是否存在利润操控、虚增成本、隐瞒收入等不端行为，保证国有企业利润的真实性。二是加强经济责任审计，通过检查国有企业经理人的薪酬发放、在职消费等情况，监督其是否存在侵占国有资本的不规范经营行为。三是通过绩效审计，检查国有企业的投资效率，以发现是否存在盲目无效投资等短期经营行为，国有资本经营预算支出是否合规合法合理，是重点投入民生还是挪作他用。

公开、透明的信息公开制度，保证国有资本经营预算支出的规范化运行。我国宪法规定，国家的一切权利属于人民。《企业国有资产法》提到，国有资产为全民所有。人民作为国家的主人，作为国有资产的终极所有者，对国有资本经营预算收益与支出的财务信息理应享有知情权。且民生财政的核心要义之一就是赋予公众知情权，让公众明晰了解国有资本经营预算支出的使用流向，从而提高公众对国有企业的认同感与关切度。一方面，政府部门应定时以通俗易懂的形式，及时准确地披露国有资本收益流动去向、国有企业经营绩效状况，让民众充分了解国有企业资金（尤其是利润分配）流向，这不仅有助于真正发挥公众作为监督者的作用，而且还能够让公众切实感受到国有企业红利分配的普惠性。另一方面，应健全畅通的反馈渠道，破除国有企业利润征管的闭锁系统，设置听证程序，让媒体和公众从舆论的角度对国有企业红利上缴的行为提出意见和建议，充分发挥外部监督主体的作用。

五、有效的社会分红激励约束机制

在国有企业利润实行"社会分红"的框架下，国有资本经营预算支出必然要向民生领域倾斜，国有企业无法独享国有企业巨额利润。但由于信息不对称的存在，政府无法完全真实有效地掌握国有企业管理者的个人努力情况、国有企业的真实盈利情况等信息，基于效用最大化的动机，国有企业管理者必然会产生道德风险问题，表现为操纵盈余管理，增加在职消费、滥发职工福利等逆向选择行为。因此，为了防范国有企业内部人可能产生的这些利己动机和行为，必须设计一个有效激励约束机制。本课题组为此提出一个初步的构想：一是对于盈利状态良好且如实上缴利润的企业，可5年为一个周期返还一年度的利润作为激励，对于盈利状态良好却转移利润的企业，则取消返还红利以示惩戒。二是对于稍有盈利但其红利只够补充企业发展所需后备金的企业或处于亏损状态的企业，按同类型上市公司支付给优先股股东的红利标准上缴国有企业红利，因亏损而无法支付的红利可递延至下一年度，以此类推。这样的制度设计确保了国有企业无论是如实上缴红利或转移利润，向国家支付的红利是无差异的，从制度上避免了企业转移利润行为的产生，从而有效地消除了企业的套利空间。值得注意的是，这样的激励约束制度设计，可以使国有企业管理层意识到向国家上缴红利是企业本身的刚性要求和义务，而不受盈利状况的影响。此外，还能够使那些长期占据大量国有资产却经营效益低下的国有企业受到刚性制度的约束，加深对国有企业本质和使命的认识，从而努力提高企业的经营管理水平和市场竞争力，最大限度地回报全体国民。

第七章

国有企业改革目标导向下的国有资本经营预算公共性定位

从1978年改革开放至今,我国国有企业经历了放权让利、两权分离、股份制改革、现代企业制度等一系列改革探索之后,目前已经进入混合所有制改革阶段。与此相对应,国有企业已经从全民所有制和集体所有制为主的所有制结构转变为以公有制为主体、多种所有制经济共同发展的所有制结构。在这一改革过程中,国有企业公有产权属性基本不变,外部总体布局基本处于稳定状态,但处于不同产业领域的国有企业经营目标和功能定位仍存在显著差异。对此,2015年国务院出台的《关于深化国有企业改革的指导意见》明确指出:"要分类推进国有企业改革",要求根据国有企业的功能定位,将现存国有企业划分为"公益类"和"商业类"两大类型。无疑,对国有企业进行分类治理和分类监管,能够使部分国有企业专注于社会效益;部分国有企业专注于经济效益。但如前所述,国有企业产权是公有的,改革后那些专注于社会效益的国有企业固然能够体现公有产权特性,而那些专注经济效益的企业又当如何保障这一属性不变?对此,本书认为,在分类改革目标导向下,要充分体现国有企业的公有产权属性,还应当突出国有资本经营预算的"公共性",将国有企业产生的经济效益通过预算收支结构的调整,较大限度地转化为社会效益。这也在一定程度上为国有企业红利倍增目标下国有资本经营预算支出民生化提供了重要的理论依据。

■ 第一节 国有企业的属性界定与基本功能

对国有企业属性界定和基本功能的认识,是确定国有企业改革目标导向的基本前提,更是国有资本经营预算公共性定位的逻辑起点。我国作为一个社会主义国家,社会主义公有制的性质决定了国有企业公有产权属性。而我国发挥市场经济决定性作用的需要,又使得公有产权属性指引下的国有企业兼具经济功能和社会功能。因此,我们必须基于我国社会性质、市场经济与公有制性质来审视和确定我国国有企业本质属性及其基本功能。

一、国有企业的属性界定

关于国有企业属性界定的研究,本书从马克思产权理论的视角进行解读,认为国有企业具有公有产权的本质属性,不仅表现为所有权的公有性,而且表现为剩余索取权或者说是收益权的公有性,最大限度地保证公有产权利益不受侵犯。

马克思产权理论认为,产权关系的内容由所有制关系特别是生产资料所有制关系来决定。[①] 我国是社会主义国家,生产资料全民所有制的性质也就决定了国有企业的公有产权属性特点。具体而言,第五章分析公有制本质特征时已经提到,马克思预言未来的共产主义社会将实行生产资料公有制。例如,在他所著的《资本论》第一卷中提出,设想有一个自由人联合体,他们用公共的生产资料进行劳动,并且自觉地把他们许多个人劳动力当作一个社会劳动力来使用。[②] 这里的"自由人联合体"体现的就是公有制社会的占有方式和劳动方式。它一方面消除了私有制条件下异化劳动的现实表现形式,使劳动者真正获得解放;另一方面否定了劳动者的剩余劳动价值为少数资本家所占有的分配方式。在这句话中,马克思强调了公有制条件下的公有产权特点,即生产资料归全体劳动人民所有,并且劳动者通过联合劳动共同占有和使用劳动成果,而非被个人或其他利益集团占有。我国的社会主义基本经济制度要求公有制经济占国民经济的主体地位,公有制经济的主要组成部分是国有经济,国有经济的主要表现形式是国有企业。因此要体现我国社会主义公有制的本质特点,就在于强调国有企业的公有产权属性。[③]

当然,在现有产权结构中,国有企业的公有产权属性应当集中体现为收益权(剩余索取权)的公有性。按照马克思的观点,产权是一组以所有权为核心,包括占有权、使用权、支配权、经营权、索取权、不可侵犯权等在内的权利组合,并且随着社会化大生产背景下分工的不断细化,产权组合中的各项权利也可能出现分离。为提高产权效率的需要,现实中的国有企业改革已经通过委托代理关系将所有权、占有权与经营权分离开来,但能体现国有企业所有权本质特征的剩余索取权(收益权)应当回归产权主体,即委托代理关系下的国有企业公有产权属性应集中体现为收益权的公有性,通过对国有企业的经营实现社会整体效益的最大化和国有资本收益的全民共享。

二、国有企业的基本功能

国有企业的基本功能主要体现为经济和社会功能。就国有企业经济功能而言,

---

① 屈斐,田娟. 马克思的产权理论与国企产权制度改革 [J]. 学理论,2013(20):79–80.
② 马克思. 资本论:第一卷 [M]. 北京:人民出版社,1975.
③ 汪丹. 保障我国国有企业公有产权属性的改革研究 [D]. 成都:西南交通大学,2015.

国有企业与一般企业类似,追求企业资产保值增值的目标;就国有企业的社会功能而言,国有企业承担着弥补市场失灵、巩固社会主义经济基础和主导国民经济发展等社会责任。基于国有企业所特有的公有产权属性,本书认为在深化国有企业改革的今天,国有企业应更多地发挥其社会功能。

(一) 国有企业的经济功能

国有企业的经济功能集中体现为实现国有资产保值增值的功能,即国有企业以追求经济效益为目标,通过生产经营活动实现国有资产生产能力和使用价值提高的功能。从历史角度看,传统计划经济体制下的国有企业完全服务于政府的计划安排,保值增值的经济功能也就无从彰显。直到1981年,国务院在《关于实行工业生产经济责任制若干问题的意见》中提出,建立以提高国有企业经济效益为目标的国有企业经济责任制,国有企业的经济功能才能被重视起来。1992年,进入社会主义市场经济的新阶段后,我国由高度集中的计划经济体制转向以公有制为主体、多种所有制共同发展的经济结构。国家通过实施"抓大放小""股份制改革"等一系列政策,致力于将国有企业培育成自主经营、自负盈利、自我约束、自我发展的社会主义市场经济主体。这一过程使得国有企业经济体量从1992年的3.06万亿元增加到2002年的7.13万亿元,再到2014年的28万亿元[①],充分证明了国有企业经济效益得到不断提高,国有资产保值增值功能得到不断强化。近年来,尽管国家不断强调和凸显国有企业的社会功能,但其经济功能依然受到足够重视。例如,2015年8月,中共中央国务院发布《关于深化国有企业改革的指导意见》就强调深化国有企业改革要保护好、发展好国有资产,做强做优做大国有企业。2016年3月,国务院根据《政府工作报告》对重点工作部门提出指导意见,再次强调实现国有资产保值增值的重要性。2017年5月,国务院办公厅转发《国务院国资委以管资本为主推进职能转变方案》指出要强化管资本职能,落实保值增值责任。2018年4月27日,李克强在国务院第一次廉政工作会议讲话中又一次强调,要加强对国有企业主要业务、改革重点领域、国有资本运营重要环节的监督,既激发国有企业活力,又确保国有资产安全和保值增值。[②] 国家一再强调国有企业资产保值增值的经济功能不仅是为了满足国有企业自身可持续发展的需要,更重要的是希望通过国有企业资产保值增值为其社会功能的履行奠定基础,例如,通过国有资产的保值增值增加国家所有者的财政收入,并以财政支出民生化的方式实现社会整体福利的提高。

(二) 国有企业的社会功能

国有企业的社会功能是指国有企业以全民福利最大化为目标、体现社会主义公

[①] 资料来源:《中国国有资产监督管理年鉴》组委会. 中国国有资产监督管理年鉴2015 [M]. 中国经济出版社,2015:12.

[②] 孙秀弘,周丽江. 国有企业保值增值的途径 [J]. 齐鲁工业大学学报,2018 (03):76-80.

有制本质要求的社会职能。应当承认，作为社会主义国家，我国国有企业社会功能不仅体现为弥补市场失灵，还表现为巩固社会主义制度经济基础，主导国民经济发展的作用，这是社会主义国家国有企业存在的特殊依据。

1. 弥补市场失灵

所谓市场失灵，是指在市场经济条件下资源配置无法实现最优状态的表现，一般存在于不完全竞争、外部效应和公共产品、信息不对称等行业领域。由于市场经济难以克服的市场失灵问题，除了一般经济政策外，市场经济国家普遍采用国有企业的形式加以解决。例如，在公共产品领域，国有企业就成为解决市场失灵的有效途径。我们知道，公共产品可分为纯公共产品和准公共产品。纯公共产品具有非排他性和非竞争性的特点，人们无须购买即可消费。这使得提供该类产品的企业无利可图，只能由政府经营。而在准公共产品的供给上，这类产业部门往往具有投资规模大、资金回收慢、社会效益强的特点，当私人资本尚未积累到较大规模时，也很难在这类产业部门进行大量投资，只能由国家投资兴办和经营。[①] 除此之外，国家还可以通过控制国有企业的投资规模弥补经济周期性波动造成的市场失灵。例如，在经济衰退阶段，通过国有企业大量并购重组的方式挽救那些处于经营困境中的非国有企业，阻止经济快速下滑，起到制动器的作用；在经济复苏阶段，当非公经济缺乏进入市场的动力和信心时，国有企业会率先进入市场，引导其他所有制企业进入；而在经济回暖阶段，国有企业又可以通过资本运作的方式主动退出一些竞争性领域。

2. 巩固社会主义的经济基础

我国作为发展中的社会主义国家，国有经济应当成为社会主义政治制度和经济制度的基础。[②] 尽管我国不断强调发挥市场经济在资源配置中的决定性作用，但市场机制不能自发产生社会主义经济基础，不能有效地巩固社会主义制度、难以自发地保证工人阶级和人民群众当家作主，也不能很好地坚持为大多数人谋福利、走共同富裕之路。而国有企业作为市场经济中社会主义公有制的代表，应当保证其在国民经济中的主体地位，以巩固社会主义制度的经济基础。近年来，虽然国有企业经过并购、重组、整合，在企业数量上有了一定程度地减少，但是国有企业资产总量优势依然明显。据国家统计局网站资料统计，截至 2016 年底，我国 GDP 总量大约为 74.4 万亿元，而其中国有企业营业额就高达 46 万亿元（其中 100 多家大型中央企业实现销售收入大约 27 万亿元，10 万家左右的地方国有企业大约实现销售收入 18 万亿元），大约占 GDP 的 60%。可以说，伴随着市场化改革进程的推进，国有企业在国民经济发展中的主体地位将更加巩固。

3. 主导国民经济发展

国有企业在国民经济中的主导作用集中体现为引领技术创新和控制国民经济命

---

① 杨鹏. 我国国有资产管理体制改革研究 [D]. 长春：东北师范大学，2015.
② 周冰，郭凌晨. 论国有企业的功能定位 [J]. 财经科学，2009 (01)：73-79.

脉。在技术创新引领作用上，发展经济学表明，发展中国家因在经济赶超阶段致力于劳动密集型产品的供给而造成核心技术及新兴产业的落后，陷入"比较优势陷阱"或"低端锁定陷阱"。而国有企业相对于民营企业在以技术为核心的资本密集型行业更具比较优势。因此作为发展中国家的典型，我国在成为世界一流强国之前，需要充分发挥国有企业技术创新的引领作用，将国有资本投入类似核电、通信、卫星、光伏等高科技产业，并积极开展技术研发和成果推广工作，为各行各业带来技术革新的价值增益。在控制国民经济命脉的职能上，国有企业控制着类似电网电力、石油石化等七大涉及国家安全和国民经济命脉的重要行业和装备制造、汽车等九大国民经济发展的基础性支柱产业，成为国家贯彻其政治意图、经济意图和履行社会职能的重要渠道，承担着生产、提供国家建设和社会消费所需要的物质文化产品，上缴企业利润充实国家财政收入以及社会福利保障等任务。

（三）国有企业双重功能的权衡

虽然国有企业存在经济功能和社会功能，但二者在同一个企业中一般不能兼顾。突出了国有企业的社会功能必将影响其经济功能的发挥，而强调了国有企业的经济功能又可能导致其社会功能得不到保障。因此在当前深化国有企业改革阶段，有必要权衡二者的重要性和优先性。考虑到国有企业公有产权属性，本书认为，应当承认和发挥国有企业的经济功能，突出和强化国有企业的社会功能。[①]

1. 承认和发挥国有企业的经济功能

承认和发挥国有企业的经济功能即承认国有企业的市场双主体地位（市场主体和法人主体）。在社会主义市场经济中，国有企业本质上是一个企业，一个经济组织，而不是一个政治组织或行政组织，更不是政府的附属物。因此，作为一个企业或经济组织，它必然有其自身的经济性，追求资产保值增值。就如同一个政府公务员，其首先是一个普通公民，有普通公民的私人属性，有个人目标和私利追求，这是人的自然本性使然。我们不仅应该承认，而且还要允许他去追求正当的个人私利。对待国有企业也是如此，应当首先承认和发挥它的经济功能，而不是像计划经济时期那样把国有企业当作政府的附属物，没有任何企业性可言。承认和发挥国有企业的经济功能包括：（1）推进国有企业市场化改革，逐步培育成自主经营、自负盈亏的市场经济主体；（2）注重国有企业的投入—产出效益，在经济上追求效益最大化；（3）完善现代企业制度，实行现代社会化生产的组织结构和治理模式。需要强调的是，国有企业的经济功能与一般企业不同，它源于自身的社会功能。国有企业为了能够更好地履行社会职能，保障社会福利，必须在市场竞争中做强做优做大，追求并实现国有资产保值增值。

2. 突出和强化国有企业的社会功能

之所以突出和强化国有企业的社会功能，是基于其公有产权属性的考量。这一

---

① 许金柜. 论我国国有企业的社会责任［J］. 长春工业大学学报（社会科学版），2012（01）：25－27，34.

特殊性质要求国有企业应当以追求社会整体福利最大化为目标，充分履行其弥补市场失灵、实现和巩固社会主义公有制的职能。就如前面所举的公务员的例子，公务员首先是一名普通公民，要承认他的私利，允许他追求正当的个人私利，但由于其手里掌握着人民赋予的公权力，决定了他具有与普通公民不同的特殊功能，而且这种功能是占主导地位的。这就要求其私人利益必须服从于这种公共利益，即他的职责首先是为人民提供公共服务、追求社会福利的增进，其次才是在保证社会公共利益基础上所追求和实现的个人正当利益。类比于此，国有企业必须突出和强化其社会功能，否则无异于一般企业。中共十八届三中全会明确指出，国有企业是全民所有制企业，是推进国家现代化、保障人民共同利益的重要力量，这也就要求国有资本投资应更多地投向关系国家安全、国民经济命脉的重要行业和关键领域。[①] 这一论述对新时期我国国有企业社会功能做出了准确定位，体现了国有企业毋庸置疑的公有产权属性。

第二节 国有企业分类改革的内在逻辑

基于国有企业公有产权属性及基本功能的认识，国有企业应当以社会福利最大化为目标，根据各类企业的功能定位分类推进改革。实际上，从国有企业改革逻辑的演变上分析，这一提法也有一定的理论和实践逻辑。

一、国有企业改革逻辑的演变

改革开放前 30 年，我国在重工业优先发展的"赶超型"发展战略驱动下，产生了一批规模大、产量高、实力强的国有企业，占据着国民经济发展的重要地位。但由于受到当时计划经济体制的影响，国有企业的管理模式和运行机制具有强烈的集权色彩，在投资决策、生产经营、利润分配等各个环节都按照国家的指令进行，缺乏自主权。尽管这一时期，国有企业管理体制和发展方向有过调整和变化，但始终没有跳出国家对企业高度集权的国有企业体制管理逻辑。而自 1978 年改革开放序幕的拉开，国有企业市场化改革的取向逐渐成为全社会的共识。依据不同时期的国有企业改革理论、政策和实践主题，大致可分为以下几个阶段的国有企业改革逻辑。

（一）放权让利阶段的国有企业改革逻辑（1978~1984 年）

为改变传统高度集权框架下国有企业体制僵化、活力不足、效率低下的格局，国有企业改革最先是从放权让利、扩大企业自主权开始。1979 年，国务院出台

---

① 张维. 国企改革"顶层设计"方案 23 个亮点逐一看［EB/OL］. 2015 - 09 - 14. 中国政府网. http：//www.gov.cn/zhengce/2015 - 09/14/content_2931110.htm.

《关于扩大国营工业企业经营管理自主权的若干规定》文件，规定国有企业可以拥有生产销售、资金运用以及职工福利等方面的自主权，标志着这一轮改革的正式开始。1979年，国家开始推进首创于四川的利润留成制度改革，包括技术利润留成加增长利润留成、利润包干、超计划包干和亏损包干等。1980年11月18日，国务院批转了《关于实行基本建设拨款改贷款的报告》文件，规定从1981年起，凡是实行独立核算、有还款能力的企业，都应实行"拨改贷"制度。之后又在1983年和1984年相继实行了"利改税"。应当承认，这些改革举措在一定程度上扩大了企业的生产经营自主权，使国有企业逐步成为一个独立的经济利益主体，高度集权的国有企业管理制度也开始有所松动。

（二）两权分离阶段的国有企业改革逻辑（1985~1991年）

为解决国有企业经营机制活力不足问题，1984年，中共十二届三中全会通过的《中共中央关于经济体制改革的决定》提出，企业的所有权和经营权可以适当分离，并沿着这一思路开始探索国有企业的多种经营方式。1986年12月5日，国务院发布了《关于深化企业改革增强企业活力的若干规定》，正式确立国有企业推行承包责任制。1987年3月，明确提出本轮改革的重点是完善国有企业经营机制，探索实行多种形式的承包经营责任制。租赁制、资产经营责任制等实现国有企业两权分离的体制改革相继实行。应当承认，这类举措虽然能够在一定程度上调动生产经营者的积极性，提高国有资产营运效率，但企业经营管理中政府干预的现象依然存在，甚至产生了明显的"内部人控制"问题。实行企业承包制、承租制只是在政企职责尚未分开、竞争性市场尚未形成、企业组织制度（包括产权制度）还没有进行根本变革的条件下给予企业某些自主权的一种过渡性办法，而不是我国国有大中型企业组织制度改革的根本出路。

（三）产权多元化阶段的国有企业改革逻辑（1992~1997年）

1992年10月，中共十四大将建立社会主义市场经济体制确立为我国经济体制改革的目标，以放权让利为特征的国有企业改革基本思路已经不能适应这一目标体制的要求。因此在1993年11月，中共十四届三中全会审议通过的《中共中央关于建立社会主义市场经济体制若干问题的决定》明确指出："进一步转换企业经营机制，建立适应市场经济要求，产权清晰、权责明确、政企分开、管理科学的现代企业制度。"实际上，建立现代企业制度就是将一般全民所有制企业改组为公司制的集团公司模式，将所有权与经营权的分离从承包承租制条件下的管理方式转变为产权多元化条件下的一种法律关系，将国有企业培育成为真正能自主经营、自负盈亏的市场竞争主体。但在改革的过程中，一些政府部门还没有正确理顺政企关系，还保持着计划经济体制下政府对国有企业的行为模式，对企业的生产经营干预过多。主要表现在经济管理和改革方案审批过程中，政府部门对国有企业的投资、技术改造和日常生产经营等方面控制过多，耗时过长，地方政府和行业部门权力主导和利益割据等诸多方面的问题。

(四) 股份制改造阶段的国有企业改革逻辑 (1998~2002年)

为积极推进国有企业现代企业制度的建立，1999年9月，中共十五届四中全会通过的《中共中央关于国有企业改革和发展若干重大问题的决定》明确提出了要大力发展股份制，强调在社会主义市场经济条件下，国有经济的作用既要通过国有独资企业来实现，更要大力发展股份制，探索通过国有控股和参股企业来实现。2000年9月，国务院办公厅转发了国家经贸委《国有大中型企业建立现代企业制度和加强管理基本规范（试行）》，鼓励国有企业通过规范上市、中外合资和相互参股等形式实行股份制，并力图通过上市、兼并、联合、重组等形式形成一批拥有自主知识产权、主业突出、能力强大的公司和企业集团。这一时期的国有企业改革特点是以股份制作为公有制主要实现形式来加快发展混合所有制经济，同时把产权制度改革作为国有企业改革的一个突破口，深入解决传统经济体制存在的最基本问题。

(五) 优化产权约束机制阶段的国有企业改革逻辑 (2003~2014年)

在推进国有企业股份制改造与现代企业制度建设过程中，政府既是股权所有者又是社会管理者，从而导致企业经营过程中政企不分的问题愈发突出。为了优化国有企业所有权的约束机制，2003年，国家成立了国有资产监督管理委员会（以下简称"国资委"），并推进以下几个方面的改革：一是在企业产权管理方面，规范国有企业产权交易，致力于发展符合现代产权制度要求、支持国有产权顺畅流转的管理体制；二是在企业资产与财务监督方面，实行国有资本经营预算制度，全面组织清产核资，推动中央企业执行《企业会计制度》和新会计准则，实行总会计师制度；三是在业绩考核和三项制度改革方面，重点对中央企业负责人进行年度和任期经营业绩考核，逐步建立与完善企业负责人薪酬与经营业绩考核挂钩的机制，推行市场化选聘企业高级管理人员的制度；四是在企业法律事务管理方面，贯彻落实依法治企的方针，实行总法律顾问制度，建立和完善国有重点企业法律风险防范机制。应当承认，这一时期的国有企业改革彻底扭转了以往国有企业改革及国有资产监管工作中"政出多门、分而治之"的局面，在一定程度上实现国有企业改革进程中的政资分离，弱化了国有企业管理中"政企不分"的现象。

(六) 分类治理阶段的国有企业改革逻辑 (2015年至今)

为了进一步优化国有资本结构布局，2015年，中共中央、国务院印发了《关于深化国有企业改革的指导意见》（以下简称《意见》）明确提出要分类推进国有企业改革。即首先根据国有资本战略定位将国有企业分为商业类和公益类两种类型，并在此基础上对不同类别、不同特定功能的企业推行不同的改革方案，具体包括国有企业发展方向、监管体制、组织结构设置、经理人选聘、考核机制等方面的差异。同时，该《意见》明确要求，国有企业应加强党的领导，完善现代企业制度和资产管理体制，积极发展混合所有制经济，等等。简言之，这一阶段国有企业改革的重点是根据国有资本不同功能和性质分类推进改革，并将那些主业处于竞争性领域的国有企业进一步推向市场。

二、国有企业分类改革的理论逻辑

长期以来，国有企业改革的方向一直是学术界争论的热点问题。一种观点认为，国有企业改革必须坚持马克思主义政治经济学的指导，充分发挥国有经济的控制力，不断做强做优做大国有企业；另一种观点则认为，国有企业改革应当以西方主流经济学为指引，充分发挥市场在资源配置中的决定性作用，逐步推进国有企业市场化改革。

具体而言，西方主流经济学派以"经济人"假设为前提，强调"市场"在资源配置中的决定性作用。西方经济学家认为，在自由市场竞争环境下，个人追求自身利益最大化的行为必将导致社会整体福利最大化。沿着这一逻辑思路，自由市场竞争环境下追求自身利益最大化的经济人行为应当通过交易实现，而交易的前提就是要做到产权明晰。因此，按照西方经济学的观点，国有企业改革应当按照科斯明晰产权的要求，将国有企业产权量化到个人，通过产权交易实现资产自由流动。这一理论显然支持国有企业私有制，推进国有企业市场化改革。而马克思主义政治经济学以社会的生产关系作为研究对象，强调计划经济在资源配置中的决定性作用。马克思通过对劳动价值论和剩余价值论的分析揭示了生产社会化和生产资料私人占有之间不可调和的对抗性矛盾，并认为这一矛盾只有实行生产资料公有制才能解决。而伴随着公有制的实行，社会主义必然取代资本主义，计划经济也就替代了市场经济。因此，按照传统马克思主义政治经济学的观点，社会主义社会必须坚持生产关系公有制这一基本立场，而作为社会主义公有制主要载体的国有企业如果推行市场化改革，就等于承认了私有制，也就动摇了社会主义基本经济制度的根基。要想保持市场经济中的社会主义属性，就必须做强做优做大国有企业。[①]

综上所述，根据马克思主义政治经济学理论，持续推进国有企业市场化改革可能导致公有制主体地位的缺失；根据西方主流经济学理论，继续做强做优做大国有企业可能无法发挥市场在资源配置中的决定性作用。这两种看似水火不容的理论逻辑却得出相似的结论，即它们均认为坚持公有制主体地位与推进市场化改革不能同时进行。也就是说，推进国有企业市场化改革将削弱国有经济的主导地位，而做强做优做大国有企业必将导致市场化改革出现阻力，难以实现共同的兼容发展。其实，主张公有制主体地位与推进市场化改革不能同时进行的观点并没有正视中国特

---

① 杨瑞龙. 简论国有企业分类改革的理论逻辑［J］. 政治经济学评论，2015（06）：38–41.

色社会主义经济的本质。众所周知，我国从 1992 年开始就构建社会主义市场经济体制，它既不是马克思主义政治经济学中所倡导的社会主义公有制，也不是西方经济学中所推崇的市场经济体制，而是在社会主义制度下以公有制为主体的、市场在资源配置中起着决定性作用的市场经济体制。① 在这一经济体制框架下，我们既不排斥以商品货币关系为主的市场经济，也不放弃生产资料公有制的计划经济，而是要在保证公有制主体地位的前提下处理好计划与市场的经济关系。遵循这一逻辑思路，一方面，保证公有制的主体地位要求改革能够保证国有企业在关系国民经济命脉的重要行业和关键领域占据支配地位；另一方面，发挥市场机制在资源配置中的决定性作用要求国有企业通过改革成为自主经营、自负盈亏的市场主体。这就使得改革中的国有企业一方面要承担国家的政策性负担与社会负担，追求社会福利最大化目标；另一方面又要参与市场竞争，追求利润最大化目标。双重目标的追求使得国有企业容易陷入这样一种尴尬境地：国有企业追求社会福利最大化目标，则无法实现利润最大化的结果；而若追求了利润最大化目标则又会被指责没有以社会福利最大化为宗旨。最终导致国有企业无所适从，社会各界对其评价也褒贬不一。针对这一问题，国有企业分类改革就成了最佳解决方案。即让一部分企业专注于承担国家的政策性职能与社会职能，主导和控制国民经济发展；让另一部分企业参与市场竞争，成为自主经营、自负盈亏的市场经济主体。如此，国有企业做这样的分类功能定位，既能保证社会主义公有制的主体地位，又能充分发挥市场在资源配置中的决定性作用。

三、国有企业分类改革的实践逻辑

纵观国有企业改革逻辑的演变历程，从最初的放权让利，到两权分离，再到以产权制度改革为主线的股份制改造，都致力于推进国有企业市场化改革。可以说，这 40 多年的国有企业改革目标是清晰的，就是将其改造成自主经营、自负盈亏的市场经济主体。但按照这一目标设定，这 40 多年的国有企业改革却又基本上是在原地打转。因为它始终没有解决国有企业市场化改革进程中的两个难题，一是政企分开，二是所有权不可转让。②

就政企分开这一问题，我国早在 20 世纪 80 年代就已经意识到其对于国有企业市场化改革的重要性，积极通过租赁制、承包制和资产经营责任制等一系列措施排除政府行政干预。20 世纪 90 年代推进现代企业制度的建立更是将其作为改革的重点，然而实践效果均不尽如人意。究其原因，无非是国有企业市场化改革目标与政府所有者目标的不一致性造成的。我们知道，市场化改革的目标是追求国有企业利

---

① 黄速建，胡叶琳. 国有企业改革 40 年：范式与基本逻辑 [J]. 南京大学学报，2019（02）：38 - 48 + 158.
② 中国宏观经济分析与预测课题组，杨瑞龙. 新时期新国企的新改革思路——国有企业分类改革的逻辑、路径与实施 [J]. 经济理论与经济管理，2017（05）：5 - 24.

润最大化，而政府是以保障和改善民生为重点，追求的是社会福利最大化。因此在市场化改革进程中，作为国有企业所有权行使者的政府往往会不自觉地将自身目标输入到企业，政企不分的现象也就成为一种常态。对此，有部分学者提出将政府的所有权退化成债权就可实现政企分离，殊不知这一方案的执行只可能导致国有企业私有化，而私有化就意味着国有企业的名存实亡，也就动摇了社会主义基本经济制度。

就所有权不可转让这一问题来看，市场化改革过程中，要想让国有企业成为自主经营、自负盈亏的主体，必须保证企业产权能够进行置换，企业资产能够在市场环境中自由流动。这对于私营企业来说当然没有问题，但对于国有企业来说，所有权的置换就意味着产权主体地位的变动，也就意味着国有企业很可能不再是国有。因此，为保障国有企业主体地位，在推进国有企业改制上市的过程中，我们始终能够看到"限制国有股转让"这一前提条件。虽然这一条件的存在使得国有股占大头的国有企业无论在哪个地方上市，均不影响其控股（主体）地位，但也正是这一条件的限定，使得国有企业仍然要听命于政府，政企不分的痼疾也就难以根除。

应当承认，由于政企不分与所有权不可转让问题的存在，使得40多年改革实践中经常出现一"包"不灵、一"股"独大的现象。对此，我们也曾试图通过股份制改造来提高企业经营效率。然而在股份制改革所遵循的委托代理链条下，这一举措不仅没有解决上述问题，反而将公有制的弊端和市场经济的弊端融合在一起，造成类似国有资产流失这样的悲剧。在委托代理链条下，国有企业股份制改造的委托人是政府，行使所有权；代理人是经理层，行使经营权。由于委托人与代理人的信息不对称，在纯粹的市场化条件下，代理人因追求自身利益（如年薪、奖金、期权等）而可能损害国有企业整体利益，造成国有资产流失等各类问题。

至此，我们似乎应当去反思过去那种试图将所有的国有企业均改造成市场经济主体的逻辑。现实中，我国不同类别的国有企业在市场经济中表现出不同的地位、功能和作用，其运行体制也应当有所区别。例如，对于那些适合或者应当市场化改革的国有企业，就应当毫不动摇地坚持当初的国有企业改革逻辑思路，坚定地将其培育成自主经营、自负盈亏的市场经济主体；而对于那些适合或者应当保持国有控股的企业，就应当加强监管，而不是一味地推进市场化改革。因此，在接下来的国有企业改革进程中，应当合理界定国有企业功能、性质、地位等要素，分类推进国有企业改革，实现国有资本更多地向国计民生行业集中。这就是国有企业分类改革的实践逻辑。

第三节 分类改革目标导向下的国有企业类别划分与改革方案设计

既然国有企业性质和功能定位已经明确，国有企业分类改革的理论和实践逻辑已经清晰，那么新一轮国有企业改革的目标导向也就自然得以彰显。即应当以国有企业公有产权属性作为出发点,根据国有企业的功能定位,分类推进国有企业改革。尽管中共中央国务院《关于深化国有企业改革的指导意见》已经明确了国有企业分类改革的规则及基本改革方案,但在实际改革过程中尚有一些问题需要进一步明确与细化。例如,对国有企业如何分类,分类后又如何推进混合所有制改造、如何健全国有资产监管机制与模式、如何完善企业治理结构,等等。据此,我们将在划分国有企业类别的基础上进一步优化国有企业分类改革的路径及实施方案。

一、分类改革目标导向下国有企业的类别划分

关于国有企业的分类问题,理论界早就存在"两分法"和"三分法"的争论。[①] 所谓"两分法"主要是指将国有企业划分为"公益性"与"竞争性"两类。其中公益性国有企业主要以"社会效益"为导向,所提供的产品或者服务关系国民经济发展和人民基本生活保障。竞争性国有企业以"经济效益"为导向,在市场竞争性领域进行投资经营,以获取利润回报。所谓"三分法"主要是指将国有企业分为公共政策性、特定功能性和一般商业性三个类别。其中公共政策类国有企业是指那些提供重要公共产品和服务的企业,它们只追求公共性政策目标而不承担经济功能。特定功能类国有企业是指那些履行国家政策性任务的垄断性国有企业,它们不仅要发挥服务社会的社会功能,还要兼顾保值增值的经济功能。一般商业类国有企业就是指通常所说的竞争性国有企业,它们追求资产保值增值的经济目标要先于社会福利最大化的社会目标。2015年国资委颁布的《关于深化国有企业改革的指导意见》(以下简称《指导意见》)将国有企业分为公益类和商业类,其中商业类国有企业又划分为主业处于关系国民经济命脉关键领域的商业类国有企业和主业处于充分竞争行业的商业类国有企业。[②] 这一分类方法表面上属于"两分法"的范畴,实则是按照"三分法"的思路。鉴于此,本书将国有企业分为公益类国有企业、特定功能类国有企业和商业类国有企业三种类型。

(一) 公益类国有企业

公益类国有企业是指以保障民生、服务社会、提供公共产品和服务为主要目标,致力于履行企业社会功能的企业,如水利企业、电力企业、粮食储备管理企业等。这类企业一般具有以下特征[③]:一是该类企业提供关系社会公众福祉和利益的公共产品,主要分布在公共设施服务、社会福利保障、基础技术服务等领域;二是

---

① 白金亚. 国有企业分类监管体制改革研究——基于国企功能定位的法治思考 [J]. 上海市经济管理干部学院学报, 2017 (06): 23 - 31.
② 新华社. 中共中央、国务院关于深化国有企业改革的指导意见 [EB/OL]. 2015 - 09 - 13. 新华网. http://www.xinhuanet.com/politics/2015 - 09/13/c_1116547305.htm.
③ 程民选. 关于公益型国有企业的理论探讨 [A]. 全国高校社会主义经济理论与实践研讨会领导小组. 社会主义经济理论研究集萃 (2013) ——创新驱动的中国经济 [C]. 全国高校社会主义经济理论与实践研讨会领导小组: 中国人民大学中国经济改革与发展研究院, 2013: 11.

该类企业提供产品的定价机制完全由政府控制，企业自身没有产品定价权；三是该类企业社会效益高于经济效益，承担着弥补市场失灵、改善民生、特殊社会服务等社会功能；四是该类企业的考核标准以成本控制水平、提供公共产品的数量与质量为主，忽略其盈利能力的评价。基于公益类国有企业的特征，其改革方案的设计应当围绕能够有效督促企业完成责任目标进行，重点考核成本控制、产品服务质量、营运效率和保障能力。

（二）特定功能类国有企业

特定功能类国有企业是指主业处于关系国家安全、国民经济命脉的重要行业和关键领域，主要承担重大专项任务的商业类国有企业，如通信企业、航空航天企业、石油及天然气企业、铁路交通运输企业，等等。这类企业一般具有以下特征[1]：一是该类企业提供的产品关乎国家安全、生活和生产安全，控制着国家的经济命脉；二是该类企业提供的产品价格主要由国家制定，企业自身没有产品定价权；三是该类企业服从政府阶段性或特定目标任务的安排，其分布范围会随着政府的意图不断发生变化；四是该类企业应在充分履行政府设定功能的前提下，考虑资本的保值增值，但不作为必要条件；五是该类企业考核标准既考虑其特定目标完成情况，又兼顾其盈利能力水平，但以前者为主。基于特定功能类国有企业的特征，其改革方案的设计要保持国有资本控股地位，支持非国有资本参股。

（三）商业类国有企业

商业类国有企业主要是指主业处于充分竞争行业和领域的国有企业，如汽车、电子、钢铁、金融、房地产企业，等等。这类企业一般具有以下特征：一是从国有资本的投资角度来看，该类企业一般由国家投资建成，市场支配地位的取得较为容易；二是从行业性质来看，该类企业相较于其他国有企业在形式上具有更为充分的竞争性，在社会主义市场经济中可实现自主经营、自负盈亏，基本上不存在行业进入壁垒；三是从产品性能上看，该类企业所提供的产品和服务一般相对比较容易复制和生产；四是从考核标准来看，该类企业重点考核经营业绩、国有资产保值增值和市场竞争能力。应当强调的是，这类国有企业虽然以发挥经济功能为主，但在公有产权属性与社会福利最大化目标下，同样要保证其一定程度的社会功能。因此商业类国有企业无论参与国内市场竞争还是国际市场竞争，如果发生亏损自然会被市场所淘汰，而如果盈利，则应按照国有资本经营预算制度中的相关规定将一定比例的利润上缴国家财政，用于民生福利支出。基于商业类国有企业的特征，其改革原则上都要实行公司制股份制改造，积极引入其他国有资本或各类非国有资本，并着力推进整体上市。

---

[1] 盛毅. 新一轮国有企业分类改革思路发凡[J]. 改革, 2014(12): 44–51.

二、分类改革目标导向下国有企业改革方案设计

按照前面关于分类改革目标导向下所划分的国有企业类别，本书从所有制结构、国有资产管理体制、企业治理结构和经营者激励机制等方面设计的国有企业分类改革方案如下。

(一) 公益类国有企业改革方案设计

首先，在所有制结构上，公益类国有企业应当采用国有独资形式。公益类企业所提供的是具有非排他性和非竞争性的公共产品，由于缺乏"供给激励"，私人资本一般不愿介入。而政府作为谋求社会福利最大化的国家管理者，理应尽可能地提供这类产品，最大限度满足社会公众对公共产品的需求，这也是其他国家和地区的普遍做法。当然，强调公益类国有企业的国有独资形式并不意味着完全排斥私人资本的进入，在某些特殊的公共产品领域同样可以引入私人资本。例如，政府和社会资本合作（PPP）模式就是一种私人资本参与公共产品供给的可选择模式。在这一模式下，政府通过招投标方式选择具有竞争力的社会资本参与公共基础设施建设，大大提高了项目建设的经济效率和时间效率。其次，在国有资产管理体制上，由于公益类国有企业采用国有独资形式，国资委对这类企业就应当以"管资产"为主，注重公共产品的成本控制和质量管理，尽可能提高公共产品的供给效率。与其他类企业不同，公益类企业的主要功能在于提供满足人民基本生活需要的公共产品，而非实现资产保值增值。因此建议国资委单设一个国有资产管理部门负责公益类国有企业资产监管工作。具体工作内容包括任命或罢免该类国有企业负责人，制定以公共产品供给质量评价为核心的国有企业绩效考核机制，控制公共产品价格并确定其财政补贴额，等等。最后，在企业治理结构上，由于实行国有独资模式导致的国有股一股独大局面，该类国有企业在治理机制上应当充分发挥党组织的核心领导作用，在此基础上建立以董事会为核心的内部管理机制。当然，董事会成员应当包括一定比例的企业职工，形成企业管理层和职工的共同治理模式，方能实现内部决策的民主化和科学化。此外，还应当加强外部监管。例如，通过派出独立监事，加强企业信息公开、审计监督等保障社会公众的利益。在经营者激励机制设计上，由于公益类国有企业所追求的社会福利最大化目标与政府目标并无二致，企业管理者和员工的薪酬可参考公务员薪酬制度，实行职级工资制。即在确定企业员工基本工资的基础上根据其职务、级别、工龄等情况调整薪酬，并实行配套的地区津贴、岗位津贴制度。值得注意的是，公益类国有企业一般处于高度垄断且信息不对称领域，激励机制过优或者过劣均会影响到公共产品的供给质量，因此建议采用职务提升、精神激励和公共产品服务供给质量奖励等刺激强度一般的企业激励机制。

（二）特定功能类国有企业改革方案设计

首先，在所有制结构上，特定功能类国有企业应积极推进该类企业股份制改造，但国有资本必须处于控制地位，即采用所谓的国有控股形式。特定功能类企业一般处在具有规模报酬递增性质的垄断行业，其垄断特性与产权性质没有内在联系，不论是交由私人资本还是由国家资本经营都会造成垄断。但考虑到这类企业应发挥其所特有的主导国民经济发展和巩固社会主义经济基础的功能，交由国家经营最为稳妥。当然，为规范政府与企业的关系，对于这类企业应当通过股份制改造引入社会投资者，让他们参与或监督企业运营。其次，在国有资产管理体制上，既然特定功能类国有企业的所有制结构采用国有控股形式，那么国资委对其资产的管理应当实现"管资产"与"管资本"协同并进。一方面国资委通过"管资产"来实现其特定的社会目标，保持国有经济在国民经济中发挥主导作用；另一方面通过"管资本"来实现资产保值增值的经济目标。[①] 在"管资本"方面，作为出资人代表的国资委可以对该类企业行使所有权约束，例如，通过向国有控股公司派出董事或监事来保障出资人权益，通过股东大会决议的参与和资本市场上的用"脚"投票来激励和约束公司经营者的行为，实现国有资产的保值和增值目标。在"管资产"方面，为减少企业追求利润最大化行为而造成的社会福利损失，可选择构建一套社会目标量化的企业经营绩效评价体系，通过评价产品供给数量和质量来保证社会目标的实现。最后，在企业治理结构上，由于国有控股公司既要突出国有资本的权益地位，但又不能忽略非国有资本的权益。其相应的治理结构就应当在充分发挥党组织核心领导作用的基础上，采用以董事会治理为主、监事会监督为辅、外部相机治理为补充的三位一体模式。具体而言，董事会应当采用共同治理模式，这一模式要求董事会成员不仅包括负责公司经营管理工作的管理层董事和熟悉企业产品生产操作流程的职工董事，还应包括具备财务、法律等专业知识的政府外派董事和其他代表直接债权人权益的利益相关者。监事会应当采取共同监督模式，除了保留外派独立监事制度外，监事会成员还应当包括代表基层群众利益并且有责任心的工会监事和代表非国有股东利益的监事代表。同时，为了监督该类企业社会功能的履行情况，政府部门也可以派出相关工作人员进入企业监事会，直接督促国有控股公司承担应有的社会责任。外部相机治理机制包括审计监督机制、管理层更迭机制和企业并购重组机制，等等，目的是保证董事会和监事会工作能够正常有效运转，进而促进国有企业社会目标和经济目标的实践。在经营者激励机制设计上，由于特定功能类国有企业规模大和行政级别高的特点，股份改制后的经营者一般存在三种类型。一是由中共中央组织部直接任命的副部级核心高管；二是由国资委或地方政府任命的在企业中具有相应行政级别的高管；三是从市场上招聘的职业经理人。由于所追求的目标和承担的责任不同，我们认为，需要对这些不同身份的经营者采用不同的激励机

---

① 杨瑞龙. 国有企业分类改革的目标与路径 [N]. 中国证券报，2017-03-25（A07）.

制。由中共中央组织部任命的高管性质类似于政府公务员，其薪酬机制可以参照公务员标准，激励机制还是应当以职务晋升为主，货币化激励为辅；由国资委或地方政府任命的高管一般在参照公务员工资的基础上，实行市场型激励与职务晋升激励并重的机制；从市场招聘的职业经理人不仅要负责国有资本的具体管理和经营，还要保证国有资本增值目标的实现，因此对这类管理人员应当采用市场化的薪酬激励制度，包括基本年薪、绩效年薪、任期激励等。普通员工工资一般分为基本工资与绩效工资两种类型，通过将员工的报酬水平与企业绩效相挂钩来调动员工劳动的积极性。

（三）商业类国有企业改革方案设计

首先，在所有制结构上，商业类国有企业应当选择国有参股或者完全民营化模式。商业类国有企业与市场上的民营企业性质基本相同，他们均处于市场竞争领域，并且以追求资产保值增值为主要目标。因此相较于前述的两类国有企业，这类企业最适合通过市场化改革成为自主经营、自负盈亏的竞争性主体。当然，考虑到这类国有企业市场竞争力的差异性，在确保企业资产保值增值目标下，应当分类推进所有制结构调整。例如，对于那些竞争力较强的商业类国有企业，宜采用国有参股模式，通过产权多元化的股份制改造，使之成为政企分开、产权明晰、管理科学的市场竞争主体；对于那些效率低下、经营不善的商业类国有企业，可选择完全民营化模式，通过国有股权转让、兼并重组、公开拍卖、管理层收购等方式实现国有资本的退出。其次，在国有资产管理体制上，国资委对实行国有参股模式的国有企业应当专注于"管资本"，目的在于追求企业利润最大化。国资委可通过组建专门负责资产投资运营的商业类国有资本管理基金会，将股份制改造后所拥有的证券化国有资产委托该基金会以盈利最大化和风险最小化为目标进行投资管理，切实保障国有资产的保值增值。最后，在企业治理结构上，由于股份制改造后的国有参股公司不具备企业资产控股权，严格意义上已经不属于国有企业。因此，这类企业可参照市场上普通企业的做法，按照公司法要求建立相应的治理结构，国有股东按其持有的股份数选派自己的董事，不需要增设特定针对国有企业的治理机制。在经营者激励机制设计上，由于所有权改制后的商业类国有企业高管一般不再由国资委直接任命，而是通过市场招聘方式任职，其薪酬激励机制就应当与市场化对标，按照同规模、同行业、同岗位、同业绩的原则确定其薪资水平，同时探索和推进采取业绩持股、股票期权、限制性股票、岗位分红等激励方式实行。通过发挥股权激励优势，激励经营者追求公司的长期利益。

第四节　国有资本经营预算的公共性定位

在社会主义市场经济体制下，为充分彰显国有企业公有产权属性和发挥国有企业社会功能，通过分类改革已经使公益类和部分特定功能类国有企业在目标价值取向上尽可能地服务于社会公共需求。但这仅仅是对国有企业的基本要求，国有企业既是全民所有，那些获取超额垄断利润的特定功能类企业和注重经济效益的商业类国有企业，就应当在保证履行自身经济功能的同时，尽可能地发挥其特定的社会功能，通过国有资本经营预算制度将其上缴的国有资本收益用于逐渐扩展的民生领域。这就不可避免地要求国有资本经营预算应当体现国有企业的公共属性，并将其作为预算安排的首要价值目标。基于此，本节在国有资本经营预算公共性内涵界定的基础上分析其公共性定位的原因，并给出彰显国有资本经营预算公共性的有效方案。

一、国有资本经营预算公共性内涵的界定

国有资本经营预算是指"国家以所有者身份依法取得国有资本收益，并对所得收益进行分配而发生的各项收支预算"。按照该定义，国有资本经营预算其实就是一份关于国有资本的收支计划。这一收支计划的"公共性"并不存在一个统一的标准，而是随着经济社会发展的阶段变化呈现不同的内涵。[①] 在计划经济时期，国有资本收支计划的"公共性"体现为各行业有计划有目的的国有资本配给，其目的在于保障公共产品的有效供给。[②] 1992 年市场经济体制初步确立后，国有企业扮演起竞争性主体的角色，发挥着引导和培育社会主义市场的功能。而自 2007 年国有资本经营预算制度实行以来，国有资本"公共性"更多地把社会福利水平的提高放在更为重要的位置，体现为国有资本经营预算民生性支出的增加。可以说，国有资本公共性的指向总是符合特定时期的经济社会发展需要，呈现出从公共产品的供给到大量的政府投资，再到增加国有资本经营预算民生性支出等形式。因此，在经济新常态下，由于经济社会发展中存在的公共产品市场失灵、产业结构不合理、社会整体福利水平较低等问题，国有资本公共性就应当体现为对弥补市场失灵、优化产业结构、提高社会整体福利的作用上。相应的，国有资本经营预算公共性也就应当以此作为出发点和落脚点。当然，随着国有企业分类改革的推进，国有资本的功能更加专门化，届时的国有资本收益将更多来自"经济功能"导向的国有企业，国有资本经营预算公共性也就更多体现在民生性项目支出上。

二、国有资本经营预算公共性定位的理论依据和缘由解析

基于国有资本经营预算内涵的确定，国有资本经营预算公共性定位既有其合理的理论依据，也有其必然的现实缘由。

[①] 顾功耘，胡改蓉. 国有资本经营预算的"公共性"解读及制度完善 [J]. 法商研究，2013 (01)：77-84.

[②] 刘翔. "公共性"回归：国退民进视野下国有资本经营预算的解读 [J]. 法制博览（中旬刊），2014 (08)：140-141，105.

（一）国有资本经营预算公共性定位的理论依据

从理论上讲，国有资本经营预算公共性定位是基于对国有资产公有制属性与委托代理关系、国有资本经营预算"公共财政"本质属性以及国有资本经营预算"公共性"与"营利性"辩证关系分析的结果。

1. 国有资产公有制属性与委托代理关系

前面在论及国有企业属性界定时，我们已经明确国有企业的公有产权属性。按照这一属性定位，国有资产本质上应当是全民所有的资产，是全社会的财富和价值。因此，既然全民拥有对国有资产的所有权，那么获得国有企业的利润分红也是全民的合法权利，要求以国有资本收益为分配客体的国有资本经营预算以公共性为导向也就顺理成章。换句话说，如果国有资本经营预算没有发挥其公共性的本质特征，国有资产全民所有的性质也就无法得到充分体现。国有资产公有制属性决定其本质上属于全民所有，但全体人民不可能全部参与国有资产的经营和管理，而是通过委托代理关系实现国有资产管理和收益分配。而在这个委托代理链条下，代理人很可能为了自身利益产生"道德风险"和"逆向选择"问题，这就需要建立一套科学合理的激励约束机制来保证委托代理关系的有效实现。这套机制当然也包括国有资本经营预算机制，即通过国有资本经营预算计划、协调、控制、评价等功能的发挥，量化国有企业资本投入、产出、收益分配等内容，从而达到规范代理人行为的效果。因此从这一角度看，国有资本经营预算只是国有企业委托代理关系下，确保全体人民这一委托主体利益实现的一种约束机制。既然这一机制设计的目的是确保全体人民利益，自然是要发挥其公共性职能。

2. 国有资本经营预算的"公共财政"属性

在当前社会主义市场经济条件下，理论界和实务界均形成一种关于"公共财政"的内涵界定。公共财政主要是指国家（政府）以社会管理者身份，凭借公共权力，为市场提供公共产品与公共服务以满足社会公共需要的收支活动和分配行为，是财政制度改革的发展方向和最终目标。但这种改革是渐进的，改革过程中形成了另一种以国有资本经营预算为基础的"国有资本财政"。不可否认，"国有资本财政"能够有效控制国有资本的变现和使用，通过国有资本在全社会范围内的流动促进国有经济结构优化调整，提高国有资本的集中度和控制力，进而发挥国有经济在国民经济中的影响力和带动力。然而伴随着国有企业分类改革的推进，大部分国有资本将退出竞争性领域，更多地向关系国家安全和国民经济命脉的重要行业和关键领域集中；而那些符合市场竞争原则并留存于竞争性领域的部分国有资本也将严格保障国有资本出资人权益，按照"谁投资，谁受益"的原则向国家分配税后利润，进而以国有资本经营预算民生支出的方式还利于民。因此，届时国有资本只承担弥补市场失效、满足社会公共需要及为公众谋利的功能，国有资本财政逐步向公共财政靠拢，国有资本经营预算也就逐步发展为公共财政的范畴，两者共同体现着国家财政"公共性"的特点。

3. 国有资本经营预算"营利性"与"公共性"的辨析

前已述及，分类改革后的国有资本经营预算"公共性"主要体现为国有资本经营预算支出的民生性，而国有资本经营预算的"营利性"是指国有资本经营预算行为的保值增值属性。在我国现行的社会主义市场经济体制下，国有资本经营预算的"公共性"与"营利性"应当相互兼容和协同发展。然而在实践中，诸多国有企业以充分发挥营利性为导向，通过大规模投资致力于国有企业经济效益的提升，而社会福利水平却没有得到相应的提升。这种理论与实际的脱节归根结底是没有处理好两者关系的优先性的问题。本书基于国有企业公有产权属性，认为在国有资本经营预算制度框架下，国有资本的"营利性"具有第二性或者说是暂时性的特点。一方面从国有企业功能定位来看，作为政府职能的延伸，国有企业本身应当致力于"公共产品"的供给，这种职能"天然"地不具有营利性。但是为了提高公共产品的供给效率，防止企业不思进取，常年亏损，也适当要求其追求一定的经济效益，目的在于减轻国家财政负担。当然，这种"营利性"不得与"公共性"相冲突；否则，"营利性"无疑应退居第二位。另一方面从国有企业改革进程来看，伴随着国有企业分类及混合所有制改革的推进，国有企业将逐步从一些竞争性行业和领域中退出，与此相对应，原本以营利性为导向的国有企业资本经营预算就会逐步回归到"公共性"的本质。因此，从国有企业功能定位和改革进程来看，应当逐步突出国有资本经营预算的"公共性"，充分发挥其"营利性"。倘若二者出现冲突，应当优先保障国有资本"公共性"职能发挥，之后再考虑发展其"营利性"。

（二）国有资本经营预算"公共性"定位的缘由解析

如前所述，国有资本经营预算的"公共性"定位具有充分的理论依据。就现实而言，也能够找到其现实缘由。我们认为，国有资本经营预算的"公共性"定位是基于国家公共财政支出不足、国有资本投资效益不高、社会收入分配差距扩大的考虑。

1. 国家公共财政支出不足

瓦格纳法则认为，随着国家职能的扩大和经济的发展，行使这些国家职能的财政支出应不断增加。[①] 即随着人均收入提高，财政支出规模也相应提高。然而近年来，尽管人均收入水平有所提高，国家公共财政支出比重却并不存在明显的同步增长，尤其是对公共福利性项目的支出显著不足。例如，在社会保障支出项目上，2015年，我国基本养老保险支出占GDP的比重为4.13%，低于经济合作与发展组织（OECD）国家7.9%的平均水平。在教育支出项目上，尽管2012~2016年全国财政性教育经费支出占GDP比重连续5年超过4%，但美国、德国的公共教育支出占GDP比例一般达4.9%，英法等国家一般高于5.5%，丹麦更是高达8.6%。可

---

① 肖帅. 混合所有制导向下企业国有资产管理体制变迁和改革研究 [D]. 福州：福建师范大学，2016.

以说，与国外一些发达国家相比，我国财政性教育经费仍处于偏低水平。在医疗卫生支出项目上，2018年，全国财政医疗卫生累计支出占全国财政支出的比重达7.3%，但仍低于美国的16.2%，甚至比不上一些经济水平较为落后的发展中国家水平。因此，针对我国公共财政支出不足的问题，应当充分发挥国有资本经营预算的公共性职能，将国有资本经营预算收益调入一般公共财政预算，用于支持教育、医疗卫生等公共福利性项目建设。充分发挥国有企业应承担的社会福利最大化功能，集中体现国有企业的公有产权属性。

2. 国有资本投资效益不高

长期以来，我国国有资本经营预算支出主要表现为资本性支出，这样的预算支出安排无非是为了增加企业投资建设和规模扩张，提高企业经济效益。应当承认，得益于资本性支出的增加，近年来国有企业规模确实在不断扩张。据有关资料统计，截至2013年，中国百强跨国公司共拥有海外资产4.5万亿元，其中资产超过千亿元的中央企业就包括中海油、中石化等多家垄断企业。2015年，中国移动以318.8亿元的价格收购了中国铁通，以398.01亿元的价格认购上海浦东发展银行22.08亿股份。如此大规模扩张，如果投资效率高，本也无可厚非。但实际情况却是许多国有企业出现投资决策失误，导致严重亏损。例如，2017年，中华人民共和国审计署（以下简称审计署）抽查20家包含垄断企业在内的中央企业155个境外投资项目，其中有61项的境外业务形成风险近385亿元，其中中国华能产生103.27亿元亏损。这在一定程度上反映出国有企业投资效益并不理想，不仅无法实现国有企业的盈利目标，而且还损害了国有资本公共性职能的发挥。

3. 社会收入分配差距扩大

不可否认，当前国有资本经营预算制度呈现出国有资本收益上缴比例过低，国有资本经营预算支出非民生倾向的特点。这种非公共性导向的国有资本收支模式使得国有企业职工以高工资、高福利等多种方式过度占有了本属于全体国民的利益，从而导致社会收入差距的明显拉大。不仅表现为国有企业职工与社会平均薪资水平差距扩大，而且还表现为国有企业高管与普通职工薪资水平差距悬殊。[①] 据有关资料统计，2012~2016年国有单位城镇就业人员平均工资比非国有单位城镇就业人员平均工资分别高出23.67%、19.11%、19.33%、24.81%、30.33%。而2016年度审计署审计工作报告也指出，中石油、中化集团等20户中央企业超标准办会、购车、高档消费等支出达5.19亿元。国有企业职工薪酬本就显著高于社会平均水平，加上各种形式的隐性福利津贴，无疑进一步拉大了二者之间的差距。在国有企业高管与普通职工薪资水平差距上，2016年，据同花顺网络信息股份有限公司（以下简称同花顺）公布的数据显示，我国沪深两市上市公司主要负责人年平均薪酬水平为76.3万元，全部负责人平均薪酬水平为46.1万元。中央企业负责人薪酬水平是同期沪深两市上市公司主要负责人的约2~3倍，与职工薪酬差距达12倍之

---

① 郑晓洁. 民生导向下国有企业红利分配制度研究[J]. 福建商学院学报，2018（04）：20-27.

多,显著偏高。收入分配差距扩大不仅损害了社会公平,不利于社会稳定;而且使低收入群体在教育、医疗、卫生等基本生活需要方面的支付能力不足。为此,政府应当改变当前国有资本经营预算支出的非民生倾向,充分发挥国有资本经营预算的公共性职能,在调整不平等收入分配格局的同时,将更多的收益用于社会保障、医疗卫生、教育以及对低收入群体的转移支付等公共福利性支出,进而促进社会公平的实现。

三、国有资本经营预算"公共性"的贯彻落实

由上可知,国有资本经营预算"公共性"定位有其深刻的理论依据和现实缘由。因此,在接下来的国有资本经营预算制度的设计和完善过程中,应当充分贯彻其"公共性"的理念,包括国有资本经营预算目标设计中"公共性"的融入、预算收入中"公共性"的维护以及预算支出中"公共性"的彰显。

(一)国有资本经营预算目标设计中"公共性"的融入

国有资本经营预算目标设计中,关于"公共性"的融入至少需要满足以下几个方面的诉求。首先,国有资本经营预算的设计应当以满足国有资产所有者的利益为出发点。国有资产既是全民所有的财产,与其相关的任何制度设计均应当体现其"公共性"的特点。而国有资本经营预算制度作为国有资产管理制度的重要组成部分,其核心利益自然是要满足社会的"公共性"需求。其次,国有资本经营预算制度的设计应当有助于促进国有资本结构的调整和优化。这种结构的调整和优化主要体现在两个方面:一是通过国有资本经营预算收入的安排引导国有经济结构布局的调整,例如,通过国有资本经营预算收入征缴比例的变动,调整国有资本对社会其他资本的引导和带动力,促进宏观经济的稳定。二是通过国有资本经营预算支出安排重点扶持目前发展仍然薄弱的基础产业、基础设施、支柱产业、高新技术产业和风险产业。最后,国有资本经营预算制度的设计应当充分发挥其公共财政职能,加大对民生领域的投入力度。例如,通过预算收支安排,以社会分红为转移支付手段,促进社会收入分配格局的合理化、提高低收入阶层的可支配收入水平,进一步加大公共福利领域的投入力度等。需要强调的是,当前我国政府一般公共财政支出压力和社会保障基金缺口较大,国有资本经营预算的支出项目应考虑二者的有机对接,充分体现其"公共性"的本质特征。

(二)国有资本经营预算收入中"公共性"的维护

在国有资本经营预算收入制度的设计上,国有资本经营预算"公共性"的维护应当着重保证国有企业所有者剩余索取权的实现,使企业用于经营性、扩张性的资金减少。这不仅能够弱化其"营利性"的职能,而且能够保证有更多的预算收入用于公共性支出。具体而言,国有资本经营预算收入制度设计中的"公共性"

维护包括两个方面的内容。一是进一步扩大国有资本经营预算范围。尽管 2011 年已经将教育部、农业部等 7 大部门所属的 1 631 户企业纳入国有资本经营预算范围，但这一改革并不全面。类似交通、科技等部门一些经营利润丰厚的企业，尤其是金融性国有企业仍游离于预算范围之外。而基于国家所有者的性质，这类企业理应纳入国有企业利润收缴范围，以维护国家或全民的合法权益。二是进一步提高国有资本收益征缴比例。当前，国有企业红利征缴比例适用的是 2014 年标准，即针对烟草企业，按照 25% 的比例收取红利；针对石油石化、电力、电信、煤炭等资源型企业，按照 20% 的比例收取红利；针对钢铁、运输、电子、贸易、施工等一般竞争型企业，按照 15% 的比例收取红利；针对军工企业、转制科研院所、中国邮政集团公司等，按照 10% 的比例收取红利。这一国有企业红利收取办法的合理性值得商榷。例如，对资源垄断性企业收益收取比例还相对较低，难以体现公平原则；对于一般竞争性领域国有企业收益收取金额不足，难以发挥其社会功能等。

（三）国有资本经营预算支出中"公共性"的彰显

国有资本经营预算支出中"公共性"的彰显强调的是其支出的民生化倾向，即强调降低现行国有资本经营预算中资本性和费用性支出比重，提高民生性支出比重。具体而言，实现这一目标应着重把握以下三点：一是减少竞争性领域的投资项目和增加非竞争领域投资项目的建设。对于市场能够高效提供的产品和服务，应当由市场提供，对于市场主体不能或不愿提供的产品和服务，如铁路建设运营、水利工程维护、粮食收购存储等，国有资本经营预算支出应当集中力量实现高效供给。二是加大民生性项目支出比重。国有资产既然是以公共性职能的发挥为主，国有资本投资收益就不应大部分留存在企业内部，而应让全体人民切实分享国有企业运营和发展成果。例如，加大教育、医疗卫生等民生工程项目资金投入、加强社会保障基金转移性支付、划转部分国有资本充实社会保障基金等。现有的国有资本经营预算体系关于社会保障等民生性支出的表述太过含糊与笼统。这种表述使得当资本及费用性支出与民生性支出发生矛盾时，往往是民生性支出让步于资本费用性支出（在国有资本经营预算资金有限时尤为如此），从而难以从制度上保证民生性支出在国有资本经营预算中的实际安排与落实。因此，应当修订和完善国有资本经营预算用于民生性支出的具体政策规定，如以法律规定的形式明确规定国有资本经营预算支出投向民生领域的范围、投入的方式（现金分红、提供公共产品、国有资本划转充实社会保障基金等）、投入比例等内容。只有这样，才能保障国有资本经营预算民生化支出落到实处，真正彰显国有资本经营预算的"公共性"。

第八章

国有企业收益分配制度：历史演进与阶段特征

在市场经济条件下，国家具有社会经济管理者和国有资产所有者的双重身份，履行社会管理者和资产所有者的双重职能，相应地存在税收分配和国有资本收益分配的双重分配关系，这样就划分出公共财政与国有资产财政的双重财政职能领域。[1] 然而，囿于历史和现实的原因，在计划经济时期这种双重财政模式被隐性化为单一所有制下的"单元财政"，国营企业作为计划经济体制的微观基础，必须服从于以重工业优先发展为特征的赶超型经济发展战略，因此这一时期国家与国营企业之间形成了"统收统支"的财政分配模式。而随着以市场化为导向的经济体制改革的不断深入，国家作为社会经济管理者和国有资产所有者的双重身份逐步显现，"双元结构财政"格局渐趋形成，国家与国有企业的财政分配关系相应地经历了从企业基金制度—利润留成—利改税—承包责任制—税利分流—恢复国有企业红利上缴制度的变化过程。正确处理国家与国有企业的财政分配关系，是我国经济体制改革的基础性工作之一。梳理并总结国家与国有企业财政分配关系的演进特征，有助于构建合理的国有资本财政分配体制，从而完善与社会主义市场经济相适应的双元结构财政体制。

第一节 传统体制下"统收统支"的国营企业收益分配制度（1949～1976年）

在以高度集权为特征的传统经济体制下，国家的社会管理者职能和国有资产所有者职能高度重合，而作为微观经济主体的国营企业仅仅是国家的附属物，国家与国营企业的财政分配是单一的固定模式，即国营企业上缴给国家的税收和利润是合二为一的，投资资金大多数也是来源于国家的再分配。这一时期，国营企业在投资决策、生产经营、利润分配等各个环节几乎完全按照国家计划指令进行，国家与国营企业的财政分配关系呈现出"统收统支"的高度集权型特征。在这种制度框架

---

[1] 邓子基，陈少晖. 国有资本财政研究 [M]. 北京：中国财政经济出版社，2006.

下，二者的分配模式具有极强的制度刚性和"路径依赖"。按照其演变轨迹，大致可以分为四个阶段：

一、国民经济恢复和"一五"计划时期（1949～1957年）

1. 第一阶段：1949～1952年

这一阶段为百废待兴的国民经济恢复时期，生产资料所有制的社会主义改造尚未开始，全民所有制经济在整个国民经济中所占的比重不大，许多有关规章制度还有待于制定。因此，统一规范的国有企业利润分配制度也尚未形成。国营企业除了缴纳规定的税款外，1950年3月4日颁布的《中央人民政府政务院关于统一国家财政经济工作的决定》规定"一切中央政府或地方政府经管的工厂企业，均须将折旧金和利润的一部分，按期解交中央人民政府财政部或地方政府，其解交的总数和按期交出的数量，由政务院财政经济委员会及地方政府根据情况分别规定之"，同时要求国营企业只能分别提取计划利润的2.5%～5%和超计划利润的12%～20%作为企业奖励基金。[①] 在国民经济恢复过程中，逐渐强化的计划经济体制使国有经济在国民经济中的主导地位得到了进一步巩固和加强，国营企业上缴利税的绝对量从1950年的21.75亿元上升到1952年的101.01亿元，占财政收入的比重相应地从33.36%上升至58.07%[②]，由此可见，以统收统支为特征的国有企业利润分配制度框架在国民经济恢复后期已初具雏形。

2. 第二阶段：1953～1957年

这一阶段为社会主义三大改造时期，即党和国家的工作重心是适应"赶超型"工业化战略的需要，对个体农业、个体手工业和资本主义工商业进行公有制改造。随着改造进程的深入，国有经济的主导地位逐渐形成。国家与国营企业的财政分配模式与国民经济恢复时期所采取的模式基本一致，当然也包含一些新特点。1953年起，为了集中力量确保以重工业优先发展为核心的赶超型工业化战略的顺利实施，国家一方面加快了对所有制进行社会主义改造的进程，以保证经济资源流向国家计划控制的公有制经济范围；另一方面，在全国范围内实行高度集中统一的经济管理体制，将国营企业全部纳入国家预算管理，明确规定企业利润全部上缴国家预算，企业扩大再生产的支出由国家财政预算拨款解决。1957年，全民所有制企业上缴财政收入的比重已占到财政总收入的69.4%。而且，整个"一五"期间，财政收入平均每年增长11%，基本上保持与同期社会总产值同步增长的速度。[③] 这说明，以国营企业上缴利润为主要来源的我国财政收入成为支撑"一五"期间国家重点建设所需资金的主要力量。而这一力量的形成又是与国营企业实行高度集中的利润分配体制分不开的。在对国营企业利润分配实行统收统支制度的同时，为了调

---

① 汪海波. 中国现代产业经济史 [M]. 太原：山西经济出版社，2006.
② 根据《中国统计年鉴（1986）》中的数据推算而得。
③ 韩英杰，夏清成. 国有企业利润分配制度新探 [M]. 北京：中国经济出版社，1995.

动企业和职工超额完成国家计划的积极性,还在国营企业实行了奖励基金制和超计划利润分成制度。奖励基金制是指在企业完成国家批准的生产、销售、财务等多项计划的前提下,可以从利润总额中提取不超过全年工资基金总额的15%用于奖金发放和职工集体福利;超计划利润分成制度则是为了进一步扩大企业主管部门的机动财力,解决企业生产过程中奖金不足等问题。对国营企业的超计划利润采取分成办法,即以其中40%留归各主管部门使用,60%上缴国库。[①] 各企业主管部门所提取的利润留成只能用于弥补企业生产资金的不足,不得用于非生产性开支。由此可见,这一时期的企业利润分配制度,在高度集中的同时,也在一定程度上兼顾了企业及其职工的物质利益,基本上适应了当时国家经济建设发展的实际需要。

二、"大跃进"时期(1958~1960年)

随着社会主义改造的基本完成和"一五"计划提前超额完成,以重工业为主要内容的大规模经济建设在"鼓足干劲、力争上游、多快好省"的社会主义总路线指引下全面展开,取得了一定的成效。但在实践中也不可避免地暴露出经济管理体制中一些管得过严、统得过死的弊端。于是,党中央从1958年开始改革财政管理体制,中心内容是调整中央与地方、国家与企业的关系,适当扩大地方和企业的权限,以克服高度集中的经济体制所带来的弊端。在国家与国营企业的分配关系方面,取消奖励基金制,实行企业留成制,留成比例以主管部门为单位计算确定。1958年企业留成比例为13.2%[②],随后逐年增加。留成主要用于生产,少部分用于职工福利支出。利润全额留成制度的实行,虽然扩大了企业的自主权,在一定程度上调动了企业发展生产的积极性。但奖励基金制度的取消,却违背了按劳分配规律的要求,从而导致企业职工产生平均主义和吃大锅饭的消极态度。同时,由于没有利用价格、税收、信贷等经济杠杆调节企业盈利水平,使利润留成的规定不能真实地反映企业经营的好坏,造成了企业间的苦乐不均。1958年,还曾经进行了"以利代税"的试点,取消了试点企业的工商税,企业只向国家财政上缴利润。但这一改革由于混淆了税利之间的差异,并掩盖了企业经营矛盾,不利于促进企业改善经营管理和经济核算,造成资金积压和利润下降,直接影响了国家财政收入的增长。

三、国民经济调整时期(1961~1965年)

为了扭转"大跃进"时期国民经济比例严重失衡的局面,从1961年起,党中

---

① 汪海波. 中国现代产业经济史 [M]. 太原:山西经济出版社,2006.
② 韩英杰、夏清成. 国有企业利润分配制度新探 [M]. 北京:中国经济出版社,1995.

央决定对国民经济实行"调整、整顿、充实、提高"的八字方针，表明我国进入国民经济调整时期。与此相适应，国家与国营企业的财政分配模式经历了从"调低企业利润留成比例"到"停止实行利润留成"的变化。1961年1月23日，中共中央批转财政部《关于调低企业利润留成比例加强企业利润留成资金管理的报告》，将前一阶段下放给地方和企业的各项权力重新上收中央政府，纳入国家统一计划管理。与此相对应，国营企业留成资金占企业利润的比例，由原来的平均13.2%调低到6.9%，并且留成利润必须大部分用于"四项费用"[①]、技术革新等。1962年1月，财政部发布《1962年国营企业提取企业奖金的临时办法》和《国营企业四项费用管理办法》，规定从1962年起，除了商业部门仍实行利润留成办法外，其他部门的企业停止实行利润留成办法，改为提取企业奖金的办法——企业必须按国家规定完成产量、质量、新品种、工资总额、成本降低、资金周转和上缴利润七项计划指标后，才能按一定的比例提取奖励基金。企业奖励基金除主要用于先进职工的奖金、集体福利设施建设和职工困难临时救济外，剩余部分应尽可能用于企业"四项费用"。对于亏损的企业，"财政工作六条"中规定"国家允许赔钱经营的企业，由国家计划给予补贴，那些允许暂时赔钱经营的企业，应限期转亏为盈，由国家在一定时期内给予补贴"。通过这一系列举措，企业生产经营自主权被再次集中上收，国民经济比例失衡现象得到一定的调整和扭转，但同时又进一步强化了高度集中的经济管理体制，国营企业有限的自主权再度丧失。

四、"文化大革命"时期（1966~1976年）

"文化大革命"的爆发使得刚刚有所恢复的国民经济再一次陷入严重的困境，国家与国营企业之间初步理顺的财政分配关系也随之遭到破坏。从1967年起，国营企业不再向国家上缴折旧基金，而原先由财政预算拨款的用于固定资产更新和技术改造之用的资金转为由折旧基金提供。1969年改企业综合奖为附加工资，固定发放，这样"文化大革命"初期实行的企业奖励基金制度实际上被取消了。直到1970年，国家与国营企业之间的财政分配关系才逐步走上正轨，但在"文化大革命"不断动荡的政治环境中依旧是处于不断试错阶段。1970年，国务院提出改进国营企业的工商税制度，并于1972年3月颁布《中华人民共和国工商税条例（草案）》，正式规定对国营企业只征收工商税。1973年5月，财政部颁布《国营工业交通企业若干费用开支办法》，再次强调职工福利基金要按国家规定的比例和工资总额从生产成本中提取，这就使营企业利润分配变成了彻底的"统收统支"体制，如表8-1所示。

---

① 四项费用是指企业所需的技术组织措施费、新产品试制费、劳动安全保护费、零星固定资产购置费。

表 8-1　　　　　　统收统支时期国营企业收入与财政收入的比例关系

年份	国营企业上缴利税（亿元）	财政收入（亿元）	国营企业上缴利税占财政收入比重（%）
1949~1952	182.50	382.00	47.77
1953~1957	914.56	1354.90	67.50
1958~1960	1290.89	1447.00	89.21
1961~1965	1589.69	1884.72	84.34
1966~1976	6272.09	7225.40	86.81

资料来源：根据《中国统计年鉴1986》中的数据推算而得。

通过对上述传统体制下国家与国营企业利润分配关系的演变过程分析，我们可知，在"统收统支"模式下，国营企业利润分配制度的基本特征可以概括为：企业实现的利润原则上全部上缴国家财政，发生的亏损由国家财政进行补贴；企业发展生产所需的资金，由国家财政全额拨款供给；企业的折旧基金全部或大部分上缴国家财政，其所需的更新改造资金由国家拨付，但不取决于企业上缴折旧基金数额的多少；企业使用国家拨付的资金，全部是无偿占用，无须还本付息；企业的职工福利基金和奖励基金，按工资总额的规定比例提取，与企业生产经营成果不直接发生联系。

从表8-1的数据可以看出，这个时期国营企业上缴的利税占财政收入的比重不断增加乃至占绝对的权重。这种高度集权型的统收统支体制有利于中央在当时的历史条件下快速高效地集中财力，用于恢复和发展国民经济，为我国财政收入的增长和经济建设的发展做出了历史性的重要贡献。

然而，在"统收统支"的制度框架下，国营企业的利润分配体制演变是政府主导型的强制性制度变迁，而作为微观经济主体的国营企业，只能是制度变迁的被动接受者。同时，囿于高度集权型的制度环境，国家与企业的利润分配体制尽管呈现出四阶段的小幅变化，但每一阶段的制度调整都是服务于特定的历史环境，而没有深究制度本身的合理性。第一阶段的统收统支和奖励基金制度是服务于国民经济的恢复和发展，第二阶段的利润留成是为了克服"大跃进"所带来的弊端而做出的路径选择，而第三阶段的企业奖金制则是为了解决国民经济比例失衡问题。"文化大革命"使得国民经济濒临崩溃的边缘，于是又有了第四阶段的统收统支制，其间的利润留成和奖金只是微幅的调整，依然没有消除统收统支的制度束缚。因此，这一时期的路径替代只是形式而非本质的变化，即制度变迁具有较强的路径依赖性，从而使制度被锁定在低效率状态，或者我们可以谓之为"政策失败"。尽管国营企业以税利混一的形式几乎将所得利润全部上缴财政的制度有利于中央集中财力恢复和发展国民经济，但对国营企业管得过严、统得过死，职工的利益同劳动贡献、经营成果脱节，致使企业缺乏活力，劳动者缺乏积极性，导致经济运行整体效率低下，而这种低效在计划经济体制下是无法克服的。因此，随着改革开放的发展，国有企业的利润分配制度也被纳入了改革的范畴，这是国有企业内部大部分利益主体的诉求，亦是改变制度不均衡进而寻求更高效路径替代的必然选择。

第二节 改革初期"税利合一"的国营企业收益分配制度（1977~1993年）

经济体制改革是改革开放的中心任务之一，国有企业作为经济体制改革的重点，其利润分配制度与企业的活力及效率息息相关，影响着财政收入的稳定增长。而改革的出发点就是打破高度集中的计划经济体制，建立使企业充满生机和活力的新体制。因此，在这样的制度背景下，服务于"搞活国有企业"这个中心，利润分配体制经历了企业基金制转向利润留成制、两步利改税、含税承包制三个阶段的调整：

一、第一次调整：企业基金制转向利润留成制（1977~1982年）

"文化大革命"结束后，为了克服10年工业管理的混乱局面，我国国民经济从1977年开始了一些恢复性的调整。国营企业一部分折旧基金被重新纳入财政预算管理，50%上缴财政，50%留给企业。为了鼓励企业加强经济核算，改善经营管理，努力完成和超额完成国家规定的各项计划指标，从1978年起，国务院及其企业主管部门连续颁布了《关于国营企业试行企业基金的规定》等多个政策文件，决定在实行独立核算的国营工商企业中全面实行企业基金制度。其主要内容包括：（1）条件。企业在完成国家下达的产量、品种、质量、原材料燃料及动力消耗、劳动生产率、成本、利润、流动资金占用8项年度计划指标后，可按规定比例从利润中提取企业基金。（2）办法。全面完成上述8项指标者，可按职工工资总额的5%提取企业基金；只完成产量、品种、质量和利润4项指标者，可按职工工资总额的3%提取企业基金。在此基础上，每多完成一项指标，可以多提取工资总额0.5%的企业基金。（3）用途。企业提取的企业基金，主要用于职工集体福利及发放奖金等项开支。其中，企业主管部门集中或留用的部分，主要用于所属企业的生产技术措施，不得用于主管部门自身的各项开支。

从上述内容中可以看出，这次实行的企业基金制度实际上是对"文化大革命"前企业奖励基金制度的恢复，只是在实施管理上更加规范化。但是，新的企业基金制仍然存在不合理之处，如企业基金的提取一方面取决于企业完成国家计划指标的情况，另一方面则取决于企业职工数的多少。而企业基金的提取与职工人数挂钩，则只能起到使企业设法不断扩张职工人数的作用，而不是激励企业努力提高生产经营绩效。在各种经济关系没有理顺的条件下,国家难以制订各项科学合理的计划指标而不得不在实际执行中经常予以调整变动。为了扩大企业的经营自主权,1979年国务院颁布了《关于扩大国营工业企业经营管理自主权的若干规定》《关于国营企业实行利润留成的规定》等5个文件,改变了按工资总额提取企业基金的办法,实行全额利润留成,要求按照1978年新产品试制费、科研经费、福利基金、职工奖金、企业基金五项资金占企业利润总额的比例,确定盈利企业利润留成的比例;利润留成比例核定后,原则上3年不变;企业提取的利润留成资金,主要用于建立生产发展基金、职工福利基金和职工奖励基金。这一办法实施后,对促进企业关心经营成果,改善经营管理,增加利润总额起到了积极作用。但因利润留成的基数确定不合理,出现了"鞭打快牛、苦乐不均"的现象。为了解决此问题,根据试点经验,国务院于1980年1月22日下发《国营工业企业利润留成试行办法》,明确规定企业利润留成比例为40%,其余60%上缴国家,且对利润留成的使用进行了规定:"用于发展生产方面的不得少于60%,用于职工福利和奖金方面的不得超过40%。"企业实行利润留成后,凡属应在利润留成中开支的费用,国家一律不再拨款,企业也不得再在成本中列支,也不再提取企业基金。同时1980年还在400多家企业进行"以税代利"的试点。1981~1982年主要实行经济责任制,采取了利润留成;盈亏包干;以税代利、自负盈亏三种主要分配方式。在一些小型国营企业,改上缴利润为上交所得税和固定资金占用费。

与企业基金制相比,利润留成制把企业的经济利益同企业的经营成果相联系,促使企业加强经济核算,改善经营管理,积极增产增收,从而增强了企业自身积累,改善了企业的发展机制。然而,利润留成制在实践过程中也存在一些明显的缺陷:(1)国家与企业之间的分配关系难以稳定。在价格体系没有理顺的情况下,企业利润水平各不相同,因而,要制定统一的利润留成比例是十分困难的。如果利润留成比例固定不变,就不能适应企业利润水平经常变动的特点;而调整变动过于频繁,又容易引发企业争基数、争比例等讨价还价现象的发生。(2)由于基数、比例只能根据已有的企业利润水平加以核定,这就使原来管理基础差、利润基数小、增收潜力大的企业获得了高比例留成。而原来管理基础好、利润基数大、增收潜力小的企业反而降低了留成比例,由此产生明显的"鞭打快牛"现象。(3)由于影响企业利润水平的因素很多,利润增长幅度大的可以按规定获得较多的留成,而利润没有增长甚至下降的企业也会以种种理由争取尽可能多的利润留成,这就使企业的利润留成总额呈现刚性增长的趋势,导致1979~1981年国民收入连续增加,而财政预算收入却增长缓慢,在国民收入中的比重出现了下降的趋势。

二、第二次调整:两步利改税(1983~1985年)

为了消除利润留成制的缺陷,进一步调整和完善国家与企业的财政分配关系,必须寻求一种既能理顺国家与企业的收益分配关系,又有利于建立健全企业经济责任制的新型利润分配体制。于是，1983年4月，国家决定实施"利改税"。即将国营企业原来向国家缴纳纯收入的利润分配形式，改变为向国家缴纳所得税、调节税等税收分配形式，从而把国家与企业的利润分配关系用具有法律效应的税收形式固定下来。出台这项改革的预期效应是：（1）使企业成为责、权、利相结合的经济实体。（2）确保国家财政收入的稳定增长。（3）减少政府对企业的行政干预，实现政企分开。（4）构建按税种划分各级政府财政收入的财政体制。

从1979年初到1983年3月，先后在湖北、广西、上海、四川、北京、广东、天津等18个省、自治区、直辖市的456户国营工业企业进行了利改税试点。在"以税代利"的试点取得显著效果的基础上，1983年4月24日，国务院批转财政部报送的《关于全国利改税工作会议的报告》和《关于国营企业利改税试行办法》，同意自1983年1月1日起实施利改税试行办法。这是我国实行的第一步利改税，实际上是一种税利并存的制度。主要内容包括：（1）凡是有盈利的国营大中型企业（包括金融保险企业），先根据其实现的利润按55%的税率缴纳所得税，税后利润部分，除按国家核定的留利水平留给企业外，其余部分根据企业不同情况分别采取递增包干上缴、固定比例上缴和缴纳调节税等办法上缴国家财政。（2）凡是有盈利的国营小企业，根据其实现利润情况，按八级超额累进税率缴纳所得税，纳税后企业自负盈亏。但税后利润较多的企业，国家可以收取一定的承包费。（3）企业应合理分配使用税后利润，要建立新产品试制基金、生产发展基金、后备基金、职工福利基金和职工奖励基金，前三项基金不得低于留利总额的60%，后两项基金的比例不得高于40%。

第一步利改税的特点是税利并存，国家只对企业的一部分利润征收所得税，企业税后利润还要采取分成包干等多种形式在国家与企业之间协商分配，因而国家与企业之间的分配关系仍难以稳定下来。因此，1984年9月，国务院批转财政部《关于国营企业第二步利改税试行办法》，决定从10月1日起，试行第二步利改税，即完全的利改税制度——由税利并存过渡到完全的"以税代利"。其核心内容是将国营企业应当上缴国家的财政收入按11个税种向国家交税，税后利润由企业自己安排使用。（1）根据各个企业的特征将原实行的工商税按性质划分为产品税、增值税、营业税和盐税4个税种，并提高了这些税种在总税负中的比重，同时，把产品税的税目划细，适当调整税率。（2）继续对盈利的国营企业征收所得税，其中大中型企业按55%的统一税率征收，小企业按新的八级超额累进税率缴纳所得税。（3）对企业缴纳所得税后利润超出合理留利的部分，还要以换算后的1983年利润为基数加征调节税。对增长部分继续实行减征，减征幅度由第一步利改税时的60%改为70%，计算方法也由环比改为定比，时间改为7年不变。（4）扩大利改税实施范围，按不同企业类型征税。即将第一步利改税时未纳入征税范围的军工企业、邮电企业、粮食企业、外贸企业、农牧企业和劳改企业等均纳入征收范围。而且将企业划分为大中型盈利企业、小型盈利企业、微利企业和亏损企业等几种不同类型，分别实行不同的征税办法。

利改税的本质是通过对国营企业征收所得税的形式，将国营企业置于同其他性质企业平等的地位。这在理论和实践上都是一个重要的突破。不仅较好地体现了企业所有权与经营权适当分离的原则，而且以法律规范的形式将国家与企业的分配关系基本固定下来，使财政收入具有较为稳定的来源。但也必须看到，由于税制设计不完善，不同程度地混淆了税和利的界限，所得税税率定得过高，国营企业的税收负担明显重于其他非国营企业。这样使得政府不得不在征管过程中对国营大中型企业普遍开征一户一率的调节税，从而一定程度上又弱化了税收制度的严肃性，并使企业实际税收负担与名义负担之间存在不对称性，没有从根本上达到理顺国家与国营企业分配关系、增强企业活力的改革目的。因此继续探索国家与国营企业财政分配模式成为改革发展的必然要求。

三、第三次调整：承包责任制（1986～1993年）

由于两步利改税仍然无法完全理顺国家与企业之间的分配关系，如何有效地激发国营企业尤其是国营大中型企业的活力仍是当时面临的重要课题。因此，决策者只得再次调整改革思路，从1986年开始试行对国营企业实行承包经营责任制，用承包上缴利润的办法取代了向国营企业征收所得税的办法，并于1987年在全国普遍推广。

承包经营责任制是指在坚持社会主义全民所有制的前提下，按两权分离的原则，以承包经营合同形式，确定国家与企业间的责、权、利关系，使企业在承包合同范围内自主经营、自负盈亏的经营管理制度。其主要内容是在"包死基数、确保上交、超收多留、欠收不补"的基本原则下，包上缴国家利润，包完成技术改造任务，实行工资总额与经济效益挂钩。根据不同行业和企业的具体情况，承包经营责任制采取了多种形式：（1）在缴税的基础上，上缴利润递增包干。即企业上缴产品税（或增值税）后，在核定上缴利润基数的基础上，逐年按照商定的递增率向财政部门上缴利润。这种形式包死了上缴国家财政的利润总量，保障了国家财政收入的稳定。超收部分全部留给企业，有利于激励企业加强内部管理，增强自我积累。（2）微利企业上缴利润定额包干。即核定上缴利润基数，超额部分留给企业，几年或一年一包。这种形式主要适用于那些利润不高而产品又有着广泛社会需求的困难企业。（3）上缴利润基数包干，超收分成。即确定盈利企业上缴利润的基数，对超收部分按规定实行比例分成或分档分成，期限可以灵活掌握。这种形式有利于减少由于基数和比例规定不准、外部环境变动所带来的风险。（4）微利、亏损企业的利润包干或亏损包干。即根据不同企业的情况，确定承包基数，有的超收（或减亏）全部留给企业，有的则按照规定的比例分成。此外，这一时期还进行了一系列改革探索，如进行了"税利分流、税后还贷、税后承包"的试点；对小型企业实行租赁制，企业依法纳税后，再缴纳给国家包括租金在内的承租收入；对有条件的大中型国营企业实行股份制试点，并按国家股、法人股和个人股实行不同的分红比率。

除承包形式外，承包经营责任制还对企业的承包主体、承包基数、承包关系、承包管理及承包前后贷款的归还等相关问题做出了具体规定：（1）承包主体。个人、合伙、集体、部门和企业五种主体均可成为承包主体。（2）承包基数。承包制企业确定上缴利润基数时，一般以上年上缴的利润额为基数。（3）承包关系。实行承包制的企业，必须由企业经营者代表承包方同发包方（政府有关部门）订立承包经营合同。承包者在享有合同规定的经营管理自主权的同时，必须按合同规定完成各项生产经营指标。发包方代表国家有权监督承包者严格履行合同规定的各项指标的完成情况，以维护国有资产的合法权益。（4）承包管理。对承包制企业试行资金分账制度，即按企业资金来源将总资金划分为国家资金和企业资金两种。承包前企业占用的全部固定资产和流动资金列为国家资金，承包期间的留利及留利投入形成的固定资产和补充的流动资金，列为企业资金。企业资金仍属全民所有制性质，它可作为承包制企业负亏的风险基金，当承包者完不成合同上缴利润时，必须先用当年留利抵缴，不足部分再用企业资金抵缴。（5）贷款归还。实行承包前的贷款，由国家承担的部分要在承包经营合同中规定还款额度和期限，分年还清，然后按规定调整承包基数；实行承包后的贷款，原则上要用企业自有资金归还。

自从承包制得到政府的认可并有计划地组织实施以来，在全国大中型国营企业中得到了最大限度的推广。到1987年底，全国预算内工业企业的承包面已达78%，在大中型企业中达80%[①]。作为一种处理国家与企业之间分配关系的改革举措，承包制能够迅速地、大范围地被企业所采用，表明它在一定程度上具有存在和发展的合理性。实行利润定额上缴或递增上缴分配办法，国家与企业之间的利益分配比较明确，触及了企业经营机制这个核心问题，把利益驱动和自我激励以合同形式引进了企业经营中。从表面上看，承包制继续采取上缴利润的形式，保留了"统收统支"的某些特征，但它实质上却颠倒了原来的形式。如果说原来的统收统支是把留给企业的那部分收入固定起来，使增长的收入全部上缴财政的话，那么承包制则相反，它是将上缴财政的部分相对固定起来，增长收入的大部分留给企业。企业留利的增长，不仅有利于调动经营者和生产者的积极性，增强了企业自我积累能力，而且有利于实现所有权与经营权的适当分离，逐渐确立企业在市场经济中的法人主体地位。

这个时期国营企业的活力虽有所增强，但承包制是含税的，其仍然属于税利合一的范畴。而试点股份制的一些企业违背同股同利的原则，造成国家股的分红率低于个人股。同时，由于企业经营机制的不规范性而使其在实践中体现出较大的负面效应。不仅没有实现"建立一个既充满内在活力、又具有自我约束能力的企业经营机制"的初衷，反而在很大程度上影响了国家财政收入的正常增长，削弱了国家宏观调控能力。概括起来，承包制的弊端主要表现为：（1）财政收入机制萎缩，

---

① 韩英杰、夏清成. 国有企业利润分配制度新探［M］. 北京：中国经济出版社，1995.

财政收入增长幅度明显下降，财政赤字扩大。承包制下企业的利润被分解为三个部分，即上缴利润、税前还贷和企业留利。承包前的1986年企业利润总额中上述三个部分之比为43∶18∶39，到实行承包制后的1988年变为29∶26∶45。其中，上缴利润下降了14个百分点，税前还贷和企业留利则分别上升了8个和6个百分点。税前还贷政策的实行，实质上等于财政替企业归还55%的贷款，意味着企业贷款中的55%变成了财政拨款，从而使财政收入存量被承包制企业分流。财政收入比重的下降，使我国财政赤字呈明显扩大趋势，1991年财政赤字为664.10亿元，占当年国民生产总值的3.28%，1992年为906.28亿元，占当年国民生产总值的3.71%，均已超过了国际公认的财政赤字占当年国民生产总值3%的警戒线。（2）导致企业行为短期化，不利于企业经营机制的完善。完善的企业经营机制应当包括公平竞争机制、利益与风险对称机制、自我积累机制和自我约束机制等。但在承包制企业中，各项合同指标均是由政府主管部门与企业之间通过"一对一"式的谈判确定的，这种行政型的契约关系，使国家与企业的分配关系始终处于非稳定和不规范状态；由于承包期限的制约，大多数承包制企业追求承包期内的利益最大化，表现为不注重挖潜改造，而是吃老本、拼设备；在工效挂钩和税前还贷机制作用下，企业重消费轻积累，大幅度提高职工奖金福利水平，以刺激职工生产积极性，造成企业消费基金膨胀，人工成本上升；税前还贷机制增强了企业的投资能力，削弱了对投资主体的约束力，在这种"银行放款、企业用款、财政还款"的机制作用下，投资规模的失控和投资结构的失衡自然不可避免。（3）在预算软约束情况下，企业包盈不包亏。在市场体系还不健全的条件下，企业外部环境不确定性大。当外部环境有利时，企业一般会积极履行承包合同，上缴合同利润；而当外部环境不利，企业经营困难，完不成承包上缴利润基数时，承包者并不能按照制度规定做到"以企业自有资金抵补亏损"，而是以外部环境变化为由，推卸亏损责任，使承包合同成为一纸空文。这种"包盈不包亏"的承包制当然无法培育出真正意义上自负盈亏的市场主体。（4）弱化了国家宏观调控能力，加剧了产业结构的失衡。国际上衡量一国政府宏观调控能力大小的重要指标是财政收入占国民生产总值或国民收入的比重。实行承包制以来，随着企业留利的大幅度增加，国家财政收入的相应锐减，预算内财政收入占国民收入的比重也发生显著下降，从"六五"时期的26.1%下降至1992年的20.9%。尤其是主要担负宏观调控任务的中央财政支出规模在财政总支出中的比重逐年下降，从"六五"时期的48.84%降至1992年的41.41%，必然导致国家宏观调控能力的弱化。另外，承包制企业的投资受短期利益机制的驱动，主要投资于价高利大的行业和产品，不可避免地在全国范围内出现了盲目发展和重复建设，导致国民经济投资效益的严重下降和产业结构的进一步扭曲。

不论是企业基金制度还是利改税抑或是承包责任制，都不同程度地混淆了税和利的界限，国家无法真正履行双重职能，体现双重身份，于是伴随着1993年12月的分税制改革，国家与国有企业的财政分配过渡到新的模式，即税利分流模式。

第三节 "税利分流"下的国有企业收益分配制度（1994年至今）

如上所述，在理顺国家与国有企业分配关系的多次调整中，利润留成、利改税及承包责任制等都曾对国有企业利润分配制度改革做出了历史性的贡献。首先，长期以来计划经济体制的制度惯性所形成的"路径依赖"制约着改革的进程；其次，每一次改革前的既得利益者，会千方百计地阻挠各种制度改革或创新，从而使得路径替代呈现渐进性演变的格局；最后，政府作为"经济人"的化身，按照"诺斯悖论"，出于政治体制的需要，政府在特定的制度环境下有可能将一种经济上低效的制度安排作为政治上的选择与落脚点。因此，每一阶段改革形成的新的制度安排只是暂时的博弈均衡，而新的制度又产生新的利益格局，从而改变了博弈主体的策略安排，进而使国有企业利润分配体制变迁的阶段性表现为从一个均衡向另一个均衡演进。

综合以上因素，改革初期，政府出于搞活国有企业的需要，采取了企业基金制和利润留成制。而随着财政收入的下降，政府的预期利益下降，相继出台了利改税、承包经营责任等制度创新措施，试图遏制这种发展趋势。但由于它们无法适应深化经济体制改革和国有企业转换经营机制的需要，在发挥积极作用的同时，又引发了一系列新的矛盾和负面效应。因此，在财政收入的"两个比重"[①] 依然下降的背景下，政府进行了分税制改革，并将"税利分流"作为理顺国家与国有企业分配关系的指导思想。虽然在实践过程中提法和侧重点上有所变化，但税利分流的基本框架并未改变，至今仍是理顺国家与国有企业之间收益分配关系的方向性选择，同时也成为我国财政体制从"单元财政"向"双重（元）结构财政"转变的主要理论依据之一。

一、税利分流下国有企业只纳税不缴利润（1994~2006年）

为了扭转财政收入"两个比重"日益下降的局面，更好地规范国家与国有企业的分配关系，根据1993年12月国务院颁布的《关于实行分税制财政管理体制的决定》，国家于1994年1月1日开始在"两则"（《企业财务通则》和《企业会计准则》）的基础上全面推行国有企业利润分配制度改革，实行"税利分流、税前还贷、税后分利"，简称"税利分流"，即企业按税法规定向国家缴纳所得税之后，税后利润再在国家和企业之间进行适当分配。主要包含以下四个方面内容：

第一，企业所得税统一实行33%的比例税率。国有企业利润分配制度改革方

---

① 两个比重指财政收入占国内生产总值（GDP）的比重及中央财政收入占整个财政收入的比重。

案（以下简称"改革方案"）规定，除经济特区外，所有国有企业恢复征收所得税，企业所得税统一实行33%的比例税率。考虑到部分企业经济效益较差和利润上缴水平较低的现状，在一定时期内，作为过渡措施，暂增设18%和27%两档照顾税率，同时取消调节税。企业所得税之所以选择比例税，是因为比例税不仅具有规范、简单、透明、便捷的特点，更主要的是实行比例税制能较好地体现税收的最基本原则——公平原则，不仅能保证具有相同计税利润企业之间的公平税负，而且还能保证具有不同计税利润企业之间的公平税负，符合投资收益应与投资额成正比的市场经济活动规则。另外，企业所得税税率之所以定为33%，是考虑到：（1）比现实中企业实现利润上缴水平略低。（2）与国际上所得税率的平均水平（33.8%）接近。（3）与非国有企业所得税率一致或接近。（4）使国家财政收入得到较为可靠的保证。

第二，建立统一、规范、合理的企业所得税税基。改革方案规定，企业固定资产投资贷款本金一律用留用资金归还，不再从税前扣除。而且要求增提折旧，将固定资产贷款利息、各种奖金福利费用及研究开发费用等列入成本，使企业成本核算真实合理。改革前国家与企业分配关系错位交叉的一个重要表现就是税基确定不合理，一方面，企业成本偏小，使税基非正常扩大，另一方面，实行税前还贷，又使税基非正常缩小。实行税后还贷和成本真实化，才能准确地确定出企业所得税税基，而建立统一、规范、合理的企业所得税税基才能在规范企业经营行为的基础上，使国家与企业分配关系清晰化，保证税利分流的充分实现。

第三，实行税后分利，多种形式收取国有资本投资收益。改革方案规定，国有企业以及国有资本参与投资的其他企业在实现利润上缴所得税后，还要向作为国有资本所有者的国家上缴一部分利润，即"税后分利"。税后分利的形式有很多种，国有独资企业实行税后利润上缴形式，而对国有资本参与投资的其他企业，如股份制企业、合资企业及合伙制企业，则按照投资比重收取股息、红利、租金等投资收益形式。税后分利的形式既可以采取国家集中的形式，也可以采取国家对国有企业追加投资的形式。国家集中形式的税后利润，形成国有资本财政收入，其用途或用于创办新企业，或用于向其他企业投资参股；追加投资的形式是国家将应收取的税后利润留在企业，作为再投资，以实现国有资本的保值增值。

第四，在1993年对试点企业实行归还贷款的折旧和留利免交能源交通重点建设基金和预算调节基金（简称"两金"）政策基础上，改革方案明确规定：取消对所有国有企业征收"两金"，企业因此所增财力应首先用于归还固定资产投资借款。税利分流改革的根本目的就在于彻底理顺国家与企业的利润分配关系，在国家与企业之间建立一个规范、科学、合理的利润分配机制。而"两金"的开征是在20世纪80年代国家财政极其困难的情况下所采取的一种特殊的取财措施，具有不规范性，有悖于国家与企业利润分配关系的规范性要求，因此，随着税利分流改革的全面推行，国家财政状况的好转，取消不规范的"两金"也就势在必行。

这一时期实行的税利分流，是国有企业将盈利的一部分以税收的形式上缴国家，税后利润几乎全部留给企业。具体而言，即统一企业所得税为 33%，同时增设 27% 和 18% 两档照顾税率，并取消各种包税的做法；作为过渡措施，近期可根据具体情况，对 1993 年以前注册的多数国有全资老企业实行税后利润不上缴的办法，同时，微利企业缴纳的所得税也不退库。① 政府做出国企利润暂不用上缴国家的规定是为了让国有企业获得休养生息的机会。本只是作为一种过渡措施，然而既定的制度安排所形成的路径依赖使得这种过渡性的安排持续了 13 年之久，国有企业亦从此习惯了不向国家上缴利润，直到 2007 年才重新恢复国有企业利润上缴制度。不仅如此，许多经营性亏损的国有企业还常常向国家申请财政补贴，而国家一般都予以兑现，使得国有企业在市场竞争中又多了政府这一层保护伞，不利于现代企业制度的建立。

税利分流模式有利于国家双重职能的分离，一是作为社会管理者的国家可以凭借政治权力，向包括国有企业在内的所有企业征税；二是作为国有资产所有者的国家凭借财产权利，参与国有企业税后利润的分配，取得国有资本的投资收益，因此，税利分流制度是理顺国家与企业分配关系的正确方向。然而，在我国特定的历史条件下，作为国有企业的股东之一的国家并没有真正参与国有企业税后利润的分配，所以这一阶段采取将税后利润留于企业的方式并不是纯粹意义上的税利分流制度。

二、国有企业利润上缴制度的重建与恢复（2007 年至今）

2005 年 10 月，世界银行驻中国代表处经济学家高路易（Louis Kuijs）、世界银行驻中国代表处高级私营部门发展专家高伟彦（William Mako）、世界银行驻中国代表处高级企业重组专家张春霖等合作撰写《国有企业分红：分多少？分给谁？》的研究报告，主张中国大型国有企业应向政府支付红利。该分析报告认为健全的国有企业分红政策，有利于提高国有企业的再投资效率，有利于改善公共财政资源的整体配置。该报告的发布将恢复国有企业红利上缴制度的话题推向世人瞩目的焦点。从 2006 年两会伊始，学界就一直在热议国有企业红利上缴问题，财政部也于同年着手起草《国务院关于试行国有资本经营预算的意见》（以下简称《意见》），并于 2007 年 9 月 8 日正式颁布实施。《意见》第六点第（十五）条规定，"中央本级国有资本经营预算从 2008 年开始实施，2008 年收取实施范围内企业 2007 年实现的国有资本收益。2007 年进行国有资本经营预算试点，收取部分企业 2006 年实现的国有资本收益。各地区国有资本经营预算的试行时间、范围、步骤，由各省、自治区、直辖市和计划单列市人民政府决定"。这就标志着以恢复国有企业红利上缴制度为基础的国有资本经营预算制度的正式启动。

近年来，尤其是 2003 年国资委成立以来，切实履行出资人职责，以国有资产

---

① 参见《国务院关于实行分税制财政管理体制的决定》。

的保值增值为目标,通过"抓大放小""改组改制"等一系列政策举措,促使国有资产最重要的载体——国有企业的利润大幅度增长,国有企业利润的绝对量从 1994 年的 829 亿元增加到 2007 年的 1.62 万亿元[①],仅中央企业 2007 年就实现利润将近万亿元。说明国有企业上缴利润不仅具有理论和政策依据,而且实施的时机已经基本成熟。于是 2007 年 12 月 11 日,国资委会同财政部颁布了《中央企业国有资本收益收取管理办法》,明确规定收益收取对象为中央管理的一级国有独资企业,其应缴利润的比例按照不同行业分三类执行:第一类为烟草、石油石化、电力、电信、煤炭等具有资源型特征的企业,上缴比例为 10%;第二类为钢铁、运输、电子、贸易、施工等一般竞争性企业,上缴比例为 5%;第三类为军工企业、转制科研院所企业,上缴比例 3 年后再定。国有控股、参股企业应付国有投资者股利股息按照股东大会决议通过的利润分配。[②]

随着中央企业利润节节攀升,制约国有企业利润上缴的制度基础已不复存在,上缴时机已经成熟。且不论以上三类比例是否合理和是否具有实践上的可操作性,至少中央企业利润上缴符合市场经济原则,是实质意义上的税利分流,有利于深化国有企业改革,进一步规范国家与国有企业分配关系的正确方向。因此,恢复中央企业利润上缴制度具有深刻的理论和现实意义。(1)中央企业分红符合市场经济发展的客观规律。"谁投资,谁受益"是市场经济的一般规律,国有企业作为我国市场经济的主体之一也不例外。而国家作为国有企业的出资人向国有企业行使股东收益权也就理所当然。(2)国有企业向国家分红有助于解决投资过热的问题。由于大量资金留存于企业内部且投资缺乏产权约束,往往使中央企业投资过度,造成国有资产无法高效率运行乃至国有资产流失。而向国有企业征收红利恰恰是解决投资过热的手段之一。(3)恢复中央企业利润上缴制度有利于补偿政府承担的由国有企业剥离出的社会性负担。从国有企业剥离出的学校、医院,破产职工的再就业问题以及职工失业问题等诸多本应由国有企业承担的社会职能,承载主体转变为各级政府。同时也正是由于这些社会性成本的转移,国有企业利润才节节攀升,因此国家有理由要求其补偿国有企业改制成本。(4)中央企业分红有利于打破垄断,促进国有企业改革。国有企业的利润很大一部分是来源于国家特殊政策赋予的资源垄断权,而其恰恰就是国有企业改革进展缓慢的原因之一。加之垄断和不明晰的产权使现代企业制度不能在"三公"环境下真正建立起来,国有企业改革也就无法取得实质性的突破,而国有企业分红将有助于改变这一局面。

在分税制的背景下,当时国有企业普遍亏损,政府为了分税制的顺利推行,在和国有企业经营者的博弈中做了妥协:作为过渡措施,对 1993 年以前注册的多数国有全资老企业实行税后利润不上缴的办法。分税制下形成的特殊的税利分流制度

---

① 摘自《中国工业经济统计年鉴 2008》——中国主要年份国有工业企业主要财务指标统计(1952~2007)。
② 中华人民共和国财政部. 财政部出台国有资本经营预算有关配套管理办法[EB/OL]. 2007-12-11. http://www.gov.cn/gzdt/2007-12/11/content_830920.htm.

由于制度惯性而长时间持续，使得国家对企业的双重分配关系难以体现出来。2007年重启中央企业利润分配制度，国家与国有企业的利润分配关系开始以较为规范、合理的形式固定下来，进而实现了较改革前更为高效的路径替代。但这个制度未向所有国有企业全面铺开，且在试行过程中还存在以下问题：（1）《中央企业国有资本收益收取管理办法》规定的比例欠合理。此办法采取大方向上的同一行业同一比例的"一刀切"，且比例最高为10%的形式收取国有资本收益的规定值得探讨。首先，电力企业不属于资源性行业，恰恰相反，其是消耗资源的行业，因此把电力行业纳入"资源性行业"的分法本身就有失偏颇；其次，对企业笼统地征收10%是不妥当的。像石油、煤炭等行业，目前都处于资本支出增加的阶段，需要大量资金扩大产能，提高技术水平，因此不适合提高分红比例，而像钢铁行业产能已经过剩，正处于资本性支出减少时期，可以多分红；最后，"两税"合并后，中央企业的税收支出由33%减少到25%，而国家向中央企业征收红利的比例上限仅为10%，因此，从总量上来看，中央企业的自留利润并没有减少多少，其依然留有可观的利润，依然有可能引起不合理的投资。（2）中央企业自身编制国有资本经营预算支出项目计划的规定不恰当。除了《中央企业国有资本收益收取管理办法》外，财政部还发布了《中央国有资本经营预算编报试行办法》，而此办法规定由中央企业自身编制国有资本经营预算支出项目计划，而这样极有可能使国有资本经营预算偏离了制度设计的初衷。从理论上来说，倘若实行国有资本经营预算，企业上缴多少和实际支出多少，是不存在太大关系的。然而由企业自己来编制支出计划，自己申请支出费用，就相当于先把钱交到财政部，之后又要回来，名义上缴了利润，但实际上是自己花了，这样就容易形成体内循环，意义不大。而更严重的是，倘若形成封闭的自我循环，就会使国有企业分红脱离国有资本经营预算的本质。（3）红利收取过程中可能出现"内部人控制"问题。由于惯性思维及经济人的利己之心，不管中央企业负责人在口头上如何承诺，在实际操作过程中，中央企业极有可能采取各种或明或暗的措施来规避上缴或转移红利。中央企业可能会虚报利润，本来盈利的账目可能会变成微利甚至亏损；可能会通过加大税前支出、提高职工特别是管理层的薪酬、增加职务消费、超标准发放或滥发奖金等手段转移利润；可能会利用垄断地位变相设置霸王条款提高垄断价格，把红利上缴的负担转嫁给广大民众。（4）国有资本经营预算与公共预算可能发生重叠与冲突。政府作为国有资本所有者，同其他所有股东一样，同样是追求利益最大化的。从这个角度来讲，政府也有可能为了获得更多分红而帮助中央企业巩固垄断地位，而这样往往是以侵害人民的利益为代价的。政府同时作为公共管理者，其宗旨就是全心全意为人民提供低价优质的公共服务，满足并保障人民的利益。那么在二者发生冲突时，政府应如何做出抉择，如果倾向于前者的身份而助长中央企业的垄断，那"政企分开"似乎就失去了意义，现代企业制度也就无从谈起。而如果倾向于后者，那中央企业的红利上缴又难以保证。这样，政府的职能定位就显得相当重要。综上可见，尽管中央企业层面的国有资本经营预算制度已经启动，但完整和规范意义上的国有资本财政分配制度尚未真正建立，需要在实践中逐步探索。

第四节　国有企业收益分配制度演变的规律分析

通过对新中国成立以来国有企业收益分配制度演变的历史考察，我们不难发现，国家与国有企业财政分配关系的演变过程也是一个改革和探索的过程，尽管这一过程中有过曲折和反复，但总体是向着合理化和规范化的方向发展。分析这一过程，我们不难发现一些具有共性特征的规律：

第一，国家与国有企业的利润分配制度，尽管历经多次变革，形式多样，但纵观整个过程，都是国家与国有企业之间利润分配的量变和质变交替进行的过程。所谓量变，是指国有企业利润在国家、企业和职工之间分配数量上的变化；所谓质变，是指国有企业利润在国家与企业之间分配形式上的变化。量变具体体现在国家对企业在利润分配上的集权或放权。在国家集权的时候，企业的可自主支配的实现利润很少，与此相适应，企业扩大再生产所需资金（非借款部分）也基本上是由国家供应，企业职工奖金很少甚至没有，分配办法也相对僵化；相反在国家放权的时候，企业可自主支配的实现利润较多，企业扩大再生产所需资金有一部分能够通过自我积累解决，同时，企业职工的所得也较多，分配办法也比较灵活。质变则是一种分配形式和分配机制的变化，这种变化更具实质性的意义，是一种更高层次的变化，它对企业整个经营活动都会产生深远的影响。在我国国有企业利润分配改革史中，第二种变化主要体现在企业实现利润是以利润形式上缴还是以税收形式上缴，或者是二者相结合。

1978年以前，我国国有企业利润分配制度大约进行了四次变革。"一五"时期，对企业实行奖励基金和超计划利润分成制度；"大跃进"时期，对企业实行利润留成制度；三年调整时期，对企业恢复奖励基金制度；"文化大革命"时期，对企业实行职工福利基金制度。这四种变革，基本上是在统收统支的体制下进行的，企业留利都不多。不过每次变革，企业留利水平在量上都是有所变化的，"大跃进"时期，企业留利比重较高，达10.4%，"文化大革命"时期较低，只有0.17%。在分配形式上，尽管这四次变革都是采用利润上缴形式，但具体办法和作用机制是有区别的，例如，"大跃进"时期的利润留成制度、三年调整时期的企业奖励基金制度和"文化大革命"时期的职工福利基金制度是三种形式不同、作用机制不同的办法。利润留成制度侧重于增加企业留利，扩大企业自主财力，企业奖励基金制度则主要是为了提高企业和职工的积极性，职工福利制度则是强调改善职工生活条件。

1978年以后，我国国有企业利润分配制度进行了三次较大的变革。1978~1982年，试行企业基金制度，实行利润留成制度；1983~1986年，国有企业实行利改税；1987~1993年，全面推行多种形式的承包经营责任制。这三次变革，企业留利比例都比较高，而且呈现出递增的趋势。1978～1982年，企业留利比例为22.3%；1986年，企业留利比例为41%；1987～1990年第一轮承包期间，企业留利比重达43%。在分配形式上，1978～1982年实行的企业基金制度和利润留成制度尽管比1978年以前的几次变革有所进步，但仍没有走出旧的框架；1983～1986年实行的利改税则是国有企业利润分配变革史上一次具有划时代意义的改革，这次改革第一次在我国国家与国有企业利润分配关系上引进了税收的概念；1987～1993年对国有企业全面推行的全额利润承包经营责任制则是又一次国家与国有企业利润分配关系的重要变革。承包制作为一种特定历史时期的产物，作为一种新的国有企业利润分配制度改革模式，在国有企业利润分配制度改革史中仍然占有一席之地。

综上所述，我们可以看出，我国国有企业利润分配制度的每次变革都不是孤立的利益量的调整或分配形式的变化，而是两者的结合。

第二，国家与国有企业的利润分配制度尽管历经多次变革，且每次变革都具有不同的内容和特点，引起变革的主要原因，要么是经济体制的变革需要，要么是一定时期政治经济形势的要求，或者二者兼而有之。经济体制是指社会发展一定阶段上组织和管理经济的具体制度和形式的总和。例如，我国曾经实行过高度集中的计划经济体制，现在正在建立社会主义市场经济体制。国有企业利润分配制度作为整个经济体制的有机组成部分，是整个经济体制在分配领域中的体现，因此，我国国有企业利润分配制度改革始终受制于整个经济体制变革。可以说，我国经济体制变革对国有企业利润分配制度改革起着根本的决定性的作用，国有企业利润分配制度变革的根本原因是我国经济体制的变革。一定时期政治经济形势的不同要求是我国国有企业利润分配制度变革的另一原因。当一定时期的政治经济形势要求集权时，就对国有企业的利润实行从紧的分配政策，反之，则实行较为宽松的分配政策。

1978年以前，我国实行高度集中的计划经济体制，国有经济在国民经济中占有绝对的优势。国有企业的整个生产经营活动都纳入了国家计划，国有企业的产品定价权、进销货权、投资权、劳动用工权、收益分配权都掌握在各类政府机构的手中。总之，高度集中的计划经济体制下，国有企业不是一种相对独立的商品生产者和经营者，只不过是政府的附属物，是行政机构的延伸而已。国有企业的这种身份和地位决定了国有企业不可能也不需要掌握过多的财权，国有企业的经营收益，甚至连维持简单再生产的折旧基金也都要上缴国家。同时，国有企业的亏损也由国家补贴，国有企业生产经营所需资金也都由国家供给。在这种经济体制下，国有企业利润分配制度显然只要采取利润上缴方式即可，引入所得税的形式显然没有必要。因此，1978年以前，国有企业利润分配制度采取高度集中的利润上缴形式的根本原因在于当时我国实行的是高度集中的计划经济体制。

1978年以后，我国的政治环境发生了重大变化，改革开放成了时代的最强音，与此相适应，改革高度集中的计划经济体制成了改革开放的核心内容。人们对事物的认识总是有一个过程，对我国经济体制改革的认识也经历了一个渐进的发展过程。从高度集中的计划经济体制，发展到有计划的商品经济体制，直到今天的社会主义市场经济体制。其中，有计划的商品经济体制又经历了"计划调节为主、市场调节为辅"和"计划调节市场、市场调节企业"等几个发展阶段。在我国经济体制改革的不同阶段，对国有企业的性质、地位和作用以及国家与国有企业关系的认识是不同的，因此，国有企业利润分配制度改革也经历了几个不同的发展阶段，每一个阶段都是当时经济体制改革的需要和体现。

第三，从我国企业与国家分配关系的历史演变过程中，可以清晰地看到企业与国家分配关系变化所表现出的以下四个特征：一是在分配权力上，由国家高度集权转变为企业具有较大的自主权；二是在分配比例上，由国家对利润的统收统支转变为企业占有较大比例的利润留成；三是在分配方式上，由国家实行单一的分配方式转变为多种分配方式；四是在分配指导思想上，由单纯地注重利益分配转变为更多地注重理顺国有企业的产权关系。

（1）从分配权力的变化来看，企业在分配上自主权的不断扩大，是企业从行政机关的附属物转变为独立的商品生产和经营者的具体体现。企业要成为自主经营、自负盈亏的经济实体，必然要求摆脱行政部门的控制，改变完全由国家来决定企业与国家之间的分配关系。在企业享有一定自主权的基础上来理顺其与国家的分配关系。这一变化在承包制的分配方式中表现得尤为突出。

（2）从分配比例的变化来看，企业所得份额的增加，反映了企业的独立经济地位在增强。在国家对企业利润统收统支的情况下，企业是没有条件实现其在经济上的独立性的，也无法落实生产经营的各项自主权。企业在利润分配中占有一定的比例，是独立进行生产经营活动的必要条件。因此，改革从一开始就根本否定了国家对企业利润统收统支的做法，采取各种形式扩大企业在利润分配中所占的份额。但是，在企业与国家的分配中，究竟怎样的比例才是合适的，人们对此看法是不一致的，因而企业与国家的分配比例问题也就成为分配改革的一个焦点。几乎所有的分配改革形式，都把这一问题作为重点。例如，利润留成中留成比例的确定，利改税过程中税率的确定，承包经营责任制中承包基数的确定，以及其他改革形式中都会涉及的所得税税率的确定，等等，其实质就是企业与国家分配比例的问题。应该承认，在所有这些改革形式中，企业与国家的利益分配比例问题并没有得到很好地解决。并且，实践证明，局限于原有的分配改革形式是不能使这一问题得到根本解决的。必须以新的思路和新的形式来规范企业与国家的分配比例。股份制的分配方式就是处理企业与国家分配比例关系的一种较为规范的方式。

（3）从分配方式的变化来看，企业与国家之间实行多种分配方式反映了我国在这一问题上的不断探索。高度集中的分配体制打破以后，采用怎样的分配方式来规范企业与国家的分配关系，才能更好地理顺两者的关系，这并没有现成的答案，只能在实践中不断地探索。从20世纪80年代初开始，在企业与国家之间实行的多种分配方式，一方面体现了改革思路的变化，另一方面，也反映了改革的不断深入和分配关系的日益规范。各种形式的利润留成，两步利改税、承包制、税利分流、股份制等各种分配方式，清晰地反映了企业与国家分配关系的变化过程。

（4）从分配的指导思想变化来看，开始只是孤立地注重利润分配，并且决定权完全在国家方面，20世纪80年代初实行各种形式的利润留成就是这种情况。随着改革的深化，分配改革在指导思想上逐渐转向把利润分配与企业的生产经营权联系起来，把分配关系看作是与所有权和经营权分离相关联的一个内容，企业与国家在利润分配上的决定权，也从完全由国家决定转变为国家与企业经过谈判，签订合同的形式来确定。承包制较为典型地反映了这样的指导思想。在承包制的分配方式暴露出一些难以克服的弊端的情况下，对分配关系改革的指导思想又发生了重大的变化，即把企业与国家的利益分配关系与国家具有的双重性质联系在一起。这就是：一方面，从国家作为社会管理者的角度来规范分配关系，另一方面，从国家作为财产所有者的角度来规范分配关系。这样，企业与国家的分配关系也就由税和利这两部分构成。前者是与国家的行政职能相联系，后者是与国家的产权关系相联系，从而使企业与国家的分配开始走上了依法进行的轨道。税利分流、股份制、现代企业制度下的分配方式，是这一指导思想在实践中的具体体现。

第四，从我国企业与国家分配关系的历史演变过程中可以发现，税利分流制度具有历史必然性，是我国经济体制改革发展到一定程度对国有企业利润分配制度要求的体现。深化经济体制改革，建立社会主义市场经济体制对国有企业利润分配制度提出了新的要求：统一、规范、公平。全额利润承包经营责任制的最本质特征是一对一谈判，具有很强的随意性和不确定性。国有企业的法人地位要求减少政府机关对企业的行政干预，全额利润承包责任制的承包基数是由政府机关在一对一谈判的基础上确定的，企业的前途和命运在很大程度上取决于政府机关，企业无法真正摆脱行政干预。全额利润承包责任制也不能适应国家宏观调控的要求，企业所得税是国家宏观调控的重要手段，全额利润承包责任制否定了企业所得税在国有企业利润分配制度中的存在。对国有企业实行全额利润承包责任制，对非国有企业实现利润征收所得税，无法适应多种经济成分并存的经济结构对公平竞争的要求。全额利润承包责任制的随意性使得国有企业之间的分配关系失去了公平的基础，进而影响了按劳分配原则的实施。

相反，税利分流则体现了经济体制改革对国有企业利润分配制度改革的要求。（1）税利分流统一了国有企业的利润分配制度，具有统一、公平的特点。税利分流的基本内容是国有企业的实现利润先以所得税的形式上缴国家，然后再以利润的形式上缴国家。企业所得税是国家权力的体现，具有法律强制性，它是国有企业利润分配制度的基础部分，因此，税利分流符合商品经济体制下对国家与国有企业利润分配关系的规范性要求。（2）税利分流有利于建立国有企业的法人地位。税利分流分配方式的规范性有利于减少国家对企业的行政干预，有利于真正落实企业经营自主权。同时，对国有企业实现利润分别采取所得税和利润两种形式上缴国家，体现了国家对国有企业的社会管理者和所有者两种身份和两种职能的分离，有利于正确处理国家与国有企业的关系。（3）税利分流适应国家宏观调控的新要求。税利分流给国家宏观调控提供了新的经济和法律手段——企业所得税，而且将国有企业纳入了国家整个宏观调控对象中来，有利于改善和加强国家宏观调控。（4）税利分流适应了不同所有制企业之间公平竞争的需要。实行税利分流，对于国有企业来说，其实现利润部分所承担的具有强制力的税收负担就是企业所得税，这与其他所有制企业是一样的。（5）税利分流有利于按劳分配原则的实现。税利分流使国家与国有企业之间的利润分配关系有了一个统一、客观的基础，企业的留利多少将直接取决于企业的经营成果，有利于在整个公有制企业职工之间真正实现按劳分配。

因此，可以认为，实行税利分流最本质、最基本的原因，是深化经济体制改革和转换国有企业经营机制对国有企业利润制度改革的要求。这是对我国国有企业利润制度变革的历史总结和分析得出的结论，它是正确理解我国国有企业利润分配制度历次变革和把握我国国有企业利润分配制度发展方向的关键。

收入倍增篇

本篇包括第九至十三章，主要围绕国有资本经营预算收入上缴制度进行模型构建、问题剖析和实证检验。阐述了国有资本经营预算收入上缴的制度框架，剖析了实践中国有资本经营预算收入上缴制度的问题及成因；构建计量模型实证分析管理层激励、国有企业混合所有制改革战略、高管在职消费和公司经营绩效等因素对国有资本经营预算收入上缴的影响；重点剖析了在国有企业利润上缴比例倍增目标约束下国有企业经营者的盈余管理行为特征及其影响因素，并引入行为经济学的分析方法，探究了国有企业利润上缴的遵从行为特征和遵从度，并构建遵从行为模型进行检验；强调了我国国有企业利润上缴比例倍增的基本目标约束，基于WACC模型对国有企业红利征缴比例的合理性进行实证检验。

第九章

国有资本经营预算收入征缴的制度安排与实践探索

改革开放以来,随着国有企业改革的逐步深入,国有企业的经营效益不断提高,2003年国务院国有资产监督管理委员会成立以来,国有企业的利润更是大幅增长。根据财政部公布的数据显示,国有企业利润从1994年的829亿元增加至2017年的1.42万亿元,仅仅23年的时间增长了16.13倍,可以说国有企业不仅走出了长期亏损的困境,还获得了巨大的利润。因此,始于1994年国有企业长期不分红的制度失去了延续下去的现实合理性。2007年《国务院关于试行国有资本经营预算的意见》及《中央企业国有资本收益收取管理办法》的相继颁布和实行,标志着国有企业税后利润不上缴政策的终结和国有资本经营预算收入上缴制度的初步形成。

第一节 国有资本经营预算收入的制度安排

2007年9月发布的《国务院关于试行国有资本经营预算的意见》(以下简称《意见》)做出明确规定:中央本级国有资本经营预算从2007年起试行,地方试行国有资本经营预算的时间、范围和步骤由各省(区、市)及计划单列市人民政府决定。《意见》中规定了在国有资本经营预算中国家扮演的角色与行使权力的方式,即依照我国的社会性质,国有资本收益依法归属于国家;同时国家通过制定各项收支预算行使对国有资本收益的分配权利,并强调该过程是政府预算的重要组成部分。《意见》中还对国有资本经营预算单位和主管部门做了明确定位,即各级财政部门为主管部门,各级资产监管机构和其他国有企业监管职能的部门或单位为预算单位。此后,我国围绕国有企业利润收缴比例、征缴程序、归属主体等出台了一系列政策性文件,从制度设计上对我国国有资本经营预算收入进行了各方面的规范性界定,形成了我国国有资本经营预算收入征缴制度的基本框架。

一、国有资本经营预算收入的制度文件

早在1994年,由财政部牵头,中国人民银行等多部门联合发布了有关我国国

有企业利润上缴的制度性文件——《国有资产收益收缴管理办法》，一方面标志着我国开始构建社会主义市场经济体制下的国有企业利润上缴制度，另一方面也使我国加强国有资产管理，防止国有资产收益流失工作变得有章可循。该办法不仅规定国有资产收益的具体类型、编报办法和上缴主管部门等，还特别明确规定了上缴国有企业利润的渠道和使用国有资产经营预算收入科目的具体情况。但由于受到1997年东南亚爆发的严重金融危机影响，同时我国国内经济也正处于周期性下滑阶段，导致我国国有企业陷入经营困难的窘境，甚至还出现了大面积亏损的局面。为了应对国内外复杂经济环境，降低体制转轨对国有企业经营的冲击，缓解国有企业经营的困难，推动国有企业改革，并没有严格落实已经出台的《国有资产收益收缴办法》。

2007年，为了将国有企业利润上缴工作落到实处，由国务院主导，财政部、国资委等多部委协同配合，出台了《国务院关于试运行国有资本经营预算的意见》，重申了国有资本经营预算的指导思想和基本原则，对其收支范围、编制、审批和执行的工作内容做了相关说明，对其工作过程中的各部门职责分工及组织实施也做了相关规定。同年，国务院又发布了《中央企业国有资本收益收取管理暂行办法》，对不同类型的国有企业划定了其上缴利润的比例，并决定先在中央企业中开展利润上缴试点工作，后逐步将收缴范围扩大至所有国有企业。两个政策性文件的出台，一方面明确了国有企业利润上缴财政的唯一渠道就是通过国有资本经营预算，另一方面也为下一阶段国有企业利润上缴工作建立行之有效的相关制度体系。同时由于我国国有企业利润是国有资本经营预算收入的最主要来源，其占比高达90%以上，而且国有企业利润上缴工作又与国有资本经营预算息息相关，这就使得在构建相关制度的时候容易显现出"路径依赖"特点。

为了进一步扩大国有企业利润上缴的范围和提高上缴比例，财政部于2010年出台了《关于完善中央国有资本经营预算有关事项的通知》，将教育部、文化部、广电总局、中国对外文化集团等部委所属企业一同纳入到了利润上缴的范围中，对国有企业资本收益比例重新做了"分类定档"，即将国有独资企业划分为五大类，并各类企业上缴比例在原来基础上上调5%，分别为25%、20%、15%、10%和免征五个档次，形成了较为合理的国有企业利润上缴比例格局。此后，财政部在2014年和2016年又相继出台了《关于进一步提高中央企业国有资本收益收取比例的通知》《中央国有资本经营预算管理暂行法》和《中央国有资本收益收取管理办法》等政策性文件，逐步将国有企业利润上缴的范围覆盖至全部中央企业，有力地落实了此前中央、国务院颁发的有关国有资本经营预算的政策。

通过分析整理，可以发现以上相关政策文件之间是逐步推进的，显示出循序渐进和逐步规范的特点。如表9-1所示，这些政策性文件形成一个完整的制度体系，为我国国有企业向国家财政上缴利润提供了全面而又规范的政策依据。

表 9－1　　　　　　　　2007~2018 年国有资本经营预算的制度文件

年份	文件名称	文号
2007	《国务院关于试行国有资本经营预算的意见》	国发〔2007〕26 号
	《关于国有资本经营预算收支会计核算的通知》	财库〔2007〕123 号
	《中央国有资本经营预算编报试行办法》	财企〔2007〕304 号
	《中央企业国有资本收益收取管理暂行办法》	财企〔2007〕309 号
2008	《中央企业国有资本经营预算建议草案编报办法（试行）》	国资发产〔2008〕46 号
	《财政部关于编报 2009 年中央国有资本经营预算建议草案的通知》	财企〔2008〕233 号
2009	《关于做好中央企业国有资本经营预算季报统计工作的通知》	国资发收〔2009〕22 号
	《财政部关于做好地方国有资本经营预算季报统计工作的通知》	财企〔2009〕34 号
	《财政部关于印发〈中央国有资本经营预算境外投资资金管理暂行办法〉的通知》	财企〔2009〕210 号
2010	《财政部工业和信息化部关于印发中央国有资本经营预算重大技术创新及产业化资金项目指南（2010 年版）的通知》	财企〔2010〕63 号
	《关于推动地方开展试编国有资本经营预算工作的通知》	财企〔2010〕83 号
	《财政部关于印发〈中央国有资本经营预算重大技术创新及产业化资金管理办法〉的通知》	财企〔2010〕153 号
	《关于完善中央国有资本经营预算有关事项的通知》	财企〔2010〕392 号
2011	《关于推动地方开展国有资本经营预算工作的通知》	财企〔2011〕83 号
	《财政部关于印发〈中央国有资本经营预算节能减排资金管理暂行办法〉的通知》	财企〔2011〕92 号
	《中央国有资本经营预算安全生产保障能力建设专项资金管理暂行办法》	财企〔2011〕239 号
	《中央国有资本经营预算企业离休干部医药费补助资金管理办法》	财企〔2011〕206 号
	《关于编报 2012 年中央国有资本经营预算建议草案的通知》	财企〔2011〕247 号
	《中央国有资本经营预算编报办法》	财企〔2011〕318 号
	《财政支出绩效评价管理暂行办法》	财预〔2011〕285 号
	《关于做好中央企业国有资本经营预算支出执行情况报告工作有关事项的通知》	国资收益〔2011〕1186 号
2012	《关于扩大中央国有资本经营预算实施范围有关事项的通知》	财企〔2012〕3 号
	《关于中央文化企业编制国有资本经营预算支出项目计划的通知》	财办文资〔2012〕9 号
	《关于做好中央文化企业国有资本经营预算支出管理工作的通知》	财办文资〔2012〕9 号
	《关于加强中央文化企业国有资本经营预算执行管理的通知》	财办文资〔2012〕10 号
	《关于提高中国烟草总公司国有资本收益收取比例的函》	财办企〔2012〕84 号
	《关于开展 2008~2011 年中央国有资本经营预算支出项目绩效评价工作的通知》	财企〔2012〕384 号

续表

年份	文件名称	文号
2013	《关于开展2012年中央国有资本经营预算支出项目绩效评价工作的通知》	财企〔2013〕315号
	《财政部关于中央级事业单位所属国有企业国有资本收益收取有关问题的通知》	财企〔2013〕191号
	《中央国有资本经营预算重点产业转型升级与发展资金管理办法》	财企〔2013〕389号
2014	《关于进一步提高中央企业国有资本收益收取比例的通知》	财企〔2014〕59号
2015	《国务院关于改革和完善国有资产管理体制的若干意见》	国发〔2015〕63号
2016	《中央国有资本经营预算管理暂行办法》	财预〔2016〕6号
	《中央企业国有资本收益收取管理办法》	财资〔2016〕32号
2017	《关于印发〈中央国有资本经营预算编报办法〉的通知》	财预〔2017〕133号
	《关于印发〈中央国有资本经营预算支出管理暂行办法〉的通知》	财预〔2017〕32号
	《关于做好中央企业国有资本经营预算费用性资金使用情况季度报告工作的通知》	国资厅资本〔2017〕487号
2018	《财政部关于做好2018年度国有企业财务会计决算报告工作的通知》	财资〔2018〕104号

资料来源：根据财政部、国资委网站相关资料整理。

二、国有资本经营预算收入的层级划分

为了与我国政权结构相匹配，我国国有资本经营预算管理制度必须采用中央和地方两级结构。具体体现为在履行职责时，国家是通过国资委代为履行对中央企业出资的各项具体职责，而对地方国有企业则是通过地方国有资本监督管理机构履行相应监督职责。国家由于是国有企业的出资人，所以享有对国有企业利润的收益权。而在收取国有企业利润时也是分为中央和地方两级进行。2007年国务院在《关于试行国有资本经营预算的意见》中明确规定我国国有企业利润上缴采用分级管理模式：中央国有资本经营预算收入适用于那些资本和利润规模较大的省级以上国有企业；而资本和利润规模较小的国有企业，其利润上缴至地方国有资本经营预算收入。这表明，在国有企业利润上缴过程中，我国采用中央和地方两个层级进行收缴。

在推行国有企业利润上缴制度过程中，我国一直坚持先行先试，由点带面，循序渐进的原则。其中，中央企业较早实行利润上缴试点工作，为后来的地方国有企业开展相关工作积累了经验。在逐步推进中央企业利润上缴工作的同时，我国经济较为发达或是国有资本经营工作推进较快的地区，例如北京、上海、广东和江苏等地的地方国有企业利润上缴工作取得了显著的成效。经过三年的试点探索，到2010年在全国范围内实现国有企业利润上缴制度条件进一步成熟，全国人民代表

大会常务委员会（以下简称"人大常委会"）适时提出了有关"地方试编国有资本经营预算"和"汇编全国国有资本经营预算"的要求。为响应全国人大常委会的要求，财政部于2010年连续出台了《关于推动地方开展试编国有资本经营预算工作的意见》和《关于推动地方开展国有资本经营预算工作的通知》等相关政策性文件，要求全国各地认真调研和开展有关国有资本经营预算的工作。2012年，财政部制定了国有资本经营预算的会计科目。这就使我国地方国有企业利润上缴计划的全面实施具有了更加充分的政策依据和操作细则。自此，我国地方层面的国有企业利润上缴工作实现了制度化和常态化，实现了全国各省区市的完全覆盖。

三、国有资本经营预算收入征缴的程序、范围与方法

最早对国有企业利润上缴的具体操作和实施办法做出规定的文件是财政部和国资委在2007年共同发布的《中央企业国有资本收益收取管理暂行办法》（以下简称《暂行办法》）。该办法在对我国国有企业进行类别划分的基础上，对国有企业利润的申报、核定和上缴做了详细规定，并对不同类型的国有企业划定了利润上缴比例。从2007年至今，虽然对该办法做了一些调整和完善，但我国一直将其作为国有企业利润上缴的基本框架。对于地方国有企业在利润上缴工作时，也基本依据该《暂行办法》进行操作。具体操作分为以下几个步骤：第一，限定应上缴的国有企业范围，即为中央及各级政府国资委所监管的企业，并且对这些企业进行了三类划分；第二，针对限定范围内企业，一方面各级财政部要认真细致核对其盈利情况；另一方面按照企业分类，计算其上缴利润的具体数额，并将上缴利润数额汇总至各级国有资本经营预算收入。第三，将经营预算收入和支出合并形成为国有资本经营预算草案，并报至各级人民政府审定，而后报送至各级人民代表大会进行审查。第四，经各级人民代表大会批准后的国有资本经营预算，由国资委加以实施落实。

以中央企业为列，2007年我国开始试行的国有资本经营预算制度仅仅对国资委监管的中央企业和中国烟草总公司进行利润征缴，并对征收范围内的国有企业，依据行业性质，划定了三个档的征收比例，即为10%、5%和免征。在随后的几年中，财政部等部门对利润上缴的实施范围和利润上缴的分类定档做了几次修订。2014年财政部颁布的《关于进一步提高中央企业国有资本收益收取比例的通知》中对原有的三类"定档"进一步细化，将利润上缴比例档位设定为五类，即25%、20%、15%、10%、免征五档征收应交利润。[①] 2016年，财政部出台的《中央国有

[①] 《关于进一步提高中央企业国有资本收益收取比例的通知》规定，纳入中央国有资本经营预算实施范围的中央企业税后利润（净利润扣除年初未弥补亏损和法定公积金）的收取比例分为五类执行：第一类为烟草企业，收取比例25%；第二类为石油石化、电力、电信、煤炭等资源型企业，收取比例20%；第三类为钢铁、运输、电子、贸易、施工等企业，收取比例15%；第四类为军工企业、转制科研院所、中国邮政集团公司、2011年和2012年纳入中央国有资本经营预算范围的企业，收取比例10%；第五类为政策性企业，包括中国储备粮总公司、中国储备棉总公司，免交当年应交利润。符合小型微型企业规定标准的国有独资企业，应交利润不足10万元的，比照第五类政策性企业，免交当年应交利润。

资本经营预算管理暂行办法》将国有企业利润上缴的范围除了扩充至所有中央部门监管和所属的国有独资或参与控股的企业外，还将直接向财政部报送国有资本经营预算的中央企业以及中央金融企业一同纳入国有企业利润上缴的征收范围内。[①]

由于中央企业利润上缴的实施范围和具体操作方法也同样适用于地方国有企业利润的上缴，其征收的对象限定为国有独资企业和国有资本参与控股的企业，而对于"分类定档"则由省一级的财政和国资监管部门根据各地国有资本规模、经营情况等确定。

四、国有企业利润上缴财政的科目与数额核定

国有企业利润制度建设在实践层面上涉及如何设置利润上缴科目、如何划定利润上缴比例、如何准确核定利润上缴的数额等操作性问题。因此，有必要从概念内涵界定和政策依据方面予以分析，以避免陷入实践误区。

（一）利润上缴的科目

我国国有企业利润上缴财政的现实渠道是通过国有资本经营预算相关收入科目设置和执行来实现的。目前，我国国有资本经营预算科目的设定主要参照2007年颁布的《中央企业国有资本收益收取管理暂行办法》。在该办法中，将国有企业利润的上缴在应交利润和国有股股利股息收入这两个科目中体现，其中国有独资企业的利润是通过应交利润科目上缴，而国有资本参股的企业利润上缴则是通过国有股利股息科目上缴。这种设置符合我国的企业会计准则的相关规定，因此具有合理性。

（二）利润上缴的数额核定

国有企业利润上缴工作的一个关键点在于确定企业利润上缴数额，涉及上缴基数和比例的确定。按照现行相关政策规定，国有独资企业利润通过"应交利润"科目上缴，上缴基数则是上年度该国有企业的合并财务会计报告中归属母公司所有者的净利润。进而将这一基数乘以事先规定的比例计算核定出国有企业利润上缴数额。而对于国有资本参股的企业，其利润是通过"国有股股利、股息"科目上缴，而上缴的金额与国有独资企业不同，不再是通过上缴基数乘以上缴比例来确定，而是以该公司利润分配方案中国有股获得的股利、股息为准，全数上缴财政相关部门。因此不难发现，国有独资企业和国有资本参股企业在利润上缴的数额核定中最

[①] 《中央国有资本经营预算管理暂行办法》第六条规定：本办法适用对象包括纳入中央国有资本经营预算实施范围的中央部门及其监管（所属）的中央企业，以及直接向财政部报送国有资本经营预算的中央企业。直接向财政部报送国有资本经营预算的中央企业包括中国烟草总公司、中国铁路总公司、中国邮政集团公司，国务院及其授权机构代表国家履行出资人职责的国有独资、国有控股、国有参股金融企业（含中国投资有限责任公司）等。

大的区别在于，国有独资企业的利润上缴是通过确定上缴基数后乘以相应的上缴比例，而国有资本参股企业则是将获得的股息、股利全额上缴。

需要指出的是，关于上缴基数与比例的确定，有必要对《中央企业国有资本收益收取管理办法》的相关规定做出两点特别说明：第一是关于上缴基数的确定。我国国有独资企业具有鲜明的"树大根深，枝繁叶茂"特征，通常以多层级、长"链条"的母子大型总部集团公司架构居多。如果简单通过成本法编制的母公司财务报表净利润确定上缴基数，将会造成核定的上缴利润远低于实际应该上缴的利润。这主要是由于在成本法编制的母公司报表中，母公司的净利润体现为本级的净利润和在下属子公司中归属于母公司的利润分红，并且母公司获得的下属子公司分红利润会随着子公司"链条"的延长和逐级递减。而如果通过选择以权益法编制的合并报表净利润为基础确定，则可以避免这类情况的发生。这是因为在权益法编制的合并报表中，净利润能够客观全面地展示出国有独资企业本身及其投资或控股的各级子公司净利润总和。第二是关于国有企业利润上缴比例的适用范围。在计算国有独资企业上缴利润时，除了需要确定上缴利润基数外，还需要根据国有独资企业的行业分类，参照相关管理办法，确定利润上缴比例。但是非国有独资企业却是将其通过参股其他企业而获得的全部股息、股利作为其上缴利润。由于对国有企业利润上缴比例这一概念没有严格界定，因此学者和媒体经常把其与国有资本收益收取比例相等同，这难免造成了对两者概念的混淆和误解。事实上，我国相关政策文件规定应当上缴利润的国有企业是指国有独资企业，即2007~2016年我国多次上调利润上缴比例具体针对的是国有独资企业的利润上缴，而并非是国有资本收益上缴比例的上调。所以此处有必要对上缴基数与比例的确定予以特别的区分和说明。

第二节 国有资本经营预算收入的实践探索

从2007年试行国有资本经营预算以来，我国国有企业利润上缴制度不断完善，国有企业上缴财政的利润也逐年增多，并表现出快速增长的态势。但是为了更加客观全面地评价我国国有企业上缴利润实际状况，本书在本节中进行比较分析，分析数据主要来源于财政部、国资委有关国有经济运行情况简报中的公开信息以及各年财政年鉴[①][②]，时间跨度从2010~2017年。我们把国有企业分为中央国企、地方国

[①] 《中国财政年鉴》(2011)、《中国财政年鉴》(2012)、《中国财政年鉴》(2013)、《中国财政年鉴》(2014)、《中国财政年鉴》(2015)、《中国财政年鉴》(2016)、《中国财政年鉴》(2017)、《中国财政年鉴》(2018)中"财政统计资料"部分中"财经预算、决算"与"企业经济运行"中的数据。

[②] 《2017年1~12月全国国有及国有控股企业经济运行情况》《2016年1~12月全国国有及国有控股企业经济运行情况》《2015年1~12月全国国有及国有控股企业经济运行情况》《2014年1~12月全国国有及国有控股企业经济运行情况》《2013年1~12月全国国有及国有控股企业经济运行情况》《2012年1~12月全国国有及国有控股企业经济运行情况》《2011年1~12月全国国有及国有控股企业经济运行情况》《2010年1~12月全国国有及国有控股企业经济运行情况》。

有企业和全国国有企业三种类型，从内外部两个角度展开比较分析。内部分析的重点在于对国有企业财务状况和经营成果的比较分析，主要是分析内部财务指标，如国有企业利润资产、利润总额、利润上缴比例等；而外部分析则是重点分析国有企业利润上缴数量的情况，并且将其与国有企业通过公共预算渠道上缴税金和其他非税收入进行对比分析。

一、国有企业上缴利润规模与国有企业利润总额比较

（一）中央企业情况

2010年以来，我国中央企业的利润总额、总资产和净资产都呈现出强劲增长态势，与之相对应的上缴利润总额也出现较快增长，但是却与国家规定的上缴比率还存在较大的差距。

表9-2集中反映了2010~2017年我国中央企业资产、利润上缴总量及增长趋势，首先，我国中央企业利润上缴总量增长幅度较大，由2010年424.52亿元增长至2017年的1107.63亿元，增长了160.91%，年均复合增长率14.68%；从增幅来看，利润上缴总量在2010~2015年间保持了连续的正增长，但是增长波动较大，2011年有78.40%的增长率，2012年以后由于企业利润下降，利润上缴的增长率随之呈现出较大下降，而2016~2017年中央企业上缴利润开始下降；其次，中央企业上缴利润比例从2010年的3.12%增加到2017年的6.24%，平均每年增加0.45个百分点（见表9-3、图9-1），这主要归因于从2010年开始中央政府及相关部门连续出台了多个督促中央企业提高利润上缴比例的文件，具有较为权威的约束力。需要指出，尽管提高中央企业利润上缴比例的工作有了较为显著的成效，但是仍然与原定政策比率差距较大。具体体现在：截至2017年，虽然我国中央企业利润上缴比例提升至6.24%，但是仍然低于相关部门对于国有资本收益收取规定的最低档比例10%，当然相对中共十八届三中全会确立的2020年达到30%的目标差距更大。最后，从投资回报来看，我国中央企业利润上缴数量占总资产的比重和占比净资产的份额从2010年初始的0.13%和0.35%分别提升至2017年的0.15%和0.46%。虽然占比份额有所提高，但是其提高比例还是不尽如人意，这也表明中央企业的投资回报率较低。例如，在2015年，我国中央企业上缴利润占净利润比例为0.7%，换算成上市企业的市盈率（PE）则为147倍，这就意味着在资产不增值的情况下，政府投资中央企业并通过中央企业上缴利润获得收益，大约需要147年才能收回投资本金。

表 9-2　　　　　　　　2010~2017 年中央企业上缴利润情况

年份	中央企业上缴利润（亿元）	中央企业上缴利润增长率（%）	中央企业利润总额（亿元）	利润总额增长率（%）	中央企业总资产（亿元）	总资产增长率（%）	中央企业净资产（亿元）	净资产增长率（%）
2010	424.52	—	13 587.60	—	330 314.9	—	122 465.00	—
2011	757.35	78.40	15 188.70	11.78	384 075.3	16.28	136 996.50	11.87
2012	950.64	25.52	15 966.70	5.12	434 119.2	13.03	151 309.60	10.45
2013	1 039.50	9.35	16 735.20	4.81	485 948.9	11.94	166 097.80	9.77
2014	1 378.57	32.62	17 280.20	3.26	539 776.0	11.08	185 050.20	11.41
2015	1 475.35	7.02	16 148.90	-6.55	647 694.5	19.99	206 807.00	11.76
2016	1 252.65	-15.09	15 259.10	-5.51	705 913.7	8.99	223 042.30	7.85
2017	1 107.63	-11.58	17 757.20	16.37	761 873.6	7.93	243 228.60	9.05

表 9-3　　　　　　　中央企业上缴利润比率情况　　　　　　　　单位：%

年份	上缴利润增长率	利润上缴比例	占总资产比率	占净资产比率
2010	0.00	3.12	0.13	0.35
2011	78.40	4.98	0.20	0.55
2012	25.52	5.95	0.22	0.63
2013	9.35	6.21	0.21	0.63
2014	32.62	7.97	0.26	0.75
2015	7.02	8.91	0.22	0.70
2016	-15.09	8.21	0.18	0.56
2017	-11.57	6.24	0.15	0.40

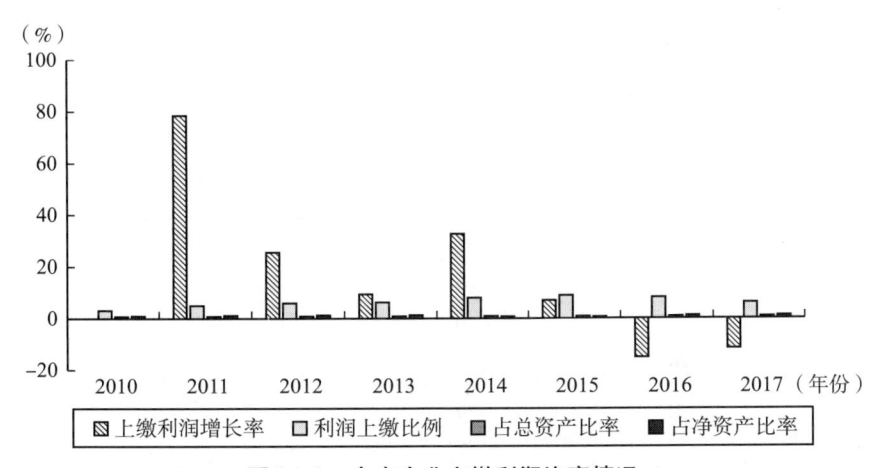

图 9-1　中央企业上缴利润比率情况

（二）地方国有企业情况

从表 9-4、表 9-5 和图 9-2 数据可以看出，2012~2017 年地方国有企业的财务状况和利润上缴趋势与中央企业的情况大致相同。

表 9-4   2012~2017 年地方国有企业利润上缴情况

年份	地方国有企业上缴利润（亿元）	上缴利润增长率（%）	地方国有企业利润总额（亿元）	利润总额增长率（%）	地方国有企业总资产（亿元）	总资产增长率（%）	地方国有企业净资产（亿元）	净资产增长率（%）
2012	203.38	—	6 914.20	—	460 770.80	—	168 445.10	—
2013	248.45	22.16	7 397.70	6.99	554 998.50	20.45	203 875.00	21.03
2014	321.58	29.43	7 485.20	1.18	644 939.00	16.21	233 708.90	14.63
2015	558.54	73.69	6 878.60	-8.10	759 137.00	17.71	275 607.40	17.93
2016	708.97	26.93	7 898.70	14.83	843 227.80	11.08	310 884.30	12.80
2017	716.15	1.01	11 228.70	42.16	1 073 333.60	27.29	407 367.60	31.04

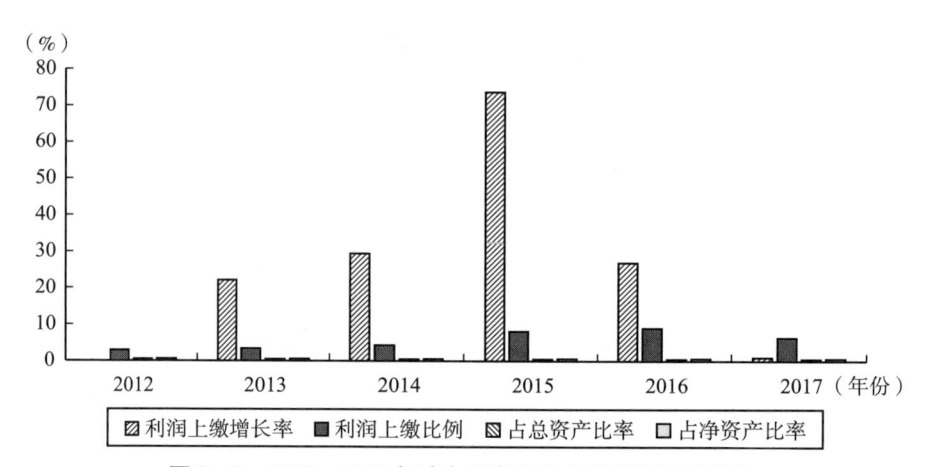

图 9-2 2012~2017 年地方国有企业上缴利润比率情况

表 9-5   2012~2017 年地方国有企业上缴利润比率情况   单位：%

年份	利润上缴增长率	利润上缴比例	占总资产比率	占净资产比率
2012	—	2.94	0.04	0.12
2013	22.16	3.36	0.05	0.12
2014	29.43	4.30	0.05	0.14
2015	73.69	8.12	0.07	0.20
2016	26.93	8.98	0.08	0.23
2017	1.01	6.38	0.07	0.18

在2012年以前，我国并没有对国有企业利润上缴的相关数据进行系统的统计。而在2012年后，我国地方国有企业利润上缴的相关数据汇总方式采用的是各地方财政部门统计汇编后上报全国人大常委会，全国人大常委会审议通过后再对外公布。表9-4反映的是我国地方国有企业2012~2017年间上缴利润的情况，从中可以看出地方国有企业利润上缴情况总体上与中央企业利润上缴情况类似，一方面能反映出地方国有企业利润上缴工作中取得了较为明显的成效；另一方面也存在与中央企业同样的问题，即投资回报率较低。例如，2017年地方国有企业利润总额11 228.70亿元，比上年增长42.16%，但是上缴利润716.15亿元，比上年增长1.01%。

（三）全国国有企业情况

表9-6和图9-3反映的是全国国有企业2012~2017年上缴利润的情况，其数据是通过加权平均中央企业和地方国有企业数据得来，所以全国国有企业在利润上缴过程中出现的问题都大致与中央企业和地方国有企业相类似。

表9-6　2012~2017年全国国有企业相关财务指标和利润上缴情况

年份	全国国有企业上缴利润（亿元）	上缴利润增长率（%）	全国国有企业利润总额（亿元）	利润总额增长率（%）	全国国有企业总资产（亿元）	总资产增长率（%）	全国国有企业净资产（亿元）	净资产增长率（%）
2012	1 154.02	—	24 277.30	—	894 890.10	—	319 754.70	—
2013	1 288.08	11.62	25 573.90	5.34	1 040 947.30	16.32	369 972.80	15.71
2014	1 700.15	31.99	26 444.00	3.40	1 184 715.00	13.81	418 759.10	13.19
2015	2 033.89	19.63	24 970.40	-5.57	1 406 831.50	18.75	482 414.40	15.20
2016	1 961.62	-3.55	23 157.80	-7.26	1 549 141.50	10.12	533 926.60	10.68
2017	1 823.78	-7.03	28 985.90	25.17	1 835 207.20	18.47	650 596.10	21.85

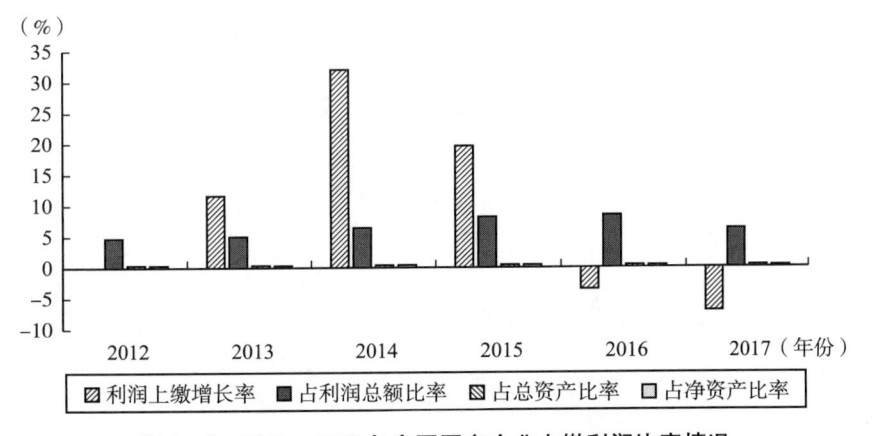

图9-3　2012~2017年全国国有企业上缴利润比率情况

全国国有企业利润上缴总量在 2012~2017 年同样实现了连续增长,由 1 154.02 亿元增长至 1 823.78 亿元,年均复合增长率为 9.59%。2017 年全国国有企业利润上缴比例 6.29%,大致和中央企业、地方国有企业的利润上缴比例相同。但是在资产投资回报率上,全国国有企业利润上缴数据所反映出来的问题更加突出明显。2017 年,全国国有企业上缴利润占总资产与净资产的比率为 0.10% 和 0.28%,其资产的投资回报水平比地方国有企业略高,但低于中央企业。

二、国有企业上缴利润与税金、非税收入及公共预算收入比较

在对国有企业上缴利润规模与国有企业利润总额做出比较分析之后,为了保证研究的完整性,有必要再对国有企业上缴利润与应交税金、国企相关非税收入以及公共预算收入之间的数量差别进行比较。国有企业利润上缴的数据来源渠道可以从国有资本经营预算收入相关科目中获取,而应交税金和国有企业非税收入的数据可以从公共预算的相关收入科目中收集。[①] 一方面,国有资本经营预算在核算上是与公共财政预算相独立的,因此在与国有企业利润上缴相关的科目和与应交税金和国有企业非税收入相关的科目在其适用范围、遵循的原则以及政策依据上都存在较多的区别,因此也在一定范围内影响了二者之间的可比性。另一方面,我国的预算编制方式采用的是复式预算,而国有资本经营预算和公共预算是其重要的组成部分。虽然对于企业上缴的利润、税金、非税收入归属于不同的预算,但是其各项上缴主体均涉及国有企业。因此,通过对国有企业上缴的利润、税金、非税收入以及同级公共预算收入进行横向比较分析,从而发现在对国有企业利润征缴时可能存在的问题,并为解决这些问题提供科学的参考依据。

(一) 中央企业情况

中央企业上缴的利润、应交税金、相关非税收入和公共预算收入数量对比情况如表 9-7 所示。

表 9-7　　2012~2017 年中央企业上缴利润、税金及相关非税收入对比情况

年份	上缴利润(亿元)	上缴利润增长率(%)	应交税金(亿元)	应交税金增长率(%)	国有企业相关非税收入(亿元)	非税收入增长率(%)	公共预算收入(亿元)	公共预算收入增长率(%)
2012	950.64	—	25 250.70	—	—	—	55 920	—
2013	1 039.50	9.35	28 030.20	11.01	—	—	60 060	7.40

---

① 非税收入包括一般公共预算收入中列收的国有资本经营收入与国有资源(资产)有偿使用收入。

续表

年份	上缴利润（亿元）	上缴利润增长率（%）	应交税金（亿元）	应交税金增长率（%）	国有企业相关非税收入（亿元）	非税收入增长率（%）	公共预算收入（亿元）	公共预算收入增长率（%）
2014	1 378.57	32.62	29 169.90	4.07	2 209.11	—	64 380	7.19
2015	1 475.35	7.02	29 731.40	1.92	5 632.60	154.97	69 230	7.53
2016	1 252.65	-15.09	29 153.00	-1.95	5 312.03	-5.69	70 570	1.94
2017	1 107.63	-11.58	17 757.2	-39.09	4 156.41	-21.75	78 612	11.40

通过观察图9-4的数据可以发现，从2012~2017年，我国中央企业上缴利润占同年应交税金的比例从3.77%上升到了6.24%，上升幅度高达65.51%，这表明中央企业利润上缴金额增加的速度快于税金增加的幅度。而中央企业上缴利润占相关非税收入的比例从62.04%下降至26.65%，下降的主要原因在于中央公共预算里相关非税收入有了较大幅度的增加。对于中央企业上缴利润占同年中央本级公共预算收入的比重却呈现出先升后降的态势，在2012~2015年期间，占比从1.70%上升至2.13%，但是随后的几年中又降至1.41%。这说明在我国复式预算编制体系中，国有资本经营预算目前所占的比重明显偏低。

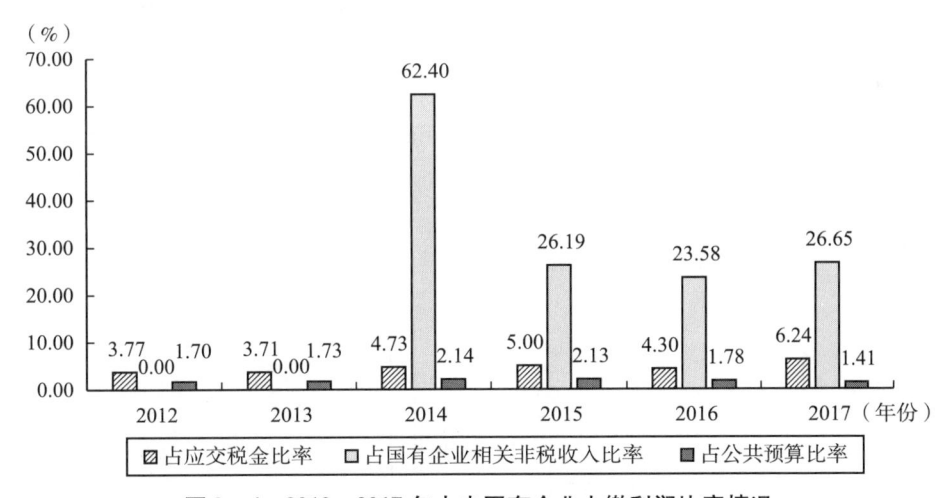

图9-4 2012~2017年中央国有企业上缴利润比率情况

（二）地方国有企业情况

由表9-8数据可以看出，2012~2017年我国地方国有企业上缴的利润占国有企业其他税费支出比重的增长趋势与中央企业大致相同。

表9-8　　　2012~2017年地方国企上缴利润、税金及相关非税收入情况

年份	上缴利润（亿元）	上缴利润增长率（%）	应交税金（亿元）	应交税金增长率（%）	国有企业相关非税收入（亿元）	非税收入增长率（%）	公共预算收入（亿元）	公共预算收入增长率（%）
2012	203.38	—	8 245.60	—	—	—	57 680	—
2013	248.45	22.16	8 781.80	6.50	—	—	66 570	15.41
2014	321.58	29.43	8 690.90	-1.04	5 333.99	—	75 150	12.89
2015	558.54	73.69	8 867.30	2.03	5 911.50	10.83	85 070	13.20
2016	708.97	26.93	8 923.10	0.63	7 510.08	27.04	144 660	70.05
2017	716.15	1.01	11 532.6	29.24	7 489.35	-0.28	155 668	7.61

通过比较分析图9-5的数据发现，从2012~2017年，我国地方国有企业上缴利润占同年应交税金的比例从2.47%上升到了6.21%，增长幅度基本与我国中央企业情况相似，而且说明地方国有企业利润上缴金额增加的速度快于地方税金增加的幅度。而地方国有企业上缴利润占同年地方本级公共预算收入的比例在2012~2017年间呈现出先上升后下降的趋势，其占比也均高于1%的水平，这说明在地方层级上，国有企业上缴利润占同年地方公共预算收入比例低的问题更加突出严重。但是地方国有企业在上缴的利润占同年非税收入的比例上不同于中央企业。在2014~2017年间，地方国有企业利润占同年非税收入的比例从6.03%上升至9.56%，主要原因是上缴的地方国有企业利润增加幅度大于其非税收入的增幅。此外，与中央企业相比，地方国有企业的该比例数值明显偏低（不足10%）。这也说明地方预算收入中，国有企业利润上缴规模与非税收入规模存在较大差异。

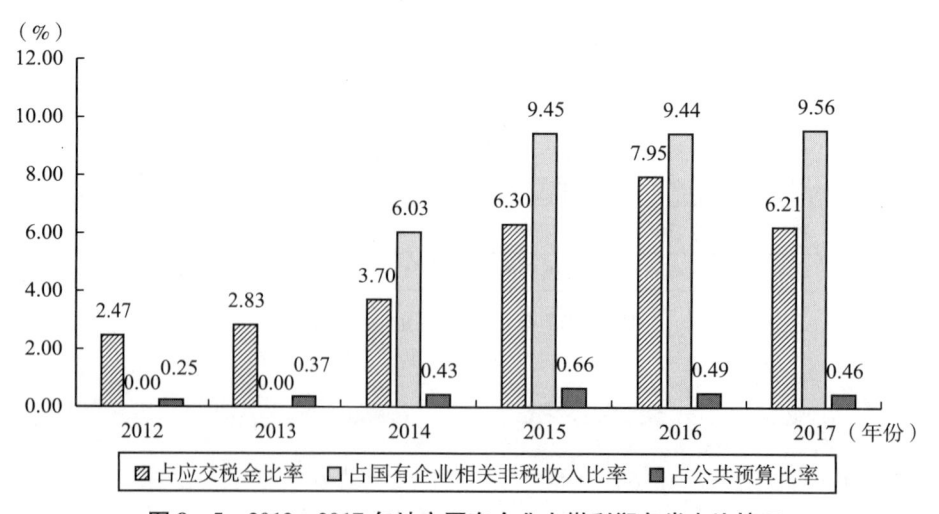

图9-5　2012~2017年地方国有企业上缴利润各类占比情况

（三）全国国有企业情况

从表9-9数据可以看出，全国范围内国企上缴利润的规模和各项其他收入的数量及其占比情况，与央企和地方国企比较，呈现一定的差异性。

表9-9　2012~2017年全国国有企业上缴利润、税金及相关非税收入情况

年份	上缴利润（亿元）	增长率（%）	应交税金（亿元）	增长率（%）	国有企业相关非税收入（亿元）	增长率（%）	公共预算收入（亿元）	增长率（%）
2012	1 154.02	—	33 496.3	—		—	113 600	—
2013	1 288.08	11.62	36 812.0	9.90			126 630	11.47
2014	1 700.15	31.99	37 860.8	2.85	7 543.1	—	139 530	10.19
2015	2 033.89	19.63	38 598.7	1.95	11 544.1	53.04	154 300	10.59
2016	1 961.62	-3.55	38 076.1	-1.35	12 822.1	11.07	157 200	1.88
2017	1 823.78	-7.03	42 345.5	11.21	11 645.8	-9.17	168 630	7.27

通过图9-6的数据分析可以发现，从2012~2017年，我国全国国有企业上缴利润占同年应交税金的比例从3.45%上升到了4.31%，上升幅度低于中央企业和地方国有企业，也同样说明全国国有企业利润上缴金额增加的速度快于全国国企税金增加的幅度。而全国国企上缴利润占相关非税收入的比例从2014年的22.54%下降至15.56%，下降的主要原因与中央企业类似。对于全国国有企业上缴利润占同年全国公共预算收入的占比却呈现出先小幅上升后下降的趋势，在2012~2015年间，占比从1.02%上升至1.32%，但是随后的几年中又降至1.08%。这同样表明在我国复式预算编制体系中，无论是总量还是比重，目前国有资本经营预算仍然居于偏低的地位。

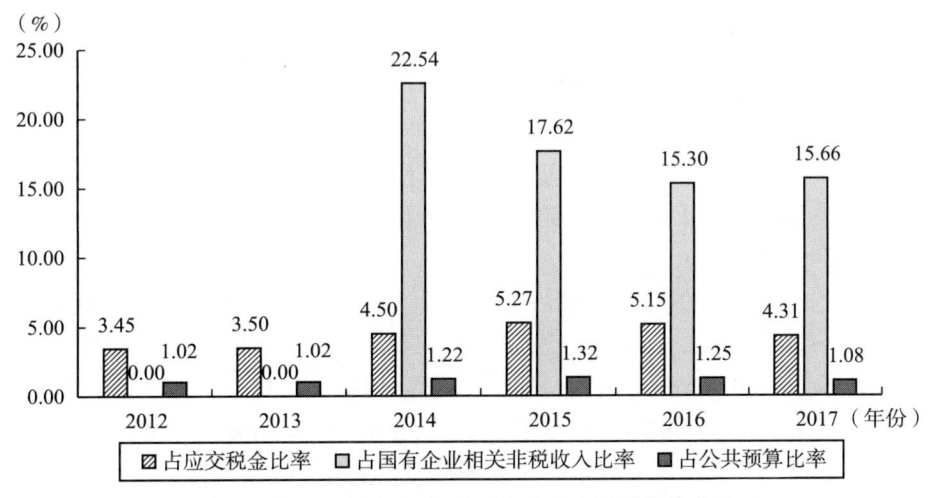

图9-6　2012~2017年全国国有企业上缴利润比率情况

第三节 国有企业利润上缴公共财政存在的问题

通过前一节国有资本经营预算收入实践情况的数据分析比较,可以发现在国有企业利润上缴的实际工作中,在征缴比例、征收绝对规模和相对规模等方面存在以下问题:

一、利润征缴比例存在的问题

目前,对我国国有企业利润征缴的比例总体上保持在 10% 左右。这一比例显然低于财政部 2016 年颁布的《中央企业国有资本收益收取管理办法》中对国有企业利润征缴比例的规定要求,更难以达到中共十八届三中全会提出的 2020 年达到 30% 的目标要求。

国有企业利润的征缴比例较低,这就意味着大量的国有企业利润留存于国有企业内部,在国有企业内部系统进行二次分配,为国有企业内部人控制使用。大量滞留于国有企业内部的利润,一方面会导致国有企业过度投资和在职消费,另一方面大量的现金流会减弱国有企业的资金压力及需求,从而无法通过倒逼的方式促使国有企业管理层努力提升营运管理能力和盈利能力。纵观我国国有企业利润上缴制度的建设过程,不难发现,我国国有企业利润征缴比例增长速度较慢,甚至在某些年份还出现过滑落的现象。虽然党中央、国务院及相关职能部门反复强调要提高国有资本收益上缴公共财政的比例,并将征缴收益通过国有资本经营预算支出更多地用于改善民生和提高社会整体福利水平。但是按照目前国有企业利润上缴比例的增长趋势来看,要实现上述目标,存在一定的难度,不仅需要来自宏观政策层面的刚性约束,而且还需要社会各界共同努力,排除包括国有企业在内的各种既得利益集团的反向制约。

二、利润征缴绝对规模存在的问题

根据当下国有企业利润上缴的现实情况,国有企业上缴的利润规模不论是从绝对数量上还是相对数量上来看都不理想,一方面,国有企业利润上缴的数额较低,另一方面国有资本的投资回报率也过低,即国有企业上缴的利润占国有资本存量比例过低。从上一节显示的数据能够看到,我国国有企业的资本投资回报率在 0.2% ~ 0.7%,换算成上市企业的市盈率(PE)则为 147 ~ 500 倍,相当于国家投入的资本在不考虑资本增值的情况下,通过征缴国有企业利润的方式来获得投资收益,需要 143 ~ 500 年才能收回投资成本。如此长的成本回收周期是与我们熟知的资本市场常识和投资规律相违背的。从国有企业的投资回报率来看,我国国有企业利润上缴的规模偏小,留存体内的国有资本相对偏大,二者偏离程度较大。同时又由于我国的国有资本经营预算收入中的绝大部分来自国有企业利润,其占比高达90%以上。如果国有企业利润上缴比例和绝对规模过低,那么将直接造成国有资本经营预算收入严重不足,进而影响国有资本经营预算制度功能的实现,不仅将减弱国有资本经营预算在调节我国经济产业结构转型方面的作用,而且必然大为削弱国有资本经营收入用以支持改善民生、提高社会保障水平的力度,更不利于从整体上平衡我国复式预算编制体系。

三、利润上缴相对规模存在的问题

我国国有企业利润上缴过程中,除了绝对规模过小外,其相对规模也存在一些问题。为此需要将国有企业利润上缴规模分别与上缴税收收入和非税收入放在同一维度进行比较分析。

首先,对国有企业利润上缴规模与上缴税收收入进行横向比较。我国的预算编制方式采用的是复式预算,而国有资本经营预算和公共预算是其重要组成部分,二者都承担着重要的收入任务和支出政策功能。一方面,政府获得公共预算收入是凭借着自身的政治权利,强制性地向国有企业征收税收;另一方面,政府代表国家行使国有企业出资人的权利,即享有获得一定比例的剩余索取权。并且通过向国有企业征缴利润,使其成为国有资本经营预算收入的主要来源。因此,税收收入和国有资本经营预算收入都是国家财政收入的重要来源。但是根据目前国家对两者征收情况来看,上缴的国有企业利润仅仅为国有企业上缴税收的1/20。这充分说明我国国有企业利润上缴水平非常低,这样将严重影响国有资本经营预算在复式预算中的地位和作用,也不利于政府保障和改善民生。

其次,比较分析国有企业利润上缴规模和非税收入之间的差异。在我国税费收入结构中,非税收入来源主要有两个。一是国有资本经营预算收入,这部分收入主要源于各地区事业单位上缴的经营性国有资产投资收益。由于事业单位的资产性质,决定了其在盈利能力上是无法与国有企业相提并论的,所以其获得收益量自然也无法与国有企业上缴的利润相比。二是国有资源的有偿使用所带来的收益。近年来,我国强调要合理开发并节约利用国有资源,实现国有资源收益全国人民共同享有。为此专门出台了《国务院关于全民所有自然资源资产有偿使用制度改革的指导意见》《财政部　国家发展改革委　住房城乡建设部关于印发〈市政公共资源有偿使用收入管理办法〉的通知》等一系列政策性文件。虽然对国有资源(资产)有偿使用的征收时间不长,但是其征收规模和增长速度远超国有企业利润上缴。就目前情况来看,我国国有企业相关非税收入规模远大于国有企业利润上缴规模,后者占前者的比例低于1/5。这再次反映出了我国国有企业利润上缴中上缴数额较少,上缴比例过低的问题。

四、利润上缴实施范围存在的问题

总结分析目前我国国有企业利润上缴的实施情况,可以发现国有企业利润上财政的实施范围覆盖仍然过窄，不少企业甚至行业游离在覆盖范围之外。主要体现在以下四个方面：

（1）我国现行利润上缴政策覆盖面极为有限，大量地方国有企业并未被纳入实施范围。根据财政部发布的《2018年中国财政年鉴》，我国中央企业5.8万户，地方国有企业12.9万户，两者合计18.7万户。根据《2017年国有资本经营预算说明》，当前只有883户的中央企业需要上缴利润，占中央企业总量的1.52%，数量和占比都极其低。由于地方国有资本经营预算工作开展得更晚，所以上缴利润的地方国有企业数量和占比相比中央企业将更低。据此我们不难估算，目前还有98%以上大约15万户国有企业未纳入国有企业利润上缴范围。所以目前国有企业利润上缴制度建设中，国有企业利润上缴的范围还需要进一步扩大。

（2）当前在征收国有金融企业和国有文化企业利润工作上形式大于内容。财政部于2012年和2016年发布了《中央文化企业编制国有资本经营预算支出项目计划的通知》和《中央国有资本经营预算管理暂行办法》，两个文件都强调了要扩大国有企业利润征缴范围，把金融企业和文化企业一并纳入利润征缴的范围①，可是实施情况并不乐观，对这两类企业并未真正意义上的将其纳入国有企业利润征缴范围中。例如，就文化类国有企业而言，以中央企业为例，目前也仅仅是对文化部、中国文联等由财政部代为出资成立的中央文化企业征缴利润，而对其他国家部委出资成立的文化企业均未将其纳入至国有企业利润征缴范围内。特别是对于金融国有企业的利润上缴，尽管社会各界强烈呼吁，但目前我国还处于酝酿准备阶段，并未开始对其进行真正意义上的征缴。

（3）地方国有企业利润征缴的层次有待于深化。按照目前征收地方国有企业利润的情况来看，地方国有企业的利润上缴和国有资本经营预算仍然停留在省级，并未建立县市一级的国有企业利润征缴机制和国有资本经营预算编制体系，这使目前对国有企业利润征缴主要集中在母公司或大型上市公司层面上，而对于其下属的大量子公司则并未予以征缴。

（4）在国有企业利润上缴过程中未能对国有企业的性质进行清晰的划定，部分具有公共性（非商业性）的企业也被纳入征缴范围。按照现行政策，自然垄断企业和享有对自然资源或事关公共安全的国有企业也属于利润征缴范围，但是这两类企业实质上主要是提供公共产品和公共服务的，在设定之初并不是以利润最大化为经营目标。而如果在国有企业利润征缴过程中将这类企业也纳入征缴范围，将容易模糊公共性和营利性的边界范围。

---

① 《中央国有资本经营预算管理暂行办法》第六条规定：本办法适用对象包括纳入中央国有资本经营预算实施范围的中央部门及其监管（所属）的中央企业，以及直接向财政部报送国有资本经营预算的中央企业。直接向财政部报送国有资本经营预算的中央企业包括中国烟草总公司、中国铁路总公司、中国邮政集团公司，国务院及其授权机构代表国家履行出资人职责的国有独资、国有控股、国有参股金融企业（含中国投资有限责任公司）等。

五、利润上缴核算方法存在的问题

目前，国有资本经营预算主要是对国有独资企业的母公司进行利润征缴，而一般国有企业具有较长的子公司"链条"。如果是采用简单成本编制的母公司报表为核算利润的基础，就会造成核定的上缴利润低于实际应该上缴的利润。所以，为了尽量使核算利润的基础准确，并涵盖下属子公司，就需要在核算利润时以合并报表中归属于母公司净利润作为上缴利润的基础。但是，在采用以权益法编制的合并报表归属于母公司净利润作为核算基础仍然会存在以下问题：

第一，虽然该方法能够较为全面准确核算母公司及子公司的利润总额，但是如果子公司未对母公司进行分红，母公司无法获得实际的现金增量，从而也就无法实际缴纳该部分利润。此时的应缴国有企业利润就成为"账面利润"，会出现能上缴的利润小于应上缴利润的情况。如果强行要求国有企业足额缴纳，则有可能对企业的正常经营造成困难。

第二，由于母公司下属子公司众多，各子公司的经营情况又各自不同。而母公司在编制合并报表的时候是计算整体利润总额的，如果有亏损的子公司，那么该公司的亏损额会在利润汇总中被其他公司的盈利额所抵减，这就减少了总公司需要上缴的利润总额，再加上我国现行政策规定已经不再对国有企业的营业损失进行补贴，而是根据规定要求当期实现盈利的企业要上缴一定比例的利润。那么，在这种情况下，将减少用于上缴利润的数额。

如前所析，上述问题产生的根源在于我国国有企业上缴范围的不完整性。所以，要解决利润上缴核算中的问题，其有效举措就是扩大国有企业利润上缴范围和层级。无论是国有独资企业还是国有投资参股企业，全部都要纳入利润上缴的核算范围内。

第四节 国有企业利润上缴财政问题的成因分析

现行的国有企业利润上缴制度启动时间不长，难免在实践中存在诸多问题。其成因既有制度设计方面，也有实施机制方面的。综合而言，国有企业利润上缴制度存在问题的成因主要有以下几个方面。

一、制度层面的成因

国有企业利润上缴从微观层面上说是单个国有企业利润的简单分配行为；从宏观层面来说是整个国民收入的二次分配过程和经济行为。国有企业利润上缴制度构建的科学性及其实际运行是否有效，直接关系并影响国有企业利润上缴的长期可持续性。

（一）指导利润上缴的理财观念缺失

我国国有财富可以表现为国有企业、国有资本和国有资产等形式，这些财富的所有者是人民，但是由于种种原因只能由政府相关职能部门代替人民和国家进行财富的管理。在管理的过程中如何实现保值增值和共享收益是国有企业利润分配改革的核心问题。在实施国有企业利润上缴时面临的一个难题即是如何确定合理的利润上缴水平，这不仅关乎政府理财观念的科学性，也关系到企业未来发展的可持续性。我国国有企业目标具有二重性，一方面要实现企业发展的可持续性，另一方面要承担必要的服务社会责任。这种双重性决定了在确定利润上缴水平时要综合考虑企业的经营发展和政府公共服务职能的履行。但是，当前政府部门国有财富的理财观念和行为并未考虑到国有企业利润上缴的"二重性"。国有资产监管部门作为国有企业利润上缴的实施主体，简单地把国有企业利润上缴工作看成是国家作为股东强制要求实现其应享有利润的权利，而忽视了国有企业持续发展经营对国计民生的重要作用。这种观念误区间接反映国有企业利润上缴在制度设计理念和实践层面上存在一些缺陷和行为偏颇。由于国有资产监管部门对国有资产的经营绩效和保值增值负有监督管理职责，而不承担政府的公共管理职能，因此，在国有企业利润上缴过程中，国有资产监管部门会自然地优先做出有利于本部门利益的选择，更加偏向将利润留存国有企业内部以利于其持续发展壮大，从而缓解自身对国有企业的监管压力，这就必然导致对国有企业公共性的忽视和缺位。

在实施国有企业利润上缴中，与国有资产监管部门相反，财政部门的关注重点主要在于国有企业利润上缴的比例和总量方面，而相对忽视利润留存对于企业再发展的重要性。其中的主要原因是其在利润上缴问题上缺乏科学合理的目标设计，单一强调国有企业利润上缴总量的增长，而忽视其作为公司治理手段在改善企业经营绩效方面的作用。由于国有企业利润上缴在设计理念和制度建设上存在的不足，财政部门无法根据企业发展的现状制定科学合理的利润上缴比例，而只能在粗放式划分国有企业类别基础上，简单地依据利润上缴档次划分来收取国有企业利润。尽管财政部门主张国有企业利润上缴是出于满足公共财政的资金需求，但过于强调国有企业利润上缴的"公共性"显然对于国有企业来说难以完全信服，这就必然导致国有企业在利润上缴过程中讨价还价的博弈行为。

（二）财政在利润上缴中的主导地位缺失

国有企业利润上缴行为的二重性决定了其在微观层面上是单个国有企业利润的简单分配行为，在宏观层面来说又是整个国民收入的二次分配过程。这一特性也对财政部门和国有资产监管部门各司其职、找准定位及分工合作上提出了更高的要求。财政部门的职责是统一编制国有资本经营预算，在此基础之上通过国有资产监管部门负责国有企业利润的收缴工作，在保证编制国有资本经营预算合理性的同时，统筹兼顾国有企业的盈利能力和持续经营发展的需要，构建国有企业上缴利润的动力机制，确保满足公共财政资金需求目标的实现。

但从实践情况看，财政部门和国有资产监管部门两者在职能分配上出现了错位，原本由财政部门负责的国有资本经营预算编制职能，在实际操作中则是由国有资产监管部门或者其监管的下属企业在履行，这种错位的职能履行在整个国有资本经营预算制度体系中没有遵循一惯性和关联性原则，容易导致利润上缴工作的零碎化和低效率。另外，在国有企业利润上缴的主体问题上，财政部门和国有资产监管部门长期以来一直存在争论。如果国有企业利润上缴工作由财政部门主导，国有资产监管部门在国有企业上缴利润的使用过程中就要接受财政部门的监督和约束；而如果财政部门对国有企业利润上缴工作中的主导地位下降，也会带来很多新难题。第一，按照目前我国国有企业的经营和监管体制，国有资产监管部门既履行出资人职责，又负责监管企业国有资产。因此，国有资产监管部门在编制国有资本经营预算收入时有压低企业利润上缴比例和增长水平的动机和能力，致使国有企业利润上缴规模较小和增长速度较慢。第二，基于国有资本监管部门以上动机，国有资本监管部门还可能不合理使用预算编制权，通过预算编制将预算支出用于支持其监管的下属企业的发展，通过外部注资等方式使上缴的利润在国有企业内部循环利用。第三，当前我国国有资本经营预算编制遵循的思路和原则是量入为出，根据收入决定支出，尽量避免赤字出现。这就限定了国有资本经营预算支持公共财政的规模区间。

（三）确保国有企业利润上缴的技术手段缺失

纵观我国国有企业利润上缴制度的建设过程，可以发现财政部在制定国有资本经营预算编制政策时并没太多地将理财目标作为其制定政策的一个重要因素，这就造成对国有企业利润上缴比例"划档"时生硬地采用了"一刀切"的方式。实际上，将上缴比例设定为"五档"并不安全适用于不同类型的国有企业。一方面，"一刀切"的确定上缴比例自身具有一定的优势，并且在试行国有企业利润上缴初期起到了积极的作用。如可以避免"一对一"征收模式下高额的管理成本，从而保证了国有企业利润按时足额地上缴。但是另一方面，随着国有企业利润上缴工作的不断深入，相关制度建设不断完善，就能发现"一刀切"确定利润上缴比例模式的弊端也逐渐显露出来，最直接的弊端就是上缴比例受到"木桶效应"的影响，因为"一刀切"模式下的上缴比例是相同类型的企业使用相同比例，那么由于"木桶效应"的存在，在制定上缴比例的过程中可能是根据该类企业中利润上缴承受能力的下限来确定，而这种方式确定的上缴比例，在实际征缴工作中，会使征缴的总利润水平始终低于实际水平，阻碍了上缴利润的增长。并且由于单个企业的上缴利润总额是通过企业利润数量乘以利润上缴的比例，这就可能出现利润高的企业套用的是上缴比例低的档位，这样较低的利润上缴水平会造成较弱的约束和激励作用，大量的利润留存企业内部，导致企业内部的在职消费和过度随意投资风险增加，盈利增长的潜力无法完全释放。而对于盈利水平较差的国有企业，因为利润水平较低，如果套用的是较高的上缴比例档位，那么将对这类企业的经营造成较大的压力，从而降低该类企业利润上缴的意愿和能力。

（四）利润上缴合理组织架构和立法缺失

目前，我国国有企业主要上缴三类利润，分别为："按股分红""税后利润"和"按资分红"。而与这三类利润对应的是三类国有企业利润上缴的主体，分别是：国有股份制企业、国有独资企业和国有有限责任制企业。按照目前我国的国有企业利润上缴组织架构和上缴渠道划分，国有股份制企业和有限责任企业是上缴利润的第一梯队；根据公司治理方式和利润划分程序，作为母公司集团的国有独资企业能够按照对子公司的出资比例享有子公司分配的利润，母公司集团的国有独资企业再通过国有资本经营预算渠道将获得的分红上缴国家财政。目前，《中华人民共和国公司法》对"按股分类"和"按资分红"这两类利润分配方式做出了具体的规定，所以这两类利润分配形式具有较为扎实的法律基础，其缴纳利润的主体也比较明晰。此外，《中华人民共和国企业国有资产法》做出明确规定：国家作为出资人对其投入的企业按照资本份额享有获取收益的权利。并且该法律进一步规定：国家财政有权通过编制国有资本经营预算收入的方式来征收相应的国有独资企业利润。但是《中华人民共和国企业国有资产法》并没有针对国有企业利润上缴的具体操作细节做出明确规定，比如决定利润分配的政策机构、利润分配的征缴主体、国企利润上缴形式和征缴的具体程序等均缺乏必要的操作条款予以明确。综上所述，对于该类企业如何实施企业利润上缴还没有可提供实践操作借鉴的权威性解释。而现在国有独资企业利润上缴方式所遵循的规章制度也都是财政部或国资委等部门制定，在法律有效层级上远不如全国人民代表大会立法制定的法律规章有效，而且往往与地方性政策法规发生冲突，从而难以规范和促进地方层面的国有企业利润上缴工作。

二、体制层面的成因

当前在建立和完善国有企业利润上缴制度过程中的一个难点是在国有企业与财政资金需求之间存在较大矛盾。将国有企业利润上缴财政实质上是国家财富转化的一个过程，在这个过程中必然存在二者利益此消彼长的对立状态。另外，存在这一问题的深层根源在于我国现行财政体制反映出的"公共财政"和"国有资本财政"的对立统一关系。这两种财政模式的矛盾主要来源于我国经济体制的改革与转型。

在改革开放以前，我国的经济体制以计划经济为主，与计划经济体制相匹配的财政体制是单元的国家财政模式。该模式是国家通过其政治权利将社会的生产者、管理者、生产资料所有制合为一体，由国家统一决定社会资源的分配，统一计划社会生产、产品消费，通过行政指令计划、引导和调节经济。但在1978年改革开放后，特别是在1992年中共十四届三中全会确定了市场化经济体制改革的目标后，财政体制由单元模式向"公共财政"和"国有资本财政"并存的双元结构财政模式转变。一方面，随着市场经济改革的不断深化，可以看到财政在市场化建设过程中的"公共性"特征越来越凸显，为市场提供公共服务职能和进行宏观调控也越来越频繁。显而易见的一点即是国家越来越强调政府公共职能的发挥和财政收支在公共服务领域的作用，财政支出在民生领域的投入比重也越来越大。另一方面，由于我国在计划经济时期积累的财富大多"凝结"在国有企业中，所以在计划经济向市场经济转变时，如何处理这些"凝结"在国有企业中的巨额财富就成为我国从计划经济向市场经济转型过程中不可回避的问题。而且随着我国市场化改革的进行，我国"以公有制为主体，多种所有制经济共同发展"的基本经济制度也得以确立。[①] 尤其是近年来，在国有资本做强做优做大的政策导向下，国有企业利润水平迅速提升，成为各级政府重要的收入来源。这些都使我国不仅需要建构，而且需要进一步健全国有资本财政体制，从而与公共财政共同构成国家财政不可或缺的重要组成部分。[②]

需要特别指出的是，虽然目前双元结构财政模式是我国财政体制的现行模式，但财政体制改革的最终目标是建立与社会主义市场经济相适应的公共财政体制，因此，现行的双元结构财政模式也是一个过渡模式。随着市场化改革的不断深入和国有企业分类改革的不断推进，国有资本财政的公共性将日益凸显，其比重将随着国有资本经营预算收入的调配划拨，不断增加国有资本财政中的"公共成分"，并最终占据绝对优势。[③] 由此不难得出结论，国有企业与财政资金二者间原来的对立关系，以及国家财富在二者间流转转化过程中出现的矛盾都将随着国有资本"公共成分"的不断提高而不断降低，这样，国有企业利润上缴国有资本经营预算过程中的各种内外矛盾也将随之得以明显缓解乃至消失。

但是，就当前我国市场化程度而言，还不能使上述矛盾对立完全消亡。而作为与经济体制相伴而生的财政体制，二者的转型或者改革必定会相互影响、既相互促进又相互制约。就二者之间的相互制约来看，经济体制改革的市场化虽然在逐步深入，但由社会主义公有制为主体的基本经济制度决定了我国国有经济的主导地位，不仅不能弱化，在某些行业和领域还需要不断强化。这就决定了国有资本财政模式存在甚至发展的长期性。具体而言，可以概括为两个方面的原因：一是目前我国非商业性的国有企业承担了大量提供公共产品和公共服务的职能，这就使国有企业在与其他所有制企业竞争时还要兼顾许多政府赋予的政策性负担和改革成本。二是国有企业天然的与政府存在密切联系，无论是在获得各种经济资源还是享有政策倾斜保护方面，都是非国有企业无法比拟的。因此，在市场化改革尚未完成的特定时期内，国有企业不仅具有存在的合理性和必要性，而且还有进一步做强做优做大的制度动力。而国有企业的发展壮大又进一步扩大了国有资本的规模，是国有资本财政得以持续发展的雄厚物质基础。

---

① 常修泽. 中国混合所有制经济论纲 [J]. 学术界，2017（10）：16 - 35，323.
② 叶振鹏，张馨. 论财政的双元结构模式 [J]. 山东财政学院学报，1994（01）：2 - 6.
③ 焦晨洋. 国企为什么必须上缴国有资本收益 [J]. 人民论坛，2017（02）：88 - 89.

第十章

国有资本经营预算收入征缴影响因素的实证检验

国有资本经营预算收入是国有资本经营预算工作的基础,决定着国有资本经营预算支出的规模总量。国有资本经营预算收入的高低不仅取决于国有企业利润上缴的比例,也受到国有企业行业差异、公司财务结构、公司内部治理等诸多因素的影响。本章重点探讨国有资本经营预算收入上缴的影响因素,并就个别典型影响因素构建实证模型进行检验。

第一节 国有企业合理分红比例的影响因素

国有企业合理分红比例的测算是一个复杂的涉及诸多因素的研究工作。首先,国有企业作为企业,是市场经济的主体,有着和其他非国有企业一样的企业行为属性,其分红政策的制定与其他一般企业一样,受到诸如公司规模、盈利能力、股权结构等因素的影响;其次,具有"国有"这一特殊的产权性质,承担着贯彻国家战略和履行更多社会责任,其分红政策又显然有别于一般的非国有企业。因此,在探索制定合理的国有企业分红比例政策时,不仅要先系统梳理一般企业分红比例的影响因素,还要分析国有企业特殊的分红比例影响因素。

一、一般企业分红比例的影响因素

股利政策一直都是财务学领域研究的重点。分红比例的估算研究,也是股利政策的核心内容之一。对于现金股利政策影响因素的研究,国内外不乏研究成果,这些研究成果表明了企业分红比例影响因素的复杂性和多样性。

(一) 盈利水平

林特纳(Lintner,1956)通过调查28家具有代表性的公司,首次提出"股利平稳化"概念,认为股利政策具有"黏性",同时股利政策与企业的盈利水平紧密相关，企业盈利能力是企业制定股利政策的重要影响因素。[1] 在林特纳构建的模型中，企业的股利水平与上一年的股利水平和本年的盈余等变量相关，股利的变动是为了实现既定的股利支付率目标而进行的调整。在林特纳的研究基础上，多位学者对股利政策与企业盈利水平的关系进行了进一步研究（Fama，1968；Chateau，1979；Lasfer，1996；Bravetal，2005），研究成果均支持了林特纳的观点，并且在不同的国家和地区得到了验证。吕长江和王克敏（1999）从代理理论与信号传递理论出发，采用1996~1999年我国上市公司的数据进行实证研究，研究结果表明：公司的盈利能力、公司规模、流动性、资产负债率等都会对现金股利政策产生影响。公司规模、流动性与现金股利呈正相关关系，而公司的自我发展与成长性等因素与现金股利呈负相关关系。[2]

（二）公司规模

公司规模是股利政策的另外一个重要影响因素。大规模的公司在资本市场上更容易获得资金，同时也有能力倾向更高的股利支付率。部分学者（Eije H and Megginson W.，2006）以欧洲3400家工业类上市公司为研究对象，选取了1980~2003年的数据研究，研究发现：上市公司的规模越大，越倾向于分配现金股利，即上市公司规模与现金股利支付率呈正相关。同时，上一年度的现金股利政策对于本年的股利政策也具有正向影响。[3] 还有学者（Savorvy S. and Weberz M.，2006）以德国上市公司为样本，运用实证分析法研究了现金股利政策的影响因素，也得到了类似的结果：上市公司规模与每股现金股利呈正相关。[4] 但是，也有学者的研究得出了相反的观点。刘淑莲和胡燕洪（2003）以2002年国内上市公司为研究样本，采用实证研究方法，从上市投资机会和上市公司派现能力角度分析了现金股利政策的影响因素，研究结果表明：资产规模、每股收益与现金股利呈正相关，而资产负债率、投资机会与现金股利呈负相关。同时还考虑了现金流量（FCFE、ONCF、NCF）对现金分红的影响[5]。

（三）资产负债率

董理（2013）选取了2005~2011年A股上市公司的数据，以公司的盈利能力、公司规模、公司成长性为控制变量，同时还控制了公司上一年度的盈利能力、股利支付意愿和股利支付率，研究结果发现：现金股利支付意愿以及支付率与公司成熟度呈正相关关系，但是如果企业的负债能力不同，正相关关系会发生

---

[1] Lintner, J. Distribution of Incomes of Corporations Dividends, Retained Earnings, and Taxes [J]. American Economic Review, 1956 (46): 97-113.
[2] 吕长江，王克敏. 上市公司股利政策的实证分析 [J]. 经济研究，1999 (12): 31-39.
[3] Eije H., Megginson W., Dividend policy in the European union. Journal of Finance, 2006: 156-187.
[4] Savovy S., Weberz M., Fundamentals or Market Movements: What Drives the Dividend Decision?. The Financial Review, 2006 (7): 81-98.
[5] 刘淑莲，胡燕鸿. 中国上市公司现金分红实证分析 [J]. 会计研究，2003 (04): 31-39.

变化。当公司的剩余负债能力较高时，正相关关系不显著；反之，正相关关系增强。这就要求企业必须考虑公司的长远发展，权衡现金股利与留存收益时必须考虑企业的剩余负债能力。[①] 李常青和彭锋（2009）基于生命周期理论，选取 2000～2006 年 A 股非金融行业上市公司为样本，以资产规模、总资产报酬率、资产负债率、市值面值比为控制变量，通过实证研究发现：公司的现金股利与资产总额、总资产报酬率呈正相关，与资产负债率呈负相关。[②] 刘孟晖（2011）以委托代理理论为分析框架，选取 2008～2009 年上市公司数据，采用实证方法的研究也得到了类似的结论。[③]

（四）股权结构

股权结构很大程度上决定了治理结构，从而影响现金股利政策。因此不少学者从股权结构角度出发，对股权结构如何影响现金股利政策进行了研究。罗泽夫（1982）选取了美国 1000 多家上市公司为研究对象，采用多元线性回归分析法，研究了现金股利支付率与内部人持股比例、贝塔系数、增长率的关系。研究结果表明：内部人持股比例、贝塔系数、增长率与股利支付率呈负相关，而股东数量与现金股利支付率呈正相关。[④] 部分学者（Short H., Keasey K. and Duxbury D., 2002）也研究了现金股利政策与股权结构的关系，其研究结论是：现金股利是机构投资者最重要的收益之一，机构投资者持股比例与现金股利支付率呈正相关。同时由于机构投资者持股数量大而且集中，因此更倾向于长期持有股票，获得更多的现金股利。机构投资者可以通过长期持有股票，影响管理层的决策方式。而管理层持股比例与现金股利支付率呈负相关，因为企业处于成长期时，管理层更倾向于减少现金股利的分配，作为留存收益进行再投资，获得更多的投资机会，扩大生产规模。[⑤]

高俊（2009）基于代理理论的视角，采用实证研究方法，以 2003～2007 年沪深 1341 家 A 股公司为样本，以股权结构、股权集中度、股权竞争度为研究变量进行实证分析，他研究发现：股权分置改革改变了上市公司的股权结构，同时改善了公司的治理结构，使上市公司的现金股利政策也发生了变化。具体表现为：超派现行为与融资派现行为的减少以及股利分配连续性增强。同时，第一大股东持股比例越高，代理成本越小，第一大股东可以通过降低股利支付率减少现金股利的发放从

[①] 董理，茅宁. 公司成熟度、剩余负债能力与现金股利政策——基于财务柔性视角的实证研究 [J]. 财经研究，2013 (11)：59 - 68.
[②] 李常青，彭锋. 现金股利研究的新视角：基于企业生命周期理论 [J]. 财经理论与实践，2009 (09)：67 - 73.
[③] 刘孟晖. 内部人终极控制及现金股利行为研究——来自中国上市公司经验数据. [J]. 中国工业经济，2011 (12)：122 - 132.
[④] Rozeff M. S., Growth, Beta and Agency Costs as Determinants of Dividend - Payout Ratios [J]. Journal of Financial Research, 1982 (Fall): 249 - 259.
[⑤] Short H., Keasey K., Duxbury D., Capital Structure, Management Ownership And Large External Shareholders: An UK Analysis. International Journal of the Economics and Business, 2002 (3): 375 - 399.

而保持更多的盈余；国有持股上市公司比非国有持股上市公司派发更低的现金股利。[①] 原红旗（2001）认为股利政策在国外是控制代理成本的一种工具，而在国内则是代理成本问题没有解决的产物，上市公司控股股东会通过现金股利政策进行利益输送，特殊的股权结构与治理结构都对现金股利政策产生重要的影响。[②]

（五）大股东利益输送

在股权高度集中的情况下，大股东与管理者之间的代理问题转为了大股东与小股东之间的利益侵占问题。控股股东为了自身利益，将公司资产与利润通过现金股利政策进行输送的行为，称为"利益输送"。利益输送方式主要表现为两种方式：第一，控股股东为了实现自身利益通过自我交易实现资产与利润的转移；第二，控股股东不转移资产和利润，而是通过增加自身的份额，达到占用资产的目的，例如，通过股票发行，稀释其他股东股权等。对于利益输送与现金股利的关系，国内不乏研究成果。高俊（2009）通过对股权分置改革前后控股股东利益输送与现金股利关系的研究，结果发现：股权分置状态下，非流通控股股东具有较强的分红偏好，现金股利政策成为控股股东利益输送的"隧道"；而股份分置改革后，超派现行为减少，股东分红欲望减少，再次说明股权分置改革后，良好的股权结构使大股东通过现金股利政策进行利益输送的动机减弱。袁淳（2010）还对利益输送方式的选择进行了研究，他对关联交易与现金股利两种利益输送方式的成本与收益关系进行分析，认为如果利益输送程度是一定的，则关联交易与现金股利政策两种输送方式存在一定的替代关系，并且大股东的持股比例不同，对于两种利益输送方式的选择也不同。这为我国上市公司利益输送方式的选择提供了新的经验证据。[③] 穆晓丹（2014）以创业板上市公司为研究样本，也得到了类似的结论，认为关联交易和现金股利政策两种利益输送方式存在一定程度的替代关系。但是在创业板的上市公司无论控股股东持股比例的高低，关联交易与现金股利两种利益输送方式存在负相关关系，特别是控股股东的持股比例越高，负相关关系越明显。[④] 唐清泉（2006）通过实证研究也表明大股东的利益输送会对小股东的利益造成侵犯，现金股利政策常常作为控股股东利益输送的方式。同时，实证结果表明大股东的持股比例与现金股利呈正相关关系，而第二和第三大股东对于利益输送行为的监督作用不明显。[⑤]

[①] 高俊. 股权分置改革、股权结构与现金股利政策研究 [D]. 武汉：华中科技大学，2009.
[②] 原红旗. 中国上市公司股利政策分析 [J]. 财经研究，2001（03）：33-41.
[③] 袁淳，刘思淼，高雨. 大股东控制与利益输送方式选择——关联交易还是现金股利 [J]. 经济管理，2010（05）：113-120.
[④] 穆晓丹. 创业板上市公司大股东利益输送方式的选择——关联交易还是现金股利 [J]. 郑州航空工业管理学院学报，2014（02）：76-79.
[⑤] 唐清泉，罗党论. 现金股利与控股股东的利益输送行为研究——来自中国上市公司的经验证据 [J]. 财贸研究，2006（01）：92-97.

（六）公司的外部成长机会

良好的成长机会是企业获得可持续发展的重要保证。希金斯（1972）的研究发现，如果公司存在良好的成长机会，则公司倾向于减少现金股利，即股利支付率与公司成长机会呈负相关，这是因为成长机会增加了企业的融资需求。同时，希金斯还认为除了良好的成长机会，企业的股利支付率与企业的成长速度、投资机会、财务杠杆以及经营风险相关。[①] 詹森和麦克林（1976）认为，如果公司的成长机会比较多，那么股东愿意放弃短期的现金股利，接受短期内较低的现金股利支付率从而换取未来更多的价值回报，换而言之，现金股利支付率与公司增长机会呈负相关关系。[②] 格雷厄姆和哈维（2004）采用对上市公司财务经理调查问卷的方式进行研究，也得到了类似结论，进一步支持了詹森和麦克林的观点。公司投资决策往往都在股利决策之前，股利决策会根据投资决策的资金需要进行调整，如果具有良好的投资机会与成长机会，公司现金股利要少于没有投资机会的上市公司。

二、国有股权分红比例的影响因素

国家作为国有企业资产的终极所有者，在国有资产管理中履行出资人角色，理应有权利享有国有资本的投资收益。国家作为国有企业股东，基于追求股东价值最大化原则，国有资本收益的上缴比例至少应该满足股权资本成本的要求，否则股东价值将受到损害。因此厘清国有股权资本成本的估算原则与方法，对于确定国有企业资本收益上缴比例具有重要意义。

自夏普（Sharpe, 1964）、林特纳（1965）分别在各自的论文中提出了资本资产定价模型（CAPM）后，国外学者们对其进行了不断的修正，并且将CAPM模型运用于资本成本的估算。虽然我国对于股权资本成本的估算研究起步比较晚，研究成果尚不丰富，但是也出现了一些可圈可点的具有重要研究价值的文献，为本书的研究奠定了必要的基础。

张郭力（2006）从四个方面论述了资本成本的指标功用与计量模型的选用：第一，资本成本率自动取代资本成本额；第二，筹资净额基础自觉取代筹资总额基础；第三，税收基础与税前基础的统一；第四，简单算术平均向几何算术平均的演进。认为资本成本可以衡量特定主体为使用资本而发生的经济利益总流出，同时在投资决策的过程中，投资项目的预期报酬率必须大于股东的必要报酬率，这样才能使企业获得超额回报，实现股东财富价值最大化。换而言之，资本成本率与预期报酬率必须匹配使用，唯有预期报酬率能够补偿资本成本率的投资项目才具备财务的

[①] Higgins, R. C., The Corporate Dividend – Saving Decision [J]. Journal of Financial and Quantitative Analysis, 1972 (03): 1527 – 1541.

[②] Jensen, M, and Meckling, W. Theory of the Firm: Managerial Behavior, Agency Cost and Ownership Structure [J]. Journal of Financial Economics, 1976 (03): 305 – 360.

可行性，股权资本成本的满足是新的投资项目为使股东权益不受损害而要求的必要报酬率。如果在企业的投融资决策中，没有实现资本成本率的满足，那么财务的资源配置将无法最优化。[1]

汪平、袁光华、李阳阳（2012）介绍了我国股权资本成本的估算方法及范围。首先，指出目前估算我国股权资本成本的主要方法有：内含报酬率法、风险补偿法、历史报酬率法。其中，内含报酬率法主要运用于学术界，而风险补偿法、历史报酬率法更多地运用于企业界。其次，他们选取了2000～2009年的上市公司样本数据，分别采用了戈登（Gordon）模型、资本资产定价（CAPM）模型、权益资本成本（OJ）模型、剩余收益折现（GLS）模型四种方法分不同行业和年份对资本成本进行了估算。研究结果发现：根据Gordon模型，2000～2009年股权资本成本的平均值为9.36%，其中2007年的资本成本最高，2002年的资本成本最低；如果按照CAPM模型，2000～2009年股权资本成本的平均值为9.24%，其中2008年的资本成本最高，2006年的资本成本最低；根据OJ模型下，2000～2009年股权资本成本的平均值为8.42%，其中2006年的资本成本最高，2000年的资本成本最低；采用GLS模型，2000～2009年股权资本成本的平均值为4.68%，2006年的资本成本最高，2001年的资本成本最低。因此采用不同的计算方法，得到的结论也显然不一致。最后，作者还指出股东实际报酬率、债务资本成本、无风险报酬率是股权资本成本估算过程中不可忽视的三个因素。[2]

徐春立、任伟莲（2009）指出资本成本是财务管理的核心概念之一，与发达国家相比，我国关于资本成本理论的研究还处于探索阶段。目前我国学者对于资本成本理论研究主要集中在公司融资偏好与资本成本影响因素两个方面，研究方法上主要借鉴国外研究模型并结合中国资本市场自身的特点进行实证研究。认为主要采用以下指标对资本成本因素进行度量：公司的透明度、信息披露水平、投资者的法律保护、政府干预等。他们还指出，我国学者应该重视资本成本的理论研究，同时从研究方法上偏实证研究转向规范研究与实证研究相结合，研究重点应该由有关变量与资本成本的关系向资本成本的科学计量转移。[3] 徐浩萍、吕长江（2007）认为企业在市场化进程中，难免受到政府的干预，于是他们研究了政府角色转变对不同所有权性质企业权益资本成本的影响。研究结果表明：政府减少对企业的干预一方面会产生可预期效应，降低股权资本成本；另一面会减少对企业的保护，产生保护效应，提供了权益资本成本。而从最终控制人角度来看，如果最终控制人是地方政府则保护效应较强，对于非国有企业保护效应比较弱。[4]

---

[1] 张郭力. 论资本成本的计量及运用 [J]. 会计研究，2006（06）：78－79.
[2] 汪平，袁光华，李阳阳. 我国资本成本估算及其估算值的合理界域：2000－2009 [J]. 投资研究，2012（12）：101－114.
[3] 徐春立，任伟莲. 我国资本成本理论研究的现状及其未来展望 [J]. 当代财经，2009（03）：122－127.
[4] 徐浩萍，吕长江. 政府角色、所有权性质与权益资本成本 [J]. 会计研究，2007（06）：61－68.

汪平、李光贵（2009）以资本成本理论与可持续增长理论出发，构建了国有企业可持续分红比例模型，以2002～2006年12家具有资源垄断型特征的中央企业上市公司为样本，采用资本资产定价模型估算了国有企业的股权资本成本，以销售净利率、总资产周转率、权益乘数、收益留存率四个指标计算了企业的可持续增长率。他们通过实证研究发现：样本的留存收益再投资回报率能够满足股权资本成本的要求，但是样本的实际分红比例54.12%未能兼顾企业财务可持续发展的要求；同时样本检验表明，存在一些国有企业的股东权益报酬率小于股权资本成本，盈利能力差、营运效率低和资本结构不合理是导致这些企业投资效率不能满足股东要求的根本原因。① 李光贵（2011）基于企业经济增加值（EVA）的理念，将可持续分红比例模型与经济增加值（EVA）结合起来，构建了企业价值创造理论框架体系，分析了价值创造体系的内在驱动因素是：销售净利率、总资产周转率、权益乘数三个财务指标。他选取了2002～2006年的样本数据进行实证分析。研究发现：目前多数国有控股上市公司都处于股权资本成本投资无效率的状态。因此，他认为，国有企业应该树立经济增加值与资本成本的理念，提高留存收益再投资回报率的水平和对业务的识别处理能力，形成和保持有利于价值创造的财务可持续增长能力。② 此外，纪新伟（2012）认为现金分红比例可以用最优股利支付率衡量，他选取了2006～2009年的中央企业上市公司为样本，以后续期间净利润最大化作为股利净现值最大化的代理变量，构建上市公司分红比例模型。研究结果表明：对于中央企业上市公司样本，合理的分红比例变动为51%～55%，而控制所有变量以后，中央企业上市公司的合理分红比例为54%。因此，他指出，使会计业绩达到最优的分红比例为40%～60%这一区间是合理的。③

第二节　管理层激励与国有资本收益

合理的管理层激励机制是发挥管理层资本效用进而提高国有企业资本收益的有效途径。本节从高管薪酬、流通比例、资产负债率、公司规模、地区分布这五个因素出发，选取了90家上市公司作为研究样本，利用2013～2015年的面板数据，实证检验了国有企业管理层激励与国有资本收益的关系，并据此从管理层激励角度，有针对性地提出了提高国有资本收益的若干对策建议。

一、问题的提出

2015年9月13日，中共中央、国务院印发的《关于深化国有企业改革的指导

---

① 汪平，李光贵. 资本成本、可持续增长与国有企业分红比例估算 [J]. 会计研究，2009（09）：58-65.
② 李光贵. 资本成本、可持续分红与国有企业EVA创造 [J]. 经济与管理研究，2011（05）：39-48.
③ 纪新伟. 国有企业合理分红比例研究 [D]. 天津：南开大学，2012.

意见》指出，以管资本为主推进经营性国有资产集中统一监管，提高国有资本收益上缴公共财政比例，更多用于保障和改善民生。由此可见，国家已经开始加强督促国有企业资本经营收益分红力度。相关政策出台的目的是为了提高国有企业的分红比例，那么，在确定分红比例后，如何进一步扩大国有资本经营收益分红金额，国有资本经营收益受哪些因素影响，是需进一步深化探讨的问题。虽然国有资本的所有者、生产资料的提供者以及国有企业经营风险的最终承担者均是全体国民，但企业管理层所掌握的信息通常比委托人更多，他们往往更了解企业内部情况和企业外部环境，更清楚企业面临的风险和机遇等信息。在我国，国有企业实施的一直是委托代理方式，企业管理层掌握着比国家更为丰富的信息资源，这形成了管理层权力。他们通过手中的权力代理经营国有企业，其经营状况也将影响国有企业资本经营收益情况。在人力资本激励中，薪酬激励是最重要的组成部分，也是最常用的激励方式。我国国有企业经营过程中，管理层激励对国有资本经营收益是否有影响，产生何种影响，与企业资本收益是何种关系？这些都值得进行深入探讨。此外，完善的内部治理结构是企业人力资本得以有效发挥的前提，如果公司内部如股东、董事会和监事会等存在治理问题，企业管理层将很容易控制企业的高管薪酬，从而对企业经营收益产生影响。不少研究表明，企业管理层有动机并且有能力调整自己的薪酬以获取个人的不当收益，企业高管薪酬与企业绩效脱离的现象时有发生，管理层激励成为代理问题的一部分，而非解决代理问题的初始目的。因此，在分析国有资本经营收益影响因素的基础上，本书以国有企业管理层激励作为切入点，研究管理层薪酬激励与国有资本经营收益之间的内在联系，并针对实证分析结论提出相应的对策建议。

二、国有资本收益与企业管理层薪酬的关系

根据契约激励理论，所有者和管理者之间的契约关系受信息不对称的影响，两者之间存在信息差距，管理者通常比所有者知道更多关于企业运营的信息。为了提高企业经营业绩，针对信息不对称的问题，一种能通过给予管理层某种好处的契约关系就出现了，这便是管理层激励机制。当所有者与管理层之间存在利益冲突时，管理层会为了自身利益做出有损企业价值的决策，此时，管理层薪酬激励对提高企业经营业绩具有一定的促进作用。在我国，国有企业不但有经济目标，即努力提高自己的经营业绩，还有实现社会和政治等非经济目标的责任，与民营企业相比，国有企业管理层激励的内在动力相对较弱。从盈余管理的角度进行博弈分析，由于信息不对称，企业所有者处于信息劣势地位，由于监管成本高，收益相对较低，企业所有者一般不会对管理层进行全面监督，并且我国还没有完全建立有效的经理人市场，管理层的行为很难受到有效的法律约束，在风险和收益如此不对等的情况下，管理层有强烈的动机通过盈余管理来实现自身利益的最大化。墨菲（Murphy，1985）利用美国几十家公司的数据实证检验后发现：公司管理层薪酬与公司销售

收入以及公司股价之间均具有显著的正向关系。① 魏刚（2000）在对我国上市公司高管激励机制进行实证分析后发现：公司高管薪酬与公司经营收益之间不存在显著关系，与其所持公司股份呈显著负相关关系，并且与公司规模具有显著正相关关系。② 辛清泉（2007）等认为，在当前的薪酬管理制度下，我国国有企业管理层货币薪酬激励的不合理会导致企业投资过度。③ 周仁俊等（2010）基于上市公司产权性质角度，分析了管理层薪酬与企业经营收益之间的相关性，选取两组样本，一组是国有控股公司，另一组是非国有控股公司，实证检验后他们发现：与国有控股上市公司相比，非国有控股上市公司的薪酬水平更高、与企业经营收益的相关性也更强，并且两组样本都显示，管理层薪酬与企业经营收益呈正相关关系。④ 杨兴全等（2011）发现，货币薪酬、未预期货币薪酬及管理层持股比例三者均与过度投资呈现显著负相关。⑤

三、净资产收益率及其影响因素

净资产收益率（ROE）也称股东权益报酬率，是企业净利润占净资产的比重，反映了股东权益的收益状况。作为国有企业管理层，要正确认识净资产收益率这一概念，除了要掌握其本质特征（机会成本）外，还要具有为企业理财的意识。在竞争日益剧烈的市场环境中，跟民营企业一样，国有企业也应该注重成本控制。而企业的经营成本往往受到投资者对企业要求报酬高低的影响，不同投资者要求的必要报酬率是有差异的，净资产收益率可以很好地反映股东要求报酬率。因此，本书使用净资产收益率这一指标来研究国有资本收益状况。净资产收益率的影响因素主要有以下几个方面：

第一，国有企业管理层激励能对国有资本收益产生影响。这是因为公司高管为了牟取私利，往往倾向于采取有利于自身报酬最大化的决策。当高层管理人员掌握一定权力时，由于企业管理层报酬的取得具有较强的隐蔽性，企业股东很难对管理层的不合理报酬进行监控，这种监控的缺失将导致企业资源的浪费，不利于国有资本收益的提高。相反地，持有效率观的学者认为，高管的潜能能够受到高额薪酬所带来的优越感的激发，工作效率的提高也有利于减少公司的经营支出，对企业经营收益的提高具有很好的促进作用。然而，现实情况是我国往往对国有企业高管缺乏

---

① Murphy K. J. Corporate performance and managerial remuneration an empirical analysis, Journal of Accounting and Economics 1985, 6 (07): 11 - 42.
② 魏刚. 高级管理层激励与上市公司经营绩效 [J]. 经济研究, 2000 (03): 32 - 39, 64 - 80.
③ 辛清泉, 谭伟强. 市场化改革、企业业绩与国有企业经理薪酬 [J]. 经济研究, 2009 (11): 68 - 81.
④ 周仁俊, 杨战兵, 李礼. 管理层激励与企业经营业绩的相关性——国有与非国有控股上市公司的比较 [J]. 会计研究, 2010 (12): 69 - 75.
⑤ 杨兴全, 曾义. 控股股东两权分离、过度投资与公司价值 [J]. 江西财经大学学报, 2011 (01): 24 - 30.

有效的监管，使管理层滥用权力和过度消费行为严重影响了企业的绩效。① 陈冬华等（2005）认为，民营企业业绩与高层年度薪酬存在显著的相关关系，而国有企业业绩缺乏对经理人应有的激励作用，因此与企业高管薪酬呈现出显著的负相关关系。② 持类似的观点还有罗宏、黄文华（2008），他们也认为，公司支付的现金股利可以显著降低管理人员的在职消费水平，而在职消费作为代理成本，给公司造成负面影响，与公司业绩负相关。③

第二，流通股比例的变化也会影响国有资本收益，流通股比例的提高往往导致企业资产收益率有所下降。因为在我国的资本市场中，"大小非"股东往往能通过二级市场获得很高的回报，股票流通比例上升甚至实现全流通后，公司大股东的积极性受到一定冲击，对资产收益率也造成一定影响。

第三，资产负债率越高，意味着企业的债务负担越重。而资金是有成本的，相对于西方发达国家，我国的金融市场尚不够发达，多数企业对银行贷款的依赖仍然较强，此种融资方式下，企业的资金成本相对较高，势必对企业的净资产收益率产生负面影响。

第四，从规模经济的角度出发，认为企业规模越大，资产收益率越高。规模经济反映的是生产要素的集中程度同经济效益之间的关系，是指通过扩大生产规模能够引起经济效益的增加。在技术水平给定的情况下，生产规模的扩大使得长期平均成本呈下降的趋势。具体有两种情况，一种是生产设备条件不变，即生产能力不变情况下的生产批量变化，另一种是生产设备条件变化即生产能力变化时的生产批量变化。无论哪一种情况，随着产量的增加，长期平均总成本都呈现下降趋势。

第五，改革开放以后，在非均衡发展战略的影响下，我国经济出现了明显的地区差异，经济发展的不平衡使得各地区的基础设施建设、人才资源、市场环境等都存在较为明显的差异，这些差异对处于不同地区国有企业的资本收益率也将产生不同程度的影响。

四、基于面板数据的实证分析

（一）变量选择与数据来源

根据中国证监会发布的《上市公司行业分类指引》（2012年修订），在18个大类中，依据国有法人股占前十大股东比重，本书选取了各大类排名靠前的5家上市公司作为研究样本，利用2013~2015年的面板数据进行实证分析。另外，如

---

① 杨俊，陈金勇，孙建波. 监管政策、高管激励与公司现金股利政策[J]. 证券市场导报，2015(04)：34-41.
② 陈冬华，陈信元，万华林. 国有企业中的薪酬管制与在职消费[J]. 经济研究，2005(02)：92-101.
③ 罗宏，黄文华. 国企分红、在职消费与公司业绩[J]. 管理世界，2008(09)：139-148.

表 10-1 所示，我们选取了资产收益率、高管薪酬、流通股比例、资产负债率、公司规模以及公司所属地区分布 6 个变量进行实证分析，上述变量涉及数据均出自 Wind 数据库。

表 10-1 变量说明

变量名称	变量含义	单位
资产收益率 ROE	税后利润与股东权益的比值	%
高管薪酬 EC	公司高管层年度薪酬总额	万元
流通比例 FR	流通股占总股本的比例	%
资产负债率 DAR	期末负债总额/资产总额，反映企业偿债能力	%
公司规模 CZ	公司股票市值	亿元
地区分布 LD	根据公司所在省、区、市分为东、中、西三个地区	—

（二）数据的平稳性分析

进行面板数据回归之前，对变量进行平稳性检验可以避免"谬误回归"现象的出现。如表 10-2 所示，Levin 检验、ADF 检验以及 PP 检验均表明，资产收益率（ROE）、高管薪酬的自然对数（lnEC）、流通比例（FR）、资产负债率（DAR）、公司规模的自然对数（lnCZ）以及地区分布（LD）在 5% 水平下是非平稳的序列，而除了个别检验结果，一阶差分后上述序列均在 5% 水平下平稳。

表 10-2 各变量单位根检验结果

变量	Levin 检验值	Levin P值	ADF 检验值	ADF P值	PP 检验值	PP P值	结果
ROE	-1.134	0.116	30.928*	0.098	28.604	0.146	不平稳
lnEC	0.542	0.601	17.243	0.741	17.201	0.732	不平稳
FR	0.327	0.409	20.466	0.532	18.562	0.496	不平稳
DAR	-1.054	0.147	27.563	0.191	25.555	0.234	不平稳
lnCZ	1.488	0.901	9.652	0.895	8.295	0.936	不平稳
LD	1.602	0.964	7.422	0.998	7.212	0.999	不平稳
ΔROE	-16.102***	0.000	85.634***	0.000	124.021***	0.000	平稳
ΔlnEC	-5.461***	0.000	42.082***	0.006	45.867***	0.004	平稳
ΔFR	-9.868***	0.000	69.584***	0.000	80.988***	0.000	平稳

续表

变量	Levin		ADF		PP		结果
	检验值	P值	检验值	P值	检验值	P值	
ΔDAR	-14.103***	0.000	79.529***	0.000	98.965***	0.000	平稳
ΔlnCZ	-3.541***	0.008	35.296**	0.065	36.456**	0.022	平稳
ΔLD	-2.632**	0.015	28.931	0.120	27.684*	0.053	平稳

注：*、**、***分别表示检验序列在10%、5%和1%水平下显著。

（三）面板数据回归结果分析

根据上述检验结果，面板数据是平稳的。进一步进行回归分析，根据F检验（P值=0.006），本节所涉及数据拒绝使用混合模型的假定，应该采用面板数据模型。进一步依据Housman检验（P值=0.042），拒绝模型为随机效应模型的假定，应选择固定效应模型。如表10-3的固定效应模型结果所示，在10%水平下各变量的系数都是显著的，并且具有较大的拟合优度（R^2=0.861）。具体而言，公司高管薪酬对资产收益率产生显著影响，高管薪酬每增加1%，收益率将增加1.091个点。说明在我国A股上市公司中，企业管理层激励对国有资本经营收益有显著的正向影响；流通比例的提高使得企业的资产收益率有所下降，这主要是因为在我国资本市场中，"大小非"股东往往能通过二级市场获得很高的回报，股票流通比例上升甚至实现全流通后，公司大股东的积极性受到一定冲击，对资产收益率也造成一定影响；资产负债率每上升1个点，资产收益率将下降2.324个点，即资产负债率的上升对企业业绩产业负面影响，将引起下降资产收益率出现较大幅度的下降。回归分析结果还表明：资产收益率与企业规模正相关，即"规模经济"成立；并且地区分布对资产收益率有影响，经济较不发达的中、西部地区的上市公司的资产收益率较低。

表10-3　　　　　　　　　　面板数据回归结果

变量	含义	混合模型	随机效应模型	固定效应模型
C	常数项		1.967** (0.828)	2.316** (1.018)
lnEC	高管薪酬的自然对数	1.062*** (0.194)	1.133*** (0.240)	1.091*** (0.202)
FR	流通比例	-0.458* (0.261)	-0.658* (0.328)	-0.582* (0.278)
DAR	资产负债率	-2.093** (0.723)	-2.709** (1.001)	-2.324** (0.986)

续表

变量	含义	混合模型	随机效应模型	固定效应模型
lnCZ	公司规模的自然对数	1.711 *** (0.126)	2.127 *** (0.406)	2.322 *** (0.453)
LD	地区分布	-2.825 *** (0.225)	-3.058 ** (1.087)	-2.967 *** (0.720)
Housman 检验			15.475	
P 值			0.042	
R^2		0.858	0.693	0.861

注：*、**、*** 分别表示检验序列在10%、5%和1%水平下显著，括号内数值为各系数对应的标准差。

通过以上国有企业管理层激励与国有资本收益关系的实证研究，我们不难得出以下研究结论：（1）国有企业高级管理层薪酬与企业绩效存在显著的正相关关系，管理层薪酬水平直接影响国有资本经营收益；（2）流通比例的提高使得企业资产收益率有所下降，其所持有流通股对国有资本经营收益的影响表现较明显；（3）负债率的上升将较大幅度地引起国有企业收益率下降；（4）企业规模对资产收益率有正向影响；（5）东、中、西部地区的上市公司表现出明显的地区差异。

第三节　国有企业混合所有制改革战略与国有资本收益

作为国有企业改革的一项顶层设计，国有企业混合所有制改革近年来在全国范围内全面铺开，这对当前我国国有资本经营预算收入产生了重要影响。本节以资源垄断型集团公司及其上市子公司为例，通过分析净资产收益率与国有股权比例的关系，进一步论证深化混合所有制改革的必要性。随着混合所有制改革的深化，其将通过应交利润、股利股息、产权转让收入等来影响国有资本经营预算的收入结构。而要使后者与前者总体呈正向相关关系，要通过完善法人治理结构、慎重减持国有股、引进民营战略投资者、完善应交利润比例制度与派息制度、公平公正公开地转让国有资产等综合性的制度安排来予以保证。

一、问题的提出

2007年，我国开始试行国有资本经营预算，并首先选取国务院国有资产监督管理委员会直接监管之下的中央企业及中国烟草总公司作为试点。完整的国有资本经营预算收入包括国有独资企业上缴的利润收入、国有企业股利和股息收入、产权转让收入、清算收入及其他国有资本经营收入。从试行国有资本经营预算的第二年起，国有资本经营预算收入还包括上年结转收入（上年结转收入本质上不属于该年产生的收入，故不列入本书的研究范围）。2010 年，国家开始公布中央国有资本经营收入决算明细表，由各年度的明细表可知，国有独资企业上缴的利润收入是目前中央国有资本经营收入最主要的组成部分，前者占后者的比例多数年份高达 90% 以上，如图 10-1 所示。

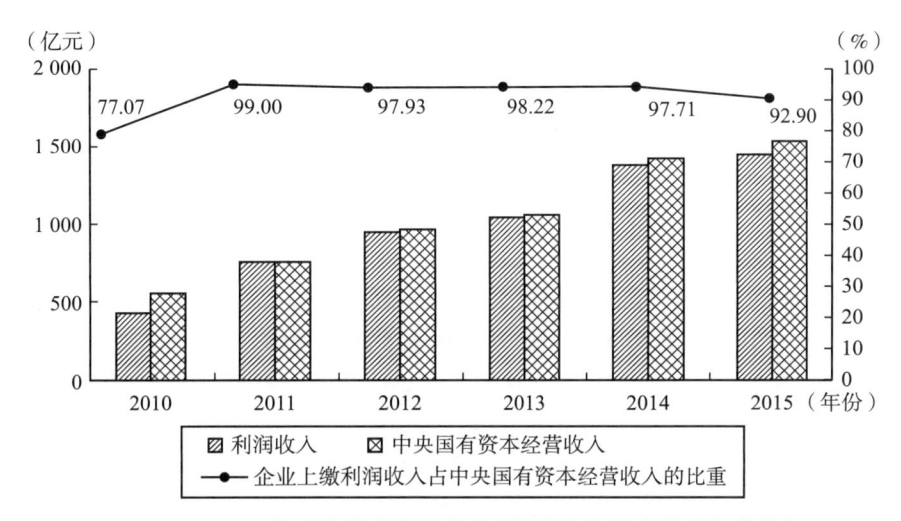

图 10-1　2010 年以来中央国有企业利润收入与国有资本经营收入

资料来源：图中的数据根据中华人民共和国财政部网站 2010 年以来公布的《中央国有资本经营收入决算表》整理而得，其中 2015 年采用预算数，其他各年份采用决算数。

由上可知，在中央国有资本经营预算收入结构中，利润收入是最主要的组成部分。2013 年中共十八届三中全会再次重申推进混合所有制改革的重要性，本质上在于巩固基本经济制度、促进非公有制经济发展、让国民共享经济发展成果。[1] 那么，随着混合所有制改革的深入推进，其是否能影响利润收入、影响中央国有资本经营预算收入的结构并使国有资本经营预算收入稳步增长呢？学界关于混合所有制改革、国有资本经营预算的单独研究较多，如在深化混合所有制改革的意义上，谢鲁江（2014）指出混合所有制改革有利于促进国有企业改革的深化，解决国有经济做大做强及民营经济发展空间所产生的困惑。[2] 在推进混合所有制改革的关键问题上，厉以宁（2014）认为混合所有制建立的过程实际上就是法人治理结构真正完善的过程。[3] 在推进混合所有制改革的具体措施上，辛官胜（2014）则强调应通过完善法人治理结构、建立市场化的选人用人机制、重视企业文化的融合、完善法治环境等

---

[1] 朱珍. 经济新常态下混合所有制的改革方式与推进要点 [J]. 江南大学学报, 2015（03）: 87-94.
[2] 谢鲁江. 混合所有制经济: 三重意义上的体制平台 [J]. 人民论坛, 2014（06）: 49-55.
[3] 厉以宁. 中国道路与混合所有制经济 [J]. 中国市场, 2014（23）: 3-11.

多种措施来推进混合所有制改革。① 关于国有资本经营预算的推进与完善问题上,谭静(2014)认为应以体制理顺和制度完善、收入规模扩大、支出方向与方式调整、监督机制完善为着力点。② 李燕等(2013)认为应通过公共收益的共享来完善国有资本经营预算制度。③ 然而,我们注意到,关于混合所有制改革对国有资本经营预算影响的研究尚不多见。而事实上,混合所有制改革必定对国有资本经营预算造成影响。但这种影响是正向影响还是负面影响,影响的程度有多大?本书在分析混合所有制改革必要性的基础上,从中央企业利润收入、股利和股息收入和产权转让收入等财务指标考察混合所有制改革对国有资本经营预算收入的影响及其影响程度。

二、混合所有制改革的必要性及其尺度把握

理论和实践均表明,混合所有制改革并非国有企业与民营企业非进即退的零和博弈,而是可以实现国民共进的正和博弈。从此项改革的进程看,当前基本上是在国有企业子公司、孙公司层面进行混合所有制改革,尚未在集团公司(主要是国有独资公司)层面引入民营资本,完善法人治理结构。很多国有独资公司的子公司、孙公司都是上市公司,其已经是混合所有制企业,那么为什么还要再进行混合所有制改革呢?很重要的一个原因在于这些上市公司由国家实质控股的比例仍较大,难以形成有效的监督机制与制衡机制,从而一定程度上限制了国有资本的保值增值。

现行的中央企业应交利润收取比例分成五类征收,第一类为烟草企业,上缴比例为25%;第二类为具有资源垄断型特征的行业企业,上缴20%的利润;第三类为一般竞争性行业企业,上缴15%的利润;第四类是军工企业、转制科研院所等,上缴比例为10%;第五类为中国储备粮管理总公司、中国储备棉管理总公司及应交利润不足10万元的小型微型国有独资企业,免缴当年应交利润。上述中央企业旗下拥有很多上市公司,本书选取第二类企业(见表10-4),即资源垄断型中央企业下属上市公司(最终控制人是国务院国有资产监督管理委员会)为例,分析深化混合所有制改革的必要性。

表10-4 上缴国有资本收益的资源垄断型央企名单(第二类:资源垄断型中央企业)

序号	企业名称	序号	企业名称
1	中国石油天然气集团公司	5	中国长江三峡集团公司
2	中国石油化工集团公司	6	中国电力投资集团公司
3	中国海洋石油总公司	7	中国华能集团公司
4	国家电网公司	8	中国国电集团公司

---

① 辛官胜. 国有企业进行混合所有制改革所需注意的几个关键问题 [J]. 上海律师, 2014 (08): 46–47.
② 谭静. 论国有资本经营预算管理改革的着力点 [J]. 中央财经大学学报, 2014 (03): 24–30.
③ 李燕, 唐卓. 国有企业利润分配与完善国有资本经营预算 [J]. 中央财经大学学报, 2013 (06): 9–14.

续表

序号	企业名称	序号	企业名称
9	中国华电集团公司	12	中国中煤能源集团公司
10	中国大唐集团公司	13	中国移动通信集团公司
11	神华集团有限责任公司	14	中国电信集团公司

通过同花顺提供的数据，可发现表10-4中的资源垄断型中央企业旗下有38家上市公司（如表10-5所示，剔除了最终控制人非国务院国有资产监督管理委员会的公司），截至2014年12月31日，这38家上市公司中，国有股权最高占比86.35%，最低占比12.18%，平均占比44.84%。由于近年来这些上市公司的国有股权比例没有明显变化，所以本书没有采用时间序列数据，而转而比较横截面数据。在不同的国有股权比例下，其净资产收益率如何？二者是呈正相关，还是负相关，抑或是没有明显关系呢？通过杜邦分析法（见图10-2），可得这38家上市公司的净资产收益率（截至2014年12月31日）。

表10-5　资源垄断型集团公司下属上市公司国有股权比例与净资产收益率　　单位：%

上市公司名称	国有股权比例	净资产收益率
国电电力	46.06	12.88
长源电力	37.39	30.26
英力特	37.61	1.89
平庄能源	31.32	0.59
龙源技术	24.45	7.88
中国石油	86.35	9.11
大庆华科	55.03	2.77
石油济柴	60.00	-19.23
中国石化	70.80	7.98
上海石化	36.64	-4.32
泰山石油	17.92	0.74
石化油服	65.22	6.58
四川美丰	12.18	-9.18
江钻股份	58.74	6.05
海油工程	58.27	20.76
中海油服	50.52	15.85
国电南瑞	41.01	17.95
置信电气	25.43	12.41
华能国际	36.39	15.24
内蒙华电	28.88	12.81

续表

上市公司名称	国有股权比例	净资产收益率
华电能源	44.80	4.70
华电国际	50.04	18.64
黔源电力	19.80	15.40
国电南自	51.09	−17.18
金山股份	29.79	13.15
大唐发电	31.10	4.11
桂冠电力	50.51	15.15
华银电力	33.34	−13.68
中电远达	43.58	4.88
吉电股份	26.72	2.00
上海电力	53.27	13.58
露天煤业	38.45	7.46
东方能源	48.19	22.78
长江电力	73.33	13.73
中国神华	73.01	12.61
号百控股	62.80	3.47
上海能源	36.43	0.61
中煤能源	57.36	0.88

资料来源：根据同花顺数据库中的上市公司资料整理而得。

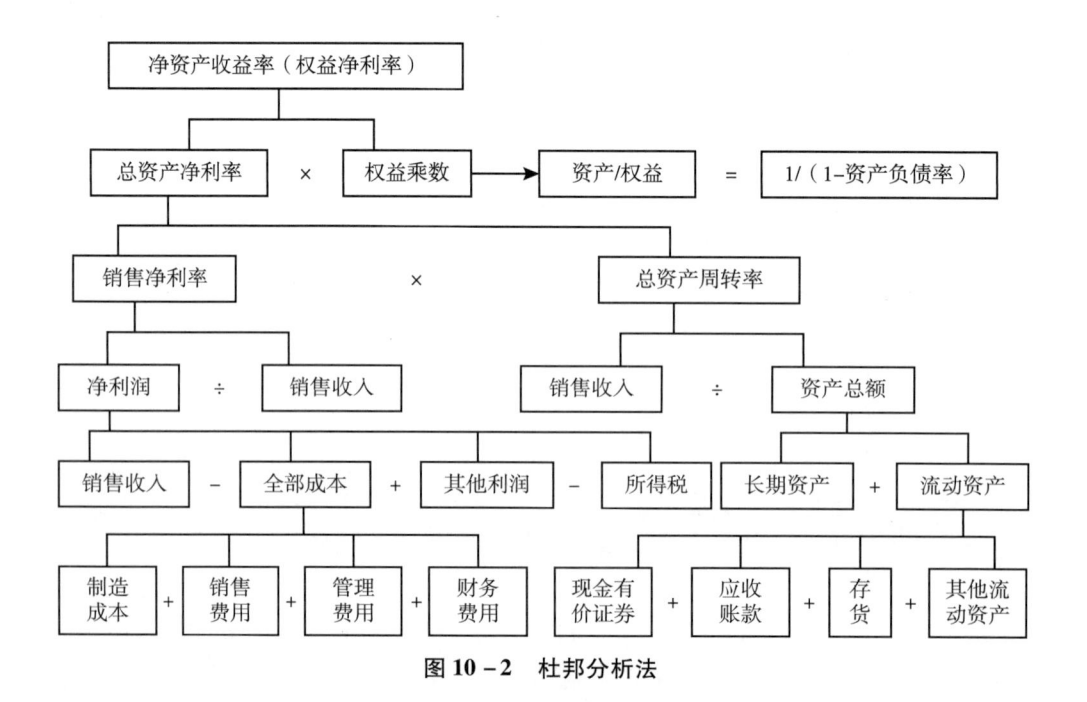

图 10−2　杜邦分析法

假设在不考虑其他因素的情况下,纯粹考虑净资产收益率与国有股权比例的关系,可得以下结论:(1) 上市公司国有股权比例不是越高越好,特别是在60%以上,净资产收益率往往较低(见图10-3)。可能的解释是,国有股权占比太高,相当于还是一股独大,企业缺乏活力。倘若非国有股东不是战略投资者,而更多的是公众或短期的机构投资者,那么一股独大的效应愈加明显。(2) 上市公司国有股权比例也不是越低越好。由表10-5和图10-3可知,一些国有股权占比较低,特别是占比在20%以下的上市公司,其净资产收益率也很低。本书认为这主要是在放活国有企业的过程中,企业决策较分散,缺乏凝聚力,监督制衡机制未能有效建立。(3) 国有上市公司的混合所有制改革是必要的。在这38家公司中国家平均持股比例44.84%,倘若加上其他的国有上市公司,国家持股比例可能还会更高一些。说明国有上市公司的混合所有制改革不仅有必要,而且还有提升的空间。特别是国家持股比例在60%以上的上市公司,可通过引进积极的民营资本战略投资者,来增强国有企业的市场活力与竞争力。当然,国有持股比例过低且经营业绩较差的国有上市公司,在允许其限期整顿的前提下,国家也可适当增加持股比例。

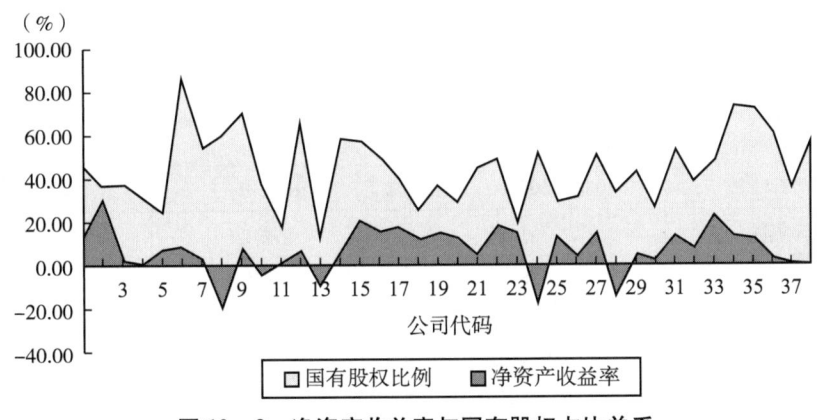

图10-3 净资产收益率与国有股权占比关系

三、混合所有制改革对国有企业应交利润的影响

(一) 混合所有制改革对应交利润基数的影响

国有企业子公司应交的利润基数是子公司利润(指税后利润,即净利润,下同)与国有股权比例的乘积,所以分析混合所有制改革对利润基数的影响,就是分别分析对子公司利润与国有股权比例的影响。

如前所述,混合所有制改革在我国仍有很大的空间。然而当前的混合所有制改革仅局限于子公司层面,尚未涉及集团公司(母公司)层面。应交利润是根据经中国注册会计师审计的企业年度合并财务报表反映的、归属于母公司所有者的净利润和规定的上缴比例计算核定。也就是说,集团公司上缴利润的基数是合并报表的利润，即相当于国有独资中央企业旗下的上市公司也有上缴国有资本收益，只不过上市公司并非把利润直接上缴至财政部，而是通过母公司来上缴。合并报表采用的是权益法，只要子公司有盈利，合并报表中就有归属于母公司的利润，而不论子公司是否实际向母公司分配利润。以上述资源垄断型集团公司下属的 38 家上市公司为例，2014 年这 38 家上市公司有 33 家盈利，5 家亏损（见表 10 - 6），盈利率占比高达 86.84%，即大部分国有上市公司是盈利的。这就意味着大多数情况下，合并报表的利润是大于母公司单独报表的利润。而随着混合所有制改革的推进与民营战略投资者的引进，国有上市公司的利润尤其是原有国有股权较大的国有上市公司的利润将增加（可从第二部分得到验证），这样也就使母公司合并报表的利润基数可能增加（最终是否增加还要看国有股权比例），并使应交利润可能相应增加。

表 10 - 6　资源垄断型集团公司下属上市公司 2014 年实现的净利润

上市公司名称	净利润（万元）	上市公司名称	净利润（万元）
国电电力	607 454.78	内蒙华电	136 250.13
长源电力	69 025.20	华电能源	14 710.30
英力特	5 229.45	华电国际	590 181.40
平庄能源	2 738.25	黔源电力	29 422.54
龙源技术	16 937.58	国电南自	-34 096.11
中国石油	10 717 300.00	金山股份	27 696.03
大庆华科	1 391.76	大唐发电	179 835.80
石油济柴	-11 518.06	桂冠电力	59 281.14
中国石化	4 743 000.00	华银电力	-17 467.57
上海石化	-71 642.70	中电远达	23 236.33
泰山石油	678.91	吉电股份	7 473.43
石化油服	122 975.30	上海电力	132 564.06
四川美丰	-24 450.14	露天煤业	62 531.64
江钻股份	7 185.73	东方能源	19 414.46
海油工程	426 687.11	长江电力	1 182 998.57
中海油服	749 205.75	中国神华	3 680 700
国电南瑞	128 305.94	号百控股	8 770.65
置信电气	28 557.06	上海能源	4 844.27
华能国际	1 054 575.05	中煤能源	76 668.10

资料来源：根据同花顺数据库中的上市公司资料整理而得。

随着混合所有制改革的深化，国有上市公司股权比例势必总体下降（不排除个别公司国有股权增加的情景),那这就意味着深化混合所有制改革前后合并报表中归属于母公司的利润是否增加,取决于子公司利润的增加幅度与国有股权比例下降幅度的对比。当子公司利润的增加幅度大于国有股权比例的下降幅度,应交利润基数增加,反之,应交利润基数下降。

(二) 混合所有制改革对应交利润比例的影响

现行的《企业会计准则》规定合并报表采用权益法,而母公司确认投资收益则采用成本法,即母公司收到利润或现金股利时才确认其投资收益。这样,子公司通过母公司向财政部上缴的那部分利润,实际的承担者有以下几种情况:(1)当国有上市公司向母公司分配的利润不低于母公司向财政部上缴的利润时,母公司只是帮子公司代缴利润,实际的承担者是子公司,即国有上市公司;(2)当国有上市公司向母公司分配的利润低于母公司向财政部上缴的利润时,应缴利润的实际承担者是母子公司双方,即母公司帮子公司承担了一部分的应交利润;(3)当国有上市公司有盈利而没有实施利润分配时,那么母公司就要完全替子公司缴纳属于子公司的那部分利润,实际的承担者是母公司;(4)当国有上市公司亏损时,合并报表的利润基数将减少,应交利润也就减少,相当于子公司额外帮母公司承担了部分的应交利润。

那么在何种情况下,母公司只是帮子公司代缴利润,而不会额外增加母公司的当期负担呢?这就需要分析利润上缴与分红派息等效的临界点。子公司通过母公司缴纳的利润如公式 a 所示,子公司实际向母公司分配的利润如公式 b 所示。

公式 a:子公司应交利润 = 子公司的利润 × 国有股权比例 × 应交利润比例

公式 b:子公司实际分配的利润 = 子公司的利润 × 国有股权比例 × 派息率

由上述两个公式可知,当且仅当 a = b,即应交利润比例与派息率相等时,母公司只是帮子公司代缴利润,不会额外增加母公司的当期负担。当 a > b,母公司要替子公司缴纳部分的应交利润。当 a < b 时,子公司的部分利润留在了母公司而没有上缴至财政部。

而实践中的情况究竟是应交利润比例大,还是派息率大呢?我们仍然以资源垄断型集团公司下属 38 家上市公司为例进行分析(见表 10 - 7)。其中,派息率为股息占每股收益的比率。用公式表示,即派息率 = 每股股息/每股收益。

表 10 - 7　　　资源垄断型集团公司下属上市公司 2014 年派息率

上市公司名称	每股收益(元)	分红方案	派息率(%)
国电电力	0.35	10 派 1.5	42.86
长源电力	1.25	不分配不转增	0
英力特	0.17	10 派 0.2	11.76

续表

上市公司名称	每股收益（元）	分红方案	派息率（%）
平庄能源	0.03	10 派 0.1	33.33
龙源技术	0.33	10 派 0.4	12.12
中国石油	0.59	10 派 0.9601	16.27
大庆华科	0.11	10 派 0.6	54.55
石油济柴	-0.4	不分配不转增	0
中国石化	0.41	10 派 2（包括半年度分红）	48.78
上海石化	-0.07	不分配	0
泰山石油	0.01	10 派 0.1	100.00
石化油服	0.08	不分配	0
四川美丰	-0.41	不分配	0
江钻股份	0.18	不分配	0
海油工程	0.97	10 派 2.3	23.71
中海油服	1.57	10 派 4.8	30.57
国电南瑞	0.53	10 派 1.6	30.19
置信电气	0.23	10 派 1	43.48
华能国际	0.75	10 派 3.8	50.67
内蒙华电	0.23	10 派 1.8	78.26
华电能源	0.07	不分配不转增	0
华电国际	0.74	10 派 2.7	36.49
黔源电力	0.96	10 派 4	41.67
国电南自	-0.54	10 派 1	-18.52
金山股份	0.32	10 派 1	31.25
大唐发电	0.14	10 派 1.3	92.86
桂冠电力	0.26	10 派 1.3	50.00
华银电力	-0.25	不分配不转增	0
中电远达	0.43	10 转 3 派 1.3	30.23
吉电股份	0.05	不分配不转增	0
上海电力	0.62	10 派 2.5	40.32
露天煤业	0.38	10 派 1	26.32
东方能源	0.4	不分配不转增	0
长江电力	0.72	10 派 3.791	52.65
中国神华	1.85	10 派 7.4	40.00

续表

上市公司名称	每股收益（元）	分红方案	派息率（%）
号百控股	0.16	10派0.5	31.25
上海能源	0.07	不分配不转增	0
中煤能源	0.06	10派0.24	40.00

资料来源：根据同花顺数据库中的上市公司资料整理而得，其中派息率按公式"派息率＝每股股息/每股收益"计算得出。

上述38家上市公司属于资源垄断型集团公司下属的子公司，它们的应交利润比例为20%。由表10-7可知，上述38家国有上市子公司中，不分配不转增的有11家，其中有盈利而不分配的有7家，占上市公司总数的18.42%；亏损但利用原有利润或资本公积分配的仅1家，占比2.63%；有盈利也有分配的有26家，其中23家派息率在20%以上，占上市公司总数的60.53%，3家上市公司的派息率在20%以下。由此可见，六成以上的上市公司的派息率超过20%，国有集团公司为其子公司代缴完利润后，还有可供其支配的剩余利润。

对上述26家有盈利也有分配利润的上市公司派息率进行简单平均，可得平均派息率为41.91%；如果对38家上市公司的派息率进行总体平均，可得平均派息率为29.45%（不包括国电南自亏损也分配的情况），这两个派息率都是高于20%。如果考虑5%的股息红利所得税（持股期限超过1年的，实际所得税税负为5%），两种方法下的派息率分别为39.81%和27.98%，仍然显著高于当前的应交利润比例，相当于母公司截留了部分应当归属于国家的利润。因此，从实践中的派息率与应交利润的比较而言，应交利润的上缴比例仍有上调的空间。

此外，在其他因素恒定的情况下，国有股权比例越低，是不是意味着分红比例越高呢？可以结合38家的股权结构及相应的派息率（剔除负数和零的因子），运用EViews7.0软件，做一个关于二者关系的简单回归（具体运算过程略），可得国有股权比例与派息率总体呈负相关关系，即国有股权比例每下降1个单位，派息率上升0.3348个单位。而随着混合所有制改革的推进，国有上市公司的总体股权势必会继续下降，则总体派息率也就相应提高。而派息率的进一步提高，则意味着国有企业利润上缴比例也有进一步上调的空间。

（三）混合所有制改革对应交利润的总体影响

由上可知，国有上市公司层面的混合所有制改革通过影响上缴利润基数和应交利润比例来影响应交利润。那么深化混合所有制改革前后，国有企业应交利润总体会发生怎样的变化呢？假设2014年为混合所有制改革前的利润基期，混合所有制改革前后利润变化比例为α_n（2015年为第1年，2016年为第2年，以此类推，下同），国有股权变化比例为β_n（主要是下降比例），应交利润变化比例为δ_n（主要是增加比例，但在一定时间内，应交利润比例会保持相对的稳定性）。这样，可得

混合所有制改革前后国有企业下属子公司应交的利润如下:

公式 c: 子公司混合所有制改革前应交利润 = 子公司混合所有制改革前利润 × 国有股权比例 × 应交利润比例

公式 d: 子公司混合所有制改革后应交利润 = 子公司混合所有制改革前利润 × $(1+\alpha_n)$ × 国有股权比例 × $(1-\beta_n)$ × 应交利润比例 × $(1+\delta_n)$

因此,当 $(1+\alpha_n) \times (1-\beta_n) \times (1+\delta_n) > 1$ 时,各单一子公司混合所有制改革后的应交利润增加;反之,各单一子公司的应交利润减少。而要研究所有子公司混合所有制改革后的利润是否增加,还要考虑混合所有制改革前各个子公司应交利润大小。若各个子公司的 $[(1+\alpha_n) \times (1-\beta_n) \times (1+\delta_n)]$ 均大于1,那么应交利润增加;若各个子公司的 $[(1+\alpha_n) \times (1-\beta_n) \times (1+\delta_n)]$ 既有大于1又有小于1的,各个子公司混合所有制改革前应交利润较大的子公司,其 $[(1+\alpha_n) \times (1-\beta_n) \times (1+\delta_n)] > 1$,混合所有制改革前应交利润较小的子公司,其 $[(1+\alpha_n) \times (1-\beta_n) \times (1+\delta_n)] < 1$ 时,那么前者的变化幅度如果大于(或稍小于)后者的变化幅度时,应交利润也会增加,但前者的变化幅度若大大小于后者的变化幅度时,应交利润不一定会增加;若各个子公司混合所有制改革前应交利润较大的子公司,其 $[(1+\alpha_n) \times (1-\beta_n) \times (1+\delta_n)] < 1$,混合所有制改革前应交利润较小的子公司,其 $[(1+\alpha_n) \times (1-\beta_n) \times (1+\delta_n)] > 1$ 时,则前者的变化幅度应该小一些,后者的变化幅度应该大一些,才能使应交利润增加。

四、混合所有制改革对股利股息和产权转让收入的影响

国资委监管的中央企业以独资企业为主,因此,中央国有资本经营预算收入也以利润收入为主,股利股息收入较少(见图 10-4)。如果混合所有制改革没有在集团公司层面破题,那么国有控股、参股企业的股利股息收入很难获得明显增加。如果混合所有制改革在集团公司层面能够取得突破性进展,那么原本要按比例上缴

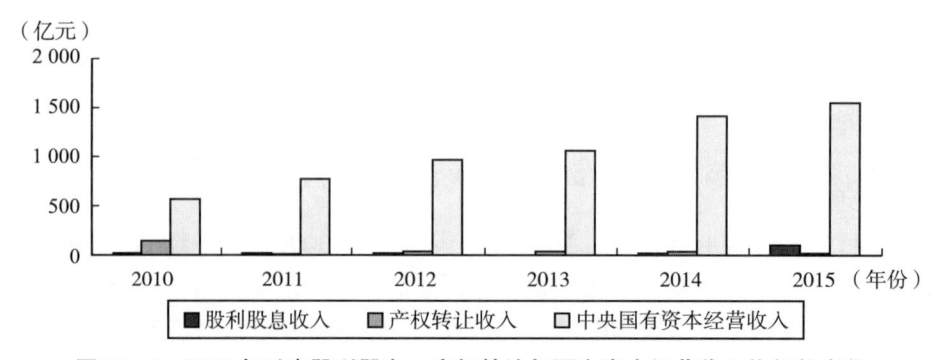

图 10-4 2010 年以来股利股息、产权转让与国有资本经营收入执行数变化

资料来源:根据中华人民共和国财政部网站 2010 年以来公布的《中央国有资本经营收入决算表》整理而得,其中 2015 年采用预算数,其他各年份采用决算数。

应交利润的部分集团公司就必须转为上缴股利股息,而如果混合所有制企业具有实质性的分红制度安排,集团公司的股利股息收入也将相应增加。在没有考虑产权转让收入的前提下,国有资本总收益是否增加,则取决于原有集团公司的应交利润比例与混合所有制改革后国有股权比例及派息率乘积的比较,若前者大于后者,则国有资本总收益不增反降,若前者小于后者,则国有资本总收益将增加。

需要指出的是,混合所有制改革后,应交利润、股利股息收入的增加与否,存在一定的不确定性。但混合所有制改革不论在集团公司层面还是在子公司、孙公司层面,产权转让收入都会增加。但需要注意三个方面:一是混合所有制改革主要是强调国民共进下国有股的减持,引入非国有战略投资者,以增强企业更多的活力。但如果实践中变成更多的国有股增持,那么产权转让收入将少于产权转让支出,产权净收入不会增加;二是子公司、孙公司的产权转让收入不能留在集团公司,而应如数上缴至财政部;三是产权转让应遵循公开、公平、公正的原则,进行国有产权价值的合理评估,防止国有产权转让过程被少数人操纵,从而导致国有产权收入的人为流失。

五、研究结论与政策含义

混合所有制改革的根本目的在于让国民共享经济发展成果,而共享的前提在于混合所有制企业要做大做强,增加可供分配的利润。同样的,混合所有制改革能够影响国有资本经营预算收入结构的前提也在于混合所有制企业经营绩效的提高,而这又有赖于规范的法人治理结构的建立与完善。需要指出,在混合所有制改革过程中,国有股权比例并不是一味强调下降,国有企业集团公司与子公司要从具体情况出发区别对待。此外,为了提高国有资本经营预算收入的有效性,还要构建国有控股、参股公司的刚性分红机制,才能增加股利股息收入。同时,必须强调国有产权转让过程要符合"三公"原则,以防国有资本收入的人为流失。为此,本书提出以下具体的制度安排与对策建议。

第一,完善法人治理结构。应交利润、股利股息、产权转让都要求混合所有制企业的利润增加。而混合所有制企业相较于"一股独大"的国有独资企业而言,其更贴近市场,也更具活力,经营绩效增加的可能性较大。然而,国有资本、民营资本混合的企业,其能否建立真正的法人治理结构是增加盈利的关键。法人治理结构的完善取决于混合所有制企业是否真正遵循市场经济的原则从事生产经营管理活动。股东大会、董事会中的成员应按照股权比例选取,国有资本与民营资本同股同权,真正赋予民资相应的法人权利;选人用人机制也应是市场化的,不能完全由政府行政任命;企业应当建立健全激励约束及相互制衡机制,防止公司由少数人操控,形成真正意义上的法人治理结构。

第二,国有股减持要坚持循序渐进的原则。由上述分析可知,国有上市公司的国有股权比例太高或太低都不合适。国有集团公司层面的混合所有制改革应分门别类,切忌"一刀切"。关系国计民生和涉及国民经济命脉的重要行业和关键领域应分别采取国有独资和国有控股的方式；高新技术产业，国家可以相对控股；其他一般竞争性领域，国家可以参股。而混合所有制改革领域的选择及其混合所有制改革的程度，国资委与财政部要经过缜密细致的充分论证和可行性分析才能予以推行。此外，国有上市公司层面的混合所有制改革程度也应循序渐进、稳步推进，应由集团公司、子公司及其相应的股东大会共同决定，防止混合所有制改革中的国有资产流失。

第三，引进民营资本战略投资者。已有实践表明，很多民营资本都想分享混合所有制改革的盛宴，既有投资性质的，也有投机性质的。后者显然不利于混合所有制企业的长远发展。因此，在混合所有制改革中，应对民营投资者的综合资质进行审核，引进积极合规的民营战略投资者，这样混合所有制企业才有可能做强做优做大，从而可为国有资本经营预算应交利润基数的增加提供可能。

第四，分行业完善应交利润比例制度。本书选取资源性行业作为研究样本，发现该行业的应交利润比例总体低于旗下上市公司的派息率，这样不仅使国有资本经营预算收入减少，还使集团公司的自由现金流增加，引致盲目投资冲动。因此，在制定应交利润比例时，应结合集团公司旗下上市公司近年来的实际分红比例予以研究确定，防止因分红比例相对较低而导致的国有资本经营预算收入减少，以及因分红比例相对较高而导致集团母公司负担过重。

第五，完善企业派息制度。如果今后混合所有制改革深入到集团公司层面，那么国有控股、参股企业向国家缴纳的不仅是应交利润，而且还包括股利股息在内。如果股利股息政策不完善，或者混合所有制企业只是象征性的分红，那么国有资本经营预算中的股利股息收入不能明显增加，混合所有制改革后的应交利润又减少，就会使国有资本经营预算收入减少。另外，针对部分国有上市公司存在有盈利但不分红的情况，应该继续实施强制性分红政策。不仅如此，随着混合所有制企业改革的深入，还可以探索混合所有制改革企业实施季度分红或半年度分红的激励机制，以保障国有资本经营预算收入的稳步增长。

第六，健全国有资本产权转让过程公开透明机制。混合所有制改革中直接涉及国有产权转让，涉及利益格局的重大调整和再分配，容易出现相关利益主体对国有资本权益的侵蚀。由此，在国有资本产权变动过程中，要防止暗箱操作，让国有资本转让行为在公平、公开、公正的透明环境下进行，运用多种会计方法与审计方法规范、综合地评估国有产权市场价值及其相应的收入，防止国有资本的人为流失以及由此导致的国有资本经营预算收入的减少。

第四节　高管在职消费、经营绩效与国有企业利润分红

影响国有企业利润上缴的因素既有外部的，如上述混合所有制改革的影响，也有内部的，如本节所要重点研究的国有企业利润分配与高管在职消费以及公司经营

绩效之间的关联影响。我们选取了 2012～2014 年中央企业的相关数据进行研究，实证检验三者之间的相互关系。

一、问题的提出

2007 年，《国务院关于试行国有资本经营预算的意见》的正式实施，意味着长期以来国有企业只交税收不交利润历史的结束。[①] 国有企业分红问题引发社会各界的广泛热议。实际上，早在 2005 年 10 月，世界银行就发表了一份题为《国有企业分红：分多少？分给谁？》的研究报告，引起了国内外学界对国有资本收益分配问题的高度关注，并在国有企业收益应该向国有股东分红派息这一点上达成基本共识。国有企业的所有权性质是认定国有企业分红必要性的制度依据，而国有企业分红带来的社会经济效应则是强有力的动力因素。不仅如此，建立国有企业分红制度对于解决目前存在的国有资本"公地悲剧"现象和"所有者虚位"问题都大有裨益。我国的国有企业分为中央企业和地方国有企业。与地方国有企业相比，中央企业的成长土壤更加得天独厚，其资产总额庞大，所处的行业类型几乎都是关乎国计民生的重要行业，有的甚至可以说是资源或者政策垄断行业。在这样的发展环境下，中央企业内部积聚了丰富的经济政治资源，从而获取了极其丰厚的利润。但与此同时，也不可避免地出现了一系列的公司治理问题，尤其是其委托代理问题。其中，中央企业高管的在职消费问题就成为包括学界在内的社会各界关注的一个热点。国有企业管理层的在职消费增加了公司的运营成本和监督成本，不合理的高额在职消费成本势必会影响到一个公司最终的效益和业绩。有证据表明，在我国中央企业内部，在职消费远远超出了合理的水平范围，不仅直接或间接地影响了中央企业的经营绩效，而且直接制约了国有资本经营预算收入水平的提高。本节我们运用实证研究方法，对中央企业高管在职消费、企业经营绩效与国企分红三者之间的关系进行实证分析，以验证提高中央企业分红比例能够有效抑制中央企业高管在职消费，从而提高公司经营绩效的观点假设。

二、文献回顾与研究假设

（一）相关研究文献回顾

李静（2010）提出，国有企业向国家分配利润是国有资本经营预算的核心。随着以"政企分开、政资分离"为主要内容的国有企业改革的持续推进，国有企业社会职能实现剥离、冗员分流之后，国有企业尤其是中央企业实力大增，扭亏为

[①] 廖添土，廖雅珍. 国有企业红利分配：制度变迁与改革前瞻 [J]. 龙岩学院学报, 2013 (01)：99 - 104.

盈，利润规模持续扩大。① 在这样的宏观背景下，中央企业大规模的内部利润留存使委托代理问题更加突出，尤其是国有股东与企业管理层之间的矛盾。刘小玄（1996）指出，从某种分类上看，私人企业完全由个人投资，剩余索取权和最终控制权保持一致，因而其基本不存在委托代理问题，代理成本自然不高。国有企业则相反，国家对国有企业的完全投资使得剩余索取权和最终控制权实现了最大程度的分离，因而委托代理问题十分突出，代理成本高昂。② 罗宏等（2008）认为，从实践上看，我国国有企业不仅数量众多而且规模庞大，在对其进行改革和重组时，法律法规不完善，监督管理又缺乏力度，管理层利用政策空隙实现了对企业强有力的控制，从某种意义上可以说他们才是企业实际所有者，管理层代理问题相当严重。周立（2002）和王满四（2004）用实证分析方法就股东和经营者之间的代理问题展开研究，表明自由现金流代理问题普遍存在于国有上市公司之中。③④ 魏明海、柳建华（2007）选取2001~2004年国有上市公司作为研究样本，发现支付现金股利能够有效降低委托代理成本，减少企业内部可自由支配的现金流量，抑制管理层过度投资。⑤ 在詹森和迈克林（Jensen and Meckling, 1976）研究成果的基础上，李宝宝、黄寿昌（2012）将"在职消费"一般性地定义为企业管理性资源的过度耗费，该种耗费是为了满足经理个人的效用最大化。⑥ 从该定义可以看出，在职消费的目的是经理人追求个人利益或效用最大化，采用的基本手段是过度耗用企业的资源。田利辉（2005）认为，从形式上看管理层代理问题包括过度公款（在职）消费、企业盲目扩张等。⑦ 詹森和迈克林（1976）认为，在职消费会降低企业价值，带来负面经济影响，属于经营者和外部股东的代理问题。⑧ 罗宏、黄文华（2008）也通过实证分析，证实了国有企业在职消费会给公司业绩造成显著的负面影响。由此可见，公司治理理论中的委托代理问题普遍存在于我国国有企业中，并且因为国有企业完全由国家投资，剩余索取权与最终控制权的分离程度大，因此代理问题相当突出。这不仅直接影响了企业经营绩效，而且导致利润上缴比例下降，从而使国有资本经营预算收入相应减少。如何抑制国有企业高管的在职过度消费行为？学者们提出了各种应对策略和举措，但针对现金股利分红是否能够有效抑制在职消费的实证研究较为少见。因此，本书对这一问题进行了进一步的实证研究。

---

① 李静. 国企分红效果分析与检验 [D]. 成都：西南财经大学, 2012.
② 刘小玄. 现代企业的激励机制：剩余支配权 [J]. 经济研究, 1996 (05)：3-11.
③ 周立. 自由现金流代理问题的验证 [J]. 中国软科学, 2002 (08)：44-48.
④ 王满四. 上市公司自由现金流效应实证分析 [J]. 证券市场导报, 2004 (08)：50-55, 79.
⑤ 魏明海, 柳建华. 国企分红、治理因素与过度投资 [J]. 管理世界, 2007 (04)：88-95.
⑥ 李宝宝, 黄寿昌. 国有企业管理层在职消费的决定因素及经济后果 [J]. 统计研究, 2012, 29 (06)：76-81.
⑦ 田利辉. 国有产权、预算软约束和中国上市公司杠杆治理 [J]. 管理世界, 2005 (07)：123-128, 147.
⑧ Jensen, M. C and Meckling, W. H. Theory of the Firm: Managerial Behavior, Agency Costs and Ownership Structure [J]. Journal of Financial Economics, 1976 (03)：305-306.

（二）研究假设

近年来，在国家各种倾向性政策保护下，中央企业积累了丰富的内源性资源，而这些资源大多控制在企业高层管理人员手中。因此，他们拥有巨额留存利润的支配权，决定着这些利润的使用方向和方式。应当归属于国家的利润留存在企业内部，导致企业的管理层成为既得利益者，这就为他们的在职过度消费行为提供了可行性和便利性。而现金股利的分红能够减少企业内部融资的来源，限制高级管理层的现金支配权，降低其在职消费的程度。不仅如此，建立和健全中央企业分红政策还有助于提升企业的再投资效率，从而改善公共财政整体资源的配置。基于以上分析，本书提出如下假设：

假设10-1：中央企业现金股利的发放能够抑制企业高管人员在职消费水平。

影响公司经营绩效的因素有很多，代理成本是其中的一个重要组成部分，而高管人员在职消费是代理问题突出和代理成本高昂的体现。詹森和迈克林（1976）认为，在职消费增加代理成本，降低企业价值。罗宏、黄文华（2008）也通过实证分析，验证了国有企业在职消费作为代理成本的一部分，具有较高的代价，降低公司业绩。鉴于此，本书提出假设10-2。

假设10-2：中央企业在职过度消费水平会给公司经营绩效带来负面影响。

三、模型的构建与控制变量的选取

（一）计量模型的建构

本书致力于探讨中央企业分红是否可以抑制在职消费，从而降低代理成本，提升公司经营绩效。因此，我们首先构建模型（10.1），如下：

$$NPC = \alpha_0 + \alpha_1 DIV + \alpha_2 SIZE + \alpha_3 LEV + \alpha_4 SAL + \alpha_5 MSH + \alpha_6 DUAL + \alpha_7 YEAR$$

(10.1)

模型（10.1）用来检验中央企业分红对在职消费的抑制作用，实现对假设10-1的检验。在模型（10.1）中，对于中央企业分红的度量，我们参考了罗宏、黄文华（2008）的计量模型，采用每股股利（DIV）这一指标来衡量中央企业的股利分派程度，并研究其对在职消费水平的影响。对于在职消费水平的度量，国内的研究还不太多，我们主要参考了詹姆斯等（James et al.，2000）[①]的研究方法，采用管理费用比率（NPC）（管理费用占主营收入的比例）来度量我国中央企业在职消费的水平。管理费用的大小能够反映管理者在支配公司资源上的自由处置权大小，包括管理者用于办公室建造与豪华装修、高档汽车的购置等各种名目的在职消费。

---

① James S. Ang and Rebel A. Cole and James Wuh Lin. Agency Cost and Ownership Structure [J]. Journal of Finance, 2000, February, 55 (01): 81-106.

随后，本书构建模型（10.2），如下：

$$EPS = \alpha_0 + \alpha_1 NPC + \alpha_2 DIV + \alpha_3 SIZE + \alpha_4 LEV + \alpha_5 SAL + \alpha_6 MSH + \alpha_7 DUAL + \alpha_8 YEAR \tag{10.2}$$

模型（10.2）用来验证中央企业分红、在职消费与公司经营绩效的关系，实现对假设 10-2 的检验。在模型（10.2）中，我们采用了会计指标每股收益（EPS）来衡量公司经营绩效的大小，通过管理费用比率与每股收益的关系来验证在职消费与公司效益的关系。

（二）控制变量的选取及说明

考虑到经济环境的复杂性，任何一个被解释变量都会受到多种因素的影响，因此，本书在参考李静（2010）的计量模型基础上，加入了一系列与被解释变量相关的变量作为控制变量，以提高研究结论的说服力。

1. 公司规模（SIZE）

我们用总资产的自然对数表示公司规模大小，总资产数额的大小一定程度上可以反映出一个公司的规模大小。陈冬华等（2005）的研究表明，公司规模和在职消费呈现显著的正向关系，公司规模越大，在职消费绝对额越多。鉴于此，我们预测公司规模对在职消费存在正向影响。

2. 财务杠杆（LEV）

用资产负债率表示财务杠杆的高低。詹森和迈克林（1976）的研究表明，通过负债方式进行融资不仅可以增大企业财务杠杆效应，还能够有效减少企业的代理成本，缓和股东与经理人之间的利益矛盾。财务杠杆的合理运用，可以提高企业的净资产利润率，提高股东收益。因此，财务杠杆的运用使得管理层与股东的利益更多地趋于一致，基于此，我们预测财务杠杆对在职消费程度存在负向影响。

3. 高管薪酬（SAL）

将前三名高管人员薪酬取自然对数，用其大小来衡量高管薪酬的程度。法玛（1980）认为，因为在职消费而耗费的公司资源不能通过事后的薪资调整得以弥补时，在职消费便构成代理成本的一部分。[①] 陈冬华等（2005）的研究也表明，相较于世界上主要发达国家，我国国有企业经理人货币性收入可能相对偏低，国有企业经理人的薪酬被政府管制，其结果可能会造成国有企业经营者的相对收入水平被扭曲。因为薪酬管制的存在，替代性的、多元的、不直接体现为货币的报酬体系悄然出现，在职消费正是其中的一个重要组成部分。基于此，我们预测高管薪酬与其在职消费呈负相关关系。

4. 管理层持股比率（MSH）

管理层持股是股东对管理层的激励手段之一，目的是降低代理成本，使管理层

[①] Fama, Eugene F. Agency Problem and the Theory of the Firm [J]. Journal of Political Economics, 1980, 88 (04): 288–307.

的利益与股东利益更多地趋于一致,从而约束管理层的行为,减少逆向选择和道德风险。因此,我们预测管理层持股比率与在职消费成负向关系。

5. 董事长和总经理是否为同一人(DUAL)

董事长和总经理的兼任情况对在职消费也存在着影响。一般而言,如果董事长和总经理为同一个人,其权限会扩大,权力增强而约束相对减弱会导致更多的在职消费。因此,我们预测董事长和总经理的兼任情况与在职消费存在正向影响。

本书引入年度虚拟变量(YEAR)控制年度的影响,以2012年度为参照系,在模型中设置year2013、year2014虚拟变量,如果样本中央企业所在年度为2013年,那么属于该年度取值为1,否则取值为0;如果样本中的中央企业所在年度为2014年,则属于该年度取值为1,否则为0。我们在分行业分析时效果并不理想,原因可能是某些行业领域中央企业的总体数量较少,使得样本量不足,因此我们在做多元回归时未分行业进行分析。具体的变量说明如表10-8所示。

表10-8 变量定义

变量代码	变量名称	变量定义
NPC	在职消费	管理费用与营业收入之比
DIV	每股股利	股利总额与年末普通股股数之比
EPS	每股收益	净利润与年末普通股股数之比
SIZE	公司规模	期末总资产的自然对数
LEV	财务杠杆	负债与总资产之比
SAL	前三高管薪酬	前三名高管薪酬之和的自然对数
MSH	管理层持股	管理层持股比例
DUAL	两职兼任	若董事长和总经理两职兼任,取值1,否则取值0
YEAR	年度虚拟变量	两个年度虚拟变量,以2012年为参照系,属于该年度取值1,否则取值0

四、实证检验与结果分析

(一)样本选择与数据来源

我们选取了2012~2014年的中央企业作为初始研究样本。在数据的收集与整理过程中,为确保多元线性回归结果的准确性,我们将数据不完整或者数据存在差错的样本剔除;由于异常值会严重影响模型的回归结果,在样本量足够大的情况下,剔除了3个强影响点。最终得到618个样本观测值。本书的研究数据主要来源于CSMAR国泰安数据库,部分数据通过手工搜集、整理和计算而成。实证分析部分我们使用SPSS18.0软件完成。

(二) 描述性统计结果

1. 模型 (10.1) 主要变量描述性统计结果

表10-9提供了模型 (10.1) 主要变量的描述性统计结果。从表10-9我们可以看出,主要变量的最大值和最小值之间差异较大,尤其是公司规模和高管薪酬,这些差异表明不同中央企业之间的情况迥然不同。公司规模最小值为19.479,最大值为28.509,标准差为1.746,这可能是因为不同行业的具体情况有所不同,有些行业的平均总资产数额偏高,而有些行业普遍偏低;高管薪酬最小值为0,最大值为17.239,标准差为0.859,这可能是因为不同央企的经营绩效不同,或者某一个年份公司经营绩效不景气,因此对管理层的管理制度和激励政策有所区分,导致了高管薪酬的较大差异。

表10-9 模型 (10.1) 主要变量描述性统计结果

变量	N	Minimum	Maximum	Mean	Std. Deviation
NPC	618	0.002	0.358	0.075	0.054
DIV	618	0.000	0.970	0.102	0.143
SIZE	618	19.479	28.509	23.106	1.746
LEV	618	0.002	1.037	0.532	0.208
SAL	618	0.000	17.239	14.376	0.859
MSH	618	0.000	0.157	0.003	0.014

2. 模型 (10.2) 主要变量描述性统计结果

表10-10提供了模型 (10.2) 主要变量的描述性统计结果。从表10-10可以看出,每股收益 (EPS) 差别较大,最小值为-2.655,最大值为3.208,标准差为0.593。这表明我国中央企业的经营绩效具有很大的差别,发展并不均衡。

表10-10 模型 (10.2) 主要变量描述性统计结果

变量	N	Minimum	Maximum	Mean	Std. Deviation
EPS	618	-2.655	3.208	0.376	0.593
NPC	618	0.002	0.358	0.075	0.054
DIV	618	0.000	0.970	0.102	0.143
SIZE	618	19.479	28.509	23.106	1.746
LEV	618	0.002	1.037	0.532	0.208
SAL	618	0.000	17.239	14.376	0.859
MSH	618	0.000	0.157	0.003	0.014

（三）多元回归结果

1. 模型（10.1）的多元回归结果

（1）模型（10.1）主要变量相关性分析。表10-11提供了模型（10.1）相关变量的Pearson检验。Pearson相关系数是检验各个变量之间线性相关性的指标。从表10-11我们可以看出，中央企业在职消费程度（NPC）与中央企业分红（DIV）之间呈现显著的负相关关系，Pearson系数在1%的水平上通过了显著性检验。这个检验结果表明中央企业分红在一定程度上能够对在职消费起到抑制作用，通过提高分红比例可以改善在职消费不合理的状况，降低代理成本。从整体来看，解释变量和控制变量之间的相关系数普遍较小，相关度不高，这表明模型（10.1）出现多重共线的可能性比较低。

表10-11　　　　　　　模型（10.1）相关变量的 **Pearson** 检验

变量	NPC	DIV	SIZE	LEV	SAL	MSH	DUAL
NPC	1.000						
DIV	-0.165 *** 0.000	1.000					
SIZE	-0.438 *** 0.000	0.245 *** 0.000	1.000				
LEV	-0.292 *** 0.000	-0.117 *** 0.002	0.483 *** 0.000	1.000			
SAL	-0.193 *** 0.000	0.300 *** 0.000	0.319 *** 0.000	0.106 *** 0.004	1.000		
MSH	0.064 * 0.057	-0.003 0.470	-0.154 *** 0.000	-0.119 *** 0.002	-0.022 0.297	1.000	
DUAL	0.055 * 0.087	-0.042 0.146	-0.105 *** 0.004	-0.051 0.105	-0.019 0.316	0.074 ** 0.033	1.000

注：*、**、***分别表示在10%、5%、1%的显著性水平上显著。下同。

（2）模型（10.1）回归结果。表10-12提供了模型（10.1）的拟合程度与F统计量检验结果。通过表10-12，我们可以得到模型（10.1）的可决系数（R^2）、调整后的可决系数（R^2_{adj}）、Durbin-Watson统计量和F统计量。可决系数（R^2）测量的是在样本范围内用回归来预测被解释变量的好坏程度。① 模型（10.1）的可决系数为

---

① 张晓峒. EViews 使用指南与案例 [M]. 北京：机械工业出版社，2013.

0.216，调整后的可决系数为 0.206，回归模型的拟合程度较好。Durbin – Watson 统计量检验一阶自相关，DW 统计量约等于 2 时说明相邻残差不相关。此处的 DW 值约等于 2，表明模型（10.1）的相邻残差不相关可能性较高。模型通过了 F 检验。

表 10 – 12 　　　　　　　模型（10.1）拟合程度与 F 检验

R	R Square	Adjusted R^2	Durbin – Watson	F	Sig.
0.465	0.216	0.206	1.800	20.996	0.000

表 10 – 13 为模型（10.1）的回归结果和共线性诊断。中央企业分红（DIV）的回归系数为 – 0.031，与预期符号一致，在 5% 的显著性水平下显著，通过了显著性检验，证实了中央企业分红与在职消费水平确实为负相关关系，中央企业现金股利的发放能够抑制高管人员在职消费水平，由此我们提出的假设 10 – 1 得到验证。公司规模（SIZE）回归系数为 – 0.011，符号为负，在 1% 的显著性水平下显著，通过了显著性检验，这表明公司规模并没有加剧高管人员的在职消费行为，没有刺激高管人员的在职消费意愿；我们再进一步探讨财务杠杆（LEV），财务杠杆的回归系数为 – 0.035，符号为负，与我们的预期符号相一致。在 1% 的水平上通过了显著性检验。这表明财务杠杆的运用能够降低在职消费水平，其原因可能在于财务杠杆的运用有利于股东权益的提高，使经理人与股东的利益趋于一致，从而降低了代理成本。高管薪酬（SAL）、管理层持股（MSH）和董事长与经理人兼任情况（DUAL）虽然未能通过显著性检验，但是它们的回归系数符号与预期的一致。表 10 – 13 的最右侧两列是共线性诊断结果。方差膨胀因子（VIF）是容忍度（Tolerance）的倒数，一般认为 VIF 不应大于 5，通过表 10 – 13 可以看出，该模型基本不存在高共线性问题。与前面的判断结果一致。

表 10 – 13　　　　　　　模型（10.1）回归结果和共线性诊断

项目	Unstandardized Coefficients B	t	Sig.	Collinearity Tolerance	Statistics VIF
(Constant)	0.378 ***	9.511	0.000		
DIV	– 0.031 ***	– 2.089	0.037	0.819	1.221
SIZE	– 0.011 ***	– 7.576	0.000	0.627	1.595
LEV	– 0.035 ***	– 3.124	0.002	0.705	1.418
SAL	– 0.003	– 1.185	0.236	0.845	1.183
MSH	– 0.018	– 0.129	0.897	0.969	1.032
DUAL	0.002	0.209	0.834	0.984	1.016
YEAR	控制				

2. 模型（10.2）的多元回归结果

（1）模型（10.2）主要变量相关性分析。表10-14提供了模型（10.2）相关变量的Pearson检验。我们可以看到，中央企业在职消费程度（NPC）与中央企业的经营绩效（EPS）之间呈现显著的负相关关系，Pearson系数在1%的水平上通过了显著性检验。这个现象表明在职消费水平在一定程度上会对公司效益带来负面影响，导致高昂的代理成本。中央企业分红（DIV）与中央企业的经营绩效（EPS）之间呈现显著的正相关关系，Pearson系数在1%的水平上通过了显著性检验。这个结果表明央企的分红对于企业的经营绩效具有一定的提升作用，通过中央企业分红能够促进企业的发展。同模型（10.1），从Pearson检验的整体情况来看，解释变量和控制变量之间的相关系数普遍较小，相关度不高，这表明模型（10.2）出现多重共线的可能性也比较低。

表10-14　　　　　　　　模型（10.2）相关变量的Pearson检验

变量	EPS	NPC	DIV	SIZE	LEV	SAL	MSH	DUAL
EPS	1.000							
NPC	-0.215*** 0.000	1.000						
DIV	0.784*** 0.000	-0.165*** 0.000	1.000					
SIZE	0.238*** 0.000	-0.438*** 0.000	0.245*** 0.000	1.000				
LEV	-0.088** 0.015	-0.292*** 0.000	-0.117*** 0.002	0.483*** 0.000	1.000			
SAL	0.338*** 0.000	-0.193*** 0.000	0.300*** 0.000	0.319*** 0.000	0.106*** 0.004	1.000		
MSH	0.003 0.473	0.064* 0.057	-0.003 0.470	-0.154*** 0.000	-0.119*** 0.002	-0.022 0.297	1.000	
DUAL	-0.053* 0.096	0.055* 0.087	-0.042 0.146	-0.105*** 0.004	-0.051 0.105	-0.019 0.316	0.074** 0.033	1.000

（2）模型（10.2）回归结果。表10-15提供了模型（10.2）的拟合程度与F统计量检验结果。通过表10-15我们可以看出，模型（10.2）的可决系数（R^2）为0.633，调整后的可决系数（R^2_{adj}）是0.628，可决系数高，说明该模型的拟合程度好，通过模型能够比较合理地研究我们提出的问题。该模型通过了F检验。

Durbin - Watson 统计量的值为 1.913，约等于 2。根据前面的分析我们可以初步得出相邻残差不相关的结论。

表 10 – 15　　　　　　　模型（10.2）拟合程度与 F 检验

R	R Square	Adjusted R^2	Durbin - Watson	F	Sig.
0.796	0.633	0.628	1.913	116.493	0.000

表 10 – 16 提供了模型（10.2）的回归结果和共线性诊断。从表 10 – 16 我们可以看出，在职消费水平（NPC）回归系数为 – 0.898，在 1% 的显著性水平下与企业效益（EPS）显著负相关，表明中央企业在职消费水平提高会给公司经营绩效带来负面影响。由此，我们提出的假设 2 得到了检验；中央企业分红（DIV）回归系数为 3.029，符号为正，在 1% 的显著性水平下显著，表明中央企业分红比例的提高会显著提升企业的经营效益；管理层薪酬（SAL）回归系数为 0.072，与公司效益呈现正相关关系，在 1% 的水平上通过了显著性检验，这表明管理层薪酬的提高有利于公司效益的提升，这是因为管理层薪酬的提高是股东对管理层的激励措施之一，管理层得到了激励会更加努力的工作，使公司效益得到了提升。公司规模（SIZE）、财务杠杆（LEV）、管理层持股（MSH）与董事长和经理人兼任情况（DUAL）未能通过显著性检验。同样，在表 10 – 16 的右侧列示了共线性诊断结果，通过之前的分析我们可以得到，模型（10.2）存在高共线性的可能性比较小。

表 10 – 16　　　　　　　模型（10.2）回归结果和共线性诊断

项目	Unstandardized Coefficients B	t	Sig.	Collinearity Tolerance	Statistics VIF
(Constant)	– 0.915 ***	– 2.857	0.004		
NPC	– 0.898 ***	– 2.944	0.003	0.784	1.275
DIV	3.029 ***	26.825	0.000	0.813	1.230
SIZE	0.003	0.306	0.760	0.573	1.746
LEV	– 0.119	– 1.421	0.156	0.694	1.441
SAL	0.072 ***	3.897	0.000	0.843	1.186
MSH	0.425	0.404	0.686	0.969	1.032
DUAL	– 0.038	– 0.676	0.500	0.984	1.016
YEAR	控制				

（四）稳健性检验

由于国内对于国有企业在职消费的研究还处于起步阶段，对于在职消费的度量也尚未形成系统的研究方法和最终定论，本书参考了之前学者的研究成果，采用管理费用率（NPC）作为在职消费的度量变量。为了使研究结论更具有说服力，我们重新调整了度量指标，用销售管理费用率（NPC*），即销售费用与管理费用之和占主营业务收入的比例来衡量在职消费水平，仍然得出了与前面几乎一致的研究结果（见表10－17）。这说明我们的研究结论是稳健的。

表10－17　　　　　　　　稳健性检验的回归结果

项目	Unstandardized Coefficients B	t	Sig.	Collinearity Tolerance	Statistics VIF
(Constant)	－1.029***	－3.312	0.001		
NPC*	－0.504***	－2.679	0.008	0.825	1.212
DIV	3.065***	27.197	0.000	0.818	1.222
SIZE	0.004	0.370	0.712	0.571	1.750
LEV	－0.108	－1.295	0.196	0.699	1.430
SAL	0.077***	4.191	0.000	0.842	1.188
MSH	0.643	0.610	0.542	0.964	1.037
DUAL	－0.037	－0.653	0.514	0.984	1.016
YEAR	控制				
R Square	0.632				
Adj. R	0.627				
D－W	1.899				
F	116.049				
Sig.	0.000				
N	618				

五、研究结论及其政策含义

（一）研究结论

通过上述实证分析及其假设检验，我们不难得出以下结论：我国中央企业在职消费程度与公司经营绩效呈显著负相关关系，表明在职消费一旦超过了合理的水平必然会导致中央企业经营绩效的降低和利润的减少，损害到包括国有股东在内的中央企业利益相关者的权益。这就从另一方面说明了控制中央企业高管在职消费的水平可以在一定程度上对企业经营绩效起到促进作用，从而有利于国有资产的保值增值和国有企业的做大做强。而提高中央企业分红比例就是控制在职消费程度的有效手段之一。因为随着中央企业分红的逐步提高，可以减少中央企业内部巨额利润的留存比例和规模，在一定程度上能有效约束中央企业高管在职消费行为，从而达到减少道德风险和逆向选择、降低代理成本的目的。不仅如此，从长远来看，提高中央企业分红比例还有助于提升企业的经营绩效和可持续发展。

（二）政策含义

1. 建立健全相关的法规政策体系，合理制定中央企业的现金股利分红比例

通过前面的分析，我们得出中央企业分红能够有效抑制高管在职消费水平的结论。因此，我们建议相关的立法和行政部门应该建立和健全关于国有企业利润分红的法规政策，强制性地加大中央企业现金股利的分红比例。同时，相关政府监督部门应该加强对中央企业现金股利分红的监管，保证中央企业分红政策的有效实施。通过有效利用在中央企业分红的作用机制，达到抑制高管在职过度消费的目的，从而进一步提升企业经营绩效。诚然，企业内部需要保有一定的利润和资金才能够正常而持续的运转，过高的现金股利分红比例不利于企业的可持续性发展。因此，中央企业的现金股利分红比例需要保持在一定的合理范围之内。而关于具体的比例水平还有待进一步的理论分析和实证探索，这也是本书下一步的研究方向。

2. 加强对中央企业高层管理人员在职消费行为的审计和监督

既然中央企业高管人员的在职消费行为会显著降低企业的经营绩效，从企业的微观角度来看，企业应该加强内部审计的力度，完善内部控制制度，尽量减少和防止高管在职过度消费。必要时，对相关的责任人予以处罚。通过对高管在职消费的控制，减少企业代理成本，提升企业经营绩效。从国家的宏观角度来看，中央企业的最终所有权归国家所有，加强对中央企业高管人员在职消费的监督有利于保护国有资本。为此，有必要进一步加强对国有企业管理层职务消费的外部审计力度。此外，还应当充分发挥媒体舆论监督和人民代表大会立法监督的作用。

第十一章

利润上缴约束下的国有企业盈余管理分析

近年来，随着我国国有企业利润上缴比例的逐步提高，以及国有企业利润上缴制度的刚性约束逐步加强，国有企业面临的利润上缴压力也日益增大。在此背景下，作为理性经济人的国有企业，难免会产生利用盈余管理操作利润从而影响或规避国有企业的利润上缴。实践表明，国有上市公司盈余管理行为有日趋恶化的趋势，损害了资本市场投资者的利益，严重危害了资本市场的健康发展。基于此，本章重点分析在国有企业利润上缴比例倍增目标约束下国有企业的盈余管理行为。

第一节 企业盈余管理行为的一般分析

近年来，我国国有企业滥用盈余管理的行为屡禁不止，引起了社会各界的普遍关注。财政部在 2006 年颁布了《企业会计准则》，为了进一步提高会计信息质量，这一准则的标准自从 2007 年 1 月实施以来已经连续修订了两次，最近一次是 2014 年。然而在新的领域，盈余管理的范围已经扩大。盈余管理是信息不对称条件下管理当局根据自身利益做出的会计政策选择。这将影响外部利益相关者的决策，引起经济损失，以至于影响资本市场的可信性，对资本市场的健康发展产生了不利的影响。因此，盈余管理对利益相关者的影响越来越明显，成为会计和经济界的一个热门话题。国有股份"独资"和内部人控制的存在，诱发很多公司管理者利用公司治理结构的漏洞进行盈余管理，导致投资者的利益被严重损害和国有资产的严重流失。

一、盈余管理的概念与类型

对盈余管理相关问题的研究最早可以追溯至 20 世纪 80 年代，席佩尔（Schipper，1988）对盈余管理本质做出明确界定，即企业管理层为牟取个人私利，在美国通用会计准则允许的范围内，通过操纵披露的盈余信息与盈余报告等行为，有目的性地干预企业对外财务报告的过程。盈余管理普遍被定义为管理层在财务报告过程中运用判断或构造交易来改变会计报告结果,以误导利益相关者对公司潜在经营活动的理解,或影响基于财务报告数字的契约结果。[①] 从受托责任的会计目标来看,国有企业的盈余信息能够向委托人反映国有资产保值增值情况;从决策有用的会计目标来看,盈余信息能够向资本市场的投资者传递决策有用的信息。而盈余管理的存在显然降低了会计信息质量,干扰了会计目标的实现。

依据盈余操纵形式的差异,盈余管理被进一步细分为应计盈余管理与真实盈余管理,二者本质上的区别在于是否对企业现金流产生影响。应计项目盈余管理和真实活动盈余管理是两种不同的盈余管理方式,前者的研究文献较后者更为丰富,然而近年来后者越来越受到学术界的关注。这是因为对于应计项目盈余管理而言,盈余的总量始终保持不变。高管在会计准则允许的范围内进行盈余操纵,只是改变盈余在各期报表中的分布,所以对企业造成的不利影响较小。而真实活动盈余管理则不同,真实交易的构建将会直接且永久地影响到企业的现金流,进而使股东的财富受损。换言之,应计项目盈余管理调整的会计利润会在以后期间回转,而采用销售操控、费用操控、生产操控等手段干涉企业正常生产经营活动,所改变的企业现金流不可能在以后期间转回。随后,希利和瓦伦(Healy and Wahlen, 1999)发现企业既存在利用会计法规漏洞来修饰财务报告表现的盈余管理手段,也存在构建企业内部真实活动美化当期财务报告信息的盈余管理手段,证实了真实盈余管理的存在。随着应计盈余管理的实施风险与成本逐渐提高,企业管理层在面临盈余操纵方式抉择之时,更愿意选择强隐蔽的真实盈余管理手段。而社会制度环境的变化与企业经营方式的转变,也间接推动着学术研究朝新的方向发展。其中,最具代表性的当属罗伊乔杜里(Roychowdhury, 2006)的研究成果。他提出,管理当局为了保障企业当期经营业绩符合股东与利益相关者的预期目标,获得他们的信任与资金支持,往往通过偏离企业常规的真实经营活动操控当期盈余。他还指出,与应计项目盈余管理类似,真实活动盈余管理的目标也是通过操纵会计盈余影响利益相关者对企业价值的判断。[②] 在此基础之上,科恩和扎里沃恩(Cohen and Zariwon, 2010)通过构建异常生产成本减去异常现金流量与异常酌量性费用二者之和的模型,以综合性指标检验企业真实盈余管理的存在。[③] 上述模型的提出,开启了量化企业真实盈余管理的新时代,到目前为止仍被广泛运用于相关研究工作中。

为了跟随我国企业会计准则与国际会计准则全面趋同的步伐,本书将真实盈余管理定义为:企业管理当局在不违背会计准则的前提下,借助销售操控、生产成本操控和酌量性费用操控等手段,构建真实的交易或事项以操纵会计盈余,最终保障盈余目标实现的行为。伴随着市场监管环境与资本市场决策有用观下公司治理结构

[①] Healy P. M., Wahlen J. M. A Review of the Earnings Management Literature and its Implications for Standard Setting [J]. Accounting horizons, 1999, 13 (04): 365 – 383.
[②] Roychowdhury S. Earnings Management Through Real Activities Manipulation [J]. Journal of Accounting and Economics, 2006, 42 (03): 335 – 370.
[③] Cohen D. A., Zarowin P. Accrual – Based and Real Earnings Management Activities around Seasoned Equity Offerings [J]. Journal of Accounting and Economics, 2010, 50 (01): 2 – 19.

的变化，关于真实盈余管理的模型也逐步升级与完善，这部分内容我们将在本章第三节详细阐述。

二、盈余管理的动机

（一）资本市场动机

企业在资本市场平台上快速融资，收获高额投资回报的同时，也将接受法律法规的严格约束。资本市场的投资者及受雇于各大机构或个人的资产分析师们，普遍通过分析企业财务指标等常规手段预估企业股票价值，企业管理层为了获取资金持有者的信任，有理由通过盈余操纵手段营造企业在资本市场上的良好表现力。正如德肖和斯金纳（Dechow and Skinner，2000）的研究结果显示，企业管理层为了达到其期望的盈余目标，极可能出现真实盈余管理行为。[①] 米齐克和雅各布森（Mizik and Jacobson，2007）通过对处于资金流困境的企业进行研究发现，因面临资金需求而趋向于采取增发股票或配股行为的企业，普遍存在多种形式的真实盈余管理行为。[②] 有学者（Gunny，2010）则认为，企业管理当局基于避免财务报告连年亏损、保障企业达到甚至超越相关阈值或符合分析师预测等诸多动机的驱动下，都会出现以真实活动操纵企业盈余的表现。[③] 巴德特谢尔（Badertscher，2011）还指出，当上市公司面临应计盈余操纵空间受限与股价严重溢价的困境之时，管理层极可能经由操纵企业真实盈余的途径稳定公司股价。[④] 除此之外，国内学者祁怀锦、黄有为（2014）通过对我国A股上市企业的实证检验发现，企业在首次公开募股（IPO）后更倾向于真实盈余管理行为。[⑤] 在此基础之上，邓晨亮（2016）通过分析不同的研究样本，得到了真实盈余管理行为在企业IPO前后均可能存在的有效结论。[⑥]

（二）契约动机

基于委托代理理论的背景，两权分离的公司治理结构下，企业股东与管理者之间普遍存在代理冲突及利益矛盾。而詹森和迈克林（1976）研究表明，为平衡股

[①] Dechow P. M., Skinner D. J. Earnings Management: Reconciling the Views of Accounting Academics, Practitioners and Regulators [J]. Accounting Horizons, 2000, 14 (02): 235 – 250.

[②] Mizik N., Jacobson R. Earnings Inflation Through Accruals and Real Activity Manipulation: Its Prevalence at the Time of an SEO and the Financial Market Consequences [J]. Social ence Electronic Publishing, 2007.

[③] Gunny K. The Relation between Earnings Management Using Real Activities Manipulation and Future Performance [J]. Contemporary Accounting Research, 2010, 27 (03): 855 – 888.

[④] Badertscher B. A. Overvaluation and the Choice of Alternative Earnings Management Mechanisms [J]. The Accounting Review, 2011, 86 (05): 1491 – 1518.

[⑤] 祁怀锦，黄有为. IPO前后应计与真实盈余管理策略权衡：2007~2011年A股上市公司样本 [J]. 改革，2014 (03): 130 – 141.

[⑥] 邓晨亮. IPO真实盈余管理行为研究——基于创业板上市公司的实证分析 [J]. 中国管理信息化，2016, 19 (4): 21 – 22.

东与债权人对风险和收益的取向偏好，方便股东观察考核管理层的工作能力与企业价值，并降低代理成本，企业债务契约与薪酬契约便应运而生。[1] 实证会计理论认为，以代理理论为基础的债务契约，促使债权人将企业的资产负债率作为衡量企业偿债能力的重要指标，最终将导致企业管理层为避免违反债务契约，而滋生真实盈余管理的行为动机。沃茨和齐默曼（Watts and Zimmerman，1986）认为，企业管理层为规避伴随着债务增加而提高的债务契约违约风险，有理由通过盈余管理调节企业盈余表现。[2] 有学者（Ge and Kim，2014）通过研究进一步证明，背负更重债务负担的企业将存在更强的真实盈余管理的动机。[3] 也有学者（Hye et al.，2018）也得到真实盈余管理与企业债务资本成本呈正相关的结论，企业出于规避违约风险与降低债务成本的目的，极有可能通过非会计方法操纵企业盈余。[4] 以刘晶新、吴涵（2016）为代表的国内学者通过实证研究发现，上市公司的真实盈余管理水平会随着整体负债水平与短期债务的增加而明显提高，论证了债务契约的存在将使企业产生真实活动盈余管理的理论成立。[5]

另外，当企业股东与管理者之间存在以企业绩效为基础的薪酬契约之时，管理者为了保障个人利益最大化目标的尽可能实现，普遍借助真实盈余管理手段以美化企业财务报告表现。希利（Healy，1985）通过研究发现，在以企业盈余为管理层薪酬考核基础的薪酬契约的背景下，当企业财务表现不理想之时，企业高管很可能通过操纵盈余以美化企业财务表现。[6] 除此之外，有学者（Wayo，2014）也进一步指出，激励政策与薪酬契约的存在是诱发企业盈余管理的关键因素。[7] 国内学者严玉康（2008）研究发现，管理层保障和提高自身薪酬的目的，是诱导其实施盈余管理的动机之一。[8] 邵琦（2018）也得出相似观点，即以企业财务报告表现与盈利能力为基础而签订的薪酬契约，将使管理层有动机操纵企业盈余，从而出现真实盈余管理的相关行为。

（三）政治成本动机

在学者（Wong，1988）的研究中，企业财务报表的会计利润表现被视为市场

---

[1] Jensen M., Meckling M. Theory of the Firm: Managerial Behavior, Agency Costs and Ownership Structure [J]. Journal of Financial Economics, 1976, 3（04）: 305–360.
[2] Watts R. S., Zimmerman J. L. Positive Accounting Theory [M]. Dalian: Dongbei University of Finance and Economics Press, 1999.
[3] Ge W., Kim J. B. Real Earnings Management and the Cost of New Corporate Bonds [J]. Journal of Business Research, 2014, 67（04）: 641–647.
[4] Hye K. J., Ho L. S., Yong K. Y. Real Earnings Management and the Cost of Debt Capital: International Evidence [J]. Asia-Pacific Journal of Accounting & Economics, 2018: 1–22.
[5] 刘晶新, 吴涵. 债务契约对真实盈余管理活动的影响 [J]. 中外企业家, 2016（05）: 50–51.
[6] Healy P. M. The Effect of Bonus Schemes on Accounting Decision [J]. Journal of Accounting and Economics, 1985, 7（01）: 85–107.
[7] Wayo M. A Review of Earnings Manipulation Literature and the Implications on Management Compensation [J]. Social Science Electronic Publishing, 2014, 24: 32–38.
[8] 严玉康. 管理层薪酬激励与上市公司盈余管理 [J]. 研究和探索, 2008（04）: 38–39.

垄断性的判断依据。① 凯瑟琳（Cathan，1992）进一步提出，过高的企业利润将使其受到来自社会各界更为严苛的反垄断监管与行业限制。② 基于此，莫内姆（Monem，2003）表明，由于国有企业中政治成本的必然存在，企业为避免受到违规惩罚或享受更多的优惠补贴政策，往往存在以盈余管理调减财务利润的行为。③ 徐锐（2014）将视线聚焦于房地产行业研究发现，政治成本的存在是诱发管理当局采取盈余管理行为的动因之一，且企业为达到不同的管理目的，会遵循成本效益原则对所采取的盈余管理方式做出综合选择。④ 目前，关于政治成本替代变量选取的问题上，主要存在两方面的分歧：一方面，是选择以企业资产规模作为政治成本的替代变量，认为企业受到社会和政府的关注度随着其资产规模扩大而增加（雷光勇、刘慧龙，2010）⑤；另一方面，是主张将企业税率作为政治成本替代变量，认为企业会为避税而采取负向调节盈余的行为博因顿等（Boynton et al.，1992）⑥。除此之外，国内学者也曾针对特定事件的发生进行相关研究。李增福等（2011）以所得税制度改革为背景，进一步研究发现，税率的提高是引发企业进行真实盈余管理的导火索。⑦ 而胡志颖、孙力（2017）则基于税法环境相对稳定的条件下进行研究，发现企业为保证纳税成本最小化通常采用真实盈余管理的手段进行避税⑧。

三、盈余管理的手段

（一）销售操控

销售操控一般表现为，市场竞争者借助不合理的削价促销或宽限信用条件等行为，以达成销售目标的过程。查普曼（Chapman，2011）的研究证实了一个结论，即诸多企业为实现下一年度的盈余目标，普遍存在加大销售折扣力度以增加销售收入、提高当期业绩的真实盈余管理行为。⑨ 张珍瑜（2015）将销售操控视为真实盈余管理的首要手段，即企业通过转变销售政策实现对销售量的操控性调整，现实交

---

① Wong J. Political Costs and an Intraperiod Accounting Choice for Export Tax Credits [J]. Journal of Accounting Economics, 1988, 10 (01): 37–51.

② Cathan S. F. The Effect of Antitrust Investigations on Discretionary Accruals: A Refined Test of the Political-Cost Hypothesis [J]. The Accounting Review, 1992, 67 (01): 77–95.

③ Monem R. M. Earnings Management in Response to the Introduction of the Australian Gold Tax [J]. Contemporary Accounting Research, 2003, 20 (04): 747–774.

④ 徐锐. 政治成本与真实盈余管理研究——来自房地产上市公司的经验证据 [D]. 成都：西南财经大学，2014.

⑤ 雷光勇，刘慧龙. 大股东控制、融资规模与盈余操纵程度 [J]. 管理界，2006 (01): 129–136.

⑥ Boynton C. E., Dobbins P. S., Plesko G. A. Earnings Management and the Corporate Alternative Minimum Tax [J]. Journal of Accounting Research, 1992, 30 (01): 131–153.

⑦ 李增福，郑友环，连玉君. 股权再融资、盈余管理与上市公司业绩滑坡——基于应计项目操控与真实活动操控方式下的研究 [J]. 中国管理学，2011 (02): 49–56.

⑧ 胡志颖，孙力. 企业集团、所得税改革和公司真实盈余管理 [J]. 外国经济与管理，2017，39 (04): 25–40.

⑨ Chapman C. J., Steenburgh T. J. An Investigation of Earnings Management through Marketing Actions [J]. Management Science, 2011, 57 (01): 72–92.

易中主要以销售折扣、调宽信用政策等表现形式存在。① 肖家翔、李小健（2012）则提出了担忧，认为过度的降价让利、打折促销，将会导致消费者出现对企业降价销售的预想，进而降低下一轮市场消费热度。② 不仅如此，信用政策的放宽也会催生巨额应收账款，增加企业坏账损失。2017年7月，财政部修订并印发了与国际财务报告准则全面趋同的《企业会计准则第14号——收入》（简称"新CAS14"），该项准则的发布改变了长期以来收入确认的理念，宣告划分销售商品、提供劳务及让渡资产使用权等收入类型以确认收入的时代正式结束，企业收入确认模型实现统一，开启了收入确认新篇章。此后，新CAS14准则强调合同意识、强化业务关系以及重点关注风险的新理念，也将影响关于收入确认与核算的相关研究进程。

（二）费用操控

费用操控具体指的是企业管理层机动性地选择推迟或减少用于研发、培训或宣传等方面的酌量性费用，以实现报表利润与目标利润的一致性，扭转企业利润下滑的弱势局面，甚至是营造企业扭亏为盈"假象"的全过程。即便上述开支被归属于对未来经营的早期投入，对当期生产经营能力影响不大，但企业管理层过度追求这一急功近利的短期效果，仍然会对企业未来发展潜力产生影响，有损企业价值。有学者（Gunny，2005；Mellado - Cid et al.，2017）分别采用不同的研究形式深入探索后发现，企业往往在应计盈余管理行为受到政策和监管限制，难以施展会计操纵手段的情况下，更偏好于通过调整研发、广告费用等真实经济活动，以实现对企业短期盈余的操纵。③④ 范海峰（2013）研究结果也进一步证实，国内经营业绩变动幅度较小的企业，普遍采用减少或延迟研究开发支出等盈余操纵手段满足既定盈余目标。⑤

（三）生产操控

基于现行成本核算制度背景，当企业生产的固定成本保持不变之时，企业单位产品成本与其产量呈负相关关系，边际利润则伴随着单位产品成本的下降而提高。因此，通过扩大生产、增加产量而提高企业短期经营业绩的行为，被视为对生产进行操控的真实盈余管理手段。而上述手段除了为企业带来经营业绩提升的优势之外，也可能造成企业库存增加、资金使用效率低下等负面效应。托马斯（Thomas，2002）通过研究证实，企业高管通过扩大生产模式、提高产品产量以降低单位生产成本，优化企业盈余表现的手段，是企业通过真实生产活动操控企

---

① 张珍瑜. 上市公司高管薪酬、董事会特征与真实盈余管理 [D]. 济南：山东大学，2015：10 - 11.
② 肖家翔，李小健. 盈余管理研究新方向：真实盈余管理 [J]. 财会通讯，2012 (15)：15 - 17, 129.
③ Gunny K. A. What Are the Consequences of Real Earnings Management [D]. California：University of California Berkeley，2005：29 - 46.
④ Mellado - Cid C.，Jory S. R.，Ngo T. Real earnings management activities prior to bond issuance [J]. Business Research Quarterly，2017 (03)：164 - 177.
⑤ 范海峰，胡玉巧. R&D 支出、机构投资者与公司盈余管理 [J]. 科研管理，2013 (07)：24 - 30.

业盈余的常见手段。①

(四) 资产销售及其时点选择

波伊特拉斯等（Poitras et al., 2002）以新加坡企业为分析对象研究发现, 预期出现亏损或已处于亏损状态的企业, 更为迫切通过出售资产的途径进行盈余管理。② 国内学者王福胜等 (2013) 的研究结果进一步证实了, 当企业经营业绩与目标业绩有出入之时, 管理层普遍通过销售固定资产和市场债券来调整企业当期收入。③ 除此之外, 资产销售当下市值与其账面价值之间差额的必然存在, 也引发管理层对资产销售时点选择问题的深思。相关研究报告也指出, 企业管理层灵活选择处置资产即债券的时点, 通过推迟或提前确认出售资产的损益, 能够保障企业特定经营目标的实现（Gunny, 2010）。而迪奥尼修（Dionysiou, 2015）发现, 选择最优的资产处置时点能够为企业带来平滑利润、降低权益负债率等益处。因此, 选择最优资产处置时点被视为真实盈余管理的另一手段。④

(五) 回购股票

企业在外流通普通股的加权平均每股收益（EPS）相当于普通股当期净收益与对总股数逐月加权计算所得股数二者之比。赫里巴尔等（Hribar et al., 2006）在研究中提出, 企业股价受资本市场中每股收益的直接影响, 因此, 管理层很可能通过大量回购股票来增加每股收益, 以满足经济分析师的预测收益率, 迎合市场的乐观预期。⑤ 赫里巴尔等（2014）在此之前也曾指出, 随着职工期权计划的推行, 诸多企业股票往往面临每股收益被稀释的尴尬处境, 而股票回购是具有盈余操控意识的管理层, 短期内优化企业价值的有效手段之一。⑥

(六) 关联方交易

上市公司管理者通过构建关联交易以实现企业经济利益转移的行为, 被称为关联方交易。在具备关联方关系认定的前提下, 关联双方能够以非公允的价格进行交易或相互提供资金担保等。《企业会计准则第 36 号——关联方披露》的设计及发布, 围绕关联关系认定、披露的范围与内容等诸多事项设定规范性标准, 一定程度上约束了关联方交易操纵盈余的行为, 但也给予企业管理层在准则规定之外的可乘

---

① Thomas J. K., Zhang H. Inventory Changes and Future Returns [J]. Review of Accounting Studies, 2002 (13): 93–116.
② Poitras G., Wilkins T., Kwan Y S. The Timing of Asset Sales: Evidence of Earnings Management? [J]. Journal of Business Finance and Accounting, 2002 (07): 903–934.
③ 王福胜, 程富, 吉姗姗. 基于资产处置的盈余管理研究 [J]. 管理科学, 2013 (05): 73–86.
④ Dionysiou D. Timing, Earnings Management and Over-reaction around Pure Placings [J]. European Journal of Finance, 2015 (21): 646–671.
⑤ Hribar P., Jenkins N. T., Johnson W. B. Stock Repurchases as an Earnings Management Device [J]. Journal of Accounting and Economics, 2006 (01): 3–27.
⑥ Huang R., Marquardt C., Zhang B. Why Do Managers Avoid EPS Dilution? Evidence from Debt-Equity Choice [J]. Review of Accounting Studies, 2014 (02): 877–912.

之机。孟焰和张秀梅（2006）通过研究发现，基于双方企业存在潜在性关联方关系前提下，其中一方由于面临被退市的风险或处于资金困境而需增发新股、配股之时，另一方管理层倾向于利用关联交易向前者输送利益，以助其调整利润，转危为安。[1] 此外，肖家翔和李小健（2012）进一步提出，企业管理层在现实操作中常常设法降低股权持有比例、高价出售资产等形式建立非关联化的关联方交易，名正言顺地避开严苛的市场监管，实现对盈余的操控。[2]

除了上述提及的六种出现频率较高的手段之外，现实操作过程中仍然存在诸多已知或暂不为人所知的真实盈余管理手段，且与其相关研究成果较为稀缺，例如，债券转换为股东权益、非货币性资产交换与债务重组等。通过对相关文献的梳理可以发现，极少存在企业仅使用其中一种手段进行真实盈余管理，企业管理层普遍更青睐于同时采用多种手段，以实现对企业盈余的准确操控。陈晓和戴翠玉（2004）研究结果显示，存在亏损的企业大多通过关联交易和资产重组活动两种手段结合，助力企业转亏为盈。[3] 而张俊瑞（2008）等围绕真实活动盈余管理行为展开的研究，也均同时涉及销售操控、生产操控和费用操控等多种手段。[4]

四、盈余管理的经济后果

（一）盈余管理的消极影响

目前，诸多研究者将真实盈余管理视为损害企业长期利益的短视行为，并围绕上述行为对企业未来价值、股票收益与投资行为等方面展开负面效应研究。尼尔特和瓦根霍费尔（Ewert and Wagenhofer，2005）发现，当企业通过真实盈余管理行为改变真实经济活动的时间或结构之时，偏离常规的经营方式无形中增加了企业的资本成本。[5] 莱格特等（Leggett et al.，2009）则提出，尽管以真实活动操纵企业盈余的行为，能够使企业短期收益与股价呈现上涨趋势，但企业也将被置于低经营性现金流量与低净资产收益率的弱势地位，甚至出现股价逆转、企业未来价值与经营业绩下滑等负面效应。[6] 此外，科恩和扎里沃恩（Cohen and Zariwon，2010）指

---

[1] 孟焰，张秀梅. 上市公司关联方交易盈余管理与关联方利益转移关系研究［J］. 会计研究，2006（04）：37 - 43，94.
[2] 肖家翔，李小健. 盈余管理研究新方向：真实盈余管理［J］. 财会通讯，2012（05）：15 - 17.
[3] 陈晓，戴翠玉. A 股亏损公司的盈余管理行为与手段研究［J］. 中国会计评论，2004（02）：299 - 310.
[4] 张俊瑞，李彬，刘东霖. 真实活动操控的盈余管理研究——基于保盈动机的经验证据［J］. 数理统计与管理，2008（05）：918 - 927.
[5] Ewert R. ，Wagenhofer A. Economic Effects of Tightening Accounting Standards to Restrict Earnings Management［J］. The Accounting Review，2005（04）：1101 - 1124.
[6] Leggett D. ，Parsons L. M. ，Reitenga A. L. Real Earnings Management and Subsequent Operating Performance［J］. Social Science Electronic Publishing，2009：24 - 48.

出，相较于应计盈余管理而言，真实盈余管理对企业低效率投资的影响更大。[1] 而金和索恩（Kim and Sohn，2011）也提出，真实盈余管理现象的存在会增加企业在今后期间违反债务契约的可能性。[2] 不仅如此，国内学者也试图围绕上述问题展开研究。例如，李彬和张俊瑞（2010）通过研究以销售操控等非会计方法操纵公司盈余的手段之后发现，上述行为将严重影响企业未来三个会计期间的现金流与经营业绩表现，甚至会削弱企业长期获利能力及投资水平。[3]

（二）盈余管理的积极效应

即便关于真实盈余管理经济后果的分析结果以负面意见居多，但仍有少数文献与前者所得结论截然相反，认为真实盈余管理活动未必会导致企业未来经营业绩的滑坡，甚至肯定过程中存在的信号传递效应。泰勒等（Taylor et al.，2010）研究发现，真实盈余管理行为并非公司经营管理过程中的常规性行为，并不会给其带来显著的负面效应。或者说，即便上述行为对业绩产生负面影响，也能在随后几个年度内通过企业正常生产得到恢复。[4] 杰尼（Gunny，2010）以信号传递理论的视角进行研究发现，企业高管通过真实盈余管理手段达成企业盈余目标，增强利益相关者信心的同时，也提高企业的股价、信誉以及声誉，向市场传递企业未来经营前景良好的信号。将以上正向效应与真实盈余管理带来的负面影响相互抵消，最终得以弥补其给企业长期业绩带来的损失。而赵等（Zhao et al.，2012）从"价值损害效应"和"信号传递效应"两大角度切入研究发现，管理当局为规避亏损而通过真实活动操纵企业盈余的表现，所带来的"信号传递"积极效果能够有效弥补其"价值损害"所造成的负面效应，反而促使企业长期业绩和现金流呈现上涨趋势。[5]

综合国内外研究现状，由于研究者对样本与计量模型选择的差异性，导致与真实盈余管理经济后果相关的研究结论尚未达成一致。尤其是国内长期以来对于真实盈余管理的研究文献大多沿用国际上通用的计量模型，而研究对象的特殊性导致了模型使用过程中误差的必然存在。不过，目前国内外学术界仍是主张将真实盈余管理视为以牺牲企业长期利益来提升短期业绩，为企业未来发展埋下隐患的短视行为。

---

[1] Cohen D. A., Zarowin P. Accrual – Based and Real Earnings Management Activities around Seasoned Equity Offerings [J]. Journal of Accounting and Economics, 2010 (01): 2 – 19.

[2] Kim J. B., Sohn B. C. Real Versus Accrual – Based Earnings Management and Implied Cost of Equity Capital [J]. Social Science Electronic Publishing, 2011: 5 – 14.

[3] 李彬，张俊瑞. 实际活动盈余管理的经济后果研究——来自销售操控的证据 [J]. 管理评论，2010 (09): 84 – 92.

[4] Taylor G. K., Xu Z. H. Consequences of Real Earnings Management on Subsequent Operating Performance [J]. Research in Accounting Regulation, 2010 (02): 128 – 132.

[5] Zhao Y., Chen K. H., Zhang Y. Takeover Protection and Managerial Myopia: Evidence from Real Earnings Management [J]. Journal of Accounting and Public Policy, 2012 (01): 110 – 135.

第二节 高管薪酬管制与国有企业盈余管理

国有企业高管的高额薪酬一直以来广受公众质疑，为了建立健全国有企业高管收入分配的激励和约束机制，政府部门先后出台了限薪令、薪改方案等政策性文件。一般而言，由于薪酬管制扭曲了薪酬—绩效敏感度，高管通过盈余管理操纵绩效以谋取更高薪酬的动机受到抑制，企业的盈余管理水平理应降低。本节以国有企业薪酬制度改革为背景，探讨了国有企业高管进行盈余管理的原因、方式以及高管薪酬管制如何影响盈余管理，并利用国泰安数据库收集了2010~2016年间A股上市公司有效样本11 014个，实证检验了高管薪酬管制、薪改方案对国有企业盈余管理的影响。

一、问题的提出

国有企业作为国民经济的命脉，近些年在不断发展壮大的同时面临着高管"天价薪酬"的舆论压力。2009年9月16日，人力资源和社会保障部会同六部委联合下发《关于进一步规范中央企业负责人薪酬管理的指导意见》（以下简称"限薪令"），规定中央企业高管基本年薪要与上年度在岗职工的平均工资相联系，明确规范了中央企业负责人的薪酬管理。限薪令的出台凸显了我国政府推行国有企业高管限薪政策的决心。此后，薪酬管制开始成为国有企业高管薪酬制度设计的主要特点。2013年，国有企业高管薪酬制度改革在全国"两会"期间继续受到重点关注。2014年8月29日中央审议并通过了《中央管理企业负责人薪酬制度改革方案》（以下简称"薪改方案"），并于2015年开始实施。2017年10月18日习近平总书记在中共十九大报告上提出，"要完善各类国有资产管理体制""促进国有资产保值增值，推动国有资本做强做优做大，有效防止国有资产流失"[1]。合理确定国有企业高管薪酬，激励国有企业高管承担国有资产保值增值的职责，减少影响会计信息质量的盈余操纵显然也是报告的题中之义。

与民营企业、外资企业的高管类似，国有企业高管同样存在操纵会计盈余的动机。由于高管薪酬通常与企业的年度盈余相关联，高管可以通过盈余管理的方式增加盈余以谋取更高的个人收入。盈余管理与财务舞弊往往只有一线之隔，根据审计署2017年公告，中国中化集团辽宁公司等4家单位2010~2015年与集团外部单位开展虚假交易，虚增收入9.06亿元、虚列成本8.95亿元，其中2015年虚增收入

---

[1] 习近平. 决胜全面建成小康社会夺取新时代中国特色社会主义伟大胜利——在中国共产党第十九次全国代表大会上的报告 [EB/OL]. 2017-10-27. http://cpc.people.com.cn/19th/n1/2017/1027/c414395-29613458.htm.

和成本各 5.47 亿元[①]；中国中钢集团所属中钢钢铁公司等 2 家单位 2015 年违规开展购销业务，虚增收入 3 亿元、成本 2.87 亿元[②]；中国铁路工程总公司所属中铁资源集团有限公司（以下简称"中铁资源"）等 10 家单位，2010~2015 年存在会计核算不合规、少缴税费等问题，造成多计利润共 1.61 亿元，其中 2015 年 6 330.79 万元[③]……审计署上述公告表明国有企业高管财务舞弊现象具有一定的普遍性，其危害不容忽视。但与违规的财务舞弊活动相比，在法律框架允许的范围内，主动选择不同的会计处理方法以及不同的公司发展战略，来对公司财务盈余进行合理控制，以达到规避薪酬管制的刚性约束，达到国有企业高管经营者的利益最大化，则应该更具普遍性，对国有企业持续稳定发展的危害也更大。

二、研究假设

按照契约理论，信息不对称的存在使得股东通过与高管签订关联盈余的契约，以激励高管为实现股东财富最大化的目标而努力工作。然而契约未能完全消除信息不对称的影响，高管仍然可以通过操纵盈余谋取私利而背离股东的目标。高管实施盈余管理的动机多种多样，为提出合理的研究假设，有必要了解高管薪酬管制通过抑制或诱发哪些动机影响盈余管理，即探析哪些动机是高管薪酬管制对盈余管理的影响因素。

（一）高管薪酬管制对国有企业盈余管理影响因素探析

高管薪酬管制，顾名思义，即对公司高管薪酬进行合理化约束，防止公司高管薪酬过高。一般而言，由董事会或股东会对公司高管实施薪酬管制，而由于我国国有企业所有权虚位，由政府对国有企业高管代为实施管制。如 2009 年政府出台的限薪令以及 2014 年的薪改方案，均是政府对国有企业高管实施薪酬管制的典型表现。只要确认高管薪酬管制对国有企业盈余管理的影响因素存在，自然回答了"高管薪酬管制为什么会影响国企盈余管理"这个问题。

1. 高管薪酬管制削弱了薪酬激励

前面提及，高管通过会计政策选择、会计估计变更或构建真实交易等盈余管理手段来调整企业的盈余指标，其原因是公司盈余与自身薪酬息息相关。高管薪酬管制通过规范高管薪酬、防止薪酬过高的方式在一定程度上削弱了这种相关性，抑制了高管实施盈余管理的行为。

[①] 中华人民共和国审计署. 2017 年第 18 号公告：中国中化集团公司 2015 年度财务收支审计结果 [EB/OL]. 2017-06-23. http://www.sinochem.com/S/1375-4176-96254.html.

[②] 中华人民共和国审计署. 2017 年第 22 号公告：中国中钢集团公司 2015 年度财务收支审计结果 [EB/OL]. 2017-06-23. http://www.sohu.com/a/152133114_611198.

[③] 中华人民共和国审计署. 2017 年第 26 号公告：中国铁路工程总公司 2015 年度财务收支审计结果 [EB/OL]. 2017-06-23. http://sjj.gxhz.gov.cn/tzgg/t3030651.htm.

2. 权益薪酬管制影响高管股市获利

高管实施盈余管理的原因之一是出于上市公司满足相关规定的需要。显然薪酬管制未影响到这些规定。但对于持有上市公司股票的高管而言，按照一部分学者的观点，若对高管权益性薪酬进行管制，将削弱高管与股东之间的利益共享和风险共担机制，不利于减少高管的短视行为，故而有可能诱发高管进行真实活动盈余；与此相反，持高管更倾向于通过盈余管理抬高股价观点的学者会认为实施权益性薪酬管制会抑制高管的盈余管理行为。

3. 高管薪酬管制未影响债务契约约束

如前所述，用良好的公司业绩说服债权人继续为公司提供贷款是盈余管理产生的原因之一。对高管实施薪酬管制，显然未影响到债务契约的履行。故从这方面来看，高管薪酬管制并未影响到盈余管理。

4. 薪酬管制可能诱发国有企业高管牟取晋升资本的动机

根据政治成本假说，高管为了避免过高的政治成本而实行负向的盈余管理，而形成政治成本的原因是反垄断法律法规及监管组织的存在。高管薪酬管制显然未影响到反垄断法律法规及监管组织，故从这方面来看并未影响到企业盈余管理。对于我国国有企业高管而言，进行盈余管理的动机之一是实现良好的公司业绩以获取职位晋升的政治资本，高管薪酬管制也未削弱这种动机，甚至在某种程度上，将诱发高管通过操纵盈余获得晋升资本来弥补显性货币薪酬减少的损失。

5. 高管薪酬管制未影响公司税收筹划

由于我国目前存在多种税收优惠政策且税法有待进一步完善，公司高管在选择会计政策和会计估计上有较大的空间，高管自然会出于合理避税的目的而实施盈余管理。而高管薪酬管制主要影响高管个人所得税，对所在公司的税收筹划影响有限，故而从这个方面看，高管薪酬管制未对公司盈余管理产生影响。

（二）高管薪酬管制对国有企业盈余管理影响过程分析

1. 国有企业高管所处的环境

高管薪酬管制对国有企业盈余管理影响的第二步，是阐述高管薪酬管制对国有企业盈余管理的影响机制或影响过程，即回答"高管薪酬管制如何影响国有企业盈余管理"这个问题。由于实施盈余管理的行为主体是国有企业高管，且盈余管理产生的根本原因是高管为追求私利，故需要站在国有企业高管的角度进行分析。研究特定主体的特定行为，首先应研究主体所处的环境。

（1）薪酬管制环境。

我国资本市场起步较晚，在国有企业的薪酬契约中，以基本工资、奖金为基础的货币性薪酬仍占据主导地位，权益性薪酬的数量较少，管理者持股比例普遍较低、零持股现象较为严重。这主要因为社会公众对国有企业私有化保持高度警惕，因此股权激励在国有企业高管中实行较少。对于货币性薪酬而言，国有企业承担的社会责任与经营目标的多重性使公众对国有企业高管的货币性薪酬高度关注，政府因此推行一系列薪酬管制措施，如2009年的限薪令和2014年的薪改方案。

(2) 其他环境。

在经济环境上，目前我国经济发展进入新常态，供给侧结构性改革正在全国范围内逐步推行，去产能、去库存、去杠杆、降成本、补短板成为经济社会发展的五大任务。在监管环境上，近年来由于《中共中央政治局关于改进工作作风密切联系群众的规定》（以下简称"八项规定"）的出台，政府在治理腐败、打击职务犯罪上也保持"零容忍"的态度。在国有企业监管力度不断加强的同时，法律法规与会计准则也在不断完善。

2. 当前环境下国有企业高管盈余管理活动分析

(1) 盈余管理的必要性。

根据上节分析，高管薪酬管制对国有企业盈余管理的影响因素有：调整过高薪酬、减少股权激励、诱发谋取晋升资本而实施盈余管理的动机。减少股权激励对盈余管理产生正向或负向影响，而调整过高薪酬将抑制盈余管理的产生。根据上面薪酬管制环境的分析，国有企业权益性薪酬数量较少，故减少股权激励对盈余管理影响有限。而诱发谋取晋升资本的动机是高管薪酬减少而发生的补偿性影响，故总体而言高管薪酬管制对盈余管理的影响应以抑制为主。盈余管理产生的根本原因是高管追求私利，对于国有企业高管而言，谋求额外私利的方式，除了盈余管理外，还有高管腐败、在职消费、过度投资等方式。因此高管薪酬管制在抑制盈余管理的同时可能诱发高管采用其他谋取私利的方式：如陈冬华等（2005）认为薪酬管制引发高管过度在职消费[①]，陈信元等（2009）认为薪酬管制易引发高管腐败[②]，徐细雄和刘星（2013）的实证检验证实了国有企业高管薪酬管制恶化了腐败问题[③]。

上述学者对高管薪酬管制研究的时间较早，而随着近年来环境的变化，国有企业高管面临不同的选择环境。近年来中央"八项规定"的出台以及对职务犯罪的严厉打击，在职消费在某种程度上易成为政府治理腐败的重要观测点与考核指标，过度的在职消费不仅会遭受行政处罚，更可能导致国有企业高管职业生涯的终止甚至政治生命的结束（国有企业特别是中央企业高管普遍存在政治关联）。而在目前政府去产能的政策下，国有企业高管通过过度投资营造"管理者帝国"而牟取隐性福利的行为显然容易引起监管部门的关注，具有较大的风险性。因此，在当前环境下，在职消费、过度投资等高管行为受到遏制，盈余管理作为国有企业高管牟取私利较为稳妥的方式的重要性就凸显出来了。

总而言之，在当前环境下，高管薪酬管制将抑制盈余管理的产生，但抑制程度有限，通过盈余管理增加包括薪酬在内的个人利益仍是国有企业高管的可行路径。

---

① 陈冬华，陈信元，万华林. 国有企业中的薪酬管制与在职消费[J]. 经济研究，2005（02）：92 – 101.

② 陈信元，陈冬华，万华林，梁上坤. 地区差异、薪酬管制与高管腐败[J]. 管理世界，2009（11）：130 – 143，188.

③ 徐细雄，刘星. 放权改革、薪酬管制与企业高管腐败[J]. 管理世界，2013（03）：119 – 132.

(2) 盈余管理方式的选择。

高管采用盈余管理的方式有两种：应计项目盈余管理和真实活动盈余管理。应计项目盈余管理的手段通常包括调整折旧和摊销方法、提前或推迟确认成本费用、将资产减值损失转回等。真实活动盈余管理的手段则较为复杂，一般包括销售操控、生产操控、费用支出操控、出售资产、回购股票等方式。

应计项目盈余管理操作简单，主要依靠会计手段，但随着会计准则的日臻完善和国有企业监管力度的不断加强，高管利用应计项目进行盈余管理的空间越来越小，受到审计署调查的风险越来越高，且容易被投资者所察觉。相比之下，真实活动盈余管理实施灵活，可于一年中的任何时点进行，其构建的"真实交易"与正常经营活动通常难以区分，具有较强的迷惑性与隐蔽性。从这方面来看，国有企业高管为了最大化薪酬，同时有效避免行政处罚，将降低应计项目盈余管理的频率与幅度，转而采取更加隐蔽的真实活动盈余管理。

然而，真实活动盈余管理能够干预公司真实业绩，对现金流产生较强的冲击，同应计项目盈余管理相比，具有上期调整的利润无法在后续经营期间回转的特点。故其不仅不会增加公司的价值，长期来看会大幅提升公司的资本成本，造成公司业绩下滑，损害股东利益。股东为防止高管短视行为而带来自身利益损害，更希望与高管达成长期合作的意愿，在薪酬契约中明确权责与奖惩，同时不断推进与货币性薪酬配套的权益性薪酬激励计划，使高管薪酬与公司未来年度的绩效密切捆绑。从这个角度来看，股权激励能够有效抑制真实活动盈余管理的产生；反之，减少股权激励即会增加真实活动盈余管理水平。当然，上面提及，有学者认为减少股权激励后高管通过调整盈余以抬高股价获取私利的动机被削弱，因此会减少盈余管理的说法亦有一定道理。

总而言之，当公司高管将增加薪酬的诉求付诸盈余管理时，由于当前环境下监管的加强，促使应计项目盈余管理转化成真实活动盈余管理。

（三）研究假设的提出

高管薪酬管制对国有企业盈余管理影响的最后一步，是说明高管薪酬管制对国有企业盈余管理的影响结果，即回答"高管薪酬管制对国有企业盈余管理造成什么影响"这个问题，并据此提出研究假设。

前面分析确认了薪酬管制包含国有企业盈余管理的影响因素：调整过高薪酬、减少股权激励及管制所诱发的国有企业高管谋取晋升资本的动机。之后，分析这些影响因素在当前环境下的作用，阐明薪酬管制如何影响国有企业盈余管理：（1）对所有企业而言，薪酬管制扭曲薪酬—绩效敏感度、削弱盈余管理动机，进而抑制盈余管理的发生。（2）环境的特殊性造成国有企业高管规避在职消费、过度投资等可以替代盈余管理谋取额外私利的方式，且诱发其谋取晋升资本以弥补显性薪酬减少的动机，故与非国有企业相比，薪酬管制对国有企业总体盈余管理的抑制作用较小，实施盈余管理仍是国有企业高管的主要诉求；而与应计项目盈余管理相比，真实活动盈余管理更具隐蔽性，采用真实活动盈余管理代替应计项目盈余管理，能有效满足国有企业高管规避监管风险、补偿在职消费的减少、谋取晋升资本等需要。因此，国有企业高管将尽可能采用真实活动盈余管理代替应计项目盈余管理，导致应计项目盈余管理水平下降、真实活动盈余管理水平上升，据此本书提出如下假设：

假设11-1：与非国有企业相比，高管薪酬管制对国有企业的应计项目盈余管理起到更强的抑制作用，却在一定程度上诱发了真实活动盈余管理。

薪改方案为2014年8月在中共中央政治局上审议通过，而限薪令为2009年出台，中央"八项规定"为2012年12月审议通过，2010年至今国有企业高管面临的环境符合上一节当前环境的分析。另外，薪改方案规范了国有企业收入分配秩序，是对不合理的偏高、过高收入进行调整，包含了高管薪酬管制的内容。由于本书的薪酬管制变量为自行设计，为了验证变量设计的有效性，本书将其设为因变量，以薪改方案的出台为自变量，用双重差分模型检验薪改方案的出台是否加强了薪酬管制。检验通过方能支持变量设计的合理性，这是因为高管薪酬管制为出台薪改方案的题中之义，且为有关学者所证实，如常风林等（2017）的研究表明，薪改方案有效抑制了国有企业高管薪酬的过快增长[①]。据此可提出如下假设：

假设11-2：薪改方案的出台加强了国有企业高管薪酬管制。

既然薪改方案的出台加强了国有企业高管薪酬管制，结合上文理论分析及假设11-1——可预期薪改方案的出台对国有企业盈余管理的影响：薪改方案的出台将抑制国有企业应计项目盈余管理同时促进真实活动盈余管理。据此提出如下假设：

假设11-3：薪改方案的出台抑制国有企业应计项目盈余管理，诱发真实活动盈余管理。

三、实证模型设计

（一）样本选择和数据来源

本节使用的上市公司产权性质、行业类别、高管薪酬、公司财务数据等均来源于国泰安CSMAR数据库。考虑到本书主要研究对象是国有企业，2009年限薪令的出台拉开了国有企业高管薪酬管制的序幕，故本节选择2010~2016年中国A股上市公司数据为研究样本，并剔除以下不符合要求的年度观测：（1）剔除ST、*ST企业及在2010~2016年间退市的企业；（2）剔除2010年以后上市的企业；（3）剔除金融类上市公司样本；（4）剔除与研究相关数据缺失的样本；（5）剔除行业观测值少于10个的样本。最后得到11 014个有效观测值。为了避免异常值的影响，本书对数据在0.5%的水平上做了WINSOR处理。

[①] 常风林，周慧，岳希明. 国有企业高管"限薪令"有效性研究[J]. 经济学动态，2017（03）：40-51.

（二）变量定义

1. 被解释变量

（1）应计项目盈余管理（DA）。

针对应计项目盈余管理的计量模型甚多，德乔（Dechow，1995）、巴托夫（Bartov，2001）、夏立军（2003）、黄梅（2007）等研究认为截面修正的琼斯（Jones）模型能较好地度量公司的应计项目盈余管理水平[1][2][3][4]。因此本书借鉴截面修正的 Jones 模型，采用分行业、分年度回归的方法衡量应计项目盈余管理水平：

$$TA_{i,t}/A_{i,t-1} = \alpha_1(1/A_{i,t-1}) + \alpha_2(\Delta REV_{i,t}/A_{i,t-1}) + \alpha_3(PPE_{i,t}/A_{i,t-1}) + \varepsilon_{i,t} \quad (11.1)$$

其中 $TA_{i,t-1}$ 表示 i 公司第 t 年的总应计利润（total accruals），等于净利润和经营活动现金流量之差，包括操控性和非操控性应计利润两部分，可直接从国泰安数据库提取。$A_{i,t-1}$ 为 i 公司第 t-1 年年末总资产，$\Delta REV_{i,t}$ 为 i 公司第 t 年主营业务收入的增加额，即 i 公司第 t 年主营业务收入与第 t-1 年主营业务收入的差额，$PPE_{i,t}$ 为 i 公司第 t 年固定资产原值。模型（11.1）中的各变量通过除以 $A_{i,t-1}$ 进行标准化处理，旨在消除公司规模差异带来的影响。将分行业、分年度回归得到的不同特征参数 α_1，α_2，α_3 代入以下模型：

$$NDA_{i,t}/A_{i,t-1} = \alpha_1(1/A_{i,t-1}) + \alpha_2(\Delta REV_{i,t} - \Delta REC_{i,t})/A_{i,t-1} + \alpha_3(PPE_{i,t}/A_{i,t-1}) + \varepsilon_{i,t} \quad (11.2)$$

其中，$NDA_{i,t}$ 表示 i 公司第 t 年的非操控性应计利润（non-discretionary accruals）；$A_{i,t-1}$、$\Delta REV_{i,t}$、$PPE_{i,t}$ 的变量意义同上；$\Delta REC_{i,t}$ 为 i 公司第 t 年应收账款增加额，即 i 公司第 t 年应收账款与第 t-1 年应收账款的差额。与模型（11.1）类似，模型（11.2）中各变量通过除以 $A_{i,t-1}$ 进行标准化处理，旨在消除公司规模差异带来的影响。将模型（11.2）中求得的 $NDA_{i,t}$ 与 $A_{i,t-1}$、$TA_{i,t-1}$ 代入模型（11.3）：

$$DA_{i,t} = TA_{i,t}/A_{i,t-1} - NDA_{i,t}/A_{i,t-1} \quad (11.3)$$

可得到衡量盈余管理水平的被解释变量 $DA_{i,t}$。由于盈余管理分为正负向，当公司处于微亏状态或者本年度高管薪酬未达到上限时，高管会采取正向的盈余管理以提高利润，当公司处于较严重亏损或高管薪酬达到上限或高管新任时，会采取负向盈余管理以将当年利润部分转移至第二年。

（2）真实活动盈余管理（RM）。

由于操控应计项目容易引起审计人员与监管部门的注意，上市公司高管可能采

---

[1] Dechow P. M., Sloan R. G., Sweeney A. P. Detecting earnings management [J]. Accounting review, 1995: 193 – 225.

[2] Bartov E., Gul F. A., Tsui J. S. L. Discretionary-accruals models and audit qualifications [J]. Journal of Accounting and Economics, 2000, 30 (3): 421 – 452.

[3] 夏立军. 国外盈余管理计量方法述评 [J]. 外国经济与管理, 2002 (10): 35 – 40.

[4] 黄梅. 盈余管理计量方法评述与展望 [J]. 中南财经政法大学学报, 2007 (06): 110 – 115, 122, 144.

取隐蔽性、迷惑性更强的真实活动盈余管理。即高管不满足于在会计政策变更、会计估计选择上以提前或滞后确认收入等方式进行应计项目盈余操控，而是在整个生产活动中有意识地管理盈余。罗伊乔杜里（Roychowdhury）研究发现，高管通过销售操控、生产成本操控和酌量费用操控等方式管理盈余。本书借鉴其方法，通过分年度、分行业回归的方式计算操控性生产成本、操控性现金流量和操控性酌量费用，得出真实活动盈余管理总额。模型如下：

$$\frac{PRODCOST_{i,t}}{A_{i,t-1}} = \alpha_1 \frac{1}{A_{i,t-1}} + \alpha_2 \frac{S_{i,t}}{A_{i,t-1}} + \alpha_3 \frac{\Delta S_{i,t}}{A_{i,t-1}} + \alpha_4 \frac{\Delta S_{i,t-1}}{A_{i,t-1}} + \varepsilon_{i,t} \quad (11.4)$$

$$\frac{CFO_{i,t}}{A_{i,t-1}} = \alpha_0 + \alpha_1 \frac{1}{A_{i,t-1}} + \alpha_2 \frac{S_{i,t}}{A_{i,t-1}} + \alpha_3 \frac{\Delta S_{i,t}}{A_{i,t-1}} + \varepsilon_{i,t} \quad (11.5)$$

$$\frac{DISCEXP_{i,t}}{A_{i,t-1}} = \alpha_1 \frac{1}{A_{i,t-1}} + \alpha_2 \frac{S_{i,t}}{A_{i,t-1}} + \varepsilon_{i,t} \quad (11.6)$$

$$RM_{i,t} = RM\_PRODCOST_{i,t} - RM\_CFO_{i,t} - RM\_DISCEXP_{i,t} \quad (11.7)$$

其中，$A_{i,t-1}$ 为 i 公司第 t-1 年年末总资产；$S_{i,t}$ 为 i 公司第 t 年的主营业务收入；$\Delta S_{i,t}$ 为 i 公司第 t 年主营业务收入的增加额，即 i 公司第 t 年主营业务收入与第 t-1 年主营业务收入的差额；$\Delta S_{i,t-1}$ 为 i 公司第 t-1 年主营业务收入的增加额，即 i 公司第 t-1 年主营业务收入与第 t-2 年主营业务收入的差额；$PRODCOST_{i,t}$ 为 i 公司第 t 年的生产成本，等于第 t 年主营业务成本与存货增加额之和，其中存货增加额为 i 公司第 t 年存货与第 t-1 年存货的差额；$CFO_{i,t}$ 为 i 公司第 t 年的经营活动现金流净额；$DISCEXP_{i,t}$ 为 i 公司第 t 年的酌量费用支出，等于管理费用与销售费用之和。模型（11.4）、模型（11.5）、模型（11.6）中各变量同样通过除以 $A_{i,t-1}$ 进行标准化处理，旨在消除公司规模差异带来的影响。模型（11.7）中的 $RM\_PRODCOST_{i,t}$、$RM\_CFO_{i,t}$、$RM\_DISCEXP_{i,t}$ 分别为模型（11.4）、模型（11.5）、模型（11.6）中的模型残差 $\varepsilon_{i,t}$。模型的基本思想是，当公司未进行真实活动盈余管理时，生产成本、现金流量净值、酌量性费用支出与主营业务收入及主营业务收入当前两期增加额存在较为稳定的线性关系，通过回归估算出模型残差即为进行真实活动盈余管理而产生的异常值。当高管进行正向盈余管理，即有意识通过真实活动增加本年度会计利润时，将通过扩大生产、赊销等方式，同时控制本年度的费用支出，反映在财务报表上即为生产成本增加、经营现金流净值减少、酌量性费用支出减少；高管进行负向盈余管理则相反。通过模型（11.7）来衡量真实活动盈余管理水平。

2. **解释变量**

（1）薪酬管制（PayCtrl）。

$$PayCtrl = \ln \frac{AccruedPayroll + CashPaidtoEmployees}{PayTop3} \quad (11.8)$$

其中，PayCtrl 表示薪酬管制，AccruedPayroll 表示应付职工薪酬，CashPaidtoEmployees 表示现金流量表中支付给职工现金及为职工支付的现金，PayTop3 表示高管前三名薪酬总额。

采用公司全体员工薪酬激励与高管薪酬激励之比来衡量高管薪酬管制强度。显然,当公司对高管薪酬的管制越强时,高管薪酬激励在全体员工薪酬激励中的占比越小,该解释变量的值则越大。员工薪酬激励用应付与已付两部分之和进行估计。高管货币薪酬激励采用高管前三名薪酬总额代替衡量,一是考虑到数值获取的方便性,二是因高管排名越靠前,其薪酬与公司的整体业绩相关性越大,越有动机进行应计项目盈余管理,且只有排名靠前的高管才有能力决定公司整体的生产经营策略进行真实活动盈余管理。采用自然对数处理是由于公司规模不同、行业不同,比值的绝对数差异较大,通过取自然对数的方式平滑其差异。

(2) 薪酬管制与产权属性的交互项(PayCtrl×SOE)。

该变量用来解释国有企业的薪酬管制对被解释变量的影响。PayCtrl 代表薪酬管制,SOE 代表产权属性,详细定义见本节"控制变量"部分。

(3) 薪酬管制与国有企业层级的交互项(PayCtrl×SOE_C、PayCtrl×SOE_L)。

该变量用来解释中央企业、地方性国有企业的薪酬管制对被解释变量的影响。PayCtrl 代表薪酬管制,SOE_C 代表国有企业层级为中央控股,SOE_L 代表国有企业层级为地方控股,详细定义见"控制变量"部分。

(4) 薪改方案与产权属性的交互项(Reform×SOE)。

该变量用来解释薪改方案对国有企业的被解释变量的影响。Reform 代表薪改方案,SOE 代表产权属性,详细定义见"控制变量"部分,交互项构造见本节"回归模型构建"部分。

(5) 薪改方案与国有企业层级的交互项(PayCtrl×SOE_C、PayCtrl×SOE_L)。

该变量用来解释薪改方案对中央控股企业、地方性国有企业被解释变量的影响。Reform 代表薪改方案,SOE_C 代表国有企业层级为中央控股,SOE_L 代表国有企业层级为地方控股,详细定义见"控制变量"部分,交互项构造见本节"回归模型构建"部分。

3. 控制变量

(1) 薪改方案(Reform)。虚拟变量,薪改方案实施前该变量为0,实施后为1。

(2) 产权属性(SOE)。虚拟变量,样本的产权属性为国有时,该变量为1,反之为0。

(3) 国有企业层级——中央(SOE_C)。虚拟变量,样本为中央企业时(即国泰安数据国有企业层级为"央企""国家"),该变量为1,反之为0。

(4) 国企层级——地方(SOE_L)。虚拟变量,样本为地方性国有企业时(即国泰安数据国企层级为"省""区""市"),该变量为1,反之为0。

(5) 企业规模(Size)。采用总资产的自然对数表示,控制企业规模大小对盈余管理的影响。一般而言,企业规模越大,企业的内部制度设计及公司治理结构会越完善,因而降低企业盈余管理水平。

(6) 财务杠杆(Lev)。用资产负债率表示,控制企业财务杠杆对盈余管理的影响。一般而言,企业资产负债率越高,其来自银行等第三方借款机构的监督和约束越多,因而会降低企业盈余管理水平。

(7) 总资产收益率（ROA）。即净利润与总资产之比,控制企业总资产收益率对盈余管理的影响。一般而言,高管实施盈余管理的动机是通过会计操纵调高账面利润以获取较高薪酬,因此该控制变量通常与盈余管理呈正相关关系。

(8) 公司成长能力（Growth）。采用公司营业收入增长率表示,控制公司成长能力对盈余管理的影响。一般而言,公司成长能力越强,即公司营业收入增长率越高,代表公司经营状况较好,公司处于成长期,高管无须通过会计操纵粉饰账面利润,因此该控制变量通常与盈余管理呈负相关关系。

(9) 应计项目盈余管理（DA）与真实活动盈余管理（RM）。控制变量的定义与上文中被解释变量的定义相同,因此不再赘述。当高管有意识进行盈余管理时,极可能同时采用应计项目盈余管理和真实活动盈余管理两种形式。因此本书中,当应计项目盈余管理（DA）作为被解释变量时,采用真实活动盈余管理（RM）作为控制变量,反之亦然,用来代替衡量高管的盈余管理意识,故该控制变量通常与被解释变量呈正相关关系。

(10) 行业变量（Indust）与年度变量（Year）。分属不同行业的上市公司由于经营业务特点的不同导致账务处理方式上差异较大,进而影响到盈余管理水平,因此引入行业变量控制这种差异。由于公司的经营业绩与现金流状况受到宏观经济的影响,因此引入年度变量控制经济环境等因素带来的差异。

变量的名称及定义可参照表 11-1。

表 11-1　　　　　　　　　　变量名称及定义

变量	变量名称	缩写	定义
因变量	应计盈余管理	DA	衡量企业应计项目盈余管理水平
	真实盈余管理	RM	衡量企业真实活动盈余管理水平
自变量	薪酬管制	PayCtrl	衡量高管薪酬管制强度
	交互项	PayCtrl × SOE	薪酬管制与产权属性的交互项
		PayCtrl × SOE_C	薪酬管制与国企层级——中央的交互项
		PayCtrl × SOE_L	薪酬管制与国企层级——地方的交互项
		Reform × SOE	薪改方案与产权属性的交互项
		Reform × SOE_C	薪改方案与国企层级——中央的交互项
		Reform × SOE_L	薪改方案与国企层级——地方的交互项
控制变量	薪改方案	Reform	方案实施前变量为 0；方案实施后变量为 1
	国有企业	SOE	非国有企业变量为 0；国有企业变量为 1

续表

变量	变量名称	缩写	定义
控制变量	中央控股企业	SOE_C	非中央控股企业变量为0；中央控股企业变量为1
	地方性国有企业	SOE_L	非地方性国企变量为0；地方性国企变量为1
	企业规模	Size	总资产的自然对数
	财务杠杆	Lev	资产负债率
	总资产收益率	ROA	净利润与总资产之比
	成长能力	Growth	营业收入增长率
	真实盈余管理	RM	衡量企业真实活动盈余管理水平
	应计盈余管理	DA	衡量企业应计项目盈余管理水平
	行业变量	Indust	代表不同行业
	年度变量	Year	代表不同年度

（三）回归模型构建

1. 假设 11-1 的回归模型构建

模型一：$DA_{i,t} = \beta_0 + \beta_1 PayCtrl_{i,t} + \beta_2 PayCtrl_{i,t} \times SOE_{i,t} + \beta_3 Size_{i,t} + \beta_4 Lev_{i,t} + \beta_5 ROA_{i,t} + \beta_6 Growth_{i,t} + \beta_7 RM_{i,t} + \sum Indust + \sum Year + \varepsilon_{i,t}$

模型二：$RM_{i,t} = \beta_0 + \beta_1 PayCtrl_{i,t} + \beta_2 PayCtrl_{i,t} \times SOE_{i,t} + \beta_3 Size_{i,t} + \beta_4 Lev_{i,t} + \beta_5 ROA_{i,t} + \beta_6 Growth_{i,t} + \beta_7 DA_{i,t} + \sum Indust + \sum Year + \varepsilon_{i,t}$

构建模型一检验薪酬管制对国有企业应计项目盈余管理的影响，构建模型二检验薪酬管制对国有企业真实活动盈余管理的影响。这两个模型中主要的解释变量有 PayCtrl、PayCtrl×SOE，由于拟使用的观测值中包含非国有企业，故使用变量 PayCtrl×SOE 考察国有企业与非国有企业的区别。此外，为了深化对国有企业的研究，将国有企业分为中央企业与地方国有企业两类，故将上述两个模型中的 PayCtrl×SOE 用 PayCtrl×SOE_C、PayCtrl×SOE_L 替代再次进行回归检验。

2. 假设 11-2 的回归模型构建

模型三：$PayCrtl_{i,t} = \beta_0 + \beta_1 Reform \times SOE_{i,t} + \beta_2 SOE_{i,t} + \beta_3 Size_{i,t} + \beta_4 Lev_{i,t} + \beta_5 ROA_{i,t} + \beta_6 Growth_{i,t} + \sum Indust + \sum Year + \varepsilon_{i,t}$

构建模型三检验薪改方案的出台对国有企业高管薪酬管制强度的影响，若显著性检验通过，则可支持薪酬管制变量设计的合理性，再结合假设 11-1 的检验，则可支持本书理论分析中薪改方案的出台对国有企业盈余管理影响过程的推导。模型三中的主要解释变量有 SOE、Reform×SOE。模型的构建借鉴了双重差分法，故引入了交互项 Reform×SOE。双重差分法的思想是通过两次差分，依次排除不同时间及不同类别个体固有特征（在模型三中为不同产权属性）带来的影响，进而确切验证特定政策（薪改方案）对某类个体（国有企业）产生的影响。在实证模型中，未引入单个解释变量 Reform，是因为 Reform 作为虚拟变量，与模型中年度虚拟变量 Year 的功能有重复之处，同时引入将导致完全共线性，故而有变量 Year 则无须引入单独变量 Reform。模型同样使用全体观测值进行回归检验，为了细化对国有企业的研究，将国有企业分为中央企业与地方国有企业两类，将上述模型中的 SOE 用 SOE_C、SOE_L 替代，Reform×SOE 用 Reform×SOE_C、Reform×SOE_L 替代再次进行回归检验。

3. **假设 11-3 的回归模型构建**

模型四：$DA_{i,t} = \beta_0 + \beta_1 Reform \times SOE_{i,t} + \beta_2 SOE_{i,t} + \beta_3 Size_{i,t} + \beta_4 Lev_{i,t} + \beta_5 ROA_{i,t} + \beta_6 Growth_{i,t} + \beta_7 RM_{i,t} + \sum Indust + \sum Year + \varepsilon_{i,t}$

模型五：$RM_{i,t} = \beta_0 + \beta_1 Reform \times SOE_{i,t} + \beta_2 SOE_{i,t} + \beta_3 Size_{i,t} + \beta_4 Lev_{i,t} + \beta_5 ROA_{i,t} + \beta_6 Growth_{i,t} + \beta_7 DA_{i,t} \sum Indust + \sum Year + \varepsilon_{i,t}$

构建模型四检验薪改方案的出台对国有企业应计项目盈余管理的影响，构建模型五检验薪改方案的出台对国有企业真实活动盈余管理的影响。这两个模型的主要解释变量有 Reform×SOE、SOE，与模型三类似，这两个模型的构建也借鉴了双重差分法，在此不再赘述。模型同样使用全体观测值进行回归检验，为了细化对国有企业的研究，将国有企业分为中央企业与地方国有企业两类，将上述两个模型中的 SOE 用 SOE_C、SOE_L 替代，Reform×SOE 用 Reform×SOE_C、Reform×SOE_L 替代再次进行回归检验。

四、实证检验与结果分析

在对模型进行回归分析前，有必要对相关数据进行描述性分析和相关性检验，以加深对所用数据的直观认识与变量间相互关系的了解。

（一）描述性统计

从表 11-2 描述性统计可以看出，被解释变量应计项目盈余管理（DA）的平均值为 0.022，真实活动盈余管理（RM）的平均值为 -0.146，两种盈余管理的最小值为负数，最大值为正数，说明我国 A 股上市公司同时存在两种盈余管理，且方向不定。从表 11-2 还可发现我国上市公司薪酬管制（PayCtrl）和企业规模（Size）两个变量差异较大。另外，11 014 个观测值中产权为国有的 5 296 个（其中中央企业 1 678 个，地方国有企业 3 618 个），产权非国有 5 718 个。

表 11-2　　　　　　　　部分变量统计结果（全体观测值）

变量	样本数（个）	最小值	最大值	中位数	平均值	标准差
应计盈余管理	11 014	-0.277	0.389	0.018	0.022	0.086
真实盈余管理	11 014	-1.186	0.771	-0.124	-0.146	0.262
薪酬管制	11 014	2.137	9.098	5.023	5.107	1.167
企业规模	11 014	19.756	26.709	22.078	22.258	1.270
财务杠杆	11 014	0.045	0.899	0.462	0.457	0.206
总资产收益率	11 014	-0.132	0.237	0.045	0.052	0.048
成长能力	11 014	0.408	6.422	1.110	1.201	0.562

由于本书的研究对象是国有企业，故有必要对国有企业单独做一次描述性统计，结果如表 11-3 所示。被解释变量应计项目盈余管理（DA）的平均值为 0.020，真实活动盈余管理（RM）的平均值为 -0.127，两种盈余管理的最小值为负数，最大值为正数，说明我国 A 股上市国企同时存在两种盈余管理，且方向不定。从平均值来看，国有企业的薪酬管制强度高于 A 股上市公司平均值，这初步印证了上面自 2009 年限薪令出台以后国有企业高管薪酬管制强度加大的理论分析（样本数据的区间为 2010～2016 年共 6 年）。样本的行业分布如表 11-4 所示。

表 11-3　　　　　　　　部分变量统计结果（国有企业）

变量	样本数（个）	最小值	最大值	中位数	平均值	标准差
应计盈余管理	5 296	-0.277	0.389	0.017	0.020	0.082
真实盈余管理	5 296	-1.186	0.771	-0.110	-0.127	0.241
薪酬管制	5 296	2.137	9.098	5.406	5.519	1.225
企业规模	5 296	19.756	26.709	22.534	22.699	1.343
财务杠杆	5 296	0.045	0.899	0.531	0.517	0.194
总资产收益率	5 296	-0.132	0.237	0.042	0.048	0.044
成长能力	5 296	0.408	6.422	1.093	1.160	0.477

表 11-4　　　　　　　　行业分布情况

行业代码	样本总体 样本数（个）	样本总体 占比（%）	国有企业 样本数（个）	国有企业 占比（%）	非国有企业 样本数（个）	非国有企业 占比（%）
A	168	1.53	66	1.25	102	1.78
B	319	2.90	251	4.74	68	1.19
C	6 614	60.05	2 725	51.45	3 889	68.01

续表

行业代码	样本总体 样本数（个）	样本总体 占比（%）	国有企业 样本数（个）	国有企业 占比（%）	非国有企业 样本数（个）	非国有企业 占比（%）
D	488	4.43	411	7.76	77	1.35
E	305	2.77	177	3.34	128	2.24
F	790	7.17	451	8.52	339	5.93
G	453	4.11	388	7.33	65	1.14
I	627	5.69	156	2.95	471	8.24
K	698	6.34	380	7.18	318	5.56
L	165	1.50	85	1.60	80	1.40
N	123	1.12	74	1.40	49	0.86
R	131	1.19	66	1.25	65	1.14
S	133	1.21	66	1.25	67	1.17
合计	11 014	100.00	5 296	100.00	5 718	100.00

（二）相关性检验

从表11-5主要变量的相关系数矩阵可以看出，应计项目盈余管理DA与真实活动盈余管理RM存在比较显著的正相关关系，说明公司高管有意进行盈余管理时，会同时采用两种盈余管理方式，这与上面的理论分析一致。薪酬管制PayCtrl与DA、RM均存在较显著负相关关系，说明从总体上来看，高管薪酬管制能够抑制正向的盈余管理，这也与上面的理论分析一致。此外，各控制变量之间存在一定的相关性，因此在做实证分析时应进一步检验具体回归模型是否存在严重的共线性问题。

表11-5　　　　　　　　Pearson/Spearman 相关系数矩阵

变量	DA	RM	PayCtrl	Size	Lev	ROA	Growth
DA	1	0.337***	-0.072***	0.020*	-0.026**	0.131***	0.068***
RM	0.368***	1	-0.095***	0.077***	0.269***	-0.393***	-0.013
PayCtrl	-0.079***	-0.090***	1	0.586***	0.312***	0.003	-0.025**
Size	0.015	0.070***	0.644***	1	0.529***	0.044***	0.027**
Lev	-0.007	0.257***	0.313***	0.515***	1	-0.207***	0.028**
ROA	0.166***	-0.398***	-0.013	0.033***	-0.224***	1	0.330***
Growth	0.065***	0.024*	-0.024*	0.032***	0.046***	0.196***	1

注：对角线左下为Pearson相关系数，右上为Spearman相关系数；* 代表 $p<0.05$，** 代表 $p<0.01$，*** 代表 $p<0.001$。

（三）回归结果分析

1. 模型一与模型二的回归结果分析

如上面所述，此组模型包括模型一、模型二两个，每个模型又分别用层级变量代替产权变量进行再回归，所以共有4个回归结果。由于模型可能存在严重的多重共线性，对自变量与控制变量进行方差膨胀因子（VIF）检验，结果如表11-6所示，解释变量与主要的控制变量 VIF 均小于10，即使算上行业变量与年度变量，VIF 均值也小于10，表明模型不存在严重的多重共线性。

表11-6　　　　　　　　方差膨胀因子检验结果

变量	产权模型一 VIF	产权模型一 1/VIF	层级模型一 VIF	层级模型一 1/VIF	产权模型二 VIF	产权模型二 1/VIF	层级模型二 VIF	层级模型二 1/VIF
PayCtrl	2.63	0.3798	2.63	0.3798	2.57	0.3885	2.57	0.3884
PayCtrl×SOE	1.63	0.6141	无	无	1.63	0.6145	无	无
PayCtrl×SOE_C	无	无	1.49	0.6703	无	无	1.49	0.6720
PayCtrl×SOE_L	无	无	1.58	0.6336	无	无	1.58	0.6337
Size	2.79	0.3587	2.83	0.3537	2.79	0.3588	2.83	0.3534
Lev	1.78	0.5606	1.79	0.5579	1.76	0.5690	1.76	0.5667
ROA	1.45	0.6876	1.45	0.6874	1.25	0.8030	1.25	0.8020
Growth	1.08	0.9228	1.08	0.9228	1.08	0.9284	1.08	0.9284
RM	1.43	0.6991	1.43	0.6976	无	无	无	无
DA	无	无	无	无	1.10	0.9074	1.10	0.9074
Indust	控制	控制	控制	控制	控制	控制	控制	控制
Year	控制	控制	控制	控制	控制	控制	控制	控制
Mean VIF	3.10		3.04		3.07		3.01	

从表11-7的模型回归结果来看，产权模型一中的 PayCtrl×SOE 的系数为-0.001，在1%的水平上通过显著性检验，PayCtrl 的系数虽然也是-0.001，但未通过显著性检验，说明与非国有企业相比，薪酬管制对正向的应计项目盈余管理产生抑制作用。

表11-7　　　　　　　　假设11-1的实证检验结果

变量	产权模型一 DA	层级模型一 DA	产权模型二 RM	层级模型二 RM
PayCtrl	-0.001 (-0.71)	-0.001 (-0.74)	-0.039*** (-15.86)	-0.039*** (-15.77)

续表

变量	产权模型一 DA	层级模型一 DA	产权模型二 RM	层级模型二 RM
PayCtrl × SOE	−0.001*** (−3.21)	无	0.003*** (4.33)	无
PayCtrl × SOE_C	无	−0.002*** (−4.73)	无	0.007*** (7.12)
PayCtrl × SOE_L	无	−0.001* (−1.68)	无	0.002* (1.83)
Size	0.005*** (5.65)	0.005*** (6.03)	0.014*** (5.95)	0.012*** (5.19)
Lev	−0.042*** (−9.45)	−0.043*** (−9.67)	0.185*** (15.97)	0.189*** (16.34)
ROA	0.656*** (38.23)	0.655*** (38.19)	−2.514*** (−59.59)	−2.505*** (−59.44)
Growth	−0.004*** (−2.91)	−0.004*** (−2.90)	0.029*** (8.70)	0.029*** (8.67)
RM	0.191*** (61.69)	0.191*** (61.82)	无	无
DA	无	无	1.348*** (61.69)	1.349*** (61.82)
Constant	−0.082*** (−4.82)	−0.090*** (−5.25)	−0.129*** (−2.87)	−0.093** (−2.05)
Indust	控制	控制	控制	控制
Year	控制	控制	控制	控制
Obs.	11 014	11 014	11 014	11 014
R−squared	0.3260	0.3268	0.4808	0.4824
Adj R−squared	0.3245	0.3252	0.4796	0.4812
F	212.62	205.13	406.96	393.87
Sig.	0.0000	0.0000	0.0000	0.0000

注：括号中报告的是回归系数 t 值；***、**、* 分别表示能够通过显著水平为 1%、5% 和 10% 的统计检验。

层级模型一中的 PayCtrl × SOE_C 的系数为 −0.002，在 1% 的水平上通过显著性检验；PayCtrl × SOE_L 的系数为 −0.001，在 10% 的水平上通过显著性检验。这表明在对正向的应计项目盈余管理影响上，中央企业的高管薪酬管制抑制作用要比地方国有企业的高管薪酬管制抑制作用明显。

产权模型二中的 PayCtrl×SOE 的系数为 0.003，在 1% 的水平上通过显著性检验，PayCtrl 的系数为 -0.039，也在 1% 的水平上通过显著性检验。这支持了理论分析的结果，从总体来看，高管薪酬管制抑制了正向的真实活动盈余管理的产生（PayCtrl 的系数为负），但国有企业的高管薪酬管制却诱发了正向的真实活动盈余管理（PayCtrl×SOE 为正）。

层级模型二中的 PayCtrl×SOE_C 的系数为 0.007，在 1% 的水平上通过显著性检验；PayCtrl×SOE_L 的系数为 0.002，在 10% 的水平上通过显著性检验。这表明在对正向的真实活动盈余管理影响上，中央企业的高管薪酬管制促进作用要比地方国有企业的高管薪酬管制促进作用明显。

因此，假设 11-1 通过检验。此外，从模型回归结果还可以发现，4 个模型回归中应计项目盈余管理和真实活动盈余管理的系数均在 1% 的水平上显著为正。这支持了理论分析的结果，高管在进行盈余管理时会同时采用两种盈余管理方式。

2. 模型三的回归结果分析

如上面所述，模型三用来检验薪改方案的出台对国有企业高管薪酬管制强度的影响，根据解释变量的不同（产权变量或层级变量），共有两个回归。由于模型可能存在多重共线性，对自变量与控制变量进行方差膨胀因子（VIF）检验，结果如表 11-8 所示，解释变量与主要的控制变量 VIF 均小于 10，即使算上行业变量与年度变量，VIF 均值也小于 10，表明模型不存在严重的多重共线性。

表 11-8　　　　　　　　　方差膨胀因子检验结果

变量	产权模型三 VIF	产权模型三 1/VIF	层级模型三 VIF	层级模型三 1/VIF
Reform×SOE	2.25	0.4443	无	无
SOE	1.70	0.5876	无	无
Reform×SOE_C	无	无	1.72	0.5799
SOE_C	无	无	1.73	0.5784
Reform×SOE_L	无	无	2.00	0.4999
SOE_L	无	无	1.79	0.5573
Size	1.74	0.5734	1.77	0.5664
Lev	1.76	0.5679	1.77	0.5660
ROA	1.22	0.8222	1.22	0.8212
Growth	1.08	0.9256	1.08	0.9256
Indust	控制	控制	控制	控制
Year	控制	控制	控制	控制
Mean VIF	3.12		3.01	

从表 11-9 的模型回归结果来看，产权模型三中变量 Reform×SOE 的系数为 0.130、SOE 的系数为 0.283，都在 1% 的水平上显著，说明薪改方案的出台加强了国有企业的高管薪酬管制，且国有企业的管制强度要大于非国有企业。假设 11-2 通过检验，同时从侧面说明了高管薪酬管制变量设计的合理性。

表 11-9　　　　　　　　　假设 11-2 的实证检验结果

变量	产权模型三 PayCtrl	层级模型三 PayCtrl
Reform×SOE	0.130*** (4.08)	无
SOE	0.283*** (14.92)	无
Reform×SOE_C	无	0.091* (1.96)
SOE_C	无	0.269*** (10.10)
Reform×SOE_L	无	0.150*** (4.19)
SOE_L	无	0.289*** (13.96)
Size	0.600*** (79.43)	0.602*** (79.13)
Lev	0.196*** (4.18)	0.193*** (4.10)
ROA	-1.163*** (-6.90)	-1.168*** (-6.94)
Growth	-0.019 (-1.43)	-0.019 (-1.41)
Constant	-8.102*** (-49.98)	-8.132*** (-49.85)
Indust	控制	控制
Year	控制	控制
Obs.	11 014	11 014
R-squared	0.5734	0.5735

续表

变量	产权模型三 PayCtrl	层级模型三 PayCtrl
Adj R – squared	0.5725	0.5725
F	615.41	568.34
Sig.	0.0000	0.0000

注：括号中报告的是回归系数 t 值；***、**、*分别表示能够通过显著水平为 1%、5% 和 10% 的统计检验。

层级模型三中变量 Reform × SOE_C 的系数为 0.091，在 10% 的水平上显著，SOE_C 的系数为 0.269，在 1% 的水平上显著；Reform × SOE_L 的系数为 0.150、SOE_L 的系数为 0.289，均在 1% 水平上通过显著性检验。这表明与中央企业相比，薪改方案的出台对地方国有企业的薪酬管制强度影响更大，即在对薪改方案中的高管薪酬管制的执行上，地方国有企业要优于中央企业。这个结论与常风林等（2017）的研究结果一致。

3. 模型四与模型五的回归结果分析

如上文所述，此组模型包括模型四、模型五两个，每个模型又分别用层级变量代替产权变量进行回归，所以共有 4 个回归结果。由于模型可能存在多重共线性，本书对自变量与控制变量进行方差膨胀因子（VIF）检验，结果如表 11 – 10 所示，解释变量与主要的控制变量 VIF 均小于 10，即使算上行业变量与年度变量，VIF 均值也小于 10，表明模型不存在严重的多重共线性。

表 11 – 10　　方差膨胀因子检验结果

变量	产权模型四 VIF	产权模型四 1/VIF	层级模型四 VIF	层级模型四 1/VIF	产权模型五 VIF	产权模型五 1/VIF	层级模型五 VIF	层级模型五 1/VIF
Reform × SOE	2.25	0.4439	无	无	2.25	0.4442	无	无
SOE	1.70	0.5873	无	无	1.70	0.5874	无	无
Reform × SOE_C	无	无	1.73	0.5796	无	无	1.72	0.5799
SOE_C	无	无	1.73	0.5784	无	无	1.73	0.5783
Reform × SOE_L	无	无	2.00	0.4995	无	无	2.00	0.4998
SOE_L	无	无	1.80	0.5565	无	无	1.79	0.5572
Size	1.74	0.5733	1.77	0.5662	1.75	0.5724	1.77	0.5654
Lev	1.78	0.5606	1.79	0.5584	1.76	0.5677	1.77	0.5658
ROA	1.43	0.7014	1.43	0.7012	1.24	0.8084	1.24	0.8075
Growth	1.09	0.9194	1.09	0.9193	1.08	0.9254	1.08	0.9253
RM	1.39	0.7219	1.39	0.7201	无	无	无	无

续表

变量	产权模型四 VIF	产权模型四 1/VIF	层级模型四 VIF	层级模型四 1/VIF	产权模型五 VIF	产权模型五 1/VIF	层级模型五 VIF	层级模型五 1/VIF
DA	无	无	无	无	1.09	0.9171	1.09	0.9170
Indust	控制	控制	控制	控制	控制	控制	控制	控制
Year	控制	控制	控制	控制	控制	控制	控制	控制
Mean VIF	3.07		2.97		3.05		2.95	

从表 11–11 的模型回归结果来看,产权模型四中的变量 Reform×SOE 的系数为 −0.010,在 1% 的水平上通过显著性检验;SOE 的系数为 −0.001,未通过显著性检验。这表明薪改方案的出台抑制了国有企业正向的应计项目盈余管理,但其本身的产权属性对盈余管理的抑制作用不显著。

表 11–11　假设 11–3 的实证检验结果

变量	产权模型四 DA	层级模型四 DA	产权模型五 RM	层级模型五 RM
Reform×SOE	−0.010*** (−3.48)	无	0.036*** (4.55)	无
SOE	−0.001 (−0.76)	无	−0.008* (−1.73)	无
Reform×SOE_C	无	−0.007 (−1.57)	无	0.032*** (2.75)
SOE_C	无	−0.007*** (−2.92)	无	0.017*** (2.61)
Reform×SOE_L	无	−0.012*** (−3.57)	无	0.037*** (4.20)
SOE_L	无	0.001 (0.67)	无	−0.020*** (−3.77)
Size	0.004*** (5.83)	0.004*** (6.17)	−0.008*** (−4.08)	−0.009*** (−4.74)
Lev	−0.042*** (−9.52)	−0.043*** (−9.73)	0.178*** (15.18)	0.182*** (15.52)
ROA	0.661*** (38.92)	0.660*** (38.89)	−2.485*** (−58.49)	−2.477*** (−58.36)
Growth	−0.004*** (−3.06)	−0.004*** (−3.04)	0.030*** (9.00)	0.030*** (8.96)

续表

变量	产权模型四 DA	层级模型四 DA	产权模型五 RM	层级模型五 RM
RM	0.192*** (63.03)	0.192*** (63.15)	无	无
DA	无	无	1.384*** (63.03)	1.385*** (63.15)
Constant	-0.067*** (-4.44)	-0.073*** (-4.79)	0.158*** (3.89)	0.186*** (4.56)
Indust	控制	控制	控制	控制
Year	控制	控制	控制	控制
Obs.	11 014	11 014	11 014	11 014
R-squared	0.3265	0.3272	0.4699	0.4717
Adj R-squared	0.3249	0.3256	0.4686	0.4704
F	213.03	197.89	389.53	363.29
Sig.	0.0000	0.0000	0.0000	0.0000

注：括号中报告的是回归系数 t 值；***、**、*分别表示能够通过显著水平为 1%、5% 和 10% 的统计检验。

层级模型四中的变量 Reform×SOE_C 的系数为 -0.007，未通过显著性检验；Reform×SOE_L 的系数为 -0.012，在 1% 水平上显著。这表明与中央企业相比，薪改方案的出台对地方国有企业正向应计项目盈余管理的抑制作用更大，与上文的结论"在对薪改方案中的高管薪酬管制的执行上，地方国有企业要优于中央控股企业"一致。SOE_C 的系数为 -0.007，在 1% 水平上显著，SOE_L 的系数为 0.001，未通过显著性检验，说明国有企业层级越高，对应计项目盈余管理的抑制作用越强，这可能是因为国有企业层级越高，越容易受到相关监管机构的重视。

产权模型五中的 Reform×SOE 的系数为 0.036，在 1% 的水平上显著；SOE 的系数为 -0.008，在 10% 的水平上显著，表明薪改方案的出台诱发了国有企业正向的真实活动盈余管理，国有企业的产权属性则在一定程度上抑制了盈余管理。

层级模型五中的 Reform×SOE_C 的系数为 0.032，小于 Reform×SOE_L 的系数 0.037，二者均在 1% 的水平上显著，表明与中央企业相比，薪改方案的出台对地方国有企业正向真实活动盈余管理的促进作用更大，与上文的结论"在对薪改方案中的高管薪酬管制的执行上，地方国有企业要优于中央控股企业"一致。此外，SOE_C 的系数为 0.017、SOE_L 的系数为 -0.020，二者均在 1% 的水平上显著，表明国有企业层级越高，越容易诱发真实活动盈余管理。因此，假设 11-3 通过检验。

4. 稳健性检验

本节进行了以下稳健性测试：（1）采用陈信元等（2009）的实证分析方法，

用高管前三名平均薪酬与员工平均薪酬之比 Top3rpay 代替上述模型中的变量 PayCtrl，Top3rpay 越小，高管薪酬管制强度越强①；（2）采用分组回归的方式，对比相关变量的系数。稳健性检验结果与前面的研究结论并没有实质性的差异，表明实证结论是稳健的。

（四）实证结论

本节中的 3 个假设均通过实证检验，因此可得出以下结论：（1）与非国有企业相比，高管薪酬管制更显著地抑制了国有企业的应计项目盈余管理，却在一定程度上诱发了真实活动盈余管理 [虽然所用的解释变量不同，但该检验结果与申毅和阮青松（2017）②的研究结论有类似之处]；（2）薪改方案的出台确实加强了高管的薪酬管制强度；（3）薪改方案作为高管薪酬管制的政策载体，其实证检验结果与第（1）点一致，即薪改方案的出台抑制国有企业的应计项目盈余管理，促进真实活动盈余管理。

除此之外，实证检验还得到以下结果：（1）国有企业的层级越高，薪改方案对高管薪酬的管制强度越小 [虽然所用的被解释变量不同，但该检验结果与常风林、周慧和岳希明（2017）③的实证结果殊途同归]；（2）国有企业的层级越高，高管薪酬管制对盈余管理的影响越大；（3）从整体来看，国有企业的层级越高，薪改方案的出台对盈余管理的影响越大。

第三节 国有企业政治关联、内部控制与盈余管理

随着市场经济改革的纵深推进，我国企业会计准则与国际标准趋同势在必行，诸多上市公司处于盈余管理手段抉择的困境下，普遍存在对拥有强隐蔽性优势的真实盈余管理选择性偏好。同时，基于我国特殊的政治体系和市场环境，为时刻保持政府对国家重要产业和重点领域的"绝对"或"强有力"控制，国有上市公司被赋予了"先天被动"的政治关联。在政治关联的加持之下，经济控制权与政治话语权的高度集中，加剧了国有上市公司利用真实盈余管理以达到操纵利润目的的行为动机。从现实情况看，我国企业内部控制制度设计和执行的不完善与不规范，加之资本市场监管机制的不健全，导致企业真实盈余管理乱象及资本市场秩序混乱，国有上市公司利用政治关联操纵盈余现象有不断恶化的趋势，亟须加以研究解决。

---

① 陈冬华，陈信元，万华林. 国有企业中的薪酬管制与在职消费 [J]. 经济研究，2005（02）：92 – 101.
② 申毅，阮青松. 薪酬管制对企业盈余管理影响的研究——基于应计及真实盈余管理的检验 [J]. 经济经纬，2017（06）：105 – 110.
③ 常风林，周慧，岳希明. 国有企业高管"限薪令"有效性研究 [J]. 经济学动态，2017（03）：40 – 51.

基于上述背景，为了更详尽地探索国有上市公司政治关联、内部控制质量与真实盈余管理三者间的联系，强化资本市场监管，遏制国有上市公司盈余管理的不良趋势，本节选取 2011~2017 年沪深两市 A 股上市的国有企业作为研究样本，借助规范与实证研究的两种方法，分析所得的 4 718 个观测值，探究三者间的内在联系。

一、问题的提出

改革开放以来，我国经济由高速增长向高质量发展逐步转变。在这一过程中，我国上市公司面临宏观经济下滑带来的公司业绩负增长等诸多挑战，为了减小公司业绩下滑给市场造成的负面影响，不少上市公司尤其是国有上市公司纷纷采取盈余管理的手段，以达到粉饰公司财务报表的目的。例如，2003 年"陆家嘴"变更会计政策和会计估计事件、2006 年"ST 玉源"以债务重组转危为安、2007 年"大唐电信"以大量计提减值准备扭亏为盈，以及 2012 年"太原煤炭气化"运用资产交换与政府补助的手段成功合并度过危机等诸多事件。盈余管理根据操纵方式不同，分为主观选择会计政策或会计方法以影响应计利润的应计盈余管理行为，和以构造真实的经济事项、改变经济业务的发生时间等方式来操控盈余的真实盈余管理行为。随着中国会计准则与国际标准的顺利接轨，新会计准则在全国范围内的颁布与实施，推进我国法律制度的不断健全与监管强度的显著提高，致使采用应计利润盈余管理行为的风险与成本也同步增大，极大程度上缩小了会计选择的弹性空间。而真实盈余管理则是通过对经营现金流、生产成本与酌量性费用等经济活动实施非会计方法操纵，因其隐蔽性高、监管察觉难度大而受到国有上市公司的现实选择。同时，当前经济增速放缓给公司实现业绩目标带来的巨大压力，也为国有上市公司实施真实盈余管理创造了更充分的动机与空间。

"安然事件""世界通信"等财务舞弊丑闻的爆发，引发了社会各界对企业内部控制制度失灵的深思，《萨班斯——奥克斯莱法案》正是在这样的经济动荡时期应运而生，并成为世界各国建立健全内部控制制度的指导性文件。我国自 2006 年颁布并实施沪深两市上市公司内部控制指引以来，便从未停止对完善我国内部控制制度的探索。2008 年《企业内部控制基本规范》的颁布与实施，为我国企业内部控制制度的规范提供了标准。2010 年，与《企业内部控制基本规范》齐名被称为中国"萨班斯法案"的《企业内部控制配套指引》出台，标志着企业内部控制规范体系在我国初步建成。随后，2012 年《行政事业单位内部控制规范（试行）》颁布，意味着我国实现对内部控制规范体系的一大突破。已有的研究文献表明，内部控制的健全与完善，可以达到高效监督企业管理行为的目的，能够起到对财务信息真实性、可靠性与披露信息规范性的有效保障，有利于优化盈利质量。然而，即便是在政府部门对内部控制高度重视的背景之下，"三聚氰胺"、中海"资金门"等内部控制失灵现象仍然愈演愈烈。由于内部控制不健全而发生财务舞弊、经营失败与巨额亏损的事件近年来更是有恶化趋势。

除此之外，基于我国特殊的政治体系和市场环境，为维持政府对与国民经济命脉息息相关的重要产业与重点领域的"绝对"或"强有力"控制，国有上市公司被赋予了"先天被动"的政治关联，国有企业高管"仕而优则商"以及"商而优则仕"的现象屡见不鲜，不利于国有企业政企关系的规范。在政治关联的加持之下，国有上市公司高管掌握着相对集中的经济与政治权利，在其个人利益最大化动机的驱动下，采用真实盈余管理来达到操纵利润粉饰公司财务报表的目的，严重破坏了资本市场的健康发展。因此，社会各界对于通过加强内部控制以抑制真实盈余管理行为的诉求愈加强烈。

在我国特殊的政治经济制度下，政治关联现象在国有上市公司中普遍存在。在与公司内部治理机制不健全的共同作用下，政治关联的存在会否造成对内部控制与真实盈余管理二者之间的影响，答案仍未明晰。因此，本节基于政府与国有上市公司之间普遍存在紧密联系的背景下，引入政治关联这一视角，研究内部控制质量与真实盈余管理的关系，以及不同程度与类型的政治关联对这种关系的调节作用，从而丰富盈余管理影响因素的理论和实证研究内容。

国有上市公司盈余管理行为近年来有日趋恶化的趋势，损害了资本市场投资者的利益，严重危害了资本市场的健康发展，基于政治关联研究视角分析国有上市公司的内部控制制度与盈余管理行为，能够更好地结合我国的现实国情提出有效遏制国有上市公司盈余管理行为的政策建议，具有重要的实践应用价值。一方面，有助于国资委、中国证监局等实务部门加强对国有上市公司内部控制体系运行情况的全面监督与规范引导，推进企业化被动为主动推动内部控制制度完善与执行，有利于公司在提高内部控制水平以抑制盈余操纵现象上取得更显著的效果；另一方面，从规范政企关系角度考虑，适度的政治干预能够更好发挥国有企业的社会责任，强化国家宏观调控职能，维持市场秩序稳定。但过度的政治关联反而导致了政府对企业政策行为的负面干预，激发了国有企业高管盈余管理的行为动机，危害资本市场发展。因此，本节研究有利于推动国有企业政企关系的规范发展。

二、研究假设

首先，本书围绕政治关联、内部控制质量以及真实盈余管理三个因素展开理论分析，并提出本节研究的理论假设。

（一）政治关联与真实盈余管理的关系

我国的特殊国情奠定了政府在资源配置过程中宏观调控作用，形成了政府与市场共同促进市场经济健康运行的格局。国有企业以其资本的国有属性特征与非国有企业形成鲜明区别，以全体国民为国有企业资产的终极所有者，由国家有关主管机关或其授权部门进行管理。从政府的角度出发，国有企业与政府之间与生俱来存在一定程度的隐性契约，高管政治关联被视为政府实现对国有企业全面掌控的有效手段，主要表现为政府委派前任或现任官员担任企业高管，或者直接赋予企业高管某种政治身份，而国有企业高管为谋求自身利益的满足，也避免不了主动依附与迎合，形成政治纽带依赖。从国有企业角度分析，具备政治关联的国有企业高管作为维系政府和企业关系的关键桥梁，其特殊的政治身份也被视为稀缺的社会资源，企业高管通过熟悉政府运作规程与政府政策导向，能够在政府宏观调控下的经济活动中，为企业争取超额条件与资源，甚至有机会在与政府博弈中占据上风，促使政府成为其将竞争中争夺超额收益的重要武器。可以认为，高管政治关联合谋共生的互惠性特征，代表着国有企业政治寻租最终受益人一般是国有企业高管以及相关政府人员，而非是外部投资者或是社会大众。

首先，基于上市公司逐利性的本质性特征，本书认为存在政治关联的国有上市公司高管有可能产生以真实经营活动操纵企业盈余的想法。当国有上市公司财务表现良好的情况下，管理当局为了防止政府透过千丝万缕的联系而侵蚀企业利益，规避来自政府沉重的税负，极可能通过真实盈余管理手段以实现自保；当国有上市公司财务表现不佳时，存在政治关联的国有上市公司在争夺市场份额之时，更可能通过寻租活动获得来自政府额外的政策帮扶，而这种私下的交易行为通常都处于法律的"灰色地带"或是游离在制度敏感的边界。其次，相对于不存在政治关联的企业而言，存在政治关联的国有上市公司具有更强的能力进行真实盈余管理。国有上市公司高管政治关联普遍来自政府委派，因此，企业建立和维系政治关联的成本，几乎可以忽略不计。高管政治关联的存在被作为一种重要的声誉机制，一定程度上放松了社会各界对国有上市公司真实活动与会计信息的关注度，即便盈余操纵行为引起监管机构的察觉，也会面临较小的诉讼风险与较轻的监管处罚，甚至有可能在政治关联的庇护之下免于问责。不仅如此，政治关联代表了国家权力机构的社会公信力与权威，因此，国有上市公司即便背靠政府这棵参天巨树，企业高管会在盈余操纵的过程中选择隐蔽性较高的真实盈余管理手段，以避免上述行为不慎泄露而被迫中止与政府间的寻租关系。基于此，提出假设11-4：

假设11-4：国有上市公司的政治关联与真实盈余管理之间呈正相关关系。

政治关联作为国有上市公司所拥有的一项特殊社会资源，自然也存在具体程度强弱之分。正如张多蕾（2014）所发现，政治关联层级性、累加性与时效性三大本质特征的存在，导致国有企业政治关联存在显著的强度差异。"层级性"特征是指企业高管处于同一"政治层级"或"管理层次"的前提下，拥有的职位或政治身份级别越高，企业政治关联的强度就越大；"累加性"特征指的是，同一企业拥有政治身份的高管数量越多，在累加效应的作用下，该企业的政治关联强度越大；政治关联"时效性"特征表示为，由于企业高管拥有政治身份的时间差异所导致的强度落差，现任的政治关联比曾任的政治关联身份更具影响力。为此，在假设11-4的基础上，根据行政级别对国有上市公司高管政治关联背景进行赋值，并将同一企业不同高管的政治关联程度赋值累计，记为该企业的政治关联程度。国有上市公司政治关联程度越强，越容易吸引社会关注与舆论监督，一旦企业高管操纵盈余、披露虚假信息等商业丑闻被曝光，不免使社会各界联想到国有企业高管利用政府职权之便而为之，企业与政府形象一损俱损。因此，当国有上市公司存在较高程度政治关联之时，管理层为了获得更多优惠政策而配合政府工作，极有可能采用真实盈余管理的手段，保障管理层的个人利益实现的同时，也不损害企业与政府长期树立的良好形象。

不仅如此，政治关联类型的差异对真实盈余管理产生的影响也应当引起我们的关注。我国基本政治制度的特殊性决定了人民代表大会作为最高权力机关，其代表由全民选举产生。而代表、委员与政府之间存在的密切关联，也必须接受更为严格的制度约束与社会监督。面对如此严苛的监督，国有企业高管进行盈余管理的风险更大、政治成本更高，稍有不慎将严重影响自身的职业前景与政治声誉，这便有可能降低具有该类型政治关联的企业高管操纵真实盈余的动机。然而，政府作为国家权力机关的执行机关，负责执行权力机关——人民代表大会通过并下发的任务。我国在考核与提拔政府官员时，除了考虑政治性指标之外，更多考虑该官员任期内GDP、就业率等地方经济发展指标。为此，存在政府官员类政治关联的国有企业高管出于完成考核指标，以实现个人权力晋升的需求或维持与政府之间的稳定联系等原因，都有可能通过真实经营活动操纵企业盈余表现。根据上述分析，提出以下假设：

假设 11-4a：在其他条件相同的情况下，国有上市公司政治关联程度越强，企业真实盈余管理程度越高。

假设 11-4b：在其他条件相同的情况下，国有上市公司代表委员类政治关联与真实盈余管理显著负相关。

假设 11-4c：在其他条件相同的情况下，国有上市公司政府官员类政治关联与真实盈余管理显著正相关。

（二）内部控制质量与真实盈余管理的关系

根据委托代理理论的分析，委托代理双方因利益诉求的差异性存在，引发了一系列不可调和的冲突与矛盾，而管理当局利用非常规的真实经营活动行为对利润进行操控，并影响企业会计信息的有效传递。可见，真实盈余管理现已成为委托代理冲突之时管理层维护自身利益的常用手段。然而，企业内部控制贯穿于企业财务报告、战略管理、生产经营及人力资源管理等全过程。内部控制本质上是企业经营管理过程中衍生的制度产物，能够在调和与解决契约关系所滋生的信息不对称问题等方面发挥有效作用。

研究二者之间的关系，可以通过内部控制五要素为切入点进行分析：第一，内部环境作为内部控制的核心内容，以法律的强制性加强对组织结构建设，组建兼具专业性与独立性的审计委员会，优化企业的内部控制环境，能够从根源上逐渐打消管理者操纵公司盈余的动机。第二，风险评估指的是对公司生产经营一系列过程中的薄弱环节与所面临风险进行评估,以期降低风险所带来的危害的过程。通过对企业高管职业操守的风险评估,减少信息不对称下产生的逆向选择和道德风险问题;加强对公司业务流程、资源管理与营销方式的风险评估,保障公司生产经营操作的合规性;强化对财务报表制表与对外披露的风险评估,提高信息披露的真实性与可靠性,杜绝企业非正常的盈余管理行为。可以认为,构建全方位的风险评估系统以优化企业内部控制质量的同时,也能够有效抑制管理当局的真实盈余管理现象。第三,控制活动具体包括对企业运营、财务报告以及合规行为三个方面的控制。根据委托代理理论,企业管理者充分利用信息不对称下的优势地位,既可能借助我国会计准则的自主选择性对实行会计系统控制以操纵利润,又可以通过企业运营过程中对生产、销售等真实生产经营活动进行盈余管理。因此,公司依托不相容职务分离、员工绩效考核等具体的内部控制手段,合理规划企业内部职能,提高管理的科学性与可靠性,约束管理层利用生产经营各环节操纵利润的行为。第四,构建企业内部信息沟通循环机制,既保障企业内部各层级之间的有效沟通,又实现层级及部门内部的及时沟通,督促企业各环节、各成员认真履行控制责任,是企业所有者加强对管理层的监督必不可少的一个环节。第五,内部监督是企业内部控制制度有效运行的权力保障,通过监事会及内部审计两种机制有效加强对管理人员的监督管理力度,及时发现并报告内部控制缺陷,避免会计信息的生成过程中出现漏洞,而促进内部控制过程优化、完善,缩减可供企业管理人员操纵盈余的空间。

健全的内部控制体系能够通过资产管理控制、营运销售分析控制等手段,强化对公司生产、经营、管理全过程的监督力度,防止企业实际经营活动收支与期望值的过度偏离,有效监督企业管理层的剩余控制权,约束管理当局以真实经营活动操纵盈余的行为。据此,提出假设11-5:

假设11-5:企业内部控制质量越高,真实盈余管理的水平越低。

(三) 政治关联视角下的内部控制质量与真实盈余管理

企业内部控制制度的设计与实施离不开管理层的助推,以及企业全体职工的有效执行。基于委托代理理论和信息不对称理论,高质量的内部控制能够有效抑制企业真实盈余管理动机,但却始终无法完全消除企业高管以真实经营活动操纵企业盈余的行为。并且政治关联现象在国有上市公司的普遍存在,很可能导致管理当局出于各种不同的现实动机,利用特权展开追求利益的短见行为,即真实盈余管理活动。即便是在企业内部控制制度较为健全的情况下,也可能因为企业高管对政治关联相关权力的滥用,导致内部控制制度形同虚设,在权力的掩护下通过真实盈余管理操纵企业利润的现象日趋泛滥。另外,政治关联的存在甚至可能使内部控制沦为应付监督检查的一项表面工作,随着政治关联程度的提高,甚至出现相关监管机构对于牺牲企业利益以实现个人利益的行为视而不见。可以认为,拥有政治身份的国有上市公司管理层很可能降低内部控制对真实盈余管理抑制效应的有效发挥,由此提出假设11-6:

假设11-6：国有企业政治关联降低了内部控制质量对真实盈余管理抑制作用。

根据前面的理论分析，政治关联本质特征决定了企业之间政治关联强度差异的必然存在，也意味着政治关联对内部控制与真实盈余管理调节作用有所差异。目前，国有上市公司之中拥有政府官员类政治关联的管理人员，主要由在职政府官员投资经商以及退休后返聘于企业任职等形式组成。上述这类管理人员虽具备较高的政治素养，但却并非经过专业培训的企业管理人员，普遍缺乏风险意识辨别与经营理念积累。存在政府官员类政治关联的国有企业，往往由于过度依赖政府资源支持，而承载了超越企业管理水平与能力之所及的责任。然而，国有上市公司高管当选或连任人民代表大会代表、政协委员从而形成代表委员类政治关联，往往要求所任职企业有较良好的业绩表现，能够创造社会价值，从而奠定社会知名度、提高社会公众认同感，并且要求高管自身应当具备较高的文化素质与政治素养，拥有较强的社会责任意识。由于人民代表大会代表、政协委员由人民选举产生，并接受法律制度监管与社会媒体监督，因此，被选举为人大代表与政协委员的管理层出于自身素质修养要求及社会舆论压力监督，更加重视企业内部控制环境的优化，谨慎规避非正常性的经营管理活动，从而间接削弱了其进行真实盈余管理的动机。由此提出以下假设：

假设11-6a：国有上市公司的政治关联程度将负向调节内部控制质量与真实盈余管理的关系。

假设11-6b：国有上市公司的代表委员类政治关联将正向调节内部控制质量与真实盈余管理的关系。

假设11-6c：国有上市公司的政府官员类政治关联将负向调节内部控制质量与真实盈余管理的关系。

三、研究设计

（一）样本选取与数据选择

本书选取2011~2017年沪深两市A股上市的国有企业作为初始样本，为确保样本的客观性与规范性，基于以下标准对数据执行筛选程序：（1）剔除金融与保险类国有企业样本。鉴于金融、保险行业会计制度规范、核算方法等方面较其他行业有稍许差异，为防止影响研究结果的准确性将其剔除；（2）剔除ST、*ST类的国有企业样本。被中国证监会标志为存在暂停上市甚至是退市的危机的ST、*ST类的国有企业，拥有非常态的财务指标，与一般企业相比较而言，在关键时刻进行盈余管理的可能性更高，基于样本的随机性原则将其剔除，保证回归结果的可靠性；（3）剔除财务指标缺失、内部控制指数不存在以及高管信息披露不全的样本。为防止数据缺失对数据的收集与分析造成影响，降低回归结果的准确性，基于样本的完整性原则,将数据不健全的样本剔除;(4)剔除 2011~2017 年区间内相关数据不连续的国有企业样本;(5)剔除样本数量少于 10 的行业数据,保障盈余管理计量的结果可靠性。

基于上述筛选,最终选取 2011~2017 年沪深两市 A 股上市的 674 家国有企业,共获得 4 718 个样本的平衡面板数据。本书相关数据主要来自 Wind 数据库和 CSMAR 数据库,与政治关联相关的部分数据来自新浪财经网、凤凰财经网以及巨潮资讯网等,在运用 Excel 进行数据初步整理的基础上,借助 Stata12.0 统计软件进行面板数据的统计检验与回归分析。

(二)变量选择与计量

1. 被解释变量

本书以 Roychowdhury 模型为基础,考察在零阈值附近企业的操控经营现金流量、操控生产成本和操控酌量性费用,预测上市公司非正常的经营现金流量、生产成本及酌量性费用支出,具体测度步骤如下:

(1)操控性经营现金流量测度。

操控经营现金流量主要指上市公司借助不合理的竞价折扣或宽限信用条件等方式,带来销售收入短期内急剧增加,企业财务状况与经营成果快速改善。本书将用本期营业收入与其变动的线性函数来表示期望经营现金流量,构建以下模型:

$$\frac{XJLL_{i,t}}{A_{i,t-1}} = \alpha_1 \frac{1}{A_{i,t-1}} + \alpha_2 \frac{Revenue_{i,t}}{A_{i,t-1}} + \alpha_3 \frac{\Delta Revenue_{i,t}}{A_{i,t-1}} + \varepsilon_{i,t} \qquad (11.9)$$

其中,$XJLL_{i,t}$ 为 i 公司第 t 年的经营性现金流量;$A_{i,t-1}$ 为 t-1 年年末总资产;$Revenue_{i,t}$ 为当期营业收入;$\Delta Revenue_{i,t}$ 为当期营业收入变动量。为尽量规避公司规模影响实证结果的准确性,均将模型中所涉及变量除以 t-1 年的年末总资产(下同)。对分年度和行业进行回归得到相关回归系数 α_1、α_2、α_3,代入模型(11.9)计算得到企业期望的经营活动现金流量,将经营现金流量的实际值与模型(11.9)计算得到的期望值相减得到企业当期操控性经营活动流量,记为 Mxjli。

(2)操控性生产成本测度。

操控性生产成本指的是企业以增加产量而降低单位固定成本与销售成本的方式,达到增加企业盈余的目的。构建模型如下:

$$\frac{SCCB_{i,t}}{A_{i,t-1}} = \alpha_1 \frac{1}{A_{i,t-1}} + \alpha_2 \frac{Revenue_{i,t}}{A_{i,t-1}} + \alpha_3 \frac{\Delta Revenue_{i,t}}{A_{i,t-1}} + \alpha_4 \frac{\Delta Revenue_{i,t-1}}{A_{i,t-1}} + \varepsilon_{i,t} \qquad (11.10)$$

其中,$SCCB_{i,t}$ 为 i 企业第 t 年的生产成本,用营业成本与存货变动额相加表示;$\Delta Revenue_{i,t-1}$ 为 i 公司第 t-1 年的营业收入变化额。对模型(11.10)分年度和行业进行回归得到相关回归系数 α_1、α_2、α_3、α_4,代入模型(11.10)计算得到企业期望的生产成本,用实际发生的生产成本减去模型(11.10)计算得到的期望值作为操控性生产成本,记为 Msccb。

(3) 操控酌量性费用测度。

操控酌量性费用指的是，通过机动性选择推迟或削减计入当期利润的费用支出这一手段，实现对企业盈余操纵的目的。目前，我国会计处理方法未要求将非资本化的研发费用与广告宣传费用两项指标单独予以披露。根据企业会计准则规定，允许将研究阶段的支出及开发阶段不符合资本化的支出予以费用化，计入管理费用。除此之外，对于企业当期支付的广告宣传费以扩大产品及服务知名度以及缺少确凿证据表明当期支付的广告宣传费将在后续年度获得广告服务的上述两种情形，将在其广告投放于媒体时确计入销售费用。

故此，本书基于前人研究成果与企业会计准则规定，以上述二者之和以近似替代酌量性费用，并将期望酌量性费用看作上年营业收入的线性函数，模型如下：

$$\frac{ZLFY_{i,t}}{A_{i,t-1}} = \alpha_1 \frac{1}{A_{i,t-1}} + \alpha_2 \frac{Revenue_{i,t-1}}{A_{i,t-1}} + \varepsilon_{i,t} \quad (11.11)$$

其中，$ZLFY_{i,t}$ 为 i 企业第 t 年的酌量性费用，主要由销售费用和非资本化的研发费用两部组成。对模型（11.11）分年度和行业进行回归得到相关回归系数 α_1、α_2，模型（11.11）计算得到企业期望的酌量性费用，将实际酌量性费用与模型（11.11）计算得到的期望酌量性费用相减，得到企业当期操控性酌量性费用，记为 Mzlfy。

(4) 真实盈余管理模型。

由于企业可能存在同时选择两种及以上的方法调控盈余，本书借鉴科恩和查诺文（Cohen and Zarowin）的研究成果，在上述三个模型的基础之上构建衡量真实盈余管理的综合性指标 $MREM_{i,t}$，以数值的高低代表真实盈余管理程度的强弱。具体模型如下：

$$MREM_{i,t} = Mxjll_{i,t} - Msccb_{i,t} - Mzlfy_{i,t} \quad (11.12)$$

2. 解释变量

(1) 政治关联。

表 11-12 梳理了现有实证研究中对于政治关联变量的测度方法。其中，前两类方法更广泛地被学者应用，但由于本书选择政治关联现象普遍存在的国有上市公司作为研究对象，仅单独通过虚拟变量法或赋值评分法作为政治关联的替代变量缺乏现实意义，无法针对政治关联程度及其类型展开深入研究。因此，本书借鉴黄娇娇（2015）的研究成果，先利用赋值法对政治关联程度进行赋值，再利用虚拟变量法对不同类型与不同行政级别的政治关联进行分析研究。关于政治关联相关数据来源，主要以国泰安数据库中高管个人资料及高管政治背景明细表的匹配提取为基础，结合新浪财经网、凤凰财经网以及巨潮资讯网中对高管背景的披露，对公司的政治关联和政治关联的强度进行赋值，手工收集高管人员的政治关联类型、层级。具体设计如下：

第一，国有企业的核心高管人员（董事长和总经理等），现在或是在过去的五年之内曾经在政府、人民代表大会（以下简称"人大"）、中国人民政治协商会议（以下简称"政协"）、法院、检察院、军队、党委（含纪委）及各部委、人民银行等任职，又或是担任党代表、人大代表和政协委员，则视为该企业存在政治关联，GL 取值为 1；否则为 0。

第二，以政治关联的行政级别赋值国有上市公司高管，国家级赋值为 5、省级赋值为 4、市级赋值为 3、县级赋值为 2、县级以下赋值为 1、无级别赋值为 0，同一高管只取其最高值计入。在此基础上，将同一企业不同高管的政治关联层级相加即为该企业的政治关联程度（GLCD）赋值。

第三，若国有企业高管过去五年或现在在政府、人大、政协、军队等部门任职，则视为存在政府官员型政治关联，GL_{gy} 取值为 1；否则为 0。

第四，若国有企业高管过去五年或现在担任人大代表或政协委员，则视为存在代表委员型政治关联，GL_{db} 取值为 1；否则为 0。

表 11 - 12　　　　　　　　已有文献中关于政治关联的测度方法

类别	方法描述	文献
虚拟变量法	若企业高管曾经或现在与政府之间存在政治关联，则取值为 1；否则为 0	逯东等（2013）；张祥建等（2015）
赋值评分法	按照企业高管具有政治关联的行政级别、机构层级分别进行赋值，度量政治关联程度	张立民等（2015）；马丽华（2017）
政治关联指数模型法	依据政治关联"层级性""累加性""时效性"等本质特征，以层次分析法（AHP）构建了一个政治关联指数模型	张劲松（2013）；刘永泽（2013）
相对指标法	以政治联系背景的董事人数与董事会总人数二者的比值衡量政治关联程度	陈燕君（2013）

（2）内部控制质量。

截至目前，国内学术界对内部控制质量的测度尚未形成统一标准，现有文献对该变量的度量主要有四种方式（见表 11 - 13）。第一类方法存在设计、发放与回收调查问卷难度大、样本随机性较差的缺点；第二、第三类方法虽然操作起来简便易行，但变量设计过于简单，无法体现内部控制水平的具体差异性，缺乏综合性、科学性及时效性；第四类方法的出现充实了内部控制定量评价研究，系统性地涵盖了内部控制的目标与要素，标志着我国对内部控制水平的研究正式步入量化时代。

表 11 - 13　　　　　　　　现有文献关于内部控制质量的测度方法

类别	方法描述	文献
问卷调查	选择研究群体并为之设计问卷内容，发放、回收并统计的问卷获得数据	张颖、郑洪涛（2010）；张先治、戴文涛（2010）
内部控制相关报告披露	以赋值法为基础，依据企业对外发布的内控自评报告和鉴证报告，测量企业内部控制质量	张龙平等（2010）；方红星、段敏（2011）

续表

类别		方法描述	文献
内部控制缺陷披露		在赋值法的基础上，以内部控制缺陷情况对其进行量化处理，以衡量企业内部控制质量	刘行健、刘昭（2014）；贾康莉（2015）
内部控制质量评价指标	厦门大学·内部控制指数 迪博·内部控制指数	根据内部控制的目标及要素构建指标体系，得分越高，表明内部控制质量越高	刘启亮等（2012）；范经华等（2013）；徐虹等（2015）；田昆儒、韩飞（2017）

迪博·中国上市公司内部控制指数是建立于内部控制基本规范及其配套指引的基础之上，以内部控制五要素为切入点所研发并测算的综合评价指标，具有较高的社会认可度。因此，本书以取自然对数后的迪博内部控制指数，衡量国有上市公司的内部控制质量。该指标取值范围为0～1000，数值越大代表内部控制为企业目标的实现保障性越强，内部控制水平更优。

3. 控制变量

真实盈余管理行为因其隐蔽性高而受到管理层的普遍青睐，但也因此加剧了该变量的不稳定性。为达到尽可能减少无关因素对主要研究变量的干扰，本书加入下列与真实盈余管理相关的变量作为控制变量，进行实证检验分析。

（1）企业现金流量（Cf）。李莹（2017）认为企业的应计利润总额会伴随其经营活动创造的现金流量减少而逐渐增多，意味着其操纵性应计利润也同步增加，管理层进行真实盈余管理的可能性也增强。以经过企业上期期末总资产调整后的当期经营活动产生的现金净流量代表企业现金流量，并预测该控制变量与管理层真实盈余管理呈负相关关系。

（2）企业成长性（Growth）。石军（2011）实证研究证明成长性较高且拥有长远发展前景的企业，为了创造更大的利润空间以谋求快速发展，管理层为积极拓宽企业投资，就极有可能产生真实盈余管理的动机。因此，本书在综合比较多位学者研究成果基础之上，选择以营业收入增长率表示公司成长性变量。

（3）资产负债率（Lev）。陈武朝、张泓（2004）基于契约不完备性与信息不对称视角进行研究后发现，当企业资产负债率较高之时，管理当局有动机通过实施真实盈余管理来隐蔽性的调整财务报表，降低债务融资成本与违约成本，减轻偿债的压力。因此，本书选取资产负债率代表企业的偿债能力，同时预计资产负债率与真实盈余管理正相关。

（4）股权集中度（Foc）。熊婷、程博（2012）研究证实，企业内部股权的高度集中将导致少部分股东把持企业经营控制权，从而侵犯中小股东的正当利益。为此，本书以国有上市公司排名前五的股东持股总数与总股数的比值表示股权集中度，并预测股权集中度与企业的真实盈余管理呈正相关关系。

（5）监事会规模（Bos）。陈亚晶、谢晓慧（2013）实证研究发现，监事会规模性决定了其对公司股东以及管理人员监督管理职能的有效发挥程度，用以衡量对企业真实盈余管理程度的抑制性。本书将企业监事会人数作为模型的控制变量，并预测监事会规模越大，真实盈余管理程度越小。

由于我国市场日渐成熟，时间与行业的差异导致企业在资本结构、资产规模等方面表现截然不同。因此，在考察6年的混合面板数据时，加入年度虚拟变量YEAR和行业虚拟变量Industry，具体变量定义如表11-14所示。

表11-14　　　　　　　　　　模型变量的定义及解释

变量类型	变量名称	变量符号	变量定义
被解释变量	真实盈余管理	MREM	根据模型（11.9）~模型（11.12）计算
解释变量	内部控制质量	lnIC	根据迪博数据库的内部控制指数自然对数
	政治关联	GL	国有企业高管存在政治关联则为1，否则为0
		GLCD	赋值法下的国企政治关联程度
		GLgy	存在政府官员型政治关联则为1，否则为0
		GLdb	存在代表委员型政治关联则为1，否则为0
控制变量	企业现金流量	Cf	经营活动现金净流量/t-1年年末总资产
	公司成长性	Growth	（本年营业收入-上年营业收入）/上年营业收入
	资产负债率	Lev	年末负债总额/年末资产总额
	股权集中度	Foc	企业前五大股东持股总数/总股数
	监事会规模	Bos	企业监事会人数
	行业	Industry	行业虚拟变量
	年份	Year	年份虚拟变量

（三）模型构建

根据理论分析与实际研究的需要，为研究国有上市公司政治关联等相关变量对真实盈余管理的作用，本书将延续主流研究的实证分析方式，分别以政治关联（GL）、政治关联程度（GLCD）、代表委员类政治关联（GLdb）与政府官员类政治关联（GLgy）作为解释变量，将真实盈余管理（MREM）作为被解释变量，加入企业现金流量（Cf）、公司成长性（Growth）、资产负债率（Lev）、股权集中度（Foc）、监事会规模（Bos）、行业（Industry）与年份（Year）因素作为控制变量，构建模型（11.13）~模型（11.16）：

$$MREM_{i,t} = \beta_0 + \beta_1 GL_{i,t} + \beta_2 Cf_{i,t} + \beta_3 Growth_{i,t} + \beta_4 Lev_{i,t} + \beta_5 Foc_{i,t}$$
$$+ \beta_6 Bos_{i,t} + \sum Industry_{i,t} + \sum Year_{i,t} + \varepsilon_{i,t} \quad (11.13)$$

$$MREM_{i,t} = \beta_0 + \beta_1 GLCD_{i,t} + \beta_2 Cf_{i,t} + \beta_3 Growth_{i,t} + \beta_4 Lev_{i,t} + \beta_5 Foc_{i,t}$$
$$+ \beta_6 Bos_{i,t} + \sum Industry_{i,t} + \sum Year_{i,t} + \varepsilon_{i,t} \quad (11.14)$$

$$MREM_{i,t} = \beta_0 + \beta_1 GLdb_{i,t} + \beta_2 Cf_{i,t} + \beta_3 Growth_{i,t} + \beta_4 Lev_{i,t} + \beta_5 Foc_{i,t}$$
$$+ \beta_6 Bos_{i,t} + \sum Industry_{i,t} + \sum Year_{i,t} + \varepsilon_{i,t} \quad (11.15)$$

$$MREM_{i,t} = \beta_0 + \beta_1 GLgy_{i,t} + \beta_2 Cf_{i,t} + \beta_3 Growth_{i,t} + \beta_4 Lev_{i,t} + \beta_5 Foc_{i,t}$$
$$+ \beta_6 Bos_{i,t} + \sum Industry_{i,t} + \sum Year_{i,t} + \varepsilon_{i,t} \quad (11.16)$$

其中，i 与 t 分别代表国有上市公司与年份；β_0 表示常数项；$\beta_1 \sim \beta_n$ 为回归系数，ε 表示回归残差（下同）。

为探究国有上市公司内部控制制度与真实盈余管理之间的联系，在以内部控制质量（lnIC）与真实盈余管理（MREM）分别作为解释变量与被解释变量的基础之上，并加入与被解释变量相关的控制变量，构建模型（11.17）：

$$MREM_{i,t} = \beta_0 + \beta_1 lnIC_{i,t} + \beta_2 Cf_{i,t} + \beta_3 Growth_{i,t} + \beta_4 Lev_{i,t} + \beta_5 Foc_{i,t}$$
$$+ \beta_6 Bos_{i,t} + \sum Industry_{i,t} + \sum Year_{i,t} + \varepsilon_{i,t} \quad (11.17)$$

为分析政治关联视角下国有上市公司内部控制质量与真实盈余管理二者间的关系，本书将政治关联因素定义为调节变量，检验调节效应的存在与否。考虑到本书的调节变量既包括政治关联 GL 等类别变量，也存在政治关联程度 GLCD 这一连续变量，本书选择以层次回归分析法进行调节效应的回归分析。以模型（11.17）为基础，分别加入政治关联因素（GL，GLCD，GLdb，GLgy），以及对应政治关联因素与内部控制质量因素的交叉乘积项，以此构建模型（11.18）~模型（11.21）：

$$MREM_{i,t} = \beta_0 + \beta_1 lnIC_{i,t} + \beta_2 GL_{i,t} + \beta_3 lnIC_{i,t} \times GL_{i,t} + \beta_4 Cf_{i,t} + \beta_5 Growth_{i,t} + \beta_6 Lev_{i,t}$$
$$+ \beta_7 Foc_{i,t} + \beta_8 Bos_{i,t} + \sum Industry_{i,t} + \sum YEAR_{i,t} + \varepsilon_{i,t} \quad (11.18)$$

$$MREM_{i,t} = \beta_0 + \beta_1 lnIC_{i,t} + \beta_2 GLCD_{i,t} + \beta_3 lnIC_{i,t} \times GLCD_{i,t} + \beta_4 Cf_{i,t} + \beta_5 Growth_{i,t}$$
$$+ \beta_6 Lev_{i,t} + \beta_7 Foc_{i,t} + \beta_8 Bos_{i,t} + \sum Industry_{i,t} + \sum YEAR_{i,t} + \varepsilon_{i,t}$$
$$(11.19)$$

$$MREM_{i,t} = \beta_0 + \beta_1 lnIC_{i,t} + \beta_2 GLdb_{i,t} + \beta_3 lnIC_{i,t} \times GLdb_{i,t} + \beta_4 Cf_{i,t} + \beta_5 Growth_{i,t}$$
$$+ \beta_6 Lev_{i,t} + \beta_7 Foc_{i,t} + \beta_8 Bos_{i,t} + \sum Industry_{i,t} + \sum YEAR_{i,t} + \varepsilon_{i,t}$$
$$(11.20)$$

$$MREM_{i,t} = \beta_0 + \beta_1 lnIC_{i,t} + \beta_2 GLgy_{i,t} + \beta_3 lnIC_{i,t} \times GLgy_{i,t} + \beta_4 Cf_{i,t} + \beta_5 Growth_{i,t}$$
$$+ \beta_6 Lev_{i,t} + \beta_7 Foc_{i,t} + \beta_8 Bos_{i,t} + \sum Industry_{i,t} + \sum YEAR_{i,t} + \varepsilon_{i,t}$$
$$(11.21)$$

四、实证检验与结果分析

（一）描述性统计分析

1. 政治关联的描述性统计

表 11-15 按年度分类汇总了研究期间国有上市公司政治关联分布情况。从总

体上看，具有政治关联的观测样本占全部样本总数的96.38%，说明国有上市公司与政府之间建立关联关系十分常见。随着年份的逐年递推，国有上市公司政治关联比例却呈现波动下滑趋势。这可能与我国着力于深化国有企业改革，致力于剥离不健康的政企关系，构建国有上市公司高管的市场化竞争机制有很大关系。基于政治关联类型差异进行分析，代表委员类政治关联比例略低于政府官员类的政治关联。究其原因，一方面可能是由基本国情下国有企业高管的任免机制决定；另一方面，是因为政府官员类政治关联对于企业效率的提高作用更为突出，而出现对该类政治关联的比例倾斜。

表 11-15　　　　　　　　　政治关联描述性统计

年度	观测值总数	政治关联 观测值	比例（%）	代表委员类政治关联 观测值	比例（%）	政府官员类政治关联 观测值	比例（%）
2011	674	660	97.92	203	30.76	219	33.18
2012	674	653	96.88	201	30.78	215	32.92
2013	674	658	97.63	210	32.11	216	33.03
2014	674	654	97.03	203	31.04	218	33.30
2015	674	654	97.03	178	27.60	192	29.77
2016	674	645	95.70	148	23.76	164	26.32
2017	674	623	92.43	140	21.28	162	24.62
合计	4 718	4 547	96.38	1 283	28.22	1 386	30.48

为进一步分析国有上市公司政治关联存在会否对内部控制质量与真实盈余管理两大变量产生作用，本书选择将政治关联变量进行分组均值检验。表11-16均值与差异分组检验结果表明，具有政治关联的国有上市公司（GL=1），其真实盈余管理均值为0.112，对照分组（GL=0）的均值为0.028，而不考虑政治关联存在与否的真实盈余管理均值0.109（见表11-16、表11-17）正好介于上述二者之间，且其差值通过1%水平的显著性检验。均值检验结果初步验证了政治关联因素的存在是国有上市公司高管真实盈余管理的一大诱因，与前面研究假设预测结论相符合。不仅如此，通过分析内部控制质量的分组均值检验结果可以发现，政治关联组（GL=1）的内部控制质量均值略低于不存在政治关联这一对照组，并且均值差异通过5%的显著水平检验，表明政治关联因素极可能降低国有上市公司的内部控制质量。初步验证本节基于政治关联视角展开对内部控制与真实盈余管理关系研究的思路，是具备可行性的。

表 11-16　　　　　　　　　　　政治关联分组均值检验

变量	GL = 1 样本数	均值	GL = 0 样本数	均值	均值差值
MREM	4 547	0.112	171	0.028	0.085***
lnIC	4 547	6.468	171	6.483	0.026**
Cf	4 547	0.049	171	0.043	0.006
Lev	4 547	0.129	171	0.115	0.013***
Growth	4 547	0.528	171	0.477	0.051***
Foc	4 547	0.530	171	0.493	0.037**
Bos	4 547	4.213	171	3.849	0.361***

注：***、**、* 分别表示在1%、5%、10%水平（双侧）上显著相关。

2. 各变量描述性统计结果

基于上述政治关联因素的描述性统计分析，表 11-17 进一步提供了全样本描述性统计结果。其中，真实盈余管理 MREM 的最小值为 -0.868，最大值为 1.947，标准差为 0.419，说明国有上市公司普遍存在向上或向下的真实盈余管理行为，且差异性较大；且其均值 0.109 明显大于中位数 0.026，进一步说明研究对象更倾向于实施向上真实盈余管理。政治关联 GL 变量平均值为 0.965，中位数为 1，说明政治关联现象在国有上市公司经营管理层中是普遍存在的。具体而言，政治关联程度 GLCD 最大值为 275，最小值为 0，标准差为 56.872，说明当前样本公司与政府之间存在关联关系时，程度上的差异是明显存在的。而政府官员类政治关联 GLgy 变量的均值略高于代表委员类政治关联 GLdb，意味着在所选择的研究样本范围内，与政府存在官员类政治联系的情形多于公司高管兼任代表委员的情形，与前面针对政治关联变量进行描述性统计的结论一致。本书以取对数后的内部控制指数代表国有上市公司内部控制质量 lnIC，该变量的均值、最大值及最小值分别为 6.487、6.808、5.932，由此可知，随着国有企业改革的纵深推进，以及 2011 年至今相关部委始终致力于健全和完善我国企业的内部控制机制，国有上市公司内部控制质量整体表现良好。不过，内部控制质量 lnIC 标准差为 0.136，也反映出在观测期间内，研究样本的内部控制质量并不在同一水平线上，未来仍需着力于推动各企业健全高质量的内部控制体系，提高内部控制质量监管力度。

表 11-17　　　　　　　　　　　全样本描述性统计

变量	样本数	均值	标准差	中位数	最小值	最大值
MREM	4 718	0.109	0.419	0.026	-0.868	1.947
GL	4 718	0.965	0.184	1	0	1

续表

变量	样本数	均值	标准差	中位数	最小值	最大值
GLCD	4 718	70.108	56.872	57	0	275
GLdb	4 718	0.183	0.387	0	0	1
GLgy	4 718	0.205	0.403	0	0	1
lnIC	4 718	6.481	0.136	6.513	5.932	6.808
Cf	4 718	0.049	0.081	0.048	-0.191	0.309
Lev	4 718	0.128	0.378	0.070	-0.540	2.378
Growth	4 718	0.526	0.195	0.541	0.093	0.914
Foc	4 718	0.529	0.156	0.524	0.203	0.898
Bos	4 718	4.198	1.325	4	3	9

（二）相关性分析

本书涉及的变量由连续变量与虚拟变量共同组成，为初步检验各变量之间的相关性及多重共线性问题，本书选择采用 Pearson 方法展开变量的相关系数检验。从总体上看，表 11-18 所涉及的变量相关系数均不超过 0.5，可初步判定各变量之间不存在多重共线性问题。并且，通过方差膨胀因子检验，检验结果显示各变量的 VIF 值与 VIF 均值都不超过 2，可以进一步确定模型中变量不存在多重共线性。由于篇幅限制，故将上述方差膨胀因子检验表省略。

根据表 11-18 检验结果显示，国有上市公司真实盈余管理与内部控制质量在 1% 的水平下显著负相关，这意味着通过企业内部控制质量水平的不断优化，可以促进日常生产经营的规范化，缩小真实盈余管理的操纵空间。因此，在不考虑其他变量的影响之下，国有上市公司内部控制质量的提高，能够抑制管理层的真实盈余管理行为。在观测期内，国有上市公司的政治关联、政治关联程度与真实盈余管理的相关系数分别为 0.037 和 0.117，分别在 5% 和 1% 的水平上显著，说明相对于不存在或存在低程度政治关联的国有企业而言，政治关联程度越高的企业管理当局更有可能采取真实盈余管理的行为，初步验证假设 11-4 与假设 11-4a。不仅如此，代表委员类政治关联与真实盈余管理在 5% 显著性水平上负相关，表明国有上市公司高管担任人大代表或政协委员的情形，能够在一定程度上减少管理当局操纵真实盈余管理的乱象，初步验证假设 11-4b。与此相反的是，政府官员类政治关联与真实盈余管理却在 10% 的显著性水平上正相关，说明在国有上市公司高管在政府相关职能部门任职的比例越大，企业的真实盈余管理操纵动机越强烈，与假设 11-4c 预测相符。

表 11-18　　Pearson 相关性分析

变量	MREM	lnIC	GL	GLCD	GLdb	GL-gy	Cf	Lev	Growth	Foc	Bos
MREM	1.000										
lnIC	-0.121*** (0.000)	1.000									
GL	0.037** (0.011)	-0.033** (0.026)	1.000								
GLCD	0.117*** (0.001)	-0.072*** (0.000)	0.235*** (0.000)	1.000							
GLdb	-0.032** (0.010)	-0.023*** (0.005)	0.090*** (0.000)	0.076*** (0.000)	1.000						
GL-gy	0.081* (0.042)	-0.015* (0.053)	0.097*** (0.000)	0.114*** (0.000)	-0.240*** (0.000)	1.000					
Cf	-0.208*** (0.000)	0.133*** (0.000)	0.018 (0.243)	0.069*** (0.000)	0.016 (0.299)	0.034** (0.032)	1.000				
Lev	0.297*** (0.000)	-0.002 (0.223)	-0.002 (0.000)	-0.026** (0.019)	-0.016 (0.308)	-0.026* (0.972)	-0.174*** (0.000)	1.000			
Growth	0.303*** (0.000)	0.172*** (0.000)	0.056*** (0.000)	0.037** (0.019)	-0.013 (0.399)	0.042*** (0.000)	0.127 (0.000)	0.055*** (0.001)	1.000		
Foc	0.058*** (0.000)	0.151*** (0.000)	0.039** (0.012)	0.183*** (0.000)	0.030* (0.059)	0.030* (0.057)	0.158*** (0.000)	0.046*** (0.004)	0.059*** (0.000)	1.000	
Bos	-0.042*** (0.006)	0.033** (0.0373)	-0.051*** (0.000)	-0.158*** (0.000)	-0.046*** (0.004)	-0.056*** (0.000)	0.017 (0.281)	0.093*** (0.000)	-0.017 (0.275)	0.120*** (0.000)	1.000

注：***、**、*分别表示在 1%、5%、10%水平（双侧）上显著相关。

（三）回归结果与分析

1. 政治关联相关变量与真实盈余管理回归结果与分析（见表11-19）

表11-19　　　　　　政治关联与真实盈余管理的回归分析

解释变量	政治关联（Ⅰ） 模型（11.13）	政治关联程度（Ⅱ） 模型（11.14）	代表委员类政治关联（Ⅲ） 模型（11.15）	政府官员类政治关联（Ⅳ） 模型（11.16）
GL	0.047 (1.40)			
GLCD		0.021 *** (5.41)		
GLdb			0.039 *** (2.06)	
GLgy				0.043 * (2.86)
Cf	-1.108 *** (-16.36)	-1.107 *** (-16.42)	-1.107 *** (-16.37)	-1.107 *** (-16.36)
Lev	0.295 ** (4.78)	0.307 ** (4.98)	0.298 ** (4.83)	0.291 ** (4.71)
Growth	0.332 *** (26.30)	0.333 *** (26.46)	0.332 *** (26.3)	0.332 ** (26.33)
Foc	0.237 * (2.71)	0.219 * (2.50)	0.243 * (2.78)	0.236 * (2.70)
Bos	-0.034 ** (-3.94)	-0.033 ** (-3.83)	-0.034 ** (-3.94)	-0.034 ** (-3.90)
Industry	YES	YES	YES	YES
Year	YES	YES	YES	YES
_cons	-0.327 *** (-4.64)	-0.362 *** (-5.25)	-0.320 *** (-4.67)	-0.308 *** (-4.50)
F 值	144.9 ***	149.99 ***	146.07 ***	145.35 ***
R^2	0.232	0.238	0.233	0.232

注：***、**、*分别表示在1%、5%、10%水平（双侧）上显著相关。

根据表11-19的回归结果显示，政治关联相关的变量回归后符号均为正号，其中，政治关联（GL）系数虽然为正，但却未能通过显著性检验，与被解释变量的相关关系并不显著，本节假设 11-4 并不能得到完全检验。出现上述问题的原因可能是，在所选择研究样本之中，96.38% 的国有上市公司都存在政治关联，政治关联因素所涉及的内涵较为繁杂，程度或类型上的差异都有可能影响回归结果。这也进一步证明从横向与纵向两大层面细分政治关联变量进行深入研究的必要性。而政治关联强度（GLCD）的系数通过了 1% 显著性水平检验，政府官员类政治关联（GLgy）的系数在 10% 的水平上显著。上述结果表明，在普遍建立政治关联的国有上市公司之中，政治关联程度、政府官员类政治关联与真实盈余管理具有显著正相关关系，验证了假设 11-4a、假设 11-4c。另外，代表委员类政治关联（GLdb）变量回归系数为正号，并且通过了 1% 水平的显著性检验，结果与原假设相反，拒绝假设 11-4b。出现上述现象的原因可能是由于：一方面，真实盈余管理模型主要选择计量销售操控、费用操控、生产操控三种出现频率较高的手段，忽略了其他手段在国有上市公司经营管理过程中的存在，真实盈余管理模型不能完全适应国有上市公司治理结构、经济发展状况；另一方面，代表委员类政治关联的数据由人工搜集并整理得到，由于采集工作量较大，并且存在部分简历不详、表述含糊等情况，一定程度上制约了政治关联数据收集的全面性与准确性，从而导致回归结果与理想有所偏差。

通过比较列（Ⅲ）、列（Ⅳ）两列可以发现，政治关联类型的划分将导致回归结果的差异性。虽然，代表委员类政治关联的存在并不能起到抑制企业真实盈余管理的作用，但在该类政治关联下的国有上市公司真实盈余管理程度是明显小于政府官员类。在我国，人大代表及政协委员必须经由人民选举产生，往往具备较高道德情操、政治素质与文化素质，而政府官员类政治关联的存在，一般是在职政府官员投资经商、退休后返聘于企业任职等情况，这类型企业高管往往缺乏专业化的管理经验，容易因过度依赖政府资源优势而滋生惰性心理，忽视加强企业内部控制体系建设与完善的必要性，加剧了管理层为一己私利而以非会计方法的手段操纵企业盈余的现象，从而出现前者回归系数远低于后者的现象。

基于对表 11-19 列（Ⅱ）~列（Ⅳ）的结果分析，再回顾列（Ⅰ）政治关联与真实盈余管理相关关系回归结果。虽然，以虚拟变量法计量的政治关联变量回归系数并未通过显著性检验，但综合列（Ⅱ）~列（Ⅳ）回归检验结果有理由认定，在国有上市公司内部治理过程中，政治关联与真实盈余管理仍然具有正相关关系，验证了假设 11-4。

2. 内部控制质量与真实盈余管理的回归结果与分析

表 11-20 列示了运用模型（11.17）以检验内部控制质量与真实盈余管理的回归结果。从整体角度分析，该模型的 R^2 为 0.232，拟合程度尚能接受；F 值为 145.43，且通过 1% 水平的显著性检验，表明模型具备一定程度的解释能力，能够满足对本书假设验证的基本要求。从回归系数上分析，国有上市公司内部控制质量与真实盈余管理的回归系数为 -0.078，且在 1% 的水平上表示显著的相关。而控制变量之中，资产负债率（Lev）、企业成长性（Growth）、股权集中度（Foc）的回归系数均为正数，且均通过了 1% 与 5% 的显著性水平检验，表明企业资产负

债率越高,企业发展空间越大及大股东的持股比例越高,企业高管操纵真实盈余管理的现象越普遍。而企业现金流(Cf)与监事会规模(Bos)在1%的显著性水平下回归系数呈负数,代表企业现金流的流动性提高与监事会规模的壮大可以对管理当局以非会计方法操纵企业盈余的活动起到抑制作用,以上回归结果与假设11-5保持一致。

表11-20　　　　　　　内部控制质量与真实性盈余管理回归检验

变量	Coef.	Std. Err.	t
lnIC	-0.078***	0.036	-2.170
Cf	-1.103***	0.068	-16.310
Lev	0.294***	0.062	4.760
Growth	0.335***	0.013	26.330
Foc	0.240**	0.088	2.740
Bos	-0.035***	0.009	-4.040
_cons	0.199	0.242	0.820
Industry		控制	
Year		控制	
样本数		4 718	
F值		145.43***	
R^2		0.232	

注:***、**、*分别表示在1%、5%、10%水平(双侧)上显著相关。

3. 政治关联相关变量的调节效应检验

温忠麟等(2006)在研究中归纳了调节效应的鉴定方式,认为当某一变量被视为调节变量的情况下,该变量可以用解释变量与被解释变量的函数关系来表示,则说明调节效应的存在。他还强调,调节效应的检验重点在于调节变量对解释变量与被解释变量相关关系的正负方向与强弱关系的解释,而并不在于相关关系的显著性检测。目前,关于调节效应的检验主要有方差分析法、层次回归分析法、分组回归法和结构方程模型法四种途径,学者可根据解释变量与调节变量的性质自主选择适用的检验方法。

本书中的解释变量内部控制质量为连续变量,而调节变量既包括诸如政治关联(GL)等类别变量,也存在政治关联程度(GLCD)这一连续变量。为了统一观察方便比较,本书采用层次回归分析法进行调节效应的回归分析,通过比较交乘项加入前后所得到的模型拟合度R^2是否优化与交乘项系数是否显著这两大标准,确定是否存在调节效应。在进行调节效应检验之前,为避免出现共线性问题影响研究结论,先将相关变量进行标准化处理后,再构建乘积项数据,如表11-21所示。

表 11-21　　　　　　　　　　调节效应检验

变量	（Ⅰ）模型（11.17）	政治关联（Ⅱ）模型（11.18）	政治关联程度（Ⅲ）模型（11.19）	代表委员类政治关联（Ⅳ）模型（11.20）	政府官员类政治关联（Ⅴ）模型（11.21）
Cf	-1.103*** (-16.31)	-1.104*** (-16.32)	-1.106*** (-16.4)	-1.102*** (-16.29)	-1.010*** (-16.26)
Lev	0.294** (4.76)	0.294** (4.75)	0.303** (4.92)	0.298** (4.82)	0.291** (4.71)
Growth	0.335*** (26.33)	0.336*** (26.36)	0.336*** (26.46)	0.336*** (26.37)	0.336*** (26.4)
Foc	0.240* (2.74)	0.238* (2.72)	0.221* (2.53)	0.245* (2.79)	0.241* (2.75)
Bos	-0.038** (-4.04)	-0.034** (-3.98)	-0.033** (-3.85)	-0.035** (-4.06)	-0.343** (-4.01)
lnIC	-0.078*** (-2.17)	-0.078** (-2.16)	-0.061** (-1.69)	-0.081** (-2.24)	-0.077** (-2.15)
GL		0.047 (1.38)			
GL×LNIC		-0.025* (-2.14)			
GLCD			0.011* (1.22)		
GLCD×LNIC			-0.021*** (-1.78)		
GLdb				0.029** (1.72)	
GLdb×LNIC				0.023* (2.27)	
GLgy					0.041* (2.41)
GLgy×LNIC					-0.153** (-1.85)
_cons	0.199*** (3.82)	0.154*** (3.63)	0.037*** (3.15)	0.201*** (3.83)	0.190*** (3.79)

续表

变量	（Ⅰ）	政治关联（Ⅱ）	政治关联程度（Ⅲ）	代表委员类政治关联（Ⅳ）	政府官员类政治关联（Ⅴ）
	模型（11.17）	模型（11.18）	模型（11.19）	模型（11.20）	模型（11.21）
Industry	Yes	Yes	Yes	Yes	Yes
Year	Yes	Yes	Yes	Yes	Yes
F值	145.43***	113.32***	117.14***	113.89***	114.27***
R^2	0.232	0.233	0.239	0.234	0.234

注：***、**、*分别表示在1%、5%、10%水平（双侧）上显著相关。

(1) 政治关联在内部控制质量与真实盈余管理关系中的调节效应。

如表11-21列（Ⅱ）所示，内部控制质量与政治关联变量二者的交互乘积项GL×lnIC回归系数符号为负号，且在10%水平之上显著，而内部控制质量LNIC回归系数-0.078在5%的置信水平上显著。可以说明，政治关联作为调节变量的加入，并未对主效应的符号方向产生影响，主效应依然表现为显著负相关。此外，列（Ⅱ）中关于模型（11.18）的模型拟合度R^2为0.233略高于模型（11.17）（$R^2=0.232$）的拟合度，说明由于调节变量的参与，模型的拟合度有了提升，以此验证本书假设11-6。接下来，将根据政治关联程度、代表委员类政治关联及政府官员类政治关联等变量对内部控制质量与真实盈余管理的调节效应做进一步深入分析。

(2) 政治关联程度在内部控制质量与真实盈余管理关系中的调节效应。

根据表11-21中列（Ⅲ）的回归结果显示，内部控制质量（lnIC）的回归系数-0.061在5%水平上显著，赋值评分法下的政治关联程度（GLCD）回归系数0.011在10%水平上显著，二者的交乘项系数为-0.021，尽管系数较小但仍在1%的水平上显著负相关，且该模型R^2为0.239显著大于模型（11.17）的拟合度0.232，反映出政治关联程度的提高，将会削弱主效应的负相关关系，即国有上市公司的政治关联程度较高时，内部控制质量与真实盈余管理的负相关关系显著性将降低，与假设11-6a一致。上述结果说明，在国有上市公司的内部控制体系中，企业高管过度的政治关联将会制约内部控制制度的有效发挥，降低企业对外披露报告的真实性与完整性，具有政治关联的企业高管将更可能运用信息不对称性，避开企业股东、董事会与社会各界关注，肆无忌惮地进行真实盈余管理。

(3) 代表委员类政治关联在内部控制质量与真实盈余管理关系中的调节效应。

根据表11-21列（Ⅳ）的回归结果显示，模型（11.20）中的交互项系数为0.023，且通过10%水平的显著性检验，说明国有上市公司高管担任人大代表或是政协委员，将对内部控制质量与真实盈余管理的回归结果产生正向调节效应，初步验证假设11-6b。可以认为，企业高管若具有代表委员类政治关联的背景，除了拥有较高的政治素养与社会责任感之外，将可能提高社会各界对其个人乃至整个企业经营管理活动的重点关注，甚至受到更为严苛的法律制度规范及要求，使管理层从自身角度出发，主动避免真实盈余管理等不合规行为，防止因问题曝光而为其带来社会舆论的压力与违法犯罪的惩罚。此外，模型（11.20）的模型拟合度 $R^2 =$ 0.234，略高于列（Ⅰ）的拟合度 0.232。至此，假设 11-6b 得到了完全验证，即国有上市公司高管存在代表委员类政治关联，一定程度上会增强内部控制质量对于真实盈余管理的抑制作用的假设。

（4）政府官员类政治关联在内部控制质量与真实盈余管理关系中的调节效应。

通过表 11-21 列（Ⅴ）的回归结果可知，内部控制质量（lnIC）与虚拟变量下政府官员类政治关联（GLgy）的交互项系数为 -0.153，与真实盈余管理在 5% 显著性水平上负相关，并且模型拟合度 R^2 为 0.234 也略高于 0.232。交互项乘积的系数符号为负号，可以认为政府官员类政治关联作为调节变量加入主效应之中回归并不对其正负方向产生改变，仅减弱了内部控制质量发挥的抑制效应水平，与上文的相关性分析一致。因此，有理由认定国有上市公司之中，政府官员类政治关联的建立，会削弱内部控制质量对真实盈余管理行为的抑制作用，验证了本书的假设 11-6c。

综合表 11-21 的回归结果，简要分析控制变量的具体表现：企业现金流量（Cf）与企业成长性（Growth）均通过了 1% 水平的显著性检验；资产负债率（Lev）与监事会规模（Bos）则在 5% 的显著性水平上通过显著性检验；而股权集中度（Foc）变量仅通过了 10% 水平的显著性检验，且上述控制变量符号表现与预期一致。

（四）稳健性检验

本节借鉴王晓宁（2017）的研究方法，选取迪博数据库的上市公司内部控制信息披露指数（lnICN）用以替代原解释变量重新检验调节效应相关模型，结果如表 11-22 所示。根据表 11-22 不难看出，系数符号与显著性均与前面的结果无异，基本能验证本书假设 11-6、假设 11-6a、假设 11-6b 与假设 11-6c，可以认为上面的研究结论具有较强的稳健性。

表 11-22　　　　　　　　　稳健性检验结果

变量	（Ⅰ）模型（11.17）	政治关联（Ⅱ）模型（11.18）	政治关联程度（Ⅲ）模型（11.19）	代表委员类政治关联（Ⅳ）模型（11.20）	政府官员类政治关联（Ⅴ）模型（11.21）
Cf	-1.083*** (-15.33)	-1.223*** (-16.89)	-1.104*** (-16.32)	-1.102*** (-16.31)	-1.122*** (-16.54)
Lev	0.311** (5.63)	0.309** (4.92)	0.301** (4.87)	0.313** (4.97)	0.304** (4.75)

续表

变量	（Ⅰ）模型（11.17）	政治关联（Ⅱ）模型（11.18）	政治关联程度（Ⅲ）模型（11.19）	代表委员类政治关联（Ⅳ）模型（11.20）	政府官员类政治关联（Ⅴ）模型（11.21）
Growth	0.095*** (12.27)	0.169*** (13.62)	0.170*** (13.46)	0.153*** (12.87)	0.163*** (13.42)
Foc	0.207* (2.02)	0.230* (2.68)	0.217* (2.32)	0.223* (2.45)	0.214* (2.55)
Bos	-0.030** (-3.67)	-0.037** (-4.02)	-0.033** (-3.84)	0.032** (-3.98)	0.030** (-3.96)
lnIC	-0.033*** (-1.05)	-0.065** (-1.89)	-0.065** (-1.65)	-0.078** (-1.97)	-0.077** (-2.15)
GL		0.045 (1.41)			
GL×lnIC		-0.013** (-1.65)			
GLCD			0.009** (1.12)		
GLCD×lnIC			-0.011*** (-1.03)		
GLdb				0.020** (1.19)	
GLdb×lnIC				0.019* (2.01)	
GLgy					0.018* (1.22)
GLgy×lnIC					-0.101** (-1.45)
_cons	0.289*** (3.82)	0.177*** (3.67)	0.032*** (3.02)	0.322*** (3.96)	0.203*** (3.82)
Industry	Yes	Yes	Yes	Yes	Yes
Yeat	Yes	Yes	Yes	Yes	Yes
F值	130.36***	111.21***	114.68***	108.68***	109.74***
R^2	0.202	0.212	0.217	0.219	0.220

注：***、**、*分别表示在1%、5%、10%水平（双侧）上显著相关。

（五）研究结论

本节选择2011~2017年沪深两市674家国有上市公司的4 718个样本构建平衡面板数据，重点研究政治关联视角下公司内部控制质量与真实盈余管理的关系，并得到以下结论：

(1) 国有上市公司政治关联与真实盈余管理呈显著正相关关系，即政治关联的建立会促进真实盈余管理行为的产生，且随着政治关联程度的加深，企业操纵真实盈余管理现象更为严重。不同类别的政治关联与真实盈余管理的回归结果并不完全一致，具体表现为：代表委员与政府官员两大类别的政治关联分别在1%和10%的显著性水平上与真实盈余管理正相关，但前者的相关系数明显小于后者。

(2) 我国国有上市公司的内部控制质量表现良好，但尚且存在双向选择的真实盈余管理行为，从侧面反映了当前公司对内部控制制度的设计与实施并不周全，忽略对其生产环节资产、销售环节现金流以及经营管理模式的管理与调控。通过对回归结果的进一步分析，得到了内部控制质量与真实盈余管理呈显著负相关关系的结论。

(3) 即便国有上市公司与政府之间的关联关系难以界定，但可以确定，政治关联的存在确实对内部控制质量与真实盈余管理相关关系产生负向调节效应，内部控制的实施效果会受到企业政治关联及其程度的影响。在上述基础之上细分政治关联类型进行回归后发现，代表委员类政治关联的存在会显著地增强内部控制对于真实盈余管理的抑制作用，而政府官员类政治关联却与其恰恰相反。以上结论均通过稳健性检验，并得出一致结论。

第十二章

利润上缴比例倍增目标下的国有企业遵从行为分析

行为人的遵从行为分析是近年来行为经济学研究中的一个热点问题，主要用于研究纳税人的遵从行为，提升纳税人的税收遵从度，实现税收的及时足额上缴。本书认为，当前国有企业红利上缴存在着上缴比例低、上缴阻力大等诸多难点，国有企业经营者作为理性经济人，在国有企业红利上缴中也存在利用信息优势和内部控制优势阻碍或减小国有企业红利上缴的行为动机。因此，有必要把行为经济学中的遵从行为概念引入国有企业红利上缴分析中，从行为经济学角度出发，探讨国有企业利润上缴中的遵从与不遵从行为特征，构建国有企业红利上缴遵从行为模型，分析国有企业红利上缴遵从行为的影响因素，实现国有企业红利应缴尽缴，从而构建更加完善的国有企业红利上缴制度。

第一节 国有企业红利上缴遵从行为分析的必要性和理论基础

红利上缴是指国有企业将实现的税后利润按照规定比例上缴给作为国有资本所有者的国家。目前学术界尚未提出"国有企业红利上缴遵从行为"概念，关于遵从行为的研究主要存在于税收领域。20世纪70年代，美国学术界就开始进行纳税人行为分析。我国对税收行为人的研究从20世纪90年代开始，1997年国家税务总局编制的《西方税收理论》中首次对纳税遵从行为进行界定，指出只有合乎税收法律的精神和立法意图的行为称为税收遵从行为[1]。2003年，国家税务总局正式提出"税收遵从"概念，指出纳税遵从是根据税法的规定履行纳税义务的行为[2]。

本书认为，纳税行为与红利上缴行为有诸多类似的地方，都拥有相关的法律制度作为实施依据、规定征收或上缴的实施范围、对不同主体规定不同征收或上缴比例等。因此，参考税收遵从行为的概念，本书将红利上缴遵从行为定义为：国有企业依

---

[1] 国家税务总局税收科学研究所. 西方税收理论 [M]. 北京：中国财政经济出版社，1997.
[2] 国家税务总局关于印发《2002年~2006年中国税收征收管理战略规划纲要》的通知 [EB/OL]. 2003-03-10. http://www.chinatax.gov.cn/n810341/n810765/n812198/n813086/c1207101/content.html.

照国家法律法规的相关文件要求，履行自身所承担的红利上缴义务，准确计算红利上缴数额、及时进行红利上缴的申报工作，按时足额地向国家上缴红利的行为。

一、国有企业红利上缴遵从行为分析的必要性

2003年国务院国有资产监督管理委员会成立以来，随着国有企业兼并重组和减轻包袱改革的实施，国有企业逐步摆脱了亏损，盈利能力不断提升。据财政部网站数据统计，近10年来，我国国有企业及国有控股企业实现营业总收入从2007年的17.87万亿元增长到2017年的52.20万亿元，年均增幅达11.32%；实现利润从2007年的1.58万亿元增长到2017年的2.90万亿元，年均增幅达6.23%。随着国有企业盈利能力不断增强，国家开始重视国有企业税后利润的征缴，国有企业红利上缴制度的改革逐步成为理论界和实务界共同关注的话题。2007年9月《国务院关于试行国有资本经营预算的意见》指出，国有企业所创造的利润应按时、足额的上缴。这表明，延续长达13年之久的国有企业只缴税不缴利润的历史终于结束。此后，国家开始逐步提高国有企业利润上缴比例。2013年11月，中共十八届三中全会提出，到2020年实现国有企业红利上缴比例为30%，并逐步将国有企业红利更多的投入于民生和社会保障领域。

然而，从实践层面来看，国有企业作为独立的市场经营主体，有其自身的利益追求，在国有企业过去长达13年不分红的制度惯性约束下，国家作为股东开始向国有企业征缴税后利润，必然面临诸多困难与阻力。这种困难和阻力，突出的表现在：一方面，我国国有企业红利上缴比例目前偏低，2007~2017年我国国有企业红利上缴比例由1.20%增长到7.26%，年平均上缴比例为6.16%，与中共十八届三中全会提出的要达到30%的目标还有较大差距，与国外国有企业红利上缴比例相比也明显偏低；另一方面，目前已经开始征缴的国有企业红利，在现实各种困难和阻力影响下，又大多回流到国有企业，形成了目前国有企业红利制度"体制内循环"的格局，国有企业红利难以惠及民生。造成这一问题的主要原因是，我国尚未建立保障国有企业红利上缴的刚性制度，国家在国有企业利益上缴行为中未能建立针对国有企业的有效的制衡机制，致使国有企业利用内部控制的信息优势，在理性经济人的行为驱使下，产生国有企业红利上缴的不遵从行为。

在国家与国有企业利润征缴的博弈中，国家虽然享有股东权力的强制性，但国有企业却享有信息优势，基于市场经济下"理性经济人"的利益驱使，国有企业可以通过利润操纵、盈余管理、盲目投资、会计政策选择以及增加员工福利和在职消费等方式，对国有企业利润上缴制造各种障碍，不利于国有企业红利上缴制度的建立。因此，有必要借鉴行为经济学中的前景理论，研究国有企业利润上缴中的行为特征，减小国有企业利润上缴中的对抗和阻力，推进国有企业红利上缴制度的完善。因此，有必要把行为经济学中的遵从行为概念引入国有企业红利上缴分析中，从经济学理论和社会行为学理论的基本原理出发，构建国有企业红利上缴遵从行为

的博弈模型，并对国有企业红利上缴遵从行为进行实证研究，探讨提高我国国有企业红利上缴遵从行为水平的对策建议，推进国有企业红利上缴制度的完善。

二、国有企业红利上缴遵从行为分析的理论基础

前景理论作为行为经济学理论的重要组成部分，是一门在心理学的基础上研究经济学问题的学科。前景理论假设人是有限理性的，人在做决策时不仅会考虑决策给自身带来的货币效益，还会受社会道德感知、公平待遇等非理性因素的影响，具有"利己"面与"利他"面。前景理论认为，人的决策行为具有确定性效应、反射效应、分离效应和参照点效应。

以国有企业红利上缴行为为例，确定性效应是指在国有企业红利上缴制度完善且易于遵守，规避利润上缴行为的经济、道德舆论威慑大，风险与收益对比分明的情况下，即便转移利润拥有更好的预期收益，国有企业行为人仍会倾向做出遵从利润上缴的行为；相反，若红利上缴制度烦琐且存在巨大的漏洞，不完善的制度让国有企业无所适从，若此时国有企业转移利润成风，并且所承担的风险较小，则国有企业行为人很有可能做出红利上缴不遵从行为，因为国有企业更倾向接受确定的结果。反射效应认为，人们对于损失与收益的偏好相反，面对损失呈风险偏好型，而面对收益则呈风险规避型，因此，在国有企业红利上缴的过程中，并不是惩罚强度与稽查率越高对国有企业的约束效用越强，因为国有企业对于高概率的损失时呈风险偏好型，在高强度的处罚下，国有企业很有可能会做出红利上缴的不遵从行为。分离性效应是指由于受到认知水平的约束，国有企业在做决策时无法将所有影响因素纳入思考范围，因此国有企业无法做出完全理性的决策。

前景理论将决策分为编辑、评价两个过程。在编辑过程中，行为人会通过各自方式简化问题、合并事件进行决策，并寻找一个合适的参考点，当决策的预期结果超过该参照点，这意味着收益；反之则为损失。在评价阶段，行为人会依据期望预期的结果进行选择，若期望预期是获得收益，则他们会表现的小心谨慎，呈风险规避型；若预期结果是损失，则行为人处于不甘心，会情愿冒险，呈风险偏好型。

本书认为，国有企业在红利上缴的决策过程中也存在行为人的典型特点，也同样存在确定性效应、反射效应、分离效应和参照点效应。因此，在重构国有企业利润上缴制度的实践中，有必要借鉴行为经济学的前景理论，将国有企业红利上缴行为中与理性因素与非理性的因素相结合，研究国有企业利润上缴中的行为特征，从而有助于减小国有企业利润上缴中的对抗性，推进国有企业红利上缴制度的完善。

第二节 国有企业红利上缴遵从行为的现状分析

从 2007 年国有资本经营预算制度试行以来，我国国有企业红利上缴范围不断

扩大，红利上缴比例也有所提高。但现实中仍存在国有企业红利上缴比例低、无法保障出资人利益、全民股东无法充分享受到国有企业红利等问题。本节从分析国有企业红利上缴的现状出发，在对红利上缴遵从行为分类的基础上，进一步分析我国国有企业利润上缴不遵从行为的具体表现及成因。

一、国有企业红利上缴的总体情况

国有企业红利收入，是指国家作为出资人从国有企业中分得的利润。根据"谁投资、谁收益"的原则，国家作为国有资本的所有者，理应享有国有资本投入国民经营领域的投资收益权利。根据企业会计准则及国家财务制度的规定，企业实现的利润，存在着再分配的顺序过程，企业实现的利润只有在弥补亏损、提取公积金后，才向股东分配股利。另外，目前多数国有企业逐步实现了股权多元化，中小股东分享的利润比例约占25%。由此看来，国有企业形成的利润只有部分可以上缴国家财政。在施行税利分流政策后，政府应根据国有企业的税收利润及企业自身的发展战略，制定相应的国有企业红利上缴制度，使得国有企业实现的利润可以在国家和企业之间进行合理有序的分配。

从国有企业实现利润情况上看，随着国有企业改革深化，我国国有企业的资产规模不断壮大，资产总额呈逐年递增的态势。截至2017年，全国国有企业资产总额增长至1 517 115.4亿元，10年来累计增加1 169 447.3亿元，年均增长率高达15.87%。国有企业经营效益也显著提高，我国国有企业实现的利润总额10年来增长了近1倍，年平均增长速度达6.23%。其中中央企业实现的利润总额10年来累计增加6 115.2亿元，年平均增长率为4.31%，地方国有企业利润总额以年均10.36%的速度增长。近年来，我国经济进入增速回调的新常态，国有企业利润总额增速稍有放缓，但总的来说，纵观10年我国国有企业利润总额仍是呈增长趋势，如图12-1和表12-1所示。

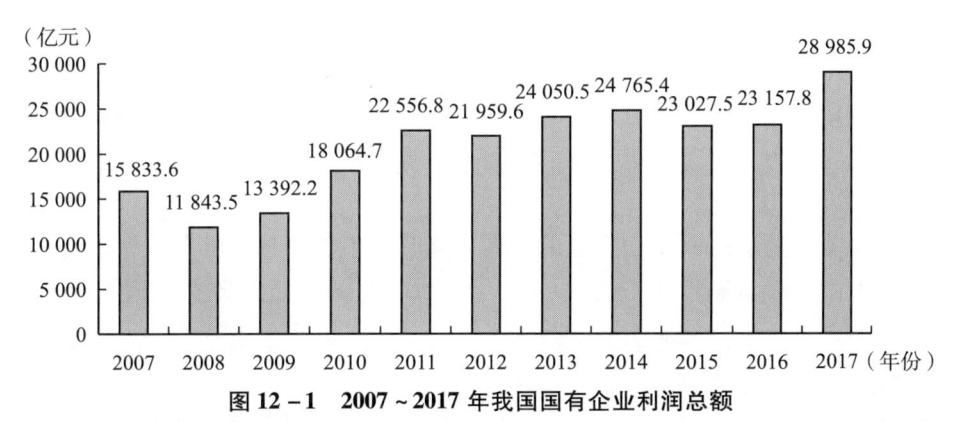

图12-1　2007~2017年我国国有企业利润总额

年份	利润总额（亿元）
2007	15 833.6
2008	11 843.5
2009	13 392.2
2010	18 064.7
2011	22 556.8
2012	21 959.6
2013	24 050.5
2014	24 765.4
2015	23 027.5
2016	23 157.8
2017	28 985.9

资料来源：2008~2018年《中国财政统计年鉴》。

表 12-1　　　　　2007~2017 年中央企业实现利润及上缴概况

项目	2007 年	2008 年	2009 年	2010 年	2011 年	2012 年
中央企业实现利润（亿元）	11 642	8 261.8	9 445.4	13 473.7	15 023.2	15 045.4
中央企业国有资本收益（亿元）	139.9	443.6	388.7	577.58	765.01	970.68
上缴比例（%）	1.20	5.37	4.12	4.29	5.09	6.45

项目	2013 年	2014 年	2015 年	2016 年	2017 年	
中央企业实现利润（亿元）	16 652.8	17 280.2	16 148.9	15 259.1	17 757.2	
中央企业国有资本收益（亿元）	1 058.43	1 410.91	1 613.06	1 430.17	1 290.00	
上缴比例（%）	6.36	8.16	9.99	9.37	7.26	

资料来源：根据财政部网站 2007~2017 年中央国有资本经营预算的说明、2007~2017 年全国国有及国有控股企业经济运行情况中数据整理得出。

从国有企业利润上缴情况上看，自 2007 年国有资本经营预算制度试行以来，截至 2017 年，中央企业累计实现利润 138 233 亿元，从 2007 年的 11 642 亿元增长到 17 757.2 亿元。在国有企业红利上缴制度不断完善，国有企业盈利水平不断提升的背景下，10 年来收取的国有资本收益总额呈不断上升的趋势，其中央企业实现利润的份额在波动中也呈上升态势，2007~2017 年，国有资本收益占中央企业实现利润的份额分别为 1.20%、5.37%、4.12%、4.29%、5.09%、6.45%、6.36%、8.16%、9.99%、9.37%、7.26%，年平均占比为 6.15%。

二、国有企业红利上缴遵从行为与不遵从行为的分类

根据行为经济学的情景理论，按照行为经济人的情景反应，国有企业红利上缴中的遵从行为和不遵从行为均可以分为三种类型。

（一）国有企业红利遵从行为的三种类型

1. 防卫性遵从

国有企业有规避红利上缴义务的倾向，但对该行为被揭发的概率估算偏高且不愿意承担惩罚成本，迫于政策制度的压力，不得不依法将红利上缴国家财政。

2. 制度下遵从

国有企业有逃避红利上缴义务的企图，同时也不惧怕逃避红利上缴所带来的违规成本，但由于现有制度十分完善，不存在制度漏洞，而导致企业没有违规的机会，只能不自觉地进行红利上缴的行为。

3. 忠诚性遵从

国有企业对红利上缴义务具有准确的认识，国家红利上缴制度比较完善，义务人总能按时、准确的履行红利上缴义务。

(二) 红利上缴不遵从行为的三种类型

1. 自私性不遵从

国有企业出于自身利益最大化的动机，总是通过各种手段如操纵盈余管理、增加在职消费、盲目投资等躲避国有企业红利上缴的行为。据国家统计局数据，2007～2016 年，我国国有企业固定资产投资额年平均增长 14.32%，而我国国有资产的净资产收益率总体呈下降趋势，从 2007 年的 12.1% 下降至 2016 年的 5.2%，年平均下降了 10.02%。说明了我国国有企业存在盲目、低效投资。

2. 无知性不遵从

红利上缴义务人主观上没有逃避义务的企图，但由于对上缴红利的申报程序及法律规定的义务缺乏了解，而没有准确按时的履行红利上缴义务。

3. 情感性不遵从

红利上缴义务人对现行的国有企业红利上缴制度不认可，对红利的具体使用流向不满意，对国有资产的管理制度及自身薪酬待遇不满意，为宣泄不满情绪而有意识的不履行红利上缴行为。

自 2007 年我国国有资本经营预算制度试行以来，至今仍处于改革探索的初步阶段，国有企业红利上缴制度尚未健全，我国目前的国有企业红利上缴遵从行为大多数属于防卫性遵从，若国有企业内部人属于风险厌恶型，则会高估不履行红利上缴义务的惩罚成本，国有企业会在转移利润所获得的收益与所承担的成本之间进行博弈，而产生防卫性的"利润上缴"遵从行为。而国有企业红利不遵从行为主要是属于自私性不遵从行为。在现代企业管理制度模式下，我国国有企业内部人很少拥有或不拥有国有企业的剩余利润分配权，出于自身效用最大化的动机，国有企业内部人会利用自身的信息优势进行利润转移，从而形成自私性不遵从行为。

三、国有企业红利上缴遵从度不高的具体表现

自 2007 年国有资本经营预算制度试行以来，国有企业表面上按时上缴国有企业红利。但由于受到长达 13 年不分红制度的惯性影响，使得国有企业尚未形成上缴红利是自身义务的思维定式。另外，在国家与国有企业利润征缴的博弈中，复杂的委托代理链条使得国有企业享有信息优势，国有企业为了追求自身利益最大化，会通过利润操纵、盈余管理、会计政策选择以及员工福利和在职消费等方式，规避利润上缴。国有企业自身规避或减少利润上缴的行为，使过多利润滞留于企业内部，造成国有资产流失，严重损害了出资人的利益，作为股东的民众更是无法切实分享国有资本投资收益。

首先，国有企业红利上缴比例始终偏低，上缴比例提高阻力很大。如图 12-2 所示，自 2007 年国有资本经营预算试行与推广以来，我国国有企业红利上缴比例

虽有所提升，但总体仍然偏低。2007~2017 年我国国有企业红利上缴平均比例为 6.15%，仅超过政策规定之初最低档 1% 的水平。近几年，红利上缴比例虽有明显的提高，但最高水平仍没有超过 10% 的分红比例。

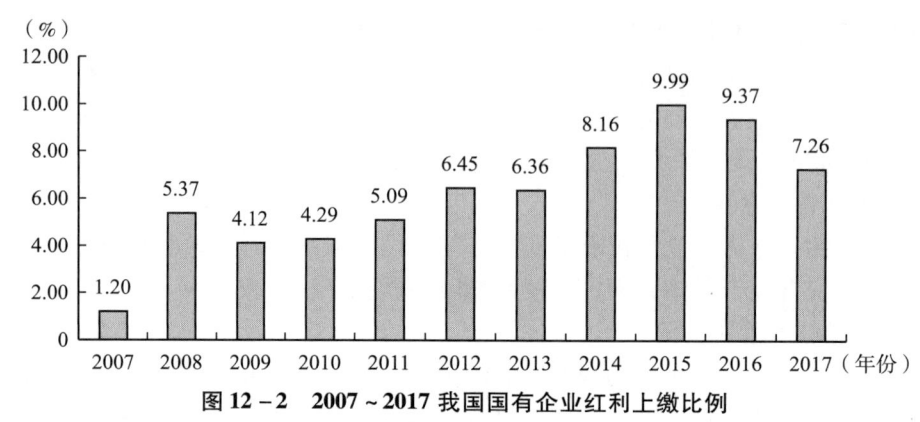

图 12-2 2007~2017 我国国有企业红利上缴比例

资料来源：财政部网站历年中央国有资本经营预算的说明、历年全国国有及国有控股企业经济运行情况。

其次，国有企业上缴红利范围难以扩大。2007 年试行国有资本经营预算制度以来，虽然国有资本经营预算内上缴税后利润的中央企业数量相比过去已呈现出增加的态势，但所占比例仅为所有中央各部委下属企业数目的大约 1/8，还有大量的中央企业没有将其税后红利上缴国家财政。尤其是利润丰厚的金融类国有企业，到 2017 年都还未被列入到上缴红利的范围之内。

最后，制度试行过程中迫于各种阻力，已经上缴的红利最终大部分又返回到国有企业内部。据财政部统计的数据，2008~2018 年国有资产收益回流于国有企业内部的资本性支出及费用性支出分别为：100%、100%、97.73%、89.52%、91.99%、92.95%、87.36%、85.75%、85.62%、79.81%、71.60%，年平均占总支出比例高达 90% 左右。

四、国有企业红利上缴遵从度不高的成因分析

（一）尚未建立保障国企红利上缴的刚性制度

2007 年我国国有资产经营预算制度的试行结束了国有企业 13 年只缴税不上缴红利的历史。然而，在国有企业红利上缴制度尚未完善的情况下，国家作为股东开始向国有企业征缴税后利润，必然面临诸多障碍。

首先，国有企业红利上缴缺乏刚性制度的约束。由于存在着路径依赖，国有企业出于自身效用最大化的动机必然会对利润上缴产生非遵从行为。现行的《中华人民共和国企业国有资产法》没有明确相关主体的法律关系，对于国有资本经营

预算的收入来源、上缴比例、实施范围、收支主体等都缺乏明确规定，存在着立法范围窄、各主体监管职责不清等缺陷。其次，国有企业红利上缴尚未形成系统的配套保障制度体系。国有企业违规成本较低，国有企业会在转移利润所获得的收益与所承担的成本之间进行博弈，若转移利润所带来的收益远高于为此付出的成本，则会增加国有企业内部人产生不遵从行为的动机。然而，目前我国尚未建立起足够有效的激励与约束机制，国有企业违规成本偏低，在追求自身利益最大化的同时极有可能会产生红利上缴的不遵从行为。最后，政府作为国有企业的所有者，并未实际参与企业的管理经营，由于存在企业内部信息不对称性，政府无法完全真实有效地掌握国有企业管理者的个人努力情况、国有企业的盈利情况等信息。国有企业内部人必然会产生道德风险问题，为了追求自身利益最大化，则可能会出现操纵盈余管理、增加在职消费、多发员工福利等操作行为，加上目前国有企业尚未建立公开透明的财务监督机制，这更加剧了国有企业内部人会利用自身的信息优势，做出红利上缴不遵从行为的现象。

（二）多方利益主体之间的博弈结果

2007年发布的《国务院关于试行国有资本经营预算的意见》（以下简称《意见》）规定财政部是国有资本经营预算的主管部门，国资委是预算单位。从职责分工来看，财政部负责制定管理制度、预算编制办法、确定预算收支科目、报告预算执行情况、汇总中央国有资本经营预算草案。国资委参与制定管理制度，提出预算建议草案，组织和监督所属企业上缴国有资本收益。《意见》确立了以财政部和国资委为主体的我国国有资本收益征收和分配的管理体系（见图12-3）。

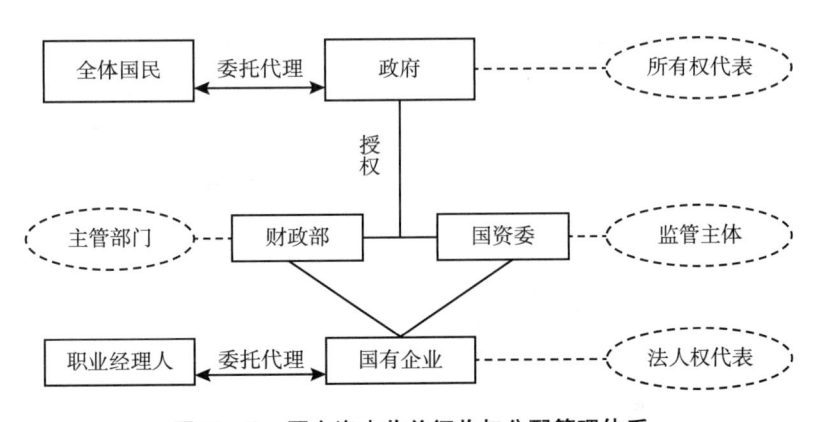

图 12-3　国有资本收益征收与分配管理体系

实践中，由于利益诉求不同，财政部和国资委在征收国有资本收益和安排使用的过程中难免产生分歧。即便两者能够协同合作，执行过程中也会遇到来自国有企业内部既得利益集团的阻碍。具体而言，财政部肩负促进经济建设和增强公共服务的职责。公共财政倡导的全民福利最大化理念要求财政部多征收国有企业红利作为公共支出。而国资委是国有企业的法定出资人代表,主要职责在于做强做大国有企业,确保国有资产保值增值。为了实现这一目的,国资委希望国有企业留存较多的税后利润进行技术创新、资本追加和规模扩张。前者侧重国有企业红利施惠于民;后者强调留存收益用于国有企业。经过双方的讨论协商,最终确定的国有企业利润上缴和使用的比例并不是最优的,它往往偏离合理的水平。

对于国有企业本身而言,在长期不分红的制度体制下,受制度惯性的影响,自然不希望上缴红利,而迫于政策的压力,又必须进行利润上缴。出于自身效用最大化的理性思考,企业内部人则会通过少计利润、增加在职消费、多列福利等操作减少上缴的利润。这就很好地解释了为什么2007~2017年,我国国有企业红利上缴平均比例为6.15%,仅超过政策规定之初最低档1%的水平的现象。另外,由于国有企业存在的负责人与部委官员身份转换机制,政府官员同时兼任企业的高管人员,其具备了与政府讨价还价的能力,这就难以保障国有资本可以合理使用。从某种意义上看,国有企业红利上缴是多方利益主体相互博弈的结果。因此,在我国国有资本红利上缴缺乏刚性制度约束的情况下,国有企业红利上缴比例难以达到合理水平,也很难真正做到取之于国有企业,用之于全民,在多方利益的交集与博弈下,导致了国有企业红利上缴的不遵从行为。

(三) 国有资本经营预算制度处于探索期

2007年,我国开始实行国有资本经营预算试点。此后,为了完善制度,强化管理,财政部先后多次发布意见、办法和通知等政策性文件。① 时至今日,重新恢复的国有企业红利上缴和使用制度仍在不断完善当中。只是长达13年不分红的国有企业已经习惯税后不缴红利的原制度福利。根据制度变迁理论的路径依赖机制,既得利益集团会对改革形成强大的阻碍力量。因此,过快大幅提高国有企业红利上缴比例既不现实,也不可能,而政府通过强制变革所产生的新制度在初期也被锁定在低效率水平,尽管改革初步成功了,但并不完全和彻底。这在国有企业利润征收实践中主要表现为国有企业被动地接受利润上缴的事实,却能动地减少规定上缴的数量。而政府为了保证政策试行的稳妥性,实现国有企业红利最终上缴国库,会默许这种行为。因此,2007年新制度试点时,我国对2006年实现的国有资本收益按标准减半征收。即便此后几次调高利润上缴比例,但每次的幅度也只有5%。事实上,如果过高过快地要求国有企业上缴利润,一来会触及利益集团的底线利益;二来也不利于国有企业迅速调整红利分配政策。国有企业红利上缴比例在狭小的空间内有限地调整,突破国有企业红利再分配的利益格局需要强大的推动力量。政府在国有企业利润分配制度改革的初步阶段,只能退而求其

---

① 主要的文件有《国务院关于试行国有资本经营预算的意见》《中央国有资本经营预算编报试行办法》《中央企业国有资本收益收取管理暂行办法》《关于完善中央国有资本经营预算有关事项的通知》《关于扩大中央国有资本经营预算实施范围有关事项的通知》《关于提高中国烟草总公司国有资本收益收取比例的函》《关于推动地方开展试编国有资本经营预算工作的意见》《关于推动地方开展国有资本经营预算工作的通知》。

次，制定较低的利润征收比例。这是"诺斯悖论"下，政府平衡经济发展和民众福利的最佳选择和合适落脚点。①

第三节 国有企业红利上缴遵从行为的实证检验

前景理论作为行为经济学理论的重要组成部分，是一门在心理学基础上研究经济学问题的学科。前景理论认为行为人是有限理性的，摆脱了期望效用理论（EU）的局限，是行为经济学的基础理论。前景理论认为行为人在做决策的过程分为两个步骤。第一步是对将要发生的事件及主体对决策的看法进行收集资料与整理工作；第二步是主体对决策的预期期望值进行评估，并选择出一个最优方案进行决策。

一、模型的基本原理

前景理论指出，行为人做决策时所比较的预期期望值是由 W、T 变量组成，其中，W 是用以衡量各个可能结果 u 的价值，即 W(u)，是衡量各个决策的价值同参照点的偏离程度。T 是同决策结果的实际发生概率 p 相关联的决策权重，即 T(p)，它是衡量概率 p 对整个期望预期值的影响。预期期望值表示为：$R = \sum T(p)W(u)$。若决策 A 使出现 u 的概率为 p，决策 B 使出现 j 的概率为 q，当满足以下条件时，行为人选择 A 决策，而不选择 B 决策：$\sum T(p)W(u) > \sum T(q)W(u)$。

（一）前景理论的价值函数

预期效用理论认为，人们在做决策时会出于预期效用（EU）最大化的动机进行决策，即根据效用值 u 与其发生的客观概率 p 的内积之和来选择，且边际效用是递减的，效用函数是凹向原点的（见图 12-4）。而前景理论的价值函数是反映行为人决策的主观价值函数 W(u)，即前景理论是以财富的变动值来衡量价值的。其中，β 为参数变量（β>1），γ 为偏好系数，具体形式为：

$$W(u) = \begin{cases} u^\beta & u \geq 0 \\ -\gamma(-u)^\beta & u < 0 \end{cases} \quad (12.1)$$

---

① 诺斯悖论：诺斯在 1981 年提出，国家具有双重目标，一方面通过向不同的势力集团提供不同的产权，获取租金的最大化；另一方面，国家还试图降低交易费用以推动社会产出的最大化，从而获取国家税收的增加。国家的这两个目标经常是冲突的。

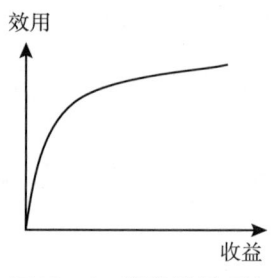

图 12-4　期望效用理论

如图 12-5 所示，前景理论的价值函数呈 S 型。参照点被赋值为 0，在参照点上的效用函数 W=0；当预期的财富值超过该参照点，则意味着收益，它们会表现的小心谨慎，价值函数呈凹型；若预期结果小于该参照点，则意味损失，则行为人出于不甘心而愿意冒险，此时价值函数呈凸型。

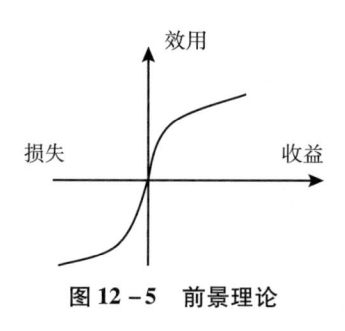

图 12-5　前景理论

通过图 12-5 可知，当效用值小于参照点时曲线趋于陡峭，说明行为人对损失更为敏感，例如，在获得 800 元中奖与受到 800 元罚款相比，人们往往对损失 800 元更加敏感。同时，前景理论认为，人们在面对收益时呈风险规避型，而面对损失时是呈风险偏好型的。

（二）前景理论的权重函数

在前景理论中，每个可能发生结果的值都是以决策权重进行加权而得到的，权重函数是 t 关于客观概率 p 的函数，是人们的心理概率。该函数呈递增趋势，斜率在 0 和 1 之间。前景理论认为，行为人未被稽查时处于收益区域，权重为 $T^+(1-p)$，被查获时处于损失区域，权重为 $T^-(p)$。对于大概率事件，人们会低估其发生的可能，大概率结果的决策权重小于实际概率，即 $T(p)<p$，而对于极小概率发生的事件，人们往往会对其进行高估，其决策权重会大于实际概率即 $T(p)>p$。这就很好地解释了一些现实中的现象：人们总是愿意去买彩票或赌博，因为他们可以用很少的成本去获得很大的收益，虽然这是极小概率事件，但人们总会高估它发生的概率。

权重函数具有以下特征：

(1) T 是一个递增函数，且 T(0)=0，T(1)=1。

(2) 小概率事件的决策权重大于其发生的概率，即 T(p)>p。

(3) 大概率事件的决策权重小于其发生的概率即 T(p)<p。

(4) $T^-(p)$ 是损失时的决策权重，$T^+(1-p)$ 是获益时的决策权重。

(5) 对于所有的 $p\in(0, 1)$，T(p)+T(1-p)<1。

二、国有企业红利上缴遵从行为的模型分析

本书借鉴哈米和阿诺瓦伊希（Hami and Arnovaihi, 2007）的研究，以国有企业如实上缴红利后的剩余利润作为国有企业收益的参照点，基于前景理论，通过设计我国国有企业红利上缴行为的权重函数和价值函数，构造国有企业红利上缴遵从模型。

（一）模型假设

(1) 国有企业内部人是有限理性的，所做的决定并不是出于自身货币效益最大化的动机，而是在认知范围内最优的决策。

(2) 国有企业内部人所做的决定会受到道德舆论、羞愧感等外部因素的影响，若规避红利上缴对自身造成名誉损失。

(3) 政府部门对内部人红利上缴情况的稽查是按概率进行的。

（二）参数变量

(1) w 为国有企业当期实现的利润，x 为当期申报的利润，且 0<x<w。

(2) s 为红利上缴比例。

(3) p 为政府部门对国有企业红利上缴行为的稽查概率，且 0<p<1。

(4) c 为国有企业规避上缴红利部分的惩罚比例，且与未申报的利润（w-x）成正比，惩罚额为 cs(w-x)。

(5) m 为名誉损失率，与未申报的利润（w-x）成正比，名誉损失成本为 m(w-x)。

（三）价值函数

W 表示国有企业规避红利的行为没有被政府部门稽查到的收入，E 表示国有企业规避红利的行为被政府部门稽查到并受到一定罚款后的收入。W^* 表示企业如实上缴红利后的剩余利润所得。具体表示为

$$W = w - xs \tag{12.2}$$

$$E = (1-s)w - cs(w-x) - m(m-x) \tag{12.3}$$

$$W^* = w(1-s) \tag{12.4}$$

由式（12.2）~式（12.4）进一步推导，可得：
$$W^* = W - W^* = W - W^* = s(w-x) \quad (12.5)$$
$$E^- = E - W^* = -(m+cs)(w-x) \quad (12.6)$$

其中，W^+ 为国有企业规避上缴红利的行为没有被政府部门稽查到情况下的所得相对于如实上缴利润的收益。E^- 为国有企业规避红利的行为被政府部门稽查到并受到一定罚款后的剩余利润相对于如实上缴利润的损失。由于 $0 < x < w$，所以可知，$W^+ > 0$、$E^- < 0$。接下来，将 W^+、E^- 代入式（12.1）中得到

$$W(x) = \begin{cases} [s(w-x)]^\beta, & s(w-x) \geq 0 \\ -\gamma[(m+cs)(w-x)]^\beta - (m+cs)(w-x) < 0 \end{cases} \quad (12.7)$$

（四）权重函数

前景理论认为，权重函数是指同决策结果的实际发生概率 p 相关联的决策权重即 T（p）。行为人在决策时往往会低估大概率事件而高估小概率事件。假设国有企业在红利上缴行为过程中，所获得收益和损失的权重函数分别为 $T^+(1-p)$、$T^-(p)$。

（五）国有企业红利上缴的遵从模型

现将行为人的主观权重函数与价值函数带入期望价值函数 $R = \sum T(j)W(u)$ 中，得到：

$$R(w, s, c, m, \gamma) = T^+(1-p)s^\beta(w-x)^\beta T^-(p)\gamma(m+cs)^\beta(w-x)^\beta$$
$$(12.8)$$

假设政府部门稽查 p（x）是关于国有企业申报红利数 x 的函数，并且与红利申报数额 x 成正比，当 $\frac{\partial R}{\partial x} = 0$ 时，$\frac{\partial^2 R}{\partial^2 x}$ 的值是无法确定的，所以在这种情况下得不到一个最优 x^*，使国有企业获得最大效用，因此，我们假定 p 是一个固定值，令

$$F(w, s, c, m, \gamma) = [T^+(1-p)s^\beta - T^-(p)\gamma(m+cs)^\beta]$$

则 $R(w, s, c, m, \gamma)$ 可简化改写成：

$$R(w, s, c, m, \gamma) = (w-x)^\beta F(w, s, c, m, \gamma) \quad (12.9)$$

（六）国有企业红利上缴遵从行为的模型分析

由式（12.9）可知，价值期望函数 $R(w, s, c, m, \gamma)$ 的正负取决于 $F(w, s, c, m, \gamma)$，而 $F(w, s, c, m, \gamma)$ 的符号存在不确定性，其正负值取决于国有企业在红利上缴中的遵从和不遵从的决策权重，及预期价值相对于参照点的偏离程度。

接下来，对式（12.4）求一阶导数，得：

$$R' = -\beta(w-x)^{\beta-1} F(w, s, c, m, \gamma)$$

对式（12.4）求二阶导数为：

$$R'' = \beta(\beta-1)(w-x)^{\beta-2} F(w, s, c, m, \gamma)$$

通过对上式的分析，可以得出效用最大化时的条件，具体如下：

若 F < 0，则 R′ > 0，R″ < 0，此时当 w = x 时达到效用最大化，即产生完全遵从行为。

若 F > 0，则 R′ < 0，R″ > 0，此时当 x = 0 时达到效用最大化，即产生完全不遵从行为。

若 F = 0，则 R′ = 0，R″ = 0，此时当 0 < x < W 时达到效用最大化，即产生部分遵从行为。

即：

当 $\dfrac{T(1-p)}{T(p)} < \gamma\left(c + \dfrac{m}{s}\right)^{\beta}$ 时，x = w 表明国有企业在红利上缴中表现出完全遵从行为。

当 $\dfrac{T(1-p)}{T(p)} > \gamma\left(c + \dfrac{m}{s}\right)^{\beta}$ 时，x = 0 表明国有企业在红利上缴中表现出完全不遵从行为。

当 $\dfrac{T(1-p)}{T(p)} = \gamma\left(c + \dfrac{m}{s}\right)^{\beta}$ 时，0 < x < w 表明国有企业在红利上缴中表现出部分遵从行为。

三、国有企业红利上缴遵从行为模型分析的结论

通过上述研究，得出国有企业红利上缴遵从度主要受以下因素影响：

1. 红利上缴比例

通过降低 s，可以使 $\gamma\left(c + \dfrac{m}{s}\right)^{\beta}$ 值增大，即国有企业红利上缴遵从度与政府划定的红利上缴比例成反比，即减少红利上缴比例可以提升国有企业的遵从度。

2. 处罚力度

通过提高 c 可以使 $\gamma\left(c + \dfrac{m}{s}\right)^{\beta}$ 值增大，即国有企业红利上缴遵从度与政府部门采取的约束机制成正比，即提高处罚力度可以提升国有企业的遵从度。

3. 名声损失

通过提高 m 可以使 $\gamma\left(c + \dfrac{m}{s}\right)^{\beta}$ 值增大，即国有企业红利上缴遵从度与国有企业自身对名声的在乎程度成正比，即提高名声损失成本可以提升国有企业的遵从度。

4. 对损失的厌恶程度

通过提高 γ 可以使 $\gamma\left(c + \dfrac{m}{s}\right)^{\beta}$ 值增大，即国有企业红利上缴遵从度与国有企业对损失的厌恶程度成正比，即提高损失厌恶程度可以提升国有企业的遵从度。

5. 政府的稽查率

国有企业红利上缴遵从度与国有企业和政府的稽查率成正比，即加强政府对国有企业红利上缴行为的稽查制度可以提升国有企业的遵从度。

综上所述，本书基于行为经济学中的前景理论，构建国有企业红利上缴遵从行为模型，探索分析国有企业在红利上缴中的遵从行为，为我国重塑国有企业红利上缴制度给予了一定启示。从前景理论的视角上看，一般而言，增强稽查力度、提高惩罚力度、国有企业对名声的重视、对风险的厌恶及降低红利上缴比例等可以提高国有企业的遵从度。但需要指出的是，在理论上降低红利上缴比例可提高国有企业红利上缴的遵从行为，但就我国当前的现状而言，不具有可实施的条件。从国有资本的本质上看，社会公众作为国有资本的终极所有者，决定了其首要的经济职能是满足全体公民的公共需求。当前我国国有企业分红比例处于 5%~25% 的水平上，与西方国家相比仍处于较低的水平，这样的分红水平尚不能保障出资人利益，且真正返利于民的部分远远不够满足民众的公共需求。在国家、企业、民众的利益无法得到公平兼顾的情况下，保持甚至是提升国有企业红利上缴比例是我国红利上缴制度的刚性需求。

第十三章

国有企业利润征缴比例倍增的目标约束与优度检验

国有资本经营预算制度框架下，国有企业红利征缴比例倍增目标的实现决定着国有资本经营预算收入存量，是推进国有资本经营预算支出民生化的前提基础。历史经验表明，国有企业红利征缴比例倍增目标的实现不可能一步到位，应当在满足其目标约束条件下进行多阶段的动态调整和优化。因此，基于政企分配关系、公有制为主体的基本经济制度、市场经济体制三个维度的目标约束，2007年12月，财政部与国资委联合发布《中央企业国有资本收益收取管理暂行办法》规定：国有企业利润上缴公共财政比例最高为10%。在此之后，又经历了两次上调，即2011年国有资本收益上缴比例提高至15%，2014年再次上调到20%（其中烟草企业为25%）。尽管中共十八届三中全会提出"到2020年，国有企业红利上缴公共财政比例提高至30%"的政策目标，不少学者认为这一比例对生产力高速发展的国有企业而言，实属偏低，应当进一步将红利征缴比例提高至50%。但这一比例是否真正符合国有企业经营状况、发展前景及资本结构等各方面要求，仍待进一步检验。鉴于此，本章首先从政企分配关系、公有制为主体的基本经济制度、市场经济体制三个维度分析国企红利征缴制度的目标约束，其次在梳理国有企业红利征缴比例相关政策的基础上，以能源型国有企业为样本，从加权平均资本成本（WACC）的视角对现行国有企业分红结构进行优度检验，试图为科学确定国有企业的红利征缴比例提供一个新的研究视角。

第一节 国有企业红利上缴比例倍增的目标约束

随着经济社会的发展，生产力与生产关系的矛盾问题也逐渐暴露出来。主要体现在相对滞后的社会生产关系不适应发展的社会生产力。关于如何化解两者之间的矛盾？早在100多年前，马克思和恩格斯就曾提出根本方法是调整和完善社会生产关系并使其适应社会生产力。由于我国国有企业利润征缴制度体现的是政府与企业分配关系，也是属于社会生产关系的范畴。因此，在当前国有企业社会生产力不断提高的背景下，必须适时调整和完善国有企业利润征缴制度，实现国有企业红利征缴比例倍增的目标。而就这一目标的约束条件，本书拟从政企分配关系、公有制为主体的基本经济制度、市场经济体制三个维度展开分析。

一、从完善我国政企分配关系角度的分析

所谓政企分配关系，具体来讲，指的是国家以所有者身份从国有企业及其相对应的国有资本（以下简称国企国资）中取得投资收益，从而形成国家与企业的分配关系。如同马克思和恩格斯所言，政企分配关系从属于社会生产关系，在经济学中是一个抽象的概念，它主要是以国家对国企国资所拥有的产权为法律基础。一般而言，国家可以通过建立相应的制度和机制来建立、调整和完善政企分配关系，进而使国企国资的产权能够得到保障。国企国资的产权主要包括收益权和经营权两方面。经营权是指国家依照其所有者的身份，有权参与国企国资的经营；而收益权是国家以所有者的身份有权从国企国资经营产生的经济利益中取得分红。与收益权和经营权相对应，收益和经营即是政企分配关系的两个方面。

改革开放前，在计划经济模式下我国采取统收统支的收支管理办法。在这种经济体制下，国家承担着多重身份，既是社会管理者，也是生产资料所有者，同时还掌管着企业生产经营，可以说是具备"三位一体"的角色。政府对社会的调控渗透到社会的方方面面，不但代表国家占有和支配社会生产资料，而且直接负责国有企业的经营管理，在政府控制下的国有企业没有独立决策的经营权。企业只是一个个"生产车间"，服务于政府统一支配的社会大生产体系，国有企业经营管理者承担企业正常运转的职责，而不负责企业的最终盈亏。相应地，企业的全部收益都上缴中央财政，中央财政再按计划向企业划拨资金。这种制度下的政企分配关系集中体现的是高度集中统一的"单元财政"模式。

这一时期，企业所需的生产资料由国家调控，生产的产品由国家分配，经营获得的利润归国家所有，相应的亏损也由国家承担。而且，此时的国有企业盈亏在很大程度上受国家经济计划的影响，经济形势、经营环境以及管理水平等因素反而对企业经营好坏影响甚微。在这种情况下，国有企业盈亏表象上只是国家与政府两者之间的内部分配，本质上又是国家的统一生产和分配，企业并不是真正意义上的独立经济利益主体。因此在计划经济体制下，政企分配关系中的收益权能够获得完全的保障，而国家对于国有企业的经营则是依靠行政命令和经济计划，采取直接参与的方式进行。这一时期的政企分配关系是适应了新中国成立初期国家集中力量办大事的需求，能够尽快恢复经济社会的发展和建设，有效保障国家利益，但是其所存在的缺点也非常明显，表现为企业缺乏活力、抑制企业和员工的积极性和自主性，导致我国经济长期发展滞后，不利于企业的可持续发展。

改革开放后到中共十四届三中全会这段时间里，经济社会的发展使原有的政企分配关系的弊端逐渐凸显，为了维护社会主义制度，支持国有企业做强做大，成为经济社会进步的中坚力量，必须提高国有企业竞争力和经营活力，因此，旧的政企

分配关系与经济发展水平不相适应的矛盾开始受到高度重视。如何完善政企分配关系以实现既能调动企业和员工的积极性又能保障国家必要收入的目的，成为我国政企分配关系新的探索目标。在这 15 年时间里，我国先后探索并实行了"放权让利"、两步"利改税"和利润上缴的"包干制"等多种举措，但由于制度存在的各种缺陷，无法在调动企业积极性的同时又保障国家所有者的收益权，即并没有能够平衡国家和企业的分配关系。例如，在"包干制"实施的后期，出现了"苦乐不均""鞭打快牛""账实不符""虚盈实亏"等不良现象，严重影响了企业生产积极性和国民经济发展。这一时期的政企分配关系将重心放在了积累企业财富以及发展国有企业上，而关于国有企业发展后如何反哺社会民生的问题却被忽视了。从政企分配关系来看，在这一阶段，国家只是部分实现了收益权，而在经营方面则一直处于"放"的状态，说明该时期的政企分配关系仍然存在重大不足，亟须通过进一步的改革加以规范和完善。

中共十四届三中全会以后，社会主义市场经济体制在我国逐步确立。以市场经济为基础的新型现代企业制度成为改革的重点目标，市场逐步成为主导性力量，取代了国家财政在资源配置中的地位和作用。国有企业不再只是纯粹负责产品的生产，而是开始像民营企业一样关注市场表现，具有自身独特的利益诉求，主要体现在国有资本投资目标的变化，从用于生产逐步转变为以保值增值为目标。相应的，从计划经济时期遗留下来的国家财富，转为独立的国有企业或者以国有资本的形式存在。国家从直接占有生产资料，转变为建立规范的国有企业和对国有资本产权的拥有。因此，在新形势下，如何实现和保障国企国资的收益权，成为当前新一轮国有企业改革的一个重要的研究课题。

叶振鹏和张馨（1999）在《公共财政论》一书中就国有企业相关问题指出，政企分开和政资分开是建立现代企业制度、发展市场经济的重要要求。在计划经济时期，国有企业资源由国家支配，国家财富的使用和经营服从国家的主观意志。现在情况已然不同，国有企业资源的使用要有利于国有企业自身利益的实现，并且是符合市场资源配置规律的。这种转变要求我国在政企分配关系上重新考虑国企国资产权的实现和国有财富的经营形式。为了应对这种转变，国有资本财政应运而生，从国家的"单元财政"中脱离出来，成为与公共财政并行共存的独立模式。国有资本财政的建立，主要以履行国家作为国有企业所有者的经营权和收益权的职能为目的。具体来说，是在建立和完善现代企业制度过程中，国家通过对国有资本财政的规范，进行国有资本财政预算和决算，从而行使作为国有企业和国有资本所有者的产权及收益权。国有资本财政的形成，推进了政企分配关系的明确，使国家对于国企国资的经营权和收益权在制度上得到了一定保障，是国有企业利润分配制度的一大进步。

自国有资本财政形成以后，国家与企业的关系及其相关职能的履行主要是通过对国有资本采取经营预算的方式实现。一方面，国有资本经营预算将取得的收入按照复式预算方式划转调剂至公共财政或社会保障，从而实现国家对于国有资本的产权；另一方面，国有资本经营预算通过对预算收入和预算支出规模以及方向的调整，推动国有企业改革，在促进国有资本保值增值的同时，实现政府对于国企国资的经营。然而，要使国有资本经营预算能够在国企国资的收益收取和宏观经营方面发挥出相应功能，需要一定的预算收入支持。而事实上，我国国有资本经营预算收入来自国有企业利润的比例达90%以上，因此国有企业利润上缴对于增加国家财政收入具有重要意义。对于上述情况，叶振鹏教授也曾多次在其文章中强调并且指出国有企业利润上缴的重大意义，认为提升利润上缴水平有助于改变政企分配关系中只重视积累而忽视利润使用的问题。而完善政企分配关系在保证国家获取相应的国有资本经营收益、实现投资收益权利的同时，也能够充分体现和发挥国家履行国有资本经营的职能。综上所述，国有企业利润上缴财政是完善我国政企分配关系的主要枢纽，有其时代的必要性。

二、从完善基本经济制度角度的分析

改革开放以来，以公有制为主体，多种所有制形式共同发展作为我国基本经济制度，是我国社会主义市场经济根基牢固的保证，也是中国特色社会主义制度的重要支柱。在这一基本经济制度安排中，坚持公有制为主体是我国市场经济体制改革的基本原则和方向。作为公有制经济的重要组成部分和主要实现形式，国有企业一直以来都在我国关系国家安全和国计民生的重要领域发挥主导作用，是我国国有经济的重要支柱。因此，坚持公有制为主体，进一步巩固和发展公有制经济，就是要进一步巩固和发展以公有制为代表的国有企业，理直气壮做强做优做大国有企业。当前，我国国有企业改革的一项顶层设计制度安排就是推进国有企业混合所有制改革，这是当前完善我国基本经济制度的一项关键举措。公司股权多样化是混合所有制的主要特点之一，不同类型的所有制资本在国有企业内部交叉融合、优劣互补。股权分散虽然在表面上降低了国有资本的比重，但是实际上有助于推动国有企业完善现代企业制度，增强国有经济的活力，从而进一步巩固和发展公有制经济，保障公有制经济的主体地位。

（一）将混合所有制作为公有制为主体基本经济制度"有效实现形式"的依据

从宏观层面来看，我国坚持以公有制为主体，多种所有制共同发展的基本经济制度，就是一种具有国有企业、集体企业等公有制经济，也有民营企业、外资企业等非公有制经济形态共同存在和发展的经济格局，可以认为是一种宏观上的混合所有制经济。这种肇始于20世纪90年代的混合所有制经济改革，通过引入民营经济、外资经济等非公有制经济，改变了我国以往"一大二公"僵化的经济发展格局，激发了我国国民经济的活力，促进了20世纪90年代以来我国国民经济的快速发展。中共十八届三中全会提出推进国有企业混合所有制改革，则是从微观层面上进一步落实我国的基本经济制度安排,是在微观的企业产权层面上实现公有制和非公有制产权的融合发展,目的在于通过公有产权和非公有产权的有机融合,实现"国民共进"、融合发展的良好格局。

1. 制度依据

1997 年,在中共十五大报告中明确提到,除了国有经济和集体经济外,混合所有制经济中的国有成分和集体成分也属于公有制经济的范畴[①]。时隔两年,在1999 年中共十五届四中全会通过的《中共中央关于国有企业改革和发展若干重大问题的决定》指出,要大力发展混合所有制经济,可以上市、中外合资和互相参股等多种形式,将一些国有大中型企业尤其是优势企业改为股份制企业[②]。

2002 年,中共十六大报告提出,公有制的实现形式可以并且应该是多样化的。考虑到我国处于并将长期处于社会主义初级阶段,在这一阶段,允许利用各种经营方式和组织形式,只要是满足"三个有利于"要求和社会化大生产规律的都能被接受。中共十六大报告还进一步确立了现阶段公有制的主要实现形式即是国有制与其他所有制在现代公司制度内部共存而形成的混合所有制,并确定了国有股份为国有制的主要实现形式。并且,还强调应积极推行股份制,引导和鼓励国有资本以外的集体资本和其他非公有资本加入混合所有制。

2013 年召开了中共十八届三中全会,会上就全面深化改革战略部署通过并发布了《中共中央关于全面深化改革若干重大问题的决定》。该决定再次强调混合所有制对于完善我国经济体制的重要性并将其提升至新高度。同时,指出发展混合所有制不但有利于提高国有企业竞争力,有利于充分发挥国有资本的优势、促进国有资本保值增值的实现,而且有助于维护和保障我国基本经济制度中以公有制为主体的地位。

2. 理论依据

为完善公有制的主体地位,我国推行混合所有制改革和建设,这并不是毫无依据的臆想,而是一种理论和实践创新,是结合了马克思企业理论中的股份制改革思想,是马克思主义的当代中国化探索。马克思主义中关于企业理论的最大特色是把企业制度和所有制理论联系起来,融合发展成为内部关联。马克思将企业分类为独资、合作和股份制三种类型。他提出,独资企业由个人出资经营,归个人控制,可以完全在利益最大化范围内进行规模化生产并获得全部剩余价值,完成资本的积累和积聚。在这种生产方式下资本和劳动是分离与对立的[③]。与独资企业不同的是,合作企业是由企业内的全部或部分劳动者共同出资设立的,他们既是劳动者,也是出资者,即企业的拥有者。在这种双重身份下所体现出的劳动和资本的关系不再局

[①] 江泽民. 高举邓小平理论伟大旗帜,把建设有中国特色的社会主义事业全面推向二十一世纪 [M]. 北京:人民出版社,1997.

[②] 胡锋. 混合所有制经济研究——基于文献综述的视角 [J]. 上海市经济管理干部学院学报,2016,14(03):17 – 26.

[③] 马克思,恩格斯. 马克思恩格斯全集:第二十三卷 [M]. 中共中央马克思恩格斯列宁斯大林著作编译局译. 北京:人民出版社,1973:366 – 367.

限于纯粹的雇佣关系，而是每个主体双重身份之间的合作。所以，马克思认为合作企业的生产方式是融合了劳动与资本，是对旧有生产方式的突破，体现了社会共同生产方式的特点，在经济制度的发展中具有承上启下的过渡作用①。不过，股份制企业才是马克思最为推崇的组织形式。虽然股份制从本质上看也属于私人企业，因为它的资本来源于有闲余资金的社会公众，但是其组织形式却具有社会企业的特点②，企业股权分散化，权益和风险也由众多股东共同承担，是三类企业形式中最接近公有制的产权组织形式。但是马克思进一步指出，在资本主义经济下的股份制企业的资本虽然不再由私人占有，但这种改变也只是在资本主义生产方式内部的自我调整，并没有跳出资本主义的框架，也无法改变股份制企业的私人属性③。股份制对于经济制度发展进程的可贵之处在于，它是一个过渡点，在此之前财富由私人占有，在此之后财富趋向社会共同占有④。而在资本主义生产方式下，这种转化和过渡是无法自动完成的，反而加深了生产社会化与资本私人占有之间的矛盾。⑤ 当这两者之间的矛盾发展到互不相容之时，股份制将是促进私人财富向社会财富过渡的有效途径。100多年前马克思主义中关于股份制企业的学说，在当代具有的现实指导意义体现在，基于我国社会主义市场经济的现实国情，选择与公有制最为相似的股份制企业制度，是最直接、最有效的途径。这为我国国有企业进行股份制改革，建立和发展混合所有制提供了理论依据。

（二）国有企业利润上缴在推动混合所有制改革和发展中的作用

1. 国有企业利润上缴财政有助于推进国有企业产权完整明晰，为混合所有制改革的实施提供经济条件

在混合所有制下，有各种形式的产权加入，对于这些加入的产权，首要要求必须是清晰完整的。也就是说，国有企业在进行混合所有制改革中，所有加入的产权完整明晰是必须具备的经济条件。所谓的产权，马克思认为，这既表现为一种经济关系，也体现为一种法权关系。⑥ 从经济关系来看，产权具有一元化特征，这是由所有制性质决定的；从法权关系来看，产权是一种权利集束，体现了权利的多元

---

① 马克思，恩格斯．马克思恩格斯全集：第二十五卷 [M]．中共中央马克思恩格斯列宁斯大林著作编译局译．北京：人民出版社，1973：495 – 496.
② 马克思，恩格斯．马克思恩格斯全集：第二十五卷 [M]．中共中央马克思恩格斯列宁斯大林著作编译局译．北京：人民出版社，1973：498.
③ 马克思，恩格斯．马克思恩格斯全集：第二十五卷 [M]．中共中央马克思恩格斯列宁斯大林著作编译局译．北京：人民出版社，1973：502.
④ 马克思，恩格斯．马克思恩格斯全集：第二十五卷 [M]．中共中央马克思恩格斯列宁斯大林著作编译局译．北京：人民出版社，1973：494.
⑤ 资本主义社会基本矛盾的另一种近似的说法。
⑥ 吴宣恭．产权理论比较：马克思主义与西方现代产权学派 [M]．北京：经济科学出版社，2000：49 – 41.

化，它主要包括占有权、使用权、支配权、经营权、剩余索取权（收益权）等①。因而，产权完整明晰指的是它在法权关系上的多元权利构成是完整的，而其归属是清晰的。

为提高国有产权明晰完整性，我国进行了多次产权制度改革。尤其是在中共十四届三中全会之后，我国不断推进各项改革，逐步建立起与市场经济体制相适应的现代企业制度和国有资产监管体制。国有产权的指向由原先较抽象的"全民"概念转化为设立具体的"国有资产监管机构"，清晰地表现出产权归属。中央和地方各级国有资产监管机构代表国家对国有企业行使出资人权利，基本实现了除收益权以外的各项产权完整和明晰。

国有企业产权改革中最大的难题便是关于收益权的实现。要实现对国有企业收益权，对其实现的利润进行征缴是唯一有效的途径。对此，国务院于 2007 年提出，要求国有企业重新恢复利润上缴制度，并对不同性质企业规定了不同的上缴比例，初步实现对国有企业产权的收益权。但就目前改革成果来看，国有企业利润上缴在实施过程中出现了一些问题，如覆盖面较窄、比例偏低、规模过小等，这些弊端对于国有产权收益权的实现产生了较大的消极影响。因此，在现阶段合理提高利润上缴水平，进一步完善国有企业利润上缴财政的分配制度，有助于加快国有企业产权收益权的实现，保障产权完整明晰，为我国推进混合所有制改革扫清了部分障碍，创造了可靠的经济条件。

2. 国有企业利润上缴是国有资产监管和授权经营体制改革的关键环节，为混合所有制经济发展提供了制度保障

混合所有制条件下，是国有资本和其他所有资本在企业内部进行重新组合，这从根本上改变了国有企业的股权结构。在这一新格局变化下，发展和完善国有企业混合所有制必须要有新的国有资产监管体制和授权经营体制与之相匹配，以此作为制度保障。2013 年中共十八届三中全会提出，国有资产监管机构要转变职能，国有资本投资运营公司要改组重建，混合所有制改革后的国有资产管理要从"管资产"向"管资本"转变。把"管资本"作为导向，建立新的国有资本监管和授权经营体系。而完善国有企业利润上缴制度是这一体系的关键环节和重要支点。因而，国有企业利润上缴为混合所有制改革提供了制度保障。

首先，转变政府从国企国资中获得收益的方式是"管资产"向"管资本"转型的核心所在。以前政府在管理资产中获得收益，在长期的实践中形成既定利益格局，而现在要转变理念，从管理资本中受益，这种收益的落差不利于相关部门执行该制度，因而将国有企业利润上缴提升至合理水平，使政府在"管资本"中获取与"管资产"相当的公共收入，保障国家对国有资本收益权的实现程度，减少转型可能带来的不稳定因素。

---

① 马克思，恩格斯. 马克思恩格斯全集：第一卷 [M]. 中共中央马克思恩格斯列宁斯大林著作编译局译. 北京：人民出版社，1973：177.

其次，以"管资本"为导向的国有资产监管与授权经营，其在进行资本运作中要求以投资收益最大化为目标，而对国有企业利润进行征缴是支撑国有资本持续经营的主要来源。国有资本投资运营机构也应以此为参考指标，评估过去资本运作的绩效以及制定未来计划。简而言之，"管资本"要正常运作并发挥作用需以合理水平的利润上缴为基础保障。

最后，相对稳定和合理的利润上缴比例以及刚性的制度安排，传递给国有企业经营者的是一个明确信号，即国有企业利润是处于政府监管下的经济资源，除了投向能保值增值的部门，应当以上缴的方式收归国家所有。也就是说，利润要么留置在企业进行再投资；要么上缴国家财政进行统筹预算。这样的制度安排能够形成对国有企业的压力，同时也是"管资本"模式下监管机构约束管理国有企业的重要手段。

3. 国有企业利润上缴有助于在社会主义高级阶段，促进混合所有制向公有制转变

马克思和恩格斯所提到的公有制，是所有劳动者联合起来的共同所有制。在公有制条件下，生产资料为全体劳动者共同占有，他们是企业和国家真正产权意义上的主人。也就是说，所有的劳动者都是有产者。这一公有制性质具有强烈的"民有"色彩，与我国树立的共产主义社会目标表现出高度一致性。社会主义的本质是消灭剥削，而不是剥夺劳动者，使所有社会成员都尽可能地共享社会财富，即实现共同富裕。随着社会主义的发展，从初级到高级，再到最终实现共产主义这一伟大理想目标的过程中就是要坚持不遗余力地促进公有制"民有"这一目标的实现。

就我国当前所处的社会主义阶段而言，把"民有"认为是与国有的对立，这显然并不符合逻辑。我国推行的"民有"具体来说是指在当前国有和私有共同构成的混合所有制形式下，将原本的区域、行业、所有制重新在全社会范围内进行混合。因此，完成公有制"民有"这一目标的重要途径是改革和发展混合所有制。而且这一内容在本轮经济体制改革中也得到进一步体现，混合所有制对于完善社会主义市场经济体制的重要作用被多次强调，在具体实行中允许且鼓励民营资本进入的国有企业，尤其是对于具有竞争性质的国有企业更要积极提高非国有资本的比重。在这种改革下，混合所有制已然成为我国实现公有制"民有"的途径。

目前，我国距离"全面建成小康社会"的奋斗目标已经十分接近，这预示着我国社会主义由不发达阶段迈向发达阶段的胜利已遥遥在望。在这个阶段转换的关键时期，必须坚持深化市场改革，着力完善有助于推动经济高质量发展的经济体制和政策环境，充分发挥混合所有制在促进公有制实现过程中的优越性。具体来说，混合所有制下应该为广大劳动者创造经济条件鼓励他们积极持有企业股份，而劳动者能够参与入股的原始资金从根本上来看是源于企业生产经营的利润。按照马克思的资本主义生产理论，资本家将劳动者创造的剩余价值的一部分用于自身消费，另一部分用于扩大再生产。抛开资本主义性质，剩余价值流向企业内部和所有者。根据现代企业会计利润分配原则，企业生产创造的利润应当向国家缴纳税金，除此之

外，一部分留存在企业，用于投资再生产；另一部分剩余利润要采用股份形式分配给所有者。可见，不论是资本主义社会或是社会主义社会，都强调企业利润向所有者分配。在我国社会主义市场经济下，国家对国有资产进行统一监管，并交由各部门分别管理运营，国有产权收益统一由国家所有和支配，人民无法直接享受企业的利润分红。因此，理论上由人民享有的利润必须先由国有企业上缴财政，再由公共财政统筹划拨，通过社会保障等各种转移支付方式惠及全民。公民可根据自身需求自主投资，购买公众企业股份，从而逐步提高民营股份在混合所有制企业中的比重。所以说，国有企业利润上缴为私有制、国有制转变为劳动者所有制创造了条件，即有助于推进私人资本、国有资本转化为社会共同资本，有利于真正实现社会主义社会高级阶段的目标。

综上所述，国有企业利润上缴财政可以说是一项多赢的举措。对国有企业自身而言，提升了产权完整性和清晰度，建立和完善了"管资本"的新型国有资本监管体制。从宏观上而言，对国有企业的改革和完善，为我国推进混合所有制提供了必要的经济条件与制度保障。从其发挥的长效作用来看，深化了国有企业改革，促进混合所有制企业完善，是社会主义社会坚持和完善公有制主体地位的有效路径。可以说，国有企业利润上缴财政有利于调整和优化当前我国社会主义生产关系，加快推进经济体制改革，巩固和完善基本经济制度的一项重大举措。

三、从完善市场经济体制角度的分析

市场在资源配置中的决定性地位在中共十八届三中全会中得到了进一步的强调。而作为市场主要的参与主体，国有企业成为改革过程中的重点对象和目标，因此必须加快改革，增强市场独立性和竞争力。在市场经济体制下，"政资分开"是国有企业改革发挥作用最为突显的举措。体现在它直接有效地区分了国有资本的"公共性"和"营利性"，加快国有资本市场化进程的建设，培育和巩固了国有企业作为市场合格主体的地位，提高国有企业经营积极性和经济效益，增强企业的市场竞争力，以此逐步推进我国社会主义市场经济体制的完善。

（一）国有企业利润上缴财政有利于推动"政资分开"

中共十四届三中全会以后，我国明确了建立市场经济体制和现代企业制度这两大目标。两大目标的确立引导和加快转变了我国国有企业改革的发展理念。主要体现在两方面：一是理论基础改革。市场经济体制的建立，使原先以生产资料集中为国家所有，在国家的计划下统一生产和分配的国有企业设立和运行的理论基础，改革发展为充当政府宏观调控的工具[1]、在公共产品和公共服务的提供以及弥补市场

---

[1] 凯恩斯. 就业、利息与货币通论[M]. 北京：商务印书馆，1980：110-111.

失灵领域发挥作用①；二是国有企业功能转变。国有企业的功能也由以保障社会生产和产品供给为主，转向"营利性""战略性""公共性"并重，从直接承担社会责任转变为间接进行社会服务。

　　转变的理念引领了改革创新实践。中共十四届三中全会时，就我国国有企业改革做出了指导，将建立现代企业制度的方向进行了凝练总结。其中"政企分开"是最具基础性和关键性的内容。所谓的政企分开，其目的主要是将企业从行政附属物中分离出来，否定计划生产和资源分配的物质基础。目前，虽然有大部分国有企业按照现代企业制度建立了独立于政府的法人实体地位，但政府在一定程度上还实际掌控着国有企业。这其中最关键的问题在于"政企分开"涉及面广，既抽象又广泛。实际上，在"政"与"企"之间应当还存在"资"的区分。即可以把"政企分开"更加详细具体地分为"政资分开"和"资企分开"两部分。这两个部分针对不同的问题，充分体现了当下国有企业改革面临的现实难题。"资企分开"反映的是法人治理问题，法人治理结构是建立现代企业制度的关键环节，也是我国国有企业改革的重点内容，在现有改革中有许多针对该问题的举措，也有了一定的成就。但是在"政资分开"方面的改革进展相对缓慢。"政资分开"是要明确对于国有资本的控制和使用必须将国有资本监管和政府的公共职能相互分隔开。这就必须要把国有企业自身内部具有的公共性和营利性分开，同时要明确国有资本监管的职责和权限，防范政府"越俎代庖"。国有企业利润上缴财政制度的构建恰恰能对上述两方面起到最关键的作用。

　　第一，国有企业利润上缴有助于区分公共性和营利性。国有企业本身具有双重职能，即公共性和营利性。营利性体现在其具有一般"企业"的性质，即以创造利润为生产和经营目标，可以为国家和人民带来财富的积累和增加。公共性体现在其"国有"的产权属性上，即企业为全民所有，生产和创造的利润应当为全民所有，而通过对社会提供公共产品和服务，是使全民共享利润的重要途径和方法。通常，政府又是通过以直接控制国资国企来履行和实现其公共性职能的目的，这就无法精准区分国有企业的公共性和营利性。在这种复杂的关系下，我国不断尝试和探索国有企业改革，提出以"管资本"为导向的国有企业分层改革，希冀于从国有企业的个体层面分离其公共性和营利性。国有企业的分层改革是将国有企业分为"资本运作平台"与"利润生产平台"。资本运作平台是指国有企业集团公司通过兼并重组成立"国有资本投资公司"和"国有资本运营公司"。而利润生产平台是指通过形成国有控股上市公司，将生产经营性国有企业进行资产证券化。

　　利润生产平台所属的国有企业，以利润最大化为生产经营目标，充分发挥和承担国有企业营利性职能。主要包括市场竞争性国有企业和生产经营性国有企业，它们是真正具有独特利益诉求的合格市场主体。政府干预减少到适当的限度，企业能独立自主参与市场活动，按照市场竞争法则，优胜劣汰。如此才能不断增强企业经

---

① 萨缪尔森.经济学:第十六版[M].北京:华夏出版社,1999:28-29.

营能力，提升国有企业发挥经营性职能的作用，巩固其在市场竞争中的地位。资本运作平台实质是国有资本管理者，它们具有相对专业的管理技术和水平，专门负责管理和监督国有资本的运作。同时，它们也是利润生产平台国有企业的股权拥有者。因而，国有资本管理者作为出资人和管理人，既有职责义务也应享有相应权利。其职责是要承担国有企业的公共性职能，而收取利润生产平台上缴的利润，即国有资本收益权是其权利的体现。职责和权利的对应，是国有企业利润上缴财政，以满足政府履行公共职能的需要。

通过对国有企业的分层改革，分隔开了原有框架下个体层面的国有企业营利性和公共性的双重职能。从中辐射出来的关于国有企业利润上缴财政的作用逐渐凸显出来，表现在以下三方面：首先，通过利润上缴财政，国有企业持续不断地为政府提供财力支持，履行和完成其公共职能。其次，国有企业利润上缴财政制度的合理安排，能够在一定程度上激发企业的生产积极性，推动利润生产平台层级的国有企业持续不断运作，充分发挥国有企业营利性职能。最后，合理水平的利润上缴财政作为资本运作绩效的评价指标，有利于其制定和决策未来资本运作计划，促进和完善国有企业分层改革的实现。

第二，国有企业利润上缴财政有助于明确职责和权限，防范政府"越俎代庖"。在现有国有资本监管和授权经营体制下，国家并没能直接行使国有资本出资人权利，而是通过中央及地方各级政府作为国有资本产权的代持者。此时，各级政府也就合理地享有国有资本的收益权，与此相对应，各级政府也应充分履行其公共职能，并可以国有资本收益作为履行职责的物质基础保障。然而，由于当前国有企业利润上缴财政比例不合理，导致一方面国有资本收益权缺失，体现为政府国有资本监管在行使收益权方面的"缺位"；另一方面是留存在国有企业内部的资金因可自由支配而逐渐激化了国有企业"内部人控制"的矛盾。基于以上两方面的考虑和担忧，政府只能"越俎代庖"，直接干预国有资本的控制和使用，以获得收益权来保障公共职能的履行。而这样做的后果，又不利于我国厘清政企分配关系。因此，只有制定合理的国有企业利润上缴比例，完善相关制度，才有可能真正完全实现国有资本收益权，保障政府履行公共职能所需的物质基础。同时，从企业治理上发挥其利润上缴的约束作用，防范政府"越位"监管干预国有企业。

综上所述，在以"管资本"为导向的国有企业分层改革下，国有企业利润上缴财政的制度合理安排不仅有利于国有企业内部营利性与公共性双重职能的具体区分，而且有利于约束国有企业，从根本上消除政府直接控制国有资本、"越位"监管国有企业的内在动机，实现"政资分开"。

（二）国有企业利润上缴财政有利于完善市场经济体制

马克思在关于市场供求的分析中指出，在价值规律的支配下，资本对于剩余价值的追求，决定了产品的供给和需求。供给是生产者在其意愿和能力范围内为市场提供商品或服务的数量。这一具体的数量取决于生产者在生产过程中能够获得的剩余价值。需求体现在劳动力商品的价值上，即要依靠劳动力源源不断地生产出剩余价值，就必须使劳动者至少能够获得其家庭所需的基本生活资料。撇开资本主义生产的特性，在社会主义社会，存在着各种不同利益诉求的资本实体。它们在市场价值规律的基础上，形成竞争、博弈的主体，从而获得更多的资本增值，并不断地创造和扩大市场的供给和需求。因为，资本天然地具有开放性和扩张性的特征，它能够自发地在全社会范围内寻求相互之间的联系，共同达到资本增值的目标。逐渐地，资本便起到了驱动整个社会经济体系发展的作用，此时，价值规律在作为决策资本依据的同时，也成为支配经济社会发展的基本规律和资源配置的基础性机制。在这一发展过程中，市场经济形成并逐渐发挥作用。

在现代市场经济中，作为资本人格化和实体化的产物，企业是一个法人实体，以独立的利益诉求者身份参与市场竞争。而完善市场经济体制又是以具有各种不同利益诉求者相互之间竞争为条件的。因而，对国有企业的改革，是现代市场经济体制的要求，同时也是促进和完善经济体制改革的基础。

在实施"政资分开"以前，由于政府是直接地控制着国有企业，二者之间的利益诉求融合在一起，表现出高度的一致性。因而，也就无法独立地做出决策和参与市场竞争，甚至还可能会通过"协议"等方式形成"辛迪加"组织，从而制约了市场经济的发展。但在"政资分开"改革实施之后，由于有效地分隔开了国有企业公共性和营利性的双重职能，使其单独各自发挥相应的作用，防范和消除了政府越位监管、直接控制国有国企的弊端。这样一来，就使得国有企业重新成为独立的利益诉求主体，使其能够根据自身实际情况独立地做出决策、参与市场竞争、实现资本增值的目的，从而也加快了国有企业经营的市场化步伐，市场机制的作用范围扩展至国民经济的各个领域，充分发挥市场对资源配置的决定性作用，达到完善社会主义市场经济体制的目的。

第二节 国有企业红利征缴比例政策的演变

在上述国有企业红利上缴比例倍增的目标约束下，自2007年国有资本经营预算制度推行以来，随着国有企业经营绩效的大幅度提高，政府相关职能部门制定的关于国有企业红利征缴比例政策也发生了相应的变化，先后经历了以下三个阶段的政策演变。

一、改革启动阶段（2007～2010年）

随着国有企业利润的不断增加，国家作为国有企业的股东履行出资人的角色，理应享有国有企业利润分红的权利。基于此，2007年12月，财政部与国资委联合发布《中央企业国有资本收益收取管理暂行办法》，该文件规定国有企业根据行业性质分三类按比例上缴红利，第一类是石油、电力、烟草等资源型的企业，上缴比例为10%；第二类是贸易、钢铁、施工、运输等一般竞争性企业，上缴比例为5%；第三类是军工企业及转制科研院所企业，暂缓3年上缴。其中，第一类石油、电力、烟草等行业的国有企业可以划归国有垄断企业，红利征缴比例为10%。这一文件的颁布标志着国有企业利润分配制度改革步入一个新阶段，从而结束了国有企业自1994年以来税后利润不上缴国家的历史。

二、稳步推进阶段（2011~2013年）

随着国有企业改革力度的不断加强，原有国有企业分红比例政策框架暴露出的红利分配范围过窄、比例过低的问题日益突出。因此，国务院决定对国有企业分红政策进行调整，进一步扩大红利上缴的实施范围和提高国有企业红利征缴比例。2010年12月23日，财政部发布《关于完善中央国有资本经营预算有关事项的通知》，规定从2011年起，将教育部、中国国际贸易促进委员会等所属企业，纳入中央国有资本经营预算实施范围；适当提高中央企业国有资本收益征缴比例。具体征缴比例分以下四类执行：第一类为企业税后利润的15%；第二类为企业税后利润的10%；第三类为企业税后利润的5%；第四类免交国有资本收益[①]。2012年财政部发布《关于扩大中央国有资本经营预算实施范围有关事项的通知》，规定从2012年起，将工业和信息化部、国家体育总局等所属企业，纳入中央国有资本经营预算实施范围。新纳入实施范围的国有独资企业按照中央国有资本收益收取政策第三类企业归类，征缴比例为税后净利润的5%。同时，国有企业红利征缴比例分为五类执行：第一类为烟草企业，征缴比例20%；第二类为具有资源垄断型特征的行业企业，征缴比例15%；第三类为一般竞争性行业企业，征缴比例10%；第四类为军工企业、转制科研院所、中国邮政集团公司、2011年和2012年新纳入中央国有资本经营预算实施范围的企业，征缴比例5%；第五类为政策性公司，包括中国储备粮总公司、中国储备棉总公司，免交国有资本收益[②]。

三、调整完善阶段（2014年至今）

随着国有企业改革力度的进一步加大，国有企业红利分配制度也渐趋完善。但与西方发达国家国有企业相比，其分红比例依然偏低。为贯彻落实中共十八届三中全会及国务院转发的《关于深化收入分配制度改革若干意见的通知》的基本精神，2014年财政部发出《关于进一步提高中央企业国有资本收益收取比例的通知》，规定国有独资企业税后利润征缴比例在现有基础上提高5个百分点，第一类企业即中

[①] 《关于完善中央国有资本经营预算有关事项的通知》（财企〔2010〕392号）。
[②] 《关于扩大中央国有资本经营预算实施范围有关事项的通知》（财企〔2012〕3号）。

国烟草总公司的征缴比例为25%，第二类企业征缴比例为20%，主要包括石油、电力等垄断型国有企业。第三类企业为15%；第四类企业为10%；第五类企业免交当年应交利润。

通过对近年来国有企业红利征缴比例相关政策文件（见表13-1）的梳理，我们不难发现，自2007年《中央企业国有资本收益收取管理暂行办法》实行以来，国有企业红利征缴比例不断提高，从最初征缴比例5%~10%，到现在最高的征缴比例25%，并且设定了到2020年提高至30%的政策目标。应当承认，国有企业红利征缴比例不断提高反映出自从2007年国有资本经营预算制度启动以来，国家与国有企业（尤其是国有垄断企业）的利益分配关系逐步趋于合理化和规范化。但与国有企业现行盈利水平相比，其红利征缴比例依然偏低。并且，基于前文可知，国有企业上缴公共财政的有限收益除了极少部分用于社会保障等民生支出外，大部分又以成本性支出和费用性支出等各种方式回流到企业内部。这一国有资本收益分配的"体内循环"机制使得全民股东享有的实际分红少之又少。因此，寻求一个科学合理的国有企业红利征缴比例成为当前亟待解决的问题。

表13-1　　　　　　　　　国有企业利润分配政策变化

企业类型	2007年	2010年	2012年	2013年	2014年
烟草企业	10%（第一类）	15%（第一类）	15%（第一类）	20%（第一类）	25%（第一类）
石油石化、电力、电信、煤炭等具有资源垄断型特征的行业企业	10%（第一类）	15%（第一类）	15%（第一类）	15%（第二类）	20%（第二类）
钢铁、运输、电子、贸易、施工等一般竞争性企业	5%（第二类）	10%（第二类）	10%（第二类）	10%（第三类）	15%（第三类）
军工企业、转制科研院所	暂缓3年上缴（第三类）	5%（第三类）	5%（第三类）	5%（第四类）	10%（第四类）
中国邮政集团公司、2011年起新纳入国资预算实施范围的企业		5%（第三类）	5%（第三类）	5%（第四类）	10%（第四类）
2012年新纳入国资预算实施范围的企业			5%（第三类）	5%（第四类）	10%（第四类）
政策性公司（包括中国储备粮总公司和中国储备棉总公司）	免缴（第三类）	免缴（第四类）	免缴（第四类）	免缴（第五类）	免缴（第五类）
应交利润不足10万元的小型微型国有独资企业		免缴（比照第四类）	免缴（比照第四类）	免缴（比照第五类）	免缴（比照第五类）

资料来源：根据《财政部国资委关于印发〈中央企业国有资本收益收取管理暂行办法〉的通知》《财政部关于完善中央国有资本经营预算有关事项的通知》《财政部关于扩大中央国有资本经营预算实施范围有关事项的通知》《关于提高中国烟草总公司国有资本收益收取比例的函》《关于进一步提高中央企业国有资本收益收取比例的通知》整理而成。

第三节 基于WACC的国有企业红利征缴比例优度检验

由上可知,当前我国国有资本收益征缴办法规定国有企业红利征缴比例最高为25%。而随着市场化改革的推进,国有企业红利上缴比例将不断提高,但对于具体的征缴比例多少较为合适,尚不存在统一定论。早在2005年,郎咸平就提出国有企业上缴一半利润的主张;2009年,全国人大代表、联想董事局主席柳传志在"两会"上也提出国有企业利润应上缴一半给国家的建议①;此后,部分学者通过实证研究提出企业分红比例的区间概念。例如,汪平、李光贵(2009)以资源型中央企业所控制的上市公司数据为样本,构建资源型国有企业可持续收益分配比例估算模型,研究结果显示,资源型国有企业可持续分红比例应在28.49%~56.45%之间②。夏敏(2010)基于合作博弈模型提出对超额垄断收益的国有企业应当上缴50%以上的净利润用于社会公共事业。③ 纪新伟(2012)以2006~2009年中央企业上市公司数据为样本构建上市公司分红比例模型,认为中央企业上市公司合理的分红比例变动区间在51%~55%之间。杨兰品和唐留昌(2013)以电信行业为例,通过构建超越对数生产函数模型得出其红利征缴比例应当在40%~50%之间的研究结论。④ 从这些文献梳理中不难得出,社会各界大多提出了国有企业红利征缴比例达50%的构想。因此,基于数据的可获得性,本课题组以体现企业价值最大化目标的加权平均资本成本(WACC)模型为基准,以7家能源型国有企业控股份额最大的上市子公司为样本,分别检验其2011年以来实际15%和20%的红利征缴比例、政策目标30%的红利征缴比例以及进一步提高至50%红利征缴比例的合理性⑤。

一、加权平均资本成本估算模型介绍

(一)加权平均资本成本(WACC)的内涵界定

企业资本成本包括债务资本成本和权益资本成本,而加权平均资本成本(weighted average cost of capital,WACC)是以企业各种资本在总资本中所占的比重为权数,对各项资金的资本成本加权平均的综合资本成本。因此,它可以反映企业

---

① 鲁宁. 国企利润难如柳传志所言上缴一半[N]. 广州日报,2009-03-12.
② 汪平,李光贵. 资本成本、可持续增长与国有企业分红比例估算[J]. 会计研究,2009(09):58-66.
③ 夏敏. 基于合作博弈的国有企业分红问题研究[D]. 镇江:江苏大学,2010.
④ 杨兰品,唐留昌. 我国国有垄断行业收益分配问题研究[J]. 江汉论坛. 2013(09):25-29.
⑤ 由前文可知,50%的分红比例在社会各界呼声最高但缺乏合理性验证,本章之所以分析红利征缴比例提高至50%条件下的加权平均资本成本,主要是为考证这一呼声最高的红利征缴比例是否合理,是否适用于市场化改革潮流下的国有企业。

整体的资本成本水平，满足企业价值评估的需要。在现金流量折现法的企业价值估值模型中，加权平均资本成本作为反映未来现金流量风险的折现率与企业价值呈反方向变动，直接决定企业价值，即加权平均资本成本较低时的公司价值较大，反之则较小。在资本结构理论中，公司管理层往往会对债务资金和权益资金的比例进行协调从而确定一个目标资本结构，致力于使企业价值最大化，而这反映公司期望的目标资本结构正是加权平均资本成本最低时的目标价值权重。因此，国内财务管理研究者将资本结构、资本成本与企业价值三者的关系概括为两个方面：一方面是公司资本结构的调整必然会影响到企业加权平均资本成本进而影响企业价值；另一方面是公司在任何时点均存在一个使得加权平均资本成本最低，企业价值最大化的目标资本结构。由于国有企业红利征缴比例高低所影响的留存收益和应付股利直接表现在权益和负债项目上，对企业权益负债比例关系亦即企业资本结构产生作用，因此企业可以确定一个适当红利征缴比例条件下的目标资本结构，使得加权平均资本成本达到最低，从而实现企业价值最大化。换句话说，国有企业红利征缴比例是否合理可以通过加权平均资本成本表现出来，而实现这一目标的有效途径就是尽可能实现企业资本结构的最优化。

（二）加权平均资本成本（WACC）的测算指标

加权平均资本成本的通用表达式为：$WACC = K_D(1-T)(D/V) + K_S(S/V)$，其中 WACC 代表加权平均资本成本，$K_D$ 代表税前债务成本，K_S 代表权益资本成本。$V = D + S$ 为企业总资产，因此式中（D/V）代表公司债务资本所占权重，（S/V）代表公司权益资本权重，T 为企业所得税。通过这一公式不难看出确定加权平均资本成本的三个重要参数分别为权益资本成本、债务资本成本以及权重。

1. 权益资本成本

权益资本成本包括直接投资资本成本和留存收益资本成本两个部分。前者是指投资者投资于企业股权所要求的期望报酬率，后者则可以根据机会成本的原理而等价于股票等直接投资的资本成本。从总体上说，权益资本成本中应当包含优先股资本成本和普通股资本成本，但由于目前我国公司法对企业发行优先股存在限制性规定并且发行股数不多，因此本节主要探讨普通股资本成本。其具体估算方法包括资本资产定价模型、戈登模型以及债券收益率风险调整模型等。由于资本资产定价模型在股票价值分析中占有非常重要的地位，能够充分反映企业风险与报酬之间的关系，同时也是公司估价的理论基础，因此我们采用资本资产定价模型（capital asset pricing model，CAPM）来确定企业权益资本成本[1]。这一模型认为证券市场中资产的预期收益率与风险资产之间存在一定的相关关系[2]，进而将权益资本成本 K_s 表

---

[1] John R. Graham and Campbell R. Harvey. The Theory and Practice of Corporate Finance: Evidence from the Field [J]. Journal of Financial Economics, 2001 (60): 187 – 243.

[2] Lintner. J. The Valuation of Risk Assets and the Selection of Risk Investments in Stock Portfolios and Capital Budgets [J]. Reviews of Economics and Statistics, 1965 (47): 13 – 37.

示为无风险利率（R_f）与股票风险溢价（$\beta \times (R_m - R_f)$）的和，即：
$$K_S = R_f + \beta \times (R_m - R_f) \tag{13.1}$$
其中，R_f 表示无风险利率；β 为市场风险系数；R_m 代表预期市场回报率；$(R_m - R_f)$ 代表市场风险溢价。由公式可知，用 CAPM 模型估算权益资本成本，前提是要估计无风险利率，风险系数 β 以及市场风险溢价。

（1）无风险利率。无风险利率主要是指没有任何风险情况下的被投资项目报酬率。按照资本资产定价模型估算，其最理想的结果是 β 为零时的有价证券收益率。然而在现实中，并不存在完全没有任何风险的一种资产或有价证券。因此，作为无风险利率的资产只是被认为风险接近于零，或公众普遍都能接受和认可的资产。而政府发行的债券便是通常能够被公众所普遍接受的，认为基本不存在违约风险的资产。所以，以其短期或长期利率可以作为企业无风险利率。[①] 而在选择多长期限的国债利率作为无风险利率时，要充分考虑到所评价公司的现金流量的期限，尽量做到相互匹配。

（2）市场风险系数 β。β 系数反映的是个别股票收益相对于整个股票市场收益的变化程度。通常企业是以单个股票的收益率为因变量，以市场收益率为自变量，通过回归分析得出 β 系数。在建立回归模型时，应当考虑两个问题。一是有关预测期间长度的选择，一般来说，选择 5 年甚至更长的预测期会带来相对丰富的观测值。由此能够将估计系数的置信区间确定在较小的范围内，也就能得出相对更加精准的估计值，但是当公司风险特征存在重大变化时，应当以变化后的年份作为预测期长度[②]。二是收益计量的时间间隔确定，即在回归数据的选择中，对观测值是日收益率、周收益率还是月收益率做一选择。由于使用日收益率会造成股票收益率与市场组合收益率之间存在较大偏差，从而降低该股票 β 值的精确度，因此，一般使用每周或每月的收益率作为回归模型观测值。另外，对于各方面数据比较容易取得的上市公司来说，还可以通过在各种公开信息中查找相应的 β 值。[③] 国内外很多机构如路透社（Reuters）、国泰安数据库、万德数据库等均会报告上市公司的 β 系数及财务信息。

（3）市场风险溢价。市场风险溢价通常用权益市场平均收益率与无风险资产平均收益率的差额表示，即指投资者愿意选择投资于风险金融工具而不是无风险资产时所带来的额外期望收益。达莫答让（Damodaran）教授认为，确定市场风险溢价可以先选定一个成熟市场的风险溢价，以此为基准，加上股权国家的风险溢价。其公式为市场风险溢价 = 成熟市场风险溢价 + 股权国家的风险溢价。而股权国家的风险溢价又可以表示为国家违约风险溢价与该国比较有代表性的股票指数收益率标准差相对债券过去年度收益率标准差的商之和，即股权国家的风险溢价 = 国家违约风险溢价 + ($\sigma_{股}/\sigma_{债}$)。其中，国家违约风险溢价由国家的风险评级确定，$\sigma_{股}$ 指该

[①] 张令银. 我国上市中央企业平均资本成本分析［D］. 青岛：中国海洋大学，2014.
[②] 中国注册会计师协会. 财务成本管理［M］. 北京：中国财政经济出版社，2017.
[③] 刘放. 中国上市公司资本成本的估算及应用［D］. 北京：财政部财政科学研究所，2010.

国比较有代表性的股票指数过去年度收益率标准差，$\sigma_{债}$指国家债券过去年度收益率标准差。[1] 由于美国资本市场是财务界公认的较为成熟的资本市场，因此参照上述公式，中国市场风险溢价 = 美国市场风险溢价 + 中国股权国家风险溢价。

2. 债务资本成本

债务资本成本主要是指企业向债权人借款或者发行债券所发生的资金成本，主要包括借款或债券的利息以及在筹资过程中产生的相关费用。[2] 而不论是发行债券的费用或是向银行借款的利息，企业与债权人就债务本金及利息等各方面在债务契约中均有较为严格的确定，因此债务资本成本的计算也就较为简单，相对透明。通常情况下，以债务人的承诺收益率并且是企业长期债务的未来承诺收益率来表示企业债务资本成本。财务管理实务中，对于债务资本成本的确定主要包括到期收益率法、可比公司法、风险调整法以及财务比率法等计算方法，企业可以根据自身情况选择其中一种方法计算确定。另外，在企业价值评估中，其债务价值的计算一般会忽视利息费用以及因为这些利息费用所带来的税收减少，因此，公司债务资本成本的确定就应当选择税后成本，即 $K = K_D(1 - T)$，其中 T 代表企业所得税税率。严格来讲，国有企业应当以其租赁、债券、借款等不同类型债务资本金额相对于债务资本总额的市场价值权重和各自对应的实际利率加权平均计算确定债务资本成本。为简化计算，本书主要以国有企业短期借款、一年内到期非流动负债、长期借款、应付债券科目余额作为债务资本构成[3]，以其贷款利率表示企业债务资本成本。其原因主要有两点：一是国有企业的债务资本大多以银行借款为主，涉及其他借款费用较少；二是我国的债券市场体系尚不发达和完善，国有企业对于债券的发行规模相对较小并且多以短期融资券为主，债券利率和企业银行借款利率不相上下。因此以企业的银行借款利率作为衡量企业债务资本成本的代表性指标是较为合理的。

3. 权重

加权平均资本成本模型对于权重的确定主要采用三种方法：账面价值法、市场价值法和目标价值权数法。[4] 账面价值法是根据财务报表债务、权益账面价值计算得出相应权重，其计算方法简单但容易造成账面价值与实际价值的偏离。市场价值法是以股票、债务的市场价值确定其各自权重的方法，虽然采用该方法计算的权重更能真实反映企业当前资本成本，但由于股票、债务价格的经常性变化使得市场价值的计算十分不便。目标价值权数法是根据未来预计的目标市场价值确定个别资本权重的方法，其所确定的权重也称作目标价值权数。它不像账面价值法和市场价值法那样只反映企业过去或者目前的债务权益状况，而是一种预期的资本结构，符合

---

[1] 肖锦生. 基于资本成本理论的国有企业分红比例研究 [D]. 福州：福建师范大学，2015.
[2] 雷淑琴. 正确理解资本成本 [J]. 会计之友，2012 (4)：60 - 61.
[3] 康雁和宋风华曾在《财经》杂志上发表文章认为债务资本的计算公式 = 短期借款 + 一年内到期非流动负债 + 长期借款 + 应付债券，并且笔者查看这几家样本公司的资产负债表，发现其有息负债主要也是以这四个指标为主。
[4] 理查德 A. 布雷利，斯图尔特 C. 迈尔斯. 公司财务原理 [M]. 方曙红，译. 北京：机械工业出版社，2013.

企业融资需求。当假定公司经营状况稳定，并且财务资金仅依靠内部留存收益自给自足的情况下，企业本年确定目标价值权数均会通过本年账面价值的调整得出。即为了公司下一年度发展的需要，公司管理层每年年末都会根据资本成本以及投融资计划确定企业分红数量，目的在于确定最优资本结构，从而使得公司价值最大化。即企业该年权益资本成本、债务资本成本与其相应目标价值权重的乘积之和会使加权平均资本成本最低。因此，根据年末资产负债表中的债务权益账面价值以及本年利润分配状况即可推出年末公司管理层根据资本成本以及投融资计划所确定的价值权重。依此计算所得出的加权平均资本成本也能更为准确地反映公司筹集新资金所需的实际成本。就本年度而言，企业实现的净利润应当根据次年资金结构安排确定留存收益，其余的向股东分配利润，从而导致权益资本总额减少，而当进一步提高企业分红比例时，反映在债务权益资本账面价值上则是债务资本不变，权益资本减少，债务权益资本总额相应减少。由于年末资产负债表中的债务权益账面价值已是企业根据实际分红比例进行红利分配后的结果，因此，倘若国有企业红利征缴比例提高，那么确定企业加权平均资本成本模型中的目标权重时，只要考虑企业债务权益资本的账面价值以及企业本年利润中的分红比例变动量。从这一视角出发，通过构建与国有企业分红比例相关的目标价值权重并根据 WACC 模型估算企业加权平均资本成本，然后基于资本成本、企业价值与资本结构的数量关系分析国有企业分红比例结构的合理性。

资本结构理论认为，企业采用比较资本法确定目标资本结构时应当以各种资本占全部资本的比重为权重，在计算不同目标价值权重下的加权平均资本成本之后，以加权平均资本成本最低时的权重为最优资本结构，此时的分红比例也最为合理。借鉴这一思路，假定该年留存收益是企业根据次年目标资本结构确定的留存资金，分红数量是企业确定留存收益以后的净利润余额。由于企业年末债务权益账面价值均是管理层根据实际分红比例进行利润分配的结果。则目标价值权重的具体推导过程如下：

设分红比例为 R，净利润为 P，D 为债务资本，S 为权益资本，V 为债务权益资本总额。

∵ 在 $WACC = K_D(1-T)(D/V) + K_S(S/V)$ 中，$V = D + S$，且企业年末利润分配额为 $P \times R$；

又∵ 国有企业年末资产负债表中的债务及权益资本账面价值均是根据实际分红比例进行红利分配后的结果；

∴ 年末资产负债表中权益账面价值 S 不包含企业实际分红数量 $P \times R$，同时债务权益资本总额 V 也不包含企业实际分红数量 $P \times R$。

又∵ 企业分红比例变动会引起目标价值权重的变动，即当提高企业分红比例时，债务资本不变，权益资本减少，资本总额同比例减少；

∴ 当企业分红比例提高 ΔR 时，债务资本仍为 D，权益减少 $P \times \Delta R$，资本总额减少 $P \times \Delta R$。

∴ 此时，企业债务权益价值权重为 $\left(\dfrac{D}{V-P\times\Delta R},\ \dfrac{S-P\times\Delta R}{V-P\times\Delta R}\right)$，即企业目标价值权重；其中 $\dfrac{D}{V-P\times\Delta R}$ 表示债务资本权重，$\dfrac{S-P\times\Delta R}{V-P\times\Delta R}$ 表示权益资本权重。倘若企业按这一权重计算出的加权平均资本成本相对最低，则企业价值相对最大。即在这一状态下企业的资本结构相对最优，其红利征缴比例也相对最为合理。

（三）实证模型运用分析

本节对国有企业红利征缴比例的优度检验主要借鉴加权平均资本成本模型，在估算样本企业股权资本成本、债务资本成本以及个别资本目标价值权重的基础上，依据企业价值、资本结构与资本成本的关系原理分析国有企业分红比例的合理性。理论上，我们可以找到一个使得加权平均资本成本最低、资本结构最优和企业价值最大化的红利征缴比例，但在实务中，由于企业价值评估包括大量定性分析，评估结果只能以相对状态表示，此时的资本结构相对最优，加权平均资本成本相对最低，分红比例也相对最优。由于国有企业分红比例与加权平均资本成本的关系主要通过目标价值权重得以实现，因此，对同一样本同一年份的财务报表而言，红利征缴比例不同所引起的目标价值权重也会存在差异，由此得出的加权平均资本成本主要存在三种可能情况：

1. **加权平均资本成本相对偏高，即国有企业红利征缴比例的确定并未实现最优**

在资本结构理论中，加权平均资本成本高，意味着企业的资本结构并未实现最优，企业融资活动仍承担本可以避免的额外成本；在企业价值评估中，加权平均资本成本高，意味着企业价值并未实现最大化。因此，在这一情形下的红利征缴比例当然不是最优选择。换而言之，企业应当通过调整红利征缴比例，在其可接受的范围内最大限度地降低资本成本，从而实现资本结构最优，企业价值最大化。

2. **加权平均资本成本相对偏低，即国有企业红利征缴比例的确定相对较优**

在资本结构理论中，加权平均资本成本偏低，意味着企业的资本结构相对较优，企业融资活动仍承担本可以避免的额外成本较少；在企业价值评估中，加权平均资本成本偏低，意味着企业价值相对较高。因此，在这一情形下的红利征缴比例也较为合理，但仍不是最优选择。换而言之，企业应当通过调整红利征缴比例寻找最低的加权平均资本成本，从而实现资本结构最优，企业价值最大化。

3. **加权平均资本成本相对最低，即国有企业红利征缴比例的确定实现相对最优**

在资本结构理论中，加权平均资本成本相对最低，意味着企业的资本结构相对最优，企业融资活动仍承担本可以避免的额外成本相对最少；在企业价值评估中，加权平均资本成本相对最低，意味着企业价值相对最大，因此，在这一情形下的红利征缴比例也相对最为合理。换而言之，企业应当按照这一红利征缴比例上缴红利，尽可能实现资本结构最优，企业价值最大化。

需要说明的是，运用加权平均资本成本模型分析国有企业红利征缴比例合理性时，目标价值权重是一个很重要的变量，直接影响红利征缴比例的确定。理论上，我们可以通过降低加权平均资本成本来实现红利征缴比例的最优，但在实务中，由于财务杠杆效应，债务资本比重的提高必将带来财务困境成本的增加，但这并未在加权平均资本成本模型中得以体现。为克服这一不足，我们应当在可接受的财务困境成本前提下，寻求加权平均资本成本最低时的红利征缴比例。由于财务困境成本包含定性评估的成分，需要管理层根据企业运营情况做出准确判断，其数据的可获得性相对较差。而根据权衡理论可知，企业财务困境成本小于财务抵税收益情况下的资本权重是可以接受的，而当企业财务困境成本大于财务抵税收益时，尽管由此得出的加权平均资本成本可能最低，但其资本结构并不是最优选择。因此，在运用这一模型进行优度检验之前，我们必须设定一个相对合理的财务困境成本上限标准。在这一点上，蒂姆·奥吉尔和约翰·拉格曼（Tim Ogier and John Rugman, 2004）通过模拟最佳负债比例模型得出企业最佳负债水平为 50% 的结论[1]，有鉴于此，本书以债务资本占总资本权重的 50% 作为对财务困境成本上限的量化标准。即倘若公司债务资本权重超过 50%，那么尽管该权重下的加权平均资本成本最低，但并不是最理想的结果。必须承认，在这一标准下做出的红利征缴比例优度检验只是理论上的结果，而在实践中，引起财务困境的债务资本权重上限可能高于 50% 也可能低于 50%，这一量化标准还需管理层根据实际情况加以考虑。但这并不能掩盖加权平均资本成本模型用于分析国有企业红利征缴比例合理性的实际意义。

此外，针对红利征缴比例与股权资本成本相互作用引起的加权平均资本成本变动问题，法玛和弗伦奇（Fama and French, 1993）在研究中指出，根据三因素模型和典型的公司特征，资本成本与股利支付率之间不存在特别显著的相关关系[2]。李丹（2008）以 2004~2006 年国有上市公司为样本，通过建立 Logistic 回归方程研究发现，由于股权的特殊性，我国国有上市公司股利政策虽与资本成本呈正相关关系，但相关关系并不显著[3]。因此，本书在分析红利征缴比例对加权平均资本成本的影响时，忽略红利征缴比例变动对股权资本成本的作用。

二、研究设计

随着企业混合所有制改革的深入，大部分国有企业均已改制上市，它们隶属于国资委管辖的企业集团。以中国石油化工集团公司（简称"中石化"）为例，其隶属关系就存在国资委——中国石油化工集团公司——中国石油化工股份有限公司的层级特点。这种特殊的层级隶属关系必然带来两级分红制度，即先是中国石油化工

---

[1] Tim Ogier, John Rugman, Lucinda Spicer. The Real Cost of Capital: Business Field Guide to Better Financial Decisions [C]. Pearson Schweiz Ag, 2004.
[2] Fama Eugene, Kenneth French. Common Risk Factors in the Returns on Stocks and Bonds [J]. Journal of Financial Economics, 1993.
[3] 李丹. 我国国有上市公司资本成本与股利政策关系的实证研究 [D]. 北京：首都经贸大学, 2008.

股份有限公司向其母公司中国石油化工集团公司进行分红,然后再由集团公司依据国有资本经营预算制度向财政部上缴一定比例的利润。从范围意义上说,国有企业分红应当是以各上市公司归属于企业集团的利润总和为基数,按事先规定的比例向国家上缴红利。鉴于集团公司各子公司数据的可获得性及其处理的复杂性,本书以各能源型集团公司控股份额最大的子公司为研究样本,重点分析子公司利润总额中扣除所得税和少数非国有股东损益后,归属于各集团公司的净利润按实际分红比例向国家分红的合理性,即对其分红比例的优度进行实证检验。

(一) 样本选择与数据来源

能源型企业也称为燃料动力企业,是指对能源资源进行开发、加工和销售的生产企业,包括煤炭、石油和电力三大部门。现行国有资本经营预算制度中,纳入国有企业收益收缴范围的能源型国有企业有12家,具体包括中国石油天然气集团公司、中国石油化工集团公司、中国海洋石油总公司、国家电网公司、中国长江三峡集团公司、中国电力投资集团公司、中国华能集团公司、中国国电集团公司、中国华电集团公司、中国大唐集团公司、神华集团有限责任公司和中国中煤能源集团公司。

由于国有资本收益收取对象是国资委直接管辖的一级企业集团,大多数并非整体上市公司,财务数据难以获得或者数据不完全。因此,我们选取一级企业集团旗下具有代表性的7家A股上市公司作为研究样本。具体包括中国石油天然气股份有限公司(简称"中国石油",证券代码:601857)、中国石油化工股份有限公司(简称"中国石化",证券代码:600028)、中海油田服务股份有限公司(简称"中海油服",证券代码:601808)、中国长江电力股份有限公司(简称"长江电力",证券代码:600900)、华能国际电力股份有限公司(简称"华能国际",证券代码:600011)、中国神华能源股份有限公司(简称"中国神华",证券代码:601088)和中国中煤能源股份有限公司(简称"中煤能源",证券代码:601898)。

另外,为验证红利征缴比例的合理性,本书以样本公司2011~2016年财务报告中提供的相关数据资料为基准,分别估算当前15%和20%的实际征缴比例[①]、2020年30%的征缴比例,以及将红利征缴比例进一步提高至50%三种情况下的企业加权平均资本成本,然后基于加权平均资本成本、资本结构与企业价值最大化之间的关系原理,对现行红利分配政策中能源型国有企业的红利征缴比例进行优度检验。

此部分研究的数据主要来自国泰安(CSMAR)数据库,包括CSMAR中国上

---

① 基于上文对加权平均资本成本"权重"这一参数的分析可知,企业年末资产负债表权益负债账面价值权重是根据该年分红数量而确定的目标价值权重,由于2011~2016年分红比例政策的调整,样本公司2011~2013年15%和2014~2016年20%的红利征缴比例下的负债权益账面价值权重均是企业根据目标资本结构得出的实际价值权重。因此,此处将样本公司2011~2013年15%和2014~2016年20%的分红比例称为"实际征缴比例",将对应分红比例条件下资产负债表中负债权益账面价值权重称为"实际价值权重"。

市公司股权性质研究数据库、中国上市公司财务年报数据库、中国股票市场风险评价 β 数据库。部分数据来自万德（WIND）数据库和中国人民银行网站。

（二）参数测算

1. 权益资本成本

根据上面所述，确定权益资本成本的三个参数分别为无风险利率、贝塔（beta）系数以及风险溢价。

首先测算无风险利率。无风险利率主要是指没有任何风险情况下的被投资项目报酬率。目前财务界基本将国债收益率视为企业无风险报酬率。通常地，在计算时，以年度为时间单位，这与本书所提到的股票收益率和风险溢价一致。因而，本书选取"一年期国债利率"作为无风险报酬率，当年利率进行多次调整的，取其平均值（见表 13-2）。

表 13-2　　　　　　　　2011~2016 年一年期国债利率　　　　　　　　单位：%

参数	2011 年	2012 年	2013 年	2014 年	2015 年	2016 年
利率	2.81	2.78	2.81	4.04	3.14	3.85

资料来源：根据万德数据库整理所得，http://www.wind.com.cn。

其次估计 beta 系数。beta 系数反映的是该公司自身风险相对于整个市场风险的波动性。对于这一系数的估计一般根据历史期的数据线性回归得到。为简化处理，样本公司的市场风险系数 β 值取自国泰安数据服务中心中国股票市场风险评价系数 β 数据库（见表 13-3）。

表 13-3　　　　　2011~2016 年样本公司在中国股票市场的综合 β 值

公司	2011 年	2012 年	2013 年	2014 年	2015 年	2016 年
中国石油	0.53	0.49	0.45	0.74	0.65	0.53
中国石化	0.77	0.67	0.72	0.87	0.75	0.54
中海油服	1.48	1.07	1.03	1.10	1.10	0.97
长江电力	0.60	0.44	0.50	0.63	0.90	0.30
华能国际	0.94	0.48	0.88	0.90	1.10	0.79
中国神华	1.12	1.02	0.77	1.04	0.92	0.80
中煤能源	1.12	1.13	0.96	1.07	1.24	1.17

资料来源：根据国泰安数据服务中心整理所得，http://www.gtarsc.com。

最后估计风险溢价。考虑到目前我国证券市场尚不成熟，数据的可得性和完整性受到局限，因此，如果采用市场的历史数据来计算决策未来的资本成本，显然是不太合适的。美国阿沃斯·达莫答让（Aswath Damodaran）教授（2001）认为股票市场的风险溢价可以根据某一国家资本市场股价相对于成熟市场股价稳定程度来衡量，这也是目前学术界多数学者认同的观点。因此本书选用达莫答让教授公布的基于美国股权风险溢价修正的风险溢价模型来估算中国股票市场风险溢价（见表13-4）。

表13-4　　　　　　　　2011~2016年中国市场风险溢价　　　　　　　　单位：%

参数	2011年	2012年	2013年	2014年	2015年	2016年
风险溢价	7.05	6.85	5.9	6.65	6.95	6.55

资料来源：据达莫答让个人研究网站http：//pages.stern.nyu.edu/~adamodar/整理所得。

根据以上三个参数测算的结果，我们可以基于CAPM模型计算出样本公司2011~2016年的权益资本成本（见表13-5）。

表13-5　　　　　　　　2011~2016年样本公司权益资本成本　　　　　　　　单位：%

公司	2011年	2012年	2013年	2014年	2015年	2016年
中国石油	7.18	6.02	5.89	8.54	7.08	5.67
中国石化	8.86	7.31	7.46	9.40	7.81	5.76
中海油服	13.85	10.01	9.33	10.91	10.25	8.58
长江电力	7.61	5.67	6.20	7.80	8.82	4.20
华能国际	8.60	6.16	7.86	9.11	9.84	6.34
中国神华	11.33	9.65	7.76	10.56	9.00	7.43
中煤能源	11.30	10.45	8.90	10.76	11.21	9.88

资料来源：根据表13-2~表13-4的数据计算所得。

2. 债务资本成本

国有企业的债务资本成本指作为债权人愿意牺牲资金的其他用途而用于出借时要求的最低报酬率。由于在实务中，每一样本公司均是按照实际情况取得借款，同一家公司的全部债务可能存在多种不同的利率，更别说不同样本公司。为规范标准，将全部债务按照分类别计算出资本成本，再以权重方式加权平均求出企业的债务资本成本。但由于债务利率水平存在随机波动性的特征，导致操作难度加大。笔者通过分析样本公司财务报告中的债务类型发现，其大部分债务以银行借款为主，然后是应付债券，而应付债券中又以短期融资券为主，再加上国家的贴息补贴，其实际债务成本本身相对就较低。因此，笔者采用2011~2016年我国央行公布的6个月至1年期（含1年）的贷款利率作为样本公司税前债务资本成本，如果当年央行并未对该项利率进行调整，则根据该年前后的贷款利率水平平均估算；如果当年央行对该项利率进行多次调整，则取其平均值。这样，我们可以根据2011~

2016年人民币贷款利率及25%的企业所得税税率计算出样本公司税后债务资本成本，如表13-6所示。

表13-6　　　　　2011~2016年样本公司税后债务资本成本　　　　　单位：%

参数	2011年	2012年	2013年	2014年	2015年	2016年
利率	6.31	6.16	5.88	5.6	4.85	4.35
税后债务资本成本	4.73	4.62	4.41	4.20	3.64	3.26

资料来源：根据中国人民银行网站整理所得，http://www.pbc.gov.cn/。

3. 目标权重

从上文对加权平均资本成本目标价值权重的分析可知，企业年末资产负债表中债务权益账面价值是企业根据当年实际征缴比例分红后的实际价值权重，而当认为提高分红比例符合企业发展需要及未来投融资计划时，根据年末资产负债表中的债务权益账面价值调整后的权重 $\left(\dfrac{D}{V-P\times\Delta R},\dfrac{S-P\times\Delta R}{V-P\times\Delta R}\right)$ 是目标价值权重。就样本公司而言，2011~2016年15%和20%的实际征缴比例似乎都不尽合理，国有企业高薪酬、高福利的现象依然突出，而2020年提高至30%的征缴比例仅仅在现行政策的基础上增加了10个百分点，相对其巨额的国有企业利润来说仍无足轻重。要有效解决国有企业利润留存所带来的一系列问题，真正实现国有企业红利全民共享，在调整国有资本经营预算支出结构之前，应当将红利征缴比例进一步提高至50%，这是当前社会各界普遍认可的比例。为验证这些红利征缴比例的合理性，以15%和20%实际征缴比例下的实际价值权重、政策目标阶段30%征缴比例下的价值权重，以及进一步提高征缴比例至50%条件下的价值权重为依据，分别计算企业加权平均资本成本。由于主要以样本公司归属于母公司的净利润为基数进行分析，因此，与此相对应，债务权益资本的账面价值也以样本公司资产负债表中归属于母公司的份额为准，即书中的权益是归属于母公司企业集团的权益，用该年度样本公司资产负债表中权益资本乘以该年度集团公司对样本公司控股比例表示，债务是归属于母公司的债务，用该年度样本公司资产负债表中负债资本乘以该年度集团公司对样本公司控股比例表示。经过测算，2011~2016年末不同红利征缴比例下各公司年度目标价值权重如表13-7、表13-8和表13-9所示。

表13-7　　　　2011~2016年末样本公司在15%和20%实际征缴
比例下的实际价值权重*　　　　单位：%

样本公司	权重类别	2011年	2012年	2013年	2014年	2015年	2016年
中国石油	负债	21.51	26.53	27.42	28.29	28.34	27.28
	权益	78.49	73.47	72.58	71.71	71.66	72.72

续表

样本公司	权重类别	2011年	2012年	2013年	2014年	2015年	2016年
中国石化	负债	27.29	26.81	27.84	28.66	19.15	15.67
	权益	72.71	73.19	72.16	71.34	80.85	84.33
中海油服	负债	34.63	35.73	30.74	22.48	27.63	32.36
	权益	65.37	64.27	69.26	77.52	72.37	67.64
长江电力	负债	44.04	36.26	35.66	30.13	39.66	28.56
	权益	55.96	63.74	64.34	69.87	60.34	71.44
华能国际	负债	53.03	46.12	45.09	40.96	38.88	37.78
	权益	46.97	53.88	54.91	59.04	61.12	62.22
中国神华	负债	16.90	16.40	17.81	16.90	20.26	19.86
	权益	83.10	83.60	82.19	83.10	79.74	80.14
中煤能源	负债	17.05	23.54	31.46	38.52	43.27	38.08
	权益	82.95	76.46	68.54	61.48	56.73	61.92

注：*这些样本公司2011~2013年实际征缴比例为15%，2014~2016年实际征缴比例为20%，其对应征缴比例下的负债权益账面价值权重为"实际价值权重"。

资料来源：根据各样本公司年报数据计算所得。

表13-8　　2011~2016年末样本公司在政策目标阶段30%征缴比例下的目标价值权重

单位：%

样本公司	权重类别	2011年	2012年	2013年	2014年	2015年	2016年
中国石油	负债	22.86	27.85	28.77	29.48	29.40	28.29
	权益	77.14	72.15	71.23	70.52	70.60	71.71
中国石化	负债	28.91	28.30	29.32	29.99	20.30	16.85
	权益	71.09	71.70	70.68	70.01	79.70	83.15
中海油服	负债	36.12	37.22	32.33	23.76	28.68	32.66
	权益	63.88	62.78	67.67	76.24	71.32	67.34
长江电力	负债	46.46	38.74	38.07	32.42	41.97	30.89
	权益	53.54	61.26	61.93	67.58	58.03	69.11
华能国际	负债	54.12	47.51	46.73	42.34	40.29	39.04
	权益	45.88	52.49	53.27	57.66	59.71	60.96
中国神华	负债	18.33	17.80	19.18	18.08	21.35	20.98
	权益	81.67	82.20	80.82	81.92	78.65	79.02
中煤能源	负债	18.30	24.83	32.59	39.54	44.20	39.14
	权益	81.70	75.17	67.41	60.46	55.80	60.86

资料来源：根据各样本公司年报数据计算所得。

表 13 - 9　　2011～2016 年末样本公司在进一步提高至 50% 上缴比例下的目标价值权重　　单位：%

样本公司	权重类别	2011 年	2012 年	2013 年	2014 年	2015 年	2016 年
中国石油	负债	25.82	30.75	31.73	32.25	31.65	30.37
	权益	74.18	69.25	68.27	67.75	68.35	69.63
中国石化	负债	31.55	30.82	31.82	32.33	22.45	19.02
	权益	68.45	69.18	68.18	67.67	77.55	80.98
中海油服	负债	38.79	39.90	35.15	26.34	30.77	33.35
	权益	61.21	60.10	64.85	73.66	69.23	66.65
长江电力	负债	49.04	41.41	40.62	35.02	44.59	33.59
	权益	50.96	58.59	59.38	64.98	55.41	66.41
华能国际	负债	55.25	50.05	49.62	45.10	43.16	41.56
	权益	43.75	49.95	50.38	54.90	56.84	58.44
中国神华	负债	20.95	20.35	21.71	20.45	23.53	23.22
	权益	79.05	79.65	78.29	79.55	76.47	76.78
中煤能源	负债	20.65	27.24	34.77	41.58	46.05	41.25
	权益	79.35	72.76	65.23	58.42	53.95	58.75

资料来源：根据各样本公司年报数据计算所得。

（三）加权平均资本成本的估算分析

如前所析，国有企业红利征缴比例通过影响目标价值权重进而影响加权平均资本成本的估算。当加权平均资本成本最低时企业资本结构最优，此时的企业价值最大，即在加权平均资本成本较低的条件下，企业的分红比例也相对最优。基于此，我们以加权平均资本成本 WACC = $K_D(1-T)(D/V) + K_S(S/V)$ 这一模型为考量标准，利用已测算出的样本公司税后债务资本成本、权益资本成本以及不同红利上缴比例下的目标价值权重，分别计算 15% 和 20% 实际征缴比例条件下、政策目标 30% 征缴比例条件下以及进一步提高征缴比例至 50% 条件下的样本公司加权平均资本成本，然后基于加权平均资本成本的高低对其红利征缴比例进行优度检验。

根据以上各参数测算结果，首先可以得出 2011～2016 年样本公司加权平均资本成本的估算值如表 13 - 10、表 13 - 11、表 13 - 12 所示[①]。

---

① 由表 13 - 10～表 13 - 12 中数据可知，2016 年，随着红利征缴比例的提高，中海油服加权平均资本成本由 6.49% 提升至 6.69%，这主要源于概念中海油服概念净利润为负值所致。一般情况下，如果企业亏损，就没有分红问题，也就不存在本书所探讨的红利征缴比例优度检验问题，因此这一特殊情况本书不予探讨。

表 13 - 10　　2011~2016 年样本公司在 15% 和 20% 实际征缴比例下的
加权平均资本成本　　　　　　　　　单位：%

公司	2011 年	2012 年	2013 年	2014 年	2015 年	2016 年
中国石油	6.65	5.65	5.48	7.31	6.10	5.02
中国石化	7.73	6.59	6.61	7.91	7.01	5.37
中海油服	10.70	8.09	7.82	9.40	8.43	6.86
长江电力	6.34	5.29	5.56	6.71	6.77	3.93
华能国际	6.55	5.45	6.31	7.10	7.43	5.18
中国神华	10.21	8.82	7.16	9.48	7.91	6.60
中煤能源	10.18	9.08	7.49	8.23	7.93	7.36

资料来源：根据表 13 - 5、表 13 - 6 和表 13 - 7 的数据计算所得。

表 13 - 11　　2011~2016 年样本公司政策目标 30% 征缴比例下的
加权平均资本成本　　　　　　　　　单位：%

公司	2011 年	2012 年	2013 年	2014 年	2015 年	2016 年
中国石油	6.62	5.63	5.46	7.26	6.07	4.99
中国石化	7.67	6.55	6.57	7.84	6.96	5.34
中海油服	10.56	8.01	7.74	9.32	8.36	6.84
长江电力	6.27	5.26	5.52	6.63	6.65	3.91
华能国际	6.51	5.43	6.25	7.03	7.34	5.14
中国神华	10.12	8.75	7.11	9.41	7.85	6.55
中煤能源	10.10	9.00	7.44	8.17	7.86	7.29

资料来源：根据表 13 - 5、表 13 - 6 和表 13 - 8 的数据计算所得。

表 13 - 12　　2011~2016 年样本公司在进一步提高至 50% 征缴比例下的
加权平均资本成本　　　　　　　　　单位：%

公司	2011 年	2012 年	2013 年	2014 年	2015 年	2016 年
中国石油	6.55	5.59	5.42	7.14	5.99	4.94
中国石化	7.56	6.48	6.49	7.72	6.87	5.28
中海油服	10.32	7.86	7.60	9.14	8.22	6.81
长江电力	6.20	5.24	5.47	6.54	6.51	3.88
华能国际	6.38	5.39	6.15	6.90	7.16	5.06
中国神华	9.94	8.62	7.03	9.26	7.74	6.46
中煤能源	9.94	8.86	7.34	8.03	7.72	7.15

资料来源：根据表 13 - 5、表 13 - 6 和表 13 - 9 的数据计算所得。

为了更清晰地反映各样本公司在不同分红比例条件下的加权平均资本成本变动情况，根据表 13 – 10 ~ 表 13 – 12 的数据，分别绘制不同分红比例条件下的各样本公司加权平均资本成本变动情况（见图 13 – 1）。

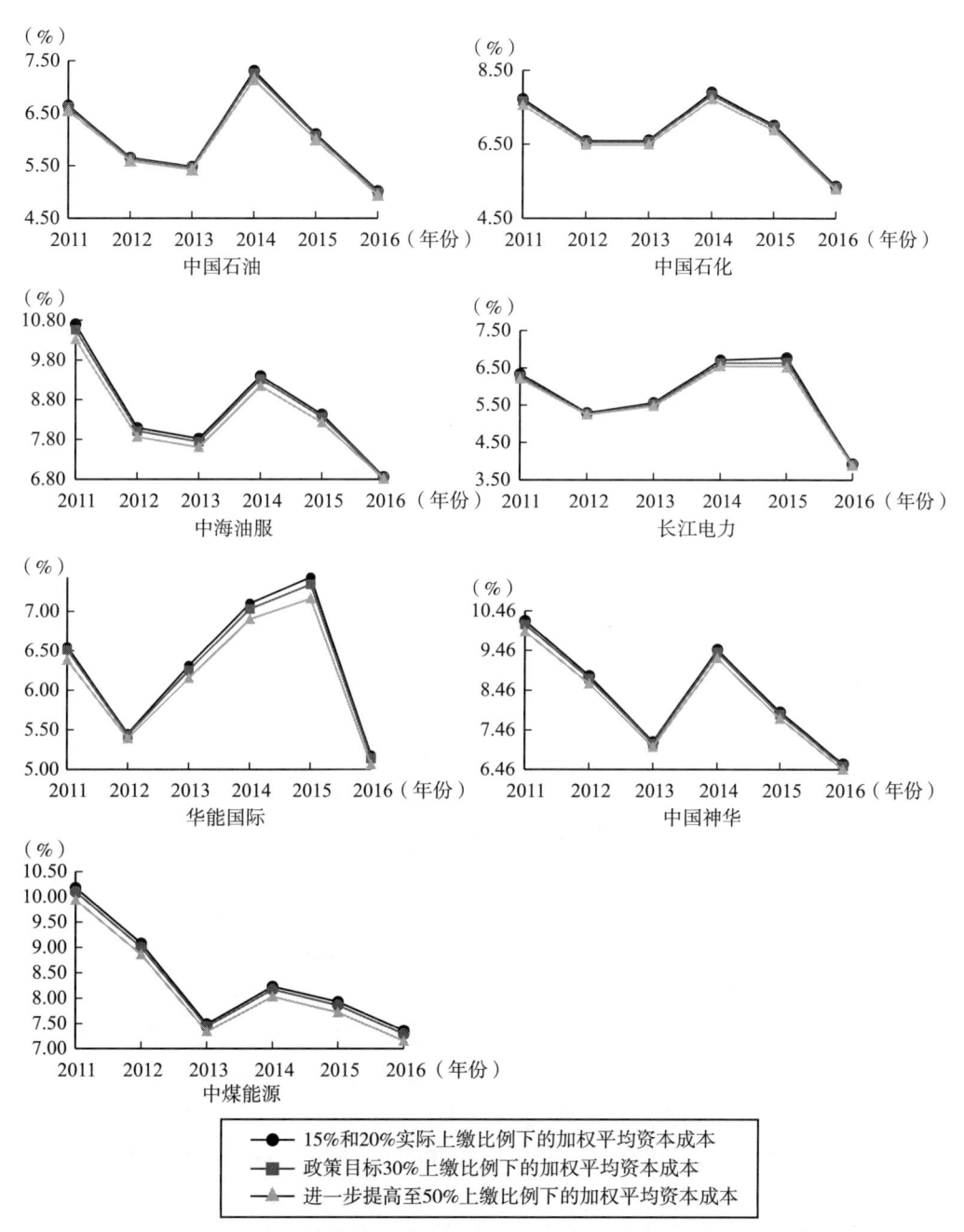

图 13 – 1 样本公司不同红利上缴比例条件下的加权平均资本成本变动情况

资料来源：根据表 13 – 10 ~ 表 13 – 12 的数据绘制。

由表13-10~表13-12以及图13-1可见可知，在不考虑其他因素的情况下，国有企业15%和20%实际征缴比例下的加权平均资本成本最高；而如果将红利征缴比例提高至30%的政策目标水平，则加权平均资本成本次之；而如果进一步提高红利征缴比例至50%的水平，其加权平均资本成本将达到三者中的最低值。如前所析，根据加权平均资本成本理论，当加权平均资本成本最低时企业价值最大化，即在加权平均资本成本较低的条件下，企业的红利征缴比例也相对最优。因此，就国有企业红利征缴比例的优度而言，实际分红政策下无论是稳步推进阶段15%的征缴比例还是调整完善阶段20%的征缴比例均不是最优选择；到2020年，将这一比例提高至30%虽然可以使得企业加权平均资本成本降低，资本结构进一步优化，但依然没有达到最优状态；而如果将其红利征缴比例提高至50%，则加权平均资本成本相对最低。从表13-10~表13-12的数据不难看出，2016年，以中煤能源为例，如果将红利征缴比例从20%提高至50%，则加权平均资本成本将会从7.36%下降至7.15%。换言之，国有企业现行的红利征缴比例并未使得企业资本结构达到最优，从而难以实现企业价值的最大化。而随着红利征缴比例提高至50%，企业加权平均资本成本逐步降低至相对最优状态，此时企业价值也相应达到相对峰值区间。这说明当前对国有企业50%红利征缴比例的构想相对合理，因此，我们可以将国有企业利润上缴公共财政比例进一步提高至50%，从而降低企业加权平均资本成本，实现企业价值相对最大化。

三、研究结论及政策含义

自2007年国务院实施国有资本经营预算以来，国有企业向国有股东的红利征缴比例在不断提高，但是从上述对国有企业红利征缴比例的优度检验不难看出，现行针对国有企业制定的红利征缴比例政策并不完善，按照加权平均资本成本（WACC）模型的测算，国有企业红利征缴比例并未达到最优值，即使是中共十八届三中全会提出的2020年国有企业红利征缴比例提高至30%的政策目标也仍然不能实现最优值。只有将这一比例再进一步提升至50%的水平，才能使国有企业的加权平均资本成本降至最低，从而使其利润分配结构达到最优化状态。因此，我们认为，国有企业红利征缴比例的提高虽然是一个渐进过程，不可能一步到位，但是，要实现国有企业红利分配结构的最优化，就必须明确设定红利上缴公共财政比例的阶段性时间表：第一阶段，应当保证在2020年，实现中共十八届三中全会提出的国有企业红利征缴比例达到30%的政策目标；第二阶段，争取在"十四五"期间（2025年前），实现国有企业40%的红利征缴比例；第三阶段，到2030年，力争达到国有企业利润征缴比例50%的最优分红结构。

根据上述研究结论，随着国有企业改革的进一步深化和国有资本经营预算制度的完善，我们认为，国有企业红利分配制度改革的着力点应体现在两个方面：一方面，应当树立加权平均资本成本理念，构建以加权平均资本成本为核心的国有企业利润分配结构体系。虽然加权平均资本成本模型在一定程度上忽视了企业负债比重过高所带来的财务成本，但只要管理层在控制财务杠杆的基础上，运用加权平均资本成本模型来确定企业红利征缴比例，将是一个合理的选择。因为 WACC 可以较为真实地反映企业融资结构的合理性，从而体现企业价值最大化目标的实现程度。因此，国有企业分红政策应当基于"一企一策"的基本原则，根据企业加权平均资本成本，科学确定符合相应资本成本要求的红利征缴比例；另一方面，应当健全国有企业红利分配监管体系。首先，要完善与国有资本经营预算相适应的相关审计制度，对国有企业资产负债表中权益负债账面的真实性进行严格审计，使得基于加权平均资本成本确定的国有企业红利征缴比例具有真实可靠的数据基础。与此同时，要加强对国有企业是否按照规定的红利征缴比例按时足额上缴红利的审计，以确保归属于国有股东的股权收益的实现；其次，要建立国有企业红利征缴比例绩效考核机制。在现行政策框架下，国家虽然明确规定了国有企业的红利征缴比例，但仍存在部分企业未按时足额上缴国有股东红利的现象，因此，为保证国有企业自觉高效地按比例上缴红利，应当建立红利征缴绩效考核机制，将企业红利征缴比例政策执行情况纳入企业绩效考核体系，对于按时足额上缴红利的企业，予以相应的奖励。而对于无正当理由拖延或拖欠的企业，则应当对其管理层实行严格的问责制度。

支出民生篇

本篇包括第十四至十七章，主要围绕国有资本经营预算支出制度进行效应评估、问题剖析与实证检验。阐述了现行国有资本经营预算支出分配的制度安排和实践问题，指出了当前国有资本经营预算支出分配"体内循环"的基本特征；从民生供给视角评估了近年来我国财政民生保障投入的成效，并从民生需求保障视角客观评价分析我国民生保障的总体水平和分项目水平，指出当前加大民生投入缓解民生供需矛盾的紧迫性；剖析当前国有资本经营预算支出分配民生化的主要挑战，构建模型分析国有资本经营预算支出分配民生化的福利效应以及结构优度；构建指标体系评价当前国有资本经营预算支出的总体绩效，揭示当前国有资本经营预算分配支出引发的国有企业非效率投资的基本特征以及供给侧结构性改革下国有资本经营预算支出去产能效应的体制性障碍。

第十四章

国有资本经营预算支出分配的制度安排与实践情况

从现行政策规定上看，国有企业红利主要用于资本性支出、费用性支出和其他支出，并且在其他支出项目中，只是"必要时，可部分用于社会保障等项支出"。也就是说，国有企业红利在政策规定上没有直接体现"谁投资，谁受益"的市场经济原则。在实践中，国有资本收益回流国有企业内部使得本已有巨额利润的国有企业拥有了更多的现金流。这些现金流一方面用于国有企业的过度投资，尤其是固定资产的低效率重复投资。另一方面，用于国有企业内部消费，如用于发奖金（尤其是国有企业高管奖金的发放）、涨工资、增福利及"工作性消费"等。广大民众作为国有资产的终极所有者并未能切实有效地共享国有经济做强做大的成果。因此，本书将在考察近年来国有企业红利分配的政策规定和实践情况基础上，构建Tobit模型实证分析国有资本经营预算支出的潜在影响因素，这对于调整和优化当前国有资本经营预算支出结构，推进国有资本经营预算支出民生化具有重要的现实意义。

第一节　现行国有资本经营预算支出分配的制度安排

国有资本经营预算支出合理是国有资本经营预算制度成功施行的归结点与落脚点。倘若国有资本经营预算支出不合理，那么国有资本收益上缴在一定程度上也就失去了意义。第一篇的理论分析已经告诉我们，全体人民才是国有资产的终极所有者，国家代表人民收取国有资本收益后，就应该以各种有利于改善民生的形式将国有资本收益还利于民众。然而，现行的政策制度并未能切实体现民生财政导向，不仅有悖市场经济原则，还使民众的公共福利受损。

一、现行国有资本经营预算支出分配的制度文件

2007年9月颁布的《国务院关于试行国有资本经营预算的意见》（以下简称

《意见》）规定国有资本经营预算的支出主要包括资本性支出、费用性支出、其他支出三大类内容。资本性支出是基于产业发展规划、国有经济布局和结构调整、国有企业发展要求，以及国家战略、安全等需要而安排的支出；费用性支出是指用于弥补国有企业改革成本等方面的支出。但《意见》并没有说明"其他支出"的具体去向。只是指出其具体支出范围依据国家宏观经济政策以及不同时期国有企业改革和发展的任务统筹安排确定，必要时可部分用于社会保障等项目支出。同时为规范中央国有资本经营预算编报工作，2007年11月20日，财政部印发了《中央国有资本经营预算编报试行办法》（以下简称《试行办法》）。《试行办法》对资本性支出、费用性支出和其他支出均做出了界定，认为向新设企业注入国有资本金，向现有企业增加资本性投入，向公司制企业认购股权、股份等支出即为资本性支出；用于弥补企业改革成本等方面的费用即属费用性支出；用于社会保障等方面的支出即为其他支出。2008年2月25日，国资委印发了《中央企业国有资本经营预算建议草案编报办法（试行）》，指出中央企业国有资本经营预算支出包括资本性支出、费用性支出和其他支出等。资本性支出和费用性支出的定义与《意见》相同，但对"其他支出"做出更具体的界定。认为其他支出是指国资委用于中央企业结构调整和聘请中介机构的费用，用于中央企业外部董事薪酬，以及用于预算支出项目的各项管理费用等。

为适应中央国有资本经营预算扩围的要求，进一步规范中央国有资本经营预算的编报工作，财政部重新修订了《中央国有资本经营预算编报试行办法》，并于2011年10月13日印发了《中央国有资本经营预算编报办法》（以下简称《编报办法》）。相较于《试行办法》，《编报办法》在具体项目支出上，仍然沿用资本性支出和费用性支出的定义，但取消了《试行办法》中对其他支出的具体界定。2017年9月，为贯彻落实中共十八届三中全会关于完善国有资本经营预算制度的要求，国家在修订2011年《编报办法》基础上印发了《中央国有资本经营预算编报办法》的通知（以下简称新《编报办法》）。相较于原来的《编报办法》，新《编报办法》不再分两条罗列国有资本经营预算收入的用途及分类，而是直接规定国有资本经营预算收入除调入一般公共预算和补充全国社会保障基金外，主要用于解决国有企业历史遗留问题及相关改革成本支出；用于国有企业资本金注入及其他支出。按照这一规定，国有资本经营预算支出还是没有跳出资本性支出、费用性支出及其他支出的范畴。

二、现行国有资本经营预算支出的主要内容

国有资本经营预算支出既关系到国家经济结构调整和产业技术升级政策的实施，也关系到国有资本保值增值、国有经济发展壮大目标的实现。因此，国有资本经营预算支出的构成和方向对于国有资本经营有着至关重要的意义。根据党中央、国务院相关文件规定以及地方国有资本经营预算的制度规定，现行国有资本经营预

算支出的主要内容有：资本性支出、费用性支出和社会保障等项目。其中资本性支出主要针对两个方面，一是满足规划产业发展、布局国有经济、调整国有经济结构和促进国有企业发展所需要的支出；二是满足国家战略和安全等方面的支出。费用性支出主要是用于弥补国有企业改革发展而产生的成本。社会保障等项目支出主要用于保障和提高社会福利水平。

（一）国有资本经营预算的资本性支出

国有企业作为我国公有制的主要实现形式，一直以来在我国国民经济发展中发挥着重要的主导力量，是共产党执政的物质基础。新时期巩固和发展公有制经济，就是要进一步做强做优做大国有企业，实现国有企业的可持续发展。由于在国有企业的利润分配中，国有资本投资在不断充实和发展国有经济、做强做优做大国有企业中发挥着关键的资金保障作用，理应把资本性支出放在国有资本经营预算支出中的重要位置。通过国有资本经营预算的资本性支出安排，发挥国有资本在促进产业结构调整和创新发展驱动中的重要作用，实现国有资本的保值增值。当然，在践行国有资本经营性再投资时需要注意以下两点：一是要坚持通过国有资本经营预算来统筹分配国有资本经营预算中的资本性支出。为了提高总体投资效率，需要做好投资规划，坚持先满足公共服务领域的资金需求，再满足国家经济发展的资金需求的顺序，同时该部分支出要和国家经济结构的调整方向相协调，要与产业转型升级的目标相联系。二是资本性是根据具体实践情况不断发展充实的动态概念，其支出包括许多方面，目前来看主要有向投资运营公司注入资本金，主要用于推动投资运营公司调整国有资本布局和结构；向产业投资基金注入资本金，主要用于引导投资运营公司采取市场化方式发起设立产业投资基金，引领社会资本更多投向重要前瞻性战略性产业、生态环境保护、科技进步、公共服务、国际化经营等领域；向中央企业注入资本金，主要用于落实党中央、国务院有关决策部署。

（二）弥补国有企业改革成本的费用性支出

弥补国有企业改革成本的费用性支出主要指用于支持投资运营公司和中央企业剥离国有企业办社会职能、解决国有企业存在的体制性机制性问题等方面的改革成本支出。根据国有企业改革的阶段划分，本书认为有关国有企业改革的成本主要有三种类型，分别是搜索成本、转型成本以及运行成本。第一类即搜索成本，其产生主要是为了寻找能够最大程度提高国有资产运行效率的承接者以及最大限度降低支付成本的安置。第二类成本的产生主要是由于国有企业在改革中面临着产权结构转变带来的成本，如完全国有的企业在改革后其产权结构变成分散和多元的，可能成为股份制企业、个体私营企业或者中外合资企业。第三类成本指的是机制运行成本，改革后由于国有企业内部的旧机制被摒弃，新机制得以建立，为了了解、适应和运行该机制必然需要花费一些时间、精力和资金等。

回顾国有企业改革历史，可以看出改革搜索成本主要产生于以下三个方面：首先,国有企业改革缺乏系统的规划和科学的程序,从改革的历史实践经验可以看出,在改革中优先考虑的是经营不善的困难企业和亏损企业,但是由于本身资产质量堪忧,即使花费了大量的时间和精力来重整这些企业,也难以吸引民间资本的加入,而在这个过程中又耽误了质量较好的企业的改革机会,导致这些较好的企业也在后期陷入改革困境。其次,国有资产置换的对象比较局限,开放程度较低。企业资产外人难以购买,几乎只有本企业职工可以买断,这种封闭式的改革必然不利于现代企业制度的建立,依然是形式大于实质,比较好的途径应该是通过资产的公开拍卖等形式让市场来决定资产的转让价格。最后,资产整体流动性很差,不同部门、不同地区的国有资产流动限制较多,而且部分资产由于被作为股权债权的担保物使其转让受到限制。这就增大了改革中不同利益主体间的矛盾和摩擦,不利于提高国有资产的配置效率,增加了改革的难度和成本。

转型成本产生的原因可以归结为以下三点。首先,资产的异质性,如资产的所有权、形态等,决定了其适用不同的处理方式,但是在实际情况中,难以对资产进行性质区分,资产差异性被忽略,没有具体情况具体分析。其次,资产置换的附加条件过多,企业重组并购中的一个关乎社会民生的重大问题即企业职工的安置问题,承担社会责任是国有企业的目标之一,在企业改制的过程中要求新企业要妥善处理原有企业职工的安置问题是国有企业资产置换面临的普遍问题,但是新企业可能由于无法承担沉重的劳动力负担而并购失败。最后,管理部门之间由于利益冲突产生额外成本。企业在改制期间可能需要与各个管理部门进行利益往来,缴纳各种税收和费用,这些相关税费的计算基数本来就大,改制的企业也多,积累起来的费用就非常庞大,会影响改革的顺利推进。

影响运行成本的因素主要也有三个。从实践中来看,要提高企业的资产配置效率仅仅依靠产权制度改革是不够的,如何在优化的产权制度下通过恰当的企业运行以实现最优资源配置效率是关键,在这个过程中就产生运行成本。运行成本受诸多因素的影响:首先,思想观念因素。对国有企业的偏爱和对民营企业的歧视,使得企业并购往往受到更多阻碍,民营资本难以在国有企业中获得相应的重视。此外,还存在地区歧视,认为外地乡镇企业管理落后等,难以协调合作,增加企业运行成本。其次,不可预见性因素。企业并购之后,双方可能融合失败,虽然并购后企业硬实力整体得到提高,但是可能由于企业间文化、经营理念等存在较大差异,难以有效整合,最终导致企业经营效果反而较差。最后,决策分散和分红期望值过高也会影响运行成本。股权分散化,使得中小股东增多,各股东利益诉求可能违背公司发展目标,特别是在股份合作制企业中,部分职工由于缺乏相应的公司治理的经验和知识,把入股当作集资,急于从企业持股中获得回报,不顾企业当期的生产经营成果要求企业进行分红,从而损害企业的长期利益。

(三)补充社会保障等项目支出

2007年我国出台相关制度文件,规定国有资本经营预算收益可以用于社会保障等其他项目支出。近年来，随着我国人口老龄化的加剧，国有资本经营预算收益用于社会保障的支出已经难以满足日益扩大的社会保障基金缺口，亟须进一步加大国有资本对社会保障事业的支持力度。据此，国务院2017年出台《划转部分国有资本充实社保基金实施方案》（以下简称《划转方案》），对国有资本划转社会保障基金的内容进行了详细规定。

1. 指导思想

《划转方案》充分体现了中共十九大精神，是对习近平新时代中国特色社会主义思想的深入贯彻。目前我国养老保险基金缺口持续扩大，可能在未来导致养老金支付危机。而国有企业的做强做优做大使国有资本收益全民共享成为可能。因此，在新的历史条件下，通过划转部分国有资本为养老保险基金提供资金来源，既有助于使全体人民参与国有企业分红，弥补养老金缺口，又可以倒逼国有企业的深化改革。

2. 基本原则

第一，国有资本划转要明确目标，紧密联系我国社会养老保险的现实情况。在人口老龄化加快的现实背景下，我国养老保险基金收支之间的矛盾更加突出。从长远发展来看，养老保险基金应当尽力实现精算平衡。划转国有资本的基本目标也是在于缩小基本养老保险基金缺口，以完善养老保险制度，促进制度的公平性和可持续性。

第二，国有资本划转要系统规划，密切结合深化国有企业改革目标。在清楚认识企业职工基本养老保险基金缺口的成因、了解国有资本的现实情况和目前企业发展需要的前提下，综合考虑适合划转的国有资本范围、比例和后续管理等具体事项。

第三，国有资本划转要立足长远，致力于缩小养老金缺口和提高养老保险制度的可持续性。将国有资本划转养老保险基金虽然没有改变国有资本的属性，但是这种多元化持股有利于完善国有企业治理结构，发挥不同股东的资源优势和加强监督制衡。承接主体不仅要像一般市场投资者一样关注国有资本带来的经济收益，实现资本的保值增值，也要探索科学的投资运行机制，利用国有资本的扩张增值，逐渐缩小养老保险基金的缺口。

第四，划转的国有资本要独立管理，科学筹划养老基金的不同筹资方式。划转国有资本的具体目的是缓解养老保险基金收支不平衡的难题，因此资本运营收益要根据养老保险基金的支出需求上缴。为了便于考核和监督划转的国有资本目标实现情况以及保障划转资本的投资效率和价值，应该将这部分资本单独进行财务核算和经营管理。

3. 划转范围、对象、比例和承接主体

（1）划转范围。《划转方案》涉及的企业既不包括文化类、公益类企业，也不涉及政策性和开发性金融机构。主要针对的是中央和地方国有企业以及国有控股的大中型企业、金融机构。此外，国务院另有规定的按规定处理。

（2）划转对象。以改制是否完成为标准分两类执行。对于改制已经完成的公司,可以直接划转企业股权;对于改制未完成的公司,一方面,要督促其加快改制进程,待满足改制完成条件后再按要求划转;另一方面,探索其所属一级子公司股权的划转方案。

(3) 划转比例。以弥补基本养老金保险基金缺口为基本目标,现行划转比例统一为企业国有股权的 10%。在今后的实践中,根据政策实行效果以及结合基本养老保险制度改革的进度和可持续发展要求,对划转比例进行必要的调整优化。

(4) 承接主体。按照划转的股权来源不同规定不同的资本管理主体,来自中央企业的股权在初期可由全国社会保障基金理事会(以下简称社保基金会)接受国务院委托负责集中持有、单独核算。后期在各种条件成熟的情况下,允许社保基金会自行组建养老金管理公司对划转的中央股权进行独立运营。来自地方国有企业的股权管理有两种可供选择的方式,既可以由本省(区、市)具有国有资本投资运营资质的公司进行专户管理,也可以由省级人民政府设立的国有独资公司进行集中管理。

三、国有资本经营预算支出的报表体系

按照现行办法,国有资本经营预算支出主要有三类九表,即由财政部编制的国有资本经营预算支出表、由中央预算单位编制的国有资本经营预算表、由中央企业编制的国有资本经营预算表。由财政部编制的国有资本经营预算支出表又包括三表,即反映中央国有资本经营预算支出汇总情况的中央国有资本经营预算支出表(见附录表 A1)、反映中央预算单位所监管企业国有资本经营预算支出情况的中央国有资本经营预算支出明细表(见附录表 A2)、反映中央国有资本经营预算支出项目安排相关内容的中央国有资本经营预算支出项目表(见附录表 A3)。由中央预算单位编制的国有资本经营预算支出表也包括三表,即反映企业国有资本经营预算支出汇总情况的中央预算单位国有资本经营预算支出表(见附录表 A4)、反映企业国有资本经营预算支出明细情况的中央预算单位国有资本经营预算支出明细表(见附录表 A5)、反映企业国有资本经营预算支出项目安排相关内容的中央预算单位国有资本经营预算支出项目表(见附录表 A6)。中央企业编制的国有资本经营预算表包括反映企业国有资本经营预算支出安排相关内容的中央企业国有资本经营预算支出表(见附录表 A7)、反映企业国有资本经营预算支出明细情况的中央企业国有资本经营预算支出明细表(见附录表 A8)及反映企业国有资本经营预算支出项目安排的明细内容的中央企业国有资本经营预算支出项目表(见附录表 A9)。

从表 A1 可知,在教育、科学技术、文化体育与传媒等行业中,中央国有资本经营预算支出都只归纳为三类:用于国有企业再投资的资本性支出、解决国有企业改制成本的费用性支出,以及未给予明确指定的其他支出,从支出表设计上并未看出国有资本经营预算支出的民生领域的倾斜。表 A2 的"中央国有资本经营预算支出明细表"和表 A3 的"中央国有资本经营预算支出项目表"也体现了支出上的这

种划分。各中央预算单位的国有资本经营预算支出同中央国有资本经营预算支出也基本一样。表 A4 的"中央预算单位国有资本经营预算支出表"和表 A1 的"中央国有资本经营预算支出表",在支出分类上也是一样的,归纳为资本性支出、费用性支出和其他支出三大类,而表 A5 的"中央预算单位国有资本经营预算支出明细表"和表 A6 的"中央预算单位国有资本经营预算支出项目表"也分别与表 A2 和表 A3 一样。具体到各中央企业,其国有资本经营预算支出也与总表和国有资本经营预算单位支出表一致,支出安排上也分为资本性支出、费用性支出和其他支出。如表 A7、表 A8 和表 A9 分别与表 A1、表 A2、表 A3 在结构上基本一致。

第二节　国有资本经营预算支出分配的实践问题

由上可知,在现行政策框架下,国有资本收益更多强调的是资本性支出和费用性支出,而社会保障等民生项目支出只是在必要时才予以考虑,即国有资本经营预算支出在制度安排上具有较明显的"重资本性、费用性支出,轻民生支出"的倾向。在这一制度框架下,国有资本经营预算支出实践也体现出"取之于国企,用之于国企"的鲜明特征。

一、国有资本经营预算支出结构的现状

统计数据显示,2008 年中央企业国有资本经营预算支出总额为 547.8 亿元。具体来看,支出的重点是对新设重点中央企业的投资和对国有资本经营预算的补充,这方面支出达 270 亿元,约占总额的一半;另外对中央企业的灾后重建预算支出也较多,占总额的 36%,达 196.3 亿元;用于调整中央企业的产业布局和结构的支出占比最低约为 15%。[1] 2009 年,中央企业国有资本经营预算支出总额达 873.6 亿元。具体来看,支出的重点在于电信重组改革,这部分支出有 600 亿元,占总额的 68.7%;其次是用于中央企业灾后重建支出,有 139.6 亿元,占总额的 16%;最后,有 8.6% 的支出用于补充重点中央企业的国有资本经营预算,约有 75 亿元;其余的 59 亿元支出用于中央企业产业布局和结构调整等方面,约占总额的 6.7%。[2] 据财政部资料统计,自 2010 年中央开始公布国有资本经营支出预决算表后,统计数据表明,2010 年中央国有资本经营支出预算数为 440 亿元,执行数为 563.43 亿元;2011 年预算支出 858.56 亿元,执行数为 769.54 亿元;2012 年预算支出 875.07 亿元,执行数为 929.79 亿元;2013 年预算支出为 1 083.11 亿元。这里需要说明的是,2012 年 9 月财政部下发了《关于编报 2013 年中央国有资本经营

---

[1] 郑晓波. 今年国有资本经营预算支出 548 亿 [N]. 证券时报,2008-11-27.
[2] 郑晓波. 2009 年央企国有资本经营预算支出 870 多亿 [N]. 证券时报,2010-01-4.

预算建议草案的通知》,将国有经济结构调整支出、重点项目支出、产业升级与发展支出、境外投资及对外经济技术合作支出、困难企业职工补助支出五类支出作为 2013 年中央国有资本经营预算支出编制的重点。这些支出分类与 2012 年之前的具体分类有所区别,加上 2012 年的执行数是在 2013 年的国有资本经营支出预算表中反映出来的,因此表 14-1 中,2012 年和 2013 年的支出只列各个大类的总数,而没有具体到子类明细的数据;2017 年 1 月 1 日,财政部开始施行《中央国有资本经营预算支出管理暂行办法》,其中第七条规定"中央国有资本经营预算支出除调入一般公共预算和补充全国社会保障基金外,主要用于以下方面:(一)解决国有企业历史遗留问题及相关改革成本支出;(二)国有企业资本金注入;(三)其他支出"。中央企业根据相关专项资金管理办法编制国有资本经营预算解决国有企业历史遗留问题及相关改革成本支出、国有企业资本金注入、国有企业政策性补贴和其他国有资本经营预算支出明细表。这些支出分类与 2015 年之前的具体分类有所区别,故自 2016 年起,中央国有资本经营支出决算明细表另起一表(见表 14-2)。

表 14-1 2010~2013 年中央国有资本经营支出决算明细表 单位:亿元

项目	2010 年	2011 年	2012 年	2013 年
一、教育	—	0.21	2.18	4.00
其中:其他教育支出	—	0.21	—	—
二、文化体育与传媒	—	6.03	6.20	14.00
其中:文化	—	4.00	—	—
体育	—	—	—	—
广播影视	—	0.42	—	—
新闻出版	—	1.61	—	—
三、社会保障和就业	148.54	0.51	17.21	11.34
其中:补充全国社会保障基金	148.54	0.51	17.21	11.34
四、农林水事务	5.51	19.33	14.79	—
其中:农业	5.51	19.33	—	22.51
林业	—	—	—	—
五、交通运输	45.14	23.20	35.34	93.50
其中:公路水路运输	5.14	5.97	—	—
民用航空运输	40.00	13.96	—	—
邮政业支出	—	3.27	—	—
六、资源勘探电力信息等事务	274.59	592.03	685.46	724.67
其中:资源勘探开发和服务支出	11.71	112.22	—	—
制造业	138.45	244.72	—	—

续表

项目	2010 年	2011 年	2012 年	2013 年
建筑业	3.44	10.65	—	—
电力监管支出	11.53	176.94	—	—
工业和信息产业监管支出	14.77	29.83	—	—
其他资源勘探电力信息等事务支出	94.69	17.67	—	—
七、商业服务业等事务	70.33	87.23	108.64	109.98
其中：商业流通事务	34.82	81.01	—	—
旅游业管理与服务支出	1.50	5.00	—	—
涉外发展服务支出	34.01	1.22	—	—
八、地震灾后恢复重建支出	9.32	1.00	9.94	—
其中：工商企业恢复生产和重建	9.32	1.00	—	—
九、其他支出	—	—	0.03	38.11
十、转移性支出	10.00	40.00	50.00	65.00
其中：国有资本经营预算调出资金	10.00	40.00	50.00	65.00
中央国有资本经营支出	563.43	769.54	929.79	1 083.11
结转下年支出	14.17	31.07	72.11	—

注："—"表示该数据《中央国有资本经营支出预算表》中未提及，下同。
资料来源：中华人民共和国财政部网站 2010 年以来公布的《中央国有资本经营支出预算表》。

表 14-2　2016~2017 年中央国有资本经营支出决算明细表　　单位：亿元

项目	2016 年	2017 年
一、国有资本经营预算补充社保基金支出	59.61	34.86
中央本级支出	59.61	34.86
二、解决历史遗留问题及改革成本支出	796.77	625.12
中央本级支出	283.24	393.73
对地方转移支付	513.53	231.39
三、国有企业资本金注入	399.00	252.43
中央本级支出	399.00	248.45
对地方转移支付	—	3.98
四、国有企业政策性补贴	93.28	77.28
中央本级支出	93.28	77.28
五、其他国有资本经营预算支出	101.95	12.02
中央本级支出	101.95	12.02

续表

项目	2016 年	2017 年
中央国有资本经营支出	1 450.61	1 001.71
国有资本经营预算调出资金	246.00	257.00
结转下年支出	128.03	113.59

资料来源：中华人民共和国财政部网站 2010 年以来公布的《中央国有资本经营支出预算表》。

二、国有资本经营预算支出安排民生比例偏低

国有企业红利的民生分配是将留存收益用于教育、就业、医疗卫生事业、环保等方面，旨在改善公众生活，提高人民福祉。当前，无论是制度设计之初的"必要时"安排民生支出，还是实践执行中总量的缓慢增长，均表明国有资本经营预算支出并未体现民生分配倾向。理论上说国有企业是全民所有制的企业，其税后利润理应由全民股东共享。但实践中，囿于各种困难和阻力，国有企业红利分配的民生支出比重始终偏低。

（一）制度施行初期国有企业红利分配按先国企后民生的顺序排列

根据《国务院关于试行国有资本经营预算的意见》，国有资本经营预算支出可以分为国有经济调整支出、调入一般公共预算用于保障和改善民生支出、国有股减持补充社会保障基金支出、解决历史遗留问题及改革成本支出、公益性设施投资支出、战略性产业发展支出、支持科技进步支出、保障国家经济安全支出、对外投资合作支出、国有企业政策性补贴和其他国有资本经营预算支出，可以将这些支出归纳为资本性支出、费用性支出和其他支出三类。廖添土（2013）指出，资本性支出主要是根据国家产业发展规划，进行国有经济布局和结构调整所产生的企业改制、重组以及技术创新等支出；费用性支出主要是用于支付国有企业改革成本，解决历史遗留问题，包括困难企业职工养老保险、离退休职工医疗保险、特困企业职工生活补助、分离企业办社会职能、企业后勤服务社会化等涉及企业职工切身利益的问题以及重点行业节能减排；其他支出主要是用于社会保障方面。[1] 然而其他支出中对于民生支出并没有专门硬性规定，仅提及"依据国家宏观经济政策以及不同时期国有企业改革和发展的任务，统筹安排确定。必要时，可部分用于社会保障等项支出"。[2] 这就是被外界解读为国有企业红利民生支出"适度"和

---

[1] 廖添土，廖雅珍. 国有企业红利分配：制度变迁与改革前瞻 [J]. 龙岩学院学报，2013，31 (01)：99 - 104.
[2] 国务院关于试行国有资本经营预算的意见 [EB/OL]. 2007 - 09 - 08. http://www.gov.cn/xxgk/pub/gov public/mrlm/200803/t20080328_32760.html.

"从低"的原则。这两个原则虽然饱受社会争议,但从政策制定者的角度考虑,国有企业红利过去长达13年不分红,现在实行分红政策,必然面临种种困难和阻力,为了减少这种困难和阻力,顺利推进国有资本经营预算,在制度实行的过渡期将国有企业红利更多返回国有企业,少部分用于民生支出,显然是一个比较理性的决策。

根据财政部网站公布的数据,在制度实行初期,中央国有资本经营预算支出2008年和2009年两年共达1 553.3亿元,其中用于社会保障类的预算支出约15亿元[①]。从2008~2010年国有资本经营预算的支出结构情况看,用于国有企业内部的资本性支出及费用性支出比重很大,均在95%以上。这表明国家财政将国有企业上缴的税后利润一大部分又用在了国有企业身上,支撑国有企业的再投资职能,国有企业自身发展的地位明显高于民生的社会福利。

(二) 近年来国有企业红利民生支出比重虽有增加但仍偏低

2011年以来,经过了多次政策调整,国有企业利润上缴总量和比例均有较大提高,制度推行面临的阻力也有所减少,党中央和国务院因此适时地做出提高国有企业红利民生支出的决定安排。中共十八大提出要提高国有资本收益上缴公共财政比例,更多用于保障和改善民生。中共十八届三中全会通过的《中共中央关于全面深化改革若干重大问题的决定》明确指出,划转部分国有资本充实社会保障基金。完善国有资本经营预算制度,提高国有资本收益上缴公共财政比例,2020年提到30%,更多用于保障和改善民生。然而从实践情况来看,2011年,国有资本经营预算调入公共预算用于社会保障等民生项目的支出只有90亿元,仅占支出总额的10.48%。而到了2012年、2013年,这一比例不仅没有提高反而降低,即分别减少到了8.01%和7.05%[②]。2014年之后,国家开始加大国有企业红利的民生支出比例。如表14-3所示,2014年中央国有资本经营预算民生支出占比提高至12.64%,2015年和2016年继续提高至14.25%和14.38%,尤其是到了2017年,中央国有企业红利上缴后的民生支出占比提高至20.19%。因此,应该肯定的是,近年来中央国有企业资本经营预算支出民生占比增速很快,反映了中央加大国有企业红利民生支出占比的决心和魄力。但也必须看到,目前央企国资预算支出的民生占比还是偏低,国企预算支出仍然是以资本性支出和费用性支出为主,仍然体现的是国企"体制内循环"的基本特征。

---

① 林裕宏. 国企红利分配的民生导向探讨 [J]. 地方财政研究, 2013 (08): 61-62.
② 苏贵斌. 公平视角下的国有企业红利分配制度改革 [J]. 石家庄铁道大学学报(社会科学版), 2015, 9 (02): 38-42, 54.

表 14-3　　　　2010~2017 年中央国有资本经营预算民生支出情况

指标	2011 年	2012 年	2013 年	2014 年	2015 年	2016 年	2017 年
补充社会保障基金（亿元）	50	20.1	65	10.42	11.36	12.47	29.34
调入公共预算（亿元）	40	50	11.34	184	230	246	257
社会保障等民生性支出（亿元）	90	70.1	76.34	199.42	241.36	258.47	286.34
中央国有资本经营预算支出（亿元）	858.56	875.07	1 083.11	1 578.03	1 693.98	1 797	1 418.03
占比（%）	10.48	8.01	7.05	12.64	14.25	14.38	20.19

资料来源：根据财政部网站历年关于中央国有资本经营预算的说明整理计算。

因此，近年来国有资本经营预算支出总额虽然有所增长，但总体上红利支出安排中民生占比仍然未能达到民众的需求。虽然国有资本经营预算支出中用于民生支出的比重不断加大，但总体上仍然处于一个相对较低的水平。用于解决国有企业历史遗留问题和改革的成本支出以及国有企业经济调整支出是国有资本经营预算支出的主要流向，国有企业红利"取之国企、用之国企"的现象依旧存在。由此可见，2007 年《国务院关于试行国有资本经营预算的意见》中"必要时"用于民生的提法将民生置于较次要的地位，实践中形成的民生红利分配"适度、从低"的格局目前还没有发生根本性变化，以国有企业红利为主要来源的国有资本经营预算体系仍然主要用于调整国有资本在不同行业与企业间的配置，民生投入比重仍然偏低。[①]

（三）国有资本收益民生分红比例也低于国际水平

由于欧美国家健全的监督控制体系，国有企业的经营、管理和利润分配大多需经议会（国会）或董事会审议，代表民意的议员会主张国有企业红利的分配倾向民生领域。从世界范围来看，大多数国家将收缴的国有企业红利大部分投入民生领域。例如，在发达国家中，美国阿拉斯加州政府所进行的全民共享分红实践则让民众切实享受到了福利。阿拉斯加州的永久基金年盈利能力超过 10%，已位居全球 100 家最大的基金之列，成为国有资源收益全民共享的代表性模式。自 1982 年至今，阿拉斯加州政府连续多年向当地住满 6 个月以上的居民派发社会红利，2014 年，阿拉斯加州永久基金已实现超过人均 2 000 美元的社会分红。[②] 意大利则采取国家参与制，规定国有企业红利上缴 65% 给国库进行统一划拨，主要用于提高公众的福利。英国实行中央和地方两级财政预算体系规定国有企业红利上缴国库，政府利用部分国有企业红利给每个新生儿童建立"教育账户"作为成长或教育基金。

---

① 王昊. 国有企业利润分配的沿革与现状分析 [J]. 经营管理者，2013（08）：167.
② 黄东贤. 国有资产收益分配民生化：国外实践及其借鉴 [D]. 福州：福建师范大学，2016.

受此影响，拉美地区、以色列乃至美国新墨西哥州也发生了要求实行全民共享分红的民主示威活动。而在发展中国家，蒙古国也实行了国有矿产收益分红模式。2011年3月，蒙古国真正将"让国家矿产资源的收益惠及每个公民"的承诺落到实处，发放给全体公民陶勒盖煤矿总股票份额中的10%作为红利股票（折合15亿股）。全体公民获取的不仅仅是现金红利，还包括股票红利。由此可见，国有企业向股权所有者分红已经成为国际通行的做法。

整体来看，我国国有企业红利民生分配比例却仍低于国际水平，全体公民尚未享受到国有企业红利分配带来的福利。因此，有必要借鉴国际经验中的有益做法，以民生财政为导向，进一步提高国有资本经营预算民生化支出的比例。从理论上来说，国有资产属于全体国民所有，国有资本的收益理应惠及更多的国民。国家收缴国有企业的税后利润，只有使更多的国民受益，国有资本红利分配制度才能体现出合理性和公正性。

三、预算支出回流国企诱发过度投资

前已述及，由于国有企业利润不仅上缴国家比例低，而且国有资本经营预算支出安排上大部分又以各种名目返回国有企业，形成了国有企业利润"体内循环"的困局，这不仅形成了国有企业高管享受高薪，国有企业员工福利过高引发社会不公，还诱发了国有企业的过度投资问题。根据詹森和麦克林（Jensen and Mckling，1976）的理论，如果企业有很多的可支配现金，就会加大管理层进行过度投资的可能性，提高委托代理成本。中山大学教授魏明海（2007）通过实证研究，选取了2001~2004年的国有上市公司为样本，考察了国有上市公司的现金股利政策、治理因素与企业投资行为之间的关系。研究发现国家作为国有资本出资人应当行使收益权这项股东的基本权利。通过提高国有企业的现金股利支付水平以减少企业内部人可以随意支配的现金流，同时强化对国有企业留存盈利重新配置的监督，从而抑制其严重的过度投资行为。[①]

据财政部统计的数据，2008~2018年国有资本收益回流于国有企业内部的资本性支出及费用性支出的比例分别为：100%、100%、97.73%、89.52%、91.99%、92.95%、87.36%、85.75%、85.62%、79.81%、71.60%，年平均占总支出比例在90%左右。从上述各个项目的支出情况可知，每一年至少88%以上的红利留存国有企业内部。收缴了的国有企业红利经过预算安排又名正言顺地回流。2008~2012年，用于国有企业产业布局和结构调整的支出分别为196.3亿元、59亿元、183亿元、495.5亿元、133亿元，占比29.67%。2013~2017年用于国有经济结构调整的占比为21.62%，比例有所下降。2008~2010年，用于中央企业灾后恢复重建的费用分别为81.5亿元、139.6亿元、20亿元，占比10.44%。2010~2012年，用

[①] 魏明海，柳建华.国企分红、治理因素与过度投资[J].管理世界，2007（04）：88-95.

于中央企业改革脱困补助 120 亿元、30.5 亿元、225 亿元（见表 14-4）。2013~2017 年解决历史遗留问题及改革成本支出总额为 1 619.4 亿元，占比达 21.15%（见表 14-5）。

表 14-4　　　　　2008~2012 年国有资本经营预算支出金额及比重

预算支出项目	2008年（亿元）	2009年（亿元）	2010年（亿元）	2011年（亿元）	2012年（亿元）	合计（亿元）	占比（%）
国有经济和产业结构调整	196.3	59	183	495.5	133	1 066.8	29.67
重点中央企业新设出资和补充国有资本	270	75	—	—	—	345	9.60
中央企业重大技术创新和节能减排	—	—	62	70	190	322	8.96
中央企业兼并重组	—	—	—	80	80	160	4.45
电信改革重组	—	600	—	—	—	600	16.69
中央企业安全生产保障、对外经济合作、财务管理信息化试点	—	—	—	10	35	45	1.25
中央企业灾后恢复重建	81.5	139.6	20	—	—	241.1	6.71
中央企业改革脱困补助	—	—	120	30.5	225	375.5	10.44
中央企业境外投资	—	—	30	30	80	140	3.89
新兴产业发展	—	—	—	45	45	90	2.50
中央企业社会保障	—	—	5	5	5	15	0.42
调入公共财政预算	—	—	10	40	50	100	2.78
补充社保基金	—	—	—	50	20.1	70.1	1.95
预留资金	—	—	10	2.56	11.97	24.53	0.68

注："—"表示该年相关数据关于国有资本经营预算的说明中并未提及。
资料来源：根据财政部网站 2008~2012 年关于中央国有资本经营预算的说明整理计算。

表 14-5　　　　　2013~2017 年国有资本经营预算支出金额及比重

预算支出项目	2013年（亿元）	2014年（亿元）	2015年（亿元）	2016年（亿元）	2017年（亿元）	合计（亿元）	占比（%）
国有经济结构调整	379.88	615.1	265	203	193	1 655.98	21.62
重点项目	336.12	374.76	—	—	—	710.88	9.28
产业升级与发展	176.76	154.25	—	100	—	431.01	5.63
境外投资及对外经济技术合作	67.9	149.5	—	—	—	217.4	2.84
困难企业职工补助	20	5	—	—	—	25	0.33

续表

预算支出项目	2013年（亿元）	2014年（亿元）	2015年（亿元）	2016年（亿元）	2017年（亿元）	合计（亿元）	占比（%）
国有企业政策性补贴	—	—	88	74	70	232	3.03
保障国家经济安全	—	—	85	—	—	85	1.11
支持科技进步	—	—	20	—	—	20	0.26
安全生产能力建设	—	—	—	16	14	30	0.39
对外投资合作	—	—	20	52.35	5.65	78	1.02
前瞻性战略性产业发展	—	—	60	100	110	270	3.53
公益性设施投资	—	—	86	25	—	111	1.45
转移支付	—	—	288.5	360	114	762.5	9.96
解决历史遗留问题及改革成本	—	—	527	582	510.4	1 619.4	21.15
调入公共财政预算用于社保等民生	65	184	230	246	257	982	12.82
国有股减持收入补充社保基金	11.34	10.42	11.36	12.47	29.34	74.93	0.98
其他支出	5	70	—	114.41	114.64	304.05	3.97
预留资金	21.11	15	13.12	—	—	49.23	0.64

注："—"表示该年相关数据关于中央国有资本经营预算的说明中并未提及。
资料来源：根据财政部网站2013~2017年关于中央国有资本经营预算的说明整理计算。

应该说，如果回流的国有企业利润投入实业能够产生有效率的刺激效应，那么国有企业红利收益的使用也算合理。但现实中国有企业红利返回国有企业，不仅给国有企业职工和高管高福利提供了便利，也诱发了国有企业的过度投资和盲目扩张，引发"国进民退"的社会担忧。据《第一财经日报》的统计资料显示，2009~2011年，中央企业在地方投资总额分别为2.81万亿元、5.12万亿元、11.38万亿元，相比2008年投资额，足足增长了42倍。[①] 这样的扩张速度和强度比2008年财政部推出的4万亿元投资计划有过之而无不及。遗憾的是，中央企业的大手笔投资并没有取得预期的效果，学者纷纷批评中央企业投资效率低下。汤敏（2012）指出中央企业的资产回报率约为3.2%，比当年的银行1年期定期存款基准利率3.25%还低。

据北京天则研究所分析，2001~2009年国有及国有控股工业企业平均的净资产收益率为8.16%，比非国有工业企业低4.74%。[②] 理论上，受边际报酬递减规律影响，资本要素的投入量达到一定程度时很难或不能促进生产。实践中，一些中央企

---

① 央企去年地方投资超11.38万亿元四年增长42倍［EB/OL］. 2012-03-07. http：//finance.sina.com.cn/china/dfjj/20120307/010711528331.shtml.
② 天则经济研究所课题组. 国有企业的性质、表现与改革［R］. 天则经济研究所，2011-04-12.

业只重量不重质的过度扩张加剧了行业的产能过剩。据国家统计局数据，2007~2016 年，我国国有企业固定资产投资额呈逐年递增的状态，累计增长 90 332.11 亿元，年均增幅达 14 个百分点，占全国固定资产投资额的 21%~33%。而据财政部的统计数据，2007~2015 年，我国国有资产的净资产收益率总体显现出下降态势，从 2007 年的 12.1% 下降至 2015 年的 5.2%，年平均下降了 10.02%。投资额不断增加，收益率却呈下降趋势，这些数据说明了我国国有企业存在明显的盲目、低效投资问题（见图 14-1）。

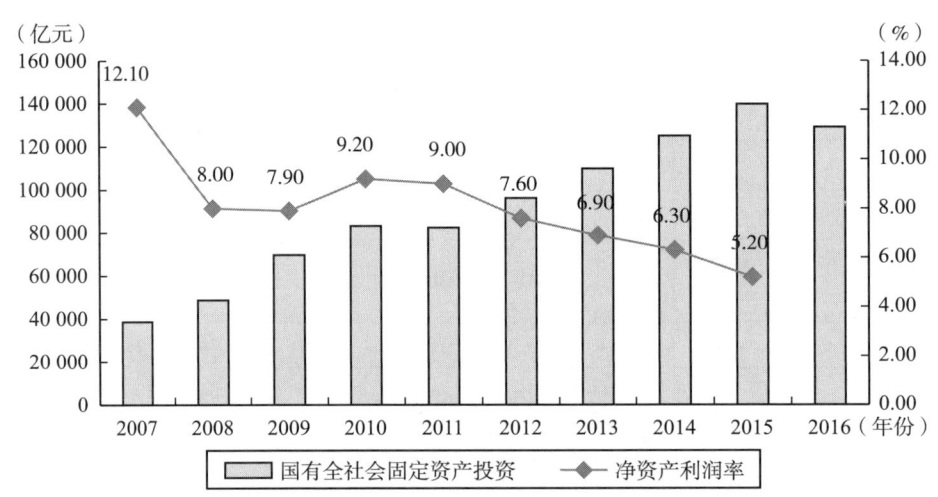

图 14-1 历年我国国有企业固定资产投资额及净资产收益率

资料来源：2008~2017 年《中国财政年鉴》。

在巨额的资金支持下，国有企业不仅在国内大肆扩张，在国外也同样频频出现中央企业的巨额投资现象。据统计，截至 2009 年底，中央企业境外资产总额超过 4 万亿元（当年中央企业资产总额为 21 万亿元）。尽管拥有资金优势，但失去了政府支持的行政垄断地位，中央企业在境外陷入了"水土不服"的尴尬局面，遭受了巨大的投资损失。2008 年，68 家中央企业海外投资浮亏 114 亿美元。[①] 2009 年，中化集团投资海外油气田项目累计亏损 1 526.62 万美元。2009 年，中国铝业收购澳大利亚力拓公司损失大约 500 亿元人民币。2011 年，中铝投资澳大利亚铝土矿资源开发项目损失 3.4 亿元人民币。[②] 2011 年，中国铁建投资沙特阿拉伯轻轨项目，亏损 41.48 亿元人民币。

不可否认，中央企业走出国门，参与国际竞争是打造民族品牌的必然趋势，一些项目出现的亏损并不能否定整个海外军团的成绩。从国资委发布的数据来看，2005~2010 年，中央企业境外投资利润年均增长 11.9%，2010 年利润总额超过

[①②] 央企海外投资亏损数额惊人 国家为其埋单 [EB/OL]. 2012-06-20. http://www.ce.cn/cysc/yq/dt201206/20/t20120620_21181098.shtml.

1 100亿元人民币。① 根据国家外汇管理局等部委的估算,2011 年,约有 72.7% 的中央企业海外子公司处于盈利或保本,仅有约 27.3% 经营亏损②。可见,中央企业境外投资成绩也是值得肯定的。只是在国有企业投资发展与民生福利共享之间,我们不能过于重视前者而忽视后者,而应该在制度安排上予以适当兼顾。

第三节 国有企业红利分配"体内循环"的实证分析

如前所述,我国的国有资本收益分配呈现出较为突出的"体内循环"的现象,即国有企业上缴的经营利润再分配时又回流国有企业内部用于支持企业自身发展,而跳出利润循环用于全体国民受益的民生领域支出占比非常低,并且增长性不明显。本节主要通过 Tobit 模型实证分析国有企业红利分配"体内循环"现象,力图剖析影响国有资本经营预算支出的潜在因素,这对于打破当前国有资本收益分配"体内循环"机制,推进国有资本经营预算支出民生化具有重要意义。

一、国有企业红利分配"体内循环"的特征

国家实施国有企业分红政策以来,绝大部分上缴的国有资本收益又重新回流至国有企业,只有很小一部分用于社会保障等民生项目支出,即国有资本收益分配陷入"体内循环"的格局。具体而言,这一"体内循环"格局呈现下列特征:

首先,国有资本收益使用效率低下。由于国有资本收益分配"体内循环"机制导致了国有企业盲目扩张和投资,非但没有提高企业的利润率,反而还严重影响了资金使用效率。由于大量的国有企业红利仍在企业内部消化,并且不受严格的审核监督,对投资效率的负面影响几乎是肯定的。例如,全国人大代表柳传志指出,国家每年有 300 亿元左右的资金用于企业投资,但从预算和决算内容上看不到具体的投资回报。其次,国有资本收益分配的非公平性。国有企业一方面享受着国家政策补贴,另一方面却将绝大部分的高额利润自留在企业内部,连上缴的大部分红利也依然返回,说明了收益分配缺乏公平性。最后,国有资本收益分配的非民生性。在目前国有资本收益分配制度下,用于社会保障等民生方面的资金杯水车薪,无益于人民生活水平的进步与国民经济的协调发展。据财政部网站统计,2016 年,国有资本经营预算调入公共预算用于社会保障等民生项目的支出只有 59.61 亿元,占全部支出总额的 6.36%。与社会保障基金面临的巨大缺口相比,国有企业红利在民生事业的支出显得微乎其微。

---

① 李会. 央企海外投资渐入正轨 [N]. 中国产经新闻报,2012 – 04 – 15.
② 冯书琴. 海外投资 90% 为国有企业近三成央企亏损 [N]. 21 世纪经济报道,2012 – 09 – 18.

二、样本选取、变量选择与描述性统计

(一) 样本的选取

由于国有企业是国有资本的主要力量,在国内 A 股市场中,国有企业上市公司占 A 股总数的 35%,占市场总值的 48%。因此,本书选取了中国国有上市公司为研究样本,根据浙江同花顺网络信息股份有限公司的财务研究数据库中所有中央企业 A 股上市公司数据,选取了 3 239 家国有上市公司作为样本。在初始样本的基础上,本书剔除了金融类的国有上市公司、ST 类与*ST 类上市公司、控股比例 50% 以下的国有上市公司,最终剩下 227 家上市公司,选取了 2011~2016 年的年报财务数据作为研究样本,总观测值为 1 094 个。

(二) 变量的选择

本书所述的国有企业分红 Y 包括国有上市公司的现金分红和股利分红;并且拟考虑以下解释变量对国有上市公司分红的影响:一是衡量国有上市公司成长能力的营业收入 yysr;二是衡量国有上市公司盈利能力的营业利润 jlr;三是衡量国有上市公司代理成本的高管年度薪酬总额 xc;四是衡量国有上市公司经营情况的现金净流量 xj;五是衡量国有上市公司规模的负债及股东权益 fzgd。

(三) 描述性统计

通过对相关数据进行描述性统计,得到各个变量的最大值、最小值、均值及标准差等基本情况如表 14-6 所示。

表 14-6 变量的描述性统计

变量	Obs	Mean	Std. Dev.	Min	Max
y	1 094	67 993.59	351 184.2	0	5 831 963
yysr	1 094	5 399 629	2.38E+07	15 026.57	2.88E+08
jlr	1 094	233 493.3	962 099.4	-1 611 490	1.42E+07
xj	1 094	68 883.02	589 065.9	-4 812 200	1.02E+07
fzgd	1 094	7 393 919	2.64E+07	42 616.83	2.70E+08
xc	1 094	588.6778	422.7262	4.5	3 460.06

三、模型实证分析

(一) 相关分析

由于本书中的变量均为数值型数据,可以用皮尔森相关系数来测量变量间的相关系数,皮尔森相关系数公式如下:

$$r_{ij} = \frac{\sum_{k=1}^{n}(x_{ki}-\bar{x}_i)(x_{kj}-\bar{x}_j)}{\sqrt{\sum_{k=1}^{n}(x_{ki}-\bar{x}_i)^2}\sqrt{\sum_{k=1}^{n}(x_{kj}-\bar{x}_j)^2}} \tag{14.1}$$

为研究各变量之间的影响,对变量进行相关性分析,若各变量之间相关性不高,则模型研究是有意义的,若自变量之间相关性过高,即变量之间的多重共线性较强,则模型回归的结果不准确。因此,为研究两两变量间的相关关系,要对变量进行相关性分析并检验其显著性水平,如表 14 - 7 所示。

表 14 - 7 变量相关性分析

变量	yysr	jlr	xj	fzgd	xc
yysr	1.000				
jlr	0.738 *** 0.000	1.000			
xj	0.340 *** 0.000	0.291 *** 0.000	1.000		
fzgd	0.709 *** 0.000	0.780 *** 0.000	0.366 *** 0.000	1.000	
xc	0.302 *** 0.000	0.354 *** 0.000	0.115 *** 0.000	0.360 *** 0.000	1.000

注: *** 表示在 0.01 的显著性水平下显著。

一般而言,皮尔森相关系数值在 0.0 ~ 0.2 之间表示极弱相关或无相关,在 0.3 ~ 0.5 之间表示弱相关,在 0.5 ~ 0.8 之间表示中等程度相关,在 0.8 以上表示强相关。由表 14 - 7 的相关性分析可以看出,各变量之间的相关系数均不超过 0.8,表明变量之间的相关性不强。因此,对上述变量进行回归分析的结果有意义。

(二) Tobit 模型回归分析

本节运用 Tobit 模型分析我国国有资本收益分配体内循环问题。在借鉴国内外文献的基础上，本书选用以上几个因素构建以下模型：

$$y_i = x_i B + \mu_i \tag{14.2}$$

由于本书的分红数量存在很多数据为 0，因此运用 Tobit 模型对影响因素进行分析，得到如表 14-8 所示结果。

表 14-8　　　　　　　　　　　　Tobit 回归结果

变量	Coef.	Std. Err.	t	P>t
yysr	0.0029***	0.000	5.560	0.000
jlr	0.369***	0.008	48.930	0.000
xj	-0.0979***	0.007	-14.170	0.000
xc	-0.218	0.006	-0.020	0.000
fzgd	-0.0029***	0.000	-6.260	0.000
_cons	-36 792.5209***	10 275.420	-3.580	0.000
year	控制			
LR chi^2 (9)	2 050.410			
Prob > chi^2	0.000			
Pseudo R^2	0.097			

注：*** 表示在 0.01 的显著性水平下显著。

由表 14-8 可知：在控制年份影响的情况下，Pseudo R^2 为 0.097，即变量解释了总体的 9.70%，营业收入（yysr）、净利润（jlr）、现金及现金等价物净增加额（xj）、高管薪酬（xc）、负债和股东权益（fzgd）对国有企业分红 y 存在显著影响，且 yysr, jlr 存在显著正向影响，xc, xj, fzgd 存在显著负向影响。

基于 Tobit 模型的回归分析表明：国有上市公司分红与营业收入、净利润、现金及现金等价物净增加额、负债和股东权益存在显著关系。其中，营业收入、净利润对国有上市公司分红存在显著的正向影响，现金及现金等价物净增加额、高管薪酬、负债和股东权益对国有上市公司分红有显著负向影响。模型分析表明，国有企业红利分配"体制内循环"带来的国有企业过高的现金和现金等价物以及过高的高管薪酬，进一步制约了国有企业分红规模。可见，国有企业红利"体内循环"不利于国有企业分红政策的落实。为了改变国有资本收益分配"体内循环"的现状，应当逐步提高企业的营业收入及盈利能力、合理控制高管薪资、降低企业规模的盲目扩张速度以及提高闲置资金的利用率。

第十五章

中国民生财政投入与民生保障水平的评估

民生问题既是社会问题、经济问题,也是政治问题,它不仅关系到全面建成小康社会目标的实现,也关系到人与社会的全面发展问题。坚持保障和改善民生不仅是践行与落实科学发展观的重要举措,更是巩固党的执政基础的有效途径。近些年来党和政府制定的一系列保障和改善民生的举措提高了民众的生活质量。但是由于经济发展中政策偏差等多方面原因,目前我国仍存在不少突出的民生问题,如贫富差距大、就业难、社会保障水平低、教育资源分配不公、看病贵、房价高、环境污染严重,等等。可以说,保障和改善民生仍是当前及今后很长一段时间内党和政府的核心任务和工作重点。因此,本章对我国的民生财政投入与民生保障水平进行分析评价,剖析当前我国民生保障的不足,从而指出我国加大国有资本经营预算的民生支出比重,提升民生保障水平的必要性和紧迫性。

第一节 党和政府关于民生理念与政策导向的历史演进

保障和改善民生是中国共产党一直追求的目标。民主革命时期就提出"打土豪,分田地"的口号,从而赢得了广大民众的拥戴,奠定了取得新民主主义革命胜利的群众基础。新中国成立后,党和国家始终重视研究民生理念,落实民生政策。几代党中央领导集体推行的一系列民生举措使得人民生活发生巨大变化,不仅得到了量的满足,也实现了质的提升,人民的幸福指数不断呈现上升趋势。

新中国成立后,党和国家将"民生"摆在了与"国计"同等重要的地位。自1954年起,40多年的年度政府工作报告均提及"国计民生"。这说明治理国家既要追求经济发展,也要重视民生问题。[1] 新中国成立初期,以毛泽东为核心的党的第一代领导集体就提出"发展经济保障人民生活"的基本方针,而且这一时期人民的生活面貌有所改观。但是囿于时代的局限性,毛泽东在社会主义改造完成后提

---

[1] 北京师范大学"中国民生发展报告"课题组,唐任伍. 中国民生发展指数总体设计框架[J]. 改革,2011(09):5-11.

出的"如何建设社会主义"这一问题无法得到及时有效的解决。实践证明，在生产力没有得到提升的前提下去追求生产关系的过快改变，反而不利于生产力水平的提高和人民福利的增进。

"文化大革命"结束后，国民经济濒于崩溃，人民群众大多面临温饱难题，基本生活需求无法得到满足。随着1978年中共十一届三中全会的召开，以邓小平为核心的第二代党中央领导集体毅然停止"以阶级斗争为纲"的"左倾"指导思想，确立"以经济建设为中心"的战略方针，提出"发展才是硬道理"的科学论断，真正带领中国人民踏入改革开放、发展经济的正确轨道。同时，邓小平认为判断是非得失的重要标准在于是否有利于人民生活水平的提高。只有通过解放和发展生产力使得一部分地区或一部分人先富起来，才能带动其他地区和其他人民群众富起来，然后逐步实现共同富裕，最终提高人民群众的生活水平。之后，以江泽民为核心的领导集体提出了"三个代表"的发展理念。这一理念强调必须努力实现好、维护好、发展好最广大人民的根本利益，着力满足人民群众的物质利益、政治利益及文化利益等多方面的需要，切实将"立党为公"与"执政为民"的发展理念落到实处。

中共十六大以来，以胡锦涛同志为总书记的党中央提出"科学发展观"这一重要指导思想，强调"以人为本""关注民生"的发展理念，大大提升了对民生问题的重视程度。中共十六届六中全会通过的《中共中央关于构建社会主义和谐社会若干重大问题的决定》明确提出必须要大力解决民生问题，"重点发展社会事业和解决民生问题，优化配置公共资源，注重向农村、基层、欠发达地区倾斜，逐步形成惠及全民的基本公共服务体系"。胡锦涛明确提出发展为了人民，发展依靠人民，发展的成果由人民共享的观点。[1] 同时指出只有做到权为民所用，情为民所系，利为民所谋，才能够真正使全体人民学有所教、劳有所得、病有所医、老有所养和住有所居。此前，温家宝也曾强调指出，关注民生、重视民生、保障民生、改善民生，是人民政府的基本职责[2]。

中共十七大报告，把科学发展观以及经济建设、政治建设、文化建设和社会建设"四位一体"的中国特色社会主义事业总体布局写入党章，这意味着中国共产党开始确立起"以人为本、民生至上"的新理念，也标志着中国开始步入改善民生的新阶段。在此之后，党和政府不断加快解决民生问题的步伐。《2009年国务院政府工作报告》第一次确定了民生和经济发展的关系，并坚持把保障和改善民生作为经济工作的出发点和落脚点，强调要将更加积极的就业政策落到实处，使之与改善民生紧密结合，从而能够让更多的改革发展成果由人民群众共享。温家宝在《2010年国务院政府工作报告》中再次强调经济发展的根本目的是保障和改善民生；明确提出经济增长、改善民生和社会稳定是日后开展工作的三大重点；并且提

---

[1] 胡锦涛. 坚持以人为本发展 成果由人民共享 [EB/OL]. 2007-10-15. https：//www.chinanews.com/gn/news/2007/10-15/1049124.shtml.
[2] 温家宝在春节团拜会上发表讲话，强调关注民生 [EB/OL]. 2007-02-16. https：//www.chinanews.com/gn/news/2007/02-16/876407.shtml.

出为了进一步实现人民生活水平改善和社会环境稳定的目标，还需转变当前的经济发展方式。中共十七届五中全会坚持把保障和改善民生作为加快转变经济发展方式的根本出发点和落脚点，同时进一步为保障和改善民生提供了具体的落实措施和具体方案，即"着力保障和改善民生，必须逐步完善符合国情、比较完整、覆盖城乡可持续的基本公共服务体系，提高政府保障能力，推进基本公共服务均等化"。2011年国务院制定颁布的《中华人民共和国国民经济和社会发展第十二个五年规划纲要》中明确把保障民生作为规划的指导思想之一，提出"坚持民生优先，完善就业、收入分配、社会保障、医疗卫生、住房等保障和改善民生的制度安排，推进基本公共服务均等化，努力使发展成果惠及全体人民"。

2012年，中共十八大报告提出，改善民生、创新管理以及社会建设三者必须同步进行，即在改善民生和创新管理的同时不得忽视社会建设，而加强社会建设的同时则必须将保障和改善民生放在首要地位。改革开放和社会主义现代化建设的根本目的是提高人民物质文化的生活水平。多谋民生之利，多解民生之忧，将与人民切身利益相关的问题解决好，在学有所教、劳有所得、病有所医、老有所养、住有所居这五个方面不断向前发展，进而不断提高人民的生活水平。针对如何进一步改善民生，中共十八大报告特别强调了六个重点：（1）努力办好人民满意的教育；（2）推动实现更高质量的就业；（3）千方百计增加居民收入；（4）统筹推进城乡社会保障体系建设；（5）提高人民健康水平；（6）加强和创新社会管理。

2018年，中共十九大报告强调指出，始终将人们的利益摆在至高无上的地位，从而让全体人民更快更好地享受改革发展成果，以实现全体人民共同富裕的目标。由于增进民生福祉是发展的最终落脚点，在推动发展的同时必须坚持保障和改善民生。即在发展中要注意补齐民生短板、促进社会公平正义，在幼有所育、学有所教、劳有所得、病有所医、老有所养、住有所居、弱有所扶这七个方面不断取得新进展，从而保证全体人民在共建共享发展中获得更多获得感和幸福感。值得注意的是，习近平总书记在中共十九大报告中的第八节专门就如何提高保障和改善民生水平问题展开论述，其要点包括七个方面：（1）优先发展教育事业；（2）提高就业质量和人民收入水平；（3）加强社会保障体系建设；（4）坚决打赢脱贫攻坚战；（5）实施健康中国战略；（6）打造共建共治共享的社会治理格局；（7）有效维护国家安全。显然，这是新时代中国特色社会主义在民生问题上的集中体现和核心要义。

第二节　近年来中国财政民生保障投入的实证研究

一、民生保障投入的统计口径

当前关于"民生"的范围还尚未形成一致的认识，尤其在财政民生支出项目上，其统计的内容和公开的口径缺乏统一性与一致性。各级政府通常基于自身对民生支出的认识与理解，选择当地财政民生支出的部分指标和数据进行统计和公开。通常而言，民生支出包含教育、就业、医疗卫生与社会保障等方面内容。但除此之外的支出项目哪些属于民生支出则仍存在较大争议。因此，统计口径的不统一，一方面会导致各级政府对于民生支出的相关数据统计不够精确。在已公开的数据中，民生支出的规模、增速以及占财政支出的比重都会相差较大，社会无法形成清晰准确的认识；另一方面，统计口径的不统一将导致地区之间有关民生支出数据缺乏可比性，甚至同一地区的不同期间民生支出结构也会出现差异。这就造成无法比较不同地区民生支出的力度与结构，从而也就无法准确评价地方政府公共财政的建设与运行情况，进而也就难以准确考核政府职能的履行绩效。

从统计的角度看，必须对民生所包括的范围进行明确界定，否则实证分析就会形成偏差。中共十七大报告里，把民生归纳为六个方面：教育、就业、收入、社保、医疗、社会管理。这在一定程度上为界定民生的统计范围提供了依据。

反映民生支出规模，就要以财政支出分类为依据。目前，我国财政主要支出项目分为一般公共服务、外交、国防、公共安全、教育、科学技术、文化体育与传媒、社会保障和就业、医疗卫生环境保护、城乡社区事务、农林水事务、交通运输、资源勘探电力信息等事务、商业服务业等事务、金融监管支出、地震灾后恢复重建支出、国土气象等事务、住房保障支出、粮油物资储备管理等事务、国债付息支出和其他支出。而据财政部网站统计数据显示，2017年全国财政用于教育、医疗卫生、社会保障和就业、保障性住房、文化体育、农林水利、环境保护、交通运输等保障和改善民生方面的支出合计达 137 375.99 亿元，占全国公共财政支出的 2/3。其中用于教育、医疗卫生、社会保障和就业、保障性住房、文化体育方面的支出合计 79 159.91 亿元，比 2016 年增长 8.2%，占全国财政支出的 39.0%。2018 年，财政部门进一步调整和优化支出结构，着力保障和改善民生。中央财政预算安排用在教育、医疗卫生、社会保障和就业、住房保障、文化方面的支出合计 85 900 亿元，比上一年增长 8.5%，加上农业水利、交通运输和环境保护等方面支出，用于保障和改善民生的支出合计约占中央财政支出的 2/3[①]。可见，财政部对于民生范围的解释包括两种统计口径，即宽口径和窄口径。宽口径的民生支出包括教育、医疗卫生、社会保障和就业、保障性住房、文化体育、农林水利、环境保护、粮油物资储备地震灾后恢复重建等；窄口径的民生支出则包括教育、医疗卫生、社会保障和就业、保障性住房、文化体育方面的支出。宽口径的民生支出占财政支出的 2/3，而窄口径的民生支出则不到 1/3。

宽窄两种不同的统计口径，使得民生范畴相应的也有广义和狭义两种不同的界定。广义上看，凡是同民生有关的，包括直接相关和间接相关的事物都属于民生的范畴，包括一般公共服务、公共安全、城乡社会服务、商业服务等。但广义的民生

---

① 资料来源：《中国统计年鉴 2018》；中华人民共和国财政部：《2018 年财政收支情况》。

范围太大，不易操作和把握，在具体政策和研究领域，一般不使用广义上的民生概念。狭义上的民生主要是指民众的基本生存状况、生存条件，以及发展能力、发展机会和基本权益保护的状况。狭义上的民生范畴容易把握，并且容易同现行的政府民生政策相一致。

从与民众生存发展的直接联系程度以及不同国家的可比较性角度，本书认为，民生概念的内涵应该是狭义的，即民生支出应该是与民生生存发展直接相关的支出。具体来说，民生支出包括教育、社会保障和就业、医疗卫生、住房保障支出等项目。而我国财政部将文化体育、农林水利、环境保护、交通运输、城乡社区事务、粮油物资储备等财政支付都作为财政的民生支出，明显扩大了民生支出的规模。实际上，文化体育与传媒支出不应该计算在民生支出中，因为文化体育与传媒担负着娱乐、教育的职能，并不是百姓生存发展必不可少的项目。地震灾后恢复重建支出也不应该包括在民生支出中，因为地震等灾后重建只是局部偶然的事件，并不是普遍的常态性需求。按照我们对民生支出的狭义定义，财政民生保障支出＝教育支出＋社会保障和就业支出＋医疗卫生支出＋住房保障支出。据此，2017年全国财政用于民生保障的支出为75 767.98亿元，占财政支出的比重为37.31%，占GDP的比重为9.16%（见表15-1）。需要指出，在后面的反映民生支出的国内统计口径，我们把民生支出设计为包括教育、医疗、社会保障和就业以及住房保障支出四项之和。但在用于国际比较的时候，由于国外的就业与社会保障及住房保障支出数据缺乏或不可比，我们仅用政府财政支出中的教育和医疗卫生支出总和来代替民生保障支出。

二、民生保障投入的现状分析

根据我们设定的财政民生保障支出的统计口径，我国历年国家财政支出中民生保障支出情况如表15-1、图15-1所示。

表15-1　　　　　　　　历年民生财政支出状况

年份	教育支出（亿元）	社会保障和就业支出（亿元）	医疗卫生支出（亿元）	住房保障支出（亿元）	民生保障支出总计（亿元）	民生保障支出占财政支出比重（%）	民生保障支出占GDP比重（%）
1978	75.05	—	35.44	—	110.49	9.85	3.03
1979	93.16	—	40.64	—	133.80	10.44	3.29
1980	114.15	—	51.91	—	166.06	13.51	3.65
1981	122.79	—	59.67	—	182.46	16.03	3.73
1982	137.61	—	68.99	—	206.60	16.80	3.88
1983	155.24	—	77.63	—	232.87	16.52	3.91
1984	180.88	—	89.46	—	270.34	15.89	3.75

续表

年份	教育支出（亿元）	社会保障和就业支出（亿元）	医疗卫生支出（亿元）	住房保障支出（亿元）	民生保障支出总计（亿元）	民生保障支出占财政支出比重（%）	民生保障支出占GDP比重（%）
1985	226.83	—	107.65	—	334.48	16.69	3.71
1986	274.72	—	122.23	—	396.95	18.00	3.86
1987	293.93	—	127.28	—	421.21	18.62	3.49
1988	356.66	—	145.39	—	502.05	20.15	3.34
1989	412.39	—	167.83	—	580.22	20.55	3.41
1990	462.45	—	187.28	—	649.73	21.07	3.48
1991	532.39	—	204.05	—	736.44	21.75	3.38
1992	621.71	—	228.61	—	850.32	22.72	3.16
1993	754.90	—	272.06	—	1 026.96	22.12	2.91
1994	1 018.78	—	342.28	—	1 361.06	23.50	2.82
1995	1 196.65	—	387.34	—	1 583.99	23.21	2.61
1996	1 415.71	—	461.61	—	1 877.32	23.65	2.64
1997	1 545.82	—	523.56	—	2 069.38	22.41	2.62
1998	1 726.30	595.63	590.06	—	2 911.99	25.21	3.45
1999	1 927.32	1 197.44	640.96	—	3 765.72	27.28	4.20
2000	2 179.52	1 517.57	709.52	—	4 406.61	27.74	4.44
2001	2 636.84	1 987.40	800.61	—	5 424.85	28.70	4.96
2002	3 105.99	2 636.22	908.51	—	6 650.72	30.16	5.53
2003	3 351.32	2 655.91	1 116.94	—	7 124.17	28.90	5.25
2004	4 027.80	3 116.06	1 293.58	—	8 437.44	29.62	5.28
2005	4 665.70	3 698.86	1 552.53	—	9 917.09	29.23	5.36
2006	5 795.60	4 361.78	1 778.86	—	11 936.24	29.53	5.52
2007	7 122.32	5 447.16	1 989.96	—	14 559.44	29.25	5.48
2008	9 010.21	6 804.29	2 757.04	—	18 571.54	29.67	5.91
2009	10 437.54	7 606.68	3 994.19	725.97	22 764.38	29.84	6.68
2010	12 550.02	9 130.62	4 804.18	2 376.88	28 861.70	32.11	7.19
2011	16 497.33	11 109.40	6 429.51	3 820.69	37 856.93	34.65	8.00
2012	21 242.10	12 585.52	7 245.11	4 479.62	45 552.35	36.17	8.78
2013	22 001.76	14 490.54	8 279.90	4 480.55	49 252.75	35.13	8.66
2014	23 041.71	15 968.85	10 176.81	5 043.72	54 231.09	38.25	8.53
2015	26 271.88	19 018.69	11 953.18	5 797.02	63 040.77	35.84	9.20
2016	28 072.78	21 591.45	13 158.77	6 776.21	69 599.21	37.07	9.35
2017	30 153.18	24 611.68	14 450.63	6 552.49	75 767.98	37.31	9.16

注："—"表示该年数据《中国统计年鉴》中未提及。
资料来源：根据历年《中国统计年鉴》数据计算得出。

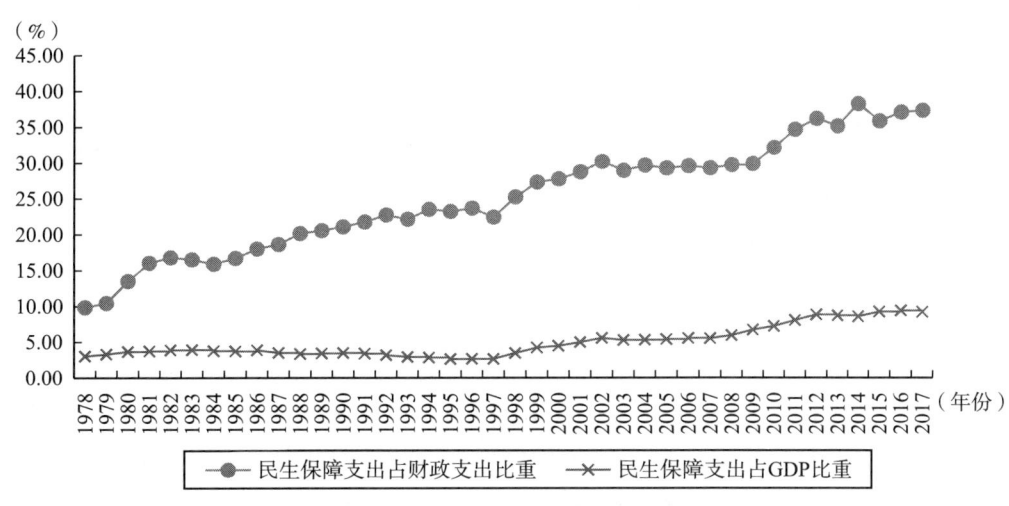

图 15-1 历年民生保障支出比例

由表 15-1 可见，改革开放以来，我国的民生保障投入增长较快，在财政总支出和 GDP 中的比重均稳步提升。1978 年，民生保障总支出 110.49 亿元，占财政支出的 9.85%，占 GDP 的 3.03%。而到 2017 年，民生保障总支出高达 75 767.98 亿元，占财政支出的 37.31%，占 GDP 的 9.16%。具体而言，根据《中国统计年鉴 2018》的数据，2017 年中央和地方民生各项目支出情况如表 15-2 所示。

表 15-2　2017 年中央和地方民生财政支出项目

项目	国家财政支出 金额（亿元）	比重（%）	中央财政支出 金额（亿元）	比重（%）	地方财政支出 金额（亿元）	比重（%）
教育	30 153.18	14.85	1 548.39	5.19	28 604.79	16.51
社会保障和就业	24 611.68	12.12	1 001.11	3.35	23 610.57	13.63
医疗卫生	14 450.63	7.12	107.60	0.36	14 343.03	8.28
住房保障	6 552.49	3.23	420.67	1.41	6 131.82	3.54

资料来源：根据《中国统计年鉴 2018》计算得出。

1. 城乡义务教育

根据表 15-2，2017 年国家财政性教育经费支出达 30 153.18 亿元，比上年增长了 7.41%，占国内生产总值的比例达 4.09%。主要用于实施乡村教师支持计划，在一定程度上保证了特困地区任职的乡村教师生活；用于普及 6 万多个数字教育资源，推动了农村地区教育的信息化建设，使大约 400 万名农村孩子受益；用于不断促进县域内城乡义务教育一体化改革发展，落实"两免一补"政策，统一配置装备，使农村学生营养改善计划实现全覆盖，进而惠及更多的学生。

2. 医疗卫生事业

根据表 15-2，2017 年医疗卫生支出 14 450.63 亿元，比上年增长 9.82%。在如此大规模的财政资金支持下，政府全面推开了公立医院的综合性改革，全部取消60多年的药品加成政策，同时积极推进职工基本医疗保险和生育保险合并试点工作，并提高公共服务项目财政补助和城乡居民基本医疗保险补助标准。例如，将基本公共卫生服务项目年人均财政补助标准从45元提高至50元；将城乡居民基本医疗保险年人均补助标准从420元提高至450元。

3. 社会保障和就业

根据表15-2，2017年社会保障和就业支出24 611.68亿元，比上年增长13.99%。一方面，国家推动和完善了就业创业政策体系，使得城镇居民能够从多个渠道获得就业岗位，提高就业率。据人力资源和社会保障部数据显示，2017年城镇新增就业人数达1 351万人。另一方面，国家在现有机关事业单位和企业退休人员基本养老金标准基础上提高约5.5个百分点，且保证养老金能够按时足额发放。此外，政府出台了划转部分国有资本充实社会保障基金的实施方案，以应对人口老龄化加速到来而日益扩大的养老金供给缺口。

4. 基本住房保障

根据表15-2，2017年住房保障支出6 552.49亿元，比上年下降3.30%。其中，中央财政支出420.67亿元，地方财政支出6 131.82亿元。主要用于加强基本住房保障，支持棚户区改造开工609万套，改造农村危房190.6万户。

第三节　中国民生保障总体水平评估

根据国家统计年鉴资料，我国财政民生投入占GDP的比例1980~1989年平均为3.67%、1990~1999年平均为3.13%、2000~2009年平均为5.44%、2000~2012年平均为7.99%，呈阶段性上升的趋势。近年来，民生投入力度进一步加大。例如，2017年民生支出7.57万亿元，占财政支出的37.31%，占GDP的9.16%，其中居民人均教育文化和娱乐支出2 086元、居民人均医疗保健消费支出1 451元、居民人均居住消费4 017元。尽管我国民生保障支出不断增加，但无论是从国内生产总值的增长，还是从政府财政收入的增长来看，政府公共财政预算对民生投入规模依然相对不足，个人承担的民生成本太高。例如，在教育发展方面，中国政府早在1993年就颁布了《中国教育改革和发展纲要》，提出了在20世纪末财政性教育经费占国民生产总值的比重要达到4%的战略目标。但实际上直到2000年这一比重仅为2.86%，同期世界高收入国家为5.5%，平均水平为4.4%，低收入国家也达到了3.2%。在医疗卫生支出方面，政府承担的财政支出比重是世界各国最少的国家之一。例如，2005年中国的医疗卫生支出中政府所承担的比重仅为17%，而美国的这一比重为45%，低收入国家政府所承担的医疗卫生支出比重也达到了27%。这些足可以表明中国的民生投入规模及其比重明显低于世界大多数国家。

中共十六大以来，在着力保障和改善民生的要求下，我国的财政政策逐步从"建设财政"与"公共财政"向"民生财政"转变，国家财政支出的民生化倾向日益凸显。2008~2017年，全国财政用于教育、医疗卫生、社会保障等民生领域的支出累计数额达46.55万亿元，占同期财政支出的35.19%。近年来，民生工作的重点是建立覆盖不同人群的社会保障制度，解决制度从无到有的问题，同时对已有制度进行完善，提高民生保障水平。取得的成效主要包括三个方面，一是新建了几项重大制度，如城镇居民医保、城乡医疗救助、新农合、新农保等。二是解决了一批历史遗留问题，如关闭破产国有企业退休人员参加医保问题、老工伤待遇问题、集体企业退休人员参加养老保险问题等。三是不断提高社会保障水平，连续八年增加企业退休人员养老金，在新医改中大幅提高基本医疗保障标准等。

但是，我们也要清醒地看到，这些民生保障措施与广大人民群众的期待和需求还有相当大的距离。即以民生为导向的财政政策实施效果离预期目标仍旧相差甚远，实施力度有待加强。具体体现在以下几个方面：

1. 财政支出结构不合理，尤其是民生领域开支仍旧不足

虽然从绝对数额上看，我国在民生领域的投入加大，但财政支出数额分配不够均衡。主要体现在国家对于一般经济建设领域投入的资金过多，尤其是行政成本、公款消费等支出占比较高，在一定程度上挤压了民生财政支出。

2. 财政支出的管理与控制不够有效，保障民生的法律制度不够健全

具体体现在以下几个方面：首先，在转移支付方面，其制度设计总体上存在缺陷，资金支付的分配方法不够公开与透明；其次，在预算执行方面，一些单位和部门擅自利用自己的权力，改变开支的用途，提高开支的标准，甚至随意调整预算数额或频繁追加预算，从而造成预算约束软化的局面。最后，在责任归属方面，不同层级的政府对于民生保障支出的责任归属问题尚未进行确切的界定。以上这些问题，使得上级政府拨付给基层的各种资金不能落实到位，甚至导致随意挪用与贪污等腐败行为的发生，直接影响了民生财政的保障效果。

3. 财政收入会影响民生支出，使其难以持续高增长

从时间上来看，我国财政收入的高速增长不具有稳定性。财政收入增长率高于经济增长率的稳定现象将随着短期因素影响的减弱逐渐消失，两者之间的关系将趋于常态。自2008年下半年以来，我国的经济增长速度由于受全球性金融危机的影响出现下降的趋势。受此影响，财政收入很难继续保持高增长，进而要保持民生支出的持续快速增长也就存在较大难度。

4. 民生保障水平总体偏低

主要体现在民生保障水平落后于经济发展水平。以医疗保障为例，近年来我国大幅度提高了医保覆盖率，充分发挥了新医改对医药的降价作用，从而有效缓解了看病难的问题，但这距离人们的期望目标仍有较大差距。例如，广东省2013~2017年各级财政用于公共教育、卫生、社会保障等民生领域的投入超过3.48万亿元，但在一般预算支出中的比重却从60.61%降低至57.23%，而且受人均财力限制,在城乡最低生活保障、残疾人保障等某些"底线民生"指标上,保障水平偏低,甚至低于全国平均水平。

第四节 中国民生保障分项目水平评估

一、社会保障水平问题评估

为全面客观地评估我国社会保障水平,本书分别从 GDP 和公共财政视角展开与发达国家的对比分析,即从 GDP 社会保障水平和财政社会保障支出水平两个统计口径对比评估我国社会保障水平。研究结果显示,无论是从 GDP 社会保障水平还是财政社会保障支出水平来看,我国社会保障水平与发达国家均存在较大的差距。

(一) GDP 社会保障水平

GDP 社会保障水平表明一国或地区一定时期内社会成员享受社会保障的高低程度,通常用社会保障支出占 GDP 的比重表示。按照这一统计口径,就发达国家而言,2005 年,福利型国家中,瑞典社会保障支出占 GDP 的比重达 37.6%,丹麦其次,为 33.2%;在保险型国家中,法国和德国的社会保障水平分别为 33.3% 和 31.5%。意大利和西班牙近几十年开始倾向于福利国家模式,2005 年分别达 27.9% 和 22.9%。美国的社会保障制度是政府决策、市场介入、民间参与的多元化社会保障模式,社会保障支出水平最低,仅为 18.5%[1]。而同年中国社会保障支出只占 GDP 的 5.36%。近年来,西方发达国家社会保障水平保持稳定增长。以欧盟成员国为例,2014 年社会保障支出总额比 2013 年名义增长 2.5%,达 40 119.1 亿欧元;社会保障支出与 GDP 之比自 2008 年以来,一直维稳在 28% 以上;人均社会保障支出逐年增加,2014 年为 7 903.4 欧元,比 2013 年名义增长 2.2%;并且政府投入占社会保障支出比重 2008 年以来保持在 51% 以上,如表 15-3 所示。

表 15-3　　　　　　　　欧盟社会保障支出情况

年份	社会保障支出总额（亿欧元）	社会保障支出增长率（%）	社会保障支出水平（%）	人均社会保障支出（欧元）	人均社会保障支出增长率（%）	政府投入占社会保障支出比重（%）
2008	33 850.4	—	25.9	6 754.0	—	52.5
2009	35 315.0	4.3	28.7	7 025.0	4.0	52.6

---

[1] 高霖宇. 发达国家社会保障水平与收入分配差距关系及对中国的启示 [J]. 地方财政研究, 2011 (07): 75-80.

续表

年份	社会保障支出总额（亿欧元）	社会保障支出增长率（%）	社会保障支出水平（%）	人均社会保障支出（欧元）	人均社会保障支出增长率（%）	政府投入占社会保障支出比重（%）
2010	36 655.8	3.8	28.6	7 275.8	3.6	51.6
2011	37 335.2	1.9	28.3	7 414.8	1.9	53.2
2012	38 573.3	3.3	28.7	7 644.1	3.1	53.4
2013	39 119.6	1.4	28.9	7 730.3	1.1	53.0
2014	40 119.1	2.6	28.7	7 903.4	2.2	53.1

注：欧盟指2015年前28个成员国的数据。本表按当年价格计算。
资料来源：欧盟统计局数据库。

就我国而言，近年来我国社会保障支出总额呈现逐年上涨趋势。由表15-4的统计数据可知，除2012年和2014年外，我国社会保障支出增长率与人均保障支出增长率均达20%以上。从总体来看，社会保障支出总额由2008年的18 922.3亿元上升至2015年的78 735.1亿元；相应的社会保障支出水平由2008年的5.9%逐步上升至2015年的11.5%；并且除2014年和2015年外，政府投入占社会保障支出比重均维持在40%以上。从人均来看，2008~2015年，我国人均社会保障支出也由1 428.5元上升至5 742元，呈逐年上升趋势。

表15-4　　　　　　　　　　我国社会保障支出情况

年份	社会保障支出总额（亿元）	社会保障支出增长率（%）	GDP社会保障支出水平（%）	人均社会保障支出（元）	人均社会保障支出增长率（%）	政府投入占社会保障支出比重（%）
2008	18 922.3	—	5.9	1 428.5	—	41.4
2009	23 651.1	25.0	6.8	1 776.6	24.4	42.3
2010	28 737.9	21.5	7.0	2 148.3	20.9	43.6
2011	36 271.2	26.2	7.4	2 698.5	25.6	46.6
2012	43 295.2	19.4	8.0	3 205.4	18.8	45.5
2013	56 174.8	29.8	9.4	4 138.5	29.1	40.5
2014	64 388.8	14.6	10.0	4 719.7	14.0	39.0
2015	78 735.1	22.3	11.5	5 742.0	21.7	37.9

注：本表按当年价格计算。2008年数据不含保障性安居工程支出，2008年、2009年数据不含残疾人事业费；2008~2012年数据不含住房公积金提取额。

对比表15-3和表15-4可见，尽管我国社会保障水平有所提高，但无论是从社会保障支出总额还是人均社会保障支出额来看，我国与欧盟相比都差距较大。以2015年数据为例，我国社会保障支出额为78 735.1亿元，社会保障支出水平为11.5%，与欧盟相差17.2%；我国人均社会保障支出为5 742元，以官方汇率进行换算，尚不足欧盟的 1/12。并且从政府投入占社会保障支出比重来看，我国与欧盟国家也相差了 15.2 个百分点。2017 年，我国社会保障支出总额虽然达到 24 611.68 亿元（见表 15-2），然而该项支出仅占 GDP 的 3%，而发达国家的社会保障支出水平早在 1960 年就已经达到了 13%。

（二）财政社会保障支出水平

财政社会保障支出水平用以说明社会保障在政府公共财政支出中的地位和水平，表明政府对社会保障的投入状况，通常用财政社会保障支出占财政支出的比重表示。社会保障支出在许多发达国家的地位较高，占据国家财政总开支的 30% 以上，最高甚至达 50% 以上。具体来看，德国财政社会保障支出 1960 年达 57.6%，2005 年仍高达 52.6%；英国财政社会保障支出水平始终处于 30%~40% 的稳定状态；美国在 1960 年为 26%，2005 年达 30.2%，其支出水平相对较低。[①]

1998~2012 年，我国社会保障支出占财政支出比例呈现出倒"U"形趋势。1998 年我国社会保障支出占财政支出比例成为历年来的最低点，即 5.16%，2002 年达峰值 11.95%，而 2003 年以后社会保障支出占财政支出的比例呈现缓慢下降的趋势，2012 年仅有 9.99%。虽然我国社会保障占财政支出的比例在这 15 年中有一定程度的增长，但与发达国家相比，其水平仍然偏低。

二、社会养老保险问题评估

当前我国面临着严峻的人口老龄化问题，之前人口红利带来的优势正在逐步减少甚至消失。据国家统计局有关统计数据显示，我国 65 岁及以上的老龄人口数量占总人口的 10% 左右，老年人口赡养比例达 13.1%。而 2013 年中国人类发展报告早已预测我国未来老龄化的压力不仅具有长期性，而且具有持续增长性。报告表示到 2030 年，我国 65 岁以上老年人口占比将不断提高至 18.2%。[②] 日益严峻的人口老龄化趋势使得养老问题成为社会关注的重点和难点问题。这一方面是由于养儿防老的传统养老模式被打破，家庭的养老功能不断弱化；另一方面公共财力有限，社会养老的投入远远不及需要。此外，目前多数老人储蓄不多，个人承担养老的能力有限。面对这一问题，近年来党和政府采取了一系列措施，并且取得了一定的成效。例如，我国目前已经初步建立了社会统筹与个人账户相结合的养老保险制度，其中有城镇职工养老保险、城镇居民社会养老保险、新型农村社会养老保险，基本实现了制度全覆盖，织就了世界上规模最大的养老保障安全网。目前已经基本建成覆盖城乡居民的社会养老保险体系，2018 年末全国城镇参加养老保险人数为 4.10 亿人；城乡居民养老保险参保人数为 5.16 亿人，合计参保人数为 9.25 亿人，如图 15-2 所示。

---

① 高霖宇. 发达国家社会保障水平与收入分配差距关系及对中国的启示 [J]. 地方财政研究，2011 (07): 75-80.
② 杨谧. 人口老龄化趋势及影响 [N]. 光明日报，2015-03-18.

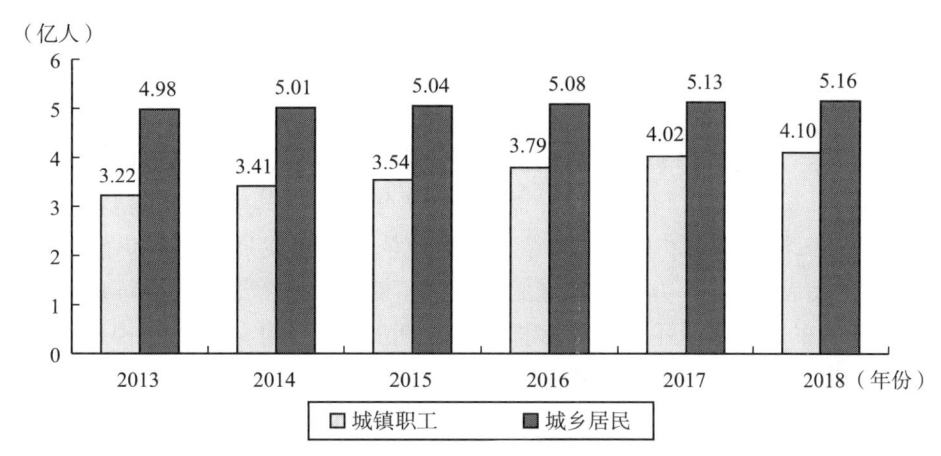

图 15-2 2013~2018 年全国养老保险参保人数情况统计

资料来源：根据国家人社部、中商产业研究院相关数据整理。

虽然在养老保险体系建构方面取得了显著进展，但是随着人口老龄化的加速到来，我国养老金的供给与需求矛盾日趋尖锐。我国目前实行的是"统账结合"的养老保险模式，基本养老保险中现收现付制的部分虽然实现了资金的代际转移支付和收入再分配，但是其不可持续性也是显而易见的。据财政部网站资料数据统计，2013 年我国基本养老保险的征缴收入和支出差额就已经出现负值，且近年来的缺口不断扩大（见图 15-3）。领取养老保险的人数占比在逐步增加，老年人口赡养率（参保离退休人员/参保职工数）在不断提高；而且由于经济下行、过度扩面等原因，基本养老保险的缴费人群的实际缴费率只有 80% 左右，这些情况加剧了其不可持续性。

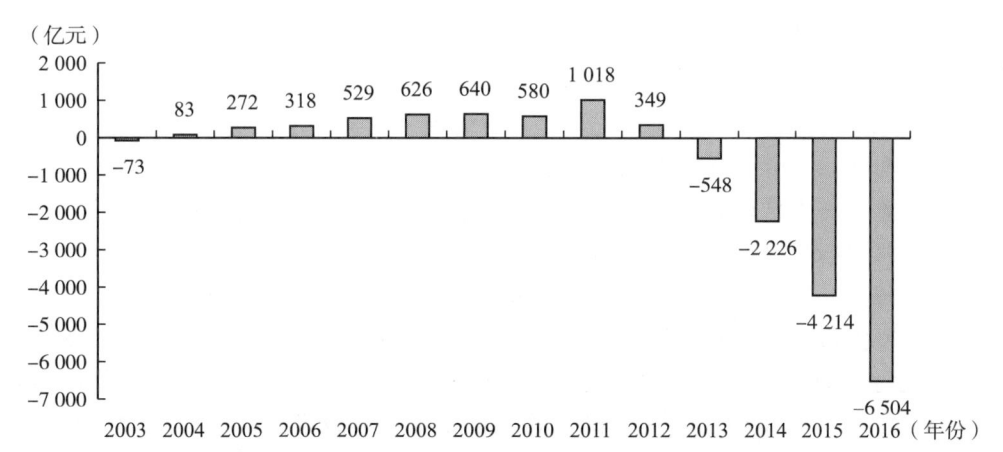

图 15-3 我国基本养老保险征缴收入与支出差额状况

资料来源：2017 年中国城镇、城乡职工基本养老保险覆盖率、缴费率、替代率分析 [EB/OL]. 2017-11-13. http://www.chyxx.com/industry/201711/581598.html.

三、养老服务业发展水平评估

近些年来,我国对养老产业的扶持力度有所加大,养老服务设施明显增加。根据《中国统计年鉴2018》数据显示,截至2017年底,我国建成的各类养老服务机构设施15.5万个。但整体上,我国养老服务业依旧处于发展初期,仍然存在许多突出的问题亟待解决。一方面,养老服务体系不够健全,养老产品供不应求。随着广大中老年人的消费需求不断趋于多样化,长期护理、文化娱乐、精神慰藉等与中老年相关的服务领域供给与需求尚不同步。例如,截至2017年全国每千名老年人拥有的社会养老床位数为30.9张,而"十三五"养老规划每千名老人养老床位35~40张,二者之间还存在很大差距。另一方面,养老服务专业护理人员也亟待补充。《"十三五"健康老龄化规划》指出,我国当前失能、半失能老年人4 063万人,占人口的18.3%,持残疾证的老年人1 135.8万人,空巢老年人占比51.3%。相对于庞大的养老服务需求,养老服务专业护理人员供给水平明显偏低。例如,根据"全国城乡失能老年人状况研究"课题组提供的调研数据,目前全国各类养老机构中注册护士的数量仅为20万人,且平均1个注册护士需要照顾13个入住养老机构的老人或54个完全丧失自理能力的老年人。由此可见,目前我国对于提供养老服务的专业护理人员需求量大幅增加。随着老龄人口的快速增长,未来很长的一段时间,我国养老服务供给将面临巨大缺口。

四、劳动就业问题评估

应该承认,我国各级政府对就业问题历来高度重视。进入21世纪以来,政府制定实施了积极的就业政策。积极的就业政策强调就业问题的解决离不开对失业人员基本生活的保障,更离不开对失业人员获得再就业的帮助;强调不仅要创造与开发大量的就业岗位,更要相应地提高劳动者的质量;强调不仅要从多种渠道入手促进就业,更要注重劳动者自主创业对就业带来的巨大推动作用;强调必须贯彻绿色经济的理念,努力推动绿色就业、可持续就业的发展。① 在实施积极就业政策的基础上,2008年又制定实施了《中华人民共和国就业促进法》,将解决就业问题上升到法律保障的高度。实行积极就业政策和《中华人民共和国就业促进法》,使中国就业取得巨大进展。2008~2012年的4年期间,城镇就业新增人口数量达5 800多万人,农村劳动力转移人口数量达到3 700多万人,其中新创业者的数量高达1 000多万人。促进就业的各项举措有效地推动了扶贫政策的落实及成效。在城镇新增就业的5 800多万人中,有800多万人原来就属于就业困难群体,占比达13.79%;在农村转移就业的3 700多万人口中,有1 000多万人原属于贫困人群,

---

① 张小建. 中国积极的就业政策及其实践成果 [J]. 中国就业,2013 (09):4-6.

占比达 27.03%。这部分人通过获取就业岗位帮助家庭解脱了贫困。

尽管我国的就业取得了显著的成就，但就业形势依然严峻，就业供需矛盾突出，其中一个突出矛盾就是大学生就业难。据前瞻产业研究院数据显示（见图 15-4），2001 年以来，我国高校毕业生人数逐年增加。2018 年高校毕业生达 820 万人，超过 2017 年的 795 万人，创出历史新高，2019 年毕业生预测数甚至高达 834 万人。然而从就业率来看，近年来大学生就业率却呈现逐渐回落的趋势（见图 15-5）。而且劳动力市场分割、就业歧视、劳资关系不和谐、就业质量不高、政府保护劳动者权益的动力不足、就业信息服务体系不完善等问题的存在，又使就业难的问题雪上加霜。

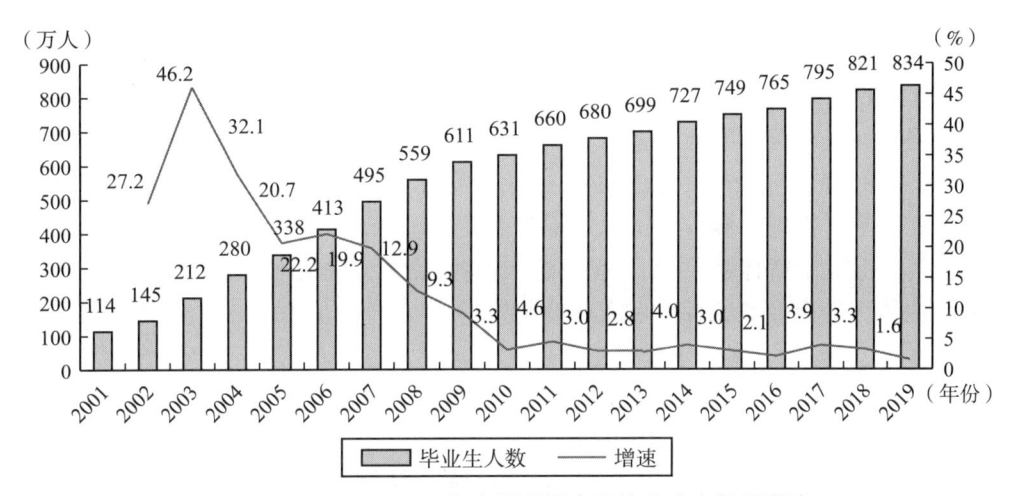

图 15-4　2001~2019 年中国普通高校毕业生人数及增速

资料来源：根据前瞻产业研究院相关数据整理。

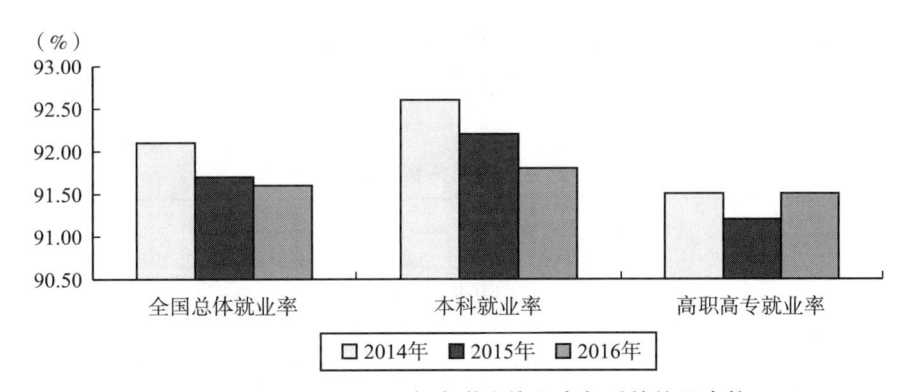

图 15-5　2014~2016 年大学生毕业半年后的就业走势

资料来源：中国产业信息网，www.chyxx.com。

五、医疗卫生保障问题评估

政府的重要职责之一就是保障人民群众的健康权益，使得全体人民都能享受基本医疗卫生服务。近年来，党和政府为实现人人享有基本医疗卫生服务的目标，建立健全了基本医疗卫生制度，完善了医疗卫生保障体系。但相较于其他发达国家甚至很多发展中国家，我国政府医疗卫生供给的主体责任还远没有履行到位，目前的医疗卫生事业仍存在医疗资源分布不均、服务不公平等问题。

（一）医疗保障取得重要进展

改革开放以来，我国全民基本医疗保险制度在探索与发展当中得到不断完善，为人民群众解决医疗问题提供了有力的支持。2003年"非典"之后，我国加快建设公共卫生体系的步伐，通过加强县、乡、村三级医疗卫生机构的基础设施建设、改善农村医疗服务条件等措施，最终基本建立基于社区的新型城市医疗卫生服务体系并初步建成覆盖城乡、功能完善的应急医疗救治体系和疾病预防控制体系，从而推进基本医疗保障制度不断惠及更多人民。截至2017年，国家统计局网站数据显示，我国参加医疗保险人数占总人数的比例在95%以上，其中职工医疗保险、城镇居民医疗保险与新型农村合作医疗（以下简称"新农合"）参保人数总计在13亿人以上，基本实现了城乡居民医疗保障全覆盖。由此可见，我国已经初步形成中国特色医疗保险制度体系。该体系以职工医疗保险、城镇居民医疗保险、"新农合"为主体，以商业健康保险和其他医疗保险为补充，以城乡医疗救助作为制度兜底。

从表15-5可以看出，1978年改革开放以来，我国卫生总费用在GDP中的比重不断增大，卫生总费用占GDP比重由1978年的3.02%提高至2017年的6.36%。而在卫生总费用支出结构中，2000年政府的支出达到最低点（15.47%），此后该比重持续增加，截至2017年基本稳定在30%左右。2000年个人现金卫生支出占卫生总费用比重达到最高点（58.98%），此后这一比重持续下降，2017年降至28.77%。这说明，21世纪以来，政府在医疗卫生支出中发挥着越来越重要的作用，居民个人的卫生费用负担则逐渐减轻。

表15-5　　　　　　　　　　卫生总费用筹资构成

年份	卫生总费用（亿元）	政府卫生支出占卫生总费用比重（%）	社会卫生支出占卫生总费用比重（%）	个人现金卫生支出占卫生总费用比重（%）	卫生总费用占GDP比重（%）
1978	110.21	32.16	47.41	20.43	3.02
1980	143.23	36.24	42.57	21.19	3.15
1985	279.00	38.58	32.96	28.46	3.09
1990	747.39	25.06	39.22	35.73	4.00
1995	2 155.13	17.97	35.63	46.40	3.54
2000	4 586.63	15.47	25.55	58.98	4.62
2005	8 659.91	17.93	29.87	52.21	4.68

续表

年份	卫生总费用（亿元）	政府卫生支出占卫生总费用比重（%）	社会卫生支出占卫生总费用比重（%）	个人现金卫生支出占卫生总费用比重（%）	卫生总费用占GDP比重（%）
2006	9 843.34	18.07	32.62	49.31	4.55
2007	11 573.97	22.31	33.64	44.05	4.35
2008	14 535.40	24.73	34.85	40.42	4.63
2009	17 541.92	27.46	35.08	37.46	5.15
2010	19 980.39	28.69	36.02	35.29	4.98
2011	24 345.91	30.66	34.57	34.77	5.15
2012	28 119.00	29.29	35.67	34.34	5.36
2013	31 668.95	30.14	35.98	33.88	5.57
2014	35 312.40	29.96	38.05	31.99	5.55
2015	40 974.64	30.45	40.29	29.27	5.98
2016	46 344.88	30.01	41.21	28.78	6.23
2017	52 598.28	28.91	42.32	28.77	6.36

注：篇幅所限，2005年以前仅选取部分年份数据。
资料来源：中华人民共和国国家统计局．中国统计年鉴2018［M］．北京：中国统计出版社，2018．

在政府有针对性地增加资金投入后，我国社会医疗资源短缺问题有所缓解。据统计，截至2017年底，我国医疗卫生机构总数达98.7万家，其中基层医疗卫生机构总数为93.3万家，医院总数为3.1万家。同时，2017年我国每千人口医疗卫生机构床位数达5.72张，卫生技术人员数量也大幅度上升至6.47人，其中执业（助理）医师2.44人、注册护士2.74人。可以说，我国现行医疗卫生服务体系不仅使得公立医疗机构与非公有制医疗机构得以并存，而且使得基层医疗卫生机构与二、三级医院能够衔接，实现医疗卫生服务体系基本覆盖城乡的目标。

（二）医疗保障尚存在的问题

尽管近年来我国的医疗卫生服务体系基本建成，但是百姓看病贵、看病难的问题仍然没有得到根本性解决。改革开放后，由于在医疗卫生行业强调市场化改革，导致政府在医疗卫生领域承担的主体责任不断下降。通过与经济合作与发展组织（OECD）国家政府医疗事业责任的比较发现，在OECD国家中，无论医疗服务是市场主导型还是政府主导型的国家，2000年卫生总费用中的政府支出部分大多在50%以上，有的高达70%以上。而在我国的卫生总费用中，1980~2000年的20年间，政府支出比例不断下降至15.47%；个人支出比例不断攀升至58.98%。如前所述，进入21世纪以来，党和政府更加注重民生问题的解决，持续加大的医疗卫生财政投入使得居民个人卫生费用负担逐渐减轻，但与发达国家甚至很多发展中国家相比，我国政府在医疗卫生供给的主体责任还远没有到位。[①]

目前我国医疗卫生事业发展中存在的问题主要表现在：一是医疗资源分布不均，服务不公平。由于在医疗卫生领域过多地利用了市场化机制，导致卫生资源在城市与农村、东部地区与西部地区之间分配不均，部分床位、仪器设备使用效率低下。根据中国统计年鉴数据，2010年农村地区占全国医疗卫生机构床位的51.9%，而到2017年这一比例降至50.6%。从每千人口执业（助理）医师的数量来看，2017年城市与农村分别为3.97人和1.68人；从每千人口注册护士的数量来看，2017年城市与农村分别为5.01人和1.62人。由此可见，城市与农村的医疗资源绝对总量及人均水平仍旧相差甚远。从省级视角上看，2017年每千人口卫生技术人员这一指标在东部发达地区和西部落后地区呈现出巨大差距。具体来看，北京、上海、浙江、江苏的数值均在6.5以上，且北京最高达到11.33。而西部地区的贵州、云南、甘肃三省2017年每千人口卫生技术人员数分别为6.31人、5.91人、5.59人。西藏自治区每千人口卫生技术人员甚至连5人都没有达到，不及北京市的一半。二是医疗资源存在浪费严重与配置短缺并存的现象。目前我国公立、大型医院常年就诊看病人数居高不下，而民营医院及基层医疗机构的资源却遭到了大量的闲置，这正是医疗资源的分配不合理和利用不充分所造成的。据《中国统计年鉴2018》数据显示，2017年我国医院床位和医疗卫生机构的床位总数分别为612.05万张和129.21万张，其占医疗卫生机构总床位数的比例分别为77.08%与16.27%。从病床工作日来看，医院达到310.1天，而乡镇卫生院仅有223.8天；而对于病床使用率，医院高达85%，而乡镇卫生院只有61.3%。此外，人们普遍选择到大城市的三甲医院就医，而农村地区医疗资源却大量闲置，从而加重了医疗资源的浪费。这一方面是由于医院自身的管理体制缺陷，城乡医疗机构之间难以进行有效的交流，这就造成医疗资源无法高效利用；另一方面，乡村地区卫生机构缺乏服务积极性，其基本药物制度不完善，从而给资源的配置带来了较大难题。

六、教育事业发展问题评估

改革开放40多年来，我国教育事业成绩显著。一是教育普及程度明显提高，国民受教育程度大幅提升。据国家统计局网站资料显示，2010年开始，我国从业人员中具备高等教育学历的人数比例实现大幅度上升，已步入世界前列。其中，具有大学（大专以上）文化程度的人数高达1.19亿人，平均每10万人中有8930人的学历水平在大学以上，相较于10年以前的3611人增加了近3倍。2018年，我国学前教育入园率达81.7%，小学净入学率达99.95%，初中毛入学率达100.9%，高中阶段教育毛入学率达88.8%。二是我国已经基本全面实现城乡免费九年义务教育，大约有1.6亿学龄儿童能够顺利接受义务教育。根据2018年全国教育事业

[①] 蒋萍，田成诗，尚红云. 中国卫生行业与经济发展关系研究 [M]. 北京：人民出版社，2009：5.

发展统计公报统计，全国共有义务教育阶段学校 21.38 万所，比上年下降 2.33%，九年义务教育巩固率 94.2%，比上年提高 0.4 个百分点。并且九年义务教育的全面普及在扫除青少年文盲方面成效相当显著。三是国家整体教育经费投入不断上涨。2017 年，国家财政性教育经费投入占 GDP 的比值为 4.14%，这已是连续 6 年超过 4%，但各地生均投入差距仍很明显。四是我国在职业教育方面迈出了关键一步，无论是中等职业教育还是高等职业教育都在教育事业上画上了浓墨重彩的一笔。五是教育经费投入目标得以实现。早在 1993 年，中共中央国务院制定的《中国教育改革和发展纲要》中就明确提出："逐步提高国家财政性教育经费支出占国民生产总值的比例，在本世纪末达到 4%。"然而到 2010 年，全国财政性教育经费支出占国内生产总值的比例才达到 3.66%，"4%"的政策目标一直没有实现。2010 年《国家中长期教育改革与发展规划纲要（2010—2020）》（以下简称《纲要》）颁布，强调要提高国家财政性教育经费支出占国内生产总值的比例，争取 2012 年达到 4%。为了实现这一目标，2010 年下半年以来，国务院不仅出台文件统一内外资企业与个人教育费附加，随后又对地方教育附加进行全面开征，并且提出计提教育资金要在土地出让收益中按比例计提等一系列惠及教育发展的政策。2012 年，全国公共财政教育支出占公共财政支出的比例为 16.13%，比上年增加了 1.35 个百分点；国家财政性教育经费占国内生产总值的比例为 4.28%，比上年增加了 0.35 个百分点[①]，《纲要》提出的教育经费投入目标终于得以实现。2017 年，全国教育经费总投入为 42 557 亿元，比上年增长 9.43%，占 GDP 比例为 4.14%。其中，主要包括公共财政预算安排和政府性基金预算安排的国家财政性教育经费数额达 34 204 亿元，较上一年同比增长 8.94%（见图 15-6）。教育部网站统计数据显示，2018 年全国财政教育支出 32 222 亿元，同比增长 6.7%，增速较上年下滑 1.1 个百分点。

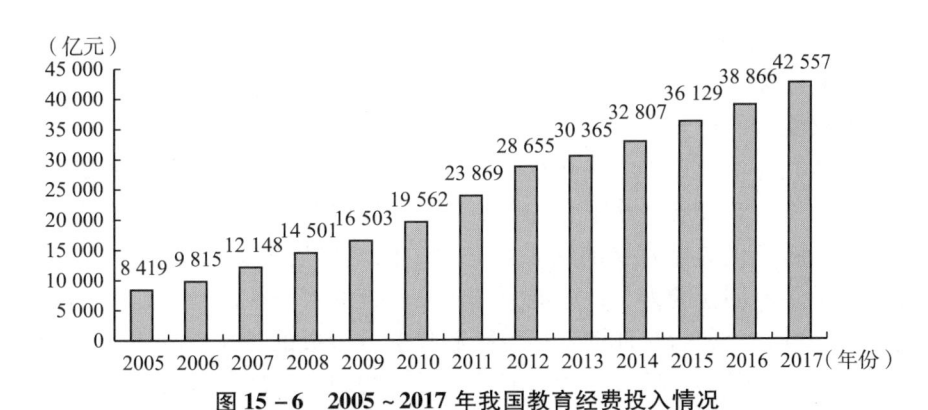

图 15-6 2005~2017 年我国教育经费投入情况

资料来源：教育部、智研咨询数据研究中心、中国产业信息，www.chyxx.com。

---

① 教育部，国家统计局，财政部. 关于 2012 年全国教育经费执行情况统计公告 [EB/OL]. 2013-12-18. https://www.eol.cn.shuju/tongji/jingfei/202008/t20200810-1750854.shtml.

尽管改革开放以来我国教育事业取得了突出成绩，但也存在诸多问题。第一，与国际水平相比，我国教育总经费和政府财政性教育经费占GDP的比例均明显低于世界主要发达国家和部分发展中国家。据教育部网站资料显示，2015年美国、德国公共教育支出占GDP比例就达到了4.9%，英国、法国等国均高于5.5%，丹麦更是达到了8.6%。而同一年，我国教育投入仅占GDP的4.26%，仍有一定的上升空间。2017年国家财政性教育经费占GDP的4.14%，相比2015年又有所下降，难以满足教育发展对经费投入的足量需求。

第二，我国的教育投入总量规模虽然已经不小，但是投入结构不尽合理。按照国际通行标准，当人均GDP在600~2 000美元时，学前和小学阶段、中学、大学三级教育经费的比例为40.5∶29∶17.9，人均教育经费为1∶2.5∶9.2[①]。但实际上，我国的高等教育经费投入比例一直远远低于国际水平，基础教育经费占比一直相对较小。并且在基础教育经费范围内，学前教育所占的投入比例就更加小。国际通行标准认为，有质量的学前教育需要学前教育经费投入占GDP比重的1%，占教育总经费的9%，但我国目前学前教育经费占GDP的比例为0.08%，占教育总经费的比例为1.2%[②]。

第三，除了教育投入方面的问题外，长期以来教育公共政策形成的教育利益化体制导致整个社会教育不公平趋向越来越突出，主要表现为：（1）由于城市和农村巨大的发展差异造成的城乡差别，农村义务教育机会不平等问题突出。农村教育经费投入严重不足，办学条件改善困难。农村教师学历水平落后，师资水平提高困难。（2）由于贫富差距和家庭社会、文化背景不同所形成的阶层差异，弱势群体子女教育公平失衡。例如，城市的外来务工人员子女教育被排斥在国家公共教育政策外。新生代受教育的状况越来越与家庭收入相关，贫困群体子女进入社会的门槛提高，社会阶层之间上下流动的障碍增大，教育对社会公平的调节作用减弱。（3）民办学校在强势公共教育体制的歧视中举步维艰。民办教育在发展中面临巨大的体制压力，导致办学风险成本高，难以确保将充足的资源投入教学，并获得可持续发展能力的提升。

第四，从教育本身来看，我国教育事业发展态势良好，但也存在诸多不足。例如，从整体上看，教育质量水平有待提高，教育发展的科学性不够，发展体系尚待完善。这些问题产生的最直接的结果就是学生的培养质量无法满足社会的发展需求。大部分学生的创新能力与适应能力都还处于较低水平。而且基础教育阶段普遍存在的择校高额收费和指导性计划招生高额收费，形成的"上学难、上学贵"，既造成了教育资源配置不合理，直接影响义务教育的均衡发展，又给百姓带来沉重的经济负担。其直接原因是基础教育阶段的"择校热"和公办学校的"改制风"。其深层次原因是公共教育投入不足。

---

① 杨丹芳. 市场经济条件下的教育支出配置[J]. 教育发展研究，2000（04）：31-34.
② 王海英. 质量公平：当下教育公平研究与实践的新追求[J]. 湖南师范大学教育科学学报，2013，12（06）：32-39.

七、收入分配问题评估

随着社会经济的发展,收入分配问题日益凸显,总体表现在居高不下的基尼系数、不断扩大的居民收入差距。具体体现为悬殊的行业收入水平及与日俱增的城乡收入差距。

1. 居高不下的基尼系数

在衡量居民收入差距时,一个国际通用的指标是基尼系数。基尼系数越小,表示收入分配越平均,而基尼系数越大,收入分配越不平均。国际上通常把 0.4 作为贫富差距的警戒线。国家统计局公布的数字显示,从 2003~2017 年,全国居民基尼系数在 0.47~0.49 之间,2008 年达到最高的 0.491 后,开始逐步回落。2017 年居民收入基尼系数为 0.467,但依然超过 0.4 的国际警戒线,处于高位水平(见图 15-7)。这一水平不仅高于欧美发达国家,而且高于日本、韩国等亚洲国家。越来越大的贫富落差和分配不公,使不同人群间收入差距的鸿沟加宽,底层民众产生强烈的失落感和不满,仇官仇富、仇不公等情绪出现,社会矛盾触点密、燃点低,群体性事件增多。

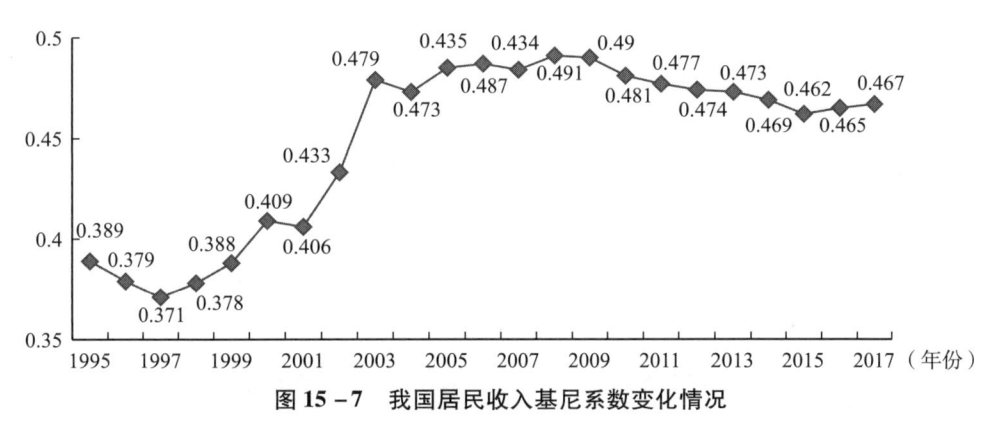

图 15-7 我国居民收入基尼系数变化情况

资料来源:根据 Wind 资讯、苏宁金融研究院相关数据整理。

2. 居民收入分配差距的进一步拉大

收入分配问题被认为是当今中国社会最严重的民生问题,其主要的宏观表现是不合理的收入分配格局。从微观视角上看,收入分配问题主要体现在收入差距日益扩大导致的两极分化现象。课题组在获取全国居民可支配收入数据的基础上,将其按照高、中等偏上、中等、中等偏下、低五个水平进行等量划分。从图 15-8 可以清晰地看到,五组收入水平居民的人均可支配收入均呈逐年上升趋势。2016 年,处于前 20% 的高等收入居民的人均可支配收入达 59 259.5 元,显著高于其他四组的居民可支配收入。而处于中等偏上、中等以及中等偏下收入水平的居民人均可支配收入依次为 31 990.4 元、20 924.4 元、12 898.9 元,与高收入人群里的收入水平相距甚远。而处于末尾的低收入群体的人均可支配收入额甚至达不到高收入群体的1/10。这些数据充分证明我国当前日益扩大的居民收入分配差距,贫富两极分化问题日趋严重。

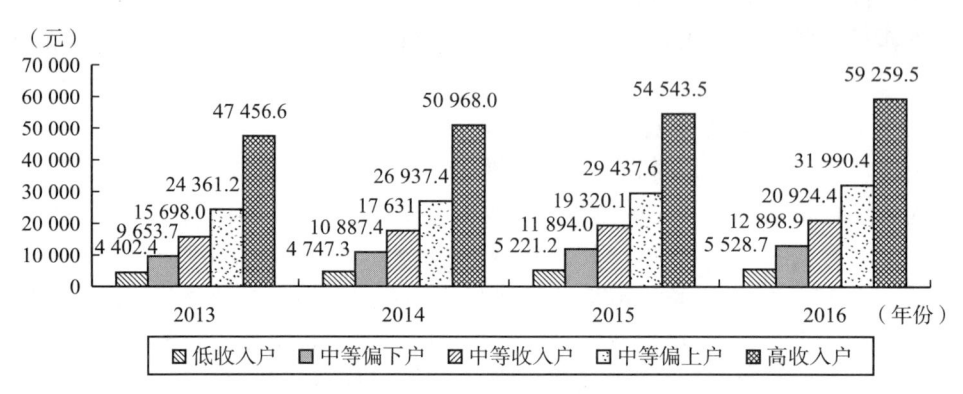

图15-8 全国居民按收入五等份分组的人均可支配收入

资料来源:中华人民共和国国家统计局.中国统计年鉴2017[M].北京:中国统计出版社,2017.

3. 行业收入分配水平的悬殊

从行业收入水平的差距来看,不同行业人群的收入差距也较为悬殊。按照中国统计年鉴中行业划分标准整理的城镇单位人均工资最低与最高对比(见表15-6),可以清晰地看到,自改革开放以来,人均工资最高的行业包括电力煤气、采掘、金融保险业与信息传输、计算机服务业和软件业,而近些年又以金融业以及信息传输、计算机服务业和软件业为主。这些行业大体呈现出两个特征:一是属于知识与资本密集领域,二是带有垄断性和资源性。相比之下,农林牧渔业的平均工资几乎始终为所有行业中的最低,这可能与农产品的低附加值与劳动密集型特点有关。

表15-6　　1978~2017年按行业分城镇单位人均工资最低与最高对比

年份	人均工资最低行业	人均工资最高行业	人均工资最低水平(元)	人均工资最高水平(元)	比值	差额(元)
1978	社会服务	电力煤气业	392	850	2.17	458
1990	农林牧渔	采掘业	1 541	2 718	1.76	1 177
2000	农林牧渔	金融保险业	5 184	13 478	2.60	8 294
2005	农林牧渔	信息传输、计算机服务业和软件业	8 207	38 799	4.73	30 592
2010	农林牧渔	金融业	16 717	70 146	4.20	53 429
2017	农林牧渔	信息传输、计算机服务业和软件业	36 504	133 150	3.65	96 646

注:篇幅所限,仅选取部分年份数据。
资料来源:中华人民共和国国家统计局.中国统计年鉴2018[M].北京:中国统计出版社,2018.

同样根据表15-6，从行业工资比值看，1990年人均工资最高的采掘业与人均工资最低的农林牧渔业的工资比值仅为1.76。而在2005年，人均工资水平最高的信息传输、计算机服务业和软件业的工资水平竟是人均工资最低的农林牧渔业的工资水平的4.73倍。可见，人均工资水平最高与最低行业之间的收入差距不断拉大。虽然2010年与2017年的数据显示，人均工资水平最高与最低行业的比值有所下降，但仍旧在3.5倍以上，从绝对数来看，二者的差值将近10万元，且这种差距加大的趋势依然明显。

4. 城乡居民的收入差距与日俱增

从城乡居民收入差距的角度来看，本书整理了2013~2019年城乡居民人均可支配收入数据（见图15-9）。从图15-9可以看到，2013年，我国城乡居民的人均可支配收入分别为26 467元和9 430元；到了2019年，城乡居民的人均可支配收入分别上涨15 892元和6 591元，达42 359元和16 021元。相较于2013年，两者均增长50%以上。反观城乡居民历年可支配收入的差值，从2013年的17 037元不断攀升至2019年的26 338元。就差额而言，两者的相差倍数也高达50%。不过，从城乡居民收入比来看，总体呈现下降的趋势。2019年城乡居民收入比为2.64，比2013年的2.81低了17个百分点。尽管城乡居民收入相对比值有所缓和，但两者的绝对差值却在不断增大。

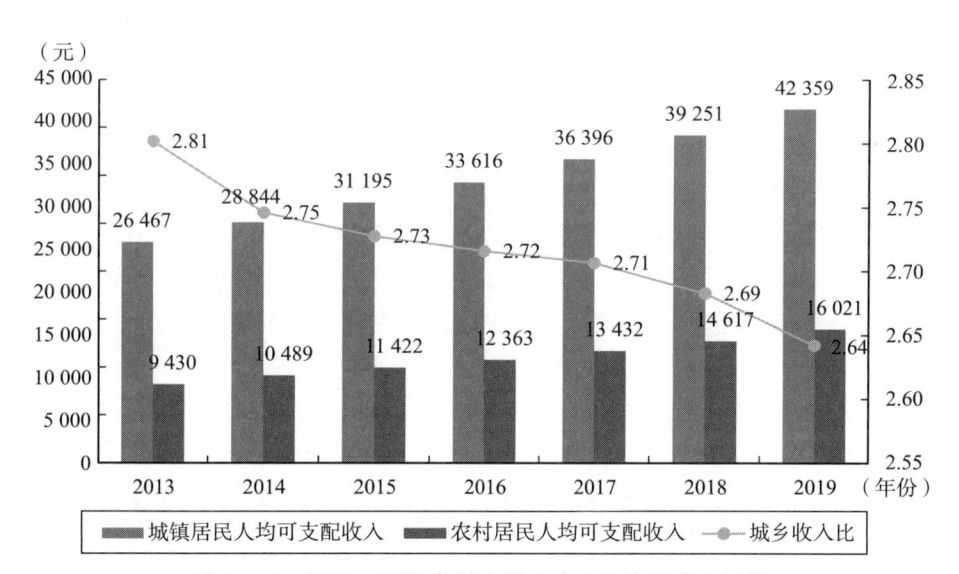

图15-9 2013~2019年城乡居民人均可支配收入比较

资料来源：中华人民共和国国家统计局. 中国统计年鉴2019[M]. 北京：中国统计出版社，2019.

八、房地产价格问题评估

住有所居是民生保障的重要基础。近年来，国家通过多种举措大力改善城乡居民的住房状况，使得2016年城镇居民人均住房建筑面积比2002年增加12.1平方米，达36.6平方米；农村居民人均住房面积比2002年增加19.3平方米，达到了45.8平方米，取得了显著成果。但是另外，随着城镇化进程的加快，城市住房高价格问题不仅严重地影响了人们住房条件的改善，而且人们的居住需求和房屋高价供给的矛盾日益突出，住房问题成为解决民生问题的重要方面和现实难点。其实，我国在1995年就开始实施"安居工程"项目，支持保障性住房建设。但是受到资金缺乏、用地不足等多方面的约束，保障性住房的建设无法像商品房那样在我国得到顺利推进，一直处于滞后发展状态，难以满足低收入家庭住房租赁需求。2008年以来，我国进一步推进住房保障制度改革，住房保障建设呈多样化格局。根据全国大部分地区的实践，目前我国的住房保障体系主要由四种类型的住房构成，即廉租房、经济适用房、公共租赁房、限价商品房。其中，廉租房和经济适用房出现的时间较早，公共租赁房的大力建设始于2010年，但正在逐步成为我国住房保障的主体。

随着住房保障制度改革的推进，保障性住房建设规模持续扩大。2009~2011年，全国开工建设2100多万套保障性安居工程住房，其中基本建成的数量约为100万套。截至2011年底，全国累计有2600多万户中低收入家庭的住房困难得到解决，其数量占城镇家庭总量的11%。[①] 初步形成了以提供上述四种住房和各类棚户区改造住房为主，发放廉租住房补贴为辅的多层次保障性住房供应体系。根据财政部网站公布的数据显示，2016年，全国各级财政共筹集保障性住房工程资金7 549.75亿元（其中，中央财政2 377.37亿元），项目单位等通过银行贷款、发行企业债券等社会融资方式筹集安居工程资金20 264.95亿元；全国棚户区改造、农村危房改造分别开工606.09万套、386.65万户，棚户区改造和公共租赁住房基本建成658.58万套，分别完成当年目标任务的100.89%、123.14%和175.76%。此外，2008年中央开始实施的农村危房改造政策，不仅提高了农户补助的标准，而且农户能够从中央获取的补助资金也不断增加。财政部网站显示，2018年棚户区改造开工数量高达626万套，农村危房改造的农户数约为190万户。可见，政府重视加强基本住房保障建设，尤其是农危房改造为农村困难群众提供了住房便利，也使农户住房的条件大幅度提高。

应当承认，自1998年住房体制改革以来，房地产行业在国民经济中发挥越来越重要的作用。2003年以来，为促进经济增长，房地产行业多次被作为"支柱产业"。此后，中国住房价格快速上涨。据国家统计局公布的数据显示，2005~2017年间，中国住宅商品房平均销售价格从3 168元/平方米上升至7 892元/平方米，12年上升了2.49倍（见图15-10）。需要指出的是，伴随我国城市化的不断推进，新建商品房不断向郊区发展，其价格相对城区较低，但国家统计局公布的数据是新建商品房的平均销售价格，因此其数据的真实性被远远低估了。虽然从中央到地方各级政府为了"遏制房价过快上涨"，在"房住不炒"指导思想下，多年来连

[①] 姜伟新. 在"十八大"中外记者招待会上提出努力实现城乡居民住有所居[N]. 中国建设报，2012-11-13.

续制定出台了一系列调控房地产价格的政策举措，但成效并不乐观，我国各大中城市的房价走势依然居高不下。国家统计局网站统计数据显示，截至2019年2月，全国70个大中城市的房价普遍仍呈上涨趋势，且大多数城市的上涨幅度高达10%以上。具体来看，在新建商品住宅销售价格上，二线城市的价格同比上涨12.0%，三线城市的价格同比上涨11.1%。

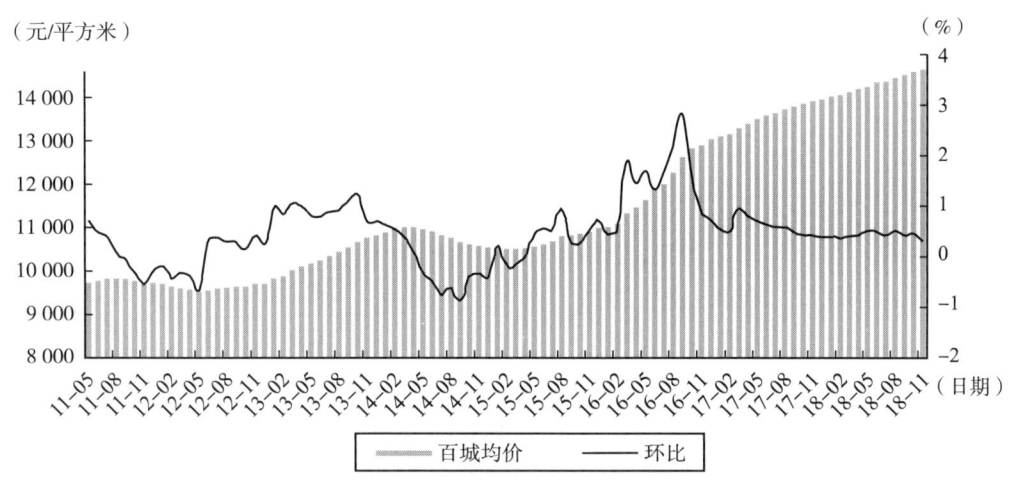

图15-10　2011年5月~2018年11月百城住宅均价及环比变化

资料来源：中华人民共和国国家统计局网站，http：//www.stats.gov.cn。

九、环境保护问题评估

环境是人类生存之本，环境恶化直接危害人们的健康和生命。当前我国人民的生活水平随着经济的加速发展得到了显著提高。但在取得这些成果的背后，我们赖以生存的环境正在面临着更严峻的挑战，在一些经济发达、人口稠密地区，环境污染尤为突出。针对这一问题，我国政府在污染防治上也采取了众多措施，例如，通过加大污染治理资金投入，转变污染防治方式，构建污染防治机制等途径积极打好污染防治攻坚战。据《中国统计年鉴2016》数据显示，2006~2014年我国环境污染治理投资总额从2 566亿元增长到了9 575.50亿元，2015年这一投资额虽有所下降，但也达到了8 806.30亿元，测算得出2006~2015年这一投资额年均复合增长率达14.68%（见图15-11）。而从财政支出角度来看，2018年，我国财政支持污染防治攻坚战相关资金约2 555亿元，增长幅度为13.9%，在大气、水、土壤污染防治方面的资金投入均达到历史最高值[①]。尽管国家不断推进环境污染防治工作，但随着经济发展，环境污染问题依然严峻，主要表现为以下几方面。

---

① 刘昆.关于2018年中央决算的报告［EB/OL］.2019-06-16. http：//www.mof.gov.cn/zhengwuxinxi/caizhengxinwen/201906/t20190627_3286107.htm.

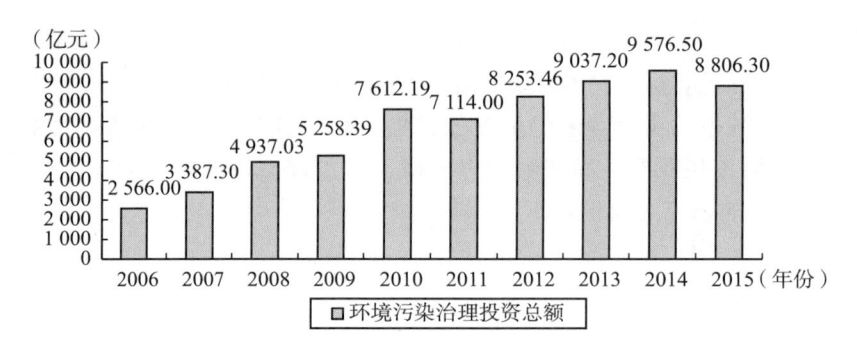

图 15-11 2006~2015 年我国环境污染治理投资情况

资料来源：中华人民共和国国家统计局. 中国统计年鉴 2016 [M]. 北京：中国统计出版社，2016.

1. 水污染日益严重

我国的人均水资源只达到世界人均水资源的 1/4，全国大约一半的城市缺水，然而水质恶化更使水资源短缺问题雪上加霜。近年来，我国江河湖泊遭受污染的范围不断扩大，程度不断加深。其中，主要水系污染明显且大部分湖泊已经出现程度不一的富营养化现象。根据水利部网站数据显示，全国七大水系中（珠江水系、长江水系、黄河水系、淮河水系、辽河水系、海河水系和松花江水系），涉及的污染物种类达 2 000 多种，水中污染物种类的数量还保持着不断增加的状态。其中，淮河、黄河、海河的水环境质量最差，均有 70% 的河段受到污染。水利部曾经对全国 700 余条河流，约 10 万公里河长的水资源质量进行了评价，结果是：46.5% 的河长受到污染，水质只达到四、五类；10.6% 的河长严重污染，水质为超五类，水体已丧失使用价值；90% 以上的城市水域污染严重。水污染正从东部向西部发展、从支流向干流延伸、从城市向农村蔓延、从地表向地下渗透、从区域向流域扩散，如图 15-12 所示。

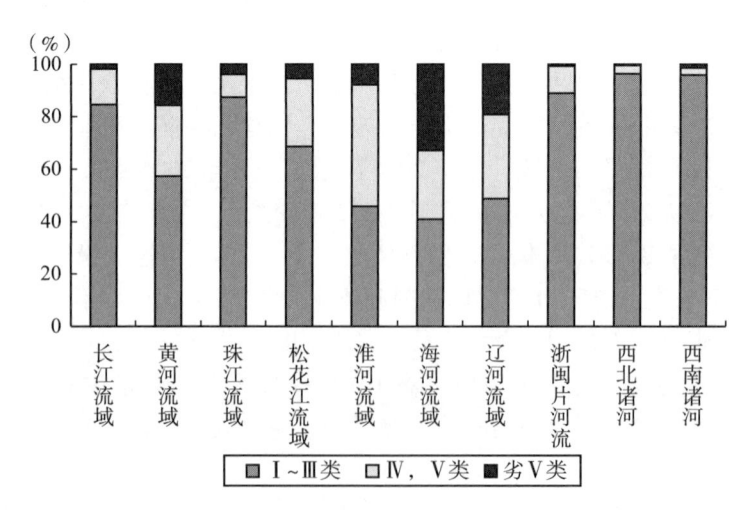

图 15-12 2017 年七大流域和浙闽片河流、西北诸河、西南诸河水质状况

资料来源：中华人民共和国国家统计局网站，http://www.stats.gov.cn.

2. 空气质量持续恶化

统计数据表明，我国城镇化率于 2015 年底已达 56.1%。随着我国城镇工业化的加速发展，大气污染问题越来越严重。据有关资料显示，2013 年我国仍有 2/3 左右的城市空气质量低于标准值，尤其是京津冀、长三角、珠三角等区域的空气污染更加严重。① 而近年来，随着我国城市化的推进，化工污染成为环境质量恶化的主要来源之一，其中镉、砷、铅、铬、汞等重金属不仅污染水资源，同时还长期存留在土壤中，更加恶化了生态环境质量。当前，传统的大气污染物如二氧化硫（SO_2）、悬浮物（TSP）、可吸入颗粒物（PM10）等还未有效解决，空气中细颗粒物（PM2.5）、氮氧化物（NOx）、挥发性有机物（VOCs）、氨氮（NH_3）等的排放也逐年增加，因此大气污染呈现出复合型污染形势（见表 15-7）。一方面大气污染加剧将使污染治理费用占 GDP 的比重增加，从而影响我国国民经济的发展；另一方面，大气污染还严重威胁居民的身体健康。相关研究证明了短期暴露在 PM2.5 的环境下会增加成人心血管疾病的发病率；而长期的暴露则可导致人体肺功能损伤，甚至最终导致癌症。

表 15-7　　　　　　　　　2012~2015 年中国废气及其污染物排放

废气及其污染物排放	2012 年	2013 年	2014 年	2015 年
1. 二氧化硫排放总量（万吨）	2 117.6	2 043.92	1 974.4	1 859.1
其中：工业二氧化硫排放量（万吨）	1 911.7	1 835.19	1 740.4	1 556.7
2. 氮氧化物排放总量（万吨）	2 337.8	2 227.36	2 078.0	1 851.9
其中：工业氮氧化物排放量（万吨）	1 658.1	1 545.61	1 404.8	1 180.9
3. 烟（粉）尘排放总量（万吨）	1 234.3	1 278.14	1 740.8	1 538.0
其中：工业烟（粉）尘排放量（万吨）	1 029.3	1 094.62	1 456.1	1 232.6

资料来源：中华人民共和国国家统计局网站，http://www.stats.gov.cn。

3. 垃圾正在包围城市

随着我国经济的快速发展，城市化进程不断加快，城市生活垃圾和建筑垃圾等污染问题也日益严重。生态环境部网站数据显示，我国城市垃圾每年以 8.98% 的速度增加。目前城市垃圾总量高达 70 亿吨，堆放量占土地总面积已达 5 亿平方米，换算成耕地面积约有 78 万亩，而我国共有耕地面积仅 20 亿亩，这就相当于全国每 1 万亩耕地就有 3.75 亩用来堆放垃圾。同时我国 600 多座大中城市中，被垃圾包围的已有 70%，而且有近 1/4 的城市已经不存在合适的场所用以堆放垃圾，形成了一派"垃圾围城"的场景，这在一定程度上影响了城市的美观程度。值得注意的是，当前中国年排放量高达 1.5 亿吨的城市垃圾多为露天堆放，这无形中将污染

---

① 光明日报. 用行动建设美丽中国——环境恶化怎么扭转 [EB/OL]. 2013-09-16. http://theory.people.com.cn/n/2013/0913/c40531-22907416.html.

成分传播至我们赖以生存的生态环境中，污染了大气、水以及土壤，进一步对城镇居民的身体健康产生了严重危害。可以说，垃圾已成为我国城市发展中一个亟待解决的民生问题。

上述环境问题的存在不仅破坏了生态环境，而且危害了人们的身体健康。据国家卫生健康委员会网站数据显示，我国每年约有380.4万例新发肿瘤患者，平均每天就有1.04万例被诊断为癌症。专家分析，造成这种现象的原因与环境日益恶化有关。造成环境恶化的原因，一是传统发展方式的结果。我国长期处于全球价值链的中低端，承接比较多的是一些高消耗、高污染的产业，发展方式比较粗放。据国家统计局网站数据显示，在每单位国内生产总值的废水排放量这一指标上，我国的数值是发达国家的4倍；而从单位工业产值产生的固体废弃物量来看，我国的产生量竟比发达国家高10多倍。二是政府行为的失范。政府没有协调好经济发展和环境保护之间的关系。追求经济利益的冲动和官员追求任期内的"政绩"，导致官员不考虑长远的收益，急功近利搞短期行为，结果加剧了生态的破坏和环境的污染。近年来党和政府采取一系列措施治理环境，取得了初步成效。但环境好转只是局部性的，总体恶化的趋势尚未得到根本遏制。

第十六章

国有资本经营预算支出民生化的福利效应与结构优度

加强国有资本经营预算支出分配的民生化，不仅有充分的理论支持，也有重要的实践依据。然而，在我国当前理论和实务层面，加强国有资本经营预算支出民生化还面临着宏观、中观、微观等多方面的挑战。在这一背景下，本书从公共教育、社会保障和就业、医疗卫生三个维度构建国有资本经营预算支出结构的福利效应评估体系评价近年来国有资本经营预算支出民生化的福利效应。结果表明，在现有国有资本经营预算三大民生支出项目中，社会保障和就业是影响国有资本经营预算支出福利效应的关键因素，并且随着我国国有资本经营预算民生投入力度不断加大，福利效应逐步增强。而为了进一步提高国有资本经营预算支出民生化的福利效应水平，本书又进一步从社会保障视角出发对国有资本经营预算支出结构进行优度检验，结果发现，虽然近年来国有资本经营预算民生支出总额在不断增大，但相比整个国有资本收益及资本性支出，其比重明显偏低，并未发挥其应有的作用，对社会保障水平发展系数 CSS 提高的贡献度也十分有限。因此，本章的研究为国有资本经营预算支出民生化提供了实证依据。

第一节 国有资本经营预算支出分配应当向民生倾斜

国有企业红利分配的重点向民生财政倾斜不仅是贯彻科学发展观、践行包容性增长、构建和谐社会的内在要求，也是发展市场经济的题中之义，更是提振内需、增强经济发展后劲的重要手段。

一、构建和谐社会要求国有企业红利分配应向民生领域倾斜

构建社会主义和谐社会，必须坚持以人为本，使改革和发展所创造的社会财富为全体人民所共享。改革开放以来，中国经济高速增长，然而国民并没有切实分享

到经济发展的成果,这种格局最终将弱化劳动者创造财富的积极性,不利于我国经济的持续增长。如前所述,当前我国的民生问题已发展到相当严重的程度,直接影响到和谐社会的构建。因此,作为政府预算的重要组成部分,国有资本预算支出应重点投向民生领域,有助于解决各种民生问题。此外,我国的人均GDP已超过9 000美元,进入了中等收入阶段,同时也对应着各种社会矛盾高发期,如收入分配不公、贫富差距扩大等,若未能及时妥善地处理这些矛盾、完成经济的转型升级,经济增长将会进入"中等收入陷阱"阶段,经济社会的协调发展也将不可持续。如果把国有资本经营预算支出的重点放在国有企业内部,形成国有企业的"体内循环",本来依靠垄断资源获取巨额利润的国有企业就会有更多的现金流用于内部人超水平加薪、滥发福利、在职消费等,将会扩大行业及个人的收入差距,引发新的不公平。而把国有资本收益直接或间接地投向民生,不仅减少了国有企业内部的现金流,控制职工薪酬的合理水平,还能够增加社会公众的整体福利,这样在一定程度上可缩小社会成员的收入分配差距。而且让全体人民共享国有企业改革发展的成果,有利于激发人们创新与创造财富的积极性,有助于实现经济的转型升级。科学发展、包容性增长等与和谐社会的内涵是一致的,也倡导民众公平合理地分享经济增长,寻求社会和经济的协调发展、可持续发展,我国不同社会阶层的民生问题与民生期待各异,但更加富裕、更加公平正义是民众的共同诉求。国有资本经营预算支出向民生领域倾斜,构建惠及全民、合理公平的国有资本收益分配制度正是贯彻科学发展观、践行包容性增长、构建和谐社会的题中之义。

二、国有企业的本质特征要求国有资本利润分配应以民生为重点

我国《宪法》第一章第二条规定:中华人民共和国的一切权力属于人民。这就从法律层面明确了国有资产本质上是全民所有的资产,是全社会的财富和价值。国有资本分配以民生为重点,让民众感受到自己是国有企业的所有者,这有助于消除国有企业与民众之间的对立情绪,也为国有企业发展创造良好的群众基础。此外,《中华人民共和国公司法》(以下简称《公司法》)第一章第四条规定:公司股东依法享有资产收益、参与重大决策和选择管理者等权利。既然国民是国有企业真正的出资人,按照《公司法》的规定,即市场经济"谁投资,谁受益"的原则,其理应直接或间接地享受到国有企业发展的回报。就现实而言,国有企业通过从消费者身上获取垄断利润及公共财政的补贴等方式来获取充足的现金流,这些现金流一方面被用于过度投资,不仅推动房价上涨,也不断挤压着民间资本的发展空间;另一方面被用于大幅度地发放高管薪酬等,使得国有企业和其他所有制企业的员工工资分配存在极大的不公平,导致社会总体福利受损。《中华人民共和国国有资产法》起草小组成员李曙光说,"如果用公共财政的钱来补贴国企发展,又不让纳税人享受国资收益,这就相当于让纳税人来资助与自己有竞争关系的企业。这显然不

公平。"所以，如果把巨额的国有资产变成少数人的利益分配，违背国有资产本质与市场经济原则，是一种低效乃至无效的再分配。而以民生为重点，是落实国有资产出资人所有权的必然要求。

三、扩大内需与发展经济也要求国有资本分配以民生财政为导向

在国有资本经营预算试行的初期，国有资本收益较少。然而，有限的国有资本收益却面临着巨大的支出需求，既有投向国有企业的资本性及费用性需求，也有投向民生的社会性需求。在国有企业已有巨额利润的前提下，把国有资本经营预算再投向国有企业，根据边际效用递减规律，其效用是比较低的；而我国的居民收入水平总体偏低，居民收入差距较大，基本公共服务也尚未实现均等化。因此，如果把有限的国有资本经营预算收入投向民生尤其是民生的刚性需求领域，效用是较高的。尤其2008年金融危机以来，我国开始向内需型经济转型，然而我国居民的整体收入水平不高，若国有资本经营预算支出的重点以民生财政为导向，把国有企业红利投入教育、医疗、养老、社会保障、环境保护等关系国计民生的领域，让低收入群体有更多的收益，则社会的边际消费倾向也会增大，国有企业红利也将转化为更多的内需消费。内需的扩大有助于提振国内发展经济的信心，有利于调整产业结构，增加就业水平与国民收入，进一步刺激国内消费，从而促进国民经济的良性循环。且从国外的实践经验来看，大部分国家都把国有企业收益纳入公共财政预算，美国阿拉斯加州政府还直接给该州的公民现金分红，每人每年几百到上千美元不等。因此，国有资本经营预算以民生财政为导向，不仅符合国际惯例，更有利于增加边际消费倾向，扩大内需并发展经济，尽管国有资本收益量小，但带来的传导示范效应却是显著的。

第二节 国有资本经营预算支出分配民生化的主要挑战

国有资本经营预算支出向民生倾斜，已经逐步成为社会各界关注的焦点，但在理论和实践上，国有资本经营预算民生化还面临着宏观、微观等多方面的挑战。只有采取有效策略应对这些挑战，才能加大国有资本经营预算民生支出比重，形成稳定的国有资本经营预算支出民生化机制。

一、根本挑战：何以保证国有资本经营预算民生支出的刚性

（一）理论上国有资本经营预算民生支出尚未形成共识

在理论界，叶振鹏和张馨教授提出的双元结构财政理论认为，财政作为国有资

产所有者总代表，在国家宏观调控中需要通过国家债券的筹资和国有资产财政的直接投资①来影响和调节社会资源配置的宏观结构②。"国有资产财政除了通过税后利润分配由企业自主投资这种间接投资方式外，还应将集中起来的企业上缴利润收入、国有资源收入以及发行的债券收入用于国家的直接投资"。③ "国有资产经营财政的支出主要是对国有企业投资及投资型贷款及贴息、国有资源开发等"。④ 由此可见，国有资本财政在提出之初，没有涉及类似民生性支出的表述。我们认为，国有资本最终归国民所有，由市场经济的"谁投资，谁受益"原则可知，国民拥有股东享有的一切权益。但我国人口数量较为庞大，因此采取部分国有资本收益投入民生领域的措施，能够使得国民更加切身地享受到国有股东权益。民生性支出相较于资本性支出和费用性支出而言，更能体现国有资本收益"取之于民，用之于民"的国有资产本质，同时还有助于经济发展、社会和谐、民生福祉的提高。在这一问题上，国内多数学者主张将国有资本经营预算支出主要投向民生领域。如 2008 年文宗瑜就指出，作为政府宏观调控的衍生手段，国有资本经营预算在支出中优先安排社会性支出，是向社会公众传递民生正政策的信号。⑤ 陈少晖、朱珍（2012）也指出"国有资本经营预算支出以民生财政为导向是构建和谐社会的内在要求，是发展市场经济的题中之义，是提振内需、发展经济的重要手段"⑥。

（二）政策规定上鲜有国资预算民生化支出的表述

目前，中央层面尚无国有资本财政的提法，而在国有资本经营预算的支出表述上，也没有提到与民生性支出相关的具体内容，只是笼统表示"必要时，可部分用于社会保障等项支出"的含糊提法。现行政策明确规定，资本性支出用于安排根据产业发展规划、国有经济布局和结构调整、国有企业发展要求，以及国家战略、安全等而需要的资金；费用性支出用于弥补国有企业改革成本等方面的资金需求。但对于民生性支出只是"必要时"，这种模糊的表述没有规定民生性支出的具体比例及相应的可操作性流程与方法，且"必要"这个词太主观，没有像"资本性支出""费用性支出"那么明确。这就明显反映了政府的政策意图。也就是说，国有企业的资本性支出与费用性支出是刚性支出，民生性支出只是一种弹性支出，而且是弹性很大的支出。当资本性支出、费用性支出需求很大时，民生性支出就可有可无。反之，当资本性支出、费用性支出需求较小时，才可能有部分民生性支出

---

① 直接投资指的是财政投资，与直接投资相对应的是间接投资，即通过国有企业的留利由企业进行投资。
② 叶振鹏. 中国财经理论与政策研究——叶振鹏文选（下卷）[M]. 北京：经济科学出版社，2004：463.
③ 叶振鹏. 中国财经理论与政策研究——叶振鹏文选（下卷）[M]. 北京：经济科学出版社，2004：468.
④ 叶振鹏. 中国财经理论与政策研究——叶振鹏文选（下卷）[M]. 北京：经济科学出版社，2004：483.
⑤ 文宗瑜. 从央企国有资本收益收取看民生政策与民生财政[J]. 中国投资，2008（01）：30-33.
⑥ 陈少晖，朱珍. 民生财政导向下的国有资本经营预算支出研究[J]. 当代经济研究，2012（04）：32-38.

安排。政策上这种模棱两可的表述给政府在国有资本财政的支出上留下了很大的弹性空间与自主权。简言之，截至目前，现行国有资本经营预算支出仍然主要是"取之于国企，用之于国企"的基本格局，难以反映国有资产的全民所有的民生本质。

（三）实践中也体现出明显的非民生倾向

长期以来，虽然广大民众是国有资产的最终所有者，但民众自身很难感觉到国有资产就是自己的，因为民众没有分享到国有资产保值增值所带来的实惠。一方面，国有企业通过政府投资、申请政府补贴并且占用大部分社会资源来获取利润，这些巨额的利润留存于企业，在自由现金流过多的情况下，企业有投资的冲动，从而形成了许多盲目的、低效的、负净现金流的投资，致使国有资产不同程度地流失；另一方面，2007年以来，国家开始试行国有资本经营预算制度，国有企业开始向国家上缴利润。但不仅上缴的利润较少，而且基本没有用于民生性的支出，民众仍然很难直接或间接地从中受益。实际上，上缴的这些利润几乎又重新回流国有企业，从而形成"取自国企，用于国企"的体内循环。这进一步说明国有资本财政实践中的非民生倾向。

二、宏观挑战：何以保证政府双重身份的有效分开

在我国社会主义公有制的基本制度安排下，政府与国有企业之间具有双重身份关系，一方面作为社会的管理者，国有企业与其他非国有企业一样，需要缴纳税收，体现市场主体的公平性；另一方面，作为国有企业的所有者，政府享有国有企业的税后利润，这是市场经济的基本运行规则。政府获得国有资本经营预算收入，体现的是政府作为国有企业的所有者这重身份，因此，在安排国有资本经营预算支出时，国有资本经营预算支出应更多地从国有资本的保值增值这一目标出发。而强调国有资本经营预算的民生化，则要求政府要跳出国有资本所有者这一身份约束，更多地从社会管理者角度来安排支出。这种双重身份融为一体的特征，就使得在实践中往往容易陷入身份错位的误区，这是国有资本经营预算民生化面临的宏观挑战。

（一）公共财政下政府的社会管理者身份

建立健全社会主义市场经济体制是我国的改革目标，与之相适应的财政模式是公共财政。公共财政是政府以社会管理者的身份执行社会管理者的职能。其主要在市场失灵领域发挥作用，为弥补市场机制配置资源的缺陷，解决市场经济运行中市场本身无法解决的效率、公平、稳定等问题而存在。一方面，政府为企业和个人提供公共产品，企业和个人为享受公共产品而必须向国家上缴税收，而税收就成了公共财政最主要的收入来源；另一方面，非经营性支出构成了公共财政支出的主要范

畴，如行政性支出、国防支出、科教文卫支出、公共工程投资、社会保障支出等。公共财政的收支是非营利性的、非市场性的收支。

（二）国有资本财政下政府的资本所有者身份

我国是以公有制为基础的社会主义国家，国有经济占据主导地位。而国有经济可以分为营利性的国有经济和非营利性的国有经济，其中营利性的国有经济占有重要地位，且营利性的国有经济多数分布在关系国计民生的领域，这些领域所要求的投资成本大、周期长等特点决定了其短时间内不可能退出或者说不可能交由私营经济去经营。而营利性的国有资产，即国有资本是政府注入国有经济的主要形式，这就决定了在转轨期或者说在我国尚未实现完全的公共财政时期，我国还存在作为生产资料所有者的政府与国有企业的另一重分配关系，即国有资本财政分配关系。国有资本财政是政府以生产资料所有者的身份行使资产所有者职能，其活动本身就是属于市场活动的一部分。它是由作为国有资本所有者的政府按照市场机制的要求而开展的分配活动，其分配的目的在于通过实现国有资本的保值增值来满足股东权益的最大化。国有资本财政的收支是营利性的、市场性的收支。一方面，根据政府对国有企业控制程度的不同，国有独资企业的利润收入与国有控股、参股企业的股利股息收入成为国有资本财政收入的主要来源。当然，国有资产转让收入、企业清算收入和其他国有资本经营收入（利息收入、资源补偿费收入、资产占用费收入等）也是属于国有资本财政的收入来源。另一方面，以国有资本财政收入为基础来安排国有资本财政的支出，考虑到国有企业在国民经济中的重要地位，要有部分资金重新投向国有企业，用于国有企业的再投资、自主创新、技术改造等，以期实现国有资本的保值增值和战略性的结构调整。即要逐步退出市场领域的国有企业，在国有资本财政的支出上可以少安排或不安排；而对于仍具有战略意义的国有企业，在国有资本财政的支出上可以多安排一些。

（三）以国家为主体的分配行为决定了政府的双重身份难以分开

首先，尽管公共财政和国有资本财政有着本质性的区别，但二者都是建立在社会主义基础上的财政分配行为，都是以国家为主体的分配，都是为实现社会主义国家的职能服务。公共财政本要求政府不涉足市场有效作用的领域，但国有资本财政又要求政府处于市场有效作用的领域，这逻辑上似乎有些矛盾。那政府到底什么时候涉足市场有效领域？什么时候涉足市场失效领域？前已述及，双元结构财政的主体都是政府，尽管强调其身份形式不同，但在同一主体下，这种双重身份很难分开。其次，长期以来，国有企业作为共和国"长子"的角色没有改变，政府的"父爱主义"犹存，一方面国有企业取得了巨额的利润后，较少对作为终极所有者的民众股东直接或间接的分红；另一方面又经常以各种理由向财政申请补贴，而在大多数情况下均能够得以核准。最后，现行体制下，大量的经济资源向国有企业倾斜，从而形成了很多资源垄断性的国有企业。由于国有企业的这种天生优势，使得其虽然名义上是与一般性企业一样在市场中竞争，但政策保护和垄断优势使之轻易即可在竞争中胜出。综上所述，何以保证政府社会管理者和资本所有者的双重身份的有效分开是国有资本财政得以构建的重要基础，而厘清政府双重身份的边界，使国有资本经营预算向民生领域倾斜，则是我们面临的一项亟待解决的宏观性挑战。

三、中观挑战：何以保证国有资产监管部门执行政策的客观性

现行制度规定各级财政部门为国有资本经营预算的主管部门，各级国有资产监管机构以及其他有国有企业监管职能的部门和单位，为国有资本经营预算单位。国有资本经营预算收入由国有资产监管机构负责收取并上缴财政。国有资本经营预算单位的主要职责是：负责研究制定本单位国有经济布局和结构调整的政策措施，参与制定国有资本经营预算有关管理制度；提出本单位年度国有资本经营预算建议草案；组织和监督本单位国有资本经营预算的执行；编报本单位年度国有资本经营决算草案；负责组织所监管（或所属）企业上缴国有资本收益。

《中央企业国有资本收益收取管理暂行办法》规定：中央企业国有资本收益由财政部负责收取，国资委负责组织所监管企业上交国有资本收益。中央企业国有资本收益上交，按照以下程序执行：

（一）国资委在收到所监管企业上报的国有资本收益申报表及相关材料后15个工作日内提出审核意见，报送财政部复核，财政部在收到国资委审核意见后15个工作日内提出复核意见。

（二）国资委根据财政部同意的审核结果向所监管企业下达国有资本收益上交通知，财政部向财政部驻企业所在省（自治区、直辖市、计划单列市）财政监察专员办事处下达国有资本收益收取通知；财政部驻企业所在省（自治区、直辖市、计划单列市）财政监察专员办事处依据财政部下达的国有资本收益收取通知向企业开具"非税收入一般缴款书"。

（三）国资委所监管企业依据国资委下达的国有资本收益上交通知和财政部驻企业所在省（自治区、直辖市、计划单列市）财政监察专员办事处开具的"非税收入一般缴款书"办理国有资本收益交库手续。

（四）财政部在收到中国烟草总公司的国有资本收益申报表及相关材料后15个工作日内，完成审核工作并向财政部驻北京市财政监察专员办事处下达国有资本收益收取通知；中国烟草总公司凭财政部驻北京市财政监察专员办事处开具的"非税收入一般缴款书"办理国有资本收益交库手续。

如上可知，现行制度虽然规定财政部负责收取并安排国有资本经营预算支出，但具体的组织工作是由国资委负责，如国有资本经营预算建议草案的编制、国有资

本经营预算的执行、国有资本经营决算草案的编报、国有资本收益收取的组织工作等。我们认为，从法律规定来说，国资委作为出资人代表也应该无可争辩地拥有支配国有企业税后利润的权利。从实践角度上看，作为出资人代表的国资委负责编制国有资本经营预算，有利于对国有企业资产进行监督，协调其与国有企业尤其是中央企业之间的利益关系，有利于控制国有企业的投资行为，从而引导产业结构的调整。因此，理论与实践都要求国资委应负责编制国有资本经营预算。然而，国资委同时又是国务院直属正部级特设机构，其扮演着市场经济下的经济人角色，也有政治和经济上的自身利益诉求。经济上，国资委的目标是实现国有资产的保值增值，自然不希望国有企业可支配的现金流大幅减少，即不希望因国有企业利润大幅上缴至财政部而影响国有资产的保值增值。这样，国资委在一定程度上就成了国有企业的代言人，一方面，国有企业会以国有企业承担了众多的社会责任等理由为借口与政府讨价还价，以尽可能地压低国有企业上缴利润的比例、缩小国有企业分红提升的比例或拉长较低分红比例的时间；另一方面，在国有资本财政的支出上，作为具有一定行政级别的国有资本官员具备与其他政府官员的谈判能力，其会向政府争取较多的红利份额投向国有企业，不致使国有企业总体的现金流明显减少。政治上，国资委的相关负责人作为具有一定行政级别的政府官员，仕途上的晋升需求使其具有实现国有资产保值增值目标的强烈动机。所以，在这点上，国有资产监管部门也会与政府反复博弈以压低国有企业对国家的利润分配率并增加国家对国有企业的再分配率，来实现经济目标从而实现其政治上的利益诉求。

综上所述，国资委及相关国有资产监管部门作为国有资产的出资人代表，无论从经济上还是从政治上，其都希望国有企业做强做大及国有资产的保值增值效果显著。这样，国有资产监管部门往往是站在国有企业的立场上去看问题、解决问题，会尽可能地为国有企业争取利益，而忽略了国有资产终极所有者——全体国民的公共利益。这样，实践中，应如何保证国有资产监管部门在国有资本收益的收缴上严格按照国家规定执行，不存在隐瞒国有企业利润、包庇国有企业不如实上缴利润等行为？应如何保证国有资产监管部门在国有资本收益的支出安排上践行出资人代表的职责，尽可能地为民谋利，使国有资本收益反哺于民？因此，何以保证国有资产监管部门执行政策的客观性成了国有资本经营预算面临的又一大挑战。

四、微观挑战：何以保证国有企业如期足额上缴国有资本收益

我国国有资本经营预算制度实行以收定支，因此，只有建立起规范的国有资本收益收缴制度特别是让国有企业如期足额地上缴国有资本收益，才能保障国有资本经营预算支出的现实需要。国有资本经营预算制度试行以来，作为被收缴主体的国有企业表面上做出如实如期上缴利润的行为。第一，由于制度变迁下路径依赖形成的制度惯性使得国有企业已形成不向国家上缴利润的思维定式，即国有企业还未意

识到上缴利润是其作为国有资本代理人一种义务。长期以来，大量的国有资本应缴利润留存在国有企业内部，由国有企业自行管理，这样的管理模式使得国有企业内部拥有大量可支配的现金流，从而使国有企业可以"大手大脚"式地使用税后利润。现在要把税后利润的一部分上缴至国家，作为追求效用最大化的国有企业管理层自然不愿意主动配合。第二，由于政府与国有企业之间存在的委托代理链条过长，政府难以获得国有企业全部的信息，所以国有企业往往会利用信息优势和政策的漏洞展开与政府的隐性博弈，规避利润的上缴。第三，政府的激励约束机制不够完善。按照现行政策规定，国有企业即使如期足额上缴利润并不能得到相应的奖励，而如果没有如实上缴收益也不会受到政府的严厉惩罚。第四，国有企业确实承担了一部分政府职能。部分国有企业往往要根据政府的要求进入那些民营资本无力或不愿进入的，事关我国国民经济持续稳定发展的、门槛高、风险大的战略性产业。这些战略性产业的技术发展和市场前景均存在较大的不确定性，国有资本也难以通过正常的市场运营实现保值增值，从而也难以为国有资本经营预算提供收入。

综上所述，作为经济人的国有企业在上述缘由的共同作用下，使得国有资本收益未能如期足额上缴至财政部门。在实践中表现为：有些国有资产占有单位对国家投入的资本形成的税后利润实行不分配的政策，或有相应的分配政策但不及时分配，从而影响国有资本收益上缴时间；有些国有企业因为对占有和使用的国有资产经营管理不当，固定资产的闲置率高，导致经营性亏损，国有资本收益上缴失去基础；有些国有资产占用单位出租资产、对外投资未能及时收回，或未及时入账，造成收不抵支或坐收坐支，造成国有资本收益未能及时上缴。① 更为典型的情况是，许多国有企业事实上是不仅实现了盈利，而且拥有巨额利润，但在经济人的利益驱动下，往往会利用信息不对称进行"内部人控制"，通过加大税前支出、提高管理层薪酬、增加职务消费、滥发奖金、超标准发放员工工资福利等种种途径将利润从末端向前端转移，以规避红利上缴或截留部分利润。当然，也有一些国有企业如实但不如期上缴国有资本收益。当期的国有资本经营预算收入是以上期的国有企业利润为基数，当期的国有资本收益一般要到下期的6月或7月才能核算出来，加上国有企业没有及时与财政部门的核算，导致国有资本经营预算资金真正纳入国库的时间延迟。

国有企业原本应如期足额上缴国有资本投资收益，这本应是一种具有刚性约束力的正式制度安排，但在政府对国有企业"父爱主义"的驱使下，这种刚性变得弹性；国资委在实践中往往也以国有企业的利益为中心，国有资本经营预算缺乏实质性的监管；国有企业自身更是尽可能地规避或减少利润的上缴，以使国有企业内部可支配现金流尽可能最大化。这样，在国有资本经营预算的构建和运行

---

① 李捷，王荆，潘晓苏. 强化审计监督规范国有资本收益收缴管理[EB/OL]. 中华人民共和国审计署网站，2010 – 10 – 29. http://www.audit.gov.cn.

中，何以保证国有企业如期足额上缴国有资本收益，成为微观层面面临的又一大亟待应对的挑战。

第三节 国有资本经营预算支出分配民生化的福利效应

国有资本经营预算支出向民生倾斜是构建和谐社会的内在要求，也是扩大内需的重要手段。然而，自 2007 年国有资本经营预算制度实行以来，由于受到各种因素影响，国有资本经营预算支出结构并未突出民生化特点，支出结构民生化的福利效应屡受公众质疑。本节在构建国有资本经营预算支出结构福利效应评估指标体系基础上，采用粒子群优化算法改进下的 AHP 层次分析法确定各项指标权重，并进一步检验了 2015~2017 年的国有资本经营预算支出福利效应水平。这对于厘清当前国有资本经营预算支出结构福利效应的影响因素，反思当前国有资本经营预算支出非民生化现象，进一步推进国有资本经营预算支出民生化均具有重要意义。

一、问题的提出

根据财政部网站公布的数据可知，2018 年 1~12 月，我国国有企业的总营业收入达 587 500.7 亿元，同比增长 10.0%；利润总额达 33 877.7 亿元，同比增长 12.9%。归属母公司所有者的净利润达到 15 311.6 亿元，增长了 10.1%；税后净利润达 24 653.7 亿元，增长 12.1%；净资产收益率是 3.9%，增长了 0.1 个百分点。由此可以看出，我国的国有及国有控股企业在 2018 年表现出良好的运行态势，其总营业收入和利润总额均比上一年度增加了至少 10 个百分点，而且利润的增幅要比营业总收入高出 2.9 个百分点，表现出了企业盈利能力不断提高。

国有企业在我国经济发展中占主导地位，其利润分配的比例及流向不仅关系到国家经济转型、国民经济结构调整、国有企业经营效益，而且对于促进社会公平，解决民生问题都有重大影响。2007 年 12 月，国资委与财政部印发了《中央企业国有资本收益收取管理办法》，结束了国有企业 13 年未向国家分红的历史。而 2007 年国有企业重启利润上缴制度以来至今已十多年，但依然存在上缴比例过低、利润分配体制内循环、流向民生的收益偏少等问题。不仅导致国有企业过度投资、在职消费问题，而且民生保障资金未能从国有企业利润中得到补充，降低了社会总福利。目前，中共十九大把民生问题提到了前所未有的高度，民生建设问题已经刻不容缓。因此，为了能够更好地推进国有资本经营预算支出民生化，针对国有资本经营预算支出结构的社会福利效应分析显得尤为重要。

二、国有资本经营预算支出福利效应评估指标体系的设计

（一）福利效应评估对象的分类

由于国有资本经营预算的福利支出所涉及的内容比较复杂，范围比较广泛，而且各省份具体统计口径不一致。因此，在探讨福利效应评估指标体系之前，首先应该结合我国的具体情况，对我国福利效应评估对象按照一定标准和方法，进行科学合理的分类。本书基于我国福利支出结构及支出绩效价值取向，对国有资本经营预算支出福利效应的评估主要从教育、医疗卫生、社会保障和就业三大主要方面着手。

（二）评估指标体系的设计原则及基本思路

本书在设计国有资本经营预算支出福利效应评估指标体系时，遵循的原则主要有：

1. 目的性原则

明确指标体系设计的根本目的是评估该指标体系是否有效的重要依据。由于本节构建评估指标体系的根本目的在于评价国有资本经营预算支出分配民生化的福利效应。因此，福利效应评估指标体系的设计应当充分考虑公民的福利支出内涵和内在规律，在评估过程中，既需要对福利支出的有效性进行评估和监管，也需要进一步考察当地政府是否真正履行自身公共服务职能，致力于改善人民群众的生活环境。

2. 科学性原则

民生性福利支出范围包括社会保障和就业、公共教育、公共医疗卫生等内容，福利支出表现形式多样。据此，科学设计福利效应评估体系应当兼顾国有资本经营预算支出的长期与短期效益、经济和社会效益以及局部和整体效益。具体而言，指标体系的科学性主要表现在：（1）由于民生性福利支出所涉及的领域较广，必须根据各个不同领域的具体情况设计相关数据指标，尽可能地揭示其本质特征。（2）在设计指标体系的过程中，由于部分指标数据无法直接获得，但又是绩效评估体系中必不可少的一部分，应当尽可能寻找替代性指标。

3. 实用性原则

评估指标体系的设计应尽可能简单、便于实际执行，各指标应简明易懂，同时便于数据的收集和处理。由于福利效应评估的工作较为日常化，因而指标体系的设计越简练越好，需要采用问卷调查或专家评价获得的定性指标也不宜过多。此外，评估指标体系一般相对稳定，频繁变化会影响评估工作的开展和应用。

基于上述原则，本书对福利效应评估指标体系的设计思路如下：第一，根据我国福利支出的内涵及其重点发展目标确定福利效应评估体系的关键性数据指标；第二，在每个关键范围内结合收集到的指标数据选取并确定关键要素；第三，最后确定评估指标体系。

（三）福利效应评估指标体系的构建

根据上述指标设计的原则和方法，基于现阶段我国国有资本经营预算福利支出的实际，本书建立了一个包含 13 个指标的国有资本经营预算支出结构的福利效应评估指标体系。如图 16-1 所示，围绕国有资本经营预算支出结构中福利支出的已有指标形成了由公共教育、社会保障和就业、医疗卫生共 3 个一级指标和 10 个二级指标构成的国有资本经营预算支出结构的福利效应评估指标体系。

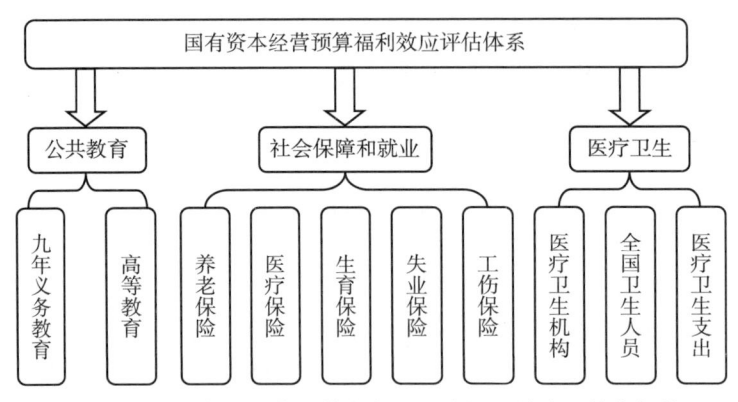

图 16-1 国有资本经营预算支出结构的福利效应评估指标体系

三、AHP 层次分析法及粒子群优化算法的基本原理

（一）AHP 层次分析法

在复杂的多目标决策系统中，由于各因素的重要程度性不同，需要对各因素的相对重要性进行准确评估，而反映各因素相对重要性程度的就是其对应的指标权重。目前学术界对这类多目标决策系统指标权重确定的方法有主观赋值法、专家调查法和层次分析法。与前两种方法相比，层次分析法（AHP）能够将定性与定量分析相结合，将复杂问题分解为若干个简单要素，得出的指标权重也更加准确合理。因此，本书主要采用了 AHP 层次分析方法进行福利效应评估，其作用原理是通过将复杂系统中的因素进行划分，得到具有相关性的有序层次，进而通过定性指标模糊量化方法算出层次单排序（权数）和总排序，使得多目标决策问题能够有序进行。一般来讲，层次分析法可以分成三步走：第一步，将所需要解决的决策问题置于复杂系统中，对这个系统中存在的具有相关性的影响因素进行划分，从而得到具有多层的分析结构模型；第二步，通过定量和定性方法的相互结合，层层排序；第三步，根据各个方案计算得出所占的权重，以帮助系统的决策问题得出正确的最终评估结论。

具体而言，采用层次分析法（AHP）确定指标权重的步骤如下（具体流程如图 16-2 所示）。

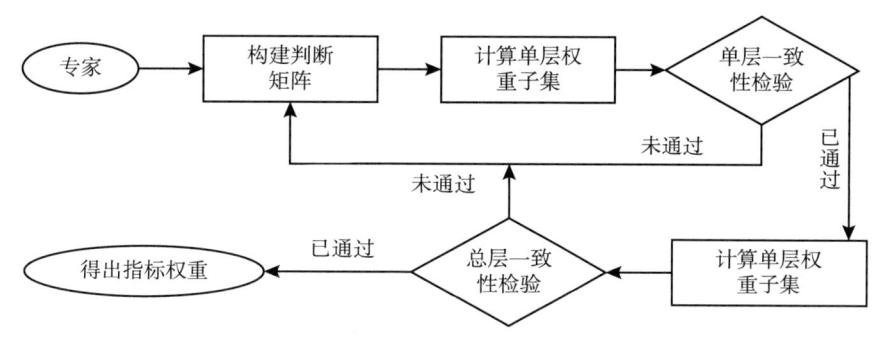

图 16-2 层析分析法具体流程

1. 构造判断矩阵

这是层次分析法中确定指标权重的关键环节。实证中一般采用 1~9 级标度法判断层次结构模型中各层次要素之间的相对重要性并确定其相对权重，其比例标度如表 16-1 所示。

表 16-1　比例标度

标度	含义
1	表示两因素相比，对指定层级的影响同样重要
3	表示两因素相比，一个因素比另一个因素稍微重要
5	表示两因素相比，一个因素比另一个因素较强重要
7	表示两因素相比，一个因素比另一个因素强烈重要
9	表示两因素相比，一个因素比另一个因素绝对重要
2、4、6、8	上述两相邻判断的中间值，表示需要在上述两个标准之间取折中值
倒数	因素 i 与 j 比较的判断值 u_{ij}，则因素 j 与 i 比较的判断值 $u_{ji}=1/u_{ij}$

假设 A 表示目标层，u_i、u_j（i, j = 1, 2, …, n）表示各因素。u_{ij} 表示 u_i 对 u_j 的相对重要性数值。构造的层级比较判断矩阵 P 如下。

$$P = \begin{bmatrix} u_{11} & u_{12} & \cdots & u_{1n} \\ u_{21} & u_{22} & \cdots & u_{2n} \\ \vdots & \vdots & \vdots & \vdots \\ u_{n1} & u_{n2} & \cdots & u_{nn} \end{bmatrix} \tag{16.1}$$

2. 计算重要性排序

根据上一步，求出其最大特征根 λ_{max} 所对应的特征向量 w。方程如下：

$$P_w = \lambda_{max} \cdot w \tag{16.2}$$

所求特征向量 w 经归一化，即为各评价因素的重要性排序，也就是权重分配。

3. 一致性检验

即对第一步得出的判断矩阵进行一致性检验，以检验第二步得到的权重分配是否合理。检验使用公式：

$$CR = \frac{CI}{RI} \quad (16.3)$$

式（16.3）中，CR 为判断矩阵的随机一致性比率；CI 为判断矩阵一致性的指标。它由式（16.4）给出：

$$CI = \frac{\lambda_{max} - n}{n - 1} \quad (16.4)$$

RI 为判断矩阵的平均随机一致性指标，1~9 阶的判断矩阵的 RI 值如表 16-2 所示。

表 16-2　　　　　　　　　　　　　RI 值

n	1	2	3	4	5	6	7	8	9
RI	0	0	0.52	0.89	1.12	1.26	1.36	1.41	1.46

当判断矩阵 P 的 CR < 0.1 时或 $\lambda_{max} = n$，CI = 0 时，认为 P 具有满意的一致性，否则需调整 P 中的元素以使其具有满意的一致性。

（二）粒子群优化算法

为削弱层次分析法中专家打分造成的主观性影响，本书引入粒子群优化算法修正专家打分矩阵。粒子群优化算法（particle swarm optimization，PSO）是由埃伯哈特（Eberhart）博士和肯尼迪（Kennedy）博士研究鸟群捕食行为过程时得出的优化问题求解算法，其基本原理是整个群体通过个体间的信息共享，将复杂问题简单化、无序问题有序化，最终使得问题获得了最优的解决方案。

具体而言，粒子群优化算法作用机理的具体过程如下：将小鸟抽象化成既无质量也无体积的粒子，并且可延伸至 N 维空间，其中粒子 I 在 N 维空间的位置表示为矢量 $X_i = (x_1, x_2, \ldots, x_N)$，飞行速度表示为矢量 $V_i = (v_1, v_2, \ldots, v_N)$。

空间中的每个粒子都有固定的适应值（fitness value），这是由其目标函数确定，而且每个粒子不仅知道自己在目前为止的最佳位置（pbest）和当前的位置 X_i，还知道整个空间每个粒子的最佳位置（gbest）。这样，每一粒子在拥有自己飞行经验的同时也了解同伴的飞行经验，从而可以更好地采取下一步的运动。

粒子群优化算法开始发挥其作用时，空间中的粒子均为随机排列，经过不断地迭代，即粒子在已知两个"极值"（pbest，gbest）的前提下，不断更新自己的速度和位置，最终获得了最优解。粒子更新自己速度和位置的公式如下：

$$V_i = V_i + c_i \times \text{rand}(0 \sim 1) \times (\text{pbest}_i - x_i)$$
$$+ c_2 \times \text{rand}(0 \sim 1) \times (\text{gbest}_i - x_i) \quad (16.5)$$

$$x_i = x_i + V_i \quad (16.6)$$

$i = 1, 2, \ldots, M$，M 是该群体中粒子的总数；V_i 是粒子的速度；pbest 为个体最优值；gbest 为整体最优值；rand(0~1)为介于（0，1）之间的随机数；X_i 是粒子的当前位置。c_1 和 c_2 是学习因子，通常取 $c_1 = c_2 = 2$。在每一维，粒子都有一个最大限制速度 V_{max}，如果某一维的速度超过设定的 V_{max}，那么这一维的速度就被限定为 V_{max}。

四、基于 AHP 层次分析法的实证分析

在具体的福利效应评估中，AHP 层次分析模型发挥了重要的作用。它不仅使我们更加了解福利效应评估各维度应包含的内容，而且有助于我们根据各指标重要性程度有效迅速地改善国民公共服务质量。按照 AHP 分析方法步骤，本书筛选六位专家进行评价，根据收回的专家评估结果，进行一致性检验。当判断矩阵的 CR < 0.1 时，则判断矩阵具有满意的一致性；当判断矩阵的 CR > 0.1 时，则需要跟评估专家进一步沟通，直到判断矩阵的 CR < 0.1。主要过程和结果如下：

（一）二级指标权重

1. 专家一

原始权重矩阵（见表 16 - 3）：国有资本经营预算支出结构的福利效应评估指标体系 $\lambda_{max} = 3.0092$；CR = 0.0089；CI = 0.0046。

表 16 - 3　　　　　　　　专家一原始权重矩阵

指标	公共教育	社会保障和就业	医疗卫生
公共教育	1	1/3	1
社会保障和就业	3	1	4
医疗卫生	1	1/4	1

修正后计算用权重矩阵（见表 16 - 4）：国有资本经营预算支出结构的福利效应评估指标体系：$\lambda_{max} = 3.0092$；CR = 0.0089；CI = 0.0046。

表 16 - 4　　　　　　　专家一修正后计算用权重矩阵

指标	公共教育	社会保障和就业	医疗卫生	权重（w_i）
公共教育	1	1/3	1	0.1919
社会保障和就业	3	1	4	0.6337
医疗卫生	1	1/4	1	0.1744

2. 专家二

原始权重矩阵（见表 16 - 5）：国有资本经营预算支出结构的福利效应评估指标体系 $\lambda_{max} = 3.0291$；CR = 0.028；CI = 0.0145。

表 16-5　　　　　　　　专家二原始权重矩阵

指标	公共教育	社会保障和就业	医疗卫生
公共教育	1	1/5	1
社会保障和就业	5	1	3
医疗卫生	1	1/3	1

修正后计算用权重矩阵（见表 16-6）：国有资本经营预算支出结构的福利效应评估指标体系 $\lambda_{max}=3.0291$；$CR=0.028$；$CI=0.0145$。

表 16-6　　　　　　专家二修正后计算用权重矩阵

指标	公共教育	社会保障和就业	医疗卫生	权重（w_i）
公共教育	1	1/5	1	0.1562
社会保障和就业	5	1	3	0.6586
医疗卫生	1	1/3	1	0.1852

3. 专家三

原始权重矩阵（见表 16-7）：国有资本经营预算支出结构的福利效应评估指标体系 $\lambda_{max}=3.4357$；$CR=0.4189$；$CI=0.2178$。

表 16-7　　　　　　　　专家三原始权重矩阵

指标	公共教育	社会保障和就业	医疗卫生
公共教育	1	1/3	1/3
社会保障和就业	3	1	7
医疗卫生	3	1/7	1

修正后计算用权重矩阵（见表 16-8）：国有资本经营预算支出结构的福利效应评估指标体系 $\lambda_{max}=3.0707$；$CR=0.068$；$CI=0.0354$。

表 16-8　　　　　　专家三修正后计算用权重矩阵

指标	公共教育	社会保障和就业	医疗卫生	权重（w_i）
公共教育	1	0.1056	0.3360	0.0640
社会保障和就业	9.4679	1	7.0472	0.7899
医疗卫生	2.9762	0.1419	1	0.1461

4. 专家四

原始权重矩阵（见表 16-9）：国有资本经营预算支出结构的福利效应评估指标体系 $\lambda_{max} = 3$；$CR = 0$；$CI = 0$。

表 16-9　　　　　　　　　　专家四原始权重矩阵

指标	公共教育	社会保障和就业	医疗卫生
公共教育	1	1/3	1
社会保障和就业	3	1	3
医疗卫生	1	1/3	1

修正后计算用权重矩阵（见表 16-10）：国有资本经营预算支出结构的福利效应评估指标体系 $\lambda_{max} = 3$；$CR = 0$；$CI = 0$。

表 16-10　　　　　　　　专家四修正后计算用权重矩阵

指标	公共教育	社会保障和就业	医疗卫生	权重（w_i）
公共教育	1	1/3	1	0.2
社会保障和就业	3	1	3	0.6
医疗卫生	1	1/3	1	0.2

5. 专家五

原始权重矩阵（见表 16-11）：国有资本经营预算支出结构的福利效应评估指标体系 $\lambda_{max} = 3.2948$；$CR = 0.2834$；$CI = 0.1474$。

表 16-11　　　　　　　　　专家五原始权重矩阵

指标	公共教育	社会保障和就业	医疗卫生
公共教育	1	1/7	5
社会保障和就业	7	1	7
医疗卫生	1/5	1/7	1

修正后计算用权重矩阵（见表 16-12）：国有资本经营预算支出结构的福利效应评估指标体系 $\lambda_{max} = 3.0787$；$CR = 0.0757$；$CI = 0.0393$。

表 16-12　　　　　　　　专家五修正后计算用权重矩阵

指标	公共教育	社会保障和就业	医疗卫生	权重（w_i）
公共教育	1	0.3179	5.0064	0.2745
社会保障和就业	3.1457	1	6.8074	0.6529
医疗卫生	0.1997	0.1469	1	0.0725

6. 专家六

原始权重矩阵（见表16-13）：国有资本经营预算支出结构的福利效应评估指标体系 $\lambda_{max}=3.0291$；$CR=0.028$；$CI=0.0145$。

表16-13　　　　　　　　专家六原始权重矩阵

指标	公共教育	社会保障和就业	医疗卫生
公共教育	1	1	3
社会保障和就业	1	1	5
医疗卫生	1/3	1/5	1

修正后计算用权重矩阵（见表16-14）：国有资本经营预算支出结构的福利效应评估指标体系 $\lambda_{max}=3.0291$；$CR=0.028$；$CI=0.0145$。

表16-14　　　　　　专家六修正后计算用权重矩阵

指标	公共教育	社会保障和就业	医疗卫生	权重（w_i）
公共教育	1	1	3	0.4054
社会保障和就业	1	1	5	0.4806
医疗卫生	1/3	1/5	1	0.1140

（二）三级指标权重

1. 专家一

（1）中间层指标——公共教育原始权重矩阵（见表16-15）：$\lambda_{max}=2$；$CR=0$；$CI=0$。

表16-15　　　专家一中间层指标——公共教育原始权重矩阵

指标	九年义务教育	高等教育
九年义务教育	1	1
高等教育	1	1

修正后计算用权重矩阵——公共教育（见表16-16）：$\lambda_{max}=2$；$CR=0$；$CI=0$。

表16-16　　　专家一修正后计算用权重矩阵——公共教育

指标	九年义务教育	高等教育	权重（w_i）
九年义务教育	1	1	0.5
高等教育	1	1	0.5

(2) 中间层指标——社会保障和就业原始权重矩阵（见表16-17）：λ_{max} = 7.9282；CR = 0.6536；CI = 0.732。

表 16-17　　专家一中间层指标——社会保障和就业原始权重矩阵

指标	养老保险	医疗保险	生育保险	失业保险	工伤保险
养老保险	1	3	1/4	1/2	1/4
医疗保险	1/3	1	4	1/3	6
生育保险	4	1/4	1	4	4
失业保险	2	3	1/4	1	1
工伤保险	4	1/6	1/4	1	1

修正后计算用权重矩阵——社会保障和就业（见表16-18）：λ_{max} = 5.4423；CR = 0.0987；CI = 0.1106。

表 16-18　　专家一修正后计算用权重矩阵——社会保障和就业

指标	养老保险	医疗保险	生育保险	失业保险	工伤保险	权重（w_i）
养老保险	1	1.9535	1.9403	1.3255	2.2504	0.2891
医疗保险	0.5119	1	2.9355	2.0022	5.2215	0.3087
生育保险	0.5154	0.3407	1	3.0507	2.5521	0.1895
失业保险	0.7544	0.4994	0.3278	1	1.9485	0.1339
工伤保险	0.4444	0.1915	0.3918	0.5132	1	0.0789

(3) 中间层指标——医疗卫生原始权重矩阵（见表16-19）：λ_{max} = 3.0092；CR = 0.0089；CI = 0.0046。

表 16-19　　专家一中间层指标——医疗卫生原始权重矩阵

指标	医疗卫生机构	全国卫生人员数	政府医疗卫生支出
医疗卫生机构	1	4	3
全国卫生人员数	1/4	1	1
政府医疗卫生支出	1/3	1	1

修正后计算用权重矩阵——医疗卫生（见表16-20）：λ_{max} = 3.0092；CR = 0.0089；CI = 0.0046。

表 16-20　　专家一修正后计算用权重矩阵——医疗卫生

指标	医疗卫生机构	全国卫生人员数	政府医疗卫生支出	权重（w_i）
医疗卫生机构	1	4	3	0.6337
全国卫生人员数	1/4	1	1	0.1744
政府医疗卫生支出	1/3	1	1	0.1919

（4）指标汇总。根据上述结果，汇总专家一指标权重如表 16-21 至表 16-23 所示。

表 16-21　　专家一中间层权重

节点	全局权重	同级权重
公共教育	0.1919	0.1919
社会保障和就业	0.6337	0.6337
医疗卫生	0.1744	0.1744

表 16-22　　专家一总排序的一致性

父级	一致性
国有资本经营预算支出结构的福利效应评估指标体系	0.0886

表 16-23　　专家一指标权重汇总

底层元素	结论值（全局权重）	同级权重	上级
九年义务教育	0.0960	0.5000	公共教育
高等教育	0.0960	0.5000	公共教育
养老保险	0.1832	0.2891	社会保障和就业
医疗保险	0.1956	0.3087	社会保障和就业
生育保险	0.1201	0.1895	社会保障和就业
失业保险	0.0848	0.1339	社会保障和就业
工伤保险	0.0500	0.0789	社会保障和就业
医疗卫生机构	0.1105	0.6337	医疗卫生
全国卫生人员数	0.0304	0.1744	医疗卫生
政府医疗卫生支出	0.0335	0.1919	医疗卫生

2. 专家二

（1）中间层指标——公共教育原始权重矩阵（见表 16-24）：$\lambda_{max} = 2$；$CR = 0$；$CI = 0$。

表 16-24　　　　专家二中间层指标——公共教育原始权重矩阵

指标	九年义务教育	高等教育
九年义务教育	1	4
高等教育	1/4	1

修正后计算用权重矩阵——公共教育（见表 16-25）：$\lambda_{max}=2$；$CR=0$；$CI=0$。

表 16-25　　　　专家二修正后计算用权重矩阵——公共教育

指标	九年义务教育	高等教育	权重（w_i）
九年义务教育	1	4	0.8
高等教育	1/4	1	0.2

（2）中间层指标——社会保障和就业原始权重矩阵（见表 16-26）：$\lambda_{max}=5.2982$；$CR=0.0666$；$CI=0.0745$。

表 16-26　　　　专家二中间层指标——社会保障和就业原始权重矩阵

指标	养老保险	医疗保险	生育保险	失业保险	工伤保险
养老保险	1	1	4	4	6
医疗保险	1	1	4	3	5
生育保险	1/4	1/4	1	3	5
失业保险	1/4	1/3	1/3	1	1
工伤保险	1/6	1/5	1/5	1	1

修正后计算用权重矩阵——社会保障和就业（见表 16-27）：$\lambda_{max}=5.2982$；$CR=0.0666$；$CI=0.0745$。

表 16-27　　　　专家二修正后计算用权重矩阵——社会保障和就业

指标	养老保险	医疗保险	生育保险	失业保险	工伤保险	权重（w_i）
养老保险	1	1	4	4	6	0.3774
医疗保险	1	1	4	3	5	0.3435
生育保险	1/4	1/4	1	3	5	0.1495
失业保险	1/4	1/3	1/3	1	1	0.0740
工伤保险	1/6	1/5	1/5	1	1	0.0556

(3) 中间层指标——医疗卫生原始权重矩阵（见表 16-28）：λ_{max} = 4.838；CR = 1.7673；CI = 0.919。

表 16-28　　　　　专家二中间层指标——医疗卫生原始权重矩阵

指标	医疗卫生机构	全国卫生人员数	政府医疗卫生支出
医疗卫生机构	1	1/3	5
全国卫生人员数	3	1	1/3
政府医疗卫生支出	1/5	3	1

修正后计算用权重矩阵——医疗卫生（见表 16-29）：λ_{max} = 3.0754；CR = 0.0725；CI = 0.0377。

表 16-29　　　　　专家二修正后计算用权重矩阵——医疗卫生

指标	医疗卫生机构	全国卫生人员数	政府医疗卫生支出	权重（w_i）
医疗卫生机构	1	1.4453	4.7342	0.5543
全国卫生人员数	0.6919	1	1.4412	0.2917
政府医疗卫生支出	0.2112	0.6939	1	0.1539

(4) 指标汇总。根据上述结果，汇总专家二指标权重如表 16-30 至表 16-32 所示。

表 16-30　　　　　　　　专家二中间层权重

节点	全局权重	同级权重
公共教育	0.1562	0.1562
社会保障和就业	0.6586	0.6586
医疗卫生	0.1852	0.1852

表 16-31　　　　　　　　专家二总排序的一致性

父级	一致性
国有资本经营预算支出结构的福利效应评估指标体系	0.0672

表 16-32　　　　　　　　专家二指标权重汇总

底层元素	结论值（全局权重）	同级权重	上级
九年义务教育	0.1249	0.8	公共教育
高等教育	0.0312	0.2	

续表

底层元素	结论值（全局权重）	同级权重	上级
养老保险	0.2486	0.3774	社会保障和就业
医疗保险	0.2263	0.3435	社会保障和就业
生育保险	0.0985	0.1495	社会保障和就业
失业保险	0.0487	0.0740	社会保障和就业
工伤保险	0.0366	0.0556	社会保障和就业
医疗卫生机构	0.1026	0.5543	医疗卫生
全国卫生人员数	0.0540	0.2917	医疗卫生
政府医疗卫生支出	0.0285	0.1539	医疗卫生

3. 专家三

（1）中间层指标——公共教育原始权重矩阵（见表16-33）：$\lambda_{max}=2$；CR=0；CI=0。

表16-33　专家三中间层指标——公共教育原始权重矩阵

指标	九年义务教育	高等教育
九年义务教育	1	3
高等教育	1/3	1

修正后计算用权重矩阵——公共教育（见表16-34）：$\lambda_{max}=2$；CR=0；CI=0。

表16-34　专家三修正后计算用权重矩阵——公共教育

指标	九年义务教育	高等教育	权重（w_i）
九年义务教育	1	3	0.75
高等教育	1/3	1	0.25

（2）中间层指标——社会保障和就业原始权重矩阵（见表16-35）：$\lambda_{max}=6.1152$；CR=0.2489；CI=0.2788。

表16-35　专家三中间层指标——社会保障和就业原始权重矩阵

指标	养老保险	医疗保险	生育保险	失业保险	工伤保险
养老保险	1	5	7	5	3
医疗保险	1/5	1	5	7	5

续表

指标	养老保险	医疗保险	生育保险	失业保险	工伤保险
生育保险	1/7	1/5	1	5	5
失业保险	1/5	1/7	1/5	1	1/3
工伤保险	1/3	1/5	1/5	3	1

修正后计算用权重矩阵——社会保障和就业（见表16-36）：$\lambda_{max} = 5.4388$；CR = 0.0979；CI = 0.1097。

表16-36　　专家三修正后计算用权重矩阵——社会保障和就业

指标	养老保险	医疗保险	生育保险	失业保险	工伤保险	权重（w_i）
养老保险	1	3.0429	6.9796	5.8249	4.3971	0.4874
医疗保险	0.3286	1	3.3746	7.0679	3.6779	0.2709
生育保险	0.1433	0.2963	1	6.2795	2.3826	0.1263
失业保险	0.1717	0.1415	0.1592	1	0.5574	0.0405
工伤保险	0.2274	0.2719	0.4197	1.7939	1	0.0749

（3）中间层指标——医疗卫生原始权重矩阵（见表16-37）：$\lambda_{max} = 3.0291$；CR = 0.028；CI = 0.0145。

表16-37　　专家三中间层指标——医疗卫生原始权重矩阵

指标	医疗卫生机构	全国卫生人员数	政府医疗卫生支出
医疗卫生机构	1	3	5
全国卫生人员数	1/3	1	1
政府医疗卫生支出	1/5	1	1

修正后计算用权重矩阵——医疗卫生（见表16-38）：$\lambda_{max} = 3.0291$；CR = 0.028；CI = 0.0145。

表16-38　　专家三修正后计算用权重矩阵——医疗卫生

指标	医疗卫生机构	全国卫生人员数	政府医疗卫生支出	权重（w_i）
医疗卫生机构	1	3	5	0.6586
全国卫生人员数	1/3	1	1	0.1852
政府医疗卫生支出	1/5	1	1	0.1562

(4) 指标汇总。根据上述结果，汇总专家三指标权重如表 16-39 至表 16-41 所示。

表 16-39　　　　　　　　　　专家三中间层权重

节点	全局权重	同级权重
公共教育	0.0640	0.0640
社会保障和就业	0.7899	0.7899
医疗卫生	0.1461	0.1461

表 16-40　　　　　　　　　　专家三总排序的一致性

父级	一致性
国有资本经营预算支出结构的福利效应评估指标体系	0.0924

表 16-41　　　　　　　　　　专家三指标权重汇总

底层元素	结论值（全局权重）	同级权重	上级
九年义务教育	0.0480	0.7500	公共教育
高等教育	0.0160	0.2500	公共教育
养老保险	0.3850	0.4874	社会保障和就业
医疗保险	0.2140	0.2709	社会保障和就业
生育保险	0.0998	0.1263	社会保障和就业
失业保险	0.0320	0.0405	社会保障和就业
工伤保险	0.0592	0.0749	社会保障和就业
医疗卫生机构	0.0962	0.6586	医疗卫生
全国卫生人员数	0.0271	0.1852	医疗卫生
政府医疗卫生支出	0.0228	0.1562	医疗卫生

4. 专家四

(1) 中间层指标——公共教育原始权重矩阵（见表 16-42）：$\lambda_{max} = 2$；CR = 0；CI = 0。

表 16-42　　　　专家四中间层指标——公共教育原始权重矩阵

指标	九年义务教育	高等教育
九年义务教育	1	1
高等教育	1	1

修正后计算用权重矩阵——公共教育（见表16-43）：$\lambda_{max}=2$；CR=0；CI=0。

表16-43　　　　专家四修正后计算用权重矩阵——公共教育

指标	九年义务教育	高等教育	权重（w_i）
九年义务教育	1	1	0.5
高等教育	1	1	0.5

（2）中间层指标——社会保障和就业原始权重矩阵（见表16-44）：$\lambda_{max}=5.3814$；CR=0.0851；CI=0.0953。

表16-44　　　　专家四中间层指标——社会保障和就业原始权重矩阵

指标	养老保险	医疗保险	生育保险	失业保险	工伤保险
养老保险	1	1	3	7	9
医疗保险	1	1	5	7	5
生育保险	1/3	1/5	1	5	5
失业保险	1/7	1/7	1/5	1	1/3
工伤保险	1/9	1/5	1/5	3	1

修正后计算用权重矩阵——社会保障和就业（见表16-45）：$\lambda_{max}=5.3814$；CR=0.0851；CI=0.0953。

表16-45　　　　专家四修正后计算用权重矩阵——社会保障和就业

指标	养老保险	医疗保险	生育保险	失业保险	工伤保险	权重（w_i）
养老保险	1	1	3	7	9	0.3825
医疗保险	1	1	5	7	5	0.3767
生育保险	1/3	1/5	1	5	5	0.1485
失业保险	1/7	1/7	1/5	1	1/3	0.0358
工伤保险	1/9	1/5	1/5	3	1	0.0565

（3）中间层指标——医疗卫生原始权重矩阵（见表16-46）：$\lambda_{max}=3$；CR=0；CI=0。

表 16-46 专家四中间层指标——医疗卫生原始权重矩阵

指标	医疗卫生机构	全国卫生人员数	政府医疗卫生支出
医疗卫生机构	1	1	5
全国卫生人员数	1	1	5
政府医疗卫生支出	1/5	1/5	1

修正后计算用权重矩阵——医疗卫生（见表 16-47）：$\lambda_{max}=3$；CR=0；CI=0。

表 16-47 专家四修正后计算用权重矩阵——医疗卫生

指标	医疗卫生机构	全国卫生人员数	政府医疗卫生支出	权重（w_i）
医疗卫生机构	1	1	5	0.4545
全国卫生人员数	1	1	5	0.4545
政府医疗卫生支出	1/5	1/5	1	0.0909

（4）指标汇总。根据上述结果，汇总专家四指标权重如表 16-48 至表 16-50 所示。

表 16-48 专家四中间层权重

节点	全局权重	同级权重
公共教育	0.2	0.2
社会保障和就业	0.6	0.6
医疗卫生	0.2	0.2

表 16-49 专家四总排序的一致性

父级	一致性
国有资本经营预算支出结构的福利效应评估指标体系	0.0737

表 16-50 专家四指标权重汇总

底层元素	结论值（全局权重）	同级权重	上级
九年义务教育	0.1	0.5	公共教育
高等教育	0.1	0.5	公共教育

续表

底层元素	结论值（全局权重）	同级权重	上级
养老保险	0.2295	0.3825	社会保障和就业
医疗保险	0.2260	0.3767	
生育保险	0.0891	0.1485	
失业保险	0.0215	0.0358	
工伤保险	0.0339	0.0565	
医疗卫生机构	0.0909	0.4545	医疗卫生
全国卫生人员数	0.0909	0.4545	
政府医疗卫生支出	0.0182	0.0909	

5. 专家五

（1）中间层指标——公共教育原始权重矩阵（见表16-51）：$\lambda_{max}=2$；CR=0；CI=0。

表16-51　　　　专家五中间层指标——公共教育原始权重矩阵

指标	九年义务教育	高等教育
九年义务教育	1	1/3
高等教育	3	1

修正后计算用权重矩阵——公共教育（见表16-52）：$\lambda_{max}=2$；CR=0；CI=0。

表16-52　　　　专家五修正后计算用权重矩阵——公共教育

指标	九年义务教育	高等教育	权重（w_i）
九年义务教育	1	1/3	0.25
高等教育	3	1	0.75

（2）中间层指标——社会保障和就业原始权重矩阵（见表16-53）：$\lambda_{max}=5.4268$；CR=0.0953；CI=0.1067。

表16-53　　　　专家五中间层指标——社会保障和就业原始权重矩阵

指标	养老保险	医疗保险	生育保险	失业保险	工伤保险
养老保险	1	1	5	5	5
医疗保险	1	1	5	5	5

续表

指标	养老保险	医疗保险	生育保险	失业保险	工伤保险
生育保险	1/5	1/5	1	5	5
失业保险	1/5	1/5	1/5	1	1
工伤保险	1/5	1/5	1/5	1	1

修正后计算用权重矩阵——社会保障和就业（见表16-54）：λ_{max} = 5.4268；CR = 0.0953；CI = 0.1067。

表16-54　　　　专家五修正后计算用权重矩阵——社会保障和就业

指标	养老保险	医疗保险	生育保险	失业保险	工伤保险	权重（w_i）
养老保险	1	1	5	5	5	0.3744
医疗保险	1	1	5	5	5	0.3744
生育保险	1/5	1/5	1	5	5	0.1426
失业保险	1/5	1/5	1/5	1	1	0.0543
工伤保险	1/5	1/5	1/5	1	1	0.0543

（3）中间层指标——医疗卫生原始权重矩阵（见表16-55）：λ_{max} = 3.1356；CR = 0.1304；CI = 0.0678。

表16-55　　　　专家五中间层指标——医疗卫生原始权重矩阵

指标	医疗卫生机构	全国卫生人员数	政府医疗卫生支出
医疗卫生机构	1	1	1
全国卫生人员数	1	1	3
政府医疗卫生支出	1	1/3	1

修正后计算用权重矩阵——医疗卫生（见表16-56）：λ_{max} = 3.1037；CR = 0.0997；CI = 0.0519。

表16-56　　　　专家五修正后计算用权重矩阵——医疗卫生

指标	医疗卫生机构	全国卫生人员数	政府医疗卫生支出	权重（w_i）
医疗卫生机构	1	0.9113	1.0335	0.3111
全国卫生人员数	1.0973	1	2.9679	0.4705
政府医疗卫生支出	0.9676	0.3369	1	0.2184

（4）指标汇总。根据上述结果，汇总专家五指标权重如表16-57至表16-59所示。

表16-57　　专家五中间层权重

节点	全局权重	同级权重
公共教育	0.2745	0.2745
社会保障和就业	0.6529	0.6529
医疗卫生	0.0725	0.0725

表16-58　　专家五总排序的一致性

父级	一致性
国有资本经营预算支出结构的福利效应评估指标体系	0.0955

表16-59　　专家五指标权重汇总

底层元素	结论值（全局权重）	同级权重	上级
九年义务教育	0.0686	0.2500	公共教育
高等教育	0.2059	0.7500	公共教育
养老保险	0.2445	0.3744	社会保障和就业
医疗保险	0.2445	0.3744	社会保障和就业
生育保险	0.0931	0.1426	社会保障和就业
失业保险	0.0354	0.0543	社会保障和就业
工伤保险	0.0354	0.0543	社会保障和就业
医疗卫生机构	0.0226	0.3111	医疗卫生
全国卫生人员数	0.0341	0.4705	医疗卫生
政府医疗卫生支出	0.0158	0.2184	医疗卫生

6. 专家六

（1）中间层指标——公共教育原始权重矩阵（见表16-60）：$\lambda_{max}=2$；$CR=0$；$CI=0$。

表16-60　　专家六中间层指标——公共教育原始权重矩阵

指标	九年义务教育	高等教育
九年义务教育	1	5
高等教育	1/5	1

修正后计算用权重矩阵——公共教育（见表16-61）：$\lambda_{max}=2$；CR=0；CI=0。

表16-61　　　　专家六修正后计算用权重矩阵——公共教育

指标	九年义务教育	高等教育	权重（w_i）
九年义务教育	1	5	0.8333
高等教育	1/5	1	0.1667

（2）中间层指标——社会保障和就业原始权重矩阵（见表16-62）：$\lambda_{max}=5.1144$；CR=0.0255；CI=0.0286。

表16-62　　　　专家六中间层指标——社会保障和就业原始权重矩阵

指标	养老保险	医疗保险	生育保险	失业保险	工伤保险
养老保险	1	1	7	9	9
医疗保险	1	1	5	7	7
生育保险	1/7	1/5	1	3	3
失业保险	1/9	1/7	1/3	1	1
工伤保险	1/9	1/7	1/3	1	1

修正后计算用权重矩阵——社会保障和就业（见表16-63）：$\lambda_{max}=5.1144$；CR=0.0255；CI=0.0286。

表16-63　　　　专家六修正后计算用权重矩阵——社会保障和就业

指标	养老保险	医疗保险	生育保险	失业保险	工伤保险	权重（w_i）
养老保险	1	1	7	9	9	0.4430
医疗保险	1	1	5	7	7	0.3746
生育保险	1/7	1/5	1	3	3	0.0950
失业保险	1/9	1/7	1/3	1	1	0.0437
工伤保险	1/9	1/7	1/3	1	1	0.0437

（3）中间层指标——医疗卫生原始权重矩阵（见表16-64）：$\lambda_{max}=3.1356$；CR=0.1304；CI=0.0678。

表16-64　　　　　专家六中间层指标——医疗卫生原始权重矩阵

指标	医疗卫生机构	全国卫生人员数	政府医疗卫生支出
医疗卫生机构	1	3	5
全国卫生人员数	1/3	1	5
政府医疗卫生支出	1/5	1/5	1

修正后计算用权重矩阵——医疗卫生（见表16-65）：λ_{max} = 3.1016；CR = 0.0977；CI = 0.0508。

表16-65　　　　　专家六修正后计算用权重矩阵——医疗卫生

指标	医疗卫生机构	全国卫生人员数	政府医疗卫生支出	权重（w_i）
医疗卫生机构	1	2.7586	4.7886	0.6061
全国卫生人员数	0.3625	1	4.4993	0.3018
政府医疗卫生支出	0.2088	0.2223	1	0.0921

（4）指标汇总。根据上述结果，汇总专家六指标权重如表16-66至表16-68所示。

表16-66　　　　　　　　专家六中间层权重

节点	全局权重	同级权重
公共教育	0.4054	0.4054
社会保障和就业	0.4806	0.4806
医疗卫生	0.1140	0.1140

表16-67　　　　　　　　专家六总排序的一致性

父级	一致性
国有资本经营预算支出结构的福利效应评估指标体系	0.0327

表16-68　　　　　　　　专家六指标权重汇总

底层元素	结论值（全局权重）	同级权重	上级
九年义务教育	0.3378	0.8333	公共教育
高等教育	0.0676	0.1667	

续表

底层元素	结论值（全局权重）	同级权重	上级
养老保险	0.2129	0.443	社会保障和就业
医疗保险	0.18	0.3746	
生育保险	0.0457	0.095	
失业保险	0.021	0.0437	
工伤保险	0.021	0.0437	
医疗卫生机构	0.0691	0.6061	医疗卫生
全国卫生人员数	0.0344	0.3018	
政府医疗卫生支出	0.0105	0.0921	

（三）专家群决策指标结果

对上述六位专家判断矩阵的相关数值进行平均，所得的总指标权重结果如表16-69和表16-70所示。

表16-69　　　　　　　　底层结论（权重）

底层元素	结论值（全局权重）	同级权重	上级
九年义务教育	0.1292	0.6001	公共教育
高等教育	0.0861	0.3999	
养老保险	0.2506	0.3941	社会保障和就业
医疗保险	0.2144	0.3371	
生育保险	0.091	0.1431	
失业保险	0.0406	0.0638	
工伤保险	0.0394	0.0619	
医疗卫生机构	0.082	0.5514	医疗卫生
全国卫生人员数	0.0452	0.3037	
政府医疗卫生支出	0.0216	0.145	

表16-70　　　　　　　　群决策中间层权重

节点	全局权重	同级权重
公共教育	0.2153	0.2153
社会保障和就业	0.636	0.636
医疗卫生	0.1487	0.1487

（四）指标重要程度的分析

根据上述实证分析结果，我们可以看出传统的"三大民生服务"依旧强势，其中排在一级指标首位的是社会保障和就业，然后是公共教育，公共医疗卫生位于第三。由于这三大民生服务与人民群众的生活息息相关，因此受到广大人民群众的密切关注，对政府民生性公共服务的支出绩效产生较大影响。在二级指标中，养老保险、医疗保险、九年制义务教育则位于前列，表现出基层民众的基本需求。其中，养老保险在社会保障和就业中占有比重最大；在公共教育中权重占比最大的是九年制义务教育；在公共卫生中权重占比最大的是医疗卫生机构。

五、评估指标体系的绩效检验

基于前面构建的国有资本经营预算支出福利效应评估体系及其权重，本书重点评估2015~2017年的国有资本经营预算支出福利效应。具体内容如下：

（一）数据的整理及初步处理

由于本书所构建的指标体系中，部分指标数据无法在统计年鉴中直接得到，一些指标数据的收集是由统计年鉴中已有的数据来替代，一些是通过统计年鉴中相关的数据计算所获得，一些则来自公共部门公开发布的数据，还有个别数据来自国家统计局内网公布的统计数据。

由于国有资本经营预算支出福利效应评估体系中各指标单位和数据类型不同，为使得绩效评估结论更为可靠，需要对所收集到的数据进行标准化处理。常见的数据标准化处理方式有 Z-score 标准化、Decimal scaling 小数定标标准化、Min-max 标准化等。本书采用 Min-max 标准化的数据处理方式，其方法较为简单，主要是将原始数据通过标准映射到 [0, 1] 的区间内。由于针对民生性公共服务支出绩效的评估既有正向型指标，也有逆向性指标，其标准化处理公式分别如下：

正向指标标准化函数：

$$r_i = ud_i(x_i) = (x_i - M_{min})/(M_{max} - M_{min}) \quad (16.7)$$

逆向指标标准化函数：

$$r_i = ud_i(x_i) = (M_{max} - x_i)/(M_{max} - M_{min}) \quad (16.8)$$

（二）我国国有资本经营预算福利效应的绩效指数评估结果

根据各项指标权重及其标准化值，可以得到我国2015~2017年福利效应的绩效指数如表16-71所示。由该表不难看出，2015~2017年，我国传统的"三大民生服务"中，除了公共教育绩效指数外，社会保障和医疗卫生绩效指数均是呈逐年增加的趋势，进而使得福利总绩效指数也呈现逐年提高的良好态势。

表 16-71　　　　我国国有资本经营预算福利效应的绩效指数
评估结果统计（2015～2017 年）

年份	公共教育绩效	社会保障	医疗卫生	福利总绩效
2015	0.14	0.28	0.06	0.48
2016	0.19	0.58	0.09	0.86
2017	0.14	1.06	0.15	1.35

六、实证研究结论和启示

本节基于现行国有资本经营预算支出结构中福利支出的已有指标，从公共教育、社会保障和就业、医疗卫生三个维度构建国有资本经营预算支出结构的福利效应评估指标体系，并采用粒子群优化算法改进下的 AHP 层次分析法确定各项指标权重，进而运用这一指标体系评价我国 2015～2017 年的国有资本经营预算支出福利效应。研究结果表明，在现有国有资本经营预算三大民生支出项目中，社会保障和就业是影响国有资本经营预算支出福利效应的关键因素，而公共教育及医疗卫生也对保障国有资本经营预算福利效应具有不同程度的影响。此外，2015～2017 年的国有资本经营预算支出福利效应评价结果表明近年来我国国有资本经营预算民生投入力度不断加大，福利效应逐步增强。当然，为进一步增强现行国有资本经营预算福利效应，完善国有资本经营预算制度是根本保障，就此而言，本书认为可以从以下几方面进行研究和探讨。

（一）进一步加强以提高福利效应为目标的体制建设

尽管近些年来，我国国有资本经营预算支出福利效应有所提高，但政府过分强调经济发展，而轻视福利体系建设的问题依然存在。对此，随着国有企业经济实力的增加，应当推进国有资本经营预算支出逐渐从竞争性行业转向存在市场失灵的公共领域。如增加我国社会保障和就业、公共医疗卫生、公共教育等公共项目的支出。改革开放以来，我国经济确实得到了快速发展，但其经济结构却出现了明显失衡，从而引发医疗卫生和公共教育支出不足、社会保障资金不足、房地产泡沫及失业人群增加等一系列影响社会发展的民生问题。这些问题表明当前政府职能应做出相应的转变，例如，政府在调整经济结构和促进产业升级的同时，还应当进一步提升公共服务水平，加大对社会公共福利的支持力度。

（二）完善地方政府财权与事权相匹配的财政分权体制

造成政府不重视民生福利体系建设的原因除了政治激励体制的落后，另一深层次原因就是财政分权体制的不完善。1994 年我国分税制改革后部分地方政府出现"事权过大财权过小"的问题，使得地方政府财政资金来源受到很大限制。加上地方政府以经济发展为第一要务，将有限的财政资金主要投入经济建设领域，进一步加剧了民生项目建设资金的短缺。换言之，我国地方民生福利建设不到位的主要原因在于地方政府将本应用于支持当地福利设施建设的财政资金用于发展经济。因此，政府应合理安排经济领域和民生福利领域的预算资金支出安排，协调好两者的关系，同时还需完善地方政府财权和事权相匹配的财政分权体制，加大上级政府对下级基层政府的财政转移支付力度，以确保公共福利设施的建设。

（三）制定完善的福利发展绩效考核体系

由于绩效考核结果决定当地政府的绩效奖金、官员晋升等利益，地方政府的行为会受到考核体系变化的影响，因而建立一套清晰有效的福利发展绩效考核体系对于增强社会福利效应也至关重要。具体而言，为实现绩效考核结果优秀，地方政府很可能会认真研究绩效考核指标内容、方法、奖惩机制等，并进一步采取措施向考核优秀的目标靠拢。据此，可在地方政府绩效评价体系设计中考虑设立专门的地方福利和民生建设指标，而不应局限在经济发展内容上。也就是说，在地方政府绩效评价中应当协调好民生福利建设与经济发展的关系。例如，在经济发展方面，合理安排考核预算数，确保预算支出的有效性，地方政府也需要根据本地经济发展的实际情况，制定出合适的短期目标和长期目标；在民生福利建设方面，可从绝对量指标和相对增长指标两个方面同时进行考核。

（四）逐步扩大国有资本收益对公共福利性支出的划拨范围和比例

国有资本收益在二次分配过程中，除了满足国有经济结构调整的资金需求外，更多应当用于福利性民生支出。但当前我国国有资本经营预算体系中的支出安排仍偏向于资本性支出和费用性支出，对公益性民生福利支出的预算安排比重明显偏低。实际上，国家在制定国有资本收益征缴的比例及标准时，已经考虑了国有企业的实际经营状况和利润上缴承受能力。因此，在10%~20%的现行征缴比例下的国有企业利润留存已基本能够满足国有企业改革和发展需要，如若在国有资本经营预算收益二次分配中又将其置于第一位来考虑，难免导致国有企业过度投资和全民股东利益受损。鉴于此，我们认为，国有资本经营预算收益二次分配不应当以国有企业资本性支出和费用性支出为主，而应当根据国有企业发展的现状和国有资本经营预算的财力状况，逐步扩大其对民生支出的范围和比例。

第四节　国有资本经营预算支出分配民生化的优度检验

在国有企业红利征缴比例倍增目标下，国有资本经营预算收入稳步提升，其预算支出流向问题自然成为社会焦点。针对这一问题，学术界基本形成两类观点：一类主张国有资本的经营性,认为其预算收入应主要用于国有企业的再发展。另一类则主张国有资本经营预算支出应向民生倾斜,在其支出中,应着眼于构建和谐社会,体现民生政策导向(文宗瑜,2008),向社会保障、医疗、教育等民生领域倾斜。但从两类观点来看,二者并不完全对立,双方并没有否认资本性支出与民生支出的必要性,只是侧重点不同。事实上,无论是现有的政策文件,还是相关的研究观点,对于国有资本经营预算支出应当投向民生领域这一问题上,已经基本达成共识。但对其应该在多大程度上用于民生支出,还存在分歧。因此本书认为,关于国有资本经营预算的支出流向,问题的关键并不是方向问题,而是结构问题,也即国有资本经营预算中民生支出的优度问题。本书试图从适度普惠型社会福利的视角来检验我国国有资本经营预算中民生支出的适应性问题,以期为该问题的深入探讨拓展一个新的研究视角。

一、适度普惠型社会福利的内涵界定与考量标准

从前面对国有资本经营预算民生支出的现状分析来看,2007年国有资本经营预算制度试行以来,我国国有企业利润总额不断提高,但缴纳公共财政的国有资本收益总量及用于民生支出的比重都比较低。针对这一问题,很多学者从国有资本全民所有等角度出发,提出国有资本经营预算支出应该向民生领域倾斜的观点或建议,但在倾斜程度的考量上并没有给出具体的标准。本书拟从适度普惠型社会福利视角来考量我国国有资本经营民生支出与经济发展的优度。

(一) 适度普惠型社会福利的内涵与特征

对于社会福利的定义,不同的学者给出了不同的定义。著名社会保障学者郑功成认为,社会福利是一个整体的概念,是一个社会全体成员的个人福利的总和或个人福利的集合[①]。社会福利可以有广义和狭义之分,狭义的社会福利是国家政府部门改善特定人群社会生活的一种制度措施,广义的社会福利扩展到了全体公民,是为保障全体社会成员过上更好的物质和精神生活而进行的一种制度安排。而适度普惠型的社会福利,其服务对象是介于狭义的社会福利与广义社会福利之间的一种福利制度。适度普惠型社会福利是2007年底由民政部门提出来的,"认为我国未来福利事业要由'补缺型'向'适度普惠型'转变。"本书在综合各学者社会福利定义及国家相关部门关于福利政策导向的基础上,将适度普惠型社会福利的内涵界定为:与特定的社会发展阶段相联系,从传统的补缺型社会福利向全民普惠型社会福利转变的一种中间的社会福利状态。

根据上述界定,我们认为,我国适度社会福利应该具备以下几个特征:一是历史的阶段性。适度普惠型的社会福利是一个历史范畴,是我国从21世纪初进入小

---

① 郑功成. 社会保障学——理念、制度、实践和思辨 [M]. 北京:商务印书馆,2000.

康社会到21世纪中叶达到中等发达国家这一阶段相适应的福利化进程。二是适应性。适度普惠型的社会福利应该是与经济发展水平、国民观念、社会民主发展及物质技术条件相适应的。三是渐进性。我国适度普惠型社会福利应该是一个随着经济发展程度稳步提高，渐进发展的福利化过程。

（二）适度普惠型社会福利的考量标准

前面已经阐明，适度普惠型社会福利应该是与我国现阶段经济发展水平相适应的一个福利化进程，其应该是一个什么样的水平以及我们用什么样的尺度来考量是我们要解决的问题。

1. 社会福利与经济发展水平的适应关系

关于社会福利水平的评估，我国学者大多是以社会保障的支出水平来测度。因此，关于社会福利与经济发展适应性的分析也主要借鉴社会保障水平理论。国际上关于社会保障水平的测度方法主要是用社会保障支出总额占国内生产总值的比重来衡量，即：

$$社会保障水平 = \frac{社会保障支出额}{GDP} \times 100\%$$

关于社会保障水平与经济适应性的测度，本书借鉴杨翠迎（2004）社会保障水平发展系数，即社会保障支出水平的增长弹性来考察。

$$CSS = \frac{RSSL}{RGDP} = \frac{\Delta SSL}{\Delta GDP} \times \frac{GDP}{SSL}$$

其中，CSS表示社会水平发展系数，表示社会保障水平对经济增长的反映程度。RSSL为人均社会保障水平增长率，RGDP为人均国内生产总值增长率。如果CSS < 0，说明社会保障水平与经济发展呈反方向变动。如果0 < CSS < 1，说明其与经济发展呈正向变动，但增长幅度小于经济发展。如果CSS = 1，说明社会保障水平与经济发展同水平增长。如果CSS > 1，说明社会保障水平增长速度快于经济发展。

2. 不同阶段社会保障水平估值

由于经济发展不同阶段，国家对社会保障的发展策略是不一样的，因此，不能单凭社会发展系数来判断其与经济发展程度的适应性。国内外的相关研究表明，社会保障与经济发展之间呈现低水平适应—高水平调整—高水平适应的向右上倾的倒"U"形曲线。穆怀中（1997）从西方国家社会保障发展轨迹中通过实证分析将社会保障水平分为四个阶段，并给出了与其相适应的经济发展水平与社会保障水平（见表16-72）。从表16-72中我们可以看到，人均GDP在4 000~10 000美元是社会保障发展最快的时期。2013年我国国内生产总值达568 845亿元，同比增长7.7%，人均GDP约为6 767美元。这意味着我国具备建立适度普惠型社会福利的经济实力，已经进入了社会保障快速增长的上升期。

表16-72   社会保障与经济发展适应情况

社会保障 发展阶段	前社会保障时期	形成时期	上升期	上升期	稳定期
经济发展水平	人均GDP2 000 美元以下	人均GDP2 000～ 4 000美元	人均GDP4 000～ 10 000美元	人均GDP10 000～ 20 000美元	人均GDP20 000 美元以上
社会保障 发展状况	不存在真正意义 的社会保障	低水平适应	快速增长	增速放缓	平缓增长
社会保障水平	—	13.2%～ 17.24%	17.24%～ 26.58%	26.58%～ 28.75%	28.75%～ 32.04%

二、国有资本经营预算民生支出的优度检验

如上所述，我国已经进入适度普惠型社会福利制度的建设时期，而且进入了社会保障快速增长的上升期。因此，其社会发展系数 CSS 应该略 >1，适度超越经济的发展速度以弥补前期低水平适应的不足。另外，社会保障水平（即社会保障支出总额占 GDP 的比重）应该达到 17.24%～26.58%。本书认为，要建立与现阶段我国经济发展水平相适应的适度普惠型社会福利制度，除了进一步加大公共财政的民生投入力度外，还应该拓展新的资金来源渠道，逐步提高国有资本经营预算民生支出的比重。基于这一观点，首先有必要对现行国有资本经营预算民生支出与社会保障水平提高之间的关系进行优度检验。

（一）国有资本经营预算民生支出优度的考量标准

第一，从现有国有资本经营预算民生支出的内容来看，其主要也是投入社会保障，因此，我们对全国社会保障水平的测度，应该是公共财政与国有资本经营预算中社会保障支出的加总，即社会保障水平 = $\frac{社会保障支出总额}{GDP} \times 100\%$ = $\frac{公共财政社会保障支出额 + 国有资本财政民生支出额}{GDP} \times 100\%$。按照历史发展经验，这一时期社会保障支出水平应该占 GDP 的 17.24%～26.58%，我国是否达到这一水平，其中国有资本财政的民生支出的贡献度多大是首要的考量标准。

第二，我国已经进入社会保障发展快速增长的时期，其社会发展系数 CSS 应该略 >1，即社会保障增长率应该略快于经济增长。全国社会保障的收入来源由公共财政社会保障支出与国有资本财政的民生支出构成，因此，这两个部分支出的增长都应该略快于经济增长才能确保这一时期社会保障需求的快速增长。综上所述，对国有资本经营预算民生支出的优度考量可以从以下两个方面进行：一是国有资本经营预算民生支出在 17.24%～26.58% 优度值中的贡献度（占比）；二是国有资本经营预算民生支出增长对经济发展的反映程度。

（二）国有资本经营预算民生支出的优度检验

由于中央国有资本经营预算在2010年才正式开始编制，关于国有资本经营预算的民生支出才有比较准确的统计数据，所以本书对其进行优度检验只能从国有资本经营预算实行前后对比来考察。选取的为中央国有资本经营预算正式编制后4年（2010~2013年）及其对称的前4年（2006~2009年）的数据。

首先，从国有资本经营预算民生支出在17.24%~26.58%优度值中的贡献度（占比）来看。从表16-73中可以看到，中央国有资本经营预算试行前后，我国社会保障支出总额占GDP的比重都没有超过3%，远远低于国际经验实证所得17.24%的下限。2006年达5%，但应该是由于统计口径不一致造成的。而从国有资本经营预算中民生支出的贡献度来看，其并没有对提高我国社会保障水平起到应有的作用。除2010年外，我国国有资本经营预算中的民生支出对社会保障支出总额的占比不到1%，这样的水平远不能体现国有资本经营预算支出的民生导向，广大国民并没有分享到国有企业改革和发展的成果。

表16-73　　　　国有资本经营预算编制前后社会保障情况

	年份	2006	2007	2008	2009
中央国有资本经营预算正式编制前	公共财政社会保障支出额（亿元）	11 859.90	5 447.16	6 804.29	7 606.68
	GDP（亿元）	236 314.43	265 810.31	314 045.43	340 902.81
	社会保障水平（%）	5.02	2.05	2.17	2.23
	年份	2010	2011	2012	2013
中央国有资本经营预算正式编制后	公共财政社会保障支出额（亿元）	9 130.62	11 109.40	12 585.52	14 417
	国有资本财政民生支出额（亿元）	158.54	40.51	67.21	84.29
	社会保障支出总额（亿元）	9 289.16	11 149.91	12 652.73	14 501.29
	GDP（亿元）	401 512.80	473 104.05	519 470.10	568 845
	社会保障水平（%）	2.31	2.36	2.44	2.55
	国有资本财政民生支出的贡献度（%）	1.71	0.36	0.53	0.58

注：需要指出的是，2007年后才有专列"社会保障与就业支出"项目，故2007年后社会保障支出额用这一项目支出数据。2006年社会保障支出主要包括：行政事业单位离退休费、失业保险基金、企业职工基本养老保险、抚恤和社会福利支出以及社会保障补助支出等。

资料来源：根据历年《中国统计年鉴》、财政部及国家统计局网站数据整理所得。

其次，从国有资本经营预算民生支出增长对经济发展的反映程度来看。从表16-73我们可以看到，2010~2013年我国国有资本经营预算中民生支出分别为158.54亿元、40.51亿元、67.21亿元、84.29亿元，2011年较2010年急剧下降，但后两年又有所上升，规律性并不明显，且其基数比较小，因此用其本身对经济发展的反映程度来衡量并不能反映真实情况。而全国的社会保障总额为公共财政社会保障支出与国有资本财政民生支出的加总,我们可以对比 2010 年加入国有资本财政民生支出后,社会保障发展系数 CSS 是否有所提高,提高的幅度有多大。按照国际经验,我国现已经进入社会保障快速增长的上升期,因此,社会发展系数 CSS 以大于 1 的速度发展是符合社会发展规律的。但相比之下,我国国有资本经营预算中民生支出对整个社会发展系数的提高并没有发挥多大的作用。从图 16 - 3 可以看到,公共财政社会保障支出增长弹性线与加总后的社会保障支出的增长弹性线几乎重合。2011 年加入国有资本经营预算民生支出后,社会保障发展系数反而下降了 0.1 个百分点,这是由于 2011 年国有资本经营预算中民生支出急剧下降造成的。

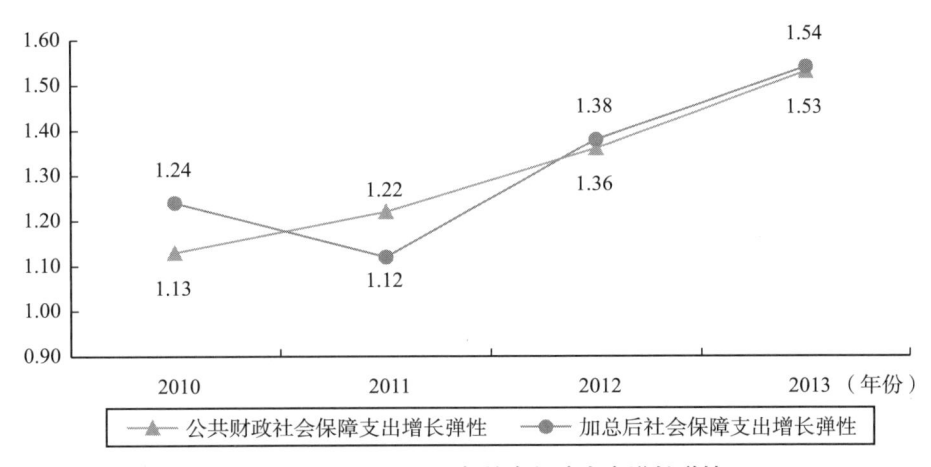

图 16 - 3 2010~2013 年社会保障支出增长弹性

(三) 国有资本经营预算支出向社会保障倾斜的可行性

根据我国宪法规定,国有企业产权所有者是全体人民,根据市场经济规律:产权所有者拥有受益权,国有资本收益上缴国家,其财政支出应体现出产权的性质,使全体人民享有国有企业发展带来的收益。随着对社会保障改革的推进,养老保险的覆盖率逐渐提高,根据国家人社部数据显示,我国城乡养老保险参保人数从 2010 年 35 984 万人增长至 2018 年上半年的 92 501 万人。"十三五"规划提出"实施全民参保计划,基本实现法定人员全覆盖"。因此,通过调整国有资本经营预算支出结构,将国有资本收益分红到养老保险领域,不仅能够缓解目前养老金缺口问题,而且还能够真正体现出国有企业产权所有者为全体人民,实现其收益"全民共享"。

1. 国有企业利润总量的持续增长为国有资本经营预算支出向社会保障倾斜提供充足的资金来源

由于我国国有企业在国民经济中的特殊地位,以及国有企业持续性的发展壮大,带来可观的利润分配,为其长时间分期划拨养老保险提供可能。从我国国有企业自身发展状况来看,其资产总额不断增加,利润持续增长。根据图 16 - 4 数据显示，中央企业资产总额从 2010 年 12 月份的 640 214.3 亿元增长至 2016 年 12 月份的 1 549 141.5 亿元，2010～2016 年年均增长率高达 28%，企业资产增加速度快，发展前景可观。此外，国有企业全民分红前提条件是有利可分，随着我国经济社会的不断发展，以及国有企业改革的不断深化，国有企业利润总额不断增长，根据图 16－5 数据显示，全国国有企业实现利润总额从 2010 年的 21 428.2 亿元提高至 2016 年的 25 558.7 亿元，保证了国有资本经营预算支出向社会保障倾斜的资金来源。

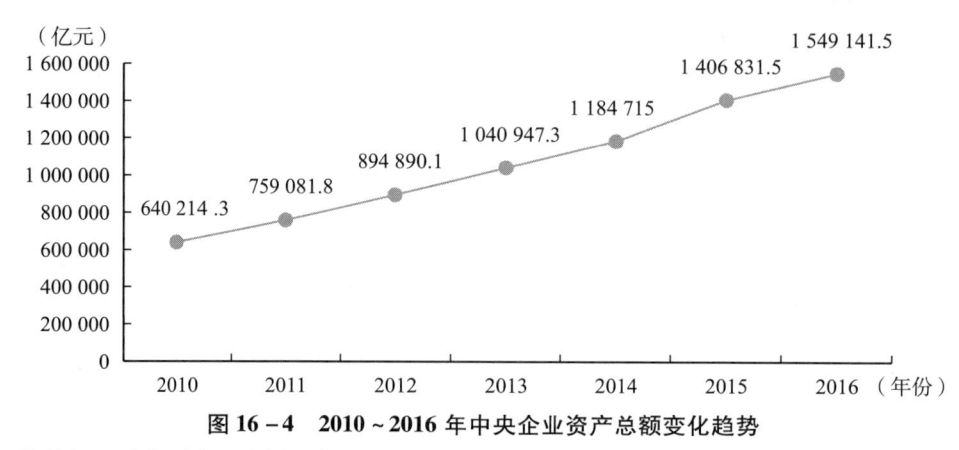

图 16－4　2010～2016 年中央企业资产总额变化趋势

资料来源：根据《中国财政年鉴》（2017 卷）整理所得。

图 16－5　2010～2016 年全国国有企业实现利润总额

资料来源：根据《中国财政年鉴》（2017 卷）整理所得。

2. 国家的宏观政策导向为国有资本经营预算向社会保障倾斜提供了制度保障

从国家政策层面看，2001 年颁布了《减持国有股筹资社会保障资金管理暂行办法》，开启国有资本划拨社会保障的大门，而后又相继出台《境内证券市场转持部分国有股充实全国社会保障基金实施办法》《国务院关于试行国有资本经营预算的意见》等一系列政策性文件。中共十八届三中全会、十八届五中全会以及"十三五"规划等均提出"划转部分国有资本充实社保基金"的政策思路。2016 年 3

月国务院颁布《全国社会保障基金条例》，强调社保基金来源之一就是"国有资本划转收入"。由此可见，国家在面对未来严重的养老金偿付压力时，强调国有企业红利向养老保险分红的重要性，为养老保险获得更多的资金支持提供政策保障。

从操作层面看，必须有相应的机构来管理运营分红后的资金。就现实情况看，全国社会保障基金是重要的操作平台，由全国社会保障基金理事会管理，是社会保障基金安全和保值增值的重要载体。全国社会保障基金主要用于人口老龄化高峰期的养老保险等社会保障支出的补充和调剂，而"国有资本划转"则是其重要的资金来源之一。目前，国有企业利润向养老保险分红，主要渠道是资金划转全国社会保障基金，截至2015年12月底，全国社会保障基金已有15 085.92亿元，通过全国社会保障基金理事会的管理投资运营，累计投资收益额为7 133.34亿元，年均收益率为8.82%，超过同期年均通货膨胀率6.47个百分点。可见，在基金保值增值方面，全国社会保障基金理事会管理成效较为明显。并且，随着2016年《全国社会保障基金条例》的颁布和实施，对全国社会保障基金的筹集、使用、运营管理、监管等都做出更明确的规范，进一步确保社会保障基金的安全和保值增值。因此，全国社会保障基金的成立以及管理运营的不断完善，从技术操作层面上保证了国有企业利润划转社会保障基金的安全性和保值增值能力。

三、研究结论及政策含义

我国实行的是社会主义公有制为主体的基本经济制度，广大国民是国有资本的终极所有者，应该让全民共享国有企业发展的成果，国有资本经营收益支出应该向民生领域倾斜，这已在各界基本达成共识。但是，从前面我们对国有资本经营预算民生支出的优度检验不难看出，在具体执行过程中，现行国有资本经营预算虽然已有关于民生支出的内容，支出总额也在不断增大，但相比整个国有资本收益及资本性支出，其比重明显偏低，并未发挥其应有的作用。按照国际经验，我国现在社会保障水平应该占GDP的17.24%~26.58%，但目前不足5%，存在较大的差距。而国有资本经营预算民生支出在其中的贡献非常微弱，不足1%。而对比公共财政社会保障支出与加总后社会保障支出增长弹性来看，二者几乎没有差别。这就表明，我国国有资本经营预算民生支出对社会保障水平发展系数CSS提高的贡献度也非常有限。

因此，我们认为，在下一步的政策制定与执行过程中，相关决策及职能部门应当对现行国有资本经营预算支出体制进行进一步的调整与完善：一是要从法律上保证国有资本经营预算中民生支出的明确地位。2007年《国务院关于试行国有资本经营预算的意见》中对民生支出的表述过于含糊和笼统，在资本性支出与民生支出产生冲突时，极有可能产生对民生支出的挤占问题。国家应该通过法律明确规定国有资本经营预算中民生支出的支出比例、资金分配和支出流程。同时，还应该明确民生支出的内涵，将其从单一的社会保障向教育、医疗、就业等更宽泛的民生内容扩展。另外,要规定国有资本经营预算中民生支出的适度增长比例。如前所述,我国现处在社会保障快速增长的上升期,民生支出增长比例应略高于经济发展速度,以弥补前期低水平适应的不足。二是要健全国有资本经营预算制度中民生支出的监管体系。首先,要完善国有资本经营预算的审计制度,审计国有企业是否存在转移收益,虚增成本的情形以保证国有资本收益的应收尽收。在此基础上,审计支出的合理性,以确保民生支出的相应比例。其次,要建立民生支出的绩效考核体系。我国已有的民生支出不足,但也存在滥用民生资金的情况。为了合理利用有限资源以及强化监督效果,我们应建立完善的民生支出绩效考核机制,其内容应涵盖支出的规模效应、支出效率以及执行效果等。最后,要建立民生支出效果的反馈机制。明确民生支出的目标、任务以及落实时间等并定期检查执行情况。同时,通过信息化、网络化管理以提高全国范围内对民生支出的监督和管理。

第十七章

国有资本经营预算支出的绩效评价与实证检验

2007年中央企业国有资本经营预算框架初步确立时，国有资本经营预算收支安排具有明显的制度过渡特征，因而存在国有资本经营预算收入上缴比例低、收缴范围小、国有资本经营预算支出大都返回国有企业等突出问题。然而，中央企业国有资本经营预算试行13年以来，除了国有资本收益征缴范围和比例有所扩宽和提高外，国有资本经营预算支出安排仍然存在明显的"取之国企、用之国企"的体制内循环特征，因此，有必要对当前的国有资本经营预算支出行为进行绩效评价，从而更深层次的发现问题，督促决策者加快国有资本经营预算支出民生化的制度改革。

第一节 中央国有资本经营预算支出项目绩效评价分析

由于我国国有资本经营预算制度运行的时间不长，虽然取得了一定的成效，但是也存在支出规模小、支出结构非民生化、支出项目较分散等问题，迫切需要通过绩效评价来系统总结国有资本经营预算的实践成效，从而进一步促进国有资本经营预算制度的完善。

一、国有资本经营预算支出绩效评价的指标体系

2012年11月9日，财政部印发了《关于开展2008－2011年中央国有资本经营预算支出项目绩效评价工作的通知》，规定对2008~2011年的国有资本经营预算开展绩效评价，这是自2007年实行国有资本经营预算以来，对国有资本预算支出项目开展的首次绩效评价。2013年10月17日，财政部又颁布了《关于开展2012年中央国有资本经营预算支出项目绩效评价工作的通知》，要求对2012年中央国有资本经营预算支出项目进行绩效评价。开展国有资本经营预算支出项目绩效评价工作有助于提高公共支出透明度，完善预算管理体系；有助于发挥国有资本金的引导作用并实现经济效益与社会效益，优化资源配置；有助于进一步推进财政支出管理的科学性与审慎性。国有资本经营预算绩效评价范围包括：2008~2011年、

2012年安排的"国有经济和产业结构调整""兼并重组""重大技术创新""节能减排"等支出项目。这四类支出涵盖了国有资本经营预算支出总额的大部分。评价内容由资金管理情况和资金使用效益两部分组成。资金管理情况（2008～2011、2012）都是主要评价每类资金支出的项目目标和项目决策、资金管理制度建设、资金到位和财务处理、资金使用合规性等情况，其标准分占30分。其中，资金申请12分，资金管理18分。2008～2011年的资金使用效益主要评价国有资本经营预算资金用于国有经济和产业结构调整、兼并重组、技术创新、节能减排等重大专项的使用效益，其标准分占70分。2012年的资金使用效益主要评价项目对产业优化升级、资源整合、技术进步、环境改善、社会就业及提高企业盈利能力、发展能力、上缴税收等贡献，其标准分占70分。其中，资金使用效益分为社会效益和经济效益两方面，社会效益占50分、经济效益占20分，说明国家更重视国有资本经营预算资金使用的社会效益。国有经济和产业结构调整专项资金使用的社会效益通过资本结构、产业优化升级两个二级指标来衡量；经济效益用盈利能力、发展能力、税收贡献三个二级指标来衡量。兼并重组专项资金使用的社会效益用产业集中度、产业优化升级、资源整合度、社会就业贡献四个二级指标来衡量；经济效益用盈利能力、发展能力、税收贡献三个二级指标来衡量。技术创新专项资金使用的社会效益通过技术先进性、技术指标、产业化程度以及形成标准的加分项四个二级指标来计算；经济效益用相关产品毛利增加额与研发支出的比率、相关产品税收贡献等两个二级指标来计算。节能减排专项资金使用的社会效益通过特性技术效益、环境改善或能源节约等指标来计算；经济效益用项目回报率来衡量。

绩效评价以企业自评为主，中介机构评价为辅。中介机构开展的第三方评价方法包括现场调查、座谈、单独访谈、问卷调查、调阅资料等。评价内容细化为各个指标体系，每类支出分别评价资金管理情况和资金使用效益，评价指标如表17-1至表17-5所示，由于2012年的绩效评价指标与2008～2011年的绩效评价指标基本一致，所以本书只列出2008～2011年的绩效评价指标体系。

表17-1　　　　2008～2011年中央国有资本经营预算支出项目绩效评价指标——资金管理情况

项目单位		评价标准	项目名称		操作指引
一级指标	二级指标		评价等级	分值（分）	
资金申请（12分）	项目目标	战略目标、经营目标、财务目标等指标要件完备、内容翔实	A	6	评价人员应取得可研报告（或资金申请文件），其战略目标、经营目标、财务目标等指标完备、表述翔实得6分，战略目标、经营目标、财务目标等要件和内容有所涉及，但存在缺失得3分
		战略目标、经营目标、财务目标等指标存在缺失	B	3	

续表

| 项目单位 || 评价标准 | 项目名称 || 操作指引 |
一级指标	二级指标	^	评价等级	分值（分）	^
资金申请（12分）	项目决策	有完善的决策流程，且严格执行	A	6	充分发挥法人治理结构在项目决策方面的作用，体现决策过程的科学性、谨慎性，财务高管参与决策，得6分；能够较充分发挥法人治理结构在项目决策方面的作用，财务高管发挥一定作用，得3分；不能充分发挥法人治理结构在项目决策方面的作用，缺少决策过程的资料，财务高管没有发挥作用，得0分
^	^	有完善的决策流程，但执行情况一般	B	3	^
^	^	没有完善的决策流程，或有决策流程但基本未执行	C	0	^
资金管理（18分）	制度建设	有健全的资金使用管理规定	A	2	项目单位有健全的包括财政资金在内的资金使用管理制度，得2分；项目单位有资金使用管理制度但不健全，得1分；项目单位没有建立资金使用管理制度，得0分
^	^	资金使用管理规定不健全	B	1	^
^	^	没有资金使用管理规定	C	0	^
^	资金到位情况	财政资金和其他资金及时到位	A	7	评价人员应取得项目资金申请文件、相关合同、相关记账凭证和原始凭证、项目实际进度表等资料，并将资金来源计划、项目计划和实际进度表进行比较判断，分析集团公司或上级企业拨付的项目财政资金是否及时到位，如未及时到位，进一步分析对项目进度的影响； 其他资金指除国有资本经营预算资金外，项目立项时可行性研究报告、概（预）算文件中"资金来源"中所列示其他资金
^	^	财政资金未到位，其他资金及时到位，没有影响项目进度	B	4	^
^	^	财政资金和其他资金未及时到位，影响项目进度	C	0	^
^	财务处理	按规定进行财务处理	A	2	项目单位按照《财政部关于印发〈加强企业财务信息管理暂行规定〉的通知》等有关规定进行了财务处理，得2分；财务处理不符合上述规定，得0分
^	^	未按规定进行财务处理	B	0	^
^	资金使用合规性	与相关规定及批复文件的要求一致	A	5	评价人员应取得项目概（预）算及批复文件、可研报告（或资金申请文件），查阅银行账户、资金使用计划、付款凭证等资料，分析判断资金使用是否符合有关规定，重点关注项目概（预）算重大调整是否履行相关程序等
^	^	与相关规定及批复文件的要求基本一致	B	3	^
^	^	与相关规定及批复文件的要求不一致	C	0	^
^	资金使用情况报告	企业按规定向财政部门报送财政资金使用情况报告	A	2	评价人员应取得项目财政资金使用情况报告，判断项目单位或集团公司是否按规定向财政部门报送项目资金使用情况报告或国有资本经营预算决算报告
^	^	企业未按规定向财政部门报送财政资金使用情况报告	B	0	^
合计			30	—	

表 17-2　2008~2011 年中央国有资本经营预算支出项目绩效评价指标——国有经济和产业结构调整专项资金使用效益

一级指标	二级指标	评价标准	评价等级	分值（分）	操作指引
社会效益（50 分）	资本结构	对优化国有经济结构作用明显	A	20	评价人员根据现代企业制度产权多元化的要求，按照项目单位提供的相关书面说明或证明材料，参考资本结构进行分析评价
		对优化国有经济结构作用一般	B	15	
		对优化国有经济结构没有作用	C	0	
	产业优化升级	对加快转变发展方式，发展现代产业体系等作用明显	A	30	评价人员根据国家重点产业结构调整的要求，按照项目单位提供的相关书面说明或证明材料，进行分析评价
		对加快转变发展方式，发展现代产业体系等作用一般	B	20	
		对加快转变发展方式，发展现代产业体系等没有作用	C	0	
经济效益（20 分）	盈利能力	净资产收益率正向变动率≥30%	A	6	1. 根据项目实施前后同口径，计算项目实施前后的净资产收益率变化情况； 2. 项目实施后至评价截止日不足一年的，按同期月份进行比较 公式为：项目实施后净资产收益率/项目实施前同期净资产收益率-1； 如果该指标不适用于本项目，可以根据实际情况选择销售利润率等其他指标，但须加以说明
		15%≤净资产收益率正向变动率<30%	B	4	
		5%≤净资产收益率正向变动率<15%	C	2	
		净资产收益率正向变动率<5%	D	0	
	发展能力	营业收入增长率正向变动≥30%	A	6	1. 按照项目实施前后同口径，计算项目实施前后的营业收入增长率变化情况； 2. 项目实施后至评价截止日不足一年的，按同期月份进行比较 公式为：项目实施后营业收入增长率/项目实施前同期营业收入增长率-1； 如果该指标不适用于本项目，可以根据实际情况选择其他指标，但须加以说明
		15%≤营业收入增长率正向变动<30%	B	4	
		5%≤营业收入增长率正向变动<15%	C	2	
		营业收入增长率正向变动<5%	D	0	
	税收贡献	应缴税金增长率正向变动率≥30%	A	8	1. 根据项目实施前后同口径，计算项目实施前后的应交税金增长率变化情况； 2. 项目实施后至评价截止日不足一年的，按同期月份进行比较 公式为：项目实施后应交税金增长率/项目实施前同期应交税金增长率-1； 如果该指标不适用于本项目，可以根据实际情况选择其他指标，但须加以说明
		15%≤应缴税金增长率正向变动率<30%	B	5	
		5%≤应缴税金增长率正向变动率<15%	C	3	
		应缴税金增长率正向变动率<5%	D	0	
合计				70	—

表 17 – 3　　2008～2011 年中央国有资本经营预算支出项目绩效评价指标——兼并重组专项资金使用效益

一级指标	二级指标	评价标准	评价等级	分值（分）	操作指引
社会效益（50分）	产业集中度	重组对提高集团核心业务竞争能力效果非常明显	A	15	评价人员应取得相关财务资料，分析重组前后企业主业的营业收入占总营业收入的比重变化。主业的营业收入指兼并方、被兼并方产品存在相关性且相关度最高的分类产品所形成的销售收入公式为：（重组后主业收入/重组后营业收入）-（重组前各方主业收入合计/重组前各方营业收入合计）；如果该指标不适用于本项目，可以根据实际情况选择其他指标，但须加以说明
		重组对提高集团核心业务竞争能力效果比较明显	B	10	
		重组对提高集团核心业务竞争能力效果一般	C	5	
		重组对提高集团核心业务竞争能力没有效果	D	0	
	产业优化升级	重组对产业结构优化升级、加快转变发展方式作用明显	A	15	评价人员应取得相关书面说明或证明材料，分析判断该兼并项目对产业结构优化升级、加快转变发展方式的作用情况
		重组对产业结构优化升级、加快转变发展方式作用较好	B	10	
		重组对产业结构优化升级、加快转变发展方式有一定作用	C	5	
		重组对产业结构优化升级、加快转变发展方式没有作用	D	0	
	资源整合度	能够实现研发资源、市场资源、生产资源合理整合	A	10	评价人员应取得关于"研发资源、市场资源、生产资源"整合的说明材料和相关支撑材料，关注兼并重组是否为同业整合或相关产业整合
		能够实现研发资源、市场资源、生产资源中两项合理整合	B	7	
		能够实现研发资源、市场资源、生产资源中一项合理整合	C	4	
		未能实现资源整合	D	0	
	社会就业贡献	重组对增加社会就业或安置职工作用明显	A	10	评价人员应取得就业相关资料，对项目单位重组前后就业人员人数及人员结构的变化，以及新就业岗位的增加，或者安置职工人数及安置情况等，分析判断该兼并重组对社会就业的贡献
		重组对增加社会就业或安置职工有一定作用	B	7	
		重组对增加社会就业或安置职工作用较小	C	4	
		重组对增加社会就业或安置职工没有作用	D	0	

续表

一级指标	二级指标	评价标准	评价等级	分值（分）	操作指引
经济效益（20分）	盈利能力	净资产收益率正向变动率≥30%	A	6	1. 如果重组后双方均保留法人地位的，则可根据具体情况选择子公司或母公司进行考核（以下同）； 2. 根据重组前后同口径，计算重组前后的净资产收益率变化情况； 3. 重组后至评价截止日不足一年的，按同期月份进行比较。 公式为：重组后净资产收益率/重组前各方按照净资产加权后的净资产收益率－1； 如果该指标不适用于本项目，可以根据实际情况选择销售利润率等其他指标，但须加以说明
		15%≤净资产收益率正向变动率<30%	B	4	
		5%≤净资产收益率正向变动率<15%	C	2	
		净资产收益率正向变动率<5%	D	0	
	发展能力	营业收入增长率正向变动率≥30%	A	6	1. 按照重组前后同口径，计算重组前后的营业收入增长率变化情况； 2. 重组后至评价截止日不足一年的，按同期月份进行比较。 公式为：重组后营业收入增长率/重组前同期营业收入增长率－1； 如果该指标不适用于本项目，可以根据实际情况选择其他指标，但须加以说明
		15%≤营业收入增长率正向变动率<30%	B	4	
		5%≤营业收入增长率正向变动率<15%	C	2	
		营业收入增长率正向变动<5%	D	0	
	税收贡献	应缴税金增长率正向变动率≥30%	A	8	1. 根据重组前后同口径，计算重组前后的应交税金增长率变化情况； 2. 重组后至评价截止日不足一年的，按同期月份进行比较。 公式为：重组后应交税金增长率/重组前同期应交税金增长率－1； 如果该指标不适用于本项目，可以根据实际情况选择其他指标，但须加以说明
		15%≤应缴税金增长率正向变动率<30%	B	5	
		5%≤应缴税金增长率正向变动率<15%	C	3	
		应缴税金增长率正向变动率<5%	D	0	
合计				70	—

表 17－4　2008～2011 年中央国有资本经营预算支出项目绩效评价
指标——技术创新专项资金使用效益

一级指标	二级指标	评价标准说明	评价等级	分值（分）	操作指引
社会效益（50 分 + 5 分）	技术先进性	国际先进	A	20	评价人员应取得项目单位相关说明材料和支撑材料，据此分析评价技术先进性，必要时咨询外部技术专家
		国内领先	B	15	
		国内先进	C	10	
		技术水平得到提升	D	5	
		技术一般	E	0	
	技术指标	达到预计目标 100%	A	20	用项目运行后、距评价时点最近的关键技术指标实际值与申请国有资本经营预算项目计划书的技术指标进行比较评价
		达到预计目标 90%	B	15	
		达到预计目标 70%	C	8	
		达到预计目标 70% 以下	D	0	
	产业化程度	已经实现产业化生产	A	10	技术研发已经完成、可以产业化生产或达到产业化生产的条件
		具备产业化的条件，但尚未实现	B	7	
		不具备产业化条件，但研发项目已完成	C	4	
		不具备产业化条件，且研发项目未完成	D	0	
	加分项：形成标准	国标文件	A	5	形成国家标准
		行标文件	B	3	形成行业标准
		无	C	0	未形成标准
经济效益（20 分）	相关产品毛利增加额与研发支出的比率	比率≥100%	A	10	该项指标主要考核研发的投入产出比，产出可能表现为成本降低、收入增加、生产效率的提高或市场占有率的提高等，计算时可采用近三年或两年平均数。如果该指标不适用于本项目，可以根据实际情况选择其他指标，但须加以说明
		50%≤比率＜100%	B	7	
		20%≤比率＜50%	C	4	
		比率＜20%	D	0	

续表

一级指标	二级指标	评价标准说明	评价等级	分值（分）	操作指引
经济效益（20分）	相关产品税收贡献	应缴税金增长率正向变动率≥10%	A	10	1. 根据技术创新前后同口径，计算相关产品应交税金增长率变化情况。企业通过技术创新被认定为高新技术企业从而适用优惠企业所得税率的，按认定后税率调整计算认定前应缴所得税； 2. 研发结束至评价截止日不足一年的，按同期月份进行比较公式为：研发结束后应交税金增长率/研发前同期应交税金增长率 −1； 如果该指标不适用于本项目，可以根据实际情况选择其他指标，但须加以说明
		5%≤应缴税金增长率正向变动率<10%	B	7	
		2%≤应缴税金增长率正向变动率<5%	C	4	
		应缴税金增长率正向变动率<2%	D	0	
标准分				70	—
加分				5	
合计				75	

注：此类支出要求分别技术创新能力建设和技术研发活动两类分析评价资金使用效益。

表17-5 2008~2011年中央国有资本经营预算支出项目绩效评价指标——节能减排专项资金使用效益

一级指标	二级指标	评价标准	评价等级	分值（分）	操作指引
社会效益（50分+5分）	特性技术效益	项目运行后，关键技术指标达到或超过申报材料计划目标	A	30	1. 将评价截止日关键技术指标与可研究报告（或资金申请书或工程经济技术分析报告）中的关键技术指标进行分析比较，或将项目验收报告（或项目验收交接书）中试运行期间的关键技术指标与可研报告（或资金申请书或工程经济分析报告）中的关键技术指标进行对比； 2. 当涉及多项主要技术指标时，由项目单位选择一项或两项关键技术指标，进行比较分析
		项目运行后，关键技术指标基本达到申报材料计划目标（偏差≤10%）	B	20	
		项目运行后，关键技术指标接近申报材料计划目标（10%<偏差≤30%）	C	10	
		项目运行后，关键技术指标未实现申报材料计划目标（偏差>30%）或申报材料没有特性技术目标	D	0	
	环境改善或能源节约	项目运行对改善环境或节约能源作用明显	A	20	根据环保部门出具的相关证明文件或者项目验收报告等相关文件，分析项目运行前后对周围环境改善的程度或者能源节约状况
		项目运行对改善环境或节约能源作用较好	B	15	
		项目运行对改善环境或节约能源有一定作用	C	8	
		项目运行对改善环境或节约能源没有作用	D	0	

续表

一级指标	二级指标	评价标准	评价等级	分值（分）	操作指引
社会效益（50 分 + 5 分）	环境改善或能源节约	节能减排项目获得国家级奖项	A	5	有相关国家级、省部级或集团级对企业节能减排做出突出成绩的证书或者表彰，如节能减排先进企业称号，或获得年度环保目标任务考核先进单位的通报
		节能减排项目获得省、部、集团级奖项	B	3	
经济效益（20 分）	项目回报率	节能减排循环综合利用投资项目年净收益额占投资项目总额的比例 >5%	A	20	根据项目节约的成本或者创造的效益（利润）计算节能减排循环综合利用投资项目年净收益额；以热电联产企业为例，财政资金用于启动供热机组项目年净收益额=（供暖期月均煤耗－非供暖期月均煤耗）×供暖期月均供电量×煤均单价×供热期；如果该指标不适用于本项目，可以根据实际情况选择其他指标，但须加以说明
		2% <节能减排循环综合利用投资项目年净收益额占投资项目总额的比例 ≤5%	B	15	
		0 <节能减排循环综合利用投资项目年净收益额占投资项目总额的比例 ≤2%	C	8	
		节能减排循环综合利用投资项目年净收益额占投资项目总额的比例 =0	D	0	
		标准分		70	—
		加分		5	—
		合计		75	—

据统计，2008～2011 年的国有资本经营预算绩效评价共涉及 104 家中央企业，1 800 多个项目。[①] 截至 2013 年，全部项目已完成自评阶段，并以集团公司为单位，将项目单位的评价报告报送财政部。企业在自评过程中，认真负责，提交的项目评价材料完整厚实。他们不仅全面梳理了国有资本经营预算项目的实施绩效，同时还基于自评结果，对指标体系和国有资本经营预算制度的构建提出可操作性的意见和建议。企业自评后，财政部还通过政府购买服务的方式，选聘了三家资质较好的资产评估机构，对 12 家国有企业集团进行第三方抽评。为确保抽评质量，财政部企业司以竞争性谈判的方式从在京执业的、业内排名前十五名的资产评估机构中公开选拔这三家资产评估机构。2013 年，根据预算安排，第三方抽评的范围将进一步扩大，且每年抽评的企业会有所不同，计划用几年时间覆盖国有资本经营预算涉及的所有国有企业集团。

二、国有资本经营预算绩效评价中发现的主要问题

国有资本经营预算绩效评价工作烦琐复杂，评价前需要调研、座谈、征求意见

---

① 张瑶瑶. 国资预算绩效评价的企业实践 [N]. 中国会计报，2013 – 03 – 22.

从而推出绩效评价指标；评价中要进行企业自评、第三方抽评等工作；评价后还要分析国有资本经营预算支出的执行情况，形成反馈意见，为完善国有资本经营预算制度提供实证依据。梳理各个企业提供的绩效评价报告，可以发现，国有资本经营预算从2007年试行以来，确实在国有经济和产业结构调整、兼并重组、技术创新、节能减排等方面产生了一定的经济效益与社会效益；每类项目的决策效益、资金管理、资金使用合规性等也有明显的进步。但就现已开展的国有资本经营预算绩效的初步评价来看，可以从中发现以下问题：

（一）没有达到抑制国有企业低效投资的目的

国有企业上缴的利润规模仍然偏少，且大部分国有资本经营预算资金重新回流国有企业，所以国有企业内部依然拥有可观的现金流。中央企业内部留有充足的现金流，使其可以不断投资于商场、酒店等非主营业务项目，甚至在缺乏充分的可行性论证基础上进行盲目投资，从而使某些项目的净现值为负，投资效率极低，从而有悖于抑制中央企业过热投资的红利上缴初衷。中央企业在高投资的背景下成为推动房价不断上涨的主力军，普通民众的福利因此严重受损。而且充足的现金流是依靠从消费者身上榨取垄断利润获得的，而这部分利润又被用于大幅度地发放高管薪酬等，使得中央企业和其他企业的员工工资的分配存在极大的不公平，社会总体福利再次受损[①]。国有资本经营预算试行以来，我国固定资产投资额仍然很高，由2007年的137 324亿元上升至2013年的436 528亿元（见图17-1），在这些投资总额中，国有企业的投资占比达50%以上。我国实际增量资本产出比多数维持在4.5~5.0之间，即每增加4.5~5.0的资本投资才能增加1元的GDP产出，投资比率在上升，效率却在降低。这些数据充分说明国有企业盲目、过度、低效的投资仍然相当普遍。

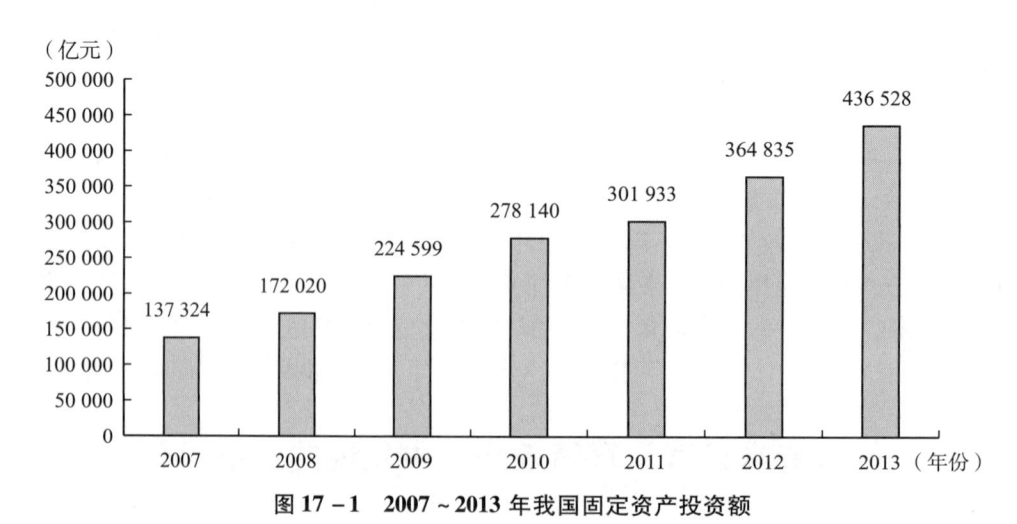

年份	固定资产投资额（亿元）
2007	137 324
2008	172 020
2009	224 599
2010	278 140
2011	301 933
2012	364 835
2013	436 528

图17-1 2007~2013年我国固定资产投资额

资料来源：数据根据中华人民共和国统计局公布的历年我国固定资产投资额整理而得。

---

① 朱珍. 国家与国企财政分配关系的历史变迁及制度重构 [D]. 福州：福建师范大学，2011.

（二）作为股东的民众难以切实分享到国有企业利润增长的成果

从终极意义上讲，广大民众才是国有资产真正的所有者，其理应享有终极受益权。但现行的国有资本经营预算制度没有明确规定国有企业红利用于教育、公共医疗、社会福利等民生支出的比例。事实上，实践中国有企业红利也着重用于补充国有资本及国有企业的战略性调整，故国有资本经营预算支出的绩效评价是以国有企业自评为基础，而根本或者说无所谓民众的评价环节，因为民众没有明显直接或间接地享受国有资本经营预算支出的福利。在企业的自评中可以发现，社会效益不显著，即国家将国有资本经营预算支出返还给国有企业后，国有企业并未将这部分资金用于民生福祉的改善。由此可见，国民作为国有资本的股东难以切实分享到国有企业利润增长的成果。

（三）财务部门未能充分参与投资决策引致财务风险

国有资本属财政资金，理应科学审慎地决定国有资本的投资决策与行为，发挥相关财务管理人员的专业判断能力。评判投资决策是一项专业性很强的工作，但部分国有企业集团负责人认为这是战略性的举措，不需要财务人员的参加；还有部分国有企业集团负责人基于国有企业充足的现金流而进行"拍脑袋"投资，未经过财务部门的可行性分析。这样就引致了国有企业的财务风险和隐患，不利于国有资产的保值增值。

三、国有资本经营预算绩效评价偏低的成因分析

（一）政府层面尚未建立国有资本财政的刚性制度

20 世纪 90 年代国家将"公共财政"作为我国市场经济体制改革的目标财政模式，但是由"国有资本财政"与"公共财政"并存所构成的"双元结构财政"是否能够作为我国现阶段的过渡性财政模式，目前尚未定论。而事实上，全民作为国有资本的终极所有者，其可以将国有资本收益用于对国有企业的再投资，也可以直接消费国有资本收益，还可以通过国有资本收益的民生支出来间接分享国有企业做强做大的成果。当然，由于我国人口众多，如果直接消费国有资本收益，每个民众分到的非常少，这样的分红效益较低，在我国现有条件下并不可取。但民众作为股东完全可以要求国有资本收益投向教育、就业、收入分配、社会保障、医疗卫生和社会管理等民生领域，从而实现间接分享国有资本收益。但是，国有资本财政这一概念诞生伊始，就没有提到其支出方向的民生性，其后的追随者也没有对国有资本财政的收入、支出等相关范畴做出更明确的界定，从而使得国有资本经营预算这一形式在诞生之初就缺乏民生性色彩。

预算是将财政收支活动记载在收支分类表中,以反映政府活动的范围和方向,体现政府的政策意图。从程序上看,预算的编制是政府对财政收支的计划安排,预算的执行是财政资金的筹措和使用过程。因此,国有资本财政与国有资本经营预算是内容与形式的关系,国有资本财政决定国有资本经营预算,国有资本经营预算是国有资本财政的表现。但鉴于理论上的争议,官方层面未提出国有资本财政的概念,也未建立国有资本财政的刚性制度。由于缺乏制度的刚性约束,国有企业没有意识到上缴国有资本收益也像纳税一样是一种强制性义务,实践中的国有资本经营预算更是没有国有资本财政理论的有效指导,收入来源、分红比例、支出方向等都有待发展与完善。

(二)国有资本经营预算制度仍处于探索阶段

尽管新中国成立以来国有企业在很长一段时间内既上税又上利,但多数时间里税收和利润是混一的,其间的利润上缴制度无章可循,更不能对现行的国有资本经营预算制度形成实质性的借鉴价值。尽管20世纪90年代国家就已提出建立国有资本经营预算制度,但都停留在理论层面,没有上升到实践层面;尽管外国也有国有资产,但其国有资产数量较我们中国而言较少,且大部分是非营利性的资产,所以他们没有所谓的国有资本财政和国有资本经营预算,因此也缺乏可资借鉴的国际经验。这样,从某种意义上可以说国有资本经营预算可谓是我国的一种创新制度。在制度试行初期,为了保证实践的稳妥性,财政部特别选取了中央企业作为试点,并安排了适度、从低的利润上缴比例,待实践逐步成熟,再进行扩大范围、提高比例等制度改革。从上述的分析可知,2007年以来,国有资本经营预算的范围逐步扩大,比例逐步提高,还实行了预缴国有资本经营预算制度的试点。这些都说明国家一直在探索更加完善的国有资本经营预算制度,而在探索期存在的一些制度漏洞与制度不均衡是正常的。制度不均衡是创新制度试行初期经常存在的现象,在国有资本经营预算制度上,制度制定者需要增加制度供给,以使其与制度需求相对一致,从而实现制度的相对均衡,即人们相对满意的状态。

(三)现行的国有资本财政收支状况是各利益主体博弈的结果

国有经济作为国民经济的主导,目前国有企业改革进入攻坚阶段,尚存在一些涉及利益层次深、触及面广的问题,国家希望利用国有企业分红减轻改革过程中的财政负担,达到"以强扶弱、整体推进"的目的。因此,国家制定了"适度、从低"的分红比例,并将国有企业红利纳入独立的"资本经营预算"账户,将其"取自国企、用于国企",即红利主要用于"资本性支出",带有一定的"专款专用"性质。[①] 也就是说,国有企业作为中华人民共和国的"长子",拥有"父爱主

---

① 朱珍. 国家与国企财政分配关系的历史变迁及制度重构[D]. 福州:福建师范大学,2011.

义"的国家希望国有企业做强做大,不致让国有企业的原有利益格局发生太大的变动。但社会主义市场经济的发展及国有企业利润的攀升要求国家必须做出国有资本经营预算的举措,而一对一的分红比例谈判成本高,且不现实。所以,暂按大行业来分类执行国有资本经营预算制度。

国资委作为国有企业的出资人代表,其主要任务是保证国有资产的保值增值,其也希望不要上缴过高的红利并将国有企业红利再投向国有企业内部,用于国有企业统筹发展并支付改革成本;同时,《中华人民共和国企业国有资产法》又规定国资委向财政部提出国有资本经营预算建议草案,那么国资委必然把自己的意愿,即红利主要用于反哺国有企业的主张反映在建议草案中。而国有企业作为上缴红利的主体,其一方面受制于制度惯性,不希望上缴红利,但迫于政策压力,不得不上缴;另一方面出于经济人利益的考虑,其希望红利能够返还至国有企业自身。而且国有企业的主要负责人往往又是具有某些行政级别的政府官员,其具备与政府及国资委的讨价还价能力。

这样,政府、国资委、国有企业的利益在一定程度上是一致的,国有企业分红体制某种意义上成为政府部门、国资委以及国有企业之间的权力博弈与利益分配的结果,国有企业红利在国有企业与其主管部门之间形成了"体内循环"。[①] 因此,在一定时期内,国有企业红利上缴的比例很难达到国际的平均水平,也很难更多地用于教育、医疗、社会保障等公共性民生支出。另外,需要指出的是,由于国有企业的经营不是交给市场化的职业经理人,而是交给具有一定行政级别的官员型企业家,这就很难保证国有资本金合理、合规、有效地使用。

第二节 国有资本经营预算支出下国有企业非效率投资的特征检验

近年来,国有资本经营预算的收入与支出问题成为社会关注的焦点,国有资本经营预算支出下存在着非效率投资、民生支出比例较低等问题。而在国有资本经营预算支出这一宏观框架之下的非效率投资存在资本制度内循环、预算软约束助力、牺牲高水平国民福利、经济贡献小的运行特征。在当前国有资本经营预算支出框架下,由于预算制度尚不健全、预算支出的结构性缺陷、制度监管漏洞等弊端,导致了国有企业的非效率投资。

一、问题的提出

新中国成立以来,我国对国有企业利润分配模式进行不断探索与研究,先后经历了五个阶段的变化,分别是统收统支、利润留成、利改税、承包制、税利分流。

---

① 朱珍.国家与国企财政分配关系的历史变迁及制度重构[D].福州:福建师范大学,2011.

随着改革的深化,2007年开始,我国进入了国有资本经营预算阶段,国家以所有者身份对国有资本实行存量调整和增量分配。然而持续几年的经营预算实行,关于国有资本经营预算支出的去向以及效率问题仍存在争议与疑问。根据中共十八届三中全会提出的完善国有资本经营预算制度的要求,财政部于2016年印发《中央国有资本经营预算管理暂行办法》,对中央企业国有资本经营预算支出范围与重点进行了明确,但该办法仅针对中央企业,预算在实际运行中也存在着"灵活性",整个国有资本经营预算支出的真正去向以及支出的效率问题就成为社会关注的热点。

学术界相关研究可分为对于国有资本经营预算支出的研究和对于非效率投资的研究。在国有资本经营预算支出的研究方面,存在两种不同的观点。欧阳淞、邓子基等认为国家以国有资产出资人身份理应将国有资本收益支出用于国有资本的再投资与发展,应将国有资本经营预算支出于内部体制的循环。[1][2] 而陈少晖、朱珍、卢馨等则认为应从民生化的视角来考虑国有资本经营预算支出,注重其公共社会属性,使国有资本经营预算能够取之于民而用之于民。[3][4] 而关于非效率投资的研究,在我国已经形成较为成熟的体系,大多是从企业层面入手分析。其中廖理、唐雪松、杨淑娥等从微观的企业层面利用财务理论考量非效率投资。[5] 池国华、邹威等多数学者认为企业基于EVA的管理层薪酬机制有效抑制了非效率投资[6],陈艳利、王佳杰、赵红云等以理查德森(Richardson)残差度量模型估计了国有资本经营预算收入端对非效率投资的影响程度,并结合我国制度背景及企业因素进行修正[7][8];还有车湘辉以Vogt的模型为例进行投资现金流敏感性的分析,具体内容主要是从产权性质、政府背景、国有企业财务政策方面进行各类企业的非效率投资研究。[9]

借鉴已有的研究成果,对我国国有资本经营预算支出这一框架下存在的非效率投资进行探究,以期探索出预算制度中非效率投资的源头成因,并进一步在国有资本经营预算制度这一框架下提出整治非效率投资的路径。

二、国有资本经营预算支出的基本框架

(一) 国有资本经营预算支出的范围界定

国有资本经营预算也称国有资本财政预算,由于我国国有资产面广量大,而且

---

[1] 欧阳淞. 国有资本经营预算制度的几个基本问题 [J]. 法学家,2007 (04): 86-92.
[2] 邓子基. 建立国有资本经营预算的思考 [J]. 中国财政,2005 (12): 56-60.
[3] 陈少晖,朱珍. 民生财政导向下的国有资本经营预算支出研究 [J]. 当代经济研究,2012 (04): 32-38.
[4] 卢馨. 国企利润去哪了 [J]. 经济与管理研究,2016 (05): 41-49.
[5] 袁春生,杨淑娥. 经理管理防御与企业非效率投资 [J]. 经济问题,2006 (06): 40-42.
[6] 池国华,邹威. EVA考核、管理层薪酬与非效率投资——基于沪深A股国有上市公司的经验证据 [J]. 财经问题研究,2014 (07): 43-49.
[7] 陈艳利,迟怡君. 央企投资效率与资本运营:由国有资本经营预算观察 [J]. 改革,2015 (10): 41-50.
[8] 赵红云. 国有资本经营预算实施对企业非效率投资的影响研究——基于央企控股上市公司经验数据 [D]. 大连:东北财经大学,2015.
[9] 车湘辉. 上市公司投资与现金流敏感性分析 [J]. 财会通讯,2014 (24): 78-81.

在来源、性质以及使用目的上具有一定差异,所以对国有资本经营预算支出的范围必须进行明确界定。根据 2014 年修订的《中华人民共和国预算法》(以下简称《预算法》)第十条规定,国有资本经营预算是对国有资本收益做出支出安排的收支预算。具体的支出范围依据 2007 年《国务院关于试行国有资本经营预算的意见》可分为以下几类:(1) 资本性支出。用于产业发展规划、国家经济结构以及国家战略方面的支出。(2) 费用性支出。用于弥补国有企业改革成本等方面的费用性支出。(3) 其他支出。依据国家政策及改革发展任务的灵活支出,必要时可用于社会保障方面。为研究国有资本经营预算支出下的非效率投资,本节将立足于宏观的非效率投资视角,将资本性支出在分析时细化为金融投资和实物投资,金融投资主要是政府在经营性方面的行为,实物投资则是由企业来承担。[①]

(二) 国有资本经营预算支出的执行

2014 年修订的《预算法》,重新明确了国有资本经营预算与一般公共预算之间既具有独立性又相互衔接。国有资本经营预算支出独立性则体现在当前仍以投资为主,同时衔接表现在逐步扩大调入一般公共预算的资金。但在实践中其投资效率较低,调入一般公共预算的比例也仍未达社会预期要求。图 17-2 为国有资本经营预算支出的总体执行流程。在这一框架下,财政部审批拨付使用资金中,中央企业和地方国有企业对实物投资的效率究竟如何?各级政府直接进行的金融投资究竟是否达到了预期效果?这些问题都值得研究讨论。

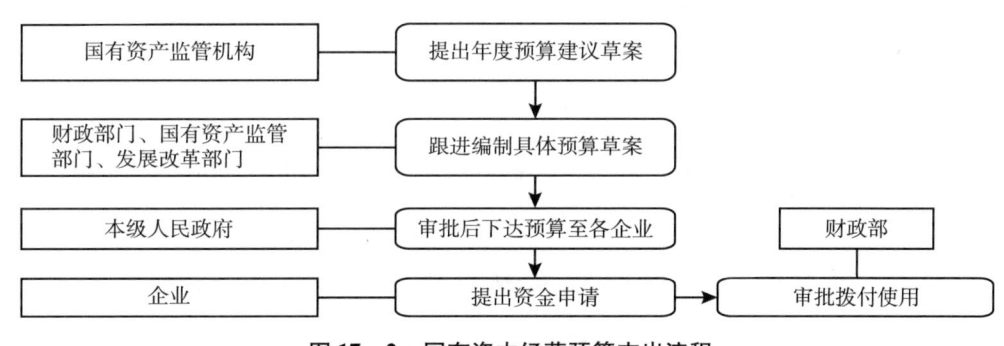

图 17-2 国有资本经营预算支出流程

三、国有资本经营预算支出框架下非效率投资的运行特征

(一) 预算支出投资多,"体内循环" 风险大

我国的国有资本经营预算具有营利性,同时也具有由产权公有决定的公共性。虽然我国现行法律政策规定将国有资本经营预算的编制全过程归入全国人民代表大

---

① 陈少晖. 国有资本财政研究 [M]. 北京:中国财政经济出版社,2006:123-150.

会的审查范围中,但国有资本经营预算编制中公众基本没有参与权。从历年预算编制安排来看(见表17-6),我国国有资本经营预算编制支出中仍以投资为主,调入社会保障基金的其他支出较少,在2015年以前实行的《预算法》框架下,连续多年国有资本经营预算计划支出中的资本性支出占据相当大的比重,平均多达70%以上,最高甚至达到了85%以上。2015年开始正式实施《预算法》(2014修正)后,确立了预决算的基本原则,在各部门的经费使用中提倡"勤俭节约"。据财政部网站统计数据显示,2015年的预算编制支出投资额为1 063亿元,占当年国有资本经营预算计划总支出1 693.98亿元的62.75%,2016年预算编制支出投资额为990.35亿元,占当年国有经营预算计划总支出1 797.23亿元的55.10%。虽相比2015年之前的投资比重有所减少,但依旧可以看出资本性支出投资额为当年国有资本经营预算支出的主要项目。由此可见,我国国有企业利润的"二次分配"主要还是回归于企业内部用于再投资,这样的"体内循环"机制为投资提供了充足的后备力量,也为国有企业非效率投资提供了可能性。

表17-6 2011~2016年国有资本经营预算支出编制安排

项目	2011年	2012年	2013年	2014年	2015年	2016年
资本性支出(亿元)	706.11	744.72	929.78	1 150.83	1 063.00	990.35
费用性支出(亿元)	57.45	55.25	45.88	37.78	88.00	74.00
其他支出(亿元)	95.00	75.10	107.45	389.42	542.98	732.88
国有资本经营预算总支出(亿元)	858.56	875.05	1 083.11	1 578.03	1 693.98	1 797.23
资本性支出/国有资本经营预算总支出(%)	82.24	85.11	85.84	72.93	62.75	55.10

资料来源:根据财政部官网关于历年中央国有资本经营预算的说明整理。

(二)预算软约束助长过度预算支出投资

在我国特殊的体制转型期,国有企业承担着弥补市场失灵,经济结构调整的重要责任。在经济下行的新常态下,国有企业"政策性亏损"时有发生,因此,当这些"身负重任"的国有企业发生政策性或者经营性亏损时,政府就要对其进行税收返还、资金注入、债务减免等各类财政性补贴。除了显性的财政补贴外,隐形补贴更是国有企业过度投资的资金链保障。根据北京天则经济研究所的研究报告,2001~2013年国有及国有控股工业企业平均实际利息率为1.6%,其他企业加权平均的实际利率则为4.68%,这当中国家对于国有企业的贷款倾斜明显,巨额的利息支付差额则是无形之中对非效率投资的支持。[①]

---

① 卢馨. 国企利润去哪了[J]. 经济与管理研究, 2016 (05): 41-49.

各种显性和隐性补贴，使得国有资本经营预算的软约束成为可能。尤其是像中石油、中石化这样的资源垄断型国有企业，既通过垄断获得高额利润，同时又以政策性负担为理由向国家要求大量的支出补贴与税费减免。根据国家税务总局提供的资料，发现国家每年都在不同方面给予其税费减免，2011年提高了石油特别收益金起征点，对中外合作海洋油气征收资源税，2014年将矿产资源补偿费率暂定为零。这种预算软约束的存在，就使得过度投资的倾向难以避免，而过度投资之下代理成本的攀升，也致使资金回收率走低，非效率投资也就应运而生。

（三）预算支出投资以牺牲国民福利水平的增长为代价

前已述及，国有资本经营预算具有明显的公共性，其支出安排应该向民生领域倾斜。但在当前的国有资本经营预算支出中的列示项目只有国有股减持补充社会保障支出以及调入公共财政的社会保障支出这两项，在项目的分类列示以及项目支出的资金数量方面均未予以明确。大部分支出都用于了国有企业的资本性支出和费用性支出，显然，这种国有资本经营预算资金的体内循环严重挤占了本应该用于民生领域的预算支出。

在国有资本经营预算社会保障支出中（见表17-7），国有股减持补充社会保障支出和调入公共财政的社会保障支出总和占国有资本经营预算支出的比例已经从2011年的5.97%上升至2015年的17.71%，民生支出的比重已经有所加大。但是在2014年修正的《预算法》中明确规定了国有资本经营支出调入公共财政的比例不得低于15%，且中共十八届三中全会也提出在2020年将比例提到30%，然而以上两项社会保障支出的总和在2015年也才勉强达到《预算法》（2014修正）的比例要求，相对30%的目标要求相距较大。在2017年财政部发布的《关于切实做好2017年基本民生支出保障工作的通知》中，也一再强调优化财政绩效，提升国有资本经营预算调入公共财政的比重，这无疑是当前国有资本经营预算支出对提升支出投资效率与效益的急切要求。

表17-7　2011~2015年国有资本经营预算支出中社保基金支出分析

支出	2011年	2012年	2013年	2014年	2015年
国有股减持补充社会保障支出（亿元）	5.93	21.60	19.29	21.58	11.36
调入公共财政的社会保障支出（亿元）	40.00	50.00	65.00	184.00	230.00
国有资本经营预算总支出（亿元）	769.53	929.79	978.19	1 419.12	1 362.57
社会保障总支出（亿元）	18 653.00	23 331.00	27 916.00	33 003.00	38 988.00

续表

支出	2011年	2012年	2013年	2014年	2015年
以上两项社会保障支出/国有资本经营预算总支出（%）	5.97	7.70	8.62	14.49	17.71
以上两项社会保障总支出/社保总支出（%）	0.25	0.31	0.30	0.62	0.62

资料来源：根据财政部官网关于历年中央国有资本经营预算支出决算的说明整理。

（四）现行预算支出的投资并未提高对经济的贡献率

由于当前我国的国有资本经营预算支出制度下，尚未构建对资本性支出标准的绩效评价机制。一般来说，一个经济体越发达，其生产过程中的资本密集程度就越高。通过国有资本经营预算中资本性支出与GDP水平的比较，可以得出资本性投资对经济增长的贡献程度。从表17-8可以看出，在2011~2015年的5年时间内，国有资本经营预算支出结构中资本性支出对GDP的贡献增长并不明显，仅仅从2011年的0.15%提高至2015年的0.16%。由此可见，现行的预算支出制度下的投资非效率特征十分明显。

表17-8　2011~2015年国有资本经营预算支出下资本性支出水平情况

指标	2011年	2012年	2013年	2014年	2015年
资本性支出（亿元）	706.11	744.72	929.78	1 150.83	1 063.00
GDP（亿元）	473 104.05	519 470.10	568 845.20	636 138.70	685 505.80
资本性支出贡献水平（%）	0.15	0.14	0.16	0.18	0.16

注：GDP水平均按照次年年鉴数据得到，并未计入调整数据，但数据差异小，不影响分析结果。
资料来源：根据国家统计局历年《中国统计年鉴》、财政部官网相关文件整理。

另外，由于我国国有资本经营预算对于资本性支出中具体的投资并未有分类项目，因此只能通过其他侧面数据进行佐证，例如，实物投资的主要形式——固定资产投资的效率方面进行分析（见表17-9）。

表17-9　2011~2015年国有资本经营预算下固定资产投资效率分析　　　　单位：%

指标	2011年	2012年	2013年	2014年	2015年
国有企业固定资产投资增长率	-0.99	14.26	12.41	12.12	10.53
全国固定资产投资增长率	23.80	20.30	19.10	15.20	9.80
国有企业利润增长率	12.80	-5.80	5.90	3.40	-6.70

资料来源：根据历年《中国统计年鉴》固定资产投资内容、网易财经相关新闻整理。

2011 年我国国有企业的利润增长率远高于其固定资产投资增长率,但自 2012 年开始,国有企业利润增长率呈现一个不稳定状态,在 10% 以上的固定资产投资增长率之下,国有企业利润最高仅有 5% 左右的增长,负增长率的现象也在 2012 年、2015 年两个年度出现。在此不难看出,固定资产的投资对于利润增长的贡献并未呈现正相关关系,表明国有资本经营预算的资本性支出用于实物投资的效率十分低下。

在国有资本经营预算支出的投资中,还有一类是金融投资。金融投资的具体形式主要有股本支出和债券投资支出,与股本支出相对应的就是国有资本经营预算中股利、股息的收入,而与债券投资相对应的是国债投资,涉及国债专项资金,目前国债投资还是与国有资本经营预算制度处于分离状态。从历年来国有资本经营预算下的金融投资来看(见表 17-10),2011~2014 年因股本支出而获得的股利、股息收入相对于庞大的资本性支出而言显然偏小,占比均小于 1%。而在 2015 年情况有明显好转,占比提升为 10.36%。这表明国有资本经营预算金融投资的效率有所提升,但仍然存在较大的提升空间。

表 17-10　　2011~2015 年国有资本经营预算下金融投资效率分析

指标	2011 年	2012 年	2013 年	2014 年	2015 年
股利、股息收入(亿元)	7.01	1.63	0.42	9.81	110.12
资本性支出(亿元)	706.11	744.72	929.78	1 150.83	1 063
股利、股息收入/资本性支出(%)	0.99	0.22	0.05	0.85	10.36

资料来源:根据关于历年中央国有资本经营预算收入决算的说明整理。

四、国有资本经营预算支出抑制非效率投资的政策启示

(一)完善国有资本经营预算法律体系

通过以上的分析可以看出,当前国有资本经营预算制度的运行主要是通过政策和法律两个方面加以规范。一方面,通过《中央国有资本经营预算管理暂行办法》来进行政策性规范;另一方面,通过 2014 年修订的《预算法》对中央财政预算进行法律规范。另外,《中华人民共和国企业国有资产法》也对国有资本经营预算具有一定的法律约束,该法律强调了国有资本经营预算具有三个价值取向:效益价值、公平价值和民主价值。然而在实践层面,尽管法律已经将国有资本经营预算编制的全过程纳入全国人大的审查程序,但目前国有资本经营预算的公众参与权并没有在其中以凸显,这也是民主价值没有得以实现的原因。[1] 因此,根据中共十八

---

[1] 周茂青,陈少晖.《企业国有资产法》框架下国有资本经营预算的功能定位 [J]. 福建论坛,2014 (07):16-21.

届三中全会提出的完善国有资本经营预算制度的目标要求,为加强和规范国有资本经营预算管理,优化国有资本配置,我国应完善国有资本经营预算制度的顶层设计,主要是从相关法律制度层面对具体的预算分类、预算收支、预算绩效、预算监督等每一个环节进行标准界定,尤其是对国有资本经营预算的资本性支出项目进行更具有约束力的法律规范。同时对于各级部门职责主体与权责关系进行清晰界定,理顺各级国有资本经营预算主体的委托代理关系,以达到提高国有资本投资效率的目的。此外,相关法律也必须科学定位,进一步厘清国有资本经营预算的性质与目的,既保证国有资本经营预算投资的营利性,又确保其公共性的彰显,从而解决国有资本经营预算中资本性支出的非效率投资问题。

(二) 补充完整国有资本财政预算制度框架

我国国有资本经营预算框架分为收入和支出两端。关于收入问题主要涉及国有企业利润上缴比例的争论已基本达成共识。需要解决的主要问题在于支出端,其中资本性支出包括实物投资与金融投资两个部分,但这只是学术界认可的一种分类方式,目前的国有资本经营预算尚未明确列示这两类投资。尤其是在金融投资中的一个重要形式——债券投资支出中,关于国债投资的项目竟尚未列入国有资本经营预算内,而是作为专项资金列示于中央公关预算的宏观框架内。此外,还有许多用于投资补贴的专项资金尚未列入国有资本经营预算,因此,现有国有资本经营预算的制度框架是不完整的。为此,有必要从规范的角度进一步强化国有资本经营预算框架的完整性和严密性,将各项预算支出安排完全反映在预算范围内,减少过多的临时性和灵活性支出项目。同时也要注重"统筹兼顾"的原则,将预算内资金既用于高效率投资,也必须保证民生化的预算支出。

(三) 设立国有资本经营预算支出投资运作专职机构

在我国国有资产管理体制中,一个很重要的模式就是"两级三层"模式,对于当前国有资本经营预算框架下非效率投资频频"抬头"的现象,我国应利用好国有资本经营预算并结合"两级三层"模式来加强对国有资产的运营管理,确保国有企业的投资效率。对此,我们认为应当设立国有资本经营预算支出投资运作的专职机构,尽可能做到专业化和精细化管理,例如,将国有资本经营预算的资本性资产统一交由该投资机构运营管理,并由该机构进行投资项目的选择、执行、评估。在这方面,新加坡"淡马锡"模式和挪威的政府主权养老基金投资模式值得借鉴。

(四) 构建多元化的国有资本经营预算监管体系

在我国现行的国有资本经营预算体制下,监管是最为薄弱的一个环节,不利于国有资本经营预算投资绩效的评价。除了缺乏人民群众的参与和监督之外,现有的国有资本经营预算监管体系尚未健全,其中对于监管的主体确定、监管范围、监管力度以及监管中的评估标准都没有明确界定。监管不仅是预算执行的最后环节,更是一个贯穿预算始终的重要环节。构建国有资本经营预算监管体系对于非效率投资的改进十分必要。李克强总理在《2017年政府工作报告》中提道,对于地方政府债务余额要实行限额管理,在预算安排上也要做好"加减法",加大社会保障力度,大力压减一般性支出(不低于5%)[①]。报告虽然不是专门针对国有资本经营预算制度,但是其中所强调财政监管思路也正是国有资本经营预算监管工作的重点方向。除了对国有资本经营预算的全过程监管外,最关键的是构建一个完整评价投资效率的监管体系,从源头上分析出非效率投资的具体原因。而就监管体系的完整性来说,应该改变目前监管主体单一化的格局,积极推进监管主体多元化体系建设。除了可按照法律规定将预算支出报送本级人民代表大会审议外,也可以委托外部审计机构代为行使监督权。此外,还可以考虑充分发挥网络媒体的舆论监督作用。

第三节 供给侧结构性改革下国有资本经营预算支出去产能效应分析

中国经济正在进入一个增长动力切换和发展方式转变的新常态,高速增长的传统比较优势正在逐渐减弱。宏观经济层面,传统的三大需求增速持续下滑。需求疲弱的背后是供需结构不匹配的深层次矛盾。针对中国经济出现的新变化、新矛盾、新问题,以习近平同志为核心的党中央明确提出"要在适度扩大总需求的同时,着力加强供给侧结构性改革,着力提高供给体系的质量和效率,增强经济持续增长动力"。中共十八届三中全会之后,"去产能、去库存、去杠杆、降成本、补短板"成为供给侧结构性改革的五大着力点,其中去产能又是重中之重。当前,我国在去产能上还面临较大的困难,工业企业产能过剩严重,特别是钢铁、煤炭、石油、化工等重工业部门。而在我国产能严重过剩、库存严重积压的八大行业中,大部分是国有企业,有研究认为,产能过剩源于国有产权的天然弊端。那么,我国的产能过剩是否与国有企业的产权特性有着必然的联系?与民营企业相比,国有企业的资本退出是否面临更高的制度成本?本节拟从工业行业的资本退出率考察国有企业退出的体制性障碍,并从国有资本经营预算角度分析其对破除国有企业去产能体制性障碍的弥合效应。

一、供给侧结构性改革与国有企业去产能

(一)供给侧结构性改革与国有企业改革的内在契合性

当前我国经济发展处在"三期叠加"的重要时期,经济增速明显下降,以往

[①] 2017年政府工作报告——2017年3月5日在第十二届全国人民代表大会第五次会议上[EB/OL]. 2017–03–05. http://www.gov.cn/guowuyuan/2017zfgzbg.htm.

粗放式发展模式的弊端迅速显现,多个行业出现产量或结构性产能过剩。为了从体制和机制层面化解经济发展中的问题,2015年底,党中央决策层提出了"供给侧结构性改革"的战略设想。同时,我国国有企业改革进入攻坚期和"深水区",中共十八大报告明确了深化国有企业改革的总体方向,中共十八届三中全会通过的《中共中央关于深化改革若干重大问题的决定》明确提出要进一步深化国有企业改革,并准确界定了不同类别国有企业的功能定位。

供给侧结构性改革的一个重要内容就是去产能,而国有企业去产能的任务尤其艰巨,国有企业中"僵尸企业"的整合重组,过剩产能的出清对于推动供给侧改革具有重要意义。马光远(2015)认为推动国有企业改革,加快推进"僵尸企业"重组整合或退出市场,是中国经济优化资源配置的关键,是供给侧结构性改革的关键所在。祝善波(2015)认为供给侧结构性改革与中央企业改革二者之间关联度非常大,供给侧结构性改革去产能的实质与国有企业改革中淘汰落后产能不谋而合。张文魁(2015)表示"国企改革才是货真价实的供给侧改革",国有企业改革与供给侧结构性改革在战略上是一脉相承的,国有企业改革与供给侧结构性改革中的"三去一降一补"关系紧密,在经济新常态下,国有企业改革必须与供给侧结构性改革紧密结合,形成互动(李锦,2016)。可见,供给侧结构性改革蕴含着国有企业改革,而国有企业改革本身也是供给侧结构性改革的一个发力端,二者具有内在的契合性。

(二) 国有企业去产能的推进状况

从上面的分析我们可以看出,供给侧结构性改革与国有企业改革存在内在契合性,尤其在去产能方面,国有企业过剩产能的出清对于调整经济发展的结构性失衡具有重要意义。实际上,从2006年开始,一些"低效、无效、落后"产能的结构性过剩就已经有所显现,2008~2010年扩张型的财政政策与货币政策进一步加大了钢铁、水泥、煤炭等行业的总量过剩以及家电、光伏电池和风电设备等的局部结构性过剩。2009年以来,国家相关主管部门出台了一系列抑制产能过剩,优化产业结构的政策性文件。但总的来说,这些举措并未取得理想的效果,局部领域还出现了"越治理越过剩"的窘境。2015年底供给侧结构性改革成为国家未来经济发展的战略,工业和信息化部及发改委颁布了多项淘汰落后产能的举措。为了顺利推进去产能工作,财政部印发了《工业企业结构调整专项奖补资金管理办法》,安排专项奖补资金1 000亿元用于化解钢铁、煤炭等过剩产能。在政府相关政策的引导下,2016年钢铁去产能6 500万吨,煤炭去产能2.4亿吨,均超额完成既定目标[①]。工业行业去产能不仅优化了经济结构,企业盈利能力也得到了提升,2016年全国规模以上工业增加值比上年实际增长6.0%,其中

---

① 两会大数据:一年过去了,"去产能"成效如何?[EB/OL]. 2017-3-6. http://www.ce.cn/cysc/newmain/yc/jsxw/201703/06/t20170306_20769925.shtml.

国有控股企业增加值增长2.0%[1]。

我们在看到国有企业去产能取得阶段性成果的同时，也应该清楚认识到当前国有企业去产能仍面临艰巨的任务。国有企业在钢铁、煤炭等资源型行业分布比较集中，其在化解过剩产能的过程中陷入"屡化不解"的窘境。当前我国产能过剩严重的五大行业，包括煤炭开采和洗选业、黑色金属冶炼及压延加工业、有色金属冶炼及压延加工业、黑色金属矿采选业、有色金属矿采选业占整个工业行业的比重大在10%~20%，而这些行业内部国有资产的行业占比平均在51%。在钢铁和煤炭这两个产能严重过剩行业，国有企业去产能的任务尤其艰巨。2015年年产量排名前100名的钢铁企业中，国有企业数量占60%，国有企业产量6.4亿吨，占全国粗钢产量80%左右。2015年全国原煤产量36.8亿吨，国有重点煤矿产量18.7亿吨，占比50.8%。[2]

二、国有企业过剩产能退出的体制性障碍

产能过剩是多年来中国产业经济发展久治不愈的"痼疾"，能否成功化解过剩产能是中国经济可持续发展的关键。近年来，中央经济工作会议多次都将"去产能"列为中国供给侧结构性改革"五大任务"之首，并制定了一系列的政策措施。当前供给侧结构性改革去产能任务已经取得一定成效，但相比民营企业而言，国有企业去产能的任务仍比较艰巨，其退出面临更多体制机制上的障碍。国有企业也是追求经济利益的经济主体，因此，基于市场因素的经济指标也是国有企业资本退出应该考量的因素，这在下面的实证分析中将一起纳入分析框架，这里主要分析国有企业过剩产能退出的体制性障碍。

第一，国有企业天然产权优势造成的信贷扭曲阻碍了国有过剩低效成本的退出。由于国有产权的天然优势，相较民营企业，国有企业能够以更优惠的条件获得银行信贷资源。扭曲的资本结构造成国有企业产能过剩，企业盲目扩张。一般来说，民营企业如果长期亏损就会自动退出市场，但由于国有企业对地方经济的影响较大，退出成本较高，地方政府往往会采取财政补贴方式维持其生存。而银行也担心亏损企业破产造成不良资产增加，只好不断予以输血维持。国有企业信贷扭曲造成的预算软约束，使得国有企业资本结构扭曲，过度投资，债务规模不断扩大，加重了产能过剩的国有企业退出的制度成本。

第二，唯GDP论的考核机制使得地方政府对过剩产能采取不当干预阻碍其退出。由于煤炭、钢铁、房地产等行业具有显著的GDP拉动效应，这些产能过剩的国有企业往往又是地方的支柱性产业，承担着提升GDP、创造本地财政收入的政

---

[1] 中华人民共和国国家统计局.2016年国民经济实现"十三五"良好开局[EB/OL].2017-01-20. http://www.stats.gov.cn/tjsj/zxfb/201701/t20170120_1455942.html.
[2] 朱振鑫.重磅干货：产能过剩行业国企民企格局全梳理[EB/OL].2016-09-04. https://www.sohu.com/a/113537971_117959.

策性任务。在"县域竞争"的模式中,为了在竞争中保持优势,地方政府热衷于发展高 GDP 效应的传统产业。而煤炭、钢铁等重工行业往往具有较为明显的 GDP 效应,尽管这些过剩产能已经影响到行业的正常发展,但为避免行业不景气造成的地方经济下滑,地方政府会采取补贴、税费减免等不当干预保护过剩产能。中央政府出台一系列的去产能政策,但地方政府经常采取"等、拖、蛮"等措施,力图让其他地区来承担产能过剩的负面效应。

第三,国有企业巨额的退出成本阻碍了过剩产能的尽快出清。由于国有企业缺乏能进能出的用人机制,其在产能退出过程中需要承担大量的安置费用。中央企业的退出由中央财政负担退出成本,但对于大多数地方国有企业而言,有限的地方财政收入难以承担职工安置、社会保障、住房等由企业退出所引发的高昂成本。另外,大量下岗职工的分流再就业问题也阻碍了国有企业过剩产能的尽快出清。据原人力资源和社会保障部副部长尹蔚民的估算,光钢铁、煤炭两个行业去产能至少要涉及 180 万人。加上水泥、造船、电解铝、平板玻璃等行业,仅是化解落后产能上,就约有 300 万国有企业员工要面临转岗分流①。如此巨大的分流安置费用,对于任何一个企业或地区来说,压力之大,显而易见,不管是地方政府还是国有企业本身都难以有如此勇气来承担产能出清的巨额成本。

三、国有企业去产能体制性障碍的实证检验

从前面的分析中,我们可以看出,国有企业过剩产能的出清对于供给侧结构性改革而言具有重要意义,相比民营企业而言,其在去产能上不仅要考量经济指标,而且面临诸多的体制性障碍。在此,我们将从市场及体制机制上考察国有企业过剩产能出清的影响因素,并采用面板数据进行实证分析和检验。

(一) 模型构建

面板数据是同时包含若干个体成员和时期的二维数据,其能同时反映变量在截面和时间二维空间上的变化规律和特征,具有纯时间序列和纯截面数据不可比拟的优点。我们以 2008~2014 年 27 个工业行业面板数据构建变截距模型进行分析。

根据对截面个体影响形式的不同设定,变截距模型分为固定效应和随机效应变截距模型。固定效应模型假设模型中不随时间变化的非观测效应与误差项相关,其表达式为:

$$y_{it} = \alpha_i + \sum_{i=1}^{k} \beta_i x_{it} + v_{it} \qquad (17.1)$$

其中,i = 1, 2, …, N 表示个体成员,t = 1, 2, …, T 代表时间跨度。对于固定效

---

① 降蕴彰,施智梁. 国企改革深水突围:化解过剩产能将排在首位 [EB/OL]. 2016 – 09 – 24. http://finance. sina. com. cn/china/2016 – 09 – 24/doc – ifxwevmc5385563. shtml.

应模型，通常的处理方法是使用 OLS 估计方法或使用最小二乘虚拟变量法（LSDV）。

随机效应模型假设模型中不随时间变化的非观测效应与误差项不相关，其表达式如下：

$$y_{it} = \alpha_i + \sum_{i=1}^{k} \beta_i x_{it} + u_{it} + v_{it} \tag{17.2}$$

随机效应模型，一般使用 GLS 方法进行估计。至于选用固定效应模型还是随机效应模型进行检验，一般通过 Hausman 检验进行分析。

（二）指标选取及数据来源

本书考察国有企业过剩产能的退出问题，以资本退出率作为被解释变量，将市场因素及体制性因素纳入模型进行实证分析。选取成本费用利润率、资产负债率、流动资产周转次数等经济指标作为市场性影响因素。在体制性影响因素上，选取行业国有经济比重、行业纳税程度以及行业国有企业平均规模进行分析。

现有文献关于产能退出的研究中，一种是用企业退出率作为衡量指标，以经营状态为退出的企业个数与上一期行业内企业留存个数比值作为退出率。但企业个数的减少并不一定意味着产能的减少，因此本书采取另一种方法，以行业的资本存量衡量资本退出率。

行业利润率是衡量行业盈利水平高低的重要指标，行业利润率越高，资本越倾向于留存在行业中，资本退出率越低。本节选取成本费用利润率来衡量行业盈利水平，其是企业一定期间的利润总额与成本费用总额的比率。成本费用利润率体现了经营耗费所带来的盈利成果，该指标越高，盈利水平越高，行业的经济效益越好。

资产负债率表示在总资产中有多大比例是通过借债来筹集的，是衡量企业利用债权人资金进行经营活动能力的指标，也反映债权人发放贷款的安全程度。资产负债率越高，说明行业外部借贷资本比重越高，如果无法有效偿还将迫使资本退出。

流动资产周转次数反映了企业流动资产的周转速度，是评价企业资产利用率的一个重要指标。该指标越高，表明企业流动资产周转速度越快，利用越好，企业的盈利能力越强，反之，则会降低企业盈利能力。如果一个行业的流动资产周转次数越高，行业资本越倾向于留存在该行业，资本退出率比较低。

行业国有经济比重反映了该行业国有经济所占比重，由于国有企业过剩产能的退出面临更多的体制性障碍，一个行业国有企业比重越高，越不利于过剩产能的退出。

行业纳税程度是衡量该行业创造税收的能力，行业纳税程度越高，表明该行业创造的财政收入越高，作为利益相对独立的行为人，地方政府越倾向于发展该行业，不愿资本从该行业退出。即使是需要退出的过剩产能，地方政府也会通过财政补贴，信贷支持以维持资本继续留存。

行业国有企业平均规模反映了该行业国有企业的规模大小，规模越大，其职工安置费用越高，退出的社会成本越高。面对高额的社会退出成本，地方政府和国有企业本身都倾向于延迟过剩产能的资本退出。

表 17-11 列明了具体变量的符号及定义，其中，i 表示行业，t 表示时间。工业行业是当前产能过剩较为集中产业，且国有资本在工业行业分布较多，因此本书以工业行业的面板数据进行实证分析。在工业行业的选取上，由于 2012 年工业行业分类发生变化，在中国统计年鉴行业分类基础上，综合考虑行业数据的连续性，最终选取了 27 个工业行业。需要说明的是，由于 2015 年全面营改增后税收口径发生变化，为了数据分析的连续性及可对比性，本节数据的时间跨度为 2008～2014 年。各变量数据为本课题组在历年中国工业经济统计年鉴、中国统计年鉴以及中国财政年鉴基础上直接获取或计算所得。

表 17-11　　　　　　　　　具体变量符号及定义

	变量	符号	定义
被解释变量	资本退出率（%）	$E_{i,t}$	本年退出资本/上年末资本存量
解释变量 市场性	成本费用利润率（%）	$P_{i,t}$	利润总额/销售费用+财务费用+管理费用
	资产负债率（%）	$ALR_{i,t}$	期末负债总额/资产总额
	流动资产周转次数（次/年）	$TCA_{i,t}$	主营业务收入净额/平均流动资产总额
解释变量 体制性	行业国有经济比重（%）	$SC_{i,t}$	国有及国有控股企业资产/总资产
	行业纳税程度（%）	$TAX_{i,t}$	（主营业务税金及附加+本年应交增值税）/国有及国有控股企业资产
	行业国有企业平均规模（亿元）	$SAS_{i,t}$	国有及国有控股企业资产/国有及国有控股企业个数

（三）实证分析

在变截距模型的检验中，首先构建随机效应模型进行检验，分析结果见表 17-12。

表 17-12　　　　　　　　　随机效应模型分析结果

变量	Coefficient	Std. Error	t - Statistic	Prob.
C***	81.14175	21.64366	3.748984	0.0002
P	-0.003810	0.018589	-0.204960	0.8378
TCA***	-12.18101	3.894168	-3.128013	0.0020
ALR	-0.384790	0.257420	-1.494793	0.1367
SC***	-0.475633	0.175964	-2.703007	0.0075
SAS**	-0.225300	0.095900	2.349322	0.0199
TAX	-0.072507	0.314774	-0.230347	0.8181

注：**、***分别表示检验序列在 5%、1% 水平下显著。

表 17-12 输出了随机效应模型的分析结果，其次通过 Hausman 检验来确定是要选用随机效应模型还是固定效应模型，表 17-13 输出了 Hausman 检验统计量和伴随概率。Hausman 检验的检验统计量为 11.817877，伴随概率为 0.0662，因此，要拒绝原假设，建立固定效应模型。

表 17-13　　　　　　　　　　　Hausman 检验结果

检验结果	Chi-Sq. Statistic	Chi-Sq. d.f.	Prob.
Cross-section random	11.817877	6	0.0662

表 17-14 显示了固定效应模型的分析结果，从分析结果来看，在 10% 的置信区间内，市场性影响因素选取的三个指标，成本费用利润率对资本退出没有显著影响，流动资产周转次数以及资产负债率都对资本退出率产生了显著的负向影响。另外，在体制性影响因素选取的三个指标中，行业国有经济比重以及行业国有企业平均规模对资本退出都显示出显著的负向影响，但行业纳税程度没有通过显著性检验。

表 17-14　　　　　　　　　　　固定效应模型分析结果

变量	Coefficient	Std. Error	t-Statistic	Prob.
C ***	131.7002	34.40026	3.828465	0.0002
P	0.005126	0.019049	0.269101	0.7882
TCA ***	-18.47387	6.065887	-3.045534	0.0027
ALR **	-1.193438	0.489402	-2.438565	0.0159
SC ***	-1.411856	0.512878	-2.752809	0.0066
SAS ***	-0.356412	0.116374	3.062642	0.0026
TAX	-0.115343	0.384923	-0.299651	0.7648

注：**、*** 分别表示检验序列在 5%、1% 水平下显著。

四、国有资本经营预算对国有企业去产能体制性障碍的弥合效应

(一) 实证结果及体制性障碍的归因分析

从实证分析的结果来看，在市场性影响因素中，资产负债率和流动资产周转次数对于资本退出率有显著的负向影响，衡量行业利润率的成本费用利润率对资本退出没有显著影响。按照预期的理论假设，行业的利润率越高，说明盈利水平越高，资本越倾向于留存在该行业，而如果一个行业的利润率降低，资本则倾向于退出。但实证分析结果并不支持，可见，工业行业国有资本的退出并不以利润率为导向，

有些行业即使利润率较低，资本仍继续存留。在资产负债率对资本退出的影响上，资产负债率越高，债务风险越高，资本越倾向于退出，但实证分析的结果却显示资本负债率越高，资本越不愿意退出。这从另一个侧面说明了国有企业预算软约束的问题，债务风险高的国有企业依靠政府补贴以及扭曲的银行信贷资本仍能得以留存。另外，在体制性指标中，行业国有经济比重以及行业国有企业平均规模对于资本退出都有显著的负向影响。可见，行业中国有及国有控股企业比重及规模的大小所带来的退出成本负担大小对于资本退出具有显著影响，比重越高，规模越大，退出社会成本越高，资本退出率越低。但行业纳税程度对资本退出的影响没有通过显著性检验，可能的原因是政府会对一些产能过剩的国有企业采取税收优惠政策使得实际数据有所偏差。综合实证分析结果，我们可以看出，国有企业过剩产能的退出确实面临体制性障碍，预算软约束，国有企业退出社会成本负担是影响国有企业过剩产能退出的重要因素，盈利水平的高低并不是资本退出的主导因素。图17-3列示了实证分析中有显著影响的解释变量并进行了体制性的归因分析，而国有资本经营预算制度能从收支两个方面进行有效弥合。

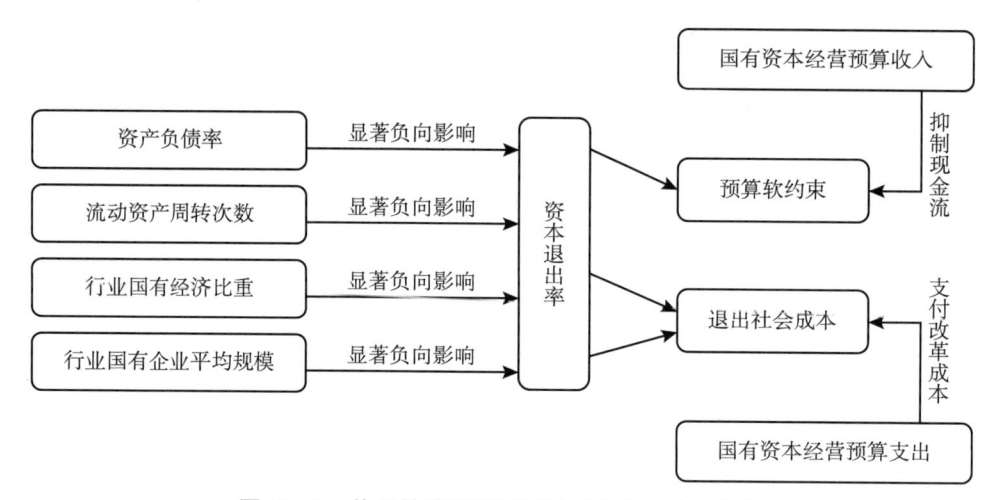

图17-3 体制性障碍的归因及国有资本弥合效应

（二）国资预算对国有企业去产能退出体制性障碍的弥合效应分析

现有文献对于国有企业过剩产能退出的体制性障碍有所论述，也提出了一些政策建议，但大多数都是从国家宏观政策层面提出的，缺乏针对性且可操作性不强。我们认为，国有资本是国有经济运行的基础和载体，当前国有企业产能过剩问题的产生是体制性障碍下国有资本的盲目扩张与资本无效退出造成的。如果能从资本本身进行监督管理，抑制国有资本的盲目扩张，加快低效无效产能出清对于化解当前国有企业产能过剩问题将具有重要意义。国有资本经营预算制度反映了国有资本所有者与国有资本经营者之间的收益分配关系,预算的贯彻和执行有利于对国有企业的经营绩效进行评价,从而提高国有企业的经营效率。国有资本经营预算从收、支两个方面对国有企业过剩产能退出的体制性障碍产生弥合效应。

第一,国有资本收益收取比例的提高有利于抑制国有企业资本扩张冲动,减轻过度负债。2007年,国有资本经营预算制度开始试行并不断完善发展,纳入国有资本经营预算的企业从151户增至2015年的832户。国有资本收益收取比例也在不断提高,中共十八届三中全会提出:"国有资本投资要服务于国家战略目标",并"完善国有资本经营预算制度,提高国有资本收益上缴公共财政比例,2020年提高到30%"。2014年财政部《关于进一步提高中央企业国有资本收益收取比例的通知》在原有基础上将国有独资企业收益收取比例再提高5个百分点。国有资本经营预算收益收入比例的提高有利于抑制国有资本投资冲动,减少过剩产能的盲目扩张,也有助于改善国有企业过度负债经营。现有的研究成果通过詹森和麦克林自由现金流理论出发,认为国有企业收益收缴比例的提高在一定程度上抑制了现金流,有助于抑制国有企业的过度投资行为(张建华、王君彩,2011;王佳杰等,2014;陈艳利、迟怡君,2015)。而另外,国有企业扭曲的信贷关系也一度增强了国有企业的投资冲动,随着负债水平的提高,国有企业的代理人成本与自由现金流均有所上升,增加了国有企业的非效率投资(田利辉,2004;连玉君、程建,2006)。因此,提高国有资本收益的收取比例可以起到抑制现金流的作用,包括扩大负债规模带来的现金流,从而起到减少国有企业非效率投资以及过度负债经营。

第二,国有资本经营预算支出有利于国有企业产业结构调整,加速过剩产能退出。从上面的实证分析结果我们可以看出,国有企业过剩产能退出过程中较大的社会成本阻碍了过剩产能的出清。如果能有专项资金用于支付国有企业改革过程中的成本费用,对于破除国有过剩产能退出的体制性障碍将有重要作用。2015年中共中央全面深化改革领导小组第三十次会议审议通过的《中央国有资本经营预算支出管理暂行办法》指出,要规范和加强中央国有资本经营预算支出管理,充分发挥预算的分配、调节和监督职能,优化国有资产配置,增强国有资本控制力。2016年全国国有资本经营预算支出2 155.49亿元,其中用于解决历史遗留问题及改革成本支出684.91亿元,占比约31.8%。[1] 2017年的中央国有资本经营预算说明明确指出预算支出要着力推进供给侧结构性改革和解决国有企业历史遗留问题,加快深化国有企业国有资本改革。中央国有资本经营预算拟安排支出510.4亿元,比上年增长80.2%,用于支付化解过剩产能及处置僵尸企业人员安置支出等的改革费用。[2] 这笔专项改革费用支出对于破除国有过剩产能退出的社会成本制度性障碍具有重要意义。

---

[1] 中华人民共和国财政部预算司. 2016年全国国有资本经营支出决算表[EB/OL]. 2017-07-14. http://yss.mof.gov.cn/2016js/201707/t20170712_2647803.htm.
[2] 中华人民共和国财政部预算司. 关于2017年中央国有资本经营预算的说明[EB/OL]. 2017-03-28. http://yss.mof.gov.cn/2017zyys/201703/t20170324_2565522.htm.

从上面的分析我们可以看出，一方面，国有资本经营预算制度通过提高国有资本收益收取比例起到减少现金流的作用，从而起到抑制国有过剩产能盲目投资以及突破预算软约束盲目举债的问题；另一方面，国有资本经营预算支出通过安排专项改革费用支出破除了国有过剩产能退出社会成本高昂的体制性障碍。需要指出的是，当前中央国有资本经营预算制度已经较为完善，其对于破除中央企业过剩产能退出的体制性障碍能发挥更为有效的作用。但对于地方国有企业而言，由于地方国有资本经营预算制度的执行并不到位，其作用效果会有所降低。另外，由于国有资本经营预算制度的支出口径一直变化，我们难以通过实证分析检验弥合效应的程度，只能通过理论进行分析，但并不影响分析结果，国有资本经营预算对于国有过剩产能的退出确实能起到相应作用。中共十九大报告提出"要加快国有经济布局优化，结构调整，战略重组，促进国有资产保值增值，推动国有资本做强做优做大"，其中过剩产能的退出对于优化国有资本布局具有重要意义，而进一步落实国有资本经营预算制度将有助于这一目标的实现。

改革构想篇

本篇包括第十八~第二十二章,主要围绕国有资本经营预算支出民生化保障进行模式比较、机制建构与思路解析。第一,基于国外社会分红的实践比较分析了国有资本收益直接分红模式、间接分红模式和混合分红模式的做法,总结了国外实践探索对我国构建国有资本经营预算支出民生化保障的经验借鉴;第二,运用博弈模型分析方法分析了国有资本经营预算收支安排中的政府、企业、民众等利益主体之间的利益矛盾和冲突,提出构建国有资本经营预算各利益主体合作共赢的利益协调机制;第三,针对当前中央大力推行、地方也在积极探索的国有资本收益民生化重要模式——划转社会保障基金方案进行重点剖析,探究当前国有股权划转社会保障基金的运行困境和成因,并以山东省和上海市为例,比较分析了股权划转和收入划转这两种模式的优缺点和各试点省市的运行情况,以福建省为例,剖析国有资本划转社会保障基金的实践难点;第四,提出国有企业利润上缴比例倍增目标约束下国有资本经营预算支出民生化的总体思路、改革方案、改革路径、评价体系和配套机制。

第十八章

国有资本收益社会分红的国际模式与借鉴价值

随着国有企业改革的不断深化，我国国有企业的整体素质逐步提高，其资产规模和利润总量也逐年增长。财政部统计数据显示，我国国有企业的利润总额已从2007年的16 200亿元提高到2017年的28 985.9亿元。但是，在国有企业获取高额利润的同时，我国存在严重的国有资产流失、贫富两极分化、社会保障基金缺口持续扩大等一系列问题。例如，根据国家统计局公布的统计数据，2003年我国基尼系数为0.479，2008年攀升至0.491，2013年之后有小幅降低，2015年达到最低值0.462，而2016年又小幅回升至0.465。由此可见，2003年以来，我国基尼系数一直维持在0.46以上，而按照国际标准，基尼系数超过0.4的警戒线就表示存在较为严重的贫富差距问题。

针对上述国有企业利润大幅增长与贫富差距日益拉大并存的格局，许多学者开始思考诺贝尔经济学奖获得者詹姆斯·米德在1936年所提出的"社会分红"理论能否有效缓解中国日趋严重的贫富差距问题？事实上，社会分红不仅停留在对其必要性及其经济效应的理论探讨层面，而且在美国阿拉斯加州、新加坡等一些国家和地区已经进行了国有企业利润"社会分红"实践。这些已经发生的"社会分红"由于所处的国情不同，产生原因的差异较大，并采取形式各异的实施路径，从而形成了各具特色的实践模式。这些社会分红模式的实施效果也有很大差异，有的卓有成效，有的却收效甚微，有些甚至造成严重的社会后果。根据社会分红的媒介不同，我们可将国外国有企业利润社会分红分为三大基本模式：直接分红模式、间接分红模式以及同时采用直接分红和间接分红的混合分红模式。虽然因国情不同，我们不能全盘照搬国外模式，但可以总结和借鉴其经验教训，并结合我国的国情探索建立适合我国国情特征的国有企业利润社会分红的制度框架和运作机制。

第一节 国有资本收益直接分红模式

国有企业利润的直接分红模式是国家和地区通过各种途径将国有企业利润以现金或股票的形式直接分配给全体公民。其中以现金为媒介的直接分红模式较多，典型代表有：美国阿拉斯加州的石油分红、科威特的全民分红等。以股票为媒介的直接分红模式相对较少，典型代表主要是蒙古国的股票分红模式。

一、美国阿拉斯加州的永久基金模式

美国虽然是私有制为主体的发达资本主义国家，但在一些基础设施和公益性领域也有一定比例的国有资产，如很多公路、铁路、机场至今仍具有国有性质，其邮政、电力、能源等行业仍有一定的国有股权。美国政府在国有资产管理及其利润分配方面都具备丰富的经验。其中，以阿拉斯加州的永久基金为突出代表，其依托区域内丰富的自然资源，将这些资源收入的一部分建立归属全州居民共同所有的永久基金，通过基金按一定规则直接向符合条件的民众进行现金分红。

（一）设立永久基金的前提条件

阿拉斯加州永久基金的成功设立并能多年有效运作，得益于其具备四个方面的前提条件。一是具有丰富的自然资源禀赋，也就是具有较高价值的公有资产；二是具备优越的地理位置，使国有资产有可能被变现，从而形成可分配的国有资产利润收益；三是美国独特的法律制度，美国各州拥有高度的自主权，由此阿拉斯加州才可能通过立法成立永久基金；四是国有企业管理制度，决定了美国国有企业利润上缴的独树一帜，即公民可以不参与企业经营管理，但却能合法分享永久基金的利润分配。

1. 阿拉斯加州具有优越的石油、矿产资源禀赋

美国面积最大的州是位于美国西北部的阿拉斯加州，其面积约合171.7万平方千米，占美国国土面积的1/5。其石油、天然气、海鲜、木材和矿产资源等产量丰富，也被誉为是美国自然资源最优越的地区之一。在阿拉斯加州，石油和天然气作为支柱产业，提供了最多的就业岗位，创造了一半以上的州财政收入。20世纪70年代，阿拉斯加的石油源源不断地通过一条全长1 200千米的"穿越阿拉斯加输油管"（Trans – Alaska Pipeline）被运送到美国本土和世界其他地区。据统计，每天从北海岸的普拉德霍（Prudhoe）海湾一路蜿蜒到中南部的不冻港瓦尔迪兹（Valdez）的石油输送量达145万加仑。除石油资源外，阿拉斯加州的矿产资源还包括锌、铅、金、银、煤等自然资源，2017年，阿拉斯加矿产品出口总值17.95亿美元，其中约有20%为对中国出口。现运营的大型矿区包括：世界最大的铅锌矿——红狗矿（Red Dog Mine）。根据已探明的10 141 264吨储量中含有20.0%锌和5.4%铅，预计锌铅总储量可达57 540 650吨；年产量达到9.36~11.62吨的福特诺克斯金矿（Fort Knox Mine）；含有银、金、铅、锌的格林·克里克铅锌银矿（Greens Creek Mine）；以及位于德尔塔章克申东北59.55千米的波戈金矿（Pogo Mine），此外，还有预计总储量7亿吨的尤斯百利煤矿（Usibelli Coal Mine）。[①]

[①] 驻旧金山总领馆经商室. 阿拉斯加州情况介绍 [EB/OL]. 2018 – 08 – 20. http：//sounfrancisco.mofcom.gov.cn/article/ztdy/201808/20180802779064.shtml.

2. 阿拉斯加州的地理位置特殊，海洋航运业发达

位于美国西北部的阿拉斯加州，北部和西北部濒临北冰洋，西靠白令海峡和白令海，南接太平洋和阿拉斯加湾，阿拉斯加州拥有 10 686.04 千米海岸线，多于其他各州海岸线长度总和，便于发展海上运输业，利于该州石油和矿产资源出口的海上运输。由于阿拉斯加州区域内山脉聚集，因此相较于公路运输，该州的航运极为发达。

3. 美国各州拥有独立的立法自主权

美国在政治体制上实行联邦制，由 50 个州共同组成联邦政权，其国家立法机构分设众议院和参议院，两院共同行使立法权。基于美国宪法的规定，在保证统一的联邦政权的基础上，美国各州拥有相当广泛的自主权。其中，最主要的就是立法自主权。美国各州基本都设立上下两院，上院也称为参议院，下院也称为众议院，上下两院共同对各州立法行使权力，并且在与美国宪法不冲突的前提下，各州上下两院可根据实际情况修改其所在州的宪法及其他法律法规。

4. 美国独具特色的国有企业管理制度

美国是世界上市场经济最为发达的国家，并不需要国有企业实现对市场经济走向的掌控。因此，美国并不具有发达的国有经济。美国大部分国有企业以国有出租方式交由私人企业经营，根据双方签署合同进行法律监督，承租企业自主经营、自负盈亏，政府仅享有资产收益权而不干预企业日常经营。美国颇具特色的国有企业管理模式决定了美国国有企业利润上缴的独树一帜。美国国有企业既须利润上缴，同时也须承诺国有企业资产的保值增值。这表明国家实质上是国有企业的所有权主体，拥有征缴国有企业红利的剩余索取权。

（二）阿拉斯加永久基金的历史沿革

阿拉斯加州的永久基金1976年成立，至今已有44年，在经历了基金设立构想的萌芽、各界热烈讨论、基金正式成立等若干阶段。如今阿拉斯加州的永久基金早已跃居全球100强基金的行列，成为年盈利能力超过10%的大型基金，是国有资源收益全民共享的典型模式。

1. 永久基金构想的萌芽

阿拉斯加州拥有北美洲最大的油田，其一半以上的财政收入来源于石油和天然气产业。1969年9月，阿拉斯加州以租赁普拉德霍海湾（Prudhoe Bay）的石油获得9亿美元的财政收入，占该州财政收入的90%以上。当地法律规定，全州的自然资源属于人民。巨额的收入使阿拉斯加州政府陷入如何使用这笔资金的难题。该州立法部门就以存款方式还是以满足阿拉斯加州人民需求的消费方式，委托布鲁金斯研究所于1969年末展开对此问题的研讨。在经过认真细致的讨论后，该研究所最终建议政府将这笔资金建立永久基金，用以满足该州人民教育、福利以及自然资源和环境保护等方面的需要。

但设立永久基金的构想受到了来自州宪法的阻力。1975年，由于公众对于租

赁普拉德霍海湾的石油所得 9 亿美元的支出情况存在质疑，众议院议案委员会在参议院提案的基础上，决定建立一个旨在为后世子孙谋求福利的基于阿拉斯加自然资源收入的资源永久基金，但由于与该州宪法相违背，哈蒙德州长驳回上述提案。直到 1976 年宪法修改完成，阿拉斯加州依法建立起第一个资源永久基金。按照基金章程规定，该州石油开采全部收入（包括矿产资源租金、矿区使用费、矿区出让收益、联邦矿产收入分成以及州级红利等）的 75% 交归州政府，其余的 25% 归入阿拉斯加永久基金。该资源永久基金由立法部门全权处理，但须保留本金。

2. 永久基金的成立

1977~1978 年是阿拉斯加州社会各界对阿拉斯加永久基金提案的具体实施方案的探讨。1977 年，哈蒙得州长同由工商界代表、消费团体代表、政府部门、立法部门与公众代表组成的投资顾问委员会就永久基金的相关问题召开了多次听证会，并逐步提出"永久基金归全民所有"的目标。此外，投资顾问委员会就关于基金拨款比例、投资领域、基金收入流向等方面向立法部门提出了相关议案。

随着永久基金提案的通过，永久基金的运作等细节问题接踵而至，特别是作为立法部门的众参两院对在基金管理上存在分歧。在基金管理架构方面，参议院倾向于由阿拉斯加州税收部门来管理永久基金。众议院的观点则认为永久基金的管理应具备独立性，即建立一个不受政府影响的、对公民负责的、由立法部门监督的基金管理公司。就众参两院提出的扩展补贴与低息贷款的提供等方案受益面的局限性，州长则主张全州公民的石油财富分配收入的受惠对象不应局限于纳税人，而应是由包括不纳税的公民、家庭主妇、学生、失业者以及退休人员的全体阿拉斯加州公民共同分享石油财富分配收入。经过长时间的广泛讨论，1978 年，阿拉斯加州立法部门依法设立阿拉斯加企业投资公司和阿拉斯加永久基金公司，并于 1980 年就基金收入如何使用提出行动方案，其中包括：一是由该州资源使用所得的收入需储存一部分并用于为该州公民谋求福利；二是在保证基金本金安全的基础上实现收益最大化。阿拉斯加企业投资公司主要负责为中小规模私人企业提供融资支持，而阿拉斯加永久基金则负责将基金收入进行投资，投资领域受法律限制。立法部门将总计 27 亿美元资金划拨该永久基金，包括 1969 年租赁普拉德霍海湾石油所得的 9 亿美元以及额外的 18 亿美元的专项经费。立法部门要求阿拉斯加州资源永久基金独立运营，并保持本金及所投资有价证券的安全性。

3. 永久基金分红实践

在不断修正 1980 年阿拉斯加州这一永久基金收入目标的基础上，永久基金于 1982 年完成了富有实践意义的初次社会分红。分红方案给予所有在阿拉斯加州居住 6 个月以上的居民以平等享受分红的权利，计划首次每人分红 1 000 美元，以后年度的分红金额视永久基金的收入情况而定。永久基金收入以五年收入的平均数为基准，将 50% 的永久基金收入分配给所有满足资格的阿拉斯加州居民。永久基金分红提案的通过，一方面避免政府在日常开支中肆意挥霍数额庞大的资源收入，另一方面保证公民能够公平地共享该州资源收入，并对该分红拥有完全的自主处理权。同年秋冬季，该州 40 多万公民都收到来自阿拉斯加州资源永久基金 1 000 美元的分红。从表 18－1 可以看出，永久基金经过 40 多年的运作，每年向当地居民的分红金额仍能稳定在 1 000 美元左右，初步实现其永久社会分红的目标。自 1982 年至今，阿拉斯加州政府连续多年向当地住满 6 个月以上的居民派发社会红利，2014 年，阿拉斯加州永久基金已实现超过人均 2 000 美元的社会分红。

表 18－1　　　　　　1998～2005 年阿拉斯加永久基金分红金额　　　　　单位：美元

项目	1998 年	1999 年	2000 年	2001 年	2002 年	2003 年	2004 年	2005 年
分红	1 540.88	769.84	1 963.86	1 850.28	1 540.76	1 107.56	919.84	845.76

资料来源：吴国玖．全民分红理论及实践的国际比较和借鉴［J］．企业家天地·理论版，2007（12）：80－81．

阿拉斯加州的社会分红使得阿拉斯加州居民切实地享受到了当地公共资源所带来的利益，当地居民无论贫富都能平等地享受这一政策。可以说，社会分红改善了低收入人群的生活，明显提高了社会整体福利。而且通过永久资源基金收入的全民分红还提高了居民纳税的积极性，确保了税收的稳定性。经济学家们通过对石油分红和将石油收入用于其他途径的收效进行比较之后发现，阿拉斯加州的永久资源基金分红毫无疑问是促进当地经济发展的最有效手段[1]。此外，阿拉斯加州的永久基金具有较好的自我成长性，是国有企业利润社会共享的一个典型代表。阿拉斯加州的永久基金如今已是拥有超过 300 亿美元本金的、年盈利能力超过 10% 的大型基金组织，跃居全球 100 家最大的基金之列。[2]

（三）阿拉斯加永久基金的特点

美国阿拉斯加永久基金模式第一次在实践中成功尝试了米德的"社会分红"构想，开创了地方资源收益全民分红的形式，是国有资本收益直接分红形式的突出代表，具有目标开创性、管理独立性、地方资源收益资本化等特点。

1. 目标开创性

阿拉斯加永久基金是在"永久基金归全民所有"的创造性目标上建立的。由于阿拉斯加州的自然资源的所有权属于该州公民，地方政府依据其石油资源所获得的矿产资源租金、矿区使用费、矿区出让收益、联邦矿产收入分成为全州公民分红。在米德的"社会分红"构想理论基础上，确立"永久基金归全民所有"的根本目标，是永久基金能够成功建立并发展的重要因素。

---

[1] 周建军，黄胤英．社会分红制度的历史考察：阿拉斯加的经验［J］．经济社会体制比较，2006（03）：72－76．
[2] 陈少晖．国有企业利润上缴：国外运行模式与中国的制度重构［J］．财贸研究，2010，21（03）：80－87．

2. 管理独立性

美国阿拉斯加永久基金是以独立的政府持股基金为中心的社会分红管理模式的主要代表（崔之元，2005）。[①] 永久基金的运营是由独立于政府之外的阿拉斯加永久基金公司管理，除受到地方立法机构的监督外，不受政府的行政干涉。阿拉斯加永久基金公司在法律层面上属于独立法人，并非政府部门，是以营利为目的的企业，其日常经营运作不受政府行政干预。这种管理独立性将永久基金的运营与阿拉斯加永久基金公司的企业目标直接挂钩，摆脱了不必要的行政干预，在实现阿拉斯加永久基金公司利润最大化的同时，达到永久基金价值增值的目标。

3. 地方资源收益资本化

永久基金的本质是以国有资产收益为本金的公共信托基金，因此，永久基金的投资必须要在不损失本金的前提下产生新的收益。通过由州政府所有的、具有营利性质的美国阿拉斯加永久基金公司（APFC）的运作，将阿拉斯加州石油、矿产的开采、经营、租赁收入转化为在资本市场上追求保值增值的证券投资本金，完成地方资源收益向证券资金的资本化转变，由全州公民投票约束本金使用，避免本金的滥用。[②] 在永久基金运作过程中，董事会保持审慎的投资态度，仅投资产生确定收益的投资品，确保投资风险的可控性，从而保证了基金投资年均5%的长期投资回报率。[③]

二、蒙古国的股票分红模式

地广人稀的蒙古国是一个由中俄包围的、面积为156.65万平方千米、人口约320万人的内陆发展中国家。虽然由于历史原因经济发展较为落后，国家整体经济实力不强。但是，该国政府凭借自身丰富的矿产资源，采用股票分红的形式，实现了国有资产收益的全民共享，改善了人民生活水平，并成功完成向市场经济的过渡。蒙古国的矿产分红模式是在美国阿拉斯加永久基金模式的借鉴中形成的，但与永久基金模式存在一定的差别。

（一）股票分红的基础条件

1. 丰富的矿产资源

蒙古国拥有极为丰富的以煤矿为主的矿产资源，据矿道网数据统计，目前已建有800多个矿区，平均每个矿区含10个采矿点。已经发现和确定的矿产资源高达80多种，主要蕴含铁（20亿吨）、铜（20亿吨）、钼（24万吨）、煤（3 000亿吨）、锌（6万吨）、金（3 400吨）、石油（80亿桶）、萤石（2 800万吨）、磷

[①] 陈少晖. 国有企业利润上缴：国外运行模式与中国的制度重构［J］. 财贸研究，2010，21（03）：80–87.
[②] 黄东贤. 国有资产收益分配民生化：国外实践及其借鉴［D］. 福州：福建师范大学，2016.
[③] Alask Pennanent Fund Corporation［EB/OL］. http://www.apfc.org/.

（2亿吨）、银（7 000吨）等。丰富的矿产资源为该国实行矿产分红模式提供了有利的自然条件。

2. 人口与经济条件

蒙古国地广人稀，截至2018年6月，蒙古国人口总量约320万人。蒙古国主要产业包括矿业、农牧业、交通运输业、服务业等。国民经济对外依存度较高。受苏联模式的影响，曾长期实行计划经济体制。1991年开始向市场经济过渡。1997年7月，蒙古国政府通过了《1997～2000年国有资产私有化方案》，目标是使私营经济成分在国家经济中占主导地位。2017年国内生产总值达111.49亿美元，国内生产总值增长率5.1%。其中工矿业总产值为129 326亿图格里克，较上年增长30.3%。其中，矿业总产值为93 860亿图格里克，增长32.8%；制造业总产值为26 258亿图格里克，增加31.4%。

（二）国有矿产资源股票分红的形成过程

1. 1991年发放"投资产权证书"

20世纪90年代初，体制转型之后的蒙古国开始寻求新的经济发展模式。1991年5月31日，蒙古国小呼拉尔（蒙古国议会的常设机构）通过《财产私有化法》，规定除一些国民经济核心部门（如铁路、航空、矿山工业）外，将国有固定资产的44%以"投资产权证书"的形式发放给公民，以此推进私有化进程。该做法将国有资产快速、公平地分给了每一个蒙古国居民，最终实现了财产私有化。

蒙古国这一私有化方案是由27岁的毕业于美国哈佛大学的卓喇吉日噶（Zholzharga）首先提出的。这一方案最初被认为是采用了东欧国家（波兰、捷克等国）的"投资权力证书"形式，此证书作为一项权利凭证，记载了每股面值含国有资产1万图格里克（蒙古的货币单位，1万图格里克约合25元人民币）。由于"投资权力证书"是将总股数按照蒙古国公民人口数平均发放，可以实现投资权力证书的最初动机，即快速、公平地将国有资产分配到每一个蒙古国公民手中。这一私有化的进程起初是针对服务业和其他小企业。最初每人领到的是一张粉色券，人们可以凭借这张券竞购牲口、小商店和其他小企业。随着私有化的推进，蒙古国公民随之领到的是一张蓝色券，可以用于购买工业企业的股票。私有化发展的最终阶段确定了其在国家经济中的主导地位。

2. 2011年股票分红

蒙古国矿产资源丰富，但是国家整体经济还不发达，国民生活水平较低。为了使普通民众也能享受到国家经济发展和资源开发带来的实际好处，蒙古国政府决定，自2010年起，用两年时间向每位公民发放150万图格里克的现金或非现金形式福利，履行国家矿产资源收益惠及每个公民的承诺。2011年3月31日蒙古国政府非例会决定，每位蒙古国公民都能得到塔温陶勒盖煤矿536股股票的社会分红。除了发股份红利之外，每个蒙古国公民还可以取得55美元的现金及以后每个月15

美元的补助。① 这是蒙古国政府第一次以股份形式向全体公民分红。不过,股票价值需要等到蒙古国国有企业"额尔德斯—塔温陶勒盖"公司股票上市交易时才能确定。该公司股票除了自身持有的50%股份外,另有10%为全体公民持有,其余40%出售给蒙古国私营企业和外国企业。

(三) 蒙古国股票分红的原因

1. 缩减贫富差距,缓解贫困人民生活

在蒙古国,贫富两极分化的现象非常严重。在首都乌拉巴托,有超过全国1/3的人口居住在这里。自1990年经济自由化以来,蒙古国迅速发展的资本市场,孵化出了新的社会阶层,这些少数人群十分富有。豪宅、汽车和保镖应有尽有,过着非常奢侈的生活。然而,同样在首都,也有许多人贫困潦倒,甚至无家可归,只能睡在下水道。在首都以外的其他地方,蒙古国的大部分居民仍然还过着传统的生活,他们住着蒙古包,以游牧为生,有些甚至食不果腹。尽管蒙古政府公布的数据显示,全国有30%的人生活在贫困线以下,但依据世界银行的标准,蒙古国则有70%的人仍在贫困线下。按照此标准,蒙古国的贫困程度已经到了非常严重的地步。当然,也正是蒙古国这种巨大的贫富差距以及严重的贫困程度,要求蒙古国政府必须扶持和保障贫困人民的基本生活。基于蒙古国自然资源和人口与经济条件,选择通过"投资产权证"的股票分红形式将红利惠及所有公民,这既有利于贯彻"全民所有产权,全民共享红利"的理念,同时又能在一定程度上缓解国内贫困现象,保障公民基本生活,提高社会福利水平。

2. 依托矿产资源,发展蒙古国经济

正如沙特阿拉伯依靠丰富的石油储藏量成为富裕国家,蒙古国当局以及人民也希冀能够充分利用自身的矿产资源发展本国经济,成为"矿产界的沙特阿拉伯"。对此,需要持续不断的保障矿产资源的供给,同时扩大国内外需求。在需求上,蒙古国矿产资源主要依靠出口,那些矿产资源相对比较匮乏的国家对矿产资源需求量本就大,而随着经济的发展,各国对矿产的需求量也逐年增加。在供给上,作为非可再生资源的矿产,在开采过程中必须充分利用,杜绝弃矿等浪费现象。而通过对矿产资源的收益进行全民分红,一方面是体现资源全民所有,红利惠及全民的理念;另一方面主要也是提升全民的自然资源保护意识,呼吁全民共同监督和维护资源开采和生产。通过全民自发成立的监督组织,可以有效地预防资源浪费、保护环境、推动经济发展。

3. 履行执政党竞选时的承诺

蒙古国政府选择股票分红的另一个重要原因,在于执政党履行竞选时许下的为蒙古国人民发放红利的承诺。起因是1990年,蒙古国修改了宪法。这意味着,蒙古国各个政党都可以通过竞选来取得执政权。而要想取得蒙古国多数公民的认可和

---

① 林鹏风. 国外社会分红理论的实践及启示 [J]. 时代金融, 2014 (07): 15-20.

选票，必须要给予公民事关福利生活方面足够的信心和保障。因此，不论哪个政党，在竞选过程中，都会承诺向公民发放一定的红利，以此来达到获取更多选票的目的。据资料显示，2008 年蒙古国民主党在大选时，承诺将发放给每个公民 100 万图格里克。而且为维持执政权以及公民经济生活的稳定，执政党上台后基本都会如约履行对公民发放红利的承诺。

（四）蒙古国股票分红的特征

2011 年蒙古国的股票分红是根据米德的"社会分红"构想，利用国家资源收益实行全民分红的又一次有益尝试，具有股权和现金分红相结合、国有资源收益部分资本化、注重社会分红的可实现性和国有企业运营效率的提高等特点。

1. 股权和现金分红相结合

如上所述，蒙古国 2011 年 3 月 31 日政府非例会决定的社会分红模式内容是：每位蒙古国公民都能得到塔温陶勒盖煤矿 536 股股票，并且在发股份红利之外每个蒙古国公民还可以取得 55 美元的现金和以后每个月 15 美元的补助[1]。可以看出，这次蒙古国政府向全体公民分红不仅包括现金分红，还包括股票分红。虽然由于"额尔德斯—塔温陶勒盖"公司股票尚未上市交易，其价值无法得到很好的保证和确认，但仍不失为一次较有创意的国有企业利润社会分红尝试。

2. 国有资源收益部分资本化

蒙古国 2011 年向每位公民发放塔温陶勒盖煤矿 536 股股票，这些红利股票合计占塔温陶勒盖煤矿股票总数的 10%，即 15 亿股。此次股票分红并没有将该公司的所有国有股权进行社会分红，而是保留 50% 的绝对控股股权，这样可以在一定程度上有效避免国有资产流失问题。同时，部分资本化能够实现全民短期收益和长期收益的平衡。因为通过股票分红和现金分红提高了全民的收入水平，而留存的 50% 国有股权，则可确保全体人民未来的收益能力。

3. 注重社会分红的可兑现性

蒙古国 2011 年向全民发放塔温陶勒盖煤矿 10% 的股票，同时蒙古国政府为保证每位公民 55 美元的现金分红顺利实现，将 10% 的股份出售给蒙古国的私营企业，其余 30% 出售给外国企业。这部分股权的出售为蒙古国筹措到此次社会分红必要的现金，从而确保社会分红的可兑现性。

4. 注重国有企业运营效率提高

蒙古国 2011 年的社会分红除了实现全民分配国有企业的运营收益外，另外一个重要目标是提高国有企业的运营效率。例如，通过这次社会分红引入民营资本和外国资本，从而优化国有企业塔温陶勒盖煤矿的股权结构；通过引入战略投资者，不断完善其内部控制制度和公司治理结构；通过全民股票分红，使全体公民均明确其股东身份，从而有利于构建更完善的外部监管体系。这些举措均有利于国有企业

---

[1] 林鹏风. 国外社会分红理论的实践及启示 [J]. 时代金融, 2014 (07): 15-20.

运营效率提高这一目标的实现。

第二节　国有资本收益间接分红模式

国有资本收益社会分红的间接模式是政府把上缴财政的国有企业利润进行民生化支出，如通过充实社会保障、投入科教文卫领域等间接形式的社会分红来惠及全体人民，提高社会整体福利。从国际经验上来看，根据国有企业利润上缴财政的不同路径，国有企业利润间接分红可分为五种模式。

一、以控股公司为中心的股利分配模式

这种利润分配模式的基本特点是，政府主管部门通过设置大型控股公司来实现对国有资产的管理和利润分配。法国和意大利是这一模式的典型代表。

（一）意大利

1956年12月，意大利政府颁布了1589号法令，决定在政府内阁之下设立国家参与部（1993年撤销），统一管理全国各行各业的国有企业。国家参与制系统结构就像一座金字塔，顶端是政府主管部门，即国家参与部；中间是数家巨大的国家持股公司，如伊里公司和埃尼公司，低端是次级持股公司和部门企业集团；然后是次级持股公司或部门集团所控制的诸多企业；最底层是基层企业。[①] 国有企业的利润分配按以下原则进行：国家参与制企业每年盈利的20%留归企业作为储备金，15%作为科研开发特别基金，其余65%上缴国库部；在必要时，国库部从国有企业上缴款中拨付部分款项用于弥补国家参与制企业偶然年份的亏损；如果企业亏损超过了储备金，经批准可用特别基金来弥补，如果国家提供的创业资本和各种补贴已全部冲销，那么该部分利润可留作特别基金。如果涉及民间股份，则需要单独分配，即扣除企业留成之外的利润按照股权原则分红，属于国家应得的部分仍旧按照上述原则逐级上缴，属于私人应得的部分由投资者处理。[②]

（二）法国

法国于2004年建立政府持股机构（APE），法国的国有企业便是由APE与总统办公室及其他部委共同经营管理，但他们并不制定统一硬性的分红规定，而是由公司的董事会提议决定。由此形成了以控股公司决定经营决策权，公司董事决议分红的模式。不过，由于欧洲金融市场的衰退，APE近年来持有国有企业的股份份

[①] 王金存. 世界国有企业比较研究 [M]. 上海：华东师范大学出版社，1999：240.
[②] 陈少晖. 国有企业利润上缴：国外运行模式与中国的制度重构 [J]. 财贸研究，2010（03）：80 - 87.

额不断下降。据资料显示①,2011 年 APE 共计持股约 690 亿欧元,相当于法国 CAC40 指数基金总市值的 11%。这一数字也就意味着,APE 在国有企业中的地位。由于公司的分红由其董事会决议,10% 的 APE 持股比例并没有决定分红的权限。以法国电信公司为例,由于公司在 2002 年遭受巨大损失,公司董事会决定当年不分红。而 2011 年,公司向股东发放约 44 亿欧元的现金红利,股利分配率达到 55.7%。

二、以政府专门机构为中心的国企利润管理模式

这种利润管理模式的基本特点是,政府主管部门通过设置某个专门的机构来实现对国有资产的管理,并统一负责收缴国有企业利润。芬兰和印度是其典型代表。

(一) 芬兰

在芬兰,总理办公室下设专门的国有企业管理司,负责管理芬兰的国有企业。此外,也有一些承担着特殊职责的国有企业由部委进行管理。总体而言,芬兰形成了以政府专门机构为中心的国有企业利润管理模式。在利润分配上,这些国有企业每年向政府支付红利,在一定程度上保障了政府的财政收入。据财新网资料统计显示,2007~2011 年,上市国有企业向芬兰政府支付的红利合计高达 30 亿欧元。2011 年,由于受到欧债危机的冲击,芬兰政府直接持有的股票市值由 121 亿欧元下降至 86 亿欧元。不过尽管如此,芬兰政府还是从国有企业中获得一定的红利,其中包括上市国有企业的 1 187 千万欧元和非上市国有企业的 3.32 千万欧元。一般而言,上市国有企业的股利支付率为 53.2%,这一比例虽然较高,但总体还是低于当年平均上市公司 64.8% 的股利分配率水平。

(二) 印度

在印度,以服务宏观经济为目标的国有企业主要由国营企业部来管理。据财新网统计,截至 2012 年 3 月,作为印度政府机构,国营企业部共计管理 260 家国有企业。作为回报,这些国有企业主要向中央财政部支付红利、政府贷款利息以及税务上缴等。在股利分配上,2003~2012 年国有企业股利分配率基本维持在 25%~45% 之间。虽然金融危机导致 2008 年印度国有企业股利分配率略有下降,但总体来看近十年印度国营企业股利分配率基本处于稳步上升的趋势②,2011~2012 年甚至超过了 40%。

---

① 丁安华. 国企分红专题之二:国际比较与理论分析 [EB/OL]. http://www.cmbchina.com/cmbinfo/brand/Brandinfo.aspx?guid=f1f4b886-2d30-4216-bbf9-d65d900dd033.
② 李静婷. 基于国际经验的我国国企红利上缴机制合理性分析 [J]. 中国物价. 2014 (07): 65-68.

三、以财政部为核心的公共财政管理模式

英国、德国、美国和日本是以财政部为核心的国有资产管理模式的代表,其基本特点是由财政部作为国有资产所有者代表,对各行各业的国有企业进行统一管理和监督。例如,德国分为联邦、州、地方(市、县和乡镇)三级财政体制。中央一级国有企业的财产隶属关系在财政部。英国的国有企业隶属中央和地方两级所有,属于两级财政预算体制。具体而言,在红利分配上,英、德两国的国有企业均通过财政预算体系上缴国库。在经营管理上,英国议会对国有企业进行法律监督、政府对国有企业进行宏观调控,国有企业内部有一定的经营管理权。1978年,英国政府颁布了国有企业白皮书,其中规定了每一个国有企业的外部融资限额(EFLS),即实行现金限额政策,也就是对企业在某一年度从外部筹得的各种资金界定了上限。例如,根据英国政府公有企业预算安排,英国邮政总局的年度财务决算应纳入其借贷需求计划。而邮政总局通常都具有良好的盈利状况,依据EFLS方案,也就意味着其必须要向政府上缴盈利。在这种模式下,国有资产管理与政府财政预算体制直接挂钩,本质上说是一个公共财政的问题[1]。

四、以公司董事会为决策主体的分权管理模式

瑞典是北欧国家中国有经济比重较大的国家,国有企业的行业分布呈现多样化的特点,例如,电力、采矿业、房地产乃至歌剧院、博彩业都是国有企业涉及的范围。根据瑞典的《政府预算案》,如无特别规定,国家持股少于一半或投票权少于半数,政府可以自行决定是否出售国有股份,但是对国家持股超过一半或投票权超过半数的企业,如果没有议会批准,政府不能出售国有股份。当然,议会不得干涉包括分红在内的企业正常的经营管理活动。在瑞典这一分权管理模式下,国家控股、参股的企业分红按企业董事会决议执行。董事会决定增资就按照决议将红利作为国有资本增资,企业如发生亏损,由政府按股本所占比例和其他股东一样给予弥补或相应减少国有股份份额。2005年瑞典国有企业总产值为3 113亿瑞典克朗,国有企业利润总额为633亿瑞典克朗,作为国家代表的瑞典财政部获得约270亿瑞典克朗的分红,约占利润总额的42.65%。此外,为了形成有效的资本结构,国有企业将支付特别红利。例如,瑞典SJ公司(国家持股100%,铁路业)股本/资产比率达到50%的目标后,红利至少为净利润的1/3。瑞典Vattenfal公司(电力业)长期保持稳定的红利分配政策,通常上缴财政部的红利为企业净利润的1/3。[2]

---

[1][2] 陈少晖. 国有企业利润上缴:国外运行模式与中国的制度重构[J]. 中共南京市委党校学报,2010(02):23-30.

五、以主权基金为主体的资产管理模式

这种管理模式的基本特点是政府通过设置基金来监管国有企业，从而保证国有资产的保值、增值。新加坡、挪威是这种模式的典型代表。例如，在新加坡，淡马锡基金作为财政部全资拥有的控股基金，每年派发股息红利，数额由董事会决定，并且获得的股息直接纳入新加坡政府的财政收入。在挪威，1972 年的挪威议会决议出资成立国有挪威石油公司，同时规定该公司上缴 80% 的石油产出净利润。1990 年，挪威议会以石油资源收入为主要来源出资建立了石油基金。2006 年，面对人口老龄化以及不可再生石油资源等诸多问题，议会出资成立挪威全球养老基金，该基金是由国有挪威石油基金与保险计划基金改组而成。截至 2012 年，该基金规模约为 7 000 亿美元，年收益率高达 9.72%。[1] 虽然退休养老金的分配并不从挪威全球养老基金中划拨，但全球养老基金为挪威社会保障资金的来源提供了保障，缓解了政府的财政压力，带来了全民福利的提升。需要强调的是，挪威的红利分配模式不同于美国的现金分红，其特点是以国有红利划转社会保障基金的方式来实现社会分红。显而易见，这种模式的优势在于政府既可以合理有效地利用国有资本进行投融资，实现国有资本的保值增值，又能够通过社会分红提升国民整体的福利水平。

第三节 国有资本收益混合分红模式

国有资本收益直接分红和间接分红是两种基本模式，各有优势和不足。因此，为了发挥国有资本收益直接分红和间接分红各自的优势，避免各自的不足，不少国家在这两种基本分红模式的基础上综合采用了直接分红与间接分红相融合的混合分红模式，比较典型的有瑞典的福利分红模式和新加坡的综合分红模式。

一、瑞典的福利分红模式

瑞典位于北欧斯堪的纳维亚半岛的东南部，虽偏于一隅，但它却是世界上最富裕的国家之一。2013 年瑞典人均 GDP 在世界排名位列第七，为 57 909 美元。瑞典具有较发达的工业化水平，且工业部门类别繁多，尤其以传统重工业为主。在传承和发扬传统特色的同时，瑞典大力发展了新兴产业，例如，信息、通信、生物、医药、环保等。瑞典已于 2014 年拥有了属于自己的核心工业技术，包括航空业、核工业、汽车制造业等。此外，瑞典的软件开发、微电子、远程通信和光子领域技术

---

[1] 池巧珠. 国有企业红利分配制度：国际经验与改革导向——基于米德社会分红理论的视角 [J]. 西安电子科技大学学报（社会科学版），2013，23（06）：35 – 41.

水平也位居世界领先地位。2013年瑞典的世界幸福指数排名第五，其社会分红（福利）制度是最主要的原因之一。

1932年，瑞典民主党派上台执政后，为促进国民经济发展，消除社会负面效应，采取了资本主义的生产形式；同时，为了缩减贫富两极差异，突出社会公平性，采取了社会主义的分配形式。这一资本主义与社会主义"双轨"并行的社会经济模式被称为瑞典模式[①]。在其社会分红上，瑞典采取福利水平较高的社会保障制度，并且侧重于对国民收入和私人财富新一轮的分配管理。例如，政府主要通过颁发税收政策以及各项转移支付等社会福利政策来缩减贫富收入差距。然而实际上，实行高税率的税收政策及各项转移支付制度并不能消除其在生产领域由于生产资料私有制带来的贫富两极分化。因而从本质上看，瑞典模式是经改良的、内含一定社会主义因素的资本主义经济发展模式。

虽然瑞典社会分红主要来源于公共财政而非国有企业利润，但其社会分红既有直接分红，也包括社会保障、医疗、教育等方面的间接分红。因此，本书认为有必要借鉴这一模式的成功经验，并吸取其过度分红方面的教训。

（一）瑞典福利分红模式的形成条件

1. 历史条件

一方面是社会福利制度的推广。早在1842年，瑞典就意识到教育对经济的促进作用，推出向全国儿童实施义务教育的社会福利政策。在这一政策下，瑞典经济出现了飞跃式的发展。此后几年，瑞典逐步扩大社会福利制度范围，包括社会救济、社会保障、医保制度、劳工福利、养老金等，不断完善福利设施。应当指出，这一为人民谋福利的理念离不开执政党的作用。1932年，以"人民国家"为口号的社会民主党获选执政，其"为人民服务"的执政理念极大地推进了福利社会的进步，至20世纪80年代，瑞典社会保障制度体系逐步趋于完善。另一方面，自然资源丰富及工业发达。瑞典的自然资源非常丰富，其铁矿资源总体储存量就高达40亿吨，在整个欧洲市场上位列第二。铁矿资源的丰富也带动了瑞典的工业发展。19世纪下半叶到20世纪初，资本主义生产方式席卷全球，瑞典社会迅速出现了大批经济实体，其中最著名的沃尔沃汽车、宜家家居等品牌已转变成大规模的跨国企业。在当时全球500强工业企业中，瑞典占有22家，其工业人均产值是全球人均产值的4倍。到20世纪中叶，瑞典已成为欧洲工业发展最快的国家之一，位列发达国家行列。面对如此巨大的自然资源及工业经济收益，在推行福利社会制度下，瑞典政府决定进行社会分红。[②]

2. 现实条件

瑞典采用直接与间接相结合的社会分红模式，具有逐渐成熟的现实经济条件。

---

① 程恩富，张飞岸. 民主社会主义不是中国特色社会主义 [J]. 理论参考，2007（08）：36－37.
② 池巧珠. 国有企业红利分配制度：国际经验与改革导向——基于米德社会分红理论的视角 [J]. 西安电子科技大学学报（社会科学版），2013，23（06）：35－41.

其主要内容包括：

（1）瑞典国情的实际需要。

瑞典实行社会分红是基于其人口数量少且老龄化严重的现实考虑。据 GDPBox 网站资料显示，2012 年瑞典常住人口有 958 万人，65 岁及以上老年人占全国总人口的 19.1%。此外，瑞典国家的人口增长率非常低，甚至有下降的趋势。截至 2017 年 3 月 31 日，瑞典人口共 898 万人，65 岁及以上的老年人所占比例高达 17%。预计到 2020 年，这一比例将升至 23%，成为欧洲之最。1956 年联合国《人口老龄化及其社会经济后果》规定，当一个国家或地区 65 岁及以上老年人口数量占总人口比例超过 7%，意味着这个国家或地区进入老龄化阶段。按照这一划分标准，瑞典已经属于人口老龄化现象十分严重的国家。面对人口下降趋势以及如此严重的老龄化现象，瑞典政府认为必须采取措施缓解这一问题带来的影响。由于生产的社会化能够减少劳动力不足引起的产品供给不足，而对社会养老扶幼的福利分配能够在一定程度上提高有效需求。因此在这一背景及理论指导下，瑞典直接与间接相结合的福利分红模式成为必然选择。

（2）瑞典宏观消费需求和生产社会化的要求。

在消费方面，丰富的自然资源（包括矿产资源、森林资源、水力资源）以及发达的工业水平保障了瑞典的物质基础，推动了国民经济的发展。这对于瑞典而言既是机遇也是挑战。一方面国民经济发展提高了福利社会制度建立的可行性，加快了瑞典福利社会的形成；另一方面也面临着如何提高产品剩余价值的挑战。因而为推动和适应宏观消费需求，瑞典实行以政府行政干预分配为核心的福利保障制度。

（3）防范经济危机的需要。

20 世纪 90 年代初，瑞典放开金融市场，即放开对国内银行的管制和对资本账户的管制，使得瑞典在短短一年内形成大量资产泡沫。瑞典面临着资产价格下降、大量银行走上破产的绝境，不得不吞下金融危机的苦果。具体而言，受美国次贷危机的影响，瑞典虽然从国内金融危机中汲取了一定经验和教训，但汽车、工程、建筑等主要产业和行业仍然陷入困境，实体经济急速下滑，由此激发了社会矛盾。为缓解矛盾，垄断资产阶级试图通过加大财政经费支出，平衡产品供需结构等方式稳定国家经济。在生产上，瑞典政府开始发挥自身社会化职能，即采取直接干预的生产方式大力发展新科技行业，使得瑞典生产力水平显著提高的同时，资本也明显快速积累起来。在支出上，瑞典政府开始筹备建立公共工程，将部分生产消费逐步转化为福利开支。具体而言，为缓解产品剩余价值被资本家剥削引发的资本和劳动矛盾，瑞典通过逐步建立和完善保障工人利益的社会保障制度和就业制度来提升整个社会的商品和服务能力，打造出为国民谋福利的国家形象。

（二）瑞典福利分红模式的特征

瑞典自 1891 年医疗保险制度建立以来，经过 1 个多世纪的修正、补充和规范，已经建成了相对比较完备的社会福利保障制度。这一制度以医疗保险为起点，建立

健全了社会保险、家庭福利、社会服务等基础保障设施。具体而言,瑞典这一福利制度的基本特征主要包括以下四方面:

1. 实施范围广

瑞典的社会福利制度可以说是实现了国民全覆盖目标。因为任一居民只要具备瑞典国籍,不论在城市或是农村,在职或非在职的男女老幼,也不论其对瑞典国家是否有贡献,均可享受到基本统一的社会福利和服务保障。这一全民性的福利制度在其他国家尚不多见。

2. 福利水平高

除了实施范围广这一特性,瑞典社会福利制度也显示出高福利的特点,并且这种高福利体现在每一位公民的日常生活中。例如,在瑞典,每位公民从出生的幼儿津贴到老年的抚养福利,形成了系统化的"终生福利"。这种从出生到死亡能够享受到的一生福利,被喻为"从摇篮到坟墓"的福利制度。该项制度的每一项内容都非常具体和周到,包括产婴补贴、教育津贴、培训津贴,等等,几乎应有尽有。早在1975年,瑞典社会福利支出占国民收入的比重已经高达24%。虽然高福利制度也使得政府财政负担加重,但基于瑞典实际国情和经济社会现实条件,瑞典一直保持着这一福利制度,且维持在一个较高的保障水平。[①]

3. 政府负担重

瑞典的社会福利制度既普及全民,又具有全民终生高福利的特点,这就使得这一国家的社会福利费用十分高昂,而这些费用又基本由政府来承担,势必会加重国家财政负担。瑞典2001年用于社会福利事业的财政支出占GDP比重高达36%,相较1975年上升了12个百分点。这也就意味着瑞典社会福利支出平均每年GDP占比上升0.5个百分点。[②] 因此,为减轻因社会福利支出增加导致的政府财政负担,瑞典只能实行高税收制度,尤其是在个人所得税方面,对高收入群体按高税率征收。如此,通过政府的再次分配缩减贫富差距,使全民基本能够享受全方位的社会福利。

4. 福利均等化

瑞典的社会福利制度旨在推进社会公平。因而在收入方面,瑞典政府通过级差税率调节不同收入群体的收入,并且用高收入地区的财政收入补贴经济欠发达地区财政支出缺口。在支出方面,瑞典政府将获得的税收收入用于社会福利保障事业,尤其是补贴低收入家庭、丧失劳动力者以及其他弱势群体的生活需要,尽可能地将社会福利最大限度的均等化。此外,社会福利均等化也体现在瑞典的政治生活中。例如,瑞典的法律规定,只有首相、议长等少数领导人可以配备公务专用车和警卫,其他官员一律不得享受该项待遇。可见,在瑞典,政府官员与公民几乎享受着均等化的社会福利。

---

①② 资料来源:陈少晖. 国有企业利润上缴:国外运行模式与中国的制度建构 [J]. 财贸研究,2010 (03):80-87.

应当承认,瑞典社会福利制度表现出来的范围广、福利高、政府负担重以及均等化的特征是其历史和现实条件的选择,也是其区别于其他国家社会分红模式的特色所在。就这一特色而言,瑞典混合分红模式可以成为我国探索国有企业社会分红模式的重要经验借鉴。

二、新加坡的综合分红模式

新加坡实行的综合分红模式在直接分红方面主要体现为政府实施的盈余分享计划,在间接分红方面主要体现为淡马锡控股分红模式。

(一) 直接分红:政府盈余分享计划

2001年,亚洲金融风暴虽已逐渐平息,新加坡经济却仍然处于衰退之中。为帮助经济困难的新加坡民众渡过难关,时任新加坡总理吴作栋提出要从新加坡多年的财政盈余中拨出一部分用于新加坡国民无偿派股,这就成为新加坡全民分红的开端,旨在帮助低收入人群改善生活,让全体国民分享国家的财政盈余。新加坡的全民分红主要包括了"经济增长分红""就业奖励花红"和"国民服役花红"三种。其中,"经济增长分红"面向全体的新加坡成年人发放,所有的新加坡成年人根据自身情况都能享受到100~900新加坡元不等的"红包"收入;"就业奖励花红"主要是针对那些收入较低人群发放,以鼓励他们继续工作;"国民服役花红"主要是分配给那些完成部队服役的新加坡国民,每人可领取400新加坡元。除了这三种分红之外,新加坡还有针对公务员和外籍在新工作人员的分红。[1]

一般而言,新加坡政府每年通过财政盈余向其国民无偿发放红包。例如,2006年新加坡政府以现金形式向其国民发放了总计26亿新加坡元的"大红包",2008年又分发了总计18亿新加坡元的财政盈余资金。因此,如果按照2008年450万人口核算,新加坡居民人均可获得400新加坡元(约合人民币2 000元)的收入。不过,为了照顾低收入者以及年长者,采取的具体分配方案是大多数国民只获得300新元(约合人民币1 500元),而低收入者可获400新元(约合人民币2 000元),低收入年长者则可再额外获得200新元(约合人民币1 000元)。近几年来,新加坡政府仍以"新加坡共享增长花红"名义向全体国民分红。例如,根据2017年可评估的收入数据,年满21岁且估税年收入在2.8万新加坡元及以下的民众可获得300新加坡元现金花红;估税年收入介于2.8万~10万新加坡元的国民可获得200新加坡元;估税年收入10万新加坡元以上的则获100新加坡元。[2] 2018年,新加坡政府向全体国民发放总值7亿新加坡元(约合人民币35亿元)的"新加坡共享增长花红",奖金人均最高达300新加坡元(约合人民币1 500元),并且符合条件

---

[1] 吴国玖. 全民分红理论及实践的国际比较和借鉴 [J]. 企业家天地·理论版, 2007 (12): 80-81.
[2] 新加坡政府用财政盈余向280万民众发放红包最高可得1 500元 [EB/OL]. 2018-09-29. https://new.qq.com/omn/20180929/20180929AIGLGJ.html.

的国民能获得 100~300 新加坡元不等的分红。

(二) 间接分红：淡马锡控股分红模式

1974 年，新加坡政府决定由财政部（投资司）负责组建一家专门经营和管理国有企业的公司，淡马锡公司应运而生。淡马锡公司由新加坡财政部 100% 控股，是新加坡政府的投资公司，其通过控股、参股等方式涉足新加坡交通、金融、通信、地产、能源等重要行业领域，几乎主宰了新加坡国民经济命脉。从其本质来看，淡马锡也属于"国家企业"，而其经营性质又等同于一般性经营企业，因而这种特色模式也被称为"淡马锡模式"。

根据当时政府的委托协议，淡马锡公司负责经营管理包括新加坡开发银行在内的 36 家国联企业股权，且其权限主要集中在对资本的投资决策和财务管理上，推行"通过有效的监督和商业性战略投资来培育世界级公司，从而为新加坡的经济发展做出贡献"的经营宗旨。在利润分配方面，因淡马锡公司由新加坡财政部完全控股，公司财务并没有对外公布，只是每年定期向财政部提交经权威型国际审计公司审计的企业财务报告。当然，作为淡马锡公司全资股东，政府在该项投资中可获得相应报酬，即公司将税后利润的一半上缴财政部。而财政部将获得的收入作为公共财政预算收入，继而再以分红的形式发放给新加坡国民。可以说，这种通过控股淡马锡公司，间接参股或控股重要国民经济领域并将获得的收益用于社会分红的形式，属于间接分红模式。新加坡综合采用了淡马锡间接分红模式和前面所述的政府盈余分配的直接分红模式，两者相辅相成，推动了新加坡社会经济的发展。

第四节 国有企业利润社会分红国际模式的借鉴价值

世界各国普遍要求国有企业向政府或全体人民分配红利，但其国有企业分红政策因国情差异各不相同。综合前三节内容来看，尽管这些国家和地区实行社会分红政策的实践成效还有待考证，但其共性特征和经验教训对于我国国有企业利润分配制度的深化改革与国有资本经营预算支出民生化机制的构建具有借鉴价值。

一、承认全体公民是国有企业终极所有者

从法理上说，既然国有企业是全民所有制企业，那么其所拥有的国有资产都应该是全体公民的共有财产。这一点在世界各国得到普遍的认同。早在 20 世纪 30 年代，英国经济学家詹姆斯·米德就提出社会分红的概念，此后各国的经济学家对此进行了广泛的研究并形成各式各样的研究学会。例如詹森和麦克林（1976）通过实证检验发现，大量的现金流量将有可能导致国有企业的过度投资，而支付股利恰恰可以减少现金流，有助于抑制这一过度投资行为。1978 年，以米德为代表的

"米德委员会"在英国进行税制改革报告中提出，单一适中的税率有助于降低西方税制管理的成本，而现有的税收减免不具备全民性，应该对每位公民进行无条件的"社会分红"。

各国的国有企业利润社会分红虽然存在形式上、程序上的差异，但它们均承认全体公民是国有资产的终极所有者，并且提倡所有公民平等共享社会福利。由于国有企业全民股东具有人数众多、分散化的特征，世界各国很少存在国有企业单独向其股东分配利润的情况。国有企业一般向其代理人——政府或主权基金分配利润，然后由政府或主权基金管理机构对这些国有资本收益进行保值、增值和再分配运行，通过不同方式实现国有企业利润全民共享。例如，部分国家采取直接发放现金和股票的形式；部分国家则采用直接划转社会保障基金的形式；还有部分国家则是将国有企业上缴利润转入公共财政进行民生预算的统筹安排。需要强调的是，虽然各国所采取的国有企业利润上缴和再次分配路径存在较大差异，但都具备较为直接、明确的资金指向性，即最大限度地惠及民生领域，确保国有企业利润真正实现"取之于民，用之于民"的基本宗旨。

二、健全国有企业利润社会分红的法律体系

国有企业利润社会分红是一项复杂的系统工程，包括国有企业利润的征缴、管理和分配等诸多环节。此时如果法律制度不健全，就很可能出现社会分红过程中的国有企业利润被相关部门异化为内部资金，损害社会群体的利益。因此，为确保社会分红过程中国有企业利润真正实现全民共享，这些国家和地区均通过了一系列健全的法律法规来规范、引导和监督其分红行为。以美国阿拉斯加州资源永久基金为例，该州政府官员早在1969年就提出建立全民共享的资源永久基金，但直到1976年才完成修宪并同意该项提案，最终在1978年依法设立了阿拉斯加企业投资公司和阿拉斯加永久基金公司。其中，阿拉斯加企业投资公司主要负责为中小规模私人企业提供融资支持，而阿拉斯加永久基金则负责投资，但其投资领域受到法律限制。1980年，阿拉斯加州立法部门就基金收入的最后目标做出具体规定，并在1982年做出进一步修正之后，分红方案才被立法机构予以批准实施。可以说，阿拉斯加州历时12年之久完成了国有企业利润社会分红的相关立法工作，内容涉及国有企业利润的征缴、运营及分配各个阶段，其立法行为的谨慎性和内容的完整性值得我们借鉴。

三、过高比例的社会分红有可能降低社会总福利

瑞典的社会分红案例表明，过高比例的社会分红有可能降低社会总福利。主要原因有二，一是可能导致国家税收负担不断加剧，二是可能弱化国民的工作热情。具体而言，一方面，瑞典的实践经验证实过高的社会分红比例不但没有提高社会福

利总效用,还限制了瑞典整体经济与社会的发展,并最终转变成了福利危机,加剧国家税收负担;另一方面,过高的社会分红比例导致大量的国家资源用于社会民生建设,这种无后顾之忧的民生保障抑制了国民工作的积极性。因此,我国在进行社会分红时,应注重提高社会经济发展和调动国民工作积极性,尽可能将其视为社会分红是否过度的基本标准。本书认为,我国在开展社会分红工作时,可以采取以下两条路径:第一,以国民收入和国家经济发展水平为基础,调节和平衡消费水平,以此确定民众的"基本需求",从而提出和制定适当的社会分红比例。第二,借助激励政策调整社会分红的"基本需求"标准。当激励作用呈现减弱趋势,则意味着需要下调标准,反之则上调标准。近年来,发生在意大利、希腊等国家的金融危机同样佐证了过高的社会分红(福利)可能导致国家因无法承担高额的经费支出而陷入经济危机的漩涡,使国家经济遭受重创。所以我们应深刻吸取那些过度分红国家的惨重教训,不能盲目增加社会福利,以避免财政收支严重失衡,确保国家经济的持续健康稳定发展。同时我们也应该认识到,福利制度是一把"双刃剑",它既可以改善国家经济环境,提高国民福利水平,同时也可能成为财政危机的罪魁祸首。因此对社会福利应当给出恰到好处的制度安排。

四、国有企业利润分配应该兼顾企业的可持续发展

不可否认,有效的国有企业分红行为有利于推进社会经济的协调发展,但这一行为是否有效离不开科学合理的制度设计。本书认为,科学而合理的国有企业利润分红制度的设计应当遵循的基本原则是:在国家股东法定权益(资本最低要求报酬率)得到保障的前提下,国有企业的税后利润分红不会危及企业的可持续发展[1]。各国和地区国有企业的分红比例虽有不同,但均是在全盘考虑国有企业盈利能力、财务状况、未来投资计划及风险等要素基础上得出的综合结果。例如,美国阿拉斯加永久基金公司将基金分为本金和投资收益两部分,其中本金主要用于长期投资,未经公民投票不得支出。此外为提高企业的可持续发展能力,各国普遍规定国有企业在亏损的年度里无须进行分红。例如,法国电信公司在2002年遭受巨大损失后就不再进行分红,意大利国家参与制企业每年也都固定留下35%的利润作为储备金和科研开发特别基金,而且在偶有亏损的年份,国家还会给予相应弥补。

五、国有企业利润分配应以国有资产收益为基础

国有企业的真正所有者是全体公民,其因国有资产保值增值所获的收益也必然属于全体公民。考虑到国有资产存量的有限性,在社会分红实践中,各国和地区普遍将国有资产收益作为社会分红的基础。如美国阿拉斯加州、挪威和蒙古国实行社

---

① 陈少晖. 国有企业利润上缴:国外运行模式与中国的制度重构 [J]. 财贸研究,2010 (03):80-87.

会分红均是以石油、天然气、矿产等资源收益为基础。尽管这些资源在一定时期内能给该国带来巨大财富，但由于资源稀缺性和不可再生性特点，必然导致未来代际财富的锐减。因此将石油、天然气等国有资产资本化是解决未来代际财富锐减、实现资产保值增值的有效手段。当然，由于资本市场具有极高的风险性，这些国家或地区并非对其全部资源进行资本化，而是通过部分资本化来确保每个公民均能享受国有资产所带来的收益。需要强调的是，在国有资产部分资本化过程中，尽管这些国家和地区在工具选择和运作方式上存在明显差异，但基本上都是借助日益多样化的金融工具在国内或国际金融市场上以合理的投资策略进行多元化资产配置，实现国有资产的保值增值，进而将增值收益用于社会分红。例如，德国、英国、法国和瑞典等大部分国家都规定国有企业股权或国有资产处置收益均应按比例或全部上缴国库，用于民生福利制度建设。

六、股权分红模式的福利效应相对偏低

以股权为媒介的社会分红实现途径包括两类，一是以苏联和东欧国家为代表的国有企业私有化改革；二是以蒙古国为代表的矿产资源股权分配。总体而言，这两种途径均未达到社会分红的实际效果。一方面，苏联和东欧国家的国有企业私有化改革基本上没有使大部分公民获利，而是让一小批富人通过权力或不法手段掠夺了国有资产所有者的权利；另一方面，为防止类似苏联和东欧国家私有化困境的出现，蒙古国政府采取了各种防范措施，例如，规定国家持有国有矿产企业50%的股份，规定国民不能在煤矿开采和股份稳定前出售这些股票并及时向公民普及股票市场的资本知识，但此次社会股权分红既没有提高国有企业的管理效益，也未能真正提高全体人民的福利水平。本书认为，股权分红的效果普遍较差的原因是：大部分公民缺乏金融知识和管理能力，在资本市场实际运作时很容易遭受重大损失，如低价出售股权等；由于缺乏管理能力，这些股东的加入并不能提高公司的经营管理水平，反而可能会对正常经营管理造成一些不必要的干扰。

七、建立独立于政府之外的基金运营模式

从上述国外社会分红实践可知，美国阿拉斯加州永久基金、挪威全球养老基金和新加坡淡马锡基金的实施效果较为显著，它们存在一个明显的共同点就是均设立了独立的国有资产运营机构进行社会分红资金管理和运营。国有资产运营由独立于政府之外的法人机构负责，除受到地方立法机构的监督外，不受政府的行政干涉。即该类机构在法律层面上应属独立法人并且以营利为目的。此外，这些基金仅遵守资本市场的运行规律独立运作，受本国或本地区证券法等相关法律法规约束，这不仅摆脱了不必要的行政干预，而且有利于其实现基金资产保值增值的目标。例如，阿拉斯加州的永久资源基金就具有较好的自我成长性，是国有企业利润社会共享的

典型代表；挪威的红利分配模式则不同于美国阿拉斯加州的直接现金分红，而是以国有企业红利转入社会保障基金的方式来实现间接性社会分红，其优势在于基金可有效地利用所持有的国有企业利润进行投资，更好地实现国有资产保值增值；新加坡淡马锡基金的利润分配由基金董事会独立决策，董事会应当在向股东分配利润和保留利润扩大投资这两个目标之间取得平衡，并且其股东分红直接纳入新加坡政府的公共财政收入。

八、社会分红模式选择应立足于本国的国情特征

纵观各国（地区）的社会分红实践不难发现，每一种社会分红模式都是在其特有的经济社会发展状况、资源禀赋以及制度环境的前提下所进行实践性探索，并取得了各具特色的成效与经验。例如，美国阿拉斯加州永久基金的设立是在有效利用自身资源禀赋基础上进行的资源稀缺风险分散化资源配置。蒙古国积贫积弱、社会动荡、民生凋敝的国情特征以及挪威对未来石油、天然气等不可再生资源锐减而产生的代际财富不均衡预测，是两国形成各自特殊分红模式的重要原因。此外，新加坡之所以进行财政盈余分红，也与其当时所处的社会经济背景相关。在当前新加坡宏观经济环境中，财政盈余分红不仅有利于缩小贫富差距、增强教育、改善民生、发展人力资本，而且能够为其社会稳定和国家安全提供有力支撑。

九、借助信息技术实现社会分红的精准发放

社会分红的一个重要功能是帮助弱势群体渡过难关或摆脱困境，即在惠及全体公民的基础上更倾向于帮助老年人、低薪阶层和生活困难家庭。新加坡政府将财政盈余依据国民不同年龄、职业和收入水平特征按不同比例进行分配，实现全民分红纵向深入及横向细化的有机结合。值得一提的是，新加坡财政盈余分红将完备的信息技术与制度设计巧妙联系起来，利用先进的信息技术设立了完备透明的个人信息系统。并且通过借助这一技术完备的个人信息系统，新加坡政府能够精确计算出每个公民所应获得的"红包"大小，之后再将规定数额的分红金额分发至每个公民的银行账户上，避免了公民"红包"错发漏发的现象发生，保证了分红资金的精准发放，从而体现了社会分红的横向公平原则。

第十九章

国有资本经营预算支出分配主体的利益协调机制构建

1994年实行分税制以来，为了解决国有企业经营亏损问题，政府采用了"抓大放小"等一系列战略性改革举措，使国有企业不仅摆脱了长期亏损的困境，而且获得了巨额利润。但是这些主要依靠政策性倾斜和资源垄断获得的利润均滞留于国有企业内部，未能通过上缴公共财政惠及社会公众，引发了社会各界的广泛关注和讨论。正是在这一背景下，2007年财政部和国资委联合发布的《中央企业国有资本收益收取管理暂行办法》开始恢复实行国有资本税后利润上缴政策，终结了1993年以来国有企业只纳税不上缴利润的历史。同年9月，《国务院关于试行国有资本经营预算的意见》，决定从2008年1月起对国有企业实行国有资本经营预算制度。上述两个政策性文件的颁布意味着国有企业税后利润不仅要在企业与政府之间分配，而且还要通过国有资本经营预算在政府与社会公众之间进行再分配。因此，在国有企业利润分配关系中就存在三个主体，即国有企业、政府与社会公众。本章的重点基于利益相关者视角，在分析国有企业利润分配现状的基础上，通过构建委托代理模型和社会福利最大化模型，深层次剖析国有企业利润分配中各利益相关者间的博弈行为，并构建国有企业利润分配相关主体的利益协调机制。

第一节 利益相关者视角下的国有企业利润分配

我国国有企业利润分配分为两个阶段：第一阶段是国有企业利润上缴公共财政，第二阶段是国企利润上缴后的支出流向。在第一阶段中，主要涉及的相关主体有政府和国有企业内部人；在第二阶段中，主要涉及的相关主体为政府和全体国民。同时在整个国有企业利润分配机制安排中还涉及是由财政部还是由国资委对国有企业利润进行征缴和处置的问题。本节从各利益相关者视角出发，分析其各自在国有企业利润分配机制安排中的行为动机。

一、政府与国有企业内部人视角下的国有企业利润收缴

在计划经济体制中，国有企业直接由政府控制，企业的生产经营及由此产生的利润都是由国家统一进行调度与分配。在这种经济体制中，正是由于国有企业没有自己独立的经营目标，从而使其对盈利追求的积极性也不高。国有企业和政府的目标是完全一致的，因此二者在利润分配上不会产生利益上的冲突。这一情况随着1994年税利分流政策的实行而改变。税利分流后，国有企业得到了休养生息的机会，国有企业的自主经营权也得到了一定程度的落实。这就形成了一种新的格局：一方面，在国家各种保护性政策的倾斜下，国有企业不仅扭亏为盈，摆脱困境，而且获得了巨额的垄断性利润，直接引发其过度投资的动机和行为；另一方面，长期以来，政府在国有企业解困过程中承担了大部分改革成本却没有得到相应的补偿。这样一来，政府与国有企业从各自利益视角出发，基于"理性经济人"的趋利动机，对国有企业利润分配将产生一种动态的博弈。

如前所析，我国实行的是以公有制为主体、多种所有制经济共同发展的基本经济制度，正是这种全民所有制从根本上决定了我国的国有资产归全体公民共同所有。但是，由于国有资产规模非常庞大，其产权关系和资产结构又非常复杂和分散，这就意味着虽然国有资产的终极所有权属于全体国民，但是在现实生活中每一个国民并不能都行使这一所有权，而是将自己的所有权交给国家，由政府代为统一行使。但是，在我国现行国有资产管理体制下，虽然政府代表全体公民统一行使其对国有资产的所有权，但并不直接参与企业的日常生产经营。这就使得国有企业的所有权和控制权实际上处于分离状态，这种两权分离状态造成了政府对国有企业保留剩余索取权的同时，将控制权让渡给了国有企业内部人，从而形成了政府与企业内部人之间的委托代理关系。

在信息完全对称的情况下，由于政府作为委托方，能够完全掌握国有企业内部行为人在日常经营活动时的努力情况，并且也能够完全了解国有企业的生产经营情况；作为代理人，国有企业内部人也能够完全了解在不同的工作努力程度下能够获得的市场薪资报酬。因此，在信息完全对称的情况下，政府与国有企业内部人之间的委托代理关系就是简单的政府对国有企业内部人的监督和激励问题，政府与国有企业内部人之间是完全的信息静态博弈关系。可是在现实的经济活动中，信息不对称的情况时常发生，大部分的委托者与代理者都处于信息不对称的状态。在信息不对称情况下，政府（委托人）不能够完全掌握国有企业内部人（代理人）在企业日常经营活动中的努力程度，不能了解国有企业内部人所做出的经济行为是否能够符合自身的利益最大化。由于国有企业内部人在信息上占有优势，因此往往可以做出使自身利益最大化的行为，而这种行为时常与政府（国有股东）利益最大化相背离。在面对国有企业内部人隐藏行为的道德风险时，政府只能间接根据企业产出水平来了解企业内部人的努力程度，并且根据企业的产出水平来确定国有企业内

部人的薪资问题。作为国有企业代理人的内部人在隐藏其自身行为动机的同时，会做出过度投资或是过度在职消费的行为，进而使得国有企业拥有的现金流量将低于市场的价值。根据股利分配理论，企业利润的支付一方面能够向投资者传递企业未来盈利能力的信号，另一方面，能够迫使企业的现金流流出企业。这样就不仅能够达到减少企业内部人控制自由现金流量的目的，还能够使企业在将来需要融资时接受市场投资者的监督管理，最大限度地约束企业内部控制人隐藏其利润留存的动机及行为，从而增加企业的价值总量，最终达到企业所有者的目标。[①]

在我国现有的国有企业红利上缴制度下，由于非国有企业内部人的薪酬激励机制是根据市场力量决定的，而国有企业内部人的薪酬激励是内生于政府的行政安排，所以在现有的激励和约束机制下，如何制定国有企业利润上缴比例，进而影响国有企业内部人的行为，杜绝发生国有企业内部人隐藏行为的道德风险，防止国有企业内部人过度投资和在职消费，迫使其国有企业内部人的行为符合其政府自身利益最大化，就成为国有企业利润分配制度改革亟待解决的一个重要课题。按照经济学的"理性经济人"假定，国有企业内部人会利用自身在信息上的优势，在规定的利润上缴比例下，从自身利益出发，做出利己的行为选择，如利用留存利润提高职工薪酬福利、过度在职消费等行为，从而达到规避利润上缴的目的。所以，在现行政策框架下，围绕国有企业利润上缴问题，政府与国有企业内部人之间其实是一种信息不对称的利益博弈关系。

二、政府与全体公民视角下的国有企业利润支出

国有企业利润分配的第二个阶段就是关于国有资本收益上缴后的支出流向和结构问题。在 2007 年 9 月国务院颁布的《国务院关于试行国有资本经营预算的意见》中明确规定了国有资本经营预算支出项目的范围主要集中在三类：第一类是资本性支出，主要依据产业发展规划、国有经济布局和调整、国有企业发展要求以及国家战略、科技投入、国家安全等需要向国有企业注入资金；第二类是费用性支出，主要用于弥补国有企业的改革成本等；第三类是用于社会保障和公共服务等方面的支出。

如前所述，我国公有制为主体的经济体制决定了国有资产所有权最终归全体公民所有。但由于全民资产规模庞大，结构复杂而且相当分散，所以全体公民将其对国有资产的所有权委托给政府行使，这样政府在国有企业利润分配中具有行政主体和国有资产所有权主体的双重身份。在国有企业利润分配的第一阶段，即在国有企业利润上缴公共财政过程中，政府是作为委托人将国有企业的控制权让渡给国有企业；而在第二阶段，即国有企业上缴收益的再分配中，政府仍然是受托人，全体国民将对国有资产获取的收益处置权委托给政府，由其通过财政预算统一安排这部分

---

① 辛清泉，谭伟强. 市场化改革、企业业绩与国有企业经理薪酬 [J]. 经济研究，2009 (11)：70–83.

收益的支出结构。根据经济人假设和委托代理理论，政府作为理性经济人具有追求自身利益最大化的效用目标。因此，其在处置国有企业上缴的资本收益时，同样可能存在与全体公民的目标差异，这就意味着政府与社会公众之间也存在着动态博弈关系。①②

在这一动态博弈关系中，由于公有制派生出的共有权，使得公民很难直接独立行使其收益权和处置权，也就只能将收益权和处置权让渡给国家行使。但是国有资产的最终所有人是全体公民，所以对于国有企业经营的成果，全体国民又享有受益权。这种全体国民的收益权和受益权相分离，使得全体国民有权要求政府对国有资本上缴收益进行民生化导向的合理安排，以确保整体社会福利增加。而国家作为动态博弈的另一方，在对上缴的国有资本收益支出安排方面，主要是体现在实现经济增长和增加社会福利两方面。按照现行国有资本经营预算的政策框架，政府通过资本性支出和费用性支出，将国有资本上缴收益的大部分用于国有企业改革成本、技术改造、产业结构优化等方面，目的在于促进经济增长目标的实现。而对于增加社会福利的民生保障方面，目前的国有资本经营预算支出政策仅仅是提出"必要时，也可用于社会保障等方面"。显然，这一制度安排与广大民众期望的国有资本收益民生化导向存在一定程度的偏离。

将国有资本上缴收益用于社会保障和公共服务等方面的支出属于公共福利性支出。公共福利性支出除了能起到稳定经济增长作用，更能够优化消费和投资结构，能够提高中低收入居民的生活水平，进而促进社会更加公平和谐。此外，将支出用于公共福利性支出，也是公民最直接最明显的受益于国有资产收益的方式。然而，目前政府在处置国有资本上缴收益时，将大部分的收益用于资本性支出和费用性支出。根据中华人民共和国财政部公布的数据，2013~2015年中央企业国有资本经营预算支出总额分别为1 083.11亿元、1 419.12亿元和1 405.48亿元，用于保障和改善民生的支出分别为65亿元、184亿元和230亿元，其占比分别为6%、12.97%和16.36%。这表明国有资本经营预算支出用于民生化领域的份额太少，实际上形成了"取之于国企，用之于国企"的体内循环格局，与全体国民要求"取之于国企，用之于民生"的诉求相背离。这种"体内循环"机制不仅造成国有企业过度投资加剧，在职消费膨胀，而且还会导致国有企业职工与非国有企业职工薪酬差距拉大，进而加剧社会贫富差距，影响社会的和谐稳定。

从上述分析不难看出，现有政府与全体国民在关于国有企业利润上缴及支出问题上的博弈，不是单纯的静态博弈，而是一种动态博弈。我们认为，该动态博弈结果可以通过国有资本收益分配的结构来体现。因此，如何在动态博弈过程中取得一个双方目标接近的均衡解？关键是如何确定政府关于国有资本收益分配的最优结构。这就要求政策设计时国有企业上缴的收益既能降低国有企业改革成本、优化产

---

① 叶仁荪. 从委托—代理关系看国有企业制度配制的理性选择 [J]. 中国软科学, 2000 (09): 39-42.
② 张英婕, 陈德棉. 国有企业委托代理关系分析及建议 [J]. 商业研究, 2005 (05): 135-137.

业结构，促进宏观经济的稳定增长，又能够满足民众对国有资本收益用于社会保障、教育、医疗等公共性福利领域支出的需求，最终达到"取之于国企，用之于民生"的根本目的。①

三、国资委和财政部视角下的国有企业利润分配机制

在国有企业利润分配机制安排中，其征缴和处置的主体是国资委，还是财政部？学术界至今还存在争议。在这一争议的背后显然也存在政府职能部门之间的利益博弈，即国资监督管理部门（国资委）与财政部门围绕国有企业利润征缴和分配权的博弈。

按照现行政府管理体制，国资委是国务院直属的特设机构，其主要职能是明确国有资产保值增值的行为主体和责任主体，对授权监管的国有资产依法履行职责，在维护国有资产所有者权益的同时，还有维护国有企业作为市场主体依法享有的各项权利、督促企业实现国有资本保值增值的职能。因此，正如前文分析的那样，国有企业在利润分配中存在两个层次的委托代理关系，一个是行政委托代理关系，另一个就是经济委托代理关系。在第一个层次中，全体国民将对国有资产的所有权和收益权委托给政府，而政府又指派国资委具体行使这一权能，从而使得国资委既要监督国有企业的日常经营活动，又要承担对国有企业征缴红利的职能；而在第二层次的委托代理关系中，要求国资委以国有资本投资者的身份依法出资组建国有企业，同时以控股的方式对国有股权进行各种形式的资本运营，并且对国有资本运营的收益进行征缴，并且安排其具体的使用用途。②③

而作为负责拟定财政税收政策，管理国家各机关部门的财政收支，并且会同有关部门管理中央财政社会保障和就业及医疗卫生支出等内容的财政部也要求对国有企业利润享有征缴和分配的权利。这一方面由于近几年我国经济增速下滑，财政收入随之受到影响。为了增加财政收入，财政部必然要求对国有企业利润加大征缴力度；另一方面财政部主要将国有企业上缴收益用于教育、医疗、社会保障等民生支出，这契合了全体国民要求"取之于国企，用之于民生"的诉求。同时，现行政策规定财政部"负责审核和汇总编制全国国有资本经营预决算草案、制定国有资本经营预算的制度和办法"，所以财政部也要求对国有企业利润享有分配权，且将国有资产投资收益纳入其财政预算的动机也越来越强烈。

通过研究我们还发现，在现有的国有企业利润分配机制下，一是国资委对国有企业利润的上缴与分配有直接的控制和影响，并且由于其两种委托代理形式的同时

---

① 汪立鑫，付青山. 转型期国有资本收益的公共福利性支出 [J]. 财经科学，2009（01）：103-110.
② 赵惠萍. 国有资本收益分配、机制改革与路径分析——基于国有资本预算"新政"实施的路径探析 [J]. 财经问题研究，2014（01）：97-104.
③ 钱雪松，孔东民. 内部人控制、国企分红机制安排和政府收入 [J]. 经济评论，2012（06）：16-25，65.

存在，使得国资委在国有企业利润分配中很难做到"政企分开"，在使用上缴的国有企业利润中，大多数都以现金流量重新流入国有企业内部，从而使得"体内循环"现象发生，进而促进垄断领域的国有企业盈利动机增强；二是由于我国经济下滑所带来的财政收入压力及上缴国有企业红利的支出向民生化倾斜的要求，使得财政部也要求对国有企业利润享有征缴和分配的权利。

所以，通过上述对国资委及财政部在现行的国有企业利润分配机制中的行为动机分析，我们不难看出国资委与财政部门之间形成了对谁是国有企业利润分配机制中征缴主体的博弈。如何平衡职能部门间的利益？我们认为，主要是如何设计好国有企业利润向谁上缴、国有企业利润由谁使用的职能架构。这样才能最终实现国有企业利润分配机制的帕累托改进，最终在保障国有资产保值增值的同时，使其产生的收益能够最大化地由全体公民享有。

第二节 政府、企业与民众关于国有企业红利分配的博弈分析

上一节主要分析了各相关利益主体视角下的国有企业利润分配的现状及其特征。本节主要通过构建委托代理模型、社会福利最大化模型，从实证研究的角度剖析围绕国有企业利润分配机制中各利益相关主体的博弈行为。

一、政府与国有企业内部人的博弈分析

如前所述，在市场经济条件下，所有权与经营权的分离使国有企业内部人对企业具有最终控制权，这就可能使其产生利用信息不对称的优势对利润进行隐瞒或者转移的动机。企业内部人的利润转移主要表现为扩大在职消费、进行过度投资等各种形式。而利润转移的规模显然受分红比例及激励机制的影响。本节运用委托代理数理模型，在综合考虑影响国有企业内部人利润转移因素的基础上，对政府与企业之间的动态博弈关系进行实证研究。

（一）模型假设

假设19-1：国有企业利润取决于国有企业内部人的工作努力程度，假设利润与国有企业内部人的努力程度具有线性关系：$\pi_1 = a_1 + \theta_1$，其中 a_1 表示国有企业内部人的努力程度，政府是无法准确察觉的；θ_1 表示外生不确定变量，其中 θ_1 服从 $E(\theta_1) = 0$，$Var(\theta_1) = \delta_1$ 的正态分布。

假设19-2：利润转移的多少取决于国有企业内部人的转移利润的努力程度，假设利润转移的多少与国有企业内部人的转移利润的努力程度具有线性关系：$\pi_2 = a_2 + \theta_2$，其中 a_2 表示国有企业内部人的转移利润的努力程度，政府也是无法

完全察觉的；θ_2 表示外生不确定变量，其中 θ_2 服从 $E(\theta_2)=0$，$Var(\theta_2)=\delta_2$ 的正态分布。

假设 19-3：假设国有企业内部人工作努力程度与转移利润的努力程度是相互独立的，并且内部人的成本函数为：$C(a)=\frac{1}{2}ba^2$，且等价于货币成本，其中 $b>0$ 表示成本系数，即同样努力程度 a，b 越大所带来的负效用越大。国有企业内部人成本由两部分组成，一部分是工作努力所付出的成本，另一部分是国有企业内部人转移利润的行为被发现后所要承担的处罚成本，所以国有企业内部人的总成本函数为：$C(a_1,a_2)=\frac{1}{2}b(a_1^2+a_2^2)$。

假设 19-4：国有企业内部人的保留工资为 $\bar{w}$，表示国有企业内部人如果不在国有企业工作所能得到的最低工资，如果政府给予国有企业内部人的工资低于 $\bar{w}$，则国有企业内部人不会接受这份工作。

假设 19-5：未进行红利上缴时国有企业内部人采取的激励合同为：

$$S(\pi_1,\pi_2)=\alpha+\beta(\pi_1-\pi_2)=\alpha+\beta(a_1-a_2) \tag{19.1}$$

在实行红利上缴下，国有企业内部人采取的激励合同为：

$$S'(\pi_1,\pi_2)=\alpha+\beta(1-t)(\pi_1-\pi_2)=\alpha+\beta(1-t)(a_1-a_2) \tag{19.2}$$

其中 α 表示固定工资，β 表示上报利润留在企业的比例（也能理解为对国有企业内部人的薪酬激励），t 为红利上缴比例。

假设 19-6：假设政府是风险中性的，国有企业内部人是风险规避的。国有企业内部人具有不变绝对风险规避特征，即 $u=-e^{-\rho w}$，其中 w 表示实际货币收入，ρ 表示绝对风险规避量，ρ 越大，表示国有企业内部人规避风险的程度越高。此外国有企业内部人的风险成本为：$\frac{1}{2}\rho\beta^2(\delta_1^2+\delta_2^2)$。

（二）未上缴红利情况下的委托代理博弈模型

未实行红利上缴政策时，国有企业只需进行缴纳税收，而不需要进行利润分配，使大量利润滞留于企业内部。但是，我国的许多国有企业除了具有公共性特征外，还具有营利性的一面，所以国家在建构国有资产管理体制时仍然需要考虑如何设计有效的国有企业激励机制，从而在推进国有企业改革的同时，使自身利益最大化。

（1）政府的目标函数为：

$$E(\pi_1-S(\pi_1,\pi_2)-a_2)=E(a_1+\theta_1-\alpha-\beta(a_1+\theta_1-a_2-\theta_2))$$
$$=-\alpha+(1-\beta)\alpha_1+\beta a_2-a_2 \tag{19.3}$$

（2）国有企业内部人的实际收入为：

$$W=s(\pi_1,\pi_2)-C(a_1,a_2)+a_2=\alpha+\beta(a_1-a_2)-\frac{1}{2}b(a_1^2+a_2^2)+a_2 \tag{19.4}$$

国有企业内部人的确定性等价收入为：

$$CE = E(W) - \frac{1}{2}\rho\beta^2(\delta_1^2 + \delta_2^2)$$

$$= \alpha + \beta(a_1 - a_2) - \frac{1}{2}b(a_1^2 + a_2^2) + a_2 - \frac{1}{2}\rho\beta^2(\delta_1^2 + \delta_2^2) \quad (19.5)$$

(3) 未上缴红利情况下委托代理博弈模型求解：

$$\max: -\alpha + (1-\beta)a_1 + \beta a_2 - a_2$$

$$\text{s.t. (IR)} \; W = \alpha + \beta(a_1 - a_2) - \frac{1}{2}b(a_1^2 + a_2^2) + a_2 \geq \bar{w}$$

$$\text{(IC)} \; (a_1, a_2) \in \arg\max\{W\} \quad (19.6)$$

(4) 该模型的解为：

$$\beta = \frac{2}{2 + \rho b(\delta_1^2 + \delta_2^2)}$$

$$a_1 = \frac{\beta}{b}, \quad a_2 = \frac{1-\beta}{b}$$

(5) 模型讨论。

因为 $0 \leq \beta \leq 1$，$a_1 \geq 0$ 且 $a_2 \geq 0$，只有在 $\beta = 1$ 或 $\beta = 0$ 这两种极端情况下，$a_2 = 0$ 或 $a_1 = 0$。这表明国有企业内部人在信息不对称情况下，一定会进行利润的转移，利润转移与激励机制的强弱负相关。利润转移可以看作是国有企业内部人对承担风险的一种自我补偿机制。除非国有企业内部人承担所有风险，即完全占有对利润的剩余索取权，否则国有企业内部人的利润转移是无法消除的。

同时，在信息完全对称下，由于激励约束条件 (IC) $(a_1, a_2) \in \arg\max\{W\}$ 不起约束作用，则委托代理博弈模型为：

$$\max: E(R) = t(a_1 - a_2) - \alpha - \beta(1-t)(a_1 - a_2) - ta_2$$

$$\text{s.t. (IR)} \; \alpha + \beta(1-t)(a_1 - a_2) + a_2 - \frac{1}{2}b(a_1^2 + a_2^2) - \frac{1}{2}\rho\beta^2(\delta_1^2 + \delta_2^2) \geq \bar{w}$$

$$(19.7)$$

求解模型可得：

$$a_1^* = \frac{t}{b}, \quad a_2^* = \frac{1-2t}{b}, \quad \beta^* = 0$$

$$\frac{\partial E(R)}{\partial t} = a_1 - 2a_2 = 0; \quad a_1 = 2a_2$$

当 $a_1 = 2a_2$ 时，$t^* = 40\%$；在信息完全对称下，最优的国有企业红利上缴比例为 40%。

（三）红利上缴情况下的委托代理博弈模型

在未实行红利上缴政策时，政府仍然对企业内部人实行激励合同，且激励比例为：$\beta = \frac{2}{2 + \rho d(\delta_1^2 + \delta_2^2)}$。非国有企业的内部人的薪酬激励是根据市场力量决定的，但是国有企业内部人的薪酬激励是内生于政府的行政安排，同时政府与国有企业内部人之间存在严重的信息不对称,从而导致了政府对企业内部人实行整齐划一的薪酬管理体制。这种整齐划一的薪酬管理体制必然导致国有企业内部人激励机制的滞后性和刚性。因此,在执行红利上缴政策的情况下,对国有企业内部人的薪酬激励仍然实行未上缴红利政策之前的薪酬激励机制。

(1) 政府的目标函数为:

$$E(t(\pi_1 - \pi_2) - S'(\pi_1, \pi_2) - ta_2) = t(a_1 - a_2) - \alpha - \beta(1-t)(a_1 - a_2) - ta_2 \tag{19.8}$$

(2) 国企内部人的实际收入为:

$$\begin{aligned} W &= S'(\pi_1, \pi_2) - C(a_1, a_2) + a_2 \\ &= \alpha + \beta(1-t)(a_1 - a_2) - \frac{1}{2}b(a_1^2 + a_2^2) + ta_2 \end{aligned} \tag{19.9}$$

国企内部人的确定性等价收入为:

$$\begin{aligned} CE &= E(W) - \frac{1}{2}\rho\beta^2(\delta_1^2 + \delta_2^2) \\ &= \alpha + \beta(1-t)(a_1 - a_2) + a_2 - \frac{1}{2}b(a_1^2 + a_2^2) - \frac{1}{2}\rho\beta^2(\delta_1^2 + \delta_2^2) \end{aligned} \tag{19.10}$$

(3) 红利上缴下委托代理博弈模型求解:

$$\max: t(a_1 - a_2) - \alpha - \beta(1-t)(a_1 - a_2) - ta_2$$

$$\text{s.t. (IR)} \alpha + \beta(1-t)(a_1 - a_2) + a_2 - \frac{1}{2}b(a_1^2 + a_2^2) - \frac{1}{2}\rho\beta^2(\delta_1^2 + \delta_2^2) \geq \bar{w}$$

$$(IC)(a_1, a_2) \in \arg\max\{W\} \tag{19.11}$$

(4) 该模型的解为:

$$t = \frac{2\beta^2 + 3\beta - 2}{2\beta^2 + 6\beta}$$

$$a_1 = \frac{\beta(1-t)}{b}, \quad a_2 = \frac{1 - \beta(1-t)}{b}$$

(5) 模型讨论。

对企业内部人的行为分析可以发现: $\frac{\partial a_2}{\partial t} = \frac{\beta}{b} > 0$, $\frac{\partial^2 a_2}{\partial t \partial b} = \frac{\beta}{b^2} < 0$,表明企业内部人的利润转移会随着红利上缴比例的扩大而扩大,但同时会随着违规成本的提高而减小。$\frac{\partial a_2}{\partial \beta} = -\frac{(1-t)}{b} < 0$, $\frac{\partial^2 a_2}{\partial t \partial \beta} = \frac{1}{b} > 0$,表明企业内部人的利润转移会随着薪酬激励加强而减少,但是在提高红利上缴比例的同时增强薪酬激励机制,还是会增加企业内部人的利润转移。

对于红利上缴情况下政府的收益函数为:

$$G = \frac{3\beta t(1-t)}{b} - \frac{2}{b}t - \frac{\beta^2(1-t)}{b} + \frac{1}{2b} - \frac{1}{2}\rho\beta^2(\delta_1^2 + \delta_2^2) \tag{19.12}$$

收益函数的一阶导:

$$\frac{\partial G}{\partial t} = \frac{1}{b}[3\beta - 2 + 2\beta^2 - (6\beta + 2\beta^2)t] = 0$$

即：

$$t^* = \frac{2\beta^2 + 3\beta - 2}{2\beta^2 + 6\beta}$$

收益函数的二阶导：$\frac{\partial^2 G}{\partial t^2} = -\frac{1}{b}(6\beta + 2\beta^2) < 0$

最优红利上缴比例的一阶导：$\frac{\partial t^*}{\partial \beta} = \frac{6\beta^2 + 8\beta}{(2\beta^2 + 6\beta)^2} > 0$

由此可知，政府收益与上缴比例呈现倒 U 形变化。在 $t \leq t^*$ 时，政府收入随着红利上缴比例的上升而增加，在 $t \geq t^*$ 时，政府随着红利上缴比例的增加而下降。这就为我国恢复实行国有企业红利上缴制度的必要性提供了实证依据。根据财政部发布的数据，2010 年，国有企业利润近 2 万亿元，上缴公共财政 440 亿元红利，上缴比例为 5%~10%；2015 年，国有企业利润近 2.3 万亿元，上缴公共财政 2 560 亿元，上缴比例为 15%~20%。这都表明，我国实行国有企业红利分红，有利于增加政府公共财政收入；在征缴比例提高的同时，能进一步增加政府收入。但是，征缴比例也不能一味提高，因为随着红利征缴比例的提高，$\frac{\partial a_2}{\partial t} = \beta \geq 0$ 会加剧国有企业内部人的利润转移，从而造成国有企业待分配利润减低，从而使政府财政收入相应减少。

（四）一种国企红利征缴模式的设想

政府如果同时考虑国有企业利润上缴比例和激励机制，从而在使企业利润最大化的同时，使企业内部人转移利润最小化，那么有：

(1) 委托代理博弈模型求解：

$$\max_{(\alpha, \beta, a_1, a_2)} E(R) = t(a_1 - a_2) - \alpha - \beta(1-t)(a_1 - a_2) - ta_2$$

$$s.t. (IR) \alpha + \beta(1-t)(a_1 - a_2) + a_2 - \frac{1}{2}b(a_1^2 + a_2^2) - \frac{1}{2}\rho\beta^2(\delta_1^2 + \delta_2^2) \geq \bar{w}$$

$$(IC) a_1 = \frac{\beta(1-t)}{b}$$

$$a_2 = \frac{1 - \beta(1-t)}{b} \tag{19.13}$$

模型简化后：

$$\max_{(t,\beta)} \frac{3\beta t(1-t)}{b} - \frac{2}{b}t - \frac{\beta^2(1-t)^2}{b} - \frac{1}{2}\rho\beta^2(\delta_1^2 + \delta_2^2) + \frac{1}{2b}$$

分别对 β 和 t 求一阶导：

$$t = \frac{2\beta^2 + 3\beta - 2}{6\beta + 2\beta^2}$$

$$\beta = \frac{3t(1-t)}{2(1-t)^2 + \rho b(\delta_1^2 + \delta_2^2)}$$

通过数值分析，β 和 t 取值均与 $\rho b(\delta_1^2 + \delta_2^2)$ 相关，不同 $\rho b(\delta_1^2 + \delta_2^2)$ 取值，β 和 t 取值不同，且 β 和 t 取值范围为：$\beta \leqslant 0$，$t \geqslant 1$，根据现实意义，最终 β 和 t 的取值为：$\beta = 0$，$t = 1$。

（2）模型讨论。

当 $\beta = 0$，$t = 1$ 时：

$$\begin{cases} a_1 = 0, \ a_2 = \dfrac{1}{b} \\ E(R) = -\dfrac{2}{b} - \alpha < 0 \\ \alpha = \bar{w} - \dfrac{1}{b} \end{cases}$$

任何一家国有企业，如果政府与国有企业内部人均是理性的，而且始终处于相互博弈状态，那么最终结果则可能是，国家对国有企业实行利润存量全额上缴，对企业内部人实行零激励合同。在这种情况下，国有企业内部人可能做出两种选择：或者降低工作努力程度，或者进行利润转移。无论其做出哪一种选择，其结构都是政府获得的利润收入减少，甚至为负值。

二、国有企业利润征缴主体：国资委还是财政部

国资委和财政部的职能划分不同，在国有企业利润分配征缴问题上，两部门存在明显的分歧，各自都有成为征缴主体的依据。那么，国有企业利润征缴的主体究竟应该是财政部门，还是国有资产监管部门？为此，我们在上述委托代理模型的基础上借鉴钱雪松和孔东民（2012）的数理模型，探讨国有企业利润征缴的主体问题。

（一）国有企业利润向谁上缴：国资委还是财政部

从政府现在管理体制看，国资委和财政部都是国家的行政职能部门。其中财政部主要的职能是管理财政收支和制定财政税收政策，会同有关职能部门管理社会保障和就业及医疗卫生等事项。财政部的主要收入为国家税收收入，承担调节国家宏观经济和促进社会财富公平分配的责任。而作为国务院直属特设机构的国资委，其主要职能是依照《中华人民共和国公司法》等法律和行政法规履行国有资本出资人职责，保证国有资产的保值和增值，同时也对下设的国有企业经营管理和重大决策起到监督管理的责任。

尽管按照现行政策规定，财政部拥有"负责审核和汇总编制全国国有资本经营预算草案、制定国有资本经营预算的制度和办法"的权利[①]，但是在实践中这种

[①] 《国务院关于试运行国有资本经营预算的意见》。

权利只是名义上的拥有。事实上，国资委对国有企业管理层的人事任免、收入分配管理、重大投资决策具有实际的决定权。尽管国资委的这种"政企不分"格局会导致国有企业形成"与民争利"的局面，但是与财政部相比，国资委在掌握国有企业关于资产使用情况、企业盈利能力、投资项目好坏以及国有企业内部人不良行为等方面有明显的信息优势。因此，在财政部主导的利润分配机制下，国有企业的违规成本小于国资委主导的利润分配机制下的违规成本。

我们不妨假设：在国资委主导下的利润上缴制度安排中，国有企业的违规成本为 b_1，国有企业内部人转移利润的努力程度为 a_2^*，政府的收益为 G_1；财政部主导下的利润上缴制度安排中，国有企业的违规成本为 b_2，国有企业内部人转移利润的努力程度为 a_2^{**}，政府的收益为 G_2。并且根据上一段的分析，有：$b_1 > b_2$。

那么根据前文推导，在利润上缴且提高上缴红利时的情况下：

企业内部人转移的利润为：$a_2 = \dfrac{1-\beta(1-t)}{b}$

政府收益为：$G = \dfrac{3\beta t(1-t)}{b} - \dfrac{2}{b}t - \dfrac{\beta^2(1-t)}{b} + \dfrac{1}{2b} - \dfrac{1}{2}\rho\beta^2(\delta_1^2 + \delta_2^2)$

那么由于：$b_1 > b_2$，因此不难得出：

$$a_2^* < a_2^{**}, \quad G_1 > G_2$$

这表明由国资委主导下的国有企业利润上缴制度安排相比由财政部主导下的制度安排，前者更能够完善国有企业治理，更加有效地防止国有企业内部人进行利润转移，从而有利于保障政府作为国有股权所有者投资收益的增长。

（二）国有企业上缴收益由谁分配：国资委还是财政部

一般而言，国有企业上缴的收益主要有两种处置方案，一种是由财政部处置，将其用于社会保障、医疗、社会保障等民生支出；另一种是由国资委处置，即国资委根据《国务院关于试行国有资本经营预算的建议》，将国有企业上缴后的收益用于资本支出、费用支出和民生支出三个方面。但是从实际执行的情况看，国资委处置上缴的收益主要用于资本支出和费用支出，民生支出较少。因此，可以认为由国资委处置的国有企业上缴利润一般用于国有经济和产业结构的调整，补助国有企业的亏损、改制以及技术改造等项目。① 这样，实际上就形成了"取之于国企，用之于国企"的体内循环格局，不仅不能使国有资本收益惠及广大国民，而且还会激发国有企业内部人的寻租行为。而财政部根据其权利范围和职能范围，由于其并没有对国有企业的实际经营拥有监督和控制权，且不需要对国有企业直接负责，所以如果由财政部主导对国有企业上缴的收益进行处置，那么国有资本经营预算的支出结构就能按照公共财政资金的公共属性进行民生化配置，从而能够杜绝或者减少国资委主导下的"体内循环"问题。

---

① 钱雪松，孔东民. 内部人控制、国企分红机制安排和政府收入 [J]. 经济评论，2012 (06)：16-25, 65.

那么，上缴后的国有企业利润处置主体究竟应该是财政部，还是国资委？关键是看哪一个主体能够有效避免国有企业内部人控制问题。为论证这一问题，我们通过构建国有企业系统内部资本市场，将企业上缴收益在"体内循环"这个因素纳入分析框架，进行简要的实证分析。

对于国资委管辖下的其他国有企业（除 A 国有企业外）上缴的收益假定为外生变量 X，那么 A 国有企业除了在原有获得的收益渠道外，还能够从由国资委构建的内部的资本市场中获得收益，即为 R。影响 R 的因素有两个：其中一个是国资委获得的其他国有企业上缴的收益，且这个收益越大，那么 A 企业能够从内部资本市场中获得 R 的可能性和数量都会增加；另一个是 1－t，如果 1－t 越大，那么 A 企业自身内部现金流就越充沛，同时从内部资本市场中获得 R 的数量和可能性也就越低。因此记为：R = R(1－t, X)

其中：$R_1 = \frac{\partial R}{\partial (1-t)} < 0$，$R_2 = \frac{\partial R}{\partial X} > 0$

那么，A 企业的管理者面对的最优化问题为：

$$\max_{a_1, a_2}: \alpha + \beta(1-t)(a_1 - a_2) + a_2 - \frac{1}{2}(a_1^2 + a_2^2) + R(1-t, X)$$

那么 A 企业关于利润转移的最优选择为：

$$a_2^* = \min\left(\frac{1 - \beta(1-t) - R_1 + R_2}{b}, 1\right)$$

由此我们不难比较得出：由于财政部处置上缴收益时不会构建内部的资本市场，那么，国有企业内部人转移的利润情况为 a_2，且 $a_2 < a_2^*$，且 $G > G^*$。

从实证分析的结论比较我们不难看出，应该由财政部为主导对国有企业上缴的收益进行处置。因为如果由国资委对国有企业上缴收益进行处置，那么会进一步加剧国有企业内部人的利润转移，加重国有企业内部人控制问题。这主要是由于国资委在处置收益时，人为地形成了内部资本市场，进而无形地对国有企业利润转移时遭受的风险进行内部补偿，即变相鼓励了国有企业内部人进行利润转移的行为。而如果由财政部为主导来处置国有企业上缴的收益，就能够避免国有企业上缴收益的现金流通过资本性支出或者费用性支出的方式回流至国有企业内部，从而杜绝了国资委主导下国有企业收益处置导入国有企业系统内部资本市场的可能，这样就使国有企业利润分配的"体内循环"问题得以有效解决。

三、国有企业利润支出的最优结构分析

如前所析，政府与全体国民在关于国有企业利润上缴及支出问题上的博弈结果可以通过国有资本收益分配的结构来体现。并且随着国有企业利润征缴比例的不断提高，国有资本经营预算收入也在持续增加。但是，如何合理分配这部分来自国有企业利润的政府收入？是用于国有企业改革和发展，还是融入公共财政用于民生领

域?事实上,这部分收入既不可能全部回流国有企业,也不可能全部用于社会保障等民生支出。因此,这就提出了一个国有资本经营预算支出的最优结构问题。为此,我们运用付青山(2009)构建的数理模型,对国有企业上缴后的利润支出的最优结构进行实证分析。①

(一) 模型基本假设

1. 政府的目标函数假设

假设政府在对国有企业上缴的收益进行分配时,并不是直接以私人消费及一般性公共财政支出的社会总福利为目标,而是重点关注国有企业上缴的收益支出所能够影响的社会总福利的增量部分,即如何达到社会总福利增加的那部分效用最大化。因此,在构建政府目标函数的时候,我们应该将下面两种情况一起纳入目标函数:一是国有企业上缴收益用于经营性支出对经济增长的影响,以及经济增长对社会总福利的间接增加;二是国有企业上缴收益用于社会保障和公共服务等方面,直接提高的社会总福利部分。

那么政府目标函数为:

$$\Delta W = U[F(IE)] + \Delta U(WE) \quad (19.14)$$

其中,$U[F(IE)]$为经济增长带来的社会福利的间接增加部分;$\Delta U(WE)$为国有企业上缴收益用于社会保障和公共服务等方面直接提高的社会总福利部分;IE为收益用于经营性支出的部分;WE为收益用于社会保障和公共服务等方面支出的部分。

2. 经济增长带来的社会福利间接增加部分效用的假设

(1) 假设将全社会企业笼统的分为国有企业和非国有企业两大部分,这样经济增长中的资本存量也能相应地分为国有资本和非国有资本两个类别。那么令:经济增长带来的社会福利间接增加部分的效用函数可以采用如下形式表示:

$$U[F(IE)] = \ln F(IE) \quad (19.15)$$

其中,$F(IE)$为规模报酬不变的生产函数。

$$F(IE) = A[K + IE + E_N]^\alpha L^{1-\alpha} \quad (19.16)$$

其中,α为资本的产出弹性;L为社会总劳动力;K为经济体期初的资本存量;E_N为非国有企业的期末资本存量。

(2) 假定经济体中,国有资本占比为$s(0<s<1)$,那非国有资本占比为$1-s$;国有资本平均利润率为π,反映的是国有企业的整体经营绩效状况。

(3) 政府在对国有企业上缴收益进行处置时,编制的预算收入就是国有企业上缴的收益。为了便于分析,在前面模型分析的基础上,我们弱化其中一些假设,假设国有企业上缴的收益均为国有企业上缴利润,而国有企业上缴利润主要是取决于当期资本存量和国有企业资本存量的平均利润率,即:

$$SCE = \pi s K = IE + WE \quad (19.17)$$

---

① 付青山. 国有资本收益分配的研究[D]. 上海:复旦大学,2009.

(4) 假设非国有资本的增长率为 $\upsilon(-1<\upsilon<1)$，那么期末非国有企业的期末资本存量为 $E_N = \upsilon(1-s)K$。

(5) 假设国有企业上缴收益用于社会保障和公共服务等方面的支出比例为 θ ($0 \leq \theta \leq 1$)，用于经营性资本投入的比例则为 $1-\theta$，那么有：

$$WE = \theta SCE \tag{19.18}$$

$$IE = (1-\theta)SCE \tag{19.19}$$

(6) 期末国有企业上缴收益的经营性资本支出所带来的经济增长间接社会福利增长效用为：

$$U(F(IE)) = \ln\{A[K+IE+E_N]^\alpha L^{1-\alpha}\} = U[F(SCE,\theta)]$$
$$= \ln\{A[K+(1-\theta)SCE+(1-s)\upsilon K]^\alpha L^{1-\alpha}\} \tag{19.20}$$

3. 社会保障和公共服务等方面支出带来的社会福利增加的直接效用假设

为了便于模型讨论，假设国有企业上缴收益用于社会保障和公共服务等方面带来的社会福利增加的直接效用表达式为：

$$\Delta U(WE) = \psi g \ln(WE) = \Delta U(SCE,\theta) = \psi g \ln(\theta SCE) \tag{19.21}$$

其中，g 为基尼系数，用来衡量居民的财富差距。g 越大，居民的财富差距越大，那么就需要加大对社会保障、教育、医疗等公共方面的福利支出，因为加大政府对国民收入有利于缩小居民财富差距。ψ 为其他影响因子，出于简化分析的目的，我们将只要能影响社会保障和公共服务等方面支出带来的福利变化的其他因子统一归结到影响因子中，例如，国家宏观经济调控能力、居民消费结构合理化水平、社会稳定等因素。

（二）模型构建

根据以上假定，我们将政府关于国有企业上缴利润支出最优结构模型表述如下：

$$\max_{0 \leq \theta \leq 1}: \Delta W(\theta) = \ln\{A[K+(1-\theta)SCE+(1-s)\upsilon K]^\alpha L^{1-\alpha}\} + \psi g \ln(\theta SCE)$$
$$s.t. \ SCE = \pi s K \tag{19.22}$$

化简为：

$$\max_{0 \leq \theta \leq 1}: \Delta W(\theta) = \psi g \ln(\theta \pi s K) + \alpha \ln[1+\pi s(1-\theta)+(1-s)\upsilon] + \ln A K^\alpha L^{1-\alpha}$$
$$s.t. \ 0 \leq \theta \leq 1 \tag{19.23}$$

那么另 $\frac{\partial \Delta W}{\partial \theta} = 0$，则有：

$$\theta = \frac{\psi g[1+\pi s+(1-s)\upsilon]}{s\pi(\psi g+\alpha)} \tag{19.24}$$

且：

$$\frac{\partial^2 \Delta W}{\partial \theta^2} = \frac{-\psi g}{\theta^2} + \frac{-\alpha s^2 \pi^2}{[1+s\pi(1-\theta)+(1-s)\upsilon]^2} < 0 \tag{19.25}$$

则，θ 存在极大值；

因为 $0 \leq \theta \leq 1$，那么就必须满足 $\psi g[1+\pi s+(1-s)\upsilon] \leq s\pi(\psi g+\alpha)$，特别是当 $\theta=1$ 时：$\psi g[1+\pi s+(1-s)\upsilon] = s\pi(\psi g+\alpha)$。

(三) 模型结果分析

（1）改革开放以来，邓小平提出了让一部分人先富起来，然后先富起来的人带动其他人后富起来。通过40多年的改革开放，我国整体经济实力得到了显著的增强，人民生活水平也得以稳步提高。但是居民间的财富差距越来越大，已经呈现出两极分化现象。根据上述模型结果，我们不难得出：

$$\frac{\partial \theta}{\partial g} = \frac{\alpha(1 + \upsilon - s\upsilon + s\pi)}{\pi s(\psi g + \alpha)} > 0$$

这表明，针对社会财富差距不断加大的现状，政府应该通过国民收入的再分配机制，加大对社会保障和公共服务等民生方面的支出，其中的一个重要战略就是在进一步提高国有企业利润征缴比例的同时，调整和优化国有企业上缴收益的使用方向和支出结构，加大用于全社会公共福利的投入力度。

（2）中共十八届三中全会以来，党中央明确了"市场在资源配置中起决定性的作用"这一战略定位。那么，在深化国有企业改革实践中，就应该通过市场机制淘汰不适应市场的企业，鼓励符合产业发展前景，具有创新活力的企业成长壮大。通过上面的分析，我们可以得出：

$$\frac{\partial \theta}{\partial s} = \frac{-\psi g(1 + \upsilon)}{\pi(\psi g + \alpha)} < 0$$

这表明，虽然在市场化改革进程中国有资本比重有所下降，但是随着一大批低效率国有企业的退出，以中央企业为代表的国有企业反而做强做大，不仅体量规模迅速扩大，而且经营绩效也明显提高，利润总量近年来均保持在万亿元以上。因此，政府不仅有必要，而且也有能力加大将国有企业上缴收益用于社会保障等公共福利性领域的力度，真正使国有企业改革和发展的红利惠及全体国民。

（3）通过考察非国有资本增值率与非经营性资本支出的关系，可以发现：

$$\frac{\partial \theta}{\partial \upsilon} = \frac{\psi g(1 - s)}{s\pi(\psi g + \alpha)} > 0$$

这说明，在社会主义市场经济条件下，不仅国有资本在发展壮大，非国有资本的增长率也在提高。前面的实证分析结果表明，国有资本和非国有资本都能够对经济增长起到促进作用。尤其是处于市场竞争环境中的非国有资本相对于国有资本更具有创新活力和产业竞争力，为我国税收的增长和就业岗位的增加做出了重要的贡献。因此，政府应该加大对公共服务的财政投入力度，建构和完善对所有市场主体一视同仁的公共服务均等化机制。

第三节 国有企业利润分配中的利益协调机制构建

通过前面对相关利益视角下的国有企业利润分配分析，以及对各利益相关主体的博弈动机进行梳理，并且通过建立数理模型定量分析了当前国有企业利润分配状况。可以验证，由于在国有企业利润分配的各个环节中，各利益主体的诉求不同，导致各主体利益关系相交互关联、错综复杂，进而使得国有企业利润分配的各利益主体在各分配环节已经不是单纯的静态博弈关系，而是一种动态的博弈关系，因此需要从整体上把握国有企业利润分配的各个过程，而不是单纯孤立地考虑其中的任一环节。为此，本节通过前面的理论分析和数理分析，试图在此基础上构建出一套能够协调国有企业利润分配中各相关利益者的协调机制，进而完善国有企业利润分配机制，实现国有企业利润分配机制的帕累托改进，避免国有企业利润改革的"路径依赖"。

一、构建合理的国有企业利润上缴机制

国有企业利润上缴比例是构建国有企业利润上缴利益协调机制的一个重要环节，其比例确定的原则应该遵循统筹兼顾与适度集中。在设定上缴比例时，一方面要考虑到国有企业自身的积累与发展，另一方面也要考虑到国有经济结构的调整和国民经济宏观调控的需求。当前对于国有企业上缴比例的规定是2014年《关于进一步提高中央企业国有资本收益收取比例的通知》做出的。该通知指出，国有独资企业应交利润收取比例在现有基础上提高5个百分点，具体比例分为五类，分别是税后利润的25%、20%、15%、10%、暂缓上交或免交。不难看出，当前这种分类方式在一定程度上有利于提高政府利润收缴的工作效率，但由于分类方式缺乏弹性且没有考虑到各行业的特点、实际经营情况和各行业中企业的一些自身发展状况，所以依然带有很笼统的"一刀切"的管理色彩。从近几年的征缴情况来看，2011~2015年，中央国有资本经营预算收入逐年攀升，至2017年，资本经营预算收入2 579亿元，相比2011年765亿元，增加了2倍多。而像石油石化、烟草和电信等行业的国有企业通过利用自身垄断优势赚取超额的垄断利润，一方面成为国有资本经营预算收入的主要来源，另一方国家针对这些行业中的超大型垄断国有企业，其征收比例也仅15%左右。这种较低的征收比例一直以来受到学界和公众的广泛质疑。

根据国外国有企业利润征收比例的实践来看，国外发达国家的国有企业利润征收比例都较高，例如，法国国有企业税后利润的50%要上缴给法国政府；瑞典、丹麦、韩国等国的国有企业利润也均超过了1/3，甚至超过了2/3。而我国目前现行的国有企业利润征缴比例远远低于这些国家。这种现状显然与我国国有企业的公有制性质有所不符。当然，根据我国国有企业的实际经营状况，其利润征缴比例也不能一味地提高。如前所述，国有企业利润上缴比例与政府的收入呈倒"U"形变化，国有企业的利润征缴比例具有"门阀值"，在征缴比例大于"门阀值"后，政府的收益也会随着征缴比例的扩大而缩小。同时在信息不对称情况下制定的征缴比例应该高于信息完全对称情况下的征缴比例。由于前面的研究表明最优征缴比例为40%，所以在信息不对称情况下的最佳征缴比例不应该低于40%。在现行国有

企业利润上缴比例远远低于40%的情况下，政府应该扩大利润上缴比例，从而提高政府资本经营预算收入。

并且在国家经济建设中，国有企业起到了不可替代的作用，不仅为私营企业提供基础设施和基础原料，促进私营企业的发展；而且还引导社会投资，成为推动经济发展的重要动力。因此，若对所有行业进行整齐划一的利润收缴，那么有可能会使一些国有企业陷入困境。政府在同国有企业内部人进行博弈时，对那些原本具有很强激励机制的国有企业行业，实施的最优征缴比例应该增大，即"门阀值"增大。如果政府扩大国有企业利润上缴比例，政府就应该选择对国有企业内部人风险规避程度越小，且企业日常经营活动较为稳定的国有企业制定较高的最优征缴比例，而不是不分行业或是笼统地分几个大类后进行红利征收。因为只有对这些整体运行稳定的行业扩大利润上缴比例，才能够保证该企业中的国有企业利润波动不大，保证原有国有企业的可持续增长动力，同时也不会扰乱其在国民经济中的作用，最终实现在不破坏该行业中国有企业正常运行情况的同时能够增加政府的收入。同时在国有企业利润上缴过程中，由于信息不对称导致国有企业内部人容易出现"道德风险"，将其利润进行转移。而且国有企业内部人也可能会随着分红比例的扩大而加剧对利润的转移程度。但是通过增加国有企业内部人的违规成本，就能使在较大征收比例变化下产生较小的利润转移。这就要求政府需要不断完善公司内外部治理环境，建立完善的奖惩机制，加大对利润转移等违规行为的查处并提高违规成本，从而约束国有企业内部人的权利，杜绝大规模的利润转移现象，保证在国有企业红利征缴比例倍增下提高政府收入。

目前一些学者也提出了高薪反腐的措施——高薪养廉，并且希望将这种方式推广到国有企业中。但是通过前面政府与企业内部人的动机分析可以发现，企业内部人在进行利润转移时，会对违规成本和转移利润进行比较权衡。由于国有企业内部人的利润转移行为是根据政府的激励机制而进行的行为选择，如果政府实行高薪防腐，那就意味着政府对国有企业内部人的激励机制增强，在没有实行国有企业利润上缴的情况下，由于激励机制的加强，国有企业内部人转移的利润会相应减少。但是，如果在现有的国有企业利润征缴情况下扩大国有企业利润征缴比例，政府仍然实行高薪政策，那么一定会加剧国有企业内部人进一步扩大利润转移的动机。而之所以会造成这种矛盾，其原因就在于，国有企业利润征缴比例的扩大，如果继续对内部人实行高薪，那就会人为无形地拉低国有企业内部人转移利润的成本，加剧国有企业内部人扩大利润转移的行为。因此，在继续扩大国有企业利润上缴比例的同时，也要对国有企业内部高薪人员实施适当的降薪措施，人为拉高国有企业内部人员的违规成本，保证政府的待分配利润不会降低和政府财政收入的增加。

二、明确国资委和财政部职能定位

国资委作为国务院特设的机构，主要承担着国有经济战略布局调整、国有企业改革和履行出资人职责等多重职能，同时也承担着对国有企业监督管理的职能。但是这两种职能有其与生俱来的必然性，而这种必然性也必定会导致与现有的国有资产管理体系相矛盾，也正是这种矛盾，将会导致国有企业的经营出现多元化、经营低效、公司治理结构不健全等问题。要解决国资委这种相互冲突的职能，就必须明确定位好国资委的职能。

目前的国有企业利润分配过程中，国资委的职能具有双重性，即"既当球员又当裁判"，这必然导致国有企业利润"取之于国企，用之于国企"。国有企业利润上缴后将以不同形式回流至国有企业内部，形成"体内循环"现象。但是对于需要加大支出的社会保障和公共服务等方面的支出却又被"体内循环"挤占。同时由于财政部的主要职能是安排社会财政支出，受近几年经济下滑的影响，财政收入增长幅度明显回落。由此，在名义上对国有企业利润分配具有决定权的财政部，也要求对国有企业利润进行征收以及处置国有企业上缴的利润。

要解决国有企业利润由谁征收，由谁统筹规划使用的问题，关键在于明确财政部和国资委在国有企业利润分配中各自的优势。通过提高国有企业利润上缴比例，必然会激发起国有企业内部人转移利润的动机，所以为了缓解国有企业内部人的控制问题，就需要充分运用国资委的监管权力和更加及时全面掌握企业日常经营活动这一信息优势，对国有企业利润进行征缴。但是，对征收的利润如果由国资委进行处置，必然会出现无形的内部资本市场，将国有企业利润上缴的收益直接引流回国有企业内部，并在国有企业内部循环使用，造成利润在国有企业内部低效利用。因此，为了有效杜绝此类问题，需要运用财政部的硬约束，强制把国有企业富余的现金流导出由国资委构建的国有企业内部资本市场，降低国有企业内部人"搭便车"及寻租等低效的机会主义行为。

当前，我国国有企业利润分配仍然是由国资委统一征收和处置，这一国有企业利润分配机制存在一定缺陷，而这一缺陷也主要是国有企业红利分配机制设计的复杂性所决定的。究其根本是没有明确国资委和财政部的职能。所以，在后续国有企业红利分配机制改进时，应该明确这两个部门的职能定位。而且在明确其职能的同时，将国有企业的红利征收和处置这两个职能剥离，分别将征收红利的职能交由国资委，将红利处置的职能交由财政部。如果全部由财政部对国有企业利润进行全权的处置，那么国资委本身将失去对其国有企业征收红利的激励。所以，在实际操作过程中，财政部可以将一部分的利润处置用于民生支出，而另一部则由国资委处置。通过明确国资委和财政部在国有企业利润分配中的职能，使整个分配机制高速有效地运作起来。

三、构建合理的国有企业利润支出结构体系

始于 2007 年实行的国有资本经营预算，对"其他支出"的定义比较模糊，只规定在一些情况下能够将国有资本收益用于社会保障和公共服务等方面的支出。目

前的国有资本经营预算支出，主要是侧重于国有企业的资本性支出和费用性支出，在社会保障和公共性支出上明显偏少，大部分的支出并没有惠及民生或是与民生有关的支出。2011~2014年，国有资本经营预算中资本性支出和费用性支出之和分别占当年支出总额的89%、91%、90%和75%，而用于社会保障等民生的支出只有11%、9%、10%、25%。所以，我国国有资本经营预算体系偏重于对国有资本收益的经营性资本支出，而忽略了对国有资本收益公共福利性支出的预算安排。[①]

由于政府一方面承担着国有企业改革的成本，另一方面又要承担为社会提供公共服务的双重职能，所以当前应该加大我国国有资本经营预算的民生支出，从而弥补目前宏观经济增长速度下滑而造成我国公共财政预算支出不足的困境。并且随着社会经济的不断发展，公共财政预算支出也必然扩大，单纯依靠税收收入也难以化解日益增长的支出压力，需要基于国有资本的做强做大来扩大国有资本经营预算民生支出，从而填补社会保障基金预算支出的巨额缺口。我国目前社会保障体系虽然已经初步构建，但还尚未健全和完善，即使是已被保障体系覆盖的对象，其支付的标准也较低，只能勉强保障其基本的生存水平。如果进一步提高保障水平，仅仅靠目前的社会保障基金的存量积累是很难长久支撑的。因此，必须构建合理的国有企业红利分配支出结构，加大国有资本经营预算对民生领域的支出力度。

---

① 赵惠萍. 国有资本收益分配、机制改革与路径分析——基于国有资本预算"新政"实施的路径探析[J]. 财经问题研究, 2014 (01): 97-104.

第二十章

国有资本划转社会保障基金：国有资本经营预算支出民生化的思路构想

前已述及，国有企业红利征缴比例倍增目标下的国有资本经营预算支出应当以民生为导向，即国有资本经营收益应当以直接或者间接的形式实现全民分红。但如何实现全民分红？本课题组通过对山东、江苏、上海、福建等省份的实地调研，认为在当前国有企业红利征缴比例倍增目标下，国有资本划转充实社会保障基金是国有资本经营预算支出民生化的一种重要形式，是实现全民分红的优选路径，对于弥补人口老龄化背景下养老基金缺口意义重大。

第一节 人口老龄化背景下社会养老基金缺口巨大

在人口老龄化背景下，我国社会养老基金存在巨大缺口，不仅表现为社会人口老龄化加速所引起的养老金存量缺口，还表现为隐形养老金债务问题的凸显。20世纪90年代，政策制定者采用过渡性办法缓解隐性养老金债务问题，即充分发挥我国人口红利的再分配效应，通过"新人"充实个人养老金账户的办法将足额缴纳的统筹基金用来填补新旧体制转轨形成的企业中老年职工养老金缺口。这事实上形成了用社会统筹部分的供款来偿付旧制度的隐性养老金债务机制，使得统筹账户中累计的资金主要用于三个方面，包括补偿旧制度下的养老金负债、新制度下的再分配基金以及新旧制度下退休金水平调整。应当说这种过渡性办法在很大程度上缓解了当时经济体制转轨面临的社会和财政压力。应当承认，这种制度设计是建立在对我国人口结构变化的乐观预测基础上，即认为在一个相当长的时期，我国适龄劳动人口占总人口的比重将不断增加，"新人"陆续参加工作，缴纳养老保险，充实统筹基金，随着"老人"和"中人"的自然减少，养老保险制度的赡养比（离退休人员占在职缴费人数的比例）保持在一个合理且较低的水平，进而通过以时间换空间的方式，逐步化解隐性养老金债务问题。但现实情况是随着我国加快进入老龄化社会，与养老保险基金累积相关的人口"三大指标"逐渐走低，人口红利对养老保险基金的正向影响力逐渐弱化,城镇职工基本养老保险的隐性债务逐步显现。且由于制度实施过程中的偏差,甚至出现债务"滚雪球"式倍增的情况。

一、人口红利渐行渐远

一是劳动年龄人口占比逐步走低。劳动年龄人口占比是指15～64岁人口占总人口的比重,这一比重反映了当期可能对养老保险基金贡献者的数量。图20-1显示1995～2010年的15年间,我国劳动年龄人口占比逐年提高,从1995年的67.2%提高到2010年的74.5%,并达到最高峰。劳动年龄人口占比不断提升的过程也是人口红利不断释放的过程,是推动中国经济增长的重要因素,也减轻了社会保障制度的压力,一定程度上掩盖或推迟了隐性养老金债务问题。但值得注意的是,从2011年起,这一比例却呈现逐年下降的趋势,2017年这一指标已经下降至71.8%,比2010年最高峰时下降近3个百分点。据国家统计局公布的预测数据,到2020年,我国60岁及以上老年人口将达到总人口的15.55%。到2040年,这一比重将上升至25.11%,并且我国65岁及以上人口所占的比重也将高达20%,是世界上老龄化速度最快的国家之一。郑少春(2008)认为在人口老龄化的背景下,由于劳动人口数量及比重的同时下降,养老金收入也将不断减少。而随着赡养率的不断上升,领取养老金的人数不断增加,进一步加大了养老金支出压力。

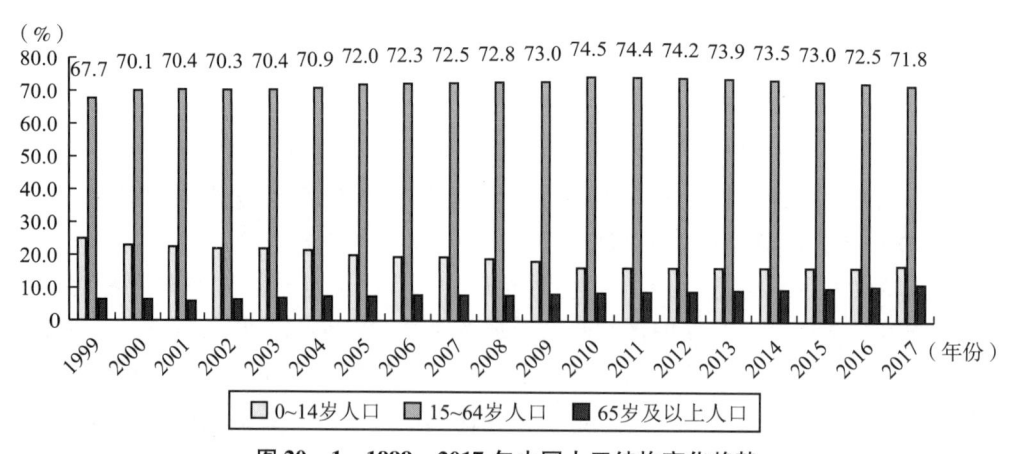

图20-1 1999～2017年中国人口结构变化趋势

资料来源:根据历年《中国统计年鉴》相关数据整理所得。

二是劳动参与率逐步走低。劳动参与率是指15～64岁劳动年龄人口中参加经济活动人口(包括就业者和失业者)的比重,它反映了劳动年龄人口实际参加工作的状况。图20-2显示了世界银行测算的2006～2017年中国劳动力参与率的变化情况。总体上看来,我国劳动人口参与率正在不断降低,且下降速度不断加快。

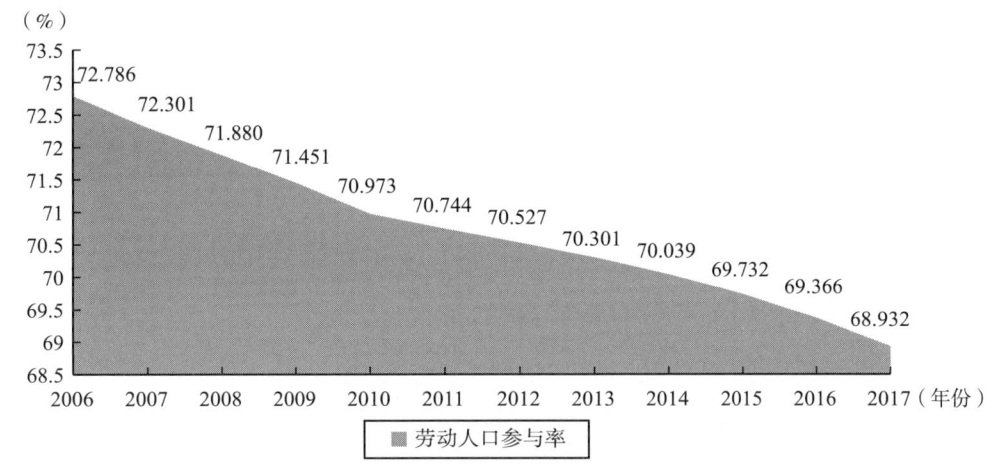

图 20 – 2　2006～2017 年中国劳动人口参与率

资料来源：https：//www.ceicdata.com。

三是城镇正规就业率逐步走低。随着我国多种所有制经济成分快速发展，产业结构和就业形态也日趋多样化，造成正规就业人员占比逐渐走低，自由职业者以及临时工、季节工、小时工、劳务派遣工等非正规就业越来越多。由于城镇职工基本养老保险制度是针对有固定用人单位的正规就业形式而设计，存在基数高、费率高、待遇高的"三高"特点，对于人员构成复杂、收入不确定、不稳定的非正规就业人群来说，参保的现时吸引力不大，甚至出现原已参保人员退保的情况。有数据显示，我国大概有 3 亿多人参加了城镇职工基本养老保险，在 2013 年累计有 3 800 万人中断缴纳保费，比例约为 13%，有的专家甚至认为这一比例实际高达 23%。[①] 事实上，中断社会保险缴费也在很大程度上降低了统筹基金的统筹平衡能力。

二、社会保障基金收支缺口日趋扩大

随着人口"三大指标"逐渐走低，人口红利逐渐枯竭，我国人口结构和社会保障制度正在从"生之者众、食之者寡"向"生之者寡、食之者众"的格局演变。城镇职工基本养老保险制度赡养比大幅提高，基金收支不平衡的矛盾愈发突出，"下一代人"供养"上一代人"的资金链条无论在空间还是时间上，都已经出现了某种程度的断裂，隐性养老金债务逐步显现。图 20 – 3 展示了从 2008～2016 年我国城镇职工基本养老保险基金收入和支出增长率的情况，可以看到除个别年份以外，城镇职工基本养老保险的基金支出增长率均高于收入的增长率，且由于我国连续十多年在全国范围内提高养老金待遇水平，使得基金支出增长呈上升趋势，而收入的增长却呈总体下降之态。

---

① 邓海建. 3 800 万人中断社保，如何让他们者回心转意 [EB/OL]. 2013 – 11 – 29. http：//pinglun.youth.cn/ttst/201311/t20131129_ 4299822. htm？mobile = 0.

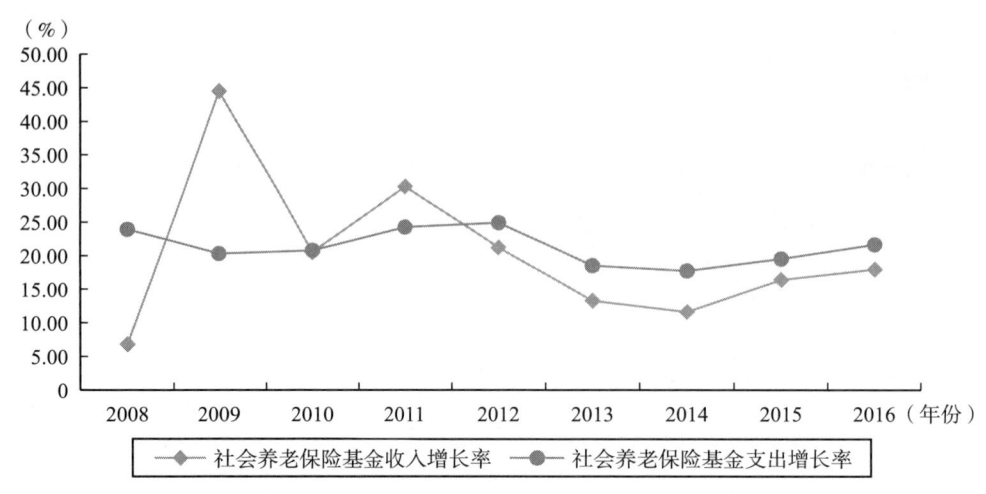

图 20-3　2008~2016 年社会养老保险基金收支增长率情况

资料来源：根据《中国财政年鉴》（2017 卷）相关数据整理所得。

根据全国社会保险基金决算统计数据，即使在目前企业职工基本养老保险缴费率已经高达 28%（单位 20%、个人 8%）的情况下，每年仍需各级财政给予巨额补助。据财政部网站数据显示，1998~2013 年全国各级财政对企业职工基本养老保险基金补助达 1.7 万亿元，相当于 2013 年基金滚存结余的 64.1%。如果扣除财政补贴后，2011 年底我国当期养老保险基金收不抵支的省份有 12 个，收支缺口 596 亿元；2012 年这个数据增加到 16 个，收支缺口达 763 亿元。图 20-4、图 20-5 显示 2007~2016 年间全国财政对社会保险基金的补助情况，以及财政补助占基金收支的比例。10 年间各级财政年均补助总额绝对值增加了 6 000 多亿元，年均增幅达 22%。除个别年份外，财政补助占当期基金收入和支出的比重总体趋势是不断提高的。

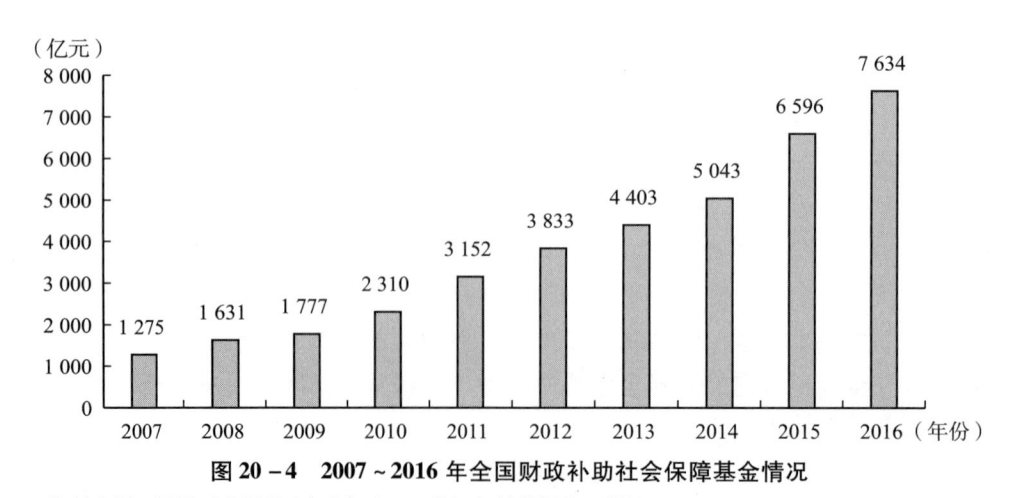

图 20-4　2007~2016 年全国财政补助社会保障基金情况

资料来源：根据《中国财政年鉴》（2017 卷）相关数据整理所得。

图 20-5　2007~2016 年全国财政补助占社会保障基金收支情况

资料来源：根据《中国财政年鉴》（2017 卷）相关数据整理所得。

另外，学术界的各类研究结论也不断提醒我们，若现在不对城镇职工基本养老保险的隐性养老金债务进行偿还，现行的养老保险制度将不可持续，未来将面临巨大的养老金收支缺口。世界银行（1996）在对养老金覆盖率、收缴率、工资增长率、基金投资回报率、各部门与行业人口和劳动力未来结构、赡养率等做一系列假设和估算的基础上，估计隐性养老金债务规模约 19 170 亿元（以 1994 年为基准点）。国务院经济体制改革办公室经济体制与管理研究所（2000）对中国养老保险隐性债务的测算以 1997 年全国统一基本养老保险制度为评估基期，以工资平均增长率未来 5 年内为 5%、6~10 年内为 4%、10 年以后为 3%，养老金平均增长率为工资增长率的 60%，替代率平均每年降低 0.67%，平均赡养率为 3.25：1 等为假设前提，按企业缴费率和退休年龄变动的不同情况，对隐性债务分 5 种方案和 3 种投资回报率进行测算，得到 15 种不同的债务规模，从 18 301 亿~108 260 亿元不等。学术界对隐性养老金债务的测算，由于计算的口径、计算所依据的模型和方法、隐性债务计算的时点以及参数选择的不同，隐性债务规模的测算结果差异很大，匡算范围大致是 3 万亿~10 万亿元。但可以确定的是，如果现行的体制不改、机制不转、政策不调整，隐性债务在未来某一个临界点必然会爆发性显现。

三、未来社会养老保险基金的缺口测算

养老保险基金的缺口是指当年养老保险基金收不抵支的情况，差额的多少便是养老保险基金缺口的多少，此时需要财政补贴和使用历年养老保险基金的滚存，但财政补贴和滚存毕竟有限，需要一定规模的制度外资金注入，才能够保证未来养老保险基金每年的支出需求。

（一）参数的设计

a：职工开始参加工作时的年龄；b：职工退休时的年龄；d：死亡时的年龄；$\sum_{i=a}^{b-1} \overline{p_{ij}}$：第 j 年时 a 岁到 b-1 岁的在岗职工总人数；$\sum_{i=b}^{d-1} \overline{p_{ij}}$：第 j 年时 b 到 d-1 岁的退休职工总人数；$\overline{S_j}$：第 j 年时在岗职工上一年的月平均工资，其中，j = 1，2，3，…（2017 = 1）；$\overline{Q_j}$：第 j 年时职工退休后的平均养老金数，其中 j = 1，2，3，…（2017 = 1）；C：养老保险的缴费率（C_0 表示单位缴费率、C_1 表示个人缴费率）；T：养老金的平均替代率；k：在岗职工平均工资的增长率；f：月缴费基数比例；Y_j：第 j 年基本养老保险基金缴费收入；Q_j：第 j 年基本养老保险基金支出；E_j：第 j 年的财政补贴；g：当年财政补贴占当年社会统筹缴费收入的比例；F_j：第 j 年透支的个人账户资金；r：养老保险基金存入银行的年利率；z：通货膨胀率。

（二）建立模型

在我国人口老龄化程度日趋严峻的形势下，若想一直依靠挪用养老保险基金中个人账户资金和财政补贴的基础达到结余已不大可能，而且财政资金也不可能无限度地用于弥补养老保险基金的缺口。当前我国养老保险基金的缺口由社会统筹与个人账户两部分组成，未来 n 年的总缺口可以表示为：

$$\Delta G = \sum_{j=1}^{n}\left[(Y_j - Q_j) + E_j(1+r)^{n-j}\right] + \sum_{j=1}^{n} F_j(1+z)^{n-j}(1+r)^{n-j}$$

其中：

$$Y_j = C_0 f \overline{S_j} \sum_{i=a}^{b-1} \overline{P_{ij}}(1+z)^{j-1} = C_0 f \overline{S_{j-1}}(1+k)^{j-1}(1+z)^{j-1} \sum_{i=a}^{b-1} \overline{P_{ij}};$$

$$Q_j = T \overline{S_j} \sum_{i=b}^{d-1} \overline{P_{ij}}(1+z)^{j-1} = T \overline{S_{j-1}}(1+k)^{j-1}(1+z)^{j-1} \sum_{i=b}^{d-1} \overline{P_{ij}};$$

则：$\Delta G = \sum_{j=1}^{n}\left\{\left[cf\overline{S_{j-1}}(1+k)^{j-1}(1+z)^{j-1}\sum_{i=a}^{b-1}\overline{P_{ij}} - T\overline{S_{j-1}}(1+k)^{j-1}(1+z)^{j-1}\sum_{i=b}^{d-1}\overline{P_{ij}}\right] + gY_j(1+r)^{j-1}\right\} + \sum_{j=1}^{n} F_j(1+z)^{n-j}(1+r)^{n-j}$

（三）参数的设定

1. 开始上岗工作时的年龄

由于每个人开始上岗就业的年龄不一致，确定开始从事工作时的社会平均年龄可以根据各层级教育的毕业年龄与升学率的加权获得。根据新华网新闻中心时政最新播报资料显示："1998 年，我国高中升学率为 50%，大学升学率为 46.1%"[①]。

---

① 初中至高中升学率偏低成高等教育机会不均的瓶颈[EB/OL]. 2005-03-01. http://news.sohu.com/20050301/n224490357.shtml.

因此假设我国各层级升学率分别是初中升高中为50%，高中升大学为46%，大学升研究生为4%。再假设我国九年义务教育结束时的平均年龄为16岁，以此类推，高中、大学、研究生的毕业平均年龄分别为19岁、23岁、26岁，基于这些条件可以推算出开始上岗工作时的年龄：

$$a = 16 \times 50\% + 19 \times 50\% \times 54\% + 23 \times 50\% \times 46\% \times 96\%$$
$$+ 26 \times 50\% \times 54\% \times 4\%$$
$$= 18.49 \text{（岁）}$$

因此，为便于计算，本书将开始从事工作的年龄设定在18岁。

2. 职工退休时的年龄

根据人力资源和社会保障部网站《关于制止和纠正违反国家规定办理企业职工提前退休有关问题的通知》规定，我国法定的企业职工退休年龄为男年满60周岁，女工人年满50周岁，女干部年满55周岁。然而，在人口寿命延长的背景下，为了缓解养老金支出压力，延迟退休年龄以减少养老金领取时间成为养老保险制度改革的重要内容。原人力资源和社会保障部部长尹蔚民表明延迟退休政策是"渐进式"的，方案将于2022年实施，每3年延迟1年退休，到2037年男性、女性的退休年龄将分别达到65岁、60岁（之后不变）。为便于计算，本书假设在延迟退休政策实施前的男女退休年龄一致为58岁，实施后每3年延迟1年，到2037年达到63岁（之后不变）。

3. 预期寿命

根据国家统计局在2010年第六次全国人口普查资料显示：我国人口预期寿命平均达到74.83岁，且比2000年的71.40岁提高3.43岁。[①] 再者，随着我国大力发展医疗卫生技术和人民群众对生活质量的追求，人口平均寿命必然会得到进一步的提高，本书假设我国人均寿命为78岁。

4. 人口预测

由于受到"全面放开二孩"政策的实施，将对我国人口总量、劳动力人口等问题产生显著影响。为此，课题组将考虑"全面放开二孩"政策对于养老保险基金收支的影响。第 j 年的 i 岁的人数量用 $\overline{P_{i,j}}$ 来表示，第 j+1 年的 j+1 的人口数量用 $\overline{P_{i+1,j+1}}$ 来表示，x 岁人口的死亡率用 q_x 来表示，死亡率符合2010年人口普查全国人口生命表，2016~2050年的出生率来自学者齐美东《"全面放开二孩"政策对中国人口出生率的冲击与趋势探讨》中关于2016~2050年中国人口出生率预测（见表20-1），可以求出每年的出生人口数。再运用公式 $\overline{P_{i+1,j+1}} = \overline{P_{i,j}}(1 + q_x)$ 计算出2050年内任何年份任意年龄的人口数量，经测算得出2017~2050年我国应就业人口数量（见表20-2）。

[①] 国家统计局. 我国人口平均预期寿命达到74.83岁 [EB/OL]. 2012-09-21. http://www.gov/cn/jrzg/2012-08/09/content_2201335.htm.

表 20 – 1　　2011~2050 年我国人口总数与出生率的预测结果

年份	总人数（亿人）	出生率（‰）	年份	总人数（亿人）	出生率（‰）	年份	总人数（亿人）	出生率（‰）
2011	13.47	11.93	2025	14.45	14.04	2039	14.18	12.20
2012	13.54	12.10	2026	14.53	13.90	2040	14.15	12.13
2013	13.61	12.08	2027	14.51	13.78	2041	14.10	12.06
2014	13.68	12.37	2028	14.49	13.66	2042	14.02	11.98
2015	13.75	12.07	2029	14.48	13.54	2043	13.91	11.88
2016	13.89	15.72	2030	14.45	13.42	2044	13.87	11.79
2017	13.98	16.63	2031	14.44	13.29	2045	13.84	11.68
2018	14.03	15.56	2032	14.43	13.18	2046	13.76	11.59
2019	14.09	14.50	2033	14.41	13.06	2047	13.66	11.47
2020	14.17	14.42	2034	14.39	12.94	2048	13.52	11.43
2021	14.35	14.54	2035	14.37	12.82	2049	13.48	11.36
2022	14.37	14.41	2036	14.36	12.38	2050	13.43	11.29
2023	14.38	14.29	2037	14.30	12.32	—	—	—
2024	14.42	14.17	2038	14.21	12.26	—	—	—

资料来源：齐美东．"全面放开二孩"政策对中国人口出生率的冲击与趋势探讨［J］．中国人口·资源与环境，2016（9）：5 – 6．

表 20 – 2　　2017~2050 年我国应就业人口数量测算结果　　　　　　　　单位：人

年份	人数	年份	人数	年份	人数
2017	839 856 078	2029	821 641 672	2041	816 986 895
2018	839 568 720	2030	810 462 599	2042	817 462 932
2019	840 463 861	2031	824 611 223	2043	817 369 744
2020	838 982 315	2032	815 324 149	2044	818 533 086
2021	826 873 030	2033	805 639 847	2045	816 808 933
2022	838 798 973	2034	824 954 926	2046	815 665 548
2023	827 901 668	2035	823 117 250	2047	815 610 356
2024	818 629 424	2036	820 068 001	2048	815 000 643
2025	832 046 600	2037	816 940 574	2049	812 835 082
2026	822 971 583	2038	815 289 278	2050	808 194 206
2027	815 741 999	2039	814 817 832	—	—
2028	829 403 959	2040	815 543 123	—	—

5. 参保率

目前我国城镇职工养老保险制度覆盖率是由其参保率大小所体现的。根据2016年中国统计年鉴和国家人社部相关资料显示（见表20-3），2011~2016年我国城镇职工在岗参保率呈现小幅下降趋势。另外，我国虽然出台《中华人民共和国社会保险法》，强制要求符合参保条件的用人单位和职工参加养老保险，但是因多方面原因造成制度在实施过程中难以全面贯彻落实，因此我们假设城镇在岗职工参保率在2016年的基础上每年增加0.1%，超过80%后保持不变。但是，城镇在岗职工参保率受城镇应就业率和城镇就业量占劳动人口的比重的共同影响，因此本书假设2017年起城镇就业率与城镇就业量占劳动人口的比重分别为91.56%和50%。

表20-3　　　　　2011~2016年城镇在岗职工养老保险参保情况

年份	参保人数（万人）	参加工作人数*（万人）	参保率（%）	城镇劳动人口（万人）	城镇就业率（%）	劳动人口（万人）	城镇劳动人口占比（%）
2011	21 565.00	28 391.00	75.96	35 914.00	79.05	84 843.25	42.33
2012	22 981.10	30 426.80	75.53	37 102.00	82.01	84 973.38	43.66
2013	24 177.30	32 218.40	75.04	38 240.00	84.25	84 859.21	45.06
2014	25 531.00	34 124.40	74.82	39 310.00	86.81	84 789.49	46.36
2015	26 219.20	35 361.20	74.15	40 410.00	87.51	84 503.07	47.82
2016	27 826.0	37 930.0	73.36	41 428.0	91.56	84 091.5	49.27

*注：参加工作人数是指城镇职工人数，即在城镇参加工作的人数。
资料来源：根据《中国统计年鉴2016》、国家人社部相关资料整理所得。

6. 缴费率

按照《国务院关于印发完善城镇社会保障体系试点方案的通知》的规定，我国城镇职工参加养老保险中企业和个人的缴费比例分别为20%和8%。同时根据"十三五"规划纲要所建议的"适当降低社会保险费率"，《人力资源和社会保障部　财政部关于阶段性降低社会保险费率的通知》规定，企业职工基本养老保险单位缴费比例超过20%的省（区、市），将单位缴费比例降至20%；单位缴费比例为20%且2015年底企业职工基本养老保险基金累计结余可支付月数高于9个月的省（区、市），可以阶段性将单位缴费比例降低至19%。并根据李克强总理在十二届全国人大五次会议上所做政府工作报告中提出"继续适当降低五险一金有关缴费比例"。本书假设2017年起未来我国养老保险基金企业缴费比例为19%。

7. 工资增长率

养老保险缴费是根据每个劳动参与者实际工资的一定比例来征缴，但由于条件的限制，难以获得每个城镇在岗职工的具体工资和领保标准情况，因此用上一年度社会平均工资来代替。根据国家统计局数据显示，2007~2014年城镇单位在岗职工年平均工资增长率（见图 20-6），可以看出 2010 年之前我国在岗职工年均实际工资增长率在 10% 以上，之后几乎低于 9%。根据陆旸、蔡昉（2013）对中国潜在增长率的研究结果表明，2016~2020 年中国潜在增长率为 6.2%、2021~2025 年降至 5.41%，2026~2040 年低于 5%，之后低于 4%。因此本书假设 2017~2020 年我国在岗职工年均实际工资增长率为 7%，之后每五年下降 1%，2040 年后稳定在 3% 左右。

图 20-6 2007~2014 年我国在岗职工年均实际工资增长率

资料来源：根据《中国统计年鉴 2016》整理所得。

8. 平均替代率

根据国家人社部网站数据显示，2011~2015 我国企业退休职工的养老金替代率分为 66.2%、66.1%、66.0%、67.5%、70.0%。因此，本书假设 2017 年城镇职工养老保险的平均替代率为 70%，每年减少 1%，2027 年为 60%，之后保持不变。

9. 核定缴费基数比例

按照现行的规定，我国城镇职工养老保险核定缴费基数比例在 60%~300% 之间，但是因每个职工的实际工资不一样造成核定缴费基数也不一样。根据《国务院关于激发重点群体活力带动城乡居民增收的实施意见》规定，进一步夯实缴费基数。杨燕绥分析表示，预计缴费基数将下降 10% 左右。因此本书假设 2017~2022 年养老保险的核定缴费基数平均比例为 75%，每年减少 2%，到 2023 年为 65%，之后维持不变。

10. 财政补贴

根据《中华人民共和国社会保险法》明确规定，基本养老保险基金出现收不抵支时，财政给予补贴。根据相关资料显示（见图 20-7），我国养老保险基金财政补贴占基金自身缴费收入的比重整体上呈上升趋势，考虑到 2022 年开始实施延迟退休政策和 2035 年"全面放开二孩"政策所带来的基金收入增加，本书在 2016 年财政补贴占基金缴费收入比重的基础上，假设 2017~2027 年该比重逐年加 1%，到 2027 年达 35.32%，之后保持不变。

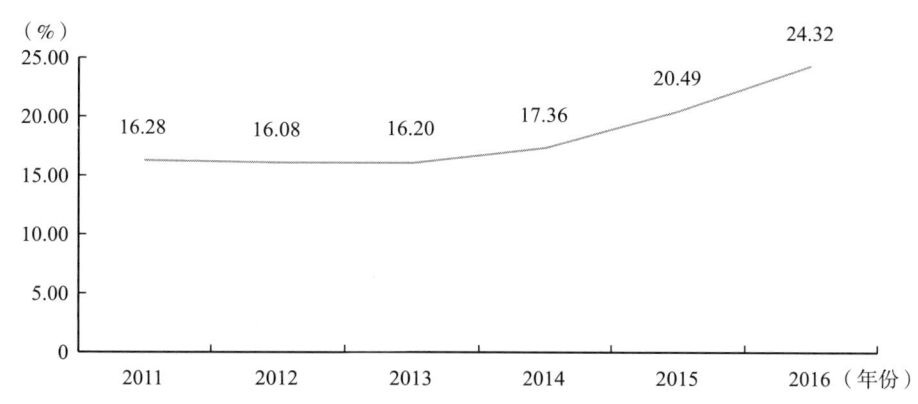

图 20-7　2011～2016 年我国养老保险基金财政补贴占基金缴费收入的比重

资料来源：根据《中国统计年鉴 2017》和人社部相关数据整理所得。

11. 通货膨胀率

根据张凌翔等的研究表明，中国经济已经处于温和通货膨胀阶段，根据中国统计年鉴得知 2007～2014 年我国通货膨胀率情况（见图 20-8），可见我国通货膨胀率在 2012 年之前的波动幅度较大，之后较为稳定。因此，本书假设我国 2017 年起通货膨胀率保持在为 2.5% 左右。

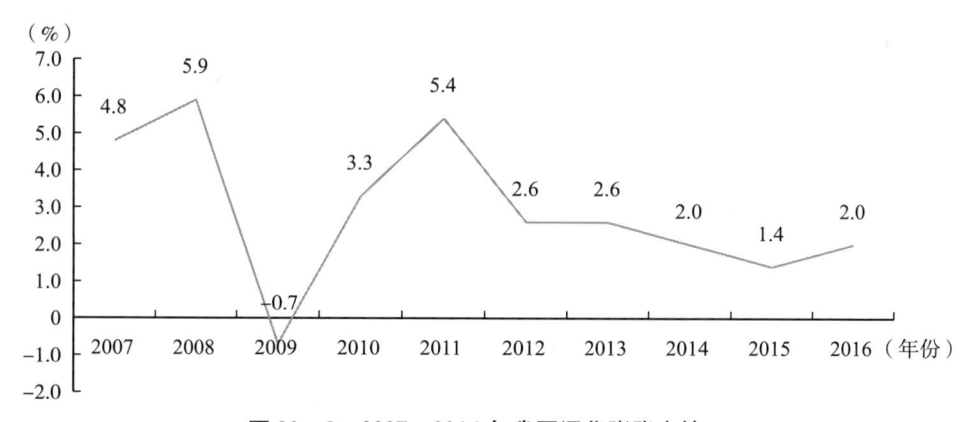

图 20-8　2007～2016 年我国通货膨胀率情况

资料来源：根据《中国统计年鉴 2017》整理所得。

12. 利率

历年来银行存款利率变化不大，因此本书假设银行存款年利率（一年期）设定为 2%。

13. 实际工作年限

因人的一生存在失业或找工作所花费的时间，所以本书假设人的一生平均工作年限为 40 年且每缴费满一年发给 1%，到 2022 年因延迟退休政策的影响，个人的就业年限也将每三年增加 1 年，到 2037 年起保持不变。

（四）测算结果

1. 社会统筹部分

根据前面的模型和参数假设，将相应的数值代入计算得出 2017～2050 年养老金收支测算结果（见表 20－4），到 2031 年开始收支累计结余为负值，即在财政补贴的基础上出现入不敷出的情况，到 2031 年、2040 年、2050 年的养老保险基金缺口分别为 5 992 亿元、135 540 亿元、278 116 亿元。

表 20－4　　　　　2017～2050 年养老保险基金收支测算结果　　　　　单位：亿元

年份	缴费收入	养老金支付	当前结余	财政补贴	累计结余
2016	—	—	—	—	38 580
2017	28 259	33 116	－5 020	7 155	40 715
2018	29 816	35 995	－6 356	7 848	43 021
2019	31 474	38 791	－7 507	8 599	44 973
2020	33 099	42 055	－9 162	9 374	46 085
2021	34 010	47 082	－13 303	9 972	43 675
2022	35 932	48 914	－13 222	10 895	42 221
2023	38 067	54 476	－16 676	11 922	38 312
2024	39 899	59 954	－19 608	12 895	32 365
2025	42 986	61 881	－17 688	14 323	29 647
2026	44 643	67 256	－20 510	15 321	25 051
2027	46 463	72 297	－22 743	16 411	19 220
2028	49 603	74 397	－20 779	17 520	16 345
2029	51 596	80 280	－24 352	18 224	10 543
2030	53 439	87 491	－29 332	18 875	297
2031	56 547	87 538	－26 267	19 972	－5 992
2032	58 146	93 543	－30 350	20 537	－9 812
2033	59 754	99 652	－34 521	21 105	－23 229
2034	63 634	99 572	－30 566	22 475	－31 319
2035	66 032	105 818	－34 076	23 322	－42 073
2036	67 761	111 039	－37 287	23 933	－55 426
2037	69 527	116 790	－40 961	24 557	－71 830
2038	71 468	122 381	－44 309	25 243	－90 896

续表

年份	缴费收入	养老金支付	当前结余	财政补贴	累计结余
2039	73 570	128 103	−47 621	25 985	−112 533
2040	75 844	132 807	−49 796	26 788	−135 540
2041	78 258	133 841	−48 361	27 641	−156 260
2042	80 653	135 303	−47 350	28 487	−175 123
2043	83 063	137 541	−47 056	29 338	−192 842
2044	85 677	138 904	−45 733	30 261	−208 313
2045	88 061	142 422	−46 676	31 103	−223 886
2046	90 576	145 276	−46 861	31 991	−238 755
2047	93 287	146 055	−44 887	32 949	−250 693
2048	96 014	147 578	−43 601	33 912	−260 382
2049	98 631	149 936	−43 215	34 837	−268 760
2050	101 010	154 372	−45 032	35 677	−278 116

注：2016年累计结余来源于2016年人力资源与社会保障发展事业统计公报；2017~2030年中任意年份的累计结余=（上年累计结余+当年结余+财政补贴）×利率；2031~2050年中任意年份的累计结余=上年累计结余+当年结余+财政补贴。

2. 个人账户部分

根据上述的模型和参数设定，将相应的数值代入计算得出2015~2050年我国养老保险个人账户的收支及空账情况（见表20-5），我国养老保险基金个人账户累计"空账"到2020年、2030年、2040年、2050年分别达到72 438亿元、131 273亿元、218 492亿元、347 214亿元。

表20-5　　2015~2050年我国养老保险个人账户的收支及累计空账情况　　单位：亿元

年份	账面	已支	累计空账	年份	账面	已支	累计空账
2015	—	—	47 144	2024	17 135	12 337	92 030
2016	10 985	6 343	51 786	2025	18 461	12 279	98 212
2017	12 136	7 072	56 850	2026	19 173	13 186	104 199
2018	12 805	7 686	61 969	2027	19 955	14 006	110 147
2019	13 517	8 284	67 203	2028	21 303	13 913	117 538
2020	14 215	8 980	72 438	2029	22 159	15 013	124 684
2021	14 606	10 054	76 990	2030	22 951	16 362	131 273
2022	15 432	10 190	82 232	2031	24 285	15 998	139 560
2023	16 349	11 349	87 231	2032	24 972	17 096	147 437

续表

年份	账面	已支	累计空账	年份	账面	已支	累计空账
2033	25 663	18 212	154 887	2042	34 638	24 178	238 645
2034	27 329	17 793	164 423	2043	35 673	24 578	249 741
2035	28 359	18 909	173 873	2044	36 796	24 822	261 715
2036	29 101	19 842	183 132	2045	37 820	25 450	274 084
2037	2 9860	20 870	192 122	2046	38 900	25 960	287 024
2038	30 694	21 869	200 947	2047	40 064	26 099	300 989
2039	31 596	22 892	209 651	2048	41 235	26 372	315 852
2040	32 573	23 732	218 492	2049	42 360	26 793	331 419
2041	33 610	23 917	228 185	2050	43 381	27 586	347 214

注：2015 年累计空账金额来源于：http://finance.sina.com.cn/china/gncj/2017-04-24/doc-ifyepsch3062374.shtml。

综合上述，到 2050 年我国养老保险基金的总缺口达 625 330 亿元，占 2016 年我国国内生产总值的 84.04%[①]。可见，我国若不能有效解决如此巨大的缺口，将会严重影响养老保险制度的可持续发展和阻碍经济的增长，严重威胁社会的稳定和谐。

（五）参量敏感性分析

对养老保险基金收支的影响参量较多，可以分为制度内和制度外。其中，制度内收入的影响参量包括：缴费率、参保率、缴费工资基数、缴费年限；而养老保险基金支出的影响参量包括：退休人数、养老金替代率、领保年限。制度外的影响参量包括财政补贴、投资收益。由于缴费工资基数与养老金替代率由经济发展状况所决定，缴费率由管理部门所制定，参保率受政策吸引力和执行力影响。因此，本书在上述假设的基础上，对制度内的缴费率、参保率、延迟退休年龄和制度外财政补贴率、投资收益率，进行敏感性分析，进而对其影响养老保险基金收支平衡情况进行分析。

1. 制度内参量敏感性分析

（1）缴费率敏感性分析。

本节除了控制缴费率外的所有影响养老保险基金收支的参量，将缴费率由原来企业的 19.0% 调整为 18.5% 和 18.0%，测算结果发现（见表 20-6），当单位缴费率下降 0.5% 与 1.0%，到 2017~2050 年养老保险社会统筹基金缴费累计收入将减少 49 635 亿元与 99 271 亿元，累计结余出现收不抵支的时点将提前 3 年或 5 年。

---

① 根据中国国民经济统计公报查得 2016 年我国国内生产总值为 744 127 亿元。

表 20-6　　　　　　　　　　养老保险缴费率敏感性检验结果

缴费率（%）	缴费累计收入减少（亿元）	累计支出	累计结余出现收不抵支的时点
19.0	—	—	2031 年
18.5	49 635	不变	2028 年
18.0	99 271	不变	2026 年

（2）参保率敏感性分析。

本书除了控制城镇在岗参保率外的所有影响养老保险基金收支的参量，还在原假设的前提下，即城镇在岗参保率保持每年增加 0.1% 的基础上，调整参保率达 85.36% 与 91.56% 后保持不变。经过测算结果发现（见表 20-7），到 2017~2050 年我国养老保险社会统筹基金缴费收入分别增加至 112 074 亿元和 208 821 亿元，而基金累计结余出现收不抵支的时点几乎不受影响。

表 20-7　　　　　　　　养老保险社会统筹参保率敏感性检验结果

调整参保率（%）	缴费累计收入增加（亿元）	累计结余出现收不抵支的时点
80.36	—	2031 年
85.36	112 074	2030 年
91.56	208 821	2030 年

（3）延迟退休年龄的敏感性分析。

本书除了控制延迟退休年龄外的所有影响养老保险基金收支的参量，在原来假设的基础上，考虑两种调整情况，考量其对养老保险基金收支的影响（见表 20-8）：第一，将原来从 2022 年开始实施延迟退休政策，每 3 年延迟 1 岁调整为每 1 年延迟 1 岁，到 63 岁后维持不变，经过测算分析发现，2017~2050 年社会统筹基金缴费收入累计增加 25 413 亿元，基金累计结余出现收不抵支的时点推后四年；第二，将原假设延迟退休年龄从 63 岁调整为 65 岁，经过测算分析发现，2017~2050 年社会统筹基金缴费收入累计增加 47 813 亿元，累计结余出现收不抵支的时点保持不变。

表 20-8　　　　　　　　养老保险延迟退休政策敏感性检验结果

延迟退休年龄（岁）	延迟方式	缴费累计收入增加（亿元）	累计结余出现收不抵支的时点
63	—	—	2031 年
63	1 年延 1 岁	25 413	2032 年
65	3 年延 1 岁	47 813	2031 年

2. 制度外参量敏感性分析

（1）财政补贴的敏感性分析。

本书除了控制财政补贴占基金比重外的所有影响养老保险基金收支的参量，在原来的基础上把财政补贴占社会统筹缴费收入的比重由35.32%增加至40.32%，之后保持不变。经过测算分析发现，养老保险社会统筹基金累计结余出现收不抵支的时点推后至2039年。

（2）投资收益率敏感性分析。

本书除了控制投资收益[①]外的所有影响养老保险基金收支的参量，在原来的基础上把投资收益率2%调整为3%，经过测算分析发现，养老保险社会统筹基金累计结余出现收不抵支的时点推后至2038年。

根据上述分析可以知道，延迟退休年龄政策和财政补贴都在一定程度上有助于缓解养老保险基金的支付压力，但是并不能够长期生效。加上养老保险基金缺口是因制度转轨而形成的，政府应当积极承担起来。在财政划拨受限的情况下，政府可以选择划转国有资产股权来填补这一持续扩大的基金缺口，以满足社会养老的基本需求。

第二节 国有资本划转充实社会保障基金的必要性与可行性

如何解决巨额的社会养老金缺口问题，已经受到社会各界的高度关注。目前学术界就解决社会养老保险基金缺口问题基本形成两类观点：一类主张通过内生增量加以解决，即从制度内进行结构调整，通过扩大养老保险覆盖面、提高保险缴纳费率、提高退休养老金领取年龄、改善社会保障基金投资运营等方式，增加统筹账户的积累、减少当期支出。另一类主张通过外生增量加以解决，即通过增加财政补助、发行特别国债、国有资本划转、开征社会保障税等途径，增加统筹账户的积累，解决养老金缺口问题。目前我国已经步入经济发展新常态时期，经济发展增速从高速增长转为中高速增长，财政收入增速下降也日趋明显。因此，本书认为新阶段大幅度增加财政对养老保险支出的补助、开征社会保障税、提高保险缴纳费率等方式与现实经济发展环境不相适应，可能产生更多的负面效应。为解决社会养老金缺口问题，非一时之功，需要综合施策、长短结合、多管齐下，其中国有资本部分划转社会保障基金则不失为现阶段解决社会养老金缺口问题的一条优选途径。这一思路无论在理论和政策上，还是在实际操作层面上，均具有充分的必要性和可行性。

---

① 这里的投资收益是指在保证养老金发放的基础上，将剩余部分存入银行所获得的收益。

一、必要性分析

随着人口老龄化程度的不断加深，我国养老金缺口将呈现逐渐增大的趋势，国有资本划转社会保障基金成为应对人口老龄化、弥补养老金缺口的现实可行路径。2017 年，国务院发布了《国务院关于印发划转部分国有资本充实社保基金实施方案的通知》，这对于实现社会保障基金的可持续发展有重要的支撑作用。从学术层面来看，国有资本划转社会保障基金，不管是从制度内分析还是从制度外分析，都有充分的必要性依据。

（一）制度内依据

第一，从实质来源上看，养老保险基金基本上归属于必要劳动的范畴。马克思在《哥达纲领批判》中明确指出了：在社会总产品中有六部分是应该扣除的，其中就包括为劳动者在丧失劳动能力后而设立的基金。但是在计划经济体制下，应当被"扣除"用于支付劳动力再生产的这部分费用，并没有储备起来，而是通过利税的形式纳入国家财政中或者以再生产发展的形式存留在了企业中，后者到现今变成"国有资产"的一部分，进而造成了历史上我国养老保险基金储备基本为零的局面。所以，现今将部分的"国有资产"划转到城镇职工养老保险基金中是理所应当的，而且可以说是坚持马克思劳动价值论的现实体现。

第二，从充实渠道上看，为了应对未来养老保险基金的支付压力，充实养老保险基金的渠道基本上只有提高缴费的比例、延长退休年龄、增加财政转移、划转国有资产，但是制度内的渠道只有提高缴费的比例和延迟退休年龄。

一是提高参保者与企业的缴费比例。一方面，如果上调的个人缴费幅度不高，那么要想填补未来巨大的养老保险基金缺口只能是纸上谈兵；如果调整幅度偏高，那么居民的收入完全不可能承受，直接会造成人民生活水平的下降；另一方面，当前我国企业给职工提供的"五险一金"，已经基本上占到了职工个人工资的 50%，加上当今世界经济的增长速度放慢和我国人口红利的逐渐消失，若是继续上调企业的养老保险缴费比例，那么摆在企业面前的路就只能是走下坡路直至倒闭，进而对社会经济的发展产生极为不利的影响。如此恶性循环将造成劳动就业困难，影响原本的缴费比例，最终将养老保险制度推入"巧妇难为无米之炊"的困境。

二是延迟劳动者退休年龄。延迟退休年龄，虽然可以让劳动者多缴纳几年的养老保险费用，提高退休养老金水平，少领取相应年份的养老金，确实是可以缓解十年、二十年内养老金支付的压力。但是，少领取的是社会统筹部分，个人账户的收支是不变的，加上我国人口老龄化程度的日趋严峻，单靠延迟劳动者退休年龄是不可能从根本上实现养老保险制度的可持续性发展。

（二）制度外依据

第一，从国有资产的性质上看，根据我国《宪法》第七条规定：国有经济，即是社会主义全民所有制的经济，是国民经济中的主导力量。所以，全民所有的经济成分本来就应该为全体国民服务，国有经济的资产产权和资产收益让全体国民共享也是很自然的逻辑。另外，我国企业国有资产法规定："国有资产属于国家所有即全民所有"。据此划转部分国有资本充实养老保险基金是理所应当，也是"取之于民，用之于民"的现实写照。

第二，从偿还历史债务角度看，国有资本划转养老保险基金，弥补养老金账户的缺口，缓解养老保险基金未来的支付压力，是国家承认当年隐性历史负债的体现，也是一种主动偿还历史债务的行为。在实行社会主义市场经济之前，企业职工工资水平相当低下，目的在于保证国家能够通过高积累进行经济建设；另外，当时的农民通过极低价格或者以无偿方式向国家提供农副产品，帮助了城镇国有企业的发展，为国家赶超型工业化战略做出了重要贡献。换句话说，当时的工人农民都以各自的方式，为国有资产的积累和国有企业的壮大做出了的巨大贡献。现在，国有资产的积累规模巨大，而曾经做出这种牺牲式贡献的工人农民却迈入了老年行列。给予他们相应的养老支持，既是国家本应当承担的社会责任，也是我国国有资产扩大再生产所附带的义务。所以，通过将部分国有资本划入养老保险基金，做实个人账户，是回报那些为国有资产积累做出重要奉献者的正义之举。

第三，从财政投入上看，政府财政转移是我国社会保障基金来源的重要渠道之一。如果在保证行政运转支出和社会公共服务支出刚性的基础上，继续加大财政投入社会保障基金的力度，就必然要提高税收比例或增加财政赤字。根据国务院三部委（财政部、人力资源和社会保障部、国家统计局）网站的相关资料得知：2016年我国的税收收入为130 354亿元、非税收收入为29 198亿元、社会保障基金收入为53 563亿元、土地出让金收入为35 600亿元、国内生产总值达744 127亿元。可见，2016年我国小口径宏观税负（税收收入与GDP之比）约为17.52%；大口径宏观税负（税收收入、社会保障基金收入、土地出让金收入、制度外其他收入之和与GDP的比）约为33.42%，远远超出发展中国家的平均水平，使得我国近年来人民群众对宏观税负的质疑声不断。如果一两年内增加财政赤字是可行的，但连年财政赤字是绝对不可取的。因此，当前在制度外寻求能够有效可行充实养老保险基金的渠道就只有划转国有资本充实社保基金这一途径。

第四，从国家政策层面上看，关于划转部分"国有资产"注入养老保险基金也有相关的政策依据。1989年2月，财政部、体改委、国资局联合颁布《关于出售国有小型企业的规定》、1994年的《国务院关于在若干城市试行国有企业破产有关问题的通知》中都规定了使用部分"国有资产"来解决企业职工劳保福利待遇的欠账问题。1999年9月，中共十五届四中全会通过的《关于国有企业的改革与发展的若干重大问题》中指明要采取多种措施，开拓社会保障的资金筹集渠道，其中包括变现部分国有资产,充实社会保障的资金储备。2001年6月,国务院下发《减持国有股筹集社会保障资金管理暂行办法》中规定:凡是国家拥有股份的股份有限公司向投资者首次发行和增发股票时,应按融资额的10%出售国有股,所得资金上缴社会保障基金。2004年10月,中共十六届三中全会通过的《关于完善社会主义市场经济体制若干问题的决定》中规定了:采取包括依法划转部分国有资产在内的多种方式充实社会保障基金。2007年9月,《国务院关于试行国有资本经营预算的意见》中,在对国有资本经营预算的支出项目上明确规定"必要时,可部分用于社会保障等项支出"。2013年11月,中共十八届三中全会通过的《中共中央关于全面深化改革若干重大问题的决定》中,直接规定:"划转部分国有资本充实社会保障基金"。2017年1月,中共中央办公厅、国务院办公厅印发的《关于创新政府配置资源方式的指导意见》在对经营性国有资产处置和受益分配上明确规定:逐步提高国有资本收益上缴公共财政比例,划转部分国有资本充实社会保障基金。所以,将部分国有资本划转养老保险基金是有充分的政策依据的。

二、可行性分析

从理论、政策、现实等多各层面进行分析,国有资本划转社保基金具有较充分的可行性基础。

(一) 理论合规性

学术界对国有资本及其收益的支出流向早有研究,并对国有资本经营预算支出应当投向民生领域这一问题也已经基本达成共识。文宗瑜(2011)认为要强调国有资本经营预算的社会性支出,应该将更多国有资本利润纳入国有资本经营预算,用于解决社会保障、医疗卫生、教育、就业等民生问题。亚洲开发银行发布的《2010亚洲发展展望更新》建议中国应向国有企业收取更多红利,并着重用于社会公共支出。从理论上看,国有资本部分划转社会保障基金,解决社会养老金缺口问题也存在内在的关联性。正如前述,巨额的隐性养老金债务是旧制度向新制度转轨过程中形成的,这部分资金缺口原是国家、国有企业对国有企业职工的长期养老债务承诺,在经济体制转轨过程中,国家将此部分债务转变为对国有企业的长期股权投资,从而形成了现有庞大存量的国有资本。因此,若将部分国有资本划转社会保障基金,偿还隐性养老金债务,可视为长期股权投资的分红收益,具有理论合规性。

(二) 政策可行性

1999年9月,中共十五届四中全会通过了《关于国有企业的改革与发展的若干重大决定》,首次提出要采取多种措施,包括变现部分国有资产,开拓社会保障新的筹资渠道,充实社会保障基金。2004年10月,中共十六届三中全会通过《关于完善社会主义市场经济体制若干问题的决定》，提出采取多种方式包括依法划转部分国有资产充实社会保障基金。2007年，《国务院关于试行国有资本经营预算的意见》在对国有资本经营预算支出安排上规定，除了资本性支出、费用性支出和其他支出外，在"必要时，可部分用于社会保障等项支出"，虽然该文件没有明确规定何为"必要时"，以及支出比例等具体内容，但毕竟在部委、国有企业层面已将中央关于国有资本收益用于社会保障支出的安排付诸实践了。2013年11月，中共十八届三中全会通过的《中共中央关于全面深化改革若干重大问题的决定》，再次明确要划转部分国有资本充实社会保障基金。截至2017年11月，国务院发布关于《划转部分国有资本充实社保基金实施方案》，提出将中央和地方的部分国有资本划转至全国社会保障基金和地方社会保障基金，专款专用，为国有资本划转社会保障基金提供了重要的政策依据。因此，从国家政策层面上看，将部分国有资本划转社会保障基金具有政策可行性。

（三）财力可行性

与我国城镇基本养老保险制度建立初期相比，现有的国有资本无论在规模还是盈利能力上，都发生了质的变化。从规模上看，随着国有企业改革的不断深化，国有企业资产总额大幅度提升。自2003年国资委成立至2016年底，国有企业资产总额从7万亿元增至155万亿元，实现营业总收入474 391.6亿元，利润总额达25 558.7亿元。从盈利能力上看，自2003年以来，我国国有企业利润增长较快，虽然2008年、2009年受经济危机影响，利润总额有所下降，但仍然保持在1万亿元以上。2017年国有企业营业总收入为522 014.9亿元，实现利润总额28 985.9亿元，同比增长23.5%。2018年国有企业营业总收入又进一步提高至587 500.7亿元，实现利润总额33 877.7亿元。与上述数据相比较，国有资本收益用于民生的支出比例偏低，2011~2013年中央国有资本经营预算中用于民生支出（充实社会保障基金支出和调入公共财政支出）的金额为351亿元，仅占支出总额3 241亿元的10.83%。而近年来，尽管中央国有资本用于社会保障等民生项目的支出有所增加，但其支出比重仍不超过20%。因此，从现有存量国有资本中分割部分划转社会保障基金具有现实可行性。

（四）实践可行性

从2007年起，我国逐步建立起国有资本经营预算体系，将国有资本经营收益支出纳入预算管理。国有资本经营预算与一般公共财政预算、社会保险基金预算并列成为国家的"三套账本"。近几年，在国有资本经营预算支出中将国有资本及其收益划转充实社会保障基金，无论在国家，还是地方层面都曾经有过成功的尝试。2000年，作为国家社会保障储备基金的全国社会保障基金正式成立，国家先后通过国有股减持和转持的方式，将国有资本变现或以股权资产的形式作为基金的来源渠道之一。截至2013年末，全国社会保障基金财政性净拨入累计6 000.26亿元，其中通过国有股减持、转持共计 2 301.28 亿元，占财政性净拨入的 38%。2014~2016 年，中央财政性资金净拨入 1 959.39 亿元，其中中央财政预算拨款 600 亿元，彩票公益金拨入 912.75 亿元，国有股减（转）持净收入 446.64 亿元。此外，2011 年 7 月，重庆市出台了《关于缩小三个差距促进共同富裕的决定》，明确"完善国有资本收益经营预算，将国有资本收益的 30% 上缴财政，用于民生，服务社会"。2014 年重庆市本级国有资本经营预算用于社会保障支出 9 700 万元。2014 年 5 月，山东省出台《省属企业国有资本划转充实社会保障基金方案》，提出自 2015 年 3 月 7 日起，将山东省属 471 户国有企业 30% 的国有资本划转充实省社会保障基金，首批划转山东能源集团、山东机场公司、山东盐业集团三家国有企业的资本规模超过 33 亿元，直至 2018 年 4 月 27 日，山东省社会保障基金理事会持有划转的股权权益已经达到 1 031.61 亿元，划转股权累计确认投资收益 15.62 亿元。这些地方政府的实践探索为国有资本划转社会保障基金的改革思路积累了试点经验。因此，将部分国有资本划转社会保障基金具有实践可行性。

（五）改革可行性

中共十八大提出要积极发展混合所有制经济，并将其作为下一阶段国有企业改革的发展方向。发展混合所有制经济有利于深化国有企业改革，发展和壮大公有制经济，同时能消除阻碍非公有制经济发展的各种壁垒，推动非公经济健康发展。在确保公有制经济在混合所有制经济中占主体地位的前提下，将一部分国有资本退出竞争性领域，这种退出将是公有制经济与非公有制经济互相取长补短，推动各种所有制经济平等参与市场竞争的必然要求。若在此时，通过制度安排将国有资本划转社会保障基金则具有改革的可行性。

（六）方法可行性

目前，国有资本经营收益划转社会保障基金在国内已有较多的探索，且具有可操作的划转方法。一是减持变现型。减持变现型是指根据相关的法律法规，把国有资本应该划转给养老保险基金的那部分股份进行转卖或出售变换成现金，再将这些资金充入养老保险基金专项账户的一种方式。这种划转形式最明显的特征就是"1 + 1 = 2"。从长远的角度上看，若是采取这种方式划转国有资本充实养老保险基金将存在以下弊端：第一，2015 年 8 月，国务院印发《基本养老保险基金投资管理办法》中明确规定"养老保险基金资产净值的 30%，可以投资股票、股票基金、混合基金、股票型基金养老金产品"。所以，我国养老保险基金已经可以向资本市场投资，而包括中国石油、中国石化、中国电信等在内的国有企业，其国有股权资产是很优良的，根本没有必要减持股权变成现金注入养老保险基金，再拿出来投资购买股票。第二，在总体的角度上，我国经济发展趋势总体是稳定向好的，股票市场虽然存在不可预期的下跌风险，但是其发展的总体趋势也是健康稳定的。因此，如果减持国有资产股权变成现金，就不能享受到经济发展所带来的成果，这在一定意义上也是一种国有资产的流失和养老保险基金的损失。第三，我国国有资产的规模巨大，即使是减持变现 10% 的比例变换成现金，对于资本市场的冲击也是巨大的，将造成股票价格暴跌，直接影响着股票市场的稳定。况且目前我国资本市场还处于不够完善的阶段，抛售大量的股票是我国资本市场无法承受的，反过来也会吞噬国有资产股权原有的市场价值量。

二是划转股权型。划转股权型是指依据相应的法律法规，将国有资产的部分股权划转给养老保险基金，养老保险基金只享有该部分的所有权与收益权，原有单位继续行使经营权，其获益所得也将纳入养老保险基金的一种方式。采取这种方式划转国有资产能够有效弥补养老保险基金的缺口，实现养老保险制度的可持续发展。其优点包括：第一，养老保险基金持有国有资产股权比变现更加安全，这既体现了养老保险基金作为"养命钱"的属性，也符合养老保险基金投资的首要原则。第二，持有国有资产股权更加符合养老保险基金长期投资的要求。"授之以鱼不如授之以渔"，这才是解决养老保险基金缺口的根本途径，真正让民众分享经济发展成果。第三，采用划转股权的方式基本不会对资本市场产生影响，甚至还能够推动资本市场的发展，完善相关国有上市公司的治理结构，为资本市场的健康发展创建一个良好的环境，从而更好地保证国有资产和养老保险基金的保值增值。

第三节　国有资本划转充实社会保障基金的实践探索

如前所述，人口"三大指标"的逐渐走低以及隐性养老债务的逐步显现，我国的社会养老基金未来将会面临巨大的缺口，同时养老保险制度的良性运行也会受到严重冲击。为了解决资金缺口以及促进养老保险制度的可持续发展，并保障未来退休职工的老年生活，1999 年 10 月，根据专家学者提出的"划转部分国有资产来弥补社会保障基金缺口"的建议，党中央、国务院为此做出了相关重要指示。至此，国有资本将成为补充社会保障基金的重要来源之一。回溯 20 年来国有资本划转社会保障基金的历史变迁，可以发现在 20 年的实践操作过程中，国有资本划转社会保障基金艰难前行，遭遇了巨大的改革阻力，学术界、实务界对此展开了广泛深入的研究，党和国家也根据划转的实施效果，不断对我国国有资本划转充实社会保障基金政策进行调整。从时间维度来看，我国国有资本充实社会保障基金的政策制定从非理性向理性演进，主要经历了三个阶段。

一、国有资本划转充实社会保障基金的启动探索阶段（1999～2008 年）

1999 年 10 月，国务院审批通过向流通股股东定向配售国有股的试点方案。同年 12 月，中国嘉陵集团、贵州轮胎股份有限公司被财政部确定为试点公司，于是国有股减持开始进行。但该国有股减持的方案出台以及试点，并未达到预期效果。证券市场出现暴跌走势，最后管理层不得不宣布暂时终止该方案。

2000年8月，国务院批准设立全国社会保障基金，由财政预算拨款，专门用于应对人口老龄化高峰期的养老保险等社会保障支出缺口问题。次年6月，国务院发布关于《减持国有股筹集社会保障基金管理暂行办法》，提出"国有股减持主要采取国有股存量发行的方式。凡国家拥有股份的股份有限公司（包括在境外上市的公司）向公共投资者首次发行和增发股票时，均应按融资额的10%出售国有股；股份有限公司设立未满3年的，拟出售的国有股通过划拨方式转由全国社会保障基金理事会持有，并由其委托该公司在公开募股时一次或分次出售。国有股存量出售收入，全部上缴全国社会保障基金"。国有股减持方案实施后，以贵州茅台为主的几家公司在新股发行时高价减持国有股，股票市场暴跌的序幕由此拉开。短短的3个月时间里，上海证券综合指数连续受挫，指数下跌32个百分点，我国股市市值蒸发近6 000亿元。国有股减持引发的股票市场危机，严重影响了我国资本市场的平稳运行。政府不得不紧急叫停历时4个月的减持方案来稳定资本市场，仅仅保留境外上市国有企业的减持方案。

历经4个月的国有股减持方案被迫中止的同时，国务院还采取了其他方式来增强全国社会保障基金的实力。中共十六届三中全会明确提出，我国可以尝试将国有资产划转至社会保障基金。次年，财政部、国资委和全国社会保障基金理事会等部门带头组建"股权划拨研究领导小组"。2005年，经国务院批准，国有股境外减持转为社会保障基金境外持有。之后，又计划将国有控股上市公司的国有股权划拨至社会保障基金。2006年10月，国务院发布《关于开展划拨国有控股上市公司部分国有股充实社会保障基金有关情况调查的通知》。可以看出，政府关于国有股减持充实社会保障基金的决策依然没有变化，关键在于划转充实方式的选择。

反思这场国有股减持浪潮，一方面，国有股减持导致了股市的暴跌，说明现有的股票市场还无法承受数额巨大的国有股流通带来的冲击。今后，在采用国有股充实社会保障基金这一措施时，必须要充分考虑到当前的资本市场状况，不可阻碍资本市场的稳定运行，这样才能从根本上保护投资者的利益，给投资者充分的信心和安全感。另一方面，国有股减持这一方案的发布标志着国有资本划转充实社会保障基金已经纳入了政府的议事日程，也是我国学术界和相关政府部门达成的共识。尽管这一阶段的国有资本充实社会保障基金方案被视为不成功的案例，但是理论界、实践界对于国有股减持问题的认识大为进步，许多领域原本混淆的认识误区得到澄清，这些变化为后续的国有资本充实社会保障基金政策提供了很好的经验借鉴和依据。此后，在减持方案停止后的大约8年时间里，国有资本划转充实社会保障基金进入了停滞阶段，国有股减持问题也未能得到妥善的解决。

二、国有资本划转充实社会保障基金重启与调整阶段（2009~2012年）

在国有股减持政策遭遇巨大阻力后，学术界和实务界一直在积极探索国有资本充实社会保障基金有效的实现路径。直至2009年，随着股权分置改革的完成，财政部、国资委、中国证监会和全国社会保障基金理事会联合发布《境内证券市场转持部分国有股充实全国社会保障基金实施办法》（以下简称《实施办法》）。《实施办法》提出，将境内证券市场含国有股股份的有限公司首次发行的10%国有股转由全国社会保障基金理事会持有。《实施办法》中的"转持"相较于2001年的国有股"减持"，最大的特点是既能充分肯定国有资本划转充实社会保障基金又不急于将国有资本变现，而是通过转持股份，享受利润分红，必要时再进行适当变现，这是一种制度上的创新。"划转持有"避免了国有股减持对股市的冲击，有效地缓解了市场对国有股减持的紧张情绪。原因主要有三个方面：一是全国社会保障基金理事会作为长期的战略投资者，只有在未来养老金支出不足的情况下，才会变现弥补缺口，并不会轻易减持；二是股票市场是社会保障基金保值增值的重要投资形式之一，为了确保社会保障基金的保值增值，提高社会保障基金的投资回报率，也不会轻易减持；三是实施办法明确规定了股票的禁售期限（履行原国有股东的禁售期限，并延长三年），从一定程度上给资本市场起到了"定心丸"的作用。此外，政府制定的转持政策更加具体和完善，转持方式也更加多样。例如，就划转范围和比例而言，该方案明确规定转持对象依然是境内国有上市公司，并且转持比例依旧是10%。就划转方式和划转程序而言，该方案明确规定，对于混合所有制及需要保持国有控股地位的国有企业，可以分红形式履行转持义务而不必转持国有股。并且规定，全国社会保障基金理事会作为股东享有转持股份的相应收益权与处置权，但不得干预上市公司的具体经营管理工作。

客观来讲，此次国有股"转持"方案的初衷值得充分肯定，但是实际执行过程中却出现了一些难题，也值得各界的关注。例如，当时的南京银行、宁波银行在实施国有股权转持之后，第一大股东的地位均被外资银行的法人股东所替代。转持过程中国有股东身份如何合理界定、多重混合所有制企业是否负有转持义务、中央和地方利益如何兼顾等问题，我们无法从《实施办法》中简短的21条条文中探究出所以然。尽管实务界和学术界呼吁出台相关细则来解决这一系列问题，但是这一阶段，国有资本划转充实社会保障基金虽然没有引起资本市场的强烈震荡，但由于涉及利益之争，多方博弈，其实施效果也没有达到管理层预期的目的。

三、国有资本划转充实社会保障基金深化与创新阶段（2013年至今）

为了解决国有资本充实社会保障基金在实践过程中遇到的多种综合性问题，加快推进国有资本充实社会保障基金政策，党中央、国务院对此做出了一系列重要举措。这些举措使得国有资本充实社会保障基金的政策、方向更加明晰，地方国有资本充实社保基金也相继走上探索之途，国有资本充实社保基金将迈向深化阶段。

中共十八届三中全会发布《中共中央关于全面深化改革若干重大问题的决定》，该决定明确提出将部分国有资本划转至社会保障基金。2015年8月，中共中央国务院针对深化国有企业改革提出指导意见，认为要对全部国有企业实行分级管理的国有资本经营预算制度，并计划到2020年，将全部国有企业的国有资本收益上缴比例提高到30%。同年10月25日，《国务院关于改革和完善国有资产管理体制的若干意见》中又指出，国家将根据需要，在组建国有资本投资、运营公司以及实施国有企业并购重组时，尝试性地将部分国有股划转至社会保障基金管理机构，并将分红和转让收益用于弥补养老等社会保障资金缺口。2017年3月，李克强总理在《政府工作报告》中提出，通过划转部分国有资本充实社会保障基金，继续推动养老保险制度改革，确保社会保障体系的可持续发展。

2017年11月，国务院颁布了《划转部分国有资本充实社保基金实施方案》（以下简称《划转方案》），这是历史上首个国有资本充实社会保障基金在国家层面上的政策，标志着实务界和学术界呼唤多年的国有资本充实社会保障基金的改革方案真正到来。在《划转方案》发布之日起，原有的国有股"转持"与国有股"减持"政策均停止执行。从划转的范围来看，《划转方案》在之前划转中央企业的基础之上，增加了地方国有企业，更大范围地执行国有资本划转充实社会保障基金；从划转的标的来看，《划转方案》规定划转标的是国有企业股权，包括了上市公司、非上市公司以及未完成公司制改革的企业集团所属一级子公司股权；从划转的效果来看，《划转方案》的实施不仅为社保基金筹资提供了更加可靠的保障，也有利于全体人民共享国有企业改革和发展的成果，更有利于国有企业和社会保障体制改革的进一步完善。

在这个阶段，除了党中央、国务院关于国有资本充实社会保障基金的指示和政策，地方政府也开展试点工作，提供了大量有益的经验。2015年，山东省人民政府最先发布关于《省属企业国有资本划转充实社会保障基金方案》（以下简称《山东省划转方案》），《山东省划转方案》中明确提出，将471家省属国有企业30%的国有资本划转至省社会保障基金。继山东省推出国有资本划转社会保障的方案之后，其他省份也相继进行改革试点。2016年1月29日，上海市第十四届人民代表大会第四次会议通过《关于上海市2015年预算执行情况和2016年预算草案的报告》。该报告指出，依据国家的统一部署，2016年，上海市将进一步扩大国有资本经营预算收益的收缴范围，同时将上海市本级国有资本经营预算不低于当期预算收入19%的部分划归一般公共预算，专门用作弥补社会保险基金支出缺口。2018年，四川、安徽、云南三省也随之出台了国有资本划转社会保障基金的相关方案。尽管国有资本划转社会保障基金工作在持续推进，但近5年的国有股转持政策仍然收效甚微，通过国有股转持来筹集社会保障资金的预期与结果形成了强烈反差。据有关资料统计,2017年底,国有股减转持资金和股份累计2 827.75亿元,其中包括减持资金955.63亿元和境内外转持股票分别为1 028.57亿元、843.55亿元①;国有企业资产总额为1 517 115.4亿元,累计划转充实的金额仅仅占其0.18%;国有企业利润总额为28 985.9亿元②,而其中国有股减转持资金和股份共计79.59亿元,仅仅占其利润收入的0.27%,远远不及方案要求的10%。无论从国有企业的资产规模还是利润收入角度看,转持的资金和股份均未达到预期目标。

第四节 国有资本划转社会保障基金的运行困境

自2000年我国进入人口老龄化社会以来,老年人口比重每年以3.28%的速度在不断增长,进而对养老保险基金的需求也越来越大。按照这一趋势,养老保险基金是否充足必然成为解决人口老龄化问题的关键。不可否认,当前我国养老保险基金来源渠道呈多样化特点,但这些来源渠道均在不同程度上存在"瓶颈"。所以如果要保证我国养老保险基金在未来较长期能够足额供给,那么就必须划转部分国有资产股权来充实社会保障基金。但是目前在推进国有资产股权划转社会保障基金进程中仍然存在包括顶层制度设计、股市环境、划转比例、资产贬值、监督机制等方面的问题,对我国国有股权划转工作产生了不利影响。

一、法律法规不规范

国有股权划转社会保障基金是一项重大改革。它既是经济行为的一种,又是民生工程的一部分,还涉及市场的公平性竞争、国有股权的归属等一系列问题。因此为保证改革的顺利推进,必须按照依法治国的要求,真正做到依法划转国有股权。不可否认,我国关于国有资产注入社会保障基金的相关政策法规早已出台,但权威性较低。例如,在2001年6月6日,国务院就印发了《减持国有股筹集社会保障基金管理暂行办法》,但该文件实施不到2年就被暂停执行,原因在于国有股减持对我国证券市场产生了巨大冲击、造成股票市场不稳定。2009年6月19日,财政部和国务院国有资产监督管理委员会、中国证监会、全国社会保障基金理事会联合印发《境内证券市场转持部分国有股充实全国社会保障基金实施办法》,国有资产充实到社会保障基金事项又被提上日程。2013年11月12日,中共十八届三中全会通过《中共中央关于全面深化改革若干重大问题的决定》指出,应当划转部分国有资本充实社会保障基金。2015年10月25日,国务院发布《国务院关于改革和完善国有资产管理体制的若干意见》指出,国家应根据需要将部分国有股权划

---

① 资料来源:《全国社会保障基金理事会社保基金年度报告》(2017年度)。
② 2017年1-12月全国国有及国有控股企业经济运行情况[EB/OL]. 2018-01-23. http://www.sasac.gov.cn/n2588035/n2588330/n2588370/c8515497/content.html.

转由社会保障基金管理机构持有。这些政策性文件的法制化程度不高，内容不够规范明确，有的甚至只是涉及而没有具体的实施方案，大大影响了政策执行效力。可以说，当前国有股权直接划转充实社会保障基金的法律法规还不完善，大多数还停留在政策文件的层面，未能上升到具有更权威约束力的法律层面。这将阻碍国有股权划转充实社会保障基金工作的推进，不利于未来养老保险基金缺口问题的解决。

二、股票市场的波动

股票市场的波动主要基于经济周期、信息失衡、市场操纵等方面原因，对国有股权划转产生重大影响。首先，在经济周期上。经济发展的周期性变化使得股票市场存在一定风险，表现为股票价格异常波动，对国有股权划转效用产生较大影响。具体而言，如果社会经济发展处于上升阶段，股票市场运行将会处于较为稳定的状态，此时将国有股权划转社会保障基金，就有利于降低国有资产的隐性流失值，也就是说此时国有资本划转充实社会保障基金的效用将实现最大化。与之相反，如果社会经济发展处于不景气或萧条阶段，就很可能造成股票价格普遍下跌，此时划转国有资本充实社会保障基金就会造成国有资产的隐性损失，对解决养老保险基金缺口的作用大打折扣。其次，在信息失衡上。一般而言，投资者能够充分知晓信息并进行理性投资的股票市场才能算是一个较为有效的市场。然而当前我国股票市场却存在严重的信息失衡，表现为股票价格的频繁波动。在这一信息不对称条件下，频繁的股价变动难免造成国有股权划转出现不必要的隐性流失。最后，在市场操纵上。当前股票市场内幕人员很可能利用资金和信息优势操纵股票价格，造成股票市场不稳定，进而对国有股权的划转产生不利影响。例如，2015年6月，我国股票市场出现投资过热，加上不合理的市场操作，导致部分股票上证指数一度超过5 000点；同年7月，股票市场内幕人员"暗箱操作"的负作用愈发凸显，许多股票价格一跌再跌，导致投资者损失惨重。由此可见，股票市场环境稳定是国有资本划转充实社会保障基金的一个必要外部条件。

三、国有资本划转比例偏低

国有资本划转比例的确定直接关系社会保障基金缺口问题的解决，对于应对人口老龄化问题及维持养老保险制度的正常运转产生重要影响。从现有政策文件来看，《减持国有股筹集社会保障基金管理暂行办法》和《境内证券市场转持国有股充实全国社会保障基金实施办法》都规定国有资产充实社会保障基金的比例为10%。根据上述国有资产股权测算的分析，按照10%的比例将1017家国有控股上市公司国有资产划转社保基金只能满足2041年之前的社会统筹部分，而个人账户的"空账"和2041年之后的社会统筹缺口无法得到保证。虽然10%的划转比例在一定期限内起到了充实社会保障基金的效果，但是无法从根本上保证我国人口老龄化背景下养老保险制度的可持续发展。

四、基金存量面临贬值风险

贬值风险是指国有资本划转社会保障基金之后可能存在的资产价值减损风险。具体而言,国有资本划转社会保障基金是为了解决人口老龄化造成的社会保障基金缺口问题,其在划转后的较长一段时期内不会直接转化为现值。国有资本划转社会保障基金后,国有企业仍然享受国有资产的经营权,而社会保障基金管理机构则拥有这部分国有资产的所有权和收益权。一方面,行使经营权的国有企业因丧失所有权和收益权而降低做强做大该划转部分国有资产的积极性,难以实现划转后国有资产的保值增值目标。另一方面,社会保障基金管理机构每年可获得划转后的国有资本收益,但从国有企业宣告发放到实际收回这部分收益往往存在一定的时间差,此时因货币时间价值的存在也使国有资本收益面临着贬值风险。

五、划转监督机制不完善

在经历了理论与实践的探索之后,我国国有资产管理体制对于国有资产保值增值发挥了积极作用,但仍存在一些问题。例如,目前实行的国有资产分级管理模式未能充分发挥监督机构的职能作用,监督缺位现象频频出现,进而造成了国有资产损失浪费、倒卖贱卖等违法违规行为屡见不鲜,国有资产流失问题愈发严重。根据中国政府网公布的2013~2016年度关于中央预算执行和其他财政收支的审计工作报告显示(见表20-9),2013~2016年,我国部分国有企业存在的问题资金共计7 196.87亿元,需要建立健全的规章制度共计3 254多项,处理违法违规人员共计1 202多人次。由此可见,部分国有企业和土地资源存在的问题资金高达35 741.18亿元,这足以说明对国有资产的监督机制存在较大漏洞,尤其是在一些部门之间存在职能相互交叉的问题,直接影响了监管绩效的充分提升。

表20-9　　　　　　　2013~2016年关于部分国有企业的审计情况

年份	存在问题资金(亿元)	建立健全规章制度(项)	处理人数(人次)
2013	1 484.77	1 194	190
2014	2 511.57	800	250
2015	1 297.60	609	453
2016	3 200.53	651	309
合计	7 196.87	3 254	1 202

资料来源:中华人民共和国中央人民政府门户网站相关资料整理所得。

第五节　国有资本划转社会保障基金运行困境的成因

国有资本划转社会保障基金涉及财政部、国资委和全国社会保障基金理事会等诸多部门，可以说是"牵一发而动全身"。本书认为，在当前国有资本划转过程中，之所以存在法律法规不规范、股票市场波动、国有资本划转比例偏低、面临贬值风险、监督机制不完善等运行困境，其原因可以从我国社会保障制度发展滞后、受机构投资者的影响、国有资产和社会保障基金的共同作用、受通货膨胀的侵蚀、监督职责不明晰和不到位等方面进行分析。

一、我国社会保障制度发展滞后

我国社会保障制度发展滞后主要表现在起步晚、建设慢。第一，与西方国家相比，我国建立起现代意义上的社会保障制度晚了半个多世纪左右。早在19世纪80年代，德国就先后颁布了关于工商、疾病、老年等方面的法规，如《工伤事故保险法》《疾病社会保险法》，标志着世界上第一个较为完整的社会保障计划在德国建立起来。之后，丹麦、英国等西方国家纷纷效仿德国建立起社会保险制度。到了1935年，美国颁布了《社会保障法》，其最大特点在于全民化和统一管理。然而，我国现代意义上最早的社会保障法规是1951年政务院颁布的《中华人民共和国劳动保险条例》，之后在养老、医疗、工伤、就业、生育等多方面陆续颁布了大大小小几十部法律法规。不过，其中关于养老保险基金的法律法规非常少，影响较大的只有《关于进一步深化企业职工养老保险制度的通知》和《关于建立统一的企业职工基本养老保险制度的决定》。前者明确了统账结合的筹资模式，后者规定了关于统筹与个人之间缴费各方面的事项，两者对建立社会保障基金起到至关重要的作用。第二，在建立正式社会保障制度后的半个世纪内缺乏健全的社会保障基金制度外筹资渠道。2000年，我国步入了人口老龄化社会，填补社会保障基金缺口问题开始得到重视。例如，2001年国务院印发了《减持国有股筹集社会保障基金管理暂行办法》。这一政策虽然推行时间短，而且未能实现预期的政策目标。但是表明我国政府寻找到了解决社会保障基金缺口的有效途径。2009年，财政部、国务院国有资产监督管理委员会、中国证监会、全国社会保障基金理事会印发了《境内证券市场转持部分国有股充实全国社会保障基金实施办法》，再次将国有资本划转充实社会保障基金，主要用于应对未来养老金发放压力。但是，这两部法规制度将国有资本划转的是社会保障基金而不是养老保险基金，因为全国社会保障基金是属于社会保障储备资金，不但可以应对未来养老金支付压力，而且也可以用于其他社会保险子项目的亏空。这样一来，就不能确保划转的国有资本能够真正地解决未来养老保险基金的支付缺口。

二、机构投资者对资本市场的影响

伴随着资本市场的发展，2016年，我国机构投资者账户数达到28.99万个，而个人投资者账户数为10 132.09万个。虽然机构投资者账户数是个人投资者的1/350，但机构投资者却是股票市场走向的"火车头"。这是因为在股票市场上，机构投资者掌握的投资信息和资金规模远远多于个人投资者，加上个人投资者在证券市场的波动面前很可能产生"用脚投票"的非理性行为。使得机构投资者的投资策略行为成为影响股票市场稳定或者说造成股票市场准周期性波动的主要因素。具体而言，机构投资者对股票市场稳定的影响主要表现在羊群行为和正反馈行为。

第一，若机构投资者之间产生羊群行为，就会造成股票市场波动。羊群行为是指在资本市场上由于投资信息不对称使得单个投资者的投资行为受其他投资者影响，也可以说是一种从众的投资行为。这一行为的趋同性削弱了资本市场信息对股票价格的作用，使得股票价格偏离其原本的内在价值。当资本市场发生羊群效应时，交易数额较大的机构投资者就会同时买入或卖出同只股票，之后不久，个人投资者也会加入行列，出现对同只股票的超额需求或超额供给，进而推动股票价格大幅度波动。若机构投资者买入同只股票，股票价格肯定会上涨，而同时卖出同只股票，也必然会造成股票价格下跌。也就是说，当机构投资者出现羊群行为，股票市场也就不可能处于稳定的状态。另外，如果羊群行为所带来的股票市场反应过度，那么将会出现股票市场过热（冷）而产生的泡沫（崩盘）的严重后果。这样的股票市场环境对于国有股权以及经济发展都会造成极为不利的影响。第二，机构投资者的正反馈交易，也会影响股票市场的稳定。正反馈交易是指依据股票过去的走势情况，机构投资者会偏好买入过去走势好的股票，抛出过去走势不好的股票。这种正反馈交易行为之所以会造成股票市场的不稳定是因为该项行为使得股票价值偏离股票原本的内在价值，而且其偏离程度比个人投资者发生类似交易行为的偏离程度更高。一般来讲，正反馈交易会导致股票价格呈现一种螺旋式上升或下降。当某只股票第一次被买入（卖出）后反馈在第二次被买入（卖出）的股价上，第二次买入（卖出）的股票又被反馈在第三次买入（卖出）的股价上，进而导致资本市场对该只股票的需求增加（减少），价格上涨（下跌）。以此类推，在短时间内，资本市场的股票价格会迅速上涨或下降，进而影响股票市场的稳定。综上所述，国有资本划转社会保障基金很容易受到机构投资者行为的影响，这对于国有资本保值增值是较为不利的。

三、国有资产和养老保险基金的共同作用

由于国有资产应承担的时代使命和巨大的社会保障基金缺口，较低的国有资本划转比例对于弥补社会保障基金缺口无疑是杯水车薪。第一，国有资产的时代使命决定了国有资本划转比例不可能太高。纵观国有资产的发展历史不难发现，国有资

产除了担负社会稳定发展的使命外,还在经济和民生上扛起历史使命的旗帜,尤其是在经济发展不景气时发挥着举足轻重的作用。应当承认,即使国有资产经历了多次改革,但是其身上所担负的使命始终不变。而且在当前新时代背景下,深化国有企业改革就是为了更好地发挥其使命。这直接影响着我国其他内容改革和2020年全面建成小康社会的进程。由于如此艰巨的时代使命,本书认为国有资本划转社会保障基金的比例不可能太高,只能是在一个相对比较合适的范围内。究竟如何界定这一范围的合理区间?我们在后面章节将进行详细阐述。第二,巨大的社保基金缺口已成为当前必须面对的现实问题。前已述及,当前社会保障基金累计结余是基于个人账户"空账"的前提下实现的,实际上的社会保障缴费收入于2015年就已经出现"收不抵支"的状况。且随着人口老龄化的加剧,这一基金缺口每年以较快的速度在扩大。因此,如果现行国有资本划转社会保障基金政策保持不变,将会出现因划转比例低而难以真正解决社会保障基金缺口扩大的难题。

四、通货膨胀持续走高的侵蚀

国有资本划转社会保障基金后,社会保障基金管理机构成为国有企业股东,每年依靠其持有股份获得的定量分红来增加社会保障基金收入。不过由于这部分收入不是马上进行支付,很可能受到通货膨胀的侵蚀。而当通货膨胀率高于银行活期存款率时,将难以对社会保障基金起到保值增值的作用。一般而言,通货膨胀表现为物价上涨,也就是说原有单位货币的购买力下降。根据2010年12月~2016年12月我国通货膨胀率与银行活期存款率的对比(见图20-9)可知,通货膨胀率曲线始终位于银行活期存款率曲线的上方。这也就是说,我国社保基金获得的国有资本收益将会受到通货膨胀的侵蚀,出现购买力降低的问题。即社保基金面临贬值风险。

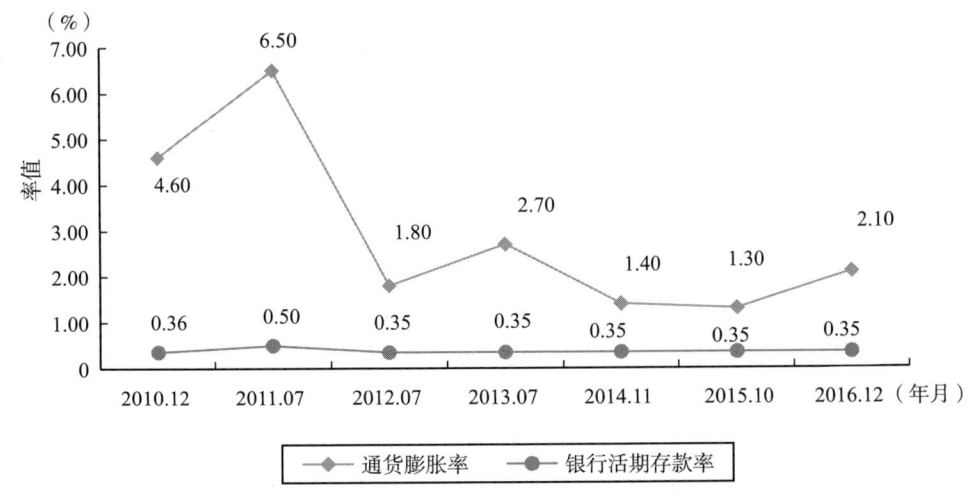

图20-9 2010年12月至2016年12月我国通货膨胀率与银行活期存款率对比情况

资料来源:东方财富网、银行信息港网站相关资料整理所得。

五、监督主体职责不明晰和不到位

国有资产监督若是存在漏洞就容易滋生权力腐败、利益输送，造成国有资产的隐性流失，对国有资本划转社会保障基金效果产生不利影响。当前，我国国有资产监督机制不完善的主要原因是国有资产监管涉及诸多部门，呈现监督职责不明晰和不到位的局面。首先，多部门监管造成了国有资产监督职责不明晰。我们知道划转前的国有资产管理涉及财政部、国务院国有资产监督管理委员会、中华人民共和国审计署等部门，在国有资本划转后还会涉及社会保险基金管理机构、中国证券监督管理委员会等部门。这些部门的监督内容大同小异，甚至在一些监督项目上出现内容相互交叉的情况，使得部分国有资产监管工作出现互相推诿的现象，难以真正落实监督责任。另外，还反映在我国国有资产"委托—代理"关系的缺陷，使得国家对国有资产经营者或管理者的约束力与监督力有所下降，弱化了国有资产的管控。其次，部分国有企业内外部监督职责的落实也不到位。按理来讲，包括董事会、监事会、工会组织等内部监管部门理应发挥更大的监督作用，防止国有资产的损失。但是这些部门很多时候却难以有效的执行监督权力，阻碍了内部监督功能的发挥。而且由于国有资产信息披露制度不完善，社会公众往往难以获得全面、真实、准确的国有资产运营信息，也就降低了他们对国有资产监督的动机及效果，最终必然导致我国国有资本划转社会保障基金的成效难以达到预期目的。

第二十一章

国有资本划转社会保障基金：国有资本经营预算支出民生化的实践探索

综合上述分析，我国国有资本划转充实社会保障基金具有其深刻的理论基础和现实需求，在实际操作层面也具有一定的可行性。因此，应当积极推进国有资本划转社会保障基金工作，以应对人口老龄化所导致的社会保障基金支付缺口。不可否认，当前国有资本划转充实社会保障基金的重难点在于划转政策的制定与实施。例如，如何制定合理的划转比例，使其既能充实社会保障基金又能兼顾国有企业发展；如何协调国有资本划转充实社会保障基金涉及的多方利益主体，使其实现顺利划转；如何监管和运营被划转的部分国有资产，使其实现保值增值；等等。其实在国务院制订国有资本划转社会保障基金方案前后，各地方省份也先后进行了多方面的探索，但总体进度仍然偏慢。为了更好地了解各地探索国有资本划转社会保障基金的执行情况，本书以山东省、上海市、福建省为例，具体分析相应省份国有资本划转社会保障基金的运营机制，总结其实践经验，以期为全国国有资本划拨社会保障基金工作的全面推开提供试点经验借鉴，从而为国有资本经营预算支出的民生化拓展新的来源渠道。

■ 第一节 中央和地方探索国有资本划转社会保障基金的总体情况

近年来，我国人口结构老龄化问题越来越严重，养老保险支出金额逐年递增，现行的"现收现支"社会保险制度必然导致我国在不久的将来出现养老保险空账危机，即养老保险基金的可持续支付面临巨大的挑战。为此，社会各界开始广泛讨论"延迟退休"方案，但即使真正落实这一方案，拓宽社会保障资金来源渠道依然是一个重要问题。当前，国有资本划转社会保障基金作为社会保障基金来源的又一渠道已经成为理论界和实务界的共识，山东省、上海市对此进行了较早的探索。在 2017 年 11 月国务院出台《划转部分国有资本充实社保基金实施方案》(以下简称《划转方案》)后,各省份关于国有资本充实社会保障基金的试点工作逐渐加快。

一、总体进度

国有资本划转社会保障基金的思路构想在我国早已进行了探索。2001年,劳动和社会保障部及财政部联合发文规定,我国的社会保障基金包括国有股减持划入的资金及股权资产。此后,党和政府多次在重要会议和政府工作报告中强调要划转部分国有资本充实社会保障基金。2017年《国务院关于印发划转部分国有资本充实社保基金实施方案的通知》明确规定国有资本划转社会保障基金的比例为10%,划转对象包括中央各部委直属国有企业、各级地方政府所有的国有企业、国有控股大中型企业和各类国有金融机构。此后,各部委、各省份先后进行国有资本划转的试点工作。2018年3月,国资委启动第一批试点,将中国联通等三家中央企业进行股权划转;同年11月,国资委又进行第二批试点,这次的试点企业则扩大到包括中国华能在内的15家中央企业。这两批试点企业划转资本共计750亿元。2019年5月,根据全国社会保障基金理事会党组书记王尔乘提供的数据显示,从全国社会保障基金理事会管理的资金规模看,已经从最初的200亿元增加到现在的3万多亿元,其中从国有资本划转社会保障基金的达0.11万亿元。在2019年7月10日召开的国务院常务会议上,国有资本充实社会保障基金成为一大关注点。会议要求在此前部分中央企业和部分省份试点工作的基础上全面推开国有股权的划转工作。按照这一会议精神,国资委积极着手研究开展第三批试点,并于7月16日的新闻发布会上宣布,预计这批划转工作将完成35家中央企业股权划转工作。其企业数量接近前两批企业总量的两倍,划转股权金额更是前两批试点总金额的6.4倍。此外,这三批试点企业所划转的国有股权总金额预计将高达6 038亿元。随着党中央不断扩大国有资本划转社会保障基金的试点企业范围,国有股权在社会保障基金中的比重和贡献也日益突出。但就国有资本的划转进度而言,仍然总体偏慢。2019年2月,在全国两会上时任全国社会保障基金理事会理事长的楼继伟明确要求,应进一步加快推进国有资本划拨社会保障基金的施行进度。对于划转进度,他当时仅用了一个"慢"字作为回应。2019年6月26日,时任审计署审计长胡泽君在审计报告中提出,截至2019年3月底,中央企业已完成划转社会保障基金的国有股权,不到全部拟划转总额的10%,只有1 132亿元。从地方情况来看,2018年以来,只有安徽、云南、新疆、四川等四个省份相继出台了国有资本充实社会保障基金实施方案,连同此前进行早期探索的山东省、上海市、辽宁省,合计只有7个省份进行了实践探索。

二、模式分类

当前,我国国有资本实行"统一所有,分级代表"的管理体制。在这一体制框架下,尽管地方国有资产管理部门接受中央国有资产管理部门的指导和监督,但并不是严格法律意义上的行政隶属关系。由于中央国有资产监管部门和地方国有资产监管部门分别代表国家行使其所属国有企业的出资人所有权,双方在法律上是平等的市场出资主体,这就使得中央企业和地方国有企业之间也是既相互竞争又相互合作的平等的市场经济主体。因此在这一体制作用下,中央并不能直接干预地方国有资产和国有企业的利润分配行为,当然也包括国有资本划转社会保障基金工作的推进。这就使得中央和地方在探索国有资本划转社会保障基金的时间、方式、路径等方面并不统一。

因此,为加快各地推进国有资本划转社会保障基金工作,有必要更全面地把握地方国有资本划转社会保障基金的试点做法,剖析存在的问题并总结先进的经验。本书分成华东地区、华北地区、华南地区、华西地区、华中地区五支调研团队分别赴全国各地展开调研,通过与各地的国有资产管理部门、财政部门和人社部门等机构进行深入访谈,发放问卷,收集相关资料文件等方式全面梳理分析国有资本划转社会保障基金的做法。经过对反馈回来的资料数据进行整理,我们把地方探索国有资本划转社会保障基金的做法分成两种模式,一种是股权划转模式,以山东省为代表;另一种是收入划转模式,以上海市为代表。此外,全国还有多数省份由于面临一些困境尚未出台相关的文件,其中以福建省为代表。

(一)股权划转模式

所谓股权划转模式,是中央和地方政府在全民委托下,将国有资产监管机构所属的国有股权按照一定比例划归到社会保障基金管理机构,由社会保障基金管理机构充当国有企业股东并按照其持股比例享有国有资本收益,从而增加社会保障基金收入的一种国有资本经营预算支出民生化模式。这种模式以山东省为主要代表。早在2015年,山东省就已经开始探索国有企业股权划转社会保障基金方案,划转比例达30%。2017年,国务院在山东省试点的基础上颁布了《划转方案》,明确国有资本经营预算支出民生化可采取国有股权划转社会保障基金的模式,并规定所有中央企业的划转比例为10%。此后,安徽、云南、新疆、四川四省份也出台了相应的方案,进入了实践操作层面的探索。基于国务院2017年颁布的《划转方案》,各省份的国有资本划转社会保障基金执行方案大致相同,主要包括以下六点。

1. 划出主体及其范围

各省份所选定的划转对象主要为省级国有企业及省级国有控股大中型企业和金

融机构，但是暂不划转公益类、文化类国有企业股权，也对政策性和开发性金融机构暂不执行划转方案。

2. 划转比例的规定

各省份在《划转方案》出台后普遍将其省份内的国有股权划转比例统一定为各类拟划转企业国有股权的10%。

3. 承接主体的规定

国有股权的承接主体为各省份已有或拟组建的省级国有资产运营有限公司，市、县不再设立承接主体。

4. 划转程序的规定

各省份大多包括以下四个划转步骤。第一，由各省份拟划转国有股权的国有资产监督管理机构负责提出其所辖各类企业拟划转股权的建议方案，并由该省份财政等相关部门给予审核确认。第二，省级国有资产监督管理机构按照审核后方案，在规定时间按规定流程划出约定比例国有资产股权，并由承接主体接收股权并设立专门账户加强管理（其中，如拟划转国有企业涉及多个国有股东的，由第一大股东的国有资产监督管理机构进行初审，提交同级财政部门确认，并根据其产权归属关系划转至中央或省级承接主体。如拟划转国有企业为上市公司，划出主体应同时完成证券的登记工作，并抄送承接主体）。第三，承接主体收到划入股权后应及时进行账务调整并做好相应的产权变动登记工作。划出主体应根据相关规定及时通知其收益相关方，如是上市公司，应切实履行其应尽的信息披露义务。最后，应按规定做好股权划转工作的报告、汇总工作。

5. 承接主体的权利

《划转方案》颁布后，各省份新定方案均明确指出，承接主体作为财务投资者，享有所划入国有股权的收益权和处置权。承接主体的收益主要来源于股权分红。另外，除了国家有规定承接主体对部分企业必须保持特定持股比例以外，大部分企业的承接主体在经过批准以后还可以通过买卖股权而获取资本利得。当然，各省份新定方案也明确规定，承接主体不得干预划出企业的日常生产经营管理，即一般不向划出企业派出董事。如确实需要向企业派出董事的，必须提出申请并通过审核方可派出。

6. 承接主体的义务

承接主体除了应履行普通股东的正常义务以外，各省份还普遍增加承接主体的禁售期义务。一般要求承接主体在3年以内不得出售其所承接的国有股权，并应承继原持股主体的其他限售义务。

调研中课题组发现，各省份执行方案大多是参照中央顶层设计并结合自身实际情况制定，其主要目标基本围绕以下四个方面。一是弥补企业职工基本养老保险基金缺口，通过向各省级社会保障基金划转省属、市属国有企业的部分国有股权，有利于增强省级社会保障基金的自我保值增值能力，有利于解决历史遗留问题所产生的基金缺口，有利于实现省级社会保障基金的可持续经营。二是避免出现对同一国有企业或同一部分国有股权进行重复划转问题。各省份一般都只划转企业集团股权，根据企业集团公司制改革现状分别采取不同的划转路径。例如，针对已完成公司制改革的企业集团，则直接划转其10%的股权给社会保障基金。而针对仍未完成公司制改革的企业集团则从两个方面加以努力，一方面积极推动其完成公司制改革，待其完成改制后再划转股权；另一方面，努力探索规范划转国有股权，努力探索如何将未完成公司制改革的企业集团所属一级子公司股权划转社会保障基金。三是明确各省份国有资产运营有限公司为各省份承接主体，实行统一管理，提高社会保障基金的运营效率。四是注重提高市、县积极性。将划转的国有股权收益并入省级社会保障基金，实行统筹运营，统筹分配，提高市、县通过各种途径提高其获利水平，从而调动市、县积极性。

（二）收入划转模式

自国务院2017年颁布《划转部分国有资本充实社保基金实施方案》以来，股权划转模式成为各省份国有资本经营预算支出民生化采取的基本模式。但是在2017年之前，与山东一样，上海、辽宁等部分省份也较早开始了国有资本划转社会保障基金的探索。但是与山东省采取股权划转模式不同的是，上海市、辽宁省探索采取了收入划转模式。

所谓收入划转模式，是指地方政府将其所属的国有及国有控股企业每年的利润按照一定比例通过财政预算的方式划转到社会保障基金管理机构，达到充实社会保障基金的一种传统模式。它与股权划转模式相比，二者都是为了实现国有资本收益充实社会保障基金，更好地服务民生项目，而且二者的收入来源都是国有资本收益，具有周期性、波动性的特点。

当然，收入划转模式与股权划转模式也存在较大的差别，主要表现在：第一，从划转的对象看，股权划转模式划转的对象是国有公司股权，涉及产权的变更，而收入划转模式划转的对象是国有企业上缴的利润。第二，从划转的程序看，股权划转模式只要通过一次股权划转，社会保障基金监管机构就成了国有企业的股东，依法享有股东的权益，包括一定的生产经营监督权和收益索取权，因此是一次性划转行为；而收入划转模式下，国有企业每年产生的收益需先向财政部门上缴利润，之后再通过每年的国有资本经营预算将国有资本收益按照规定的比例划拨给社会保障基金管理机构，因此是每年重复划转行为。第三，从划转活动的实质看，股权划转模式下，国有企业每年盈利后向其股东（包括财政部门和社会保障基金管理机构）分配收益，就完成了国有资本收益充实社会保障基金的过程，因此是属于国有企业的收益分配范畴。而收入划转模式下，社会保障基金管理机构是通过每年的财政预算收入获得国有资本收益，因此是属于财政预算分配范畴。第四，从划转的结果看，股权划转模式下，社会保障基金管理机构成为国有公司股东，按照股权持有比例享有国有资本收益；而收入划转模式下，社会保障基金管理机构并不是国有企业的股东，不具有股东身份，不能行使股东权益，也不能干预国有企业的生产经营管理权。

（三）简要评价

从上述分析发现，不管是股权划转模式还是收入划转模式，都是在我国社会保障基金存在较大缺口的背景下展开的。近年来，我国一直大力推进减税降费，社会保险费率呈逐步降低的态势，我国社会保障基金面临的缺口压力也不断增大。在如此严峻的形势下，国家实行国有资本划转社会保障基金是国有资本民生化支出的重要创新，不仅能够缓解社会保障基金缺口压力，增强我国社会发展的民生保障，也是我国国有企业改革中探索国有资本回馈社会的具体行动，开创了一条独特的公有制产权利润分配之路，具有以下几个理论价值和实践意义：一是国有企业作为国有资本的主体力量，将国有企业的国有资本划转社会保障基金，是一项新的国有资本收益的分配方案，是我国在社会主义市场经济条件下财政分配的一次新尝试，有可能对社会主义财政分配理论形成一定补充和发展。二是国有资本划转社会保障基金是国家运用国有资本及其收益服务于全民股东，实现国有资本收益全民共享的一次制度创新；三是社会保障基金管理机构持有部分国有股权但不参与企业经营管理，这是中国公有制产权模式改革一次重要创新，有可能为国家更深入的产权变革提供有益的尝试。

当然，通过对两种模式的对比，还可进一步发现股权划转模式更具有优势，第一，由于具有严格的时间限制、比例限制和流程管理，社会保障基金管理机构对划转后的股权一般不直接变现，而只是根据其所承接的国有股权获得相应的股息收入，并利用这些股息收入来弥补原社会保障基金存在的缺口，有利于保障社会保障基金持续获得资金补充。第二，不同于收入划转模式每年财政预算安排带来的不确定性，股权划转模式能够在一定程度上夯实社会保障基金按期偿付的资产基础，具有更高的法律效力。第三，通过社会保障基金管理机构引入国有公司，有利于改变传统国有股权单一的弊端，促进国有企业的混合所有制改革，优化国有企业公司治理结构，促进国有企业进一步做强做优做大。

当然，实践中股权划转模式需要解决以下四个方面的关键问题：一是应如何确定国有股权划转的比例并选择正确的划转时机；二是应如何确定国有股权在划转社会保障基金后的利益归属，并对这些已划转出来的股权实施保护；三是应如何建立国有股权划转社会保障基金的反馈机制，对划转股权的国有企业进行有效的保护和激励，确保其正常发展，甚至优化其股权结构，促进其更好、更快发展；四是应如何制订国有股权划转社会保障基金的科学方案，根据各省份的国有企业发展差异，允许并鼓励各省份采取差异化的划转方式和划转进度安排，并在划转实践中不断总结经验教训，不断完善划转流程。

第二节　股权划转：山东省国有资本划转社会保障基金的实践模式

前已述及，在 2017 年国务院发布《划转部分国有资本充实社保基金实施方案》之前，山东省政府就率先开始了国有资本划转社会保障基金工作。2015 年，山东省政府发布《省属企业国有资本划转充实社会保障基金方案》（以下简称《山东省划转方案》），要求将部分省属国有企业股权的 30% 划转充实山东省社会保障基金。经过两年的实践探索，取得了预期成效，形成了值得其他省份借鉴的"山东模式"。

一、山东省国有资本划转充实社会保障基金的背景

（一）山东省社会养老保险基金缺口测算

根据收支平衡的原则，课题组按照常规方法预测山东省 2020～2030 年社会养老保险基金缺口。计算公式为：社会养老保险基金缺口 = 社会养老保险基金的收入 - 社会养老保险基金的支出，其中社会养老保险基金支出 = 当年领取养老金人数 × 当年养老金替代率 × 前年社会平均工资。考虑到山东省经济发展水平和社会保障水平现状，社会养老金领取对象基本是离退休人群，尚未实现对老龄人口全覆盖。因此这里的养老金领取人数假定为离休、退休人口数量。

1. 山东省离退休人口总量预测

山东省作为我国人口第二大省，早在 2009 年就已经进入老年人口增长高峰期，人口老龄化速度超过全国水平，并且随着医疗卫生事业的完善，老年人口总量和增速将持续扩大。考虑到实际操作的复杂性与数据的可获得性，我们将退休年龄设定为 65 岁，采用一次指数平滑法对山东省离退休人口做出预测。其公式为：

$$Y_{t+1} = y_t + \frac{1}{n}(f_t - y_t),$$

通过整理后得到公式为：$Y_{t+1} = \frac{1}{n}f_t + \left(1 - \frac{1}{n}\right)y_t$，令 $\partial = \frac{1}{n}$ 表示模型中的平滑常数，并且将时间滞后一期，该公式可变为：

$$Y_t = \partial f_{t-1} + (1 - \partial)y_{t-1}$$

据此，我们以山东省 2004～2017 年离退休人口数据为样本，运用一次指数平滑法对山东省 2020～2030 年离退休人口进行测算的结果如图 21-1 所示[①]（具体数据参见表 20-3）。由此不难得出，未来随着经济社会的发展，社会医疗卫生水

[①] 虽然预测结果是从 2018 年始，但本书预测的是 2020～2030 年山东省养老金缺口，这里只列出该期间的预测结果。

平和人们健康意识的逐步提高使得老年人口健康状况将不断改善，进而导致人口平均预期寿命不断延长，老龄人口数量将逐步上升。

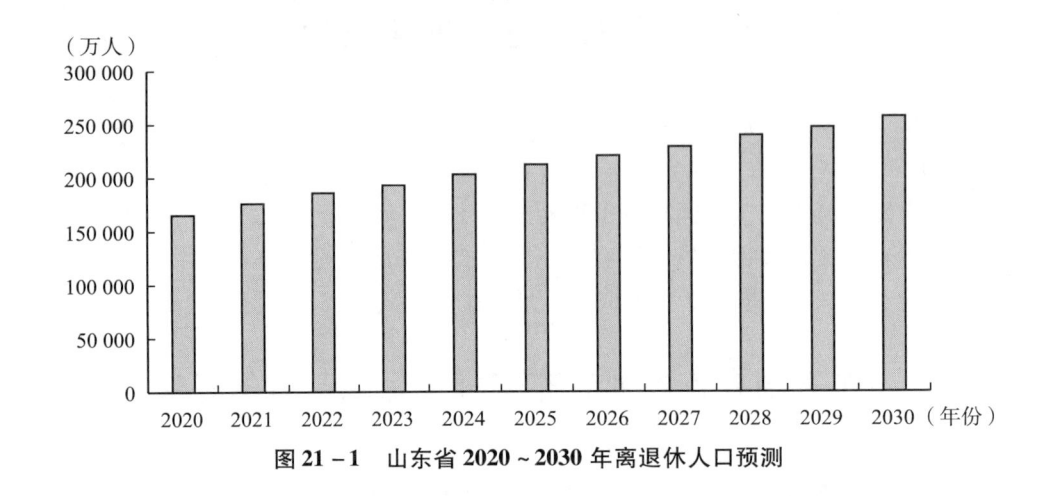

图 21-1　山东省 2020~2030 年离退休人口预测

2. 山东省社会平均工资预测

一般而言，社会养老保险金的缴纳基数是个人工资，因此将社会平均工资作为预测养老金的一个重要参数。以山东省 2004~2017 年的社会平均工资数据资料为基础，课题组利用 SPSS 软件对其进行线性回归分析，其结果如表 21-1 所示。

$$Y = 336t - 672\ 816.63 \quad (21.1)$$

其中，t 为年份（$t_1 = 2004$，$t_2 = 2005$，$t_3 = 2006$，…）。

表 21-1　模型汇总

模型	R	R^2	调整 R^2	标准估计的误差
21.1	0.994	0.987	0.986	153.909

资料来源：由 SPSS 软件统计得出。

从模型（21.1）汇总结果可知，$R = 0.994$、$R^2 = 0.987$，调整后的 R^2 等于 0.986，说明模型与原始数据的拟合度较好。课题组进一步根据这一函数式预测 2020~2030 年山东省的社会平均工资，如图 21-2 所示（具体数据参见表 21-3）。由此可见，随着经济社会的不断发展，山东省社会平均工资也呈现出逐步上升的趋势。

3. 山东省养老金替代率的预测

以往的实践经验表明，个人当年领取的退休金一般等于退休工资，即养老金的多少就是退休工资的多少。据此，养老金替代率又可表示为当年退休工资与上年社会平均工资的比。根据《山东统计年鉴》获得的数据，我们将退休工资表示为退休工资总额除以退休人口总数，得出 2005~2016 年的退休工资，进而依据上面社会平均工资相关数据，计算得出 2005~2016 年的养老金替代率如表 21-2 所示。

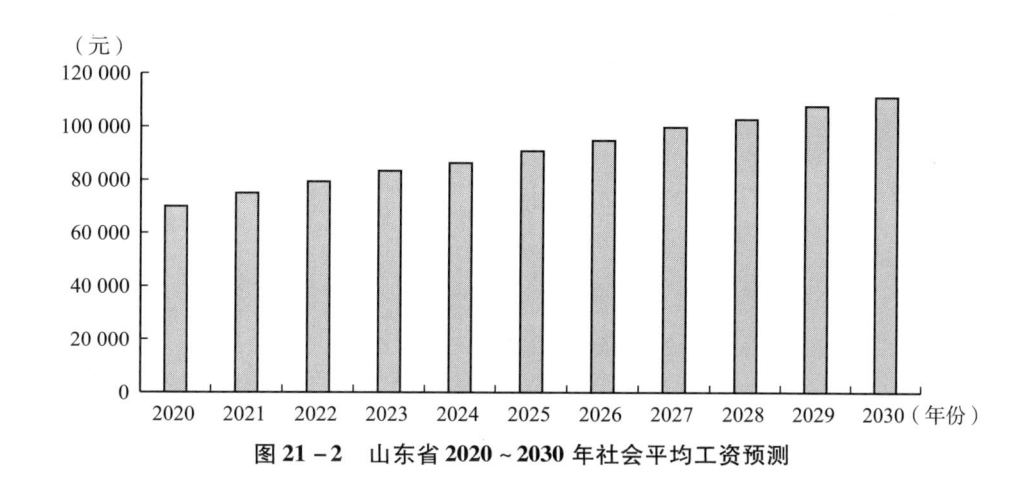

图 21-2 山东省 2020~2030 年社会平均工资预测

表 21-2　　　　　　　　2005~2016 年山东省养老金替代率　　　　　　单位: %

指标	2005 年	2006 年	2007 年	2008 年	2009 年	2010 年
养老金替代率	75.61	74.59	72.67	69.24	66.17	67.89
指标	2011 年	2012 年	2013 年	2014 年	2015 年	2016 年
养老金替代率	66.40	63.51	61.43	60.48	60.25	57.07

为了更好地预测 2020~2030 年山东省养老金替代率,我们首先对表 21-2 中的数据进行函数拟合分析,构建的对数函数模型为 $y = -32.82\ln(x) + 250.31$,其拟合效果如图 21-3 所示。

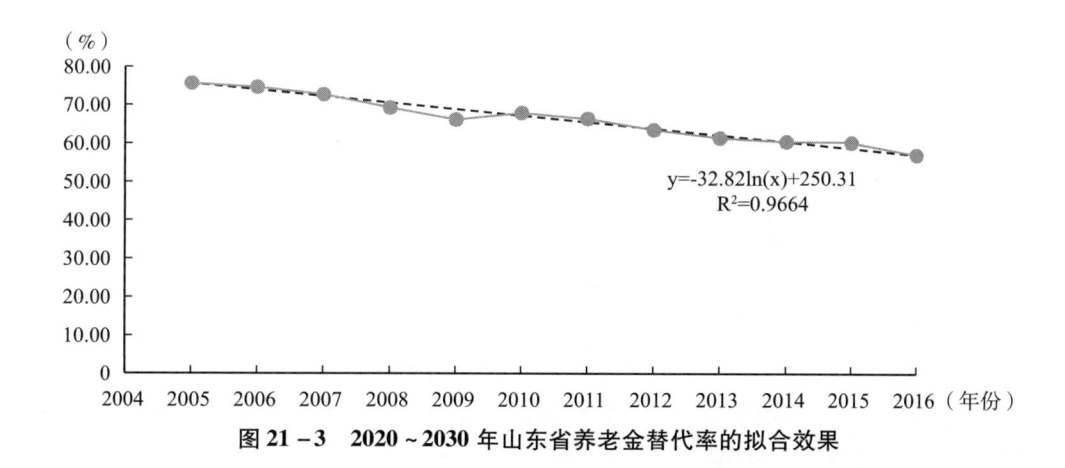

图 21-3　2020~2030 年山东省养老金替代率的拟合效果

由图 21-3 的拟合效果可知,调整后的 R^2 为 0.9664,说明对数函数方程与原始数据拟合程度较高。据此,我们进一步预测了 2020~2030 年的养老金替代率如图 21-4 所示(具体数据参见表 21-3)。不难看出,未来 10 年内山东省养老金替代率呈缓慢降低态势。

图 21-4 山东省 2020~2030 年养老金替代率预测

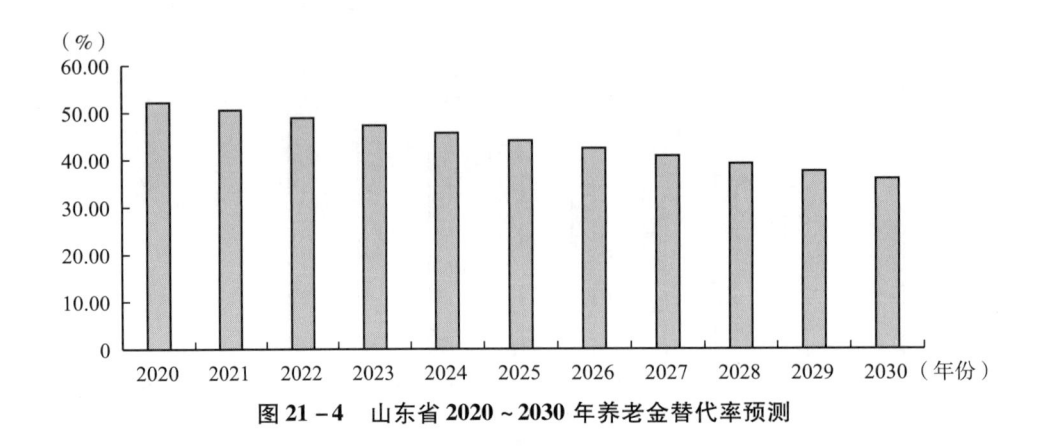

表 21-3　山东省 2020~2030 年社会平均工资、离退休人口、养老金替代率预测

年份	社会平均工资预测（元）	离退休人口（万人）	养老金替代率（%）
2020	70 840	166 987	52.18
2021	74 872	175 987.4	50.56
2022	78 904	184 987.8	48.93
2023	82 936	193 988.2	47.31
2024	86 968	202 988.6	45.69
2025	91 000	211 989	44.07
2026	95 032	220 989	42.45
2027	99 072	229 989.4	40.83
2028	103 096	238 990	39.18
2029	107 128	247 990.6	37.59
2030	111 160	256 999.1	35.97

资料来源：由 EViews、SPSS、Excel 预测整理而得。

4. 山东省养老金的支出预测

由于养老金的支出 = 当年领取养老金人数 × 当年养老金替代率 × 上年社会平均工资，因此根据前面预测的数据，计算得出 2020~2030 年山东省养老金的预期支出变动情况如图 21-5 所示（具体数据参见表 21-4）。

据图 21-5 可知，山东省 2020~2030 年社会养老金支出基本保持在 3 000 亿元以上，并且呈逐年上升趋势。从这一趋势不难看出，未来山东省社会养老金支出压力巨大，可能会影响未来退休职工的养老水平。

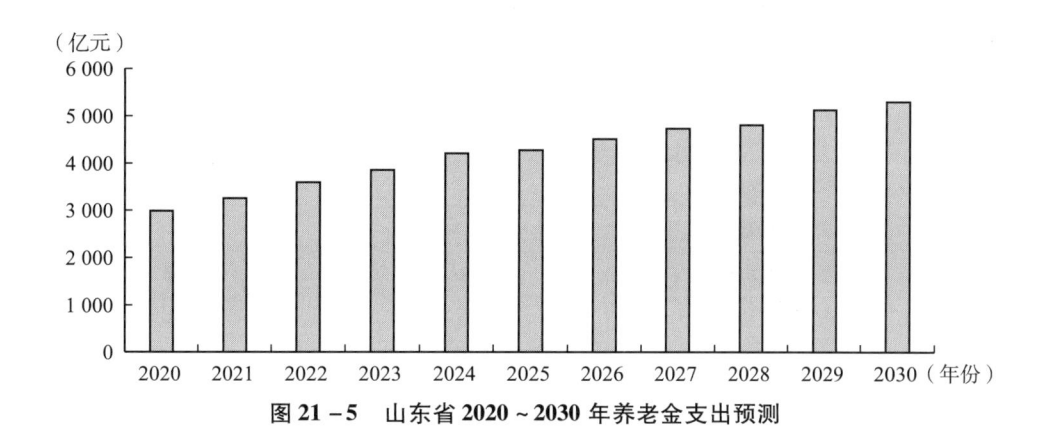

图 21-5　山东省 2020~2030 年养老金支出预测

5. 山东省社会养老保险基金的收入预测

课题组从《山东统计年鉴》中收集了 2004~2017 年社会养老保险基金收入数据，并利用 Excel 建立数学对数预测模型：

$$Y = 2\,640.3\ln(t) - 4\,968.8 \tag{21.2}$$

根据模型（21.2），我们往后预测 13 个周期，得到 2018~2030 年养老金的收入情况，为了与前面的预测年份统一，这里依然是从 2020 开始统计，其变动情况如图 21-6 所示（具体数据参见表 21-4）。

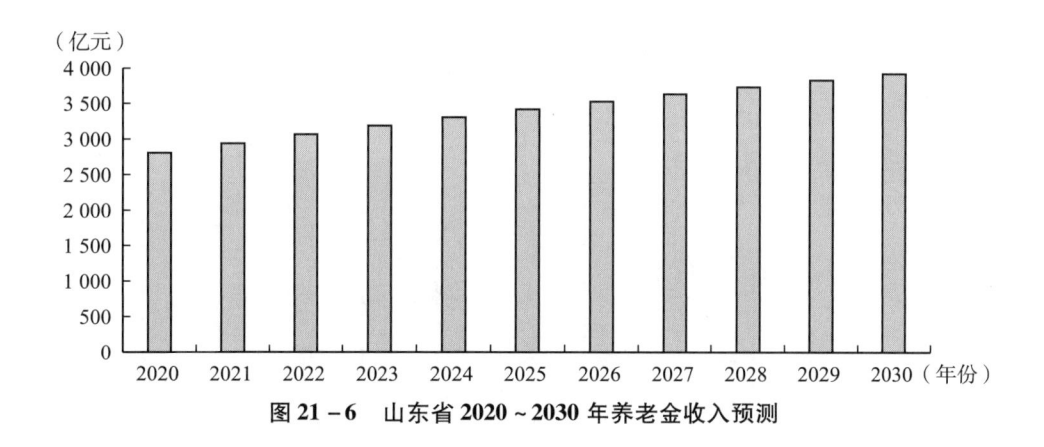

图 21-6　山东省 2020~2030 年养老金收入预测

从图 21-6 不难看出，尽管山东省 2020~2030 年养老金收入也呈现缓慢上升的趋势，但其上升幅度明显小于养老金支出扩大趋势，即山东省 2020~2030 年社会养老保险基金很可能存在收不抵支问题。

6. 山东省养老保险基金缺口预测

养老保险基金的收支不平衡是产生养老金缺口的重要原因之一，并随着人口老龄化的不断加剧愈加突出。根据"收入-支出=缺口"的测算方法，结合前面对山东省养老保险基金收入和支出的预测，可预测 2020~2030 年山东省养老保险基金的缺口情况，如表 21-4 所示。

表 21-4　　　山东省 2020~2030 年养老保险基金收支与缺口预测　　　单位：亿元

年份	养老保险基金收入	养老保险基金支出	养老保险基金缺口
2020	2 805.40	2 985.53	180.13
2021	2 940.83	3 253.57	312.74
2022	3 069.65	3 590.12	520.47
2023	3 192.48	3 858.67	666.19
2024	3 309.85	4 209.16	899.31
2025	3 422.22	4 277.72	855.51
2026	3 530.00	4 512.00	982.00
2027	3 633.55	4 733.84	1 100.28
2028	3 733.20	4 810.28	1 077.08
2029	3 829.22	5 129.76	1 300.54
2030	3 921.87	5 300.55	1 378.68

资料来源：由 EViews、Excel 软件计算整理而得。

为了更为准确地反映山东省养老保险基金缺口变化趋势，我们将 2020~2030 年养老保险基金缺口数据整理如图 21-7 所示。

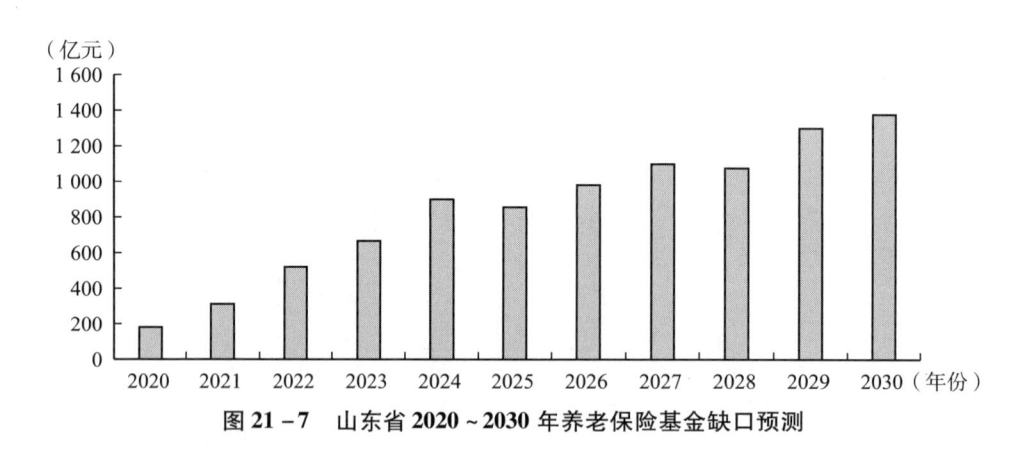

图 21-7　山东省 2020~2030 年养老保险基金缺口预测

根据表 21-4 及图 21-7，我们可得出以下结论：

第一，山东省在 2020 年出现养老金缺口 180 亿元左右，并且在未来 10 年，这一缺口将不断扩大。根据《山东统计年鉴》数据，2017 年山东省养老保险基金收入为 2 289.3 亿元，支出为 2 358.7 亿元，养老金缺口为 69.4 亿元。但随着人口老龄化的加剧，领取城镇职工基本养老保险的人数占参保总人数的比例将逐渐增大，而养老保险金缺口将在未来几年也呈持续增大趋势，这和模型所预测出来的结果是一致的。

第二，山东省养老保险金缺口随着时间的推移不断增大，短短 10 年间养老金缺口从180.13亿元增加至1 378.68亿元左右，增加了6倍以上。可以说山东省至少在未来10年面临着养老保险基金缺口不断增大的风险，这将在很大程度上影响山东省养老保险基金系统的可持续性发展，并且加重山东省乃至国家财政的压力。因此，如何弥补养老保险基金缺口已成为山东省亟须解决的问题。

（二）山东省国有企业基本状况

根据清产核资数据，课题组对山东省国有企业资产、结构、分布、效益进行了多层次、多指标、多分组的深入分析，在此基础上，做出的基本判断是，山东省国有企业基本运行状况良好，主要集中体现为以下三个方面。

第一，山东省国有企业资产已达到一定规模，综合实力位居全国前列。据山东省财政厅发布的相关数据显示，2015年底，山东省国有及国有控股企业资产总额43 262亿元，同比增长18.05%；所有者权益总额13 615亿元，同比增长18.06%；国有资产总量9 403亿元，同比增长16.40%；2016年，山东省国有企业资产总额达10 905.4亿元，位列全国第六；2017年底，山东省国有及国有控股企业共计8 099户，所属国有资产总额高达70 560亿元，增长率为26%，所有者权益总计23 555亿元，增长率为34%；国有资产负债率66.6%，相比2016年下降了2%；2018年，山东省国有资产总额累计73 921.16亿元，增长率为13.5%。无论从国有企业数量，还是从国有资产总额来看，山东是一个国有企业大省，并且国有资产总额的增长速度保持在年均14%左右。据此可以推测未来山东省的国有企业、国有资产总额将进一步扩大。

第二，山东省国有企业经营效益稳步提升。根据山东省国资委对省属企业资产、产权初步清理核查结果显示，2015年山东省国有及国有控股企业实现营业收入13 091亿元，利润总额538亿元，其中归属于母公司净利润210亿元，增长14.13%；2016年山东省实现销售收入17 230.3亿元，比上一年增长16.58%，实现利润总额687.6亿元，比上一年增长22.96%，位列全国第七，这一年山东省国有企业净资产收益率也高达21.7%；2017年山东省国有及国有控股企业营业收入总计20 003亿元，同比增长29%，利润总额共计1 225亿元，增长率为84%；国有资本保值增值率为102.4%。2018年山东省国有及国有控股企业实现营业收入23 081.86亿元，增长率为13.5%。其中省属企业营业收入达12 707亿元，同比增长14%，利润总额高达660亿元，同比增长40%。这是山东省国有企业利润总额最高的一年。

第三，山东省国有企业支柱地位稳固。山东省国有企业在经过几十年的建设和发展之后已遍布各行各业并控制着国民经济命脉，成为国民经济中的重要支柱。在能源、交通等关系到国计民生的重点行业和基础产业领域，山东省国有企业数量均占该行业总数的30%以上，并且这类企业的产能和经营利润数量占比更高。在石油、铁路、金融等行业，国有企业则直接拥有明显垄断地位。据山东省国资委网站数据显示，2018年1~12月，山东省煤炭行业国有企业盈利额占该行业总额的

33%，其中山东能源集团的煤炭价格同比每吨增加 8.71 元、增长 1.6 个百分点，销量同比增加 388 万吨、增长 3.7 个百分点；山东钢铁集团的钢铁价格每吨增加 461 元、增长 14.2 个百分点；山东重工集团发动机销量同比增长 9.1 个百分点。不仅如此，山东省国有企业还积极发展壮大集体经济，通过参股、合资、合作等方式对其他经济成分形成有效影响，从而间接对大量非国有资本形成有效地调动和支配，整体实力进一步得到提升。总之，山东省的国有企业在技术、管理、人才、资金等方面都具有较大的竞争优势，在关系国计民生的重要领域和基础产业方面，一直发挥着重要的经济作用。

国有企业存在的价值之一就是承担基本社会责任，尽可能增进国民的福祉。因此，在当前国有资产效益提升而社会保障基金存在较为严重缺口的情况下，山东省及时划转部分省属国有股权给社会保障基金，从而实现社会保障基金的可持续发展。这充分体现了国有企业产权全民共有的本质属性，体现了发展国有企业是为人民谋福利的社会主义优势，有利于推动国有企业改革发展成果全民共享目标的实现。

二、山东省国有资本划转充实社会保障基金方案及其执行情况

（一）山东省国有资本划转充实社会保障基金方案

中共十八届三中全会召开前，时任山东省省长郭树清在国家征求《中共中央关于全面深化改革若干重大问题的决定》的意见时，就着手召集省国资委等相关部门研究划转国有资本充实社会保障基金的相关事项。2014 年 6 月，山东省人民政府出台了《关于深化省属国有企业改革的意见》（以下简称《意见》），《意见》明确提出划转部分国有资本充实社会保障基金。同年 12 月，山东省建立了全国首家省级社会保障基金理事会，主要职责有以下几点：一是以投资者身份，承接管理划转的部分省属国有企业的国有资本以及其他方式筹集的资金；二是选择委托专业的投资机构对基金进行运营；三是助力省属国有企业改革发展并对划转的社会保障基金进行监管；四是根据省政府指令拨款，用于补充社会保险资金。2015 年 3 月颁布的《山东省划转方案》明确提出将 471 家省属国有及国有控股企业中 30% 的国有股权无偿划转至省社会保障基金理事会，由省社会保障基金理事会持股，通过实行"一次划转、分步到位、逐户完善"的程序确保国有资本划转充实社会保障基金工作有序进行。此外，《山东省划转方案》还明确规定了国有资本划转充实社会保障基金的范围、步骤及监管等内容。

1. 划转范围

《山东省划转方案》明确规定将省属国有企业的 30% 国有股权（包括国有资本及其权益）划转充实省社会保障基金。在方案中，山东省将国有企业股权划转范围明确限定为省属国有企业。这类企业按性质又可分为两类，一类是由山东省人民

政府国有资产监督管理委员会（以下简称"山东省国资委"）直接履行出资人职责的省管企业，另一类则是各省直属部门单位履行出资人职责而进行管理的企业。截至2015年《山东省划转方案》发布之日，山东省各类省属国有企业共有471户。其中省管国有企业只有18户（已完成公司制改革的企业17户，未完成公司制改革的仅1户）。各省直属部门单位管理的企业共计453户，其中完成了公司制改革的企业只有124户（包括文化企业12户），其余329户企业均未完成改制，仍为全民所有制企业（包括文化企业16户）。

2. 划转步骤

山东省国有资本划转充实社会保障基金遵循"三步走"原则，即按照"一次划转、分步到位、逐户完善"的实施步骤开展国有资本划转工作。首先，一次性将国有股权按规定比例划转给承接单位（省社会保障基金理事会）并由其履行出资人职能。省社会保障基金理事会每年可获得这部分股权的红利收益，但不能直接参与企业的日常经营管理。其次，分步办理划转相关手续。对于已完成公司制改革的省属企业由省国资委向省政府提出申请并按批复办理划转手续；对于未完成公司制改革的国有企业，由省国资委会同有关部门加快推进改革进程，并及时将国有企业30%的股权划转至省社会保障基金理事会。最后，实行逐户划转制度。省国资委、省社保基金理事按照"成熟一户、完善一户"的要求，会同各相关部门完善股权划转相关手续。例如，根据已完成划转的国有企业具体特征研究并修订公司章程，办理工商变更登记手续，建立健全其法人治理结构。可以说截至2016年底，山东省基本完成了国有资本划转社会保障基金理事会的全部工作。

3. 划转后的国有资本监管

《山东省划转方案》对国有资本划转充实社会保障基金后的监管问题做出了明确规定，保证了划转后社会保障基金的良性运行。其内容包括两个方面，一是明确了相关部门的具体职责，规定省社会保障基金理事会作为划转股权的承接主体，在股权划转完成后，应严格履行所承接的划转股权出资人职责，依法履行监督职责，确保所承接国有资本的保值增值，并适时向被划转企业派出董事和监事；山东省国资委负责对已完成划转的国有资产或国有股权进行基础管理工作，确保其保值增值；山东省财政厅、山东省国资委等部门共同对山东省社会保障基金理事会管理并运用所划转国有资产或国有股权的行为进行必要监管。二是健全股权划转后国有企业的法人治理结构。国有资本划转充实社会保障基金后，省属企业的股权结构就发生了相应改变，即山东省国资委和山东省社会保障基金理事会成为划转后国有企业的共同股东。因此，国有企业应结合其股权新特征建立健全法人治理结构，即应按照《中华人民共和国公司法》规范并结合《山东省划转方案》的要求重新组建能够反映公司股权结构特征的股东会、董事会和监事会，明确各类股东的权利和义务。

（二）山东省国有资本划转充实社会保障基金执行情况

2015年5月18日，山东省政府率先将山东能源集团、山东机场公司、山东盐业集团这3家省管国有企业各30%的股权划转至省社会保障基金，划转工作完成后，省社会保障基金理事会应持有的国有资本分别为30亿元、2.4亿元、0.65亿元，总计33亿多元。同年5月29日，山东省人民政府又将鲁信集团、兖矿集团等15户省管企业30%的国有资本（总额计147.6亿元）一次性划转至省社会保障基金理事会。至2016年，省级直管企业部分国有资本划转社会保障工作已经基本完成。2018年底，山东省社会保障基金理事会持有26家国有企业股权[①]，总资产高达近千亿元。

值得一提的是，在开展国有资本划转充实社会保障基金工作中，山东省政府在2015年6月就成立了山东省社会保障基金理事会。作为省政府直属的正厅级事业单位，山东省社会保障基金理事会负责承接划转部分省属企业国有资本和其他方式筹集的资金，代表省政府行使投资者职能，全面统筹社会保障基金营运工作，并接受省财政厅、省国资委等相关职能部门的监督。除此之外，山东省为推进国有资本顺利划转社会保障基金还采取了以下措施：

一是组建国有资本投资运营公司。山东省国有资本划转充实社会保障基金的一个重要目标是允许社会保障基金通过证券市场在一定条件下让渡部分已划转的国有股权，从而增强国有资本的流动性。因此，针对国有企业证券化程度低的情况，山东省加快国有企业现代化制度管理，构建国有资本运营公司。截至2017年12月，山东省国有资本投资运营公司资产总额已占全部省属企业的90%左右，这一措施很大程度上推进了国有资本划转社会保障基金的进程。

二是分门别类实行划转。根据《山东省划转方案》要求，山东省对资产规模较大、资产质量较好、具备投资运营基础的省属国有企业和具有一定资产和经营能力的地市级别的国有企业进行统一监管及公司化改造的同时，划转部分国有股权至省社会保障基金理事会集中持有；对于存在严重资不抵债、即将停业停产以及不具备正常经营条件的企业，及时进行整顿，暂不进行国有产权的划转工作。

三是积极完善国有资本划转社会保障基金配套机制。为保证划转国有企业资产完整性，山东省加强财务体制建设，统筹谋划国有企业审计项目，并根据国有企业的功能类别、资产规模和战略地位等因素，科学合理地确定重点审计对象及频次。为实现划转后社会保障基金科学管理，山东省积极开展社会保障基金预算制度试点工作。为促进社会保障基金的保值增值，山东省积极搭建市场化资金融通平台，加强与银行、证券、保险、信托等金融机构合作，开展多渠道、多领域融资；同时进

---

① 这26家国有企业为：山东能源集团、山东机场公司、山东盐业集团、鲁信集团、兖矿集团、山钢集团、华鲁控股集团、山东黄金集团、山东商业集团、山东高速集团、山东交工集团、山东重工集团、上海齐鲁集团、鲁华能源集团、山东国投、山东发投集团、齐鲁交通集团、山东土储集团、山东财金集团、泰山出版社、山东特检集团、水发集团、山东地矿集团、鲁粮集团、泰山地勘集团、山科控股集团。

一步加强地方金融组织运行机制的构建，等等。

三、山东省国有资本划转社会保障基金后的组织运行机制

在国有资本划转充实社会保障基金实践中，山东省形成了以省属国有资本为纽带，以省级社会保障基金理事会为运营主体，省财政厅和省国资委为监督主体的组织运行结构。各机构各司其职，协调运作，共同推动政策的落实。

（一）山东省国有资本划转社会保障基金运行的组织结构

山东省在国有资本划转充实社会保障基金过程中，以国有资本为纽带，通过各主体的相互合作和制衡，共同推进国有股权划转，从而做大社会保障基金规模。其实际运行的组织结构如图 21-8 所示。

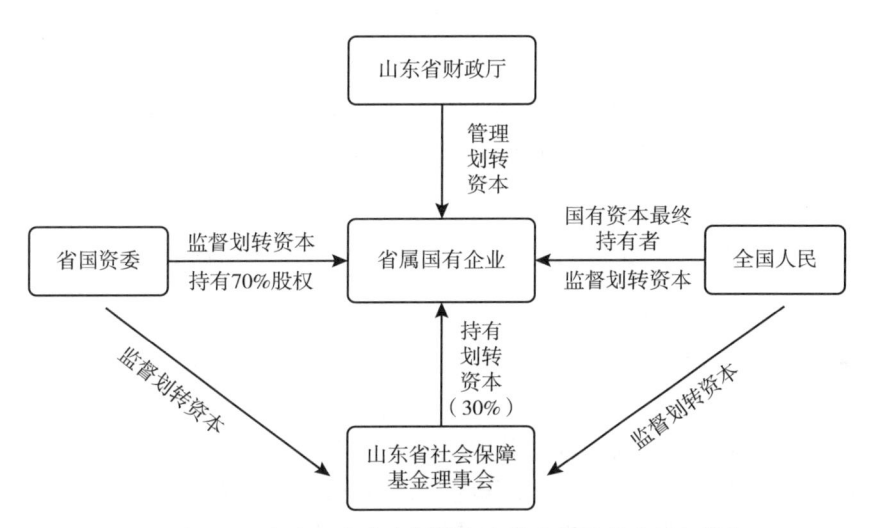

图 21-8 山东省国有资本划转充实社会保障基金组织结构

1. 运营主体：山东省社会保障基金理事会

山东省社会保障基金理事会作为全国首个地方社会保障基金理事会，是山东省在统筹社会保障基金和国有股权情况下设立的省政府公益一类正厅级事业单位。其主要职责是承接和管理从省属国有企业划转过来的部分国有股权，统一履行这部分股权的股东权利和义务，对持有股权的国有企业运行情况实施监管，并根据划转协议适时派出股权代表，出任划转企业的董事和监事，利润分配按照出资额享有相应的股利和股息收益。

2. 划转对象：山东省属国有企业

山东省国有资本划转社会保障基金的对象主要包括省级部门管理的 471 户国有企业，其中 18 户省管企业，453 户部门管理企业。据山东省国资委网站资料统计，2015 年仅 18 家省管企业的注册资本总额就达 604.5 亿元，其对应的所有者权益为

3 376.71亿元。如果按照30%的比例计算，此次划转完成后，仅这18家省管企业所划转的股权就将增加山东省社会保障基金理事会181.35亿元的股权资本，其对应的所有者权益更是高达101 301亿元。如果考虑到其他453家部门管理企业所对应的股权，此次划转工作将极大提升山东省社会保障基金理事会的资产规模，增强社会保障基金保值增值能力。

3. 监管主体：山东省国资委和财政厅

在国有资本划转社会保障基金过程中，划转范围和划转比例的选择均是敏感问题，极易产生矛盾和冲突。如何在省社会保障基金理事会和国有企业之间做好平衡工作，关乎政策实施的成效。就山东省的实践来看，解决好上述问题离不开省国资委和财政厅的参与和监督。其中，省国有资产监督管理委员会作为省国有企业管理者，在整个国有资本划转社会保障基金过程中既要与国有企业保持密切联系，又要充分了解社会保障基金理事会的划转需求，即省国资委主要充当中间人角色，负责与双方的工作对接，起沟通协调作用。省财政厅作为财政资金的"总管家"，必须全程参与和监督国有资本划转社会保障基金的工作，从制定相关的政策法规到确定具体的实施细则，从与省国资委协调划转部分国有资本的运作方式至具体完成国有资本划转工作。而且省财政厅还制定了国有资本划转完成后双方关于资本运营和收益分配等操作细则与监督机制。

（二）国有资本划转充实社会保障基金的利益平衡机制

1. 划转主体间的利益博弈

山东省财政厅、山东省国资委、山东省社会保障基金理事会、国有企业以及离退休人员是国有资本划转的利益关系人。在划转过程中，为追求自身利益最大化，相关主体之间必然产生利益博弈，其中主要表现为以下两个方面。

一是国有企业与社会保障基金理事会之间的利益博弈关系。资本是企业从事生产经营活动的关键，对于企业的持续发展具有重要作用。国有企业和社会保障基金理事会基于自身利益均存在对国有资本的需求。此时由于国有资本存量基本确定，国有企业和社会保障基金理事会必然就会对国有资本划转比例产生博弈。国有企业对国有资本具有法人财产权，负责国有资产的经营管理和保值增值。社会保障基金理事会作为划转国有资本的承接主体，负责社会保障基金的筹集、投资、分配等职能，目的在于实现基金的保值增值。因此，一方面，为了拓展社会保障基金的来源渠道，社会保障基金理事会必然希望能够持有更大比例和更优质量的国有股权，以做大社会保障基金总量，但是国有资本股权存量的划转势必影响国有企业的经济效益；另一方面，山东省将30%的国有资本划转充实社会保障基金，必然会对省属国有企业的股权结构和经营效益产生影响，从而成为利益受损主体。这种划转过程中的利益矛盾必然带来两者之间的博弈，需要建立有效的利益协调机制。

二是省社会保障基金理事会与国资委之间的利益博弈关系。按照委托代理关系理论，山东省国资委是国有资产产权代理人，以出资人身份对省属国有企业承担管理和监督的职责，定期收缴国有企业收益。在实行划转后，省国资委持有的国有资产将减至70%，另外30%由省社会保障基金理事会持有。二者共同履行出资人职责，即按持有的股权分别行使股东职权、履行股东义务和享有利润收益。省国资委负有监督国有资本做强做优做大的责任，省社会保障基金理事会则承担做大做优社会保障基金总量和结构的职责，两大股东不同的目标取向与利益差异，势必会在公司各种重大问题的决定上产生一定程度的分歧。因此平衡二者利益关系将是一个需要解决的难题。

2. 各主体利益博弈的均衡思路

由于自身效用函数不同，各主体可能存在利益结构差异，甚至由此产生利益的结构性冲突，形成方向不同的博弈力量。而政策的选择和执行正是利益主体博弈力量相较量的产物。起初，各主体的政策选择并不一定是最优，但是在博弈过程中，博弈主体会适应环境变化，通过学习、选择和试错寻找对于自身最优的路径。同理，在国有资本划转社会保障基金的实践中，尽管各主体基于自身利益诉求对国有资本划转比例、范围及其后续的监督管理等意见不同，但随着时间的推移，各方在逐渐形成共识的基础上可以探索出责任共担、利益分享的均衡策略。即随着国有企业改革的深化和社会保险基金缺口的扩大，通过灵活调整国有资本划转社会保障基金的比例、范围等内容在政策中谋求最佳利益平衡点，实现再次的合作与制衡。

山东省国有资本划转社会保障基金政策的制定与执行实际上也是一个学习、选择和试错的过程。目前，山东省实施的政策是各主体初始选择的结果，它们根据宏微观环境的变化不断调整完善组织运行机制，探索新的多方利益均衡机制。例如，在山东省决定将国有资本划转充实社会保障基金之前就有过两次国有企业收益充实社会保障基金的尝试，分别是"减持"与"转持"两种方式。虽然这两个阶段的效果并不理想，但积累了一系列的经验教训，为2015年的"划转"奠定了实践基础。正是在这种"试错"的基础上，山东省明确提出将省属471户国有企业30%的股权（包括国有控股及参股企业的股权）划转充实省社会保障基金，并且取得了显著成效。

山东省社会保障基金运行过程中各主体利益博弈关系如图21-9所示。

3. 划转主体利益均衡机制

（1）划转国有资本充实社保基金，省社会保障基金理事会依法享有收益。

山东省社会保障基金理事会作为国有资本划转的承接者，需要按照《中华人民共和国公司法》和具体划转办法的要求，扮演出资人角色，行使相应的股东权利。例如，按照公司法规定，企业股东可根据投资额参与利润分配。遵循这一条款，如果划转内容不变，社会保障基金理事会将能够按照30%的比例参与国有企业利润分配。社会保障基金理事会参与国有企业利润分配不仅拓展了社会保障基金来源渠道，而且由于权益的再投资性，实现了社会保障基金的保值增值。根据山东省社会保障基金理事会统计，截至2018年一季度末，社会保障基金权益总计1 034.79亿元，较2018年初增长了3.32%；基金资产总额达1 075.52亿元，较2018年年初增长了3.72%；社会保障基金理事会因持有股权而享受的投资收益总额为15.62亿元。

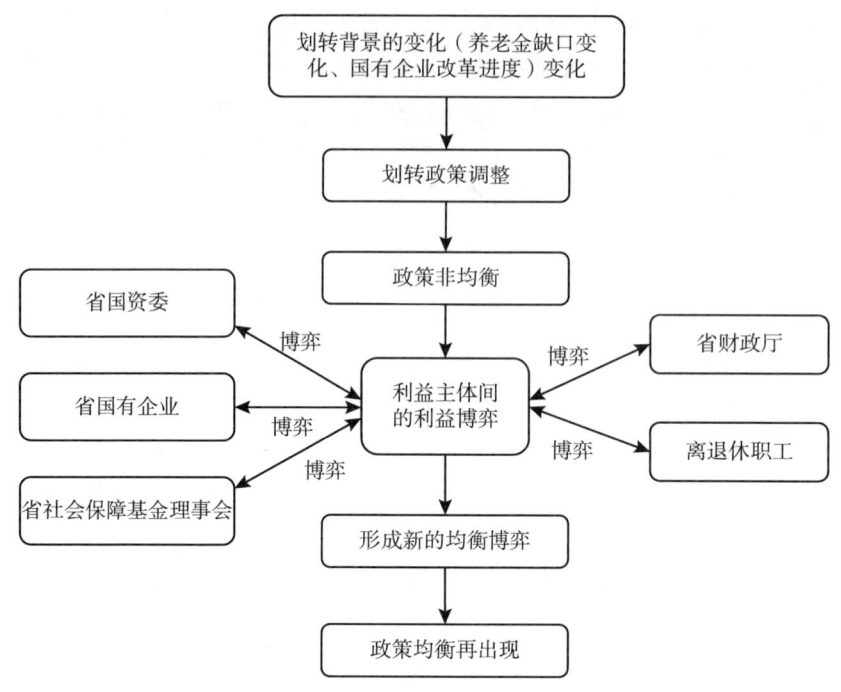

图 21-9　山东省社会保障基金运行各主体利益博弈概览

（2）划转国有资本优化股权结构，国有企业完善法人治理结构。

在国有资本划转社会保障基金后，山东省国资委和社会保障基金理事会分别持有相应股份，共同扮演出资人角色，实现公司重大事项由单一股东决策向双方派出董事会成员共同决策转变。原山东省人民政府国有资产监督管理委员会主任张新文表示，省属企业资本划转社会保障基金将有利于实现省属企业的股权多元化，从而推进国有企业改革。由于山东省国资委和省社会保障基金理事会将按持股比例派出董事和监事参与国有企业的内部治理，省属企业将建立起规范的公司治理结构和现代企业制度。此外，国有股权顺利划转的前提是完成国有企业的公司制改革，这一内容不仅有助于推动山东省属企业建立科学规范的决策、经营及监督机制，而且有助于增强国有企业的市场竞争力，提升其盈利能力。可以说，国有资本划转社会保障基金作为调整和优化国有资本布局的一种有效方式，能够提高国有资本的宏观配置效率。

（3）划转国有资本充实社会保障基金，国有企业红利实现全民共享。

社会保障基金是指国家统一建立的用于支付劳动者因暂时或永久丧失劳动能力或劳动机会时所享受的津贴或补贴。根据这一定义，国有资本划转充实社会保障基金可理解为是将国有资产用于民生建设项目，是实现国有企业红利全民共享的新型方式。《山东省划转方案》明确规定，国有资本划转社会保障基金后，社会保障基金理事会按照其持有的股权份额参与利润分红。这就意味着社会保障基金的缺口主要用国有企业红利弥补，其既不会损害国有企业经营的根基，又会形成对国有企业经营管理的有效约束，使社会保障基金获得源源不断的资金源泉。并且，随着国有企业改革的推进和市场化程度的提高，我国国有企业的经营行为将越来越规范，其市场竞争力将进一步提升，盈利能力不断增强，进而使得社会保障基金每年能稳定地依靠其所持有的股权持续获得可靠的增量资金补充。如此不仅可以扩大我国养老金的规模，减轻公共财政负担，而且还能够提高全民社会保障水平。所以说，国有资本划转社会保障基金是解决当前我国社会保险基金收不抵支问题的一个优选方案，在一定程度上真正实现了国有企业收益的全民共享。

（三）国有资本划转充实社会保障基金后的投资运营机制

国有资本划转社会保障基金后，山东省社会保障基金理事会按其持有股份参与国有企业分红并全面统筹社会保障基金的筹集、投资、分配等各项工作。2016年3月，山东省政府颁布的《山东省社会保障基金理事会章程》明确规定了省社会保障基金理事会的权利、义务、内设机构、管理运营等内容。依据章程，山东省社会保障基金运营体系如图21-10所示。

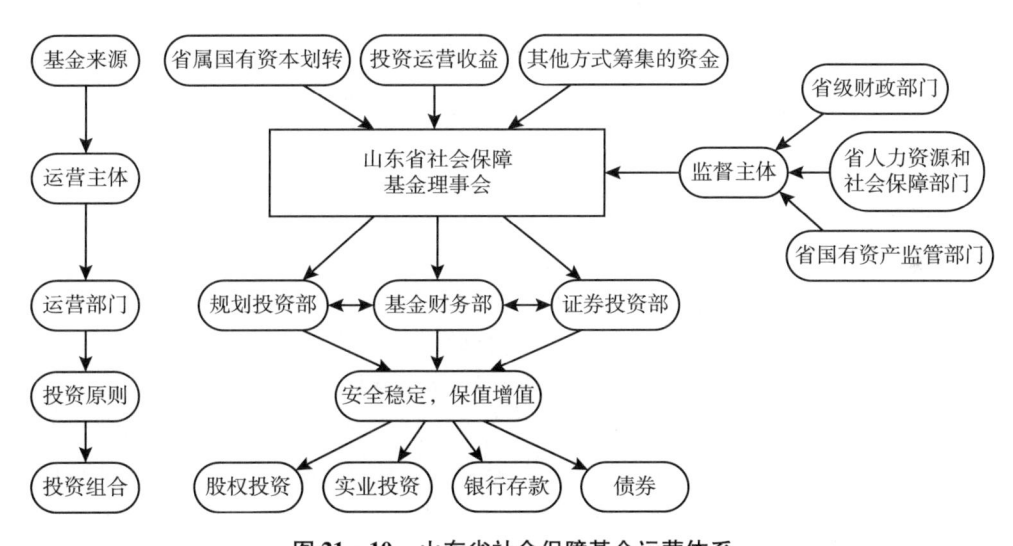

图21-10 山东省社会保障基金运营体系

资料来源：由Processon软件画图得出。

根据图21-10，在国有资本划转社会保障基金后，山东省社会保障基金在运营方面发生了多方面的变化。一是扩宽了资金来源渠道。由于省属国有企业划转到户的资本金额较大且普遍具有较强的自我增值能力，使得山东省社会保障基金的基金规模扩大且增值能力显著提高。二是优化了基金结构。国有资本划转社会保障基金后，山东省社会保障基金构成除了"个人账户"和"统筹账户"资金及投资运营收益外，还包括了从国有企业划转过来的大量优质资本及其收益。这使得山东省社会保障基金的维持不再依赖于传统的个人缴费模式，而是寻求国有资本及其收益的支持。三是提高了投资收益。国有资本划转社会保障基金后，社会保障基金理事会所管理的资产规模大幅度提升，使得社会保障基金理事会便于实施多元化投资组合策略。例如，以股权投资、实业投资、银行存款及债权投资等方式更多地投入到金融、文化、高新技术等发展空间广阔的行业领域，大大增加社会保障基金投资收益。另外，省社保基金理事会在开展社会保障基金运营工作的同时，接受省级财政部门、人社部门及国有资产监管部门的监督，确保了社会保障基金的安全稳定。

四、山东省国有资本划转充实社会保障基金的实践启示

如前所述，我国国有资本划转社会保障基金政策是国有资本收益实现全民共享的表现形式。而基于我国人口老龄化加剧的严峻形势以及国有企业深化改革的要求，国有资本划拨社会保障基金已经迫在眉睫。本书认为，我国国有资本划转社会保障基金工作要在吸收和借鉴试点省份成功经验的基础上统筹推进。山东省国有资本划拨社会保障基金的试点经验为多渠道地筹集社会保险资金，深化国有企业改革，应对加速到来的人口老龄化危机提供了有益启示。

（一）加快推进国有资本划转社会保障基金的进程

近年来，我国的人口老龄化问题日趋严峻，老龄人口数量显著增加，国家所需支付的退休金和养老金不断上升，单纯依靠在职职工的社会保险缴费已产生越来越大的资金缺口。为保持社会保障基金的可持续运行，国家亟须向其注入体量庞大的资金。山东省的试点经验表明，在现有社会保障基金存量不足的情况下，"国有资本划转充实社会保障基金"成为一条行之有效的社会保障基金来源渠道。以此为示范，应当积极推进其他省份国有资本划转社会保障基金相关工作。

山东省政府自发布《山东省划转方案》时起，仅用一年半的时间就完成全省大概180亿元的国有资本划转工作，至少带来以下几点优势。首先，充分体现国有资产"全民所有"的本质属性。通过社会保障基金使"全民"这一国有企业的终极所有者切实享受国有企业发展带来的红利，真正实现国有企业利润的全民共享。其次，"国有资本划转社会保障"有助于倒逼国有企业改革，完善国有企业治理结构。以山东省省属国有企业为例，通过国有资本"划转"将国有企业从原来的单一国有产权转变为"混合所有"的多元产权结构，原有单一股东垄断决策变为多方股东共同参与企业的经营管理，使得企业治理结构越发合理。最后，有利于提高社会保障基金的保值增值能力。前已述及，将30%的国有股权划转社会保障基金显著增加了社会保障基金资产规模，不仅有利于提高社会保障基金理事会对投资收益的重视程度，形成长期投资理念；而且能够将划转社会保障基金的那部分国有资本投资于各大行业领域，实现社会保障基金的保值增值。

（二）探索成立省级社会保障基金理事会

在山东省属企业资本划转充实社会保障基金进入实质运作阶段的同时，山东省社保基金理事会也随之成立，成为国有资本划转的承接者。国有资本划转社会保障基金后，省社会保障基金理事会依据相关法律法规享有资产收益、参与重大决策以及甄选管理者等权利，但是不得干预企业具体的生产经营活动。这一做法，对于山东省国有企业股权多元化和现代企业制度建设具有重要推动作用，同时也有助于强化省级社会保障能力、弥补人口老龄化高速发展背景下的社保基金缺口。值得一提的是，山东省级社会保障基金理事会设立后不久，委托全国社会保障基金理事会投资运营的 1 000 亿元养老金也统一归集到了省级社会保障基金理事会，实现了地方社会保障基金在管理、委托、核算及运营方面的统一。这不仅有利于真正实现社会保障基金责、权、利的公平；而且有利于调动省社会保障基金理事会的积极性，增强其实现资金保值增值的意愿；还有利于对其运营情况进行真正意义上的考核。因此本书认为，类似广东、江苏、浙江、北京等国有资本基础相对雄厚的省份均可借鉴山东省的做法，成立省级层面的社会保障基金理事会，作为国有资本划转社会保障基金的承接主体，统筹包括国有股权在内的社会保障基金的管理、分配和运营。

（三）国有资本划转社会保障基金应该分阶段地稳步推进

国有资本划转充实社会保障基金是一项复杂的系统工程，不可能一蹴而就，应该分阶段、分步骤、分类型、分层级、循序渐进地实行划转。本书认为，我国在推进国有资本划转充实社会保障基金工作过程中，应借鉴山东省的实践经验，分三个阶段逐步推行。第一阶段为划转前的比例确认阶段。山东省先对其省内国有企业所拥有的国有资本进行系统摸底，掌握拟划转国有企业的股本总额及盈利水平，在综合考虑山东省人口老龄化较为严重的具体情况下将划转比例确定为30%，目的在于确保弥补社会保障基金缺口的同时，尽量减少对国有企业正常运营的影响。第二阶段为国有资本划转社会保障基金的具体实施阶段。首先，山东省按照"一次划转"原则，省社会保障基金理事会一次性持有划转的部分国有资本，并履行划转股权出资人职能。其次，山东省遵从"分步到位"的思路，根据每个拟划转国有企业的改制情况和经营效益，分步办理划转手续。最后，按照成熟一户、完善一户的要求，对完成划转的企业研究修订公司章程，建立完善的法人治理结构，办理国有资产产权和工商变更登记手续。第三阶段为划转后的监督管理阶段。山东省级社会保障基金理事会作为山东省划转部分国有股权的持有者，应履行国有股东的权利和义务，参与相关国有企业的经营管理，确保其所持有股权的保值增值。同时，应进一步完善监管机制，各监管部门应加强对山东省社会保障基金理事会的监督和检查工作，确保所划转国有股本及其所获得的红利收入和投资收益专款专用，切实发挥弥补社会保障基金缺口的作用。显然，这种分步到位的工作程序是规范和务实的，具有实践层面的可操作性。

（四）加强国有资本划转社会保障基金的配套机制建设

山东省不仅在实践中先行一步，在配套机制建设上也具有独到之处。具体而言，主要包括以下三个方面：一是积极组建国有资本投资运营公司，实现国有资本划转社会保障基金与国有企业改革"双轨并行"。国有企业的资产证券化、资本化改革直接影响到国有资本划转的实施进度。因此，面对纳入国有资本划转范围且尚未改制完成的省属企业，山东省着力推进国有资本投资运营公司组建，建立健全现代企业制度。这不仅深化了国有企业改革，而且为国有资本划转社会保障基金创造了有利条件。二是试图建立社会保障基金专项预算制度。尽管目前山东省尚未建立社会保障基金预算制度，但已经开展社会保障预算试点。预算作为一种基本的、被社会广泛运用的财务管理方法，能有效提高资金管理效能，并有利于形成正确的决策选择，对于社会保障基金的运营和管理意义重大，应当重点推进。三是完善相关法律法规。国有资本划转社会保障基金政策的实施对国有企业发展和金融市场环境均存在较高要求。为此，山东省先后颁布一系列政策法规文件来改善国有资本划转的外部环境。例如，《山东省地方金融条例》就是适应国有资本划转政策的产物，该条例在地方金融服务、金融发展和金融监管等方面做出明确规定，为地方金融组织运行提供了法律保障和监管依据。此外，山东省还出台了《山东省社会保障基金理事会章程》《关于加强和改进企业国有资产监督防止国有资产流失的实施意见》等一系列法规性文件，这些配套举措均对国有资本划转社会保障基金后的规范管理和投资运营提供了有利的外部环境。

第三节 收入划转：上海市国有资本划转社会保障基金的实践模式

2013年，中共十八届三中全会公报中明确提出划转国有资本充实社会保障基金，这表明关于国有资本补充社会保障基金方式从理论探索进入了实践探索阶段。探索不但是指中央政府层面对改革方向的逐步明晰，而且也包括地方政府对直接划转充实社会保障基金进行的有益尝试。与山东省直接划转国有股权不同，上海市只是划转部分国有资本经营收益。从2016年起上海市开始扩大国有资本经营预算收益收缴范围，并规定将一定比例的市本级国有资本经营预算收入上缴公共预算，用于充实上海市社会保障基金。

一、上海市国有资本划转充实社会保障基金的背景

由于上海市的发展历史相对较长，经济发展水平较高，人均国民收入位居全国

前列，市政设施和社会保障较为完善。当然，上海市人口的平均年龄也比其他城市要高，人口老龄化问题也较为严重。据上海市统计局网站数据显示，截至2017年12月31日，上海市年龄超过60岁的老年人口为481.61万人，占上海市人口总数的33.1%，而同期全国的平均老年人口比例只有15.5%。也就是说，上海市的老年人口比例超过全国平均水平1倍以上。而且随着上海市老年人口比例的上升，每个适龄的（15~59岁）上海市劳动人口所负担的老年人口抚养系数也逐年递增。据上海市统计局网站数据显示，2017年上海市老年人口抚养系数比上一年度上升了4.7个百分点，达58.8%。如果进一步综合考虑，2017年上海市的总抚养系数更是高达77.1%，也就是说每1.29个适龄的上海劳动人口就要负担1个60岁及以上的老年人口，养老负担甚为沉重。虽然当前上海市社会保障基金的存量不存在缺口，但从发展趋势来看，应该防患于未然，未雨绸缪，及早采取应对未来社会保障基金缺口的对策，以便缓解长期养老金的支付压力。

（一）上海市社会养老保险基金缺口测算

基于前面对山东省养老保险基金缺口的测算，预测上海市2020~2030年社会养老保险基金缺口的计算公式为：社会养老保险基金缺口 = 社会养老保险基金的收入 - 社会养老保险基金的支出，其中社会养老保险基金支出 = 当年领取养老金人数 × 当年养老金替代率 × 上年社会平均工资。

1. 上海市离退休人口预测

上海市是我国人口老龄化最为严重的城市之一，不仅60岁以上老龄人口不断递增，老龄化进程也在不断加快。考虑到实际操作的复杂性与数据的可获得性，我们将退休年龄设定为60岁，采用一次指数平滑法对上海市离退休人口做出预测。其公式为：

$$Y_{t+1} = y_t + \frac{1}{n}(f_t - y_t)$$

通过整理后得：$Y_{t+1} = \frac{1}{n}f_t + \left(1 - \frac{1}{n}\right)y_t$，令 $\partial = \frac{1}{n}$，∂ 等于模型中的平滑常数。同时我们将时间滞后一期，该公式可变为：

$$Y_t = \partial f_{t-1} + (1 - \partial)y_{t-1}$$

据此，我们运用一次指数平滑法，以上海市2004~2013年离退休人口数据作为测算的样本，测算上海市未来10年的离退休人口分布状况。从测算结果我们不难得出，未来10年，随着经济社会的发展，社会医疗卫生水平和人们健康意识的提高，老年人口健康状况将不断改善，人口平均预期寿命不断延长，老龄人口数量将逐步上升，具体结果如图21-11所示。

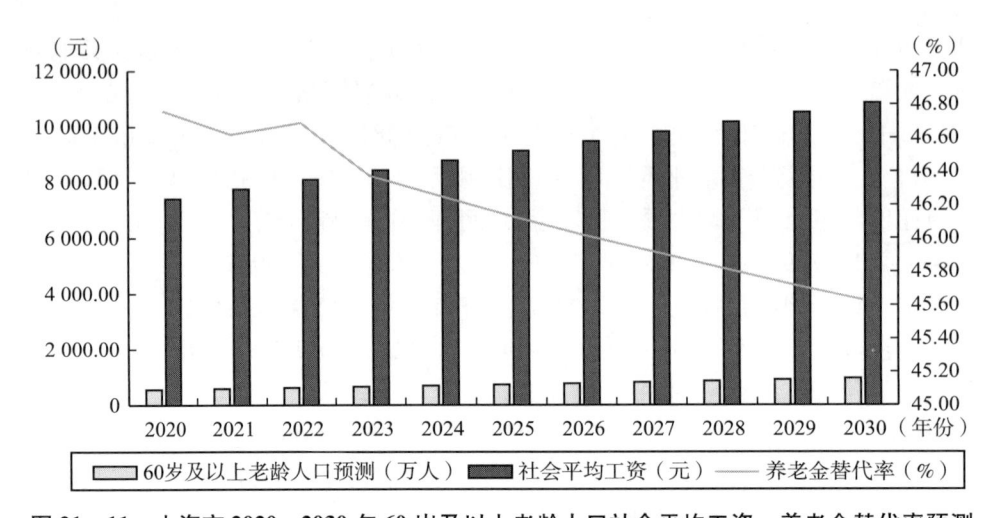

图 21-11 上海市 2020~2030 年 60 岁及以上老龄人口社会平均工资、养老金替代率预测

资料来源：崔开昌，等. 基于养老金缺口的划转国有资本充实社会保障基金研究——以上海市为例 [J]. 中国老年学杂志, 2016 (6): 3018-3023.

2. 上海市社会平均工资预测

一般而言，社会养老保险金的缴纳基数是个人工资，因此，每个人的工资和其所缴纳的社会养老保险金呈高度线性相关关系，因此我们可以近似认为全体上海市民的平均工资（即社会平均工资）和社会平均养老金呈线性相关，进而可以用社会平均工资的线性方程来预测未来上海社会养老金的变动状况。本书以上海市 2004~2013 年的数据为基础，利用线性模型对其进行预测，从而得出未来 10 年的社会平均工资数据（结果见图 21-11）。

$$Y = 334.5t + 1\,549 \qquad (21.3)$$

其中，t 为年份($t_1 = 2004$，$t_2 = 2005$，$t_3 = 2006$，…)。

3. 上海市养老金替代率预测

由于当年退休工资与上年度的社会平均工资有关，退休工资即为养老金的发放标准，所以当年养老金替代率可以用当年发放的养老金与上年的社会平均工资之比来计算。根据图 21-11 中的数据，建立对数数学模型：

$$y = 53.71 + 5.645\ln(t) \qquad (21.4)$$

其中 t = 1，2，…(2004 年 t = 1)。

我们根据近年来上海市社会平均工资增长速度的相关数据，通过数学模型发展其变化规律，从而找到上海市社会保障的发展变化的总体规律。通过数学模型我们预测得出上海市未来 10 年的养老金替代率，从中我们发现上海市的养老金替代率呈现缓慢降低的变化趋势（见图 21-11）。

4. 上海市养老金支出预测

根据上年社会平均工资和当年的养老金替代率，我们可以得出平均每位退休人员需领取的养老金，再乘以上海市当年应领取养老金人数，我们就可以计算出当年上海市养老金的支出总额。由于这三个方面的数据都可以根据前面模型得到较好的预测，这样我们就可以算出未来10年上海市养老金支出总规模，具体如表21-5所示。

表21-5　　　　　上海市2020~2030年养老金收支及缺口预测　　　　　单位：亿元

年份	养老金收入	养老金支出	养老金缺口
2020	1 878.85	2 221.22	342.36
2021	1 923.28	2 450.34	527.05
2022	1 964.42	2 697.82	733.40
2023	2 002.72	2 965.05	962.33
2024	2 038.54	3 252.80	1 214.25
2025	2 072.20	3 562.53	1 490.33
2026	2 103.93	3 896.58	1 792.65
2027	2 133.94	4 256.80	2 122.85
2028	2 162.41	4 644.09	2 481.68
2029	2 189.50	5 060.38	2 870.88
2030	2 215.32	5 508.81	3 293.49

资料来源：崔开昌，等．基于养老金缺口的划转国有资本充实社会保障基金研究——以上海市为例［J］．中国老年学杂志，2016（6）：3018-3023．

5. 上海市养老金收入预测

现阶段我国基本养老保险基金收入主要包括两个方面，一是由单位和个人按照国家规定的比例上缴在职员工的养老保险金，二是财政通过其他方式向养老保险基金注入更多的有效资金。为更好地预测未来10年上海市基本养老保险基金收入状况，我们需要了解上海市历年的基本养老保险基金收入数据及其来源构成。因信息的可获得性，我们仅从上海市人力资源和社会保障网查阅到2009~2013年基本养老保险基金收入的数据。根据这5年的基本养老保险基金收入数据，我们发现这些数据存在一定的规律，可通过构建一个对数模型来预测未来10年的上海市基本养老保险基金收入数据。具体模型如下：

$$y = 555.61\ln(t) + 499.48 \tag{21.5}$$

其中 t = 1，2，…（2004年 t = 1）。

根据模型（21.5），我们预测出未来10年上海市基本养老保险基金收入的具体数值（见表21-5）。从表21-5中数据不难看出，未来10年，上海市基本养老保险基金收入也呈现稳步增长的趋势，但其增长速度明显较低。

6. 上海市养老金缺口预测

从表21-5中我们可以看出，未来10年，上海市养老金缺口呈快速扩大的态势，究其原因，主要是这10年虽然上海市的基本养老保险基金收入也呈现稳步增长的趋势，但其增长速度明显落后于同期养老金支出的增长速度。这种支出增长速度长期高于收入的增长速度，必然导致其收不抵支的数额也呈逐年递增的态势。如果没有其他资金注入，按现有的收支模式，必然导致其养老保险基金的收支资金缺口逐年扩大。如何通过其他渠道向社会保障基金注入更多有效资金，从而提高社会保障基金的自我造血功能，逐步降低养老金缺口的增长速度甚至弥补全部缺口，实现社会保障基金的可持续运营，已得到上海市政府和各界人士的普遍关注。

（二）上海市国有企业基本情况

根据上海市国有资产监督管理委员会（以下简称"上海市国资委"）公开的数据显示，2018年底，上海市国有资产总量达27 195.48亿元。较上年增加1 908.16亿元，增长率为7.5%。所有者权益总额36 057.06亿元，较上年增长7.0%。然而全年累计实现利润总额达3 494.83亿元，较上年降低了3.1%。其中从市级层面来看，上海市属企业国有资产总量为21 058.07亿元，比2017年增加1 389.48亿元，增幅为7.1%；从区级层面来看，上海市区属企业国有资产总量为6 137.41亿元，比2017年增加518.68亿元，增幅为9.2%。2018年度国有资本保值增值率为103.3%。

为动态反映上海市国有资产基本情况，本书绘制了2012～2018年上海市国有资产总额、主营业务收入及利润总额变化情况（见图21-12）。由图21-12可知，上海市主营业务收入从2012年底的22 828.69亿元增长到2018年的35 857.10亿元，增幅为57.07%；利润总额从2012年底的1 987.39亿元增至2018年的3 494.83亿元，增长了1 507.44亿元，增幅为75.85%。可以说，上海市的国有企业盈利水平处于稳步增长状态，具备划转社会保障基金的基础和实力。

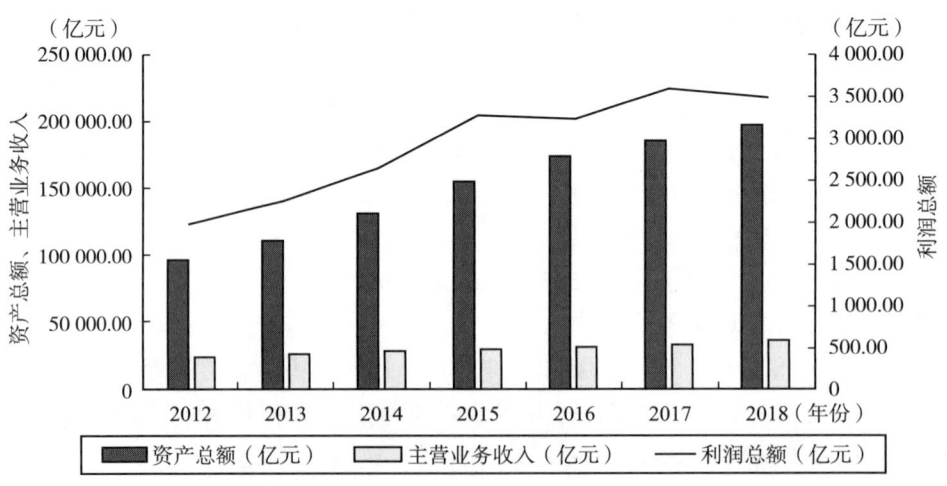

图21-12 2012～2018年上海市国有资产总额、主营业务收入及利润总额变化情况

资料来源：上海市国资委网站信息公开统计信息。

二、上海市国有资本经营预算收入划转社会保障基金的制度框架

不同于山东省的股权划转模式，上海市 2016 年开始探索的是国有资本经营预算收入划转社会保障基金的模式，这种预算收入划转模式构成了上海市当前实行的国有资本经营预算制度体系。根据《上海市国有资产收益收缴管理试行办法》以及《上海市市本级国有资本经营预算管理办法》等相关制度的规定，上海市国有资本经营预算的基本框架如下：

（一）预算编制主体

按照 2016 年《上海市市本级国有资本经营预算管理办法》的制度规定，上海市财政局、上海市国资委以及其他负有监管国有企业职能的部门和单位应各司其职，共同完成国有资本经营预算的编制工作，为国有资本收入划转社会保障基金提供制度保证。具体而言，首先，由上海市国资委及其他负有监管职能的部门作为预算编制主体，依据相关的法律、法规并结合市政府和财政局对当年预算编制工作的安排，在充分考虑上海市国有企业布局结构和行业发展规划的基础上提出国有资本经营预算建议草案。其次，上海市财政局根据相关法律、法规并结合上海市产业发展规划和国有企业改革发展政策，充分考量上海市本级国有资本经营收益情况及其拟上缴财政的数量和比率。同时根据上一个年度财政预决算情况对国资委提交的预算建议草案进行审议，并具体编制市本级国有资本经营预算草案，报市人民政府审批。

（二）预算编制体系

根据《上海市国有资产收益收缴管理试行办法》以及《上海市市本级国有资本经营预算管理办法》的规定，上海市国有资本经营预算工作实行"一个体系，两个层次"的管理，即"一个国有资本经营预算体系，分为企业集团国有资本经营预算和市本级国有资本经营预算两个层次"。根据上海市国资委的计划，按照不同的运作特点，企业集团国有资本经营预算又划分为产业型集团、政府投资公司和科研院所三种类型并实施分类管理，分别采用不同类型的国有资本经营预算管理制度。其中，对产业集团的国有资本经营预算主要以重大国有资本运作活动作为管理重心，同时关注历史遗留问题的处置工作；对政府投资公司的国有资本经营预算主要关注其发生的投融资活动，重点区分政策性项目与自营项目并对这两类项目采取差异化的预算管理；而对科研院所的国有资本经营预算则充分体现"以科研项目为重点"的预算重心，加强对其应持有国有资本权益的预算管理，避免国有资产流失。此外，在这一预算编制体系中，市财政局是市本级国有资本经营预算的主管部门和编制主体，市国资委为企业集团国有资本经营预算的编制主体和主管部门。

（三）预算编制职责

上海市财政局作为市本级国有资本经营预算主管部门，对上海市完成国有资本经营预算收入划转社会保障基金工作起到最重要的作用，担负着重要职责。第一，应根据现实需要，制定符合上海市现实需求的管理制度；第二，应具体编制完成上海市全市范围的国有资本经营预算草案，并根据预算执行情况及时编制预算调整方案，预算执行完成后应及时编制全市范围的决算草案；第三，应组织相关单位共同执行市本级的相关预算，并按法律要求定期向上海市人民政府汇报预算的执行情况；第四，应按照规定的收益收缴办法，及时有效地完成国有资本经营收益的收缴和管理工作，并监督市本级预算的执行情况；第五，应指导区（县）开展并完成相关的预算工作。

而市本级国有资本经营预算单位主要是一些负有国有资本监管职能的部门和单位（如国资委），这些部门和单位也是预算编制的重要组成部分，其具体职责有五个方面。一是制定本单位管理范围内国有经济的战略布局，制定相应的改革发展战略规划，并根据战略布局和战略规划完成其结构调整；二是协助市财政局共同制定国有资本经营预算方面的管理制度；三是具体编制完成本单位管理范围内国有资本经营预算草案，并在预算执行完成后及时编制相应的决算草案；四是组织本单位管理范围内企业认真执行国有资本经营预算，并给予必要监督管理；五是组织本单位管理范围内企业按规定比例及时上缴国有资本收益，并给予必要监督管理。

（四）预算收支范围

上海市本级国有资本经营预算和其他预算类似，同样分为预算收入和预算支出两个部分。

其中，预算收入主要包括：（1）上海市所有国有企业应上缴的经营收益预算，包括未完成公司制改造的全民所有制企业按规定应当上缴国家的利润；国有控股（参股）企业因持有股权（股份）获得的股息收入、国有产（股）权转让收入、企业清算收入以及其他国有资本经营收益；（2）政府补助收入；（3）其他国有资本经营预算收入。

市本级国有资本经营预算支出主要包括：（1）资本性支出。指根据上海市的产业发展战略规划、国有经济布局和结构调整及国有企业发展要求而安排的资本性支出。（2）费用性支出。指用于弥补国有企业改革成本（如人员安置、债务清理等历史遗留问题）方面的费用性支出。（3）其他预算支出。指为贯彻实行国家和上海市自身制定的宏观经济政策及促进国有企业改革顺利完成，在特定的历史年度必须统筹安排的预算支出。国有资本经营预算划转社会保障基金就属于这类预算支出类型。

(五) 预算收益收缴

在国有资本收益收缴方面，2010年9月颁布的《上海市市本级国有资本经营预算管理办法》规定，上海市市本级国有资本经营预算收入由各预算单位（如上海市国资委）组织其监管范围内国有企业按规定及时向上海市财政局上缴一定比例的国有资本收益。而对于收缴的具体比例，这份文件并没有规定。在该文件出台之前，国有资本收益收缴主要依据2005年上海市国资委颁布的《上海市国有资产收益收缴管理试行办法》。该办法规定，已完成公司制改造的国有控股公司或国有参股企业按照董事会确定的红利分配比例上缴国有资本收益，而对那些未完成公司制改造的全民所有制企业则按照市国资委核定的比例上缴收益。

在国有资本收益实际收缴方面，上海市一直将其拥有的国有企业分为两类，采取不同的收缴办法。第一种是国有控股、参股企业。这类企业的收益包括两类，分别是国有上市公司的红利收入和国有股转让的处置收入。根据这两类收益的性质特点，上海市采取差异化的分配、管理方式。一方面，国有上市公司的股息红利分配事项由其董事会或者类似权力机构确定。中国证券登记结算有限责任公司根据红利分配方案直接将上海市属国有企业应分配的红利全部划转至市国资委专用账户。市国资委在收到相关红利后，再将其中的50%划转给国有资产授权经营公司。另一方面，上市公司的国有股权转让一般由国有股持股单位完成，转让完成后，持股单位将留存80%的转让收入，而将其中的20%上缴市国资委集中专户。第二种是国有独资企业。对于这类企业的收益收缴则按照市国资委核定的比例进行。结合上海市的企业布局特征，上海市首先从上海市国资委所管理的国有企业开始收缴国有资本经营收益，并随着制度的完善和相关部门执行效率的提高逐步扩大收缴企业的范围，最终将完成对所有市属企业国有资本经营收益的收缴工作。需要强调的是，当前国有资本经营收益统一按照企业税后净利润20%的比例上缴，待条件成熟后，将根据不同行业、不同规模企业的经营特点并结合上海市国有企业发展规划的具体要求，确定不同的国有企业上缴比例和采取不同的收缴方式。

(六) 预算内容构成

如图21-13所示，上海市市本级国有资本经营预算作为第一层次，其主要内容包括预算说明书、报表及预算制度实施的相关配套措施。其中报表包括：（1）国有资产授权经营公司本级预算主表，即现金收支预算表和国有权益变动预算表；（2）国有资产授权经营公司本级附表，包括资产负债预算表、利润及利润分配预算表、投资预算表、投资收益预算表、固定资产投资预算表、融资预算表、资产减值准备预算表和管理费用预算表；（3）国有资产授权经营公司合并报表，包括合并资产负债预算表、合并的利润及利润分配预算表和合并的国有权益变动预算表。

第二层次的国有资本营运机构预算采用权责发生制的会计核算方法，预算内容包括预算年度内资产运作的重大事项、预算期初和期末的资产负债情况、盈利情况和现金流情况等。从预算报表体系看，第二层次的国有资本营运机构预算分为本级预算和合并预算。其中，本级预算内容主要包括由现金收支预算表、非现金收支预算表和国有权益变动预算表组成的主表，以及由补充现金流量预算表、投资预算表等组成的附表和相关的编制说明书。合并预算内容主要包括合并的资产负债预算表、合并的利润及利润分配预算表和合并的国有权益变动预算表，以及合并预算编制说明书等。

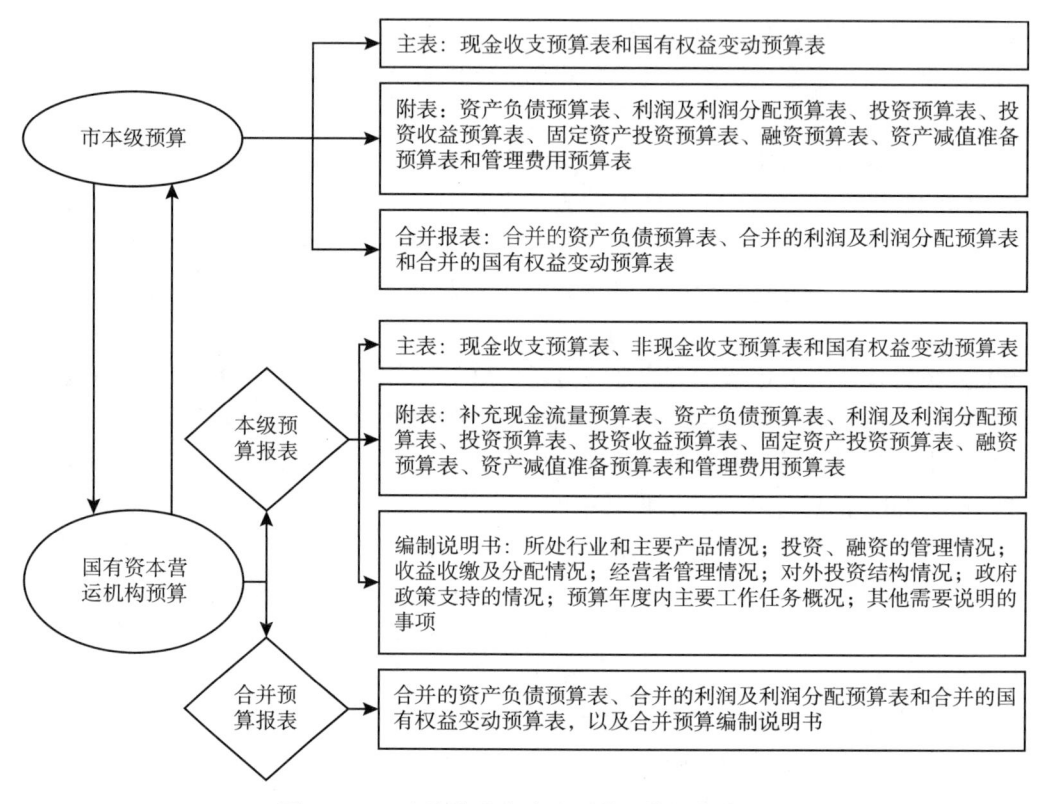

图 21-13 上海市国有资本经营预算报表体系

（七）预算运行机制

上海市国有资本经营预算运行机制主要有以下几个特点：（1）初步建立了产权代表委派制度。上海市企业集团层面的预算工作主要由市国资委负责管理。而为充分体现出资人意图，上海市国资委一般会派出产权代表参与企业集团预算的编制并监督预算的执行。这一过程中，派出的代表也要按相应的流程定期向市国资委报告预算的具体执行情况和存在的问题。（2）加强对国有资本经营预算执行情况的监管。在上海市国有资本经营预算执行过程中，市国资委制定了相对完善的监管机制。不仅通过定期检查企业集团预算执行情况，分析预算实施效果并发现可能存在的问题，而且对预算执行过程中的重大事项或存在的问题开展不定期的专题调查。

此外，市国资委还委托审计机构对企业集团决算进行审计，并将审计结果和相关指标作为市国资委对所派出产权代表的重要考核指标之一，从而强化所派出产权代表的监管责任，提高其真正行使产权代表职责的积极主动性。（3）建立了相对完善的预算考评制度。一方面明确规定市国资委作为企业集团国有资本经营预算考评主体，另一方面根据企业集团的不同类型和不同的行业特征建立了差异化的、能较好体现企业和行业特征并自我修正的预算评价指标体系。（4）为了尽量规避预算管理的决策风险，上海市国资委还设立了一个专家咨询机构——预算财务委员会，由离退休的财政官员和高等院校专家学者组成，力争使预算决策更加科学化、规范化、合理化。

（八）预算监督机制

目前上海市已初步建立了四级预算监督机制。一是来自上海市人大和审计局的监督。我们知道，上海市市本级国有资本经营预算要纳入市本级政府预算并报市人民代表大会批准。在这一过程中，由上海市审计局对上海市本级国有资本经营预算的执行及其决算进行监督，相关部门和各预算编制主体和执行主体严格按照国家和地方制度及时进行信息披露工作。二是来自上海市财政局的监督管理。上海市财政局为加强预算监督，积极研究制定并不断完善相关政策制度。例如，在定期实施专项检查的前提下，根据实际需求不定期对国有资本经营预算管理工作中的重大事项或特定问题展开调查。三是来自市国资委等预算单位的监督管理。为保证国有资本经营预算工作落到实处，国资委等预算单位向所监管企业派出产权代表并通过各种审计工作加强监督。这一过程中，为确保能够真正了解所监管企业的财务状况和经营成果，国资委等预算单位也会要求这类企业及时、准确、完整地上报相关会计报表。四是来自企业集团自身的监督。国有资本经营预算的执行要求企业集团建立完善的国有资本经营预算内部控制制度。例如，通过建立完善的资金管理制度，规范资金筹集、投资和营运等核算工作；通过不断健全内部审计制度，对企业改制、股权转让、对外投资等重要经济活动实行专项审计，对资金使用的真实性、合法性和效益性进行有效监督，确保企业国有资本经营预算的真正实现。

三、上海市国有资本经营预算收入划转社会保障基金的实践情况

根据国务院相关通知的精神，上海市决定要加大本市级国有资本经营预算对公共财政预算的支持力度，特别是提高其向社会保障资基金注入资金的能力。根据国有资本经营预算制度框架，上海市从2016年正式开始划转部分国有资本经营预算收入注入社会保障基金的实践，此后根据社会保障基金的现实需求和国有资本盈利水平不断提高其划转比例，加大国有资本收益对社会保障基金的支持力度，如表21-6所示。

表 21-6　上海市国有资本经营预算收入划转社会保障基金数据

指标	2016 年	2017 年	2018 年	2019 年
国有资本经营预算收入（亿元）	97.9	98.6	103.7	128
国有资本经营预算收入划转社会保障基金数额（亿元）	16.2	21.6	25.9	40.8
国有资本经营预算收入划转社会保障基金占比（%）	16.5	22	25	31.8

资料来源：上海财政局，http://www.czj.sh.gov.cn/。

前已述及，2016 年是上海市实行国有资本经营预算收入划转社会保障基金的开局之年。按照中共十八届三中全会关于国有资本收益更多用于保障和改善民生的有关精神，以及国家关于推进国有资本经营预算与一般公共预算统筹协调的要求，上海市推动建立相关预算制度，要求上海市市本级的国有资本经营预算占当年预算收入的比率不能低于 19%，并主要注入上海市社会保险基金，进一步加大了国有资本收益对民生和社会保障方面的支持力度。在支出安排上，2016 年上海市本级国有资本经营预算支出重点围绕"创新驱动发展，经济转型升级"的总体目标，深入贯彻落实《关于进一步深化上海国资改革促进企业发展的意见》（以下简称"上海国资国企改革 20 条"）有关支持产业调整发展、基础设施建设、民生社会保障的要求，并结合上海市宏观经济政策以及国有企业改革发展的任务，统筹安排确定。具体而言，各项支出安排内容如下：（1）解决历史遗留问题及改革成本的支出预算数为 0.2 亿元，重点用于弥补国有企业体制机制改革成本方面。（2）国有企业资本金注入预算数为 73.5 亿元，重点用于国有经济结构调整、支持科技进步和投资公益设施等方面。（3）国有企业政策性补贴预算数为 7.3 亿元，重点用于加强国有企业技术创新、能力提升和产业链优化。（4）其他国有资本经营预算支出预算数为 0.7 亿元，重点用于集团财务决算审计。（5）国有资本经营预算调出资金预算数为 16.2 亿元，用于补充上海市社会保险基金，着力保障和改善民生。根据测算，2016 年上海市国有资本经营预算收入划转社会保障基金占比达 16.2%。

2017 年，为深入贯彻落实中共十八大、十八届三中全会和"上海国资国企改革 20 条"的有关精神和要求，上海市市本级国有资本经营预算在支出安排方面进一步调整优化，国有资本经营预算与一般公共预算统筹能力进一步提高，其用于保障和改善民生的支出力度也进一步加强。根据《关于上海市 2017 年市本级国有资本经营预算（草案）的说明》，2017 年上海市预计收缴国有资本收益 74.5 亿元，加上上年结转的 24.1 亿元，市本级国有资本经营收入预算共计 98.6 亿元。其中利润收入预算数为 62 亿元，股利、股息收入预算数为 9.9 亿元，产权转让收入预算数为 1.3 亿元，其他国有资本经营预算收入预算数为 1.3 亿元，上年结转收入预算数为 24.1 亿元。与此相对应，2017 年上海市市本级国有资本经营预算支出数为 98.6 亿元。其中，资本性支出 67 亿元，费用性支出 9.3 亿元，其他支出 22.3 亿元。具体内容如下：（1）解决历史遗留问题及改革成本支出预算数为 4.7 亿元，重点用于弥补国有企业体制机制的改革成本方面。(2) 国有企业资本金注入预算数为 67 亿元，重点用于国有经济结构调整、支持科技进步和投资公益设施等方面。(3) 国有企业政策性补贴预算数为 4.6 亿元。重点用于加强国有企业技术创新、能力提升和产业链优化。(4) 其他国有资本经营预算支出预算数为 0.7 亿元，重点用于集团财务决算审计。(5) 国有资本经营预算调出资金预算数为 21.6 亿元，重点用于补充上海市社会保险基金等重要领域支出，着力保障和改善民生。根据测算，2017 年上海市市本级国有资本经营预算收入划转社会保障基金比例上升到 22%。

2018 年，上海市国有资本经营预算用于保障和改善民生的支出相较上一年度明显增加。根据《关于上海市 2018 年市级国有资本经营预算（草案）的说明》，2018 年上海市市本级国有资本收益收缴的比例分别为：一般企业的收缴比例为 20%（其中功能类企业的收缴比例为 15%）；公益性企业的收缴比例为 10%（含公共服务类企业）为 10%。另外，为鼓励中小企业和文化产业的发展，上海市规定以下两类企业可免缴国有资本收益。一是当年定应缴利润不足 10 万元（含）的小微型企业，二是市属重点文化企业。按照上述收缴比例，2018 年上海市全年预计收缴国有资本收益 88.9 亿元，加上上年结转收入 14.8 亿元，市本级国有资本经营预算收入预计为 103.7 亿元。其中利润收入预算数为 73.9 亿元，增长 19.2%；股利、股息收入预算数为 15 亿元，上升 91.9%；上年结转收入预算数为 14.8 亿元。在支出安排上，2018 年上海市市本级国有资本经营预算支出数为 103.7 亿元。其中，资本性支出 68.5 亿元，费用性支出 8.6 亿元，其他支出 26.6 亿元。具体内容如下：(1) 解决历史遗留问题及改革成本支出预算数为 5 亿元，增长 6.4%，重点用于弥补国有企业体制机制的改革成本方面。(2) 国有企业资本金注入预算数为 68.5 亿元，下降 2.2%，重点用于国有经济结构调整、支持科技进步和投资公益设施等方面。(3) 国有企业政策性补贴预算数为 3.6 亿元，比 2017 年增长 227.3%，重点用于加强国有企业技术创新、能力提升和产业链优化。(4) 其他国有资本经营预算支出预算数为 0.7 亿元，比 2017 年增长 75%，重点用于集团财务决算审计等财务管理方面。(5) 国有资本经营预算调出资金预算数为 25.9 亿元，增长 19.9%，重点用于补充上海市社会保险基金等重要领域支出，着力保障和改善民生。以上数据表明，2018 年上海市市本级国有资本经营预算收入调入一般公共预算的比例从 22% 提高到 25%，增加了 3 个百分点，并重点用于社保基金等民生项目建设。应当承认，按照国家关于推进国有资本经营预算与一般公共预算统筹协调的要求，上海市正积极推动建立国有资本经营预算与公共预算的统筹衔接机制。

2019 年，上海市国有资本经营预算用于保障和改善民生的支出力度进一步加大。按照国家有关规定，上海市进一步推动建立国有资本经营预算与公共预算的统筹衔接机制，将更多国有资本经营预算收益用于保障和改善民生。根据《关于上海市 2019 年市级国有资本经营预算（草案）的说明》，2019 年上海市级国有资本收益收缴比例如下：一般企业为 25%（其中功能类企业的收缴比例为 15%）；公益性企业的收缴比例为 10%（含公共服务类企业）为 10%。另外，为鼓励中小企业和文化产业的发展，上海市规定以下两类企业可免缴国有资本收益。一是当年定应缴利润不足10万元（含）的小微型企业，二是市属重点文化企业。对照2018年的规定，本书发现两者的差别主要是提高了一般企业的征缴比例。按上述比例测算，2019年上海市级国有资本经营收入将高达118.2亿元，加上上年结转收入9.8亿元，市本级国有资本经营预算收入预计为128亿元。其中利润收入预算数为98.9亿元；股利、股息收入预算数为19.3亿元；上年结转收入预算数为9.8亿元。在支出安排上，2019年上海市级国有资本经营预算支出数为128亿元。其中，资本性支出78.7亿元，费用性支出7.7亿元，其他支出41.6亿元。具体内容如下：（1）解决历史遗留问题及改革成本支出预算数为5.3亿元，重点用于弥补国有企业体制机制的改革成本方面。（2）国有企业资本金注入预算数为78.7亿元，重点用于国有经济结构调整、支持科技进步和投资公益设施等方面。（3）国有企业政策性补贴预算数为2.4亿元，重点用于加强国有企业技术创新、能力提升和产业链优化。（4）其他国有资本经营预算支出预算数为0.8亿元，重点用于集团财务决算审计等财务管理方面。（5）国有资本经营预算调出资金预算数为40.8亿元，全部用于补充上海市社会保险基金，着力保障和改善民生。

四、上海市国有资本划转充实社会保障基金的实践启示

（一）统筹兼顾好国有资本划转特定目标和长期制度之间的关系

虽然上海市老龄化程度相对较高，但其经济体量也相对较大。因此，上海市在国有资本划转社会保障基金方面，既着眼于满足人口老龄化的现实需求，也立足于维持并提高上海市的经济发展优势和发展潜力，统筹兼顾好国有资本划转特定目标和长期制度之间的关系，注重建立一种可持续发展的长期划转制度。借鉴上海模式，我国推进国有资本划转充实社会保障基金项目既要制定全国统一的划转制度，又要根据各地的具体情况，允许并鼓励制定差异化的实施细则。具体而言，一方面应积极推动国有资本划转社会保障工作的制度化建设。中央可结合各试点地区的经验和教训，深入研究划转国有企业可能的范围、合理的比例区间并介绍其具体实施路径，实现国有资本划转社会保障基金成为一种长期性制度安排。只有这样的制度安排才能不断地、可持续地向社会保障基金注入资金，尽可能弥补社会保障基金的巨大缺口，进而使全体人民真正分享国有企业经营成果，体现国有企业全民所有的本质属性。另一方面在出台全国统一的划转制度前提下，应允许各地区根据其人口结构、产业结构、国有企业布局等实际情况探索差异化的、可调整的划转比例。即注重保持政策实施的弹性和灵活性，在努力确保社会保障基金可持续运行的前提下，兼顾国有企业经营绩效的提升，从而保持并不断优化区域经济的持续竞争力。

(二) 对于经济强省份可仅采取国有资本投资收益划转，而不进行股权划转

由于较强的经济实力，上海市长期拥有较多的社会保障缴费收入，社会保障基金资产规模也相对较大。因此，上海市针对人口老龄化问题采取的方案是在确保社保基金收支盈余的前提下，尽量不进行国有股本的直接划转，并且在收益上缴方面也实行较低的划转比率，尽可能减少其对国有资产保值增值能力的影响。按理来讲，在经济实力较强的地区，国有企业具有相对良好的发展机会和较强的竞争能力，保留股本甚至留存大部分利润在国有企业更有利于国有资产的保值增值。而如果将大部分国有企业利润甚至股本集中到社会保障基金，可能使社会保障基金在短期内迅速形成巨额的运营管理资金。此时由于社会保障基金管理机构在投资理财方面缺少专业运作经验，短期内让其运营管理巨额基金，可能存在较大的投资风险，即很难保证划转部分国有资本的保值增值。如上所述，上海市于 2016 年开始试行国有资本经营预算收入划转社会保障基金的实践，划转数量和比例逐年提高，甚至在 2019 年达到 40.8 亿元的划转规模和 31.8% 的划转比例。除了响应国家政策的号召外，上海市国有资本经营预算收入划转社会保障基金的数量和比例的提高离不开上海市国有资本经营预算收入的增加，而收入的增加则要归因于国有企业盈利能力的增强与该市较为强劲的经济实力。在 2019 年 2 月 1 日召开的上海市财税工作会议上，原上海市财政局局长过剑飞指出，2018 年上海市社会保障基金总收入 4 415.7 亿元，社会保障基金总支出 3 919.4 亿元，仍有 496.3 亿元的盈余。由此，我们可以看出，上海市之所以能够确保社会保障基金收支盈余，离不开上海市给力的国有企业盈利能力，更离不开上海市自身发达的经济实力。

(三) 在国有资本收益收缴比例方面应根据具体情况制定不同比例

上海市在国有资本充实社会保障基金方面和其他省份相比最大的特征是不实行股权直接划转，而仅仅将收缴的部分国有资本收益划转社会保障基金。而且自 2016 年试行这一划转政策以来，上海市对国有资本经营预算收入一直实行"分类收缴"的办法，但其内容有所微调。2019 年，上海市国有资本收益收缴的具体比例分别如下：一般企业为 25%（其中功能类企业 15%）；公益性企业（含公共服务类企业）为 10%；应缴利润不足 10 万元（含）的小微型企业免缴当年应缴利润；市属重点文化企业 2016～2020 年暂免缴纳国有资本收益。对比 2018 年的国有资本收益收缴比例政策，我们发现 2019 年这一政策唯一的变化内容是一般企业的收缴比例由 20% 提高到 25%，其他类型企业的收益收缴比例保持不变，甚至连一般企业中的"功能类企业"收缴比例也没有提升。这说明上海市国有资本经营预算收入也主要是从一些竞争类行业且处于成熟期的国有企业处获得，而对一些发挥特殊功能或提供公共产品的国有企业和处于成长期且需要追加投资的一般性国有企

业则尽量按照较低比例征缴,甚至把所有利润全部留存于国有企业内部。

第四节 国有资本划转社会保障基金的实践难点:以福建省为例

自国务院发布《划转部分国有资本充实社保基金实施方案》以来,仅四川、新疆等4个省份印发了划转工作实施方案,其他省份尚在酝酿筹备之中。这也在一定程度上说明其他省份可能存在国有资本划转工作的难点尚未解决;或是划转范围未明了;或是承接主体未确定;或是划转程序未清晰;等等。因此,要保证国有资本充实社会保障基金方案在全国范围内铺开,必须回归各省份实际情况,切实分析和解决其可能存在的实践困境。这里,本书以福建省为例展开分析,研究地方国有资本划转社会保障基金运行可能存在的难点及困境,并给出可能的实践启示。

一、福建省国有资本划转充实社会保障基金的背景

尽管当前福建省社会保障基金能够维持较好的收支平衡,但随着人口老龄化问题的加剧,其收入增速将不断降低,而支出水平却快速上升,这就导致在不久的将来也必然出现较为严重的社会保障基金缺口问题。

(一)福建省人口老龄化进程加速

据《福建统计年鉴》相关数据显示(见表21-7),在1990年,福建省老年人口就已占到全部总人口的7.9%。而随着社会经济的发展和医疗卫生水平的完善,福建省老年人口比重持续上升。在2000年,福建老年人口比重9.55%,高于同年的人口自然增长率5.75%,2010年老年人口比重达11.42%,而当年的人口自然增长率仅为6.11%,老龄人口增长率要比人口自然增长率高出5.31个百分点,标志着福建省人口老龄化形势日趋严峻。而到2018年,福建省老年人口比重进一步增长至14.5%,意味着老龄化程度进一步提高。而且通过分析表21-7的数据不难发现,在2010年以前,福建省老年人口比重平均每10年增长1.76%,而从2010~2018年仅仅8年时间,福建的老年人口比重就从11.42%上升至14.5%,增加3.08个百分点。不得不承认,近年来福建省人口老龄化更是呈现加速态势。

表21-7　　　　福建省主要年份人口年龄结构变化　　　　单位:%

年份	少年人口比重	老年人口比重	人口自然增长率
1990	31.50	7.90	17.73
2000	22.30	9.55	5.75

续表

年份	少年人口比重	老年人口比重	人口自然增长率
2005	18.30	12.00	5.98
2010	15.47	11.42	6.11
2011	16.08	11.88	6.21
2012	15.74	12.30	7.01
2013	15.89	12.61	6.19
2014	16.10	13.01	7.50
2015	16.22	13.41	7.80
2016	16.40	13.73	8.30
2017	16.56	14.18	8.80
2018	16.71	14.50	7.00

注：篇幅限制，2010年以前仅选取部分代表年份数据。
资料来源：《福建统计年鉴2019》。

同样分析表21-7的数据可以发现另一个问题，即福建省少年人口占总人口的比重相对较小。福建省少年人口比重在20世纪90年代初期为31.5%，2000年只剩下22.3%，并且自此以后，这一比重持续下降，在2010年达到历史最低点的15.47%。尽管随后有小幅提升，但也基本只能保持在15%~17%之间。2018年，福建省少年人口比重仅为16.71%，大约占1990年的一半左右，这在一定程度上表明当前福建省不仅存在较为严重的人口老龄化问题，而且在较长一段时间内这一人口结构问题将无法得到有效解决，甚至存在进一步加剧的可能。

（二）福建省基本养老保险金缺口的预测

一方面随着人口老龄化进程的加速，福建省基本养老保险金的支出规模将逐步增大；另一方面由于青壮年在职人口比重的降低，社会保障基金缴费收入将出现增速放缓甚至减少的局面。二者的相互作用使得福建省未来社会保障基金的预算收入增速明显慢于预算支出的增速，存在巨大的支付压力。具体而言，从老龄化程度来看，由表21-7可知，福建省2010年老年人口占比为11.42%，而到2015年则上升为13.41%，5年时间增长了1.99个百分点，增幅为17.43%，而2015~2018年又进一步提高了1.09个百分点。因此，如果保守估计，按照5年增幅17.43%的速度，我们可以得出图21-14关于福建省未来老年人口比重的预测。虽然这个预测结果相较其他省份还较为理想，但从图21-14仍可以看出，福建省在未来40年老龄人口会呈现稳步增长的趋势。从这个角度说，未来领取养老金的人口将大幅度稳步提高，从而对养老金的需求也大幅度增加。

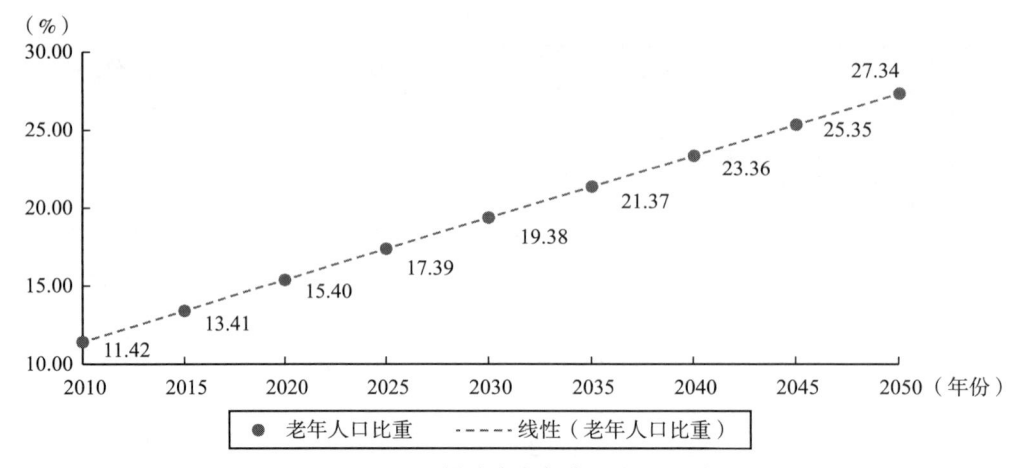

图 21-14 福建省老年人口比重预测

从社会保障基金收支端口来看。据福建统计年鉴资料显示，福建省 2015 年职工养老保险基金收入比上一年度增加了 8.14%，但增幅相对下降了 0.14 个百分点。因此，结合福建省人口分布特征，我们预测福建省未来较长一段时间内社会保障基金收入仍然能够保持持续增长，但其增长速度有可能呈现小幅降低。本书在不考虑其他因素的情况下，对福建省养老保险基金的收入和支出进行了初步概算，并预测其 2020~2050 年的养老金收支情况如图 21-15 所示。根据测算结果显示，尽管福建省当前职工养老基金仍能实现财务收支持续，并有一定的账面盈余，但随着其收入增速的降低及支出水平的提高，到 2020 年将出现较为严重的收不抵支问题，而且这一差额将呈逐年递增的态势。按照这一趋势，如果不通过国有资本划转社会保障基金等方式增加社会保障基金收入，那么可以预见，福建省社会保障基金将面临巨大的支付压力。

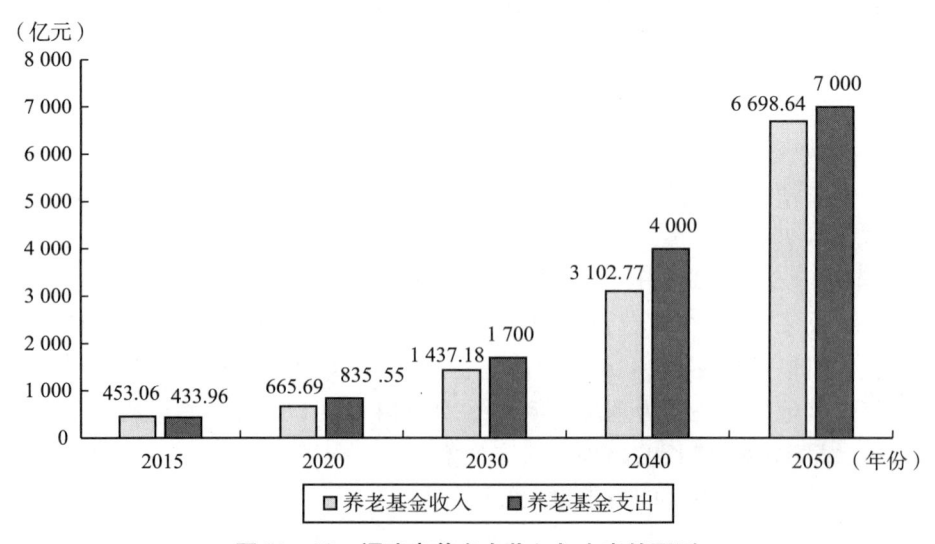

图 21-15 福建省养老金收入与支出的预测

（三）福建省国有企业基本状况

1. 国有企业资产总额倍增

根据福建省人民政府国有资产监督管理委员会（以下简称"福建省国资委"）公开的数据，本书整理出福建省2011~2018年国有资产规模变化情况如图21-16所示。从图21-16不难看出，福建省自2011年以来不论省属还是区属国有企业资产总量均不断扩张。2011年底，福建省省属国有企业资产总额仅为4 946.62亿元，而同期各设区市属企业的资产总额也与省属企业基本持平，为4 926.99亿元，两者之和为9 873.61亿元。而到2015年底，福建省省属和各设区市属国有企业资产总额分别达到11 443.04亿元和12 403.69亿元。截至2018年底，福建省设区市属企业的资产总额甚至高达20 349.21亿元，是2011年资产总额的4.13倍；同期的省属国有资产总额也是2011年数据的3.5倍。也就是说，从2011~2015年，仅用4年时间，福建省已实现了国有企业资产总额的成倍增长。而若将时间延长至2018年，这一资产总额大约是2011年的4倍（各设区市属企业的资产总额甚至高达4.1倍）。换句话说，福建省仅用短短的7年时间实现了国有资产总额的两次倍增。更重要的是，相较2017年，福建省2018年地方国资委出资的企业资产仍同比增长13.78%；而省属国有资产规模的同比增长率更是高达15.98%，这说明福建省的国有企业资产总额仍呈快速增长的态势。这一趋势使福建省具备了国有资本划转社会保障基金的经济基础。

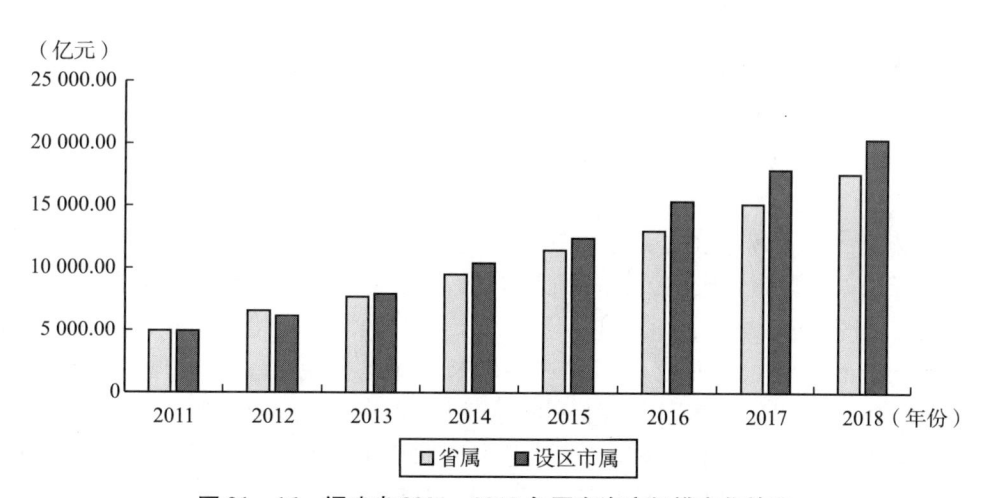

图21-16　福建省2011~2018年国有资产规模变化情况

资料来源：根据福建省国资委网站公开统计数据统计。

2. 营业收入增幅较大

近年来，福建省不仅国有资产总量呈倍增态势，其营业收入也获得了快速增长。据福建省国资委网站公开数据统计，2011年，福建省省属国有企业营业总额为1 470亿元，市属国有企业的营业总额是其1.89倍，为2 779亿元。两者合计可知，福建省当年全部国有企业营业总额已达 4 200 多亿元。而同样到 2018 年，福建省设区市属国企的营业收入达 10 178.24 亿元，同比 2011 年增加了 7 399.24 亿元，是 2011 年的 3.66 倍。而福建省省属国有企业营业收入的增长幅度虽然没有市属企业耀眼，但 7 年时间仍然增长了 118.07%，达到 2011 年营业收入的 2.18 倍，增速也较为显著。其实从图 21-17 也可以看出，近年来，福建省省属国有企业营业额虽然也呈增长态势，但其增速明显低于设区市属的国有企业。究其原因，主要是由于近年来省属国有企业的数量并没有太大增长，其营业额提高也主要是基于原有省属企业经营效益的改善；而与之相对应的是，地市国资委所属国有企业的营业收入出现大幅度增长，其很大原因是设区市属国有企业数量增多导致。

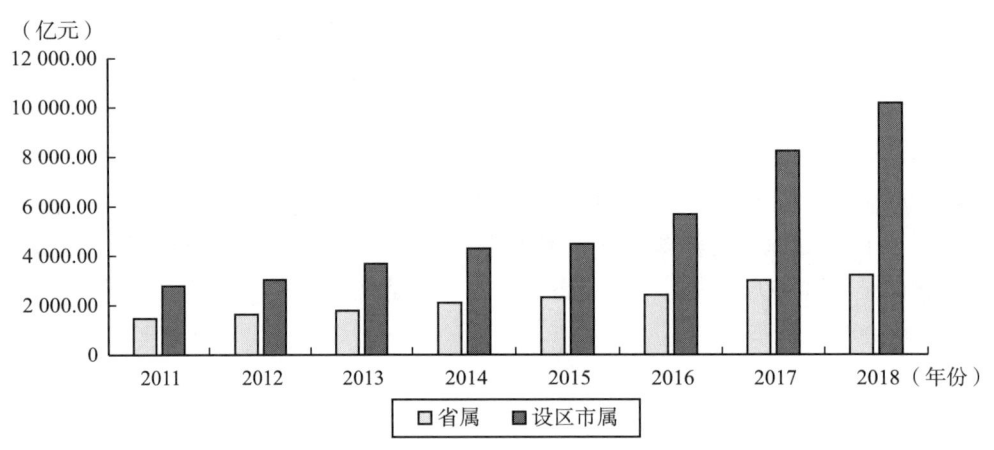

图 21-17　福建省国有企业 2011~2018 年营业收入

资料来源：根据福建省国资委网站公开统计数据统计。

3. 利润不断累积，企业效益持续增长

同样根据福建省国资委公开的统计数据，我们整理出福建省国有企业 2011~2018 年利润总额变动情况如图 21-18 所示。可以看出，福建省国有企业利润总额并不像其资产总额和营业收入那样成倍增长，而是呈现波动式上升。具体而言，2011~2018 年，福建省属国有企业利润总额从 90.65 亿元增长到 237.76 亿元，是 2011 年的 2.62 倍，增幅为 162.28%，超过同期营业收入增长幅度。而福建省设区市属国有企业利润总额也从 132.65 亿元增长到 308.39 亿元，增幅为 132.48%。这一增速虽较省属国有企业利润总额的增速要小，但 7 年间平均增幅也达到了 18.93%，增速相对较快。可以说，近年来福建全省范围内国有企业利润总额均获得了快速增长，并且保持较好的盈利能力。这为国有资本划转社会保障基金创造了有利的经济条件。

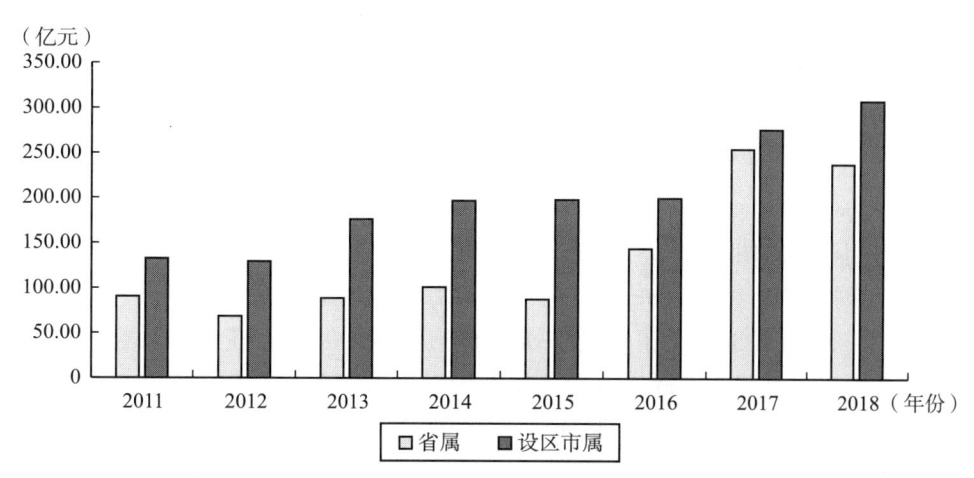

图 21-18　福建省国有企业 2011~2018 年利润总额变动情况

资料来源：根据福建省国资委网站公开统计数据统计。

二、福建省国有资本划转充实社会保障基金执行方案的难点

目前，福建省推行国有资本划转社会保障基金既有其相对必要性，也有其较高的可行性。但是如果按照《划转部分国有资本充实社保基金实施方案》（以下简称《划转方案》）的内容，福建省国有资本划转社会保障基金执行方案设计可能还面临着诸多难点问题。

（一）划转层级的确定面临困难

由图 21-16 可知，福建省国有企业主要集中在省市两级。从 2013 年起，各设区市属国有企业资产总额就已经超过省属国有企业资产，而且近年来这一差额还呈现递增态势。再加上县乡一级国有企业，可以说福建省超过一半（至少有 1/2 以上）的国有企业属于市、县、乡这样的级别，并由不同层级的监管部门各自监管。而从各省份的试点经验来看，2015 年山东省在地方国有资本划转过程中只将省属国有资本划转社会保障基金，并未涉及地市级国有企业，并且将划转比例统一定为 30%。同样，辽宁省在国有资本划转社会保障基金试点过程中，也仅将省属企业纳入划转范围。因此，如果借鉴这两个省的划转模式，只划转省级以上国有企业的国有资本，则福建省就很难保证划转国有资本数量的充足性。但如果将地市层级甚至是县乡级国有企业纳入划转范围，则这些国有企业的资产质量状况又参差不齐，难以保证划转执行效果。因此，福建省应借鉴山东、辽宁两省的划转实践经验，但并不能简单照搬其具体的实施路径。应结合福建本省的国有企业分布特征，在保证划转效果的前提下，充分考虑不同层级的国有资产实际状况，按照资产质量状况明确划转范围，决定其应划转的合理比例。

(二) 具体划转对象的确定面临困难

根据国务院公布的《国务院关于印发划转部分国有资本充实社保基金实施方案的通知》规定，国有资本划转社会保障基金的对象主要包括中央和地方企业集团的股权。因此在中央层面，类似中石油、国家电网等大型企业集团虽然可能在福建拥有多家上市或者非上市公司，但这些下属公司统一由中央企业向全国社会保障基金理事会划转整个集团10%的股权，而不需要在省级层面单独划转。这个规定不仅节省了工作量，也避免了出现多次划转的问题，但对有些省级社会保障基金（特别是类似福建省这种省级国有企业比例相对较低的省份）而言，可能面临一种尴尬的境地。一方面，中央企业集团的下属公司已将股权整体划转到全国社会保障基金，省级社会保障基金无权再次划转，因此只能划转省级（或省级以下）国有企业集团公司的股权；另一方面，前面已经述及，福建省的大部分国有企业归属于地市一级政府或下属部门监管，如果仅仅划转省属的十几家国有企业集团股权，将导致可划转的范围过窄、规模较小。而大部分地、市、县属的国有企业一般都不是上市公司，如果要将其股份划转社会保障基金，就必须要解决这些企业的股份制改革问题。况且这些地市级国有企业发展参差不齐，部分企业甚至存在较为严重的政企不分现象，在市县级国资委缺乏激励的前提下，要完成这些国有企业股份制改革的难度很大。为破解这一难题，福建省有必要在现有成熟划转模式的基础上，积极探索未完成公司制改革的企业集团及其下属子公司的股份制改造，从而有效提升对福建省内大量存在的地市属国有资本的划转效率。当然，这种探索存在一定的难度，需要一个循序渐进的实现过程。

(三) 划转比例的确定面临困难

划转比例的确定一直是国有资本划转充实社会保障基金的一个难点问题，也是各省份在股权划转实践过程中应该重点关注的问题。若将过大比例的国有企业股权划转到社会保障基金，虽然能有效解决社会保障基金不断扩大的资金缺口问题，但也必然导致国有企业可用于投资和扩大再生产的资本数量变少，一定程度上影响其核心竞争力的提高，甚至可能无法保障其正常实现可持续发展。若划转比例过小，则难以真正发挥国有资本划转充实社会保障基金的作用，无法切实保障社会保障基金的可持续运行，使得国有资本划转社会保障基金的平均制度改革成本大大增加。因此，如何科学合理确定国有资本划转社会保障基金的比例是包括福建省在内的地方国有资本划转社会保障基金实践中面临的一个共性难题。本书认为，从划转制度设计伊始，国家和省级政府就要高度重视这一难以回避的重要问题，通过设定一个合理的划转比例区间并赋予地方政府在这一区间确定适合本地区国有企业发展的划转比例的权利。而地方政府应充分评估社会保障基金的缺口风险，在实现社会保障基金可持续运行的前提下，尽量选取较低的划转比例，以保持甚至不断提高其国有企业的竞争能力。

三、福建省国有资本划转社会保障基金的划转程序设计面临的困难

除上述可能面临的难点之外,福建省国有资本划转社会保障基金的划转程序设计也存在以下困难。

(一) 国有资本分级管理体制与多利益主体的格局使得统筹划拨难

按照《划转方案》的规定,地方国有资本划转社会保障基金应参照中央企业划转方案的流程执行。这在实践过程中就会面临一个难题,即地方国有资本统一划转与现行国有资本分级管理之间将发生矛盾。在划转方案中规定,地方国有资本统一划转至唯一的承接主体,即省国有独资公司或具有国有资本投资运营功能的公司专户。这种划转模式不仅涉及不同部门之间,不同类型企业之间的利益博弈问题,而且还存在一个如何协调不同层级国有资本或国有企业监管部门之间的利益关系问题。当前福建省国有资产布局结构呈现省属国有资本体量小、地市级国有资本体量大的特征。这就意味着改革的最优方案是协调促进地市属国有企业的公司制改造,从而有效完成市级国有股权或国有资本的划转工作。但这一改革也必然使得地市级政府能够调控的国有资本总量转移到了社会保障基金,从而导致他们不愿积极推进国有企业公司制改造。因此,如何改革地方国有资本管理体制来提高地市级政府和相关部门推进国有企业公司制改造的积极性,将是关系福建省国有资本划转速度和划转效率的关键环节。此外,在地方国有资本划转社会保障过程中,涉及财政部、国资委、全国社会保障基金理事会、中国证监会、国有企业以及企业离退休人员等多个主体的利益。按照"理性经济人"假设,这些利益主体会为了追求自身利益最大化而展开各种形式的博弈,从而对国有资本划转社会保障基金工作形成不同程度的障碍。

(二) 承接主体选择与承接后管理面临的挑战

根据《划转方案》明确的国有资本分级划转社会保障基金的基本框架,中央层面的股权承接主体必须是全国社会保障基金理事会,省级层面的股权承接主体允许是各省的社会保障基金理事会,也可以是具有国有资本投资运营功能的公司。而只有选择合适的承接主体,才能更好地对划入的资产或股权进行管理,进而能够保证社会保障基金依靠这些划转的股权获得源源不断的资金流入。据此,福建省应慎重选择是建立本省的社会保障基金理事会还是成立专门国有独资公司。目的在于确保股权划转完成之后,承接主体能够对划转资金进行有效运营,并产生较好的经济价值和社会效益。

1. 地方国有资本划转股权承接主体的选择

山东、辽宁和上海三个省市的试点均建立了省级社会保障基金。由此可见,这

些国有资本划转社会保障基金的试点省份多数选择建立省级社会保障基金理事会作为承接主体。然而作为事业单位的省级社会保障基金理事会，其管理体制与承担的国有股权运营职能显然存在一定程度的矛盾和冲突。而如果建立或选择专门的投资公司作为承接主体，也存在某种程度的非协调性。现阶段，福建省内存在两家具有承接主体资质的企业，一是2014年1月重新成立的国有资产管理有限公司，其主要优点是具有较丰富的接受国有资产划转方面的实践经验。二是福建投资集团，其主要优点是投资运营成绩亮眼，在投资运营层面具有独特优势。福建省应综合评价潜在承接主体的优缺点，结合其承接国有资本后的运作目标和管理特征，慎重选择有效划转社会保障基金的承接主体。简言之，是直接将国有股权划转到福建省省级社保基金理事会，还是选择一家具有国有资本投资运营功能的公司？如果是采取公司运营的模式，是直接在现有这两家企业中做出选择，还是另外成立一家新的投资公司单独运作，这些都是福建省在划转方案设计时必须面对的难题。

2. 地方国有资本划转后承接主体对其如何运营管理存在困难

划转社会保障基金的国有资本如何投资运营以保证资产的保值增值是划转方案设计与执行中需要考虑的另一个重要因素。一方面，与山东省的划转试点中要求承接主体派出董事到划转企业的做法不同，2017年国务院出台的《划转方案》中明确指出承接主体作为一种独立财务投资者，虽然拥有其所承接股权的收益权，并可获得必要的处置权（有特殊持股比例的除外），但一般不参与所承接股权的国有企业的日常经营管理，除非经过批准一般不向被划转企业派驻董事。但当前国有企业混合所有制改革背景下国有资本划转的承接主体作为国有企业的股东，如何积极参与国有企业股权改革，如何才能有效履行其股东职责，如何对划转企业经营进行有效监督，从而保证其所持有的国有股权可以获得稳定、安全的收益，都是亟待研究解决的新课题。另一方面，无论选择哪种承接主体，都必然存在一定的先天不足问题。现有的地方国有投资公司、国有资产管理公司虽然有较强的资产管理经验和能力，但其经营目标往往和社会保障基金宗旨存在较大的差异。而省级社会保障基金理事会虽然具有必要的资本运作方面的实务经验，但缺少专业化的高级管理人才，无法有效实现所承接国有资本的保值增值。

四、福建省国有资本划转充实社会保障基金的实践启示

（一）划转目标：立足长远设计方案，瞄准未来缺口

2017年的《划转方案》已明确指出，国有资本划转社会保障基金主要是为了弥补由历史欠账问题形成的养老保险基金缺口，同时也指出这一划转工作要立足长远。实际上，相对于经济欠发达地区而言，福建省的历史欠账相对较低。因此单纯从欠账这一角度来说，福建省暂时还不需要用划转部分国有资本的办法来弥补。这就决定了福建省在实施国有股权划转社会保障基金时应重点关注应如何实现社会保

障基金的长期均衡。另外，近年来福建省扩大社会保障基金覆盖面的工作取得了很大进展。例如，参保人数持续稳定增长且短期内弃保率较低，使得社会保障基金的收入仍有一定增长。因此，当前福建省社会保障基金收入尚可应付其相应的支出，甚至还存在一定盈余。但是，福建省的地方国有资本划转社会保障基金的目标不能仅仅盯着当前，而应该立足长远。重点关注人口老龄化加速背景下养老金支付的长期压力，提前划转部分国有资本到社会保障基金，作为填补未来养老金缺口的战略储备基金。

（二）划转范围：先省属国有资本、后市属国有资本

结合国有资产布局结构及国有企业改制现状，福建省在具体实施划转国有资本充实社会保障基金工作过程中，应该优先完成对省属国有企业的资本划转工作。原因主要有以下四点，第一，省属国有企业的资本为省国资委直接监督管理，划转过程中只存在不同部门之间的博弈问题，而不涉及省级政府和地市级政府的博弈问题，其划转工作面临的困难相对较小，矛盾较为容易协调；第二，省属国有企业的公司化改革与股权改革大多已经完成，为国有资本划转提供了有利条件；第三，省属国有资产的分布相对集中，便于国有资本划转的区域协调和统筹；第四，从带头示范效应的角度来看，也应该优先划转省属国有企业股权，从而为下一步地市层面的国有资本划转提供示范和借鉴。

当然，福建省优先划转省属国有企业的股权并不意味着不划转地市级国有企业资本。大量数据显示，福建省的国有企业整体呈省市两级分布的状态，其地市级国有资本的数量无论是现有规模和增长速度都明显高于省属国有资本。也就是说，福建省大量的国有资本分散于各地级市，这样既不利于完成国有资本划转社会保障基金工作的推进，而且不利于形成有效合力，国有资产普遍缺乏规模效应。本书认为，可考虑借助这些地市级国有企业的公司化改造，将分散的国有资本通过股权划转合并到一个企业，这不仅有利于有效整合各地市国有企业资源，实现规模效应以满足社会保障基金的可持续运营，而且也有利于提升这些国有企业的经济实力，避免同质化企业不必要的竞争导致的资源浪费。在混合所有制改革导向下，通过对划转国有企业股权，承接主体将成为众多国有企业的大股东之一，有可能产生一定的规模不经济的问题，从而提高该公司的运营效率。

（三）划转比例：参照10%比例的基础上适度提高并做动态调整

划转国有资本充实社会保障基金的实施效果，主要取决于划转的国有资本数量大小和这些划转资产的保值增值能力。而所划转国有资本的数量大小又首先取决于该省份国有资本存量的大小，资本存量的大小又与划转出来的股权比例高度相关。过高的划转比例不仅不利于提高未来年度国有资本的存量值，而且将降低划转企业的实际盈利水平，而过低的划转比例可能导致划转金额过少，从而导致划转的平均

成本过高。

现行国务院规定统一划转10%的比例对一部分优质企业而言相对轻松，而对一些竞争压力较大，经营效益较差的企业就存在一定难度。结合目前福建省的实际情况，在民营经济占明显优势，国有资本体量相对较小的情况下，不建议前期设置过高的划转比例，以便为做大做强国有经济夯实基础。当省属国有资本发展壮大到一定规模的时候再适时提高国有资本划转社会保障基金的比例。即在划转的实践过程中，福建省应当在参照10%划转比例规定的基础上根据企业类型的划分建立动态调整机制，将划转比例设定在合理的比例区间。

（四）承接主体：设立省社会保障基金，独立管理所承接的国有资本

根据国务院《划转方案》及现有条件，福建省地方国有企业股权可集中划转到省政府设立的国有资产管理公司，也可集中划转到具有投资运营功能的国有投资公司进行运营管理。从这个角度上看，福建省似乎已经具备了国有资本划转社会保障基金的承接主体。但是从国家层面的顶层设计以及人口老龄化加速的趋势来看，将国有资本划转到现有省级国有投资公司并没有发挥该项制度设计的应有作用。按照《划转方案》的要求，划转部分国有股权的根本目的是充实社会保障基金，这里的国有企业与社会保障基金之间是划转与被划转的关系。如果没有设立省级社会保障基金理事会，而是直接划转到某个资产管理公司或者某个投资公司，则无法完全体现这层划转关系，仅仅是将多个国有企业的部分股权或资本整合到另一个公司身上而已。这种股权整合不仅未能消除社会保障基金和国有企业之间目标不同带来的问题，而且在两者之间增加了一个新的委托代理人，这个委托代理人的经营目标和经营风格与社会保障基金和国有企业均有较大差异，从而使原来较为棘手的双方博弈变成更为复杂的三方博弈。而直接划转到省级社会保障基金理事会，则可以完全消除原有的委托代理难题。当然，如果要建立省级社会保障基金理事会，我们应注重提高这一基金的资本管理运营能力。在省级社会保障基金理事会初建时期，可以将其承接的部分国有资本上交到全国社会保障基金理事会。这样既能充分满足省级社会保障基金的现实需求，又确保省级社会保障基金的积极主动性，同时也能充分发挥全国社会保障基金在资本运作方面的经验和特长，而且可以为最终实现全国范围社会保障基金的综合管理和运营创造条件。

第二十二章

利润倍增目标下国有资本经营预算支出民生化：总体思路与对策建议

2013年，中共十八届三中全会提出要"完善国有资本经营预算制度，提高国有资本收益上缴公共财政比例，二〇二〇年提到百分之三十，更多用于保障和改善民生"。2017年财政部发布《关于切实做好2017年基本民生支出保障工作的通知》（以下简称《通知》），再次要求提高国有资本经营预算调入一般公共预算的比例，统筹用于基本民生保障。可以说，随着国有企业红利征缴比例的提升，党中央对国有资本经营预算民生化支出的改革也越来越重视，不断强调要把国有企业收益用于民生福利保障，实现国有资本收益全民共享。在党和各级政府的高度重视和共同努力下，近年来的国有资本经营预算民生保障支出占比有所提高，但相对国有企业资本性支出而言，仍处于较低的水平，并未取得实质性突破。前面的研究表明，现行的国有资本经营预算支出仍然走不出"体内循环"的怪圈，民生支出福利效应不显著。那么如何从国有企业全民所有的视角优化当前国有资本经营预算支出结构现状，让国有资本经营预算更好地服务民生是横亘在我们面前亟须解决的问题。基于前面的研究，本书认为，在当前时代背景下，实现国有资本经营预算支出民生化要贯彻落实党中央保障和改善民生的基本发展战略，建立一套适合我国国情的国有资本经营预算支出民生化机制，包括实现国有资本经营预算支出民生化的总体思路、基本要求、具体路径、评价体系及相关配套措施。

第一节 国有资本经营预算支出民生化的总体思路和基本要求

在本书第六章的理论分析部分，我们已经提出要构建以民生财政为导向的国有企业红利分配体系，而基于民生财政的特定内涵及国有资本经营预算的理论分析，构建民生财政为导向的国有企业红利分配体系关键就在于构建民生财政导向的国有资本经营预算支出体系，即实现国有资本经营预算支出结构的民生化安排。然而实现国有资本经营预算支出民生化是一项复杂的系统工程，不是简单地增加民生投入、扩大民生支出就能一蹴而就，应当基于新时代中国特色社会主义的制度背景和现实国情，按照特定的思路和要求改变当前国有资本经营预算支出非民生倾向，循序渐进地推进国有资本经营预算支出民生化的机制建构。

一、国有资本经营预算支出民生化的总体思路

据前面关于国有资本经营预算支出民生化的理论和实证分析不难发现：（1）国有资本经营预算支出民生化是由社会主义本质特征和国有企业公有制属性所决定的，是国有企业红利社会分红与民生财政内在契合性的必然要求，同时也是西方国家国有企业利润社会分红的经验总结。（2）当前国有资本经营预算支出呈现出"体内循环"的特点，上缴的经营利润再次回流至国有企业内部，而调入一般公共预算用于民生支出的比重偏低，社会福利效应不明显。（3）当前的国有企业红利征缴比例并不合理，国有企业红利征缴比例倍增目标并未实现，国有资本经营预算支出对社会保障的贡献度也十分有限。因此，要有效实现国有资本经营预算支出民生化，关键是跳出当前国有企业红利"体内循环"的格局，提高对社会保障建设支持力度，当然，还需要一系列直接或间接相关的配套机制共同推进。具体而言，本书认为国有资本经营预算支出民生化应当按照以下思路推进。

（一）明确国有资本经营预算支出民生化的基本目标

在推进国有资本收益分配民生化制度设计之前，必须先明确国有资本经营预算支出民生化的基本目标，这是制度设计成功的前提。国有企业产权的公有制赋予每个公民平等地享有使用权和收益权。然而，由于我国人口众多，不可能大部分人都作为产权实际控制人直接参与国有企业经营管理和利润分配。在此情况下，我国实行委托代理机制，聘用或任命职业经理人管理国有企业，但这并不意味着产权的使用者能够取代产权所有者享有国有资产经营的经济利益，将理应属于全民所有的国有企业红利内化于国有企业内部私自分配，形成"取之于民，用之于国企"的内部循环。这显然不符合国有资本经营预算支出民生化的宗旨。基于前面分析，本书认为，国有资本经营预算支出民生化应当以国有资产收益"全民共享"为基本目标，这是由国有资产的本质属性所决定的。在理论上，全体公民是国有资产最终所有者，他们有权以所有者身份要求政府对国有资产经营所得收益进行分配，即全体公民共同享受国有资产收益。而且，社会主义国家生产资料公有制本质也决定了国有资产收益"全民共享"这一基本目标。在公有制的制度背景下，国有企业作为经营性国有资产的运作主体，其经营所需生产资料为全体公民所共有，理应将经营性国有资产的收益所得向全体公民分红。如此，才能发挥社会主义公有制的优越性，实现共同富裕；才能贯彻落实党中央保障和改善民生的基本发展战略，真正实现国有资本经营预算支出民生化。

(二) 优化国有资本经营预算支出民生化的实现路径

毋庸置疑，在国有资本经营预算制度框架下，国有资本经营预算支出民生化的实现路径就是要完善该项制度中关系国有资本经营预算支出民生化的相关规定。包括明确民生导向的国有资本经营预算功能定位、扩大国有资本经营预算实施范围、提高国有资本收益上缴比例、加大国有资本预算支出民生化比重、建立国有资本经营预算与公共预算的衔接制度、完善中央与地方国有资本经营预算转移支付机制等。例如，在现有国有资本经营预算体系下，与资本性支出、费用性支出相比，用于社会保障等民生项目的支出表述太过含糊与笼统，即"必要时，可部分用于社会保障等项支出"。在这种含糊表述的政策条款下，当资本及费用性支出与民生性支出发生矛盾时，极有可能是民生性支出让步于资本费用性支出（在国有资本经营预算资金有限时尤为如此），从而难以从制度上保证民生支出在国有资本预决算中的实际安排与落实。除此之外，针对当前人口老龄化加速导致的社会保障基金缺口问题，国有资本经营预算支出民生化还可通过划转国有资本充实社会保障基金这一新型方式实现。应当承认，2017年《国务院关于印发划转部分国有资本充实社会保障基金实施方案的通知》发布以来，国有资本充实社会保障基金实施方案正在逐步推进，国有资本经营预算支出民生化也在逐步落实。但在各省份方案制订和实施过程中暴露出的诸多问题表明这一制度还需要进一步解决和完善，以期真正实现国有资本经营预算支出民生化的目标。

(三) 构建国有资本经营预算支出民生化绩效评价体系

在优化国有资本经营预算支出民生化实现路径之后，实践中迫切需要一套民生财政导向下的国有资本经营预算支出绩效评价体系，指引和规范国有资本经营预算支出行为。现有的国有资本经营预算支出绩效评价指标主要包括两个层面：一是资金管理情况，包括资金申请和资金管理两个方面，主要对项目的目标制定、预算资金管理的制度建设、预算资金的到位情况、项目的决策程度的履行情况、预算资金财务处理等进行综合评分。二是资金使用效益，从经济效益和社会效益两个方面进行评价，针对不同类别的预算支出项目，评价指标和重点也会有所不同。这些评价指标主要针对投入到国有企业的资本性支出，且指标之间的逻辑性不强，难以为理解和执行民生化战略提供指引。同时现行以企业自评为主的国有资本经营预算支出绩效考评机制使得国有资本经营预算支出在资金使用上存在较大随意性，导致所拨付的款项被滥用或被挪作他用，造成国有资本经营预算民生支出并没有对我国社会保障水平的提高起到应有的作用，广大国民没有分享到国有企业改革和发展的成果。因此为全面落实国有资本经营预算支出民生化目标，迫切需要建立严格的国有资本经营预算支出绩效监管体系及相应的配套措施，加大对预算支出资金的监管力度。

（四）建立健全国资预算民生性支出的配套机制

任何一项制度安排都是存在于制度结构中，需要与制度结构中的其他制度安排实现制度耦合时才能使该项制度发挥最大的效用。因此，政府有必要采取行动来矫正制度供给不足或制度非均衡，建立国有资本经营预算支出的相关配套制度法规，使各项制度安排相互协调，相得益彰，增强制度系统的有序性，以保障国家、国有企业和人民的国有资本收益分配制度系统功能的发挥。例如，建立健全国有资本收益分配民生化的法律制度，增加国有资本经营预算支出民生化的刚性约束；深化国有企业改革，提高国有企业综合实力，为国有资本经营预算支出民生化提供物质基础；完善国有企业红利征缴机制，尽快实现国有企业红利征缴比例倍增目标，为国有资本经营预算支出民生化提供前提条件；健全金融市场运作机制，实现划转社会保障基金的国有资本保值增值，为持续实现国有资本经营预算支出民生化提供不竭动力。完善内外部监督机制，确保国有企业红利征缴和民生化支出机制的贯彻落实，为实现国有资本经营预算支出民生化提供制度保障。

二、国有资本经营预算支出民生化的基本要求

国有资本经营预算支出民生化既是我国国民经济发展的大势所趋，也是未来我国国有企业改革和发展的内在要求。按照上述总体思路，推进国有资本经营预算支出民生化还应注意把握以下几项基本要求。

（一）加强国有企业红利全民共享的思想认识

基于国有资本收益"全民共享"的基本目标，实现国有资本经营预算支出民生化应当注重提高国有企业红利全民共享的社会认识，从而为推行国有资本经营预算支出民生化统一思想认识，减少制度推行的阻力。具体来说，首先，就政府而言，作为人民代表大会授权的国有企业委托代理者和国家管理者，政府在推行国有资本经营预算支出民生化改革中发挥着至关重要的作用，决定着国有企业红利收益能否实现全民共享。因此在推进国有资本经营预算支出民生化过程中，政府应当将国有企业红利"全民共享"这一基本目标作为国有企业红利分配改革制度设计的标尺，从国有企业改革的全局出发制定国有资本经营预算支出民生化改革的阶段性任务，统筹安排改革的各项进程，克服改革中面临的困难和阻力，积极化解改革中出现的各种利益矛盾和冲突，为推进国有资本经营预算支出民生化创造良好的舆论环境。其次，对于国有企业员工和经营者而言，也必须深刻认识到国有企业"全民所有"这一基本产权性质。应当承认国有企业职工为国有企业红利的形成做出的重要贡献，但是也不能因此而否定全民作为国有企业所有者的股东权益。因此，国有企业职工应该立足于自身本职工作，把维护股东利益也就是全民利益作为国有企业各项生产经营活动的基本原则，而不能把其视为对国有企业职工和经营者利益

的侵害，更不能利用国有企业内部人的信息优势采用各种形式阻挠国有资本经营预算支出民生化行为。最后，全体公民也要充分地认识到，国有企业是自己和他人共同所有的财产，自己和他人合法享有国有企业红利分配的权益，国有资本经营预算支出民生化是实现自身合法权益的重要方式。只有这样，民众才能主动关心国有企业发展，加强对国有资本经营预算支出行为进行社会监督的自觉性，从而促进国有资本经营预算支出民生化目标的实现。

（二）做强做优做大国有企业

习近平总书记指出，"国有企业是中国特色社会主义的重要物质基础和政治基础，是我们党执政兴国的重要支柱和依靠力量"。在推进国有资本经营预算支出民生化的过程中，一定要着眼于做强做优做大国有资本，壮大国有经济，丰富社会财富。如此才能更好地解决人民日益增长的美好生活需要和不平衡不充分发展之间的矛盾。中共十九大指出，"完善各类国有资产管理体制，改革国有资本授权经营体制，加快国有经济布局优化、结构调整、战略性重组，促进国有资产保值增值，推动国有资本做强做优做大，有效防止国有资产流失"。为下一步国有企业改革指明了方向。我国国有资本经营预算收入来自国有企业，其经营状况直接决定预算收入的多少，关系下一步的预算支出额度，其中也包括民生化支出额度。这就要求在推进国有资本经营预算支出民生化这一涉及全国人民福祉的宏大工程时，坚决贯彻落实中共十九大精神，做强做优做大国有资本。应当承认，随着国有企业改革的深化，国有企业盈利能力在不断增强，这在一定程度上促进了国有资本经营预算收入的提高，为国有资本经营预算支出民生化创造了坚实的物质条件。接下来，为保证国有资本经营预算支出民生化的持续推进，必须进一步深化国有企业改革，以保证国有企业"做强做优做大"战略目标的实现。

（三）实现国有企业红利征缴比例倍增目标

国有企业红利征缴比例的高低直接关系国有资本经营预算收入的多少，影响国有资本经营预算支出绝对数额。2007年国有资本经营预算制度推行以来，随着国有企业经营绩效的大幅度提高，政府相关职能部门制定的关于国有企业分红比例政策也发生了相应的变化，对国有企业红利征缴比例进行了多次调整。前已述及，为了进一步贯彻落实中共十八届三中全会精神及国务院批转发展和改革委员会等部门《关于深化收入分配制度改革若干意见的通知》，2014年财政部发文决定进一步提高国有资本收益收取比例：国有独资企业应交利润收取比例在现有基础上提高5个百分点，即第一类企业为25%；第二类企业为20%；第三类企业为15%；第四类企业为10%；第五类企业免征当年应交利润。2015年8月出台的《中共中央、国务院关于深化国有企业改革的指导意见》也明确指出："提高国有资本收益上缴公共财政比例，2020年提高到30%，更多用于保障和改善民生。"可以预见，未来随着国有资本经营预算制度的不断完善，我国国有企业红利上缴比例还将进一步提高。

然而实践中，国有企业红利上缴比例一直饱受非议。2006~2012年国有企业红利上缴平均比例为4.19%，远远低于政策规定之初最低的5%。在经济新常态的大背景下，2015年国有企业红利征缴比例最高达7%，2017年却又下降为4.3%。这一上缴比例不仅与中共十八届三中全会提出30%目标征缴比例有较大差距，与国外国有企业红利征缴比例的差距更大。从代表性国家的做法来看，意大利原则上规定65%的国有企业盈利上缴国库；英国则根据企业盈利情况确定上缴数额，从几百万英镑到十几亿英镑不等，上缴比例甚至高达70%~80%；新加坡国有企业利润上缴的比例一般为净利润的35%~70%，具体视企业的经营情况而定，高的可以达80%~90%。可以说，我国国有企业红利征缴比例距此还有很大的提升空间。当前国有企业的盈利状况十分可观，但是由于制度惯性约束，其红利征缴比例相对巨额的盈利情况来说依然明显偏低，难以实现国有企业红利征缴比例倍增的目标。这不仅难以实现国有企业红利全民共享，导致社会福利的缺失；而且可能造成国有企业高管薪酬过高，导致社会收入分配不公。对此，应尽快提高国有企业利润征缴比例，增加国有资本经营预算收入，这是推进国有资本经营预算支出民生化的重要前提。

（四）矫正国有资本收益"体内循环"机制

国有企业是全民所有制的企业，其税后利润理应由全民股东共享。但实践中，囿于各种困难和阻力，国有企业红利更多是以资本性或费用性支出的形式回流至国有企业，国有资本收益"体内循环"形势严峻，进而造成民生支出比重偏低，国有资本经营预算支出非民生化倾向严重。2011年，国有资本经营预算调转公共财政预算用于充实社会保障等民生项目的支出仅有90亿元，只占至支出总额的10.48%。而到了2012年、2013年，这一比例不仅没有提高反而降低了，分别减少至8.01%和7.05%[①]。近年来，伴随着国有企业利润上缴总量和比例的提高，党中央和国务院适时做出提高国有企业红利民生支出比例的政策安排，国有资本经营预算支出民生化比重有所提升。据财政部网站资料统计，2014年中央国有资本经营预算民生支出占比为12.64%，2015年和2016年进一步分别提高至14.25%和14.38%，尤其是到了2017年，中央企业红利上缴后的民生支出占比提高到20.19%。中央企业资本经营预算支出民生占比的提高反映出党中央加大国有企业红利民生支出占比的决心和魄力。但也必须认识到，目前中央企业国有资本经营预算支出的民生占比还是偏低，用于国有企业历史遗留问题和改革的成本支出以及国有企业经济结构调整支出依然是国有资本经营预算支出的主要方向，国有企业红利"体内循环"的现象依旧存在。必须特别强调，国有资产属于全体人民所有，国有资本的收益理应惠及民生。如果将国有资本收益和全体人民利益割裂开来，将国有

---

① 苏贵斌. 公平视角下的国有企业红利分配制度改革［J］. 石家庄铁道大学学报（社会科学版），2015（06）：38-42.

资本收益大部分返还至国有企业，就违背了国有资产全民所有的本质，也就无所谓实现国有资本经营预算支出民生化了。因此，国有资本经营预算支出应当体现全体公民的利益，以民生财政为导向，这就迫切要求改变当前国有资本收益"体内循环"的非民生化机制。

第二节 国有资本经营预算支出民生化机制创新：国有资本划转社会保障基金

随着社会人口老龄化进程加速，通过延迟当代职工退休年龄，减缓社会保障压力的方式已经不足以弥补社会保障的资金缺口。而划拨国有资本充实社会保障基金作为国有资本经营预算支出民生化的又一重要途径，能够及时弥补当前及未来的社会保障资金缺口，实现全体人民共享国有企业的发展成果，增进民生福祉。2017年11月，《国务院关于印发划转部分国有资本充实社保基金实施方案的通知》正式发布之后，各省、自治区、直辖市人民政府陆续展开了国有资本划转充实社会保障基金工作。但应当承认，当前这一制度还处于初步执行阶段，许多政策内容及配套机制还有待进一步完善。本节立足于国有资本划转充实社会保障基金方案的执行现状，认为完善国有资本划转充实社会保障基金方案应当从以下方面抓起。

一、基本原则

国有资本划转社会保障基金是一项牵一发而动全身的工作，应当统筹布局，综合平衡，实现积极而又平稳的划转。基于前面对山东省和上海市试点国有资本划转充实社会保障基金运行机制的实证研究及福建省推进国有资本划转工作面临的难点分析，本书认为，完善国有资本划转充实社会保障基金方案首先应当坚持以下四项基本原则。

（一）坚持依法划转的原则

中共十八届四中全会审议通过了《中共中央关于全面推进依法治国若干重大问题的决定》，提出全面推进依法治国的总目标，并提出社会主义市场经济本质上是法治经济，要使市场在资源配置中起决定性作用和更好发挥政府作用，必须以保护产权、维护契约、统一市场、平等交换、公平竞争、有效监管为基本导向，完善社会主义市场经济法律制度。国有资本划转社会保障基金是一项重大改革，它首先是一个经济行为，涉及包括国有资本产权归属划转、国家对职工的养老保障承诺契约、资本市场公平竞争在内的一系列经济问题。要解决这些问题，就必须按照依法治国的要求，平稳有序的规范划转。这就要求对现行的《中华人民共和国社会保险法》《中华人民共和国企业国有资产法》等法律法规以及部门相应的规章制度进行必要的修改调整,将国有资本划转社会保障基金以及今后的保值增值、偿还隐性养老金债务等行为纳入法制化的轨道,确保各项划转工作的制度化、规范化和程序化。

(二) 坚持精算平衡的原则

精算平衡是根据我国经济、社会、人口等各方面变化情况,认真分析预测社会保障基金在未来相当一段时期内的预期收支变化情况,科学设计并及时调整相关制度参数,合理确定当期的国有资本划转规模。解决社会保障基金缺口问题是一个长期的过程,不能期待一次性大量划转国有资本予以解决,而是应当根据其基金缺口出现的序时进度,逐步划转充实社会保障基金,实现基金自身的中长期平衡。这样既可避免国有资本短期内大量划转变现,造成对资本市场的冲击,或是改变供求关系,使得国有资本公允价值降低,又可避免国有资本短期内大量划转变现后,产生的国有资本保值增值问题。

(三) 坚持划转形式多元化的原则

目前国有资本主要是以国有企业、国有股权的形式参与经济活动。若以单一形式划转,可能对资本市场产生较大的影响,不利于经济的复苏。例如,2001年6月国家实施减持国有股筹集全国社会保障基金时,上证指数就曾出现了暴跌。为避免类似情况的出现,可通过证券市场的国有股转持、减持或是对国有企业的直接股权转让等多元化形式将国有资本划转社会保障基金。形成既有战术性投资,目的是短期变现,实现快速填补当期社会保障基金缺口;又有战略性投资,目的是长期持有、按期分红,实现价值投资的社会保障基金投资资产结构,进而在优化结构、精算平衡的前提下,逐步筹集填补社会保障基金缺口所需的资金。

(四) 坚持有效监管的原则

首先,要将国有资本划转列入国有资本经营预算,从源头加强预算管理,确保国有资本划转的可控和接受人民代表大会监督。其次,完善国有资本划转的审计制度,严格审计国有资本划转社会保障基金过程中是否存在国有资本流失、不良资产转移以及寻租腐败的情形。最后,要建立国有资本划转后的绩效考核体系。国有资本划转是为了社会保障基金缺口问题,应加强对划转后国有资本代理人的绩效考核,考核内容应当涵盖划转后国有资本投资运作的效率、收益以及偿债的效应等主要指标。

二、加强国有资本划转社会保障基金的机制建设

国有资本划转社会保障基金制度中,关于划转范围、划转对象、划转比例、划转承接主体、划转程序及划转步骤等内容的确定是实现国有资本高效有序划转社会

保障基金的关键。基于现行国有资本划转充实社会保障基金实施方案及各省份试点经验教训总结,本书认为,加强国有资本划转社会保障基金的机制建设应当重点从以下几个方面着手。

(一) 关于划转范围及对象

《划转方案》明文规定,国有资本划转充实社会保障基金的划转范围是中央和地方国有及国有控股大中型企业、金融机构,并未对其做出进一步的细化规定。本书认为,由于各类国有企业功能性质不同,承担的社会责任各异,应当分情况纳入划转范围。例如,就中央企业而言,类似中国烟草、国家电网等商业类企业,其国有资产规模大、超额垄断利润丰厚,理所应当纳入划转范围。而对于部分涉及国家安全和国家必须垄断的企业如军工产业、制币业、特殊药品行业企业等,则不宜划转。就地方国有企业而言,应当首先考虑划转省属国有资本。这主要基于以下原因:一是省属国有资本为省国资委直接监督管理,划转操作面临的困难相对较小;二是省属国有资本的规模相对较大,划转的规模比较可观;三是省属国有企业的公司化改革,股权改革相对走在前面,为划转奠定了基础;四是省属国有资产的分布相对集中,并且可起到带头示范作用。当然,地方省属国有资本的优先划转并不意味着地市级所属的国有资本不用划转,应当在考虑各地县市国有企业分布状态、盈利能力状况的基础上推进地方国有资本划转工作。此外,国有资本划转充实社会保障基金方案规定国有资本划转对象为已完成公司制改革的中央和地方企业集团,对于未完成公司制改革的,要求在改制后按规定划转。这就要求加快地方国有企业公司制改革,条件和时机一旦成熟,就应该及时办理国有资本划转手续。

(二) 关于划转比例

由于不同国有企业面临的市场环境及生存压力不同,《划转方案》目前统一采用 10% 的划转比例对一部分盈利能力强的国有企业而言相对轻松,对另一部分盈利能力弱乃至亏损中的国有企业而言可能就显得相对困难。因此为协调国有企业发展,建议采用分类定比的方式推进国有资本划转。2015 年 10 月 13 日,中央全面深化改革领导小组第十七次会议通过的《关于国有企业功能界定与分类的指导意见》明确规定,国有企业应当根据国有资本的战略定位和发展目标,结合其在经济社会发展中的不同作用、现状和发展需要,分为商业类和公益类,其中商业类又可进一步分为主业处于充分竞争行业和领域的商业类国有企业和主业处于关系国家安全、国民经济命脉的重要行业和关键领域、主要承担重大专项任务的商业类国有企业。本书认为,可借鉴这一分类方式确定国有资本划转社会保障基金的比例。具体方案如下:商业类国有企业以实现国有资产保值增值为主要目标,通过市场的竞争可以获得相当可观的经济收入来源,其有能力并且有义务为划转国有资本充实社会保障基金多做贡献。因此对于主业处于充分竞争行业和领域的商业类国有企业,根据实际情况，划转国有资本充实社会保障基金的比例可逐步提升为30%；对于主业处于关系国家安全、国民经济命脉的重要行业和关键领域、主要承担重大专项任务的商业类国有企业，考虑到其特殊地位，划转比例可相对低一些，可逐步提升为20%。公益类国有企业本身就是以保障民生、服务社会、提供公共产品和服务为主要目标，其经济收入来源也主要用于保障该目标的实现，其每年的收支基本是属于持平状态，没有较多的利润用于划转，故划转国有资本充实社会保障基金的比例可保持为当前的10%。如此分门别类地执行国有资本划转充实社会保障基金的比例，不仅更好地弥补了社会保障基金缺口，而且符合国有企业自身功能定位及发展需要。

（三）关于承接主体

《划转方案》规定地方国有企业股权统一划转至省国有独资投资公司或者是具有投资运营功能的国有投资公司进行管理。本书认为，从改革的长远进程来看，这一举措实际上仅仅是国有企业之间的股权整合，并未明确部分国有股权充实社会保障基金这一层划转关系。为明确地方社会保障机构对地方国有企业的股权关系，国有资本划转社会保障基金可以考虑成立省级社会保障基金理事会，统一负责本省域的划转工作。这不仅能够明确国有资本充实社会保障基金这一划转关系，而且从划转的步骤和程序上来说，可以更好地统筹地方国有企业国有资本划转工作。当然，省级社会保障基金理事会的设立应该根据发展需要准确定位，明确区分省级社会保障基金理事会是利益上的投资者还是国有企业改革的助力者。如若省级社会保障基金理事会扮演的是国有企业改革助力者角色，则国家需要将其在划转国有企业中所拥有的股东职权载入章程内；若省级社会保障基金理事会承担的仅是利益投资者角色，则国家只要定期发放社会保障基金理事会持有国有企业股权相应享有的收益即可。针对未来国有股权变现问题，本书建议从国家层面授予省级社会保障基金理事会一定的权力：一是国有资本划转部分所涉及的分红权，当省级社会保障基金理事会将划转部分的国有资产进行变现前，可以被允许获取相应持股比例的国有股权分红；二是国有资产的处置权，通过拥有这一项权力，省级社会保障基金理事会可以自主地对划转国有资本进行充分利用，达到基金收益的最大化。

三、国有资本划转社会保障基金的配套机制

为顺利推进国有资本划转社会保障基金，政府有必要采取行动来矫正制度供给不足或制度非均衡，建立国有资本划转社会保障基金的相关配套机制，重点包括加强国有资本划拨社会保障基金法制建设、加快推进划转对象的公司制改建、规范国有产权交易市场等。

（一）加强国有资本划转社会保障基金法制建设

目前，法制建设滞后是我国社会保障制度建设的一大软肋，这就必然导致国有资本划转社会保障基金在一个缺乏必要法律效力的制度环境中进行。因此，为了使国有资本划转社会保障基金有法可依，迫切需要大力推动国有资本划转社会保障基金的法制建设，主要包括以下三个方面：一是健全国有资本划转社会保障基金的法律法规实施机制。对其划转范围、划转对象、划转比例、划转实施程序和步骤及划转过程中可能出现的违法行为等内容予以明确的法律规定，做到有法可依、有法必依、执法必严、违法必究。二是正确处理国有资本划转社会保障基金法律与其他法律之间的关系。划转政策是国有企业、社会保障基金管理部门、国有资产监管部门等权利交叉重叠的部分，因此，划转政策不可避免地要与《中华人民共和国社会保险法》《中华人民共和国公司法》《中华人民共和国会计法》《中华人民共和国企业所得税法》等法律发生关系。所以加强国有资本划转社会保障基金法制建设要做好划转政策法律与这些相关法律的衔接工作，这对于增强划转政策法律的实用性和可操作性具有重要的意义。三是营造有利于划转政策推行的法律法规环境。划转政策的实施对国有企业的发展和金融市场环境都有较高的要求，但目前出台的相关制度多是类似行政规章的规范性文件。因此有必要在划转国有资本充实社会保障基金的同时，完善国有企业发展和金融市场环境建设等相关法律法规，进而为划转政策的推行提供良好的法律环境。

（二）加快推进划转对象的公司制改建

加快推进划转对象的公司制改建要求国有企业具有健全的现代企业制度及规范的市场秩序。在国有企业混合所有制改革背景下，健全现代企业制度最重要的就是要完善公司法人治理机制，强化公司董事会、股东大会、监事会的职能。由于受到国有企业传统管理体制的历史影响，现行不少国有企业还未确立公司董事会、股东大会和监事会的治理机制，未能实现国有企业治理从"老三会"（党委会、职工代表大会和工会）到"新三会"（即股东大会、董事会、监事会）的过渡，导致董事会、股东大会和监事会等法人治理机制形同虚设。因此，在已完成公司制改造的国有企业中，要进一步强化公司法人治理机制的职能建设。首先，国有企业董事会一般以内部董事为主体、国有股代表占绝大多数，这不仅难以体现和保证中小股东权利的履行，而且由于缺乏制衡机制，无法客观评价经营者行为及绩效水平，导致国有企业董事会基本缺乏对经营层的有效约束，甚至被管理层所控制和利用，这在缺乏外部董事的国有独资企业中尤为明显。其次，需要完善监事会制度。当前国有企业监事会的设立也基本流于形式。企业监事会主席及其成员基本由企业内部人员担任，并且大部分是公司高级管理人员，这就自然而然地形成了"自我监督"，大大降低监事会应有的监督效力。此外，加快国有企业公司制改建应当规范市场秩序。这就要求形成一套以法律为保障、以道德为支撑的社会信用制度；要求正确处理政府与市场的关系,即政府应该作好"掌舵人"角色,对经济不要过分干预。同时要求协调好市场监督管理部门、商务部门、工商部门、国有资产监管部门和产权交易部门等各单位之间的关系,履行好自身职权和责任,防止互相之间推诿扯皮,并且通过建立密切衔接的规章制度,保障市场经济能顺利发展运行。

(三) 规范国有产权交易市场

在产权交易市场,推进国有资本划转充实社会保障基金要求优化产权交易审批流程及完善产权监督管理制度。国有产权的转让需要通过国有资产监管部门、财政部门、工商管理部门等多层次的行政管理机构审核批准,造成产权划转程序复杂,费时费力。因此为加快国有产权的流转速度,应当进一步简化规范股权转让的审批工作。一要加快行政人员的审批速度,建立科学的审批制度、简化审核流程,审核过程要限时完成;二要提高审核质量,进行分项管理,例如,将转让项目的申请进行初步划分,对于存在疑点内容可采取实地盘查的方式对转让资产的真实性进行审核,确保流转效率;三要对增资的申请提供绿色通道。对于国有企业在公平竞价环节提出的增资申请应予以特殊处理,避免国有企业在与民营企业竞价环节因资金申请困难而处于劣势。此外,推进国有资本划转充实社会保障基金要求完善产权监督管理制度。实际工作中,对于国有资产的监管应当遵循线上线下相结合的原则,对产权转让的整个流程进行全方面把控。线上主要是从信息网络角度着手,通过线上产权交易系统对产权交易行为实时监管,对产权转让中事前信息披露、事中进场交易、事后资产交割的各个方面进行把控,实现产权转让的公开透明化。线下管控主要是指产权转让项目的审批工作要从实际出发,通过采取实地考察、中期调查、核准备案、档案管理等措施,尽可能完全掌握产权转让的真实状态,促进产权的高效流转。

第三节 国有资本经营预算支出民生化改革路径:完善国有资本经营预算制度

推进国有资本经营预算支出民生化的关键在于完善现行的国有资本经营预算制度,不仅要强化国有资本收益收缴管理,实现应缴尽缴,更要改变现行的国有资本经营预算支出结构,实现支出安排更多地考虑改善公众生活,提高人民福祉。因此本书认为,要实现国有资本经营预算支出民生化,应逐步完善国有资本经营预算制度,加强预算支出的民生导向。具体来说,在收入管理方面,国有资本经营预算应稳步增加财政收入来源,包括扩大纳入预算的企业范围、合理提高国有企业利润征缴比例等;在支出管理方面,应不断提高预算支出民生化比重,有序扩大国有资本经营预算民生支出范围,健全国有资本经营预算与公共财政预算衔接制度,完善中央和地方转移支付制度等。

一、明确国有资本经营预算的功能定位

2007年出台的《国务院关于试行国有资本经营预算的意见》明确规定:"建立国有资本经营预算制度,对增强政府的宏观调控能力,完善国有企业收入分配制度,推进国有经济布局和结构的战略性调整,集中解决国有企业发展中的体制性、机制性问题具有重要意义。"这在一定程度上表明了国有资本经营预算功能更多地强调企业改革和发展,决定了试行阶段国有资本经营预算支出科目的设置以资本性支出和费用性支出为主,只在必要时才转移部分资金用于公共预算支出。毋庸置疑,作为一种过渡性制度安排,现行制度设计更多是基于减小改革推进的阻力,因此在支出安排中更多的是将国有企业利润用于资本性和费用性支出,对于民生支出难免有所欠缺。本书认为,国有资本全民所有的基本属性必然决定国有资本经营预算的实施既要发挥预算本身的计划性、管理性以体现经济效益,也要充分考量其承担的社会责任和国民福利,让国有资本收益的使用更多地惠及民生。因此,在国有企业转型发展阶段,政府在编制国有资本经营预算支出时将改善国民福利置于从属地位,分配支出上呈现先国有企业后民生的利益分配格局是改革推进过程不可避免的过渡性举措。但应当明白,国有企业发展或者说国有资本增值的终极目标是追求国民福利的最大化,尤其是在当前国有企业发展迅猛而民生供给不足的背景下,更应当改变之前以国有企业发展为主的国有资本经营预算功能定位,更多地考虑国有企业红利全民共享。此外,世界主要发达国家的通行做法也是将国有资本收益纳入公共预算,由财政部进行统一调拨用于民生建设。因此,我国既然实行国有资本经营预算制度,其国有资本经营预算安排就应当与公共财政施惠于民的管理理念基本一致,加大民生领域的预算支出。具体而言,国有资本经营预算作为政府预算的重要组成部分可以从以下两方面惠及民生:一是将部分国有资本收益金调入公共财政预算,用于教育、医疗、环保、就业等民生领域;二是用国有资本收益充实社会保障资金,解决当前民生建设急需的社会保障基金缺口问题。

二、扩大国有资本经营预算实施范围

扩大国有资本经营预算实施范围有助于增加国有资本经营预算收入,从而拓宽国有资本经营预算支出民生化的收入来源。2007年中央国有资本经营预算试行以来,经过多次调整,财政部最终将840户中央部门和中央企业所属的一级企业纳入中央国有资本经营预算实施范围。然而,根据审计署向全国人大提交的审计报告显示,截至2017年底,中央部门所属事业单位的4 900余户企业中,有4 100余户(占83%)尚未纳入国有资本经营预算范围,尤其是利润丰厚的金融类国有企业。不仅中央部门所属国有企业如此,从地方国有资本经营预算的实施情况来看,还有

一定数量的省区市未出台国有资本经营预算具体的实施办法,未能有效编制国有资本经营预算①。据此,本书认为,为保障国有资本经营预算支出民生化有充实稳定的收入来源,必须扩大国有资本经营预算实施范围。考虑到我国现实国有企业的情况,具体实施方案可以分两步走:首先,逐步将余下的4 000多户中央部署企业涵盖其中,由垄断性中央企业向竞争性中央企业再向公益性中央企业依次过渡,重点突破金融类国有独资及控股企业。由此带来的金融类国有资本经营预算编制难题,可以由财政部牵头,出台类似《金融企业国有资产转让管理办法》《金融企业国有资产监督管理暂行办法》等指导意见。其次,在中央国有资本经营预算试点的示范下,引导尚未实施国有资本经营预算的省区市地方政府结合自身实际,借鉴其他地区的成功经验,加快国有资本经营预算实施步骤,最终实现中央到地方全方位全类别国有企业纳入国有资本经营预算范围。使国有资本经营预算收入来源逐步拓宽,为推进国有资本经营预算支出民生化提供稳定充实的资金来源支持。

三、逐步提高国有资本收益上缴比例

提高国有资本收益上缴比例是实现国有企业红利征缴比例倍增目标的重要途径,也是推进国有资本经营预算支出民生化的重要前提。基于本书第十三章关于国有企业利润征缴比例的优度检验可知,当前国有企业红利征缴比例并未实现倍增目标,还应当进一步提高,其中国有垄断企业征缴比例至少应提高至50%。本书前述的委托代理博弈模型分析也表明在信息不对称的现实条件下,国有企业红利上缴比例应高于信息完全对称下40%的红利上缴比例,据此我们提出国有企业红利征缴比例50%的倍增目标。而纵观国有企业红利分配制度的改革进程,国有企业红利征缴比例应该是一个逐步调整的过程,应当根据国有企业的实际情况,循序渐进地提高分红比例,否则,不但难以达到增加财政收入的目的,反而挫伤企业积极性,影响到企业正常运营。因此,国有企业红利征缴比例的调整不可能一步到位,应当明确设定国有企业红利上缴公共财政比例的阶段性时间表,有计划地推进分红比例改革。倘若我们继续遵循国有企业分红比例的政策演变路径,按大约每2.5年上调5%的分红比例来推算,那么国有企业红利上缴公共财政比例的阶段性时间表大致可以分为三个阶段:第一阶段,保证在2020年,实现中共十八届三中全会提出的国有企业红利上缴比例达30%的政策目标;第二阶段,争取在"十四五"期间(2025年前),实现国有企业40%的红利上缴比例,其中2022~2023年会在第一阶段政策目标的基础上将分红比例上调至35%;第三阶段,到2030年,力争达到国有企业利润上缴比例50%的倍增目标,其中2027~2028年会在第二阶段目标的基础上将分红比例提高至45%。因此,按照这一时间表,至2030年,我们将实

---

① 参见《关于推动地方开展国有资本经营预算工作的通知》。

现国有企业50%的红利征缴比例倍增目标。当然，不同阶段国有企业红利征缴比例的设计应当改变政府"一言堂"的做法，引入多方协商机制，通过交流会、调研会、研讨会、听证会等方式听取来自国有企业、专家学者和公众代表的意见。通过共商机制确定的参数指标体系能够平衡多方利益诉求，降低公众质疑，增强公信力和透明度。进而能够保证国有企业红利征缴比例的渐进性改革有效推进，并最终实现国有企业红利征缴比例倍增目标。

四、提高国有资本经营预算民生支出比重

提高国有资本经营预算支出中的民生比重是国有资本经营预算支出民生化的具体表现。毋庸置疑，在提高国有企业红利征缴比例之后，国有企业上缴的红利应当更多地投入到民生领域，推动公共事业的发展。这一方面能够改善百姓的生活条件，提高社会总体福利；另一方面也能体现国有企业的社会价值和社会主义公有制本质，让社会公众切实地感受到经济发展带来的社会进步与生活水平的提高。从市场运行规律上看，民生领域国有资本经营预算支出的边际效用较高，以民生为导向的国有资本经营预算支出规模的扩大将减少收入分配差距，刺激人民的边际消费倾向，有利于扩大内需，刺激消费，促进我国产业结构的转型升级。因此，扩大国有资本收益在民生领域的比例，是符合国有资本属性与市场运行规律的必然选择。基于当前国有企业红利体内循环的现状，建议从法律层面设置国有资本经营预算用于民生性支出的最低比例，从法理的角度体现国有资本经营预算的民生财政导向。2016年中央国有资本经营预算在民生领域的支出为14.38%，本书建议到2020年，补充社会保障基金与投入到民生领域的国有企业红利应扩大到30%的水平，在进一步改善之后，实现与国际接轨的50%民生支出比例。

五、有序扩大国有资本经营预算民生支出范围

值得肯定的是，中共十八大以来，我国已经多次提高了国有企业红利征缴比例，但与国有资本总利润相比，当前国有资本经营预算收入仍比重较低。而民生建设却要面临教育、医疗、就业、社会保障等诸多民生领域的支出，难以全盘兼顾。本书建议，在国有资本经营预算收入有限的情况下，国有资本经营预算支出应首先投入资金缺口最大且最能让民众受益的领域。这是因为，我国目前正处于经济转型期，而且面临严峻的人口老龄化形势，劳动人口不再全面过剩，反而出现局部的紧缺，造成社会保障基金为了支出加大而收入又锐减，社会保障基金收支失衡加剧。中国社会科学院副院长高培勇指出，在现有社会保障制度框架下，要确保2020年中国每个退休者都能领取养老金，以替代率52.4%计算，中国城镇职工养老保险会出现支付缺口。从当前的现实情况看，我国还未进入全面老龄化阶段，但现有的

社会保障基金已经面临较为严峻的资金缺口问题，形成"空账"，而财政预算也时常吃紧，难以填补社会保障基金的缺口压力。因此建议国有资本收益应该首先用于弥补社会保障基金的缺口，完善社会保障覆盖面积，维护社会稳定。之后随着国有资本经营预算收入的不断增加，民生支出范围可由社会保障领域推广至其他领域，尤其是加大对教育领域的民生投入。这是因为，当前我国教育资源分布不均衡，城乡之间存在教育条件、师资水平、教学质量等方面差异，无法满足民众的交易需要。而通过增加国有资本收益的教育投入可以减轻教育资源分布不均等问题，使更多的人获得教育服务，从而进一步提升国民的教育水平和知识水平，满足社会经济发展和个人发展的需要。此外，随着国有资本收入的提高，国有资本经营预算民生支出范围还应进一步扩大到就业、医疗、收入分配、社会管理等领域，以期充分实现国有资本经营预算支出民生化。

六、健全国有资本经营预算与公共财政预算的衔接制度

由于国有资本经营预算支出民生化与公共财政预算的目标一致性，通过国有资本经营预算制度实现国有资本经营预算支出民生化的典型方式就是将国有资本经营预算收入调往公共财政，用于保障和改善民生。此时，只有建立国有资本经营预算与政府公共预算适度互通的衔接制度，才可能使国有资本经营预算按公共预算统一的优先顺序安排使用全部公共财政资源，从而最大限度地满足国民的民生需要。具体而言，公共财政预算与国有资本经营预算的平衡与对接主要通过资金渠道上的对接和预算科目上的对接来实现。在资金渠道的对接上，由于实施积极财政政策、化解基层财务风险及各级政府承接国有企业剥离的社会职能，使得现行公共财政预算面临着巨大缺口。此时，作为公共财政预算的重要经济基础，国有资本经营预算有必要也有能力来填补公共财政预算的资金缺口，即提高国有资本经营预算调入公共财政预算的比重。在收支科目的对接上，两个预算还应通过设置相应的预算收支科目有效对接。例如，随着政府会计改革的推进，当前公共财政预算编制基础主要采用权责发生制，对此，国有资本经营预算也应当在权责发生制的基础上建立起自己的资产类、所有者权益类、损益类等收支科目体系，并对公共财政预算中的相同科目进行调整和修订，使得两个预算的收支科目互不重复并各有侧重，进而实现两个预算不相关科目的科学编制和有效对接。

七、完善中央与地方国有资本经营预算转移支付制度

通过完善国有资本经营预算转移支付制度实现国有资本经营预算支出民生化，主要体现在转移支付对于增加地方政府公共预算收入的作用，保证国有资本经营预算收益更多用于保障和改善民生。当前，我国实行国有资产分级管理制度，中央和地方国有资本经营预算支出主要用于本级，相互之间的预算较为独立。2016年

《中央国有资本经营预算管理暂行办法》明确规定，中央可通过向地方国有资本经营预算转移支付的形式解决国有企业改革发展问题。不可否认，随着国有企业改制的不断深化，一些中央企业被下放到地方，解决需要政府兜底的企业债务问题，厂办大集体改革移交问题，化解过剩产能过程中的人员安置问题等均需要来自中央政府的资金支持。但基于国有企业公共性定位，中央向地方的国有资本经营预算转移支付也应当兼顾用于民生保障的公共预算调入支出，以体现"全民所有"的公益性。1994年分税制改革形成"财权上移、事权下放"的分配格局，一定程度上造成地方政府财政常年入不敷出，只能依靠收取土地出让金或举借地方债务解决基础设施建设和公共服务供给问题。不仅如此，随着当前社会主义主要矛盾的转变，政府需要加大财力投入解决人民日益增长的公共服务需求与公共服务总体供给不足、质量低下、分配不平衡等民生问题，这进一步加重了地方政府财政负担。此时基于国有企业全民所有与地方政府公共服务目标一致性，亟须完善中央与地方国有资本经营预算的转移支付制度，在扶持地方国有企业改革发展的同时，通过向各级公共预算与社会保障基金调入资金等方式给予地方一定的财政支持。因此，本书认为，通过中央与地方国有资本经营预算转移支付制度实现国有资本经营预算民生化至少应把握以下两点：一是加大国有资本经营预算转移支付力度，提高每年向地方转移支付的资金；二是增加国有资本经营预算转移支付民生支出项目，扩大民生支出范围。实践中，有条件的地方还可进一步细化民生支出项目，推进国有资本经营预算支出民生化更好地落实。

第四节 构建民生财政导向下国有资本经营预算支出绩效评价体系

国有资本经营预算支出民生化机制的顺利实施离不开行之有效的国有资本经营预算支出绩效评价体系。鉴于现有国有资本经营预算支出的不足，本书以保障与改善民生作为战略目标，从非民生化项目效益、民生化支出、过程管理、民生效益四个维度设计绩效评价指标体系。进而从加快国有资本经营预算支出绩效评价的法制化建设、加强国有资本经营预算支出的财政与审计监督等方面完善国有资本经营预算支出绩效考评监管机制。

一、国有资本经营预算支出绩效评价指标体系设计原则

国有资本经营预算支出的民生内涵非常丰富，用少量指标来衡量和体现如此丰富的内涵，就面临着有限与无限、量与质的逻辑矛盾问题。指标多是量的概念，而国有资本经营预算支出则是量和质的综合。因此，在确定国有资本经营预算支出绩效评价指标时应遵循以下一些基本原则。

1. 科学性原则

评价指标体系的设计建立在客观数据和科学评价的基础上，评价指标的选择围绕国有资本经营预算支出绩效的本质，涵盖反映国有资本经营预算支出绩效的重要因素。

2. 系统性原则

国有资本经营预算支出是一个系统，其绩效评价指标体系也应具有系统性。

3. 可操作性原则

评价指标体系的可操作性和指标的可度量性是建立评价指标体系的一个基本原则，否则评价指标体系将缺乏实际意义。因此评价指标的设计要求概念清晰、定义明确，方便采集数据与搜集情况，要考虑现行科技水平，并且有利于绩效的提高。

4. 可比性原则

评价指标体系中同一层次的指标应该满足可比性原则，即具有相同的计量范围、计量口径和计量方法，评价指标取值应采用相对值，尽量不采用绝对值。

5. 定性与定量指标相结合的原则

评价指标体系的设计应当满足定性与定量指标相结合的原则，只有通过量化才能较为准确地反映问题的本质。对于缺乏统计数据的定性评价指标，可采用评分法，利用专家意见尽量实现其量化。

二、民生财政导向下国有资本经营预算支出绩效评价体系的基本框架

国有资本经营预算支出绩效评价指标体系作为整个支出绩效评价体系的子系统，所涉及的内容和范围较广，是一个由多个要素相互影响、相互联系、相互作用的多维结构。本书根据《关于印发〈财政预算绩效评价共性指标体系框架〉的通知》《关于印发〈中央部门预算绩效目标管理办法〉的通知》《关于印发〈中央国有资本经营预算支出管理暂行办法〉的通知》等文件的要求，结合国有资本经营预算支出的特点，以保障和改善民生作为国有资本经营预算支出绩效评价的战略目标，从非民生化项目效益、民生化支出、过程管理和民生效益四个维度构建国有资本经营预算支出绩效评价体系的基本框架，如图22-1所示。这四个维度的指标之间形成了一个因果关系链条，具体表现为：（1）非民生化项目效益维度，对非民生化支出的经济效益和上缴的收益进行评价，促进国有资本经营绩效的提高，创造更多的国有资本经营收益；（2）民生化支出维度，通过增加国有资本经营预算民生支出的总额，使民众能够分享到国有企业发展的成果；（3）过程管理维度，通过加强对预算过程的管理，提高国有资本经营预算资金的使用效率；（4）民生效益维度，通过提高国有资本经营预算民生支出的效益，实现保障与改善民生的战略目标。

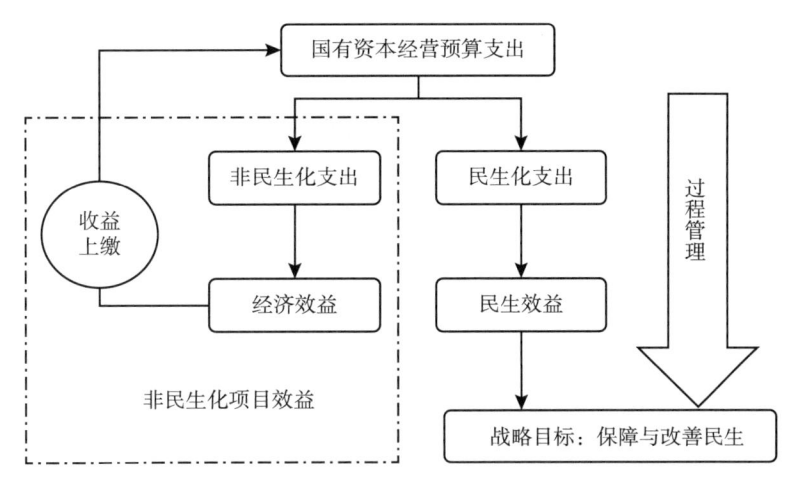

图 22-1　民生财政导向下国有资本经营预算支出绩效评价体系的基本框架

民生财政导向下国有资本经营预算支出绩效评价的重点从国有资本经济效益评价转向国有资本民生效益评价。将保障与改善民生作为战略目标，通过引入非民生化项目效益、民生化支出、过程管理和民生效益四个维度的考核指标，利用各维度指标间的因果关系，将国有资本经营预算支出的民生化目标转化为有形的绩效目标和衡量指标，并渗透到国有资本经营预算支出管理的各个环节中，促进民生化战略目标的实现。

三、民生财政导向下国有资本经营预算支出绩效评价指标体系设计

基于前述分析，本书将民生财政导向下国有资本经营预算支出绩效评价指标体系按非民生化项目效益、民生化支出、过程管理和民生效益四个维度进行设计（见表 22-1），具体设计思路如下：

表 22-1　国有资本经营预算支出绩效评价指标体系

一级指标	二级指标	三级指标
非民生化项目效益	经济效益	国有资本总体获利能力
		国有资本总体发展能力
		国有资本总体偿债能力
		国有资本总体营运能力
		优化国有经济布局
		提高国有资本控制力
	收益上缴	国有及国有控股企业上缴利润占比
		国家股红利与股息上缴占比
		税收贡献占比

续表

一级指标	二级指标	三级指标
民生化支出	直接支出	充实社会保障基金支出占比
		充实社会保障基金支出占比变动率
		调入一般公共预算的支出占比
		调入一般公共预算的支出占比变动率
	间接支出	解决国有企业历史遗留民生问题的支出
		民生领域国有资本金注入
		民生领域国有企业政策性补贴支出
		间接支出占比
过程管理	资金落实	投入资金到位率
		投入资金到位及时率
		是否存在资金拨付困难
	投入产出	预算支出完成率
		预算支出完成及时率
		项目质量达标情况
		成本节约率
	业务管理	资金管理制度健全性
		财务监控机制健全有效性
	财务管理	资金管理制度执行有效性
		资金使用合规性
民生效益	社会效益	民生领域国有资本控制力
		民生领域国有资本总体发展能力
		增加就业与安置就业情况
		其他社会效益
	生态效益	环境改善情况
		能源节约情况
	社会公众满意度	

（一）非民生化项目效益维度的评价指标

国有资本经营预算支出的内容和范围是依据预算收入进行的合理安排，因此，国有资本经营预算支出民生化的基础是预算收入的持续增长。我国国有资本经营预算收入的主要来源是国有企业自身的经营收入。目前国有资本经营预算支出中，除了民生支出，有相当一部分预算资金以资本金的形式注入国有企业中，其目的在于通过提高国有资本的经营绩效，促进国有资本保值增值，从而扩大国有资本经营预算收入，为加大民生支出提供重要保障。非民生化项目效益维度描述如何提高投入到国有企业的资本金的使用效益，以创造更多的国有资本收益，促进国有资本经营预算收入的稳定增长。具体的绩效评价指标分为经济效益和收益上缴两个层次。其中，经济效益的评价指标包括国有资本总体获利能力、国有资本总体发展能力、国有资本总体偿债能力、国有资本总体营运能力、优化国有经济布局和提高国有资本控制力。收益上缴的评价指标包括国有及国有控股企业上缴利润占比、国家股红利与股息上缴占比、税收贡献占比。

（二）民生化支出维度的评价指标

民生化支出维度描述如何增加民生支出的总额和占比，使民众能够分享到国有企业发展的成果。具体来说，民生包括教育、医疗、社会保障、环保、就业、公共安全等诸多方面，民生支出的绩效指标可设定为直接支出和间接支出两个方面。直接支出是指国有资本经营预算资金调入一般公共预算用于保障和改善民生的支出与国有股减持补充社会保障基金的支出。间接支出是指间接用于改善民生条件的国有资本经营预算资金支出，包括解决国有企业历史遗留民生问题的支出、民生领域国有企业资本金注入、民生领域国有企业的政策补贴支出及间接支出占比。目前国有资本经营预算民生直接支出主要集中在社会保障领域，其他领域的民生支出偏少。由于当前我国国有资本经营预算收入极为有限，难以满足多方面的民生化需求，因此，国有资本经营预算（支出）应首先投向资金缺口最大且能最大限度地让国民受益的民生领域，优先满足社会保障资金的需求。随着国有资本经营预算收入的增长，民生支出将逐步面向教育、医疗等其他民生领域，民生化支出维度的绩效指标也将随之进行调整。

（三）过程管理维度的评价指标

过程管理维度描述预算部门需要什么样的业务流程，才能在满足预算约束的前提下，保证国有资本经营预算支出的有效执行，提高民生支出的效率和效果。按照预算的程序要求，该维度主要从资金落实、投入产出、业务管理和财务管理等方面对整个国有资本经营预算支出过程进行合理性、合规性方面的评价。其中，资金落实的评价指标包括投入资金到位率、投入资金到位及时率、是否存在资金拨付困难；投入产出主要考查国有资本经营预算支出的完成情况以及落实时间等，其评价指标包括预算支出完成率、预算支出完成及时率、项目质量达标情况与成本节约率；业务管理的评价指标包括资金管理制度健全性、财务监控机制健全有效性；财务管理的评价指标包括资金管理制度执行有效性、资金使用合规性。

（四）民生效益维度的评价指标

民生效益维度主要考查国有资本经营预算用于民生化项目（包括直接支出与

间接支出）的资金投入所带来的各种效益，包括社会效益、生态效益和社会公众满意度等。社会效益的评价指标包括民生领域国有资本控制力、民生领域国有资本总体发展能力、增加就业与安置就业情况和其他社会效益；生态效益的评价指标包括环境改善情况与能源节约情况。

四、完善国有资本经营预算支出民生化绩效问责制度

国有资本经营预算绩效问责是把资金投入和产出的绩效评价与行政问责活动挂钩，对预算资金的拨付者、管理者和使用者的责任落实情况进行客观评价，并依据预算资金使用结果进行相应的奖励和处罚，以确保国有资本经营预算支出保障与改善民生战略使命的实现。一是根据国有资本经营预算资金的特点，制定专门的国有资本经营预算绩效问责管理制度，对问责的主体、对象、程序以及责任追究形式等方面做出明确规定，使国有资本经营预算绩效问责机制有法可依。二是明确审计、监察等检查机构在国有资本经营预算绩效评价问责中的主体责任，高度重视绩效评价结果的运用，对绩效评价中发现的问题要认真分析其原因并及时提出相应的对策，对预算编制与执行过程中出现的违规违纪问题要及时进行纠正和处理，保证绩效评价结果得到合理运用、各项责任得到真正落实。三是充分利用新闻媒体等舆论监督的力量，对国有资本经营预算编制、执行等过程中的违规行为，及其问责过程、问责结果等有关信息在一定范围内进行公布，扩大社会影响，确保国有资本经营预算资金到位及时、使用合规，有效发挥其支持民生的预期效益。

第五节 实现国有资本经营预算支出民生化的相关配套机制

要顺利推进国有资本经营预算支出民生化，真正实现国有资本收益"全民共享"的最终目标，单靠上述制度架构还远远不够，应当继续完善相关配套机制。本书认为可以从法治建设、国有企业改革、征缴机制、金融市场和监督体系五个方面着手突破日益固化的制度藩篱，为国有资本收益民生化分配提供切实的制度保障。

一、加强国有资本收益分配民生化的法律制度

为确保国有资本收益民生化分配做到有法可依，就必须加强国有资本收益民生化分配的法律制度，以法律形式规范政府和国有企业执行国有资本收益在民生方面的投入行为，并通过法律约束，避免国有资本收益被个人或个别群体用以牟取私利。具体而言，关于国有资本收益民生化分配的法律制度设计必须优先考虑以下三个问题。

（一）必须以法律形式确定国有资本收益民生化分配的比例

2013 年，中共十八大出台了《中共中央关于全面深化改革若干重大问题的决定》，明确地释放出国有企业改革的信号，即 2020 年国有资本收益上缴公共财政比例须达到 30%。这是实现国有企业利润"全民共享"的第一步，但这远远不够。政府与立法机构应在国有资本收益民生化分配的推进中探索并寻找出适合我国国情的国有资本收益民生化分配比例，并以法律形式将此比例固定，使国有资本收益民生化分配真正落于实处，进而避免当前国有企业利润以增资扩股、改革重组等方式返还给国有企业内部的现象再次发生。

（二）必须以法律形式确定民生化分配的国有资本收益来源范围

目前，我国仅将国有企业上缴利润作为民生化分配的资金来源，基于我国庞大的人口数量，这部分资金在提高全体民生活水平方面所能发挥的作用极为有限。因此，必须扩大用以民生化分配的资金来源范围。除了将国有企业的利润上缴作为我国社会分红资金的主要来源外，政府应拓宽用以社会分红的资金来源，将包括国有资产出让、租赁收入以及各项基金税费在内的财政收入纳入社会分红资金来源，并将所定范围写入相关法律法规中，以法律形式确定下来。全体人民是国有企业的终极所有者，而政府是全体人民的代理者。因此，全体人民有权享受全部财政收入。将全部财政收入用以社会分红，这也符合政府"创造更多条件以增加人民财产性收入的愿景"。

（三）必须以法律形式确定和监督国有资本收益民生化分配的使用方向

首先应将国有资本收益民生化分配的具体使用方向，例如，社会保险、养老保险、教育、医疗保险等内容写入法律。以法律的强制性约束国有资本收益民生化的具体方向，有利于避免国有资本收益以其他方式重新流回国有企业或行政单位，保障国有资本收益分配划拨比例的有效性和真实性。其次，国有资本收益补充社会保障基金已写入政府政策中，但这个条件对于确保实现国有资本收益保值增值的目标是不够充分的。信息不对称因素的存在或有可能致使社会保障基金管理机构钻法律的空子，不顾国有资产的公有性和保本要求，在资本市场进行违规的投机操作以公利牟取私利，极有可能造成国有资产的流失和公民福利的巨大损失，拉大社会保障和养老资金缺口。为避免这一情况，立法机构应将国有资本收益的保本要求作为法律底线，要求社会保障基金管理机构进行合法的分散的组合性投资，监督相关机构的具体操作，确保国有资本收益保值增值的实现。

二、进一步深化国有企业改革

国有资本经营预算支出民生化的前提是国有企业有较丰厚的利润,这就要求进一步做强做优做大国有企业,增强国有企业盈利能力。据此,政府必须进一步深化国有企业改革,增强国有企业活力,包括完善国有企业资产管理体制、完善现代企业制度、推进混合所有制改革、推进国有企业市场化改革等。如此才能在市场竞争中,充分发挥国有企业对国有资产配置的积极性,尽可能地实现国有资本收益最大化。

(一) 完善国有资产管理体制

完善国有资产管理制度首先必须处理好政府与市场的关系,充分发挥市场在资源配置中的决定作用,避免政府对国有企业的过度行政干预造成政企不分的局面,破坏国有企业生产经营自主权。其次必须明确国有资产监管机构的职能定位。国有资产监管机构是在各级人民代表大会授权之下,承担国有资本投资运营公司出资人角色的政府特设机构,履行国有资产出资人的职能。因此,国有资产出资人代表必须划清出资人监管边界,妥善建立并认真实施监管的权利和责任清单,增强监管企业活力和提高效率,同时要聚焦监管内容,既要科学管理减少监管空白,又要依法管理,做到法不授权不可为。此外,还需要对国有企业的治理结构、战略规划制定、资本运作模式、人员选用机制、经营业绩考核等内容进行精确有效的分类监管。最后应当改革国有资本授权经营体制,摆脱当前仍然存在的"管人管事管资产"的管理理念,建立以"管资本"为主的国有资本授权经营体制。在新体制下,国有资本投资运营公司必须以其出资额为限,作为独立于政府之外的国有资本运作专业化平台,通过市场化方式依法参与其控股或参股企业的重大决策制定。如此,方能使得国有企业自主盈利、自负盈亏,通过市场化机制实现国有资本保值增值。

(二) 完善国有企业现代企业制度

完善国有企业的现代企业制度能够使国有企业拥有合理的公司治理结构,进而运用市场化手段做到"自主经营、自负盈亏",尽可能实现国有资本收益的最大化。当前,国有企业完善现代企业制度必须明确董事会作为重大决策制定者的定位,增强监事会的监督作用,减少行政干预。董事会是公司战略目标和计划、经理人选聘、薪酬分配等重大决策的制定者,是股份制公司经营管理的核心;监事会则是防止董事会及经理层滥用职权,损害公司和股东利益的重要监督机构。政府应给予国有企业董事会与监事会自主权,由董事会根据行业特点、市场状况和战略布局等因素制定国有企业重大决策,由监事会实施监督,尽可能减少行政干预。改革实践中,虽然大部分国有企业依法完成了公司制改革,建立了公司法人治理结构,但仍然有部分国有企业董事会形同虚设,重大决策往往由"一把手"说了算的情况屡见不鲜，监事会话语权也十分有限，这与现代企业制度要求相悖。本书建议应当赋予董事会和监事会实质性权利，由董事会负责公司经营管理、监事会负责监督，二者相辅相成推进公司治理结构的完善。

（三）推进混合所有制改革

国有资本收益的持续增长需要依托国有企业的持续经营，但目前，国有企业一股独大的局面极大地阻碍了国有企业经营的可持续性，不利于国有资产的有效配置。非公有资本具有天然的趋利性，其追求资本增值的目标及行为符合市场经济要素自由流动的客观规律。因此要消除竞争领域的国有企业因一股独大而可能导致的效率低下等问题，就必须引入这一具有天然趋利性的非公有资本，发挥其在国有企业产权改革中的"鲇鱼效应"，激活国有资本活力。按照当前国有企业改革思路，国有企业引入非公有资本就是在完全竞争的行业或领域建立起非公有资本控股的混合所有制企业，即所谓的推进国有企业混合所有制改革。当前，深化国有企业混合所有制改革，一方面要求积聚社会中闲置的非公有资本，调动非公有资本在国有企业混合所有制改革中的积极性或者鼓励国有企业员工持股，实现国有企业的产权结构多元化；另一方面，不仅要对完全竞争领域的国有企业子公司进行混合所有制改革，而且要将其母公司的产权结构由原先的国有独资转变为国有资本参股、非公有制资本控股的混合所有制形式，进而从根本上解开母公司在子公司重大经营决策的行政命令束缚，避免子公司的混合所有制改革流于形式。应当承认，国有企业混合所有制改革不可一蹴而就，应分类分层推进。因此建议根据国务院印发的《关于深化国有企业改革的指导意见》，因地施策、因业施策和因企施策，将公益类国有企业及主业处于关系国家安全、国民经济命脉的商业类国有企业混合所有制改革同处于完全竞争行业的商业类国有企业区别开来。保持对公益类国有资本绝对控股或相对控股，以维护国民经济安全和发展，并确保公共产品的有效供给。

（四）推进国有企业市场化改革

中共十八届三中全会确立了市场对资源配置的决定性作用。这为国有企业市场化改革奠定了基调。经国有企业顶层设计的推出，国有企业市场化改革已取得了显著成绩，拥有了相对独立的管理权限，形成了多元结合的产权结构，成了市场竞争的重要主体，但与民营企业、外资企业相比，国有企业拥有的政策优势显而易见，国家为国有企业提供财政补贴和支付转制成本的做法也屡见不鲜，国有企业市场化改革仍有较大阻力。据有关资料显示，2012年政府对沪深两市35家钢铁企业的财政补助为61.457亿元，政府对国有企业的财政补助仍然比较突出[1]。显然，一味地依靠国家政策支持获得经营收益的发展模式不具有可持续性，尽管国有企业短期

---

[1] 21世纪经济报道. 钢铁业绩回暖真伪：政府补贴成倍增加 [EB/OL]. 2013-08-29. http://www.cnstock.com/v_industry/sid_tt/201308/2718580.htm.

内能够实现快速发展，但这已经背离了市场发挥资源配置决定性作用的一般规律。强调国有企业的市场化改革实质上就是利用完善的管理机制解决国有企业发展存在的体制积弊问题，包括管理松懈、机制僵化、人浮于事等。尽管市场化改革可能会淘汰部分国有企业，但国有企业资本增值率的提高足以弥补这部分损失。并且从长远来看，放置于市场经济中的国有资产将具有更强的竞争活力与更大的增值潜力。值得注意的是，坚定不移地推进国有企业市场化改革首先需要分清国有企业所属的性质和类别，区分自然垄断或完全竞争的成分，分别确定控股的形式是完全独资还是绝对或相对控股。其次，逐步放开完全竞争领域，利用股份制改革的契机，吸收民营资本参与其中，形成多元产权结构。在这其中，特别是要允许、鼓励民营资本股东进入管理层，避免只投资不运作的表面参与现象，进而真正实现市场化改革。

三、完善国有企业红利征缴刚性机制

前已述及，推进国有资本经营预算支出民生化的重要一环是实现国有企业红利征缴比例倍增目标，但国有企业利润征缴势必会受到既得利益集团的阻碍，不可能毕其功于一役。对此，应当完善现行国有企业红利征缴机制，包括健全国有企业利润征缴的配套法律体系、设计有效机制防范国有企业规避利润上缴、实行国有企业利润上缴奖惩制度等。

（一）健全国有企业利润征缴的配套法律体系

健全国有企业利润征缴的配套法律体系至少应当把握两个方面。一是完善相关的纲领性法规。现行的国有企业利润上缴制度主要包括国务院、财政部、国资委发布的实施意见、执行办法、部门规章。从法的形式要件来看，这些行政法规位阶较低，约束力较弱[①]，与国有资产监管相关的具有较高级别的法律规范仅仅是2008年出台的《中华人民共和国企业国有资产法》（以下简称《企业国有资产法》）。而该法涉及国有资本经营预算内容也仅有第六章第五十八条至第六十二条，不足500字，并且条款的内容大多是概括性的表述或简略的说明，不具有实际操作性。这就造成高阶的法律制度在实践中难以发挥约束作用，而低阶的行政规章又缺少权威性。由此可见，完善国有企业利润上缴的相关纲领性法规需要尽快提上日程。《企业国有资产法》第六十二条规定："国有资本经营预算管理的具体办法和实施步骤，由国务院规定，报全国人民代表大会常务委员会备案。"这为国有资本经营预算纲领性法规的完善预留了空间，建议在该制度框架下出台具有高位阶、高效力的行政规范。二是建立配套的法律规范。国有企业利润上缴作为国有资本经营预算建立的重要环节既需要纲领性法规的约束，也要求配套法律规范的制约，特别是要

[①] 法的形式要件指的是法的表现形式（形式渊源），是国家命令人人必须遵守的文件，这种文件中有国家确认的判断公正不公正的标准，一般以成文法、判例法、习惯法等形式出现。

完善国有企业利润征缴各个环节的操作办法如利润核定、征缴程序、催缴方案等。这些制度缺失很容易将国有企业利润上缴的制度安排异化为财政部、国资委与国有企业内部的利益分配。这不仅加大了利润征缴的难度也增强了国有企业讨价还价的能力。因此，涉及国有企业利润上缴的诸多环节都有必要以规章制度的形式加以明确。

（二）设计有效机制防范国有企业规避利润上缴

国有企业利润征缴中的信息不对称和制度不完善为国有企业少缴、缓缴、迟缴红利提供了操作空间。据中华人民共和国审计署（以下简称审计署）披露的报告显示，2008~2011年国电集团多计负债2.53亿元[1]，据审计署2018年第23号公告，2016年，中交集团所属中交股份多计不符合确认条件的资产26.07亿元、负债32.13亿元；同年，中国机械工业集团有限公司所属中国能源工程集团有限公司、江苏辉伦太阳能科技有限公司违规出借资金10.8亿元，并且至审计时，本息12.1亿元均未收回。类似的例子不胜枚举。本书认为，不论是少计利润、少计所有者权益还是多计负债，本质上都是规避利润上缴。因此，如果片面地根据国有企业提供的报表征缴税后利润显然难以阻挡国有企业弄虚作假的行为。但是要求财政部、国资委或审计署实行全面监督又不具备现实可行性。因此，有必要设计制衡机制防范国有企业规避利润上缴。首先，强化国有企业内部财务稽查的职能，建立必要的追责问责制度，严厉查处会计造假行为。其次，发挥监事会的监管职责。监事会成员应按照《国有企业监事会暂行条例》严格检查企业的财务会计资料，认真审查财务报表和报告，实地考察复核企业财务情况等。最后，实行严格审计。除了审计署定期组织审查之外还应不定期引入权威会计师事务所对国有企业利润的核算、上缴、使用进行全面审计，确保国有企业真实上报会计利润。此外，委托代理机制下国有企业内部管理面临着所有者缺位的情况，代理人和所有者利益诉求不一致使得国有企业管理者利用信息不对称进行"内部人控制"。现实中，国有企业管理者以让渡国有资本为代价换取个人利益的行为屡见不鲜，国有资本收益内部流转已成为不争事实。解决这一难题需要改变国有企业内部行政化管理模式，打破只进不出、只上不下的人事任免制度。通过引入职业经理人或进行市场化选聘突破现有行政化管理模式形成的僵化格局。因此，当务之急是实行类似于公务员聘任制的国有企业职业经理人制度，赋予职业经理人实质性的管理权。

（三）实行国有企业利润上缴奖惩制度

目前，我国并没有出台国有企业利润上缴奖惩制度，即使是部委发布的指导意见和执行办法也没有涉及相关的惩处措施，更多的是带有商议性质的催缴，如果国

---

[1] 中国广播网．审计署发布10家国有企业2011年度财务收支审计结果 [EB/OL]. 2013 – 05 – 10. http：//finance.sina.com.cn/focas/sigq2013/.

有企业在征缴中利用信息优势阻挠利润上缴，则国有企业利润征缴难以实现倍增目标。当前，财政部和国资委对国有企业利润上缴工作不到位的查收大多局限在通报批评、查处整改层面，并没有进展到追求责任人经济责任、法律责任的地步。这既归因于国有企业高管身份的特殊性，也与奖惩制度缺失有很大关系，使得抱着侥幸心理的国有企业少缴、缓缴或不缴红利的行为屡屡得逞。就国有企业管理者而言，为了在任期内获取晋升资本，他们往往快马加鞭上项目，以低效率的投资换取短期经济效益。之所以出现如此短视做法很大程度上在于问责制度的缺失以及考核标准设置的偏颇，即盲目注重产出绩效。因此，为了确保国有企业利润申报、核算及征缴工作有序进行，有必要逐步实行国有企业利润上缴奖惩制度。首先，将利润上缴完成情况纳入国有企业年度考核体系并设置以下考核标准：一是上缴利润的比例和时间；二是上缴工作的规范性和配合度；三是参照证监会发布的《上市公司监管指引第 3 号——上市公司现金分红》检查上市国有企业的现金分红情况。其次，将利润上缴完成情况作为国有企业管理者的绩效考核指标。由于国有企业管理者具有行政级别，对其进行效能考察时除了重点检查国有资产的运行情况还应审查利润上缴工作。最后，建立追责问责制度，对国有企业利润申报过程中出现的财务造假行为追求当事人的责任，涉及违法时应该移交司法机关。对不能按时足额完成利润上缴工作的管理者进行必要的惩罚，采取行政记过、警告或降级降薪等方式加以惩处，严重时予以免职。

四、健全多层次资本市场运作机制

无论国有资本经营预算支出民生化以何种模式开展，都必须涉及国有资产保值增值的要求，必然要与国有资本收益资本化挂钩，此外，国有股权的变现也需要完善的资本市场。这就要求我国必须继续深化金融市场改革，逐步扩大金融开放、增强金融创新、加强金融监管，确保国有资本收益资本化后的资金安全性、流动性和盈利性。

（一）深化金融改革，逐步扩大金融开放

首先要继续推进利率市场化，为国有资本收益的再投资和国有股权流动创造宽松有序的市场环境。利率是金融市场的价格衡量工具，建立由市场决定的利率形成机制和利率调控机制，促进我国金融市场由低水平向高水平发展。目前，我国已完全放开存贷款利率管制，利率的决定权由中国人民银行移交商业银行，即商业银行可根据自身资金状况和市场供需决定客户存贷款利率。但放开利率管制不意味着市场决定的利率形成机制和利率调控机制完全建立，仍需继续推进利率市场化。因此，中国人民银行应发挥利率作为金融市场价格的引导作用和作为货币政策工具的调控作用，建立以市场基准利率和收益率曲线为基准的金融市场利率定价机制，形成以上海银行间同业拆借利率（Shibor）、短期回购利率以及国债利率为主的短期

市场利率，并利用再贷款、中期借贷便利（MLF）、抵押补充贷款（PSL）等工具引导和稳定中长期市场利率，形成金融产品价格围绕市场基准利率波动的价格体系。在这一过程中，货币政策需逐步由数量调控向价格调控转变，即货币政策工具选择由原有的货币供应量为主向利率为主、货币供应量与利率相结合转变，并理清由市场基准利率到金融市场利率的传导机制，发挥利率传导机制和调控机制的有效性。其次要扩大金融开放，以人民币纳入特别提款权（SDR）作为重要契机，继续推进人民币国际化进程，发挥人民币国际储备货币优势，推动人民币资本项目可兑换，进而带动资本在国内金融市场和国际金融市场的自由流动。国有资本可仿效挪威全球养老基金，借助外汇、黄金以及其他国家金融产品等多种金融工具，在不同国家的金融市场上进行分散化投资，实现国有资本的投资组合多样化，这样可规避由国内金融市场或单一国家金融市场造成的系统性风险。

（二）增强金融创新，加强金融市场监管

第一，增强金融创新，激发金融市场活力。金融创新是金融要素的重新组合，其能够扩大金融产品收益模式的选择范围，提高金融机构的盈利能力，进而防范金融风险。商业银行作为金融市场的重要主体，应当转变其经营方式，利用互联网和大数据等新信息技术手段，吸引更多高素质金融人才，实现金融工具创新、金融技术创新、金融服务创新、金融企业组织和管理方式的创新。此外，应当支持互联网消费金融、第三方支付平台等新型金融组织的金融创新，鼓励互联网金融为实体经济服务，为企业提供更多的货币市场和资本市场金融工具选择，进而帮助企业规避风险，增加收益。第二，加强金融市场监管。由于金融创新可能带来的金融监管空白，势必加剧金融风险，这就要求提高金融监管部门的监管有效性。一方面，中国银保监会、中国证监会应致力于防范日益增强的金融市场系统性风险，规范金融市场运作机制，严厉惩处或制裁严重影响金融市场安全的违法违规行为，维护金融市场的安全稳定；另一方面，应加强一行两会的联系与合作，通过完善一行两会联席会议制度来应对分业监管的混业经营趋势和互联网金融产生的监管空白和监管重复，提高金融监管有效性，为国有资产的保值增值提供安全稳定的金融环境保障。

五、健全国有资本经营预算民生支出多元监督机制

推进国有资本经营预算支出民生化这项工作既需要各部门通力合作也要求强化监管，在内部治理结构不断完善的基础上实施外部监督。

（一）国有企业及预算编制主体的自我监管：健全信息披露制度

首先，建立国有企业账本公开制度。一直以来，大多数国有企业并未向公众公开国有资产经营状况和收益分配情况。除了上市国有企业按期发布的季报和年报之

外，公众难以获取最新的国有资产运作情况。即便国有企业公开必要利润分配信息和重大投资事项，但涉及具体的资金来源和去向，公众大多无从得知，更遑论监督了。财务信息不公开增加了暗箱操作的可能，埋下了弄虚作假的伏笔。本书认为，既然国有资产产权在法理上属于全民所有，那么产权的雇用者作为国有资产的管家理应给"东家"交个账本，并且是真实完整详细的账本。没有公开财务信息，国有企业实在难以取信于民。①

其次，披露利润上缴的相关内容。目前，国有企业上缴利润需要提交的会计报表并没有向公众披露。实际的执行情况只有财政部和国资委才知悉，具体的完成情况也仅公布总体数据不包括样本资料。由此可见，国有企业的利润上缴工作处于封闭系统运作。由于公众和国有企业存在严重的信息不对称，问责之下国有企业红利的使用也只能是发言人的自说自话，公众不能查证更不能追责。要消除公众的质疑就是公开信息，包括利润总额、上缴比例和完成情况等内容。一是把信息披露纳入国有企业常规工作建章立制，确定信息披露的内容、形式、时间等。二是除了公开中国证监会要求披露的信息之外还应向公众发布国有企业利润上缴情况，逐步提高披露信息的广度和深度②。三是适时建立披露信息网上公开和公示制度，便于公众查阅和监督。

最后，以民生财政为导向的国有资本经营预算支出是为了能让国民切实分享国有企业发展的成果，改善民生水平。而民生财政的核心要义之一是赋予公众知情权，让公众明晰预算资金的使用去向。因此，国有资本经营预算应提交人民代表大会审议并及时向社会公示，且尽可能简明易懂，接受社会监督，促使国有资本经营预算支出走上公开、公正、公平的规范化进程。在必要时，应以政府财务报告的形式，对国有资本收益的具体用途与机制向社会公众做出说明，以获得公众的理解与支持。

（二）审计部门的外部监管：建立有效的审计制度

首先，将国有企业审计纳入常规工作。审计署具有避免和预防国有资产流失，查处和抵御国有企业违规经营的功能。2009年以来，审计署开始定期对大中型国有企业的财务收支情况进行审计③，审计内容涵盖了国有企业会计核算、薪酬福利、内部控制、人事任免、投资经营等方面。截至2018年10月底，有关部门、单位和地方已整改问题金额2 955.58亿元；同时深入剖析问题原因，认真研究采纳审计建议，从体制机制上巩固整改成果，共制定完善相关规章制度2 944项；还通过约谈、追回违规所得、移送司法机关等强化问责，共处分3 299人次，而涉事的

---

① 王晓颖. 国有企业利润分配问题研究 [D]. 太原：山西财经大学，2010.
② 常伟勇. 基于博弈论视角的国有资本收益收缴研究 [D]. 秦皇岛：燕山大学，2012.
③ 2009年开始审计署对国有企业实施定期监管，当年审计了华电集团、中石化等6家企业；2010年，审计中石油、中石化等15家中央企业；2011年，审计中粮集团、兵装集团等17家企业；2012年，审计华能集团、国电集团等10家企业。

责任人或被降职降薪或移交司法机关。① 因此，为了发挥审计署的监督功能，有必要将国有企业审计纳入常规工作，逐步实现国有企业审计全覆盖。审计署对国有企业实施监管应着重从以下几方面入手。一是绩效审计。重点检查国有资产运作情况，避免国有资产无效率流失。二是经济责任审计。主要是对国有企业管理人员的薪资福利、职务消费、管理职权进行审计。三是财务审计。检查国有企业财务制度是否健全、会计利润是否作假、财务报表是否真实、信息披露是否完整。通过多层次全方位的监管实现审计署感知风险、揭露问题、查处违规的审计功能。

其次，从法律层面明确国有企业审计的方式和内容。尽管审计署对国有企业实施常规监管发挥了很好的监督作用，但随着审计范围的扩大和深入，审计工作的独立性势必受到影响，而国有企业也会采取更为隐蔽的财务手段规避审计。因此，为了顺利实施审计、发挥监管职能，必须从法律层面明确国有企业审计的方式和内容。目前，审计署主要依据《中华人民共和国审计法》《中华人民共和国国家审计基本准则》等开展审计工作。这些纲领性的制度尽管适用于国有企业审计但针对性不强、权威性不够。2008 年出台的《中华人民共和国企业国有资产法》明确了国有资产监管的方式和内容，该法第六十五条规定："国务院和地方人民政府审计机关依照《中华人民共和国审计法》的规定，对国有资本经营预算的执行情况和属于审计监督对象的国家出资企业进行审计监督。"这从法律层面赋予了审计署的监管职权。在此基础上，有必要进一步完善国企审计监管内容，细化监管程序，将概括性的法律赋权转变为现实的监管实权，强化审计工作的纠偏功能。

最后，完善国有资本经营预算的审计制度。审计机关应把国有资本经营预算的编制和执行情况作为其审计的重要内容，保证国有资本经营预算支出向民生倾斜。一是审计国有资本收益是否做到了应收尽收，财政部门是否把所有的收入全部编入预算草案。二是审计国有企业间是否通过关联企业隐瞒或转移收入，是否通过提高高管及员工的薪酬福利虚增成本或费用等，以保证国有企业收益的真实性。三是审计预算支出的合规性和效益性。在国有资本收益都应收尽收的基础上，应分析国有资本经营预算支出是否合法合理，是重点投向民生还是挪作他用。

（三）社会公众的舆论监督：建立渠道畅通的反馈机制

尽管《中华人民共和国企业国有资产法》第六十六条规定："国务院和地方人民政府应当依法向社会公布国有资产状况和国有资产监督管理工作情况，接受社会公众的监督。任何单位和个人有权对造成国有资产损失的行为进行检举和控告。"然而，除了国资委定期发布中央管理的一级国有企业经营状况之外，其他经营性国有资产的相关信息，社会公众大多不能知晓，更谈不上进行监督了。目前，社会公众对国有企业实施监督是通过全国人大常委会审议国有资本经营预算实现的，而普

---

① 光明网. 审计署发布 2017 年度审计查出问题整改情况报告［EB/OL］. 2018 - 12 - 24. http://www.chinanews.com/gn/2018/12 - 24/8711393.shtml.

通民众则很难获取国有资产经营信息。① 退一步说，公众能够及时知悉国有资产经营情况，但公众发现问题如何监督、向谁反馈、谁来受理，这些都是公众行使监督权的难题。

化解这一困境需要在《中华人民共和国企业国有资产法》的框架下构建国有企业监管体系，明确公众实施监管的程序和方式。然而，短期内要实现产权主体发挥监管职能十分困难，但这并不影响监督的效果。只要渠道畅通、反馈有效，公众监督必然能够成为如网络反腐一般强大的舆论软约束。而这种监督方式具有成本低、覆盖广、见效快等优势，从长远来看也是可取的。要实现这一目标，政府应帮助公民强化作为国有资本最终所有者的意识，鼓励公民积极对国有资产收益的使用方向及数额大小的合理性行使法律赋予的监督权。同时，发挥网络、电视、手机等新媒体技术平台的时效短、参与度大等优势作用，鼓励更多的公民参与到国有资产收益分配民生化的制度设计及国有资产使用方向等问题的讨论中，激励公民在讨论中表达其根本意愿。此外，还应构建全体公民参与国有资本收益民生化分配的监督平台，促使公民主动参与国有资本收益民生化分配情况监督，并且利用微博、微信等新媒体工具更大地发挥社会舆论的监督力量，真正体现全体公民作为国有资本收益最终所有者的地位。

---

① 中央本级国有资本经营预算从2007年起试行，2008年起正式实施中央本级国有资本经营预算。按照全国人大常委会要求，中央本级国有资本经营预算于2010年首次提交全国人大常委会审查。

附录　中央国有资本经营预算相关表格（样表）

表 A1　　　　　　　　　　　中央国有资本经营预算支出表

填报单位：金额单位：万元

科目编码	科目名称（功能）	××××年执行数				××××年预算数				××年为××年的%
		小计	资本性支出	费用性支出	其他支出	小计	资本性支出	费用性支出	其他支出	
	一、教育									
	……									
	二、科学技术									
	……									
	三、文化体育与传媒									
	……									
	四、社会保障和就业									
	……									
	五、节能环保									
	……									
	六、城乡社区事务									
	……									
	七、农林水事务									
	……									
	八、交通运输									
	……									
	九、资源勘探电力信息等事务									
	……									
	十、商业服务业等事务									
	……									
	合计									

表 A2　　　　　　　　中央国有资本经营预算支出明细表

填报单位：　金额单位：万元

企业名称（一级企业）	合计	资本性支出	费用性支出	其他支出
合计				

表 A3　　　　　　　　中央国有资本经营预算支出项目表

填报单位：　金额单位：万元

项目名称	项目编码	项目排序号	起始年	终止年	承担项目企业	总支出 金额	总支出 其中：财政安排支出	截至上年底累计安排支出 金额	截至上年底累计安排支出 其中：财政安排支出	本年安排支出 金额	本年安排支出 其中：财政安排支出
一、资本性支出											
（一）新设企业注入国有资本											
1.××××											
2.××××											
……											
（二）补充企业国有资本											
1.××××											
2.××××											
……											
（三）认购股权、股份											
1.××××											
2.××××											
……											
（四）其他资本性支出											

续表

填报单位：金额单位：万元

项目名称	项目编码	项目排序号	起始年	终止年	承担项目企业	总支出 金额	其中：财政安排支出	截至上年底累计安排支出 金额	其中：财政安排支出	本年安排支出 金额	其中：财政安排支出
1.××××											
2.××××											
……											
二、费用性支出											
（一）××××											
（二）××××											
（三）××××											
……											
三、其他支出											
（一）××××											
（二）××××											
（三）××××											
……											
合计											

表 A4　　　　　中央预算单位国有资本经营预算支出表

填报单位：金额单位：万元

科目编码	科目名称（功能）	合计	资本性支出	费用性支出	其他支出
	一、教育				
	……				
	二、科学技术				
	……				
	三、文化体育与传媒				
	……				
	四、社会保障和就业				
	……				

续表

填报单位： 金额单位：万元

科目编码	科目名称（功能）	合计	资本性支出	费用性支出	其他支出
	五、节能环保				
	……				
	六、城乡社区事务				
	……				
	七、农林水事务				
	……				
	八、交通运输				
	……				
	九、资源勘探电力信息等事务				
	……				
	十、商业服务业等事务				
	……				
	合计				

表 A5　　　　　中央预算单位国有资本经营预算支出明细表

填报单位： 金额单位：万元

企业名称（一级企业）	合计	资本性支出	费用性支出	其他支出
合计				

表 A6　　中央预算单位国有资本经营预算支出项目表

填报单位：　金额单位：万元

项目名称	项目编码	项目排序号	起始年	终止年	承担项目企业	总支出 金额	总支出 其中：财政安排支出	截至上年底累计安排支出 金额	截至上年底累计安排支出 其中：财政安排支出	本年安排支出 金额	本年安排支出 其中：财政安排支出
一、资本性支出											
（一）新设企业注入国有资本											
1.××××											
2.××××											
……											
（二）补充企业国有资本											
1.××××											
2.××××											
……											
（三）认购股权、股份											
1.××××											
2.××××											
……											
（四）其他资本性支出											
1.××××											
2.××××											
……											
二、费用性支出											
（一）××××											
（二）××××											
（三）××××											
……											
三、其他支出											
（一）××××											
（二）××××											

续表

填报单位： 金额单位：万元

项目名称	项目编码	项目排序号	起始年	终止年	承担项目企业	总支出 金额	总支出 其中：财政安排支出	截至上年底累计安排支出 金额	截至上年底累计安排支出 其中：财政安排支出	本年安排支出 金额	本年安排支出 其中：财政安排支出
（三）××××											
……											
合计											

表 A7　　　　　　　　中央企业国有资本经营支出表

填报单位： 金额单位：万元

项目名称	总支出 金额	总支出 其中：财政安排支出	本年安排支出 金额	本年安排支出 其中：财政安排支出
一、资本性支出				
（一）新设企业注入国有资本				
（二）补充企业国有资本				
（三）认购股权、股份				
（四）其他资本性支出				
二、费用性支出				
三、其他支出				
合计				

表 A8　　　　　　　　中央企业国有资本经营预算支出明细表

填报单位： 金额单位：万元

企业名称（承担项目企业）	合计	资本性支出	费用性支出	其他支出
一、××××公司				
……				
合计				

表 A9　　中央企业国有资本经营预算支出项目表

填报单位：　　　　　　金额单位：万元

项目名称	项目编码	项目排序号	起始年	终止年	承担项目企业	总支出 金额	总支出 其中：财政安排支出	截至上年底累计安排支出 金额	截至上年底累计安排支出 其中：财政安排支出	本年安排支出 金额	本年安排支出 其中：财政安排支出
一、资本性支出											
（一）新设企业注入国有资本											
1.××××											
2.××××											
……											
（二）补充企业国有资本											
1.××××											
2.××××											
……											
（三）认购股权、股份											
1.××××											
2.××××											
……											
（四）其他资本性支出											
1.××××											
2.××××											
……											
二、费用性支出											
（一）××××											
（二）××××											
（三）××××											
……											

续表

填报单位： 金额单位：万元

项目名称	项目编码	项目排序号	起始年	终止年	承担项目企业	总支出		截至上年底累计安排支出		本年安排支出	
							金额	其中：财政安排支出	金额	其中：财政安排支出	金额	其中：财政安排支出
三、其他支出											
（一）××××											
（二）××××											
（三）××××											
……											
合计											

参 考 文 献

[1] 卡尔·马克思. 资本论 [M]. 北京：人民日报出版社，2006.
[2] 马克思，恩格斯. 马克思恩格斯选集 [M]. 北京：人民出版社，1972.
[3] 马克思，恩格斯. 马克思恩格斯全集 [M]. 北京：人民出版社，2002.
[4] 雷恩. 政府与企业 [M]. 上海：复旦大学出版社，2007.
[5] 亨利·汉斯曼. 企业所有权论 [M]. 北京：中国政法大学出版社，2001.
[6] 布坎南，马斯格雷夫. 公共财政与公共选择 [M]. 北京：中国财政经济出版社，2000.
[7] F. H. 劳森，B. 拉登. 财产法 [M]. 北京：中国大百科全书出版社，1998.
[8] 美浓部达吉. 公法与私法 [M]. 北京：中国政法大学出版社，2003.
[9] 瑞宾，林奇. 国家预算与财政管理 [M]. 北京：中国财政经济出版社，1990.
[10] 理查德·A. 波斯纳. 法律的经济分析 [M]. 北京：中国大百科全书出版社，1997.
[11] 布坎南. 公共财政 [M]. 北京：中国财政经济出版社，1991.
[12] 布坎南. 自由、市场与国家 [M]. 北京：北京经济学院出版社，1988.
[13] Y. 巴泽尔. 产权的经济分析 [M]. 上海：上海人民出版社，1997.
[14] 门罗. 早期经济思想 [M]. 北京：商务印书馆，2011.
[15] 庇古. 福利经济学 [M]. 北京：华夏出版社，2007.
[16] 史卓顿，奥查德. 公共物品、公共企业和公共选择 [M]. 北京：经济科学出版社，2000.
[17] 斯韦托扎尔·平乔维奇. 产权经济学 [M]. 北京：经济科学出版社，1999.
[18] R. H. 科斯，等. 财产权利与制度变迁 [M]. 上海：上海人民出版社，1994.
[19] 哈罗德·德姆塞茨. 所有权、控制与企业 [M]. 北京：经济科学出版社，1999.
[20] 习近平. 习近平谈治国理政 [M]. 北京：外文出版社，2017.

[21] 安秀梅. 公共治理与中国政府预算管理改革 [M]. 北京：中国财政经济出版社, 2005.

[22] 曹均伟, 李南山. 探索国资监管的创新之路 [M]. 上海：上海财经大学出版社, 2005.

[23] 曹强. 财务重述的审计治理研究 [M]. 成都：西南财经大学出版社, 2012.

[24] 陈鸿. 国有经济布局 [M]. 北京：中国经济出版社, 2012.

[25] 陈庆海, 主编, 施锦明, 宋生瑛, 副主编. 政府预算与管理 [M]. 厦门：厦门大学出版社, 2014.

[26] 陈少晖, 廖添土. 公共财政框架下的省域国有资本经营预算 [M]. 北京：社会科学文献出版社, 2012.

[27] 陈少晖, 廖添土. 国有资产管理体制的历史演进与改革模式 [M]. 北京：社会科学文献出版社, 2010.

[28] 单凤儒. 国有企业治理的利益驱动与制衡机制 [M]. 大连：东北财经大学出版社, 2006.

[29] 邓子基, 陈少晖. 国有资本财政研究 [M]. 北京：中国财政经济出版社, 2006.

[30] 陈少晖. 中国国有企业劳动就业体制改革演进 [M]. 北京：中国财政经济出版社, 1998.

[31] 邓子基. 国家财政理论思考 [M]. 北京：中国财政经济出版社, 2000.

[32] 邓子基. 马克思恩格斯财政思想研究 [M]. 北京：中国财政经济出版社, 1990.

[33] 丁敏. 垄断行业国有企业高管薪酬决定问题的研究 [M]. 合肥：合肥工业大学出版社, 2013.

[34] 高明华. 中国上市公司信息披露指数报告 [M]. 北京：经济科学出版社, 2010.

[35] 高培勇, 崔军. 公共部门经济学 [M]. 北京：中国人民大学出版社, 2004.

[36] 工业经济研究所课题组. 国有资本投资与运营 [M]. 北京：经济管理出版社, 2015.

[37] 顾功耘等. 国有经济法论 [M]. 北京：北京大学出版社, 2006.

[38] 郭复初. 完善国有资产管理体制问题研究 [M]. 成都：西南财经大学出版社, 2007.

[39] 郭广辉, 王利军. 我国所有权制度的变迁与重构 [M]. 北京：中国检察出版社, 2005.

[40] 郭洁. 中国自然垄断产业规制权法律控制绩效研究 [M]. 北京：经济科学出版社, 2008.

[41] 何加明. 国有资本营运新论 [M]. 成都：西南财经大学出版社，2006.

[42] 胡代光，高鸿业. 西方经济学大辞典 [M]. 北京：经济科学出版社，2000.

[43] 黄娟娟. 行为股利政策 [M]. 厦门：厦门大学出版社，2012.

[44] 黄明理. 马克思主义魅力与信仰研究 [M]. 北京：人民出版社，2016.

[45] 黄群慧. 国有企业党建发展报告 [M]. 北京：社会科学文献出版社，2018.

[46] 黄少安. 产权经济学导论 [M]. 北京：经济科学出版社，2004.

[47] 黄少安. 国有资产管理概论 [M]. 北京：经济科学出版社，2000.

[48] 金碚. 中英国有企业改革比较 [M]. 北京：经济管理出版社，1999.

[49] 冷兆松. 国有企业改革新论 [M]. 北京：中国经济出版社，2005.

[50] 李昌庚. 国有财产法原理研究 [M]. 北京：中国社会科学出版社，2011.

[51] 李连仲. 国有资产监督与经营 [M]. 北京：中国经济出版社，2005.

[52] 李松森. 国有资本运营 [M]. 北京：中国财政经济出版社，2004.

[53] 李松森. 国有资产管理 [M]. 大连：东北财经大学出版社，2016.

[54] 李松森. 中央与地方国有资产产权关系研究 [M]. 北京：人民出版社，2006.

[55] 李晓丹. 国有资产管理与经营 [M]. 北京：中国统计出版社，2000.

[56] 李晓丹. 建立国有资本经营预算制度研究 [M]. 北京：中国财政经济出版社，2009.

[57] 李亚. 国有企业廉洁文化 [M]. 北京：中国方正出版社，2008.

[58] 李燕. 新《预算法》释解与实务指导 [M]. 北京：中国财政经济出版社，2015.

[59] 廖添土. 国有资本经营预算：历史考察与制度建构 [M]. 北京：社会科学文献出版社，2015.

[60] 林朝南. 中国上市公司控制权私利影响因素理论与实证研究 [M]. 北京：中国经济出版社，2011.

[61] 刘银国. 基于公平正义视角的国有企业高管薪酬制度研究 [M]. 北京：经济科学出版社，2014.

[62] 刘玉平. 国有资产管理 [M]. 北京：中国人民大学出版社，2008.

[63] 柳华平. 中国政府与国有企业关系的重构 [M]. 成都：西南财经大学出版社，2005.

[64] 楼继伟. 中国政府间财政关系再思考 [M]. 北京：中国财政经济出版社，2013.

[65] 罗新宇. 国资新思维 [M]. 上海：上海交通大学出版社，2008.

[66] 吕政. 中国国有企业改革30年 [M]. 北京：经济管理出版社，2008.

[67] 马德林. 股权制衡下合谋、激励与高管薪酬问题研究 [M]. 南京：东南大学出版社，2011.

[68] 马建堂，刘海泉. 中国国有企业改革的回顾与展望 [M]. 北京：首都经济贸易大学出版社，2000.

[69] 毛程连. 公共财政理论与国有资产管理 [M]. 北京：中国财政经济出版社，2003.

[70] 毛程连. 国有资产管理学 [M]. 上海：复旦大学出版社，2005.

[71] 梅夏英. 物权法·所有权 [M]. 北京：中国法制出版社，2005.

[72] 彭健. 政府预算理论演进与制度创新 [M]. 北京：中国财政经济出版社，2006.

[73] 漆多俊. 国有企业股份公司改组法律问题研究 [M]. 北京：中国方正出版社，2003.

[74] 齐守印. 财经改革与发展论 [M]. 北京：经济科学出版社，2000.

[75] 齐守印. 构建现代公共财政体系 [M]. 北京：中国财政经济出版社，2012.

[76] 屈茂辉. 中国国有资产法研究 [M]. 北京：人民法院出版社，2002.

[77] 饶晓秋. 国有公司治理中的财务监督体制研究 [M]. 北京：中国财政经济出版社，2006.

[78] 神野直彦. 体制改革的政治经济学 [M]. 北京：社会科学文献出版社，2013.

[79] 沈传亮. 中国改革为什么能成功 [M]. 石家庄：河北人民出版社，2018.

[80] 石磊. 垄断行业国有独资公司制度创新研究 [M]. 成都：西南财经大学出版社，2006.

[81] 史际春. 国有企业法论 [M]. 北京：中国法制出版社，1997.

[82] 史际春. 国有资产管理国际惯例 [M]. 海口：海南出版社，1993.

[83] 史际春，等. 企业国有资产法理解与适用 [M]. 北京：中国法制出版社，2008.

[84] 史金平. 国有企业：委托代理与激励约束 [M]. 北京：中国经济出版社，2001.

[85] 世界银行编. 官办企业问题研究 [M]. 北京：中国财政经济出版社，1997.

[86] 汪海波. 新中国工业经济史 [M]. 北京：经济管理出版社，2001.

[87] 汪平. 基于价值管理的国有企业分红制度研究 [M]. 北京：经济管理出版社，2010.

[88] 王保平. 资本监管博弈论 [M]. 北京：经济科学出版社，2009.

[89] 王加林. 发达国家预算管理与我国预算管理改革的实践 [M]. 北京：中国财政经济出版社，2006.

[90] 王金秀. 国家预算管理 [M]. 北京：中国人民大学出版社，2007.

[91] 王景升. 国有资本经营预算组织与编制研究 [M]. 大连：东北财经大学出版社，2010.

[92] 王军. 中国转型期公共财政 [M]. 北京：人民出版社，2006.

[93] 王利明. 国家所有权研究 [M]. 北京：中国人民大学出版社，1991.

[94] 王全兴，范士英. 企业国有资产法 [M]. 武汉：湖北科学技术出版社，1999.

[95] 王雍君. 公共预算管理 [M]. 北京：经济科学出版社，2010.

[96] 魏杰. 现代产权制度辨析 [M]. 北京：首都经济贸易大学出版社，2000.

[97] 文宗瑜. 国有资本经营预算管理 [M]. 北京：经济科学出版社，2007.

[98] 吴红卫. 非经营性国有资产管理研究 [M]. 北京：法律出版社，2010.

[99] 吴宣恭. 产权理论比较 [M]. 北京：经济科学出版社，2000.

[100] 伍柏麟，席春迎. 西方国有经济研究 [M]. 北京：高等教育出版社，1997.

[101] 谢志华. 国有资本预算经营与管理前沿理论研究 [M]. 北京：经济科学出版社，2011.

[102] 谢志华. 完善国有资本预算经营制度研究 [M]. 北京：经济科学出版社，2015.

[103] 徐传谌，郑贵廷. 国有经济理论前沿报告 [M]. 北京：经济管理出版社，2001.

[104] 徐达. 国有企业党建工作研究 [M]. 北京：北京理工大学出版社，2017.

[105] 徐晓松. 国有企业治理法律问题研究 [M]. 北京：中国政法大学出版社，2006.

[106] 徐永胜. 经济社会转型中的公共预算监督 [M]. 北京：中国时代经济出版社，2012.

[107] 许新. 转型经济的产权改革 [M]. 北京：社会科学文献出版社，2003.

[108] 薛贵. 国有资本经营预算制度研究 [M]. 北京：中国财政经济出版社，2016.

[109] 杨涧华. 中国国有资产管理发展简史 [M]. 北京：经济科学出版社，1997.

[110] 俞可平. 论国家治理现代化 [M]. 北京：社会科学文献出版社，2014.

[111] 原红旗. 中国上市公司股利政策分析 [M]. 北京：中国财政经济出版社，2004.

[112] 张德霖. 产权：国有企业改革与国有资产监管 [M]. 北京：中国财政经济出版社，1993.

[113] 张东生. 中国居民收入分配年度报告 [M]. 北京：经济科学出版社，2012.

[114] 张建文. 转型时期的国家所有权问题研究 [M]. 北京：法律出版社，2008.

[115] 张蕊. 企业战略经营业绩评价指标体系研究 [M]. 北京：中国财政经济出版社，2002.

[116] 张涛. 国有资本、利润分红与经营预算问题研究 [M]. 北京：经济科学出版社，2013.

[117] 张维迎. 企业理论与中国企业改革 [M]. 北京：北京大学出版社，1999.

[118] 张文魁. 中国经济改革30年 [M]. 重庆：重庆大学出版社，2008.

[119] 张先治等. 国有资本经营预算制度研究 [M]. 北京：中国财政经济出版社，2008.

[120] 张馨. 财政公共化改革 [M]. 北京：中国财政经济出版社，2004.

[121] 张馨. 公共财政论纲 [M]. 北京：经济科学出版社，1999.

[122] 张卓元. 中国国有企业改革30年回顾与展望 [M]. 北京：人民出版社，2008.

[123] 章迪诚. 中国国有企业改革编年史 [M]. 北京：中国工人出版社，2006.

[124] 赵林如. 市场经济学大辞典 [M]. 北京：经济科学出版社，2000.

[125] 郑国洪. 国有资产管理体制问题研究 [M]. 北京：中国检察出版社，2010.

[126] 郑海航. 国有企业亏损研究 [M]. 北京：经济管理出版社，1998.

[127] 周永坤. 宪政与权力 [M]. 北京：山东人民出版社，2008.

[128] 朱伯铭. 公共经济学理论与应用 [M]. 北京：高等教育出版社，2007.

[129] 庄序莹. 国有资本优化配置 [M]. 北京：对外经济贸易大学出版社，2014.

[130] 裴劲松，陈红光. 国有企业如何提高劳动经济管理水平——评《劳动经济学》（第五版）[J]. 广东财经大学学报，2019，34（05）：115-116.

[131] 辛蔚，和军. 国企混合所有制改革收益、成本与优化路径 [J]. 政治经济学评论，2019，10（05）：101-116.

[132] 梁树广，布茂勇. 人力资本参与国企新增利润分配研究 [J]. 宏观经济管理，2019（09）：71-75.

[133] 郭敏，段艺璇. 银行信贷行为对政府隐性或有负债的影响 [J]. 山西财经大学学报，2019，41（10）：28-41.

[134] 谢伟杰，陈少晖. 共享理念视角下国企利润社会分红的国际模式与借鉴价值 [J]. 亚太经济，2019（03）：106-112.

[135] 徐保昌, 刘凤娟, 刘鹏程. 贸易自由化与企业利润——来自中国制造业的经验证据 [J]. 世界经济与政治论坛, 2019 (03): 27-43.

[136] 杨臻煌. 竞争性国有企业的功能定位与收益分配研究 [J]. 内蒙古农业大学学报 (社会科学版), 2019, 21 (02): 70-77.

[137] 陈艳利, 和珍珍. 国有资本经营预算制度、行业竞争与企业价值创造 [J]. 财经问题研究, 2019 (05): 49-56.

[138] 徐奇渊. 去杠杆背景下工业企业的结构分化 [J]. 国际经济评论, 2019 (02): 112-122, 7.

[139] 皮建才, 赵润之. 国有企业混合所有制改革与民营企业过度进入——一个基于中国式上下游关系的分析框架 [J]. 中国经济问题, 2019 (02): 56-64.

[140] 翟绪权, 张行. 全民所有制导向下的国有经济效益分配研究 [J]. 思想理论教育导刊, 2019 (02): 92-96.

[141] 钱学锋, 张洁, 毛海涛. 垂直结构、资源误置与产业政策 [J]. 经济研究, 2019, 54 (02): 54-67.

[142] 谢莉娟, 王诗桴, 张昊. 重资产配置与国有企业效率——兼议混合所有制改革中的价值网优化 [J]. 经济理论与经济管理, 2019 (02): 15-33.

[143] 董少明, 陈平花. 供给侧结构性改革导向下国有企业并购重组绩效评估与提升路径 [J]. 经济研究参考, 2019 (01): 78-90.

[144] 李丽琴, 陈少晖. 国资预算对国有企业去产能体制性障碍的弥合效应分析 [J]. 西安财经学院学报, 2018, 31 (06): 50-56.

[145] 周绍朋. 国有企业改革的回顾与展望 [J]. 行政管理改革, 2018 (11): 22-29.

[146] 黄凌, 王宽. 上市公司资本结构与企业绩效分析——基于汽车制造板块的实证研究 [J]. 内蒙古财经大学学报, 2018, 16 (05): 40-45.

[147] 郑晓洁. 福建省上市公司内部控制报告披露现状研究——基于2012—2016年的数据分析 [J]. 河北北方学院学报 (社会科学版), 2018, 34 (05): 58-63.

[148] 戴宁. 混合所有制改革对国有企业投资效率的影响研究——基于A股上市国有企业的数据 [J]. 石家庄铁道大学学报 (社会科学版), 2018, 12 (03): 33-40.

[149] 吴泓, 陈少晖. 国有资本收益分配"体内循环"机制的影响因素与矫正路径——基于国有上市公司Tobit模型的实证分析 [J]. 改革与战略, 2018, 34 (08): 36-40, 46.

[150] 郑晓洁. 民生导向下国有企业红利分配制度研究 [J]. 福建商学院学报, 2018 (04): 20-27.

[151] 林芳. 企业内部工资不平衡增长的动态考察 [J]. 宏观经济研究, 2018 (08): 159-175.

[152] 张伟, 于良春. 企业产权结构、纵向一体化与创新绩效 [J]. 经济与管理研究, 2018, 39 (09): 53-64.

[153] 王捷. 供给侧改革助推就业结构优化 [J]. 中北大学学报（社会科学版）, 2018, 34 (04): 58-63.

[154] 戚骥. 支持文化产业发展的财政支出政策探析 [J]. 宏观经济管理, 2018 (07): 59-65.

[155] 戴宁. 国有企业社会责任成本估算与管理——基于2013-2016年上市国有企业数据研究 [J]. 武汉商学院学报, 2018, 32 (03): 47-52.

[156] 王捷. 国有资本经营预算支出结构研究综述 [J]. 石家庄铁道大学学报（社会科学版）, 2018, 12 (02): 57-62.

[157] 李勇. 利润约束、所有制结构和自主创新 [J]. 南开经济研究, 2018 (03): 100-116.

[158] 刘琼芳. 福建省产业能源消费碳排放影响因素及其预测研究 [J]. 福建江夏学院学报, 2018, 8 (03): 9-20.

[159] 郑晓洁. 国有上市公司社会责任信息披露现状——基于2014-2016年沪深两市国有企业数据 [J]. 华北水利水电大学学报（社会科学版）, 2018, 34 (03): 49-54.

[160] 郑晓洁. 混合所有制改革背景下的国有企业内部控制研究 [J]. 贵州商学院学报, 2018, 31 (02): 65-70.

[161] 丁肇启, 萧鸣政. 年度业绩、任期业绩与国企高管晋升——基于央企控股公司样本的研究 [J]. 南开管理评论, 2018, 21 (03): 142-151.

[162] 陈雷. 国有资本经营预算中的财政转移支付研究 [J]. 经济体制改革, 2018 (03): 117-124.

[163] 陈艳利, 梁田, 徐同伟. 国有资本经营预算制度、管理层激励与企业价值创造 [J]. 山西财经大学学报, 2018, 40 (06): 89-100.

[164] 鄢奋, 陈昌健. 我国反贫困模式的现实选择：政民融合互动探讨 [J]. 东南学术, 2018 (03): 76-83.

[165] 陈玲芳, 邓理洁. 民生导向下国资经营预算支出绩效评价与监管探析 [J]. 财会月刊, 2018 (05): 44-48.

[166] 刘琼芳. 基于因子分析的福建省社会福利水平综合评价 [J]. 华北水利水电大学学报（社会科学版）, 2018, 34 (01): 24-28.

[167] 陆江源, 郎艺涵. 国有企业杠杆与利息负担研究——基于2007-2015年全国非金融国有企业数据 [J]. 上海金融, 2018 (02): 5-14.

[168] 解学芳, 臧志彭. 文化产业上市公司国有资本与民营资本控制力比较研究 [J]. 学术论坛, 2018, 41 (01): 141-149.

[169] 周敏慧, 陶然. 中国国有企业改革：经验、困境与出路 [J]. 经济理论与经济管理, 2018 (01): 87-97.

[170] 陈少晖, 陈平花. 基于 WACC 的国有垄断企业分红比例优度检验——以能源型国有上市公司为例 [J]. 福建论坛（人文社会科学版）, 2018（01）: 27-38.

[171] 陈少晖, 陈冠南. 公共价值理论视角下公共服务供给的结构性短板与矫正路径 [J]. 东南学术, 2018（01）: 113-121.

[172] 朱珍. 死亡税率、税负痛感与财政支出优化研究 [J]. 河北工业大学学报（社会科学版）, 2017, 9（04）: 35-40.

[173] 刘琼芳, 廖添土. 国企功能再定位与改革创新 [J]. 牡丹江师范学院学报（哲学社会科学版）, 2017（05）: 22-26.

[174] 王勇. "垂直结构"下的国有企业改革 [J]. 国际经济评论, 2017（05）: 9-28, 4.

[175] 陈平花. 基于股利理论的国有垄断企业红利分配方案改进 [J]. 石家庄铁道大学学报（社会科学版）, 2017, 11（03）: 14-19.

[176] 严晓玲, 廖添土. 国有上市公司股权结构对股利政策的影响——基于沪深 A 股面板数据的实证分析 [J]. 长春理工大学学报（社会科学版）, 2017, 30（05）: 87-94.

[177] 吴泓, 陈少晖. 供给侧改革视域下国有资本境外投资效率研究——基于中央企业 PVAR 模型的实证分析 [J]. 河南师范大学学报（哲学社会科学版）, 2017, 44（05）: 46-50.

[178] 涂心语, 严晓玲. 上市公司股权结构与股利政策研究综述 [J]. 福建商学院学报, 2017（04）: 43-48+90.

[179] 吴泓. 供给侧视域下公共投资体制的历史嬗变与优化路径 [J]. 经济与管理, 2017, 31（05）: 58-62.

[180] 时祎. 股利分配理论视角下国企分红与过度投资的关系 [J]. 重庆交通大学学报（社会科学版）, 2017, 17（04）: 62-67.

[181] 邓力平, 邓秋云. 国有资本经营预算: 基于"交叉提供"模式的理解 [J]. 当代财经, 2017（08）: 38-45.

[182] 李勇. 国有企业真的抑制了自主创新吗？[J]. 中南财经政法大学学报, 2017（04）: 20-29, 158.

[183] 张勇. 国有工业企业的效率究竟提高没有？——市场垄断、政府投资对国企效率的影响 [J]. 经济社会体制比较, 2017（04）: 21-31.

[184] 戴宁. 国有资本经营预算支出下的非效率投资 [J]. 福建商学院学报, 2017（03）: 38-45.

[185] 李建秋. 福建省养老服务体系构建的现状、问题及政策建议 [J]. 辽宁工业大学学报（社会科学版）, 2017, 19（04）: 15-17.

[186] 张铭慎, 刘泉红. 国有企业改革的增长红利——释放机理与"十三五"效应预测 [J]. 经济与管理研究, 2017, 38（07）: 26-34.

[187] 戚聿东, 肖旭. 国有企业利润分配的制度变迁: 1979-2015 年 [J].

经济与管理研究, 2017, 38 (07): 35-44.

[188] 池若梅. 人口老龄化对城镇居民消费行为影响的实证分析 [J]. 合肥工业大学学报 (社会科学版), 2017, 31 (03): 50-56.

[189] 严晓玲, 涂心语. 国有上市公司股权结构与股利政策现状分析——基于中国A股市场的经验数据 [J]. 贵州商学院学报, 2017, 30 (02): 25-31.

[190] 简泽, 谭利萍, 吕大国, 符通. 市场竞争的创造性、破坏性与技术升级 [J]. 中国工业经济, 2017 (05): 16-34.

[191] 戴宁. 国有资产管理体制改革研究综述 [J]. 福建广播电视大学学报, 2017 (02): 54-60.

[192] 时祎, 陈少晖. 内部控制、公允价值与企业盈余管理 [J]. 首都经济贸易大学学报, 2017, 19 (03): 71-81.

[193] 赵刚, 梁上坤, 王卫星. 超募融资、管理层权力与私有收益——基于IPO市场的经验证据 [J]. 会计研究, 2017 (04): 31-37, 95.

[194] 时祎. 央企分红、高管在职消费与公司经营绩效 [J]. 石家庄铁道大学学报 (社会科学版), 2017, 11 (01): 11-18.

[195] 陈冠南, 陈少晖. 公共产品供给PPP模式的国际经验与借鉴 [J]. 西南石油大学学报 (社会科学版), 2017, 19 (02): 25-30.

[196] 时祎, 陈少晖. 企业内部控制质量与盈余管理相关性的实证分析 [J]. 长春理工大学学报 (社会科学版), 2017, 30 (02): 82-88.

[197] 张伟, 于良春. 混合所有制企业最优产权结构的选择 [J]. 中国工业经济, 2017 (04): 34-53.

[198] 陈艳利, 姜艳峰. 国有资本经营预算制度、过度负债与企业价值创造 [J]. 财经问题研究, 2017 (02): 43-51.

[199] 焦晨洋. 国企为什么必须上缴国有资本收益 [J]. 人民论坛, 2017 (02): 88-89.

[200] 杜坤. 国有资本经营预算衔接法律机制的构建——以功能定位再思考为主线 [J]. 武汉大学学报 (哲学社会科学版), 2017, 70 (01): 36-49.

[201] 刘晓欣, 宋立义, 梁志杰. 中国实体经济"账期"问题及对策 [J]. 经济与管理研究, 2017, 38 (01): 3-15.

[202] 艾贞言, 廖添土. 政府财务报告研究进展和述评 [J]. 首都经济贸易大学学报, 2017, 19 (01): 104-112.

[203] 吴泓, 陈少晖. 供给侧改革视角下国有资本投资效率研究——基于FHP模型的实证分析 [J]. 东南学术, 2017 (01): 181-188.

[204] 池若梅. 国企利润分红向养老保险倾斜探析——基于全民分红视角 [J]. 莆田学院学报, 2016, 23 (06): 41-47.

[205] 陈平花. 国有企业红利分配制度的运行现状 [J]. 郑州航空工业管理学院学报, 2016, 34 (06): 71-74.

[206] 冯荣凯, 尹博, 侯军利. 国有企业技术红利现象消失了吗?——基于上市国有企业与非国有企业的研究 [J]. 中国科技论坛, 2016 (12): 48-53.

[207] 吴泓. 管理层激励与国有资本收益的相关性——基于面板数据的实证分析 [J]. 云南农业大学学报 (社会科学), 2016, 10 (06): 83-87.

[208] 罗正月. 人口红利拐点背景下农民工工资增长的现实诉求与多元推进机制 [J]. 社会科学辑刊, 2016 (06): 71-76.

[209] 盛丹, 刘灿雷. 外部监管能够改善国企经营绩效与改制成效吗? [J]. 经济研究, 2016, 51 (10): 97-111.

[210] 张雯, 黄胜. 地方政府竞争、管理层私有收益与国有企业投资 [J]. 当代财经, 2016 (10): 118-127.

[211] 朱珍, 郑云峰. 中国供给侧改革下的财税难点与政策建议——基于协整检验与ECM的分析 [J]. 大连海事大学学报 (社会科学版), 2016, 15 (05): 46-51.

[212] 刘安长. 国有资本收益向养老保险基金配置的合理性与科学性研究 [J]. 当代经济管理, 2016, 38 (09): 72-76.

[213] 朱珍. 刍议混合所有制改革——基于省域国有资产的利润贡献度研究 [J]. 太原理工大学学报 (社会科学版), 2016, 34 (04): 34-39.

[214] 杨巨, 刘长庚, 毛章勇. 国企利润分配制度改革与资本积累 [J]. 政治经济学评论, 2016, 7 (04): 66-84.

[215] 李建秋. 国有资产股权划转养老保险基金的效应分析 [J]. 福建农林大学学报 (哲学社会科学版), 2016, 19 (04): 91-96.

[216] 刘义圣, 陈昌健. 社会保障费税改革:"范式"选择与阙疑 [J]. 社会科学研究, 2016 (04): 51-57.

[217] 林佳彬. 国有资本经营预算支出民生化的制约障碍与优化路径 [J]. 石家庄铁道大学学报 (社会科学版), 2016, 10 (02): 28-33.

[218] 胡梅玲. 国企与民企关系的发展历程与未来展望 [J]. 成都大学学报 (社会科学版), 2016 (03): 37-41.

[219] 吴萍萍, 陈玲芳. 红利上缴背景下国有企业经营者激励研究 [J]. 武夷学院学报, 2016, 35 (06): 38-44.

[220] 余宏, 郭兴磊, 宋世伟. 中国国有工业企业主要财务指标运行特征分析 (2003-2014) [J]. 山东社会科学, 2016 (S1): 75-80.

[221] 卢馨, 丁艳平, 唐玲. 国有企业利润去哪儿了? [J]. 经济与管理研究, 2016, 37 (05): 41-49.

[222] 罗来军, 蒋承, 王亚章. 融资歧视、市场扭曲与利润迷失——兼议虚拟经济对实体经济的影响 [J]. 经济研究, 2016, 51 (04): 74-88.

[223] 李丽琴, 陈少晖. 国有企业分类改革的理论依据与现实推进 [J]. 现代经济探讨, 2016 (04): 25-29, 82.

[224] 杨继东,赵文哲,刘凯. 刺激计划、国企渠道与土地出让 [J]. 经济学(季刊),2016,15 (03):1225-1252.

[225] 陈少晖,张锡书. 产业结构高级化、贸易开放度与福建经济增长 [J]. 福建师范大学学报(哲学社会科学版),2016 (02):29-36,224.

[226] 陈江华. 国有企业构建学习型组织的内部博弈行为研究 [J]. 北京工商大学学报(社会科学版),2016,31 (02):110-116,126.

[227] 林佳彬. 中国特色民生财政的内涵、度量与研究进展——基于我国民生财政理论的文献综述 [J]. 福建商业高等专科学校学报,2016 (01):20-26.

[228] 李丽琴. 国资预算支出与国有企业改革:基于优化国有经济布局的分析与检验 [J]. 上海商学院学报,2016,17 (01):90-97.

[229] 佟健,宋小宁. 混合所有制改革与国有企业治理 [J]. 广东财经大学学报,2016,31 (01):45-51.

[230] 艾贞言. 对国有资本经营预算引入权责发生制的探讨 [J]. 佳木斯大学学报(社会科学版),2016,34 (01):71-74.

[231] 艾贞言. 关于国有资本经营预算支出的研究综述 [J]. 广西财经学院学报,2016,29 (01):44-49.

[232] 柯龙山. 原国民党抗战老兵老年保障探析 [J]. 山西农业大学学报(社会科学版),2016,15 (02):120-124.

[233] 邵学峰,高源伯,邵华璐. 论自然资源类国有企业的收益分享机制——基于状态空间模型化方法 [J]. 江汉论坛,2016 (01):25-29.

[234] 柯龙山. 民国时期公务员退休制度探略 [J]. 三峡大学学报(人文社会科学版),2016,38 (01):86-89,107.

[235] 乔丽. 国有企业红利分配政策缺陷与改进 [J]. 石家庄铁道大学学报(社会科学版),2015,9 (04):10-16.

[236] 艾贞言. 当前国企红利分配研究综述 [J]. 广东开放大学学报,2015,24 (06):100-104.

[237] 朱珍. 混合所有制改革对国资预算收入结构影响的实证分析与制度保障——以资源垄断型集团公司及其上市子公司为例 [J]. 经济与管理研究,2016,37 (01):39-45.

[238] 赖霏. "待处理财产损溢"科目的账务处理与改进思路——基于《行政单位会计制度》的内涵解读 [J]. 河南商业高等专科学校学报,2015,28 (06):28-33.

[239] 刘纪鹏,岳凯凯. 实现经营性国资的统一监管 [J]. 政治经济学评论,2015,6 (06):22-27.

[240] 肖帅,陈少晖. 国有资本划转:偿还城镇职工隐性养老金债务的优选途径 [J]. 东南学术,2015 (06):143-150.

[241] 林佳彬. 竞争、均衡和效率以及三者之间的关系——基于产权制度角

度来分析 [J]. 闽西职业技术学院学报, 2015, 17 (04): 49-52.

[242] 丁一兵, 付林, 傅缨捷. 外国大型国有企业经济绩效的影响因素——基于世界500强企业面板数据的实证分析 [J]. 江汉论坛, 2015 (10): 11-19.

[243] 史修松, 黄群慧, 刘军. 企业所有制结构演变对企业利润及增长影响——基于中国工业数据的研究 [J]. 上海经济研究, 2015 (09): 31-40.

[244] 张锡书, 陈少晖. 国企红利征缴下政府与国企内部人行为的博弈分析 [J]. 首都经济贸易大学学报, 2015, 17 (05): 99-105.

[245] 赵颖. 腐败与企业成长: 中国的经验证据 [J]. 经济学动态, 2015 (07): 35-49.

[246] 薛宝贵, 何炼成. 当前我国实现阶层流动的挑战与路径 [J]. 宁夏社会科学, 2015 (04): 70-73.

[247] 苏贵斌. 公平视角下的国有企业红利分配制度改革 [J]. 石家庄铁道大学学报 (社会科学版), 2015, 9 (02): 38-42, 54.

[248] 胡梅玲. 论国有企业利润分配: 制度变迁与改革出路 [J]. 成都大学学报 (社会科学版), 2015 (03): 21-25.

[249] 谢申祥, 王祯, 胡凯. 部分私营化国有企业中的外资份额、贸易政策与污染物排放 [J]. 世界经济, 2015, 38 (06): 49-69.

[250] 朱珍. 经济新常态下混合所有制的改革方式与推进要点——基于正和博弈的视域 [J]. 江南大学学报 (人文社会科学版), 2015, 14 (03): 87-94, 128.

[251] 吴晓红. 我国国有企业利润分配制度的历史、现状及其完善 [J]. 学术界, 2015 (05): 60-72, 324.

[252] 李丽琴. 国有企业分红比例的评估与再思考——基于资本成本的国企理财目标 [J]. 首都经济贸易大学学报, 2015, 17 (03): 103-110.

[253] 产耀东. 国企高管薪酬的契约有效性 [J]. 中南财经政法大学学报, 2015 (03): 148-156.

[254] 邵学峰, 李翔宇. 我国资源型国有企业利润上缴问题及制度重构探析 [J]. 经济纵横, 2015 (05): 16-20.

[255] 卡斯滕·A. 霍尔兹, 黄海莉. 中国国有企业万岁——消除其财务业绩不佳的神话 [J]. 政治经济学评论, 2015, 6 (03): 63-103.

[256] 柯龙山. 公务员工资水平的公平性困境: 理论解释与现实改进 [J]. 经济与管理研究, 2015, 36 (05): 76-81.

[257] 苏贵斌. 国有资本经营预算支出民生化: 理论依据与路径选择 [J]. 福建农林大学学报 (哲学社会科学版), 2015, 18 (03): 58-61.

[258] 邓淑莲, 王聪. 我国省级政府国有企业基金透明度研究 [J]. 南方经济, 2015 (04): 1-11.

[259] 孙刚. 国企分红再分配与投资决策价值相关性研究——基于国有资本红利返还的初步证据 [J]. 经济理论与经济管理, 2015 (04): 30-43.

[260] 黄速建,余菁. 企业员工持股的制度性质及其中国实践 [J]. 经济管理, 2015, 37 (04): 1-12.

[261] 苏贵斌. 现行国有资本经营预算制度的现状及缺陷 [J]. 内蒙古农业大学学报 (社会科学版), 2015, 17 (02): 25-29.

[262] 谢获宝,惠丽丽. 市场化进程、企业绩效与高管过度隐性私有收益 [J]. 南方经济, 2015 (03): 52-76.

[263] 李丽琴,陈少晖. 国有资本经营预算民生支出的优度检验——基于适度普惠型社会福利视角 [J]. 福建师范大学学报 (哲学社会科学版), 2015 (02): 31-37, 167.

[264] 王云中,庄雷,杨扬. 国有垄断行业收入分配规制研究 [J]. 当代经济研究, 2015 (03): 40-43.

[265] 皮建才,杨雳. 中国民营企业的成长:逆向并购还是自主研发? [J]. 经济评论, 2015 (01): 66-76.

[266] 向洪金. 战略授权、软预算约束与中国国有企业产能过剩——基于混合寡占竞争模型的理论研究 [J]. 广东社会科学, 2015 (01): 17-25.

[267] 李青. 中国国有企业利润上缴制度完善研究——以欧洲三国为中心 [J]. 江苏社会科学, 2014 (06): 138-144.

[268] 杨俊青,赵卫娜,杨卓夆. 煤炭资源型地区非国有企业薪酬、盈利与吸纳农业劳动力研究——基于山西数据的分析 [J]. 经济问题, 2014 (12): 91-97.

[269] 朱富强. 国有企业改革的顶层设计思维——广东省国有企业改革方案的简要评述 [J]. 南方经济, 2014 (11): 121-126.

[270] 王亮亮. 税制改革与利润跨期转移——基于"账税差异"的检验 [J]. 管理世界, 2014 (11): 105-118.

[271] 陈仕华,姜广省,李维安,王春林. 国有企业纪委的治理参与能否抑制高管私有收益? [J]. 经济研究, 2014, 49 (10): 139-151.

[272] 杨志勇. 我国预算管理制度的演进轨迹: 1979~2014年 [J]. 改革, 2014 (10): 5-19.

[273] 孙秋柏,于思敏,李华. 影响国有控股工业企业利润总额的因素及其实证分析 [J]. 经济问题探索, 2014 (10): 104-111.

[274] 中国社会科学院工业经济研究所课题组,黄群慧,黄速建. 论新时期全面深化国有经济改革重大任务 [J]. 中国工业经济, 2014 (09): 5-24.

[275] 王佳杰,童锦治,李星. 国企分红、过度投资与国有资本经营预算制度的有效性 [J]. 经济学动态, 2014 (08): 70-77.

[276] 李命志. 论人民代表大会监督经济工作 [J]. 中共中央党校学报, 2014, 18 (04): 69-73.

[277] 邓力平. 中国特色社会主义财政、预算制度与预算审查 [J]. 厦门大学学报 (哲学社会科学版), 2014 (04): 16-23.

[278] 李翃楠. 国企高管薪酬的法律规制及其合理化途径 [J]. 江西社会科学, 2014, 34 (07): 147-154.

[279] 张馨. 论国企的根本问题是资本问题——《资本论》框架下的国企改革分析 [J]. 财贸经济, 2014 (07): 11-21.

[280] 洪功翔. 国有企业效率研究: 进展、论争与评述 [J]. 政治经济学评论, 2014, 5 (03): 180-195.

[281] 周茂青, 陈少晖.《企业国有资产法》框架下国有资本经营预算的功能定位 [J]. 福建论坛 (人文社会科学版), 2014 (07): 16-21.

[282] 中国国际经济交流中心财税改革课题组, 刘克崮, 贾康, 高培勇, 满燕云, 于长革, 杨志勇, 蒋震, 赵全厚, 刘红灿, 刘威, 刘微. 深化财税体制改革的基本思路与政策建议 [J]. 财政研究, 2014 (07): 2-10.

[283] 刘浩, 许楠, 张然. 多业绩指标竞争与事前谈判: 高管薪酬合约结构的新视角 [J]. 管理世界, 2014 (06): 110-125.

[284] 张文魁. 从国资管理到国资治理 [J]. 改革, 2014 (05): 25-26.

[285] 许志涛, 丁少群. 各地区不同所有制企业社会保险缴费能力比较研究 [J]. 保险研究, 2014 (04): 102-109.

[286] 陈林. 什么是国有资本经营预算制度 [J]. 求是, 2014 (07): 61.

[287] 刘和旺, 郑世林. 地区制度质量如何影响技术创新: 一个实证研究 [J]. 湖北大学学报 (哲学社会科学版), 2014, 41 (02): 104-110.

[288] 谭静. 论国有资本经营预算管理改革的着力点 [J]. 中央财经大学学报, 2014 (03): 24-30.

[289] 张斌. 构建兼顾公平与效率的政府收入体系 [J]. 中国国情国力, 2014 (03): 14-16.

[290] 汪立鑫, 刘钟元. 竞争性行业中央企业利润最优上交比例: 内部代理成本与外部融资成本的权衡 [J]. 中国工业经济, 2014 (02): 84-96.

[291] 尹中卿. 加强公共预算管理的改革与创新 [J]. 当代财经, 2014 (01): 9-10.

[292] 赵惠萍. 国有资本收益分配、机制改革与路径分析——基于国有资本预算"新政"实施的路径探析 [J]. 财经问题研究, 2014 (01): 97-104.

[293] 李新龙. 国有资本收益问题的相关理论思考——从国家与国有企业利益分配关系视角观察 [J]. 经济研究参考, 2013 (69): 48-52.

[294] 高蓓, 高汉. 国有股比例与管理授权——基于混合寡占模型的研究 [J]. 世界经济文汇, 2013 (06): 14-27.

[295] 池巧珠. 国有企业红利分配制度: 国际经验与改革导向——基于米德社会分红理论的视角 [J]. 西安电子科技大学学报 (社会科学版), 2013, 23 (06): 35-41.

[296] 汤吉军. 收益递增、市场竞争与经济危机新解释——兼论我国大型国

有企业重组的逻辑 [J]. 吉林大学学报（社会科学版），2013，53（06）：12-20.

[297] 谢和均，李珍. 社会保障预算增长与控制 [J]. 云南师范大学学报（哲学社会科学版），2013，45（06）：101-107.

[298] 李保民. 新形势新国企新国资 [J]. 经济研究参考，2013（58）：3-35.

[299] 籍吉生. 国家审计推进全口径预算管理制度的路径探析 [J]. 审计研究，2013（05）：35-39.

[300] 吕凯波. 公共财政框架下的国有资本经营预算资金配置：专款专用或专款通用 [J]. 经济体制改革，2013（05）：128-131.

[301] 张舒. 我国国有企业分红研究 [J]. 经济研究参考，2013（53）：40-42，63.

[302] 胡家勇，武鹏. 当前公有制促进共同富裕的三个着力点 [J]. 经济学动态，2013（09）：37-42.

[303] 程侃，罗婧. 逆向第三财政与收入分配不公 [J]. 经济理论与经济管理，2013（09）：64-73.

[304] 张舒. 我国国有企业收益分配情况研究 [J]. 山西财经大学学报，2013，35（S2）：43-44.

[305] 门生，赵洪江. 所有权类型的激励效果与国有资产布局的关系 [J]. 技术经济，2013，32（08）：82-86，117.

[306] 张东明. 国有垄断企业收入"双高"问题及治理思路 [J]. 经济体制改革，2013（04）：169-172.

[307] 刘安长. 我国国有资本经营预算研究述评及展望 [J]. 经济纵横，2013（07）：120-124.

[308] 朱珍，陈少晖. 国有资本经营预算的政策演替与实践效果——基于中央企业 PVAR 模型的分析 [J]. 经济与管理研究，2013（07）：5-12.

[309] 欧文汉. 改革完善政府非税收入管理 [J]. 财政研究，2013（07）：18-22.

[310] 张馨. 再论第三财政——"双元财政"视角的分析 [J]. 财政研究，2013（07）：31-36.

[311] 冯建，王丹. 货币政策紧缩、资产配置与企业绩效 [J]. 宏观经济研究，2013（06）：21-28.

[312] 汤二子，刘凤朝，张娜. 生产技术进步、企业利润分配与国民经济发展 [J]. 中国工业经济，2013（06）：18-30.

[313] 张杰，吴迪. 银行与企业的关系：共生抑或掠夺 [J]. 经济理论与经济管理，2013（06）：77-90.

[314] 李燕，唐卓. 国有企业利润分配与完善国有资本经营预算——基于公共资源收益全民共享的分析 [J]. 中央财经大学学报，2013（06）：7-12.

[315] 张杰，刘元春，郑文平. 为什么出口会抑制中国企业增加值率？——基于

政府行为的考察 [J]. 管理世界, 2013 (06): 12-27, 187.

[316] 李杰, 段龙龙. 国有经济主导作用弱化的深层次因素分析 [J]. 四川大学学报 (哲学社会科学版), 2013 (03): 53-61.

[317] 曹润林. 制度变迁、秩序规范与国企高管收入分配约束 [J]. 改革, 2013 (05): 137-143.

[318] 孙飞. 国有企业准租金流失的治理 [J]. 财经科学, 2013 (05): 35-45.

[319] 朱尔茜. 政府非税收入管理的国际比较与借鉴 [J]. 求索, 2013 (04): 212-214.

[320] 杨兰品, 郑飞. 国有企业分红问题研究的评价与展望 [J]. 福建论坛 (人文社会科学版), 2013 (04): 36-40.

[321] 啜华, 王桂娇. 民生财政导向下的国有资本经营预算 [J]. 中国流通经济, 2013, 27 (03): 119-122.

[322] 何国华. 国有企业利润上交关系中的权力 (利) 义务配置 [J]. 中国社会科学院研究生院学报, 2013 (02): 81-86.

[323] 蒋建湘. 国企利润分配、公司治理及改进 [J]. 政法论坛, 2013, 31 (02): 180-185.

[324] 林岗, 张晨. 关于进一步推进国有经济改革发展的一些意见 [J]. 经济理论与经济管理, 2013 (02): 5-15.

[325] 池巧珠, 陈少晖. 权责发生制: 国有资本经营预算的会计基础选择 [J]. 福建论坛 (人文社会科学版), 2013 (02): 45-50.

[326] 简泽. 银行债权治理、管理者偏好与国有企业的绩效 [J]. 金融研究, 2013 (01): 135-148.

[327] 王玉涛, 陈晓, 薛健. 限售股减持: 利润平滑还是投资收益最大? [J]. 金融研究, 2013 (01): 164-176.

[328] 丁永健, 王倩, 刘培阳. 红利上缴与国有企业经理人激励——基于多任务委托代理的研究 [J]. 中国工业经济, 2013 (01): 116-127.

[329] 顾功耘, 胡改蓉. 国有资本经营预算的"公共性"解读及制度完善 [J]. 法商研究, 2013, 30 (01): 77-84.

[330] 张舒. 我国国有资本经营预算理论研究进展及评述 [J]. 财政研究, 2013 (01): 16-18.

[331] 王淑杰. 加强我国全口径预算管理的思考 [J]. 财政研究, 2013 (01): 66-68.

[332] 财政部企业司有关负责人就试行中央国有资本经营预算支出项目绩效评价答记者问 [J]. 财务与会计, 2013 (01): 6-7.

[333] 张昭. 预算决策信息公开法律问题研究 [J]. 宏观经济研究, 2012 (12): 9-14, 48.

[334] 邓伟, 叶林祥. 金融发展、所有制性质差异与收入分配水准波及 [J].

改革，2012（11）：75-82.

[335] 钱雪松，孔东民. 内部人控制、国企分红机制安排和政府收入 [J]. 经济评论，2012（06）：15-24，64.

[336] 邓力平. 财政热点与财政理论：国际政治视角的分析 [J]. 财政研究，2012（11）：2-6.

[337] 林裕宏. 民生导向下国企红利分配的路径选择 [J]. 经济研究参考，2012（60）：26-27.

[338] 唐要家，闫春英. 市场化改革与垄断国有航空公司的利润基础 [J]. 中国地质大学学报（社会科学版），2012，12（05）：102-107.

[339] 吴晓东. 国有资本经营预算绩效评价体系研究 [J]. 财经问题研究，2012（10）：68-73.

[340] 尹晓冰，汪戎. 基于控制权收益的国企内部人控制模型及其行为研究 [J]. 思想战线，2012，38（05）：101-105.

[341] 张馨. 论第三财政 [J]. 财政研究，2012（08）：2-6.

[342] 周耀东，余晖. 国有垄断边界、控制力和绩效关系研究 [J]. 中国工业经济，2012（06）：31-43.

[343] 罗章，刘啸. 历史否决点：针对当前国有企业利润分配制度变迁阻力的解释 [J]. 理论探讨，2012（03）：75-79.

[344] 陈少晖，朱珍. 民生财政导向下的国有资本经营预算支出研究 [J]. 当代经济研究，2012（04）：32-38.

[345] 王雨飞，丁浩. 国有企业全民分红对国内需求的影响分析 [J]. 经济问题探索，2012（03）：98-102.

[346] 陈少晖，朱珍. 省域国有资本经营预算制度的建构 [J]. 经济纵横，2012（02）：52-57.

[347] 汤二子，孙振. 中国制造业企业利润决定机制研究——基于异质性生产率的视角 [J]. 财贸研究，2012，23（01）：122-129.

[348] 魏峰，荣兆梓. 基于效率视角研究国有企业利润来源——来自15个工业细分行业的证据 [J]. 产业经济研究，2012（01）：9-16.

[349] 曲亮，任国良. 高管政治关系对国有企业绩效的影响——兼论国有企业去行政化改革 [J]. 经济管理，2012，34（01）：50-59.

[350] 刘瑞明，石磊. 上游垄断、非对称竞争与社会福利——兼论大中型国有企业利润的性质 [J]. 经济研究，2011，46（12）：86-96.

[351] 陈少晖，朱珍. 国有上市公司利润分配与国有资本经营预算的建构——以钢铁行业为例 [J]. 东南学术，2011（06）：104-115.

[352] 彭成洪. 如何破解国有资本经营预算的难题 [J]. 经济体制改革，2011（05）：9-12.

[353] 匡贤明，梅东海. 公共产品短缺时代国有企业合理分红比例研究 [J].

中南财经政法大学学报, 2011 (04): 46-52.

[354] 李永刚. 国有资本经营预算制度构建探析 [J]. 当代经济科学, 2011, 33 (04): 37-43, 125.

[355] 徐传谌, 冯电波, 艾德洲. 企业社会责任的利益相关者悖论与国有企业包容性增长 [J]. 江汉论坛, 2011 (07): 60-64.

[356] 陈进, 张国民. 国有企业经营者报酬契约模型研究 [J]. 商业研究, 2011 (07): 69-73.

[357] 吴婧. 后股改时代上市公司国有股收益管理研究 [J]. 江苏社会科学, 2011 (03): 101-104.

[358] 杨志勇, 汤林闽. 调节国有资本: 促进居民可支配收入增长的新视角 [J]. 社会科学辑刊, 2011 (02): 88-94.

[359] 周小柯, 吉生保, 席艳玲. 市场结构、国有企业行为与社会福利 [J]. 现代管理科学, 2011 (03): 46-48.

[360] 叶林祥, 李实, 罗楚亮. 效率工资、租金分享与企业工资收入差距——基于第一次全国经济普查工业企业数据的实证研究 [J]. 财经研究, 2011, 37 (03): 4-16.

[361] 李停. 竞争比产权更重要: 再论国有经济存在理由 [J]. 经济与管理, 2011, 25 (02): 5-12.

[362] 张晨, 张宇. 国有企业是低效率的吗 [J]. 经济学家, 2011 (02): 16-25.

[363] 孙博, 吕晨红. 不同所有制企业社会保险缴费能力比较研究——基于超越对数生产函数的实证分析 [J]. 江西财经大学学报, 2011 (01): 50-55.

[364] 徐忠, 张雪春, 张颖. 初始财富格局与居民可支配收入比重下降趋势 [J]. 金融研究, 2011 (01): 15-27.

[365] 张杰, 黄泰岩, 芦哲. 中国企业利润来源与差异的决定机制研究 [J]. 中国工业经济, 2011 (01): 27-37.

[366] 征汉文. 再论公平分配应首先从第一次分配开始 [J]. 当代经济研究, 2011 (01): 55-60.

[367] 孟庆春, 张江华, 赵炳新. 产权结构、公司治理、社会保障与国企改革——基于Cournot竞争的系统分析 [J]. 中国管理科学, 2010, 18 (06): 138-146.

[368] 孟庆春. 基于竞争考虑MBO与ESOP的国有企业产权改革模型研究 [J]. 经济管理, 2010, 32 (12): 137-142.

[369] 魏建翔. 国有资本经营预算的内涵界定与必要性分析 [J]. 福建论坛 (人文社会科学版), 2010 (S1): 61-62.

[370] 党印. 金融危机、经济增长方式转变与国有企业改革 [J]. 经济纵横, 2010 (09): 55-58.

[371] 刘纪鹏. 国有资产监管体系面临问题及其战略构架 [J]. 改革, 2010 (09): 15-20.

[372] 王兴华. 高流动性对我国企业劳资冲突的影响——基于完全非完美信息动态博弈模型的分析 [J]. 华东经济管理, 2010, 24 (08): 35-37.

[373] 郭海星, 万迪昉. 政府干预、控制权私人收益与国有企业并购研究 [J]. 华东经济管理, 2010, 24 (07): 107-110.

[374] 周阳敏. 房地产中央企业经营效率研究 [J]. 中国工业经济, 2010 (07): 14-25.

[375] 陈少晖. 国有企业利润上缴: 国外运行模式与中国的制度重构 [J]. 财贸研究, 2010, 21 (03): 80-87.

[376] 张春敏. 国有企业改革中的地租问题 [J]. 教学与研究, 2010 (05): 24-28.

[377] 王中保. 国有企业改革和发展的几个理论问题——从"国进民退"的争论谈起 [J]. 教学与研究, 2010 (05): 15-19.

[378] 张晨. 国有企业绩效提高主要来源于垄断吗 [J]. 经济理论与经济管理, 2010 (05): 14-19.

[379] 杜宁. 国有资本经营预算研究述评 [J]. 山东大学学报 (哲学社会科学版), 2010 (03): 96-102.

[380] 谢旭人. 坚定不移深化财税体制改革 [J]. 求是, 2010 (07): 33-35.

[381] 尹碧波, 刘长庚. 国企分配模式表征及其现实检验 [J]. 改革, 2010 (03): 93-98.

[382] 黄云鹏. "十二五"我国预算管理体制改革总体思路 [J]. 宏观经济管理, 2010 (03): 20-22, 27.

[383] 郑小玲. 中央与地方国有资产收益分配的博弈分析——基于国资分级所有的视角 [J]. 当代财经, 2010 (02): 37-42.

[384] 张曙光. 试析国有企业改革中的资源要素租金问题——兼论重建"全民所有制" [J]. 南方经济, 2010 (01): 3-14.

[385] 简兆权, 钟永能. 国有企业民营化过程中员工经济收益评价模型探讨 [J]. 生产力研究, 2010 (01): 223-224, 253.

[386] 刘永泽, 王建志, 陈艳利. 国有资本经营预算的收支预测 [J]. 财经问题研究, 2010 (01): 81-88.

[387] 严海宁, 汪红梅. 国有企业利润来源解析: 行政垄断抑或技术创新 [J]. 改革, 2009 (11): 128-133.

[388] 杜宁, 王桂媛. 转型经济下复式预算硬化国有资本约束的机理分析 [J]. 财政研究, 2009 (11): 24-27.

[389] 翁杰, 周礼. 中国工业企业利益分配格局快速变动的原因分析: 1997-2007 [J]. 中国工业经济, 2009 (09): 47-55.

[390] 陈少晖,廖添土. 近年来国有资本经营预算研究问题的讨论与反思 [J]. 福建论坛(人文社会科学版),2009(09):26-30.

[391] 陈少晖,廖添土. 近年来国有资本经营预算研究进展综述 [J]. 经济理论与经济管理,2009(08):76-80.

[392] 徐晓松. 论国有资本经营预算的生存环境及其对法律调整的影响 [J]. 中国法学,2009(04):102-109.

[393] 徐晓松,林文彪. 国有资本经营预算之资本性支出及其制度构建 [J]. 天津师范大学学报(社会科学版),2009(04):32-37.

[394] 陈健. 论国有制的可能 [J]. 当代经济科学,2009,31(04):36-43,125.

[395] 袁一方,周山清. 公共财政与非金融性国有资产管理 [J]. 财经科学,2009(07):102-108.

[396] 韩朝华,周晓艳. 国有企业利润的主要来源及其社会福利含义 [J]. 中国工业经济,2009(06):17-26.

[397] 陈少晖,廖添土. 海西建设框架下的福建国企改革:历史演进与制度创新 [J]. 福建师范大学学报(哲学社会科学版),2009(03):66-73.

[398] 陈少强. 政府与国有企业分配关系回顾与思考 [J]. 经济纵横,2009(04):41-44.

[399] 谢申祥,王孝松. 技术外溢、国有企业并购与FDI [J]. 世界经济研究,2009(04):63-68,89.

[400] 徐孟洲,贾剑非. 论国有资本经营预算制度的法理基础与法价值 [J]. 政治与法律,2009(04):2-7.

[401] 高桂林,翟业虎. 反思国有资本经营预算法律制度的目标定位 [J]. 政治与法律,2009(04):8-16.

[402] 徐晓松. 论国有资产监督管理机构在国有资本经营预算中的职责 [J]. 政治与法律,2009(04):17-22.

[403] 李荣融. 进一步推进国有经济持续稳定较快发展 [J]. 宏观经济研究,2009(02):3-7,28.

[404] 曹越,黄灿. 国有资本经营预算编制主体:问题与争论 [J]. 生产力研究,2009(02):131-133.

[405] 李长英,付红艳. 混合寡头竞争条件下的购买势力研究 [J]. 中国管理科学,2008,16(06):156-163.

[406] 张秀烨,张先治. 转型经济视野的政府与国有企业财务契约关系重构 [J]. 改革,2008(11):109-115.

[407] 焦建国. 论国有资本经营预算制度 [J]. 经济与管理研究,2008(11):15-22.

[408] 王景升. 我国国有资本经营预算体系及运行机制研究 [J]. 财经问题研

究，2008（11）：90-94.

[409] 范仓海，张铭. 国有企业分享制实践的历史、制约因素与对策[J]. 生产力研究，2008（19）：133-136.

[410] 张卓元. 中国国有企业改革三十年：重大进展、基本经验和攻坚展望[J]. 经济与管理研究，2008（10）：5-19.

[411] 陈艳利. 国有资本经营预算制度的构建：体系框架与难点解析[J]. 财政研究，2008（10）：24-27.

[412] 罗宏，黄文华. 国企分红、在职消费与公司业绩[J]. 管理世界，2008（09）：139-148.

[413] 李重华，李真男. 国企分红纳入国家财政预算问题研究[J]. 经济经纬，2008（05）：129-131.

[414] 范仓海. 国有企业"分享制"的历史演进与现实困境摆脱[J]. 改革，2008（08）：113-117.

[415] 张平. 在市场取向改革中不断完善宏观调控体系[J]. 求是，2008（14）：46-49.

[416] 何国华. 中国国有企业治理思路的再探索[J]. 中国社会科学院研究生院学报，2008（04）：46-50.

[417] 董方军，王军. 应适时制定科学、合理的国有企业分红政策[J]. 生产力研究，2008（11）：117-119.

[418] 汪平，李光贵，袁晨. 国外国有企业分红政策：实践总结与评述[J]. 经济与管理研究，2008（06）：78-86.

[419] 陈华，韩丽. 基于公平的国有企业利润分配问题研究[J]. 理论与现代化，2008（03）：58-61.

[420] 李军杰. 进一步规范地方政府性资金收支行为[J]. 宏观经济研究，2008（04）：35-37，57.

[421] 深化经济体制改革提高对外开放水平[J]. 经济学家，2008（02）：130.

[422] 汪平. 基于现代财务理论的中国国有企业利润分红问题研究[J]. 首都经济贸易大学学报，2008（02）：9-16.

[423] 李荣融. 努力开创中央企业又好又快发展新局面[J]. 宏观经济研究，2008（02）：3-9，11.

[424] 钱雪松. 国有企业富余现金流量规制及其国际比较[J]. 改革，2008（02）：106-110.

[425] 赵凤彬，韩丽. 基于公平的国有企业利润分配问题[J]. 经济导刊，2008（02）：81-82.

[426] 文宗瑜，刘微. 国有资本经营预算如何与公共收支预算对接[J]. 财政研究，2008（01）：24-28.

[427] 刘富江,江源.我国企业盈利水平进入明显上升期[J].统计研究,2007(12):3-8.

[428] 张忠民.略论南京国民政府时期国有企业的经营预算制度[J].上海经济研究,2007(12):139-148.

[429] 汪海,张卫东.附加职工安置约束的国企产权拍卖机制研究[J].经济研究,2007,42(10):115-125.

[430] 靳黎民.河南省财政支持企业自主创新的政策和措施探讨[J].财政研究,2007(10):79-81.

[431] 李丹.论国资委对国有资产授权营运机构的监控[J].经济问题,2007(09):35-37.

[432] 王炬.论国有资本经营与战略重组[J].经济评论,2007(05):27-32.

[433] 丁孝智,宋领波,张华.国有企业目标调整与分类改革[J].生产力研究,2007(17):103-105.

[434] 刘永泽,陈艳利,孙光国.国有资本预算制度的构建目标、原则与基本框架[J].财经问题研究,2007(09):72-77.

[435] 欧阳淞.国有资本经营预算制度的几个基本问题[J].法学家,2007(04):86-92.

[436] 叶振鹏.国有企业改革与财政[J].财政研究,2007(05):10-12.

[437] 陈金祥.加快建立国有资本经营预算制度——当前国有经济布局和结构战略性调整的根本保障[J].经济管理,2007(13):6-8.

[438] 姚兵.关于国企改革攻坚的若干思考[J].理论前沿,2007(12):5-8.

[439] 程斌宏.软预算约束与国企改革:从要素投入的视角分析[J].中国管理科学,2007(02):15-20.

[440] 付铭.国企红利应投向公共服务业[J].经济导刊,2007(02):77-78.

[441] 方涌,蒲勇健.基于选拔机制的国企经营者行为的博弈分析[J].中国管理科学,2007(01):136-141.

[442] 李建川,盖建华.国有企业激励无效性分析及对策[J].生产力研究,2007(01):107-108,129.

[443] 侯利强.国有企业资本结构优化标准探析[J].山西财经大学学报,2006(S2):70.

[444] 黄群慧.管理腐败新特征与国有企业改革新阶段[J].中国工业经济,2006(11):52-59.

[445] 焦斌龙."郎顾之争"与人力资本参与企业收益分配[J].首都师范大学学报(社会科学版),2006(05):55-58.

[446] 白明,雷箐青.垄断型国有企业绩效分析[J].开发研究,2006(05):87-90.

[447] 卢淑艳,刘永泽. 国有资本收益管理的实践与思考[J]. 财政研究, 2006 (10): 70-72.

[448] 高仁全,黄先辉,杨钢. 公共财政框架下的财政企业工作研究[J]. 经济体制改革, 2006 (05): 126-130.

[449] 李荣融. 努力保持中央企业持续稳定快速发展[J]. 宏观经济研究, 2006 (09): 3-8, 12.

[450] 李晓丹. 国有资本经营预算管理与监督体系探讨[J]. 中南财经政法大学学报, 2006 (05): 13-17.

[451] 张葵. 国企红利"分食"难题[J]. 经济导刊, 2006 (08): 36-37.

[452] 方涌,蒲勇健. 我国国有企业隐瞒利润行为的一种博弈解释[J]. 系统工程理论与实践, 2006 (08): 42-47.

[453] 李荣融. 全面贯彻落实科学发展观实现中央企业更快更好发展[J]. 求是, 2006 (06): 7-9.

[454] 程斌宏,古志辉. 要素投入、软预算约束与国有企业改革[J]. 生产力研究, 2006 (03): 194-195, 203.

[455] 于立,唐要家. 所有权激励与公用企业的反竞争行为[J]. 财经问题研究, 2006 (02): 33-37.

[456] 国题. 努力构建国有资本经营预算监管体系[J]. 宏观经济管理, 2006 (01): 65-66.

[457] 邴志刚. 建立国有资本经营预算: 筹措国有企业改革成本[J]. 财政研究, 2006 (01): 44-46.

[458] 卫玲. 人力资本参与国有企业收益分配的制度安排[J]. 西北大学学报(哲学社会科学版), 2005 (05): 143-147.

[459] 周建锋,肖宏伟. 国有企业规模不经济: 规模与利润非对称视角分析[J]. 管理现代化, 2005 (05): 35-37.

[460] 焦建国. 国有资本预算与国有资产管理体制改革——国有资本预算到底要解决什么问题[J]. 经济与管理研究, 2005 (08): 29-34.

[461] 方健雯,孙碧波. 国有企业控制权收益与最优重组契约[J]. 经济管理, 2005 (16): 13-18.

[462] 陈怀海. 国有资本经营预算: 国有企业产权改革的财政制度约束[J]. 当代经济研究, 2005 (05): 67-69.

[463] 冯瑞菊. 国有资本经营预算编制中的博弈关系初探[J]. 经济经纬, 2005 (03): 130-132.

[464] 吴祥云. 建立国有资本经营预算的若干思考[J]. 当代财经, 2005 (04): 32-37.

[465] 耿建新,崔宏. 国有资本监管理论与实务创新[J]. 财经科学, 2005 (02): 97-104.

[466] 谢贞发. 所有权、成本函数与市场竞争结构 [J]. 财经研究, 2004 (12): 15-27.

[467] 陈红兵. 市场结构与企业伦理行为研究——兼论合理有效的委托—代理关系的建构 [J]. 开发研究, 2004 (04): 65-69.

[468] 王艳, 王浣尘. 市场开放与国有企业民营化: 一个博弈分析模型 [J]. 经济科学, 2004 (04): 9-17.

[469] 李荣融. 建规立制任重道远——写在《企业国有资产监督管理暂行条例》实施一周年 [J]. 求是, 2004 (14): 15-18.

[470] 张文魁. 东北振兴与国企改革创新 [J]. 宏观经济管理, 2004 (07): 37-39.

[471] 阮宜胜. 论公共财政的国有资产管理职能 [J]. 财政研究, 2004 (07): 34-35.

[472] 睢国余, 蓝一. 企业目标与国有企业改革 [J]. 北京大学学报 (哲学社会科学版), 2004 (03): 22-35.

[473] 王建民. 论国有企业经营者人力资本的收益权 [J]. 北京师范大学学报 (社会科学版), 2004 (02): 107-112.

[474] 冯子标. 我国距离实施人力资本参与企业收益分配的差距探讨 [J]. 学术月刊, 2004 (03): 28-33, 50.

[475] 李燕. 论建立我国国有资本经营预算制度 [J]. 中央财经大学学报, 2004 (02): 1-4, 8.

[476] 焦斌龙. 人力资本参与企业收益分配误区及其对策 [J]. 经济管理, 2004 (03): 50-53.

[477] 平新乔, 范瑛, 郝朝艳. 中国国有企业代理成本的实证分析 [J]. 经济研究, 2003 (11): 42-53, 92.

[478] 李燕. 我国国有企业人力资本收益权问题探讨 [J]. 税务与经济 (长春税务学院学报), 2003 (04): 11-14.

[479] 高宜新. 利润分享与国有企业治理结构创新 [J]. 生产力研究, 2003 (02): 207-208.

[480] 王善平, 周兰, 徐铁祥, 肖俊. 国企职工身份置换及嗣后的收益分配制度创新 [J]. 财经理论与实践, 2003 (03): 42-46.

[481] 李安源. 虚拟股份制——国有企业改革模式构想 [J]. 重庆建筑大学学报, 2003 (02): 93-98.

[482] 黄金树, 黄永盛. 中国大陆国有企业在承包制与股份制上的竞争选择: Cournot 双占模型的应用 [J]. 世界经济文汇, 2003 (02): 1-16.

[483] 章道云. 会计利润应向经济利润改造——兼评债权转股权是国有企业扭亏增盈有效方法的观点 [J]. 经济体制改革, 2003 (01): 68-70.

[484] 文艺文. 国企改革与发展中的伦理原则探讨 [J]. 道德与文明, 2003

(01): 53-54, 75.

[485] 唐任伍, 魏成龙. 论以债权人为主导的企业筛选机制 [J]. 改革, 2002 (06): 47-54.

[486] 朱孔生, 宿胜, 王景海, 袁艺. 政府对资本运营机构监管问题探讨 [J]. 财政研究, 2002 (12): 50-52.

[487] 袁星侯. 复式预算制度改革主张评析 [J]. 经济学家, 2002 (06): 96-103.

[488] 贾希为. 中国国有企业的多层代理及其改革的选择 [J]. 经济社会体制比较, 2002 (06): 69-76.

[489] 张铭. 国有企业实行分享制的现实制约因素与对策 [J]. 社会主义研究, 2002 (05): 82-84.

[490] 孟凡辰. 国企利润从何而来? [J]. 中外管理, 2002 (07): 33-34.

[491] 袁志刚, 黄立明. 国有企业隐性失业与国有企业绩效 [J]. 管理世界, 2002 (05): 42-46, 54.

[492] 虞锡君. 国企经营者管理要素参与收益分配探讨 [J]. 浙江学刊, 2001 (05): 172-174.

[493] 沈莹, 陶瑞芝. 国企总体形势趋好改革成果还需巩固——2000年我国国有企业运营质量明显改善 [J]. 国有资产管理, 2001 (10): 12-15.

[494] 杨卫华, 杨静. 我国目前政府预算编制存在的问题与对策 [J]. 财政研究, 2001 (09): 79-81.

[495] 王洪. 国有企业退出战略的成本和收益分析 [J]. 财政研究, 2001 (08): 63-68.

[496] 戴文标, 任熹真. 国有企业资本结构优化标准探析 [J]. 经济学家, 2001 (04): 25-30.

[497] 赖可基. 正视国企改革与发展的困境——三年基本脱困后的几点思考 [J]. 国有资产管理, 2001 (06): 47-49, 46.

[498] 高寒松. 中国社会总资产规模与结构变动分析 [J]. 经济理论与经济管理, 2001 (04): 5-10.

[499] 马聪慧. 解读国有企业三年脱困 [J]. 国有资产管理, 2001 (04): 15-17.

[500] 俞肖云. 国有企业: 2392亿元利润从何而来 [J]. 中国国情国力, 2001 (04): 20.

[501] 林长泉, 张跃进, 李殿富. 我国国有企业及上市公司的利润操纵行为分析 [J]. 管理世界, 2000 (03): 88-95.

[502] 刘翌. 盈利性国有企业经营者招聘机制设计 [J]. 当代财经, 2000 (04): 60-63.

[503] 江晓薇. 国有企业改革的制度成本分析 [J]. 理论与改革, 2000

(02): 77-80.

[504] 陈少晖. 国有企业劳动力产权与剩余收益分享 [J]. 理论与改革, 2000 (01): 82-84.

[505] 赵凌云. 1978~1998年间中国国有企业改革发生与推进过程的历史分析 [J]. 当代中国史研究, 1999 (Z1): 199-218.

[506] 戴小明. 关于税利分流的法律思考 [J]. 中南民族学院学报（哲学社会科学版）, 1999 (04): 33-35.

[507] 金碚. 搞好国有企业必须具备的基本条件 [J]. 经济管理, 1999 (09): 7-10.

[508] 李培林, 张翼. 国有企业社会成本分析——对中国10个大城市508家企业的调查 [J]. 中国社会科学, 1999 (05): 41-56+205.

[509] 陆军. 国有企业改革的空间机制——论城市空间级差租金收益向企业资本金的转化与补充 [J]. 南开经济研究, 1999 (03): 36-40.

[510] 柳欣. 中国的宏观经济运行 [J]. 东岳论丛, 1999 (03): 24-31.

[511] 冯中越. 试论国有企业制度创新的成本与收益 [J]. 北京商学院学报, 1999 (02): 21-25.

[512] 顾钰民. 国企利润分配制度改革的回顾与启示 [J]. 社会科学, 1999 (02): 13-15.

[513] 张维迎. 控制权损失的不可补偿性与国有企业兼并中的产权障碍 [J]. 经济研究, 1998 (07): 4-15.

[514] 李传林, 李玉梅, 文萍. 搞好国有企业的一种新思路——产业选择与组织选择并重的发展路子 [J]. 四川大学学报（哲学社会科学版）, 1998 (02): 29-33.

[515] 车云. 浅谈国有企业股份制改组过程中有关利润的处理 [J]. 财务与会计, 1998 (04): 17.

[516] 江春. 利息理论与利率政策 [J]. 管理世界, 1998 (02): 54-63, 218-219.

[517] 杨瑞龙, 周业安, 张玉仁. 国有企业双层分配合约下的效率工资假说及其检验——对"工资侵蚀利润"命题的质疑 [J]. 管理世界, 1998 (01): 166-175.

[518] 解鹏. 国有资本经营预算制度、营运资金管理和经济增加值 [D]. 大连: 东北财经大学, 2018.

[519] 张雪. 关于北京市事业单位出资企业纳入国有资本经营预算的分析 [D]. 北京: 对外经济贸易大学, 2018.

[520] 时哲伦. 股权分置改革中控制权转移问题研究 [D]. 北京: 北京化工大学, 2011.

[521] 孟海丽. 国有企业改革的回顾与思考 [D]. 淮北: 淮北师范大学, 2011.

[522] 朱珍. 国家与国企财政分配关系的历史变迁及制度重构 [D]. 福州: 福建师范大学, 2011.

[523] 王亚萍. 我国国有资本收益社会化分配问题的研究 [D]. 西安: 西安建筑科技大学, 2011.

[524] 胡阳. 长沙市企业国有资产有效监管研究 [D]. 长沙: 湖南大学, 2011.

[525] 雷文文. 国有资本经营预算法律制度研究 [D]. 合肥: 安徽大学, 2011.

[526] 常鹏. 国家权力: 财政定义与政府预算分类管理 [D]. 成都: 西南财经大学, 2011.

[527] 马磊. 国企分红政策与国有上市公司盈余管理研究 [D]. 成都: 西南财经大学, 2011.

[528] 李建中. 乌鲁木齐市国有资产监管体系研究 [D]. 北京: 中国政法大学, 2011.

[529] 夏敏. 基于合作博弈的国有企业分红问题研究 [D]. 镇江: 江苏大学, 2010.

[530] 杨雄壬. 国有资本控股公司国有股权行使法律问题研究 [D]. 福州: 福建师范大学, 2018.

[531] 银晓丹. 企业国有资产监管法律制度研究 [D]. 沈阳: 辽宁大学, 2010.

[532] 董晶晶. 国资法下国有资本经营预算问题研究 [D]. 北京: 财政部财政科学研究所, 2010.

[533] 何春玲. 民生财政构建与完善中的养老保障研究 [D]. 北京: 财政部财政科学研究所, 2010.

[534] 丁宇飞. 企业国有资产管理体制的法律探索 [D]. 上海: 华东政法大学, 2010.

[535] 陈映川. 国有资本经营预算法律问题研究 [D]. 武汉: 华中科技大学, 2010.

[536] 陈国涛. 论股东分红权 [D]. 武汉: 华中科技大学, 2010.

[537] 郑青. 中国国有金融资产管理体制研究 [D]. 福州: 福建师范大学, 2010.

[538] 廖添土. 国有资本经营预算: 历史考察与制度建构 [D]. 福州: 福建师范大学, 2010.

[539] 陈俊龙. 国有企业恶性增资问题研究 [D]. 长春: 吉林大学, 2010.

[540] 房文晓. 经济法视角下国有资本经营预算制度的定位分析 [D]. 北京: 首都经济贸易大学, 2010.

[541] 徐同伟. 国有资本经营预算制度、管理层激励与企业价值创造 [D].

大连：东北财经大学，2017．

［542］李光贵．资本成本、可持续增长与分红比例估算研究［D］．北京：首都经济贸易大学，2010．

［543］刘建国．新疆国有资产管理研究［D］．乌鲁木齐：新疆农业大学，2010．

［544］张艳纯．国有经济财务理论与运作研究［D］．长沙：湖南大学，2010．

［545］庄旭．现阶段我国电信行业国有资产管理体制改革研究［D］．广州：华南理工大学，2010．

［546］冯盟．国资预算管理系统的设计和实现［D］．上海：华东师范大学，2009．

［547］杜天佳．法律框架下国有资产监管多元模式探析［D］．北京：中国政法大学，2009．

［548］韩中节．国有资本运营的法律治理研究［D］．重庆：西南政法大学，2009．

［549］张琳洲．金钼集团阿根廷甲醇项目资本预算研究［D］．西安：西北大学，2009．

［550］刁建欣．国有企业收益分配制度改革问题研究［D］．西安：西安建筑科技大学，2009．

［551］刘一鸣．我国国有资本经营预算编制主体的研究［D］．贵阳：贵州大学，2009．

［552］肖旭．国有资本增值、利润分配与代理成本的关系研究［D］．北京：首都经济贸易大学，2018．

［553］宋文阁．国有资本经营预算管理研究［D］．镇江：江苏大学，2009．

［554］付青山．国有资本收益分配的研究［D］．上海：复旦大学，2009．

［555］尹昌杰．民生保障为导向的我国财政支出结构优化研究［D］．乌鲁木齐：新疆财经大学，2009．

［556］黄振东．公共财政框架下的国有资本经营预算研究［D］．长沙：湖南大学，2009．

［557］毛专．我国政府国有资本经营预算管理研究［D］．青岛：中国海洋大学，2009．

［558］何国华．国有独资企业利润分配与上缴法律制度研究［D］．北京：中国政法大学，2009．

［559］高莉．国有资本经营预算的考核评价体系构建［D］．成都：西南财经大学，2009．

［560］罗琼芳．国有资本经营预算管理研究［D］．成都：西南财经大学，2009．

［561］邱振宇．国有上市公司股权收益管理研究［D］．镇江：江苏大学，

2008.

［562］宋静. 国有资本经营预算管理的框架体系研究［D］. 镇江：江苏大学，2008.

［563］云少峰. 内蒙古国有资本经营预算管理研究［D］. 呼和浩特：内蒙古大学，2017.

［564］唐良勇. 国有控股公司财务治理结构研究［D］. 长沙：湖南大学，2008.

［565］张淑梅. 战略导向下的企业经营预算管理研究［D］. 武汉：武汉理工大学，2008.

［566］张婷. 我国国有资本经营预算支出管理绩效评价研究［D］. 镇江：江苏大学，2008.

［567］王瑾. 国有资本经营预算制度下国有企业融资渠道研究［D］. 西安：西北大学，2008.

［568］张瑞云. 国有资本经营预算体系编制研究［D］. 保定：河北农业大学，2008.

［569］高珊. 地方国有资本监管问题研究［D］. 长沙：湖南大学，2008.

［570］张瑞琰. 国有资本经营预算性质与管理研究［D］. 成都：西南财经大学，2008.

［571］陈静. 福州市国有资本经营预算体系设计［D］. 重庆：重庆大学，2008.

［572］伍鹏. 国资监管部门与财政部在国有资本经营预算中职权配置问题研究［D］. 北京：中国政法大学，2008.

［573］孙书青. 论国有资本经营预算政策过程［D］. 北京：中国政法大学，2008.

［574］严金国. 地方国有控股上市公司现金股利分配研究［D］. 北京：中国财政科学研究院，2017.

［575］郑焕. 国有资本经营预算构建中的相关问题研究［D］. 大连：东北财经大学，2007.

［576］沈小刚. 国有资本经营预算管理体系研究［D］. 合肥：安徽大学，2007.

［577］胡顺华. 对国有企业资本结构的研究［D］. 成都：西南财经大学，2008.

［578］张轶. 成都市国有资产监管与运营体系初探［D］. 成都：西南财经大学，2008.

［579］陈爱东. 全流通背景下上市公司国有股权运作研究［D］. 成都：西南财经大学，2008.

［580］陈勇强. 公共财政框架下的国有资本经营预算制度建设研究［D］. 厦门：厦门大学，2007.

［581］卢淑艳. 国有资产管理新体制下国有资本财务监管研究［D］. 天津：天津大学，2007.

［582］陈苏琼. 我国国有资本经营预算研究［D］. 南昌：南昌大学，2007.

[583] 张登高. 我国国有资产保值增值问题研究 [D]. 长沙：湖南农业大学，2007.

[584] 王圆圆. 国有资本经营预算管理研究 [D]. 南宁：广西大学，2007.

[585] 陈科延. 国有资本经营预算管理研究 [D]. 北京：中国财政科学研究院，2017.

[586] 乔冬. 新型国有资产管理体制下国有企业财务监管机制研究 [D]. 西安：长安大学，2007.

[587] 邰志宇. 国有资本经营预算设计与研究 [D]. 厦门：厦门大学，2007.

[588] 周洋. 我国国有资产管理体制研究 [D]. 天津：天津财经大学，2007.

[589] 李怀舟. 中国国有金融资本出资人制度研究 [D]. 成都：西南财经大学，2007.

[590] 林志成. 我国行政控制取向的地方复式预算管理改革 [D]. 厦门：厦门大学，2007.

[591] 李霞. 国有企业财务治理结构研究 [D]. 太原：山西财经大学，2007.

[592] 陈雪峰. 国有资本经营预算管理研究 [D]. 青岛：青岛科技大学，2007.

[593] 于杨. 中央与地方国有资产立法权问题研究 [D]. 大连：东北财经大学，2006.

[594] 陈军. 建立国有资本经营预算制度研究 [D]. 长沙：中南大学，2006.

[595] 蔡轩然. 论无锡国有资产经营预算制度建设 [D]. 上海：同济大学，2007.

[596] 姜扬. 中国民生财政支出的经济社会效应研究 [D]. 长春：吉林大学，2017.

[597] 樊继达. 国有资产监管 [D]. 北京：中共中央党校，2006.

[598] 许雅雯. 国有资本经营预算体系建构的研究 [D]. 福州：福建师范大学，2006.

[599] 谢英姿. 国有资本经营预算制度研究 [D]. 长沙：长沙理工大学，2006.

[600] 王效梅. 我国经营性国有资产管理体制的完善 [D]. 太原：山西财经大学，2006.

[601] 陈小兵. 国有资本经营预算的模式研究 [D]. 沈阳：沈阳工业大学，2006.

[602] 王艳丽. 中央与地方国有资产委托代理关系研究 [D]. 大连：东北财经大学，2005.

[603] 刘慧昌. 河北省国有经济战略调整研究 [D]. 天津：天津大学，2005.

[604] 潘前进. 经营性国有资产管理体制完善研究 [D]. 长沙：长沙理工大学，2005.

[605] 王道明. 地方国有资产经营预算体系框架研究 [D]. 武汉：武汉理工大学，2003.

[606] 邹金堂. 国有企业经营者激励机制研究 [D]. 武汉：武汉大学，2003.

[607] 胡梅玲. 国有企业利润分配：制度演进与改革路径（1949－2015）[D]. 福州：福建师范大学，2017.

[608] 薛皎薇. 朝阳区国有资本经营预算工作的现状、问题及对策研究 [D]. 北京：北京工业大学，2017.

[609] 韩秋. 国有资本充实社保基金问题研究 [D]. 大连：东北财经大学，2018.

[610] 凌静. 我国国有资本经营预算管理问题研究 [D]. 南宁：广西大学，2017.

[611] 李亮. LG公司经营预算管理改进研究 [D]. 长沙：湖南大学，2017.

[612] 李夏. 国有企业集团多层级公司治理与资本优化配置 [D]. 北京：北京交通大学，2017.

[613] 郭沛廷. 基于国家治理的国有资本经营预算改革研究 [D]. 北京：中央财经大学，2017.

[614] 吕霄云. 国有资本经营预算管理研究 [D]. 武汉：中南财经政法大学，2017.

[615] 迟怡君. 国有资本收益、行业竞争与企业绩效 [D]. 大连：东北财经大学，2016.

[616] 方鸿斌. 国资预算、企业生命周期与资本配置效率 [D]. 大连：东北财经大学，2016.

[617] 余鹏峰. 社会保障预算法治化探究 [D]. 南昌：江西财经大学，2016.

[618] 乔丽. 国有企业利润分配的理论与实践研究 [D]. 福州：福建师范大学，2016.

[619] 黄东贤. 国有资产收益分配民生化：国外实践及其借鉴 [D]. 福州：福建师范大学，2016.

[620] 朱家慧. 有线电视公司全面预算管理的预算差异与控制研究 [D]. 上海：东华大学，2018.

[621] 张俊. 国家企业权力规制论 [D]. 上海：华东政法大学，2016.

[622] 李洁林. 我国社会保障预算管理模式的实践与政策建议 [D]. 武汉：华中科技大学，2016.

[623] 沈焕珠. 新预算法下深圳市政府预算编制研究 [D]. 武汉：华中师范大学，2016.

[624] 王鹏. 财政均衡、地方行政目标与民生预算安排 [D]. 重庆：重庆大学，2016.

[625] 关勇. 安徽省国有企业资产管理研究 [D]. 合肥：安徽大学，2016.

[626] 张可. 国有资本经营预算支出绩效评价研究 [D]. 长春：吉林大学，2016.

[627] 戚振宇. 国有资本经营预算实施中的问题及对策研究 [D]. 长春：吉林大学，2016.

[628] 孙荣珍. 国有资本经营预算法律制度的完善 [D]. 北京：中国社会科学院研究生院，2016.

[629] 杜坤. 非税收入预算法律问题研究 [D]. 重庆：西南政法大学，2016.

[630] 赵红云. 国有资本经营预算实施对企业非效率投资的影响研究 [D]. 大连：东北财经大学，2016.

[631] 和珍珍. 国有资本经营预算制度、行业竞争与企业价值创造 [D]. 大连：东北财经大学，2018.

[632] 弓锐. 国有资本经营预算对国有企业经营绩效的影响研究 [D]. 大连：东北财经大学，2016.

[633] 孙春雷. 我国民生财政研究 [D]. 北京：财政部财政科学研究所，2015.

[634] 张涛. 我国政府预算管理改革问题研究 [D]. 太原：山西大学，2015.

[635] 赖宝君. 建国以来国有资产管理体制的历史嬗变与模式选择 [D]. 福州：福建师范大学，2015.

[636] 李学通. 国有企业利润分配制度的演进轨迹与改革路径研究 [D]. 福州：福建师范大学，2015.

[637] 马君. 我国国有资本经营预算研究 [D]. 北京：财政部财政科学研究所，2015.

[638] 陈利娟. 论中国国有企业收益分配体制的改革与完善 [D]. 昆明：云南财经大学，2015.

[639] 韩雄华. 民生财政建设中的碎片化问题与整体性治理研究 [D]. 南昌：广西大学，2015.

[640] 罗晓峰. 地方政府全口径预算监督存在的问题与对策研究 [D]. 湘潭：湘潭大学，2015.

[641] 吉志鹏. 中国社会保险基金预算管理研究 [D]. 北京：财政部财政科学研究所，2015.

[642] 郭艳红. 国有资本经营预算制度、管理层货币薪酬激励与真实盈余管理 [D]. 大连：东北财经大学，2018.

[643] 王意. 能源型国有企业收益分配问题及对策研究 [D]. 长春：吉林大学，2015.

[644] 徐阳晨. 我国全口径预算管理制度改革的路径选择 [D]. 北京：中央民族大学，2015.

[645] 汪丹. 保障我国国有企业公有产权属性的改革研究 [D]. 成都：西南交通大学，2015.

[646] 刘小蒙. 国有资本经营预算实施效果研究[D]. 大连：东北财经大学，2015.

[647] 韩亚龙. 国有资本经营预算绩效评价体系构建研究[D]. 大连：东北财经大学，2015.

[648] 谭啸. 我国国有资本经营预算改革研究[D]. 北京：财政部财政科学研究所，2014.

[649] 龚宛琪. 国有资本经营预算监督体系研究[D]. 上海：复旦大学，2014.

[650] 李文娟. 国有企业利润分配制度研究[D]. 长沙：中南林业科技大学，2014.

[651] 余达峰. 我国国有资本收益收缴制度研究[D]. 南昌：江西财经大学，2014.

[652] 朱珍. 国有资本财政：历史考察与未来走向[D]. 福州：福建师范大学，2014.

[653] 陈姝蓉. 国有资本经营预算对企业绩效的影响研究[D]. 北京：对外经济贸易大学，2018.

[654] 许金柜. 我国政府预算制度的历史演进与改革模式研究（1949－2013）[D]. 福州：福建师范大学，2014.

[655] 林裕宏. 国有企业利润分配制度：历史嬗变和改革前瞻[D]. 福州：福建师范大学，2014.

[656] 薛贵. 国有资本经营预算制度研究[D]. 北京：财政部财政科学研究所，2015.

[657] 陈恺文. 地方政府国有资本经营预算管理研究[D]. 蚌埠：安徽财经大学，2014.

[658] 王洪超. 朝阳市公路部门国有资产监管研究[D]. 大连：大连理工大学，2014.

[659] 石华丽. 国有资本经营预算审计相关问题研究[D]. 兰州：兰州理工大学，2014.

[660] 吴晓红. 我国国有企业利润分配法律制度研究[D]. 合肥：安徽大学，2014.

[661] 赵志浩. 我国公共福利支出缺口与国有资本收益划拨的研究[D]. 上海：复旦大学，2014.

[662] 张舒. 我国国有资本经营预算研究[D]. 北京：北京交通大学，2014.

[663] 李相敏. 社会保障基金预算的公共性与管理依据研究[D]. 成都：西南财经大学，2013.

[664] 李琴. 民生财政导向下国有资本经营预算管理研究[D]. 北京：首都经济贸易大学，2018.

[665] 赵惠萍．国有资本收益分配机制研究［D］．天津：天津财经大学，2013．

[666] 李欢．国有资本经营预算监督体系研究［D］．北京：财政部财政科学研究所，2013．

[667] 王飞．论国有资本收益分配制度改革［D］．北京：财政部财政科学研究所，2013．

[668] 丁传斌．地方国有资本运营法制探索［D］．上海：华东政法大学，2013．

[669] 王震中．社保基金筹资模式优化研究［D］．天津：天津财经大学，2013．

[670] 邵进超．秦皇岛首秦金属材料有限公司预算管理体系研究［D］．秦皇岛：燕山大学，2013．

[671] 刘洁．国有资本收益分配法律制度研究［D］．上海：华东政法大学，2013．

[672] 李新龙．国有资本收益与国有企业改革问题对策研究［D］．北京：财政部财政科学研究所，2013．

[673] 刘明越．国企产权制度改革的逻辑与问题研究［D］．上海：复旦大学，2013．

[674] 杨晓洁．国资委法律性质研究［D］．上海：上海交通大学，2013．

[675] 焦晨洋．国企利润上缴财政制度研究［D］．北京：中国财政科学研究院，2018．

[676] 刘啸．中国国有企业利润分配制度的结构性变迁与历史性变迁［D］．重庆：重庆大学，2013．

[677] 王惠．我国国有资本经营预算立法研究［D］．合肥：安徽大学，2013．

[678] 刘钟元．国有资本收益上缴比例研究［D］．上海：复旦大学，2013．

[679] 张博．哈尔滨市国资委国有资产监管问题及对策研究［D］．哈尔滨：哈尔滨工程大学，2013．

[680] 郑飞．中国国有垄断性行业利润分配制度研究［D］．武汉：武汉理工大学，2012．

[681] 刘泽明．国有资本经营预算制度研究［D］．大连：东北财经大学，2012．

[682] 姚明岩．企业集团国有资本经营预算编制问题研究［D］．大连：东北财经大学，2012．

[683] 高艳梅．长沙市企业国有资本经营预算管理研究［D］．长沙：湖南大学，2012．

[684] 朱小如．国家出资企业出资代表人资产收益权研究［D］．呼和浩特：内蒙古大学，2012．

[685] 纪新伟．国有企业合理分红比例研究［D］．天津：南开大学，2012．

[686] 陈芊．审计视角下A镇财政预算编制研究［D］．武汉：华中师范大学，2018．

[687] 陈丽萍. 论国资委的出资人权利 [D]. 长沙：中南大学，2012.

[688] 袁鑫鑫. 国有资本收益法律问题研究 [D]. 长沙：中南大学，2012.

[689] 张茵. 基于完全信息动态博弈的国有资本收益收取研究 [D]. 郑州：郑州大学，2012.

[690] 李悦. 论我国国有资本经营预算制度的完善 [D]. 北京：中央民族大学，2012.

[691] 孙晓原. 论国有企业利润分配法律矫正机制 [D]. 太原：山西财经大学，2012.

[692] 胡新茵. 吴江市国有资产监管制度创新研究 [D]. 上海：华东理工大学，2011.

[693] 王雪蓓. 我国地方政府国有资本经营预算管理问题研究 [D]. 济南：山东大学，2011.

[694] 李青青. 公共财政视角下我国社会保障预算的研究 [D]. 长沙：湖南大学，2011.

[695] 王新. 我国国有企业收益分配制度研究 [D]. 北京：财政部财政科学研究所，2011.

[696] 李媛. 完善陕西省公共财政框架下的国有资本经营预算制度分析 [D]. 西安：西北大学，2011.

[697] MH Nabin, PM Sgro, N Xuan, CC Chi. State-owned Enterprises, Competition and Product Quality, International Review of Economics&Finance, 2016.

[698] Serrasqueiro Z., Nunes P. M., Da Silva J. V. The Influence of Age and Size on Family–Owned Firms Financing Decisions: Empirical Evidence Using Panel Data, Long Range Planning, 2016.

[699] K. Obeng, R. Sakano, C. Naanwaab. Understanding Overall Output Efficiency in Public Transit Systems: The Roles of Input Regulations, Perceived Budget and Input Subsidies. Transportation Research, 2016.

[700] Equity Risk Premiums (ERP): Determinants, Estimation and Implication. Aswath Damodaran. http://people.stern.nyu.edu/adamodar, 2012.

[701] Hart, O. Noncontractible Investments and Reference Points. NBER Working Paper, No. 16929, 2011.

[702] T. Jagalla, S. D. Becker, J. Weber. A Taxonomy of the Perceived Benefits of Accrual Accounting and Budgeting: Evidence from German States. Financ Account Manag, 2011.

[703] Capobianco A., Christiansen H. Competitive Neutrality and State–Owned Enterprises. OECD Corporate Governance Working Papers, No. 1, 2011.

[704] Fehr E., O. Hart, C. Zehnder. Contracts as Reference Points: Experimental Evidence. The American Economic Review, 2011.

[705] Fehr E., et al. How Do Informal Agreements and Renegotiation Shape Contractual Reference Points. NBER Working Paper No. 17545, 2011.

[706] Oliver Hart, Bengt Holmstrom. A Theory of Firm Scope. The Quarterly Journal of Economics, 2010.

[707] Bank W. Managing Development: The Governance Dimension, 2010.

[708] Hart Oliver. Hold-up, Asset Ownership, and Reference Points. The Quarterly Journal of Economics, 2009.

[709] Jacobs D. A Review of Capital Budgeting Practices. Imf Working Papers 8/160, 2008.

[710] Cohen, D., Dey, A., Lys, T. Real and Accrual Basedearnings Management in the Pre and Post Sarbanes Oxleyperiods. The Accounting Review, 2008.

[711] Ahmad, H. Juma'h, Carlos J. Olivares Pacheco. The Financial Factors Influencing Cash Dividend Policy: A Sample of U. S. Manufacturing Companies. Inter Metro Business Journal, 2008.

[712] Ha-Joon Chang. State-Owned Enterprise Reform, 2007.

[713] Pincus, M, Rajgopal, S, M. The Accrual Anomaly: International Evidence. Venkatachalam. The Accounting Review, 2007.

[714] Tandberg E. Integrating Government Budget Management and Investment Planning, 2007.

[715] Reuel J. Khoza, Mohamed Adam. The Power of Governance. Journal of Women s Health, 2007.

[716] Hirshleifer, D., K. Hou, S. H. Teoh. The Accrual Anomaly, 2006.

[717] Alfred Marshall. Principles of Economics. Journal of Women s Health, 2006.

[718] Bovens, Mark. Public Accountability. The Oxford Handbook of Public Management, 2005.

[719] Ewert, R., A. Wagenhofer. Economic Effect of Tightening Accounting Standards Restrict Earnings Management. The Accounting Review, 2005.

[720] Steven R. Kreklow, John Ruggini. GFOA and the Evolution of Performance Measurement in Government. Government Finance Review. 2005.

[721] M. Bovens. Public accountability. The Oxford Handbook of Public Management, 2005.

[722] OECD. Revenue Statistics of OECD Member Countries. Journal of Women's Health. 2005.

[723] James Poterba. Taxation and Corporation Payout Policy. http://www.nber.org/papers/w10321, 2005.

[724] Sam Han, J. D., Chia, C. W. L., Loh, A. S. Voluntary Disclosure of Segment Information: Further Australian Evidence. Accounting and Finance, 2005.

［725］Allen Schick. Twenty-five Years of Budgeting Reform. OECD Journal on Budgeting, 2004.

［726］Yee-ching, Lilian Chan. Use of Capital Budgeting Techniques and an Analytic Approach to Capital Investment Decisions in Canadian Municipal Governments. Public Budgeting & Finance, 2004.

［727］Seth Armitige, Frank C Jen, Philip F O Connor. Advanced Corporate Finance: Polices and Strateges, 2003.

［728］D. Sappington, J. Sidak. Competition Law for State-owned Enterprises. Antitrust Law Journal, 2003.

［729］Spackman M. Multi-Year Perspective in Budgeting and Public Investment Planning. National Economic Reasearch Associates, 2002.

［730］OECD. The OECD Report on Regulatory Reform Synthesis, 2002.

［731］Laffont J. J., Martimort M. The Theory of Incentives: The Principal-agent Model. Journal of Women's Health, 2002.

［732］Fama. Estimating the Value of Political Connections. The American Economist, 2001.

［733］Joao Amaro de Maths. Theoretical Foundations of Corporate Finance. Princeton University Press, 2001.

［734］GAO. Accrual Budgeting: Experiences of Other Nations and Implications for the United Sates. Journal of Women's Health, 2000.

［735］Robert Anthony, Vijay Govindarajan. Management Control Systems, McGraw–Hill, 2000.

［736］Posner, Richard. A Economic Analysis of Law. Journal of Women's Health, 1999.

［737］Tirole J. Incomplete Contracts: Where do We Stand? Econometrica, 1999.

［738］Francis, J., E. Maydew, H. Sparks. The Role of Big Auditor in the Credible Reporting of Accruals. Auditing: A Journal of Practice & Theory, 1999.

［739］Maskin E, Tirole J. Unforeseen Contingencies and Incomplete Contracts. The Review of Economic Studies, 1999.

［740］Schick, Allen. A Contenporay Approach of Public Expenditure Management. World Bank, 1998.

［741］Holder, M, Langrehr, F., Hexter, L. Dividend Policy Determinants: An Investigation of the Influences of Stakeholder Theory. Financial Management, 1998.

［742］Rajan Raghuram G, Luigi Zingales. Power in a Theory of the Firm. Quarterly Journal, 1998.

［743］Andrew Likierman. Resource Accounting and Budgeting: Rational and Background. Re–Source Accounting and Budgeting, 1998.

[744] Kramer D. C. State Capital and Private Enterprise. Journal of Women's Health, 1998.

[745] Megginson, W. L. Corporate Finance Theory. Journal of Women's Health, 1997.

[746] Chen S, Dodd J. L. Economic Value Added: An Empirical Examination of a New Corporate Performance Measure. Journal of Management, 1997.

[747] Gelauff, George, Corina den Broeder. Governance of Stakeholder Relationships. The German and Dutch experience, 1997.

[748] Robert N. Anthony and David W. Young. Management Control in Nonprofit Organization. 4th ed, Homewood, IL, Irwin, 1984.

[749] Graham Scott, Ian Ball, Tony Dale. New Zealand's Public Sector Management Reform Implications for the United States. Journal of Policy Analysis and Management, 1997.

[750] Vogt, A. John. Budgeting Capital Outlays and Implementation. Budgeting: Formulation and Execution, 1996.

[751] Stein Jeremy C. Rational Capital Budgeting in an Irrational World. Journal of Business, 1996.

[752] Singhvi S. Using an Affordability Analysis to Budget Capital Expenditures. Healthcare Financial Management: Journal of the Healthcare Financial Management Association, 1996.

[753] Alesina. A, R. Perotti. Budget Deficits and Budget Institutions. NBER Working Paper, No 5556. 1995.

[754] Private Sector Development in Low-Income Countries. World Bank, 1995.

[755] Robert S. Hansen, Raman Kumar, Dilip K. Shome. Dividend Policy and Corporate Monitoring: Evidence from the Regulated Electric Utility Industry. Financial Management, 1994.

[756] Hay, Donald, D. Morris, G. S. Liu, S. Yao. Economic Reform and State-Owned Enterprises in China: 1979-1987. Journal of Women's Health, 1994.

[757] Roovers T J. Improving the Operating Budget Process at Abbott Northwestern Hospital. The Quality Letter for Healthcare Leaders, 1994.

[758] Shelver S R, Moss M T. Operating Room Budget Factors: A Pocket Guide to OR Finance. Nursing Economics, 1994.

[759] Agrawal A, Jayaraman N. The Dividend Policies of All-equity Firms: A Direct Test of the Free Cash Flow Theory. Managerial and Decision Economics, 1994.

[760] Robert S. Kaplan, David P. Norton. Putting the Balanced Scorecard to Work. Harvard Business, 1993.

[761] Clifford W. Smith, Ross L. Watts. The investment Opportunity Set and Corpo-

rate Financing, Dividend, and Compensation Policies. The Journal of Finance, 1992.

［762］Cooke, T. E. An Assessment of Voluntary Disclosure in the Annual Reports of Japanese Corporations. International Journal of Accounting, 1991.

［763］Jones JJ. Earnings management During Import Relief Investigation. Journal of Accountancy, 1991.

［764］John, K., Lang, L. HP. Insider Trading Around Dividend Announcements: Theory and Evidence. The Journal of Finance, 1991.

［765］Goldman Frances, Edith Brashares. Performance and Accountability: Budget Reform in New Zealand. Public Budgeting and Finance, 1991.

［766］Baker J. D. The operating Expense Budget. One Part of a Manager's Arsenal. AORN Journal, 1991.

［767］Harry DeAngelo, Linda DeAngelo. Dividend Policy and Financial Distress: an Empirical Investigation of Troubled NYSE Firms. The Journal of Finance, 1990.

［768］Stephen R. Munzer. The Theory of Property. Journal of Women's Health, 1990.

［769］Larry H. P. Lang, Robert H. Litzenberger. Dividend Announcements: Cash Flow Signalling vs. Free Cash Flow Hypothesis? The Journal of Finance, 1989.

［770］Haririan. State – Owned Enterprises in a Mixed Economy: Micro Versus Marco Economic Objectives. London: Westview Press, 1989.

［771］Stiglitz J. E. Economics of The Public Sector. Journal of Women's Health, 1988.

［772］Shuman H. E., Rubin I S. New Directions in Budget Theory. American Political Science Association, 1988.

［773］John Vickers, George Yarrow. Privazation: An Economic Analysis. Journal of Women's Health, 1988.

［774］Grossman, S., O. Hart. The Costs and Benefits of Ownership: A Theory of Vertical and Lateral Integration. Journal of Econometrics, 1988.

［775］Jensen, M. C. Agency Cost of Free Cash Flow, Corporate Finance, and Takeover. The American Economist, 1986.

［776］Buchanan E. C., Gaither M. W. Development of an Operating Room Pharmacy Substation on a Restricted Budget. American Journal of Hospital Pharmacy, 1986.

［777］Bruce C. Greenwald, Joseph E. Stigli. Externalities in Economies with Imperfect Information and Incomplete Markets. The Quarterly Journal of Economics, 1986.

［778］Buchanan, James M. Liberty, Market and State: Political Economy in the 1980s. Journal of Women's Health, 1986.

［779］Graham, H. P. Dividend Policy and It's Relationship to Investment and Financial Policies: Empirical Evidence. Journal of Business, 1985.

[780] Eades, K., Hess, P., Kim, E. Market Rationality and Dividend Announcements. The Journal of Finance, 1985.

[781] Benesh, G. A., Arthur J. K., Pinkerton, J. M. An Examination of Market Reaction to Substantial Shifts in Dividend Policy. The Journal of Finance, 1984.

[782] A. Premchand. Government Budgeting and Expenditure Controls: Theory and Practice. American Political Science Review, 1984.

[783] Vernon. Linking Managers with Ministers: Dilemmas of the State – Owned Enterprise. Policy Analysis and Management, 1984.

[784] Handjinicolaou G. A., Kalay. Wealth Redistributions or Changes in Firm Value: An Analysis of Returns to Bondholders and Stockholders around Dividend Announcements. The Journal of Finance, 1984.

[785] Grossman S., Hart O. An Analysis of the Principal – Agent Problem. Econometrica, 1983.

[786] Grossman S. J., Hart O. D. Implicit Contracts under Asymmetric Information. Quarterly Journal, 1983.

[787] Shirley. Managing State – Owned Enterprises. World Bank Staff Working Papers, 1983.

[788] Rozeff M. S. Growth, Beta and Agency Costs as Determinants of Dividend Payout Ratios. The Journal of Finance, 1982.

[789] Holmstrom B. Moral Hazard in Teams. The Bell Journal of Economics, 1982.

[790] Alan Stone. Regulation and Its Alternatives. Journal of Women's Health, 1982.

[791] Higgins Robert C. Sustainable Growth under Inflation. Financial Management, 1981.

[792] Grossman S. J., Hart O. D. Takeover Bids, the Free-rider Problem, and the Theory of the Corporation. The Bell Journal of Economics, 1980.

[793] Stephen Ross. Disclosure Regulation in Financial Markets: Implications of Modern Finance Theory and Signaling Theory. Financial Regulation, 1979.

[794] Williamson Oliver E. Transaction – Cost Economics: The Governance of Contractual Relations. The Journal of Law and Economics, 1979.

[795] Ross, Stephen A. The Determination of Financial Structure: The Incentive – Signalling Approach. The Bell Journal of Economics, 1977.

[796] Jensen M., Meckling W. The theory of the Firm: Managerial Behavior, Agency Costs and Ownership Structure. The Journal of Finance, 1976.

[797] Barberis N., Shleifer A., Vishny R. A Model of Investor Sentiment l. Journal of Financial Economics, 1998.

[798] Brus, W. Socialist Ownership and Political Systems. Journal of Women's

Health, 1975.

[799] Marcus Cunliffe. The Theme in American History. Journal of Women's Health, 1974.

[800] Alchian Armen A, Demsetz Harold. Production, Information Costs, and Economic Organization. The American Economist, 1972.

[801] Robert C. Higgins. The Corporate Dividend – Saving Decision. The Journal of Finance, 1972.

[802] Hindley, B. J. Separation of Ownership and Control in the Modern Corporation. The Journal of Law and Economics, 1970.

[803] Brennan, Michael J. Taxes, Market Valuation and Corporate Financial Policy. National Tax Journal, 1970.

[804] Alchian, Armen. Some Economics of Property Rights. Politico, 1965.

[805] Wildavsky A. The politics of the Budgetary Process. Southern Economic Journal, 1964.

[806] Yarrow G. Privatization in Theory and Practice. Economic Policy, 1986.

[807] James E. Walter. Dividend Policy. It's Influence on the Value of the Enterprise. The Journal of Finance, 1963.

[808] Gordon M. J. Optimal Investment and Financing Policy. The Journal of Finance, 1963.

[809] Gordon, Myron J. The Investment, Financing and Valuation of the Corporation. Journal of Women's Health, 1962.

[810] Merton H Miller, Franco Modigliani. Dividend Policy, Growth, and the Valuation of Shares. Journal of Business, 1961.

[811] Coase Ronald H. The Problem of Social Cost. The Journal of Law and Economics, 1960.

[812] Lintner J. Distribution of Income of Corporations among Dividends, Retained Earnings and Taxes. The American Economist, 1956.

[813] Walter, J. E. Dividend Policies and Common Stock Prices. The Journal of Finance, 1956.

[814] Williams R T. Studies in Detoxication. II. (a) The Conjugation of Isomeric 3 – Menthanols with Glucuronic Acid and the Asymmetric Conjugation of Dl-menthol and Dl-isomenthol in the rabbit. (b) D – isoMenthylglucuronide, a New Conjugated Glucuronic Acid. The Biochemical Journal, 1938.

[815] Berle A., Means G. The Modern Corporation and Private Property. Journal of Women's Health, 1932.

[816] Malcolm Baker, Jeffrey Wurgler. A Catering Theory of Dividends. The Journal of Finance, 2005.

[817] Franco Modigliani, Merton H. Miller. The Cost of Capital, Corporation Finance and the Theory of Investment. The American Economic Review, 1958.

[818] Vining A. R., Boardman A. E. Ownership Versus Competition: Efficiency in Public Enterprise. Public Choice, 1992.

后　　记

2013年11月，在党的十八届三中全会通过的《中共中央关于全面深化改革若干重大问题的决定》中强调指出："完善国有资本经营预算制度，提高国有资本收益上缴公共财政比例，二〇二〇年提到百分之三十，更多用于保障和改善民生。"这就意味着，继2007年在国家层面初步建立国有资本经营预算制度之后，该制度的建构进入了加快推进与完善阶段。然而，在国有资本收益上缴公共财政比例不断提高的同时，如何切实保证国有企业上缴红利"更多用于保障和改善民生"，确立国有资本收益预算支出的正确导向，已经成了现阶段理论与政策层面亟待解决的矛盾和难题。因此，如何解决这些难题，在逐步提高国有资本收益征缴比例的基础上，规范国有资本经营预算支出管理，尤其是如何建构以民生财政为导向的国有资本预算支出制度，使国有资本投资的巨额收益能够突破国企现行"体内循环"的局限，进一步惠及全体国民，真正使改革发展成果"全民共享"这一社会主义核心价值理念落到实处。

正是基于对上述问题的长期思考和研究，2014年我们申报了国家社科基金重点项目《国企红利征缴比例倍增目标下的国资预算支出民生化研究》，并成功获得立项资助。课题组经过近六年的不懈努力与通力合作，终于完成了该课题的全部研究任务，并于2020年2月顺利通过了全国哲学社会科学规划办公室的结项验收，项目成果鉴定等级为优秀。此后，在课题研究最终成果的基础上，我们对研究报告进行了进一步的充实、修改和完善，形成了这部近80万字的学术专著——《国有资本经营预算收入征缴与支出结构民生化研究》，即将付梓出版。

本课题研究的开展以及最终研究成果得以顺利出版问世，除了课题组成员不辞辛苦、勤勉高效的工作外，更重要的是，得到了校内外诸多领导、前辈、导师以及同仁的热情鼓励和鼎力支持。首先要衷心感谢我国著名马克思主义经济学家、福建师范大学原校长、博士生导师李建平教授长期以来对我的指导、鼓励和帮助。我还要感谢陈征教授、黄茂兴教授、李建建教授、郭铁民教授、杨立英教授、林子华教授、张华荣教授、黄瑾教授、黎元生教授、颜隆忠副教授等经济学院领导与同仁，本课题的研究及本书的顺利出版，程度不同地得益于他们在学习上的指导、工作上的支持和学术上的探讨与交流。此外，福建省社科联的王秀丽副主席、福建师大原副校长汪文顶教授、福建省国资委的周金昭处长、福建省社科规划办的陈飞主任、财政部资产司的刘瑞杰处长、福州市纪委修兴高书记、福州市国资委的王刚主任、福建省《东南学术》杂志社执行总编杨健民研究员、福建省社科院的曾志兰主编、吉林财经大学的梁洪学教授、福建省理工学校的邹雄伟校长、福建省税务局科研所的赖勤学所长、福建省税务局的林瑜主任、福建师大社科处的袁永麟教授、莆田市农商行的钱建英行长、福州大学的潘焱教授、南京师范大学的蒋伏心教授、泉州师范学院的刘义圣教授、温州大学的李元华教授、华侨大学的衣长军教授等，均对本课题的研究过程进行过不同形式的支持和帮助，谨在此一并致以诚挚的谢忱！

我要特别感谢我的博士后导师、厦门大学资深教授、我国著名财政学家邓子基教授。恩师不仅在我三年博士后研究期间为我传道、授业、解惑，指导我进入了财政与国有资产管理的学术研究领域，并取得了一系列有影响力的研究成果，而且在我出站后仍一如既往对我的工作和研究予以热诚的关注与支持。当本书定稿后向他提出作序的请求时，恩师欣然应允，为本书写下了长达近6 000字的出版序言，勉励与教诲之情溢于字里行间。今年适逢邓老98华诞，作为恩师的第72位弟子，我谨在此献上最诚挚的祝愿：敬祝恩师福寿安康，教泽绵长，学术青春永驻，生命之树常青！

本书由课题负责人陈少晖教授提出研究选题和总体思路、拟定研究大纲、组织研究团队、确定分工职能并主持全书的各章节的研讨、协调和修改。廖添土副教授协助课题组负责人完成了研究大纲的修改、实地调研的组织、各章节的修改完善、出版事宜的沟通联系、书稿清样的校对等大量工作。李丽琴副教授、陈平花博士、陈玲芳副教授、郑小玲副教授、罗正月教授、池巧珠教授、朱珍博士、吴泓博士、谢伟杰博士、陈冠南博士、肖帅博士、杨臻煌博士、伍琳博士、许金柜博士、王捷博士、张锡书博士、胡梅玲博士等参与了本书部分章节的撰写。硕士生肖锦生、李建秋、刘琼芳、艾贞言、陈秋星、时祎、林佳彬、严晓玲、戴宁、池若梅、苏贵斌等参加了本书资料数据的采集整理、问卷设计、统计分析等前期工作，并围绕本书的研究思路发表了许多阶段性研究成果。福州市委党校的兰荣禄副教授参与了本书的实地调研和组织协调工作。全书最后由陈少晖教授和廖添土副教授进行修改、统稿和定稿。

本书的顺利出版得益于经济科学出版社的倾力支持，尤其是经济理论分社孙丽丽主任和责任编辑何宁女士的宝贵意见和精心编辑，使本书的质量得以保证。谨此致以衷心的感谢！此外，在本书撰写过程中，参阅并吸收了大量国内外学者的相关研究成果，均以参考文献的形式标注于书稿的附录之中。在此，一并表示真诚的敬意和感谢！

众所周知，随着我国人口老龄化进程的加速和深化，养老金存量缺口持续扩大，亟待拓展新的资金来源渠道。为此，2019年9月，财政部等五部门联合颁布《关于全面推开划转部分国有资本充实社保基金工作的通知》，明确要求"确保划转10%的国有资本股权专项用于弥补基本养老保险基金缺口"。并特别强调指出，制度的建构要充分体现有利于实现基本养老保险制度的代际公平，国有企业全民所有，发展成果全民共享，增进民生福祉的基本原则。正是基于这一指导思想和政策依据，本课题组在完成"国有资本经营预算收入征缴与支出结构民生化研究"这一国家社科重点项目的基础上，将下一阶段的研究重心转向以我国人口深度老龄化为背景，对国资股权划转养老金的公共福利效应及其增进机制问题进行系统深入的研究，以期为我国社会保障制度的完善和国企改革的深化贡献有价值的建言献策。

陈少晖
2020 年 10 月 28 日于福州